缠中说禅 教你炒股票

解盘答问篇（上册）

【配图校注版】

培 峰◎整理

中国宇航出版社
·北京·

内 容 简 介

本书精心整理了缠中说禅从2006年11月16日开始，至2008年10月10日停止发表博客文章期间，针对读者学习“教你炒股票108 课过程中提出的疑难问题进行的逐项解答，以及在此期间针对大盘和一些个股走势，利用缠论分析方法进行的走势分析与归类。该内容对于正确理解和把握“教你炒股票108 课中提出的操作理论细节，以及研究分析缠中说禅的股票操作方法、思想与理念，具有极为重要的价值。整理过程中，删去了一些与缠论无关的博客内容，并对文字进行了认真的梳理和订正，配上了相关图片，以方便大家学习和理解，是广大读者学习、掌握缠论操作方法的重要参考图书。

图书在版编目（CIP）数据

缠中说禅：教你炒股票：解盘答问篇 / 培峰整理
. -- 北京：中国宇航出版社，2017.9（2025.8重印）
ISBN 978-7-5159-1340-7

Ⅰ. ①缠… Ⅱ. ①培… Ⅲ. ①股票交易－基本知识
Ⅳ. ①F830.91

中国版本图书馆CIP数据核字(2017)第143755号

责任编辑 田芳卿　　**装帧设计** 宇星文化

出版发行 中国宇航出版社

社　址 北京市阜成路8号　**邮　编** 100830
(010)60286808　(010)68768548

网　址 www.caphbook.com

经　销 新华书店

发行部 (010)60286888　(010)68371900
(010)60286887　(010)60286804(传真)

零售店 读者服务部
(010)68371105

承　印 北京厚诚则铭印刷科技有限公司

版　次 2017年9月第1版
2025年8月第11次印刷

规　格 787×1092

开　本 1/16

印　张 56.5

字　数 968千字

书　号 ISBN 978-7-5159-1340-7

定　价 108.00元

前 言

缠论思想主要包含在两部分内容之中。一是“教你炒股票”108课，这部分内容缠中说禅是以教科书的形式写就的。缠论结构体系和核心思想，主要体现在这一部分内容之中，这也是学习缠论的主要材料。二是网友提问和缠中说禅对相关问题的答复，以及缠中说禅的每日解盘。这部分内容一方面体现了缠中说禅对缠论难点的精细解读，另一方面也体现了缠中说禅在实际交易中对理论的具体应用，其中蕴含了缠中说禅丰富的股票交易思想。阅读理解解盘与答问这一部分内容，可以对缠论细节以及缠中说禅股票交易思想有更精确、更深刻的理解和把握。

缠中说禅“教你炒股票”108课的内容，已由中国宇航出版社正式出版，详见《缠中说禅：教你炒股票（配图校注版）》。该书出版之后，很多读者希望能够看到解盘与答问部分的内容。此次笔者受中国宇航出版社之约，将缠中说禅“教你炒股票”解盘与答问的内容进行了认真细致的整理，对其中的内容作了精心的编排，并尽可能配上相关走势图，以便读者能够更好地参研。

在学习“教你炒股票”解盘与答问的过程中，需要注意以下几点。

首先，解盘与答问要和108课原文结合起来阅读理解。学习缠论，108课原文是基础，解盘与答问是延伸，应重点研读“教你炒股票”108课原文。学习解盘与答问的内容，最好具有一定的缠论基础，否则，将很难理解其中的内容。

其次，书中内容要按顺序阅读，不可以跳读。解盘与答问各篇文章具有连续性，前面文章提出的观点和结论，后面不可能一再重复。如果跳读，很容易迷失方向，不知文中所云。

再次，要结合大盘和个股当时的走势阅读理解。解盘与答问的内容，都是在当时的市场环境中写就的，具有一定的历史局限性。如果不参照当时的市场走势和市场背景阅读，就无法理解文中的内容，甚至得出错误的理解。为了帮助大家理解相关内容，本书尽可能配上了大盘和个股当时的走势图，但由于历史原因，一些短周期K线图已难以获得。

最后，书中内容要反复阅读。缠中说禅的语言具有自己独特的风格，其中有些文字表达比较隐晦，这会对阅读理解造成很大的困扰。为了帮助大家理解，对其中的部分内容增加了注释，但这是远远不够的。认知水平总是螺旋上升的，书读百遍，其义自现。只要抱着“铁杵磨成针”的精神，反复阅读，总有一天，大家会体会到那种独在高处的澄明境界。

在整理出版过程中，尽量保持了原文的风貌。对文中提及的股票代码，为了方便阅读理解，一律改为股票简称并附代码，对拗口的词语及口语化的表述做了适当规范，修正了原文中一些明显的笔误，删去了个别与主题无关的内容，修改了一些敏感的字词语句，使本书阅读起来更加干净、清晰、流畅。本次整理，还最大限度地为原文配上了案例分析图，使读者更容易、更准确地理解原文。

感谢中国宇航出版社编辑田芳卿为本书的出版提供了机会。笔者已将自己在操作过程中的心得汇集成册，以《教你炒股票：缠论与K线分析技术》书名出版。未来，笔者将本着缠论的主导思想与推理逻辑，结合其他技术分析理论与交易感悟，对缠论体系做更加深入的挖掘，敬请期待。

由于笔者才学方面的局限，对缠论的理解和把握难免存在误解或疏漏，诚望读者朋友本着学习、弘扬和发展缠论的宗旨，实事求是地进行批评指正！

培　峰

2017年6月6日

目　录

第一篇　缠中说禅解盘、答问

第二篇 交易心态与市场杂谈

第一篇

缠中说禅解盘、答问

教你炒股票7

给赚了指数亏了钱的投资者一些忠告（2006-11-16 12:00:01）

1

网友 2006-11-21 21:15:16

听了你的股道缠论，真的很佩服，但还是云里雾里的。我是一个刚起步的散户，问一个简单的问题，K 线图中哪条线是年线？千万别大笑，我只认得 5 日、10 日、20 日均线，请指教！另外，我买的东方金钰（600086）什么时候会涨啊？能否借喝水的工夫分析分析，谢谢，等回信！

缠中说禅 2006-11-21 22:00:12

本来你的问题是不应该回答的，因为本 ID 怕一旦开始回答这种问题，这里就成了咨询台了。但看你说得诚恳，本 ID 破例一次。年线一般指 250 日均线，但在各种周期的图表上都可以用上，例如分钟图、小时图、周线图、月线图等。具体如何设置找附近的人问问。

至于你说的东方金钰（600086），它已经涨了很多了，连续拉了 8 个月的阳线，从 1 块多涨到 7 块多，出现调整是最正常不过了，关键是你买的位置（见图 1）。如果你是最近才买的，对面临的调整风险就要有承受力。

本 ID 现在只能告诉你它现在的具体状况。它目前最大的长线压力是 70 月均线，2003 年时曾碰该线，之后从 13 元一直下跌到 1 元，所以该线是该股最重要的长线关口。目前该线在 8.36 元，每月以 0.30 元的速度下降。中线关键的点位是 5.90 元，该位置不能有效跌破，否则调整的幅度会很大。目前可以看成是 5.90 元到 7.20 元的一个箱型整理，可以按照箱型进行短线操作，就是所谓的高抛低回补，中线等待选择突破方向。

但还是请各位注意，不要轻易介入涨幅过大的股票。要从最开始就学会用尽量小的风险换取尽量大的利润。

网友 2006-11-21 22:05:15

“但还是请各位注意，不要轻易介入涨幅过大的股票。要从最开始就学会用尽量小的风险换取尽量大的利润。”我还以为高人都是只做最后疯涨的那一段呢，没想到博主这样的大侠也这么规避风险。

缠中说禅 2006-11-21 22:07:06

要长期胜利，就一定要坚持用最小的风险换取最大的利润，规避风险是第一位的，这里没有什么高手、低手之分。亏损是按百分比算的，一百亿元和一百万元，亏了百分之百，都是0。人弃我不一定取，人抢我一定给。

图 1 东方金钰（600086）月线图

教你炒股票 8

选好临界点（2006-11-20 12:00:31）

1

缠中说禅 2006-11-20 12:09:30

那些赚了指数亏了钱的，少安毋躁。前面说过了，这只是牛市的第一阶段，以后机会多了去了，还是先把技术学好，否则死都不知道怎么死的，这样就不好了。

2

缠中说禅 2006-11-20 12:44:11

不要用你的想象代替现实。股市里的牛人每年都有，死去的牛人更多。市场的第一原则是生存，只要你 30 年后还能活下来，自然就是最大的牛人。

本 ID 2001 年到 2005 年，4 年时间里从来不看股票。但从 2005 年 6 月以后天天看，等哪天本 ID 不看了，你们可要小心了。

3

网友

博主认为大盘能涨到多少点？

缠中说禅 2006-11-20 15:44:33

预测是股评干的事情，本 ID 只对赚钱感兴趣。而且大盘跌也可以挣钱，预测它干什么？

4

网友 2006-11-20 19:10:44

请教博主：“只要你 30 年后还能活下来，自然就是最大的牛人。”假如一个人生存了 30 年，但前 25 年都是惨败，就是后 5 年风光，这也叫牛人吗？不好意思，我这问题有点儿钻牛角尖。

缠中说禅 2006-11-20 20:18:20

牛人，一般是指站在潮流之巅的。在投资市场里，整体的失败是一次都不能发生的，只要发生一次，基本就翻不过身了。个别的失败是允许的，但不能影响大局。最早时几千万元就可以当庄家了，现在几千万元连大散户都算不上。在投资市场中，一次跌倒，终生都追不回来，基本只能在后面跟着玩了。在后面跟着玩，怎么都算不了牛人。

教你炒股票 9

投资中的数学原则（2006-11-22 12:00:00）

1

网友

非常欣赏博主的新思维和大智慧，但有一点不明白，博主为何说 15 元多买 N 中工[①]就是理性？现在不是想问 N 中工（002051）值不值这个价，我是想知道假如我在那个位置买了，后面的情况大家也知道了，我的问题是在这个长达几个月的过程中应该如何处理，才是最佳的操作方法？

①N中工，即中工国际（002051），2006年6月19日上市新股。上市当日不受涨跌幅限制，以17.11元开盘，当日最高上冲到50元。

缠中说禅 2006-11-22 12:25:08

开盘就买 N 中工（002051）当然是理性的，因为是第一只[1]，而且开盘的位置也不太高（见图 2）。后面之所以出现如此走势，是中国特色的管理层造成的。但开盘 15 元多买的，后面 18 元、19 元随便你出。由于发生了意外情况，当然就要选择退出。这还是上面说的原则，买股票一定不能追高，这样一旦发生意外，退出也简单。

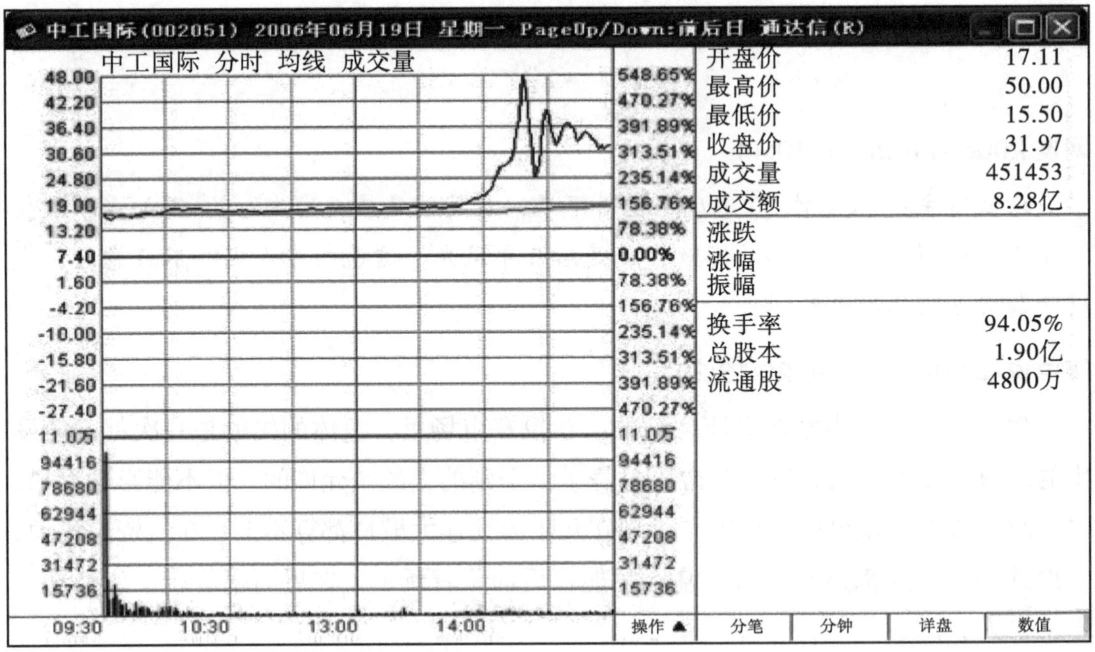

图 2 中工国际（002051）上市首日分时走势图

2

网友 2006-11-22 10:58:10

多谢博主指教，我大概明白你的意思了。假如 Y 是认沽行权价，X 是认购行权价，那企业为了自己的利益，会尽量保证行权当天的股价不低于 Y，所以认购权证的最终价格不会低于 Y-X，只要认购权证的价格跌到 Y-X 以下的区间内，都是比较安全的。是这个意思吗？

缠中说禅 2006-11-22 12:32:44

不一定要跌到那个区间，基本就不会跌到那个区间，在上面高点儿的位置就可以了。那是一个底线，基本不会跌破，所以你就有了一个几乎绝对安全的标准。像

[1] IPO从2005年5月暂停后，于2006年6月重启，中工国际（002051）是当年IPO重启后第一只上市的新股。

最近的武钢[①]，几乎绝对安全线在0.21元，在0.35元见到底部，等于你用最多30%的风险去赌300%的利润，这样当然可以介入了。

3

缠中说禅 2006-11-22 12:47:46

介入时，首先要想好是短线还是中线介入。如果是中线，就要有至少两个月的操作期。介入的动机，对于投资特别重要。

4

网友 2006-11-22 12:49:47

博主应该不缺钱吧，为什么还要花大把时间炒股呢？

缠中说禅 2006-11-22 12:53:22

炒股不花时间，只有牛市的时候才需要看股票。本ID 2001年到2005年，4年时间连一眼股票都不看。现在就算看，一天也就4小时。这不是钱的问题，而是一个智力问题。对于本ID来说，股票就是一个智力游戏，休息的好方法。

5

缠中说禅 2006-11-22 14:27:22

友情提醒，大盘短线最大的风险是1972点到1977点的缺口[②]（见图3）。所有板块都轮动一次后，短线的震荡在所难免，应有一定的心理准备。

6

网友 2006-11-22 14:41:36

哎呀，现在真的跳水啦，从最高位已经跳了30点啦，博主真神人呀！

缠中说禅 2006-11-22 16:50:33

震荡就是折腾，利用折腾，技术高的就可以玩轮动的游戏。大盘震荡，股票可不一定震荡，创新高的股票仍不会少。

7

网友 2006-11-22 14:16:39

所谓的市场的比价系统、买卖系统不太明白，能不能说得更清楚点儿？是不是

①指武钢权证（武钢CWB1，580013）。
②出现缺口后，一般会有回补的需求。

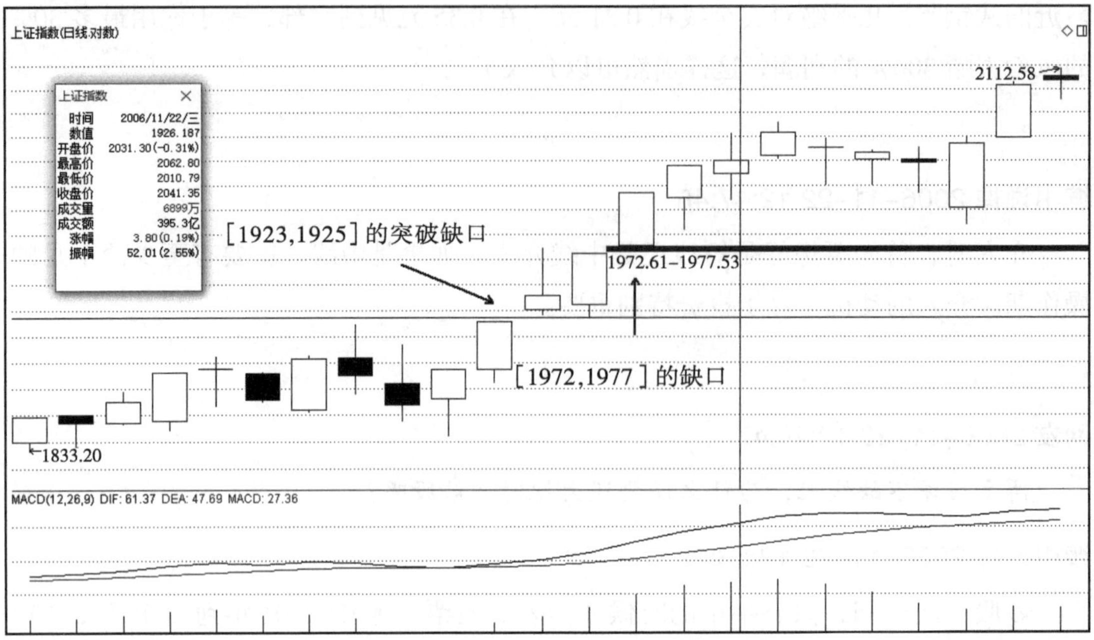

图 3 2006 年 11 月 22 日上证指数缺口示意图

指市场当下的热点？比如前一阶段炒银行股、大盘股，然后现在炒二线蓝筹和非蓝筹，是不是这个意思？

缠中说禅 2006-11-22 17:02:16

不是，市场个股之间有比价关系，这是市场的整体结构，要把握这一点，必须对市场的总体结构有所把握。比价关系的变动是很重要的，这一点以后会说到。

8

网友 2006-11-22 14:16:39

你说的第三个条件[①]比较简单，但是作为我们一般的投资者如何知道？散户的消息面太差了！

缠中说禅 2006-11-22 17:02:16

很多消息根本就不是什么秘密，关键你要有心。不是要你瞎听消息，而是要好好分析消息。是你在使消息，而不是被消息使。

①指缠中说禅在“教你炒股票”第9课“投资中的数学原则”中提出的比价系统中的基本面分析系统。

9

网友 2006-11-22 16:15:58

我炒股已经有N年了，运气好，赚了几百万元，但总觉得不能一辈子炒股啊。现在想办实业，不知做什么。给别人打工，也不可能。写写博客，又没有博主的才情。钱越多人越空虚，痛苦啊！请博主指点迷津，多谢！

缠中说禅 2006-11-22 17:10:13

先把房子、车子买好，把几十年的生活费用、养孩子的费用等留出来买国债，还有一些基本的保险。把上面所有问题都处理好了，如果还有闲钱，就继续炒股票。实业就不要干了，炒股票的人干实业，基本上很难成功。干实业太累，风险比股票大多了。股票的风险，一个人就可以控制，实业的风险，谁都控制不了。

10

网友 2006-11-22 16:29:52

从上周偶尔发现了这里，就再也止不住每天要来看看了。真的很佩服很佩服博主呀！今年股市大牛，于是N年没有炒股的我一激动，在5月份有色金属股涨到不能再涨的时候义无反顾地介入了，结果在大家都说随便都能挣钱的大好时机，我竟然赔了40%。现在虽然大势趋好，但是我依然深套其中。看了博主的文章，感觉自己没有炒股的脑子呀！

缠中说禅 2006-11-22 17:14:32

当一个教训，以后一定不要追高介入任何股票。一定要在调整结束后将启动时介入，这是在市场中生存的最好办法。

11

缠中说禅 2006-11-23 11:56:22

本ID不看通常所谓的基本面，只看本ID认为是基本面的基本面，例如国航的李总是当兵出身的[①]。

12

缠中说禅 2006-11-23 12:10:28

昨天本ID在盘中友情提醒大家对震荡要有心理准备，大盘经过昨天下午的跳水

①缠中说禅认为，中国国航（600111）董事长李家祥是当兵出身的，不可能容忍中国国航的股票长期跌破发行价这种没面子的事情发生，所以在中国国航（600111）的股票跌破发行价的时候是买入的好时机。

与今早的震荡后，越来越接近真正的调整。

注意，本 ID 说的调整只是短线的，好的个股甚至会借调整启动。

大盘在进入调整前，有极大可能先制造一个多头陷阱。大盘在 1923~1925 点留下突破缺口，1972~1977 点留下中继缺口（见图 3）。如果是多头陷阱，一旦出现衰竭性缺口，就是警报拉响。

13

网友 2006-11-23 12:42:09

说得有水平，很有心，以后会经常到此走走。想请教：股市还能走多远？资源类的股票还能进吗？如城投控股（600649）。

缠中说禅 2006-11-23 15:33:08

没表现的都会表现的，这只也不例外。该股刚上年线，回试年线不破就可以介入，但短线注意大盘调整产生的影响。如果能逆大盘调整启动，则上涨力度会较大，否则跟着大盘走，就没什么意思了。

图 4 城投控股（600649）2006 年 11 月 23 日前后日线图

14

网友 2006-11-23 13:15:39

已经介入海正药业（600267）、梅雁吉祥（600868）。请博主鉴定，谢谢！

缠中说禅 2006-11-23 15:37:09

前者未上年线，以后最好不要介入这类股票。但既然介入了，就持有吧，反正没启动的最终都会启动，会轮到它的。后者在年线整理，耐心等待整理完成吧。

解盘、答问（2006-11-23 12:00:00）

1

缠中说禅 2006-11-23 12:10:28

昨天本 ID 在盘中友情提醒大家对震荡要有心理准备，大盘经过昨天下午的跳水与今早的震荡后，越来越接近真正的调整。

注意，本 ID 说的调整只是短线的，好的个股甚至会借调整启动。

大盘在进入调整前，有极大可能先制造一个多头陷阱。大盘在 1923~1925 点留下突破缺口，1972~1977 点留下中继缺口。如果是多头陷阱，一旦出现衰竭性缺口，就是警报拉响。

网友 2006-11-23 12:16:20

博主，你的话可是吓着我了。

缠中说禅 2006-11-23 12:19:57

吓着什么？调整很正常。调整就是轮动的好时机，有什么可怕的？

2

网友 2006-11-23 11:39:07

对你的“股禅”佩服不已，我买股票总是“买了跌，卖了涨”！你的文章好，可我看得云里雾里。问一个简单问题，请别笑，哪条线是年线和半年线？怎样看呀？我现在能进北辰实业（601588）吗？东方金钰（600086）何时能涨？

非常真诚地请教！

缠中说禅 2006-11-23 12:18:35

那只股票[①]庄家控盘太厉害，如果介入成本太高，要忍受一定的震荡风险。中线关键看本 ID 上次说的 70 月线，如果真突破了，就有持续的大行情。

北辰实业（601588）中线肯定没到位（见图 5），但本 ID 不喜欢追高，也不建议任何人追高买入。

①指东方金钰（600086）。

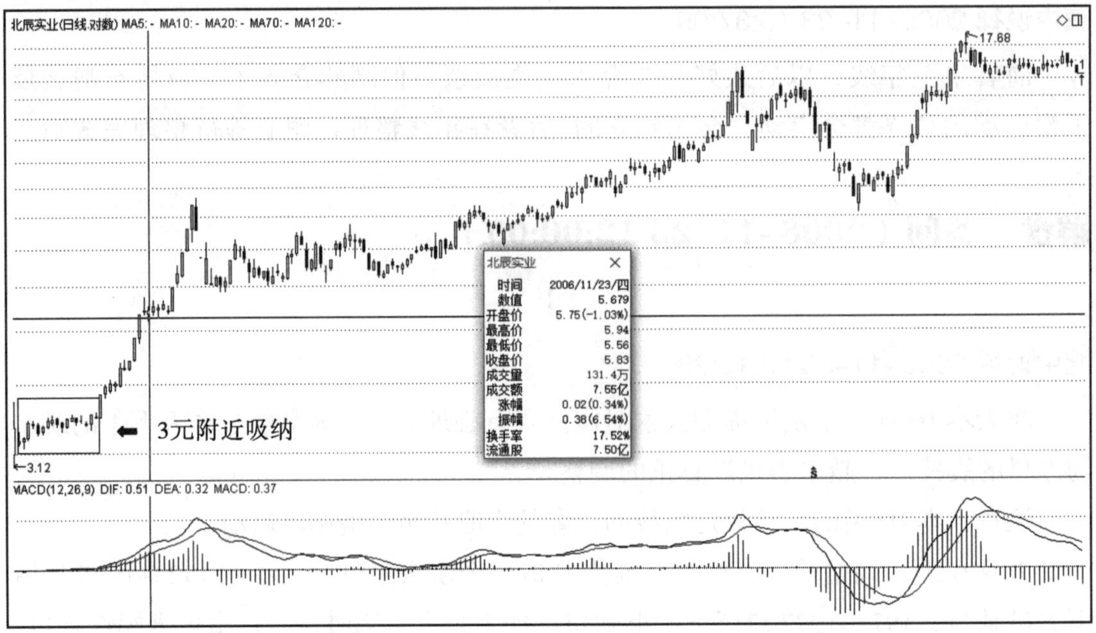

图 5 北辰实业（601588）2006 年 11 月 23 日前后日线图

3

网友 2006-11-23 12:11:44

申华控股（600653）能不能介入呢？

缠中说禅 2006-11-23 12:25:38

这个位置比较尴尬，中线没问题，短线要小心，找好介入的时机（见图 6）。

随便告诉你一个秘密，介入股票最好在均线黏合时。例如这只股票，11 月 13 日就是最好的短线介入时机。现在介入等于要赌第二波，就比原来的位置差多了。

网友 2006-11-23 12:11:44

申华控股（600653）能不能介入呢？我几个月前买的申华控股（600653），正打算出手呢。

缠中说禅 2006-11-23 12:32:23

中线就不存在出手的问题，短线已经错过出手的好时机。你没看本 ID 写的“教你炒股票”，放巨量后就是一个好的短线出手时机，你看它在 11 月 17 日是不是特别符合这个要求？

图 6　申华控股（600653）2006 年 11 月 23 日前后日线图

4

网友 2006-11-23 00:09:27

缠中说禅，你好。我于 4.31 元附近介入贵绳股份（600992），请问最近有大涨的机会吗？

缠中说禅 2006-11-23 12:28:00

该股由于资金占用的问题，基本面上有一定的压力，但盘面上有庄家在搞。中线关键先站稳 4.60 元的年线，才会有大幅启动的机会（见图 7）。

5

网友 2006-11-23 12:29:41

博主，振华重工（600320）应该怎样操作呢？谢谢了！

缠中说禅 2006-11-23 12:55:05

中线问题不大，短线昨天是一个打短差的好时机，因为第一次冲击年线，错过就算了（见图 8）。

网友 2006-11-23 12:40:15

新安股份（600596）和金发科技（600143）如何看待呢？

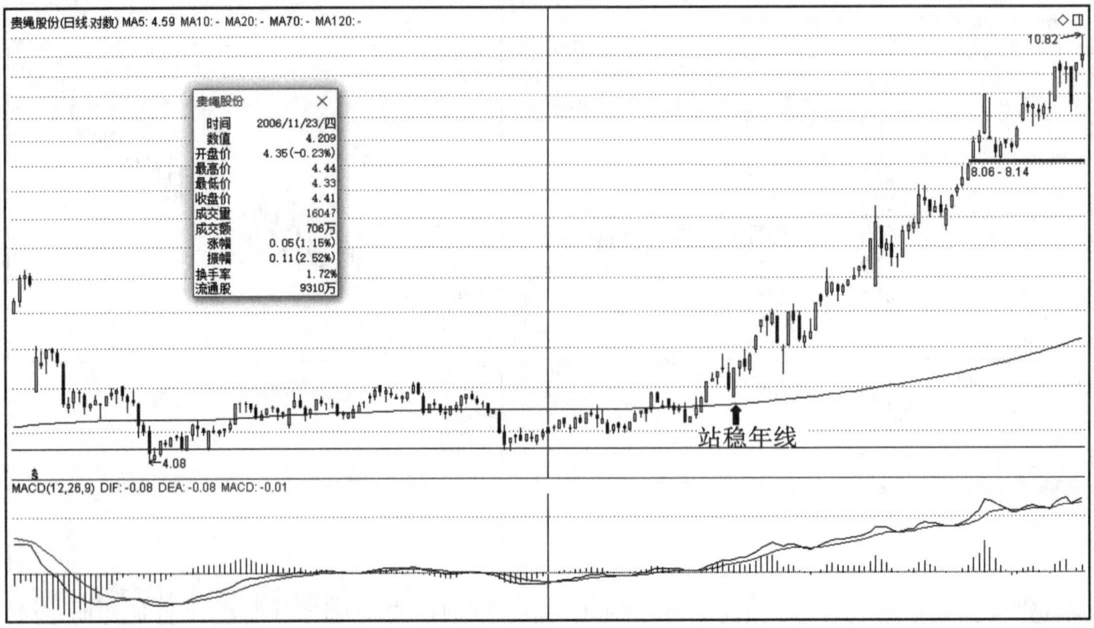

图 7 贵绳股份（600992）2006 年 11 月 23 日前后走势图

图 8 振华重工（600320）2006 年 11 月 23 日前后走势图

6

缠中说禅 2006-11-23 13:00:06

后面这只太庄股了，介入就免了，有就拿着。前面那只还可以，但不是好的介入时机，拿着没问题。

7

缠中说禅 2006-11-23 13:42:46

再次友情提醒，目前深成指与沪指已出现背离（见图 8），这是一个很不好的信号，如果 14:00 点以后还不改变，盘中震荡不可避免，而且指数进入调整的可能进一步加大。

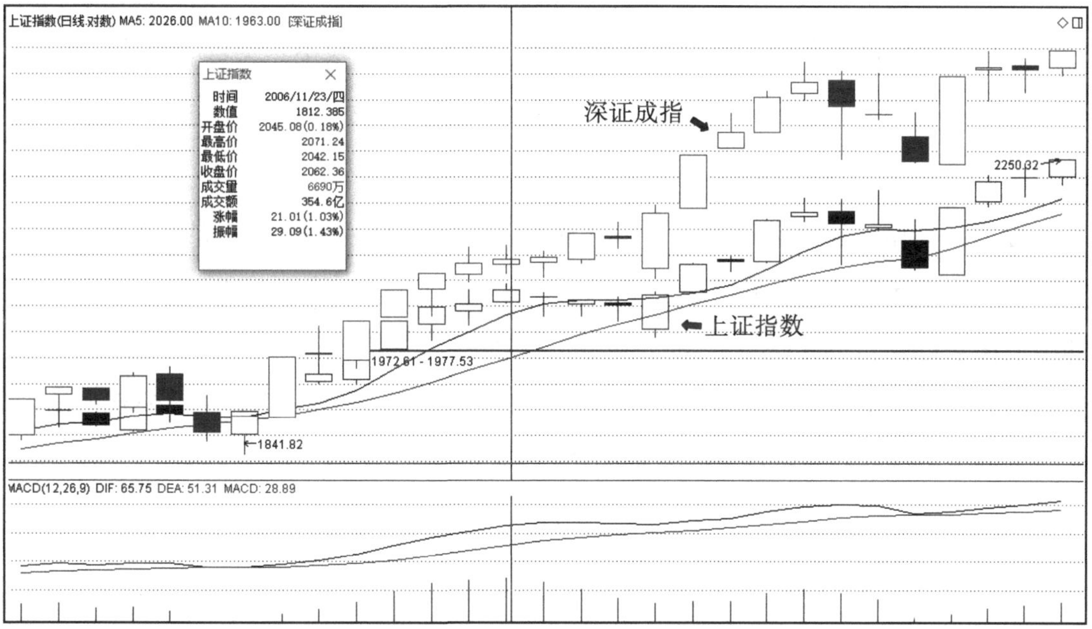

图 9　上证指数与深圳成指叠加对比走势图

8

缠中说禅 2006-11-23 15:11:58

大盘如以上友情提示所说，盘中出现大幅震荡，震荡中新板块借机启动，这就是典型的轮动。短线技术好的，可以在其中玩得不亦乐乎。

但是大盘今天终显疲态，两地指数出现背离，成交量也出现萎缩，预示真正的调整迫在眉睫。注意，盘中震荡和调整可不是一回事，即使最短线的调整，至少也要去考验 5 日甚至 10 日均线的。

还是像中午所说的，对调整无须恐惧。技术好的人最喜欢调整了，调整正是寻找下一次上涨好股票的时候，至少可以利用调整换股或打差价，前期没动的股票也会借调整启动。

9

网友 2006-11-23 14:53:55

非常佩服博主的才气和能力！想请教博主一个问题：像我这样一个公司小职员，厌倦了朝九晚六的生活，如果下辈子想靠股市谋生，博主觉得这种想法可行不？我没有投资经验，周围也没有懂行的朋友，学习途径也主要是网络。

缠中说禅 2006-11-23 15:20:00

在公司里也可以炒股票，这和上班是不矛盾的。等你积累了一定的财富后再专门炒股票，先把技术学好。炒股票不是赌博，连赌博都有技术，别说股票了。

10

网友 2006-11-23 15:05:54

博主，趁你心情好，请教一下，佳电股份（000922）股改前还有机会吗？为了等股改，俺已被数次抄了后路。

缠中说禅 2006-11-23 15:23:12

不要一条路走到黑，等股改这种游戏，N 个月以前玩的，现在已经不玩这个了。既然都等了这么久，就继续等吧，以后千万别这样了，要紧跟形势。

11

网友 2006-11-23 15:31:19

博主：真的很仰慕你哦！我拿路桥建设（600263，已于 2012 年退市）都大半个月了，来回折腾，刚够手续费！请问后市该如何走呀？

缠中说禅 2006-11-23 15:44:07

要养成尽量不玩第二波的习惯。该股票是一波大涨势后的整理，这种整理最烦人了，骗线也多。该股中线没问题，短线要耐心。压力在 250 周线，目前该线在 7.72 元，能突破站稳，则第二波行情展开，否则还是箱型整理。

12

网友 2006-11-23 13:15:39

已经介入海正药业（600267）、梅雁吉祥（600868），请博主鉴定，谢谢！

缠中说禅 2006-11-23 15:45:51

前者未上年线，以后最好不要介入这类股票。但既然介入了，就持有吧，反正没启动的最终都会启动，会轮到它的。后者在年线整理，耐心等待整理完成吧。

13

网友 2006-11-23 14:01:45

请教TCL集团（000100）高位被套，成本价5.60元，后期如何操作？多谢了！

缠中说禅 2006-11-23 15:56:06

这成本，估计是抄底抄出来的。首先要严重吸取教训，特别是散户，绝对不要抄底，一定要等股票走稳将启动时再介入。

目前该股正在磨年线，一旦站稳会有一波行情（见图10）。但你那成本也太高了，能否到你的成本还真不好说。如果有可能，趁调整时补点儿仓，能把成本调整到3元附近，那么解套甚至挣个百分之几十的机会，还是很大的。

网友 2006-12-04 13:59:22

前段时间请教的TCL集团（000100），果然如博主说的正在磨年线，现已突破年线，我也跟进补仓，现在成本4.30元，不知能否解套或需要再次补仓？

缠中说禅 2006-12-04 15:12:37

以后补仓就坚决一点儿，别分着补，一次性就把成本降到某个标准。4.30元在明年是有机会达到的，但如果是3.30元，机会就大多了，很有可能明年上半年就见到。

有一种方法，就是也不再补仓了，在下次中线上涨的高位把这次补仓的出掉，然后等其后的中线调整回试年线再补回，而原来套牢的一直不动。这样估计你的成本能降到4元以下，明年解套的机会就很大了。

当然，如果你的短线技术还可以，就利用每次调整把回补的出一部分，下来再回补，这样反复几次，很快就能解套了。当然，有一个原则，原来套牢的不要动。就用补仓的仓位来做，这样既不增加仓位，也不占用更多的资金，其他钱可以关注另外的。

如果你短线技术好一点，可以不用那么死板，补三分之一到一半的仓，然后根据短线指标做短差把成本降下来。你现在的问题是成本太高了，以后千万别去抄底，千万记住。

14

网友 2006-11-23 13:56:47

老师好，现在才发现这么好的去处，希望还不晚。请问，现在招商银行（600036）

还可以介入吗？有人建议 8 元以下再介入，您看会调整这么多吗？还有，您怎么看煤炭股，如恒源煤电（600971）等，会成为下一波热点吗？

图 10 TCL 集团（000100）2006 年 11 月 23 日前后日线图

缠中说禅 2006-11-23 16:03:44

你说招商银行（600036）？短线根本不可能，中线可能性也几乎没有。长线，几年以后的事情就不说了。

煤炭股中线没问题，调整后会启动的。

15

网友 2006-11-23 16:07:58

现有国电电力（600795）冲击年线，未果，短线还能持否？呵呵，看过你的经济学博文，自觉惭愧，从零开始，望博主不吝赐教。

缠中说禅 2006-11-23 16:17:16

如果是短线，第一、第二次冲击年线都是最好的短差机会。这只股票的下方支撑在 5.67~5.72 元的缺口位置，只要不破，中线就没问题（见图 11）。如果希望中线持有，就耐心等待年线和半年线的突破。关键是你希望短线还是中线，这与你的资金量和持有量有关。

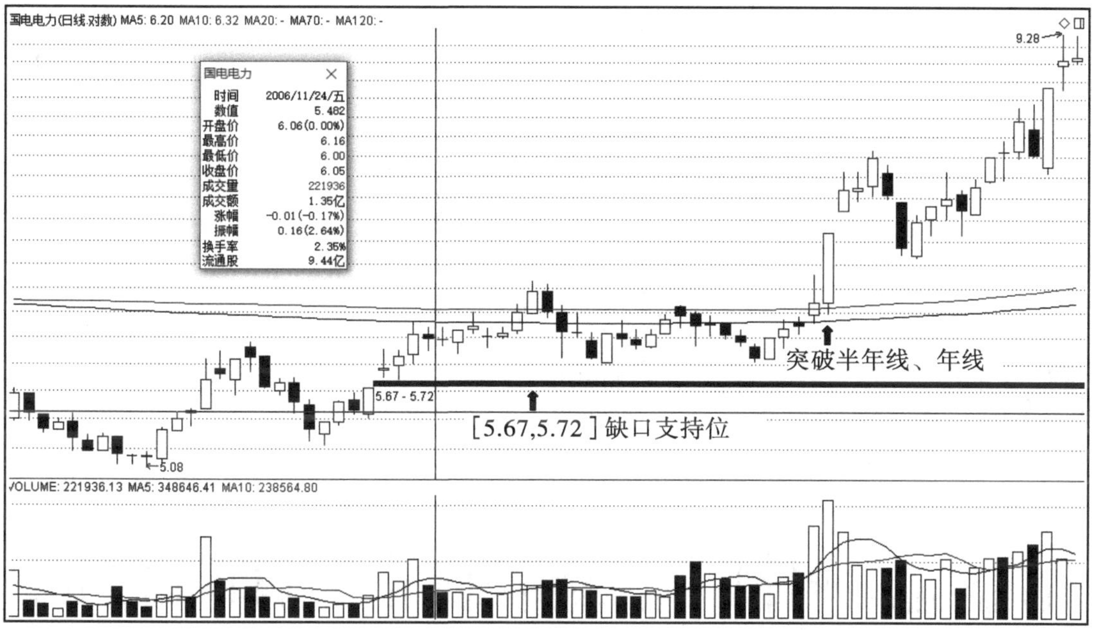

图 11 国电电力（600795）2006 年 11 月 23 日前后走势图

16

网友 2006-11-23 16:06:30

帮我看看海润光伏（600401），这只股快涨了吧？三天再不涨，我就换！

缠中说禅 2006-11-23 16:19:40

你介入的时机不对。如果是短线，一定要在均线黏合时介入，这样就不用浪费时间。当然，既然已经介入了，就好好看着，不过要承受一定的短线风险。

17

网友 2006-11-23 18:46:33

今天第一次看您的文章，觉得很特别，受益不浅。请教：华鲁恒升（600426）、天士力（600535）、南山铝业（600219）中线，博主以为趋势如何？驰宏锌锗（600497）长线，您对此股的评价如何？由于没有时间，不太喜欢经常进出。在此先谢了！

缠中说禅 2006-11-23 21:19:50

华鲁恒升（600426）：正围绕 120 周线进行中期调整，最终要站稳才有第二波大行情（见图 12）。

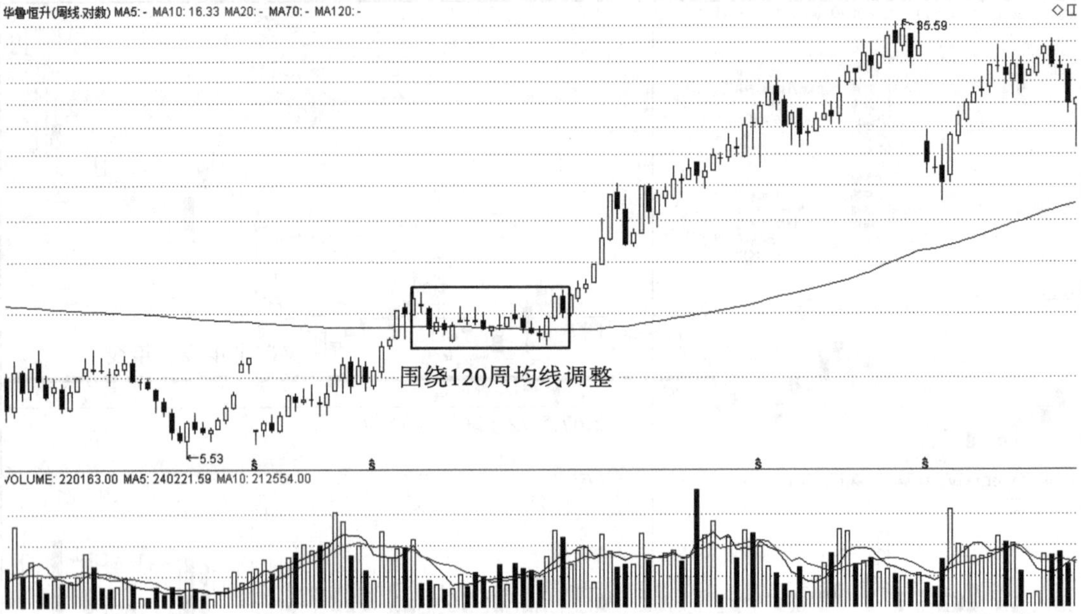

图 12 华鲁恒升（600426）2006 年 11 月 23 日前后周线图

天士力（600535）：前期 18 元不能有效突破的话，小心是中期调整的 B 浪反弹，中线支持看年线（见图 13）。

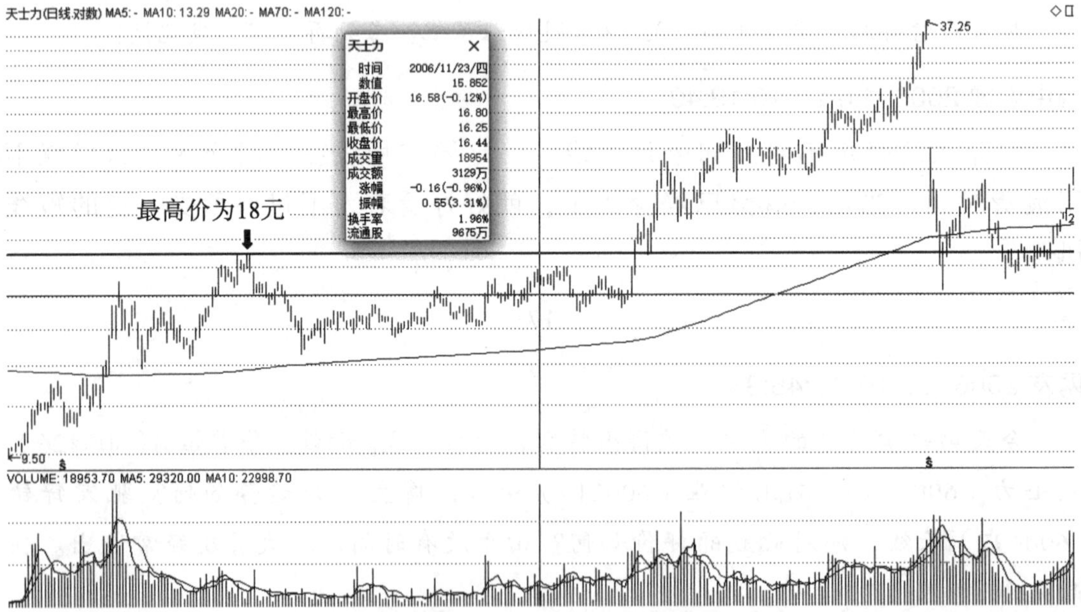

图 13 天士力（600535）2006 年 11 月 23 日前后日线图

南山铝业（600219）：在 120 周线与 250 周线间中线调整，第二波行情展开首先要攻克 250 周线（见图 14）。

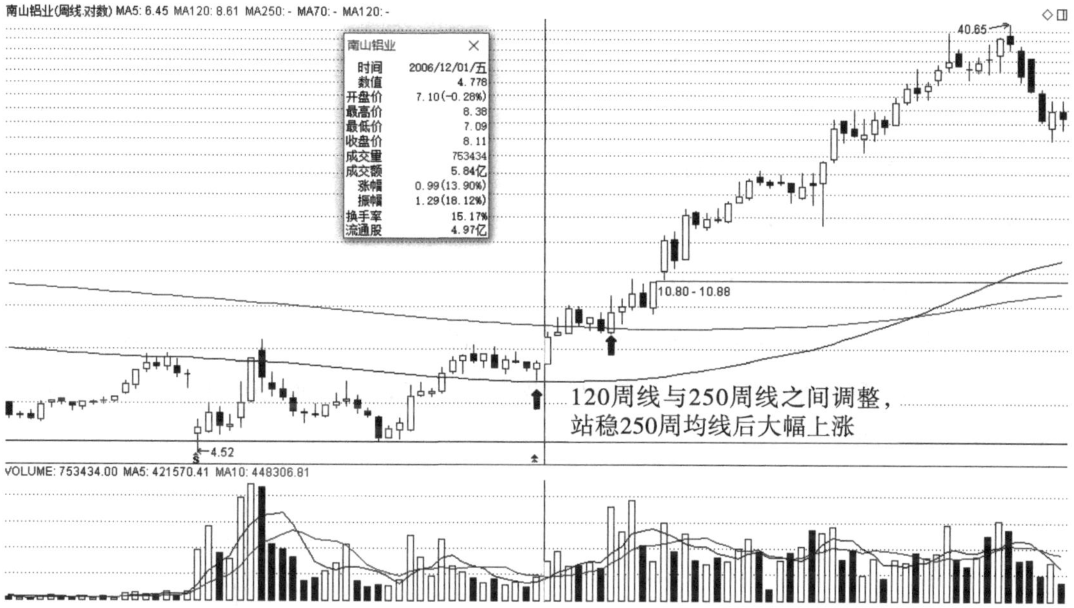

图 14 南山铝业（600219）2006 年 11 月 23 日前后周线图

驰宏锌锗（600497）：本 ID 对长线从来没兴趣，5 周线是中线生命线，一旦有效跌破将进入中期调整（见图 15）。

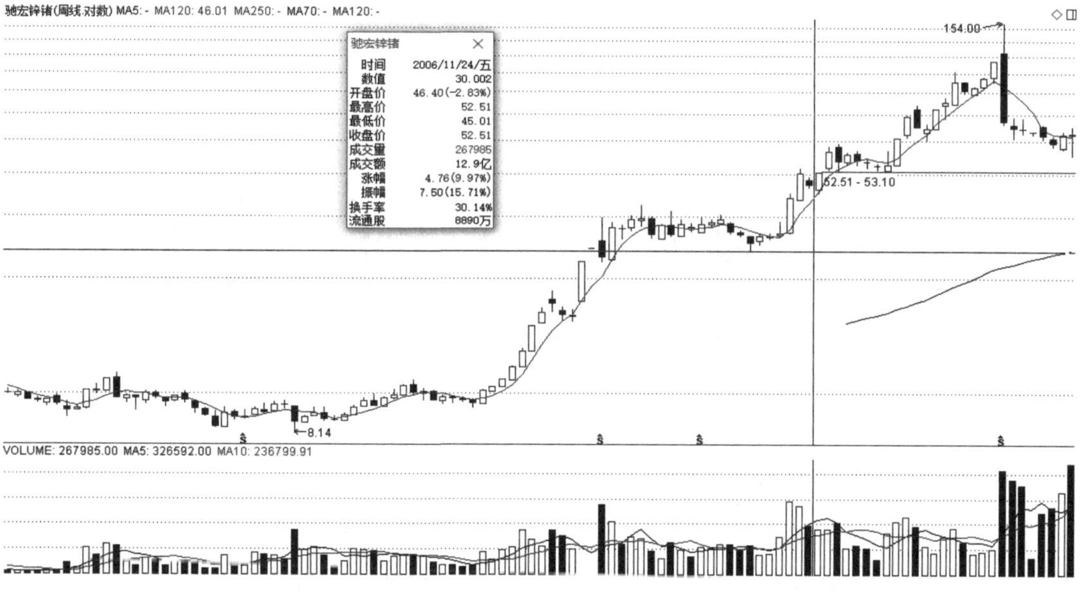

图 15 驰宏锌锗（600497）2006 年 11 月 23 日前后周线图

网友 2006-11-23 21:21:08

多个嘴，技巧没有一定的功力不要乱用。给你举个例子，中船防务（600685）

在 9 月 19 日至 9 月 27 日这个时间，江苏阳光（600220）在 9 月 14 日至 9 月 21 日这个时间，你把它们的 K 线图调出来看，你能看出任何差别吗？都是均线黏合，可后面的方向是截然相反的。事后看都明白，可人处在当中时，一般都认为肯定是向上的，其实却不然。像这样的例子很多，所以说技巧不能乱用，一定要全面看，就像博主昨天说的程序组合，就是多方位考察个股的意思。

缠中说禅 2006–11–23 21:24:02

还是有区别的，后者是三角形整理的最后骗线（见图 16），而前者不存在这个问题。另外，本 ID 从来不赞成搞那些第一波走势太强，其后调整时间又太长的股票，这种股票充满骗线。

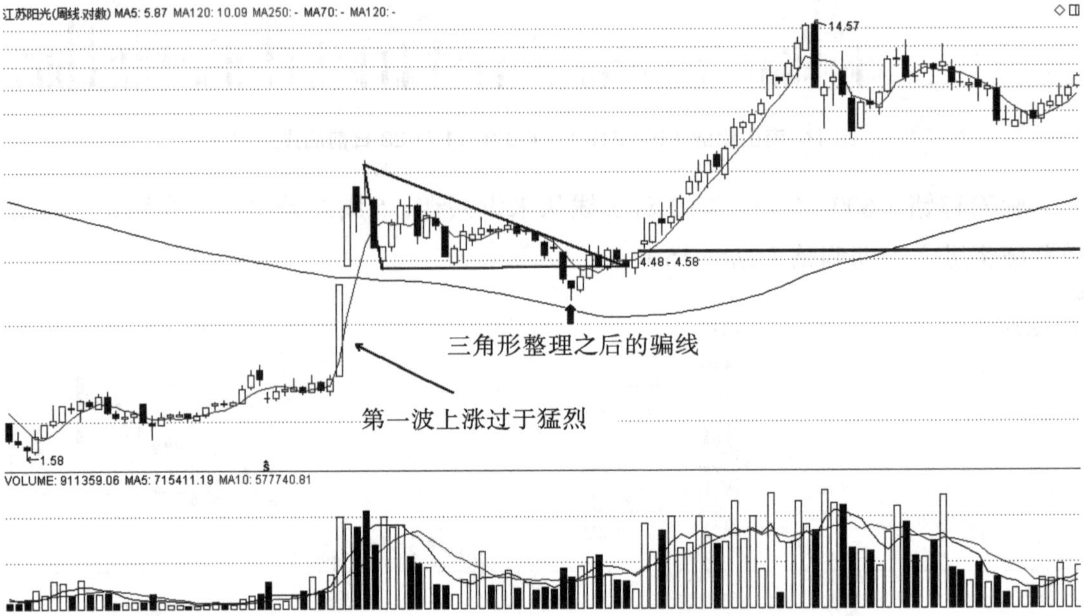

图 16 江苏阳光（600220）2006 年 11 月 23 日前后周线图

18

网友 2006–11–23 20:05:39

博主，请问兖州煤业（600188）符合均线纠缠介入点吗？很想像你一样在股市中赚钱，想学习，又不知如何入手，真的很迷茫，望博主不厌其烦多讲讲。

缠中说禅 2006–11–23 21:27:07

先站稳年线再说吧（见图 17）。

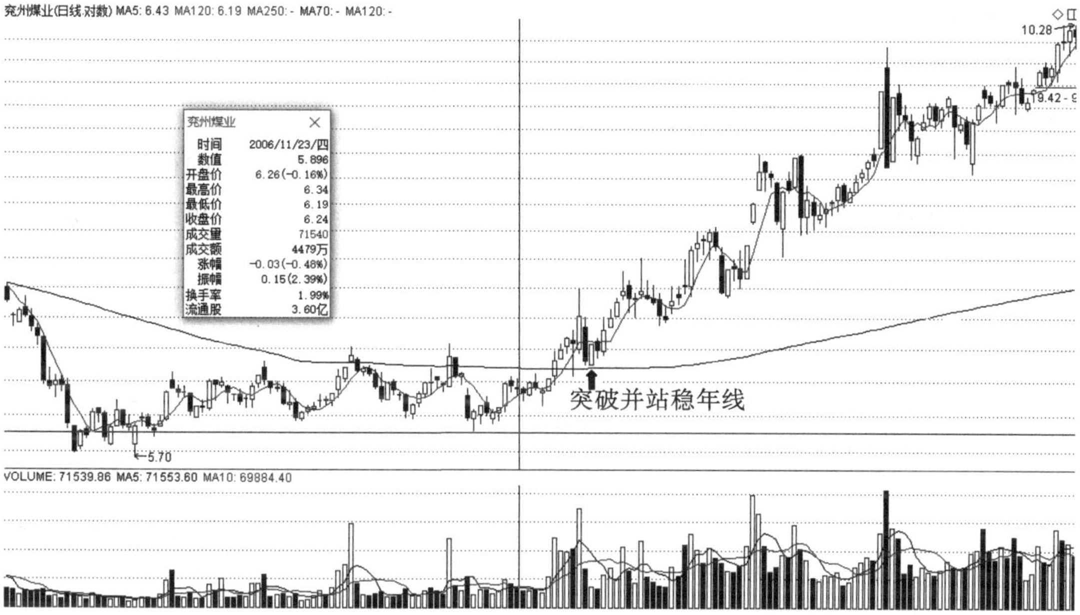

图 17　兖州煤业（600188）2006 年 11 月 23 日前后日线图

19

网友 2006-11-23 19:30:47

请教缠主，八一钢铁（600581）短线能走到哪儿啊？

缠中说禅 2006-11-23 21:29:02

短线刚好受制于 4 元位置的 120 周线，只有有效突破，上升空间才能彻底打开。

20

网友 2006-11-23 21:31:47

博主，想问中国联通（600050）有多大的潜力？请给解答，谢谢！

缠中说禅 2006-11-23 21:39:28

不要习惯问有多大潜力这种问题，就像问跌到多少才是底一样，都是些害人的想法产生的问题。你只需要知道中线行情正在展开，持有一直等待行情结束的信号产生。

21

网友 2006-11-23 21:45:48

请教陆家嘴（600663）后市的操作方法。

缠中说禅 2006-11-23 21:46:40

陆家嘴(600663)是典型的在年线上盘整，所有均线黏合后产生中线行情的例子。各位可以好好研究该日线图形（见图 18），体会一下。

这种股票有就拿着，中线介入的最好机会已经过去。短线最好的机会，也就是最强势走势中跳空缺口后回试 5 日线的最佳短线介入机会已过。中短线都不是好的介入时机，所以就算了吧。

图 18 陆家嘴（600663）2006 年 11 月 23 日前后日线图

22

网友 2006-11-23 21:50:06

请教一下博主，如何看待这几天沪市的量能。如果从量价结合来看，觉得是很正常健康的。可是从每天盘口来看，倒觉得有放量滞涨的感觉，不知博主怎么看？另外，大盘调整是肯定的了，但不可出现 6 月 7 日至 7 月 13 日那样的大阴线，否则这个地方就是顶了，博主怎么看？

缠中说禅 2006-11-23 21:51:08

首先不用考虑顶的问题，除非你觉得短线的顶也是顶。其次，中线的顶不是一天炼成的，只有筑顶一定时间后，才会出现那种类型的大阴线。而上升途中的大阴线，只会引发多头更凶猛的反扑。

23

网友 2006-11-23 22:05:36

你好博主！我在2.91元介入中国嘉陵（600877），4.60元介入青海明胶（000606）。希望博主帮我分析我该如何运作才能尽量减少亏损，万分感谢！

缠中说禅 2006-11-23 22:07:36

本ID对套牢者的问题总要优先回答。首先请一定记住，不要在以巨量大阴线构造顶部的下跌反抽中介入，这是投资者大忌。你的青海明胶（000606）大概就是这样买的。等吧，中线应该有解套机会的，这个教训一定要吸取。

你的中国嘉陵（600877）大概是追高买入的，这又是一个教训，也是等吧，中线应该有解套机会的。这个教训千万要吸取，一定不要追高买股票。一定要有这样的心态，它爱涨多少是多少，权当这只股票不存在。

24

网友 2006-11-23 21:59:56

请教西藏发展（000752）目前能否介入？另外烦请看看华帝股份（002035）的周K线，很有趣，错落有致，似乎很适合做波段。

缠中说禅 2006-11-23 22:12:49

所有股票都适合做波段，不要对有规律的走势产生定式，人经常就是这样被绞杀的。西藏发展（000752）中线分批次介入风险不大，但可能需要耐心。

25

缠中说禅 2006-11-24 10:07:17

大盘如期调整，请自己密切关注逆市不跌的股票，下轮的黑马由此产生的可能性很大。

26

缠中说禅 2006-11-24 11:13:19

目前正处于5日线的多空争夺中，多头胜则会出现最强走势，当天调整完成，否则调整时间将大幅度延长。但个股表现不会差，密切关注未启动的、逆势走强的股票。

教你炒股票10

2005年6月，本ID为何时隔四年后重看股票（2006-11-24 12:02:50）

1

网友 2006-11-24 12:09:30

中国卫星（600118）、兰花科创（600123）博主如何看待？

缠中说禅 2006-11-24 12:32:07

中国卫星（600118）中线调整，等待年线上移给予支持。

兰花科创（600123）中线问题不大，短线15.80元压力不破，小心回调压力（见图19）。

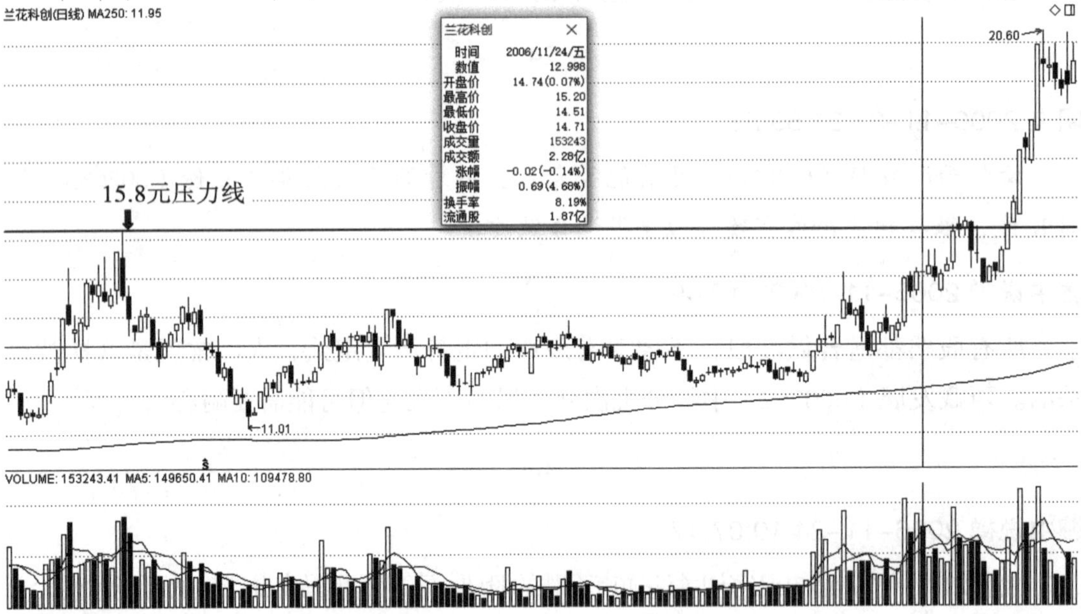

图19 兰花科创（600123）2006年11月24日前后日线图

2

网友 2006-11-24 12:28:44

能否推荐一下股票入门的好书呀？看了你的文章，我深刻地理解了为什么高手都是寂寞的啦。

缠中说禅 2006-11-24 12:33:57

就看本 ID 的，对股票，全中国没有比本 ID 更权威的，你还想看什么？

3

网友 2006-11-24 12:35:24

博主，真的非常想知道你对封闭式基金、钢铁股、电力股(或公用事业股)的看法，希望你能够赐教，谢谢！

缠中说禅 2006-11-24 12:39:27

都没问题，钢铁股的中线行情不都在展开吗？其他也会表现的，请耐心拿着。

4

网友 2006-11-24 12:39:15

我就请教个股吧，中海发展（600026）、国投电力（600886）、海润光伏（600401）、皖通高速（600012）、凌钢股份（600231）会如何走？谢谢！

缠中说禅 2006-11-24 12:46:18

中海发展（600026）：30 日线是中线关键，不破继续持有，买入最好时机已过（见图 20）。

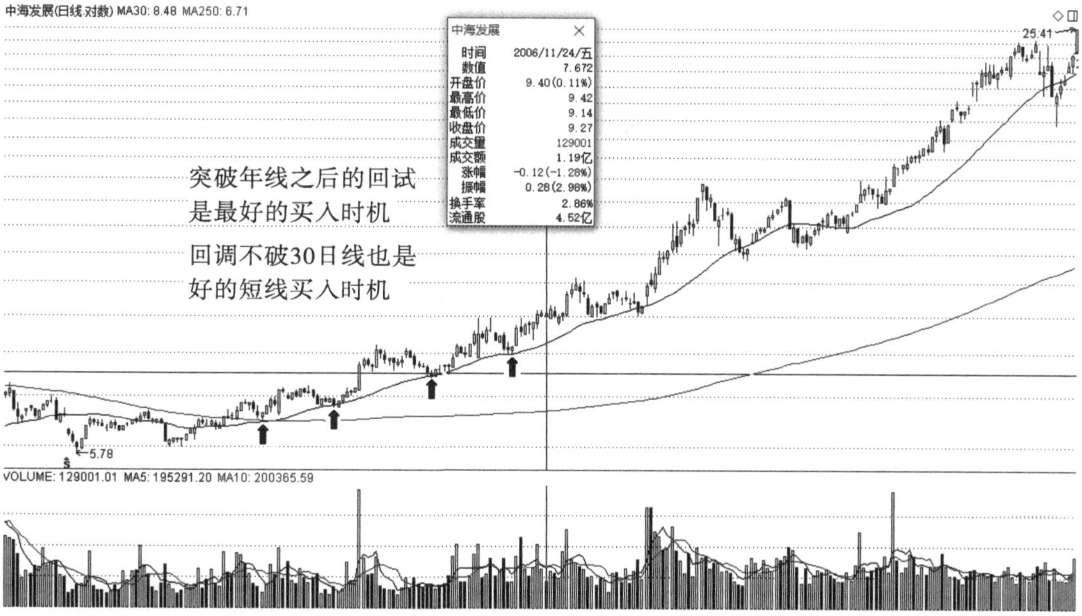

图 20　中海发展（600026）2006 年 11 月 24 日前后日线图

国投电力（600886）：回试年线得到支持，再次确认不破有望展开中线行情（见图 21）。

图 21 国投电力（600886）2006 年 11 月 24 日前后日线图

海润光伏（600401）：考验年线支持力度（见图 22）。

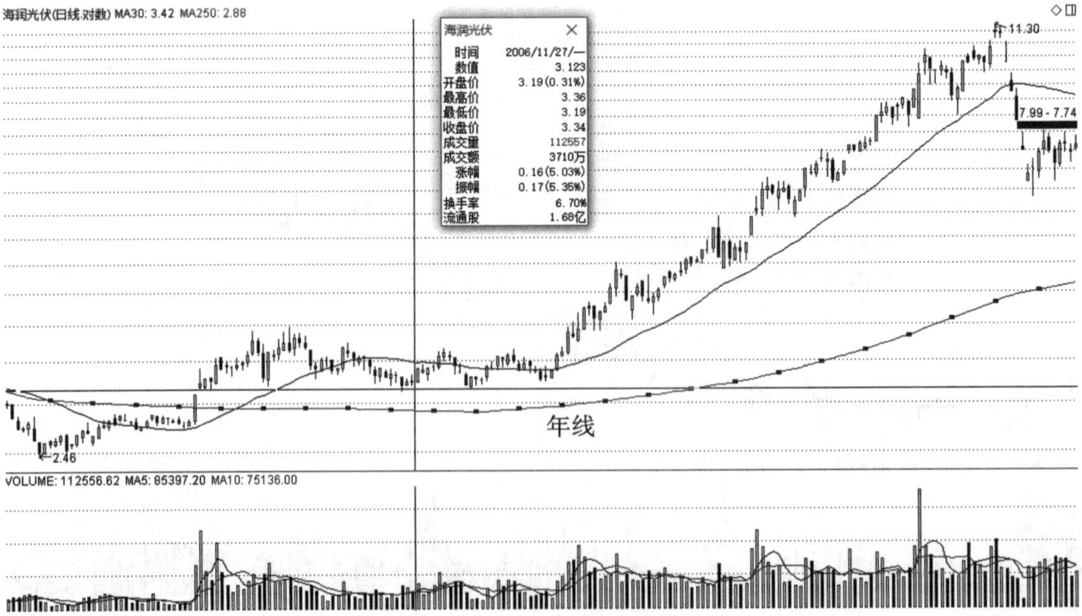

图 22 海润光伏（600401）2006 年 11 月 24 日前后日线图

皖通高速（600012）：突破年线，等待确认（见图 23）。

图 23 皖通高速（600012）2006 年 11 月 24 日前后日线图

凌钢股份（600231）:4.89 元短线压力突破前维持箱型整理，中线问题不大（见图 24）。

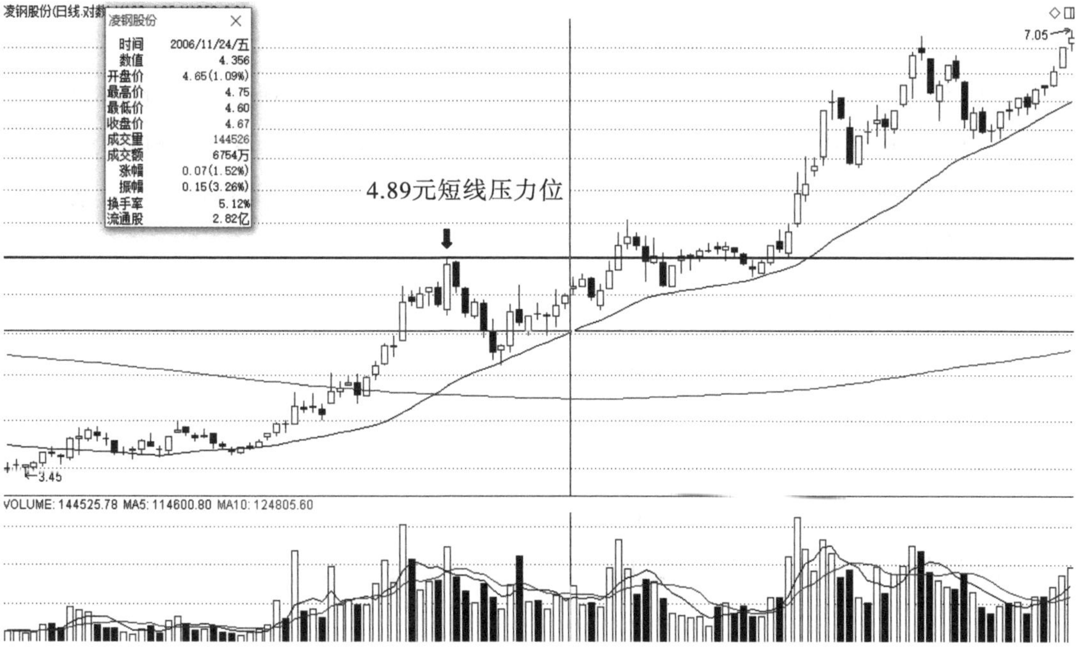

图 24 凌钢股份（600231）2006 年 11 月 24 日前后日线图

5

网友 2006-11-24 12:43:40

缠师好！大作已拜读并收藏。关于股票，缠师用的是未复权的图形，为何不用复权的？我的理解：大多散户不复权，故将错就错。请指正！

缠中说禅 2006-11-24 12:47:18

打倒夫权，当然就不能要复权的。

6

网友 2006-11-24 12:51:45

请教房地产板块看涨还是看跌？

缠中说禅 2006-11-24 12:53:45

二线地产股补涨，然后就是三线的，把握这个节奏。

7

网友 2006-11-24 12:50:00

连着看了几天你的文章，突然感觉自己就是属于你说的那种不能挣钱的废人，还号称学过经济学，不是一般的厚脸皮。向你表示一下感谢，因为你有些想法确实解决了一些困扰我的问题。呵呵，思想这个东西，有时候会产生意想不到的外部效应，感谢互联网，感谢你分享自己的知识和经验。另外，请教个实际问题，看图的时候，是否应该看复权以后的K线？还想问问，8.10元买入的鞍钢股份（000898），3.20元买入的京东方A（000725），4元买入的南化股份（600301），这三只股票应该如何操作，出了还是留？目前这三只股占的仓位不大，还有资金可以操作，多谢！

缠中说禅 2006-11-24 12:59:08

不复权，复权的可以参看历史阻力、支持位。

鞍钢股份（000898）：一定不要追高买股票，刚突破年线回试时买不更安全有效（见图25）？

京东方A（000725）：等待一下，中线会解套的。

南化股份（600301）：还是年线问题，中线应该问题不大，短线磨年线会有点磨人（见图26）。

8

缠中说禅 2006-11-24 13:34:49

5 日线压力不小，站稳前应多观察，密切注意不随大盘而动的股票。

9

缠中说禅 2006-11-24 13:50:35

重新突破 5 日线，14:00 的回试确定站稳，大盘将展开反攻。

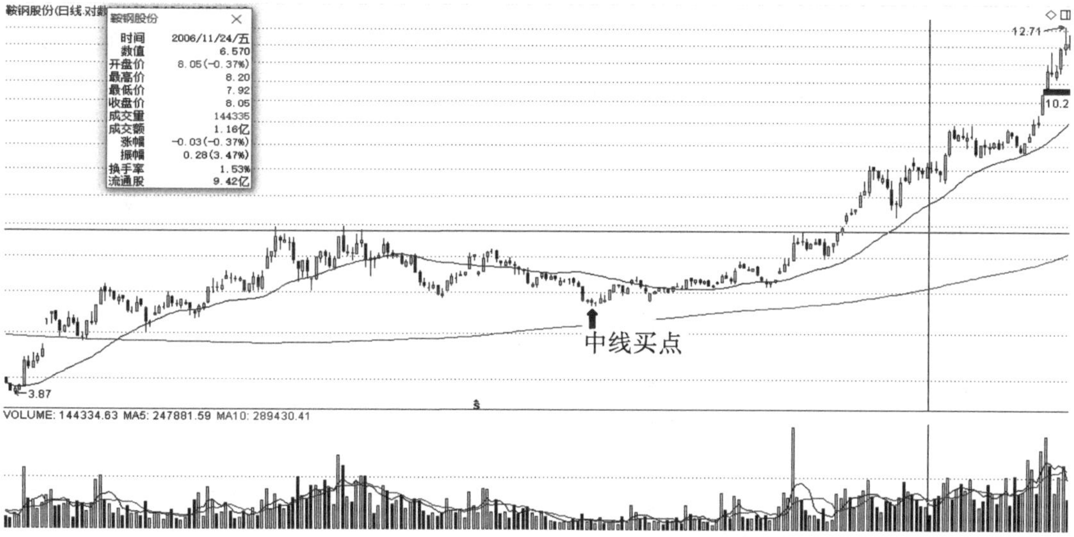

图 25 鞍钢股份（000898）2006 年 11 月 24 日前后日线图

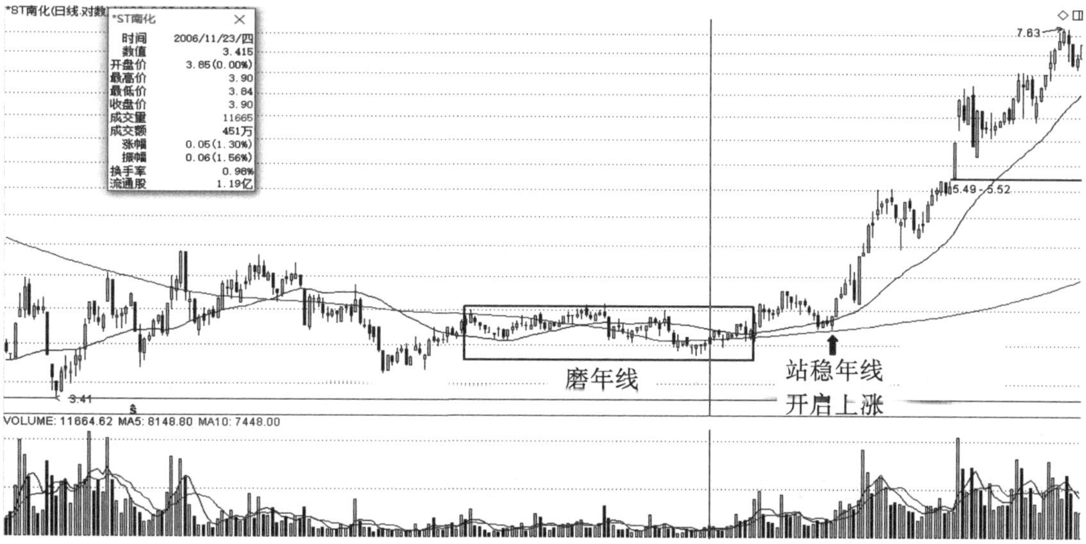

图 26 南化股份（600301）2006 年 11 月 24 日前后日线图

10

缠中说禅 2006-11-24 14:14:17

反攻力度有点儿弱，个股表现不错。房地产股票就像上面所说的，一线然后二线接着三线。现在连天鸿宝业（600376）这种三线亏损房地产股票也启动了，但这个时候，房地产板块短线压力就开始增加了，中线暂时问题不大。

11

缠中说禅 2006-11-24 15:00:18

如期反攻，力度有问题，下周反复难免。短线 5 日线是关键，不能跌破，跌破则重新考验 2000 点下的缺口支持（见图 27）。

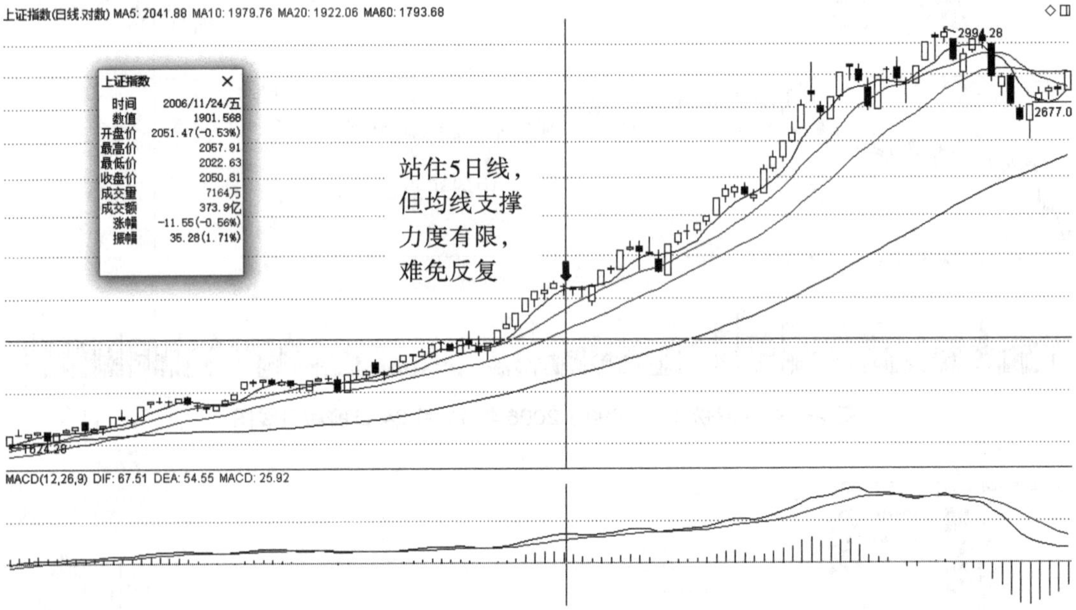

图 27 上证指数 2006 年 11 月 24 日前后日线图

12

网友 2006-11-24 13:08:50

博主真是高手，这几天发现并读了您的文章，真是惊为天人。我现在手上还有重仓，中国国航（601111），成本 4.45 元；中集集团（000039），成本 14.20 元；片仔癀（600436），成本 17.40 元。这些要卖还是要留？谢谢！

缠中说禅 2006-11-24 20:50:56

中国国航（601111）：千万别追高买股票，一定要在刚启动的时候买。中线大幅上涨后，等中线调整结束再买。这样虽然会浪费很多所谓的机会，但一定能活下来。现在牛市没问题，随便怎么买都会挣钱，一旦养成追高的习惯，以后麻烦就大了。该股票中线是没有问题的，短线折腾少不了。

中集集团（000039）：不要等拉了大阳线才买股票，一定要习惯于在放量突破回调时买股票，这样风险会小很多。该股票中线没问题，短线有一定折腾，因为刚好在前期缺口位置上（见图 28）。

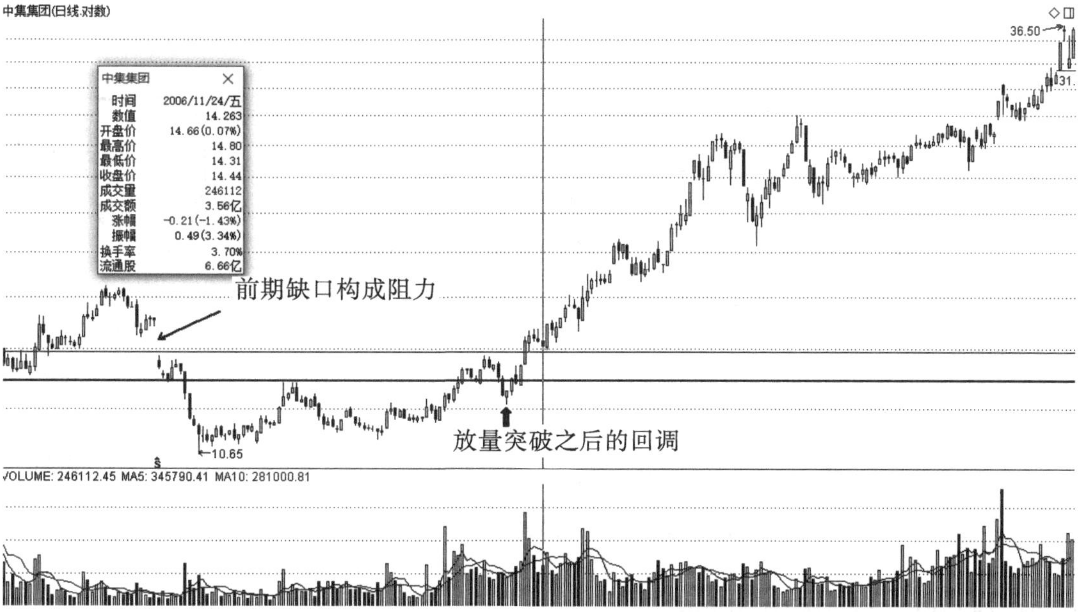

图 28　中集集团（000039）2006 年 11 月 24 日前后日线图

片仔癀（600436）：17 元到 18 元的短线箱型正面临突破选择，该股属于大幅上升后的大中级调整，15.50 元到 19.60 元的中线大箱型整理结束前折腾少不了。

13

网友 2006-11-24 13:39:53

我近来看了你的博客，我就是不能挣钱的人。请教你吉电股份（000875）的走势，请赐教！在炒股方面请多写点儿文章，谢谢！

缠中说禅 2006-11-24 21:07:55

吉电股份（000875）：正积聚中线启动能量，中线关键位置是 120 周线，目前该线在 3.40 元，正逐步下行，中线行情展开以有效突破该线为标志（见图 29）。

14

网友 2006-11-24 21:10:32

东方明珠（600832）的年线是 8.78 元呀，怎么是 11.4 元，差这么多？我的设置是 240 日，未复权的。

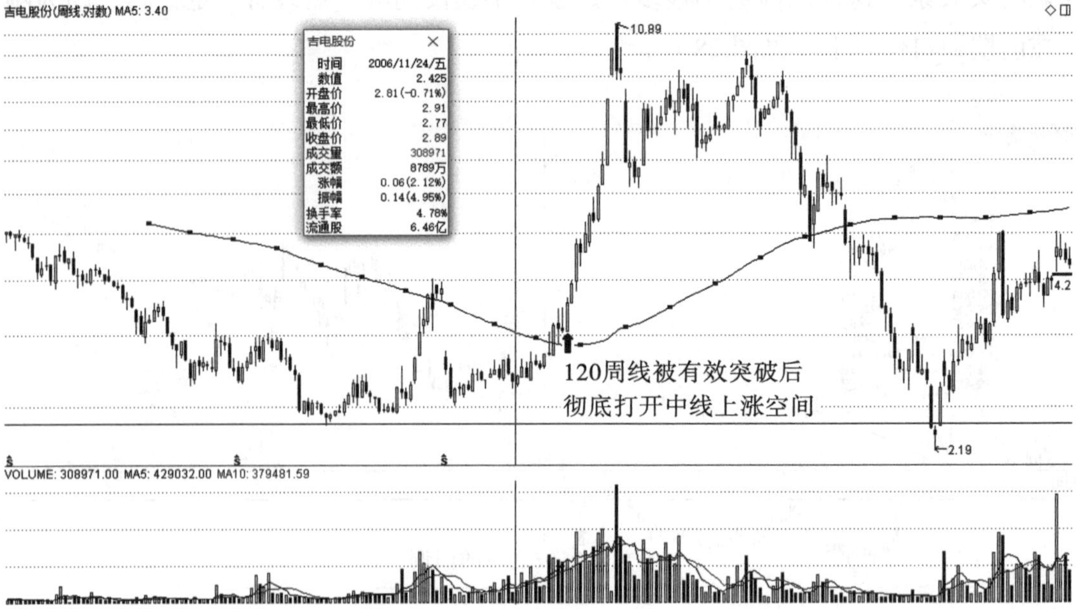

图 29 吉电股份（000875）2006 年 11 月 24 日前后周线图

缠中说禅 2006-11-24 21:16:36

你的不对，找找原因。另外，年线一般用 250 日线。

15

网友 2006-11-24 20:11:21

今夜外汇市场美元大跌，下周对股市会有何影响？

缠中说禅 2006-11-24 21:31:16

这种思维方式是完全错误的，不要预测任何消息的影响，而是要仔细观察市场对所有消息的综合反应，也就是市场走势本身。就像感冒之于人的体质，消息是来测试市场体质的，而不是用来预测的。

16

网友 2006-11-24 21:24:04

我进入股市也很长时间了，大概有近三个月了，可我仍旧输在心态的问题上。唉！慢慢调整吧。我前几天出掉了雅戈尔（600177），可今天它却逆市上涨，所以想请教：

（1）雅戈尔（600177）我下周可以再追回来吗，尽管我看博主说，对摒弃的股票就要绝情。

（2）中国石化（600028），我是 7.70 元的价格，宝钢股价（600019），我是 6.36 元的价格，可以继续持有吗？

缠中说禅 2006-11-24 21:41:13

你这种问题有典型性，本 ID 不介意多说两句。

首先你要问自己当时为什么抛那股票。如果你是本着中线介入的，那股票中线所有指标都走得很好，一直在 120 周线上方调整，没有跌破这中线的生命线，所以找不到中线要走的理由（见图 30）。短线就不说了，走了就走了。

买股票时一定要先想清楚你为什么要买，你做它的理由是什么，是短线的还是中线的。相应地，要设计好介入的模式和仓位控制，不能被市场的短线波动影响。

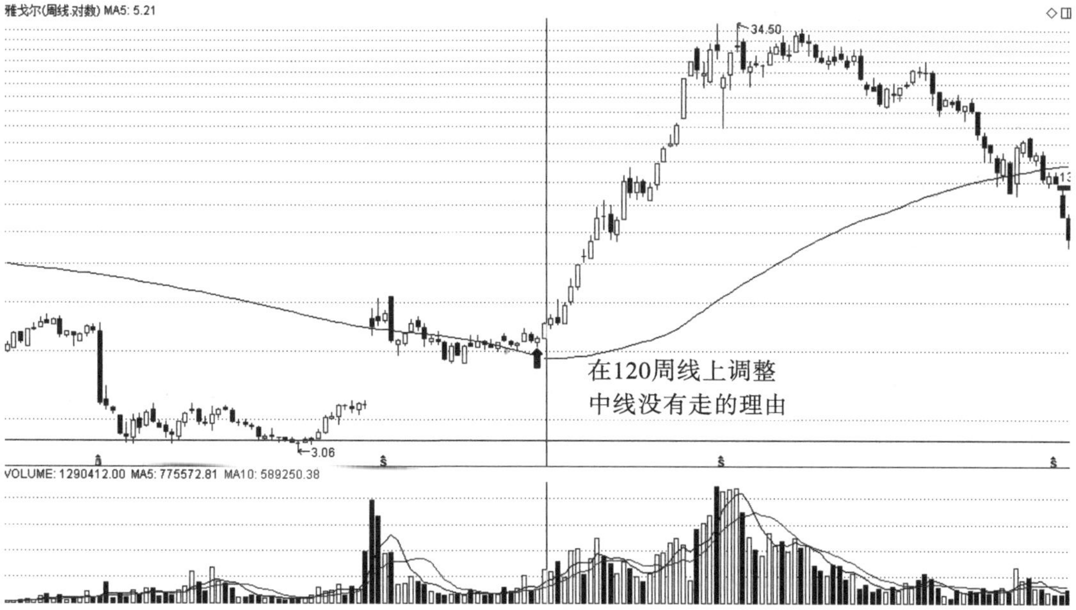

图 30 雅戈尔（600177）2006 年 11 月 24 日前后周线图

你另外两只股票介入的价格是不是有点儿过分追高了，中线它们都没有问题。但本ID觉得还是要养成绝对不追高的好习惯，除非是刚启动。在大幅上涨后才追高，这不是投资的长久之计。

网友 2006-11-24 22:08:35

那我下周如何操作？出掉它们（中国石化600028，宝钢股价600019）吗？也不再追雅戈尔（600177）了吗？

缠中说禅 2006-11-24 22:23:14

也不用全抛了，毕竟中线行情还没有完全结束。如果你满仓这两只股票，那么最好借短线冲高的机会，降低一点儿仓位，这样就减少了风险，资金运用也可以灵活点儿。如果占仓位比例不高，那就留着也没问题。

说实在的，你这类情况，谁处理都麻烦。所有的操作困难都是操作失误造成的，因此养成好习惯是投资第一重要的事情。别怕机会都没了，市场中永远有机会，关键是有没有发现和把握机会的能力，而这种能力的基础是一套好的操作习惯。有了好的习惯，所有的操作都没有什么两难的地方，都很简单。

真正的高手从来不迎难而上，把自己整天搞到置之死地而后生的境界，看看《庄子》里庖丁解牛的故事，好好想想。

17

网友 2006-11-24 21:42:35

能否再解释几句“教你炒股票”第4课的那句：“用你的眼睛去看，用你的心去感受。”唉，本人资质有限呀！还望赐教，谢谢！

缠中说禅 2006-11-24 21:57:10

首先不要受消息、情绪等的影响，这样你的眼睛才看得清楚，然后你的心才会敏感。慢慢对市场就有了一种灵感，市场仿佛就是你的身体一样，它有什么风吹草动，头疼脑热的，你马上就有感应，这样才有点儿样子。但这是要慢慢来的，先把一些基础的东西变成自己的一种本能反应，例如建立符合自己的有效的操作程序等，这是初学者最基本的东西。

18

网友 2006-11-24 21:52:10

缠师你好！本人新进入股市，请教几个问题，麻烦缠师帮忙分析。目前本人手中持有：五粮液（000858）、珠海中富（000659）、中国联通（600050）的股票，麻烦缠师给分析下形势，谢谢！

另外，本人想学下短期操盘，请问缠师有什么忠告。

缠中说禅 2006-11-24 22:01:06

五粮液（000858）：大涨后的中线大调整，现在正等待5周线的上移支持（见图31）。如果短线能站稳5周线，则第二波突破就很有可能出现，否则还要折腾折腾。

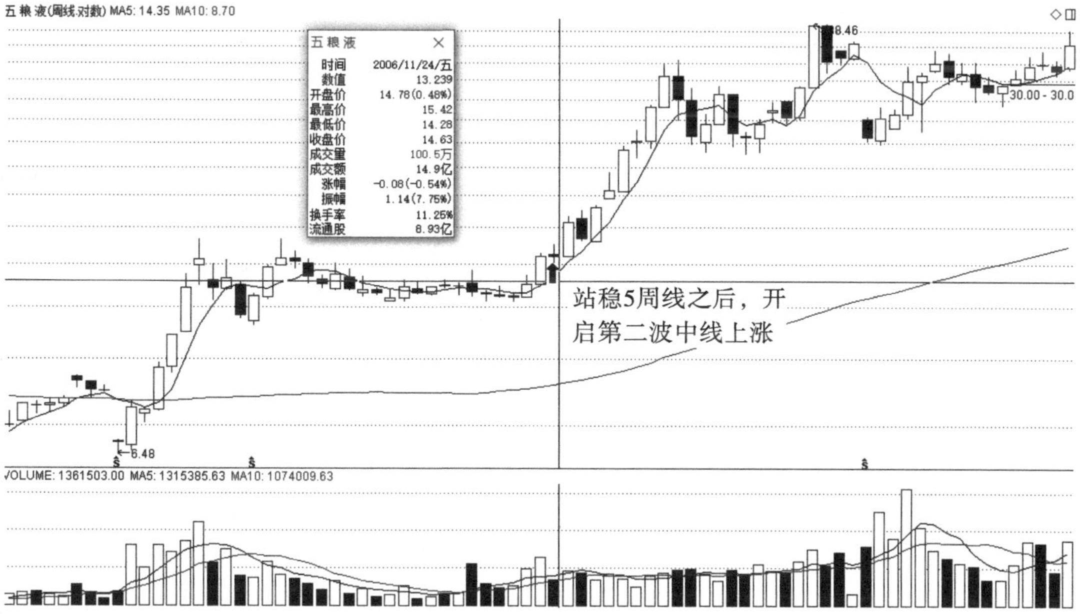

图 31　五粮液（000858）2006 年 11 月 24 日前后周线图

珠海中富（000659）、中国联通（600050）中线都没问题，详细就不说了。

19

网友 2006-11-24 21:54:19

谢谢博主在方法上对股票操作的评论，看了真感觉当头棒喝，让我悟到了很多东西。本月实战战果辉煌，无一失手，多谢多谢！

缠中说禅 2006-11-24 22:05:16

要不断总结，不能被胜利冲昏头脑，毕竟现在是牛市，操作难度要小多了。市场操作是一个武功修炼的过程，不能把自己局限在一个境界里。要先摸索总结，然后寻求突破，达到一个新的境界。这都是自我修炼的过程，别人只能从旁边说叨几句。

20

网友 2006-11-24 22:23:22

我每天都光顾你的博客，在这里学到很多知识，感谢你给我们带来了快乐。顺便问浙大网新（600797）可以搞吗?

缠中说禅 2006-11-24 22:30:00

中线没问题，短线最好的也就是均线黏合的时机已经错过（见图 32）。目前介入，要冒一定的突破失败的风险，所以只能算是次好的时机。是否介入，关键看你对风险的承受能力如何了。

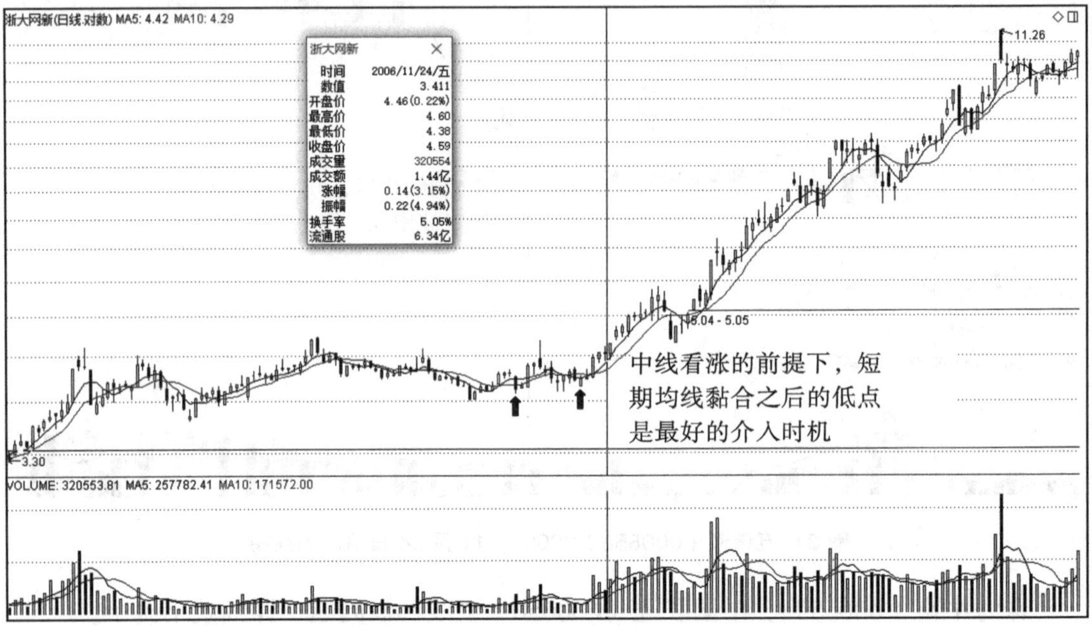

图 32 浙大网新（600797）2006 年 11 月 24 日前后日线图

经典回放:G 股就是 G 点，市场的原理和生理的原理是一样的（2006-11-27 12:10:52）

1

缠中说禅 2006-11-27 12:18:55

今天的反复折腾在上周已经明确指出:“如期反攻，力度有问题，下周反复难免。短线 5 日线是关键，不能跌破，跌破则重新考验 2000 点下的缺口支持。”

本结论继续有效。

缠中说禅 2006-11-27 12:19:44

还是那句话，短线继续板块轮动，没动的都要动。调整是短线高手的天堂，当然，中线的也可以打点儿短差，技术一般的就看着吧，这“上上下下”的享受，也可以继续享受享受。

2

网友 2006-11-27 12:18:45

上午买了国农科技（000004），请博主点评一下。

缠中说禅 2006-11-27 12:23:33

中线有机会，但短线没突破 4 元至 4.20 元的压力区，还要继续折腾（见图 33）。

另外，如果不是强力突破的走势，一般最好别早上买股票，因为没有 T+0，下午经常有很好的选择。当然，如果是中线着眼，逐步建仓，那是另一回事。

图 33 国农科技（000004）2006 年 11 月 27 日前后日线图

3

网友 2006-11-27 09:12:21

在下有两只个股请求诊断，华夏银行（600015）、博闻科技（600883），万请不吝赐教！

缠中说禅 2006-11-27 12:33:23

华夏银行（600015）：三线银行股，大盘调整后有补涨潜力。

博闻科技（600883）：中线有潜力，短线等待均线系统走好。

4

网友 2006-11-27 12:27:29

请帮我看看阳光股份（000608）后市如何操作？谢谢！

缠中说禅 2006-11-27 12:36:43

阳光股份（000608），二三线房地产股，正在补涨中，介入的最好时机已过（见图 34）。目前介入短线有风险，中线问题不大。

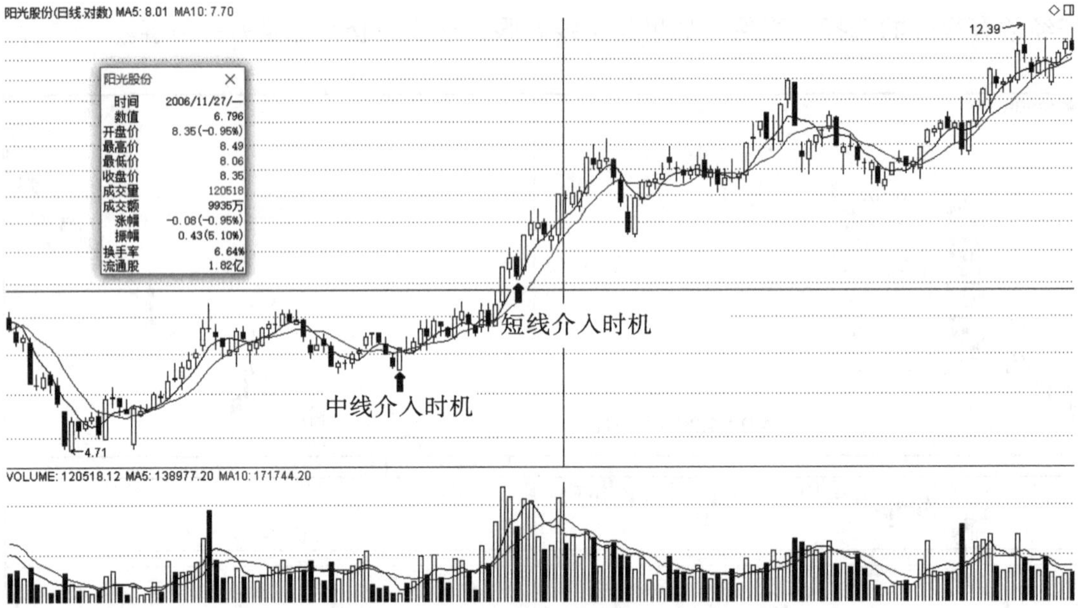

图 34 阳光股份（000608）2006 年 11 月 27 日前后日线图

5

网友 2006-11-27 12:39:03

很受教。请教首开股份（600376）的走势？谢谢！

缠中说禅 2006-11-27 12:40:57

三线地产股，等待补涨契机。

6

网友 2006-11-26 20:04:25

能帮忙看看上港集团（600018）吗？

缠中说禅 2006-11-27 12:47:46

中线仍有潜力，短线再启动需要补量（见图 35）。

图 35 上港集团（600018）2006 年 11 月 27 日前后日线图

7

网友 2006-11-27 12:41:12

哎，主力要恨死博主了，我坚决支持。下午准备满仓认沽，要么升天，要么短期下下地狱。

缠中说禅 2006-11-27 12:49:57

心态好一点，不能赌性太大。除非你觉得自己短线感觉很好，否则最好不要满仓参与风险太大的品种。

赚钱是一辈子的事情，不是一锤子的买卖。

8

网友 2006-11-27 12:43:39

请博主看看伊利股份（600887）、江苏吴中（600200），多谢！

缠中说禅 2006-11-27 12:54:29

伊利股份（600887）：中线没问题，短线考验年线支持力度（见图 36）。

江苏吴中（600200）：庄股，有自救企图。

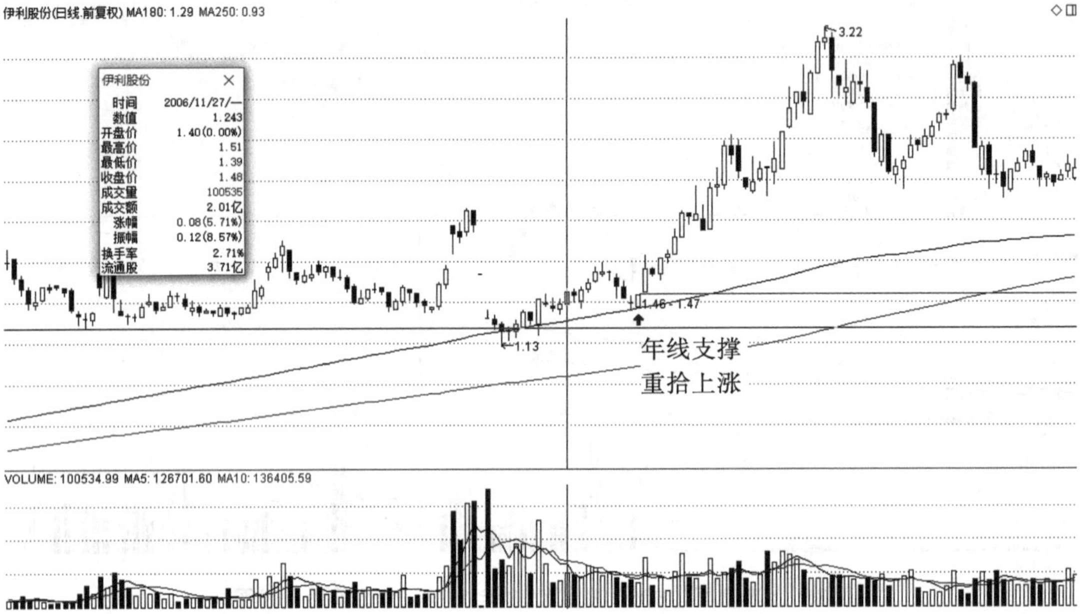

图 36 伊利股份（600887）2006 年 11 月 27 日前后日线图

9

网友 2006-11-27 12:51:12

你好！请看一下山东海化（000822）如何？多谢！

缠中说禅 2006-11-27 12:55:28

有潜力。

10

缠中说禅 2006-11-27 15:10:23

今天大盘的走势十分规范，最终刚好就收在本 ID 强调的 5 日线上。其实，目前大盘并不太重要，关键是把握好个股轮动。本 ID 每次都反复强调这一点，强调不用怕调整，调整就是机会。

大盘结束调整后的这次上攻一旦完成，下一轮的调整将比较大，是全面性的调整，大多数个股都会跟着调，不像这次，就大盘股调。这一点是必须注意的，本 ID 事先告诉各位了。

11

网友 2006-11-27 12:51:13

请教高人，长航油运（600087）如何？

缠中说禅 2006-11-27 15:17:51

短线放量过急，需要缩量确认突破后再放量。

12

网友 2006-11-27 13:12:36

请问能否现价介入中洲控股（000042）？多谢了！

缠中说禅 2006-11-27 15:24:30

11 月 14 日回试年线的最佳买点过了，现在介入要承受一定的短线震荡风险，但中线问题不大（见图 37）。

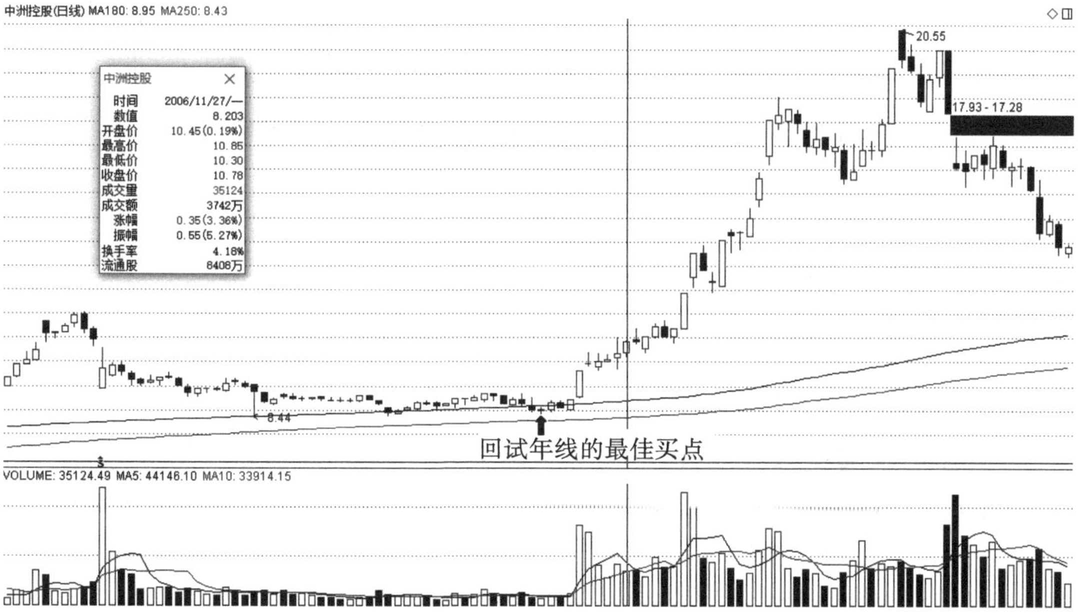

图 37　中洲控股（000042）2006 年 11 月 27 日前后日线图

13

网友 2006–11–27 13:13:07

博主，你好！怎么看八一钢铁（600581）？

缠中说禅 2006–11–27 15:27:25

4元附近的120周线是压力，短线蓄势攻击，折腾少不了，中线问题不大（见图38）。

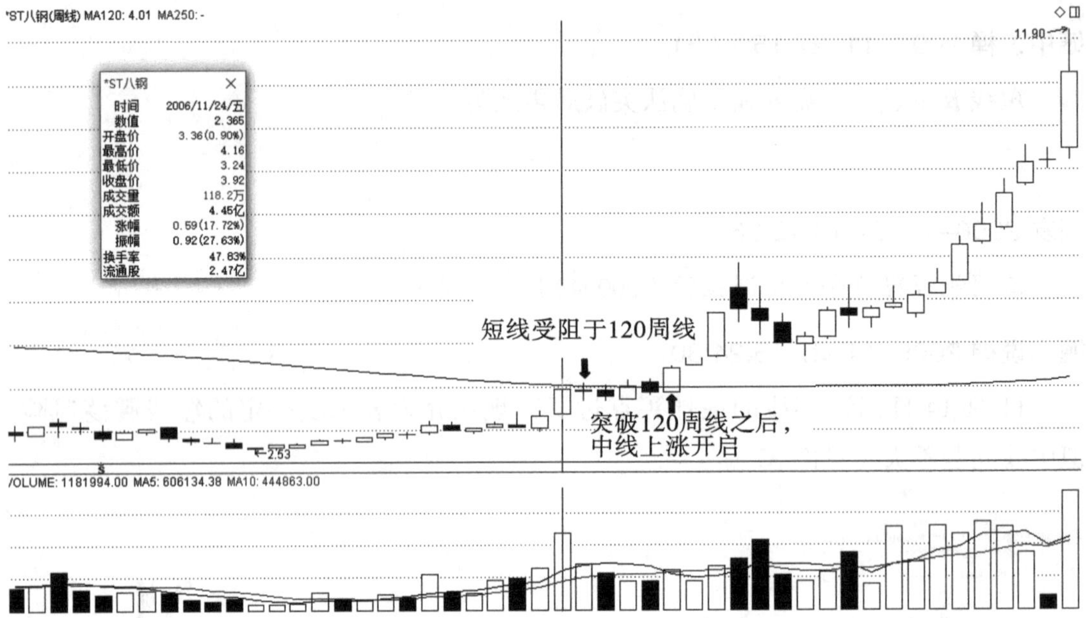

图38 八一钢铁（600581）2006年11月27日前后周线图

14

网友 2006–11–27 13:16:21

请博主看看首钢股份（000959）、上海能源（600508），多谢！

缠中说禅 2006–11–27 15:30:39

首钢股份（000959）年线蓄势，中线问题不大，短线需要补量（见图39）。

上海能源（600508）半年线蓄势，中线问题不大，短线尝试突破（见图40）。

15

网友 2006–11–27 17:25:23

请教中大股份（600704），4.75元套牢，这星期能解套否？

缠中说禅 2006-11-27 21:39:46

投资最重要的一条就是用来投资的钱必须是多余的，可以长期利用的。本 ID 不想当算命先生，希望你好运吧。

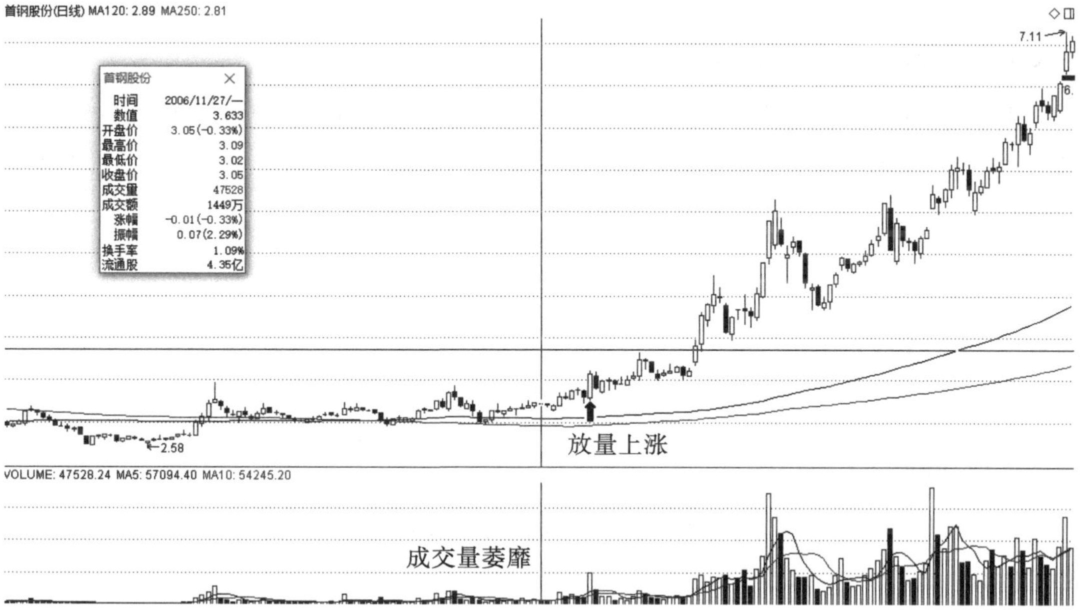

图 39 首钢股份（000959）2006 年 11 月 27 日前后日线图

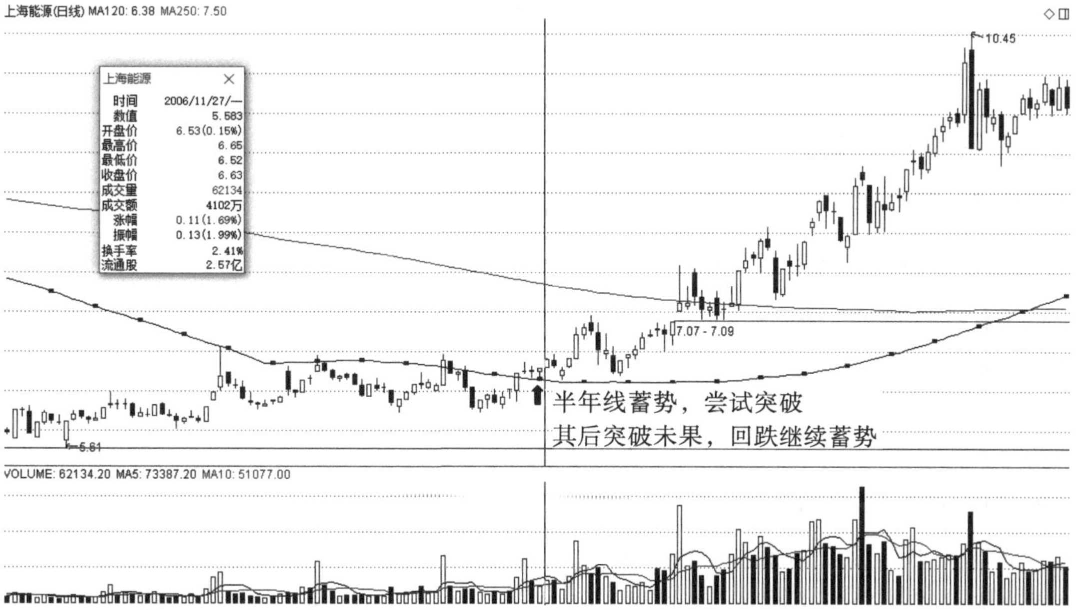

图 40 上海能源（600508）2006 年 11 月 27 日前后日线图

16

网友 2006-11-27 18:13:35

请教博主，航天电子（原火箭股份，600879）在这周行情中向上空间有多大，谢谢！

缠中说禅 2006-11-27 21:43:15

预测是股评干的事情，本ID不是股评。要在投资市场成功，唯一只需要知道，此时此地能搞吗？如果仍在能搞的标准下，就继续持有，否则抛弃，就这么简单。

17

网友 2006-11-27 15:17:28

请问招商银行（600036）调到位了吗？

缠中说禅 2006-11-27 21:48:25

一定要改变思维模式，不要问什么调整到位没有的问题，而是要问自己搞的标准是什么。每个人的标准都不同，这与资金量和投资经验有关。唯一正确的问法是：招商银行（600036）现在符合自己搞的标准吗？

是否符合，只有你自己知道。如果你自己都不知道，那请你先停下来，自己想清楚。不清不楚就是把市场当赌场，市场会变脸的。

18

网友 2006-11-27 20:09:04

我有一万元能不能炒股呀，会不会因此发财？

缠中说禅 2006-11-27 22:02:03

为什么不能呢？但发财只是一个结果。心里有结果，就不会有结果了，先问自己能否耕耘吧。

19

网友 2006-11-27 21:20:16

问题：中信国安（000839）2003年买入，S宁新百（南京新百，600682）2004年买入，其实只是执着不想卖出而已。你觉得如何操作，给我一个操作建议。别说得太“股评”呀，可以的话不妨说明可以持有到什么时候。

缠中说禅 2006-11-27 22:04:55

既然已经长线持有了，就一直持有到长线不能持有为止，而现在没有任何这样的信号产生。

20

网友 2006-11-27 21:47:28

请教华茂股份（000850）后市如何操作？谢谢！

缠中说禅 2006-11-27 22:10:42

华茂股份（000850）：大涨后的中线调整中，短线要突破需补量（见图41）。

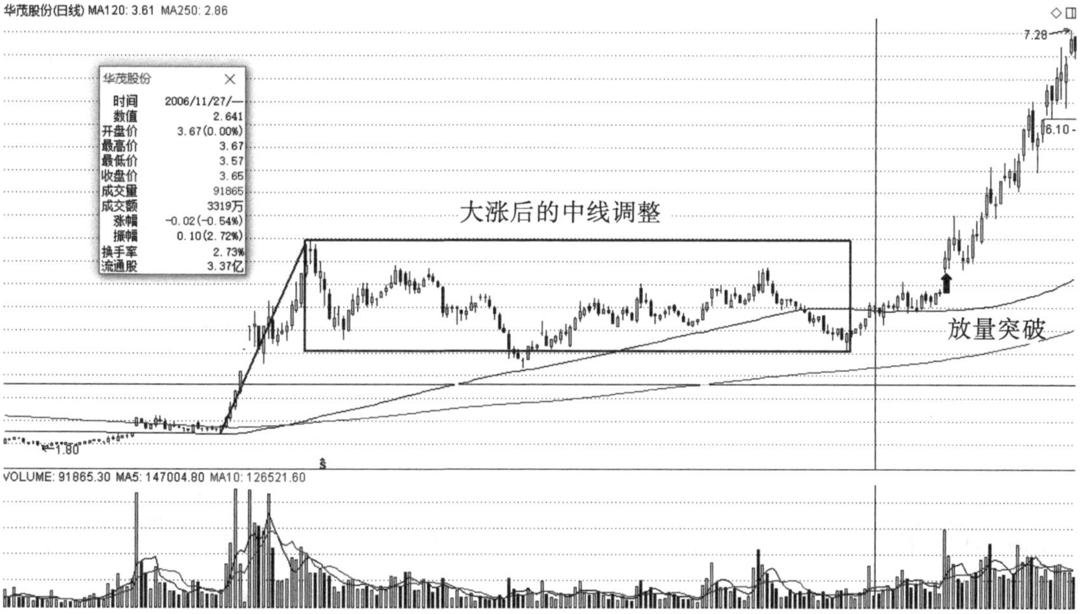

图41 华茂股份（000850）2006年11月27日前后日线图

21

网友 2006-11-27 21:54:52

今天下午的时候似乎有色股的主力在撤退，似乎在进攻其他的品种，博主如何看？这是主力暂时的撤退吗？很快又能搞起来？

缠中说禅 2006-11-27 22:13:34

短线轮动很正常，长线看，有色股票的分化在于筹码的集中度，有些散户拿得太多的，就只能继续折腾了。散户不敢拿的，都变庄股，走起来就没谱了。

22

网友 2006-11-27 21:58:57

请缠师帮忙看看华鲁恒升（600426）和民生银行（600016）的后市，不知道这会儿进入民生银行（600016）会不会有大风险？

缠中说禅 2006-11-27 22:22:29

华鲁恒升（600426）：一般股票从个位到十位都要长期折腾的，该股就是围绕10元干这活儿。中线问题不大，短线还是看成一个9元到11元的大箱型比较稳妥（见图42）。

图42 华鲁恒升（600426）2006年11月27日前后日线图

民生银行（600016）：本ID从来不希望有人追高介入，4元多刚破年线时哪里去了？世界上又不是只有一只股票。当然，该股中线没问题，但这不是一个必须介入的理由（见图43）。

23

网友 2006-11-27 22:17:58

请问，津滨发展（000897）如何？

缠中说禅 2006-11-27 22:24:36

大涨后的三角形整理，短线要突破需补量（见图44）。

24

网友 2006-11-28 02:47:18

请教，中化国际（600500）、申能股份（600642）后市如何操作？关注广汇能源（600256），过了买入时机，请问还有机会吗？谢谢！

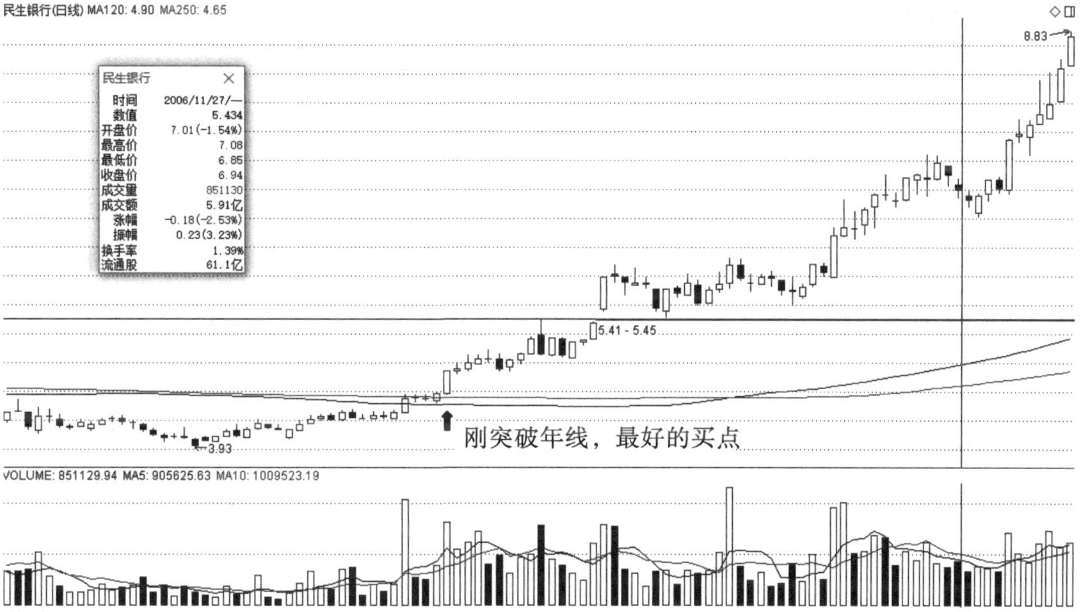

图 43　民生银行（600016）2006 年 11 月 27 日前后日线图

图 44　津滨发展（000897）2006 年 11 月 27 日前后日线图

缠中说禅 2006-11-28 09:07:54

股票在任何时候都可以买入，唯一的不同是承受的风险不同。好的方法就是在风险最低的时候介入，但世界上没有绝对无风险的机会。介入的关键是你明白你的风险在哪里，能承受多少风险，怎么退出。

解盘、答问（2006-11-28 12:05:08）

1

缠中说禅 2006-11-28 12:15:13

今天走势很正常，关键还是这两天一直强调的 5 日线，目前最稳妥的走法就是让 5 日线和 10 日线来个强收敛，然后再次上涨。但必须再次指出，这次上涨过后，相应的调整期要比这次长。

2

网友 2006-11-28 12:20:56

按博主的说法，深沪两市继续背离呀，这前期酝酿难度大点儿。

缠中说禅 2006-11-28 12:23:05

难度不大就不叫酝酿了！酝酿是难度最大的。有酝酿，上涨可期，连酝酿都没有，只能喝西北风了。

3

网友 2006-11-28 12:35:18

博主自研的这套东西还真的蛮贴切，看来沪市均线要强收敛还是得靠银行呀。

缠中说禅 2006-11-28 12:43:24

均线收敛有几种：如果是弱收敛，太轻飘，以后的走势不稳。

强收敛：这要小心骗线，只要不是骗线，其后走势都较好。

交叉缠绕：骗线概率太大，但如果不是，那走势反而比较火爆。

4

网友 2006-11-28 12:22:06

缠师，现在大盘的走势和你说的基本一致。请教个问题，你预测下一波中哪个板块应该可以先达到行情的高潮？谢谢指点！

缠中说禅 2006-11-28 12:25:31

所有板块都会动一次的，如果从力度上看，还是中低价股的补涨，特别是强势板块的补涨股，毕竟目前人都很谨慎。新板块的大面积上涨，要等待下一次大的调整期结束之后。

5

网友 2006-11-28 12:27:40

博主：我最近几天拿了点路桥建设（600263），到昨天为止，已经收了七连阳，天天担心调整，今天早上终于把我洗出去了。您看此股走势怎样，如果可以我还想接回来，不知有没有机会！害怕越等成本越高。

缠中说禅 2006-11-28 12:32:45

这种股票短线最好操作了，5 日线不破就拿着，万一它玩小阳后长阳的招数怎么办？

6

缠中说禅 2006-11-28 12:37:43

和各位说说银行股，不是让各位现在买，只是银行股是大盘的风向标。

目前最重要的是招商银行（600036），它突破历史天价后回试。整个大盘和银行股的走势与之关系极为密切，一旦它能真正突破历史天价，所有银行股都会进一步拓展上升空间。所以它的走势对短期、中线大盘的力度十分关键。

试想，一个站在 25 元至 30 元的招商银行（600036），为所有股票打开了多大的上升空间，更别说 50 元的了。

招商银行（600036）最终能否上 50 元，这一点本 ID 不愿意预测。但本 ID 只知道，每次大行情，深发展 A（现平安银行，000001）都上 50 元。招商银行（600036）也是深圳的，它的行长姓马①。

①指招商银行行长马蔚华。马蔚华，1949年6月出生于辽宁锦州，1982年吉林大学经济系本科毕业，1986年获吉林大学经济学硕士学位，1999年获西南财经大学经济学博士学位，美国南加州大学荣誉博士。被誉为中国最具创新意识的银行家，20世纪影响中国的25位企业家之一。1999年3月至2013年5月31日任招商银行行长，2013年5月31日，卸任招商银行行长职务。自担任招商银行行长以来，马蔚华始终把“创新”二字贯穿于招商银行的发展之中，推动了招商银行的“网络化、资本市场化、国际化”的进程，使得招商银行拥有全行统一的电子化平台，率先开发出一系列高技术含量的金融产品与金融服务，吸引了大批高端用户，同时树立了技术领先型银行的社会形象。他率先利用信息化网络技术改造银行业务，建立网上银行，抢占金融领域的制高点，成为中国电子商务最主要的支付银行。他将原始的服务手段与先进的管理理念“嫁接”，为客户提供“一站式”服务，将企业的管理模式与市场营销策略进行了完美组合。种种创新，使招商银行从当初偏居深圳蛇口的区域性小银行，坐上了国内银行界的第六把交椅，仅次于工、农、中、建、交五大国有商业银行。

7

网友 2006-11-28 12:31:37

请博主看看上海能源（600508）、首钢股份（000959）、铜陵有色（000630），哪个更适合中长线呢？谢谢！

缠中说禅 2006-11-28 12:39:49

中线都没问题，至于长线，本ID只对反复波段操作感兴趣，对天长地久的谎言没兴趣。

8

网友 2006-11-28 12:33:58

麻烦看看包钢股份（600010）、工商银行（601398），多谢！

缠中说禅 2006-11-28 12:45:16

中线都没问题。

9

网友 2006-11-28 12:43:02

请问久联发展（002037），我8块进的，近期能否解套？谢谢！

缠中说禅 2006-11-28 12:59:36

不要在所有均线都向下发散时买股票，风险太大。最近中小板的股票扩张的也太快了，大家都有喜新厌旧的毛病，而且还有小非的压力①，所以老的只好委屈一下了，等吧。

10

网友 2006-11-28 12:54:13

这两天听缠主的教导，先学习，可是发现股票这个东西什么时候才能学通了

①指持股量在5%以下的非流通股东所持股份抛售带来的压力。中国证监会2005年9月4日颁布《上市公司股权分置改革管理办法》，即所谓的“股改”。进行上市公司股权分置改革，目的是建立非流通股股东和流通股股东之间的利益平衡协商机制，消除A股市场股份转让制度性差异。改革方案规定，公司原非流通股股份的出售，自改革方案实施之日起，在12个月内不得上市交易或者转让；持有上市公司股份总数5%以上的原非流通股股东，在前项规定期满后，通过证券交易所挂牌交易出售原非流通股股份，出售数量占该公司股份总数的比例在12个月内不得超过5%，在24个月内不得超过10%。这意味着持股在5%以下的非流通股份在股改方案实施后12个月即可上市流通。“小非”是指持股量在5%以下的非流通股东所持股份，这就是“小非”的由来。与“小非”对应，“大非”则是指持股量在5%以上的非流通股东所持股份。

呀？又没有缠主的领悟力，什么东西一看就是最高境界。恐怕等自己学明白点儿，大牛市都过去了，于是决定缩小学习目标，只看股票文章，翻来覆去地看，看看能不能悟出点什么东西来。缠主能说说目前是入市时机么？

缠中说禅 2006-11-28 13:02:30

学好了，永远有机会，熊市里都不缺机会。关键是股票，你入的是股票，所以只要是好的股票，符合你制定的能搞的标准就可以入，不入白不入。

11

缠中说禅 2006-11-28 14:56:17

这大盘够有表演欲的，中午本ID说最稳妥的走法就是让5日线和10日线来个收敛的走势，结果下午就来了一次表演，把那些装纯情的吓了一跳。

上面还说了，收敛有三种：

如果是弱收敛，就这一下就没了，明天直接攻上5日线，扬长而去。

如果是强收敛，那么今天下午的表演还会有的，5日线是压力。

如果是交叉缠绕，10日线是一定要破的，那种火辣辣的镜头会不断出现，把所有纯情分子羞跑了，高潮行情才会出现。

是什么收敛，判断很简单，盯住5日线就行了。

12

缠中说禅 2006-11-29 09:36:47

大盘受外围影响选择交叉缠绕的方式，短线急跌，选择好不跌的股票，有机会。技术不好的，就等最近反复强调的5日线站稳以后再说了。

教你炒股票11

均线系统的应用（2006-11-29 12:00:00）

1

缠中说禅 2006-11-29 12:03:27

下面的判断继续有效：大盘受外围影响选择交叉缠绕方式，短线急跌，选择不跌的股票，有机会。技术不好的，就等最近反复强调的站稳5日线以后再说。

2

缠中说禅 2006-11-28 12:15:13

今天走势很正常，关键还是这两天一直强调的5日线，目前最稳妥的走法就是让5日线和10日线来个收敛的走势，然后再次上涨。但必须再次指出，这次上涨过后，相应的调整期要比这次长。

3

网友 2006-11-29 12:39:53

写得真好，一直在学习中。非常感谢！

缠中说禅 2006-11-29 12:41:18

关键要拿着图形自己对照，这里讲的都是概念，要化为自己的直觉才行。

4

网友 2006-11-29 12:43:15

博主帮我看五粮权证（五粮YGC1，030002）还有没有上涨动力。

缠中说禅 2006-11-29 12:55:29

正在挑战前期高位，一旦成功，上涨空间完全打开。暂时耐心持有，好好观察，5日线不破就有成功的希望。

5

网友 2006-11-29 12:45:17

浦东金桥（600639）怎么样？地产股还会不会涨？

缠中说禅 2006-11-29 12:57:30

不要问还会不会涨，这是一个错误的问题，而是应该判断现在正在上涨中，这就足够了。

6

缠中说禅 2006-11-29 15:14:38

今早刚开盘时，就让技术好的选择不跌的股票，有机会，技术不好的就看5日线。一般来说，技术不好的，这类震荡上上下下享受一下就完了。技术好的，这是打短差降低成本或者换股的好机会。

目前走势很简单，就是5日线能否站稳的问题，站稳就继续冲击一波，因此明天的震荡依然难免。强的就在5日线整固，一般是围绕5日线折腾，弱的还要跳跳水，吓吓人。

对于个股来说，大盘怎么走都不是问题，下一波是个股普遍有表现的一波，很多前期没大动的，都会好好表现一番。其实这次调整，很多股票都会创新高，个股比大盘重要得多。

如果一定要看指数，就看深圳成分指数，这比上海的指数敏感有效。

至于上海指数，5日、10日线强收敛还是交叉缠绕，其实都不大重要。但这次调整后再上一波后的那次调整，规模就会大多了，这已经反复说过。

从大盘健康的角度说，本ID给大盘的建议是：先深成指突破6103点的历史高位，然后上海跟上，突破以后再调整，这样更健康。不知道大盘有没有兴趣听本ID的意见了。

7

网友 2006-11-29 15:01:22

博主你好，昨天我买入中化国际（600500）被套，痛苦中，请博主给分析一下，谢谢！另外它还有可转债，我应不应该要？

缠中说禅 2006-11-29 15:19:14

要习惯在均线收敛探底时买，这时候风险最小。中线问题不大，短线买的不好，就套一下，权当上了一堂卫生课。

8

网友 2006-11-29 14:24:16

你好，博主，能帮我看看北方股份（600262）、东方市场（000301）、海泰发展（600082）吗？先谢了！

缠中说禅 2006-11-29 15:23:15

中线问题都不大，耐心点儿。市场中不要习惯于问为什么，而要习惯于看现在是什么，符合什么。只要符合持有原则的就持有，符合卖出的原则就卖出，就这么简单。

9

网友 2006-11-29 15:12:30

博主你好，请博主给分析一下烽火通信（600498）短线如何？

缠中说禅 2006-11-29 15:27:12

今天刚好触及下降压力线，一旦突破，上升空间就打开了，关键看量的堆积（见图 45）。中线问题不大，科技股是必然要表现的。

图 45 烽火通信（600498）2006 年 11 月 29 日前后日线图

10

网友 2006-11-29 15:27:39

请教缠师，银行股会在 12 月 11 日前基本调整到位吗？

缠中说禅 2006-11-29 15:33:18

其实让它们调整的时间长些会更健康，这一波就让别的股票表现，它们在这里进行上升三角形或旗型的整理，这样对大盘中线走势更有利。昨天说的，目前关键看招商银行（600036），它率先突破历史天价，它的走势就是大盘的风向标。

11

网友 2006-11-29 15:23:58

博主，我的首创权证（首创 JTB1，580004）会上涨吗，还是不行了？我的成本 2.34 元，等了好几天它的上涨都不来，其他正股倒是牛得很。

缠中说禅 2006-11-29 15:37:07

你买的位置不好，被折腾是理所当然的。对箱型的走势，一定要在箱底买，这样止损也简单。目前正等待均线系统的黏合，耐心点儿吧。

12

网友 2006-11-29 15:32:52

请博主分析一下雅戈尔（600177）的走势。谢谢！

缠中说禅 2006-11-29 15:51:05

这只股票，原来被吹得太多，筹码太散，所以走势特别反复。中线会有表现的，短线 6.50 元有压力，突破后空间打开。

13

网友 2006-11-29 17:25:45

缠主，9.70 元进的水井坊（600779），还能继续持有吗？

缠中说禅 2006-11-30 09:16:38

连 5 日线都没破，最强势，当然要持有。

14

网友 2006-11-30 08:49:38

假如人民币持续升值，和美元比价突破 1 比 6，那么受益的股票有哪些？我考虑得不是很清晰，请指教一下，谢谢！

缠中说禅 2006-11-30 09:18:27

银行、地产、航空等，都会有所收益，但这都是由头，因为指数就有了继续大涨的最坚实理由。日本、台湾等的历史性大牛市都是由此产生的。

15

网友 2006-11-29 22:33:16

很想问问博主，全新好（000007）我持有大半年了，大盘涨这么多，它怎么就不动呢？我是要换股还是继续持有？谢谢！

缠中说禅 2006-11-30 09:19:47

三线股，等二线涨完了就到它了。

16

网友 2006-11-30 12:53:04

请教博主高鸿股份（000851）的走势，谢了！

缠中说禅 2006-11-30 12:58:51

30 日线有效跌破前应该一路中线持有，除非出现放量加速上涨的情况（见图 46）。

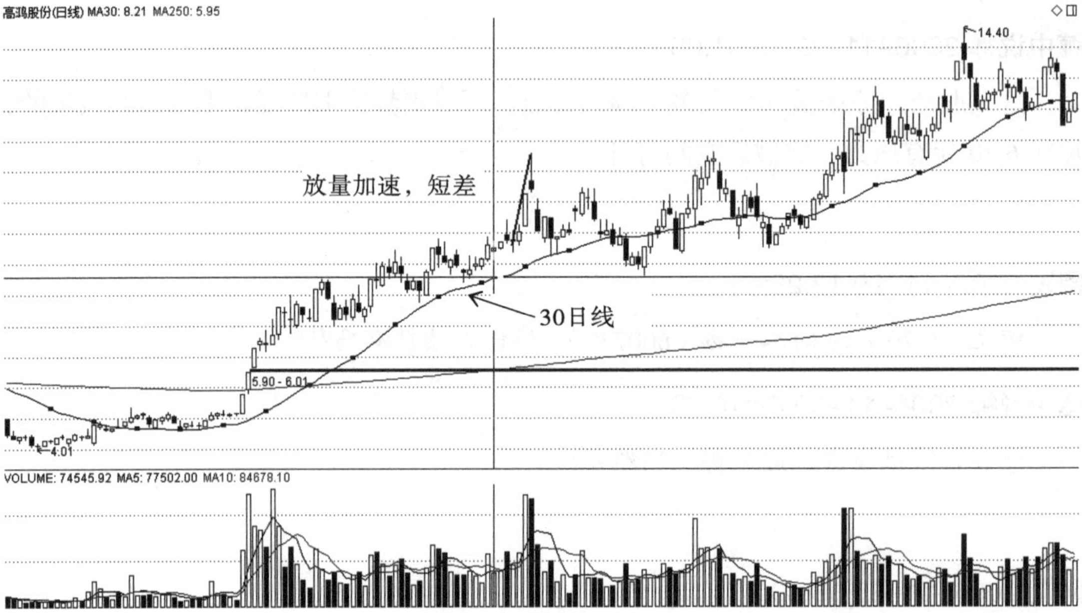

图 46 高鸿股份（000851）2006 年 11 月 29 日前后日线图

解盘、答问（2006-11-30 11:38:31）

1

网友 2006-11-30 11:55:54

请博主看看宁波中百（600857）最近能不能走出高潮来呀？先谢了！

缠中说禅 2006-11-30 11:59:12

短线大涨后的整固，再放量还有一次启动（见图 47）。

2

网友 2006-11-30 11:59:32

请问，瑞泰科技（002066）能不能搞一下？

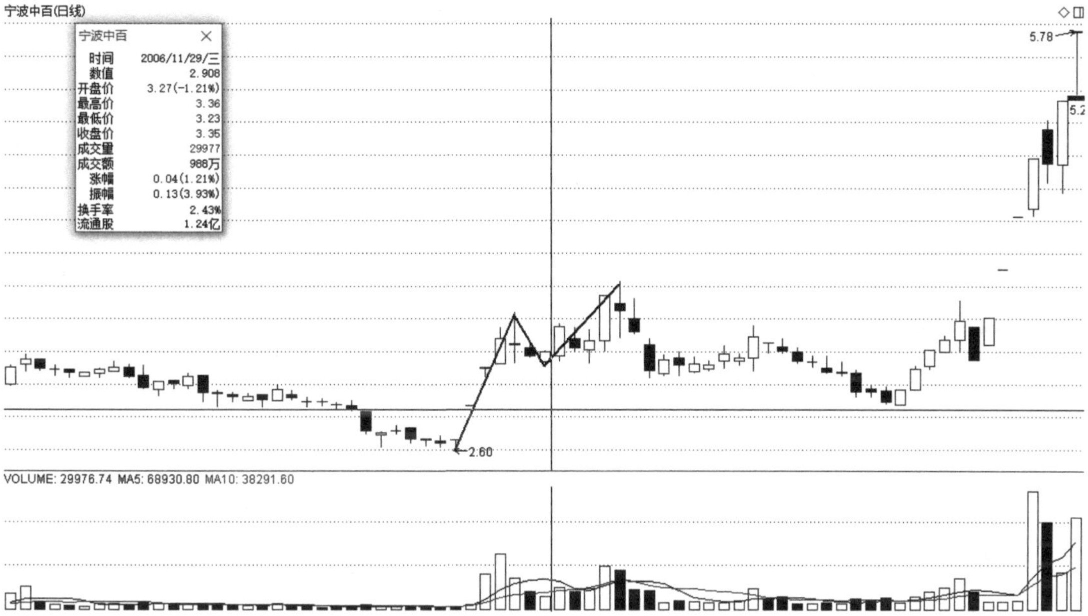

图 47　宁波中百（600857）2006 年 11 月 30 日前后日线图

缠中说禅 2006-11-30 12:00:56

中线没问题。

3

网友 2006-11-30 12:13:00

博主，您点评的路桥建设（600263）真的拉了一根中阳钱，可我已经出了。听了您的话，第二天又进去了，现在算是浅套了点儿。这样大的行情之下都能套住，说出来真丢人，但没有办法。

缠中说禅 2006-11-30 12:16:15

出了的股票怎么能又进去呢？世界上不是只有一只股票，抛弃了就别捡回来，心态要好一点儿。

既然弄错了，将错就错吧，中线暂时问题不大。以后千万别这样操作了。

注意，不要因为涨得太多而抛股票，只有一种情况需要抛股票，就是这只股票走弱了。

4

网友 2006-11-30 12:18:37

能否赐教华润双鹤（600062）？

缠中说禅 2006-11-30 12:52:12

向庄股演化中（见图 48）。

图 48 华润双鹤（600062）2006 年 11 月 30 日前后日线图

5

网友 2006-11-30 12:51:26

你好，请教大同煤业（601001）是否还可持有？

缠中说禅 2006-11-30 12:53:00

中线蓄势中（见图 49）。

6

网友 2006-11-30 12:46:46

博主，你是按什么标准把股票划分为一、二、三线的，因为弄不清，现在也不敢进，只是看着。

缠中说禅 2006-11-30 12:55:42

这没有什么太明确的标准，都是约定俗成的。像深发展 A（000001）是一线股，深深房 A（000029）是三线股，这是历史形成的。当然业绩也有一定的作用，但不是唯一的因素。

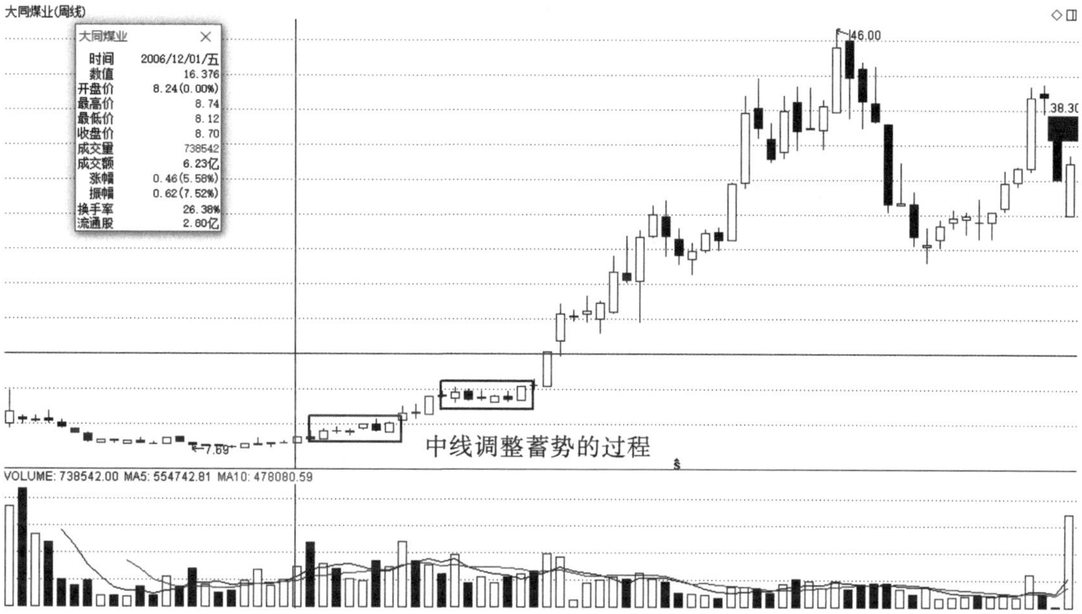

图 49　大同煤业（601001）2006 年 11 月 30 日前后周线图

7

网友 2006-11-30 12:59:31

请问，一只股票走弱的标志是什么呢？破 5 日均线？

缠中说禅 2006-11-30 13:02:47

不要习惯于这种机械化的思维，一切都是根据实际情况来判断的。不同的资金量，不同的操作水平，决定了操作标准存在不同。但有一点是相同的，就是以我为主，定好相应的标准才操作。

8

缠中说禅 2006-11-30 15:13:57

今天大盘走势十分规范，下午 14:00 如期出现一波跳水，确认突破的有效性后，继续上扬。唯一不足的是启动了银行股冲关，这与深沪两市的资金争夺有关，这在每次的行情中都有体现。谁先突破历史新高，对两个市场的管理者的好处是很大的。

明天出现震荡很正常，只要 5 日线不破，本 ID 给市场的建议能够成为现实的可能性将继续增加。个股还是看好二线股，三线股的蓄势补涨依然可期。

附本 ID 建议。

从大盘健康的角度说，本 ID 给大盘的建议是：先深成指突破 6103 点的历史高位，然后上海跟上，突破以后再调整，这样更健康。

不知道大盘有没有兴趣听本 ID 的意见了。

9

网友 2006-11-30 15:11:07

请教佳电股份（000922）后市走势如何？谢了！

缠中说禅 2006-11-30 15:17:29

中线在蓄势上攻（见图 50）。

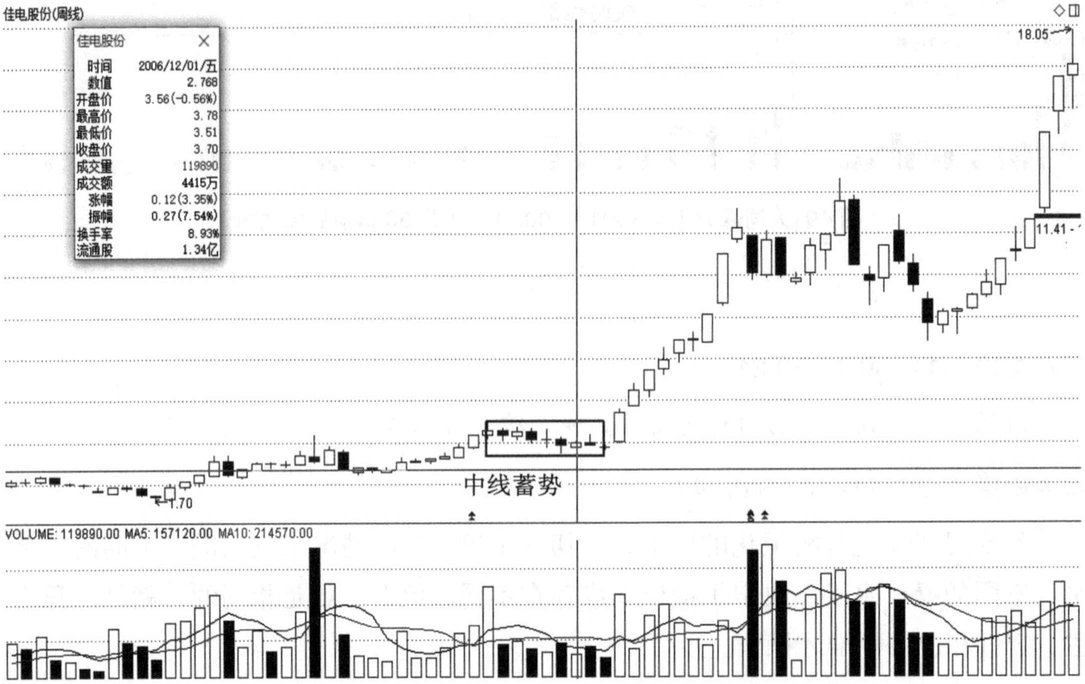

图 50 佳电股份（000922）2006 年 11 月 30 日前后周线图

10

网友 2006-11-30 15:20:28

讲正题，还是股市。关于我“中信国安（000839）2003 年买入，S 宁新百（600682）2004 年买入”的问题，“本 ID”对我也太不厚道，随便说了句“既然已经长线持有了，就一直持有到长线不能持有为止，而现在没有任何这样的信号产生。”至少得说说 3 个月至半年的投资评级“中性”“买入”“增持”“走赢大市”“减持”之类，或者对这两只股票的意见。

缠中说禅 2006-11-30 15:26:28

对不起，本 ID 不是股评，对这种评级把戏没兴趣，本 ID 只告诉你具体的操作方法。对这两只股票，中长线的潜力还没有完全挖掘，当然就是一直持有，等待中长线潜力完全耗尽为止。就像一个长期持有贵州茅台（600519）的人，本 ID 只能告诉他继续持有。在牛市里，预测任何股票的顶部都是荒谬的，这是思想方法的根本区别。

11

网友 2006-11-30 15:30:22

请教博主长安汽车（000625）、安泰科技（000969）后市如何？谢了！

缠中说禅 2006-11-30 15:36:48

长安汽车（000625）：中线潜力正在进一步挖掘中（见图 51）。

图 51　长安汽车（000625）2006 年 11 月 30 日前后周线图

安泰科技（000969）：短线如有突破，预防背驰出现（见图 52）。

网友 2006-11-30 15:42:37

请帮助看一下全新好（600007）、东安动力（600178）两只股票在一段时间内的趋势，我是在 2001 年最高时买进的，谢谢！

图 52 安泰科技（000969）2006 年 11 月 30 日前后日线图

12

缠中说禅 2006-11-30 15:48:54

全新好（600007）解套并没有太大困难，甚至会有意外的惊喜。东安动力（600178），这个难度有点儿大，时间要长点儿，耐心点儿吧。

站在至少 5 年牛市的角度，只要不是最次的股票，绝大多数都要突破历史天价的，看看以前牛市的走势就知道了。

13

网友 2006-11-30 22:53:31

请教一个关于均线系统的问题：你所说的短期、中期、长期均线，其实并不是市场通常意义上说的参数，而是按个人操作习惯自行设定的。比如，可以把 MA5、MA10、MA20 均线设成一个短期、中期、长期系统，不知我这样理解对不对？

缠中说禅 2006-12-01 09:11:33

根据你自己的资金量和操作水平来设置。

14

缠中说禅 2006-12-01 09:13:03

大盘今天出现震荡是正常的，关键是 5 日线。只要 5 日线站稳，板块会继续轮动表现的。

15

网友 2006-12-01 09:25:15

想请博主分析一下中兴通讯（000063），谢谢！

缠中说禅 2006-12-01 11:36:36

中线潜力还没有充分发挥。想买入就算了，因为本 ID 从来不赞成别人追高，但如果连 30 日线都不触及，当然要坚决持有（见图 53）。

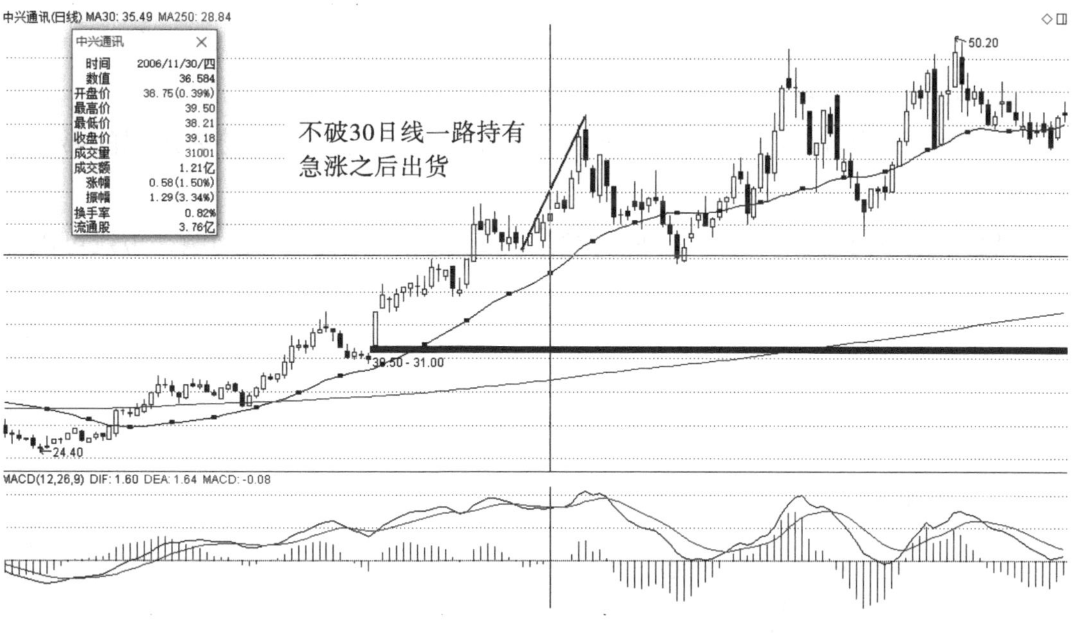

图 53　中兴通讯（000063）2006 年 11 月 30 日前后日线图

教你炒股票12

均线买卖法则（2006-12-01 12:03:48）

1

缠中说禅 2006-12-01 12:16:49

现在大盘最大的风险是上海人比较小气，因为深圳先突破创历史新高几乎是不可改变的了。上海有可能故意捣乱，让大家都突破不了。这种事情听起来像天方夜谭，但历史上出现过不止一次了。但历史却一次次地证明，只要是大牛市，深圳就是比上海牛，这也是判断行情的一个很重要的经验。当深圳比上海弱时，出现大行情的机会很小。

2

网友 2006-12-01 12:09:07

请教东方能源（000958）能介入吗？

缠中说禅 2006-12-01 12:18:15

你看看用5日、10日均线系统，这只股的第一和第二买点在哪里？随便就用MA5、MA10的系统，先看周线，如果资金量大的，可以先看月线。

周线上，5周线、10周线的第一个买点出现在7月22日的2.20元附近，有一个典型的背驰，具体自己去研究（见图54）。

第二个买点就是11月3日的2.60元附近，那是转为多头走势后出现的第一次均线缠绕。

现在不是不可以买，只是最好的位置过去了。中线该股票没问题，短线可以参照日线的这种方法操作。

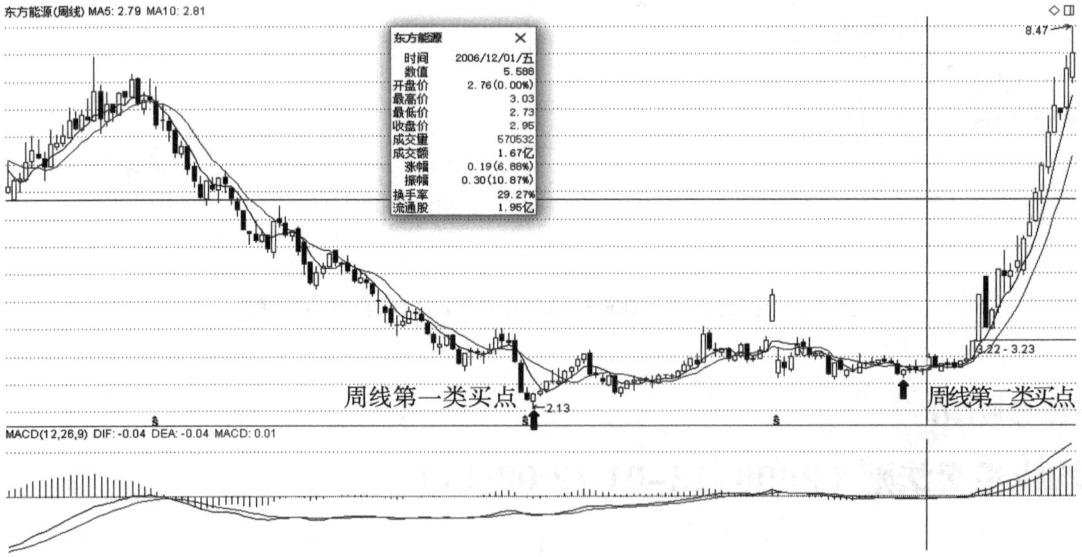

图54 东方能源（000958）2006年12月1日前后周线图

3

缠中说禅 2006-12-01 12:30:55

各位注意：本ID告诉你的是最佳买点如何判断，并不是说除了这两个点就不能买，但那要承受更大的风险。要长期成功，就要尽量学会把风险控制到最低。

还有，这只是一招，绝不能光靠这一招。但如果连一招都学不会，后面那些招怎么学？

4

缠中说禅 2006-12-01 12:41:24

对于喜欢用日线的，用贵州茅台（600519）的例子给一个分析，5 日和 10 日线（见图 55）。

8 月 7 日，空头模式下的第二次均线缠绕后下跌，但成交量等都明显出现背驰，构成小的空头陷阱，成为第一个买点，在 41 元附近。

9 月 14 日，多头模式的第一次均线缠绕下跌形成第二个买点，在 44 元附近。

然后基本就沿着 10 日线一直上涨。即使是短线，10 日线不有效跌破就继续持有，等待第一个卖点，也就是均线缠绕后出现背驰。第二个卖点就是变成空头模式的第一个缠绕的高点。

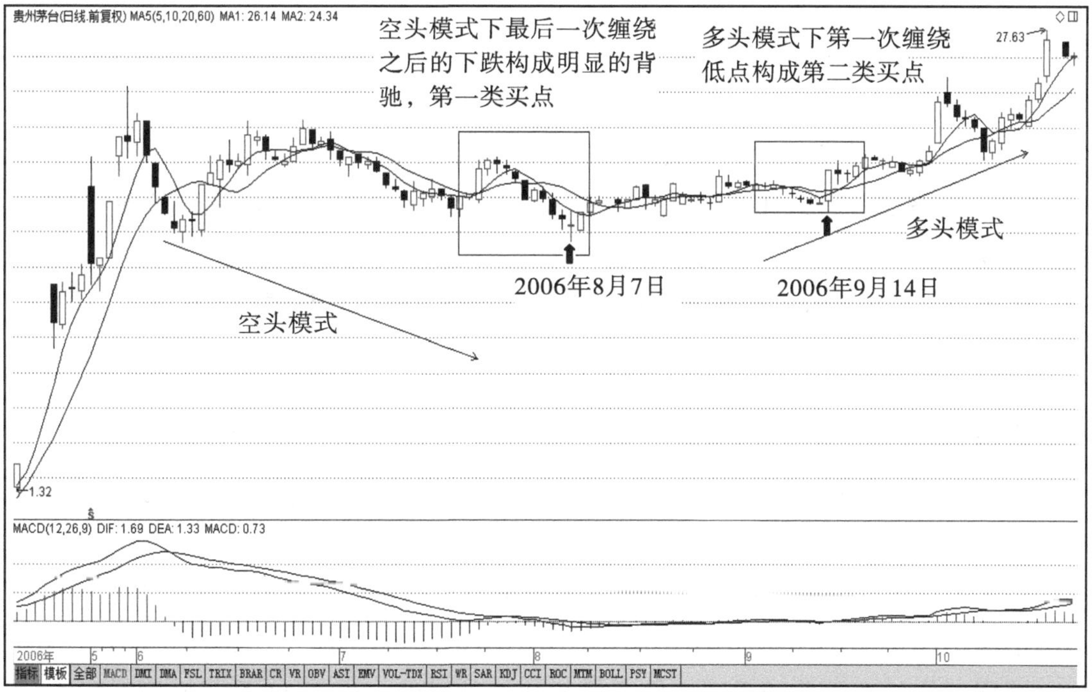

图 55 贵州茅台（600519）2006 年 6 月到 10 月日 K 线图

5

网友 2006-12-01 12:44:59

现有三个疑问请缠主解答。

（1）如果招数所有人都学会了，市场会变成怎样的呢？

（2）你天天按时授课是抱着怎样的目的？

（3）我们该怎样感谢你呢？

缠中说禅 2006-12-01 12:50:57

首先，不会所有人都学会。其次，市场最后比的不是技术，而是心态，这永远不可能统一。高手永远是高手。低手，如果不经过磨练，学多少技术也白搭。

你的第二个问题很无聊，干事情为什么都要有目的，事情本身不可以就是目的？

至于感谢，说一句狠话，世界上有谁有能力感谢本 ID？本 ID 什么都不缺，有谁又有资格感谢本 ID？

6

网友 2006-12-01 12:51:26

你好，今天买入山西汾酒（600809），后市空间有多大？谢谢！

缠中说禅 2006-12-01 12:55:32

希望来这里的人，以后慢慢少问点儿这类的问题，因为这类问题都是错误思维下产生的。本 ID 不是股评，不是算命先生，才没兴趣猜测上升、下跌的空间。本 ID 只是一个观察者，只在买点出现时介入，然后持有等待卖点出现，其他本 ID 一律没兴趣。

来这里，如果最终不能脱胎换骨，不能在投资上换一双眼睛，那你就白来了。

7

缠中说禅 2006-12-01 15:02:23

大盘今天如期出现震荡，目前大盘最大的危险就是前面所说的沪深之间的竞争。特别上海历史上有故意拆台的前科，这一点必须有所警惕。

技术上，今天深圳成指留下的缺口十分重要，如果很快回补，则技术上发出不好的信号。

下周一依然有震荡的需要，但个股行情依然继续。由于 11 月是巨阳，12 月上冲后出现大幅震荡不可避免，这必须要清醒。

教你炒股票13

不加防护的操作不是好操作（2006-12-04 12:08:28）

1

网友 2006-12-04 12:33:58

因可能要出去一段时间，我想把满仓的申华控股（600653）和山东海化（000822）换成华菱钢铁（000932），值吗？

缠中说禅 2006-12-04 12:41:04

要养成完成整个操作的习惯，如果持有的股票没有出现卖出信号，就要一路持有。没有人能保证换回来的一定是金子，即使事后真是金子，那也是事后，但却养成了一个坏习惯。

投资市场，习惯是最重要的，一个坏习惯就足以致命。

离开市场一定要有人跟进，不能把股票抛一边没人管，这不是一个市场参与者应该有的态度。现在网络发达，即使外出，关照一下股票还是不难的。

2

网友 2006-12-04 12:45:13

整篇文章都很有道理，只是想问一下，假如撤出时很难做到不亏损，那么还能等反弹吗？如真那样，亏损不就更大吗？当然这种情况多半出现在熊市，可是牛市基本不需要止损，对吗？因为介入时基本都把它作为可搞之列而介入的，俺的理解对吗？

缠中说禅 2006-12-04 12:50:01

其实，熟悉走势的人根本不需要等到真跌破低点了才发现问题。一般来说，一半的位置是不会跌破的，一旦跌破，就是会出问题。至于跌破低点，一般都会有反抽的，这是最后的走人机会。再不走，只能杀跌走了。

3

网友 2006-12-04 12:51:09

现在有人在说3000点了，你觉得离大盘突然死亡还有多远？

缠中说禅 2006-12-04 12:56:06

本ID一年半前就私下说过，这行情N年以后最终可以走到5000点甚至10000

点，3000点很离谱吗？

关键不是点位，而是如何利用大的调整去增加资金利用率。别关心点位，特别对于散户来说，任何一个级别大点儿的调整都应该避开，没必要参与。行情走到10000点，对于散户来说，完全可以分解成很多段来操作，所以对最终点位的预测其实意义不大。

4

网友 2006-12-04 12:51:10

请教博主紫江企业（600210），2.40元买入，可否继续持有？谢谢！

缠中说禅 2006-12-04 12:58:07

学了这么多，你应该问自己，目前在你根据自己的情况设定的标准下，它还能搞吗？能就持有，不能就不持有，就这么简单。没有先验标准是放之四海而皆准的。

5

网友 2006-12-04 12:53:22

请问上实医药（600607）可以搞吗？

缠中说禅 2006-12-04 12:59:43

没涨的都要补涨，这种问题没什么意义，关键是你自己的实际情况。最好用上面教的自己慢慢学会判断。

6

缠中说禅 2006-12-04 13:24:23

短线判断大盘调整的一个最简单方法就是深沪指数的背离，一旦出现背离，调整或至少是震荡将很快发生。方法说了，具体就自己马上实践一下，不能什么都说好了，这样永远无法提高。

7

网友 2006-12-04 13:51:34

博主，你说的均线缠绕比较难理解！我怎么看个股觉得5日、10日均线都是缠来缠去，找不到转折点啊！

缠中说禅 2006-12-04 15:02:36

没有选对股票，看贵州茅台（600519）就很典型。

转折点不是看均线，而是指当出现符合要求的缠绕时，每次下跌都是好的买货机会。如果希望买点更加精确，可以中短周期套用，这样基本就能买到最精确的底部。

8

网友 2006-12-04 15:06:16

博主，山东高速（600350）这只股怎么样，能买吗？谢谢你啊！

缠中说禅 2006-12-04 15:17:21

牛市里，随便什么时候买，按赌博的概率算，赢面也是很大的，但这不是长久之计。根据这几次课，你应该知道符合要求的买点早过了，究竟怎么样，自己好好分析一下，这才是你自己的东西。

9

网友 2006-12-04

五矿发展（600058）即是本人根据此程序选择的个股，请博主点评，谢谢！

缠中说禅 2006-12-04 15:23:17

这个选对了，在周线上，该股 11 月 17 日那一周是典型的第二类买点。那个时候介入就是最好的时机。

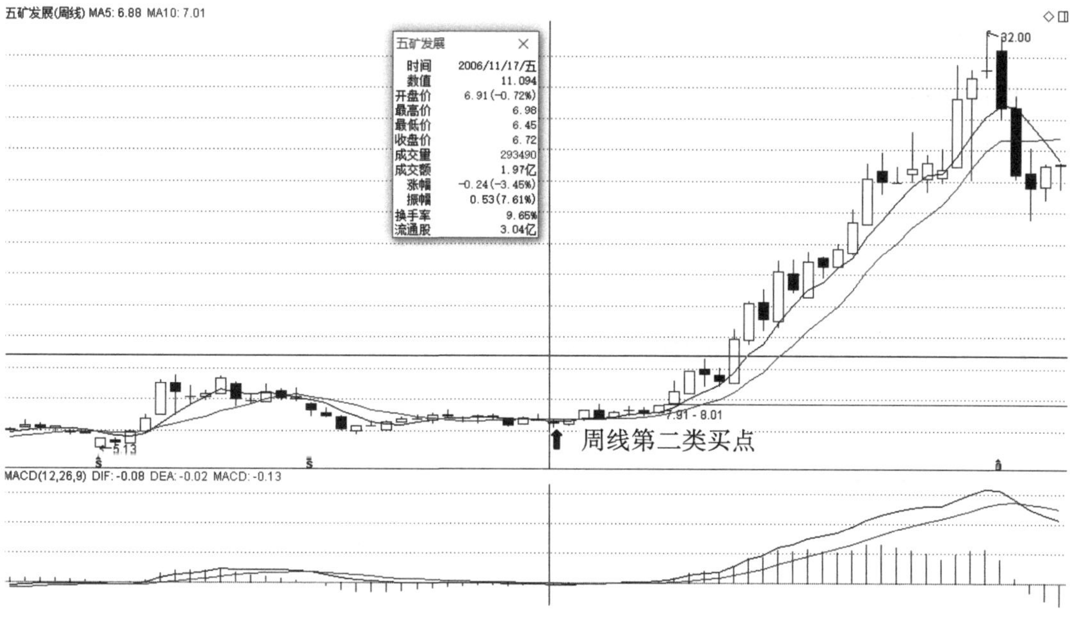

图 56 五矿发展（600058）2006 年 11 月 17 日周线第二类买点示意图

网友 2006-12-04 15:06:46

沉不住气，看到其他股涨，我的不涨，就想换股，这毛病怎么克服？

缠中说禅 2006-12-04 15:24:15

关键是没有一个坚固的港湾，必须从现在开始自己建立。

10

网友 2006-12-04 15:24:01

按缠主的方法，资金利用率是不是低？虽然安全，因为底部的个股上涨开始会很慢，有时均线可能进一步缠绕，是不是那种刚突破的个股比较好呢？这样的话买入法就变了。

缠中说禅 2006-12-04 15:27:58

想提高资金利用率很简单，把操作的图形改为分钟线，自然就高了，但这对大资金无效。本 ID 所说的是面对所有情况的，而各人根据自己的资金量来选择相应的操作图形周期。

网友 2006-12-04 15:34:46

由于本人的资金很小，平均每只股票待在手里不过 2 天，所以到现在虽然是牛了这么久，竟然还亏钱。

我准备按照缠主所说，适当地看分钟线。请问，分钟线看多少分钟的适宜？ 30 分钟是不是最好的？

缠中说禅 2006-12-04 15:37:38

自己好好选择，多模拟，多看历史走势。用小资金学会了，以后就好办了。如果是超短线，5 分钟就足够了。

教你炒股票*14*

喝茅台的高潮程序（2006-12-05 11:35:20）

1

网友 2006-12-05 12:10:46

博主，生益科技（600183）也算二线蓝筹，为何到现在还没怎么动？马上都要轮到三线了，它是不是要歇菜？

缠中说禅 2006-12-05 12:13:42

典型的庄股，等庄家有心情了，自然就涨了。

2

网友 2006-12-05 12:10:50

我的浦东金桥（600639）今天又涨停了，看了一下日线好像背驰了，红烛缩小了对吗？

缠中说禅 2006-12-05 12:16:06

没有，但中线已经进入成交密集区域，再上行后短线出现震荡洗盘很正常（见图 57）。

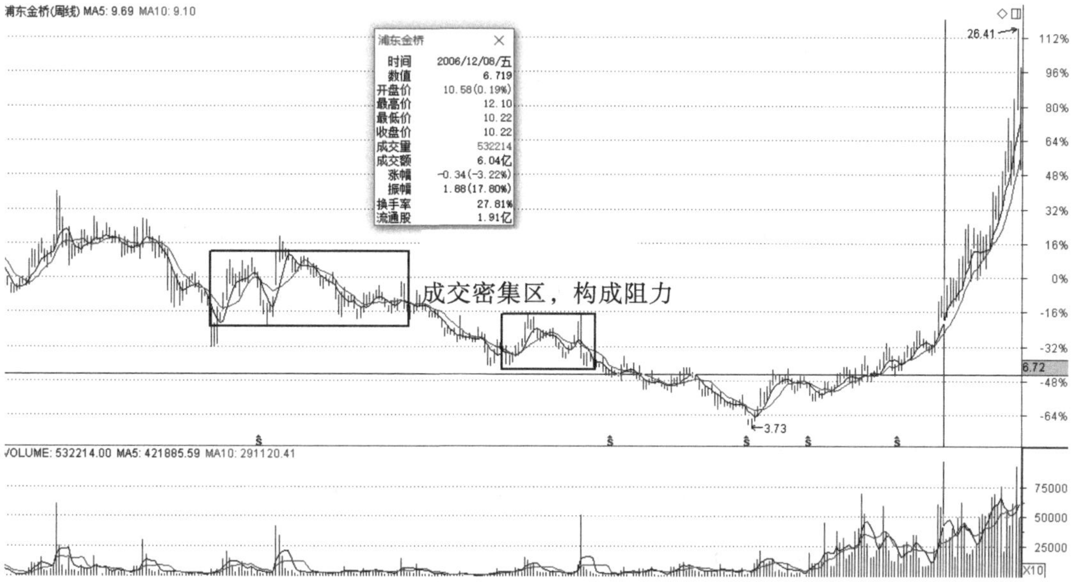

图 57 浦东金桥（600639）2006 年 12 月 5 日前后周线图

3

网友 2006-12-05 12:18:29

请教："对于上一课[①]所说的第二个买点，一旦该均线缠绕中出现跌破前面空头模式的最低位，就意味着买入程序出现了问题，必须在任何一个反弹中把股票出清。在这种情况下，不排除后面出现上涨，但必须这么做。"贵州茅台（600519）在 8 月 7 日的破位属于这种情况吗？

①指"教你炒股票"第13课：不加防护的操作不是好操作。

缠中说禅 2006-12-05 12:25:25

那是买点，不要搞错了（见图 58）。即使站在日线角度，前期的低位在 5 月 26 日的 37 元多，怎么会跌破了？不要把两种情况搞糊涂了。

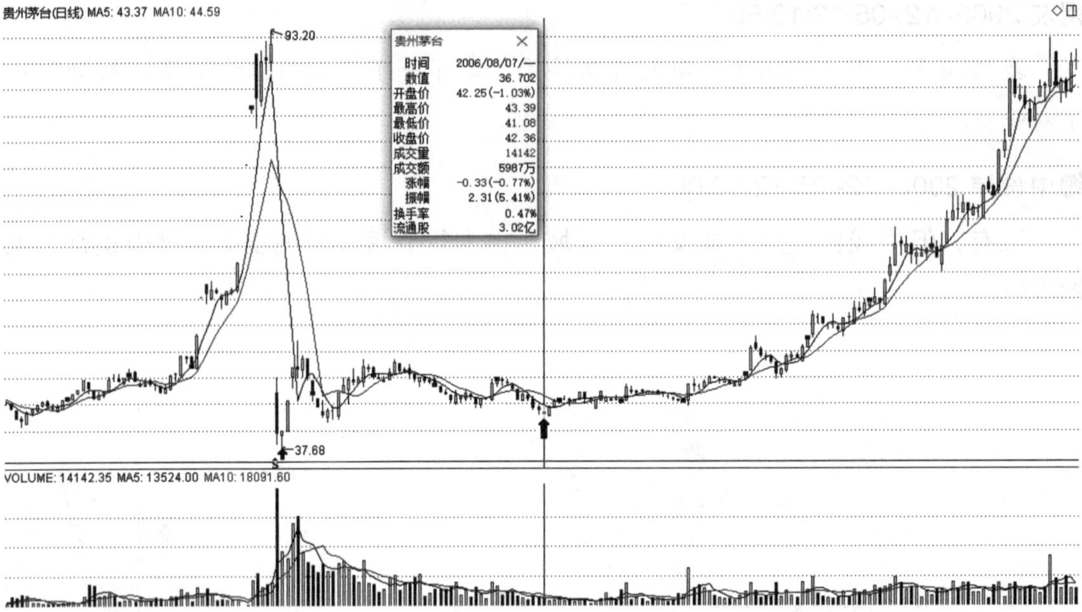

图 58 贵州茅台（600519）2006 年 8 月 7 日前后日线图

4

网友 2006-12-05 12:36:59

请教大冷股份（000530）这几个交易日每天就涨一两分钱，怎么理解？

缠中说禅 2006-12-05 12:48:32

不要关心一些不太重要的信息，要找到自己的坚固港湾。用上面的方法从周线图分析该股票，就知道这只股票中线正在干什么了（见图 59）。

网友 2006-12-05 12:56:56

大冷股份（000530）周线弱收敛后上行，刚突破 250 日线，继续持股。不知道我分析得对吗？

缠中说禅 2006-12-05 21:56:43

对，有就继续持有，而周线的第一、第二类买点早过。该股走势很标准，可以分析学习。

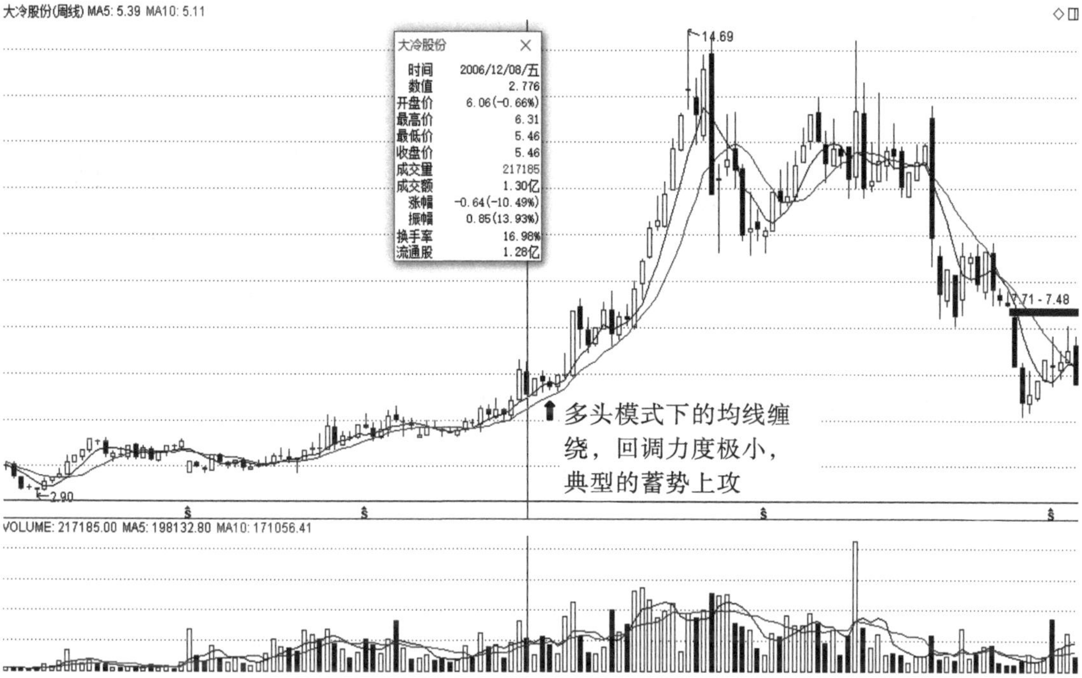

图 59　大冷股份（000530）2006 年 12 月 5 日前后周线图

网友 2006-12-05 14:55:34

我的分析：大冷股份（000530）经过长期的均线纠缠上涨，相信庄家已经收足筹码，这两日放量上涨之后即将回调。短线高手可以介入，中长线时机已经错过。

缠中说禅 2006-12-05 22:18:03

最好习惯用第一、第二类买点来分析。周线就不说了，自己去分析。日线上，最近一次的第一类买点在 9 月 26 日，第二类买点在 10 月 23 日，这是根据日线图介入的最好的两个位置，至于后面的介入，要根据 30 分钟图了。

5

网友 2006-12-05 12:41:48

有个问题想请教，调整是迟早的事，面对即将到来的大盘调整，如何处理手中已有涨幅，但中期仍看好的二线蓝筹股呢？比如中储股份（600787），它的卖点还不明显，是先行撤出，还是静待中线心理价位再卖？

很多能搞的股票，从图形上看，结合你的理论，似乎卖点都不清晰。在大盘如此疯狂的拉抬下，在中国石化（600028）等几只指标股貌似做头的图形下，如何处理已有获利的中线股票？

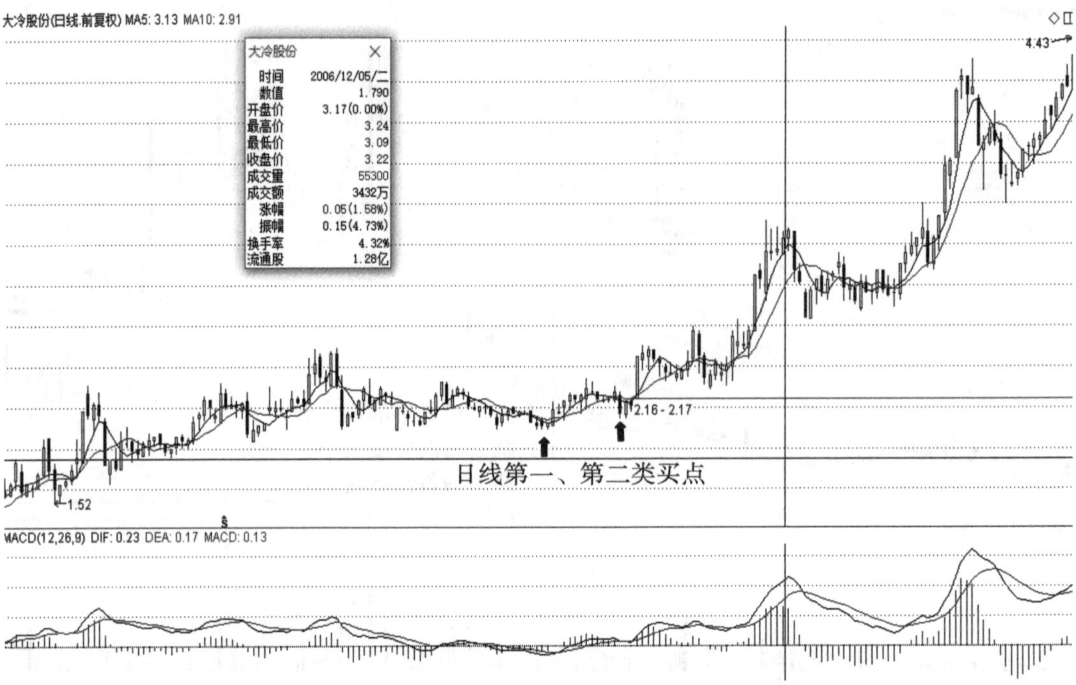

图 60 大冷股份（000530）2006 年 12 月前后日线第一、第二类买点示意图

缠中说禅 2006-12-05 12:52:01

方法都告诉你了，要举一反三。缠中说禅短差程序：大级别买点介入的，在次级别第一类卖点出现时，可以先减仓，其后在次级别第一类买点出现时回补。

6

网友 2006-12-05 13:52:21

请教缠主：关于贵州茅台（600519）12 月 22 日买点至 2005 年 4 月 26 的卖点，买点好理解，卖点有点疑问，为什么不是 4 月 13 日，那天它的 MACD 明显背驰了啊。我理解是其后才出现第一次交叉缠绕（对这一次的买卖），但其后 4 月 26 日的 MACD 又明显放大了，按当时来看应该不算背驰啊，请指教！

缠中说禅 2006-12-05 22:12:54

本 ID 用的 MACD 周期比普通的要长一倍。按普通的指标周期，4 月 13 日的背驰构成的是 MACD 双头走势，一般到 0 轴后都有两次拉回，这次才构成最终的背驰。

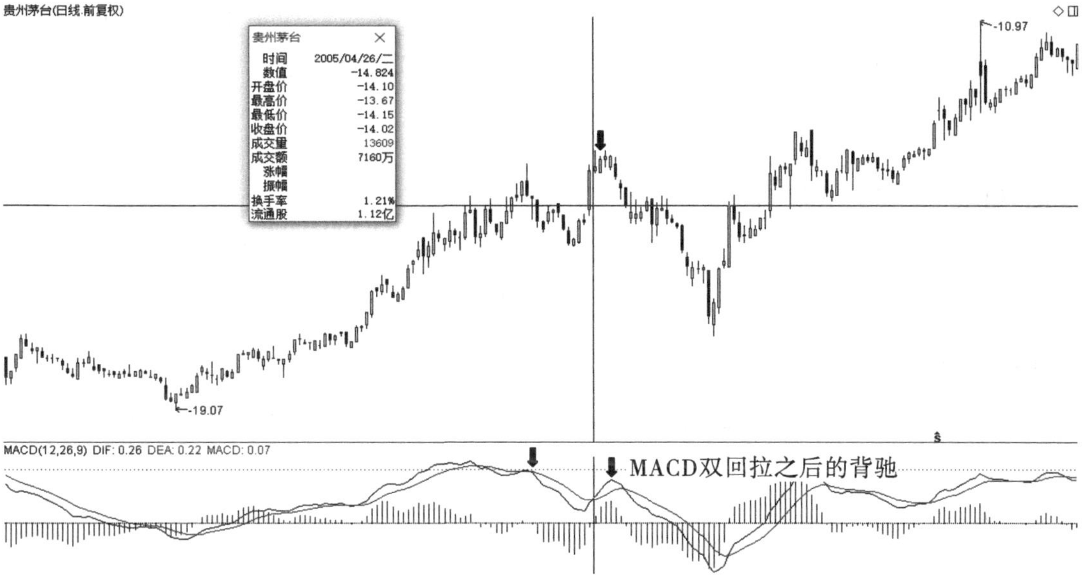

图 61 贵州茅台（600519）2005 年 4 月 26 日顶背驰示意图

7

网友 2006-12-05 21:16:43

早上入了吉林敖东（000623），追高了，后市情况如何？还能不能搞？

缠中说禅 2006-12-05 22:19:50

一定要找到自己坚固的港湾。如果喜欢做短线，可以用 5 分钟图甚至 1 分钟图找第一、第二类买点，根本没必要去追高。

解盘、答问（2006-12-06 11:49:11）

1

缠中说禅 2006-12-06 12:07:02

关键要定好操作的级别，选好股票的第一、第二类买点。

2

网友 2006-12-06 12:01:00

现手中盈利股票如何操作？多谢！大盘破位了？

缠中说禅 2006-12-06 12:09:47

这种震荡很正常，下午关键看深圳补完缺口后的表现。如果就此止住，就很快恢复上攻，否则还要折腾几天。盈利的股票关键看你是短线还是中线了，如果是短线，前两天就应该开始有所动作，中线正好利用这种震荡做短差。

3

网友 2006-12-06 12:31:10

大盘跌破5日均线，主力无护盘，放量杀跌，看起来很像顶啊！实在是晕啊，等博主指点。

缠中说禅 2006-12-06 12:34:01

事情要有预见性，这个震荡上周五收盘时已经说过了，昨天中午又强调了一次。如果没动，那就上上下下享受一下。5日线是否有效突破，要看下午走势，不要太快下结论，心态要好点儿。

4

网友 2006-12-06 12:32:15

博主，帮忙看看首开股份（600376）。该股日线还未有卖出信号，但周线似乎出现背离，30分钟线也已出现背离，好像要进入调整，我是否应该短线反弹中先出来？

缠中说禅 2006-12-06 12:46:09

30分钟图上1日10:00 30分钟出现明显背驰，短线早该走了（见图62）。别看太多的图，如果是短线就好好看30分钟的。

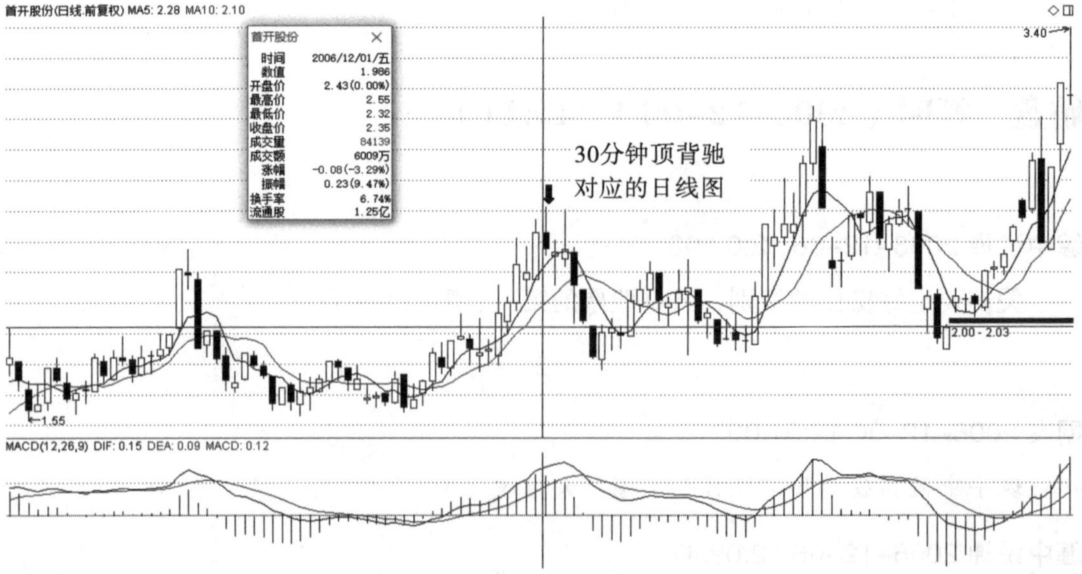

图62 首开股份（600376）2006年12月1日30分钟顶背驰对应日线图

5

网友 2006-12-06 12:46:49

若5日线跌破，后续大势将调整，估计幅度较大，可能不止是上上下下的，需要规避风险吗？可以谈谈看法吗？

缠中说禅 2006-12-06 12:51:38

风险要提前规避，不是跌了才谈论，前几天不一直在谈论这个问题吗？

6

网友 2006-12-06 16:00:58

按缠主的方法，我怎么看贵州茅台（600519）的周线和日线现在都出现第一卖点了？价格新高了，但MACD开始背驰了。

缠中说禅 2006-12-06 16:31:08

周线上不存在背驰，日线上将演化为MACD的双头形态。该形态在昨天的回帖里有讲述，就是先下跌靠近0轴，然后再上涨形成真正的日线背驰。

当然，如果按照短线方式，在30分钟图可以找到精确的卖点，在1日13:30，然后今天下午MACD回抽0轴时可以回补。不过这都太短了，但资金少的完全可以按照这样去操作。

7

网友 2006-12-06 20:52:49

博主，海虹控股（000503）的30分钟线在12月1日10:30好像构成背驰是吧，怎么其后没怎么下跌又创出新高？请博主分析一下，谢谢！

缠中说禅 2006-12-06 21:32:58

你这种思维是不对的，背驰只是告诉你相应的升势告一段落，但没有承诺一定要调整多长时间与多大幅度，这个问题应该看低一级别的第一类买点回补。你看看该股低一级别的5分钟图，在5日10:25出现明显的第一类买点，这就是一个回补的最好时机，后面的上涨，一点都没耽误。

下面看看这个短线的成果。

1日10:30的9.70元附近30分钟线背驰卖出，5日10:25的低一级别5分钟图上9.20元第一类买点回补。除了差价，还节约出两天的交易时间去干别的活儿，这个操作完全符合本ID指出的操作程序。

8

网友 2006-12-06 14:18:02

博主，请看中国联通（600050）的周线，2005/10/21 周与 2005/6/3 周构成背驰，其后的走势显示这是一个失败的第一买点，对吗？盼回答！

缠中说禅 2006-12-06 21:44:03

2005 年 10 月 21 日周线没有创新低，都是 2.43 元，不是标准的背驰，所以不构成标准的第一类买点。反而是该股在 2006 年 8 月 7 日的 2.19 元构成一个标准的日线上的第一类买点，可以去分析一下（见图 63）。

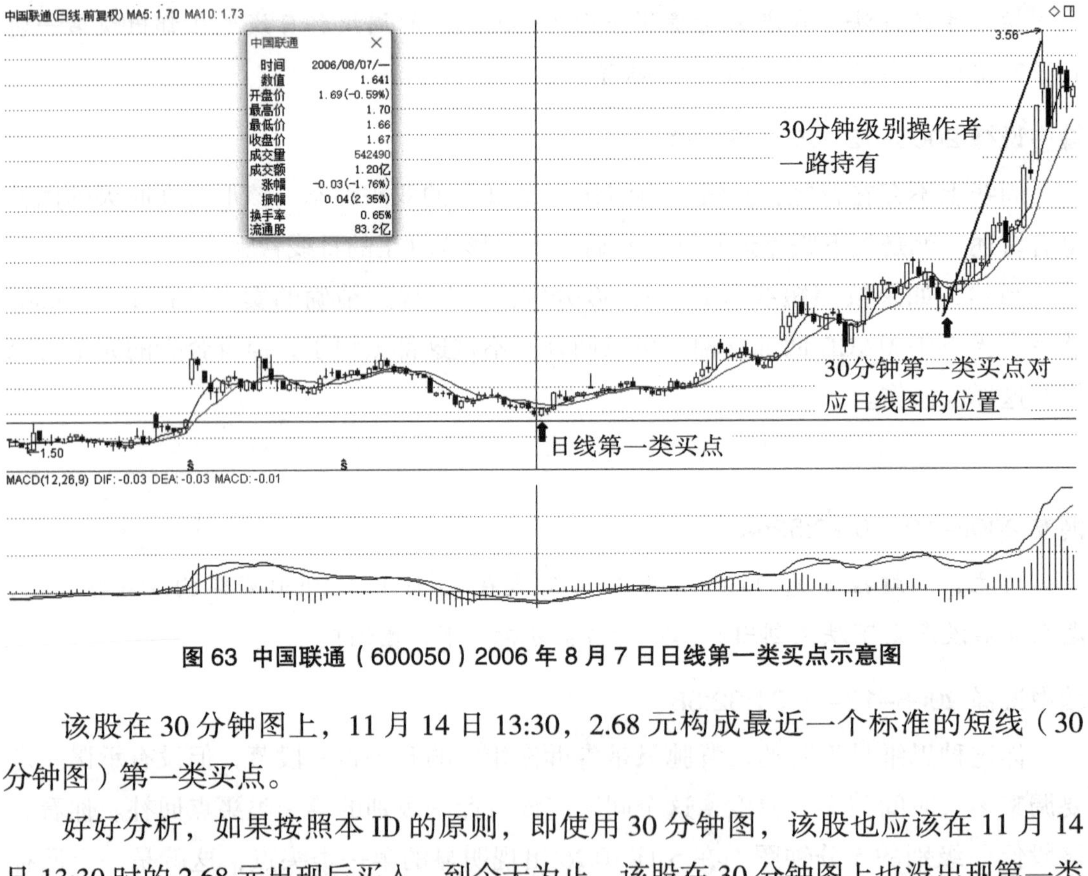

图 63 中国联通（600050）2006 年 8 月 7 日日线第一类买点示意图

该股在 30 分钟图上，11 月 14 日 13:30，2.68 元构成最近一个标准的短线（30 分钟图）第一类买点。

好好分析，如果按照本 ID 的原则，即使用 30 分钟图，该股也应该在 11 月 14 日 13:30 时的 2.68 元出现后买入。到今天为止，该股在 30 分钟图上也没出现第一类卖点，所以即使看 30 分钟图，也应该持有。

9

网友 2006-12-06 21:43:19

谢谢缠主解读，又多懂一点了。中兴通讯（000063）的周线第一个买点出现在

1999 年 4 月 30 日，第一个卖点通过日线找出是在 2000 年的 11 月 13 日。第二个买点在 2003 年 1 月 2 日。下个卖点在 5 月 19 日。第三个买点在 2005 年 7 月 12 日，到现在第三个卖点没出现。请问这样分析对不对？

缠中说禅 2006-12-06 21:50:03

1999 年 4 月 30 日是一个第二类的买点，该股在周线上最标准的唯一一个第一类买点在 2003 年 1 月 3 日的 12.69 元那一周（见图 64）。

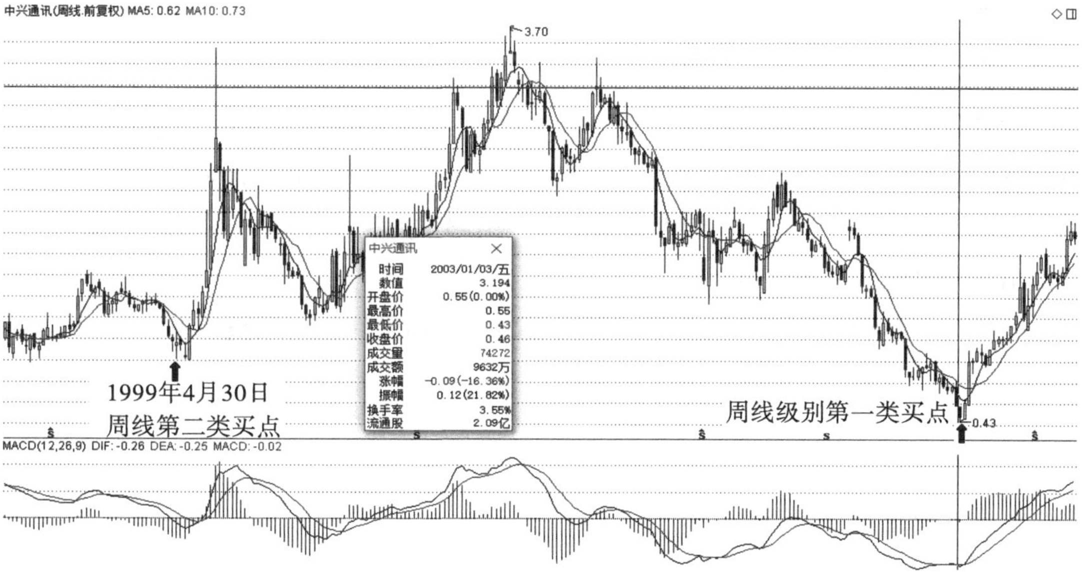

图 64 中兴通讯（000063）2003 年 1 月 3 日前后周线第一类买点示意图

就某酒类股票对所有散户的严重提示（2006-12-07 10:00:31）

1

网友 2006-12-07 11:02:18

请问今天大盘会怎样啊，反弹出吗？

缠中说禅 2006-12-07 11:07:24

昨天说了，继续震荡。5 日线看好，不破问题不大，否则有麻烦。

2

网友 2006-12-07 11:25:48

昨天感觉你可能很高兴，所以感觉有些张扬了。

缠中说禅 2006-12-07 11:40:31

对本ID来说，根本不存在什么张扬。对于市场，本ID只会按市场的规律干每一件事情，本ID不会在市场中干一件无用功的。对于市场，本ID无喜无悲。

3

网友 2006-12-07 11:41:43

缠主，不好意思，中国联通(600050)这么凶悍让我淡定不了了，修养不到家啊。请帮忙分析是否还可以继续持有？

缠中说禅 2006-12-07 11:47:20

这算什么凶悍？涨你也怕，那还有什么办法？你忘了本ID文章里骂一大叔4元不到就把北辰实业(601588)给卖了①，当时是4元多一点，现在看多少了？前两天，那大叔问本ID卖了没有，本ID反问他，给一个卖的理由。他无法给出，本ID也无法给出，所以就从来没卖过。

同样，你就耐心持有，等待第一类卖点出现。如果你怕大调整，就去看30分钟的第一类卖点。

4

缠中说禅 2006-12-07 15:06:20

以后本ID这里不准备对具体个股与大盘走势发表任何具体意见，免得各位狐疑。所有走势与本ID无关，别瞎闹了。对大盘，最后把前面说的强调一次。

长线：目前是牛市的第一轮，主要涨的是大盘成分股。大调整后的第二轮，涨的是成长股，最后是重组股。这个节奏的完成大概需要几年时间。

中短线：大盘11月是长阳，本月出现大幅度的震荡是理所当然的（这在12月1日就说了，现在继续有效）。

教你炒股票15

没有趋势，没有背驰（2006-12-08 11:55:57）

1

网友 2006-12-08 12:32:05

缠师，我的股票复星医药（600196）没出现均线收敛已经跌去一大截了，等均

①见“教你炒股票”第7课：给赚了指数亏了钱的投资者一些忠告。

线收敛出来那不是都跌没了，我咋办呢？

缠中说禅 2006-12-08 12:35:56

你的理解错误。你好好品味下面这句话：

首先必须明确的是，所有上涨、下跌、盘整都建立在一定周期的图表上。例如在日线上的盘整，在30分钟线上可能就是上涨或下跌。

2

网友 2006-12-08 12:37:19

博主真是一个大伟人，无私地把自己的技术向社会奉献了。我喜欢短线，博主能不能多说点儿短线操作方法？还有要怎样才能知道一只股票有没有主力？就好像这几天走强的中国联通（600050），怎样发现它要拉升？

缠中说禅 2006-12-08 12:40:34

长线短线的技术基础是一样的，只是看的图表不同。最短线的就看1分钟图，一般看5分钟或30分钟图。

3

网友 2006-12-08 12:40:02

利用均线系统判断背驰，一定是两个相邻的面积比较吗？

缠中说禅 2006-12-08 12:41:16

是，要多看图，面积这东西，目测就可以知道，不用什么指标。

4

网友 2006-12-08 12:38:27

像北辰实业（601588）那种走势，如何判断其卖出信号，现在如何处理为最佳方案？首先强调，我并没有该股，只是以此举例而已，谢谢！昨天下午14:00分发生背驰，卖出信号。

缠中说禅 2006-12-08 12:44:09

对，该股30分钟图上的背驰十分明显（见图65）。对这种短线走势特别猛的，如果资金不太大，不能看日线，那反应太慢，看30分钟线足矣。这种短线太猛的，看30分钟图，卖点十分清楚。目前如果没走也不用怕，反抽会很猛烈的，就等着吧。

5

网友 2006-12-08 12:43:45

有个问题，均线交叉形成的面积是不规则的，如何计算？

缠中说禅 2006-12-08 12:45:05

形成趋势的才算面积，不断缠绕的是盘整。这一点儿必须搞清楚。

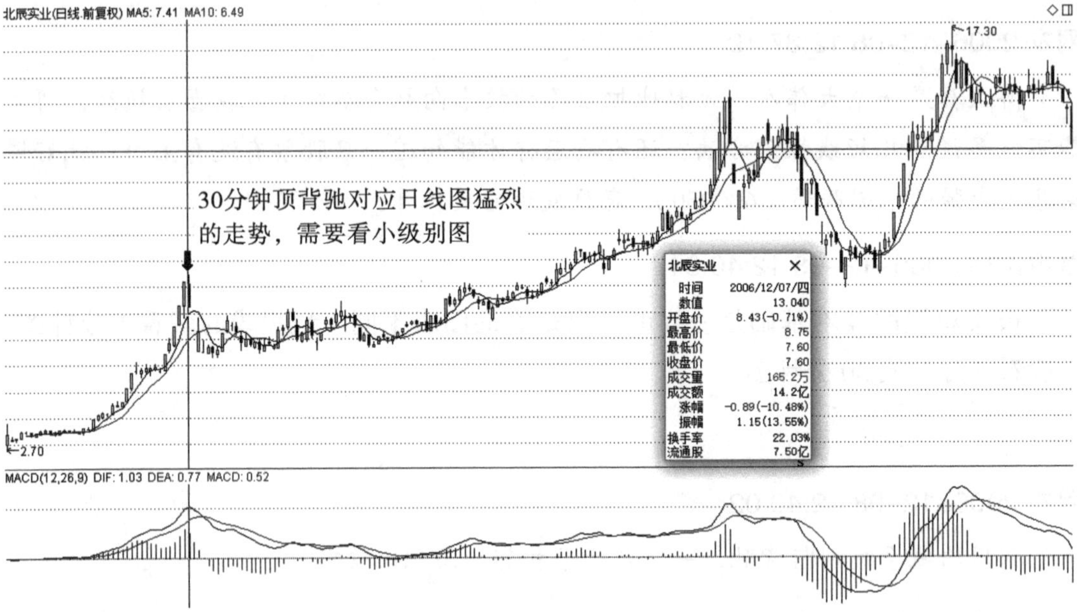

图 65 北辰实业（601588）2006 年 12 月 7 日 30 分钟顶背驰对应日线图

6

网友 2006-12-08 12:47:20

卖点的疑惑：从个股看，第一卖点并未出现，可大盘的调整下跌必使其下跌，此种情况如何回避？不考虑大盘的下跌继续持有吗？

缠中说禅 2006-12-08 12:52:04

这种情况根本不会出现，关键是图表选择的问题。像北辰实业（601588）这次，在日线上没有第一类卖点，在 30 分钟线上就十分明显，关键是你如何选择。

7

网友 2006-12-08 14:32:52

世上本无事，庸人自扰之。一个小小的北辰实业（601588），就能够让大盘尸横遍野。所有的繁荣只不过是虚幻，过眼烟云而已。自称庸人的人水平的确不怎么样！缠主曾经说过，不要跟在那些小资金后面玩，要多看看大资金在干什么。你看看几大龙头股，哪个不是筑成了双重顶？而北辰只是个导火索而已，仅仅是一个引线，懂吗？

缠中说禅 2006-12-08 15:04:56

干什么都要有预见性，这次调整，12 月 1 日已经提前提醒了，不相应操作是心态的问题，被市场迷惑了。繁荣只不过是虚幻，不繁荣也只不过是虚幻。不明白这一点，总是一边去想，是不可能成为好的操作者的。好的操作者就是以幻制幻，幻中取利。大盘跌，意味着机会又来了，应该高兴才对。当然，满仓的就没办法了。

解盘、答问（2006-12-10 12:09:22）

1

网友 2006-12-11 09:01:00

请问中国联通（600050）短线该走了吧？谢谢！

缠中说禅 2006-12-11 12:09:58

先搞清楚什么是短线，短线该看什么图。如果你的短线是看 1 分钟图，那你的操作频率就要多。如果你看 30 分钟图，那频率就少。先确定看什么图，然后再说走不走。

另外，就算你看 30 分钟图玩短线，也可以利用 1 分钟图来打短差，就是有一部分筹码按 1 分钟的提示来操作。

至于走不走，就看图上有没有第一类或第二类卖点。

2

网友 2006-12-11 12:05:39

“教你炒股票”第 12 课“均线买卖法则”中说：“注意，买的时候一般最好在第二个买点。”为什么呢？

同篇文章中：“没有人能够百分之百确认那是最后一次缠绕。一般来说，空头模式下的第一次缠绕肯定不是（最后一次缠绕），从第二次开始都有可能。”请问这种分析是在什么时间周期的图上都有效吗？

盼回复！

缠中说禅 2006-12-11 12:16:08

如果你已经对背驰很熟悉，当然最好是第一类买点。第二类买点对不熟悉的人好一点，至少可以避免判断错背驰在下跌中买股票的风险。

本 ID 所说的对任何周期都有效。但必须注意，第一次缠绕不是针对趋势中寻找背驰来说的。因为如果是趋势，一定会有两次以上的缠绕，而没有趋势没有背驰。

关于如何判断趋势，以后都会说到的。

在盘整中，一次缠绕后就会有买点，但本 ID 是不赞成在盘整中买股票的，除非这种盘整是周线或月线级别的，这样才可以弄出大的利润来。

3

网友 2006-12-11 12:15:17

博主，除权的位置该如何分析？

缠中说禅 2006-12-11 12:21:32

如果用 MA5、MA10 均线，除权日线图以下的操作影响不大，不用复权。如果是周线、月线，可以复权。

4

网友 2006-12-11

对于多头走势，除了最后一次缠绕，每次缠绕后买入都会挣钱，但“本 ID”只把第一次缠绕后的买点定义为第二类买点。“本 ID”只建议在图形的底部买，这样风险好控制，这是好习惯。

缠中说禅 2006-12-11 12:28:56

市场里，好习惯是第一重要的。一个坏习惯可能让你一度盈利，但最终都是坟墓。

5

网友 2006-12-11 15:02:40

博主，你在周五说北辰实业（601588）会有强力反抽，我今天跌停买了点，什么时候出呀？

缠中说禅 2006-12-11 15:16:25

个股问题，本 ID 不回答了，但具体方法可以说一下。一般这种类型的反抽，5

日线是一个重要的位置，要是短线的，就看1分钟线。

另外，周五好像有人说北辰实业（601588）30分钟均线收敛时已经跌停，用背驰就要在上涨时看力度，有问题了就要走，不是等均线都下穿了才反应，这是一个很简单的道理。

例如该股在30分钟图上，如果你用MACD看背驰，它明显走出三次红柱，一次比一次低，这就是最明显的背驰信号，根本不需要等到跌破再有反应。

如何应用技术指标以及如何选择看多大周期的图，以后会陆续说到。

6

网友 2006-12-11 15:23:49

中国联通（600050）下午又涨了5%，没有追高，也没有太后悔，呵呵。因为“本ID”说的，要做十年牛人，好习惯一定要养成。

但还是不明白像这些涨起来的好股票，如果想参与，但又要控制风险，应该怎样操作？盯15分钟线吗？看来要赚钱还是要先学懂，苦恼呀！盼回复，谢谢！

缠中说禅 2006-12-11 15:33:33

你对本ID的话理解的不对。本ID是说，如果你按30分钟图操作，那确实不是买点。而在30分钟图上，卖点也没出现，所以有就持有就完了。

但如果你是按1分钟图来操作的，那就不存在这个问题了。关键是你的资金量和操作习惯。

其实，如果资金量不大，对于中国联通（600050）这类股票，在中线图上买点已经过去了，卖点又没出现的，最好的办法就是持有，然后按照比中线图低一级别的图，拿部分仓位做短差，这样资金利用率就高了。

例如，如果你是按30分钟图上的第一、第二类买点买入，那么相应地就可以用1分钟或5分钟图来弄短差。

7

网友 2006-12-11 15:06:04

博主，今天一直看着大盘升，却不敢下手，眼看着雅戈尔（600177）越走越高，心里这个郁闷呀！不过，我觉得今天大盘是因前两天的震荡进行一次自然的反弹，明天应该还是进行震荡，所以我还是有机会的。博主，对吗？

缠中说禅 2006-12-11 15:44:11

你的思路还是错的。如果做短线，特别这种变动幅度大的，而自己资金量又不大，可以看1分钟或5分钟图。买是要在跌的时候发现第一类买点。你看雅戈尔（600177），在5分钟图上是不是有一个很明显的第一类买点，在6.30元附近？

当然，站在本ID的立场上，是不建议全仓位按1分钟或5分钟进出的，这对大资金根本无效，但可以利用这些图弄短差。

8

缠中说禅 2006-12-12 12:30:21

不要听消息买卖，这是一个很坏的习惯。

9

网友 2006-12-12 14:49:08

大盘是不是背驰？

缠中说禅 2006-12-12 15:16:15

大盘要看深圳的，上海的不准。如果看MACD，深圳上次并不背驰，这次是否背驰，就看今后几天红柱子能否继续伸长了。

10

网友 2006-12-12 15:01:51

生益科技（600183）的日K线，在不除权图上看，还在年线之下。但是用标准除权的图看，却早在年线之上。请问缠主，依哪个图为准？还有就是为什么两者差这么多，玄妙何在？

上次你说过上证指数已出现两个缺口，如果再出现一个缺口，即为衰竭缺口，但是到现在没出现。深综指在5666～5692的缺口，是不是可以当作上海的衰竭缺口？是不是表明大盘已经进入调整震荡期，结束单边上升走势？

缠中说禅 2006-12-12 15:19:29

不复权。缺口只是一个参考。

11

网友 2006-12-12 15:20:55

你好博主！今日沪深两市均已创出近日新高，但是MACD都没有创出新高，请问是不是已经形成背驰？谢谢！

缠中说禅 2006-12-12 15:34:24

不是这样看的，今天的红柱子比昨天长，这就可以了，因为这一片正在形成中。哪天红柱子缩短，而前面的最后位置超不过，才是危险信号。

网友 2006-12-12 16:48:09

“而前面的最后位置超不过，才是危险信号。”请问这里所说的“前面的最后位置”是上一日的红柱还是上一波最长的红柱？请明示。

缠中说禅 2006-12-12 19:59:07

这个问题很简单的，背驰如果用 MACD 红绿柱子来看，当然是看一波的。红绿柱子的一波怎样构成：就是先伸长，再缩短，最长的位置就是转折点。如果今天比昨天还长，证明转折点还没出来。只有出现今天比昨天短，昨天比前天长的情况，才会出现转折。这个问题一看图就明白了，太常识性的问题了。

12

网友 2006-12-12 15:33:41

缠主，今天一天都在强烈关注你说的深市大盘 1 分钟图，学习了你说的 MACD 红绿柱子，总感觉深市力度不够。上午将北方稀土（600111）在 10.10 元卖出空仓，本想买进北辰实业（601588），可你说的第一类买点应该还没出现，等待明天大盘明朗化，真谢谢你！

缠中说禅 2006-12-12 15:48:59

如果你是超短线，每天进出的，卖了就要马上找到该买的对象，这样资金利用率才高，否则 T+1，很难操作。如果你是中线的，在牛市中就不要随便空仓，除非你资金特别少，可以利用震荡不断把成本降低，直到日线或周线的第一类卖点出现后一次性卖出。

网友 2006-12-12 20:41:23

我 12 月 11 日用 15 分钟 K 线图以 3.92 元的价位买入华菱管线（现华菱钢铁，000932），本想用 5 分钟图来监控卖点，可按照你上面的意思，我需要改用日线来找卖点了吗？

缠中说禅 2006-12-12 20:52:35

千万别这样认为，本 ID 那句话的前提是你在日线或周线的第一、第二类买点买入的。你现在的买点根本不符合这个要求，怎么能按此操作。首先 15 分钟图上其实也没出现标准的第一类买点，这个买入其实是一个箱型买入的操作，和第一类买点无关。短线就按箱型来操作，箱顶不破就出，回调下来再买回来。当然，如果你运气好，这次上去就突破箱顶，那就更好了，但操作上不能抱这种心理。

13

网友 2006-12-12 15:35:01

是不是价升量缩或价降量升的叫背驰？

缠中说禅 2006-12-12 15:54:35

量只是参考，关键看趋势的力度。

14

网友 2006-12-12 15:59:10

我把买房的钱都压在中航飞机（000768）上了！

缠中说禅 2006-12-12 19:29:44

首先，市场不是赌场，把买房的钱用到市场里，就是一个错误的行为。市场中的钱，一定要是闲钱，可以放着不动的，没有提走压力的，只有这样，才会心态平稳地操作。

其次，本ID不清楚你是在什么位置买入的，而且也不清楚你选择怎样的操作风格。如果是底部短线买入的，那早就该走了，至少避开了这么长时间的盘整。对小资金来说，最重要的就是不能参与太长时间的盘整，这样太浪费机会。如果你是追高买入的，那谁都没办法。因为该股是大幅上涨后的中线调整，而该股早就庄股化了，所以只能寄托于那庄家少洗点盘了。

技术上，三角整理已经接近尾声（见图66）。但这种图形，如果是本ID坐庄，一定狠狠往下跳水洗一次盘，把所有人都洗出来，再反手向上。你现在唯一的希望就是别碰到和本ID有类似想法的庄家，否则怕你熬不住。中线，该股是有再走一波的潜力的，但关键是你熬得住。

最后，一个忠告：股票是一个快乐的游戏，别把自己搞得那么苦。坚持只选择第一类、第二类买点进入，就是保持快乐的好方法。

真正的高手是什么？就是庖丁解牛，选择难度最小的方向去做。整天爱玩高难度的，成不了高手。

15

网友 2006-12-12 16:03:42

谢谢你博主，我明白了，就是如果股价或指数创新高而MACD的红柱子却低于前一天，就有可能产生背驰对吗？还有，如果产生背驰股价下跌，5日和10日均线收敛后，会不会还有一个冲高，有一个相对的高点可以出，还是就一路下跌了？谢谢你！

图66 中航飞机（000768）2006年12月12日前后日线图

缠中说禅 2006-12-12 20:11:39

理解错误。柱子出现今天比昨天短，昨天比前天长的情况，证明柱子的一波出现转折，转折这一天的高度如果比上一波转折高度低，就形成柱子上的背驰。

但对于MACD，单纯看柱子上的背驰还不行，还要看黄线DEA和白线DIFF的走势，特别对于通道式上涨走势，一定要看。

16

网友 2006-12-12 20:30:02

“本ID”你也真让我头疼。我想这里不是所有的人都是职业做股票的，所以大家也就没什么时间看短线。你那套理论只把核心的思想说出来了，但是股市千变万化，怎么可能是那么简单的一个核心思想就可以预测的，是需要好多指标相互支撑的。

缠中说禅 2006-12-12 20:33:13

你的理解也是错的，首先本 ID 反对任何的预测。其次，任何一套系统的有效性问题在前面也多次探讨，特别在数学原则那一课里[①]。先把本 ID 说的搞明白，否则说什么都没意义。

17

网友 2006-12-12 20:15:03

请教长江电力（600900）是否即将发生背离呢？谢谢！

缠中说禅 2006-12-12 20:38:09

如果是 30 分钟，背离早发生了，所以才有这么多天的调整，日线上并不存在背离（见图 67）。一般最有效的背离是这样发生的：黄白线回到 0 轴附近再上去，股价新高而两线以及柱子都不新高，这时候出现的背离最有效。

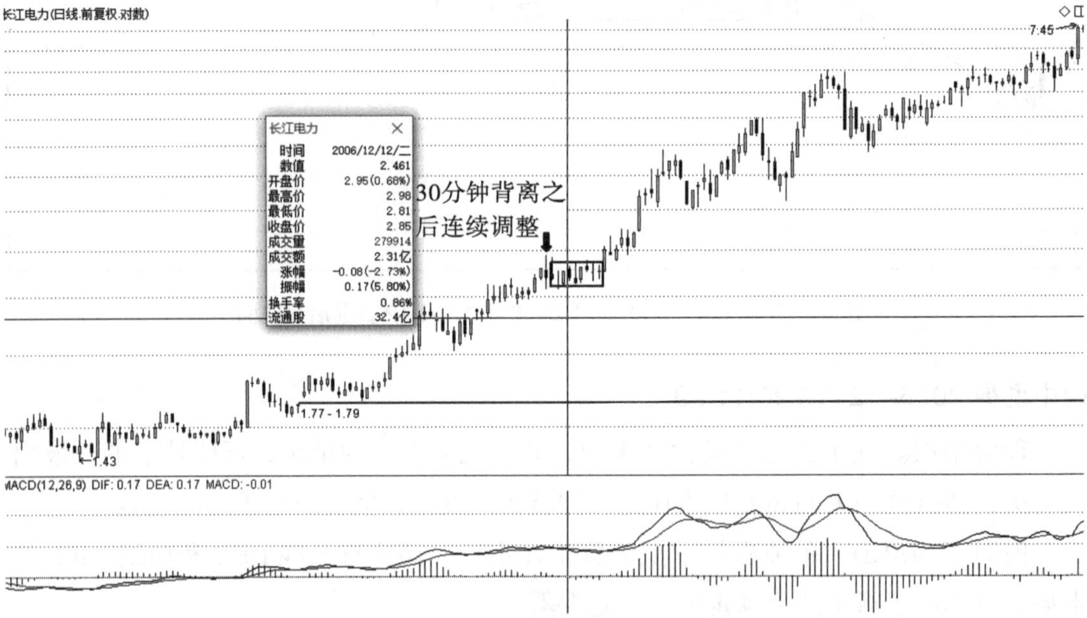

图 67 长江电力（600900）2006 年 12 月 12 日前后日线图

18

网友 2006-12-12 20:33:03

请教，好的股票真正上涨的时候，不正是背离、背离、再背离吗？

①指“教你炒股票”第9课：投资中的数学原则。

缠中说禅 2006-12-12 20:43:30

错，真正的背离发生以后，就会出现转折。去研究一下北辰实业（601588）的30分钟图。关键的问题是，别把不是背离的当成背离了。这里有很多技巧，以后都会说到的。

19

网友 2006-12-12 20:45:40

“如果跟盘技术不行，有一种方式是最简单的，就是盯着所有放量突破上市首日最高价的新股，以及放量突破年线然后缩量回调年线的老股，这都是以后的黑马。”新野纺织(002087)在12月6日那天符合第一种情况，为什么这几天走势如此疲软？请缠主点评。

“没有趋势，没有背驰”一课中，对背驰百思不得其解，能否像喝茅台一样举例分析？谢谢！

缠中说禅 2006-12-12 20:55:52

你看好茅台的例子就可以了，找好一个例子慢慢摸索，真明白了，再看其他例子。如果均线看背驰一时把握不好，就先看MACD的，那个好把握。都是方法，关键要精通一种，不要贪多。实际操作时，一种方法精通就足够了，最怕的就是什么都懂点，什么都不通。

19

网友 2006-12-12 20:55:02

谢谢指导，那么背离是短线看30分钟，长线看日线或周线吗？哪个更有效呢？

缠中说禅 2006-12-12 20:58:01

你的思维还是没转过来。不是规定看什么，而是你根据自己的情况先选好用什么图看。至于进去后，如何利用低级别的图打短差，那是另外一个问题，是如何提高资金利用率的问题。

20

缠中说禅 2006-12-12 21:14:35

各位注意，对背驰的判断是实际操作中最大的难点之一，一下子把握是有困难的，所以要耐心。判断背驰，可以只看均线关系，这对技巧的要求比较高。也可以看技术指标，例如MACD，这种好把握一点儿。

MACD 关键是处理好红绿柱子的一波，与一波中的高点转折的关系。每个红绿柱的一波都像一个小山，山顶就是转折的地方，这一看图就明白了。

但仅会看红绿柱还只是初步，关键要会看上面的两条黄白线。黄白线在 0 轴（也就是分割红绿柱那条直线）之上就是多头行情，之下就是空头行情。

告诉大家一个缠中说禅的 MACD 定律：第一类买点都是在 0 轴之下背驰形成的，第二类买点都是第一次上 0 轴后回抽确认形成的。卖点的情况就反过来。

解盘、答问（2006-12-13 11:56:24）

1

缠中说禅 2006-12-12 21:29:01

给大家一个图（见图 68），结合本 ID 上面说的“各位注意”，自己分析一下。这就是五粮液认沽（五粮 JTP1，038004），这东西本 ID 上市时搞过一次了，最近这次是第二次，就是按照这个标准进入的。各位猜猜本 ID 是如何进入的，又在什么地方加码买入的？明天告诉各位答案。

该权证风险极大，最终要变成废纸，本 ID 说它只是为了给各位上课，绝对不要买，而且现在买点早都过了，更不能买。

图 68 五粮 JTP1（038004）2006 年 10 月前后走势图

缠中说禅 2006-12-13 12:17:52

关于五粮液认沽（五粮 JTP1，038004）的操作。

10 月 23 日到 25 日是本 ID 的建仓期[①]。第一波上去后，11 月 8 日减了一半，后来在 60 日线附近一路回补。加仓是在 12 月 6 日、7 日两天[②]，比第一次买的增加了 1/2 的仓位。这里的理由除了形成第二类买点，还有一个现在没说到的，就是三角形整理的第五波末段。该走势十分标准，自己去研究一下。

昨天根据 5 分钟线的背驰出了大半，剩下的成本是 0 了。本 ID 做权证，特别是认沽，第一轮上去都会这样减仓操作，只持有成本是 0 的仓位等待第二波。第二波是否有，这问题已经不大了，这样就绝对立于不败之地了。

网友 2006-12-13 12:33:33

博主，上文所说的“三角形整理的第五波末段”，在已知的情况下看五粮 JTP1（038004）清楚，可是正确的从哪个均线收敛点开始计算？

缠中说禅 2006-12-13 12:37:50

三角形的判别不看均线，直接看图形。11 月 8 日到 12 月 7 日，是一个完美的三角形。还告诉你一个秘密，这刚好是一个时间周期点。这就是为什么本 ID 能十分准确地加仓的原因，几个因数都结合在一起了。

网友 2006-12-13 14:31:23

“第二个值得买入或加码的位置，就是多头行情后第一次均线缠绕形成的低位。”这个缠绕是否一定得是交叉缠绕，弱收敛和强收敛算不算？

缠中说禅 2006-12-13 15:12:27

这个并不需要，在变动快速的图上，不出现交叉缠绕也是很正常的，但其基础往往令人怀疑。好好研究一下五粮 JTP1（038004）日线的第二类买点构成，这是一个用三角形构造第二类买点的完美例子。

2

缠中说禅 2006-12-13 12:21:37

告诉大家一个缠中说禅的 MACD 定律：第一类买点都是在 0 轴之下背驰形成的，第二类买点都是第一次上 0 轴后回抽确认形成的。卖点的情况就反过来。

---

①此处为第一类买点。

②此处为第二类买点。

3

网友 2006-12-13 14:53:11

博主，请看浦发银行（600000）的周线图 2004/3/12—2004/10/15 之间的情况，好像无论面积还是 MACD 都出现了背驰，请问对吗？

还有，你说过不要介入第一波涨幅过大的股票，怎么判断呢？是不是要用“前复权”来看 K 线图，因为如果用“不除权”看，两者之间的差距还是挺大的。

缠中说禅 2006-12-13 15:09:09

是一定要在第一类和第二类买点介入。

另外，那个周线图在那时间怎么会构成背驰？没有趋势就没有背驰，先把这个问题搞清楚了。

4

网友 2006-12-13 15:22:31

缠主，是不是所有的“缺口”都应该会补上？我今天本想买入许继电器(000400)，可看它 8.85 元跳空高开，就等补“缺口”，可它却涨上去了，为什么不补？盼解答！

缠中说禅 2006-12-13 15:28:18

缺口不补，表示强势。特别是突破性的缺口，或岛型反转的缺口，是不补的。上海指数 1994 年在 300 多点留的那个缺口，十几年都没补过。唯一肯定要补的缺口，就是盘整中的，以及趋势最后的衰竭性缺口。

5

网友 2006-12-13 15:25:57

根据缠中说禅的 MACD 定律：第一类买点都是在 0 轴之下背驰形成的，第二类买点都是第一次上 0 轴后回抽确认形成的。下午买的山鹰纸业（600567）价位 3.24 元是否是第二类买点？敬请博主点评。

缠中说禅 2006-12-13 15:40:00

首先把基本概念搞清楚，买点必须先确定是在什么图上的，日线还是周线还是什么。没有这个前提，哪里有什么买点。

6

网友 2006-12-13 16:01:38

请教，中钢国际（000928）现在是否面临三角形整理突破？分钟、日线图很好看，但是周线图不好看。

缠中说禅 2006-12-13 21:01:50

这不是三角形，而是一个典型的平台式调整（见图 69）。而且恰好相反，它的周线走得还可以，不过下面关键是 250 周线的支持，该位置不能有效跌破。

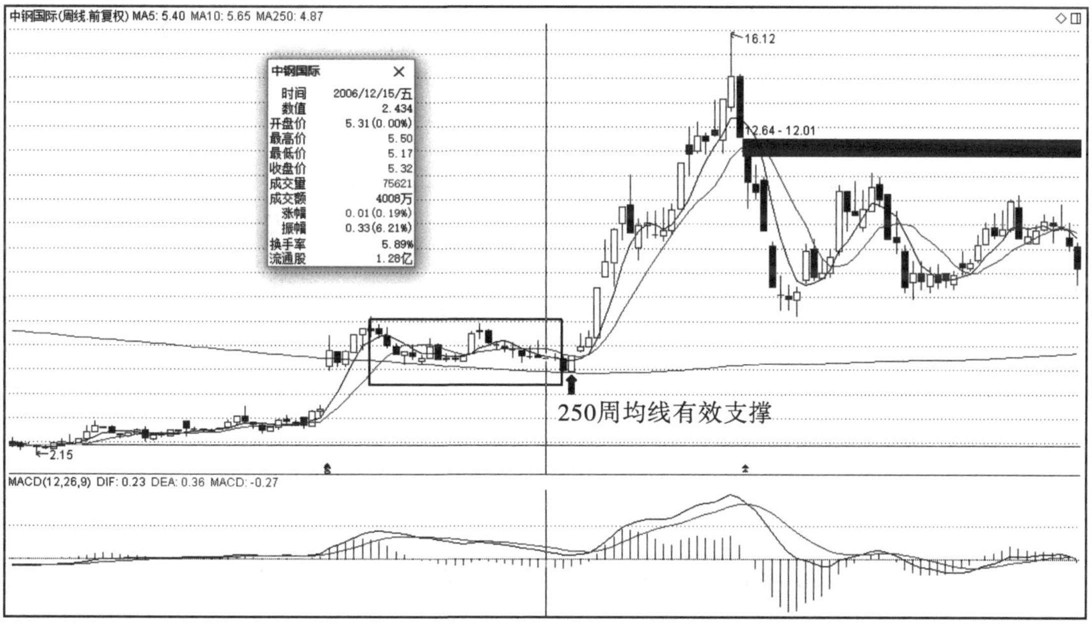

图 69　中钢国际（000928）2006 年 12 月 13 日前后周线图

7

缠中说禅 2006-12-13 21:04:04

好好理解这句话：没有趋势就没有背驰。背驰是趋势和趋势比，和盘整无关，再好好研究，你会真明白的。不是所有的绿柱子都要去比的，盘整里的绿柱子是没有意义的。

8

网友 2006-12-13 15:38:07

缠主，特别感谢你！昨晚看了你的回帖，缠中说禅定律，第二类买点在黄白线上到0轴以上。看了各个股票的走势，今天一早就进去跟庄家抢筹码。獐子岛（002069）在64.30元、65.20元、65.36元满仓了，坐轿的感觉真爽啊！还望以后不吝赐教，谢谢！

缠中说禅 2006-12-13 21:08:16

短线关键要注意箱顶是否能有效突破（见图70），要找盘整图形结束的。

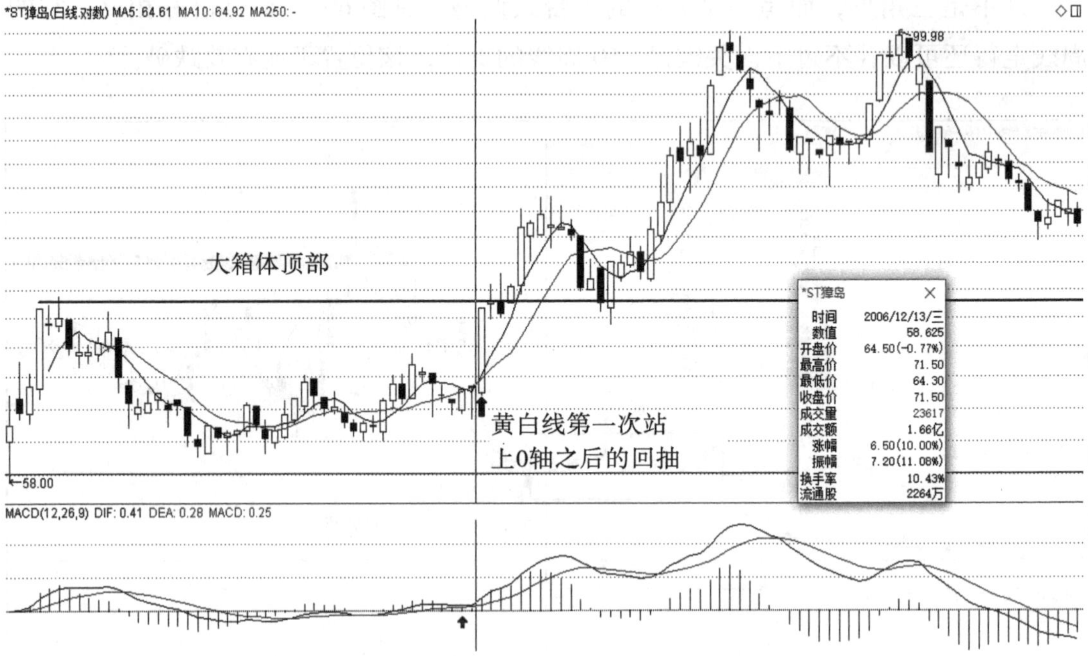

图70 獐子岛（002069）2006年12月13日前后日线图

教你炒股票*16*

中小资金的高效买卖法（2006-12-14 12:06:47）

1

网友 2006-12-14 12:24:34

博主，当前点位，更适合分散持仓还是集中持仓，资金50万元左右。

缠中说禅 2006-12-14 12:28:10

最多不要超过3只。你这种资金，学好这种方法，用30分钟图或日线图，1年下来达不到300%的盈利，那算太差劲了。

2

网友 2006-12-14 15:14:57

博主我有个问题，盘整多久才算是盘整啊？

缠中说禅 2006-12-14 15:18:14

这证明你根本没理解什么是盘整！只要走出盘整的形态就是盘整，和时间根本没关系。国外有些股票，一盘盘十年八年的一点都不奇怪，关键是形态。

3

网友 2006-12-14 14:51:21

驰宏锌锗（600497）日线上，2004/6/2—2004/9/10，如果没有后面的走势，应该也可以看作“下跌－盘整－下跌”走势，2004/8/23 出现第一类买点，对吗？

缠中说禅 2006-12-14 15:25:45

对也不对。不对在于，在日线上并不是“下跌－盘整－下跌”（见图 71），但在 30 分钟线上是，所以说对也不对。该段走势在日线上只构成一个下跌，这里面的微妙之处，好好体会。

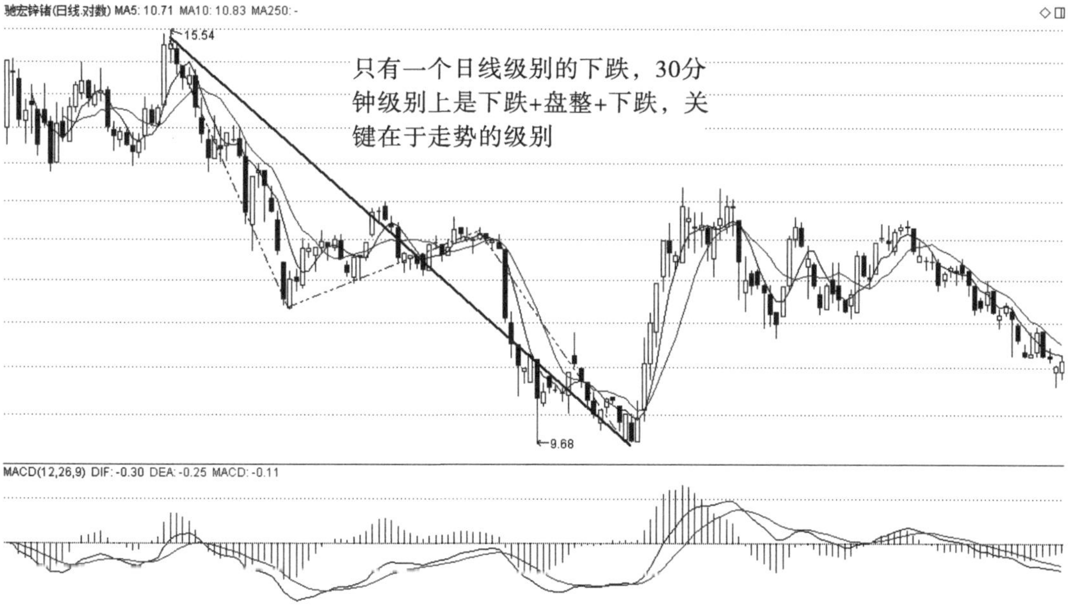

图 71　驰宏锌锗（600497）2004/6/2—2004/9/10 日线图

4

网友 2006-12-14 14:43:48

盘整：最近一个高点比前一高点高，且最近一个低点比前一低点低；或者最近一个高点比前一高点低，且最近一个低点比前一低点高。

这句话看似简单，但要落实到实践中还是有一定的难度的，最好以驰宏锌锗（600497）为例，选两个点说明一下，这样比较直观，好理解，请一定不要嫌麻烦！不理解这个，我的作业又会交不出的。

缠中说禅 2006-12-14 15:31:32

下跌和盘整，用肉眼就可以看出来，除非连高点和低点都分不清楚。注意，这里并不需要预测，只要看前面已经走出来的图形。

好好研究一下本 ID 以下两段话。

驰宏锌锗（600497）：

日线上，2004 年 6 月 2 日到 2004 年 9 月 10 日，构成下跌走势；2004 年 9 月 10 日到 2005 年 3 月 14 日，构成盘整走势；2005 年 3 月 14 日到 2005 年 7 月 27 日，构成下跌走势。也就是说，从 2004 年 6 月 2 日到 2005 年 7 月 27 日，构成标准的“下跌＋盘整＋下跌”的走势（见图 72）。

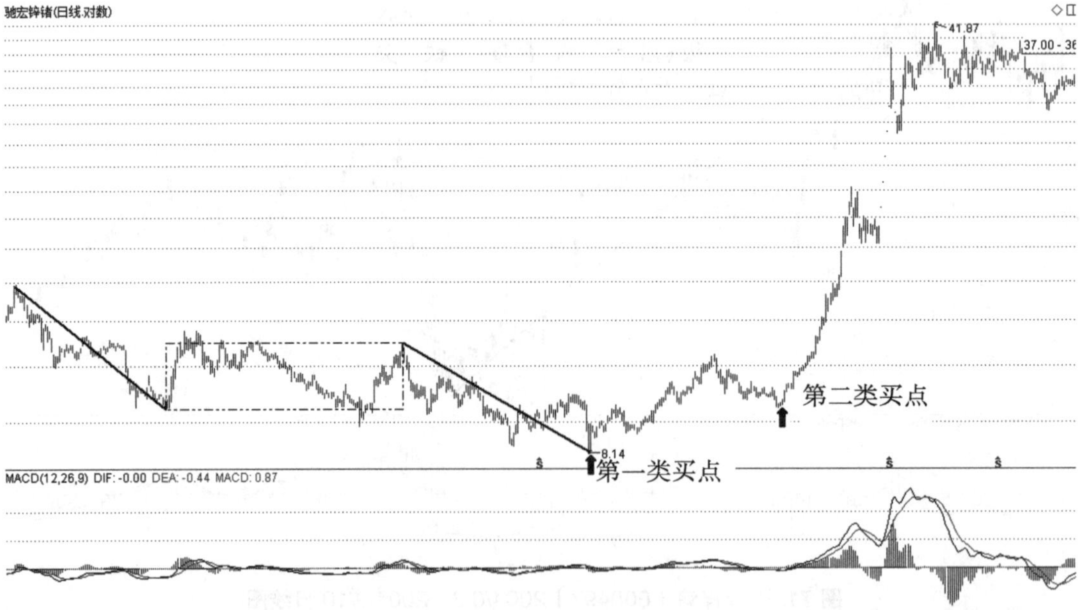

图 72 驰宏锌锗（600497）2004 年 6 月 2 日至 2005 年 12 月 8 日日线图

在相应的2005年3月14日到2005年7月27日的第二次下跌走势中，7月27日出现明显的第一类买点，这就完美地构成了“下跌＋上涨”买卖方法的标准买入信号。其后走势，很快就回到2004年9月10日到2005年3月14日的盘整区间，然后回调，在2005年12月8日出现标准的第二类买点，其后走势就不用多说了。

5

网友 2006-12-14 15:27:37

比如说，区间破了，特别是庄家时代，大都会回来确认的。碰到慢性子他再盘会儿，我一追就套，看盘了又走，那岂不是被玩死。还要考虑是不是真破或者诱多。

还有不到收盘是看不出今天真正意图的。他一个吸盘，指标全破了，收盘或明后天又拉回来，那该如何是好，岂不是又被玩死？

缠中说禅 2006-12-14 15:40:47

这些问题还提，就根本没搞清楚级别的问题。如果你按日线来操作，哪里存在关系收盘不收盘的问题？如果你按30分钟线操作，就看30分钟图就完了，和收盘有什么关系？先把这个问题搞清楚，否则思维永远扭不过来。

6

网友 2006-12-14 15:33:14

博主，现在的大盘已经取得了阶段性的进展，请再次为我们明示一下下一步的操作吧。这几天没有你的明示，实在郁闷至极，成绩欠佳，就当“扶上马，送一程”吧。今天轻仓，但愿我的思路是对的。

缠中说禅 2006-12-14 15:50:32

又是一个错误思维。请问现在是牛市还是熊市？如果是牛市，机会满大街都是，为什么要轻仓？从1000点上来，你的仓位整天变来变去，能否比一路持有成分股不动来得高？如果没有，那你的操作就是有很大问题的。

如果你是市场中的人，资金回来就要马上选择新的进入对象，例如在30分钟或日线图上找符合要求的股票，或者找轮炒的股票，这样资金利用率才会高。或者干脆就长抓一些股票，根据市场的波动不断弄短差，把成本降低，这样资金利用率也高。牛市里不挣钱就与熊市心态有关。

7

缠中说禅 2006-12-14 16:02:18

再告诉各位一个缠中说禅定律：任何非盘整性的转折性上涨，都是在某一级别的“下跌 + 盘整 + 下跌”后形成的。下跌反之。

8

网友 2006-12-14 16:14:28

本来我以为自己清楚什么是盘整，但看了驰宏锌锗（600497）的例子又糊涂了，请缠主指点。日线上，2004 年 6 月 2 日到 2004 年 9 月 10 日，构成下跌走势，这个明显。但 2004 年 9 月 10 日到 2005 年 3 月 14 日，构成盘整走势，这个就不太明白了。这次相比上一次不也是创了新低，也没有比上一个高点高啊，怎么会是盘整呢?

缠中说禅 2006-12-14 16:31:27

盘整，会构成各种不同的图形，这是一种特殊的盘整图形，叫顺势平台，这是盘整里最弱的一种。

由于现在没说到价值中枢的概念，所以有关趋势与盘整的最严格定义没法给出，该定义是本 ID 独此一家，以后会说到的。

现在各位先用这个通用的但不完全严格的定义来找趋势与盘整，该定义唯一不精确的地方就是这个顺势平台，把这个特例记住就可以了。

9

缠中说禅 2006-12-14 17:03:01

应该是：首先判别是在哪个级别出现趋势，而且是前后两个趋势，然后才有谈论背驰的可能。

再次强调：没有趋势，没有背驰。先把趋势搞明白。

背驰是前后两个趋势之间的比较。

思维要转过来，这里的思维和其他地方完全不同。别以为看到绿柱子就知道背驰，那只是辅助手段，首先要搞清楚趋势。

10

网友 2006-12-14 16:59:16

请问博主，看图是根据自己的情况选择一种级别的图后始终看这一级别的图，还是各级别的图来回看？如先看日线，然后看 30 分钟，再看 5 分钟？谢谢！

缠中说禅 2006-12-14 17:09:59

你按照某级别的图进出，但首先要搞清楚，你这个级别的走势究竟是怎样产生的。趋势的改变往往是从其他级别的改变开始的，所以当然要看不同级别的图。但进出，就要根据资金等决定进出的级别。

这个问题很简单，例如，你有 10 亿元资金，一个 30 分钟的买点，肯定对你没意义，所以你根本无须看 30 分钟的图来进出。例如，你是看日线进出的，但你必须时刻关注 30 分钟图，为什么？因为日线的改变首先从 30 分钟开始，你必须知道 30 分钟究竟在发生什么事情。当然，5 分钟太短，就没必要看了。

11

缠中说禅 2006-12-14 17:15:50

提示一句，买点和卖点是有级别的。日线上的第一类买点，可能两年才出现一次，而 5 分钟上的，可能两天就出现一次，关键看你想干什么了。

12

缠中说禅 2006-12-14 17:33:18

把几句最重要的话列举如下，一定要每一句都搞清楚，才可能真明白。

（1）离开级别，无所谓趋势。

（2）没有趋势，没有背驰。背驰是前后趋势间的比较，也就是说，在同一级别图上存在两段同方向的趋势是出现背驰的前提。

（3）趋势、盘整等，都必须要图上有明显的高低点。没有明显高低点的，只能构成趋势或盘整中的一段。

先把这几个最简单的问题搞清楚，然后才可能深入下去，因为这都是最基础的东西。

例如，第一类买点是背驰后出现的。如果你连背驰是什么都搞不清楚，在一个盘整中也找什么第一类买点，那肯定要出问题的。

解盘、答问（2006-12-15 12:10:06）

1

网友 2006-12-15 12:28:59

博主你好，我只有 1 万多元的资金量，这么少的资金是不是只操作一只股票就好，而且看 15 分钟或以下级别的图做超短线就行，然后全仓位进出？

缠中说禅 2006-12-15 12:44:13

如果你熟悉了这里说的方法，就该这样干。没熟悉之前，最好还是先拿着肯定涨的白马股票，这样至少不会比指数涨幅差。

注意，对中小资金来说，股票不能太多。太多成基金了，还不如自己去买基金。

2

网友 2006-12-15 15:36:23

缠主，我越看你的问题越糊涂。本来我第一次看你的定律，马上就找到了獐子岛（002069）的启动点，应该说对趋势和背驰理解得不错。这种东西也是只可意会不可言传，只能靠多看图，看盘来领会。现在我的疑问是：我们能只看K线图来捕捉到有无庄家在低位进入，还是已经知道有主力了，再从图形上去寻找阻击点？

缠中说禅 2006-12-15 15:44:38

你那个是把1分钟图上的第二类买点给买了，所以很快就启动盈利了。但学习不能就此就完了，一定要深究下去。估计你买的时候，也不会清晰地知道自己究竟买在什么位置上了，但一定要继续努力，搞清楚。真明白了，市场的走势如自己的心跳一样清晰可辨，这样，你想不一路盈利都难。

现在解决的是数学原则里三个独立系统中其中一个系统的问题，而真正成功的操作，一定要三个系统同时发挥作用。好好把数学原则那课[①]搞清楚，技术系统是比较麻烦的，所以要详细说。

3

网友 2006-12-15 13:44:06

两三天没有来问问题，主要是概念未明晰，甚至模糊了。刚才“本ID”又酒又药的，打开K线看看，突然想问个问题。水井坊（600779），12日创出新高，MACD图上快线向上，但红蜡烛就缩短，而且比前一日（前一片？随便问一句：应该跟前一趋势、前一片高点比较吧？）的高点都矮，那么这种情况算是一个“背驰”吗？盼回复！

缠中说禅 2006-12-15 15:48:23

不是光一个MACD就能完全解决问题的。从你的论述可以看出，你没彻底明白什么是趋势、级别。一定要明确、清晰地确立级别、趋势、盘整等最基

①指“教你炒股票”第9课：投资中的数学原则。

础的概念，这是出发点，这是几何上的点、线、面。分清楚这些了，才有谈论MACD等的必要。

4

网友 2006-12-15 16:03:32

不能不佩服“本ID”的锐利。其实这几日，我一直被“本ID”“没有趋势，没有背驰”文章里面“如果一个走势，连短期均线都不能突破，那期间出现的高点、低点，肯定只是低级别图表上的”这句话所迷惑，大概我的理解能力差吧。请问“本ID”，上面说的“走势”如果化成数学曲线形态，是什么样的连线，也就是在每一级别的K线图上，应该会有短期均线、长期均线和股价走势线？希望能不厌其烦，指出我概念出错的地方。谢谢！

缠中说禅 2006-12-15 16:15:10

级别在某种程度上就是一个过滤器，例如那些快速下跌中，像日线上那些很窄的通道式下跌，难道其中没有高点、低点吗？当然有！就像每条日K线都有上影下影线一样。但在日线级别上，这些都必须过滤掉，整个通道式的下跌只能算趋势中的一段，不能算是趋势。

但如果看5分钟或30分钟线，这个日线上不能算趋势的，就能明显地显示出趋势图形的基本特征，在这些低级别图中，趋势就是成立的。

告诉各位一个最基本的缠中说禅原理：对于任何级别的图形，趋势与盘整都是要完成的。

注意，这个原理的重要性，对于技术分析来说，就如同光速不变对于狭义相对论一样重要。

5

网友 2006-12-15 16:10:42

有时发现5分钟K线背离了，但日K线还没背离，出了点儿股票，但盘中一拉又上去了，出了的股票，追也追不回。

缠中说禅 2006-12-15 16:18:29

这就是因为你对级别没有概念，真明白了，就知道该怎么操作了。

教你炒股票17

走势终完美（2006-12-18 11:52:42）

1

网友 2006-12-18 15:11:25

缠中说禅走势中枢的概念：某级别走势类型中，被至少三个连续次级别走势类型所重叠的部分，称为缠中说禅走势中枢。

次级别的走势怎样去重叠高级别？60分钟K线图去模拟日K线图吗？请举例。弄懂中枢很关键呀！

缠中说禅 2006-12-18 15:18:38

不是次级别重叠高级别，是次级别之间的重叠。

2

缠中说禅 2006-12-18 15:47:11

用均线或MACD看背驰都是辅助性的，都不是最重要的，最重要的是把今天的搞清楚，这是最重要的。关于背驰相关的问题，本ID后面会继续说的。

先把逻辑关系搞清楚：

走势—级别—趋势—前后趋势比较—背驰—用均线等辅助判断背驰。

先把前面搞清楚，别困在某个环节上。前面明白了，后面自然清楚。

难道没有均线，没有MACD，就判断不了背驰？显然不是，那只是辅助。

3

缠中说禅 2006-12-18 15:55:14

各位好好研究吧，真明白了，终身受用。如果你希望知道什么黑马之类的，这里没有。沪深市场300只成分股，牛市结束后一看，都是黑马。牛市里有什么黑马？都是黑马，还用找吗？关键是你是否有持有的信心。牛市炒股票还用这么费心？前面本ID已经多次说过，牛市首先要灭的就是熊市心态，有时间先把基础搞好吧。本ID这里不帮任何人，你们个个是佛，本ID帮个什么忙？别憋屈自己了。

4

网友 2006-12-18 16:05:12

“中枢”的概念还是不清楚，烦请解惑。

请教：“某级别类型走势中，被至少三个连续次级别走势类型所重叠的部分”，比如，是指周线、日线、小时线的K线重叠吗？

缠中说禅 2006-12-18 16:12:28

不是几条K线的重叠，是至少三个连续次级别走势类型重叠部分构成。

5

网友 2006-12-18 16:18:38

“中枢”的概念太重要了，也太抽象了，本人愚笨，还请结合例子细致一点儿解释。

缠中说禅 2006-12-18 16:27:44

这不最简单的问题？A段经过8元到18元，B段经过18元到12元，C段经过12元到24元，你说这A、B、C三段的重叠部分在什么地方？

6

网友 2006-12-18 16:00:26

一直在看缠主的文章，觉得缠主的思想既有广度又有深度，思维严谨，逻辑性强，而且文章诙谐、幽默，令我辈从中获益不少。对缠主有教无类、诲人不倦的精神深感敬意和感谢，但心中有一疑惑，在此顺便问问缠主，望解答。既然高手无论在牛市还是熊市都能在股市提款，为什么缠主2001—2005年却不看一眼股票呢？是否像你这样的高手也要回避熊市呢？那么职业股民在熊市中岂不要转行了？

缠中说禅 2006-12-18 16:41:19

本ID又不等钱花，为什么要花精力在熊市里忙？有技术，熊市一样挣钱，这没错，但这种钱本ID早没兴趣了。

人生有很多事情可以干，关键是要明白当下最值得干什么。有大牛市，本ID当然不会错过，那种破熊市里的破行情，值得本ID去浪费时间吗？

7

缠中说禅 2006-12-18 16:48:43

本ID十分理解各位急着挣钱的心理，但这种心理本来就是市场参与者的大忌。连自己的心都控制不住，对自己的贪婪、欲望都不能控制，是不能在市场中长久成功的。心态平和点，焦躁没有智慧。

8

缠中说禅 2006-12-18 17:06:54

各位知道为什么智慧难得吗？就因为偷心不死，整天想着捷径，想着一夜暴富。你看看真正成功的人，有哪个是靠中彩票挣钱的？

要在市场上成功，首先要把这偷心给废了，否则学什么都没用，一到场上就犯糊涂，然后就后悔、自责，然后又继续犯糊涂。

道理是死的，用的是人。人没道理，什么道理都没用。

没错，本 ID 可以告诉你消息，让你买所谓的黑马。但就算让你买了，你可能也守不住。你回头看看，有多少黑马是你曾经买过的，如果都留到现在，你还用找黑马吗？

别说找不到黑马，而是好好想想，为什么黑马都避着自己。

解盘、答问（2006-12-19 11:55:41）

1

缠中说禅 2006-12-19 12:12:29

各位一定要多从中枢的概念出发，中枢的概念，盘整、趋势都没包含其中，那是比盘整、趋势更基本的概念。

大盘走势没什么特别的（见图 73），还是沿用以前的老招数，一旦两市走势背离，就会出现震荡，而且深圳走势更明确。这些都在以前反复说过的，自己以后可以继续灵活应用。

还有就是缺口的问题。一旦在下方留下缺口，对短线就有考验，能不补当然是强势的，但考验是必需的。像上海昨天、今天连续出现缺口的走势，出现震荡是理所当然的。

大盘本月目前的走势，基本按前段时间本 ID 所给的建议走，唯一有点不太给面子的是，上海比深圳先创新高。目前是突破后的惯性上攻，这个惯性一旦耗尽，必然有一个回试以前历史高位的确认过程，这构成短线最大的压力。

中长线就不用说了，牛市的第一阶段还没结束，中长线没什么可谈的。

2

网友 2006-12-19 12:36:33

大盘还会出现类似今年 7、8 月份的那种走势吗？

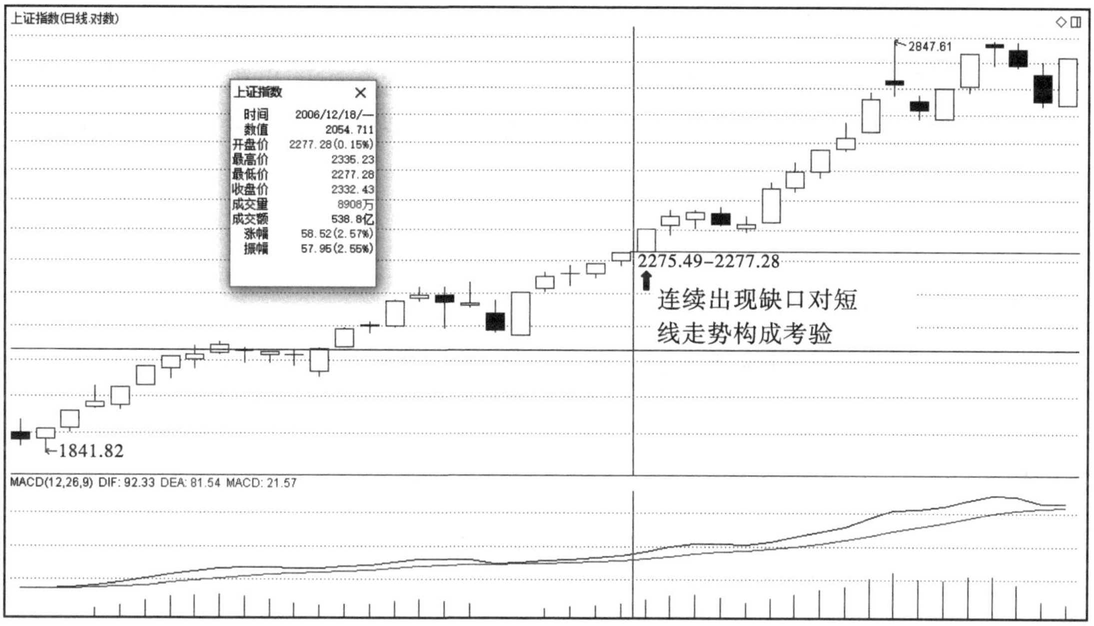

图 73 上证指数 2006 年 12 月 19 日前后日线图

缠中说禅 2006-12-19 12:45:36

当然会出现，只是时间长短的问题。上次大的平台型，这次很可能就是锯齿型，走出三角形的可能性不是没有，但会小一点儿。不过，真正出现调整，必须把这次突破历史高位产生的惯性耗尽。

由于年尾基金做业绩等因素的影响，加上现在基金的业绩和新募集的基金业绩关系太大，成了一种营销手段，所以大盘受到的影响不可小视。

3

网友 2006-12-19 12:40:20

缠主您好！辛苦了！我的复星医药（600196）都有 5 个重叠了，那叫什么呢？那也叫一个走势中枢吗？

缠中说禅 2006-12-19 12:48:27

什么叫至少？如果一万年在一个区间里，那还是一个中枢。

4

网友 2006-12-19 12:49:05

一个中枢后的走势就是“盘整”，两个向上的中枢后走势就是“上涨”，两个向下的之后的走势就是“下跌”，对否？

缠中说禅 2006-12-19 12:51:37

一个中枢后的走势就是“盘整”，是错的，先把决定论的思维方式废掉才行。一个中枢完成，盘整就成型，是否延续，还是马上转为上升、下跌，不能用决定论的思维。

5

网友 2006-12-19 12:51:04

走势中枢是在次级别中发生的，那么它的计数的第一段走势，是不是一定要与主级别相反呢？

缠中说禅 2006-12-19 12:53:31

为什么一定要相反呢？如果在盘整里，怎么相反？

6

网友 2006-12-19 12:52:31

请教博主，半仓操作，始终做日内差价，可行性大吗？按你所了解的对于坐庄户来说，日内差价所得能构成最后收益的多大比例？

缠中说禅 2006-12-19 12:57:05

资金量不大是可能的，盘整时间越长，成本越低。盘整是用来降低自己成本，抬高别人成本的。

7

网友 2006-12-19 15:09:25

博主下午好！请教一个问题，上证指数（周线）自 2005 年 6 月 10 日见底后，第一个走势中枢是 1077 ~ 1213 点，第二个走势中枢是 1520 ~ 1747 点，到目前是一个上升趋势，对吗？

我对第二个走势中枢的判断还不肯定，感觉又像盘整，因为它和昨天讲的海尔 JTP1（580991）日线走势很像。但因为该段图形在日线上是盘整，故判断周线上该段应为原趋势的一段，不知这样想是否正确？

缠中说禅 2006-12-19 21:24:03

周线见底后，根本连一个中枢都没形成，因为都没有形成典型的日线级别连续三类型走势的重叠，那些都只是日线级别的中枢。

这个意味着什么？意味着目前在周线级别上，只是一个大的走势类型的第一段，也和本 ID 一直强调的牛市第一波的判断是一致的。

8

网友 2006-12-19 20:57:02

缠主，走势、走势类型和趋势之间有什么区别？这两个概念不太理解！

缠中说禅 2006-12-19 21:25:45

这应该很清楚的，走势类型有三种：上涨、下跌、盘整。上涨、下跌合起来叫趋势。

9

网友 2006-12-19 21:39:12

缠中说禅走势中枢，是否就是中期趋势？

缠中说禅 2006-12-19 21:43:41

毫无关系。

10

网友 2006-12-19 21:53:57

请问老师：日线的次级别类型是指 60 分钟还是 30 分钟的走势？

缠中说禅 2006-12-19 22:07:50

一般用 30 分钟。

11

网友 2006-12-19 22:04:43

“缠中说禅趋势：在任何级别的任何走势中，某完成的走势类型至少包含两个以上依次同向的缠中说禅走势中枢，就称为该级别的缠中说禅趋势。该方向向上就称为上涨，向下就称为下跌。”

博主，这“两个以上依次同向的缠中说禅走势中枢”是否必须是连续的。驰宏锌锗（600497）日线 2004 年 6 月 2 日至 2004 年 9 月 13 日似乎只有一个缠中说禅走势中枢，即 11.36 ~ 12.75 元，对吗？

缠中说禅 2006-12-19 22:15:21

当然要连续。

是一个，但之前没有一个？加起来就是两个。一般人说下跌都是从最高价说起，本 ID 指那天开始就是顺着大家来。

12

缠中说禅 2006-12-19 22:01:00

这两天请好好复习一下下面的东西。

走势：你打开走势图看到的就是走势，走势分不同级别。

走势类型：上涨、下跌、盘整。

趋势：上涨、下跌。

缠中说禅走势中枢：某级别走势类型中，被至少三个连续次级别走势类型所重叠的部分。

缠中说禅盘整：在任何级别的任何走势中，某完成的走势类型只包含一个缠中说禅走势中枢，就称为该级别的缠中说禅盘整。

缠中说禅趋势：在任何级别的任何走势中，某完成的走势类型至少包含两个以上依次同向的缠中说禅走势中枢，就称为该级别的缠中说禅趋势。该方向向上就称为上涨，向下就称为下跌。

缠中说禅技术分析基本原理一：任何级别的任何走势类型终要完成。

缠中说禅技术分析基本原理二：任何级别任何完成的走势类型，必然包含一个以上的缠中说禅走势中枢。

缠中说禅走势分解定理一：任何级别的任何走势，都可以分解成同级别“盘整”“下跌”与“上涨”三种走势类型的连接。

缠中说禅走势分解定理二：任何级别的任何走势类型，都至少由三段以上次级别走势类型构成。

解盘、答问（2006-12-25 15:21:31）

1

网友 2006-12-25 15:49:21

请问缠主：

（1）在前面所说的“下跌＋盘整＋下跌”法则中，如果前面是一个大的上涨，这在上一级别也构成了盘整。这种情况该怎么分析啊？

（2）你在前面分析个股的时候常用不同级别的压力线、支持线来分析，这种技术你什么时候能教教我们啊?

缠中说禅 2006-12-25 20:32:47

（1）“下跌＋盘整＋下跌”不算什么法则，只是一种比较有用的形态。高级别盘整，低级别出现“下跌＋盘整＋下跌”的情况很常见，这就是一种技术分析上最愿意见到的情况。不同级别综合在一起，得到的结论更准确，具体以后会说到的。

（2）学会现在的，那些都很简单了。

2

网友 2006-12-25 17:53:33

缠主，问一个健康方面的问题，吃醋对身体有利吗?

缠中说禅 2006-12-25 20:46:31

饮食关键是平衡，偏则病。没有什么是无条件对身体有利的。

但这些都不是根本的，有其身，必有其患。不从身的根源下手，都是没用的。修其身，必先明其心。心不明，修也妄。

3

网友 2006-12-25 17:40:57

单位K线的重叠形成中枢，这些中枢构成的走势，是这一级别图表上最小级别的走势。这些最小级别的走势形成的中枢构成的走势，是高一级别的。所以，一个特定级别的中枢和走势构成了更高级别的中枢和走势。也就是说，中枢和走势，都是有其自己特定级别的，都是要在其自身的级别中进行判定的。

这个说法是不是正确呢?请博主点拨一下。

缠中说禅 2006-12-25 20:54:10

站在纯理论的角度，是可以说低级别走势的积累、叠加构成高级别的走势，但这里没有什么必然的规律。如果有，就可以用这些规律把市场的走势给构造出来了，这显然是不对的。

正因为如此，就不能从低级别看起，分析图形，要从高看到低。低级别走势的意义，是在高级别的意义彰显后才能彰显。

4

网友 2006-12-25 20:45:47

博主，你好!通过近一段的学习，整理一下思路，不知对否，请指正。

思路一：所谓趋势，应包含两个以上的走势中枢。在某一级别里如果形成了上涨中枢＋盘整中枢＋上涨中枢，应该说就形成了这个级别里的一个趋势。正是因为有了趋势，才能判断背驰，即第二个上涨与第一个上涨进行比较。

思路二：如果在某一个级别里形成多次缠绕且低点、高点不断抬高，那么只要在连续三个次级别里走势重叠，就可以判断成是在某一个级别形成由多个上涨中枢构成的上涨趋势。

思路三：根据走势终完美，是不是指每一个级别里都要完成一个趋势。比如北辰实业（601588），其日线判断成一个上涨中枢，其后至今的走势判断为一个盘整中枢，那么后面应该再跟一个上涨中枢，这样判断对吗？有没有这样的走势呢，比如，在30分钟走势形成一个上涨＋盘整＋上涨，然后是一个盘整中枢，再连接一个下跌＋盘整＋下跌，而相应的日线里形成上涨中枢＋盘整中枢＋下跌中枢。假设是新股，在30分钟形成第一个上涨＋盘整＋上涨前没有任何走势。这只是我的一个假想，但会不会有这样的可能呢？

思路四：假设我现在看30分钟图，以5分钟图进行操作。5分钟我定为最低级别，那么5分钟图里形成一个带均线收敛的上涨（这里不考虑均线收敛的形式即力度问题），随后连接一个同样的下跌，再连接一个同样的上涨，这样是不是就可以判断成一个盘整中枢。而在30分钟里同样是一个盘整中枢。如果成立，是不是盘整的高点、低点就是在这样的上涨和下跌中由均线收敛的前后比较产生的背离所形成？

缠中说禅 2006-12-25 21:02:01

对“思路一”的回复：不要把“上涨＋盘整＋上涨”和单纯的“上涨”混淆了。前者是三个走势类型的连接构成，而后者是一个单纯的走势类型。

对“思路二”的回复：有了中枢的定义后，就不用考虑什么高点、低点了，只要向上构成两个中枢就是上涨。

对“思路三”的回复：盘整不是一种走势类型吗？为什么都一定要构成趋势？

对“思路四”的回复：如果5分钟是最低级别，三个连续5分钟K线一旦有重叠，该重叠就可以构成中枢。不过一般都用1分钟当最低级别的。

5

网友 2006-12-25 21:13:25

看了这么久的“教你炒股票”，始终入不了门，人笨没办法。不过俺用自己的方法1个多月来也有百分之几十的收益，我选股票就看日线上MACD下的绿柱走到最长就是我进去的时候。明天俺就要去个鸟不拉屎的地方了，手上的最后一只股票冠豪高新（600433）还没等到拉升，明天清仓出局咯！跟博主及各位道个别。

缠中说禅 2006-12-25 21:16:50

你那种方法，在牛市里问题还不太大。在熊市里，或者碰到牛市里的熊股，那问题就很大了。所以还是要把真正的问题搞清楚，这才是长远之策。

6

网友 2006-12-25 21:22:58

博主好！请教个问题。5 分钟线、15 分钟线、30 分钟线、日 K 线显示的信息出现矛盾时，尤其是目前较敏感的时间，应该以 5 分钟线、15 分钟线为准吧？

缠中说禅 2006-12-25 21:28:31

怎么会有矛盾信息？例如 5 分钟出现下跌，日线出现上涨，这能算矛盾吗？站在日线的角度，那 5 分钟的下跌只构成一个小的回挡。至于看哪个，关键是你的资金量与操作频率。如果资金量小，频率快的，5 分钟图上一旦出现危险，就可以退出来了。对资金量大的，5 分钟图的危险没什么意义，除非这种危险演化成日线上的危险。

7

网友 2006-12-25 21:25:48

在看图过程中发现，不管是以月线、周线还是日线为标准，最后都要走到最小的 1 分钟线上去。因为每一级的趋势或盘整都须次级别的走势来确定，而次一级别又须更次一级别的走势确定，直到 1 分钟图上（以现在大多数软件的功能），才以三根K线重叠来判定中枢，是这样的吗？缠主是怎么用的呢？

缠中说禅 2006-12-25 21:31:42

错，次级别的前三个走势类型都是完成的，才构成该级别的中枢。完成的走势类型，在次级别图上是很明显的，根本就不用看到再下面的级别去。

8

网友 2006-12-25 21:17:44

缠主，有问题请教。

（1）因没图，用假设的例子举例：有一段是上涨趋势从 5 元涨到 10 元，而后在 10 元附近形成了一个中枢，而后下跌至 8 元附近形成一个中枢，后再下跌至 6 元后趋势改变。请问 10 元至 6 元算不算是一次在高一级别的下跌趋势？不知我说明白没有，意思就是刚好在顶部有一个中枢的，其后下跌中又形成一次中枢，因高点处中枢是转折点，既与前边的上涨有关，也与其后的下跌有关，请指教。

（2）两个同向中枢能否轻微的重叠。假如是一个向上的趋势，第二个中枢的下边与第一个中枢的上边有重叠，这种情况会不会出现？

缠中说禅 2006-12-25 21:43:23

（1）这将会构成高一级别的中枢。在本级别中，也将这看成一个中枢。在一个趋势中，中枢之间是绝对不重叠的。

（2）如果你说的那些中枢都是同一级别的，就构成了上涨 + 下跌的走势。如果上面的中枢构成了更高级别的中枢，就构成“上涨 + 盘整 + 下跌”的走势。这种走势，往往意味着在大级别中是一个大的盘整。

教你炒股票19

学习缠中说禅技术分析理论的关键（2006-12-27 15:18:10）

1

缠中说禅 2006-12-26 15:12:05

大盘现在的走势十分正常，1996 年那次，深发展 A（000001）涨了 N 倍了，很多股票都没涨。工商银行（601398）现在连一倍都没到，算得了什么？成分股就是牛市第一轮最重要的股票，多次说了，就不要埋怨了。

2

缠中说禅 2006-12-27 15:25:27

大盘没什么可说的，选股就更没什么可说的，就是成分股，没动的以后都要动的。

3

缠中说禅 2006-12-27 15:29:37

这种大牛市炒股票是最简单的，成分股就那 300 只。如果觉得还太多，就看上证 50 指数，第一轮反复围绕这几十只股票，不断轮炒就完了。第二轮是炒成长股，那是以后的事情了。关键是消灭一切熊市心态，这话也说过很多次了，以后也不说了。

4

网友 2006-12-27 15:28:58

成分股中现在还没动过的应该不好找了，我要一个个找找看。

缠中说禅 2006-12-27 15:32:13

谁叫你现在才找？现在找，风险就大多了。一大早就说了，拿着成分股，好好学技术，两头不耽误。牛市的第一轮是最轻松的，基本不用费脑子挑股票。第二、第三轮就要累点了。

不明白的，去看看深发展 A（000001）1996 年、1997 年的走势（见图 116）。

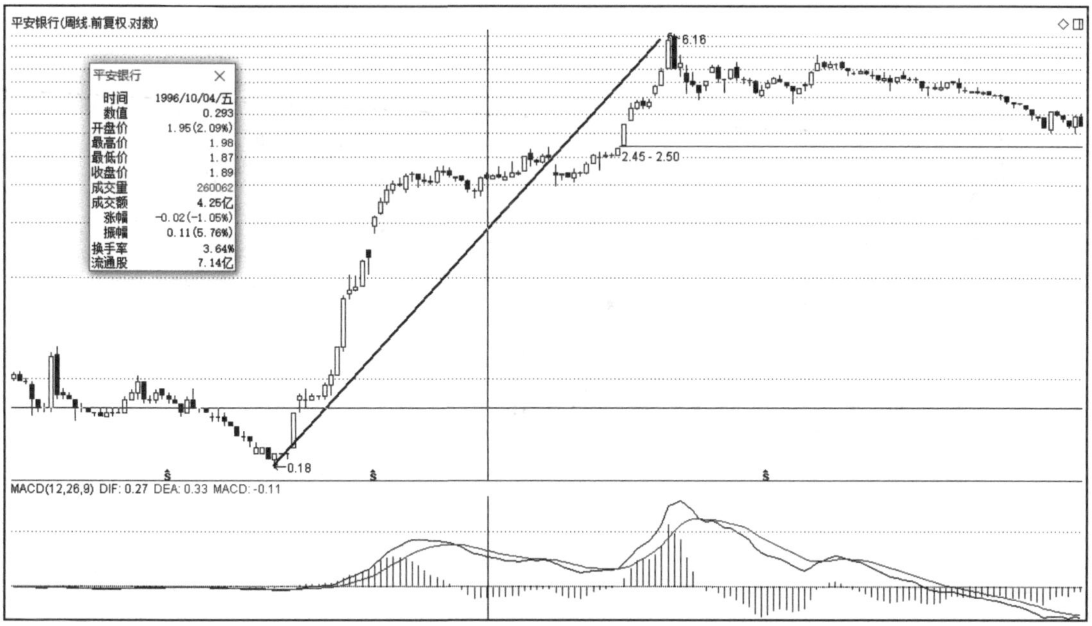

图 74　深发展 A（现名平安银行，000001）1996—1997 年周线图

5

网友 2006-12-27 15:31:20

博主，第一阶段是不是大盘每次调整都先涨银行地产股？

缠中说禅 2006-12-27 15:33:50

成分股，你说中国联通（600050）算什么？但银行股肯定是有份儿的，因为权重最大。

6

网友 2006-12-27 15:31:05

博主，请您看看孚日股份（002083），那可是我的全部家当，血汗哪！现在被套，自杀的心都有了！怎么办哪？能不能破例一次，告诉我咋办呀！谢谢！

缠中说禅 2006-12-27 15:40:50

对次新股，早说过了，上市第一天的高价不放量突破，看都不用看，除非在下面出现第一类的买点。这样的好处就是不用浪费时间。现在该股走成这样，就等吧，反正离箱顶也不远（见图 75）。

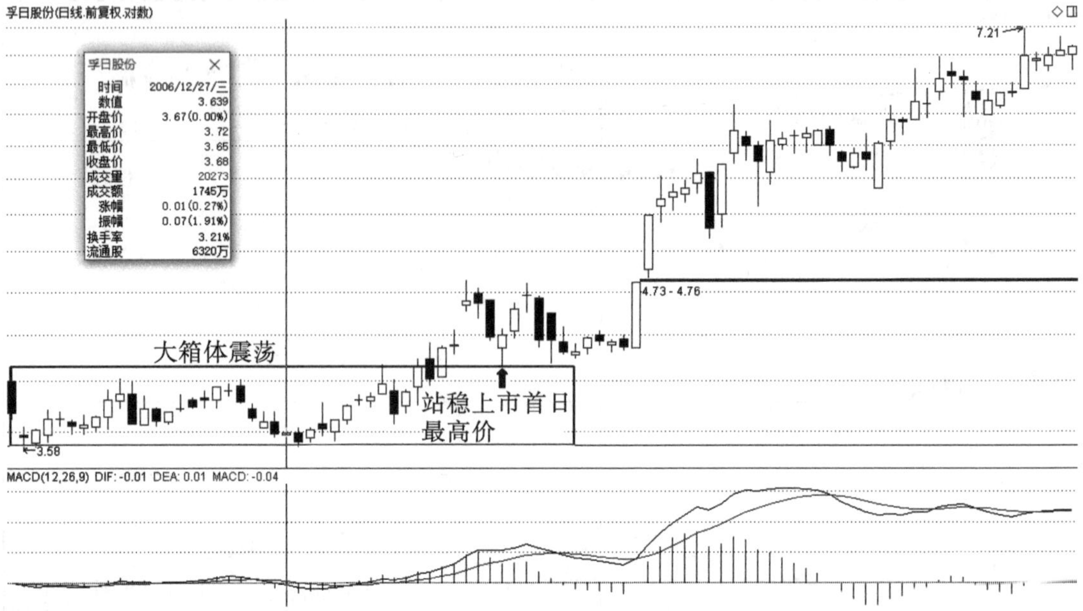

图 75 孚日股份（002083）2006 年 12 月 27 日前后日线图

再说一次，真正的高手就是顺着市场最简单的方向去。早说过什么呢？一定要紧跟大部队，别和散兵游勇玩，那些人自身都难保，有什么可玩的？牛市第一阶段，大资金都忙着搞成分股，管这些小盘玩意儿的，都是小玩意儿。等吧，最终都要涨的。

7

网友 2006-12-27 16:20:50

博主，缠中说禅走势中枢定理一：在趋势中，连接两个同级别“缠中说禅走势中枢”的必然是次级别以下级别的走势类型。

我现在觉着，盘整走势与趋势走势的连接是不是可以在盘整中枢结束后，直接跟着趋势的第一个走势中枢，强庄有可能用这种图形来做最后的洗盘，只是我不知道逻辑上该怎么来证明。

缠中说禅 2006-12-27 20:55:17

关键是前后两个中枢不能有重叠，否则只是构成更大级别的盘整。

网友 2006-12-27 16:20:50

还有缠中说禅走势中枢定理三中的两个次级别走势的组合只有三种：趋势+盘整，趋势+反趋势，盘整+反趋势。

我觉得这第三种组合不大好理解，走势中枢本身就是一种盘整图形，在后面紧跟着盘整，那还怎么区分出来，这段盘整是否属于前段走势中枢内呢？

再有，假设命题正确，盘整之后为什么只有反趋势，就不能出现趋势呢？结束前一个走势中枢，盘整后再继续趋势走势，不是很正常吗？

盼解惑！

缠中说禅 2006-12-27 20:55:17

趋势+盘整中的趋势中的价值中枢与盘整中的价值中枢的级别是不同的，后者更高。不能单纯地谈论中枢，必须结合级别。

注意谈论这个问题的前提，谈论的是中枢的离开与返回问题。如果以一个次级别的盘整类型离开中枢，返回当然不可能也是盘整类型，否则就构成一个大级别的盘整类型，这就与原中枢维持的前提矛盾了。

对于围绕中枢的运动，离开中枢的趋势是正趋势，返回的是反趋势。

8

网友 2006-12-27 20:43:28

缠主讲的第一类买点和第一类卖点都是由背驰形成。走势结束转向的话，一定会出现背驰吗？涨势疲软构成背驰，下跌后反弹构成背驰。如果等背驰等不到，下跌以后等反弹，结果会出现大幅亏损被套。背驰的形成应该是这一波走势的涨跌幅度和速度比上一波弱，由此能判定下一步趋势结束吗？背驰之后还有背驰的情况也不少，是不是也有一个成功率，概括市场上的大多数情况。

缠中说禅 2006-12-27 21:00:15

为什么下跌等反弹？出货永远都是在上涨中出的。一旦出现背驰性的上涨，就要出货。当然，这和你操作的级别有关。如果你是长线的，1 分钟图上的背驰当然不用考虑。

下跌才出货，都是有毛病的行为。

背驰只可能出现一次，怎么可能一次又一次。你认为的一次又一次的，根本就不是本 ID 所说的背驰。注意，背驰是两个同级别趋势之间对比产生的，先把什么叫背驰搞清楚。

9

网友 2006-12-27 20:21:58

本级的盘整形成高一级的走势中枢吧。

缠中说禅走势分解定理一：任何级别的任何走势，都可以分解成同级别“盘整”“下跌”与“上涨”三种走势类型的连接。

缠中说禅技术分析基本原理二：任何级别任何完成的走势类型，必然包含一个以上的缠中说禅走势中枢。

缠中说禅走势分解定理二：任何级别的任何走势类型，都至少由三段以上次级别走势类型构成。

说个极端的情况：有的股一字涨停封盘上涨，日线成上天梯状。如果某一天由前一天的一字涨停改为一字跌停，日线图下天梯，st 和 pt 类的股票这种走势比较多，这种上涨、下跌的走势就无法分解成次级别的三段走势了，也没有走势中枢吧？

缠中说禅 2006-12-27 21:05:20

当然有，最低级别的中枢是怎么定义的？不记得了？一字线构成的就是最低级别的价值中枢。先把中枢的定义搞清楚。

10

网友 2006-12-27 21:04:39

级别是如何划分的？两个级别之间差是多少？月线与周线差 4 倍，周线与日线差 5 倍，日线与 60 分钟线差 4 倍，日线与 30 分钟线差 8 倍，日线的下一级应该以哪一种为准？再下一级是多少？

缠中说禅 2006-12-27 21:12:37

一般用 5 分钟、30 分钟、日线、周线、月线就足够。

非问题之“我是谁？从哪里来？到哪里去？”（2006-12-28 15:30:28）

1

缠中说禅 2006-12-28 15:45:14

成分股的威力，各位会继续看到的。有人说现在涨得很离谱，本 ID 怎么一点感觉都没有？比起 1996 年那次，差远了。比起 1991 年甚至 1993 年那次，差更远。1994 年 8 月、9 月那次的反弹，从指数的速度上也比这次快。没什么可说的，只不过以前的龙头叫深发展 A（000001）、四川长虹（600839）。现在换成了工商银行（601398）之类的，一点新意都没有。

本 ID 已经不想说第一波是成分股这种话了，说得太多，没意思了。如果要和 1996 年比，见 4500 点前就不该有大的调整。明年、最迟后年怎么都应该见 6000 点。否则，本 ID 简直对这次的行情失望至极。

元旦后，以及特别在中国人寿（601628）上市前后出现平台式快速震荡是必要的。这是短线最大的风险。至于中长线，又是一句说过无数次的话，现在才是牛市的第一阶段。

2

网友 2006-12-28 15:37:44

缠主，缠中说禅走势中枢定理中的“次级别以下”是否包括次级别在内？谢谢？

缠中说禅 2006-12-28 15:49:57

当然包括。注意，中枢和盘整不是一回事情。当然，因为盘整只有一个中枢，所以很容易搞混。

3

网友 2006-12-28 15:48:40

缠主，现在买成分股是不是太晚了？我瞎忙了两个月还是没什么收获！“教你炒股票”系列还没入门。

缠中说禅 2006-12-28 15:56:20

本 ID 很久以前已经反复强调这个问题了，回去看看深发展 A（000001）1996 年的走势。

各位，注意这样的节奏。最大那 50 只[①] 肯定要先上一个台阶，然后 300 只[②] 里面的后 250 只就会补涨上去，这个节奏是可以把握的。

至于三线股，就是更后面补涨了。

牛市其实是最简单的，每一阶段有一个龙头板块，其他都是补涨的。

第一阶段的龙头板块就是成分股。

第二阶段是成长股，那是以后的事情了。

第三阶段是重组股，那是最后的晚餐了，N 年以后会出现。

现在才是牛市的开始，没赚到钱也不怕，后面明确方向，机会多得你跟不过来。

4

网友 2006-12-28 15:44:44

博主，下午好，今天的大盘真的除了你说的上证 50 里蓝筹股在疯涨，其余都跌！这两天都是看、学习、理解最近两篇文章，还不是全部理解，能否再举一个实例说明？

另外，实在忍不住，想问博主，我在水井坊（600779）里好久了，受伤不轻。看其 30 分钟图，是不是已经形成三个连续走势，出现中枢了？下面应该是上涨了吧？

缠中说禅 2006-12-28 15:58:09

跌的会补涨的，但和龙头依然没法比。这就是为什么牛市中一定要拿每个阶段龙头的原因。

5

网友 2006-12-28 15:47:27

我今天买入广深铁路（601333），缠主能不能说说后市如何？

缠中说禅 2006-12-28 16:05:28

这只股票本 ID 也有，不过是前两天买的。本 ID 对预测走势没有兴趣，本 ID 唯一会干的事情就是等卖出信号的发出。

网友 2006-12-28 16:13:02

按照缠主所说的，这只股票应该是昨天才突破首日最高价呀！

---

①指上证50成分股。

②指沪深300成分股。

缠中说禅 2006-12-28 16:24:22

资金量不同，操作的时间也不同。如果本 ID 这么大资金也按突破后介入，这样别人就会害本 ID，本 ID 就要被迫当庄家了，本 ID 对当庄家没兴趣。当然，本 ID 不是对所有新股都会在开盘后的第二天介入的，现在是超级大盘股的天下，便宜筹码不能让别人抢了，否则会影响行业地位的。

但对于散户来说，突破以后再跟进是有好处的，这样你的资金利用率会高多了。

6

网友 2006-12-28 15:36:45

我感觉东方明珠（600637）在 30 分钟上形成了 11.53 ~ 10.97 元的中枢，现正在中枢内运行。不知对不对，讨论一下。

缠中说禅 2006-12-28 16:12:34

注意这样一个问题，中枢是以前三个次级别运动为准的，后面的是走势类型的延伸。在盘整的走势类型延伸中，其运动方式就是围绕这个中枢的运动。

网友 2006-12-28 16:26:47

博主，从以上理解，是不是中枢后，走势继续延伸就是盘整？但这种围绕中枢的盘整运动以什么信号标志结束呢？以前你说过盘整后的转折是关键 。

缠中说禅 2006-12-28 16:33:16

带有一个中枢的走势类型就是盘整，但盘整可以不断延续下去，不断围绕中枢运动，这叫盘整的延伸。同样，趋势也可以延伸。

7

网友 2006-12-28 16:27:02

缠主好！在一张走势图（如日 K 线走势图）里，走势也有不同级别是吗？

缠中说禅 2006-12-28 16:40:21

当然有不同的级别，但要精细点。走势是分级别的，但在某张例如 30 分钟的走势图上，日线级别可以显示出 30 分钟走势的连接，而 1 分钟级别的一些东西，在 30 分钟图上就看不出来了。看越大级别的图，其实就是把低级别的一些信息给过滤了。

8

网友 2006-12-28 16:34:32

综合上面缠主的分析，看来俺今天买入广深铁路（601333）是买对了。现在不是大盘股的天下吗？那我选股的理由很简单，就是看哪家成交额大我就选哪家。最后我选了三个沪市成交前三甲的：工商银行（601398）、中国联通（600050）、广深铁路（601333）。最后反复权衡选了最后一个。毕竟是新股嘛，没有涨幅，而且现在进去就和庄家差不多的成本了。哈哈。

不过，会不会马上来个洗盘呢？

缠中说禅 2006-12-28 16:48:30

按什么方法都有对的时候，但必须明确其有效范围。如果散户都喜欢这种方法，庄家最高兴了。

9

网友 2006-12-27 21:25:13

尊敬的博主：某级别走势类型中，缠中说禅走势中枢是直观的，不需要看次级别的图就能看出来，有三段重叠就行。“注意，次级别的前三个走势类型都是完成的，才构成该级别的缠中说禅走势中枢。”为什么要强调“完成的走势类型”？如果三段中有一段在次级别中不是完成的走势，那它在本级别重叠的三段就不能构成缠中说禅走势中枢？

缠中说禅 2006-12-28 20:29:57

没完成的怎么知道要演化成什么类型的？例如，出现第三个，那前两个肯定完成了，否则也没有第三个出现。但如果这第三个不完成，例如在30分钟的级别里，出现一个最低级别的缺口，直接就跳到前两个类型之外去，那根本就不能构成重叠了，中枢只能在其后的走势中形成。

一个最极端的例子，一只股票连续30天一开盘就涨停，30条横线向上，这样，在日线上就不可能形成中枢，最多只在1分钟图上形成30个中枢。而1分钟不是日线的次级别。

日线的中枢，只能在打开涨停后并且在30分钟图上形成三段完成的走势类型后形成。

10

网友 2006-12-28 18:55:34

博主，有疑问，请指教。日线图上，日 K 线单体所形成的曲线，是日线级别的次级别走势吗，也就是用日 K 线曲线形成的中枢来判断日线级别的走势？

对于级别总是感觉比较难把握，可能是我图看得太少的缘故吧，没图感。

还有对于一个走势的终结，是不是按照是否产生新的同方向上的中枢来判断的？那是否就是说一个走势的端部存在着一个中枢？其实一个走势的起止并不一定是通过价格来划定的，而一定可以通过中枢来划定，是不是这样？

缠中说禅 2006-12-28 20:34:01

日线的几根 K 线不可能形成什么日线中枢，日线中枢只能到 30 分钟图上出现三段完成的有重叠的走势类型中找。

形成一个日线中枢，怎么都至少需要十来根日 K 线。如果一个上涨，连 5 日线都不破，肯定是形成不了日线中枢的，最多形成 30 分钟的中枢。这就是强势的表现。

11

网友 2006-12-28 16:45:30

反复研究中枢概念，三个连续次级别类型，看来可以是连续三根下跌 K 线构成，也可以是连续三根上涨 K 线构成，对吗？

在趋势中，中枢数值越小，走势越强，缺口是最强的，是吗？

缠中说禅 2006-12-28 20:42:17

怎么可能是连续三个下跌？下跌 + 下跌还是下跌，只能算一个走势类型。

中枢停留的级别越小，趋势的力度越大。缺口不等于中枢，只是连接中枢的最低级别，缺口表明离开原来中枢的力量比较大。但如果缺口以后出现一个很大级别的中枢，这就证明其力度有限了。最强的当然就是缺口后一个 5 分钟甚至更短的中枢后就继续趋势，这是最强的。例如，连续直接封涨停是最强的。为什么？因为缺口后的中枢都是 1 分钟，最低级别的。

12

网友 2006-12-28 16:46:05

请问缠主，广深铁路（601333）在 5 分钟图上从上市到最低价 5.90 元形成下跌趋势，5.90 元至 12 月 27 日 10:10 形成盘整，盘整的中枢是 6.30 元至 6.12 元，而后是上涨，形成下跌＋盘整＋上涨，不知分析的是否正确？请指教。

缠中说禅 2006-12-28 21:13:16

不错，但用1分钟图看更清楚。

不过，新股有一个更实用的方法，就是把上市前看成一种上涨，开盘到低点的回试看成一个上涨中的30分钟中枢。昨天突破到今天的盘整开始形成第二个中枢，这个中枢的时间有点儿短，次级别的三个走势还没完全走出来（见图76）。从纯技术上，还有从这里直接回头，也就是假突破的风险，所以还要等时间来确认中枢形成，相应地就是确认突破的有效性。一旦确认，升势的延续就确认了。

图76 广深铁路（601333）2006年12月28日前后日线图

13

网友 2006-12-28 21:07:43

"注意中枢和盘整不是一回事情。当然，因为盘整只有一个中枢，所以很容易搞混。"

博主，能否细说其中的区别？还有，判断本级别的其次级别走势中枢是否形成，一定要看其次级别的走势，是吗？

缠中说禅 2006-12-28 21:16:34

本级别的中枢看三个连续次级别的走势类型是否产生重叠。中枢与盘整的区别，自己看各自的定义就明白了。

14

缠中说禅 2006-12-28 21:30:41

回升或上涨中的中枢从回落的高点算起。下落或下跌形成的中枢从回升的低点算起。中枢有点像钟摆，回升的高点，就像把钟摆拉高，然后放手，去－回－去三次确认。

15

网友 2006-12-28 21:29:59

缠主，判断日线的走势中枢是否一定要看 30 分钟图的相应走势。

缠中说禅 2006-12-28 21:32:30

一般都这样，但如果你熟练了，大概知道日线上那若干 K 线的组合，在 30 分钟线上肯定会有三段以上的走势类型，也可以不看 30 分钟图。

16

网友 2006-12-28 21:20:25

缠主，上来晚了点，不好意思。请问，比如典型的上升三角形走势，应该怎么用您的理论来判断呢？它的卖点又应该在什么地方，在什么情况下出现呢？

缠中说禅 2006-12-28 21:42:45

看次级别的图。中枢形成后的走势不一定要超越中枢的范围，例如收敛三角形的走势，就一定一直在中枢的范围内。这有点像空间的压缩，所以三角形的突破都比较迅猛，但回抽与骗线也较多。在波浪理论中，更把它当成第四浪的主要形态，其理论的依据都在这里。中枢形成后形成压缩性走势，意味着多空力量的平衡与强硬。即使突破后，反方向的压力也很大，很容易就构成最后一段的走势。但这最后的走势往往特别疯狂，在期货中更是这样。

解盘、答问（2006-12-29 15:05:47）

1

缠中说禅 2007-01-03 20:23:18

注意，以前说过了，要用 MACD 看背驰，关键首先要回抽 0 轴。

2

缠中说禅 2007-01-03 20:25:19

即使是持有，如果你的短线技术还可以，可以按照中枢上下弄点短差的，这样资金会灵活点儿。当然，技术不行就算了。

3

网友 2006-12-30 19:55:32

对博主的理论略懂一二。还有一个问题：上涨过程中短暂回调（一到三天）后继续上涨创新高，这算一个走势中枢吗？谢谢，急盼回复！

缠中说禅 2007-01-03 20:26:54

这要看回调的力度，至少要突破 5 日线才算一个回调，否则就是个均线弱收敛，那不算是一个真正的调整，也不能算一个中枢。

什么叫“这是一个走势中枢吗”？关键是级别，任何一个回调必然在某级别产生中枢，不谈级别光谈中枢没有任何意义。

4

网友 2006-12-31 15:04:49

缠主，你好，新年快乐！我在实战中有几个问题。

（1）日线的次级别为 30 分钟，30 分钟的次级别为 5 分钟，对吗？

（2）如果庄家在涨停板位置出货或减仓，当时能不能判断出来？如我买的浔兴股份（002098），28 日涨停，29 日低开，我就在 12.16 元出掉了。幸亏现在是牛市，还有盘中冲高可以走人。我看了有色的几个股，在上半年都有前一天涨停，隔天低开，从此形成头部的现象。这两天的福能股份（600483）也是。像这种情况在涨停的那天，用缠中说禅定律也看不出卖点，一定要在第二天低开就坚决出来吗？

（3）我做股票，对成交量是非常看重的，它是我判断背驰的一个重要方面，以后股指期货出来，不知有无这方面的数据？如果严格按照技术要求，做期货的胜算不知有多少？谢谢！

缠中说禅 2007-01-03 20:32:11

第一个问题可以这样理解。

关于浔兴股份（002098），你好好研究一下 5 分钟图，就知道为什么会出现这种情况了。本 ID 的理论，适合任何情况，关键是你是否掌握了。

成交量不是这样看的。

5

网友 2007-01-01 23:31:34

博主新年好！技术没学好没法腐败呀。驰宏锌锗（600497）的日线图反复研究，两段下跌趋势和顺势平台盘整算是看明白了，但百看不得其解的是看不懂为什么是在 2005 年 7 月 27 日出现第一类买点，静态图应是 2005 年 6 月 6 日完成第二段下跌呀。而且按照背驰定义，短期均线 5 日线和长期均线 10 日线构成的面积由于两段下跌途中均出现多次缠绕，不知如何比较其大小，从而无法判断背驰。7 月 27 日就更不知如何发现背驰了。本人愚钝，诚盼博主指教。

缠中说禅 2007-01-03 20:41:12

且不说其他判断方法，就算用最简单的 MACD，6 月 6 日时，MACD 的黄白线还在创新低，就不可能背驰了。而 7 月 27 日是回抽 0 轴，然后价格创出 8.14 元新低而 MACD 没有创新低，这就是典型的背驰了（见图 77）。

当然，现在各位只要明白如何用 MACD 看背驰就可以，更精确的分析，还需要多学点儿东西才能明白，以后都会说到的，请继续努力。

图 77 驰宏锌锗（600497）2006 年 7 月 27 日底背驰示意图

6

网友 2007-01-03 20:39:02

博主：您终于回来了！我持有的东阿阿胶（000423），停牌整一月了。大盘涨了都1000多点，心里快急死了，但是一点消息都没有，怎么办呀？恳请赐教！

缠中说禅 2007-01-03 20:43:19

现在停牌好，特别对抓不住股票的人。停牌一复盘就涨50%，如果不停牌，很多人涨个10%就跑了。停牌是好事，等着，牛市还长呢。

7

网友 2007-01-03 10:55:05

贯彻博主的精神，理论要联系实际。就我现在满仓宝钢股份（600019）而言，试着以日线为操作依据在30分钟图上找背驰。请博主批阅，谢谢！

分析宝钢股份（600019）的30分钟图，发现2006年10月12日14:30开始构成下跌，而在10月20日14:30没再创新低，则10月12日14:30到10月18日9:30构成下跌趋势，10月18日9:30到10月20日14:30构成盘整。之后在10月23日14:00又创新低，且MACD比前一个下跌趋势（10月12日14:30到10月18日9:30）要明显小很多，接着10月23日14:30均线系统构成交叉缠绕，表明此时的新低为背驰，构成第一类买点。

卖点背驰，严格按博主的定义，在30分钟图上应该还没出现，但有两个我认为比较可能类似背驰，请博主指点。

11月10日10:00，可能构成30分钟图上的背驰。但从均线图上看，这里不在均线收敛的前后，是否形成背驰？在12月19日9:30又可能构成背驰，但个人认为这个卖点也较为勉强，因为这时候的MACD对比前一个上涨趋势，并没有缩小很多，且正处在MACD黄白线的交叉点，之前是黄线在上。

不知道对吗？

缠中说禅 2007-01-03 21:02:39

首先，拿着宝钢股份（600019）是对的，典型的成分股，这是牛市第一轮的主力品种，所以不要轻易放弃。

其次，所谓均线交叉缠绕，与MACD都是判断背驰的辅助方法，但要先把最基础的搞清楚。

什么是最基础的？

对于宝钢股份（600019），站在30分钟图上，一个典型的趋势延伸，就是2个中枢本来就可以完成趋势，但这个数量是可以一直延伸下去的，走出同级别的20个中枢也是可以的。这种走势是投资中最好的一种情况了，应该珍惜。至于如何判断其结束，首先至少要形成一个日线级别的中枢，才可能结束30分钟的这种上涨趋势延伸。

8

网友 2007-01-03 20:49:51

缠主，你能提示一下浔兴股份（002098）看5分钟图着重看哪几方面吗？它是涨停的，不知从何下手。谢谢！

缠中说禅 2007-01-03 21:19:29

你应该看的是开盘前三天那一段，在5分钟图上有明显的背驰，这次的涨停不过是背驰后形成的盘整中的涨停。而在30分钟级别上，要形成一个中枢，必须有三段次级别的走势，因此到前期高位附近出现回调太正常了，否则怎么可能形成三个次级别的走势（见图78）？

对该股，目前要判断的就是这30分钟的中枢形成后，是否能突破形成新的中枢，最终出现真正的趋势。目前是上市后第一个中枢，如果不能突破该中枢，就会陷入一个大的中枢盘整里，这样短线油水就不大了。

要短线有油水，就要尽快摆脱这30分钟中枢的纠缠。

注意，走势类型的形成和什么涨停没关系，关键是所处的位置。

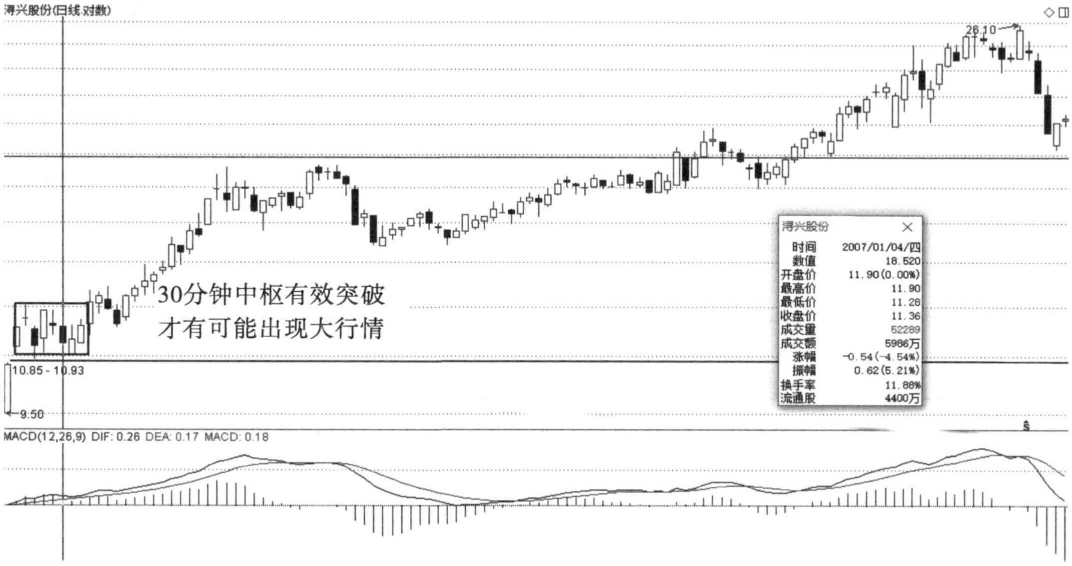

图78 浔兴股份（002098）2006年1月3日前后日线图

9

网友 2007-01-02 22:08:00

有一个问题想请教博主：我发现许多处都是这样的情况，比如，我现在在看上港集团（600018）周线，从2006年10月27日到12月31日是上涨走势，但其相应的MACD却是绿色，处于0轴以下运动（见图79）。

我的疑问：这段的MACD为什么不是红色，在0轴上方向上运动呢？也就是上涨走势中，MACD一定是红色向上的运动吗？或者是这段走势要与前面的连贯，即博主教的“走势终完美”？

问题多多，而且真的都是初级阶段的问题。希望您给我鼓励，感谢您的耐心。谢谢！

缠中说禅 2007-01-03 21:26:40

那是除权的问题，如果你不习惯这样看，可以把它复权来看，但习惯了其实无所谓。例如，站在月线或季线图的角度，你可以认为该除权构成一次急促的下跌，刚好构成一个标准的背驰走势。由此可见，在月线上，该股至少要回抽月线的中枢，因此上涨空间就很明确了。

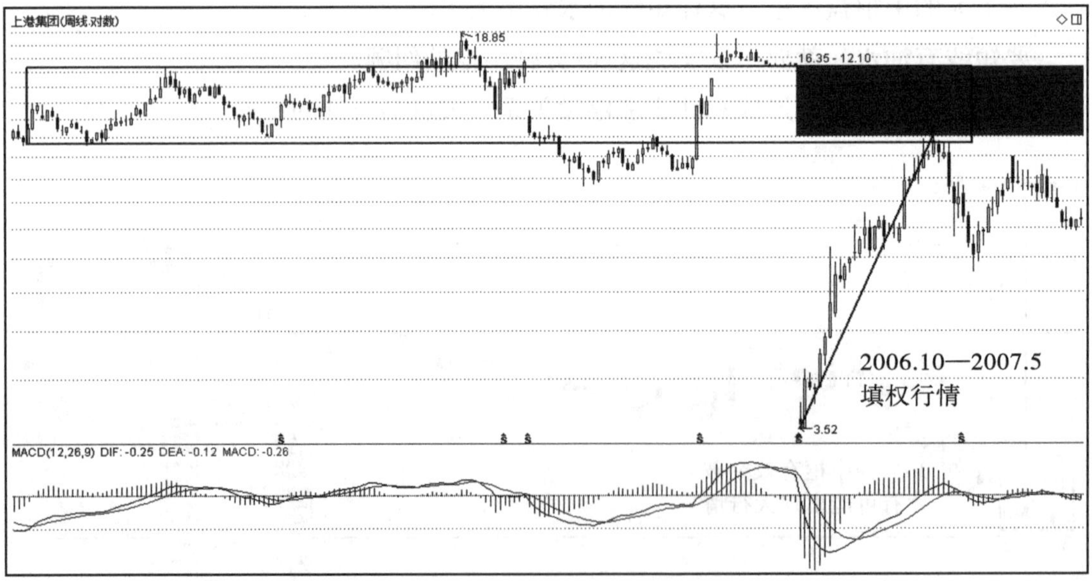

图79 上港集团（600018）2006年10月开启的填权行情周线图

网友 2007-01-08 15:35:38

博主，你说上港集团（600018）月线看能填缺口，我前两天买了，今天涨停，估计什么时候能填完缺口？

缠中说禅 2007-01-08 15:39:19

你的理解错误，该股月线的中枢在哪里？根据中枢回抽的次级别原则，10.20元的中枢下沿应该被一个次级别的，也就是最多是周线的走势类型回抽。由此，你自己也可以判断大概需要的时间。

注意，我上次说的是回抽中枢，而不是补缺口，因为前者是理论所保证的，后者并没有什么必然性。

10

网友 2007-01-03 21:20:38

博主，你好！走势类型是对走势的分类，还是构成走势的基本单位？

缠中说禅 2007-01-03 21:30:26

如果把趋势当成1，盘整当成0，走势类型就如同0、1，由此构成二进位的各种数字。

解盘、答问（2007-01-04 15:13:50）

1

网友 2007-01-04 15:55:13

谢谢缠主的背驰理论！今天下午把银行股全出了，避开短期调整。缠主真是在普度众生啊！

缠中说禅 2007-01-04 16:01:37

但现在只是小级别的调整，短线调整后不排除还有创新高的可能，中线就更不用说了。

各位可以好好分析一下工商银行（601398）的1分钟、5分钟图，用走势类型必须完成的定理，尾市的跳水就理所当然了。但这次跳水后，关键看能否重回今天的中枢，不行的话，调整的级别就大了。

另外还可以教大家一招，就是当第二龙头的补涨比第一龙头还有力时，往往是该板块要进入调整的标志。比较一下工商银行（601398）和中国银行（601881）今天的走势就明白了。

网友 2007-01-04 15:55:13

经缠主这么一说，我算是明白了，为什么今天中国银行（601881）涨停，而工商银行（601398）并没怎么涨。郁闷的是我今天还补了一些工商银行（601398），希望明天就回到中枢里，不然我可要赔钱卖掉了。

缠中说禅 2007-01-04 16:23:21

千万要养成好习惯，买股票只在理论规定的买点里买，不能一路上涨一路买，一旦出现一个小的震荡就受不了了。站在理论规定的角度，工商银行（601398）在日线上 15 日以后就从来没有任何理论上值得介入的买点。

千万要记住，在底部买股票一路持有，不能一路追买。教训！

工商银行（601398）中线问题不大，短线中国人寿（601628）上市前后出现调整是很正常的，这个调整的规模决定于是否能快速重回今天的 5 分钟中枢。能，就是一个 30 分钟级别的调整，不能，就至少是日线级别的调整（见图 80）。

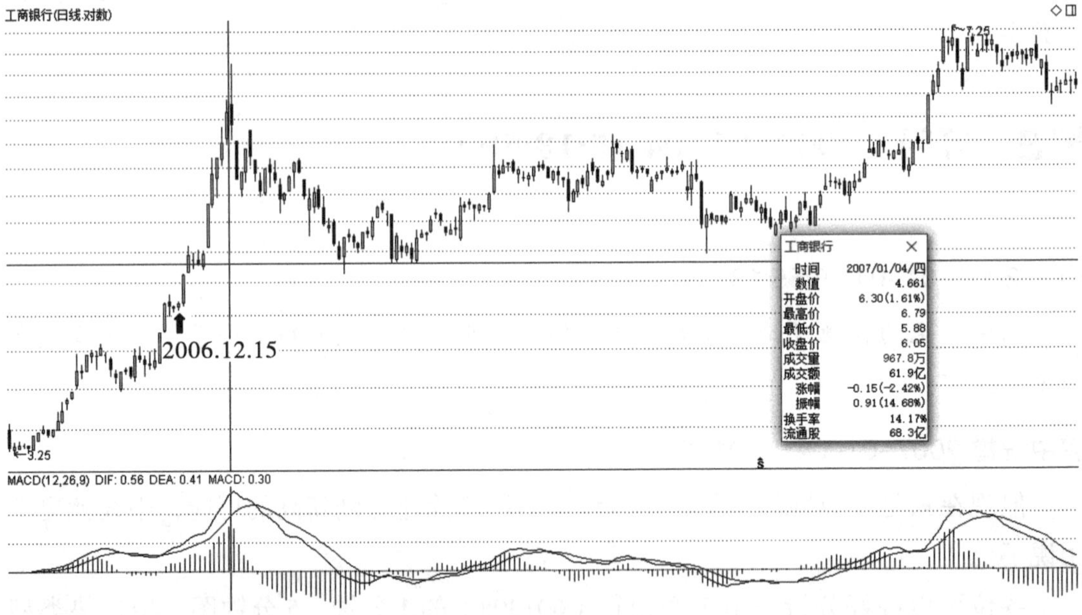

图 80 工商银行（601398）2006 年 12 月 15 日前后日线图

网友 2007-01-09 16:38:14

博主，工商银行（601398）5 分钟 K 线图上已经是顶背驰了，我的判断正确吗？

缠中说禅 2007-01-09 21:41:07

要学会从大角度看问题。工商银行（601398）这次下来的调整，必然需要一个走势类型完美的问题。例如一个日线级别的调整，就必然在 30 分钟上有三段走势，想想现在是第几段，意味着什么？这样就能很从容地安排自己的操作了。只有定好大方向，才有必要看小细节。

2

网友 2007-01-04 16:08:37

终于又能听到博主的教诲了！博主，股票的上涨走势如果是在一个上升通道中震荡上行，这走势中枢是不是就不一样啊？第三段次级别走势会跑到前两段的区间外面的，这怎么理解呀？同理，下降通道也一样。

缠中说禅 2007-01-04 16:16:50

你还没搞清楚中枢的算法。第三段跑到前两段外是最正常不过的，关键是看三段重叠的部分。

网友 2007-01-04 16:08:37

我的意思是，第三段和前两段没有重叠，或者仅仅是和前两段区间的边界重叠了，这样算不算是中枢呀？

缠中说禅 2007-01-04 16:55:51

你说这话证明你连三段怎么找都没搞清楚，三段是互相连着的，三段必然有重叠，根本不可能有什么只边界重叠的情况。

一个最简单的例子，你自己画一个 N 字，上、下、上，无论你怎么画都画不出一个没重合的。

怎么才可能没重合？例如，上、上、上，但这只构成一个上，不能把这当成三段。

3

网友 2007-01-04 16:20:24

苦啊，今天 7.70 元进了广深铁路（601333），缠主救我！最近的买点就是在回试上市第一天高位的 7 元以下。

缠中说禅 2007-01-04 16:28:06

注意，一定要按买点的要求买，不能随便乱买股票。该股中线问题不大，短线就看 7.30 元上下的中枢能否站稳（见图 81）。站稳，很快就解套，否则就熬一个日线级别的调整吧。吸取教训，来这里学了那么久，还不能养成只在买点买的习惯，那是很不好的，严重需要补课。

图 81 广深铁路（601333）2007 年 1 月 4 日前后日线图

4

缠中说禅 2007-01-04 16:32:40

各位注意，大家一定首先要把自己的坏习惯找出来，写下来，坚决改。现在是牛市，赶错了还有改的机会。如果是熊市，改的机会都没有。一个坏习惯就足以让你所有的投资最终一场空，一定要改，否则麻烦大大的，即使现在并不一定吃大亏。

5

网友 2007-01-04 16:32:23

通看了写股文章，缠主的思路非常清晰而且逻辑完整，佩服！不过看到大家有几个疑问，我初看之下，也是疑惑。一问：大家对于背驰有迷惑，可能产生于对所谓“趋势”的判断问题。

缠中说禅 2007-01-04 16:42:42

背驰出货都是上涨时出的，一路涨一路出。什么时候开始出？除了看两段趋势之间的力度，还要看第二段趋势内部的背驰，特别两段趋势之间是一个狭窄的平台整理。为什么？因为调整有交替关系，一个平台调整后，下一个调整往往是快跌型的，因此必须要配合第二个趋势的内部背驰看。这个背驰在 1 分钟或 5 分钟图上都很明显，根本不用等到下跌时才发现。

6

网友 2007-01-04 16:47:39

做股票其实和其他事情一样，关键是个人的修为，真功夫都在股票外。

缠中说禅 2007-01-04 17:01:28

就像如果某人在理论上很清楚要在第一、第二、第三类买点买，但一看盘操作就什么都忘了，那什么理论、方法都没用。为什么？因为他根本就被自己的贪婪与恐惧控制着。一个好的投资者，首先要战胜自己，成为一个自觉的人，否则一切都没意义。

7

网友 2007-01-04 15:54:26

缠主，昨晚看了你的回复，学习到23点多，有点儿明白。一般中枢的K线组合起码要有十几根吧？又找了一个东华软件（002065），好像日线级别上已经到第二类买点了，对吗？

缠中说禅 2007-01-04 17:08:26

概念错误，新股在日线上如果没有经过大幅下跌，是不会有第一类买点的，就更不会有第二类买点。当然，在小级别上是会有的。

一般来说，开盘后就涨的新股，一般只会有第三类买点。

8

网友 2007-01-04 17:05:36

我对重叠的理解是三段走势在铅垂面上的投影有重合部分，应该没理解错吧！

博主再帮忙看一下宝钢股份（600019）2006年11月7日到2006年12月8日的走势，如果那两段下跌走势角度再大一点，不就有可能出现我说的情况了吗？

缠中说禅 2007-01-04 17:13:18

理解完全错误，那明明是两个30分钟以下级别的中枢，和什么三段有什么关系？宝钢股份（600019）11月以后根本就没形成过日线的中枢（见图82）。

9

缠中说禅 2007-01-04 17:25:37

各位好好研究一下浔兴股份（002098）的15分钟图（见图83），因为前几天有人问过，现在里面包括了背驰、走势必完美等的完美应用。

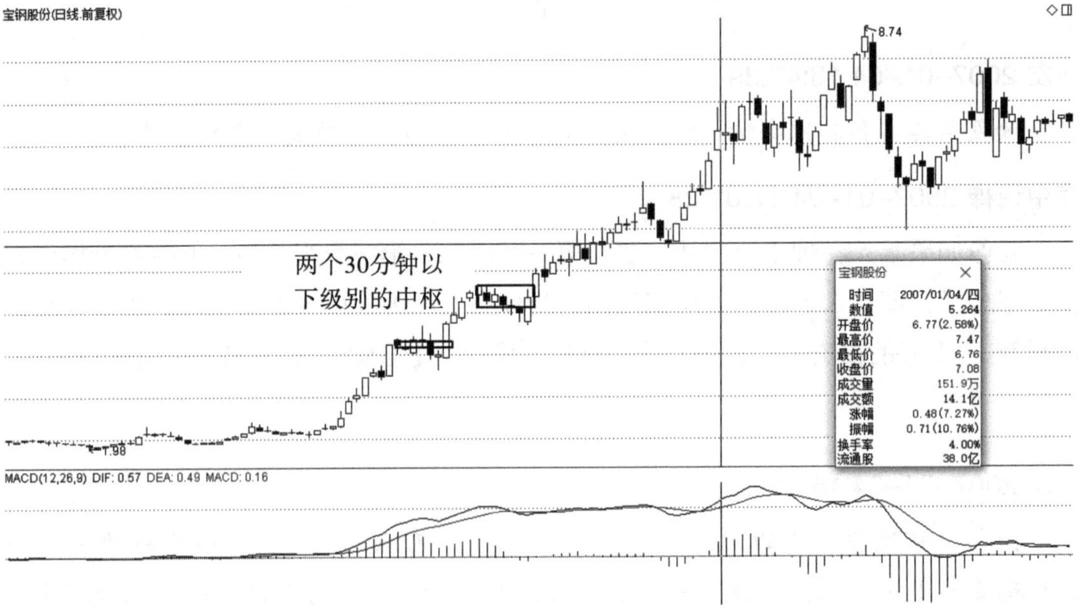

图 82 宝钢股份（600019）2007 年 1 月 4 日前后日线图

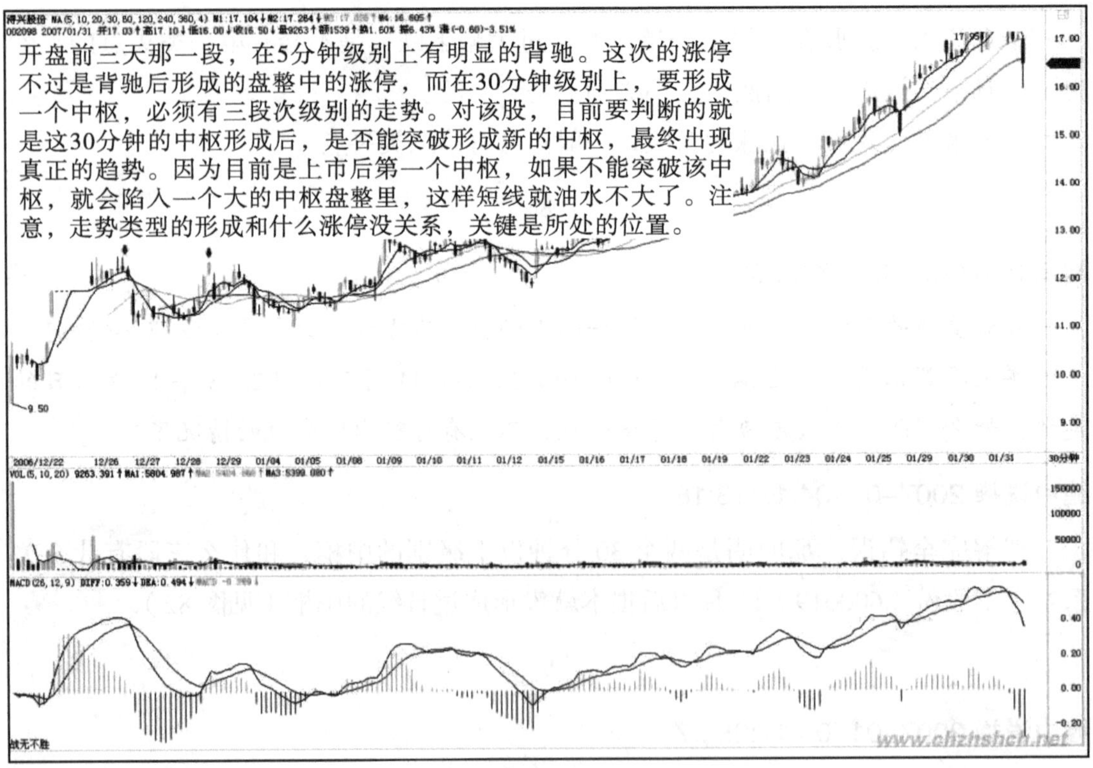

图 83 浔兴股份（002098）对应的 15 分钟走势图

特别其第二段向上是涨停然后第二天低开，根据走势必完美，就知道这个下跌是必然的。

必须清楚，究竟是开盘先高开然后跌，还是开盘就跌，这并不是最重要的。股票不可能精确到最后一分钱，真正的高位可能就是一秒钟的事情，怎么可能都赶上？必须有一定的提前量。

网友 2007-01-04 18:10:30

关于浔兴股份（002098）的15分钟图，有以下几个疑问，请缠主指教。

按缠主以前所说的上市前看成是一个上涨，上市当天就形成了一个中枢，该中枢应该是一个上涨中枢。由于上涨中枢应该有不止一个，所以一个涨停之后，马上形成了第二个中枢（12月26日一天内完成）。

第二个中枢完成之后，又形成下跌走势，然后在12月27日9:45至12月18日13:45的时间段内形成一个中枢。然后12月29日9:45至12月29日15:00形成一个中枢，今天又形成一个中枢，但是这个中枢还没完成。如果是这样的话，请问这三个连续的中枢是什么关系，实在搞不懂。或者是12月27日到今天算是一个中枢，我一看到这种似是而非的走势就晕菜，请缠主帮忙说明如何看这种图。如果是第二种，也就是从12月27日到现在只有一个中枢，那么这个下跌走势就没走完，应该还要至少形成一个下跌中枢才算完成。

缠中说禅 2007-01-04 20:49:57

注意，该股在15分钟上只有一个中枢。另外，没有什么三个连续的中枢，而是三个连续的次级别走势构成一个中枢，请先把这些基本的概念搞清楚。

10

网友 2007-01-04 19:26:53

全年买了一只股票，大连热电（600719）。我看了又看，似乎缠理论不适合它呀，一年来它不涨也不跌，似乎属于一个例外？哪有买点和卖点？

缠中说禅 2007-01-04 20:34:11

怎么不符合？自己先把理论搞清楚。这也可以当一个题目，大家来分析一下。

在日线上，该股2006年有两个买点出现过，一个是各位都应该知道的，在3月份3元多的位置，是一个第二类买点。一个在4月份4块多，是一个第三类买点（见图84）。具体哪天本ID不说，就要各位自己去看去发现，这样才能学到东西。

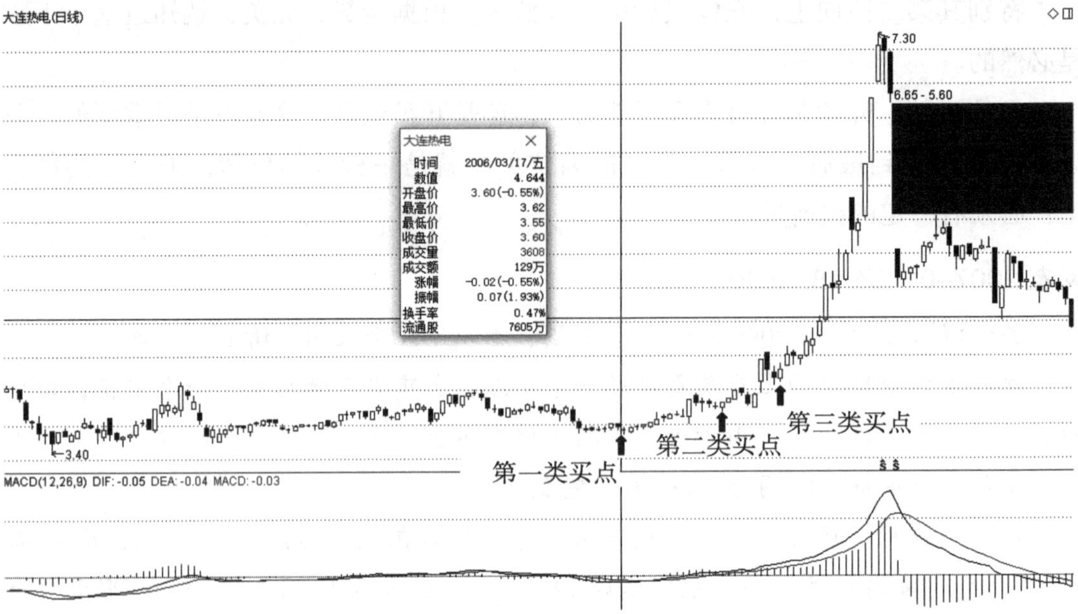

图 84 大连热电（600719）2006 年日线上涨三类买点示意图

11

网友 2007-01-04 19:26:33

晕，看来买点问题还没搞清楚。可是缠主，我以前问过当买点出现时，怎么判别后来行情的强度，你又说没到时候。我们小散没有消息，当然要在趋势确立之后再买进，只能找些小级别的买点。哪有办法买进后一路持有，等待卖点！另外，请缠主帮看下中大股份（600704）今天是出现什么级别的买点，谢谢！

缠中说禅 2007-01-04 20:39:33

首先要搞清楚，任何上涨肯定都是某一级别的某类买点出现后造成的，但并不是每一个买点都值得去做的。一般级别越大越有价值。

中大股份（600704），你在今天 10:30，在 5 分钟图上可以找到一个很好的第二类买点（见图 85）。

要对理论多下工夫，这样才是自己的东西。

网友 2007-01-04 21:09:39

缠主，中大股份（600704）的 5 分钟图 10:30 黄白线回压在 0 轴以下，怎么算很好的买点呢？

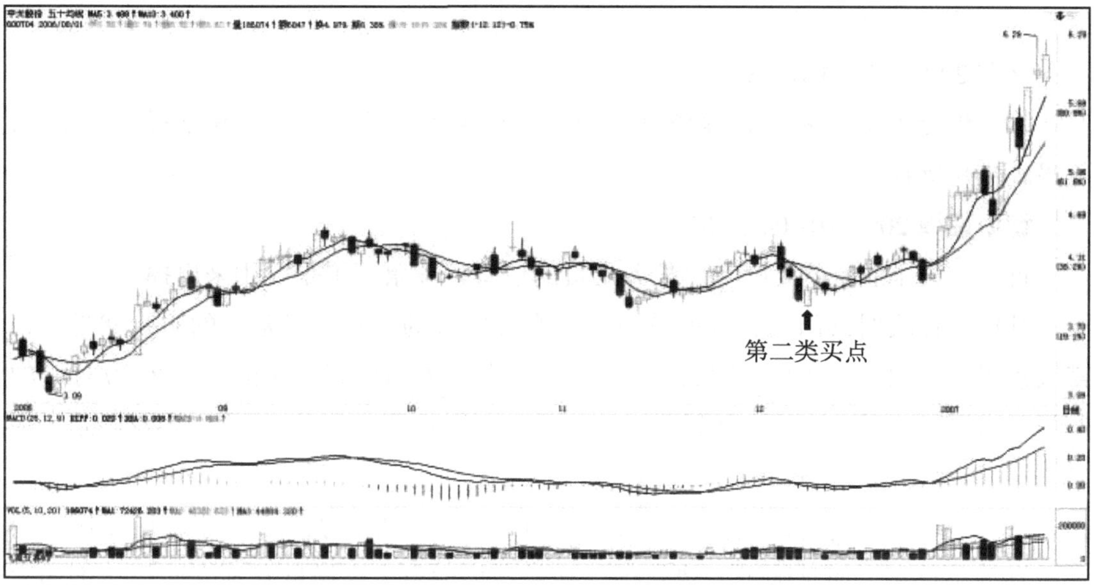

图 85　中大股份（600704）5 分钟第二类买点示意图

缠中说禅 2007-01-04 21:35:57

这个 MACD 是最好那种，从 0 轴很低的位置回到 0 轴上然后一个双回试，典型的启动形态。

12

网友 2007-01-04 19:37:58

博主能不能找个典型点的图，稍微详细点儿讲解一下，方便理解呀！

缠中说禅 2007-01-04 20:45:30

注意，无论任何级别的图，在理论上是无区别的。也就是说，用相同的理论工具可以对任何一个级别的图进行相应的分析，准确程度是一样的。

在理论上，如果你真明白了本 ID 的理论，而且你有这个本事，可以同时监控所有股票的任何级别的走势，那么所有股票任何级别的上涨，你都可以把握到。

当然，在实践中是不可能达到这个程度的，你只能根据自己的实际情况，把监控的范围尽量缩小，级别尽量放大。例如只看日线的，在目前环境下只看成分股，这样工作量就可以控制了。

前提是你一定要把握好理论本身，多努力吧！先随便找一个日线图，利用你理解的去分析，有不明白的再问，这样才可能学到真功夫。

13

网友 2007-01-04 18:28:34

工商银行（601398），广深铁路（601333），搞得空喜一场。调整来得如此之快，弄得我不知所措。

缠中说禅 2007-01-04 20:57:07

首先，买了股票就要随时监控着出货的位置，股票买了是要用来出掉的。

其次，什么时候出？关键就看你是什么位置买的。一个最基本的原则就是，在某级别买点买的，就在某级别的卖点卖。如果你是在日线级别买的，那么30分钟的调整基本可以不看。当然，如果你时间充裕，可以按照30分钟的卖点来打短差，在30分钟的卖点出，30分钟的买点回补。

最后，最关键的是，现在一般人最大的毛病是瞎买股票，并不是在可以接受的某级别的买点买，而是脑子一热就买，脑子一热就出。这样最好不弄股票，不如去赌钱算了，赌大小，这样还好玩。

再说一次，先养成好习惯。

14

网友 2007-01-04 21:08:48

学缠中说禅走势中枢，有一问：在K线图看到的“N字”或“倒N”，不一定是缠中说禅走势中枢，要看三段中的每一段在次级别K线图中是否是完成的走势类型。是否完成，又要看其是否形成至少一个缠中说禅走势中枢，对不对？原来似是而非地看“N字”或“倒N”找缠中说禅走势中枢，一旦想弄准确了，越缠越糊涂，有没有简单一点的般若？博主慈悲，盼盼！

缠中说禅 2007-01-04 21:16:17

这个当然。如在某级别上的上涨+盘整+下跌，在该级别中也可以说是N型，但不能说这就构成一个中枢。实际上，在上涨+盘整+下跌中，至少有5个该级别的中枢。

中枢必须由三个次级别完成的走势类型构成，这是必需的。

15

网友 2007-01-04 17:13:44

博主好，今天东方明珠（600832）算不算离开了30分钟级别的中枢，而且5分钟一个走势类型的回调没有回到中枢内。我判断的中枢是11.55～10.96元。您能不能评判一下对错，好有所领悟。

缠中说禅 2007-01-04 21:29:36

这个问题，你必须学了明天的课程①才能真搞清楚，本 ID 要说清楚，就要把明天的课程抄出来了。

给你一个思考，请看，该股在 5 分钟图上（见图 86），今天早上 9:30 到 10:00，就是一个典型的离开中枢进一步形成趋势的走势。相应在 10:00，有一个典型的 5 分钟上的第三类买点，后面 5 分钟图上的上升就是很自然的。由于这个买点是 5 分钟的，所以可操作的空间不大，如果是 T+0 当然没问题。1 分钟、5 分钟的图，一般都只能用来每天做对冲操作。真正有隔天操作意义的，至少是 30 分钟图。

在 30 分钟图上，并没形成中枢的离开，因为有重叠。站在 5 分钟图的角度，11.58 元是一个关键位置。该位置不能触及，这样就能形成一个 5 分钟的上涨，进而逐步带出 30 分钟走势的变化。否则，就要玩盘整转上涨的游戏，这样至少在 5 分钟图上又开始盘整，等待下一个突破契机了。

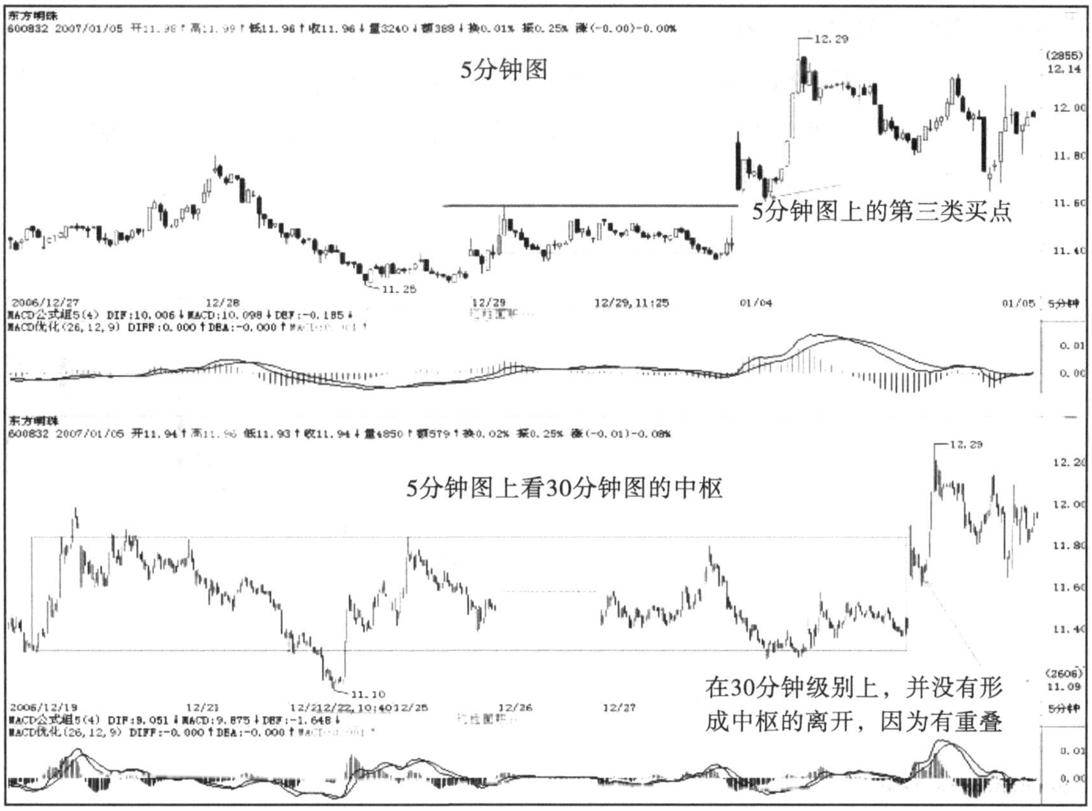

图 86 东方明珠（600637）对应的 5 分钟走势图

①指“教你炒股票”第20课：走势中枢级别扩张及第三类买卖点。

16

网友 2007-01-04 21:23:30

缠主，是不是所有股票留有跳空高开的缺口迟早都得补上，一般啥时候会补呀！

缠中说禅 2007-01-04 21:31:50

上海 1994 年 8 月有一个大缺口在 300 多点处，十几年都没补，这算什么？当然，在强烈上涨后出现的缺口，以及盘整中的缺口肯定补。而突破性的，在趋势完成前肯定不补。

17

网友 2007-01-04 21:24:00

漳泽电力（000767）从 12 月 11 日至今是否形成一个日线上的缠中说禅走势中枢？

缠中说禅 2007-01-04 21:43:30

还没有形成。对于趋势来说，如果真不形成中枢是好事情，证明上涨有动力。大盘从 8 月到现在，就没形成过日线上的中枢，所以走势才这么强。当然，该股要不形成日线中枢，就必须从明天开始，不能回跌了，马上突破，否则就形成日线的中枢（见图 87）。

图 87 漳泽电力（000767）2007 年 1 月 4 日前后日线图

18

网友 2007-01-04 21:47:49

博主，是不是股指期货出台，股市将会大幅跳水，因为现在大部队抢拿沪深300的筹码是为做空期指准备的。一旦砸盘，试想……

缠中说禅 2007-01-04 21:51:16

你说钱多还是股票多！开始有波动很正常，但多头总是有力点儿。特别指出，如果是2000多点的位置，做空能有多大空间。同样1000点，幅度是一样的，但从2500点到1500点容易，还是2500点到3500点容易？

期货就是要把人夹死的。当空头被诱骗进来后，就夹死他，就这么简单。

教你炒股票20

走势中枢级别扩张及第三类买卖点（2007-01-05 15:23:22）

1

缠中说禅 2007-01-05 15:30:38

大盘今天走势十分良好，典型的补涨走势，关键还是成分股。成分股也分一线、二线、三线的，现在一线的银行股休息，二线就启动，十分正常。把握这节奏，就能玩多轮了，资金利用率也高了。

2

缠中说禅 2007-01-05 15:39:13

今天给出了最标准的数学公式。把公式理解了，一切的分类就很清楚了，公式比语言要简单，关键要理解好了。

所有图形都符合的，你觉得不符合，一定是理解有问题，耐心点儿。

缠中说禅 2007-01-05 15:52:23

各位耐心看，一边自己画图一边把下面一段啃下来，其实是很简单的。

为方便起见，以后都把这些与中枢方向一致的次级别走势类型称为Z走势段，按中枢中的时间顺序，分别记为Zn等，而相应的高点、低点分别记为gn、dn。定义四个指标，GG=max（gn），G=min（gn），D=max（dn），DD=min（dn），n遍历中枢中所有Zn。特别地，再定义ZG= min（g1、g2），ZD=max（d1、d2），显然，[ZD,ZG]就是缠中说禅走势中枢的区间。

由此有了如下定理。

缠中说禅走势中枢中心定理一：走势中枢的延伸等价于任意区间 [dn,gn] 与 [ZD,ZG] 有重叠。换言之，若有 Zn，使得 dn>ZG 或 gn<ZD，则必然产生高级别的走势中枢或趋势及延续。其中 GG=max（gn），G=min（gn），D=max（dn），DD=min（dn），ZG=min（g1，g2），ZD=max（d1，d2）。

缠中说禅走势中枢中心定理二：前后同级别的两个缠中说禅走势中枢，后 GG< 前 DD 等价于下跌及其延续，后 DD> 前 GG 等价于上涨及其延续。后 ZG< 前 ZD 且后 GG ≥前 DD，或后 ZD> 前 ZG 且后 DD ≤前 GG，则等价于形成高级别的走势中枢。

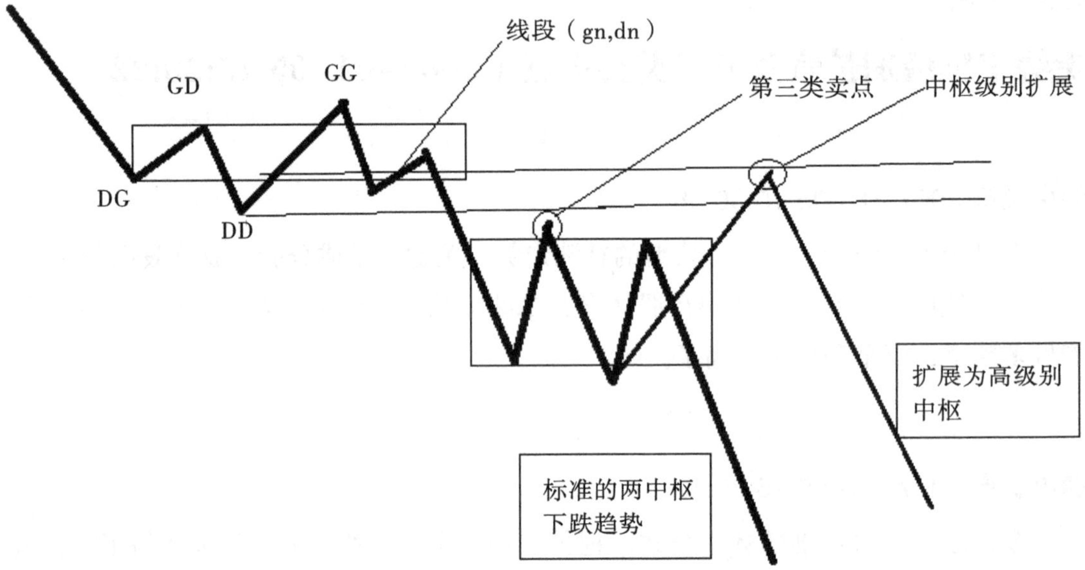

图 88 第三类卖点的形成以及中枢级别扩张示意图

3

网友 2007-01-05 15:48:58

请问博主，工商银行(601398)现在是不是该考虑解套的时候了？昨天高价进的。谢谢博主！

缠中说禅 2007-01-05 15:57:29

首先请不要学什么了，第一要学的是，必须遵守买卖的规则，一定只能在买点上买。为什么要追高，没有任何股票是值得追高的。在日线上，工商银行（601398）

第三类买点出现后，至少站在日线级别就没有任何值得的买点（见图80）。

当然，站在5分钟或15分钟级别，下周会有一个第一类买点。但今天形成的中枢，将有很大的吸引力，目前已经形成两个中枢在5分钟等短线图上（见图89）。目前最好的走势就是能围绕今天形成的中枢消化压力，然后再找机会上攻。

中线该股问题不大，短线就看这两个中枢的牵引与压力的化解了。

图89 工商银行（601398）2007年1月5日5分钟图

4

网友 2007-01-05 16:27:55

感谢缠主，这两天已经进了二线蓝筹了，跟您学到了好多东西，但心态还靠自己锻炼了。

缠中说禅 2007-01-05 16:40:17

这个节奏就对了，但一定要是成分股，这样容易把握，非成分股的机会要到以后。另外，一线成分股也是有机会的，下跌太多后就可以进了，这类个股会反复炒的。

5

网友 2007-01-05 16:39:37

第一类买卖点在级别的意义上好理解，时间段上呢？除了新股和经历漫长熊市的股，后入市的人很难找到第一类买点，起码在日线的级别上。请教缠主，谢谢！

缠中说禅 2007-01-05 16:41:22

日线上是少见，但第二类、第三类买卖点到处都是，没人告诉你一定要第一类的。

6

网友 2007-01-05 16:45:23

您说的中线指的是几个月？如东方明珠（600832），您说过过了压力线则中线行情展开，工商银行（601398）中线没问题等，望指教，谢谢！

缠中说禅 2007-01-05 17:02:49

中线就是在周线级别上，中短线指日线级别，短线指 30 分钟，超短指 5 分钟或 1 分钟的最小级别。

7

网友 2007-01-05 16:51:31

把工商银行（601398）当深发展 A（000001）了，中线到春节前，天天研读您的文章，受益匪浅。可惜还是被贪字套住了，惭愧！

缠中说禅 2007-01-05 17:11:25

对于日线上上涨过猛的股票，看回调打短差就要看小级别的图。而且一般股票上涨一倍后都有压力，特别是大盘的。不过中线问题不大，耐心点儿，有机会可以打点儿短差，反抽是有的。

另外，打下来对中国人寿（601628）的开盘也有一定的压制，大家都希望能买到好价位。如果工商银行（601398）站上8元，人寿还不开到60元？这样大家都别玩了。

无论是二线成分股的启动以及中国人寿（601628）的开盘，还是中国银行（601881）的解禁股上市，都要求工商银行（601398）下跌，所以是很正常的事情，而且是不难预见的事情。这种小插曲，对工商银行（601398）的中线走势是没有影响的。

8

网友 2007-01-05 16:08:22

请问缠主，“工商银行（601398）在12月14日构成典型的日线级别第三类买点”，是不是说工商银行（601398）在30分钟线上12月12日10:00至12月15日10:00形成了一个中枢？再根据“由定理一，可以得到第三类买卖点定理：一个次级别走势类型向上离开缠中说禅走势中枢，然后以一个次级别走势类型回试，其低点不跌破ZG，则构成第三类买点。一个次级别走势类型向下离开缠中说禅走势中枢，然后以一个次级别走势类型回抽，其高点不升破ZD，则构成第三类卖点”。12月14日如果是第三类买点的话，在30分钟线这天应该是离开中枢后的一个回试，我怎么看不出来啊，并没有离开中枢呀？请指教。

缠中说禅 2007-01-05 17:25:31

搞清楚，是看哪个级别的！对日线中枢来说，次级别是30分钟。而次级别的完成，需要再次级别，也就是5分钟图上呈现3段走势类型。这在工商银行（601398）12月14日那天有着完美的表现。那天14:40左右刚好完成这三段5分钟的走势类型，你可以精确地找到4.20元的买点（见图90、图91）。

请把这三个层次的级别关系搞清楚。

解盘、答问（2007-01-08 15:22:02）

1

网友 2007-01-08 15:26:26

今天二线蓝筹很好，明天请缠主继续，谢谢！

缠中说禅 2007-01-08 15:33:49

牛市炒股票基本没有什么技术含量，就是板块轮动。例如现在的牛市第一阶段炒成分股，先启动一线的，也就是盘子最大的，然后二线、三线，基本就这节奏。一线不会大跌，一旦大盘有冲关之类的活动，一线就会出来露脸。一线是反复炒。

牛市别谈论什么个股的顶部，想想1996年，深发展A（000001）在6元时，谁会知道一年后10送10后还敢冲50元？

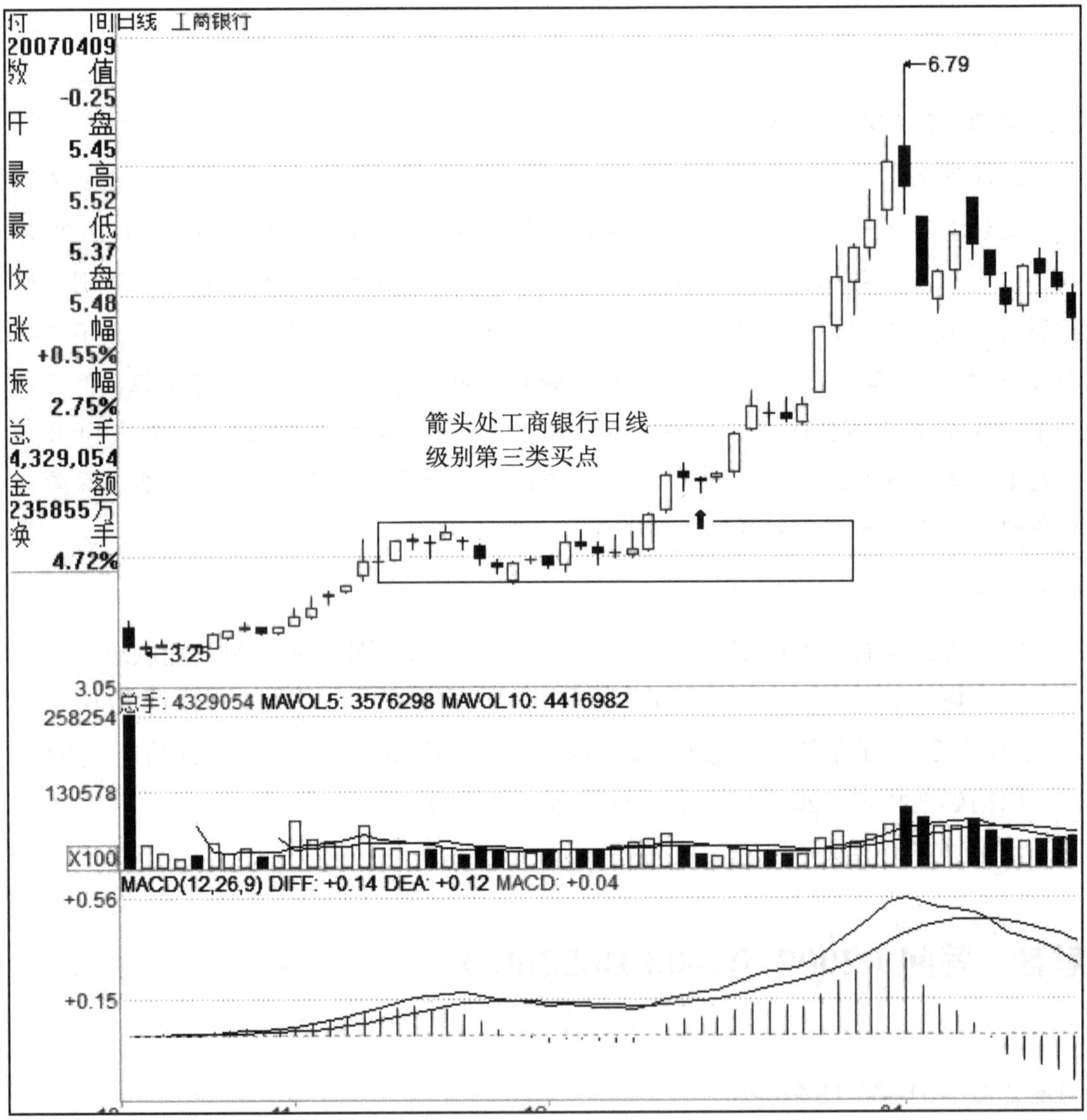

图90 工商银行（601398）2006年12月14日第三类买点示意图

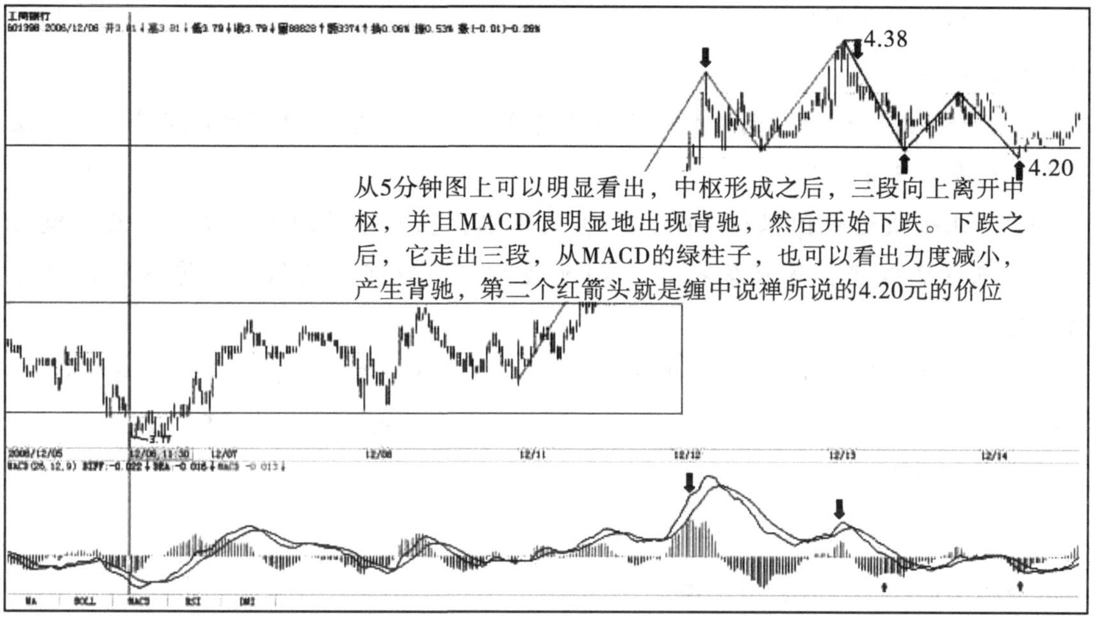

图 91 工商银行（601398）2006 年 12 月 14 日第三类买点对应的 5 分钟走势图

2

网友 2007-01-08 16:14:52

看过了“本 ID”前两日对牛市发生调整可能因素的见解，大概是需要中央调控，希望没有理解错。今天中国人民银行存款准备金率上调 0.5 个百分点，应该就是其中一个预警吧？但牛市依然加速，难道真的需要再出现类似加息或者新华社评论文章吗？想听听阁下的见解。还是那句，牛市行情原来也很累人。谢谢！

缠中说禅 2007-01-08 20:50:22

今天这种不算什么，以前不试过十几道金牌才把股市打下来的例子？只要轮动依然，市场就是良性发展，没有什么可值得担心的，关键要踩准节奏。当然，如果没时间关注短线已经轮动的，就把选好的成分股拿好了，最终基本涨幅都相差不大，只是先后问题。

3

网友 2007-01-08 20:23:21

缠主，学了你的炒股理论，非常佩服你！现在学习中有四个问题请教。

（1）某级别的走势，若其次级别完成上涨 + 盘整 + 下跌或下跌 + 盘整 + 上涨三段走势类型，是否能算是在该级别形成一个中枢？该中枢是否就等同于次级别盘整的中枢？或是次级别走成上涨＋盘整＋下跌还必须完成多一段上涨的走势才构成该级别的中枢？

（2）一只股票开盘就封涨停而脱离原来的中枢，如果中间有打开涨停，这时候是否也构成第三类买点？

（3）比如最近中国银行（601988）的跳水，在5分钟图上还没来得及出现第三类卖点就急跌了！等反弹也在5.60元左右了！跌了3角钱啊！像这种情况怎么预防？

（4）宁沪高速（600377）在日线上7月18日至9月7日形成日线上的两个中枢，如果要找第三类的买点，是以脱离稍早前的中枢为准还是脱离后面的中枢为准？如果以稍早前的为准，那么第三类买点应该还没出现吧？我不是要买这只股票，只是借来分析。问题比较多，不好意思，先谢谢了！

缠中说禅 2007-01-08 21:11:59

（1）首先把概念搞清楚，次级别的上涨，就是在次级别的次级别上至少形成两个中枢。如果你说的次级别上涨＋次级别盘整＋次级别下跌，那就已经是次级别上的三段走势了，当然就构成本级别的中枢了。如果只是次级别次级别上涨＋次级别次级别盘整＋次级别次级别下跌，那只构成一段次级别走势，那还需要两段才构成本级别的中枢，这是很明确严格的。

（2）还是要清楚概念，什么叫原来的中枢？首先要明确的是，原来的中枢究竟是什么级别的？如果是周线级别的，一天里无论如何走，都不可能构成其次级别的回抽。关键是看级别。

（3）为什么要到第三类卖点才卖，第一、第二类卖点时为什么不卖？还有，第三类卖点是必然有的，但是该级别中最后的逃命机会，在急促走势中往往是一闪而过，期货中更经常这样。

（4）宁沪高速（600377）在那段时间根本就没有什么第三类买点，反而是一个第一类买点，很清楚（见图92）。

并不是有中枢就有第三类买点的，因为中枢是可以延伸，还可以扩张的。必须符合第三类买点必须满足的条件才有第三类买点，卖点也一样。

4

网友 2007-01-08 20:53:00

缠主，今天怎么变一九现象了，大家都赚钱，钱从哪里来呀，明天卖股票了。请教：第三类买点有什么技术指标辅助确定吗？第一类是背驰形成的，第二类是黄

图 92　宁沪高速（600377）2006 年 7 月 18 日至 9 月 7 日前后日线图

白线回压到 0 轴附近，第三类呢？谢谢！

缠中说禅 2007-01-08 21:17:49

这不早说了？轮动。一线不动，其他补涨。熊市心态千万别再有了。不要因为股票涨得多了卖，卖股票，唯一的原因就是卖点出现。没出现卖点，涨 10000% 也不卖。

5

缠中说禅 2007-01-08 21:22:24

上面有人争论龙头的问题。工商银行（601398）上市以后，最大的龙头只能是工商银行（601398）。不过中国人寿（601628）上市以后，将成为第二个最重要的龙头，这是用来打开上涨空间的。工商银行（601398）是中流砥柱，中国人寿（601628）是开路先锋。

缠中说禅 2007-01-08 21:28:18

中国人寿（601628）万一真有 30 元附近的价位，任何人都该积极买入，但估计这种价位是不会有的。40 元左右，对于大资金来说，一定要找机会配置一点儿。50 元左右，开盘就是这种价位也不奇怪。如果要争夺市场的发言权，对于特大基金来说，也必须先抢部分筹码，以后再找机会摊平加仓。

对于大资金来说，有时候买股票不一定是为了马上挣钱，市场的领导权才是最重要的。

教你炒股票21

缠中说禅买卖点分析的完备性（2007-01-09 15:03:58）

1

缠中说禅 2007-01-09 15:13:32

大盘没什么可说的，中国人寿（601628）开在40元附近，短线有震荡是正常的。最主要的是换手不足，太惜售，短线的关键就是要把这些人吓出来。中线该股一点问题都没有，看看贵州茅台（600519）上市时多少钱，现在多少！中国最大的资源就是人，人寿搞的就是人。没有人，酒也废了。

各位，关键在持住股票。就像本ID发梦时说的某药[①]，短短10个交易日，上涨40%。过两天一算还要多，但能持住的有几个？做人专一点儿，别正戏都没开始呢就退场了。

2

缠中说禅 2007-01-09 21:09:07

面对市场，不经过一番洗心革面，是不可能战胜市场的。市场里，任何侥幸都只能是暂时的，而且会被市场加倍索还。

3

网友 2007-01-09 20:35:57

缠主，我资金量比较小，今天没买中国人寿（601628），有没有必要卖掉不太动的股票买进中国人寿（601628）呀？

缠中说禅 2007-01-09 21:25:18

本ID十几天前不已经有一个关于药的梦，那个梦就是为各位小资金们准备的，买了以后就一直等着，继续学《论语》，学技术，学其他，怎么都不明白呢？

本ID随便发一个梦，你就进入梦乡，耐心地等待最后至少把1变成2、3，期间就好好学习，天天向上，为什么要整天跑来跑去？

人的贪婪总是很可笑的，为什么一定要每天都发一个梦？一个梦让你把1安全地变成2、3，难道还需要其他的梦吗？那些每天发一个梦的人，最终能把1变成2、3吗？

---

①指三九药业（现华润三九，000999）。

本 ID 新来的那一笔资金其实弄了 5 只股票，这个药已经是最安全的，10 个交易日让你从 1 变成 1.4，不敢说是最牛的，肯定也是最近比较牛的了。本 ID 另外 4 个都不愿意说了，只要其中一只就能达到目的，没必要说那么多了。

当然，本 ID 也可以把其他 4 只说出来，其中两只和那药一样，都是深圳的。本 ID 比较懒，现在代码太多，懒得记，都找的是代码只有两种数字的[①]。另外两只，和这三只里的其中两只代码相连[②]。

这 5 只股票，最终都会像 2006 年的酒一样，这肯定是无疑的。但各位如果资金量小的，买一只就够了。如果有药，就存放好，小心受潮。

各位，专一点吧，每天跑来跑去的，一定挣不了大钱。2006 年成绩不好的，归根结底都是心态问题，先把心态调整好，别整天希望天上掉馅饼。有时候真的天上掉馅饼了，又抓不住，这样怎么可能挣钱？

至于中国人寿（601628），如果你专一，一定没问题。如果你不专一，肯定受折磨。

4

网友 2007-01-09 21:26:44

博主，形成更大级别的中枢，其区间是两个区间的总和吗？

缠中说禅 2007-01-09 21:37:00

例如原来是日线的，现在变成周线的，那就在周线上找次级别也就是日线上的三段走势，按中枢的公式去确定，并不存在两个区间总和的问题。

5

网友 2007-01-09 21:39:47

缠主，好人呀，功德无量！不但不收学费，还提供饭票。虽然不知缠主的票是什么，但自从学了缠理论，现在每天稳定收益 3 个点。谢谢！

缠中说禅 2007-01-09 21:47:01

本 ID 原来的想法是，各位如果资金都不太大，要好好学习又不安心，整天想去找工作吃饭，就提供一剂药给大家当饭吃，让大家安心学习。现在看来，不知道有多少人理解本 ID 的意图了。

偷心不死，是学不了真功夫的。

有时候，把药煮好让大家吃，估计也不一定有用的，关键还是看自己。本 ID 的

①指中核科技（000777）和建投能源（000600）。

②指新兴铸管（000778）和新潮实业（现名新潮能源，600777）。

理论也如同那药，就算大家都知道都明白，实际操作下来，还是看自己的心态。

6

网友 2007-01-09 21:46:45

博主，您说资金量30万元持股最好不要超过3只。我根据您的理论抓来抓去收藏了一大把，虽都有盈利，但想专一点，您能否帮忙剔除一些。

益民集团（600824），配股后5.50元左右进。

中钢国际（000928），4.90元进。

长航凤凰（000520），3.20元进。

粤高速A（000429），4.70元进。

TCL集团（000100），2.20元进。

谢谢您了！

缠中说禅 2007-01-09 21:57:27

告诉你原则，然后自己思考，才有进步。站在周线的角度，一个漂亮的第一类买点与第二类买点相组合的，都应该持有。

目前很多股票，站在周线角度，都出现第一类与第二类买点，面临突破，这些股票在今年一定会有好表现的。什么时候加速？就是在周线或至少在日线上出现第三类买点，然后就进入加速。符合以上要求的，都应该保留。

如果一只股票，在周线或至少在日线上出现第三类买点了，那就一直持有，等待相同级别或至少是次级别的第一类卖点出现，股票其实就这么简单。当然，如果你短线有时间，就按更低级别的图打短差。如果没时间，也没必要干了。

解盘、答问（2007-01-10 15:49:21）

1

缠中说禅 2007-01-10 16:22:39

今天继续补涨，三线成分股表现，这十分符合轮动的节奏。但轮动能否继续，关键就看工商银行（601398）等能否重新走强。不行的话，就要进入一个至少30分钟甚至日线级别的调整。

最近的大涨，使得反压言论开始冒头，这是考验管理层智慧的时候了。如果管理层不干傻事，日线级别的调整就足够了。调整时，非成分股会出现补涨，短线机会还是很多的。

2

网友 2007-01-10 16:12:41

今天心态不好，把我的招商轮船（601872）卖了点儿买了泸天化（000912），反不如不换。其实不该乱换股的，反省。

缠中说禅 2007-01-10 16:26:11

买了股票，就一定要从买点一直持有到至少是同级别的第一类卖点。除非你的短线技术特别好，否则就不要乱动，没必要为券商打工。

3

网友 2007-01-10 16:25:09

只要不追高，严格按买点买入，不会有大问题的。现在上海、深圳指数走势有差异，缠主指导一下以哪个为主判断后市呢？近期会不会形成日线级别的中枢呢？

缠中说禅 2007-01-10 16:28:49

都一样，关键两个市场不要背离就可以。

4

网友 2007-01-10 16:27:06

博主好，到穷乡僻壤出差几天，没能上网分享你的智慧了，今天备感亲切。我今天发现中信海直（000099）在周线上有第二类买点，所以在 4.39 元进入，到今天收盘已有收获。不知判断对否？

缠中说禅 2007-01-10 16:32:08

买的高了点，4 元随便买。任何买点，都应该在回跌的时候介入，而不是追上去。只是回跌的级别不同而已。

5

网友 2007-01-10 16:39:46

深发展 A（000001）还可以搞吗？

缠中说禅 2007-01-10 16:51:07

不应该这样思考问题，而是要问自己，它在什么级别上有第一、第二、第三类买点，该级别值得介入吗？

网友 2007-01-10 17:00:28

惭愧啊博主，我是6.50元介入到现在的，现在走也不是留也不是，所以请博主指点啊！

缠中说禅 2007-01-10 17:02:30

那就该继续拿着，还早呢，急什么？当然，短线技术好，可以打点短差。

6

网友 2007-01-10 18:44:05

博主，想请教个问题。我最近一直一边做股票，一边在玩股指期货的仿真交易。我发现期货的走势和股票也是相通的，但是因为保证金制度，收益率要远远高于股票。博主这么大的资金，为什么不去做期货？以博主的身份，要做港股的期货应该是没什么制度障碍的。

我猜测是不是大牛市做股票风险更小，收益也有保障；而熊市里期货可以做空，这时候更能派上用场，请问是这样吗？

缠中说禅 2007-01-10 20:51:51

你怎么知道本ID不玩期货？股票的风险小，最大的风险就是法律风险。除此之外，对于大资金，真没什么风险了。但期货不一样，期货是不能说的。一旦火星碰地球，那一定要死人才能完事的。

网友 2007-01-10 21:01:37

博主的意思是期货只讲资金大小，不完全靠技术是吗？一旦对垒起来，必有一方死是吗？所以中国小资金一出门就被屠杀，对吧？

缠中说禅 2007-01-10 21:09:03

技术还是很重要的，但技术不是唯一的。特别是期货市场，就像一个狩猎场，一群火枪手就等着那些兔子、豹子跑进来围剿。所以去别人的场上，如果被盯上，会很难受的。

虚拟市场，归根结底就是一个狩猎场，站在国家、民族的立场上，关键是要建立自己的场地。

7

网友 2007-01-10 21:02:32

博主，能说说股指期货推出前后股市的变化吗？

缠中说禅 2007-01-10 21:15:15

股指出现后，资金会更加集团化，风险最大的反而不是散户，而是不大不小的所谓游资。所以，以前已经多次说过了，跟就跟大部队，别和游击队玩，要不怎么死都不知道。

有集团进驻的领域会反复活跃，而没有的，就可能出现长期不动的局面，这种情况会越来越明显。当然，在这几年还不会太严重，毕竟中国平均主义的习惯还改不了，而且目前股票种类也太少了，但这是大方向。

8

网友 2007-01-10 21:13:15

最影响心态的是患得患失吧！炒股票不仅会让人心浮气躁，还会放大人们内心的恐惧、贪婪。最终，性格就是命运，也是财运。与其让股市影响心态，不如把宝押在博主身上，赚也好，赔也好，至少落一清净，谢谢博主。

缠中说禅 2007-01-10 21:21:16

错，要自己立起来，谁都不值得依靠。患得患失，是因为本来就糊涂。本 ID 的理论，就是要消除这样或然的糊涂，让你对股市一目了然，知道股市在干什么，你自己该干什么。破患得患失、恐惧、贪婪，靠的是智慧而不是其他。

9

网友 2007-01-10 21:40:20

博主，有三个问题请教。

（1）工商银行（601398）日线级别的调整需要 30 分钟图上 3 个连续走势（下跌 – 上涨 – 下跌），完成一个“缠中说禅中枢”，现在是第二个走势阶段（见图 93）。

（2）水井坊（600779）从 30 分钟图看，12 月 20 日 14.58 元至 1 月 5 日 12.37 元为第一段下跌走势，然后到 1 月 9 日 14.08 元为第二段上涨走势，到 1 月 10 日 13.47 元为第三段下跌走势，已经有连续三个走势，完成一个中枢（13.47 元 –14.08 元），接下来可能会是一个扩张或新生。

（3）在上证 50 成分股中选择的国电电力（600795，12 月 29 日买入）已有 56% 的收益，选择的中远海特（600428，1 月 4 日买入），仅 4 天已涨幅 27%，可惜资金小了，感谢缠主！

图 93 工商银行（601398）2007 年 1 月 10 日前后 30 分钟走势图

图 94 水井坊（600779）2007 年 1 月 10 日前后日线图

缠中说禅 2007-01-10 21:44:20

（1）可以这样认为。以后说到趋势中中枢形态的交替原则，就知道为什么这次的调整如此急促，因为很简单，上次的中枢形态是平台，这以后再说了。

（2）目前这样的走势，延伸、扩张、新生都有可能，因此在这种位置，日线上是没有买点的。该股在日线上最近的一个买点，就是12月5日的第三类买点（见图94）。对于这样的股票，只能是在低位买的继续持有，按照低级别图弄点短差。当然，中线是没问题的。

（3）56%？6元到8元怎么会有56%？干事情要精确点。

10

网友 2007-01-10 21:54:03

药里面有啥股票可以搞的吗？我现在资金在钢铁、铁路，泸天化（000912）和一只低价玻璃股。等出来了，还能赶上药吗？多谢。

缠中说禅 2007-01-10 21:58:19

年底回头看沪深300，基本涨幅都不会相差太多的。先关心的应该是自己的股票是否出现卖点了，而不是老觉得隔壁的饭菜总比自家的好。

高手并不一定都能拿到每一只黑马，但高手一定能在该走的时候走，该留的时候留，走了又找到新的猎物。复利的威力是最大的黑马。

11

缠中说禅 2007-01-10 22:02:27

再说一次，目前短线的主题就是补涨，从上证50成分股到沪深300成分股，到非成分股，注意这个节奏。至于大盘，晃荡几下是正常的。目前最有力的就是第三类买点的低价股票。

教你炒股票22

将8亿大米装到5个庄家的肚里（2007-01-11 15:10:32）

1

缠中说禅 2007-01-11 15:18:40

市场继续个股补涨，指数调整。目前情况下，只要指数不有效跌破2600点，个股补涨继续火爆，还是低价股。

2

缠中说禅 2007-01-11 21:37:12

如果确实搞不明白这些有点儿抽象的概念，那就记住，回调的三个次级别是下、上、下，回升的是上、下、上。这不太严谨，如果你不愿意了解严谨的，这就凑合着用。

3

网友 2007-01-11 21:34:20

请问，怎样在盘面上看出所谓的控盘？另外，泸天化（000912）的庄好慢啊，拉一天，休一天，磨洋工呀？

缠中说禅 2007-01-11 21:42:34

长庄和短庄当然不一样。长庄在推升前期，基本不会拉什么大阳线。特别是通道式上升那种，一旦突破通道上轨就会出现调整。

短庄是快，基本就是三段，拉一段，歇一下，再拉一段就收工。对于大一点的资金来说，都跟短庄是不切实际的，只能小部分资金参与其中，特别是现在越来越集团化运动，以后短庄会越来越少。

4

网友 2007-01-11 21:40:18

首创 JTB1（580004）最近一直在升，突然来两根阴线，是转折还是背驰，搞不懂。请教老师，以后会怎么走？

缠中说禅 2007-01-11 21:51:09

上涨的背驰都是在上涨中看的，跌了那么多还讨论什么背驰？如果你资金量不大，特别又是权证，根本没必要看太长的图。请记住，最好的当然是卖得准，但如果不能，宁愿早了，千万别卖晚了。

另外，如果技术不过关，尽量别碰快到期的权证。

网友 2007-01-11 21:47:55

请问博主：

（1）第二个股票[①]的中枢 ZG 是 10 月 16 日的 4.65 元吗（日线）？

（2）第三个江浙的那个[②]好像还在中枢内你就进去了（日线）？

（3）第四个[③]12 月 20 日之前的突破是回到中枢的，不是说如果触及中枢可能要构成更大级别的中枢么？我理解行情可能差一点，像我进的中远海特（600428）触及了，但走的也还行。

---

①指建投能源（000600）。

②指中核科技（000777）。

③指新潮实业（现名新潮能源，600777）。

（4）第五个[①]好像也触及了中枢。

请博主有空解释一下。

5

缠中说禅 2007-01-11 22:07:34

就回答你一个，山东人[②]。本 ID 进去的位置是一个周线级别中枢的第三类买点。该周线中枢是一个延伸形态，在图形上是一个标准的三角形（见图 95）。一般中枢的延伸，如果是收敛形态，都会走成三角形。

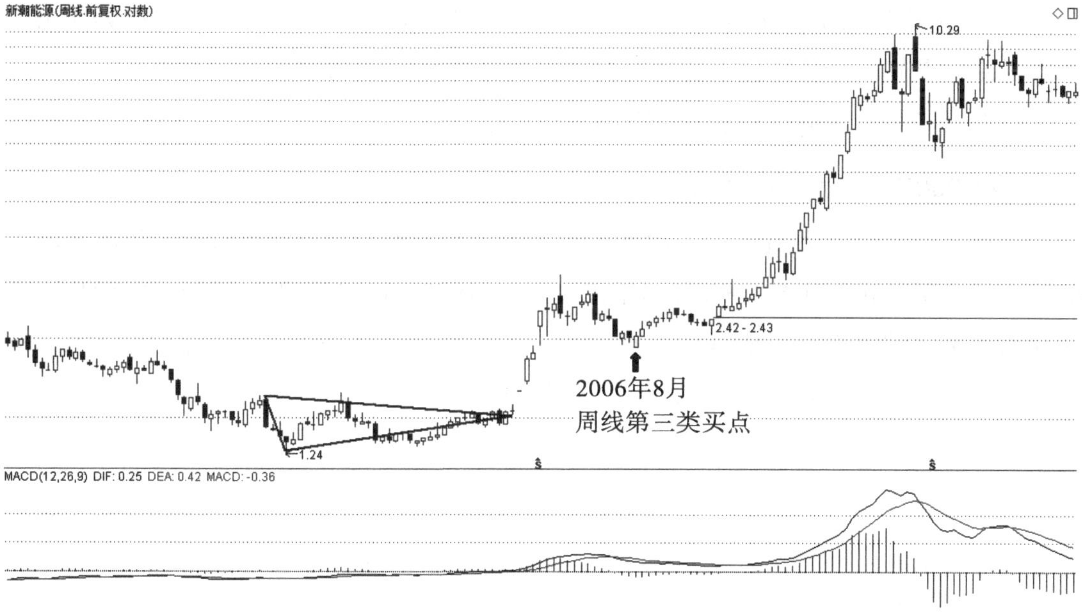

图 95　新潮实业（现名新潮能源，600777）周线第三类买点

缠中说禅 2007-01-11 22:13:59

提醒一句，自己学了，自己去找股票，现在低价股满地机会，很多方法都可以派上用场。

再提醒一句，第三类买点最有效的，就是最底部那个中枢所产生的。因为之后即使变成较大的中枢，问题也不大。

但在日线上出现第二个以上的中枢时，就别用什么第三类买点了。那时候完全可以用低级别的第一类买点找到中枢震荡的低点。特别是第二次下探的低点，例如

①指新兴铸管（000778）。

②指新潮实业（现名新潮能源，600777）。

中远海特（600428），这种买法在这种情况下更有效。

关于买法的选择问题，以后都会说到的。

注意这里的逻辑关系，首先买法都是要绝对安全的，在绝对安全的基础上，选择更有效的。

缠中说禅 2007-01-12 10:08:36

注意，现在说这5个家伙[①]只是上课，中线没问题，短线这么明目张胆地叫板，对方肯定有反应的。最主要的是这5个家伙短线都有一定涨幅了，别追高。

自己去找一些低价股里出现第三类买点的，最好别超过5块的股票。

本ID过年后新阻击了两只，都是刚突破前期高位的，一个和药[②]的代码在第四个位置差一点[③]，一个是过年要送礼的[④]。现在都在突破的位置上折腾着。

那5只涨那么多的，只有回调后才能考虑介入。

缠中说禅 2007-01-12 10:13:54

还有一个是刚进去阻击的，和环保有关[⑤]，3元多。后3只和前面5只不是同一批钱，是从工商银行（601398）、中国银行（601998）高位套现的部分。压指数股票炒补涨是年后的大思路，要延续一点时间。工商银行（601398）、中国银行（601998）中线没问题，过段时间，大部队回来又会启动了。

网友 2007-01-12 11:00:41

博主，这5个庄家现在是骑虎难下了，你说他们接下来会怎么办？拉嘛，明显为你抬轿，不甘心呀。不拉嘛，吃了一肚子货，更难受了。

缠中说禅 2007-01-12 11:00:41

所以一大早告诉各位，别瞎买。本ID这么明目张胆地示威，现在网络这么发达，你以为对方看不到？

本ID这样说，就是不怕对方知道。但围观的人现在才买，就怕双方打起架来，伤到无辜者。

从这5只股票的走势，就可以看出每个庄家的性格。像江浙派，被这么明显的

①指三九药业（000999）、建投能源（000600）、中核科技（000777）、新潮实业（现名新潮能源，600777）、新兴铸管（000778）。

②指三九药业（000999）。

③指中信海直（000099）。

④指民生控股（000416），该股曾用简称民生投资、青岛国货、G健特、健特生物等。脑白金即由健特生物经营，其产品广告语为“今年过节不收礼，收礼只收脑白金”。

⑤指山大华特（000915）。

戏弄，反应比较激烈。山东人，由于里面都是刚进去的，就顺着大盘来了，大家都不愿意先出手。至于老实巴交的，更没人管了，跟着大盘走。

药和能源[①]，药是有点儿默契地结成共同体的味道了，所以比较安静。而能源不同，看到没有，今天上上下下在打仗，本ID就喜欢现场直播。

至于今年才进去闹的三只，都在突破点上，慢慢折腾，本ID有的是时间与耐心。

网友 2007-01-12 11:43:11

博主，在沪的山东人[②]我可是整了快三分之一的了，你这样一说，我怎么忽然没底了……

缠中说禅 2007-01-12 11:56:44

这种N个人在里面的，对于散户是最好操作的，成交量萎缩下来就可以找短线买点介入，成交量一急剧放大就找位置走人。

因为成交量突然放大，就是至少有一方先出手了。一般这种情况，例如四方，最后都要斗到最多两方。但也有例外的，像N年前本ID搞的一个东北股票，四个人一直从7元斗到40几元，都没停下来。后来一窝蜂出来，就瀑布一样下来了。

对于本ID来说，对山东人，考验的是耐心，绝不先出手。因为本ID的资金是自有的，没有利息压力，凭什么让本ID先出手？

6

缠中说禅 2007-01-11 22:13:59

提醒一句，自己学了，自己去找股票。现在低价股满地机会，很多方法都可以派上用场。

再提醒一句，第三类买点最有效的，就是最底部那个中枢所产生的，因为即使变成较大的中枢，问题也不大。

而在日线上出现第二个以上中枢时，就别用什么第三类买点了。那时候完全可以用低级别的第一类买点找到中枢震荡的低点。特别是第二次下探的低点，这种买法在这种情况下更有效。

关于买法的选择问题，以后都会说到的。注意这里的逻辑关系，首先买法都是要绝对安全的，在绝对安全的基础上，选择更有效的。

---

①指三九药业（000999）和建投能源（000600）。
②指新潮实业（现名新潮能源，600777）。

解盘、答问（2007-01-12 15:12:51）

1

缠中说禅 2007-01-12 15:26:45

大盘今天的走势很正常，根据走势必完美，三个次级别是必需的，所以这几天的走势太正常了。这根本不用依靠任何人，一个走势必完美的原则就知道了。

个股依然是低价补涨，只要成交量不过分萎缩，个股行情就不断，主要是低价股的行情。注意，反复说的都是补涨。既然是所谓的补涨，就不会是连续的中线行情。前几天已经说过了，补涨完了，还是要看工商银行（601398）等，它们如果不再启动，那么调整的级别就大了。

前面还特别提示要注意政策上的动态，这不会逆转大趋势，但会对调整的力度与时间有影响。最近已经有不少人跳出来对大盘进行言论反压，但相信这不会成为管理层最终的意见，因为在2006年的行情中，管理层是最大的受益者。过快上涨可能不好，大幅下跌也是绝对不被允许的，这就决定了目前的调整格局。轻指数，重个股。只要买点出现，个股就有机会。

中线个股问题不大，看看2006年的酒，今天还在涨，就知道了。

2

网友 2007-01-12 15:26:47

缠主啊，大盘会不会破2600点呀，这是俺最怕的问题呀！

缠中说禅 2007-01-12 15:36:22

思维模式错误，不要预测，关键就看其表现。唯一可以百分之百断定的就是走势必完美。所以在第二段的高位就要走人，走了以后再等待买点出现。

当然，这里说的只是原则。如果你是周线级别操作的，可以利用这个调整打短差，不存在走的问题。

缠中说禅 2007-01-12 15:37:50

注意：不要到今天还存在思维的误区，不要预测，等买卖点出现后自然反应。

3

缠中说禅 2007-01-12 15:45:32

庄家其实是弱势群体，本ID很同情他们。在大牛市里，脑子进水的才当庄家。大牛市就是群众运动，关键是把群众煽动起来，这才是大庄家。

4

网友 2007-01-12 15:51:47

博主，像我这样的上班族，自己认为短线技术也不好，所以计划等变天后再跑。毕竟我现在的盈利已有一大截，不会一下就跌到我的成本价上。再说出来了也不知道新买的就一定比手上走的好。

缠中说禅 2007-01-12 15:54:57

说过N次了，走人一定别怕走早了。如果你判断不过关，宁愿走早，千万别走晚。有钱还怕发现不了新的机会？

5

网友 2007-01-12 15:22:41

今天能源上这一仗，缠主是打压的一方吗？

缠中说禅 2007-01-12 16:13:58

怎么能光干打压呢？本ID又不是庄家，全打出去不就没得玩了？

本ID是上上下下地短差，他砸就接着，他拉就给他，气死他。如果他狠砸，就比他砸得更快更狠。在目前的位置，拉抬的事情，本ID是不干了。在下面就无所谓，本ID经常吃他的压单，现在不干这种事情了。手法要多变，不能给对方猜到。

但原则是一样的，就是把自己的成本降低，垫高对方成本。所以打仗对于本ID来说，只是降低成本的活动，当然愿意天天干。

6

网友 2007-01-12 16:10:27

博主，如果我以日线操作，是否应以30分钟线来规避短期风险？回补时是否也应在30分线上找相应买点进入？或者可以在更次级别买点回补？谢谢！

缠中说禅 2007-01-12 16:15:34

可以，但如果在急促变动中，30分钟太慢，可以看1分钟或5分钟的。

7

网友 2007-01-12 15:30:26

请问缠主，工商银行（601398）的第二段，高点是如何判定的。虽然我逃了，可是我根据的是突然放量后出的，没有明显看出背驰①，在 5 分钟图上，是不是我看错了？

缠中说禅 2007-01-12 16:20:25

根据中枢，刚下来不是说了，工商银行（601398）下来形成两个中枢（见图 96）。反弹时，下面一个中枢有强烈的反拉力，而且 5 分钟上有缺口，又是整数位置，至少反弹的第一段就会在这里结束，这是很容易判断的。对于小资金来说，走了再说，等待下一个买点。

图 96 工商银行（601398）2007 年 1 月 10 日前后 30 分钟走势图

8

网友 2007-01-12 16:20:27

本人自从 2006 年 12 月上旬无意看到缠主的文章以来，基本再没有犯过什么错误，不过也不大可能一直有时间盯住盘面。例如，从昨天下午 14:00 到今天 14:00，我都没有时间看盘，短线就会带来一定的损失，但大多数时间我能够兼顾看盘。所以请问，有没有什么好的策略可以减少这种不看盘带来的损失，当然我并不是贪婪的人。

①该网友在图96中第二个向下箭头处逃顶，该位置是前期缺口位置，且价位刚好为4元的整数关口。

缠中说禅 2007-01-12 16:21:32

看日线图，级别大点儿的，就可以忽略盘中的震荡。

9

网友 2007-01-12 16:31:35

报到，博主。我今天伤痕累累呀！

缠中说禅 2007-01-12 16:45:13

牛市里受伤，有大把康复的机会，关键是要搞明白为什么受伤，是什么坏毛病让你受伤。

10

网友 2007-01-12 16:42:17

我觉得缠理论的一个精华，就是对股票的走势进行了数学分解，其中均线缠绕和盘整对于任何走势都是一个承前启后的过程。一直想找机会咨询的就是：由于坐标刻度的关系，一定时间段在不放大也不缩小的图形界面上观察，就是例如上下三角形那样连续的盘整走势（MA5 和 MA10 均线可以看出分开得很清楚），如果接下来经过一波大幅的上涨或者下跌走势，那么在接下来的界面，至少在视觉上来看，好像已经是多条均线交叉缠绕的意思，所以可不可以这么理解，交叉缠绕与盘整并没有什么实质性的区分，是否黏合只是一种坐标刻度的关系，并不是一定要强调均线数值相等。

缠中说禅 2007-01-12 16:54:09

均线的交叉缠绕只是中枢运动产生的现象，不是最本质的原因。先把最基础的中枢概念及其运动方式搞清楚，这才是关键。另外，一定要反复体会走势必完美的原理，这是最重要的基础。

11

网友 2007-01-12 16:59:08

博主，万科 A（000002）日线上是不是已经出现卖点了，就是昨天，股价创新高，但是红柱却没有变长。

缠中说禅 2007-01-12 17:06:30

在小级别上是，但大级别上，如果你要用 MACD 来辅助判断，那至少需要 MACD 回抽 0 轴附近后再上去，产生的背驰才是真的。

网友 2007-01-12 17:03:57

博主，在您的理论中，我感觉到的是“恰当的时候做正确的事，游刃有余”，而几乎没看到其他人经常讲的“止损”。

今天大盘跌成这样，眼看着股票缩水，我却没有卖的冲动。虽然内心像被割肉。

缠中说禅 2007-01-12 17:08:43

如果你已经能完全熟练地判断各类买卖点，那么就不需要任何特别的“止损”。当然，如果你经常判断错误，“止损”还是需要的，否则把一个大级别的卖点当成买点，不“止损”会出大问题的。

12

网友 2007-01-12 17:09:27

刚看到缠主的回答了，谢谢！看来缠主是一时没忙过来，我太心急了。这种心态炒股也不行啊，要锻炼心态。从这里可是学了很多东西，真是太感谢了！

刚才又看了一下，您说的古越龙山（600059）日线上的第三类买点是 2006 年 9 月 27 日吗？周线上的第二类买点是 2005 年 2 月 4 日吗？我怎么觉得是第一类买点呀？之前是下跌 + 盘整 + 下跌，第二次下跌有背驰，不是第一类买点吗？

缠中说禅 2007-01-12 17:21:04

8 月是月线上的标准第二类买点（见图 97），周线上的在 6 月 9 日那一周（见图 98）。

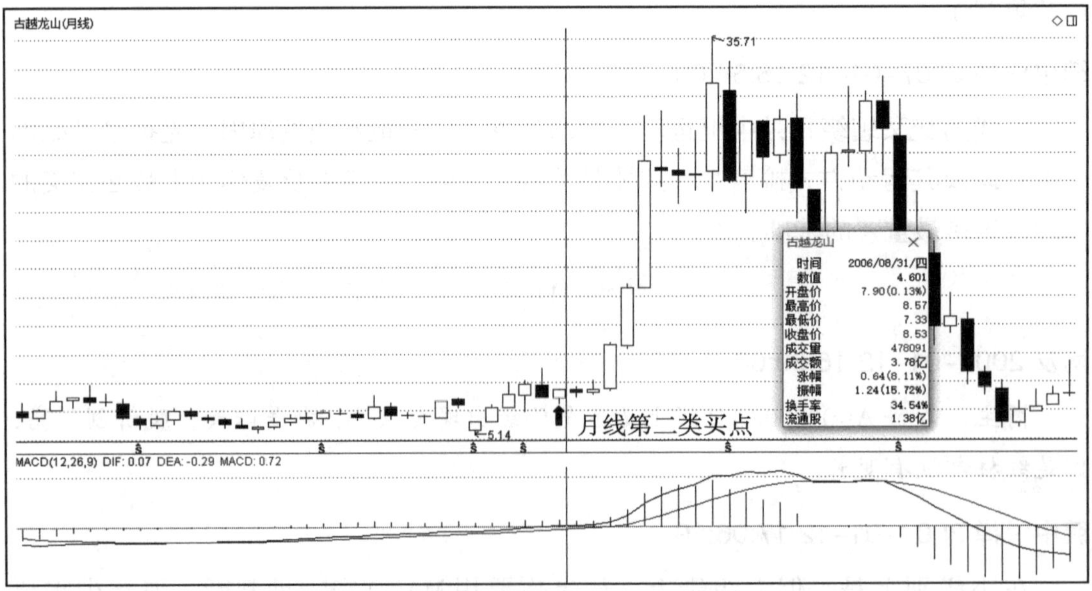

图 97 古越龙山（600059）2006 年 8 月前后月线第二类买点示意图

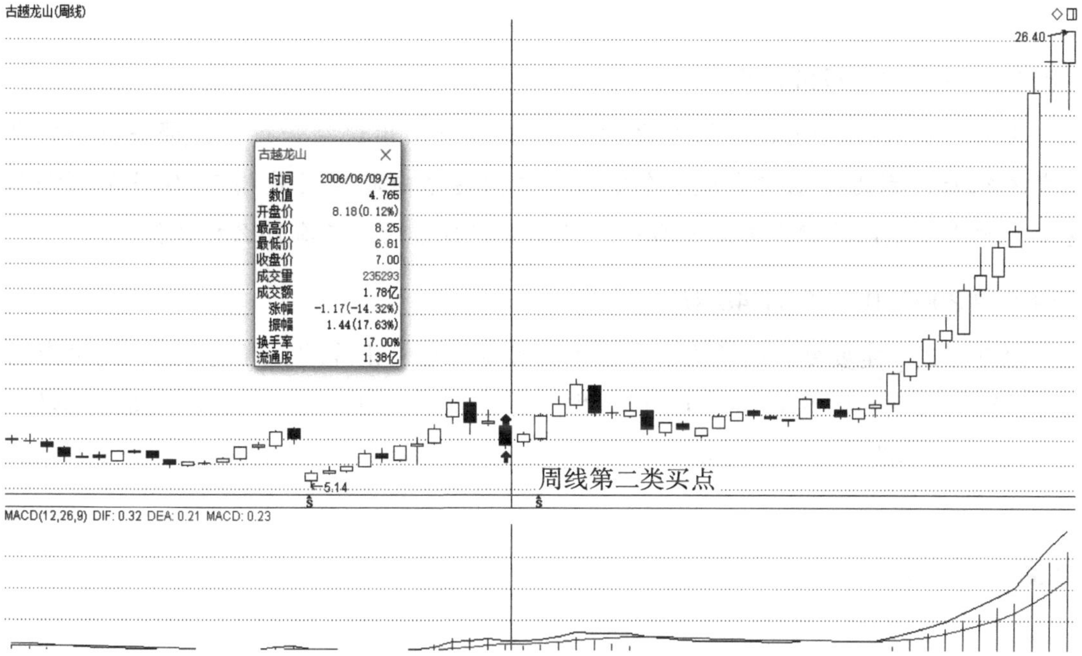

图 98 古越龙山（600059）2006 年 6 月前后周线第二类买点示意图

13

网友 2007-01-12 17:28:10

缠主，关于走势终完美的概念，看着又有点晕了。比如，四环生物（000518），在日 K 线上，2006 年 5 月 10 日到 6 月 6 日，应该是没有形成两个中枢，但它的确是一个上涨趋势，那么用走势终完美的概念，如何去理解这个情况？或者是说，如何从更大的时间段上来看这个走势完美？但大的时间段又会在日线上错过卖点，有点儿不明白。

缠中说禅 2007-01-12 17:42:50

日线向上不等于日线级别的上涨，这个向上可能是低级别走势造成的，这必须与各级别组合来看。而连接两个大级别上涨中枢之间的走势，并不一定是次级别的趋势。例如，一个盘整后，突然一个利好出来，连续涨停后才形成中枢，这两个中枢间的连续不开板的涨停，只能算是 1 分钟的趋势。

还有，走势必完美和什么两个中枢毫无关系。走势必完美意味着，任何一个走势图形的完成，必须包含三个以上的次级别走势类型。这和“任何的走势类型必须至少包含一个该级别的中枢”是等价的。

14

网友 2007-01-12 17:44:15

再问“本 ID”一句，如果手上的股票 30 分钟图出现空头行情，那要折腾的日子岂不很长，因为要至少完成 1 个中枢（请问这个中枢暂时是指 30 分钟图上吗）。这个时候除了坐以待毙或者安慰自己是做高级别股票的，还有什么补救措施？

缠中说禅 2007-01-12 17:48:46

思维方式一定要变，股票没有什么可补救的。唯一正确的，就是养成在符合自己实际情况的级别的买点买、卖点卖的习惯。好习惯是无须补救的，需要补救的都是坏习惯。坏习惯不改，什么办法都没有。即使有，也只是用一个更坏的习惯来掩盖问题。

解盘、答问

1

缠中说禅 2007-01-14 15:16:32

周末就不要说股票了。股票最终比的是修养与人格，股票的大师，归根结底是哲学、艺术的大师。在现代社会，不了解资本市场的，根本没有资格在当代社会生存。而只理解资本市场的，也不可能在当代社会有好的生存。仅从技艺上着手，永远只能是匠人，不可能成为真正的高手。

2

缠中说禅 2007-01-14 15:24:44

各位，古代有所谓的打禅七。在现代社会，能找到 7 天来打禅七是极其奢侈的事情了。但每周有一个小时，抛开一切束缚，抛开一切人群，独自一个人，在房间里，在高山上，在河流里，在星空下，在山野的空谷回音中，张开没有眼睛的眼睛，没有耳朵的耳朵，俯视这世界，倾听这世界，这才是真正的人的生活，否则不过是机器而已。

教你炒股票23

市场与人生（2007-01-15 15:50:11）

1

缠中说禅 2007-01-15 16:08:06

大家要为今天把中国人寿（601628）拉涨停出了力的给点儿掌声，本 ID 属于中国人寿（601628）的多头系统。中国人寿（601628）的问题，不单纯是个股问题，而是一个中国定价权的问题。当然，空头还是比较大的，最大的危险在于经济学以及经济系统的汉奸。中国人寿(601628)低位买了的就拿着，现在的位置没必要追了。多空的斗争还是很激烈的，一般的散户抗风险能力低，千万别追高。

2

网友 2007-01-15 16:17:34

博主好，请教博主深深房 A（000029）的日线图形是不是已经形成了两个缠中说禅的中枢，而且方向是向上的，应该是上涨的趋势。不知我的判断是否正确，请博主指教。先谢了！

缠中说禅 2007-01-15 16:19:40

一个大型的月线级别大中枢，正谋求上破（见图 99）。三线地产补涨时会有表现的。

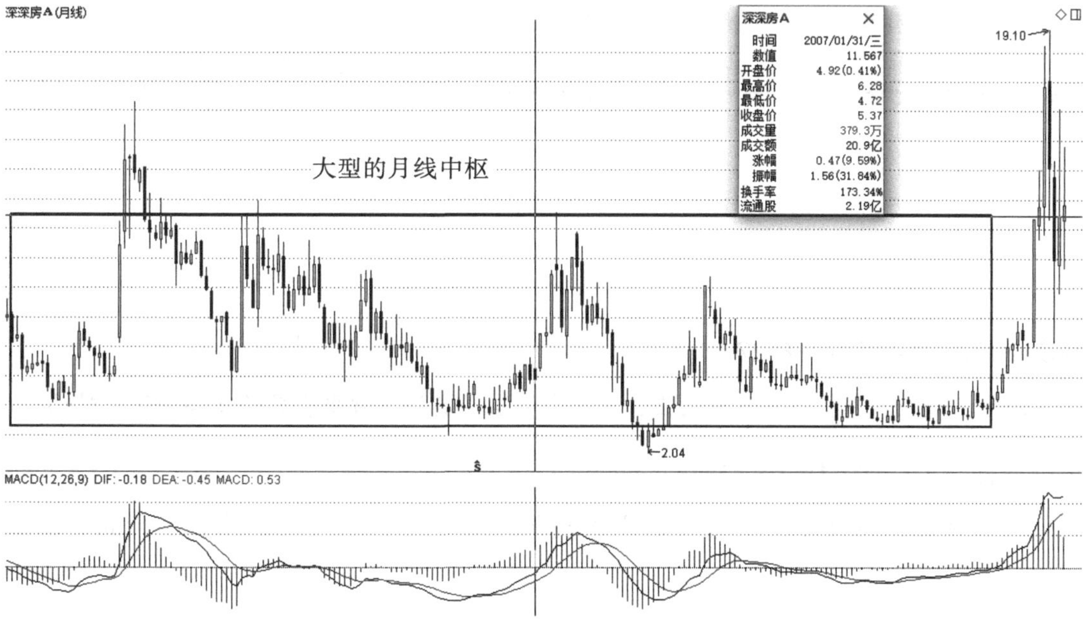

图 99 深深房 A（000029）大型的月线中枢示意图

网友 2007-01-15 16:32:08

月线是一个大的中枢，但是日线是不是已经形成了两个向上的中枢？我不敢确认，所以请教博主。

缠中说禅 2007-01-15 16:34:20

两个中枢并没有形成趋势，只形成了中枢的扩展，只有中枢的新生才能形成趋势的（见图 100）。

中枢有三种命运：延伸、扩展、新生。

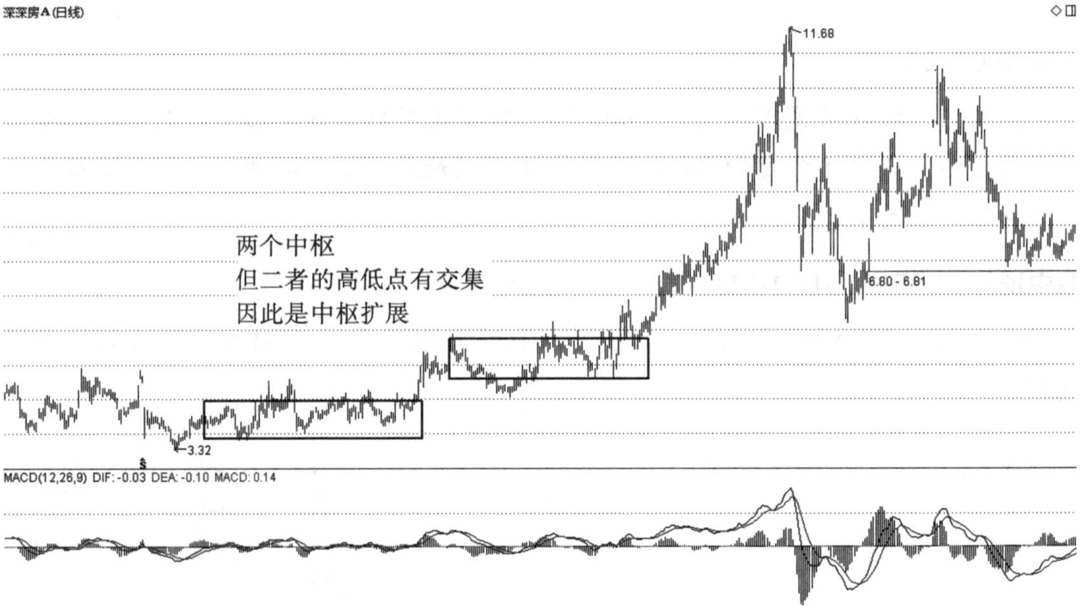

图 100 深深房 A（000029）日线中枢扩展示意图

3

网友 2007-01-15 16:16:27

缠主，我个人感觉在某种意义上，第三类买点很类似突破平台后的回挡确认，对吗？

缠中说禅 2007-01-15 16:21:02

不够精确，这样就会有很多假突破被包含其中了，而且不是什么平台的突破都能搞的。

4

网友 2007-01-15 15:55:42

预测到反弹，没有想到如此强烈，会是最后的疯狂么？

缠中说禅 2007-01-15 16:29:08

这是很不精确的想法，什么叫最后的疯狂？最后的疯狂如果指牛市最后一段的走势，那还早呢。如果指第一波最后的走势，站在深成指的角度，第二个周线的中枢都没有出现，怎么会存在最后的疯狂问题？

一般来说，牛市的第一波，一定要出现两个周线中枢后再一次上涨，这时候才有最后疯狂的可能。那时候，低价成分股会上演疯狂行情，那时候就要小心了。

现在如果拿着涨幅不大的成分股，那就是拿着印钞机。

5

网友 2007-01-15 16:33:07

请问，第三类买点出现后什么时候能下手？因为下手早了有可能它还下去，当然这就不构成第三类买点了。下手晚了，它有可能窜上去了。这技巧很关键啊，看小级别 K 线图吗？

缠中说禅 2007-01-15 16:36:54

早说过了，第三类买点就是次次级别的第一类买点。

6

网友 2007-01-15 16:30:13

请问：这几天大盘的 30 分钟图是不是走势必完美了呀？

缠中说禅 2007-01-15 16:48:30

你还没理解什么是走势必完美。在上个高点，用走势必完美，就知道大盘一定会再回跌一次。这个回跌，在此级别上一旦出现第一类买点，就会出现再次的上攻。

目前的走势无非两种可能。

（1）演化成三角形走势。

（2）直接突破。

如何判断，很简单，就看到前期高位时，次级别的走势是否出现背驰。一旦出现，就要再次回跌，否则就直接突破了。

7

网友 2007-01-15 16:49:37

缠主从没有提到成交量所起的作用，我想肯定有很大作用，能不能略表其义？

缠中说禅 2007-01-15 16:55:48

成交量和走势一样，有着类型的分析。

8

网友 2007-01-15 16:44:58

一直有个疑问，请博主指点。

形成两个中枢，且同向，才构成趋势。例如在盘整后（30分钟线的中枢），以次级别（5分钟）走势向上走，在5分钟线上还没有形成中枢前，可以看作是中枢（30分钟）的离开。但在形成第一个5分钟线上的中枢后，此时如何看待当下（30分钟）的走势？

缠中说禅 2007-01-15 21:25:20

注意，有几个概念必须搞清楚。

（1）即使形成一个5分钟的中枢，依然有回跌入原30分钟中枢的可能。

（2）离开中枢，并不意味着中枢不会继续延续。只要这个离开只是次级别的，下一个次级别的回抽一样有可能重新回到原中枢而使得中枢延续。

（3）这里必须搞清楚第三类买点的介入时机，就是一定要使得回抽的次级别不能回到原中枢这一点得到确认，这里可以参考该次级别的第一类买点。

中枢的延续、扩展和新生之间的区别是很细微的，必须严肃认真地研究三者对应的数学公式，那是最精确的。在新的中枢形成之前，中枢的这三种可能性都不可能完全从逻辑上排除。第三类买卖点的精妙之处，在于不依赖于这种不可确定性而确定了，里面的细微之处请好好理解。

走势必完美是第一原理，搞不清这一点，其他都很难搞清楚。

9

网友 2007-01-15 16:58:32

博主禅心妙意，美哉！只是我等冥顽之辈，知易行难啦，可有验方？

缠中说禅 2007-01-15 21:34:49

以此得失之心求之，永无出离之日。知且无知，行其无行，无知而妄知，无行而妄行，还求个验方，求个护身符干啥？可验方的，不离尔，离尔又求何验方？尔求尔之验方，骑驴找驴干啥？

网友 2007-01-15 17:31:51

求清净本是“心”所需，以求“能”之增长，“能”是“天”，“心”乃“地”，也是阳光与照之关系。心外求学，心内见性。

缠中说禅 2007-01-15 21:37:48

心即见，见即性，乾坤不过尔心之一尘，还内外个什么?

10

网友 2007-01-15 17:02:19

博主，你好，请教个问题：要中长线跟踪一只股票，是不是先利用日线或周线确立买点，再看月线，根据中枢理论和走势必完美的原理来确定目标位?谢谢!

缠中说禅 2007-01-15 21:41:10

关于买卖点，是先按自己的资金等实际情况确定适合的级别，然后在该级别的买点买入，持有到卖点卖出，而不是确定什么目标位。

不是预测，只要看以及反应。

11

缠中说禅 2007-01-15 22:17:38

如果站在超长线的角度，任何股票都不过是一个大型的盘整。如果一定要说什么是绝对的，那盘整是绝对的。不过这种绝对、相对的概念都是些糊涂概念，对操作没有什么意义。操作只是一种反应，反应是当下的，没有什么绝对和相对。

上涨和下跌之间的转换完全没必要经历什么盘整，最典型的就是 V 型走势。注意，盘整、下跌、上涨，都不过是一种结果，不是问题的关键之处。均线也一样，均线只是一种结果，只能当一种参考，不是关键之处。

什么正态分布之类的东西，都是有其逻辑前提的。你要用所谓的正态分布，首先要证明股市是符合这种逻辑前提的，可惜这种证明不存在。

本 ID 的理论，是一种独立的公理化系统，和什么正态不正态无关，这一点必须搞清楚，否则又陷入一般数学化处理股市的陷阱里。记住，数学不是一种先验的逻辑，任何现实的系统都有其现实的逻辑。

量子力学只知道“不患”，却不知道“不患”而“患”，更不知道“患”而“不患”。就像只要在三角形之和为 180 度的空间里，平行线就永远没有交点，这和任何观察者都无关。

要理解本 ID 的理论，必须首先理解其数学性。本 ID 的理论当然有过时的可能，但其前提是自然数系统内部出现矛盾。换言之，就是数学系统内部出现基础性矛盾，整个数学系统塌陷。这样，一切建筑在数学之上，利用数学的一切学科，也随之塌陷。

12

网友 2007-01-15 21:48:02

同仁堂（600085）日线上的第一、第二、第三类买点分别是2006年11月14日、12月11日、12月29日，对吗？

缠中说禅 2007-01-15 22:32:09

不对！在日线上，这段时间没有第一、第二类的买点。30分钟上当然是有的，不过12月28日那一周却是一个精确的周线上的第三类买点（见图101）。这个日线上的次级别回抽有点特殊，形成一种奔走型的走势，就是B段的上冲比较厉害，C段的回拉只是稍微跌破A段的高点。这种走势以后的个股，一般都会出现快速上扬。

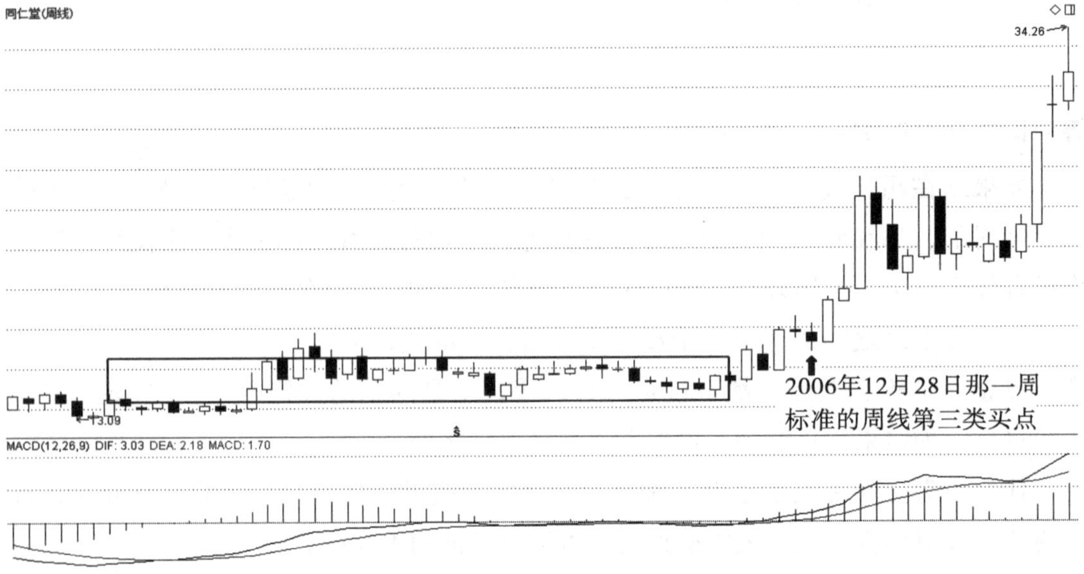

图101 同仁堂（600085）2006年12月28日前后周线第三类买点示意图

网友 2007-01-16 16:45:41

请问缠主，你这里所说的A、B、C分别是哪三段？本来以为是A段：12月11日—12月20日，B段：12月21日—12月28日，C段：12月29日—2007年1月5日，可好像跟你说的不太一样，我说的B段明显不是上冲。请缠主告知分别指的哪三段？如果理解了这个，那建投能源（000600）后来的急拉应该跟这是一样的道理。

缠中说禅 2007-01-16 16:53:57

12月4日到28日，三段一目了然（见图102）。注意，回调形成的中枢一定是下、上、下方式的。当然，这里的下、上、下，可以有一段是以盘整的平走替代。

图 102　同仁堂（600085）A、B、C 三段奔走型走势示意图

13

缠中说禅 2007-01-15 22:40:08

明天关键是看清在前期高位是否有次级别的背驰出现，以防指数出现三角形走势。另外就是深沪指数是否会背离，这也是一个危险信号。只要这两点都不出现，那么大盘就没大问题。用自己的眼睛观察就足够了，别预测什么。

个股还是低价股票，特别是那些这次回调刚好构成第三类买点的股票。想想为什么建投能源（000600）节前回调后，节后一下就来了快 50% 的涨幅。排除本 ID 的梦，最重要的还是第三类买点的力量，本 ID 的梦只是让它更有力量而已。

解盘、答问（2007-01-16 15:09:50）

1

网友 2007-01-16 15:20:56

博主前面说过："该周线中枢是一个延伸形态，在图形上是一个标准的三角形。一般中枢的延伸，如果是收敛形态，都会走成三角形。"

你说的收敛三角形，学文的我认为，就是厚积薄发的意思，对吗？

缠中说禅 2007–01–16 15:25:06

三角形也可以构成顶部的，必须按照最精确的程序来，文科思维在这里可能会有麻烦。市场操作，还是多点儿数学思维好。

2

缠中说禅 2007–01–16 15:37:18

各位注意了，已经 N 次说过，现在是补涨的天下，二线特别是低价股横行。选好第三类买点，你会忙得不亦乐乎。本 ID 教你的是找吃的本事，而不是只把饭给你。各位看看今天涨停的股票，有多少是从第三类买点启动的。

就上海的，而且只说低价的，随便说几个：葛洲坝（600068）、海航创新（600555）、鲁银投资（600784）、珠江实业（600684）、维维股份（600300）、人民同泰（600829）、新华医疗（600587）、隧道股份（600820）、杉杉股份（600884）。

各位好好研究一下，只用第三类买点，目前就可以找到足够多的饭吃。自己找到的才是真本事，关键是把这技术练好。

3

网友 2007–01–16 15:28:55

老师好！我总是不自信，钱江生化（600796）又没拿住，换长春燃气（600333）了，自残！

缠中说禅 2007–01–16 15:39:15

自信是干出来的，多干点，多总结，自信就有了。但关键是要有一套行之有效的操作规程，不断总结改进。

4

网友 2007–01–16 15:38:07

斗争很激烈，等待很痛苦，决定这几天不看盘了，过阵子来收庄稼，缠主帮我顶住，先谢谢了！

缠中说禅 2007–01–16 15:51:16

市场的任何事情都是锻炼人的机会，特别是那种痛苦的事情。另外，说过多次了，自己找吃的，本 ID 提供找吃的方法。

目前市场就两条主线，一个是低价股补涨，一个是中高价的打开空间，后者不大适合散户。

药是 2006 年的酒，钢铁是 2006 年的有色，另外像能源、汽车、军工等，都会有表现的。迟点儿，有业绩、有送股的股票，特别是 2006 年炒得厉害的，必须通过送股把股价弄下来。这是春节前后，特别是业绩公布高峰时候的重点，这个节奏是很明显的。

技术上，用好第三类买点，足以把 95% 以上的人赢了。自己找，别整天希望别人喂你吃饭。

5

缠中说禅 2007-01-16 16:04:49

本 ID 赚钱的方法和各位有所区别，本 ID 是阻击，而不是坐庄，也不是跟庄，所以有时候，大家耗着时，就会很折腾。一般一旦一方取胜了，就会突然大幅变动股价，例如像那个能源那样突然就飞起 50%，不过前面的折腾也少不了。

各位最好别跟本 ID 的股票，大把股票有第三类买点的，特别是散户，一般第三类买点突破时进去，至少都有 20% 以上的涨幅。各位等 30 分钟发生背驰就出来，换别的第三类买点的股票，这样来回几次，资金利用率就高了，没必要跟着本 ID 打仗。

当然，本 ID 打仗，各位可以看现场直播。如果像药，你低位就拿着的，那就继续拿着，否则在目前的位置就算了。本 ID 又不是庄家，更不需要别人抬轿子，各自觅食去。把第三类买点的操作用熟，终身受益。

6

网友 2007-01-16 16:06:51

博主，找第三类买点要不要除权？

缠中说禅 2007-01-16 16:12:59

无所谓，但如果你选好不复权，就一直用不复权的，别换来换去。

7

网友 2007-01-16 15:58:26

目前上海电力（600021）在周线上构成第三类买点，请博主批阅。谢谢！

缠中说禅 2007-01-16 16:28:44

这个不准确，为什么？因为如果是日线上的，那 1 月 5 日就构成了，因为只需要一个 30 分钟级别的回试不回原来日线中枢就可以了（见图 103）。但如果是周线上的，那第三类买点必须是日线级别的回抽，也就是由三段30分钟上的走势类型构成。目前只有一段，现在走第二段。第三段无非有几种构成的可能：三角形、奔走型、之字型、平台型。

中线该股问题不大，但站在短线角度，最快速的就是30分钟回抽所对应的日线上的第三类买点。例如对该股，1月5日的第三类买点介入后，在5分钟发现背驰后离开，然后就去换另外的日线第三类买点的股票，这样资金利用率就高了。当然，如果没有这种快速切换的能力，就慢慢来，把操作的级别放大点儿。

一般按日线第三类买点进入的，只要你资金不太大，而且判断不出问题，离开也及时，而且够勤奋，每天都选好下一个可介入的品种，那么一个月内至少可以操作七八次，一个月翻倍并不是太难的事情。当然，前提是你的资金不能太大。

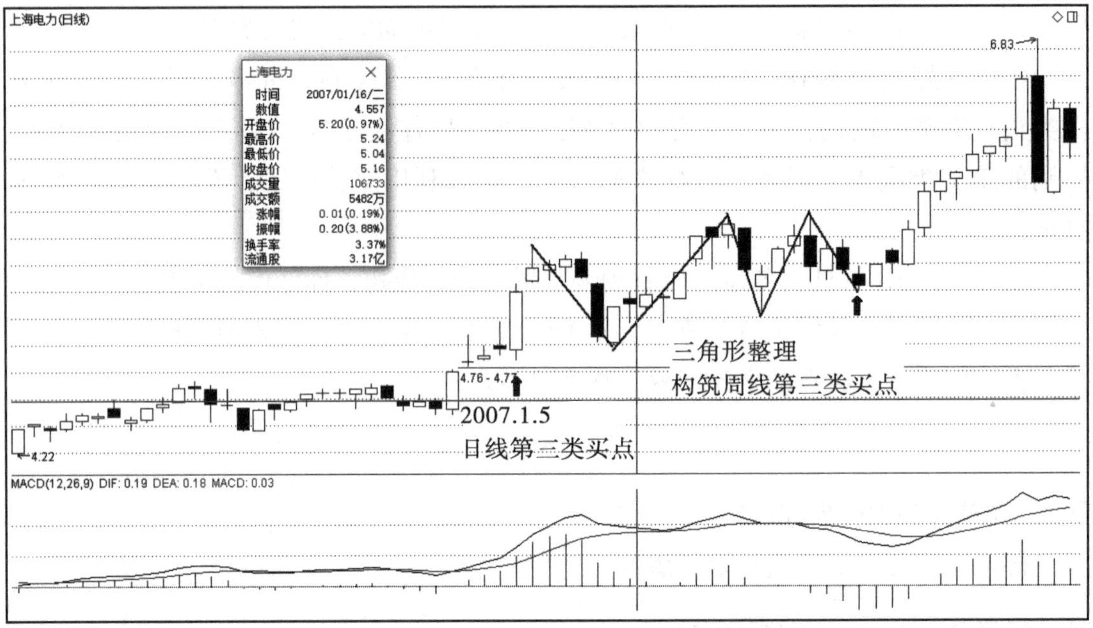

图103 上海电力（600021）2007年1月16日前后日线图

网友 2007-01-16 16:41:17

请问博主，这样的操作模式是否以5分钟为操作级别，选股看日线买点，进出用5分钟买卖点？

缠中说禅 2007-01-16 16:44:56

以日线的第三类买点。要找这个买点，就看一个30分钟的回抽。该回抽低点，就看5分钟的背驰。必须三个级别共同分析才可以。

网友 2007-01-16 17:06:33

博主，你讲到的上海电力（600021），1月5日出现的第三类日K线买点，从5分钟K线看，1月4日就发生了5分钟K线的背驰，是卖点，何以能在5日买它？

缠中说禅 2007-01-16 17:12:57

如果是1分钟图上，早上有卖点，下午就会有买点。为什么不可以在5分钟图上4日有卖点，5日就有买点？关键是这个买点构成的是日线上的第三类买点。

买点与卖点出现的频率和级别有关。如果是年线，估计人的一生最多就能见到一只股票的两个第一类买点。

8

网友 2007-01-16 16:31:29

你好，我看了你很多文章，我是第一次炒股，照你说的，在9.70元买进了现代投资（000900），可不怎么涨，能帮我看看吗？谢！

缠中说禅 2007-01-16 16:39:52

现在已经11元多了！关键不是涨了多少，而是你是否按规程操作了。你看现在你只有15%的涨幅，明天拉起来可能一下就30%了。持有要有耐心，除非卖点出现，否则不能乱动。一旦卖点出现，就必须离开。

你现在需要思考的不是庄家干什么去了，而是你是在什么级别上操作的，现在该级别出现卖点没有。如果你希望快速一点，而且你的反应速度也比较快，完全可以按小一点的级别操作。

注意，市场考验的是长期的盈利能力，而不是一次爆发的能力，关键是要有长期有效的交易策略。买入时要把各种情况想好，持有要坚决，卖出更要坚决，这样才能逐步提高。

是你炒股票，不是股票炒你，先从自己下手。

9

网友 2007-01-16 16:53:41

昨日用缠主教的第三类买点在6.64元买入复星医药（600196），今日7.36元卖出。原因是30分钟出现MACD背离，且量价也背离。但该股后市又拉起了，我的这次操作有什么问题吗？请博主指教。

缠中说禅 2007-01-16 17:08:11

首先该股在 30 分钟上并没有什么背驰，背驰需要两段趋势比较，而不是单纯看 MACD 红柱子短了。本次回调只是一个次级别背驰造成的，但不是 30 分钟级别的。因此，站在 30 分钟的级别上，回跌后就要补回来，然后等待 30 分钟出现真正的背驰（见图 104）。

一般来说，如果你判断不太熟悉，只会 MACD，那么如果 MACD 在高处形成双头下来，在 0 轴附近会有一个再向上的过程，因为那双头一般是低级别背驰造成的。真正的背驰，一般都要先回抽 0 轴，然后再上造成的。

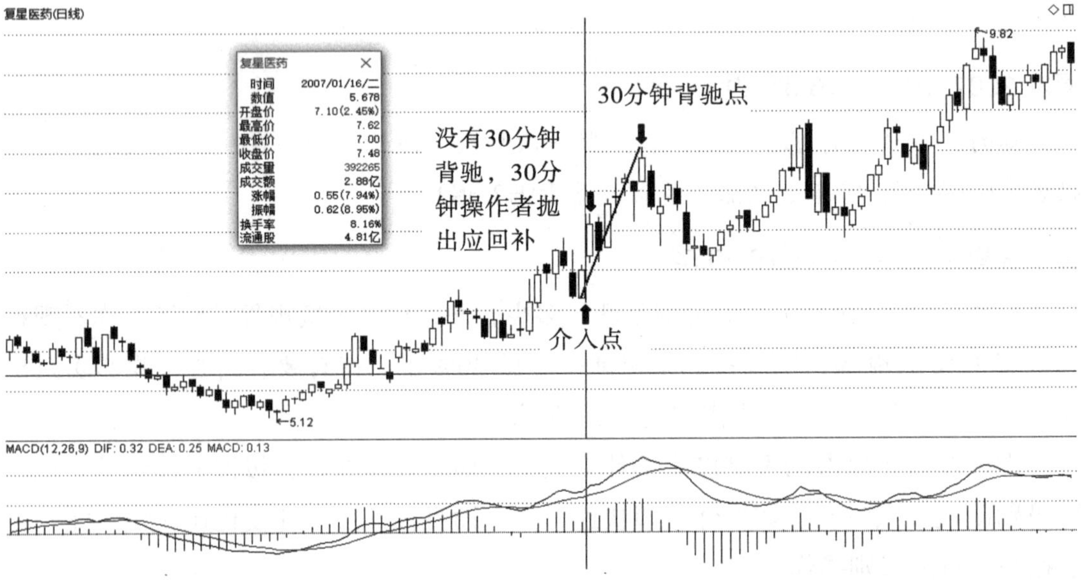

图 104 复星医药（600196）2007 年 1 月 16 日前后日线图

其次，该股并不构成一个精确的第三类买点，因为有重叠。反而是 2006 年 11 月在月线上有一个精确的第二类买点，目前的上扬与该买点有关（见图 105）。

要对图形进行精确的分析，这需要不断磨练的。慢慢来，这是正确的道理。

网友 2007-01-16 17:14:49

博主能否分析一下广深铁路（601333）庄家的意图。

缠中说禅 2007-01-16 17:20:41

这是一个错误的思维方式。首先，这种大盘股票，一般来说并不一定有一个单独的庄家，里面打乱仗的机会更大。其次，庄家就算有意图，能否实现还是个问题。如果碰到像本 ID 这样的人，那庄家就倒八辈子的霉了。

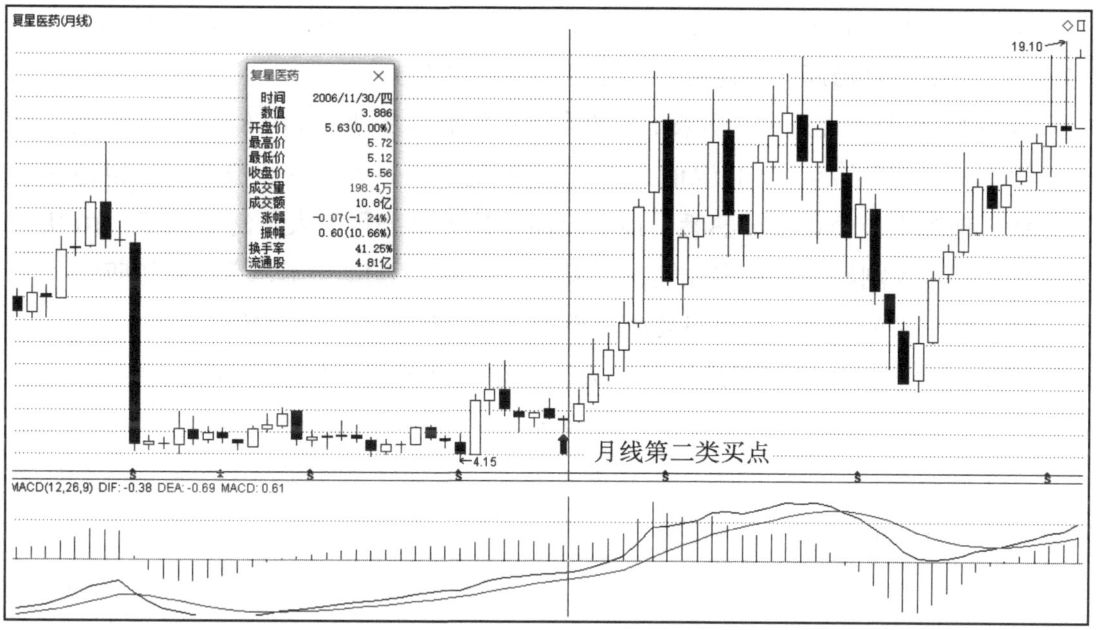

图 105 复星医药（600196）月线第二类买点示意图

10

正确的思路是只看走势本身。走势是各种势力综合的结果，这才是唯一可以依据的东西。目前该股正在一个大的中枢里运行，等待再次放量的时机。操作上，就看下次放量时是否能有效突破。如果走出上攻走势，就看 30 分钟等低级别的图，等待买点出现，前提是你是按日线级别操作的。

11

网友 2007-01-16 17:24:18

真心地感谢缠主，自从学习了缠理论后，我彻底改掉了追价的恶习，这一个多月的业绩是 2006 年一年的总和。

还有几个问题请教。

（1）现在的普涨行情，很多股出现了第三类买点后，等发现时已经涨高了。这时是放弃，还是找次级别的第一、第二类买点进入呢，如何应对？

（2）我时间比较多，资金量不是特别大，缠主建议我用什么样的级别比较好呢？

缠中说禅 2007-01-16 21:10:31

如果你手头的股票在一个良好的上涨趋势中，就一定要坚决持有。有些股票开始走得慢，但越走越快，不拿着，扔了换其他股票，一来要忍受刚进去时震荡产生的亏损，二来一旦扔掉的涨得更好，心理影响就更大了。

以前本 ID 不是说过一个大叔，3 块多让买的北辰实业（601588），4 块不到就扔了，让本 ID 一顿数落。当时说他 2006 年主要是 3 元多买了一只股票，所以还挣了点儿钱。他和上市公司十分熟悉，最后反而是让上市公司的人给洗出来了，10 块钱全没了。到今天刚好一个月多几天，今天一个涨停，快 14 元了，后悔有用吗？

卖点不出来就别卖，股票只要中线启动，其升势就不会很简单地改变。

至于新进股票，最好还是按规程来，这是一个习惯问题。如果按次级别进入，就要按次级别的规程来。一旦上涨趋势确认，就一定要持有到卖点出现为止。

一个好习惯，比短线的蝇头小利重要多了。因为无论你能挣多少钱，一个坏毛病就足以化为乌有。

12

网友 2007-01-16 21:02:26

请问缠主：有时候没有出现任何级别的背驰，也就是没有出现卖点，但是股价却出现转折，不断下跌，这样的情况怎么处理？多谢！

缠中说禅 2007-01-16 21:13:18

这种情况根本不会发生，只是没找到相应级别的转折而已。要对市场的走势不断观察，才有机会提高。

13

网友 2007-01-16 20:50:10

今天深圳创新高而上海没有，是否算是背离了？

缠中说禅 2007-01-16 21:16:58

目前上海指数是一个大盘指数，如果只是一两天出现这种情况，问题还不算大。但如果长时间出现，那就问题大了。所以本周上海必须创新高，否则调整级别会继续加大。

14

网友 2007-01-16 18:20:18

请问缠主：

（1）中国石化（600028）今天上午收盘时 5 分钟和 30 分钟是不是出现了第一类

买点。按走势必完美，它是不是应该探10.20元，然后再怎么操作啊？

（2）您说药是2006年的酒，钢铁是2006年的有色，我觉得石化是2006年的银行，因为它有战略意义。我是瞎猜的，所以今天本来要割肉的，没有割，在我觉得像是5分钟的买点上补了一点。

我是菜鸟，但我希望通过这里的学习，看能不能变成个大鹏鸟，呵呵。大家别笑，帮帮我哦！

缠中说禅 2007-01-16 21:29:23

（1）1分钟图上在上午收盘前是一个第一类买点，其他图上倒没有。它的走势，基本就是工商银行（601398）的一个翻版，比工商银行（601398）滞后点儿。

（2）中国石化（600028）中线问题不太大，短线在10元上下还要折腾。

炒股票要注意节奏，前段是超级大盘股的天下，现在是二三线股的天下，不能把节奏弄错了。如果弄错了，就等吧，找机会把节奏调回来。一般最好别砍仓，牛市砍仓太不吉利了，而且很容易把心情弄坏，节奏越来越错。最好是等，反正板块会轮动，轮到它时，如果走不出上涨的延伸，就找机会出来。一大堆低价股票在向你招手，有必要追高吗？等待的时候，好好反省，以后一定要把握节奏。

15

网友 2007-01-16 21:08:05

报告一下，学习缠理论有两月了，市值2.5万元增至3.6万元，十分感谢，今天来冒个泡。

缠中说禅 2007-01-16 21:34:35

继续努力，牛市结束前，至少把这些钱变成100万元，也就再来30倍，5次翻番就可以了。

本ID给你设计一下，第一波成分股的行情中，把它变成10万元，应该是难度不大的。

第二波的成长股行情，如果弄得好，100万元的任务就完成了。

还有第三波最疯狂的重组行情，你的目标应该是1000万元了。

16

网友 2007-01-16 21:36:38

请教博主两个问题：

（1）深发展A（000001）在1月11日出了日线级别的第三类买点？

（2）中国联通（600050）在1月11日出了第一类卖点，目前等第三类买点的出现对吗？

多谢了！

缠中说禅 2007-01-16 21:56:38

还要抓紧学习，所有买点都肯定是调整时出现的，怎么深发展A（000001）会在1月11日是第三类买点？深发展A（000001）现在的买点，基本都只能在30分钟以上才有了，除非出现大的调整。

注意，这样并不会丢掉任何一段有价值的行情。在行情的延伸段里，一个30分钟的买点到卖点所产生的利润，比日线启动初期要大多了。

中国联通（600050）1月11日不是什么第一类卖点，反而是4日有一个5分钟背驰引发的小级别卖点（见图106）。

中国联通（600050）的中线潜力是不小的，且不说什么3G，一个通讯公司的海龟，就足以让联通上8元。当然，短线整理一下也应该。

17

网友 2007-01-16 21:53:18

珠江实业（600684）的第三类买点我怎么没看出来呀！ 12日的回调可是在中枢里的。之前的么？怎么看的！是打错了，还是我没看出来[①]？

缠中说禅 2007-01-16 22:00:30

是在周线的中枢里，但在日线的中枢外（见图107）。对于日线上的第三类买点，只要一个30分钟级别的回抽不破日线中枢就可以了。有时候不同级别的中枢缠绕在一起，会让判断产生困难，关于这方面的事情，以后会说到。

网友 2007-01-16 22:08:13

缠主，请问漳泽电力（000767）、一汽轿车（000800）日线上是不是形成了奔走式？

缠中说禅 2007-01-16 22:17:01

漳泽电力（000767）在12月26日是一个标准的第三类买点，没什么奔走式（见图108）。一汽轿车（000800）是12月22日，也没有什么奔走（见图109）。

①缠中说禅在2007-01-16 15:37:18曾向网友推荐了几只上海市场的低价股，要求大家用第三类买点操作，其中包括珠江实业（600684）。该网友就是针对这一推荐提问的。

图 106 中国联通（600050）2007 年 1 月 4 日前后日线图

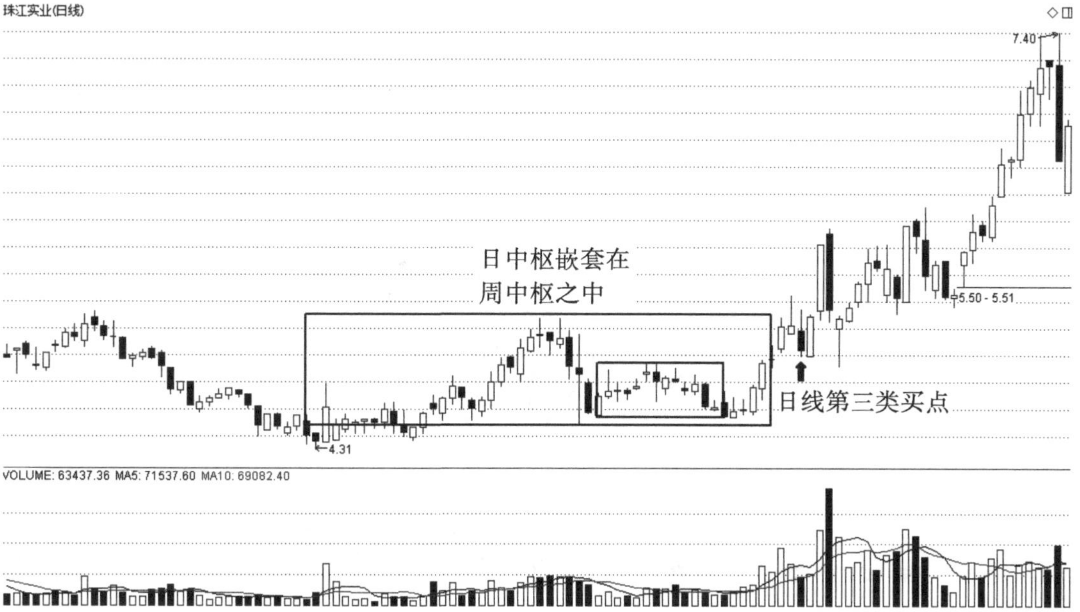

图 107 珠江实业（600684）日线第三类买点示意图

网友 2007-01-16 22:12:37

多谢博主！顺便检讨一下，昨天把海航创新（600555）给丢了，郁闷死了，真该好好学习呀！

图 108 漳泽电力（000767）日线第三类买点示意图

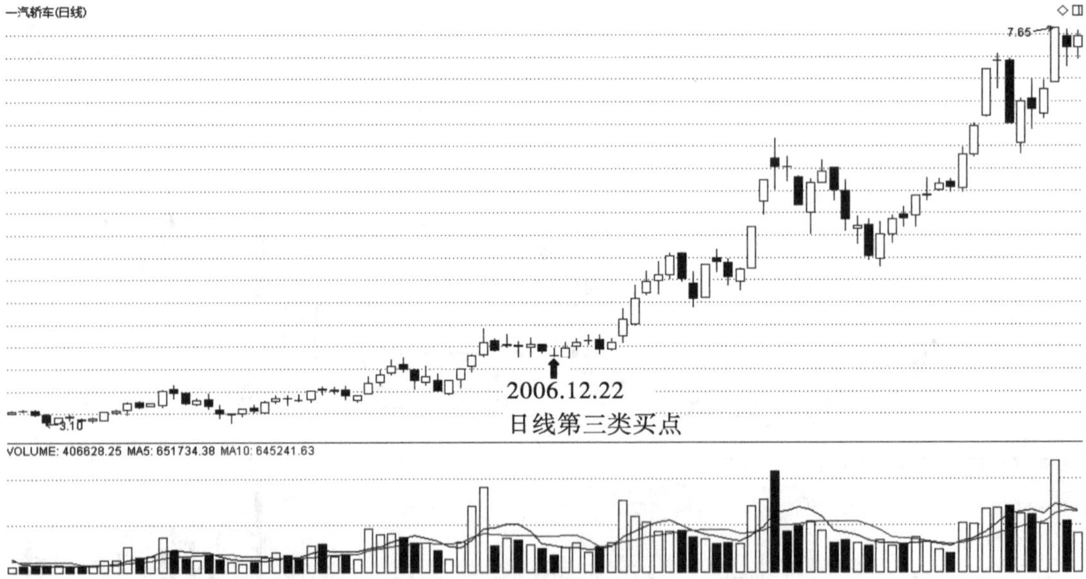

图 109 一汽轿车（000800）日线第三类买点示意图

缠中说禅 2007-01-16 22:20:23

为什么？这么标准的第三类买点产生的上扬，怎么都该等到次级别的背驰卖点出来才走（见图 110）。

要养成好习惯，别荡两下就晕了。

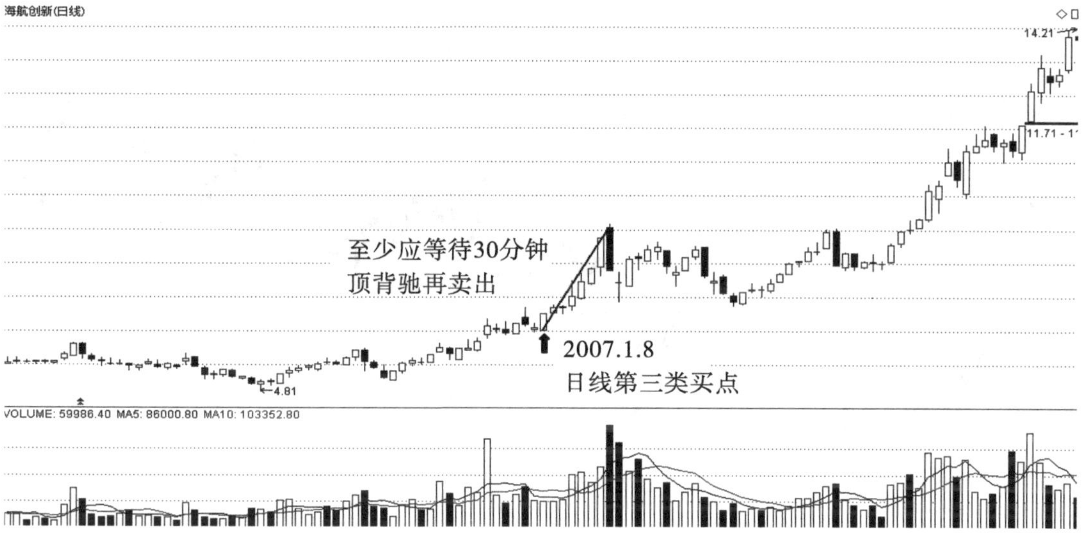

图 110　海航创新（600555）日线第三类买点示意图

解盘、答问（2007-01-17 15:12:00）

缠中说禅 2007-01-17 15:18:53

前面已经说过，如果出现次次级别的背驰就要走三角形。今天 5 分钟的背驰如此明显，如果还看不出来，那就要好好去补课了（见图 111）。

大盘今天的震荡是 5 分钟的背驰引发的，是一个绝好的短差机会。如果没把握好，继续好好学习。这么典型的走势必须要把握好，没搞清楚的，就把上海大盘和中国人寿（601628）的 5 分钟图调出来好好研究。

其实，就算你看不懂大盘，看本 ID 阻击的股票今早一开始就走得特别难看，就知道今天要震荡了。当然，本 ID 的快乐都是建立在庄家的痛苦之上，这里说声对不起了，傻庄们！

网友 2007-01-18 20:42:07

对于上海指数那一个图，到第二个红柱子为什么没形成中枢？到次级别图上看已经有三个走势重叠了呀？

缠中说禅 2007-01-18 20:57:17

10:40 的第二个红柱子，由于这时候的 C 段还没有形成一个中枢，根据走势必完美，这 C 段肯定没完，所以继续。13:05，第三个红柱子，这时候把三个红柱子的面积加起来，也没有 A 段两个红柱子面积和大，显然背驰了，所以要走人了。

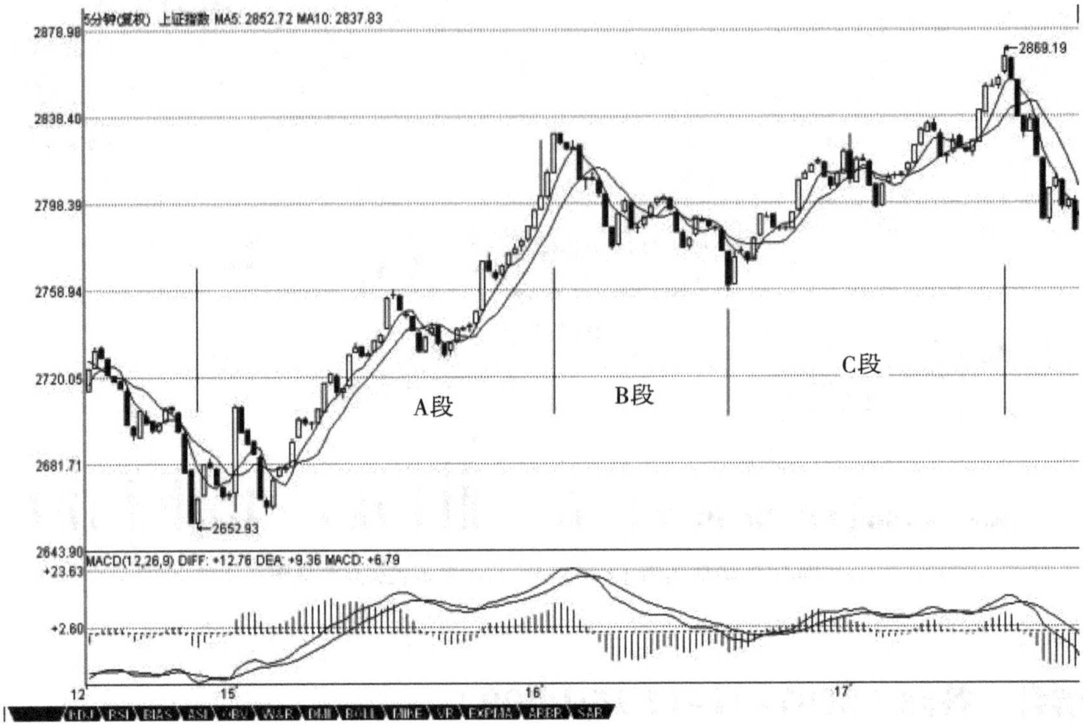

图 111 上证指数 5 分钟级别 C 段背驰示意图

你首先要搞清楚中枢形成的三段的方向是怎么开始的，不是随便三段就是中枢。这是最基础的东西，不能到现在还搞不清楚。

如果是向上的走势，里面的中枢一定是下－上－下的。向下的相反。

2

网友 2007-01-17 15:18:23

缠主，这次调整是以时间换空间，还是以空间换时间？

缠中说禅 2007-01-17 15:22:15

就算真的突破，也需要这样的震荡洗盘，而且深圳市场昨天有缺口，这也是压力。这种震荡是绝好的短线机会，具体分析看上面。

缠中说禅 2007-01-17 15:35:10

已经调整很多天了，目前可探讨的是调整是否延续的问题。这个在本周，最迟下周一就有答案。但即使调整，个股也会行情不断，只要没启动的低价股，都有机会。现在指数的意义不是太大。

3

网友 2007-01-17 15:19:29

博主，今天大盘在 30 分钟里算背驰吗？

缠中说禅 2007-01-17 15:25:18

没必要管 30 分钟，因为突破是日线的次级别走势，也就是 30 分钟。是否结束，要看 5 分钟是否背驰。5 分钟的背驰太明显了，昨天本 ID 还特别说过，两段趋势，中间的 MACD 回抽 0 轴后背驰，自己去看看，是不是教科书一样精确（见图 111）。

网友 2007-01-17 15:37:34

两段之间的回抽，大盘是以走势类型完成的，已经看得比较明显了。是不是中间必须以走势类型进行回抽。我的理解是，如果不是以走势类型回抽，就构不成两段趋势。这样理解对吗？还是直接回抽将 MACD 回抽至 0 轴，就可以比较了？

缠中说禅 2007-01-17 15:40:07

当然，中间也是一个走势类型，可以明显看出三段来。你看看那两个图，极为标准，教科书一样。

4

缠中说禅 2007-01-17 15:28:36

各位，如果对背驰没有什么直观感觉的，好好看看今天的上海大盘以及中国人寿（601628）的 5 分钟图，标准图形。这里本 ID 还要对中国人寿（601628）的庄家说声对不起，本 ID 也弄了他的短差。虽然本 ID 中线看好它，但本 ID 见到背驰就要发狠，没办法，对不起了！

5

网友 2007-01-17 15:26:08

牛市第一阶段结束的标志，博主能否再综合阐述一下？

缠中说禅 2007-01-17 15:31:43

还早呢，第一阶段怎么会这么快结束？就算是大级别调整，也是第一阶段的中途调整。第一段走势，走到 2008 年都是正常的。当然，中途调整几个月也是正常的。对于高手来说，调整最好，来回做短差的机会更多，更好玩。调整的钱更好抢！

6

网友 2007-01-17 15:45:21

博主，背驰是回抽0轴产生的，这个回抽是一定跌到0轴以下才算吗？还是只要接触到就可以了？

缠中说禅 2007-01-17 15:51:20

上下一点都无所谓。关键是分明的两个趋势之间的比较。

注意，背驰了并不是说就跌个没完了。只要次级别再出现买点，就又涨回去了。现在关心的就是次级别的下一个买点了。

好好看看万科A（000002）的15分钟线，4日那次也背驰过一次，然后下跌。之后在1分钟线上出现买点，再次上涨。到昨天15分钟再次背驰出现卖点，太教科书了，好好去研究。

教你炒股票24

MACD对背驰的辅助判断（2007-01-18 15:02:43）

1

缠中说禅 2007-01-18 15:13:08

今天的大盘没什么可说的，工商银行（601398）的破位是为了去完成第三段的走势，所以很正常。当该走势完成后，将出现周线级别中枢的第二段走势（见图112）。

个股方面，还是中低价股票表现。什么药呀、酒呀就不说了，农业、环保、汽车、科技等，都会有表现的。

注意，中国最多的是人，只要和人口多有关的东西，都会被炒的，像酒一样。目前之下，个股比指数重要得多。

2

网友 2007-01-18 20:40:14

请问博主：面积是时间长度乘以红绿柱中最大值吗？

缠中说禅 2007-01-18 20:53:23

有些事情没必要弄得那么复杂。两片柱子堆成的面积，面积大小，肉眼就可以看出来，还用计算？如果真计算，复习一个微积分里的公式就知道了。

图 112　工商银行（601398）2007 年 1 月 18 日线破位走势示意图

3

网友 2007-01-18 21:34:31

又重新翻了前面缠中说禅走势中枢的定义：

某级别走势类型中，被至少三个连续次级别走势类型所重叠的部分，称为缠中说禅走势中枢。

还是犯糊涂，这个下－上－下包含了两个中枢么？这是一个上涨的趋势，一定包含至少两个中枢，是不是“下上”的水平区间，然后后面的“上下”水平区间正好构成两个中枢？

缠中说禅 2007-01-18 21:42:39

好好把上面的补一下。一个趋势，有两个中枢，因此至少就有 6 段走势。然后加上前面底部回拉的第一段，最后冲刺的一段，还有连接两个中枢的一段，至少有 9 段走势是明确无误的。

要多看图，否则怎么会有感觉。中国人寿（601628）5 分钟图上，从 11 日 9:55 到 17 日 13:05，就是一个最标准的没有出现延伸的完整上涨，自己数数看究竟有多少段？

4

网友 2007-01-18 20:15:39

博主好人啊！今天讲的课似乎有点明白了，但实际去看图又有问题了，发现许多股票下跌时看不出有背驰。请问博主，是否因突发消息导致的急跌就没有背驰出现呢？如这次地产股，谢啦！

缠中说禅 2007-01-18 21:05:25

谁告诉你没有的？每只都有。万科A（000002）就不用说了，前面已经分析过。中洲控股（000042）是不是地产股票，它的60分钟图上看不出背驰？泛海控股（000046）、深振业A（000006）等，哪个看不出？

要好好研究，不要随便下结论，这样没法提高。

5

网友 2007-01-18 21:03:47

关于招商地产（000024）的问题，我也有点疑惑，请博主鉴定吧。

缠中说禅 2007-01-18 21:15:02

知道为什么一个1分钟图上的背驰就有如此的杀伤力吗？因为一个快速赶顶的股票，最后段的上升往往就是1分钟上的趋势的延伸，这时候一旦出现背驰，就会急促下跌到延伸的启动位置。

看背驰，一定要结合趋势来看。特别是在快速的市场变动节奏中，往往一个很低级别的背驰就造成很快速的下跌，因为是和上涨同样快速和大幅度的。

6

网友 2007-01-18 21:10:29

博主，有个问题求教！东方电子（000682）昨天下午收盘时发现MACD回抽0轴后红柱显著缩小，早上集合竞价出掉了，不过今天好像没怎么下跌。不知这个背驰判断是否正确，卖得早了吗？

缠中说禅 2007-01-18 21:30:38

先把趋势搞清楚！该股日线上在干什么，30分钟在干什么，之后才轮到5分钟的问题。如果30分钟或日线在一个明确的上涨初期时，那么5分钟的背驰当然不可能制造太大的回挡。对于3元多的一个上涨初期的股票，一个5分钟的背驰，让它从3.48元回到3.35元，4%的幅度，已经足够了，没人告诉说5分钟背驰就一定要跌 50% 的。

中国人寿（601628）之所以跌得那么多，就是因为背驰前的 5 分钟是一个快速的急拉，因此对称着跌下来了，而东方电子（000682）不存在这种情况。

网友 2007-01-18 21:10:29

像这种情况就不该卖了吗？卖了找不到买点接回，看来要学的还有很多呀！

缠中说禅 2007-01-18 21:30:38

可以卖，为什么不可以？卖了知道回补就可以，这叫打短差。如果是超级短线的，用 1 分钟图卖了，5 分钟后就可以回补，当然前提是 T+0 而且又重新出现买点。

7

网友 2007-01-18 21:30:56

缠主，问个极端的问题。比如背驰出现时，有个傻庄故意强拉，这样随后的走势就不会逆转，这样的图形用你的理论应该怎么解释呢？

缠中说禅 2007-01-18 21:36:20

庄家的运转不也在构成走势本身？别把庄家当上帝一样。如果他可以拉抬，自然就不会出现背驰；如果他边拉边出，走势上自然留下痕迹，就是背驰。

注意，走势是一切力量的综合结果，没必要单独考虑某种力量。

8

缠中说禅 2007-01-18 22:11:08

东方明珠（600832）的走势比较复杂，12 月 8 日是一个日线的第三类买点（见图 113）。一般这种买点出现后，肯定会回升，但并不一定就能形成趋势上涨，还可能演化成复杂的中枢扩张，该股就属于后者。因此站在大的角度看，该股现在已经逐步在摆脱这巨大的周线中枢延伸。

1 月 17 日，是一个 3 段 30 分钟回拉的日线第三类买点。注意，第三类买点的结束位置不一定是整个回拉的最低位置。因为一个 3 段回拉，C 段并不一定创新低。

在复杂的回拉中，还有三角形 5 段回拉的，只要最后一次回拉不回到原来的中枢就可以了。

网友 2007-01-18 21:48:42

缠主，是否当时没创出新高就不叫背驰，因为还形不成趋势？

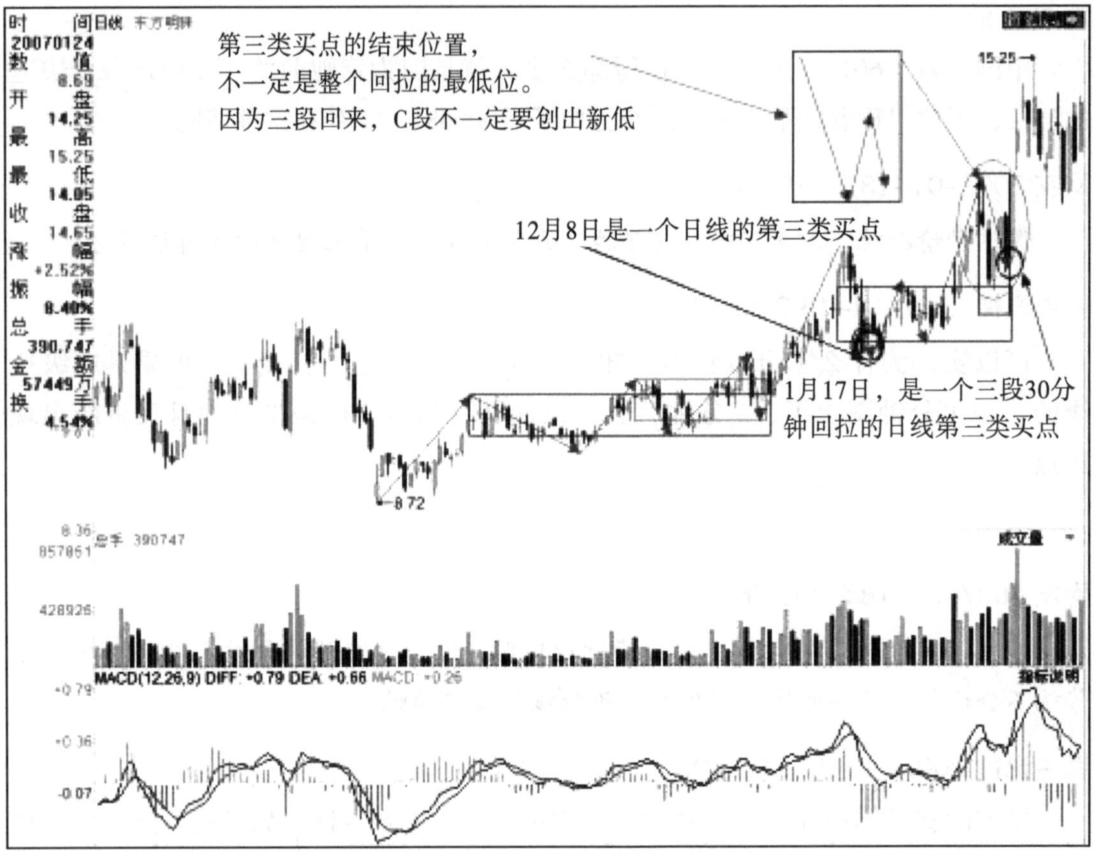

图 113 东方明珠（600637）2007 年 1 月 18 日前后日线图

9

缠中说禅 2007-01-18 22:14:31

创出新高也不一定是趋势，要把概念区分明确，所以还有盘整背驰判断。

10

网友 2007-01-18 21:45:51

请问缠主，今天我在 11:20 看出大唐电信（600198）的 5 分钟背驰，下午以 17.60 元卖掉大唐电信（600198）对吗？

缠中说禅 2007-01-18 22:20:10

5 分钟没有什么背驰，1 分钟还勉强有。为什么说勉强？因为现在只能看到最低 1 分钟的，而今天该股一开盘瞬间有一个 18 元以上的高价，要反映这种走势，必须有 1 秒钟的图才能精确反映。由于交易所不提供这种图，所以在一些超级快速的走势中，1 分钟图上都会有点变异，这不是理论的问题，而是交易所不能提供最详尽数据的问题。

一般来说，最精确的、最低级别的图，就是每一笔成交按次序排列而成的图，现在看的 1 分钟图已经有点粗糙了。但对于大一点的走势来说，影响不大。

11

网友 2007-01-18 22:19:57

老师，问一个问题，只看日线图不可以吗？如果可以，那怎么理解缠中说禅走势中枢：某级别走势类型中，被至少三个连续次级别走势类型所重叠的部分。次级别在日线上不就是 30 分钟图吗？

缠中说禅 2007-01-18 22:23:32

当然可以，但前提是你永远不打短差，而且只做特大型的行情，也就是只做大牛市，从底部一直拿到顶部。对于中线调整来说，很多判断必须用到次级别的走势，甚至次次级别的走势。对于一些快速的走势，如果不看 5 分钟或 30 分钟的图，根本就看不到其中的变盘预告。

12

网友 2007-01-18 22:20:33

九芝堂（000989）日线 10 月 23 日起应该是很明显的背驰，三角形一个比一个小，对吗？

缠中说禅 2007-01-18 22:25:07

三角形，没有新高，怎么会有背驰？先把概念搞清楚。

13

缠中说禅 2007-01-18 22:40:17

各位，一定要先分清楚趋势和盘整，然后再搞清楚背驰与盘整背驰。盘整背驰里的三种情况，特别是形成第三类买点的情况，一定要搞清楚。注意，盘整背驰出来，并不一定都要大幅下跌，否则怎么会有盘整背驰转化为第三类买点的情况！而趋势中产生的背驰，一定至少回跌到 B 段（第二个中枢）中，这就可以预先知道至少的跌幅。

此外，背驰的回跌力度，和级别很有关系。如果日线上在上涨的中段刚开始的时候，MACD 刚创新高，红柱子伸长力度强劲，这时候 5 分钟即使出现背驰，其下跌力度显然也有限，所以只能打点儿短差，甚至可以不管。而在日线走势的最后阶段，特别是上涨的延伸阶段，一个1分钟的背驰足以引发暴跌，所以这一点必须多级别综合来考察。绝对不能一看背驰就抛，等跌50%，世界上哪里有这样的事情。

各位好好研究，先把一些最基础的东西搞清楚。

解盘、答问（2007-01-22 15:13:39）

1

缠中说禅 2007-01-22 15:27:14

这股市真是一点意外都没有，真没挑战性！已经说了，极有可能是三角形，然后才突破，最迟本周一见分晓。结果怎么样，大家都看到了（见图114）！

必须提醒，三角形一般是一段走势的最后一个调整中经常出现的，因此三角形出现后，其后的走势就要时刻小心了。当然，这只是对30分钟而言，日线上要出现大调整还早呢。要密切关注30分钟或60分钟的图形，一旦出现背驰，就可以打点儿短差了。

还有，今天大盘的缺口不补，那么最迟在周四前，还有一个回试去考验这个缺口。当然，并不是说缺口一定要补，完全可以突破3000点后才回试，而且回试甚至连2900点都可以不触及，但回试是必需的，这会引发一个震荡。

个股方面，还是二三线股的天下，太多可闹的股票，就不说了。

至于本ID现场表演的那8只股票，本ID只有两只手，不可能天天每一只都关照到，但关照一两只是肯定无疑的，这叫轮做。回想这段时间的走势，除了药之外，其他都是被轮着做。当然，这都是本ID的梦话，说说而已。

网友 2007-01-22 15:42:01

目前大盘已经突破日线中枢，接下来的回试如果跌破2868点的话，会变成中枢扩张，就会有比较大的震荡。这样分析对吗？

缠中说禅 2007-01-22 16:03:00

强势的话，也就是能产生中枢新生，2870点是不该被回试触及的。换言之，今天的缺口是不能被补的，否则就陷入一个更大级别的调整。

最强的走势，就是快速突破或接近3000点后出现震荡，在2870点上支持住，然后站上3000点。这是最有力的走势了，能否出现，没必要预测，只要看着就可以。如果出现30分钟或60分钟背驰还突破不了3000点，那么调整的时间、幅度就要有一定的延长。

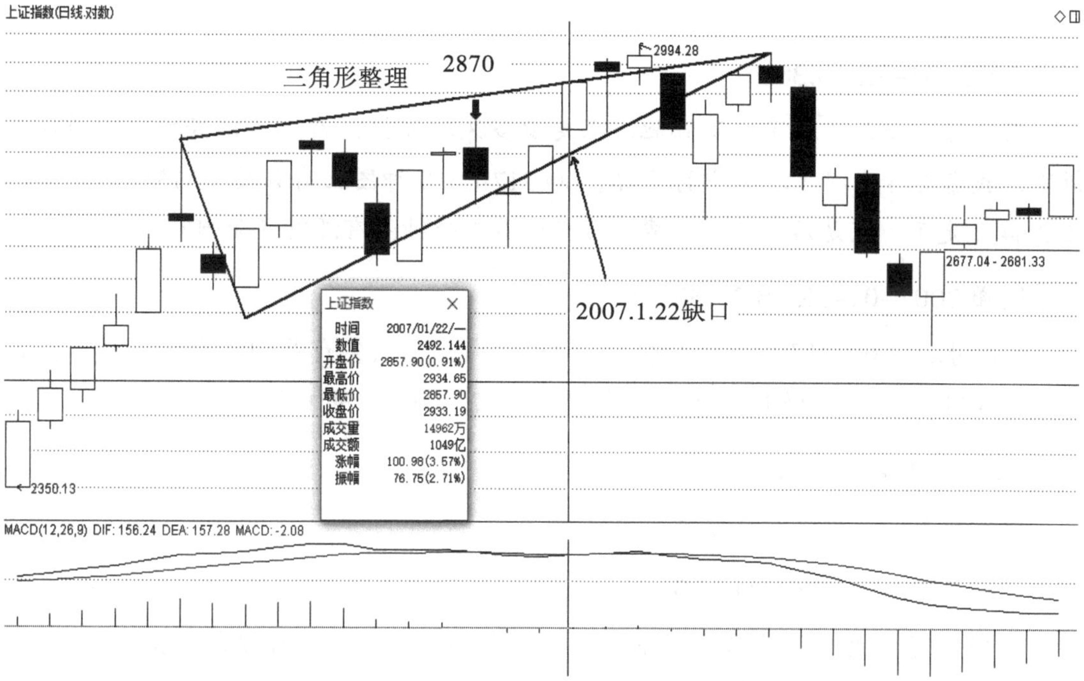

图 114　上证指数 2007 年 1 月 22 日前后走势日线图

2

网友 2007-01-22 15:24:47

上午基本都出了，呵呵。大盘一直 5 分钟背驰，可就是不跌下来。不会踏空了吧？现在最喜欢下跌了，多谢博主指点！

缠中说禅 2007-01-22 15:31:54

大盘 5 分钟没有什么背驰，黄白线创新高一般都不会是本级别的背驰。大盘其实只是一个 1 分钟的背驰，然后下午就有一个跳水，之后很快就把指标调整过来了。注意，背驰是要看前后级别的走势的，不是光看一个级别就可以。

3

网友 2007-01-22 15:53:23

大盘在 1 分钟、5 分钟、30 分钟我都看不到缺口，只有日线有缺口。

缠中说禅 2007-01-22 15:56:37

日线都有缺口，低级别就更有缺口了，没有缺口只是技术软件的问题。看缺口，就看日线的，其他没必要看了。

4

网友 2007-01-22 15:33:28

博主好，今天实践了一下背驰，刚走没多久就涨停，看来还需努力。请帮我分析下，我看秦岭水泥（现名中再资环，600217）5 分钟图上有背驰（MACD），结果在 2.64 元走了，可是后来涨停。博主帮我看看 5 分钟图有没有背驰啊？

缠中说禅 2007-01-22 16:06:30

秦岭水泥（600217）5 分钟黄白线大幅新高，怎么会有背驰？出现背驰，首先要黄白线再回抽一次 0 轴，然后黄白线不创新高，且柱子面积又小了。

网友 2007-01-22 16:12:26

股价新高，黄白线没跟着新高啊？

缠中说禅 2007-01-22 16:14:13

新高是怎么比的？是趋势间比的，你现在连究竟是哪段和哪段比都没搞清楚。先把 A、B、C 三段搞清楚了再说。

5

网友 2007-01-22 16:06:12

缠主给我们开的药方真是神奇啊，吃过药的，并坚持服用的都睡得香，吃得香，万分感谢！

缠中说禅 2007-01-22 16:09:30

其实本 ID 更强调的是整个板块。药就是 2006 年的酒，这好像说过多次了。该板块会反复被炒，也像酒一样。

6

网友 2007-01-22 16:00:58

博主，上海大盘明早再来个大缺口怎么办？

缠中说禅 2007-01-22 16:12:48

那盘中就补的可能性太大了。其实现在不怕震荡，就怕拉得太快，连续跳空向上，这样很快就阳亢而死了。

7

网友 2007-01-22 15:58:36

请教缠主，海虹控股（000503）5分钟图上1月22日10:05 MACD已经背驰，上涨力度也已衰竭，在这个位置出的话应该没错吧？

缠中说禅 2007-01-22 16:19:29

首先搞清楚是否在趋势里。盘整中类似背驰的走势，其回跌力度也就是在中枢附近，只适合弄点儿短差。

8

网友 2007-01-22 16:20:15

缠老师好，现代投资（000900）5分钟线在上午是不是出现了背驰，鄂尔多斯（600295）下午的5分钟线看是不是要回调？那天问过你现代投资（000900），真被你说准了，我现在有了30%的收获，不过没卖，只是账面上的，望指教！看了你的每一篇文章，可还是不很懂，第一次炒股。

缠中说禅 2007-01-22 16:38:54

现在没有背驰，请先去学学怎么看背驰，那几个条件必须同时满足。该股14元上的历史高位，这里出现震荡是正常的，一旦有效突破，那空间就大了。短线可以用震荡弄点短差，如果技术不行，那就算了。中线一点儿问题都没有（见图115）。

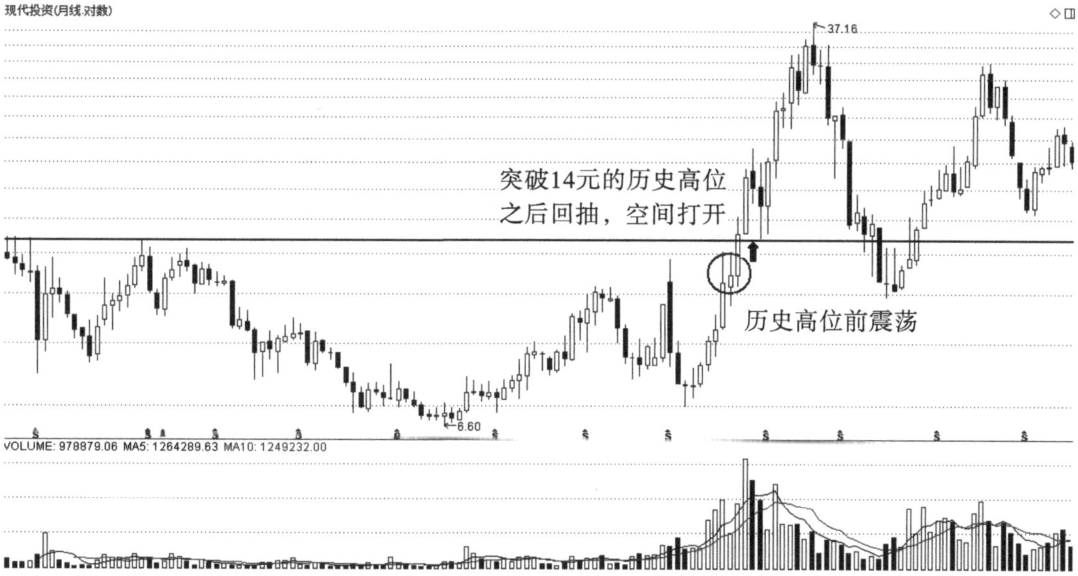

图115 现代投资（000900）2007年1月22日前后月线图

9

网友 2007-01-22 16:26:44

请问博主，现在空仓的怎么办？何时介入为妥？

缠中说禅 2007-01-22 16:44:04

不是早说了，三角形，你看这三角形多标准！当然是在三角形的下边介入最好，现在还说介入，有点儿晚了，只能找那些个股里反应比较慢的。

牛市里最大的毛病就是空仓，就像熊市里最大的毛病就是满仓。牛市的调整，特点就是时间快，卖了一定要找地方买回来，否则就买不回来了。对那些特别强势的股票，走了基本就没有买回来的可能。如果你 50 元出的贵州茅台（600519），估计 N 年的熊市低点，都不知道有没有机会买回来了。

10

网友 2007-01-22 20:10:18

请问，福建高速（600033）在 1 月 9 日形成日线级别的第三类买点，对吗？假若是，为何接着出现几天的调整？

缠中说禅 2007-01-22 20:48:49

日线级别的第三类买点怎么可能是一天完成的？必须有 30 分钟上明确的三段走势，这不会一天就完成的。你说的那天根本不是第三类买点，只是突破的第一段的中途休整（见图 116）。

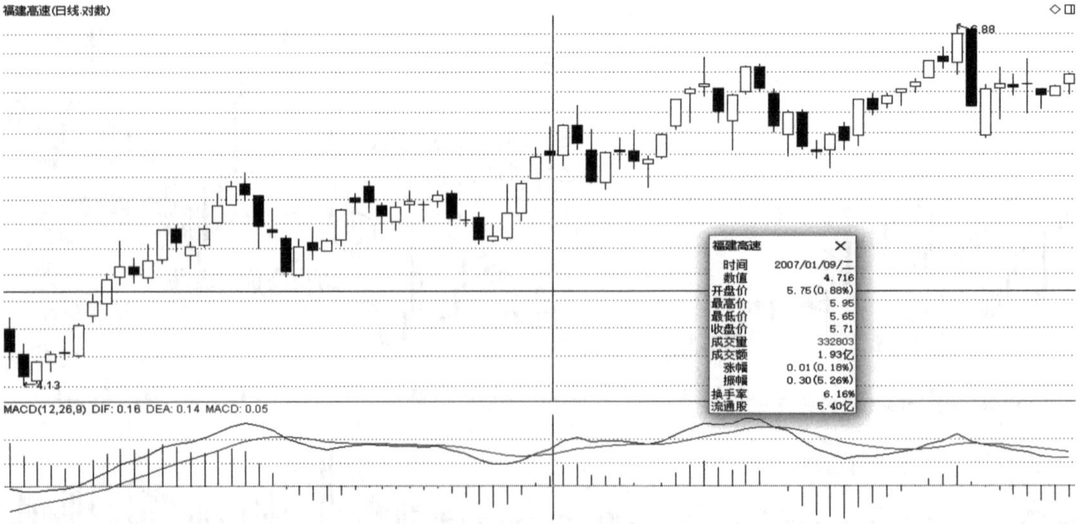

图 116 福建高速（600033）2007 年 1 月 9 日前后日线图

11

网友 2007-01-22 20:51:01

博主，我感觉收缩三角形的整理形态，到终点的那一点是属于第三类买点，对否？

缠中说禅 2007-01-22 20:56:39

第三类买点只能在中枢之外，三角形最后的买点只能是次级别的买点。对三角形的操作，只能是高位走了以后低位回补，这样来回弄。一旦接近或突破上沿次级别背驰，就要走，回到下沿次次级别或次级别背驰，就买回来。

一旦过上沿没有背驰，就是真突破了，这样就可以不走，等大图形的背驰出现。整个操作很有节奏的，短差也弄了，突破也不耽误，这才是正确的操作方法。

12

网友 2007-01-22 20:53:07

缠主，你的理论正在学习中，感觉好深奥，现有一问题请教。“教你炒股票”第17课中讲道：缠中说禅走势中枢由至少三个连续次级别走势类型重叠部分构成，为什么不是两个或两个以上呢？

缠中说禅 2007-01-22 21:00:32

如果是两个，那上涨中随便一个回调都成中枢，那不乱套了！中枢是一个确认的概念，必须两次向一个位置的确认才构成中枢。而两次的确认，必然出现三个或以上的次级别走势，这个随便画画图形就明白了。

13

网友 2007-01-22 21:11:39

博主好，今天进了点山东人①，希望像药一样好，十分感谢你！在这里不仅仅学到了知识，还有很多意外收获，谢谢！

缠中说禅 2007-01-22 21:36:39

这个有点儿难度，最重要的是该股盘中还比较乱，让本ID硬拉不是害本ID吗？但中线问题不大，所以需要耐心。现在这只股票里面的几方，人人都等别人先出手，下顶上压，但这个局面最终会突变。一旦突变，就狂飞起来了，耐心等待吧。

①指新潮实业（600777）。

技术好的，可以跟随大盘弄点儿短差，该股震荡幅度也还是可以的。短差弄好了，其实也不逊于一次上涨。一旦突破，成本已经很低，这样就安稳了。

14

网友 2007-01-22 21:36:55

缠老师，能问你一下鄂尔多斯（600295）吗？本来这股票想按你说的出了买点进的，可今天没忍住，还是下手了，你能帮我看看吗？

缠中说禅 2007-01-22 21:47:13

为什么前两天的阴线时不买？买股票，特别在牛市里，要敢于在阴线时买，特别结合次级别走势有买点的。无论哪类买点，都是在下跌或回试中形成的，一定要养成好习惯。不要回调不敢买，反而追高买。

其次，该股中线没有问题，5.70 元是中线关键位置，只要回试站稳，中线空间就打开了。上面关键的压力在 250 周线，这是该股最终能走多高的最后一个考验。如果能有效突破，最终把周线上那个巨大缺口给补了，也是很正常的事情。

图 117 鄂尔多斯（600295）2007 年 1 月前后周线图

15

网友 2007-01-22 21:45:27

首先感谢缠主的好药，让我天天固定赚钱，然后专心寻找第三类买点并大有所获，今年1月至今已增长50%，谢谢！

有个问题请教：如果在日线图上形成了下跌的走势终完美，出现了第一类买点后，比如上证指数在2005年6月见底后，形成上涨，在2006年5月至8月形成的日线中枢跟以前下跌时形成的中枢有没有关系，也就是说是不是在这次上涨中只须看着上涨趋势中的中枢？

缠中说禅 2007-01-22 21:51:12

下跌中枢对后面的上涨，当然会有影响，所以股市经常会出现所谓的对称性上涨，怎么跌下来的就怎么涨上去，这主要就是因为前面下跌中枢的影响。但在观察时，看上涨，还是只看上涨本身的中枢，前面下跌的中枢只是一个可能阻力的参考。

16

网友 2007-01-22 21:21:48

关于中枢，构成中枢比如日线级别上的中枢，最短只要几天的走势就可以构成一个中枢是吗？是不是只要看它的次级别30分钟级别，上面有3个连续的N型走势就可以了？

以广深铁路（601333）为例，30分钟线上：2007年1月17日13:30至1月18日13:30有3个连续的走势，所以就构成了日线上17日、18日的中枢。理解对吗？请指教！

缠中说禅 2007-01-22 22:09:19

你还是没有搞清楚中枢。在上涨中，中枢只能是回试时形成的，你说那时间怎么会形成日线中枢？

广深铁路（601333）的日线中枢从1月4日14:30开始到1月17日14:30最终形成。1月10日10:30出现的高点，根据走势必完美，就知道必然有第三段的回拉。配合MACD 15分钟的背驰，就更明确了。

注意，从30分钟图看，第三段的结束不在最低位，因为第三段的中枢在下面（见图118）。

从1月17日14:30起，就是开始对日线中枢的摆脱。能否成功，目前还不能下结论，但这不影响操作。如果不成功，就可以出来打短差，否则就继续持有。

该30分钟图有点儿意思，三段各自中枢的位置都不是在通常的中间位置。这一点都不奇怪，没有人规定中枢一定在图形的中间位置的。

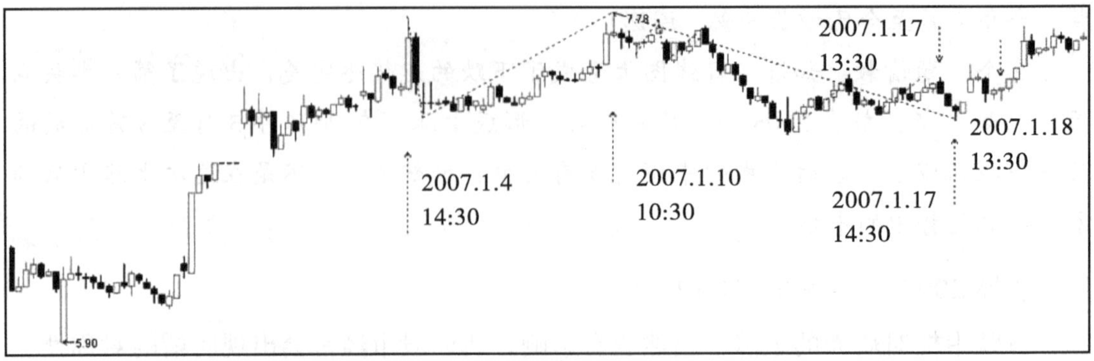

图 118 广深铁路（601333）2007 年 1 月 4 日至 2007 年 1 月 17 日 30 分钟走势图

网友 2007–01–23

这里不解的是：为什么不能说广深铁路（601333）的日线中枢从 1 月 4 日 14:30 开始到 1 月 12 日 15:00 就算完成呢？ 1 月 10 日 10:30 到 1 月 12 日 15:00 不也是完整的一段吗？

还有一个混淆的概念是：这三段走势在 30 分钟明显构成一个中枢，那么此中枢称为 30 分钟中枢呢，还是日线中枢呢，还是两者都是？期盼博主答复！

缠中说禅 2007–01–23 21:51:23

日线的中枢，需要的是 30 分钟的 3 段走势。而 30 分钟的走势，需要的是至少有一个 30 分钟的中枢。30 分钟的中枢，至少需要三段 5 分钟的走势构成，而第三段下来，是一条直线的。在 5 分钟上也是一段单纯的 5 分钟的下跌走势，没有三段。其实这一段的 30 分钟走势，中枢是在下面的。

一定要注意，对于 30 分钟的走势，一定要至少出现 5 分钟的三段走势构成的中枢，才算是有了 30 分钟的中枢。一般在 30 分钟线上看出一条直线下来的走势，是不会有 30 分钟中枢的。

同样的，在 1 分钟图上，如果 K 线是连续暴跌的走势，互相不挨着，也不会形成中枢。

例如，在 30 分钟上 3 段直上直下的走势，不会构成日线的中枢，只能是 30 分钟的中枢。

17

网友 2007–01–22 21:59:42

可以帮忙看一下中航高科（600862）吗？该股明天复牌，感觉重组方案还不错，应该是买对了。

缠中说禅 2007-01-22 22:16:17

如果在低位买的，就中线了。看看月线，还在底下，怕什么（见图 119）？

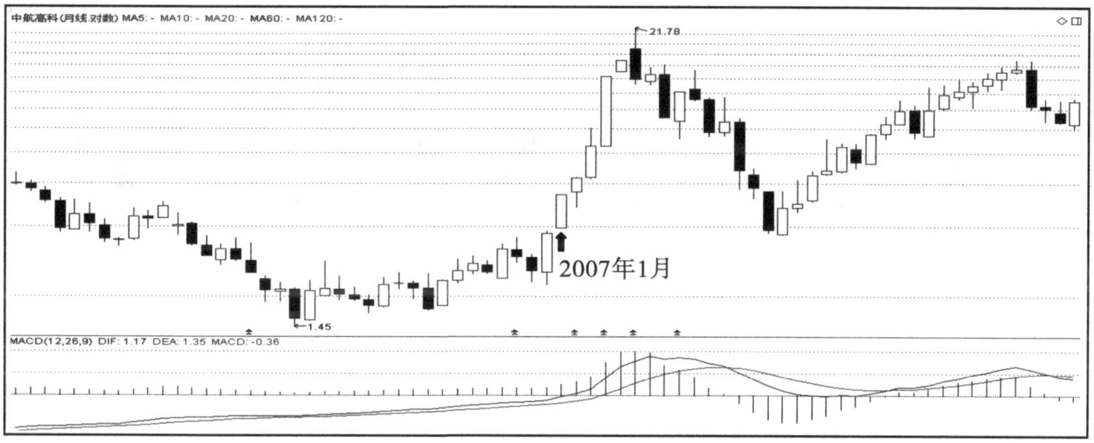

图 119 中航高科（600862）2007 年 1 月前后月线图

18

网友 2007-01-22 21:02:25

博主，上周五出门前放掉了水酒[①]，是因为总担心日线上的调整。今天却再次上涨，对于这种情况我该如何把握，是要等日线上明显的“背驰”吗，即双头并立，同时 MACD 这段涨波比上段小？

看图发现，MACD 柱子经常会出现越来越短的情况下，又突然拉升使柱子伸长，此种情况又该如何提前判断，是技术还是经验？盼回复！

缠中说禅 2007-01-22 22:21:42

对中线的股票，就不要乱走，30 分钟都没背驰，走什么？站在中线的角度，这只股票还早着呢。

教你炒股票25

缠绕，MACD、背驰、中枢（2007-01-23 15:13:13）

1

缠中说禅 2007-01-23 15:28:03

今天的走势没什么特别的，就是回补缺口（见图 120）。由于触及 2870 点，因

①指水井坊（600779）。

此还存在继续演化成大级别中枢的情况。明天继续震荡也是很正常的。目前一个最简单的判断，就是看5日线，只要该线不破，就问题不大。否则，一个大级别的中枢延续是逃不掉的。

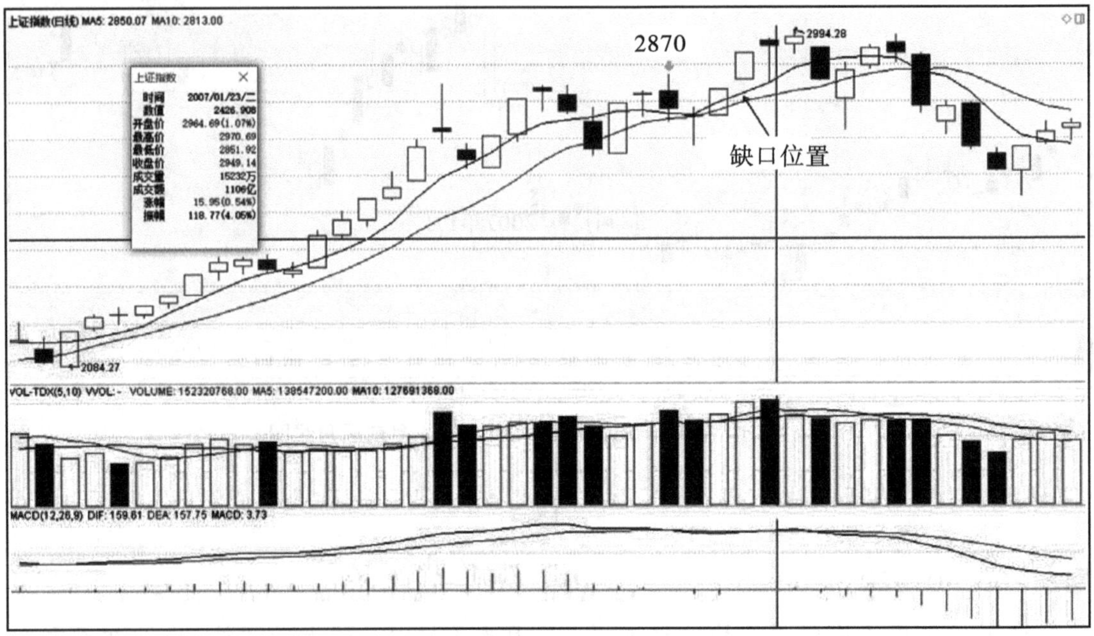

图120 上证指数2007年1月23日前后日线图

目前，能让大盘摆脱这种不好走势的，关键是看金融股了。由于兴业银行（601166）的发行价高高在上，你让金融股怎能不躁动？已经说过多次，银行股中线还早呢，你看看还有多少银行要回来上市。春节以后，中信银行（601998）要回来，后面什么建设银行（601939）、交通银行（601328）之类的，多了去了。

个股没什么说的，连军工、有色等老板块都开始再次活跃，无非说明这大盘即使短线有些震荡，中线还是问题不大的。

2

网友 2007-01-23 15:30:48

博主，还有个问题，趋势和盘整的问题。某级别中趋势的中枢和此级别盘整的中枢是否是同一个级别的？我感觉中枢和盘整的概念很难弄清楚，能不能帮我解析下。

缠中说禅 2007-01-23 15:37:20

连接两同向趋势的盘整中枢，当然要比那两趋势的中枢级别高，否则就归到其中一个趋势去了。搞明白中枢就可以，盘整不用管。只要把中枢的确立、延伸、扩展、新生等搞明白，自然就明白盘整。

3

网友 2007-01-23 15:30:47

缠主，今日大盘没碰1月10日2841点的中枢上限，没补缺口，是否意味着有惊无险，可以找买点介入了。

缠中说禅 2007-01-23 15:41:35

节奏全错，应该是早上出，下午补，这逻辑很明确的。因为一定要去回试缺口，所以早上一开2970点，肯定意味着有至少100点的回试空间，这不就是最好的短差机会？

注意，短差可以是买了抛，也可以是卖了回补，这钱和股票一定要不断流动，这才是弄短差，否则就干脆持长线，或者至少等日线背驰再说。

4

网友 2007-01-23 15:41:18

今天虽然回探2869点高点（中枢三段的高高点），但是好像没有触及日线中枢高点2840点，不知是不是我对中枢的判断还是有错？望博主指点。

缠中说禅 2007-01-23 15:47:04

由于触及最高点，使得存在演化成大中枢的危险。但如果回试是两次，那么只要下一次不跌破这个位置，就会使得中枢的脱离得到确认。所以，现在是一个震荡时期，站在短线的角度，是最好玩的，上不去就给，跌下来只要不有效跌破2870点，就买回来。而一旦确认回试站稳，那么就单边上去，或至少是震荡上去了，下面这个中枢就见不着了。

5

网友 2007-01-23 15:44:36

每个走势的端部是否都应该存在一个中枢？

缠中说禅 2007-01-23 15:48:39

不一定，如果是突然跳空上去或下来，可以只在下面形成中枢。中枢的位置没有什么固定的，哪里都可以，但只要是完整的走势类型，就一定至少有一个中枢。

6

网友 2007-01-23 15:46:15

攀钢钒钛（000629），1 分钟图，14:54 出现背驰，见新高、面积小、回抽 0 轴、红柱短，但又不确定，缠主帮看看。如果是，明天开盘出一半，多谢！

缠中说禅 2007-01-23 15:56:11

你要经常考虑的是，大的级别是什么，才考虑 1 分钟的。除了最后的冲刺以及权证，一般都没必要看 1 分钟的。当然，1 分钟背驰，在盘中肯定有回跌，关键是这种回跌如果不及时补回来，一下就过去了。所以，除非你每天每秒都趴在股市里，否则太短的短线不一定要弄。

短线是用来摊低成本的，要挣大钱，关键是看中线。

例如本 ID 的药，你看 1 分钟背驰，只要你手脚慢点儿，一定没机会补回来，至少到今天都是这样。

越难弄短差的，越是中线的好股票。很多人总是说，某某股票曾买过，抛了还涨 1 倍、2 倍、3 倍，这种事情少见吗？

7

缠中说禅 2007-01-23 16:00:15

对于资金大的，只能部分弄短差来降低成本，这和资金量有关系，而且更和你手中的股票有关系。有些股票，大盘跌了，它涨得更兴奋，所以短差是要看具体个股的具体走势的，不能一概而论。

8

缠中说禅 2007-01-23 16:03:56

好好学好本 ID 的理论，谁真正学好了，挣大钱的机会还在后面。就算你只有一手期指的钱，足以让你在 N 年内成为一个没有金钱压力的人。成为人，首先就要摆脱金钱的压力，相对于金钱而自由，好好学习吧！

9

网友 2007-01-23 20:35:41

请问缠老师：按照“趋势中的缠中说禅走势中枢之间必须绝对不存在重叠”的要求，我发现驰宏锌锗（600497）在 2005 年 3 月 14 日开始到 2005 年 7 月 27 日结束的下跌趋势中，两个日线中枢的外缘是重叠的。我判断的中枢是 2005 年 3 月 30 日—2005 年 5 月

9日，2005年6月6日—2005年6月21日。不知我的问题在哪里，请教老师。

缠中说禅 2007-01-23 21:19:44

用高点比高点低、低点比低点低来定义下跌，这算是下跌。但用最精确的中枢来定义，这不构成下跌，只是一个中枢的复杂延伸，没有构成两个中枢（见图121）。

注意，有了中枢以后，对下跌、盘整的判断一定以中枢的角度看。其他的角度，都可以先放下了。

图121　驰宏锌锗（600497）2005年3月14日到2005年7月27日前后日线图

10

网友 2007-01-23 21:16:27

博主，假定已经存在一个上升趋势中枢A，形成这个中枢的最后一个次级别走势直接下来，然后出现三个次级别重叠，在A下方形成一个新的中枢B，那A、B是不是已经形成一个新的下跌趋势了？还是要再在B下方形成一个中枢C才能认为形成趋势了？

缠中说禅 2007-01-23 21:27:51

这种情况其实就是V型转势的情况。一般都是在最高点左右分别有一个上一个下的次级别走势，然后左右对称都形成一个中枢。在大图形上，就构成类似头肩顶的走势，然后再跌破中枢下去形成新的中枢，构成下跌。

至于从顶上直接打破上升最后一个中枢的情况，一般情况下都会回拉过来形成大的中枢。如果连回拉都不拉，直接在下面形成中枢，而同样需要再跌破这个中枢，然后在下面形成第二个中枢才算下跌。但这种情况十分罕见，基本只出现在除权后，或者毁灭性利空的突发中。

11

网友 2007-01-23 21:26:16

缠主好，想请教一下，你常指的有效跌破是指跌破多少呢，有百分比吗？谢谢！

缠中说禅 2007-01-23 21:29:19

就是次级别下去，次级别反拉不能重新上来，这和百分比无关。

12

网友 2007-01-23 21:43:05

缠主，像水井坊（600779）的1分钟线上涨到17.80元左右的时候，红柱已经明显缩短，按说应该出了，可明显后边又有一个拉升，到19元左右，这算是背驰吗？

缠中说禅 2007-01-23 21:59:28

背驰需要多少个条件？光柱子缩短就是背驰？前面的黄白线有回拉0轴吗？背驰和柱子缩短不是一回事情，不能把问题简单化了。

13

缠中说禅 2007-01-23 22:07:02

各位一定要把MACD判断背驰的几个条件综合起来，不能光看柱子就完事儿，这样还不如直接看MACD算了，还搞背驰干什么？如果柱子就有效，也不需要什么背驰了。就是因为柱子经常无效，所以才需要综合性的背驰概念。

股票风险很低，正好是一个练习的好地方。在充分了解之前，千万别去弄什么期货，现在就好好练习吧。

14

网友 2007-01-23 22:05:21

请问上升趋势形成的中枢为什么一定要是下上下形成的呢？前面的文章里面并

没有提到呀？而且通常的上升就是上下上形成一个中枢，然后再一直上去，再下上又形成一个中枢啊？

缠中说禅 2007-01-23 22:11:56

你说调整是从什么地方算起？难道从低点算起？在上升中形成中枢的地方，必然对应着调整，当然是从高点开始算起，自然就是下上下的，这不会太难理解吧。

就算是摇头丸也该洗洗盘了（2007-01-24 15:40:48）

1

缠中说禅 2007-01-24

各位还需要好好学习，首先要学的是心态。当所有人都觉得无风险时，洗盘就是必需的了。市场，永远可以被利用的就是恐惧和贪婪，一定要彻底地修炼。

2

网友 2007-01-24 16:09:38

求助解答关于中枢理论的应用和学习难点。

通过博主几次的解答，自己感觉判断中枢形成的难点已经不在于概念，而是在于理解和分析清楚构成中枢的三段中，任意的一段又必须是至少由次级别连续三段完成的。例如判断日线中枢的形成，首先至少要有三段连续的30分钟走势类型完成，而30分钟的每一段又要求是5分钟图表上的三段走完，5分钟的三段又要求至少1分钟图表的三段走完。如此循环判断，感觉实际应用起来真是不太方便。

不知博主有什么实际的应用技巧，可以帮助我们不用一层一层去判断每一段是否走完，而是只从一个次级别就可以方便地判断出来。

缠中说禅 2007-01-24 16:19:32

看日线没必要去找1分钟的，一般日线上很明显地看出三段，而且每段中日K线有至少三根以上重合，那基本都是30分钟的走势了。当看次级别的背驰等，才需要去看次级别的图。

3

网友 2007-01-24 16:18:44

博主，学了后去看图，看到神州高铁（000008），当年的亿安科技，在2000年2月17日126元的大顶时，从日线和周线上至今都没有看到第一类卖点。因为时间久了，不知 30 分钟线上有没有，这么大级别的调整，日线上是否应该出现卖点？

缠中说禅 2007-01-24 16:22:13

不一定，在快速拉升的最后，一个 1 分钟的背驰足以引发暴跌。所以，在不同的时期，对待不同的走势，关注的背驰级别也有所不同。

4

网友 2007-01-24 21:10:58

请问，是不是大盘出现 60 分钟的背驰，可能预示着会有一个比较大而且是持续时间比较长的调整？

缠中说禅 2007-01-24 21:13:55

也不一定，往往可以用空间换时间，或相反。

最大的泡沫就是某些国人（2007-01-25 11:58:51）

1

缠中说禅 2007-01-25 15:27:08

今天的走势都看到了，就是一个汉奸杀跌的过程。技术上很简单，就是演化为一个复杂的调整。这在技术上是很正常的，理由前面已经说了，三角形后往往就是最后一段，但这只是 30 分钟级别背驰引发的调整，2700 点上下的中枢位置的波动就是所有了。

个股方面，还是二三线股，对指数不敏感的股票将继续表现，关键是个股而不是指数。

顺势清洗汉奸，又不让鬼佬有买便宜货的机会，就是现在的最大任务。

2

网友 2007-01-25 15:44:02

我今天进了山大华特（000915），但时机没掌握好。下午红了，我以为缠主发力了，但也没什么大不了的。支持祖国，支持股市，支持缠主！

缠中说禅 2007-01-25 15:52:55

错，不要为支持任何人买股票，本 ID 也不需要任何人支持。要在买点买，想想你的买点是不是真正的买点。市场上要学会弄短差，有时候来回拉一下，只是为了降低成本，洗洗盘，千万别养成追高的习惯。

3

缠中说禅 2007-01-25 15:59:40

各位注意了，要习惯应付一切情况，所有情况都逃不过高位背驰卖，低位背驰买，不预测。有股票的，在短线买点进入，短线卖点出来，这样就可以降低成本。

市场中，成本是最关键的。只要成本不断降低，你将战无不胜。在调整中，一样可以如鱼得水，但前提是先把技术学好。

我们可以打鬼佬，但不能蛮干，一定要有耐心。战胜鬼佬和汉奸，不是一天就可以的。选择好股票，不断降低自己的成本，什么佬都只有投降的份儿。

4

网友 2007-01-25 15:58:24

今天我买了航天机电（600151）、陆家嘴（600663）、吉恩镍业（600432）、湖南海利（600731）、瑞茂通（600180）。原来的国风塑业（000859）、万东医疗（600055）、天药股份（600488）被套，心情沉重。

缠中说禅 2007-01-25 16:02:19

坏毛病，不能买太多股票，而是要集中点儿，然后用机动的资金不断弄短差，把成本降低，这才是最安全的弄法。任何时候都要集中兵力，而且要有机动的资金。

本 ID 资金量大，当然不能太集中，否则就要举牌了。只要不是本 ID 这种情况的，都应该集中点儿。

5

网友 2007-01-25 16:03:16

博主，买了就跌，郁闷！

缠中说禅 2007-01-25 16:04:53

因为你追高，或者在下跌途中没有背驰就买。一定要在买点买，否则永远都错。

6

缠中说禅 2007-01-25 21:16:36

对大盘的中线走势，本 ID 早已经指明，最恶劣的就是在这里形成一个周线的缠中说禅走势中枢。但牛市的第一波走势还没有完成，也就是有关成分股的行情，在调整后仍将继续，这是无疑的，只是二三线的成分股，更有机会。当然，一线的股票机会依然，只是要等待契机。

这轮大牛市，在第三波的大重组行情出现之前，绝不会走完，这是绝对无疑的。即使出现周线中枢的震荡，个股行情机会依然不断。工商银行（601398）可以没有行情，但个股不会没有行情，不信就走着瞧。今天，本 ID 的农业股、环保股、公用事业股、军工股都创出新高，这就是先头部队！

7

网友 2007-01-25 21:44:30

秦岭水泥（600217）明天回跌就再跟进，不管大盘了。博主，你帮我问问这只股票到底有没有并购题材呀？还有，有人说税收调整后，许多亏损企业会扭亏的，你估计它们会扭亏吗？

缠中说禅 2007-01-25 21:46:59

临近业绩发布，最好就买有业绩支持的股票，这是最安全的选择。当然，如果投入不大，而且又有技术上的支持，没业绩也不怕。特别是大盘调整时，有些亏损股票也会乱奔一下的。

8

网友 2007-01-25 21:53:01

博主，39 元买的中国人寿（601628），明天怎么操作，边看边学习中！

缠中说禅 2007-01-25 22:04:10

49 元那天不是背驰？这里很多人都出了（见图 122）。后面的走势很标准，其实没有美国人，也要调到 40 元的，为什么？走势必完美。因此 1 月 23 日那天是必须走的，必然有一波下来。如果不清楚这一点，请好好看看本 ID 有关股票的文章。至于后面的走势，将继续寻找支持，然后有一个相应级别的反弹，压力位置在 45 元的中枢位置。

目前该股最强的走势，就是围绕 45 元的中枢震荡，弱的就要回到 38 元原来的中枢震荡。站在中长线的角度，该股有绝对的潜力，但必须等待下一轮一线股票集体启动，否则依然以围绕某个中枢的震荡为主，短差机会少不了。

9

网友 2007-01-25 22:04:02

中国人寿（601628）怎么被打得一塌糊涂啊？如果主力手中没大盘股，到时怎么玩股指期货呀？

缠中说禅 2007-01-25 22:10:01

想有的时候随时有，这还不简单，关键有钱就可以了。现在是轻指数炒个股的时代，最近有关整体上市、业绩、送配等，是机会最多的。

图 122 中国人寿（601628）2007 年 1 月 25 日前后日线图

10

网友 2007-01-25 22:08:00

博主，中国人寿（601628）看上去想要去碰 37 元的样子？

缠中说禅 2007-01-25 22:13:23

没必要去预测这些，关键看技术走势，出现买点就买，卖点就卖，何必这么累去预测？需要关心的是，5 分钟、30 分钟出现背驰没有？

11

网友 2007-01-25 22:13:50

博主，帮忙看一下，这个位置深发展 A（000001）和中国联通（600050）是否应该先出来呀？

缠中说禅 2007-01-25 22:19:23

关键你是以什么心态拿这些股票。如果是中线的心态，请问，兴业银行(601166)快16元的发行价，是不是要跌破？如果不破，以深发展A（000001）现在的价位，从中线看是不是太高了？中国联通（600050）最大的潜力在中移动的回归，3G也是一个，这在可见的将来是必然要出现的。

不过中线持股也不能太死板，可以按短线指示的卖点卖，买点买，弄差价，这才是最好的持有方法。

12

缠中说禅 2007-01-25 22:28:40

各位注意了，操作上，一定不能等什么确认，而是有卖点就卖，有买点就买，当然是根据相应的级别。即使你是中线持有，5分钟、30分钟背驰，也可以先卖一部分出去，下来再回补，这样就机动灵活了。

如果你思路清晰，现在的问题就是睁大眼睛等待回补的买点出现，而不是恐慌杀跌。卖点不卖，现在才杀跌，都是典型的坏毛病。如果你现在满仓，没有任何的钱，那就要好好反省自己操作的缺陷，不能太死板。

前段时间，本ID不是说了自己如何去分配新到的8亿公斤大米，都要留着1亿公斤作机动，而且还要留一个管子，可以随时变现。

这次，老资金新换的，也有一个搞水的公用事业股①,20倍市盈率的当机动，这是很关键的。要学会这种操作思路，这样就不会被市场的突然波动击倒。

本ID这种资金量都需要如此清醒，大家是否应该反省一下自己的操作思路和持仓结构。

当然，如果资金量特别小，就全仓进出，该卖就全卖，该买就全买，这样利用率高。前提是，你对本ID所说的买卖点有充分的把握。

13

网友 2007-01-25 22:23:12

博主你好，原来这两只股票想做中线的，所以没有理会昨天5分钟上的背驰，国发股份（600538)、天方药业（600253)，那么明天是否先要出去？

缠中说禅 2007-01-25 22:32:37

就算是中线，有5分钟背驰也可以先出一部分的，下来再回补，这样就机动了。

①指大众公用（600635）。

如果这次没踏准节奏，下次注意就可以了，没什么可担心的。

罗杰斯，有种的和本 ID 来个 PK（2007-01-26 15:03:54）

1

缠中说禅 2007-01-26 15:20:49

在盘整中，要多弄短差，不能一味死多，有短线卖点就出去，有买点就补回来。现在要多注意股票的质地，因为业绩要公布，这方面要多注意点儿。千万别追高，一定要灵活运用理论，否则学了本 ID 的理论，一点灵活性都没有，那不白学了，和那些一跌就软的有什么区别？

强硬是要靠正确的操作来保证的，来回折腾，谁与争锋！

2

网友 2007-01-26 15:20:40

缠主，昨天买的航天通信（600677），买得太失败了，今天连 30 日均线都跌破了。昨天买的时候以为日线是第三类买点，没等到 5 分钟线背驰，本来看着有背驰的迹象。这次操作失误完全是自己的胡乱猜测，没遵照缠主的理论等背驰出现了再说。缠主，我现在该怎么办啊？

缠中说禅 2007-01-26 15:22:50

好好总结，第三类买点一定要等到次次级别的背驰或双次回拉确认。该股是军工里的三线，等二线把空间打开了，自然有机会。

3

网友 2007-01-26 15:25:42

唉，我的资金管理有问题，不然按缠主的方法，我今天当天就可以挣 10%。

缠中说禅 2007-01-26 15:29:09

好好总结，一定要有机动仓位。你看本 ID 上次说的 8 亿公斤大米中，就特别说了机动的米，还有一个管子是用来随时变现的。

4

缠中说禅 2007-01-26 15:39:30

大家注意了，在实际操作中，光靠钱堆是最愚蠢的办法，一定要有巧力。中国文化里说的是四两拨千斤，哪里是那些愚蠢的美国佬可以明白的。站在纯资金量的角度，本 ID 可能没那些汉奸多，但本 ID 的 1 分钱来回用，就多出很多力量了。另外，只要有人当中流砥柱，自然有回应的。像工商银行（601398）这种股票，就要在关键位置出击，一呼百应才行，不能死打死拉。另外要有同盟军，一个人的力量是有限的。

工商银行（601398）在纯理论上，本来就是要跌破 5 元的。工商银行（601398）的中线大趋势本 ID 早说过了，就是破前期低位形成走势必完美对于日线级别的第三段，然后有一个站在周线级别的第二段。目前工商银行（601398）的日线第三段是否走完，下周是关键。毕竟有一大堆新股要出来，这也是对大盘最大的考验。不过下周有一万多亿元的资金解冻，怎么团结、引导这群资金的某些部分，就是下周成败的关键。

目前工商银行（601398）的任务是稳定，其他有潜力的二三线股的任务是发展，这就是目前大盘稳定与发展的关系了。

5

网友 2007-01-26 15:36:39

缠主，在震荡中来回，一般就用 1 分钟的买卖点吧。另外今天 10:30 也满上了，稍微早了点，效果很好。

缠中说禅 2007-01-26 15:46:09

在快速市场中可以用这个，1 分钟背驰就把机动的资金撤出来，为下次进攻当准备，而且这部分资金绝对不能追高。下次的买点，就要看 30 分钟等的调整情况，要综合判断，不能光一味用 1 分钟。

为什么今天 1 分钟就这么好使？因为这是一个快速变动的市场，1 分钟的背驰足以引发回头。其实，按最稳健的操作，今天的尾盘就可以把机动资金的一部分退出来，先把这个差价的利润兑现一部分。在急剧变动的市场里，下一天的开盘是什么情况，受消息面影响很大，人的心理很浮躁，所以波动特别多。

注意，本 ID 这里说的都是机动资金，一般这种资金应该占仓位的 1/4 到 1/3，走势特别不好时甚至应该提高到 1/2。在牛市里，即使是中期调整，也没必要完全空仓，因为在调整中，来回的次数很多，把这些都把握住，拿着比不拿着弄的钱多多了。

6

网友 2007-01-26 15:48:08

请问缠主和各位同学，我对大盘1分钟背驰还有一个疑问，请帮忙解答。这个背驰是不是在10:23回抽0轴呀？真的很疑惑，请一定回答一下，谢谢了！

缠中说禅 2007-01-26 15:52:58

各位看好了，本ID分析给大家看（见图123）。

昨天13:40开始的下跌趋势，把MACD黄白线带到0轴之下并远远离开0轴。在今天9:30，黄白线和柱子都是最低，然后出现三波的反抽，9:50结束。第三波十分弱，但MACD的黄白线已经重新拉回0轴附近。其后出现第二轮下跌，一直到10:57。和上一轮比，MACD没创新低，引起标准的背驰。

注意，MACD在10:17更靠近0轴，这叫双次拉回。一般双次拉回都上不去，一定有再次下跌的。一般这种双次拉回的第二次，都是构成下跌中的第一个中枢，特别在跌破前面中枢后，这其实刚好构成一个标准的最小级别的第三类卖点。

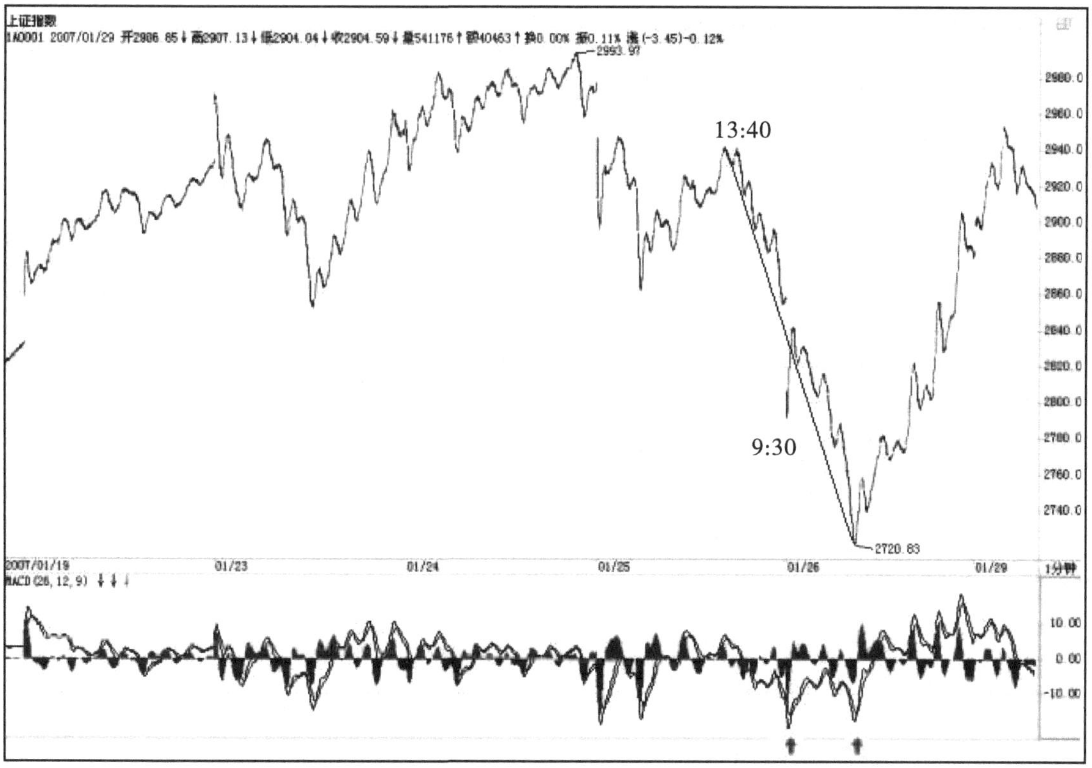

图123 上证指数2007年1月26日1分钟底背驰示意图

网友 2007-01-26 15:52:09

山大华特（000915）在5分钟中出现背驰，我赶紧出了，怎么后面还在涨呀？

缠中说禅 2007-01-26 15:56:49

山大华特（000915）现在还在一个盘整里，不符合趋势两段比较的背驰。至于盘整中的背驰，现在也没有，因为这种刚上0轴的情况，根本就谈不上背驰（见图124）。背驰是要上0轴后有一次大拉升，然后回抽0轴，再拉升，才会有背驰的。

山大华特（000915）今天之所以不能突破，就是现在环境还很动荡，贸然突破，有些潜伏的汉奸突然发难，就给敌人以先手了。

打击汉奸，要比汉奸更“狡猾”！看到技术，按技术操作就行了。

7

网友 2007-01-26 16:28:54

缠主怎么不回答我的问题，期盼中。我觉得虽然个股的技术很重要，但是对于想做中线的人来说，学会观察板块和发现龙头更加重要，而且我想收益会更高。

缠中说禅 2007-01-26 16:42:36

这都可以从技术上发现。所谓牛股，不过就是技术上走势良好的股票，这在技术上完全可以精确判断出来。

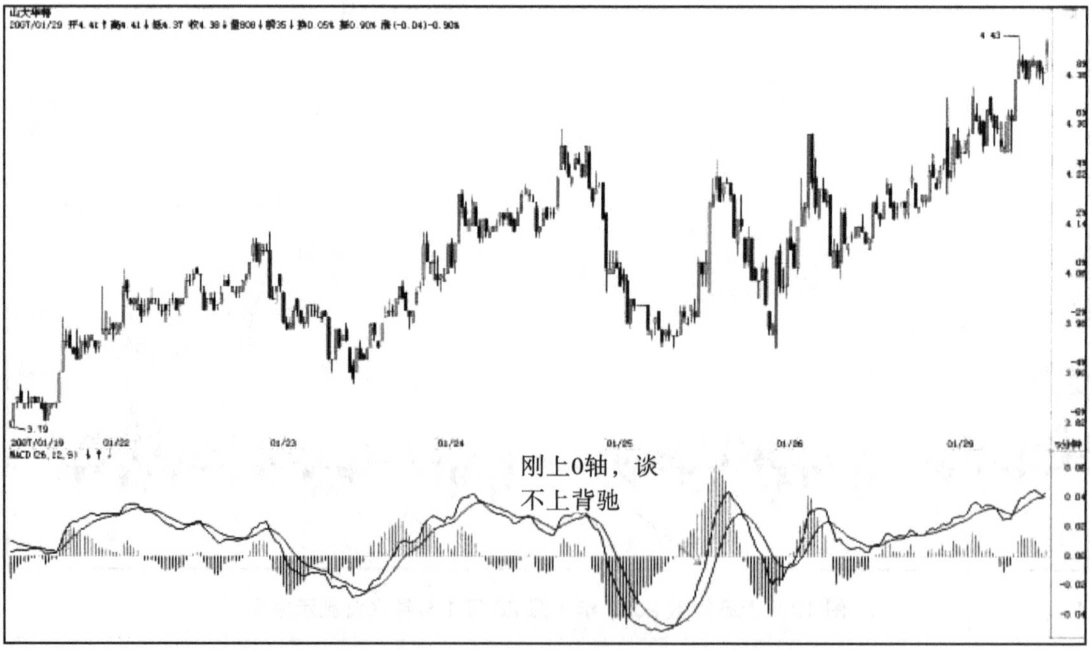

图124 山大华特（000915）2007年1月26日5分钟盘整走势示意图

教你炒股票26

市场风险如何回避（2007-01-30 15:09:57）

1

缠中说禅 2007-01-30 15:25:37

各位注意了，如果到今天才继续追高买股票，那神仙都没法救你。大盘今早一个明显的5分钟背驰，从而引发调整，是最正常不过的。但个股问题不大，本ID的农业、军工不是很好吗？还有几只不是继续创新高吗？本ID最近换的那五个板块，都不是瞎换的，农业、环保、军工都是中国以后最重要的、对国家安全最有意义的领域，后面的政策支持多着呢。想想为什么中央的1号文说的是农业？当然，这些事情本ID是早知道了。北京什么多？什么最准确？那美国佬即使在基本面研究上也没法和本ID比。

那药最高位置告诉要洗盘调整，如果这都不能逃过，那本ID没法子了，有就拿着吧，反正洗完还要继续的。以后本ID也不提醒了，高位提醒都不照着干，跌了才问怎么办，本ID怎么知道怎么办？只能说这种短差你无福消受，继续好好练技术吧。

大盘的震荡依然继续，因此一定要看好卖点，该走就走，该买回来就买回来，灵活点儿。当然，技术不过关的就上上下下享受一下，技术过关了再说。

2

网友 2007-01-30 15:26:05

博主辛苦！深发展A（000001）坚定持有，早上出了小部分中国联通（600050），感觉短期是否该回避风险了？

缠中说禅 2007-01-30 15:29:26

看技术买点，一定要综合地看。如果30分钟很强，甚至1分钟的买点也该回补了。但如果30分钟很弱，那至少要等30分钟的买点出现。

3

网友 2007-01-30 15:19:08

博主好！我今天在11.30元左右全仓买入三九药业（现名华润三九，000999），尾市跌停，我该如何操作，是先出局还是先观望？谢谢你！

缠中说禅 2007-01-30 15:34:55

首先你为什么那里买？1分钟背驰就买？一个一月涨了1倍的股票1分钟背驰就买？先套着吧，好好反省。看来本ID前几天的提醒白说了。中线该股是肯定没问题的，短线受点折磨也应该，否则永远没法进步。

网友 2007-01-30 15:51:54

抱歉博主，我是看了下面的报道，然后看到1分钟出现买点，以为博主洗盘结束了！

"三九重组谜团即将在本月底揭晓，如无意外，华润将成为入主三九的最终胜出者。这意味着历时近三年的三九重组终于尘埃落定。"

缠中说禅 2007-01-30 15:55:48

记者都知道实际情况，那庄家怎么玩？什么叫如无意外？现在关键是价格问题，华润现在的价格想买？做梦去吧！

缠中说禅 2007-01-30 16:03:26

大家注意了：在谈判中，没到最后一刻都不知道最后的买家与价格，这是多方较力的结果，这种事情，怎么可能让记者知道？关键是要去想想，为什么这么多人都想收购它？收购价是多少？是否能支持其股价以及继续向上。当然，这些最终都反映在走势中，看着就知道了。本ID这里当然有很准确的消息，但说出来也没什么意义，反而让大家有个坏习惯。

网友 2007-01-30 16:39:51

从这次的教训中我理解到，如果是大级别的调整或下跌，应该参考次级别的走势，太低级别的参考意义不大。如果是上涨的趋势，可以参考1分钟的买点买入。

缠中说禅 2007-01-30 16:43:37

如果你是高位走的，回补早了，问题也不大，至少差价出来了。如果是新买的，那就要好好反省了，怎么都该等到30分钟的买点再说。另外，好股票这么多，为什么一定要买它？不要对股票有感情，只对买卖点有感情就可以了。

4

网友 2007-01-30 15:43:11

5分钟背驰看到了，和上一次相比没什么新意。唯一的区别是，上次比较明显地看出5分钟的回拉是一个走势类型，而这次回拉，我没有看出中枢。

缠中说禅 2007-01-30 15:47:10

看出是第一步，第二步而且最重要的是操作。这里又不培养股评，知道有什么用，关键是操作。操作就有一个量的问题，而且还有个股与大盘不同的问题，这都要在实践中不断提高的。

5

缠中说禅 2007-01-30 16:14:03

各位，现在就不要具体问个股如何操作的问题了，就是按图形来操作，把级别定好，但千万别太机械了。要配合好大级别的走势，否则都按 1 分钟来，就机械了。

首先要判断好大级别的走势。例如日线在上涨中，那 1 分钟之类的就算走了，一定要及时买回来，而且最好别按 1 分钟弄，5 分钟甚至更长都可以，除非是最后的急促拉抬，那就要配合好 1 分钟的图形。水井坊（600779）就是一个好例子，好好研究（见图 125）。

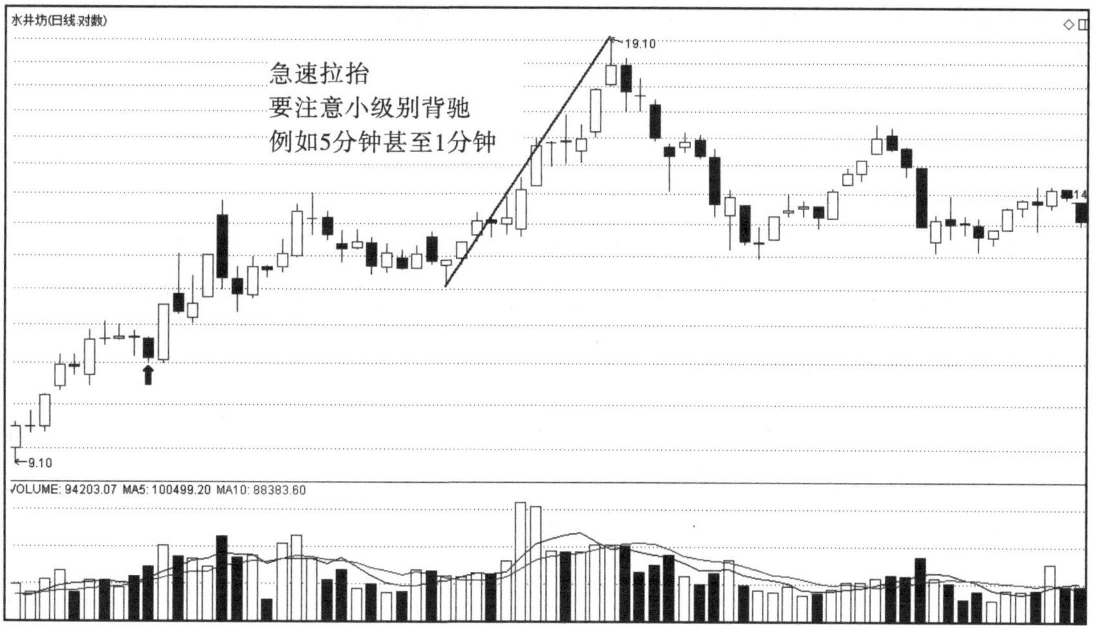

图 125　水井坊（600779）2007 年 1 月前后日线图

6

缠中说禅 2007-01-30 16:22:09

首先是不把股票当股票，凭证而已，但短线比较适合在日线等大级别出现震荡时。如果日线在上涨中，太多短线是不适合的，特别是技术不过关的，就会买不回来给夹空了，在日线的下跌中，就会被严重套住。所以先要判断好日线等大级别的走势，然后再说短线。

注意，卖错了无所谓，千万别买错了。宁愿买不到，不要卖不出。不过，有时候被套其实无所谓的，特别中线依然看好时，适当地做短线，可以把成本降下来，等于又买到正确的位置上了。不过这都需要磨练，不断总结。

高手，就是该短线能短线，该长线能长线，能控制住量。量其实是最关键的，出多少，买多少，这比买点和卖点更重要。不过这对小资金意义不大。

7

网友 2007-01-30 16:16:39

有幸买了镍，昨天在某级别卖点出了，今天在1分钟买点进了。投入资金小，权当练练手了，亏了也无所谓。

缠中说禅 2007-01-30 16:25:02

有时候不一定要专门在一只股票上做，可以适当换着来。例如一个30分钟的买点，怎么都比1分钟的有吸引力。对于小资金，这一点更重要。

8

网友 2007-01-30 16:23:44

博主，14:30盘中有很多个股突然急跌，事先看不到征兆。你帮忙解释一下，学习中。比如新疆天业（600075），尾盘突然下挫，这种现象是庄家集体的意愿吗？

缠中说禅 2007-01-30 16:27:28

你这种思维是不对的，应该只关心买点和卖点。今天早上5分钟背驰，如果你的股票和大盘是一致的，那么卖点出来后，唯一需要关心的就是什么时候出现买点。至于卖点和买点之间怎么走，意义不大，对于操作来说，完全是一个假命题。

9

网友 2007-01-30 16:04:02

缠主，每只股票，是根据盘子的大小来选择用周线还是日线、分钟线来判断买卖点吗？我不清楚，请告诉，谢谢！

缠中说禅 2007-01-30 16:31:31

根据你自己的资金量，除非你的资金量很大，否则没必要考虑盘子问题。而且买卖点是有级别的，在什么级别出，不是机械不变的，需要不同级别的走势综合考虑。这就是一个实际演练的过程。

来这里，首先要洗心革面（2007-01-31 15:13:30）

1

缠中说禅 2007-01-31 15:24:33

今天大盘的走势十分自然，再加上加息的忽悠，就更厉害了。但这没什么，关键是你操作得法，这才是关键。别整天跌了才问怎么办，卖点出来的时候干什么去了？别小看短线，没本事干短线的才鄙视短线。有本事的，凭什么不干？学好技术吧，股票都是废纸，但本 ID 的理论能让废纸变出黄金。

大盘的周线中枢震荡也不是今天才说的，因此上上下下都很正常，按着短线的背驰可以找到很好的买卖点（见图 126）。对于高手来说，震荡行情是最好挣钱的，即使目前办不到，也要好好学习。

2

网友 2007-01-31 21:41:05

缠主：看您刚才的帖子，感觉大盘好像完蛋了，我本打算中长线，看来是不是应该退出了？

缠中说禅 2007-01-31 21:52:16

周线级别的中枢，正是上下打短差的最好时期。建议先把理论看一看，如果连市场在干什么都搞不清楚，那就没法玩了。

3

缠中说禅 2007-01-31 22:04:36

中枢扩展与走势转折之间没什么必然联系，只有背驰才和走势的转折有必然的联系。

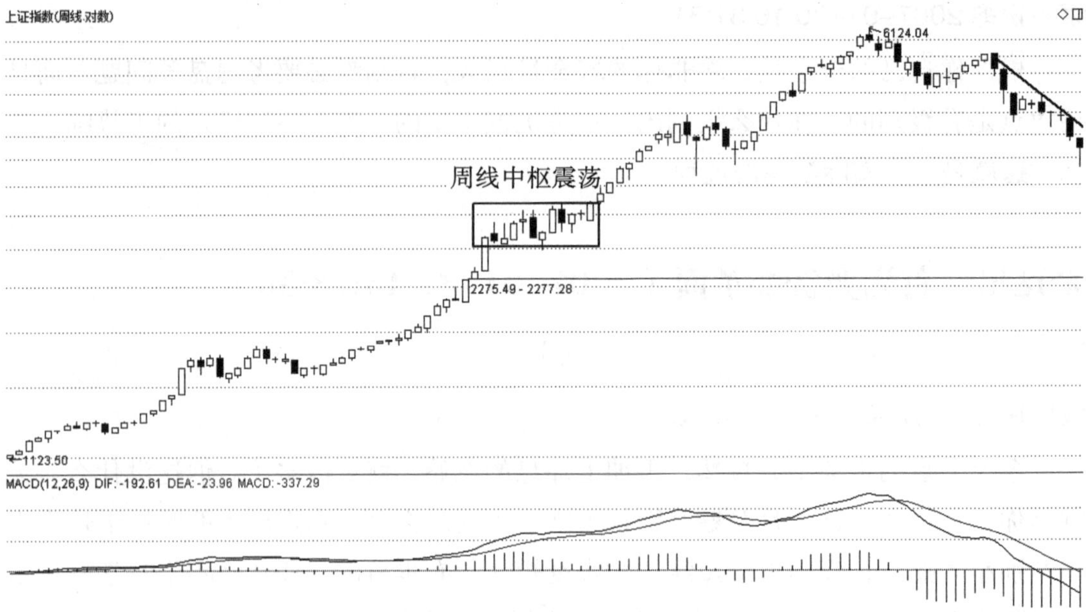

图 126 上证指数 2007 年 2 月前后周线中枢震荡示意图

4

网友 2007-01-31 21:45:22

博主，听您的进军工板块。洪都航空(600316)1 月 26 日明明当时是第三类买点，现在跌惨了，下来怎么操作啊？

缠中说禅 2007-01-31 22:14:51

你见过前面没有第一、第二类买点的第三类买点吗？先把概念搞清楚。

网友 2007-01-31 22:00:39

那是不是该股没有搞的价值了，我是否要换？

缠中说禅 2007-01-31 22:14:51

你买之前为什么不研究一下基本面？站在走势的角度，如果你有充分的时间，利用短线，可以把成本降下来，然后就有价值了。你以为本 ID 买股票都是乱买的？

好，本 ID 也不避嫌疑，告诉你为什么本 ID 要买航天动力（600343）。因为它 2007 年的业绩，根据研究将达 1 元，而且航天方面将有大动作，以及一些其他没必要说的事情，否则本 ID 凭什么买它？

当然，凭本 ID 的本事，任何股票本 ID 买了都可以搞成负成本，但为什么不挑一个好一点的搞？

以中长线的心态选择股票，短线全部用纯技术把成本变成负数，这样才能永远不败。

图 127　洪都航空（600316）2007 年 1 月 26 日前后日线图

5

网友 2007-01-31 22:15:52

博主，越看你的理论越佩服，改正了好多分析和操作的问题，更多地是操作的。

我只有一个问题。好操作，买点进入，卖点卖出。但是如果过程中出现急跌，幅度很深，很快在均线以下，是不是应该等待均线缠绕，或是等待上涨出现中枢以后处理，而不是先卖出？

我知道这样的情况不是很多，能不能给解答一下？

缠中说禅 2007-01-31 22:23:14

先把 MACD 弄懂，这比均线更有效率。一旦出现背驰就可以买，或者说可以回补，而量与级别有关。如果资金大而操作又不熟练的，可以用大一点的级别，例如 30 分钟等。一般来说，从纯短线来看，除非是特别连绵的跌势，对于小资金，5 分钟的背驰足以使得买卖间有可以操作的利润了。

6

网友 2007-01-31 22:26:38

缠主好，帮看下华茂股份（000850），是不是跌破 5.58 元就要出？谢谢！

缠中说禅 2007-01-31 22:33:27

如果学了本 ID 的理论还问这种问题是很不应该的，在本 ID 的理论里，从来不存在跌破什么要出的问题。卖点总是在上涨中形成的，就像该股票，15 分钟里这么明显的背驰，在 7 元之上，为什么不操作？那可是 15 分钟的背驰，对于小资金，足以有 10% 的短差了，8 次这样的机会足以翻番了。该股中线问题还不大，调整后还是有机会的。不过首先要忍受这本来没必要忍受的、可以短差不断的调整。

所以，先别管调整了，先把本 ID 的理论搞清楚，所有的损失都可以回来的，这种忍受就当成一种动力吧。

7

缠中说禅 2007-01-31 22:40:53

最开始的时候，最好每次买卖都写下原因。如果是短线的技术进出，那么是根据什么级别、什么原因，一定要写下来，这样才有对照。

即使你买对，明天有差价，如果你说你是根据 5 分钟图买的，那赚钱了也是错的，因为 5 分钟图上根本没有买点，1 分钟上有没有是另外的事情了。

关键不是赚钱，而是不能糊涂去赚钱，要明明白白地赚钱，大家还要努力。

解盘、答问（2007-02-01 15:22:36）

1

缠中说禅 2007-02-01 15:32:19

大盘今天走出一个 1 分钟的背驰反弹，但力度肯定不能和上次相比，这也就是所谓的不重复，走势都能让所有人猜到就不是走势了。

像民生控股（000416）、建投能源（000600）、隆平高科（000998）这些创新高或涨停的，就不要追高了，低位不买追高是本 ID 最厌恶的事情。弄短差就要一心一意，这样才容易有效果。当然，技术熟练的可以在一个股票组里不断变换，但这需要练习。

大盘的周线中线在形成中，所以震荡不断是正常的。例如今天科技等的利好给了板块活跃的理由，这种机会在震荡中是很多的。

大盘现在的任务是先站稳，在这种情况下弄短差。如果技术不熟练，宁愿卖早了，不能卖迟了。只要有钱赚，有差价，先变成现实为好。当然，没这条件的，就中线拿着，只要不是烂股票和追高买的，问题都不大。

2

网友 2007-02-01 15:31:42

博主，给分析一下航天通信（600677）如何？

缠中说禅 2007-02-01 21:17:02

现在是业绩陷阱最多的时候，所以选择该股票确实比较麻烦。一般碰到这种情况，如果有出逃的机会，一定要先逃出来，至少也应该先逃 1/2 出来，然后在下面补仓，一个反抽就解套出来了。

看了一下图（见图 128），昨天并没直接封跌停，还有 8 元碰 5 日线的机会，绝佳的出逃点。目前关键是你的仓位，如果都是这只股票，占的仓位不多，那可以先放着。刚才查了一下，该公司本次亏损，是因为公司前任董事长被立案调查，部分下属控股子公司发生重大清算等造成的。这种亏损还在可以接受的范围内，但这绝对是空方的一个打压武器，在业绩公布前都受到压力。不过中线上，这种亏损股变黑马的情况太多见了，所以中线上今天亏损的股票，并不一定就是坏事情。

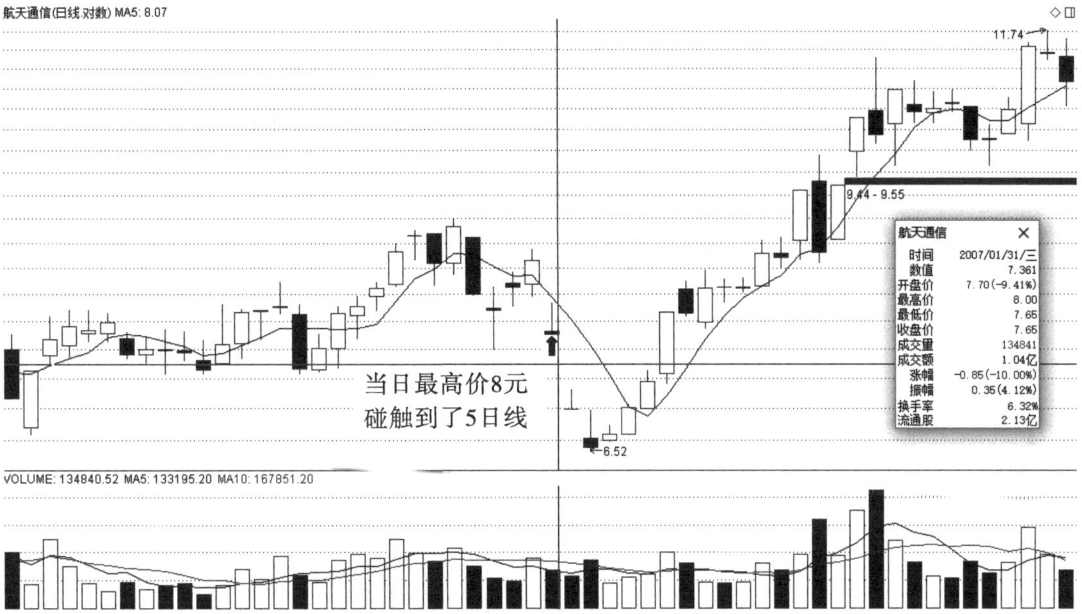

图 128　航天通信（600677）2007 年 1 月 31 日前后日线图

技术上，下方最重要的就是250周线，这是中线最关键的位置，目前在5.90元。只要该位置不有效跌破，就不会进入大空头走势，也就有重新走强的可能。

如果仓位很重，可以耐心等待出现反抽，把仓位减掉一半，然后利用短线把成本逐步降下来。如果仓位不大，就没必要出来了，可以先利用短线把成本降下来，一边练了技术，一边练了心态。

本ID是不赞成随便斩仓的。一只股票，就是一段命运，战胜命运，才能上一个新的境界。但一定要总结经验，不能买对基本面不太了解的股票。例如该股董事长被抓，一定不是这两天才发生的。这种股票，一定要了解清楚，让冲击过去再进去。

3

缠中说禅 2007-02-01 21:26:13

各位注意了：2006年11月底时，有人在这里问本ID TCL集团（000100）是4元以上套牢的，该怎么办。本ID告诉他，如果他是3.50元的成本，今年解套的可能性极大。如果他能补点仓，把成本降下来，获利的可能性很大。如果能弄点短线，那就要挣大钱了。当时TCL的价格在2元多一点。

各位看，当时本ID没把话说得太满，现在2个月多点儿，看看TCL的股价（见图129）。如果那位不走，而且补了仓，已经挣钱甚至要准备挣大钱了。

这就是一个被套牢50%的股票的故事。在牛市里，不要轻易斩仓，哪里错了，

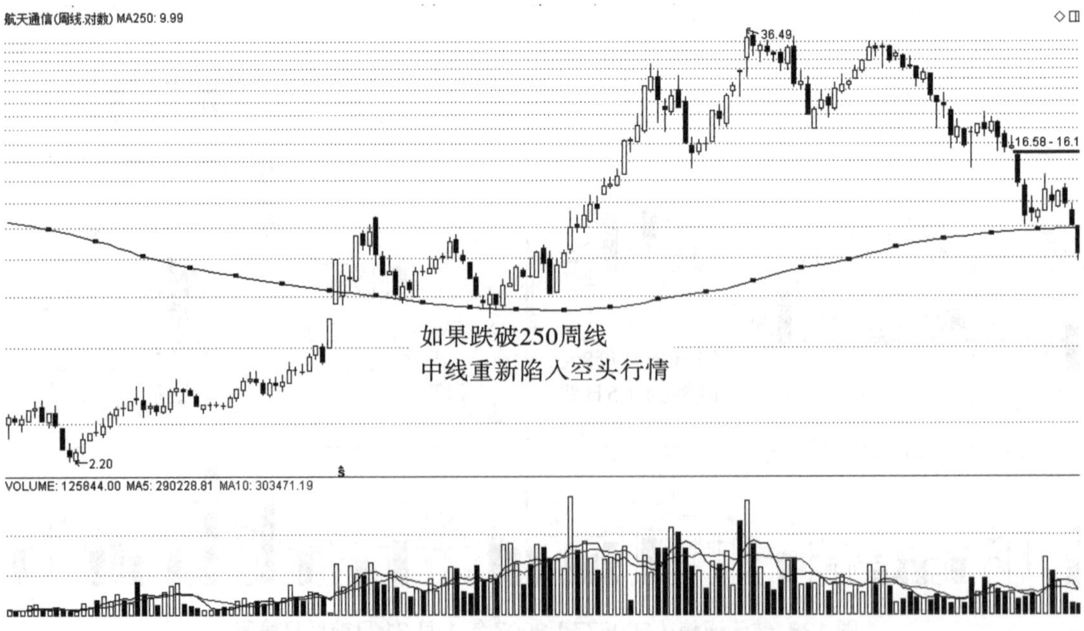

图129 航天通信（600677）2007年2月前后周线图

就在哪里站起来，除非那只股票面临退市。如果有相应的技术，这一点并不难办到。

4

网友 2007-02-01 16:06:29

今天利用大盘1分钟背驰和个股5分钟背驰弄了一个股票的短差，不但成本降低了1%，而且套出了部分资金。接着又拿出部分资金搞另一只股票的短差，又略赚了一点儿。还是那个道理，多干多总结就熟练了。

缠中说禅 2007-02-01 21:31:13

不错，但不能太迷恋1分钟的背驰，如果有15分钟甚至30分钟的背驰，更要弄好。这种短差一旦弄好，成本至少下降10%。来回几次，成本就负数了。

另外，一定要灵活，不能光会先买后卖，也应该学会先卖后买。还有，该以什么比例运用也是一个关键。不熟练的情况下，如果仓位不太大，1/3或1/4是比较合适的。

多练习，多总结，这样才能不断提高。卖错了不怕，但一定不能追高回补。宁愿错过，也不能追高，只在买点买。

5

网友 2007-02-01 21:27:39

博主：东阿阿胶（000423）送百慕大式认股权证①，5.50元/份（10送2.5份），不知道是啥意思？怎么操作？是不是方案太差啦？敬请您百忙之中抽一点时间，我等着您，谢谢！

缠中说禅 2007-02-01 21:35:02

这个正常，好股票就要少送点，有权证，最终收益也不会少的。而且现在的S股②，恨不得一复牌都马上填权，然后再来50%。如果你不能让方案变得更好，就接

①权证按行权期限，分为美式权证、欧式权证和百慕大式权证，百慕大权证的行权方式介于欧式权证和美式权证之间。欧式权证的持有人只有在约定的到期日才有权买卖标的证券，而美式权证的持有人在到期日前的任意时刻都有权买卖标的证券。欧式权证的行权期限只有一天，美式权证的行权期限为自上市开始后所有的交易时间。而百慕大式权证的行权期限既不是天天，也不是一天，而是在事先确定的存续期内设定多个行权日，即权证投资者可以在多个时间段内行使权证所赋予的权利。例如某百慕大式权证，行权日可以设为2015年12月10日、2016年2月10日、2016年4月10日、2016年6月10日等。由于百慕大权证给予权证持有人更多的行权日选择，因此价格比同等条款的欧式权证高，但应低于同等条款的美式权证。

②S股是指尚未进行股权分置改革或者已进入改革程序但尚未实施股权分置改革方案的股票，其股票简称前加S，此标记从2006年10月9日起启用，日涨跌幅仍为上下10%（ST股为5%）。从2007年1月8日起，S股日涨跌幅调整为上下5%。目前深市股票已全部完成股权分置改革，沪市尚有S佳通（600182）、S*ST前锋（600733）两只股票未完成股改。

受算了，快点非S才是更好的。

6

网友 2007-02-01 16:03:56

请教关于招商银行（600036）与深发展A（000001）金融股的走势？水酒（水井坊，600779）今日先买后卖也算做了短差，连跌几日很苦恼。像中信国安（000839）那样由250周线起涨了一倍，在30元遇到阻力，回调到现在24元，这样的股（抛弃个人喜好）如何把握？谢谢！

缠中说禅 2007-02-01 21:46:51

兴业（601166）上市后会有点儿压力，中线问题还不大。金融是旗帜，倒了就不是牛市了，那金融改革还怎么搞？上下波动一下都很正常。

像水酒（600779）、国安（000839）那种股票，激烈冲高的时候一定要看好卖点，先出来，否则一下调整很大，等于上下白折腾就没意思了。这种股票，短线逐步站稳后会有一个第二段向上的反抽，然后再回来，最后走出一个大三角形的可能比较大，然后再选择向上突破（见图130）。中线问题都不大，只是这么大的短差没实现，确实有点儿可惜。弄得好，来回两次，成本都快变负数了。

图130 中信国安（000839）2007年2月1日前后日线图

对一些操作不熟练的人，有一种方法，就是一只股票如果突然上涨 50% 后，先把仓位减掉一半，然后无论上下都无所谓了。下来一补，再上去，再出掉，成本可能就快成负数了，然后怎么弄都无所谓了。如果继续上去，也无所谓。因为你技术不过关，对烈马控制不住，所以只能如此。把技术学好了，就无所谓了。

7

网友 2007-02-01 21:50:29

博主你好！看到你的理论，就像看到了灯塔，终于找到了学习股票的方向，只是还有很多地方没有办法参透。比如对于背离这个问题，你前面有很多的解释，我几乎能随口说出来，可是真正用起来就不是这么回事了。

对于背离我有这几个问题。

（1）用 MACD 判断时，到底是看红绿柱子的长短还是看黄白线的高低，还是看红绿柱子所形成的面积。因为在你的讲解中，我发现你有时候是在说黄白线，有时候是在说红绿柱子，也有时候在说柱子形成的面积，我有点糊涂了。

（2）您说没有趋势没有背离，这个我知道，但是具体到哪段趋势与哪段趋势进行比较，还是很模糊，至少两个中枢才能形成趋势，形成中枢的位置在 MACD 上的反应一定会形成回拉 0 轴吗？那么在一个有背驰的下跌趋势中，是不是至少要有 8 个下跌才可以谈背驰。

今日在低位买了点格力电器（000651）不知对不对？

（3）另外，我前几天买了点赛马实业（现名宁夏建材，600449），现在想想很是后悔，因为我买在一个卖点上了。我对其后市的看法是还要跌，不知对不对？还请博主帮我看看。

缠中说禅 2007-02-01 22:02:47

（1）回抽 0 轴说的当然是黄白线，和什么柱子无关。背驰时，如果黄白线不创新高或新低，或柱子面积之和小了，都是信号。两个只要出现一个就要注意了。如果两个都出现，那就更要注意了。

（2）那是最标准的情况，85% 的情况，当然也有例外的。有些强势的股票，第一个中枢根本不回抽 0 轴也是可能的，因为 MACD 毕竟只是辅助。如果都准确，那还不如直接用 MACD 了。格力（000651）1 分钟 15.50 元有背驰，如果是按这去买的，没买错，注意好卖点就可以了。不过 1 分钟的背驰有一个毛病就是，如果是 T+1，会出现卖点就在当天的情况，因此 1 分钟用来当日对冲是比较好的。要隔天，最安全的至少是 5 分钟的背驰。

（3）刚上年线，折腾一下也是正常的（见图131）。中线问题不太大，短线可以来回弄点短差把成本降下来。

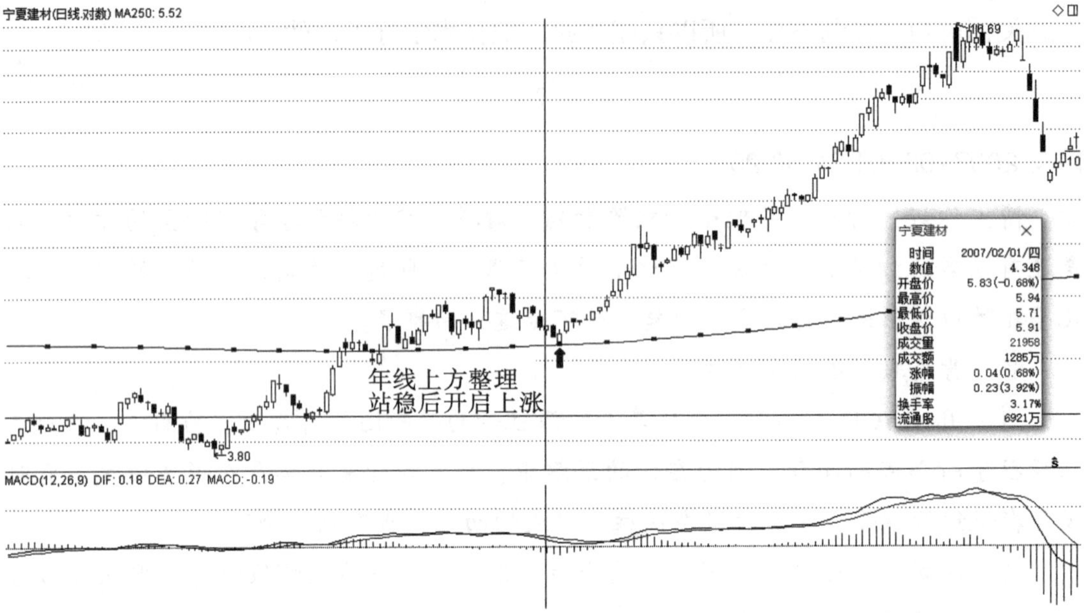

图131 赛马实业（600449）2007年2月1日前后日线图

8

网友 2007-02-01 21:59:55

缠主你好！今天界龙实业（600836）如果按照原来的思路今天我就会满仓进，明天出。可是你说过不追高买股，我忍了。但是如果它走出宏盛科技（600817）当年的走势，我们不就失去一次很好的机会？这样超强的股票如何把握？

缠中说禅 2007-02-01 22:08:55

今天14:00，是一个典型的1分钟上第一中枢上来，回抽0轴构成第二类买点的例子。如果在那时候买了，你算又学了点儿东西，根本不存在追高的问题①。如果拉起来再买，那就没必要了。

所谓超强的股票，主要是它在第一、第二类买点的时候你没发现而已，没什么特别的。

①所谓高低，都是相对于级别而言的。日线上的追高，5分钟上可能刚好在买点上，所以关键在于操作级别。例如，如果日线上在主升段，那么即便是错过了日线级别上的买点，5分钟级别的买点也是值得操作的，因为后面常常跟着快速的拉抬。

该股30分钟的第一类买点在1月4日10:00左右。第二类买点在1月18的11:00，都很容易发现的。

9

网友 2007-02-01 22:06:55

今日大盘低开低走，主力全天水下运作，二次探底，下午发力，上海成交过千亿元，大涨，周线翻红。路人，忍不住说几句，技术上的东西很简单，心态是第一位的。

缠中说禅 2007-02-01 22:11:14

没有技术保证的心态是傻子心态。傻子心态最好，见什么都没反应。智慧指引下的洞察，才是心态好的唯一保证。

10

网友 2007-02-01 22:06:56

博主，请帮我看看中国医药（600056）中线怎么样?

缠中说禅 2007-02-01 22:14:14

中线受阻于250周线压力产生震荡，能否站稳该线是中线的关键（见图132）。站稳了，空间自然打开。具体操作没必要去预测这些，看着技术来。

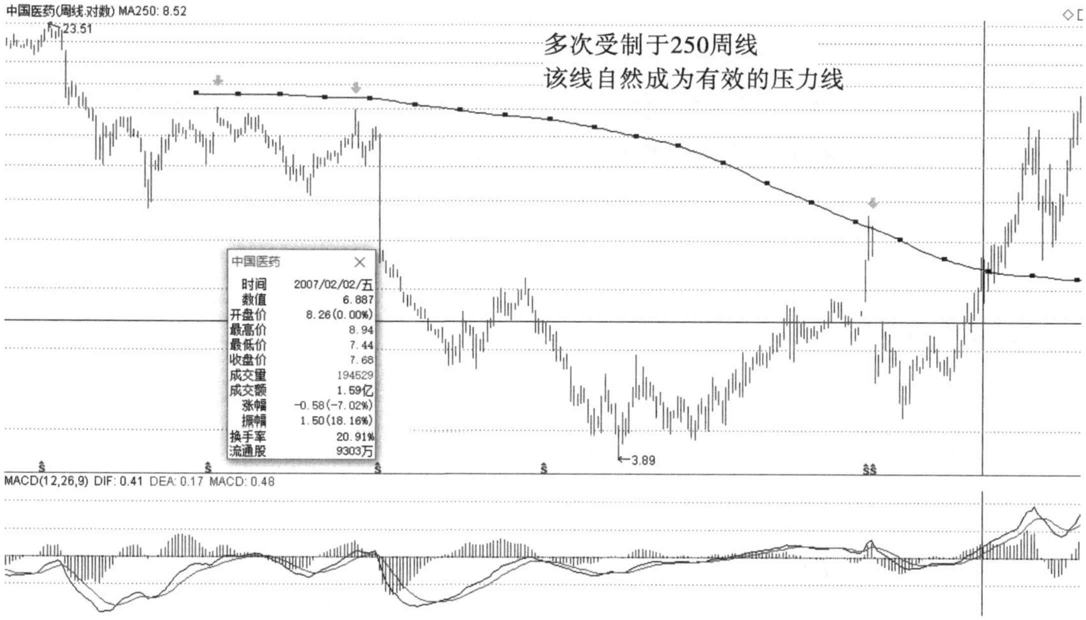

图132 中国医药（600056）2007年2月前后周线图

教你炒股票27

盘整背驰与历史性底部（2007-02-02 15:11:27）

1

缠中说禅 2007-02-02 15:19:09

今天走势十分正常，昨天已经说了，1分钟的背驰和上次的不会一样，都一样还叫走势吗？现在，就让那些看所谓技术的人喊跌破颈线砍仓去吧。市场永远是智慧的人赚愚蠢人的钱，他们不砍仓，钱从哪里来！

按照本ID的理论，这种走势是最好的，比上涨还容易挣钱，关键是卖点要走，看准了买点才进。下周会有一个5分钟的买点出现，抓住了10%的利润是跑不掉的。

整个周线的中枢还在形成中，这种震荡将不断，是练习本ID理论的绝佳场所。好好练习，这个地方可是用钱堆出来的。

至于本ID所说的个股，本ID一样按照理论来操作，绝对不会举着，那是傻瓜的做法。震荡才能产生利润，才能把成本降下来。

2

网友 2007-02-02 15:29:26

缠师，谢谢！再请教：中信证券（600640）今天是30分钟假背驰吗？还要像猎人等背驰买入点？谢！

缠中说禅 2007-02-02 15:31:56

背驰就是背驰，没有什么假背驰。错了是因为你判断错了，最多的错误都是发生在把盘整背驰转化为第三类买卖点给搞成背驰了。能把这关过了，你的水平可以上初中了。

3

网友 2007-02-02 15:44:21

博主，我总结一下今天的操作，卖都是对的，没找好买点，买都是错的，一定要看清楚了才下手，可今天买点好难找啊。

缠中说禅 2007-02-02 15:49:51

谁告诉你每天都一定有买点的？在强烈的趋势中，1分钟的买点有时候两三天才有一个。不过5分钟的买点正形成中，对于大资金以及好股票，其实今天就可以开始部分介入了。

4

网友 2007-02-02 15:55:45

今天终于鼓起勇气，按照缠理论进行了第一次实战。

目标是宝钢股份（600019），15 分钟 K 线下午 14:00 出现明显的背驰，买入后宝钢（600019）马上强烈反弹，2% 的幅度。转而观察低级别 5 分钟、1 分钟 K 线是否有卖点出现。虽说无卖点出现，但是由于大盘忽然转弱，走势急转而下（5 分钟、1 分钟 K 线均无出现卖点），5 分钟再次出现空头缠绕。按照缠主所示，应严守纪律退出，这时正好盈亏为 0。但是初次实战，犹豫了一下，走势急转下跌，跌 2%，于是坚定退出，再次等待机会。

结语：任何走势都是无定的，严守纪律，给操作加保险。

缠中说禅 2007-02-02 16:09:29

你知道你的操作为什么有问题吗？首先，你对背驰的判断是错误的，宝钢 15 分钟根本没有背驰，更谈不上标准。黄白线都没拉回去，怎么可能有背驰？该背驰是典型的 1 分钟背驰，3 波拉上去后就是一个完美的卖点。为什么？因为这卖点要看次级别的，而 1 分钟下面看不到，所以一般来说，3 波上去就可以走。而且刚好碰到 1 分钟图上的 250 周期均线，是最好的对冲出逃机会了。注意，是涨的时候形成卖点，而不是跌下来再走。宁愿卖早了，不要卖晚了，特别是对冲。

好好总结，继续来。

5

网友 2007-02-02 16:26:15

缠主您好，再次提问：理论感觉学得清楚了点，可一看实际图，级别问题总是没把握。

均线过滤出来的高低点的级别又不绝对，只是参考。完全按理论推导吧，一层一层地往下，对高低点的级别很难确定，特别是中枢扩张时。

有没有比较精确明了的办法确定一段走势上高低点或中枢的级别呢？

缠中说禅 2007-02-02 16:30:59

很简单的，你先把一个级别看明白再说其他，否则就乱套了。

6

网友 2007-02-02 16:40:50

缠主，中国人寿（601628）15 分钟黄白线拉回 0 轴一次，是否 15 分钟背驰？

缠中说禅 2007-02-02 16:43:56

这是一个条件，还有必要看其后股价新低后黄白线是否创新低。更精确的判断，可以参考 5 分钟的图，也就是这个背驰段什么时候结束。

7

网友 2007-02-02 16:43:38

博主，请分析下洪都航空（600316）吧，我 25 元的成本，严重套牢了，怎么办啊？

缠中说禅 2007-02-02 16:46:22

下面找一个买点摊一下，很快可以解套的。

解盘、答问（2007-02-05 15:04:29）

1

缠中说禅 2007-02-05 15:18:33

大盘的走势没什么可说的，周线第一段的探底中，这应该在最多是 30 分钟的背驰后结束。目前的走势很简单，就是等待一个 5 分钟的背驰把 30 分钟 MACD 拉回 0 轴。

这 5 分钟的背驰很快也将出现，明天就很有可能，这都无须预测，看图就可以。今早的走势只算是宣告进入背驰段，精确的背驰点还要看 1 分钟级别的走势。

2

网友 2007-02-05 14:49:38

尊敬的博主，跌得我心都痛了！现在我才知道你为什么讲中小资金高效买法中，尽量不参与调整了。我都不敢看股票了，这样跌，不好下手做短差，只是买入。

缠中说禅 2007-02-05 15:28:13

这不是长久的办法，你应该按本 ID 说的，卖点要卖，买点要买。你一点短差都不弄，死拿着，这样怎么能把成本降下来。死拿的，最容易低位砍仓。如果你一定要死拿，那就没必要学本 ID 的理论，按什么基本面分析，选一只股票长期拿着就完了。

对长期持有的股票，一定要多弄短差，特别在形成大级别中枢的时候。

3

网友 2007-02-05 15:26:37

你好，缠主！看了你的文章，收获很多，我这里有一个疑问请赐教。

利用背驰的方式可以很安全地进行买和卖。但是另一方面，如何提高资金的效率呢？不知道你在这方面有没有什么更好的技巧？谢谢！

缠中说禅 2007-02-05 15:32:24

你真能按买点买、卖点卖，就是最高的效率。当然，选择股票也是很重要的，不同股票的买点和卖点的幅度，决定了效率的大小。

4

网友 2007-02-05 15:31:07

博主，您觉得中国石化（600028）和人福医药（600079）、华能国际（600011）有戏吗？觉得跌很多了，想做个差价，可买点好像没找对。不对，没做成，现在套 5%。

缠中说禅 2007-02-05 15:49:00

5% 不算什么，一反弹就开始挣钱了。给大家一句话，因为大家的水平参差不齐，那就按自己的水平，找看得懂的图形操作。有些特别简单又标准的图形，先看这些操作。那些因为你的看图水平还达不到的，就避开，这样是一个比较可行的办法。随着你的水平提高，能处理的图形就越来越多。

5

网友 2007-02-05 15:46:02

博主，有时候在下跌趋势上，一波比一波 MACD 绿柱子都短，面积都小。有时候第二波比第一波小时就认为是背驰，但是后面还有几波，还是跌。怎么找到最后一波，确认哪个是背驰啊？

缠中说禅 2007-02-05 15:54:28

MACD 只是辅助，不是全部。你首先要分清楚趋势，如果是趋势造成的背驰，就一定要先确定背驰段。如果 30 分钟是急剧下跌的，1 分钟的背驰又有多大用？关键是先找到大一点儿级别的背驰段，然后再用小级别的背驰来找精确买点，这才是有用的。

6

网友 2007-02-05 15:51:01

谢谢博主的解答！我自己的感觉呢，就是第一段趋势上去的力度越大，在第二段中枢确立的时候，突破中枢再回抽确认之后为最好的一个介入点，后面的上升幅度应该也比较大，速度应该也不差吧？请博主点评。

缠中说禅 2007-02-05 15:56:16

好好去研究一下第三类买点。但对小级别来说，第三类买点有一定的风险，不是买了不涨，而是T+1 涨了不一定能抛。

7

缠中说禅 2007-02-05 16:30:59

盘整背驰不一定就比背驰差，例如第二类或第三类买点的盘整背驰，就不会太差。盘整背驰一定要防止变成第三类买卖点，这要配合大级别综合看。例如一个 30 分钟上的下跌刚开始破位，那么 5 分钟上的盘整背驰转化为第三类卖点的概率就有 99% 了。这种盘整背驰，一般都没必要参与。如果 30 分钟是刚开始上涨的，5 分钟向下的盘整背驰反而是一个好的买点了。

8

网友 2007-02-05 16:40:43

请问老师一个中枢的问题。

形成中枢的 A、B、C 三段中，B 段的高点（上涨中枢中）可以比 A 段的高点高吗？下跌中枢中，B 段的低点可以比 A 段的低点低吗？

缠中说禅 2007-02-05 16:42:22

当然可以，什么情况都可以，只要这三段有重叠就可以。

9

网友 2007-02-05 16:41:46

以下是原文摘录。

缠中说禅走势中枢定理三：某级别缠中说禅走势中枢的破坏，当且仅当一个次级别走势离开该缠中说禅走势中枢后，其后的次级别回抽走势不重新回到该缠中说禅走势中枢内。

定理三中的两个次级别走势的组合只有三种：趋势 + 盘整，趋势 + 反趋势，盘整＋反趋势。趋势＋盘整中的趋势中的价值中枢与盘整中的价值中枢的级别是不同的，后者更高。如果以一个次级别的盘整类型离开中枢，返回当然不可能也是盘整类型，否则就构成一个大级别的盘整类型，这就与原中枢维持的前提矛盾了。

我的疑问是：两个次级别走势的组合“趋势＋盘整”，盘整的价值中枢如果比趋势价值中枢高的话，又怎么能叫两个次级别走势的组合呢？这里的盘整是次级的吗？

缠中说禅走势分解定理一：任何级别的任何走势，都可以分解成同级别“盘整”“下跌”与“上涨”三种走势类型的连接。

这个定理能不能再具体说明一下，或证明一下，总感觉有些迷惑，特别是“同级别”这个定语的修饰范围？定理中提到的“下跌”与“上涨”走势类型一定是趋势吗？

缠中说禅 2007-02-05 16:59:23

只要走势走出来的，都是可能的组合，这很正常。至于这些组合构成什么意义的图形，那是另外的问题，这两者不是一个概念。

上涨、下跌当然都是趋势。同级别走势类型，就是有相同级别中枢的走势类型。同级别趋势中，两个相邻中枢区间有重叠，就构成了中枢级别的扩张。一个大级别的盘整，同样可以分解成小级别的走势类型的连接。

任何级别的图形，如果用该级别的中枢去分类，不到该中枢的，必然有后面的走势使得中枢的级别达到该级别。超过该级别的，一定能分级别成该级别中枢的组合，这应该不难理解。所以，如果用该级别的上涨、下跌、盘整来看，就有定理一了。

教你炒股票28

下一目标：摧毁基金（2007-02-06 15:04:50）

1

缠中说禅 2007-02-06 15:12:35

今天的走势十分标准规范，只要对本ID的理论有一点了解的，都不难找到这个5分钟背驰的底部（见图133）。目前的事情很简单了，5分钟背驰，一个大的阻力就是2720点，这是上次的低点。如果能上去，那周线的第一段就不会演化成下跌的趋势，一个2720点上下的周线中枢将逐步形成。否则，就有在下面形成下跌的第二个中枢的可能，这样走势压力就比较大了。但即使这样，只会导致30分钟或15分钟回抽后制造一个比这次5分钟更大级别的背驰，那次的回拉，级别就更大了。

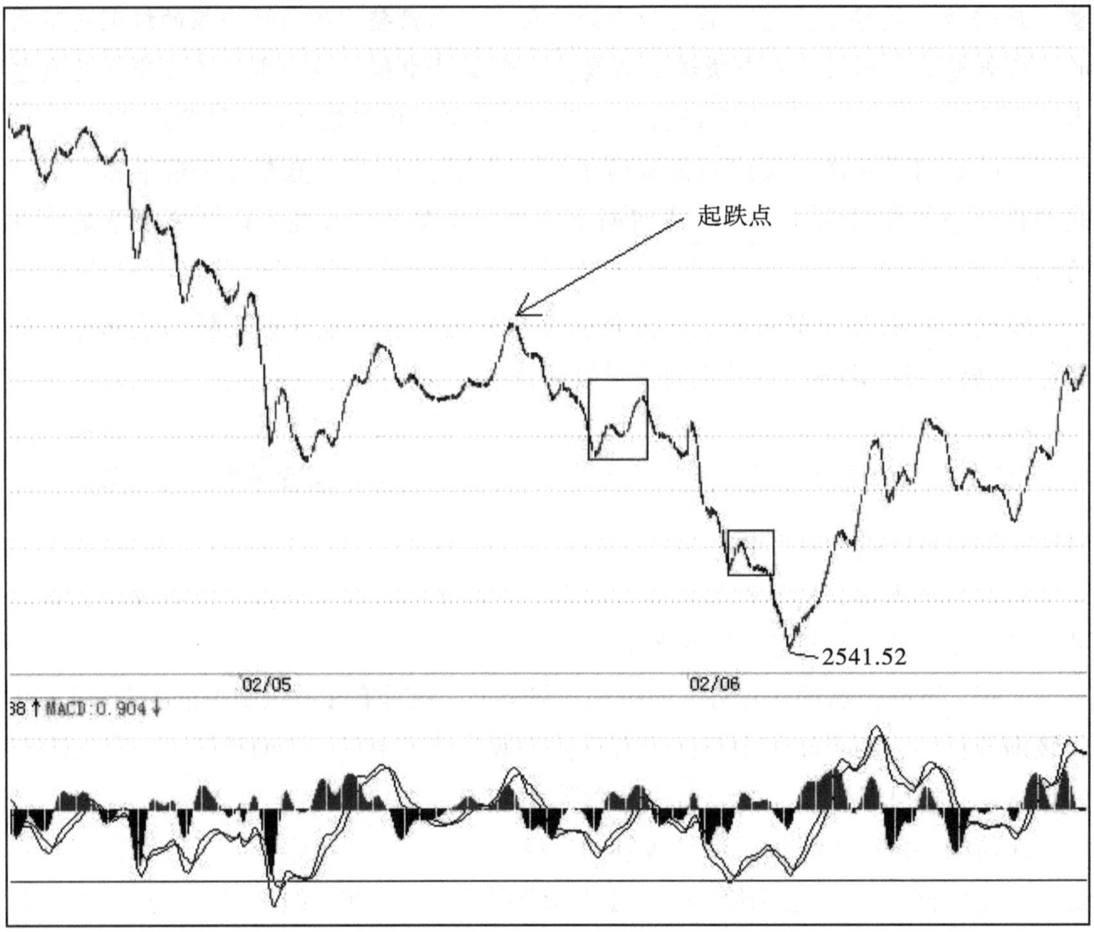

图 133 上证指数 2007 年 2 月 6 日 5 分钟底背驰示意图

个股没什么可说的，关键是操作的技术。这几天，本 ID 说过的股票里最极端的就是新潮实业（600777）和三九药业（000999）了。如果你的技术能让你这几天在三九药业（000999）上的获利不比新潮实业（600777）差太远，那你的技术就有点儿谱了。

精通本 ID 的理论后，涨跌的分别就会消失。在脑子里，只有买点卖点，没有什么涨跌。达到这种境界，就算初步有成了。

2

网友 2007-02-06 15:15:04

请博主帮忙分析航天动力(600343)。15.80 元进的，怎么办呀？是找个卖点卖了，重新进，把成本降下来呢，还是继续持有？怕明天还跌。

缠中说禅 2007-02-06 15:22:24

为什么买那么高？要在买点买。15.80 元什么时候有过买点了？有错误，首先就要改掉。今天 16 元的位置就该出来，这么明显一个卖点怎么不出来（见图 134）？学好理论，以后坚持在买点买，卖点卖。该股中线问题不大，短线有点儿压力，毕竟大盘跌那么多它没跌[①]。

除非大盘其后攻上 2720 点表现出强势，这样突破创新高才是比较稳妥的办法，否则现在贸然上去，大家高兴了，攻上去的人可苦了。本 ID 从来不学雷锋，只按市场规律办事。什么是市场的规律，就是本 ID 的理论。

图 134　航天动力（600343）2007 年 2 月 6 日前后日线叠加大盘对比图

3

网友 2007-02-06 15:47:00

缠主，安阳钢铁（600569）今天是怎么回事呀，其他钢铁股都翻红了，它为什么选择今天调整，也没反弹呀？

缠中说禅 2007-02-06 15:53:06

下跌得少，反弹自然少。大家注意了：如果抢反弹，一般有两类是肯定没问题

①这里指航天动力（600343）的股价有补跌的需求。

的，一就是指标股。不拉指标股，人气起不来，所以是必须拉的。二是跌得很多后背驰的，一个小反弹，就有10%以上的空间。

大家一定要注意那些在第一段中不跌的，除非其创新高并很有力度，否则一旦大盘反弹结束，就有补跌的可能，这是必须注意的。

4

网友 2007-02-06 15:46:44

缠主，今天10:30民生银行（600016）5分钟图是背驰吧！我小进了些，涨得很好！为什么这个5分钟背驰能拉升这么多！

缠中说禅 2007-02-06 15:58:55

因为前面跌得多，而且是趋势，所以一旦结束，发生背驰，就很有力度。并不是每次都有这种力度的，关键是板块对了，位置对了，而且是前期强势股，所以力度就大了。会买一定要会卖，这才是完美操作。

5

网友 2007-02-06 16:17:03

昨天看了博主对火箭股份（现名航天电子，600879）的回复，我以为它是形成了周线上的第三类买点。本知道今天上午大盘会跌，还是在开盘的时候以18.35元买入，结果跌了5个点，我是不是又错了？在低位17.17元的时候我又不敢再补回来，因为它没有背驰。想问一下，我错在哪里呀？该股从2月1日9:35到现在是不是还在一个盘整中？因为我看它尾市5分钟上对应的红柱子减少了，是不是可以说它明天又要跌了，请问缠主我是不是买在卖点上了？

缠中说禅 2007-02-06 16:26:19

学了本ID的理论还像一般人那样抢开盘实在是太无聊了，要学会耐心等待买点（见图135）。今天早上那价位是买点吗？后来砸下来反而出现一个短线买点，当时大盘也见到5分钟的精确买点，那时候才该进去，然后对冲出来。或者不出来，等1分钟卖点，都可以。这样才能把成本降低，否则学本ID理论干什么，随便听一个人说说就算了。要把这些追高或不在买点买、卖点卖的坏毛病改了，否则很难进步的。

还有，顺便说说，今天如果追高买紫光股份（000938），都是有问题的。等买点，股票又不是什么，一定要马上拥有的，有买点再说。没买点，什么股票都是垃圾。

图 135 火箭股份（600879）2007 年 2 月 6 日分时图

6

网友 2007-02-06 16:29:10

博主帮我看看宏达股份（600331）在 5 分钟和 15 分钟图上，是不是应该还有一跌，跌破 17.60 元形成 15 分钟背驰，现在还是在盘整么？

缠中说禅 2007-02-06 16:35:33

这只股票的 5 分钟背驰比大盘早，5 日就有了。不要预测是否还有一波，卖点没出来就预测下一个买点，这是一种坏毛病。目前 5 分钟的盘整能否突破，就看今后两天了。这种背驰后走成盘整的，关键是看能否突破上去，回来形成小级别的第三类买点。如果行，就冲起来了。否则，最多还是盘整。如果是对冲的，可以看小级别来操作。

7

网友 2007-02-06 16:35:13

在自己关注的股票池中，发现晋西车轴（600495）的日线绿柱不再伸长，就看了60分钟K线，同样绿色柱子也在缩短。看30分钟K线，绿色柱子已经回0轴，15分钟方向奔0轴。再看5分钟K线，黄白线已经上穿0轴，并进行了两次回拉。眼前浮现缠主讲的一幕，应该三次回拉，遂耐心等待。果然三次回拉后，绿色小柱逐渐缩短，此时感觉是缠主说的买点了。结合大盘，各股都在翻红，就21.70元坚决杀入。买入后还上下小幅波动几下，几分钱级别的。收盘获利3%。此举纯属幸运，还是不明白其中的道理。

请缠主或各位同学根据K线结合缠主的理论做个此股的实例分析，这样有助于我的提高。

劳烦缠主给出此股今后的操作指导，谢谢了！

缠中说禅 2007-02-06 16:40:04

你确实有点碰巧，买的位置是买点与卖点之间的位置，并没有买在真正的买点上（见图136）。真正的买点只有三种，第一、第二、第三类买点。不过这个问题不大，找准卖点就可以了。例如看1分钟背驰，找一个超短线的卖点。如果走势很强，可以找级别大一点的，反复操作，才有效果的。

注意，短线不是意味着不看大级别。既然大级别在一个明显的中枢里，当然应该多点短线把成本降下来。

图136 晋西车轴（600495）2007年2月6日前后走势日线图

8

网友 2007-02-06 16:41:00

能帮我看看南京新百（600682）的走势吗？大概1分钟和5分钟都发生背驰了，但走势很弱。是盘整背驰还是背驰呢？谢谢！

还有一个问题，大概14:50时，发觉不少股票都滞涨，那个1分钟图上，如何判断是否出现背驰而卖出呢？再次谢谢！

缠中说禅 2007-02-06 16:51:48

这只股票，最大的问题就是下来没有形成两个中枢，没跌透，所以大盘反弹，该股背驰后就形成盘整走势（见图137）。一般这样，最坏的情况，就是盘整后再跌一波，形成30分钟以上的背驰，才见到比较有力度的底部。当然，如果大盘走势特别强，这种背驰演化的盘整也有往上突破的机会，并不必然向下。毕竟盘整后上升、下降都是正常的。至于说今天有些股票没力，这是正常的，今天都有力了，那明天不就没股票反弹？另外，反弹中，最有力度的肯定是指标股以及近期相应的板块，例如银行，这很自然，大资金在里面。

注意，背驰后不必然出现V型反转，也可以形成盘整后再选择方向。为什么抢反弹都必须是跌透的，也就是至少形成两个以上中枢，这就是原因。

图137 南京新百（600682）2007年2月6日前后走势日线图

9

网友 2007-02-06 21:17:04

博主，还有一个问题请教，像中国联通（600050）这样的股票，如果根据短线指标来做，很多时间来回做差价交手续费还差不多，那么站在中线的角度该如何降低成本呢？盼答，多谢了！

缠中说禅 2007-02-06 21:47:49

没人让你整天按1分钟的指标做，5分钟的肯定比1分钟的空间大多了。而且这还要综合看，如果是在30分钟跌势的背驰段，那1分钟的背驰就可能构成精确的底部，这时候就不能够因为是1分钟的而忽视了。

10

网友 2007-02-06 22:35:21

博主，有一个问题请教。

前提：上升过程形成的日线中枢。

问题：有没有可能在形成日线中枢的30分钟走势的第三段，没有形成5分钟背驰，而是由一个1分钟背驰形成向上或先形成盘整再突破盘整向上的走势而结束30分钟的第三段向下的走势？或者还是必定要出现5分钟背驰才能结束这第三段走势？

谢谢！

缠中说禅 2007-02-06 22:38:54

完全可能。5分钟的背驰至少制造一个5分钟的走势类型，还可以制造更大级别的，但这都要通过中枢的扩展完成。因此，一个1分钟的背驰，当然也可以构成大顶或大底。

解盘、答问（2007-02-07 21:02:45）

1

网友 2007-02-07 21:24:46

请教一个问题：30分钟背驰下来的下跌，反弹后的卖点要在同一级别还是下一级别找？谢谢！

缠中说禅 2007-02-07 21:33:46

你的问题表达不大清楚。一般来说，按本 ID 的术语，30 分钟背驰就制造了一个至少 30 分钟级别的第一类卖点。如果这 30 分钟级别的卖点刚好在日线的背驰段，那就同时也是日线的第一类卖点。

背驰出现后，首先会有一个 5 分钟级别的向下走势完成，然后有一个反抽，一个 5 分钟级别的向上走势。注意，这些走势都不一定是趋势，盘整也可以的。第二个 5 分钟的背驰就构成了第二类卖点。

第三类卖点，一般是没有马上形成下跌，而是形成一个盘整，最后盘不住了跌破中枢，次级别反抽不上中枢后形成的。

对卖货来说，最好还是在上涨中抓住背驰，这样的技巧要求当然很高，但其效益与回报也是最高的。要达到这一点，必须进行艰苦的学习与实践，没有捷径。

解盘、答问（2007-02-08 15:08:59）

缠中说禅 2007-02-08 15:10:09

大盘没什么可说的，就是昨天说的在这里形成一个中枢。今天下午拉起一波，构成 5 分钟图上的盘整背驰，这个 5 分钟的中枢就像 30 分钟的中枢扩展。明天还要继续完成确认这个中枢。如果看不明白中枢的，就看 2720 点，有效站稳该点前，震荡依旧。一旦中枢确认，又出现 30 分钟次级别以下的背驰后站稳 2720 点，那么新一波上扬就会出现，但 2850 点上压力比较大（见图 138）。

对于个股来说，大盘并不太重要。大家也看到了，今天本 ID 的某些个股很兴奋，这是正常的。在大盘震荡中，突破一下有好处，至少大盘如果突然走坏，回跌的空间与震荡的差价就可以出来了。大盘一旦走好，追涨的也会比较踊跃。

这些都是手法问题，但注意，本 ID 最鄙视追涨的人。任何追涨的人，本 ID 都乐于让他得点儿教训。追涨，一点技术含量都没有，有本事的就在第一、第二、第三类买点买，第一、第二、第三类卖点卖。

本 ID 有一个令无数庄家闻风丧胆的坏毛病，就是一旦一只阻击的股票到 1 倍升幅以后，本 ID 一定找一个机会把手里的货出掉一半，然后本 ID 的成本就是负数了，后面怎么玩，本 ID 都肯定是赢家。不过新潮实业（600777）的题材还在，中线还是有很大空间的。只是本 ID 的负成本计划在三九药业（000999）之后又一次胜利完成，当然要立字为据。

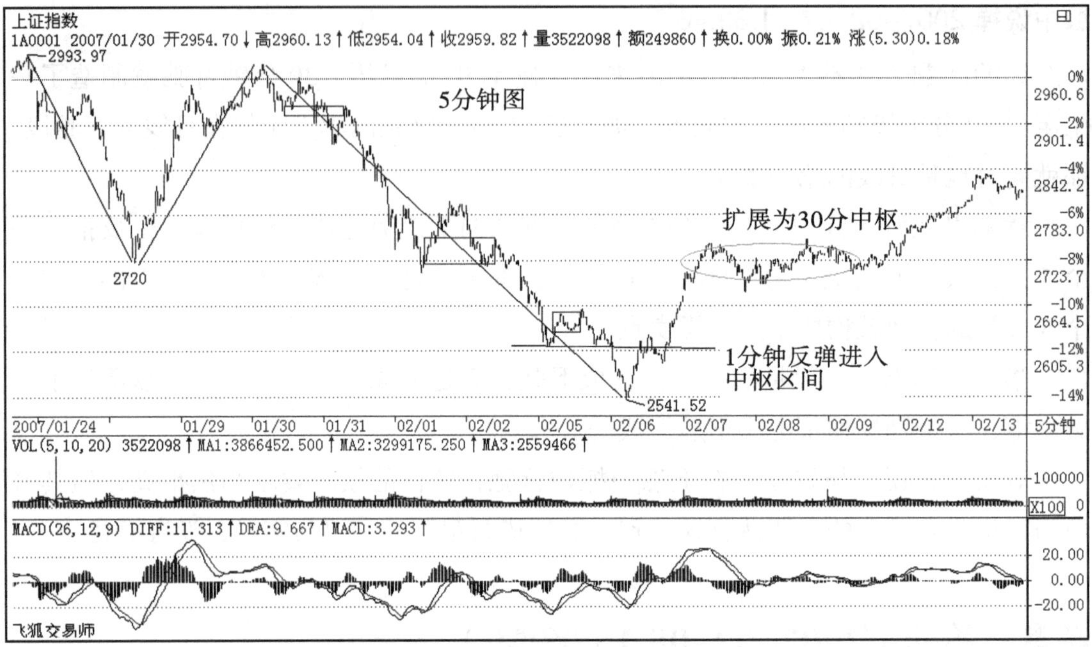

图 138 上证指数 2007 年 2 月 6 日前后 5 分钟 K 线图

1

网友 2007-02-08 15:19:50

缠主，请教一个问题：昨天巨化股份（600160）5 分钟背驰，今天怎么又强势上涨了？给分析一下，该股有搞头（力度）吗？

缠中说禅 2007-02-08 15:47:17

背驰走了一定要找机会补回来，没人说背驰了以后一定下跌 50% 的。特别是大级别上涨里的小级别背驰，很多情况下一个盘中回挡就完成了。要综合地看。

2

网友 2007-02-08 15:37:00

博主，就说今天的 5 分钟 K 线，震荡逐步收紧，我的理解该中枢应该是：MAX 的低点和 MIN 高点，那么就形成很窄的一条中枢，这样理解对吗？

缠中说禅 2007-02-08 16:03:48

不一定很窄的，MAX 的低点和 MIN 高点是对的。一般看前面三段，后面不是围绕中枢震荡产生的延伸，就是扩展。要区别对待。

一般来说，中枢中比较复杂的就是三角形或矩形了，这个以后会说到。

3

网友 2007-02-08 16:01:22

博主，好郁闷，为何大涨的时候我总是空仓啊！

缠中说禅 2007-02-08 16:05:15

为什么前两天背驰的时候不买？关键是对走势的理解还不深。“学如不及，犹恐失之”①。

4

缠中说禅 2007-02-08 16:14:23

某级别背驰后，肯定出现至少该级别相反的走势类型，不一定是该级别的。

5

网友 2007-02-08 16:15:34

问缠主一个很要紧的问题：第二类买点是不是看中枢的第三段，而第三类买点看中枢的第一段，对吗？

缠中说禅 2007-02-08 16:31:37

不完全对。次级别上涨后，第一次次级别回调构成的第二类买点，其后肯定有利润，但经常会演化成大级别的盘整，特别是在一些超级底部里。那时候就要看这中枢的演化情况，根据中枢次级别的走势来决定大型中枢的第二类买点。第三类买点和第二类买点在判断上唯一不同的就是，第三类买点的中枢级别比下面突破那个中枢要小。

网友 2007-02-08 16:40:03

谢谢，是不是可以肯定，第三类买点的中枢级别比下面突破那个中枢要大的话，就不是第三类买点了？

缠中说禅 2007-02-08 16:42:16

那当然，这就演化成中枢的扩展或走势延伸中的新中枢等情况了。

---

①这句话源自《论语·泰伯》，一般的解释是：学习好像追赶什么，总怕赶不上，赶上了又怕被甩掉。形容学习勤奋，进取心强，又形容做其他事情的迫切心情。缠中说禅对这句话的解释是：孔子说，闻“圣人之道”，见“圣人之道”，“对照”“圣人”，在现实社会中不断地“校对”而不能达到尽善尽美，是因为踌躇、恐惧、疑虑使它迷失而不能直下承担。

6

网友 2007-02-08 16:24:03

其实问的主要原因是往往在小级别做短差，因为调整幅度如果不大，又快速拉升，往往错过买入机会，或出现帮证券公司打工的结果。想搞清楚小级别如何判断背驰，即使在回抽0轴后出现了新高，而MACD图上面积却同前比较减少，但立于当下，如何判别会否在下探后再次拉升，使后面的面积增大而大于前面（回抽0轴前的面积）。谢谢，希望解疑！

缠中说禅 2007-02-08 16:41:12

这个问题其实多次回答了，小级别的背驰要发挥大作用，第一种是在大级别走势的背驰段里。否则，小级别的背驰不会引发大级别的反转，当然也不会产生太大的影响。第二种情况，在急促的走势里，小级别的背驰往往反转的幅度特别大，这也是特别值得关注的。

教你炒股票29

转折的力度与级别（2007-02-09 15:08:08）

1

缠中说禅 2007-02-09 15:09:19

今天大盘没什么可说的，就是围绕一直强调的2720点震荡。有经验的人一看，就应该知道这个中枢是一个三角形，今天尾盘的杀跌是其第5段。三角形形成后，必然面临突破，而且时间就在下周初。方向也简单，就是看2720点站稳还是站不稳，站不稳就二次探底，否则就再来一波。至于是否站稳，看看短线指标就很容易判断（见图138）。

2

网友 2007-02-09 15:40:35

请博主解答一下吧，刚开始学习您的理论，所以想请您分析一下手里的股票，宝新能源（000690）和五粮液（000858），这两只长期持有可有问题？

缠中说禅 2007-02-09 16:16:30

本ID不喜欢所谓的长线概念。如果你是说长线买点一直持有到长线卖点，那本ID可以接受，否则那都是技术不过关的借口。五粮液(000858)，一个大的周线中枢，除非你有巨大无比的资金，这种级别的回调至少也该采取本 ID 所说的变成负成本后再长线持有，这样就有更多的钱出来干别的事情（见图 139）。当然，没走就算了。不过这次调整的时间短不了，上下还要反复折腾。至于长线，那当然没问题，牛市还早着，最终几乎所有不太差的股票都没问题的，都要创新高的。

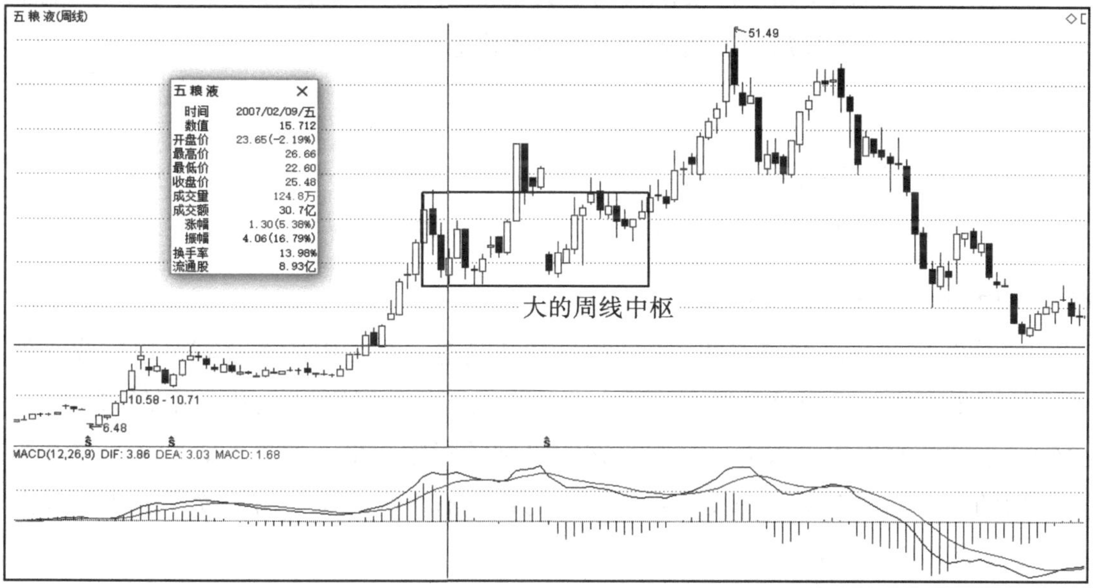

图 139　五粮液（000858）2007 年 2 月 9 日前后周线中枢示意图

3

网友 2007-02-09 16:16:48

博主，如果大盘选择向上，那么在 30 分钟的图上就很有可能形成一个盘整背驰？

缠中说禅 2007-02-09 16:23:34

也不一定，也有可能演化为上涨。这都无须预测，到时候看图反应就可以。

解盘、答问（2007-02-12 15:13:58）

缠中说禅 2007-02-12 15:15:26

大盘一点意外都没有，三角形后就是再来一波（见图 138）。2850 点上的压力已经早提醒了。本 ID 也很想把中国联通（600050）赶鸭子一样赶上 5 元，把大盘也赶上 3000 点，让大家过个好年，但汉奸可不乐意。能否上 3000 点过年，还说不好。

大家就看着吧，关键还是股票。其实3000点只是个心理问题，不是大家的，是汉奸和管理层的。最不济，就再来回几次，将那些心理有毛病的治疗好，然后再上3000点。希望心理有毛病的人越少越好。

个股没什么说的，自己找吃的吧，学那么多，不能白学。本ID曾说过的，除了一两只前期不跌且涨得太多需要洗盘的，其他都还可以，就看图练习。本ID不能多说，又当运动员又当裁判员还当解说，这也太没意思了。

2

网友 2007-02-12 15:35:31

大盘1分钟明显背驰，为何还上涨？请缠主能否解释解释，谢谢！

缠中说禅 2007-02-12 15:44:20

30分钟在明显的突破前期，1分钟的背驰制造一个盘中的震荡就可以完成，就像今天下午一样。已经反复强调，一定要从大级别往小级别看，用区间套的方法。1分钟级别的背驰发挥大威力，是因为在大级别的背驰段里。如果大级别是第二类买点开始的初升，甚至是主升段，看小级别的背驰有多大意义？就算卖了，也要马上找位置买回来。否则都只看1分钟的背驰，那不乱套了？

本ID的理论是在各级别之间系统、综合应用的，不是光看一个级别的，一定要搞清楚。

3

网友 2007-02-12 15:19:03

博主，大盘敏感时期是不是过去了？个股可以发动一波行情了吧？

缠中说禅 2007-02-12 15:57:21

二三线股对大盘的敏感度不强，只要大盘不大跌，都会有行情的。短期，大盘股会有一定的上探，现在对3000点的靠近，都带有一个试探性质，如果没有特别的事情，就过去了。如果又有什么人出来蹦跳两下，就会再洗，大盘就这样了。二三线个股行情比较独立。

4

网友 2007-02-12 16:07:00

博主：您能帮忙看一下号百控股（600640）吗？在上周五2月9日13:45看起来有1分钟背驰，却跌停了，是需要用平均趋势力度来解释吗？谢谢！

缠中说禅 2007-02-12 16:12:08

还是光看 1 分钟的背驰，这个问题和上面的回答是一样的，就是首先要看大级别的背驰段，然后再按区间套的方法看小级别来精确定位。否则，一个 1 分钟的背驰，可能一个盘中的震荡就化解了。针对该股，如果看大级别的图，用走势必完美，就知道第三段的下跌是必然的（见图 140）。所以，要先看大级别，知道大级别在干什么，再看小级别。要综合、系统地看问题。

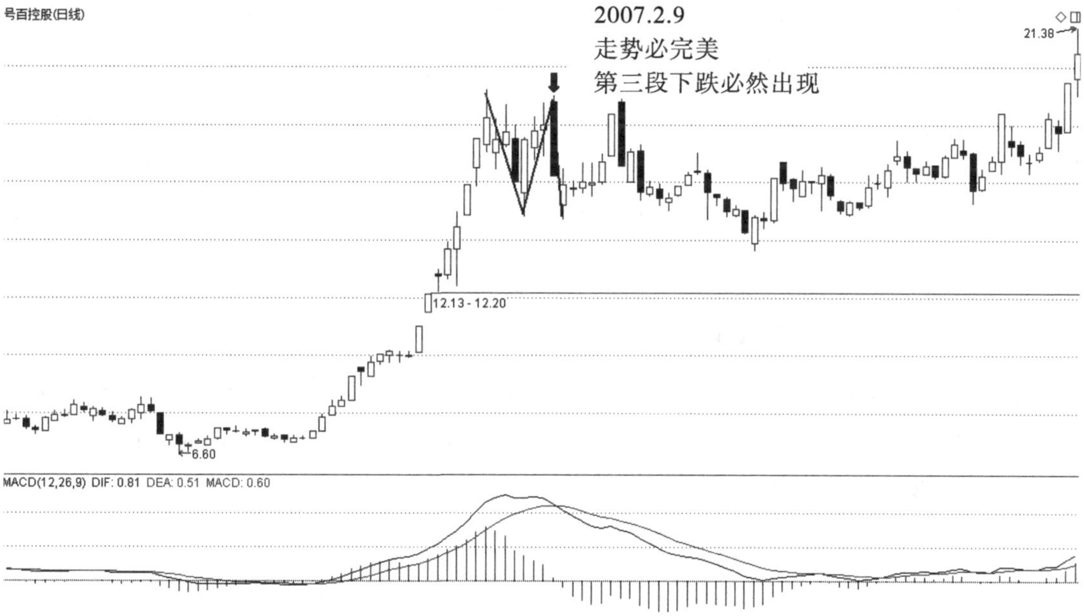

图 140 号百控股（600640）2007 年 2 月 9 日前后日线图

5

缠中说禅 2007-02-12 16:22:39

关于背驰的问题：背驰就一定转折，这可以严格地证明，没有什么循环的。因为背驰，所以不可能产生走势的延伸，就这么简单。至于为什么，是怎样证明的，现在还不能说。这个证明用到很高深的数学工具，一般人暂时只要知道结果就可以了。

背驰也是有精确定义的，但精确定义对一般人来说也没意义，需要用到测度论①里很多的知识。用 MACD 来辅助判断，效果至少在 95% 以上，已经足够好了，

①测度论是研究一般集合上的测度和积分的理论。它是勒贝格测度和勒贝格积分理论的进一步抽象和发展，又称为抽象测度论或抽象积分论，是现代分析数学中的重要工具之一。测度理论是实变函数论的基础，所谓测度，通俗地讲就是测量几何区域的尺度。我们知道直线上的闭区间的测度就是通常的线段长度，平面上一个闭圆盘的测度就是它的面积。

对于一般人来说，没必要再去探讨具体的定义。

6

网友 2007-02-12 16:35:24

问题一：趋势＋盘整，盘整的中枢级别高于趋势吗？这时盘整不能叫次级走势吧？那第三类买点是在盘整结束后吗，还是盘整中第一个次级别走势的结束点？趋势＋反趋势组合，就不存在这些疑问。

问题二：盘整＋反趋势，盘整的中枢级别和反趋势的中枢级别相同吗？

问题三：盘整＋盘整，如果以一个次级别的盘整类型离开中枢，返回当然不可能也是盘整类型，否则就构成一个大级别的盘整类型，这就与原中枢维持的前提矛盾了。怎么理解呢？离开和返回中枢的两个次级盘整走势，无论哪个属于Z走势段，都有 [dn,gn]，与中枢区间有重叠呀，怎么会构成大级别盘整呢？为何不算中枢延续？

缠中说禅 2007-02-12 17:04:25

答问题一：趋势 + 盘整里，盘整的中枢级别肯定大于趋势里的中枢级别。没有中枢，哪里有第三类买点！中枢形成中的第一个次级别走势连中枢都没形成，哪里谈得上该中枢的第三类买点。

答问题二：和趋势 + 盘整一样。

答问题三：注意，这里说的盘整 + 盘整，是在第三类买点的前提下的，后一个盘整的低点不会跌回前面中枢之内，这时候无论后面怎么走，都至少有一个 [dn,gn] 不与中枢重叠，就不会是延伸了。

7

网友 2007-02-12 17:10:37

请博主帮忙看一下国电南自（600268）除权的缺口近期有没有可能回补呢？谢谢了！

缠中说禅 2007-02-12 17:26:25

回补缺口，目标也太低了。你看那些好股票，有谁不是补了缺口后还大幅上涨的？具体操作，没必要预测什么，看图行事就可以。关键是根据资金定好操作的级别，是日线还是 30 分钟。例如，是日线的，那么一旦日线进入背驰段，就用区间套的方法去确定精确卖点，否则就不用管了（见图 141）。

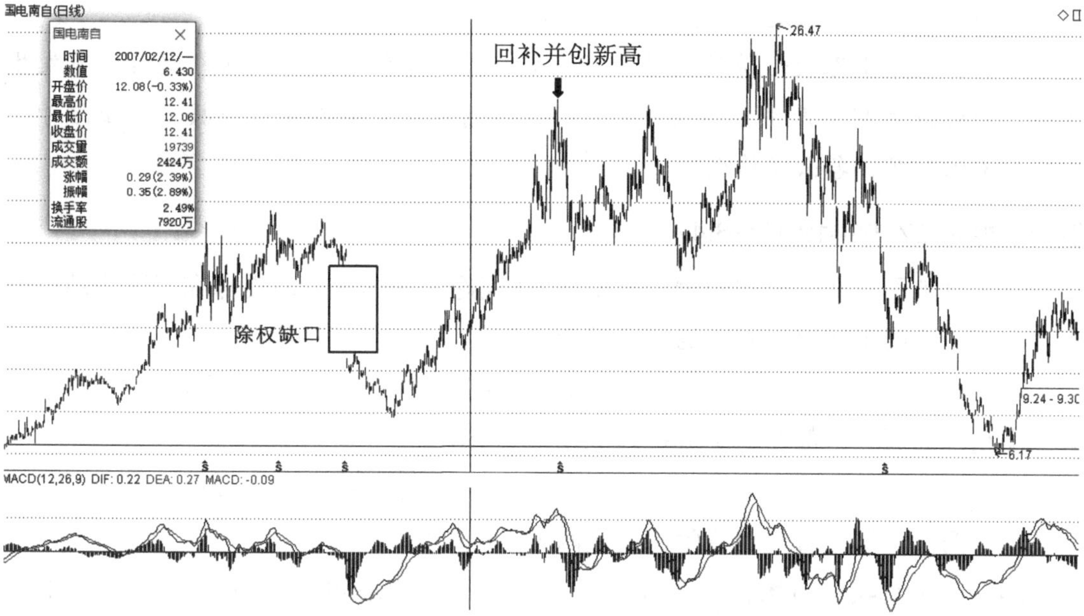

图 141　国电南自（600268）2007 年 2 月 12 日前后日线图

8

网友 2007-02-12 17:23:00

博主，我正在学习您的理论，因为开始的晚，所以很多您在前面讲课时用的例子，盘上已经看不到了，这个问题有解决的办法吗？请指教，谢谢！

缠中说禅 2007-02-12 17:28:09

有些 1 分钟图是很难看到了，其实最好不看图，研究具体定义的数学公式，自己画图理解。如果抽象定义都理解了，再去看图，那要深刻得多。

9

网友 2007-02-12 17:21:16

博主好啊，关于背驰我有几个疑问，前面回答解决了一个，还有几个，恳请博主解惑。

（1）如果主力利用背驰人为做图，背驰是否会失效？

（2）第一类买点多是趋势背驰，第二、第三类买点多是盘整背驰，那么第二、第三类买点还是次级第一类买点吗？应该是次级“类第一类买点”吧？

（3）原文中讲到，用 MACD 判断背驰，首先要有两段同向的趋势。那么大趋势最后两个背驰段，一定要是趋势吗？大趋势最后一个中枢的前后两段连接可以是次级以下的走势，不必然是趋势，这时运用背驰有效吗？

（4）在一个上涨大趋势的延伸中，假如其最后中枢前后两段次级趋势没有发生背驰，而股价因利空产生连续跌停走势，这种情况下背驰就不能够提前给出信号了吧？看不到背驰，怎么操作呢？

缠中说禅 2007-02-12 17:36:47

（1）背驰不存在失效的问题，只要本ID理论存在的两个前提存在，这个结论就不会改变。这两个前提，明天的帖子都会说到。

（2）这个问题前面有定理的。所有买点，归根结底都是第一类买点，要找第二、第三类精确的买点，都要到次级别以下找第一类买点。

（3）盘整背驰就不一定要有趋势，否则当然都要是趋势。如果只是围绕中枢震荡的前后两段，那只有盘整背驰。这是两种不同的情况。

（4）对于真实的市场，你的假设是不存在的。在实际中，就算这次房地产的突发利空，其最后的高点都在第一类卖点的控制下。现实的市场，总存在先知先觉的，所谓的利空，都是二手货。

教你炒股票30

缠中说禅理论的绝对性（2007-02-13 15:07:02）

1

缠中说禅 2007-02-13 15:09:43

大盘在前面强调的2850点压力下出现1分钟级别的背驰进入震荡，是最正常不过的事情，毕竟汉奸已经受汉奸影响而心态不稳的依然占了多数，不经过一番拉锯来稳定人心，寻找战机，是不现实的。还有三天，可以去努力让春节有一个满意的指数。

说句题外话，从今天开始，有关创投的概念会逐步升温，这可是真正的朝阳产业。

2

网友 2007-02-13 15:12:38

博主您好！我觉得自己现在的操作基本上都是成功的，但有一点儿把握得不好，中枢完成后继续上涨的一段，大概会涨到什么幅度？虽然您说过走得晚不如走得早，但我总是紧张过度，看着点儿苗头就跑了。

请问是不是中枢的前后两段大致对称？就好像一只蝴蝶，中枢是身体，前后两段就像翅膀。多谢！

缠中说禅 2007-02-13 15:14:57

第一个中枢后上扬的一段，如果不出现背驰段，那么就会形成第二个中枢，如果这个中枢的级别比第一个低，那么这个上涨就厉害了，所以不用急。

补充一句，换句话说，任何第一、第二、第三类买点能完美出现的，基本上都比较厉害。

3

网友 2007-02-13 15:13:22

请问老师一个中枢的问题，一个头肩顶的中枢是从左肩开始还是从头部开始？

第二个问题：同向的1、2、3三个中枢，中枢2与中枢1有重叠，中枢3与中枢2有重叠但不与中枢1重叠，这种情况的走势是否只是中枢1的扩展？其中枢的区间就是中枢1的区间吗？

缠中说禅 2007-02-13 15:23:02

其实没必要考虑什么头肩顶，中枢扩展有精确的数学定义。在一个中枢还在延伸的时候，只有一个中枢，不存在中枢1、中枢2的问题。

4

网友 2007-02-13 15:21:37

开盘买入上实医药（600607），缠主，我是用30分钟的第三类买点进行操作的，对不对？但是有个疑问：第三类买点怎么样才能买在最低点上？

我今天还买入了威孚高科（000581），但是却买得不对。在30分钟线上，我以为它要脱离中枢向上，并伴有大的成交量，就进去了，可是它却又下来回到中枢里了。自己觉得对第三类买点把握不好，缠主能不能讲讲？谢谢！

缠中说禅 2007-02-13 15:27:42

这只股票没问题，但你没买在30分钟的买点上，而是买在买点出现后的走势发展中。第三类买点还是要按第一类买点的方法来操作，只是看次级别以下的走势。

威孚高科（000581）这种骗线是很容易判别的，关键就是次级别的回抽不能又到中枢里。只要耐心等待次级别的发展就可以，不要次级别还没走出来就冲进去，这样容易被骗。

5

网友 2007-02-13 15:26:41

关于第三类买点有点儿疑问，请缠师解惑。

由定理一，可以得到第三类买卖点定理：一个次级别走势类型向上离开缠中说禅走势中枢，然后以一个次级别走势类型回试，其低点不跌破 ZG，则构成第三类买点。这里为什么以不跌破 ZG 作为判断，而不是以跌破 GG 作为判断呢？

按前面分类，此回试虽然没跌破 ZG，但跌破 GG，那新中枢还是原中枢级别的扩展，而不是上涨中新生一个，这个也一样能参与吗？

缠中说禅 2007-02-13 15:57:45

关键是中枢，而不是围绕中枢的瞬间波动。买点都是在跌的时候形成的，而不是回升以后再追高介入。如果第一类买点没买，就等第二、第三类买点，就这么简单。

网友 2007-02-13 16:04:04

同样条件选取的股票，后期的走势强度却相差很大，有没有辨别的方法呢？比如，博主说要关注农业后，我选取了 3 个股票，新赛股份（600540）、新农开发（600359）、香梨股份（600506），首先排除了新赛股份（600540），其次排除了香梨股份（600506），于 1 月 26 日介入新农开发（600359，第三类买点），其后香梨股份（600506）的走势竟然最强，在技术层面上有没有识别方法呢？

缠中说禅 2007-02-13 16:11:23

香梨股份（600506）第三类买点在最高价处形成，一般情况下，当然比在最高价下形成的新农开发（600359）要快点儿，因为至少节省了过最高点时的磨蹭。当然，这是一般性的结论，不是绝对性的。

6

网友 2007-02-13 16:13:47

博主，上次的晋西车轴（600495）买在了买点和卖点之间，幸亏你指导，我在 5 分钟高点出了。今天下午 14:20 买了邯郸钢铁（600001，现吸收合并为河钢股份），请缠主指导！

缠中说禅 2007-02-13 16:27:18

出了要找机会买回来，这只股票中线问题不大的，卖了也无所谓了。邯郸钢铁（600001）中线也不错的。

关键是要明确操作的目的。如果是纯粹的练习，那么就选好一只股票反复操作，这样容易提高，而且能慢慢培养感觉。

一般情况下，对于新手来说，选好一些基本面有支持的，股价离底部不远，大级别又出现买点的股票反复操作，这样的效率比换来换去要高。当然，熟练以后就是另一回事情了。

7

网友 2007-02-13 16:09:45

如果市场上有人控制了个股的 1/3 筹码，其他有筹码的人又不是活跃的交易者，那么交易趋同性不是大大增加了么，那么理论的适用性会不会下降呢？

下面这段话如何理解呀？

“更重要的是，本 ID 的理论并不是一个僵化的操作，都是永远建立在当下之上的。例如，一个日线级别被判断进入背驰段，由于某种当下的绝对突发事件，例如突然有人无意按错键，一发射出去一千几百颗原子弹，使得小级别产生突发性结构破裂，最终影响到大级别的结构，这时候，整个的判断就建立在一个新的走势基础上了。而往往这时，实际的交易并没有发生，除非你运气忒好，你刚按买入，那边原子弹就飞起来了。

一般人总习惯于一种目的性思维，往往忽视了走势是当下构成中的。而本 ID 的理论判断，同样是建立在当下构成的判断中，这是本 ID 理论又一个关键的特征。关于这种理论的当下性，在以后的课程中会重点介绍，按学历，这是初中的课程 。”

请问，什么叫实际交易并没有发生？

缠中说禅 2007-02-13 16:37:46

你不是大级别一进入背驰段就操作的，而是要用区间套进行依次定位。在这样的情况下，如果突然有意外发生，实际上你极大可能并没有进入操作，只是依然在观察走势的区间套演化中。

解盘、答问（2007-02-14 15:10:08）

1

网友 2007-02-14 15:21:31

中枢扩张为高级别中枢后，高级别中枢的起始点是如何划分的？能否以上证指数为例，说明大盘自 2541 点上涨以来，5 分钟中枢扩张成 30 分钟中枢后，这个 5 分钟中枢是如何扩张成30分钟中枢的。5分钟中枢、30分钟中枢起始点在哪个时间位置？

缠中说禅 2007-02-14 15:23:35

高级别的还是按定义来划分。例如，5分钟扩展成30分钟的，那么第一个5分钟中枢就是第一段了。

2

网友 2007-02-14

第三类卖点回抽的必须是次级别走势类型吗？次级别以下级别回抽不行吗？比如5分钟走势向上离开30分钟中枢，必须是以5分钟走势回抽确认吗？如果是1分钟走势回抽能不能构成第三类卖点？

缠中说禅 2007-02-14

次级别以下往往有骗线，不是绝对的。

3

网友 2007-02-14 15:40:10

博主好，各位师兄好，数源科技（000909）这两天成交量巨大，看5分钟线是否已经背驰，还可以追吗？

缠中说禅 2007-02-14 15:45:40

追，会有买点吗？先养成好习惯，投资是一生的游戏，不能一开始就被消灭了。

4

网友 2007-02-14 15:46:10

请问为什么不抛民生控股（000416），而抛华润三九（000999）？杀跌可不好！

缠中说禅 2007-02-14 15:55:42

民生控股（000416）一拉起来就出，不就回去了？明天万一情况紧急，抛起来也简单。华润三九（000999）今天本来就需要调整，本ID只是把这次在10元下买的兑现了，成本还在0下面。而且本ID不喜欢拿着太多的筹码去停牌，这是一个大的资金管理问题了。

现在本ID持有的股票大多数都在高位，只要有资金压力，兑现都很简单。本ID保证的是整个大组合的安全，而不是单只个股。

对于小资金来说，全跟本ID的股票并不是效率最高的，应该按本ID的理论自己去找吃的。

教你炒股票31

资金管理的最稳固基础（2007-02-15 15:16:12）

1

网友 2007-02-15 15:24:35

盘整是只形成一个中枢的，假如在某级别盘整背驰中出掉了，是不是下跌中只用形成一个中枢后就可以再捡回来？

缠中说禅 2007-02-15 15:28:44

次级别背驰后接回来，但必须关照大级别的走势。一旦有盘不住的倾向，就不要接了，等破位再说。

2

网友 2007-02-15 15:29:17

我的重仓股万家乐（000533）今天复牌，5分钟图和30分钟图均未出现卖点，可涨幅已超过50%，实在有点怕。博主能不能指点指点，否则心中没底呀！

缠中说禅 2007-02-15 15:34:46

一般现在复牌后震荡几天都继续涨的，如果你技术熟练，可以参考本课说的资金管理的方法。此外，最重要的是，如果出了，你能找到更好的股票吗？如果没有，就别出了。当然，短线是可以的，上面抛了，下面拣回来。这种活动，只要有短线买卖点都可以进行，控制好每次的参与量就可以了。例如特别不熟练的，用1/10的资金操作，这样也是一个很好的练习方法。

技术是靠自己练出来的。

3

缠中说禅 2007-02-15 15:44:46

即使突破3000点，震荡的压力还是很大的，以后震荡中补掉的机会多了。明天其实还是有压力的，特别这次上来夹空了不少人，那些人即使明天不出手，过年后还是会出手的。现在并没有绝对的把握一定击毁他们，当然，他们也没有任何把握一定能出手成功。这是大战，现在还很难说胜负。

4

网友 2007-02-15 15:41:01

博主，还有一个问题请教，具体操作中如何把成本变为0？以后会有课吗？应该不是一定要等股票翻倍然后出一半吧？

缠中说禅 2007-02-15 15:48:31

你在震荡中不断做短差，一般不用翻番，你出一半后成本就是0了。其实，当时的卖点，关键看30分钟或日线的卖点，有了就出手。如果还在连续拉升，那过了一倍也没必要出，等卖点出现，这一点要灵活点儿。

5

网友 2007-02-15 15:50:34

博主，紫光股份（000938）走的也过于稳健了吧，它和大众公用（600635）都有创投概念，可走势却有天壤之别。虽然我认为它能上16元，可看别的飞涨心情很不爽，看来我还要悟禅。

缠中说禅 2007-02-15 15:57:15

紫光股份（000938）主要是业绩有问题，所以大家都有所顾忌。一旦业绩明朗，那就会放手大干了。你想想，这么大的牛市，一个从100元下来的股票，难道连20元都上不去吗？现在主要是货少了，而不是拉不拉得上去的问题。

对散户来说，你可以长期关注，然后根据技术图形来打短差。高位卖了，然后就跟别的股票，回跌有大买点了，然后再回补，这样资金效率就高了。等货比较集中了，自然有连续拉升的行情。

注意民生控股（000416）没有？为什么公布的业绩不好，调整两天后又开始大幅上涨，道理很简单，货干净了。

6

网友 2007-02-15 16:07:36

请问博主，像我们这样的散户，在下跌市中，所留部分机动的资金被套牢了怎么办？不等于将主动权交给别人了吗？谢谢！

缠中说禅 2007-02-15 16:13:53

你为什么在下跌市里买入？一定要等到买点出现。一个中线的仓位，至少应该在一个日线级别的买点介入，这样才有中线运用的价值。

当然，如果你技术不熟练，会找错买点，这必须通过提高技术才能最终解决。否则，技术不过关，这些问题总是存在的。唯一的办法就是，如果技术不过关，那介入的量就要控制好。例如，技术好的，有1万元，可以先买8000元。技术不好的，那就先买3000元。涨了不追，跌了，如果中线形态保持，就在次级别买点补进。

当然，如果你连上涨和下跌都分不清，那还是先学技术，什么操作都别进行。

7

网友 2007-02-15 16:07:26

博主：请问股票上涨一倍后，出一半股票，成本为0后，做短差时，是用退出来的全部资金来买卖相应数量的股票，还是买卖和原来卖出数量一样的股票？谢谢回复！

缠中说禅 2007-02-15 16:16:43

成本为0前，只补进相同的数量，仓位不增加。成本为0后，抛出去，跌回来，就把抛出的钱全补进去，这样买回来的数量一定多了，股票才会越来越多。

8

缠中说禅 2007-02-15 16:20:30

对冲中，如果大的走势没坏，回跌比较多后，就可以逐步回补。你不能冀望一个中线上涨中段的股票，一个1分钟的背驰就可以回跌20%，这不现实。

9

网友 2007-02-15 16:23:36

请问博主：在一个上升趋势中，如果1分钟没有背驰，5分钟级别会发生背驰吗？

会不会出现次级别没有背驰，而大级别先背驰了呢？多谢！

缠中说禅 2007-02-15 16:31:46

在标准的趋势中不可能。大级别进入背驰段，然后级别逐步向下进入，这是最标准的状态。除非出现突发事件，使得小级别突然破裂。

10

网友 2007-02-15 16:20:40

先预祝老师新春快乐！我想再问个问题，很明显的中枢能看出来，但像创兴资源（600193）的日线，我感觉没有中枢，不知道对不对？

缠中说禅 2007-02-15 16:33:16

怎么会没有？2006 年 12 月 21 日到 2007 年 1 月 18 日就很明显（见图 142）。

图 142 创兴资源（600193）2007 年 1 月前后日线中枢示意图

11

网友 2007-02-15 16:01:01

请问博主，第三类买点有一种是盘整背离后不跌破中枢高点形成的，是不是还有不是盘整背离形成的第三类买点？例如趋势中形成第二个中枢的第一段次级别下行走势。

还有，对于不断形成新的中枢，例如上涨方向三个以上的中枢，对从第三个中枢开始的每个新生中枢次级别的第一段下行走势，为什么不可以称为第三类买点？每个新生中枢次级别的第三段下行走势又算是什么买点呢？

另外，盘整背离与趋势背离的区别我还不是十分清楚，是不是趋势背离是至少形成两个中枢后的上行段发生的背离（与第一个同级别中枢后的次级别上行段进行比较），而盘整背离是离开第一个中枢后的上行段发生的背离（与第一个同级别中枢前的次级别上行段进行比较）？恳请解惑，谢谢！

缠中说禅 2007-02-15 16:53:33

也有可能，例如一个很强劲的上涨，然后一个快速的回调，然后继续上升。第三类买点关键是次级别上去，次级别回调不回到中枢里。

盘整背驰一般都是中枢震荡时发生的，而趋势背驰，是a+A+b+B+c中，c段与b段间的比较。

12

网友 2007-02-15 16:53:29

博主新年愉快！请教洪都航空（600316），5分钟线一点点不断盘整向上，真不好弄短差，又担心会大跌一下，不知怎样操作，请缠主指教。

缠中说禅 2007-02-15 16:59:07

这个走得很标准，中枢不断新生，就一个个看上去。如果暂时不会看，就看5分钟的MA120均线，不破，不会有大调整的。

13

网友 2007-02-15 17:06:10

博主好！看到最后反而有个最基础的问题迷糊了，还是关于走势中枢的。博主说过，上升趋势的走势中枢由下上下三段重叠得到。假如"上"这段较长，两个"下"段都很短，以至于三段没有交叉，如何求得中枢？如果在上升趋势中取上下上三段，则不存在这个问题。

缠中说禅 2007-02-15 17:08:46

那就不形成中枢，谁告诉你下上下一定形成中枢的？没重叠哪里有中枢？

解盘、答问（2007-02-16 15:21:37）

1

缠中说禅 2007-02-16 15:56:11

看盘也是一种放松，关键是不执着，否则放松也是一种痛苦，关键是对市场有充分的理解。不能放松，是因为有烦恼，被烦恼所烦恼。智慧才是最大的放松。

2

网友 2007-02-16 16:00:04

成本为 0 后筹码增加，前提是在一个大级别上涨中进行，是吗？然后在大级别上涨背驰彻底卖出吗？这级别是在两个周线中枢还是月线中枢形成后？如果超长线，n 年牛市一股票 n 年上涨，可以一直不卖？

缠中说禅 2007-02-16 16:08:09

这和你的资金量以及行情有关。如果是一个大牛市，当然要到月线背驰再说。盘整的时候，短差比较简单。单边上涨中，技术要求比较高。

3

网友 2007-02-16 15:59:41

跟着您学习 3 个月了，今年已经取得了 30% 的收益。只会用背驰和 MACD 辅助的方法寻找买点。30 分钟的买点基本都可以把握住。

缠中说禅 2007-02-16 16:11:36

不能光会买不会卖，宁愿卖错，不要买错。没把握的，可以分批卖，越涨越卖。

解盘、答问（2007-02-26 15:50:13）

1

网友 2007-02-26 16:00:16

博主，来问问题了。上次说的大盘 2980 点开始的 5 分钟下跌，第一个中枢为什么不是从 1301035 开始的，而是从 1301055 开始算起的呢？ 1301055 至 1301310 是不是这个中枢的前三段，之后的是中枢的延伸？

缠中说禅 2007-02-26 16:12:33

1301035 开始的那个是前面走势类型的中枢，同一个走势类型的中枢，和下跌 + 盘整里盘整的中枢，要搞清楚它们的区别（见图 143）。

一般标记中枢，都说前三段，后面的延伸，可说可不说，关键你知道是延伸就行。如果每个中枢都说得那么仔细，这文章就没法写，太长了。

网友 2007-02-26 16:42:50

1301055 当时的价位不是最低点呀，后面有新低，它属于下跌过程中的一点呀。按定义是否要从后面的低点算起呢？学生迷惑中……

图 143 上证指数 2007 年 1 月 29 日前后 5 分钟走势图

缠中说禅 2007-02-26 16:50:25

B 段低点不能跌破 A 段的？中枢的定义里可没有这个要求。请把“教你炒股票”第 29 课的第二种情况“该级别更大级别的盘整”好好看看。

2

网友 2007-02-26 15:53:55

先给博主拜晚年！一个春节都坐在电脑前学习缠中说禅理论，觉得有一点点懂了。

根据本钢板材（000761）5 分钟图，以为：02301030-02150935 A 段，之前有个中枢。接下来至 02161500 B 段，构成一个较大的盘整中枢，同时 MACD 回抽 0 轴。今天开盘起走 C 段，上午 10:45 股价创新高，C 段红柱小于 A 段，想必背驰。想起您说过的有卖点一定要卖，于是卖了，可收盘咋还创新高了呢？您给看看俺的问题出在哪儿啦，那地方不叫背驰呀？俺对缠理论入迷了，博主一定要回答啊！

缠中说禅 2007-02-26 15:59:55

要搞清楚，背驰必然要有调整，但不必然有大调整。如果是盘整背驰，则往往转化成第三类买点。对于小级别的背驰是否产生大调整，必须是先从大级别看起，这也是所说的区间套方法。

例如 5 分钟的背驰，你必须先要看 30 分钟是否有进入背驰段的可能，就像这个，30 分钟在主升段的，那 5 分钟的背驰往往就是一个盘中的小调整就完成了，这种背驰就没多大操作的意义了。否则 1 分钟背驰每个都弄一下，又不知道如何回补，那是很累的。一般这种背驰，盘中对冲一下就可以了。但那些符合区间套的背驰，就要充分注意了。

3

网友 2007-02-26 16:21:59

请教博主：100 万元的资金一天进 6000 万流通盘的股票，是否会被套住？日换手 5%，谢谢！

缠中说禅 2007-02-26 16:30:23

是否套住和你买的位置有关，100 万元资金不算什么。一般来说，0.5% 流通盘以下的，可以忽略。

4

网友 2007-02-26 16:27:25

“其实散户挣钱真的很简单，就像本 ID 说的 14 只股票，基本的节奏都不大一样，利用技术，把涨幅大的换成涨幅小的，这样利用率就高了。”

“把涨幅大的换成涨幅小的”这句话我理解不了。是不是我把 17.40 元的股票换成 7 元或者 8 元的股票？

缠中说禅 2007-02-26 16:32:11

涨得多了，有大级别卖点的，可以先出来，没必要参与盘整，找那些有较大买点的买入，这样利用率就高了。

5

网友 2007-02-26 16:26:31

关于资金管理，想听听博主高见。如果已买了若干股票在上涨中，隔一小段时间有一点小钱，博主不建议再买这些股票。如果用这些钱买新股票，那么所买股票会多于两三只，博主也不主张这么买，如何管理运用这些小小钱？

缠中说禅 2007-02-26 16:34:52

前面说过了，买之前必须认真分析，有足够信心才买。买就一次性买够，留点机动性资金就可以。千万别追着买，股票几千只，不要一棵树吊死。一般来说，有两三只股票不算多，但千万别弄十几只，除非你资金特别大。

6

网友 2007-02-26 16:19:36

缠师，盘整背驰没看明白。其中提到的A、B、C三段，是指组成这段盘整走势中枢的三段重叠走势吗？

缠中说禅 2007-02-26 16:40:55

中枢里的A、B、C三段，站在次级别上看，就是三个完成的走势类型的叠加，这很好理解的。

7

网友 2007-02-26 16:40:18

缠师好，祝新年快乐！请问东方钽业（000962）5分钟好像要背驰，应该如何操作更好点儿？谢谢！

缠中说禅 2007-02-26 16:44:43

进入背驰段，要找精确的卖点，就看1分钟以及以下的，这叫区间套方法。但对小级别的背驰是否能引发大的调整，必须要看大级别是否进入背驰段。

8

网友 2007-02-26 16:53:12

中国石化（600028）周线、月线都不是老师说的值得弄的股票，但是日线以下级别的就还可以，那是不是也要放弃参与？

缠中说禅 2007-02-26 16:55:37

如果你资金量不大，又能短线操作，那看30分钟的买点就足够了。当然，最好日线不在背驰段里。

网友 2007-02-26 17:13:28

老师的课程里很多地方说，操作的级别要根据资金量来决定，但是我们对资金量的具体定义真是不明确。老师眼里的钱已经只是数字了，我们就不同。比如300万元，应该从哪个级别看起呢？

另：按您上面说的方法，中国石化（600028）从30分钟看已经进入背驰，但60分钟和日线看还可以，就没有必要现在在卖点出来了，不知理解对吗？直到日线背驰了，再找卖点，对吗？

缠中说禅 2007-02-26 17:20:12

如果你的资金不到操作股票流通盘的5‰，基本上30分钟以上级别的都可以随意操作。至于1分钟级别的操作量，一般只要在10日均量的1%以下，都可以顺利完成。

9

缠中说禅 2007-02-26 17:14:32

短差，是按图操作，不要设定目标，不要给自己一个框。如果你资金很小，那么每天可以找一个对冲的位置，这样等于每天都有一个短差，这个一般看1分钟的都能找到。而5分钟、30分钟这些级别，能把成本降很多。特别那些活跃的，震荡幅度大的，一次30分钟级别的操作，如果资金不大，基本能把成本至少降10%以上。注意，有了中枢，均线只能当参考。

10

网友 2007-02-26 17:07:26

难道整个盘整走势本身就是个中枢，而不像趋势那样，有前面的连接段和后面的背驰段？

缠中说禅 2007-02-26 17:16:55

某级别的盘整是包含相应级别一个中枢的走势类型。盘整和中枢不是一个概念，像中枢的延伸、扩展等，都在盘整里。盘整是一个不精确的概念，一定要用中枢的精确概念来精确之。

11

网友 2007-02-26 17:23:24

缠师，有个问题。股票走势似乎和所学理论相悖，佳电股份（000922），无论30分钟还是日线，一直背驰但是一直涨，百思不解。请缠师方便的时候一定不吝赐教，这里先行顿首谢过！

缠中说禅 2007-02-26 17:27:04

该股连日线的背驰段都没出现过，怎么会有日线的背驰？如果用MACD辅助，连0轴都没有回抽，怎么会有背驰？

12

网友 2007-02-26 20:19:26

春节假期对博主的炒股课程文章重新学习了一遍，有了更深的体会，当然细节方面仍然有不少不懂的地方，特别是对于盘整走势的判断问题。

归纳起来，学习盘整走势中遇到的疑难问题有如下几个方面。

（1）盘整走势结束后发生转折的问题。

盘整走势结束后，如果接下来是上涨走势，一定有某级别离开盘整中枢低点的下跌背驰段吗？如果是盘整 + 下跌，一定有离开盘整中枢高点的上升背驰段吗？

（2）盘整中枢的方向判断问题。

虽然博主的中枢定义本身并没有提到构成中枢的三段走势的起始方向判断问题，但是博主在相关回帖当中说过。简单来说，上涨趋势中中枢三段的方向依次是下 – 上 – 下，下跌是上 – 下 – 上，那么盘整当中的中枢方向是如何确定的呢，是根据盘整走势前面的走势来判断吗？例如对于下跌 + 盘整走势的组合，盘整中枢方向是下 – 上 – 下三段吗？上涨 + 盘整走势的组合，盘整中枢方向是上 – 下 – 上吗？

缠中说禅 2007-02-26 21:22:12

粗略看了一下你的问题，都是基本概念没搞清楚。

盘整怎么会有背驰？盘整只能有盘整背驰。把背驰和盘整背驰的基本概念先分清楚。

盘整哪里有什么方向，只有趋势才有方向，这是最基本的概念。中枢就是中枢，哪里有什么盘整中枢、趋势中枢之分？盘整和趋势的区别只在于盘整只有一个相应级别的中枢，趋势有两个以上相应级别的中枢。

13

网友 2007-02-26 21:22:27

大盘高风险的时候请提示一下。说白了，现在赚钱很容易，但能看得出风险的，对多数人来说，就不那么容易了。

缠中说禅 2007-02-26 21:41:35

说到风险，那是一般性的无聊思维。明白本 ID 的理论，就没有这类问题了。本 ID 的理论，只会考虑类似的问题，进入背驰段了吗，背驰了吗，这都是具体的、可操作性的问题。风险这类虚无缥缈的问题，本 ID 没兴趣。站在所谓的风险角度，股票都是废纸，这就是真正的风险。

14

网友 2007-02-26 21:32:09

博主在吗？有些问题想请你回复一下，谢谢！

（1）如何判断一个盘整的开始与结束？比如说一个上涨趋势完成后，对应的走势必然是盘整或下跌。那么当形成一个中枢的时候，如何判断它是一个盘整还是一个下跌趋势的第一个中枢，是不是应该等等看？还有，趋势可以根据背驰来判断其结束，那么盘整用什么来判断其结束？

（2）上涨的中枢是下上下，下跌的中枢是上下上，那么一个盘整的中枢是什么？

（3）看博主的意思，不应该预判走势的发展方向，应该等其完成后再来判断。那是不是就是说不可能提前判断一个上涨或下跌的趋势，那我们为什么说这一轮牛市是一个上升趋势呢，为什么不可能是一个盘整呢？完成一个中枢就结束，这样的话，走势必完美又有什么意义呢，不就成典型的马后炮了吗？

缠中说禅 2007-02-26 21:56:50

（1）为什么有第三类买点或卖点，把这个问题想明白没有？

（2）怎么到现在还问这种问题！盘整的中枢和趋势的中枢又有什么不同？中枢就是中枢，哪里有什么盘整的、趋势的。你可以说是趋势中产生的中枢，但不可以说盘整中产生的中枢，有了中枢才可能有盘整。

（3）又是糊涂概念。走势必完美和一定上涨、盘整没有任何关系，走势必完美等价说中枢一定可以形成，先把概念搞清楚。任何级别都不可能永远不形成中枢，这才是走势必完美的意思。

15

网友 2007-02-26 21:47:46

拜读了博主的文章，请教一句：两市 1000 多只股票有很多是不符合贵理论中的经典走势。那么在选股的时候，是不是毫不犹豫地把不符合贵理论经典走势的股票剔除，即使基本面很好？谢谢！

缠中说禅 2007-02-26 21:59:21

没有任何一只股票的走势是不符合本 ID 理论的，如果连这一点都不明白，那就是没学清楚。先从中枢入手好好学，学明白了，看任何图都如看自己的掌纹一样。

16

网友 2007-02-26 21:47:54

缠主，我这样的认识对不对，即构成中枢的三段走势，下上下或上下上三段，在次级别图中，上下段都是依次独立完整的一段趋势，而非盘整。所以在次级别图上，上或下都至少包含该级别的两个中枢。

缠中说禅 2007-02-26 22:02:31

先把最基本的概念搞清楚。什么叫走势类型？盘整不是走势类型吗？

17

缠中说禅 2007-02-26 22:11:34

发现很多人连最基本的概念都没搞清楚。

走势类型：趋势（上涨、下跌）、盘整。

中枢是最原始的，走势必完美是针对中枢必然形成说的。任何级别都不存在永远不形成中枢的走势，任何走势最终都必然形成某个走势类型或者它们的叠加。任何市场的走势都必然可以分级别成相同级别走势类型的叠加。趋势和盘整的唯一区别，就是包含的相应级别中枢，前者必须是两个或以上，而后者只能一个。

这些都是最基本的概念，如果这都搞不清楚，那是没法看下去的。

解盘、答问（2007-02-27 15:29:57）

1

缠中说禅 2007-02-27 15:31:20

大概当汉奸想砸盘时，才发现本 ID 砸起盘来比他们都凶，这也是本 ID 反复强调散户千万别买的原因。本 ID 承诺春节办到的事情，可从来没承诺一定要永远守住什么。大盘调整的必然性，在周线中枢必须有第三段，这叫走势必完美了，所以震荡是不可避免的。就算大盘站稳 3000 点，也就是进入日线的背驰段。今天一个短线背驰引发的单边下跌，没什么可奇怪的，都是计划之中。

本 ID 的理论永远都是按图办事，没有死多、死空这些无聊玩意儿。这次下跌，在中午形成第一个 1 分钟的中枢，明天只要开盘不马上回到 2869 点（2868.19 点，1 分钟中枢下沿）之上，那必然要有第二个，然后再进入背驰段（见图 144）。按图操作，走了的，就要继续按图操作，把该买的买回来。本 ID 理论的有效性，通过每一次的震荡，都会无情地告诉你。

至于个股，本ID今天唯一买入的，就是某些深圳的本地低价股，其他都是在套现。特别像民生控股（000416）、吉恩镍业（600432）等这些，对于本ID来说已经翻倍的，本ID只能无情地把成本变成0。当然，这些个股中线都还有潜力，只是对本ID来说，以后就是挣筹码了。至于涨幅不大的，买点出现，本ID会回补的，因为周线调整结束后，大盘依然要向上。

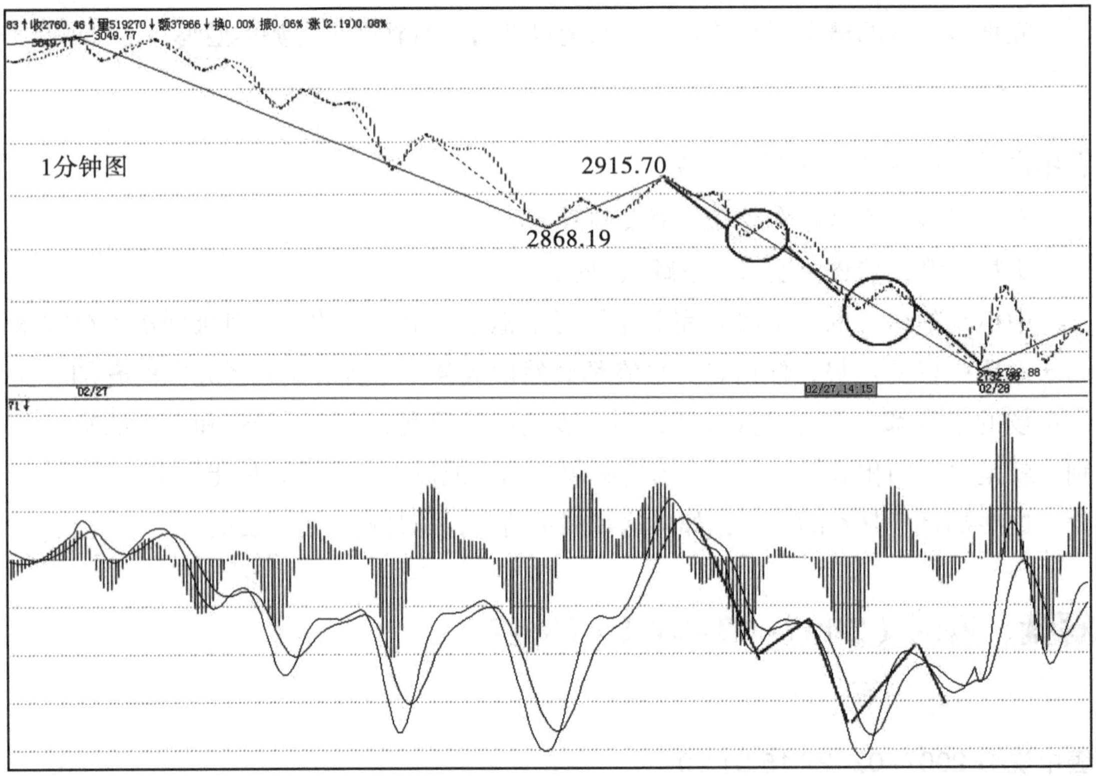

图144 上证指数2007年2月27日前后1分钟走势图

2

网友 2007-02-27 15:39:25

博主好！今天过得不容易呀，本来想高位出掉手中的货的，可一时犹豫下午又进了，郁闷！

另外，请问博主是否真有市场传闻的重大利空啊？

缠中说禅 2007-02-27 15:41:07

第一个中枢才刚出现，回补什么？按图操作，利空是无意义的。

3

网友 2007-02-27 15:44:13

缠师能帮忙看看青岛海尔（600690）么？下面感觉有均线缠绕的趋势，该补仓还是斩仓？

缠中说禅 2007-02-27 15:46:07

不要跌了才问怎么样？背驰肯定是出现在涨之中的，到跌的时候，卖点早过了。本 ID 反复说过，宁愿卖早，不能卖晚。

4

网友 2007-02-27 15:44:50

从你写的文章看你心浮气躁，你还和罗杰斯叫板，就你这心态还炒股呀！你的文章里有一句话说什么 4000 块也是钱呀，冲你这句话，你就没见过什么钱。

缠中说禅 2007-02-27 15:52:36

4000 块难道不是钱？在本 ID 眼里，4000 块和 4000 亿元并没有任何的区别，要亏起来，速度是一样的。一个人，如果还有大小之分别，那连庄子的境界都没达到。

5

网友 2007-02-27 15:59:40

博主，是不是出现日线背驰的可能性很大啊？怎么越看越像呀！

缠中说禅 2007-02-27 16:02:29

显示谈不上什么日线背驰，只是一个分钟线上的背驰，但最大的技术压力是周线的中枢必须有三段。现在走第三段。

6

网友 2007-02-27 16:26:00

博主，“如果明天继续形成第二个中枢，那今天躺地板，明天还要经受下跌的痛苦，不如今天卖了，明大低了再捡回来。”这种想法对吗？

缠中说禅 2007-02-27 16:29:52

这样不对，应该是背驰有卖点的时候走，有买点再买回来。如果错了，就找反弹出现的卖点出来。

7

网友 2007-02-27 16:40:16

缠师，对于一个只有一个中枢的走势，其后发生了转折，一定是发生了盘整背驰吗？

如果是，是发生在C段吗？

缠中说禅 2007-02-27 16:44:32

这里会有两重，一是A与C之间的比较产生的盘整背驰，二是C内部的次级别背驰。一般来说，这两者有类似区间套的关系。

8

网友 2007-02-27 16:42:33

博主帮分析一下大盘从2541 ~ 3049点5分钟级别的图吧，自己感觉好多中枢啊。

缠中说禅 2007-02-27 16:46:59

没必要，如果大盘已经形成30分钟的中枢，那么看30分钟的就可以。然后从30分钟的第二个开始，密切关注是否进入背驰段。然后再按区间套来确定精确背驰。

9

网友 2007-02-27 16:42:38

今天好惨，教训呀！今天早上逢高出了部分股票，然后一再叮嘱自己今天坚决不买股票，可是下午仍然忍不住去挂了单，结果全部光荣被套！

缠中说禅 2007-02-27 16:48:06

按图操作。没有背驰，不能回补。

10

网友 2007-02-27 16:54:36

博主您好，大盘不好时，个股是否应全部出掉？比如今天，谢谢！

缠中说禅 2007-02-27 16:56:04

应该是进入较大级别的背驰就要出，不能跌了才问出不出。

11

网友 2007-02-27 16:57:54

问声老师好！今天没出，都跌停板上了。没想到1分钟产生如此大的力量。老师辛苦了！

缠中说禅 2007-02-27 17:00:14

理解错误，是区间套的力量，这不仅仅是1分钟的问题，以上级别也进入背驰段。

12

网友 2007-02-27 17:01:50

缠师，我今天的操作比较失败。早上看势头不对全部出了，不过已经下来一段了。下午看中信海直（000099）在5.70元有个1分钟背驰又全仓进去，结果尾盘被死死按在地板上。请问缠师，在现在这种情况下，明天一开盘是不是不计代价先出来？等跌势尽了，形成第二个中枢背驰后再买进？

缠中说禅 2007-02-27 17:07:39

要等真背驰才回补。你买的位置不对，如果1分钟的下跌已经引发5分钟的主跌，这时候就算有背驰也不能用。为什么？根据区间套，要等5分钟进入背驰段。你那位置问题不大，就当弄了一个短差，把成本降低了。

教你炒股票32

走势的当下与投资者的思维方式（2007-02-28 08:44:37）

1

缠中说禅 2007-02-28 08:50:44

市场的任何走势都是最好的免费训练。纸上谈兵没用的，关键是实际操作。心手合一才可以，否则就是浪费时间。市场只认识走势本身，其他一切都是多余的。不经过一番修炼，是不能成器的。

2

缠中说禅 2007-02-28 15:15:26

今天让各位现场学习，看看a+A+b+B+c是如何变成a`+B的（中枢级别扩展）。如果早上不敢回补，那么13:51的第三类买点，怎么都应该回补了。而且个股与大盘的节奏不同，这两天深圳低价本地股表现怎样，今天哪个板块先涨停的，大概都应该能看明白了。

大盘后面的走势很简单，就是2915点，昨天1分钟中枢的高点。如果看不懂的，就看5日线。上不去，那就要二次探底，否则就V型反转，重新攻击3000点（见图145）。

至于个股方面，没什么可说的，今天的课程里专门让大家去找第三类买点的："大跌，就把眼睛放大，去找会形成第三类买点的股票，这才是股票操作真正的节奏与思维。"不仅是思维本身，还有心态如何调整。有了这次现场直播，大家对这节奏不知道有没有感觉。今天一早看课程又能理解的，有福了。

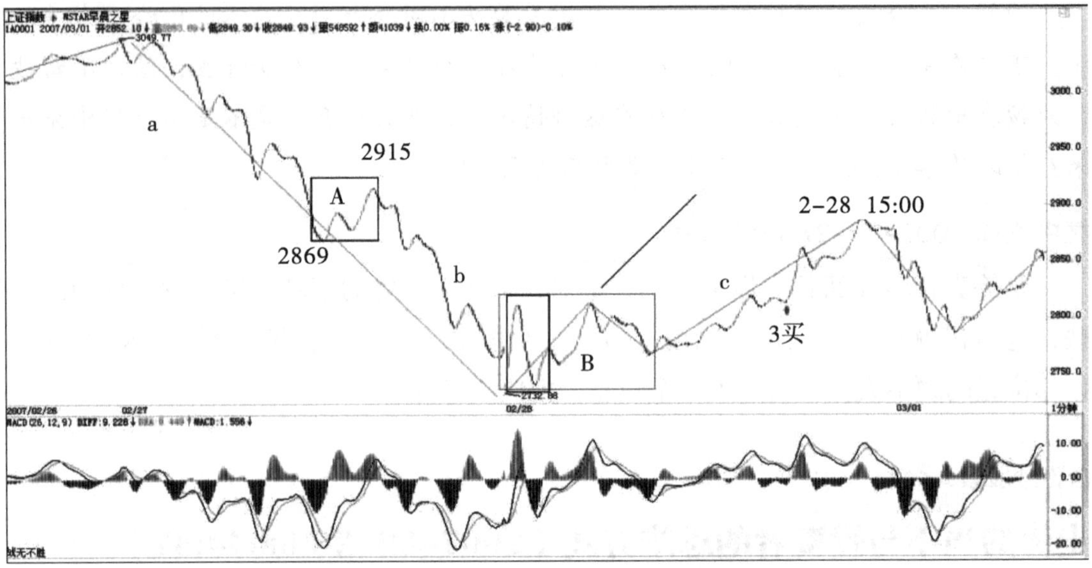

图145 上证指数2007年2月28日1分钟走势图

网友 2007-02-28 15:16:28

博主，现在是5分钟中枢第一段吧？

缠中说禅 2007-02-28 15:29:13

现在的走势很简单，今天早上就是一个5分钟的中枢，下午出现第三类买点后离开，现在问题的关键就是在上面是否能再出现一个中枢。如果这个中枢能站稳5日线以及2915点，那么就可以期待再冲3000点了。如果不行，那就下来形成一个30分钟的中枢。

3

网友 2007-02-28 15:15:01

你的文章感觉大众接受起来很难，为何不直接一些？股票涨跌其实就是筹码移动的过程，如同盖楼一样，先打地基，然后一层一层起来，掌握每个阶段的特点最为重要。做股票离不开价格和成本，做股票的人不考虑成本等于自杀。

缠中说禅 2007-02-28 15:41:05

你大概没通读过所有的文章，别用那些虚无缥缈的概念。只有成本是 0 才是安全的，其他都是废话。

4

网友 2007-02-28 15:37:06

再一次体会：不做预测，只看当下！今天的行情和我事先估计的情况完全不一样。

缠中说禅 2007-02-28 15:43:20

预测其实也是可以的，但你要把所有可能的情况都列清楚。像本 ID 现场直播的今天的走势，你没想到，所以就漏掉了。其实，所有的情况，基本就是你预测的那种以及今天直播的这种。把这些情况弄清楚，就可以了。继续努力吧！

5

网友 2007-02-28 15:42:27

要看明天是否形成第二个 5 分钟中枢并且是否站稳，是吗？

缠中说禅 2007-02-28 15:46:14

如果你技术可以，就可以利用中枢的震荡弄点对冲。例如 5 日线冲不破，先出来，跌回来，不出现单边情况，能形成中枢的，再补回来。当然，这要看具体的个股。有些股票走得强，已经出现上涨走势，那直接看个股的背驰就可以。技术不行的，就少操作点儿，先研究清楚了。

6

网友 2007-02-28 15:44:33

谢谢缠师的理论。昨天在 26.67 元把新疆众和（600888）卖了，进入日线背驰段立即清仓！今天下午在 23.60 元又全部补回来，赚了 13%，真爽！缠师，今天新疆众和（600888）的低位买点形成了第三类买点，我的理解正确吗？谢谢。

缠中说禅 2007-02-28 15:51:25

这只能算依然在中枢里的震荡（见图 146）。这个中枢级别很大，一旦往上突破，空间不小。短线就看什么时候突破了，确认以一个至少是日线上的第三类买点为标准。可以参考一下吉恩镍业（600432）22 元那次回抽，不过那个中枢没这个大，突破起来就比较轻松。

图 146 新疆众和（600888）2007 年 2 月 28 日前后日线图

7

网友 2007-02-28 15:52:33

假如在 30 分钟买点进入的，是不是要等 30 分钟背驰才出，有没有不等到 30 分钟背驰就发生转折的？如果有这种情况，该怎么操作？

缠中说禅 2007-02-28 15:58:26

你还没理解本课程，如果是 a+A+b+B+c，那自然就是 30 分钟背驰。如果演化成 a`+B，那可能就是一个最低级别的背驰引发一个 B，然后跌破或升破 B，这就不一定要等什么 30 分钟的背驰，因为这时候的 B 已经是日线级别以上的，就要按这个大的中枢来判断了。好好理解一下，这是两种不同的情况。

8

网友 2007-02-28 15:55:15

第三类买点出来后，上涨一段，然后直接就下跌了，跌到前面的那个中枢，这种情况应该怎么处理？

缠中说禅 2007-02-28 16:00:07

上涨一段如果出现背驰，那你早出了，等不到下跌的时候。如果不出现背驰，就至少会在上面形成一个新的中枢，更不存在任何问题了。

9

网友 2007-02-28 15:58:33

承蒙缠师关照，今天的第三类买点看到，也把握了，只是买的股票还没起来。

缠中说禅 2007-02-28 16:01:29

你要根据股票自身的走势，大盘的只能是参考。一般来说，只要大盘不是单边下跌，那二三线个股受大盘的影响也不会太大。

10

网友 2007-02-28 15:56:25

在 a`+B 形成过程中，我唯一的依据是盘整的回抽越来越高，所以认为可能不能跌破本中枢，直到第三类买点形成，才最终确认 a`+B 形成了——我的想法对吗？盼回答！

缠中说禅 2007-02-28 16:03:25

B 中的走势，也有次级别的，一样可以用背驰之类的方法决定买卖点。盘整其实可以很简单地处理，就是按次级别来看就行了，一段段分解操作。当然，有些特别的小级别，就没必要操作了。

11

网友 2007-02-28 16:01:36

请问博主，为什么不可以认为上证指数 1 月以来到目前都还是在 1 月形成的日线中枢里震荡延伸行情呢，不是每次 30 分钟上升后又 30 分钟回到中枢里吗？

日线中枢的扩展不是要前后两个不重叠的日线中枢的震荡高低点有瞬间重合才算吗？

我怎么觉得好多股票目前都是第一个日线中枢延伸呢？中枢延伸的低点和发生转折是根据什么来判断的，也是根据延伸段内次级别的背离来判断吗？比较迷惑。

缠中说禅 2007-02-28 16:10:12

延伸不能超过 9 个次级别，否则就变成更大级别的，这根据定义很容易理解。例如，9 个 30 分钟的延伸，每 3 个又构成日线级别，3 个日线级别自然就是周线级别。你可以数数现在究竟有多少个了，已经足够形成周线中枢了。

注意，如果股价是一条直线，没波动的，那不能这样加。例如，直接封涨停的，就只能算最多 1 分钟级别的。要构成大级别的中枢，首先要有波动，没有波动就不存在扩展、延伸的问题，

12

网友 2007-02-28 16:10:38

请问博主：关于中枢扩展，例如第二个 5 分钟中枢出现顶部背离，随后的下跌扩展成 30 分钟的中枢。如果随后的下跌特别厉害，不仅跌破第一个 5 分钟的中枢高高点（或者震荡的高高点），而且跌破前面已经有的一个日线中枢的中枢高高点（或者震荡的高高点），是不是这种情况中枢就直接扩展成周线中枢，还是仍然算是日线中枢延伸？

缠中说禅 2007-02-28 16:15:33

5 分钟的背驰是否要走，你要根据当时 30 分钟、日线的情况来看。如果大级别在主升段，就算走了也要买回来。如果符合区间套的情况，那就不能随便买回来了。所以根本不存在跌回来怎么办的问题，因为那时候，你需要考虑的是买不买，而不是卖不卖。别把节奏搞错了。

解盘、答问（2007-03-01 15:42:20）

1

网友 2007-03-01 15:54:33

缠师，我觉得今天大盘 1 分钟走势怎么和昨天是一样的，只是级别更低。下跌时 a+A+b+B+c，因为 b 背驰了，所以转化为 a`+B。请问是这样的吗？

缠中说禅 2007-03-01 16:00:35

昨天下午的是 1 分钟级别的上涨，昨天收盘前是一个 1 分钟以下级别的顶背驰。

今天早上 10:06 附近是一个 1 分钟以下级别的底背驰，然后出现一个大的中枢，上下震荡，收盘勉强拉回这个中枢（见图 147）。明天，如果大盘在这中枢下出现第三类卖点，那大盘就会继续探下去，否则依然围绕这中枢震荡。

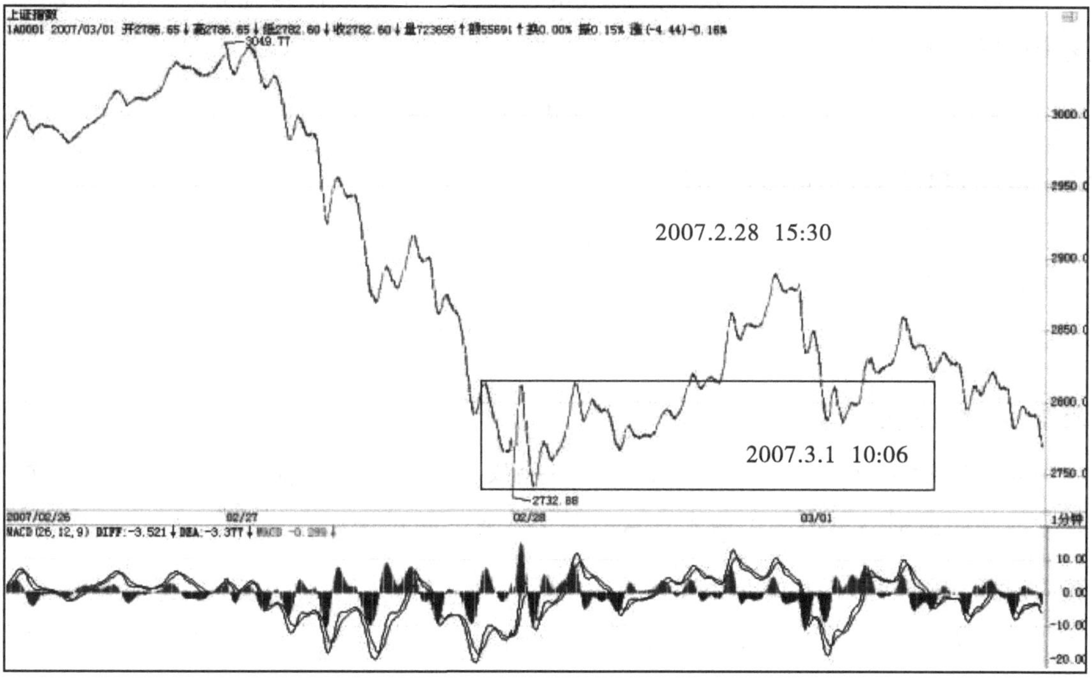

图 147 上证指数 2007 年 3 月 1 日前后 1 分钟走势图

2

网友 2007-03-01 15:55:00

请教博主，是否在 30 分钟下出现第三类卖点，就要继续向下呢？理论上有可能出现第三类买点吗？

缠中说禅 2007-03-01 16:19:57

第三类买点是在中枢上面出现的。震荡的处理很简单，就是看次级别的背驰弄对冲。当然，最好就是找有大级别第三类买点的强势股票，这样，大盘只要不是一天内大幅下跌，一般都很安全。

3

网友 2007-03-01 16:19:21

博主，请问今天上市的中国平安（601318），您怎么看？当然不是技术上的事情，希望您给予指点！

缠中说禅 2007-03-01 16:23:37

其实明白了本 ID 前面的课程，这都很简单。现在 48 元附近有一个小中枢，能否上去形成一个大中枢，就是能否短线走强的关键。没出现这个之前，基本不用关注。等在下面形成中枢后，如果是短线的，就找一个短线底背驰介入。从中线看，这个位置套不住人。

4

缠中说禅 2007-03-01 16:26:07

背驰的级别和上涨的级别没有什么必然的对应关系，要有对应关系，就必须满足区间套关系。

5

网友 2007-03-01 16:34:04

我觉得对于新手来说，最好不要做超短线，还是多看看日 K 线图，先找感觉。各种各样的图形形态了然于胸才可以。博主，我说的对吗?

缠中说禅 2007-03-01 16:38:54

对，太短的，反应慢的就错过了，很难把握。最短也要 5 分钟以上级别的，最好是 30 分钟以上的。

6

网友 2007-03-01 16:39:26

请问 1 分钟以下的背驰怎么分辨?

缠中说禅 2007-03-01 16:42:03

看分时图，或者看 1 分钟 MACD，直接看红绿柱子，不看黄白线。

教你炒股票33

走势的多义性（2007-03-02 15:20:37）

1

网友 2007-03-02 15:22:35

看了你的博客感觉你很厉害。问一个问题啊，你的“教你炒股票”的技术能用在期货上吗? 还有就是你公布的这些技术加起来占你全部技术的多少?

缠中说禅 2007-03-02 15:26:02

技术只是皮毛，是人用技术而不是技术用人。不成为一个人，技术越高，死得越惨。来这里光学了技术，那是最无聊的事情了。

光技术不行，没有技术更不行。技术不是预测，而是对当下的把握。

2

网友 2007-03-02 15:28:49

请问缠师，某级别走势的结束是由什么背驰造成的呢？我怎么觉得既有次级别的趋势背驰也有盘整背驰呀？另外，某级别的盘整背驰是由次级别的趋势背驰造成的吗？

缠中说禅 2007-03-02 15:34:18

简单说，任何走势的结束，一定是由于背驰。某级别的背驰，至少结束该级别的走势，这是没问题的，但不一定就由于次级别的背驰，也可能由次级别以下的某级别的背驰构成，否则研究 a`+B 这些就没意义了。

3

网友 2007-03-02 15:41:30

博主的意思是有些走势也有非技术的东西在里面吗？是不是后面的课程呀？

缠中说禅 2007-03-02 15:46:02

只要是超过一个人的交易，不存在非技术的走势。

4

网友 2007-03-02 15:52:41

能不能讲一下中枢的实质？和一般意义的阻力位、支撑位有什么关系？按照博主的理论，这段时间对大盘的节奏掌握得很好，所以没亏钱。但是个股没掌握好，所以也没赚钱。今天买入的低价股都在调整，没有表现。

缠中说禅 2007-03-02 15:59:54

选股票要找好买点。在牛市里，第三类买点的爆发力是最强的，例如日线上的。如果实在找不到，就找 30 分钟上的。你可以把一些有潜力的板块，价位不高的，周线还没拉升的股票当成自选，弄个 100 只或几十只的，然后每天在这些股票里选买点，这样就不会太累了。

节奏弄好了，基本可以达到出了马上又可以买别的地步，这样资金利用率就高。散户资金不大，就要发挥优势，没必要参与大级别的调整。把已经走坏的剔除出你的股票池，不断换入有潜力的新板块，这样不断下去，一定会有大成果的。

5

网友 2007-03-02 15:59:54

第三类买点是不是只要没触到中枢的最高点，即使触到中枢波动的最高点也算是吧？

缠中说禅 2007-03-02 16:01:38

次级别不跌回中枢里面就是，但能不跌回最高点那自然是最强的。

6

缠中说禅 2007-03-02 16:04:12

板块要轮动的，不可能永远一个板块。如果是散户，就要选好几个板块，有卖点就先卖，轮着炒，这样效率才高。当然也可以坚持一个板块，不断弄短差，其实这样的效率也很高。

7

网友 2007-03-02 16:07:41

请问博主，就是B后面的这个c走势，不管它怎么走，是否只要最后没有形成和B同级别的中枢，那么B这个星球将继续发挥作用？

缠中说禅 2007-03-02 16:13:17

对，准确地说，至少是同级别且不重叠的。当然，比它大的也可以。原来的不是没作用，而是归入一个大的中枢系统里发挥作用了。

8

网友 2007-03-02 16:12:01

缠中说禅盘整：在任何级别的任何走势中，某完成的走势类型只包含一个缠中说禅走势中枢，就称为该级别的缠中说禅盘整。

缠中说禅走势中枢：某级别走势类型中，被至少三个连续次级别走势类型所重叠的部分。

请教：盘整属于走势类型的一种，要靠中枢来定义，而中枢要靠走势类型来定义，该怎样理解？

缠中说禅 2007-03-02 16:17:53

递归，最小级别的中枢用三根 K 线就完了。然后用递归函数，类似 an+1=f（an）的形式进行下去就可以。至于盘整、趋势这些概念，其实没有也可以的，只是将就大家的习惯。唯一有效的就是中枢的概念，其他都是多余的。

9

网友 2007-03-02 16:17:10

一旦出现 6 段的延伸，加上形成中枢本身那 3 段，就构成更大级别的中枢了。这算什么，量变引起质变吗？

你说过盘整 + 盘整还是盘整，那么如果一个 30 分钟中枢的 3 段 5 分钟走势全部是分别只有一个 5 分钟中枢，那不就是盘整 + 盘整 + 盘整，还是一个 5 分钟中枢嘛，是不是因为你这句话的原因，就变成 30 分钟中枢了呢？

缠中说禅 2007-03-02 16:19:05

盘整 + 盘整还是盘整，但加多了就是大级别的盘整，这没有什么问题。盘整还有一个级别的问题。

解盘、答问（2007-03-05 11:52:12）

1

缠中说禅 2007-03-05 21:14:20

今天大盘的走势，完全在理论所规划的范围内，早上一个顶背驰，下午一个底背驰，基本就是今天走势的全部（见图 148）。但今天的底背驰创出本次调整的新低，而 28 日的 2888 点与今天的 2858 点的连线，就构成后面走势的关键压力。如果后面的顶背驰出现的位置不能突破该线，则大盘将继续盘弱，直到该线被突破。

在盘整中，绝对不能小看小级别的背驰，特别是那种离开中枢产生的背驰。例如今天一顶一底，幅度足有 130 点，很多股票的振幅超过 10%，这就是降低成本的好机会。大盘在这里震荡的次数已经超过 3 次，如果都能按技术要求把握，对于散户来说，你的成本足可以降低 30% 了。盘整总占据大多数的交易时间，不会利用盘整，基本还是属于不入流的。

技术不过关的，在盘整时完全可以离开，等大盘走强再说。例如一个周线中枢的形成，怎么都要走好几个月，你完全可以回家抱孩子去。但真正的杀手，盘整就是天堂，盘整往往能创造比上涨更大的利润，抛了可以买回来，而且可以自如地在各板块中活动。但要达到这种境界，必须刻苦地学习与训练。如果学不了，就先离开。本ID教你一种最简单的办法，就是等大盘周线出现底背驰再来，这样，你N年才需要看一次盘，多轻松！

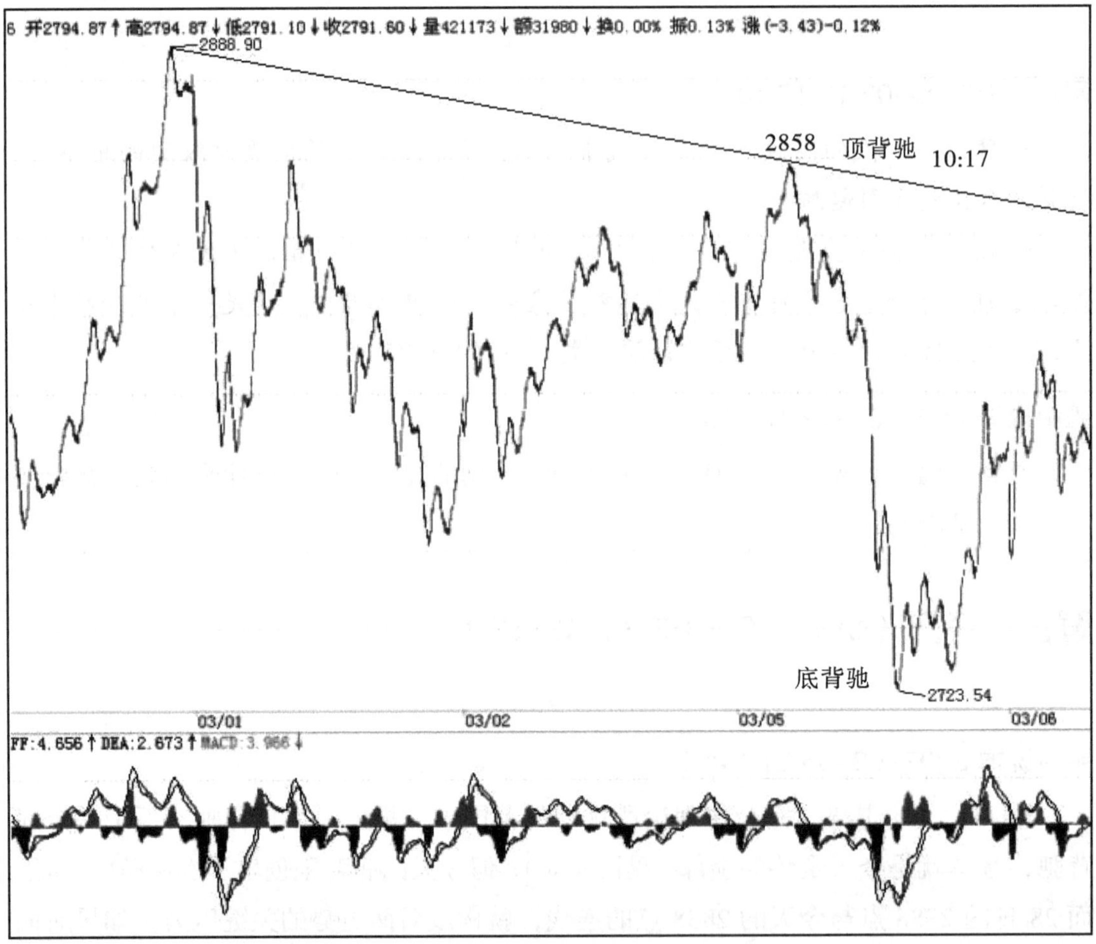

图148 上证指数2007年3月5日1分钟走势图

盘整就要敢抛敢买。一旦出现第三类卖点进入破位急跌，就要等跌透，有一点级别的背驰再进入，这样才能既避开下跌，又不浪费盘整的震荡机会。如果技术不熟练的，就减少仓位操作。大盘没什么可说的，一个绝佳的练习盘整操作的运动场，要珍惜！

2

缠中说禅 2007-03-05 11:56:42

学了上次走势多义性的课程，早上10:17的1分钟级别以下背驰不会走，只能证明还没学过关。已经说过这种盘整的操作方法，就是高位离开，出现背驰走，下来出现背驰再回补。如果出现第三类卖点，就要等跌透再说。

现在中国平安(601318)成了汉奸的武器，不仅在香港做空，在这里也不断打压。今天有关查资金的消息，对心理面的修复不利。其实这种走势，只有不断上下震荡，才能更好地清洗。让大众恐惧心理多释放点儿，将有利于以后行情的展开。

技术不好的，在这种行情中就减少操作与仓位。对本ID的理论能掌握的，这种行情就是最好的游戏，卖点卖了，就等着跌出买点再进去，把中线有潜力的股票当成自选，不断地反复操作。本ID的理论可是最灵活的。还有，千万不能追高买股票，没有股票是值得追高买的，当然也没必要杀跌卖股票。

解盘、答问（2007-03-06 15:20:07）

1

缠中说禅 2007-03-06 15:22:36

今天大盘在昨天底背驰的基础上展开，大家有点观察能力的，都能发现这种围绕中枢的震荡，基本都至少是三波完成的。例如从底背驰到顶背驰，都有上下上的过程，今天早上就是这下的一段（见图149）。

由于大盘突破了2888点与2858点的连线，所以还是走得比较强的。明天的问题很简单，只要不跌回今天早上的区间，就是强势，后面行情依然有潜力。如果看不明白，就看15分钟上的MA120均线，今天的高位正好在这个位置。明天最直接的压力就在此，下一个在2888点，然后是2915点。

对于围绕中枢的震荡不需要预测什么。例如，当走势的级别提升，就看大一点的背驰来决定进出。现在5分钟到15分钟的图都开始修复，只要1分钟上的走势不破坏这种走好，那就没问题了，行情就在该级别的图上继续构成。

2

网友 2007-03-06 15:32:19

同样的5分钟走势，为什么兴业矿业（000426）和新潮实业（600777）的差别这么大呢？是不是也说明庄家可以改变走势？

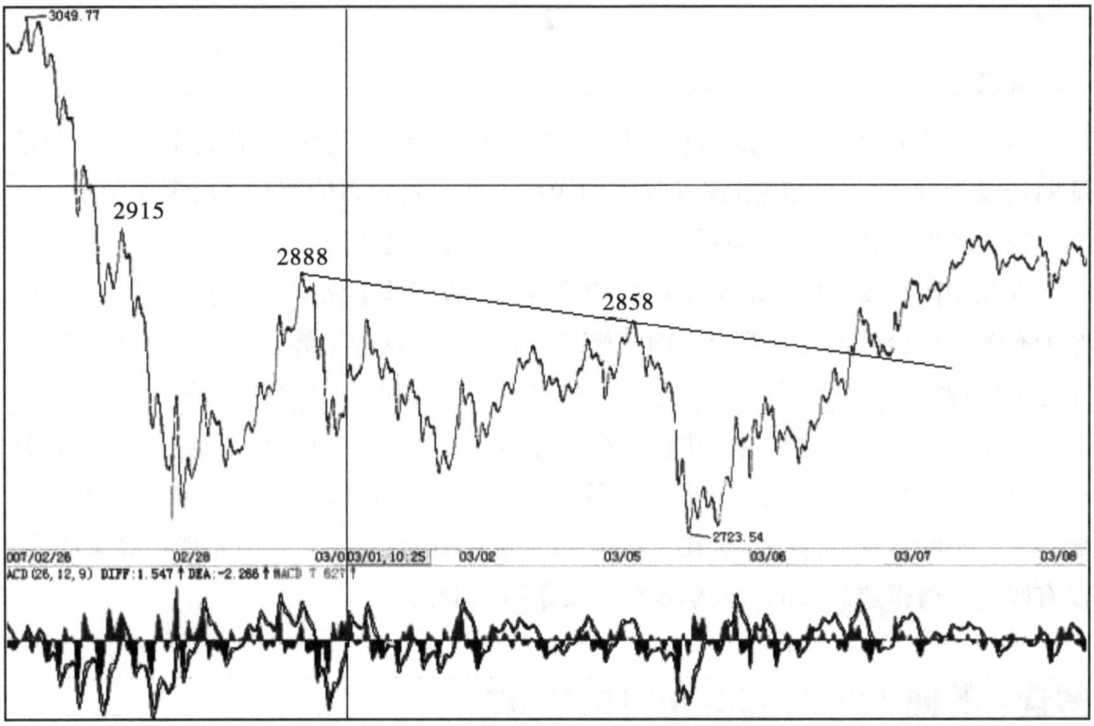

图 149 上证指数 2007 年 3 月 6 日 1 分钟走势图

缠中说禅 2007-03-06 15:38:09

庄家当然能把幅度扩大，但结构是无法改变的。不管谁，都改变不了中枢的整体系统本身。

3

网友 2007-03-06 15:31:40

缠主，两个同级中枢扩张后，这时是高级中枢已经完成了，还是高级别的中枢第三段还没开始呢？

缠中说禅 2007-03-06 15:45:48

什么叫两个同级中枢扩张？中枢扩张只针对一个中枢说的，从原来的什么级别到什么级别，哪里来两个的问题？

4

网友 2007-03-06 15:42:58

博主对“量”的概念提得很少，难道应用您的理论不用考虑“量”的因素吗？

缠中说禅 2007-03-06 15:51:41

量当然有意义，但更多是辅助的，图形的结构才是第一位的。

5

网友 2007-03-06 15:54:03

博主，除了趋势线，还有哪些理论可以结合中枢背驰应用？

缠中说禅 2007-03-06 15:56:56

所有经过实践检验有一定效果的都可以结合进来。本 ID 的理论，就如同数学的公理。你说什么科学可以违背数学的公理，又有什么科学不可以结合到数学理论的描述中？

6

网友 2007-03-06 15:53:08

博主，记得您以前说过平台调整的中枢交替原则，是或然的呢还是有定理支持的？

缠中说禅 2007-03-06 15:58:29

这不是绝对的，但成功率特别高，这主要和人的心理有关，所以是重要的参考。

7

网友 2007-03-06 15:57:44

如何判断大盘和个股的关系？如有的个股走势很好，正在形成第三类买点。大盘急跌，第三类买点不成立了，但大盘稳定后，股价继续上升。

缠中说禅 2007-03-06 16:01:15

当下性。如果大盘的急跌破坏了内在结构，自然就不会呈现出第三类买点来，当下性是最关键的。

8

网友 2007-03-06 16:00:33

请教缠师：是否背驰越大越有力度？是否级别越大越有力度？

缠中说禅 2007-03-06 16:03:20

一般情况下是这样，但如果转化为 a`+B 的情况，往往最小级别的也不能轻视，有些走势的能量是逐步积累而来的。

9

网友 2007-03-06 16:16:48

缠师好，下面是您对大势的评价。

对大盘的判断，很久以前已经说过了，现在不过是特大牛市第一波中的一个调整，可能会演化成周线中枢，前提是这次盘整后不出现向上突破走势，因为目前的走势，完全还有一种可能就是只在第一段的日线延伸后。

请问，您所指"第一段的日线"具体为哪一段？

缠中说禅 2007-03-06 16:26:06

日线的完整中枢，其实是1月4日到2月6日（见图150）。虽然在上面可以看到有明显的9段，但都不是30分钟级别的，都是5分钟级别，所以到2月6日才严格地构成日线的中枢所需要的三段。当然，你也可以看成是由5分钟中枢延伸而来的。3个5分钟是30分钟，9段以后就成日线了。

这段走势，如果是从周线的中枢看，只能算第一段。如果这个位置真的要构成周线中枢，那么至少要在这里盘到4月以后。而现在完全可以直接突破上去，这样就不构成周线的中枢了。所以，站在当下的走势上，其实还有这种强势的选择。

图150 上证指数2007年1月4日—2007年2月6日日线级别中枢示意图

10

网友 2007-03-06 16:29:56

缠师，请问用 MACD 辅助判断顶背驰，是否存在红柱子长度、红柱子面积、黄白线判断的优先次序？

例如北大荒（600598）5 分钟图上，3 月 5 日 9:45 创新高 9.24 元，红柱子也比 3 月 2 日 11:15 的高，黄白线却没有创新高，背驰段红色柱子面积相比 A 部分减少了。好像不符合缠理论的限制条件：红柱子、黄白线没有创新高。我怎么选择优先次序？

缠中说禅 2007-03-06 16:39:55

一般来说，最重要的是黄白线，柱子面积之和一般在复杂走势里比较重要。其实这些都不是最关键的，最关键的是要各级别配套地看，才能知道哪个背驰的力度大。否则，每一个 1 分钟以下的背驰都要分析操作，那就会累死。但如果中枢就是 5 分钟、30 分钟的，每次离开都是 1 分钟的，那 1 分钟以下的背驰当然就很重要。因为根据中枢的回拉力，1 分钟以下的背驰就能引发大的回拉。这几天大盘的高低点都是由 1 分钟以下的背驰构成的，原因就在这里。

如何判断背驰只是最基础的，关键是如何明确地根据综合的情况来利用背驰，这才是需要不断实践、提高的。

教你炒股票34

宁当面首，莫成怨男（2007-03-07 15:09:54）

1

缠中说禅 2007-03-07 15:12:14

大盘没什么可说的，上午、下午分别在 2888 点、2915 点下震荡，十分标准（见图 151）。注意，来这里别把本 ID 当股评，现在是指导各位根据当下的情况培养自己的当下判断。如果真有心学习的，今天盘中 1 分钟、5 分钟、15 分钟、30 分钟、60 分钟等级别之间的综合关系，以及相应的判断，就有一个最直接的感觉了，这才是真功夫。

大盘只要不有效站稳 2915 点，最终形成第三类买点，则下面这个中枢依然不能摆脱。说得简单点儿，现在大盘无非两种盘整方式，一种就是在 2915 点附近重新回跌，甚至继续破底形成“之”字型。一种就是先上 3000 点，然后再回拉形成平台型。这些都不用考虑，当下就知道了。

解盘、答问（2007-03-08 15:27:19）

1

缠中说禅 2007-03-08 15:30:24

昨天尾盘与今天早盘构成的5分钟回试，没有重新跌回2858点原30分钟中枢，就构成完美的第三类买点，其后的走势都很规范（见图151）。2915点的压力在尾盘突破，但还需要确认。从纯技术的角度看，现在依然存在重新跌回这个5分钟中枢，从而扩展成新的30分钟中枢的可能。所以2915点是不能有效跌破的，否则将扩展出新的30分钟中枢，这样走势的演化就复杂了。

图151 上证指数2007年3月8日5分钟走势图

个股没什么可说的，还是板块轮动。每个板块轮动的时间都不长，所以千万不能追高，一定要在买点买。对于散户来说，没必要参与板块的调整。不过短差也不能太短，要把握其度。例如，5 分钟上还是主升，见一个 1 分钟以下的背驰就跑，这样大的利润可能就吃不到了，所以必须综合地判断。这是一个艰苦磨练的过程，必须不断交易才能达到技术的完美。

2

网友 2007-03-08 15:42:22

缠师，请问怎样确认是第三类买点呀？我今天也判断了两个关键位置：2871 点和 2588 点，但到了 2871 点回来的时候，总怕二次下探击穿，所以只买了一半的货。怎么样才能确认回调不破中枢高点？

缠中说禅 2007-03-08 15:45:09

看次级别内部走势，和上几次说离开力度不够的判断是一样的。

3

网友 2007-03-08 15:56:07

“一个 30 分钟的 a+A+b+B+c 的向上走势，你不可能在 A 走出来后就说一定有 B，这样等于是在预测，等于假设一种神秘的力量在确保 B 的必然存在，而这是不可能的。那么，怎么知道 b 段里走还是不走？这很简单，这不需要预测，因为 b 段是否走，不是由你的喜好决定的，而是由 b 段当下的走势决定的。如果 b 段和 a 段相比出现明显的背驰，那就意味着要走，否则就不走。”

缠师好，我记得你前面说过背驰必须出现在第二个中枢之后，这和上面的说法是否有矛盾？

缠中说禅 2007-03-08 16:00:46

这有什么矛盾？第一个中枢之后的是盘整背驰。

4

网友 2007-03-08 15:43:49

博主，本周超级成功，每天换两只股票，连续 10 次操作全部成功，上面都有记录，都是您的理论厉害，谢谢啦！

缠中说禅 2007-03-08 16:13:13

不能太短，如果主升段都错过了，这种换股没有意义。

5

缠中说禅 2007-03-08 16:26:49

国外的所有技术理论本 ID 都研究过，和本 ID 的理论根本不是一个路子。这是一个公理化系统，如果你是文科生，那好好换一个数学脑子来。如果已经是理科生，那回学校重读。

理论是最基础的，关键是实践中的当下，这是另一个层次的东西。鬼佬的理论，根本达不到这个层次。

解盘、答问（2007-03-12 15:19:30）

1

缠中说禅 2007-03-12 15:20:28

今天的大盘没什么可说的，今天是上周五完成的 30 分钟中枢的延伸过程，只要 5 分钟的回试不跌破 2911 点的中枢 a 上沿，那么就要形成第三类买点（见图 152）。至于后面是形成中枢新生而延续上涨，还是中枢的扩展成为日线级别，自然就走出来了，无须预测。还不会看图的，就看 5 日线，只要 5 日线不破，就是强势，就没问题。

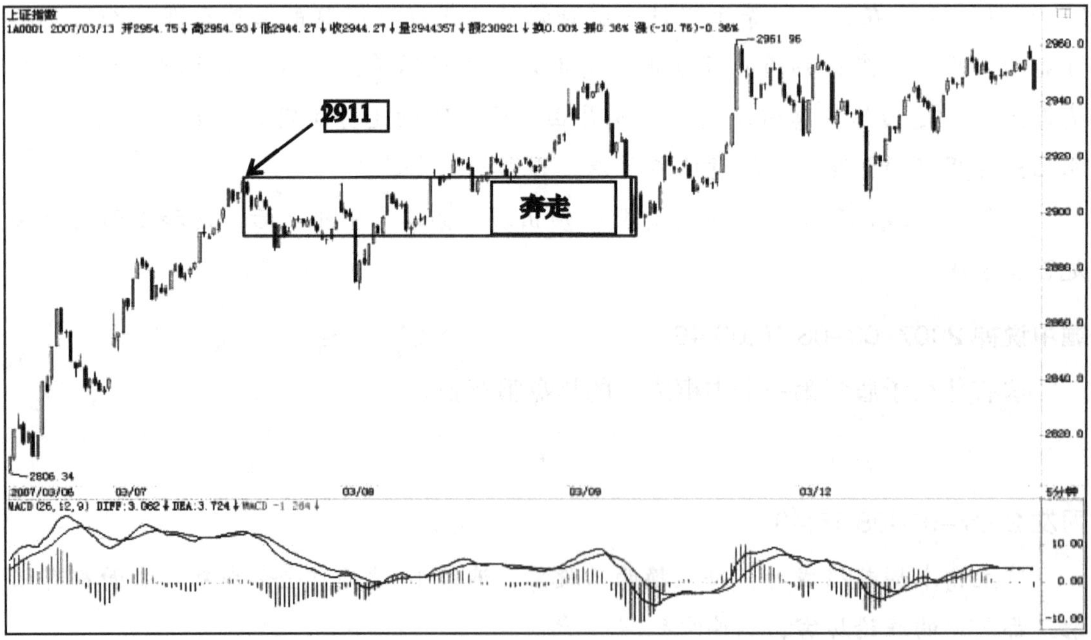

图 152 上证指数 2007 年 3 月 12 日 5 分钟走势图

①是一个奔走型的中枢。

个股也没什么可说的，以前说的板块都没问题。现在关键的是心理面上的影响，对 3000 点有点儿心理阴影，需要慢慢修复。汉奸也企图利用两会结束人们普遍的见好就收心理发难，所以这方面的斗争还将延续。

深圳由于接近外边，所以受的影响更大，也走得弱一点儿。如果深圳重新走强，那问题就简单了。汉奸做空也只为了买回来，现在世界上没有任何有实力的机构敢说完全放弃中国市场，别说 5 年，两年都不敢。这样，你说汉奸能翻多大的浪？甚至一个周中枢都不一定给他们面子。

网友 2007-03-12 15:45:36

博主，为什么到目前位置还拿 2911 点时的中枢来判定，而不拿临近的中枢呢？

缠中说禅 2007-03-12 15:52:31

这次上来就是两个中枢，2858 点下面一个，2911 点下面一个，从而形成 30 分钟级别的上涨，现在的问题是这个上涨是否延续，还是最后演化成 a`+B 型（见图 152）。

网友 2007-03-12 16:26:39

你说的那种奔走型的中枢是怎样的？ 向上突破了？

缠中说禅 2007-03-12 16:33:45

奔走型向上，就是第二段特别高，第三段跌破第一段高点那种。

2

网友 2007-03-12 15:31:13

老师，我用你的方法，去研究周线三买，然后加了个量能突破，发现很好用。谢谢老师，今天平均收益 8%，是我今年最强的一次了！

缠中说禅 2007-03-12 15:37:30

请继续努力，这只是开头。另外，会买还要会卖，这样才能逐步形成操作的节奏，慢慢就有感觉了。

3

网友 2007-03-12 15:39:49

请问博主，如果一段向上的走势，某天因除权而产生一个向下的跳空缺口，接下来形成一个中枢，这个中枢的第一段应该从哪儿算起，是否应把缺口处当作第一段？

缠中说禅 2007-03-12 16:09:20

缺口没什么特别的，你可以把除权缺口当成最低级别的下跌，新的中枢和一般下跌时形成新中枢的处理是一样的，然后一切都按中枢的定义来。有些缺口就在原来的中枢下面不远处，这样处理，同样可以按第三类卖点来操作，特别是那种假填权骗人进来的行情，一下子就能发现。

4

网友 2007-03-12 16:00:52

博主，学了这么久的技术，发现心态还没调整好，最近买卖不佳。请问南京港（002040）、复星医药（600196），明天找买点切入，可否中线持有？想歇一段，调整一下心态。

缠中说禅 2007-03-12 16:13:34

注意，任何一次失误都要马上总结，不能连续失误再调整。如果真的出现连续失误，那就是你的方法有很大问题，必须改进，好好想想，想好再操作。

方法的问题无非几种：参与过小级别的操作，没有按买卖点操作，操作过于频繁，对图形判断不熟练，有盲点，乱听消息等。先把问题找出来，看看究竟是什么问题。

注意，失误的原因永远与市场无关，找原因，只能找自己的原因。

关于大盘个股说几句闲话（2007-03-14 08:58:13）

1

缠中说禅 2007-03-14 08:58:13

昨晚美国股市大跌，汉奸很兴奋地要为他下半旗，所以就出现今天的走势。本来大盘就需要震荡，而今天汉奸为他拉的阴线，依然在围绕新中枢震荡的范围里，只要第三类买卖点不出现，这种震荡就将延续。现在的问题是，难道以后汉奸家的姨丈姑父们有什么烂事，都要中国股市陪着他们一惊一乍？所以，一个以反汉奸为任务的传媒就是必需的。

目前大盘中线就是一个日中枢、周中枢的问题。刀没两头利，如果这里是日中枢，现在就直接上去，那么就进入背驰段。如果在这里继续震荡弄周中枢出来，其后可预期的上涨幅度就更可观一点儿。不过无论是什么中枢，大盘牛市第一波远没有结束。

个股方面，从元旦开始一路出大型成分股，力挺二三线股，春节前后更强调机会在低价三线股。目前，4元以下的非ST三线股基本没有了。前段说对5元上下的股票发动最残酷的进攻，很快也没进攻对象了。三线股的行情已经进入值得反思的阶段，除了真有题材与业绩支持的，已经进入短线的压力阶段，可以持有等卖点，但已没必要追高介入，特别是那些业绩特差的。三线股上台阶后，其他股票就显示出其价值。大型股票的启动还需要契机，资产注入等在前期强调的军工等板块中，将继续酝酿中线机会，农业、环保、科技之类的价值将逐步挖掘。

现在特别强调一个新板块，就是深圳中小板里的新上市小盘股票，一般流通盘都在2000万股上下，总盘6000万股上下。这类股票，即使在熊市中都不会有问题，牛市中就有更大的中线机会。回顾所有中小板的股票，在上市阶段介入的，最终有哪个不是获利多多，因此中线资金可以多关注，比现在还去追三线股的尾巴行情有意义得多，具体介入看图就可以。

袖珍中小板的，值得中线关注。无非两种走势，一种是在开盘附近震荡出一个中枢后向上，一个是向下，向下的其实更有潜力。向下无非就两波，一旦出现日线背驰，就是中线大牛股，看看以前中小板中的走势就明白。向上突破的，可以在中枢震荡低点介入，来回弄短差，直到出现第三类买点后，就可以长抓一下。中小板一旦出现开板后中枢的第三类买点，其后都有可观的升幅。不明白的，把前面一些已经走出来的研究一下，对新股如何把握就有一个大概了。

基本面上，加息只有心理影响，一旦兑现就没问题了。比较大的压力是外汇投资公司中的一些问题，但依然在最多是周线中枢的承受范围内。

2

网友 2007-03-14 15:27:49

谢谢博主，今日买入了韵达股份（002120），买入后很平静。但收盘时突然冲高，不知道为何？

缠中说禅 2007-03-14 15:31:54

走势只要没有出现中枢意义上的变动，都没什么值得一惊一乍的。

3

网友 2007-03-14 15:32:18

请问博主，对于日线中枢，当其三买是以3个5分钟的走势类型（组成30分盘整）出现时，此时的买点确定有点儿困惑。

（1）因为是盘整，又有分解定理，对于其3段5分钟走势的完成不能确定。

（2）如果再找1分钟的背驰点，感觉在上一条都不能确定的情况下，很勉强。

请老师指点。

缠中说禅 2007-03-14 15:39:57

A、B、C三段，A、C之间可以比较盘整背驰，C内部又可以看小级别的背驰，两者配合一考察，就很简单了。

4

网友 2007-03-14 15:41:45

请问：二线、三线股是什么意思？跟成分股、大盘股、小盘股有什么关系？谢谢！

缠中说禅 2007-03-14 15:49:51

这其实没有太严格的区分，一般都以业绩、价位来分，每股收益几分钱的、亏损的、价位在平均股价之下的，一般都是三线股。在股市里时间长了，都会知道的，只是一个约定俗成的概念。

5

网友 2007-03-14 15:41:05

博主好！现在对三买的位置还是有点儿疑问，主要是以下两个方面。

（1）例如一个标准日线下跌趋势走完后，随后形成转折后第一个日线中枢。如果接下来一个30分钟离开中枢后又返回中枢，再接着又一次30分钟离开，然后30分钟回试低点不破日线中枢高点的情况，算不算三买？

（2）日线上涨形成两个日线中枢以后，一个30分钟离开第二个日线中枢，然后30分钟回试低点不跌破第二个日线中枢高点，是不是三买。

谢谢！

缠中说禅 2007-03-14 15:56:23

只要次级别离开次级别回抽不回到中枢的都算。但如果是那些连续延伸的上涨中第四、第五个中枢，其第三类买点出现中枢扩展就几乎是百分之百的事情。第三类买点后能否出现上涨趋势而不是更大级别的中枢，如何判断，这才是关键。

解盘、答问（2007-03-15 08:55:33）

1

缠中说禅 2007-03-15 08:55:33

目前依然是那 2905 ~ 2947 点的 30 分钟中枢震荡。明天两会要结束，汉奸是有以此发难的企图的，因此，相应的战斗还将延续。

汉奸实力还是有点儿的，否则早就突破 3000 点一飞冲天了。在这里不断震荡，就是要消耗汉奸的实力，壮大自己。汉奸现在的地盘也就剩下大盘金融股等少数几个了，今年来这轮二三线股的独立牛市行情，基本与汉奸无关。像昨天说的小盘股，也基本没汉奸什么事儿。汉奸有本事就压着金融股送终吧，指数不涨，一样天天大牛市。等哪天工商银行（601398）、中国银行（601881）又几乎变成最便宜的股票，本 ID 倒要看看汉奸还怎么压着。

具体操作，大盘就看好震荡中围绕中枢的技术走势，具体方法课程里都有。另外，具体还要看好个股，毕竟现在指数的意义不太大。只要不是最恶劣的单边走势，个股机会依然。

教你炒股票37

背驰的再分辨（2007-03-16 11:51:32）

1

缠中说禅 2007-03-16 11:51:32

现在如果要摆脱目前的中枢，没有金融股的配合基本是不可能的。但金融股由于某类人掌握得比较厉害，短线的攻击没问题，但一个持续的攻击就有点困难了。不过金融股从中线角度来看，依然还是一大早的观点，用工商银行（601398）为例子，就是围绕 5 元上下的一个大级别震荡，要大跌，打压的人是要付出代价的。

顺便说一句，中国银行（601881）里的汉奸实力小点儿。中国银行（601881）有奥运概念，业绩也较好一点儿，能否改造成一个反汉奸的武器，成为一个突破口，还需要很大的努力。其实这改造已经不是一天两天的事情，中国银行（601881）这几天已经连续比工商银行（601398）股价要高了，这就是成绩。

具体的细节就不说了，总之，斗争是残酷的，是复杂的，不能赤膊上阵，要用最充分的耐心去消耗汉奸的实力。

神州自有中天日，万国衣冠舞九韶（2007-03-19 08:52:42）

1

缠中说禅 2007-03-19 08:52:42

今天的大盘走势，完全在设计之中。中国银行（601881）的启动，在周五已经提示。但对汉奸的战争，并不会因此而结束，更艰苦的斗争还在后面。3000点并不会因为一天的上攻而站稳。一个重要的问题就是，如果还是以老思维或者汉奸思维来统治市场的思维，那么罗杰斯之流最近的怪叫你就愿意听还是愿意听还是愿意听了。

这次大盘成分股的启动能否成功，其实取决于市场的每个参与者。火点起来了，但是否能燎原，这不是本ID能决定的，市场是大家的，不是本ID一个人的。本ID已经干了所有该干的事情，当然，本ID只会根据当下的情况采取不同的手法，一定不会狂接硬撑。只要火真的燎原了，什么汉奸都是白费的。

个股没什么说的，中国经济的大局在新的经济结构，也就是所谓的改变经济增长方式。站在中长线角度，前期一直强调的环保（特别强调过包括新能源）、农业、军工、科技等板块都是值得中长线关注的，这是中国经济发展的新方向。

当然，短线决战在金融股，如银行、保险等，都是决战场所。显然，汉奸目前的实力还是很厉害的，本ID已经有了长期抗战的准备。越震荡，成本越低，没什么大不了的。不过，一旦有机会突破，这机会是不会放过的。大盘具体走势，按照中枢自己就可以分析。

解盘、答问（2007-03-20 15:23:18）

1

缠中说禅 2007-03-20 15:24:15

大盘今天的走势是最恰当的，上次上3000点是一日游，现在至少是两日游了。缩量在这里整理站稳再谋求上攻，这样是最稳妥的。其实3000点什么都不是，只是一个心理问题。

汉奸在这里肯定是要干活的，前几次喜欢用嘴配合，这次还这样就太没意思了。难道汉奸用嘴就能得到快感？总之，在这里等汉奸看能出些什么花招，最好把所有花招都使出来，让散户也多点儿见识，心理承受能力得到锻炼。

个股没什么可说的，中国银行（601881）等休息，其他股票活跃，这是最好的情况。不过还是要提醒，如果是中线持股，除了用部分筹码打短差，就要持得住。并不是敢涨停的就一定是好股票，涨停算什么，最后能涨多少才是实在的。

像前面说过的某大叔抓不住的股票，就是中牧股份（600195），从2006年4月中3元多开始到11元，从来就没涨停过，也没阻止他一年不到翻了5倍。如果一个股票涨了2倍还从来没涨停过，只有一种可能，就是它要涨5倍甚至10倍，因此根本不屑于用涨停来现眼。

反复震荡爬升的股票是股票中的极品，可以弄出无数的短差来。问题不是这只股票有没有涨停，而是这只股票波动大吗，最终潜力大吗，一定要把问题搞清楚。天天追涨停的，永远只能是散户，大一点儿的资金根本不可能这样操作的。

2

网友 2007-03-20 15:37:34

我今天就一只股没坐稳，抛后大涨。心态浮躁，离市场太近未必是好事。

缠中说禅 2007-03-20 15:44:17

不是离市场太近，而是离市场太远。何谓近？对市场的当下一目了然；何谓远？对市场走势毫无头绪，只会瞎蒙。当你知道市场在干什么，心自解脱，不会被市场的波动所迷惑。

3

网友 2007-03-20 15:30:51

缠师好！求教：通常提到背驰或盘整背驰，都指a+A+b这样的三段，其中A是一个本级中枢，a、b是次级以下走势，b与a比较是否背驰或盘整背驰。

那么三个连续次级走势a+b+c，构成一个本级中枢（或a、b、c就是一个有三段次级走势的本级盘整走势），a和c也应算是围绕本级中枢的波动吧？那么a和c能做盘整背驰比较吗？

缠中说禅 2007-03-20 15:54:24

只要能比较力度，就可以用盘整背驰的方法比较。背驰必须在趋势中，因为背驰意味这一个趋势的结束。盘整背驰不一定，可能还是同一个走势类型里。

4

网友 2007-03-20 15:53:55

国家政策是扶持农业，但农业股一般都是业绩平平，有潜力吗？

缠中说禅 2007-03-20 15:59:13

对农业的动作大了去了，现在还没开始。新农村建设是中国稳定的基石，不明白这一点儿，就不懂农业。

5

网友 2007-03-20 16:02:35

（1）肯定具备中枢？最低级别分笔成交并不一定具备连续3笔同样价格就翻转的情况，个人认为是理论的不确定因素。

（2）中枢的共用问题。对于将1分钟定为最低，存在中枢公用的情况。假设1分钟的涨势只有高点和低点，形成中枢，紧接的1分钟跌势同样，那么存在两段走势共用高点中枢的情况。

（3）a+A+b+B+c中，B不必然是A同级别的，我理解为这样一个走势类型的第二个中枢存在于B中，但是实际情况并不一定。当我不能超逻辑的时候，需要逻辑的定义，希望早日出数学精确定义。

缠中说禅 2007-03-20 17:39:28

（1）理解错误，谁说连续三笔就翻转的？其实，这个定义并没有什么绝对性，明白数学中递归定义的实质，就知道对a0是如何定义，并不影响an+1=f（an）的函数定义。就像分段函数中各段的定义之间可以是互无关系的。复习一下数学中关于递归的定义，会有帮助的。

（2）你要好好看看走势连接的结合性，哪里存在共用的问题？

（3）还是好好研究结合性。结合性里，归到前面括号的在同一式子里就不能归到后面的括号，A+（B+C）不等于（A+B）+（B+C）。关于中枢、扩展、延伸等的精确定义都有了，要理解就好好去研究相应的公式。

6

网友 2007-03-20 17:33:57

博主好！“教你炒股票”第18课有个定理有点儿疑问，该怎么理解？

定理三：某级别缠中说禅走势中枢的破坏，当且仅当一个次级别走势离开该缠中说禅走势中枢后，其后的次级别回抽走势不重新回到该缠中说禅走势中枢内。这个定理三中的两个次级别走势的组合只有三种：趋势＋盘整，趋势＋反趋势，盘整＋反趋势。

这定理三中提到的两个次级走势组合，比如“趋势＋盘整”，是否同级？这里说的是两个同级走势的连接，还是从走势组合观点看，那个盘整中枢级别高于趋势中枢级别？

缠中说禅 2007-03-20 17:51:11

这和连接的结合性有关。简单说，只要能分解出两段次级别走势就可以。

7

网友 2007-03-20 17:57:52

博主：请问与股票相比，外汇买卖有什么特别不同的吗？或者说使用博主中枢理论需要更注意些什么？如果方法完全一样，炒外汇似乎可以有更多时间去打理，毕竟是 24 小时交易。而且现在交通银行也推出了 5 ～ 15 倍杠杆的外汇保证金交易，算起来一天的波动与股票接近。

缠中说禅 2007-03-20 18:07:03

期货趋势的延伸性特别强，如果不熟练的，用第二类买卖点比较安全。就怕你判断错误，在趋势延伸时当成第一类买卖点，问题就大了。还有很多不同的地方，以后会说到的。

不过，如果股票走势都判断不好，那就别玩什么期货了。先学会走，才能跑。

8

缠中说禅 2007-03-20 18:16:44

所有买卖点，归根结底都是第一类买卖点，只是级别不同而已。没有绝对的规则可以预先区分盘整与趋势的。第三类买点后，必然面对两个选择，就是大级别盘整或一个趋势。问题不是去预测究竟最后走出哪个，这样的思维是有问题的，而是当下走出什么情况，立刻采取相应的操作策略。对盘整，就是制定好相应的操作策略，把筹码成本降下来，直到出现第三类买卖点为止。

像盘整延伸的问题，根本就无须去预测，只要走出第三类买卖点，自然就结束。至于什么时候走出，这涉及预测。任何涉及预测的，都是或然的。当然，可以有很多配套的手段使得准确率高达 90% 以上，但这是另外的问题。

9

网友 2007-03-20 18:12:35

正在看你的理论，感觉困惑。你反复强调买点买，卖点卖。但对于小散户就有了一个问题，因为你的每一个举例都是一年两年才有买卖点。那可是太漫长了。如何短期操作啊？

缠中说禅 2007-03-20 18:20:10

怎么现在还问这种问题，应该再看课程。你需要1天发现10个买卖点也很简单，看分笔图就可以。如果你看1分钟图，一天怎么也能弄一两个买卖点，弄权证就可以。

任何级别的操作模式是一样的，你明白了日线的，自然就可以去操作1分钟、5分钟的。问题是，你的资金、反应能力等是否适合去操作1分钟的。

10

网友 2007-03-20 18:10:05

博主：股指期货推出会引起大跌吗？请评一下股指期货推出对大盘的影响。

缠中说禅 2007-03-20 18:36:26

站在纯走势的角度，这些问题都是假问题。股指期货推出，对大盘的中长线趋势没有任何的影响，不过是一个借口与题材。但股指期货出现后，会加大走势的延伸性，这是必须注意的。

有了股指期货后，以后的指数，盘整的延伸将加强。一旦突破形成趋势，那么趋势的延伸也会加强，但总体大方向是没有任何影响的。

11

网友 2007-03-20 18:34:24

关于上下影线的问题：对于两个中枢间的上下影线重叠，有时这仅仅是一次非常快速的波动，但如果就将此认为扩展，觉得不妥，不知如何处理。记得以前博主回答过同样的问题，博主说看3根分钟线是否重叠，否则无效。请问这3根是连续的，还是只有属于一个中枢就行？

缠中说禅 2007-03-20 18:44:19

中枢算的是重叠部分，既然这样，一个偶然的波动就不会算到中枢里了。围绕中枢的波动，在理论上可以是任意价位的，但这不构成任何实质影响。

12

网友 2007-03-20 17:35:06

缠师好，2006年我弄亏一只股兰太实业（600328）。我做中长线，如果看日K线，按您的理论，怎么才能在2006年2月7日逃跑掉呀（好像那时看不到卖点）？

缠中说禅 2007-03-20 18:49:04

卖点要看小级别的。此外，3 月 15 日，价位实质更高，那个位置就可以用日线中枢震荡的力度来判断卖出（见图 153）。

图 153 兰太实业（600328）2007 年 3 月前后日线图

13

网友 2007-03-20 18:49:09

请教缠师，关于第三类买点，日线上是否次级别就一定要看 30 分钟的走势？是否这个走势要完美？

缠中说禅 2007-03-20 18:55:11

关键是你的级别是如何事先规定的。例如你是按 5 分钟、15 分钟、60 分钟、日、周等安排级别的，那么次级别就是 15 分钟的。关键级别的安排，是为了免除从最小级别一直看上来的麻烦，这样会导致一些误差，但不会影响任何操作，所以是一个实用的办法。

当然需要走势完美。所谓走势完美，实质上就是必须形成相应级别的中枢。如果你连 30 分钟的中枢都没有，怎么算是 30 分钟走势？一旦中枢形成，该走势就是完美的，可以随时结束。至于是否延伸，那是另一个问题。

教你炒股票38

走势类型连接的同级别分解（2007-03-21 15:23:21）

1

缠中说禅 2007-03-21 15:24:07

大盘走势没什么可说的，如果不会看，就看好5日线。5日线不破，什么问题都没有。当然，汉奸还会发难的。汉奸特别喜欢周四发难，本ID很欢迎汉奸出手，汉奸最好把货都倒到3000点以下去，然后离开中国去美国当孙子。

中国银行（601881）今天继续休息，以便等5日线上来。这种大盘股票，不可能离5日线太远，毕竟金融股是汉奸的老巢，上攻过激汉奸会有反应的，到时候呕吐一地，让大家恶心就不好了。

周四、周五，血战少不了，就看汉奸如何出手了。本ID在等着，大不了再震荡一次。本ID陪着汉奸玩20年，一直玩上30000点，时间多的是，本ID不急。

2

网友 2007-03-21 15:26:33

有些药的业绩不好，一直亏损，可以关注吗？

缠中说禅 2007-03-21 15:30:14

任何板块都分一、二、三线，你回想一下2006年酒的运动，先一、后二，最后连沱牌曲酒（现名沱牌舍得，600702）这类三线股都动起来，就差不多要大调整了。酒大调整完还要上的，像2006年的有色，今年一样表现。

3

网友 2007-03-21 15:28:43

博主：航天动力（600343）走的实在是太软了，还有戏吗？

缠中说禅 2007-03-21 15:32:10

航天动力（600343）是一个汉奸基金拿得特别多，让它低位吐点出来有什么不好的？中线没问题。华润三九（000999）如果不让那汉奸基金在10元上吐了数以千万股，现在能走成这样吗？

4

网友 2007-03-21 15:44:15

缠师，今年的电力蓝筹股怎么还不见启动呀？是不是金融股后才是电力呀？

缠中说禅 2007-03-21 15:50:15

电力是另一波人在搞，本 ID 2006 年负责喝酒，今年负责吃药，顺便再为以后储藏点儿环保、军工、农业、旅游、科技之类的。电力、汽车这些，本 ID 可顾不过来，不可能把所有板块都搞了。

5

网友 2007-03-21 15:57:30

请教博主有色金属锌的行情好吗？

缠中说禅 2007-03-21 16:05:15

有色金属的大牛市还要延续很长时间，短线的震荡改变不了大趋势。国内锌期货很快也有了，疯一阵是免不了的。不过期货风险比股票大，如果没有足够的时间与经验，还是少碰为好。

6

网友 2007-03-21 16:05:19

博主，从大盘日线上看，MACD 是不是已经算双 0 轴回试了？有点形成日线上涨背驰的可能，对吗？

缠中说禅 2007-03-21 16:13:10

可能性当然有，1 月 24 日与 2 月 27 日的连线，现在也没突破，所以汉奸在技术上是有发难的条件的。大盘从 2006 年上来，算上 2006 年 5 月份后的日中枢，也有两个了，上涨形态出现背驰也是很合理的，除非能在上面再延伸一个日中枢。

形态是走出来的，没必要预测什么，而且大盘指数并不太重要。元旦到现在，指数没涨多少，但为什么本 ID 元旦前后说的 8 只股票都基本翻倍了？

7

网友 2007-03-21 15:41:18

比如一个 30 分钟的盘整（组成一个 30 分钟中枢）由 A、B、C 三段 5 分钟走势构成，C 段正在走，请问：

（1）盘整背驰的判断，是看 5 分钟还是 30 分钟的图？如果看 5 分钟图，是不是就是对 C 段内部进行判断？如何对 A 段和 C 段进行判断？

（2）记得博主说过，黄白线刚上 0 轴，是不能判断背驰的，是不是针对盘整背驰的？

缠中说禅 2007-03-21 16:24:40

如果用 MACD 判断，看 5 分钟图一般情况下比较清楚。比较当然是 A 和 C 比，当然还可以参考 C 内部结构确定精确位置，这个和背驰段的区间套方法是一个道理。

8

网友 2007-03-21 16:29:03

缠师曾说："盘整中往上的情况为例子，往下的情况反之亦然。如果 C 段不破中枢，一旦出现 MACD 柱子的 C 段面积小于 A 段面积，其后必定有回跌。比较复杂的是如果 C 段上破中枢，但 MACD 柱子的面积小于 A 段的，这时候的原则是先出来。其后有两种情况，如果回跌不重新跌回，就在次级别的第一类买点回补，刚好这反而构成该级别的第三类买点，反之就继续该盘整。"

C 段要创新高，不可能不破中枢呀？这个地方如何理解？

缠中说禅 2007-03-21 16:38:40

C 段不一定创新高，没有规定 A、B、C 三段，C 一定比 A 高的。无论盘整背驰、背驰，都是比较其力度。如果连新高都创不出，那力度就最弱，当然更不行。这时候，根本连 MACD 的辅助都没必要。MACD 主要是辅助判断创新高的情况。

9

网友 2007-03-21 16:49:31

第三类买点，第一次次级别回抽回到中枢，第二次没回，算不算？很多人有这个疑问。

大盘 2 月 28 日 13:37 和 13:51，缠主不是说两次回抽才形成第三类买点么？前一次有重叠，后一次才真正算第三类买点，这不是两次么？

缠中说禅 2007-03-21 16:56:34

两次回抽只是次次级别。一个次级别的走势，当然需要至少三段次次级别的走势，这样当然就有两次回抽。但站在次级别上看，次次级别的第二次回抽才是次级别回抽的完结，那时候次级别才走势完美。

缠中说禅 2007-03-21 16:29:42

次级别回抽，如果跌回中枢里，连回抽都算不上，还是围绕中枢的震荡。第一次次级别回抽不到中枢，这是第三类买卖点。上去再次级别回抽，如果同样不回到中枢里，但这就不是第三类买卖点了，第三类买卖点和中枢延伸的结束是一回事情。

解盘、答问（2007-03-22 15:28:36）

1

缠中说禅 2007-03-22 15:29:02

对汉奸的周四发难，昨天已经明说，汉奸总是很听话的。而本 ID 的股票，除了些新进的北京股，今天基本上一大早就开始主动调整，就是不想让汉奸有发力的机会。汉奸也特没力，只能选择尾盘偷袭，一点新意都没有。

后面三天特别关键，只要这三天能在前期高位上收住，那突破的有效性就有保障了，很多心态不稳的人也会重新回来。技术上，前几天已经强调了 1 月 27 日与 2 月 24 日连线的压力，今天主要就是受阻在这条线上。这条线有效突破，才是大盘能走出一轮行情的关键。

现在的走势很微妙，汉奸也有机会，毕竟现在很多的人心态不稳，但汉奸的机会并不会对本 ID 造成任何损害。本 ID 的原则是，稳打不冒进，如果机会不成熟，就反复震荡等机会成熟，绝对不给汉奸好的下手机会。

不过，现在有些多头太冒进，太急功近利，并不是什么好事。本 ID 只管好自己这一拨就可以，别人爱干什么可管不住。只要实力不断增长，试看几年后是谁的天下？

2

网友 2007-03-22 15:36:42

博主，这样的尾盘杀跌，没有你我们靠什么预料？又怎样躲开？今天我的股票都走得很好，大盘跌也跟着跌，没出来呀。

缠中说禅 2007-03-22 15:42:32

1 月 24 日和 2 月 27 日的连线不是一次能突破的，就算你看 1 分钟或 5 分钟的 MACD，也知道这里会有一个小的盘整背驰。14:30 后，上海、深圳走势背离，这就是最好的信号。

网友 2007-03-22 16:00:30

1 月 24 日与 2 月 27 日连线的压力，请问在哪里看？

缠中说禅 2007-03-22 16:05:15

是 1 月 24 日与 2 月 27 日连线，就是上两次冲 3000 点的高点连线（见图 154）。把两天高点连起来就有了，每天都在变化，不断往上去，在图形上画线就能看到。

图 154 上证指数 2007 年 1 月 24 日至 2 月 27 日高点连线构成的阻力线示意图

3

网友 2007-03-22 15:35:59

缠师好，某一级别的一段走势，在当下如何判断走势是否结束？比如 30 分钟级别第二段向上的走势，如果没达到第一段的高点，稍微拐头时，如何判断是小跌一下形成一个小级别中枢后再冲高，还是已经走完，一直跌下去了？拐头时下跌多少才能判断出来？要形成低级别的第三类卖点才能确定吗？

缠中说禅 2007-03-22 16:03:48

背驰、盘整背驰，都是走势分段的依据。所谓第三类买卖点对盘整结束的确认，最终也要看其内部结构的背驰、盘整背驰。不是等真跌了才问卖不卖，而是涨的时候一旦进入背驰的区间套里，就要陆续走。当然，资金小的可以等到最后几个价位，资金大的就不可能了。第一类卖点没走，就要在第二类卖点走。如果等到第三类卖点，估计都跌很多了。宁愿卖早了，坚决不要卖迟了，股票都是废纸，有钱还怕买不到废纸。

4

网友 2007-03-22 16:21:44

缠师，我的问题您没看到。北京旅游（现名北京文化，000802）和中国银行（601881）在今天砸盘之前的走势不同，不知道您是怎么考虑的？北旅（000802）已经连拉阳线，近期是否还有介入的机会？

缠中说禅 2007-03-22 16:25:59

一般投资者没必要参与中国银行（601881），那是打架用的，幅度不一定能满足小资金的要求。至于怎么考虑这种事情就没必要说了，这里毕竟不是自己家的客厅，什么人都有，把所有底牌都说出来，那就不是对局了。看走势，那是一切。

5

网友 2007-03-22 15:57:49

博主的文章：

（1）“不跌破第一段低点，重新买入。”请问博主，这个“不跌破”是靠次级别判断吗？

（2）“分解定理，可以分解成同级别的盘整与趋势。”这个盘整与趋势中的中枢是同一级别吧，不是盘整中的中枢大一级别么？

（3）级别分解中的起点问题，走势中任意一高低点都可以作一个走势类型的分界点吗？

缠中说禅 2007-03-22 16:47:52

（1）对，需要该段内部结构的确认。

（2）同级别分解，当然都是同级别的中枢。不存在盘整中枢更大的问题。更大就分解成小的，这才叫同级别分解。

（3）当然不是，必须是前面走势类型的结束点。

6

网友 2007-03-22 16:46:22

博主，航天动力（600343）据我在盘面的观察，3月13日那天不断有大单成交，股价却没怎么动，我当时的理解为庄家在拉升前的调仓。随后的3月14日来个陡峭的拉升，我以为是庄家在试盘，更坚定我持有的信心。从现在来看好像不是，能不能说说3月13日那天的行为是在干什么？

缠中说禅 2007-03-22 16:50:20

思维要改过来，一只股票里不一定只有一拨人。现在的问题是，有一拨人太汉奸，不喜欢他们还待着，就像华润三九（000999）破10元那次一样。

7

网友 2007-03-22 16:59:48

看了那天对背驰的确切定义，前面多义性讲的a+A+b+B+c，a、c不是必然有的，并不是说a、c可以不要，只是说可以看成A、B的延伸，对吧？

缠中说禅 2007-03-22 17:02:06

也可以没有，例如两个单纯的中枢，中间是一个跳空缺口。

教你炒股票39

同级别分解再研究（2007-03-23 15:16:51）

1

缠中说禅 2007-03-23 15:18:15

今天大盘没什么可说的，周四、周五的血战已经在周三提前预告。今天中国银行（601881）主动示弱，不让汉奸有借利好出货的机会，为大盘以后的发展留下很大的余地。不过汉奸不会因为这两天的折腾而死心，那两个高点的连线依然在上面（见图154），没有有效突破前，依然会人心浮动，汉奸依然会随时发难，所以耐心是最重要的，而震荡是稳定人心的最好办法。

2

网友 2007-03-23 15:22:35

对于我们小资金散户，我发现如果2%～3%的超短差也不想放过的话，估计买入股票的时候就得考虑T+1因素了，不知大家有什么方法。

特别是在下午 14:40 以后，三买或者二买接近形成（出现底背离段），但是还没有彻底走完的情况下。因为如果次日买入，虽然大涨，但是可能次日就又会出现一个可观的回试低点。

如果是当天买入，又害怕三买没有真正形成，继续下探回到原来中枢。

缠中说禅 2007-03-23 15:27:33

只要你不是买到最低那一笔，总有被套的时候，只要大方向不错就没问题。如果怕，就分两笔，这样就没必要怕了。

3

网友 2007-03-23 15:28:02

博主，今天练了一下紫光股份（000938），在下午的时候抓了个 12.20 元的价格，虽然不是很精确，但是小有收获。目前的问题是个股配合大盘的问题。如果选择大盘股票，比较稳妥，看图行事。但是如果选择小盘个股，特别是对指数灵敏度高的，在现在的高位，虽然看到小级别买点，但总是怕大盘单边下跌，然后在 T+1 的模式下很难获利。

希望缠师能够指点，怎么样在这种高位踩准节奏？

缠中说禅 2007-03-23 15:44:46

你必须有一定的节奏韵律。例如，高位没走，低位去回补等于加仓，这样不好，一定要搞清楚向下段与向上段。特别是资金不大的，卖了就全买。如果回补信心不足，可以分单回补。只要是先卖的，回补起来就不会害怕了，所以节奏是第一位的。你跳舞，节奏全乱，会有好心情、好心态吗？

解盘、答问（2007-03-26 15:19:01）

1

缠中说禅 2007-03-26 15:20:49

今天大盘按着计划走，突破上面的压力线，当然，其有效性还需要确认。中国银行（601881）压着不涨，就是对大盘最大的支持，汉奸想捣乱也没机会，其他板块不断轮动。今天 10 元上下的二线股表现很好，这个势头应该延续。

一个最好玩的事情，今天已经有人通过某些渠道放风给本 ID，说明天是上次大跌的一个月纪念，又是星期二，明天要全力砸盘，把本 ID 给毁了，本 ID 等着。本

ID只点火，决不死顶，今天是全民启动，就看汉奸明天怎么表演。

个股不说了，三线里真正有题材的还会涨。其他风险，最主要的是监管风险比较大。二线是目前最好的选择，10元上下，如果业绩特别好，在15元上下也可以，都是今后行情的重点。如果不会找，看沪深300成分股，在相应区间不难找到。

2

网友 2007-03-26 15:23:13

缠师，根据您的理论，买点买卖点卖，近期颇有些斩获，但操作中也遇到些问题，烦请解答：

（1）上周五（3月23日）发现航天信息（600271）30分钟背驰，5分钟也背驰，符合区间套原理，上午在44元跟进，但下午却随大盘大幅跳水，不知我起初的判断是否有误？后来我发现其图形并未走坏，背驰仍然成立，故在43元左右补仓，不知是否妥当？

（2）近期发现有买点的股票基本是10元以上的高价股，低价股基本全是卖点，估计下阶段的热点应该是绩优高价股。可以这样估计吗？

缠中说禅 2007-03-26 15:33:30

没有真正题材的三线股，监管压力很大。航天信息（600271）周五是1分钟背驰，后面出现反弹，不过力度有限。5分钟当时并没有背驰，就算看MACD，也没明显回拉。

注意，最好选择周线刚脱离底部的股票，特别是那些技术不好的，就算判断错误，也有改正的机会。

3

网友 2007-03-26 15:31:42

博主，航天长峰（600855）如何？军工板块又没有动静了，十分担心。

缠中说禅 2007-03-26 15:35:07

板块要轮动的，一天把所有股票都涨完，明天涨什么？

4

网友 2007-03-26 15:43:23

请问博主，这套理论是不是也可以用在欧美的股市中。像美国股市T+0且没有涨跌幅限制，用这套理论是不是要注意一些什么？谢谢！

缠中说禅 2007-03-26 15:47:14

都一样，没什么区别。期货之所以有点儿区别，就是因为有些交易凭证是即时可变的，股票不存在这个问题。

5

网友 2007-03-26 15:36:32

号百控股（600640），15.42 元进的，到现在一个礼拜还这个价，不知道此股有没有风险？我没有什么消息，毕竟已经大涨过一回了，希望博主给个指导意见，是不是可以继续持有？

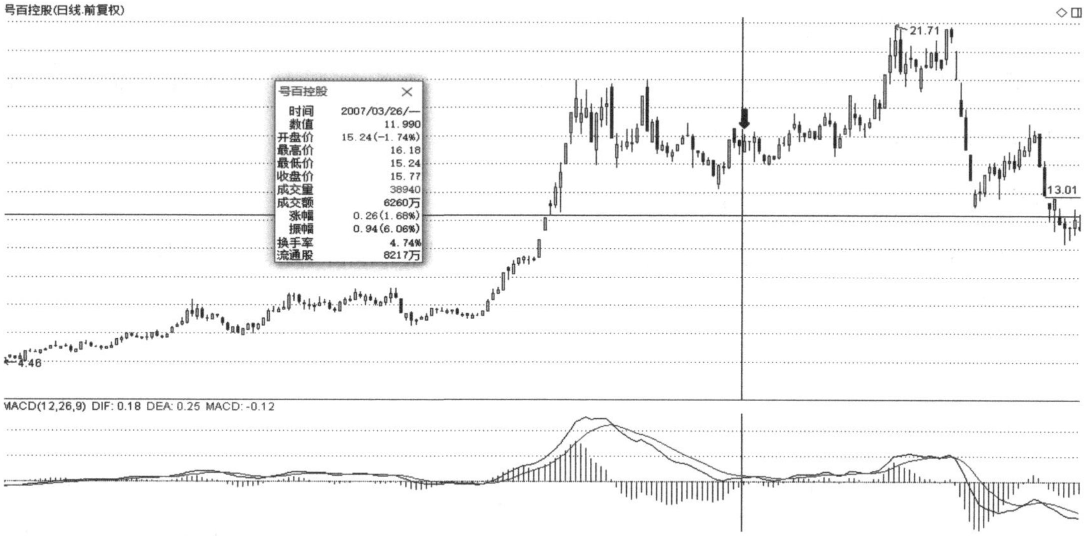

图 155 号百控股（600640）2007 年 3 月 26 日前后日线图

缠中说禅 2007-03-26 15:58:26

这种题材股，最近都是有点儿怕监管，图形并不差，暂时用中枢震荡的方法处理（见图 155）。中线还有一波机会的概率不小，但前提是不要被监管了。

教你炒股票40

同级别分解的多重赋格（2007-03-27 12:53:22）

1

缠中说禅 2007-03-27 21:29:47

大盘今天走势继续呈现多空拉锯，目前正在一个敏感的时间之窗，前次高点 21

天前后。突破前期高点连线，对于很多所谓技术派的人士来说，还有三天的确认要求，因此市场难免犹豫。本周余下三天，关系到月线的收盘，因此激烈的争斗、震荡不可避免。

目前启动的二线股由于都有比较强的业绩等支持，因此比前期三线股的走势要稳健。而银行股的低调又使得汉奸无处发力打压，这就是最近汉奸比较痛苦的地方。

目前多头一定要耐心，用文火熬，才能把汉奸煮烂，否则汉奸的脸皮这么厚，大火没用。个股不多说了，反正还是那些。如果技术好的找好买卖点，不行的就看均线系统。如果5日线都不破，就拿着，这样省心，不用一惊一乍。

2

网友 2007-03-27 21:24:33

博主好，记得你曾经说过MACD判断背驰只是起到辅助作用，如果不用MACD的话，该如何判断背驰呢？

缠中说禅 2007-03-27 21:31:59

看均线系统也行，短期均线与长期均线的面积比较就可以。还有很多方法，道理都一样。

3

网友 2007-03-27 21:25:01

博主好，问个问题。你选择股票除了走势、消息，还看不看其他。我的意思是比如说紫光股份（000938），业绩亏损，到该公司的网页上看看，搞科技的上市公司，网页做得极烂，还有卖的也是电脑城的产品，真是看了都担心？

缠中说禅 2007-03-27 21:49:17

看看现在是哪个学校在领导中国？在中国，技术又算得了什么？任何事情都不能脱离当下，连股票走势都是当下的。

4

网友 2007-03-27 21:39:00

请教缠师，三买后的反转力度确认主要结合哪几个方面来判断？

（1）一买后次级回抽不破中枢，是不是回抽的幅度越小则越强？

（2）如果是一个次次级别反转突破最近一个下跌中枢，是不是强势的表现？

谢谢！

缠中说禅 2007-03-27 21:57:53

离开中枢的回抽力度越小，后面可以期待的越高。

5

网友 2007-03-27 21:56:00

博主，您认为像我们这样的低收入低投入者（10～20 万元之间），中线投资（当然留出 20% 短差），是每个板块选择一只股票分散投资，还是重仓投入一只好？

缠中说禅 2007-03-27 22:02:02

一只足够。之所以不敢集中，是因为没把握。而要进步，就一定不断强迫自己更精细地分析，提高把握性，这样才能进步。一般资金不大的，最多两三个板块持股就可以，这样在轮动时可以互相照应。

6

网友 2007-03-27 22:00:00

老师，有一点不明白，既然汉奸重仓银行股，打压无处发力，为什么不反手上拉呢？他不想挣钱吗？还能就这样半空中挂着，光腚上吊似的，丢人现眼？

缠中说禅 2007-03-27 22:10:37

如果你基本都是银行股，你拉起来干什么？让二三线股的人出货？学雷锋？

汉奸节奏错了，想改变，没门了，今年二三线股的大行情和他们没关系了。别说汉奸了，那些空头，元旦开始就喊着回到 2200 点的，今年的行情和他们有关系吗？等空头翻多，行情就非如此的行情了。

解盘、答问（2007-03-28 15:22:50）

1

缠中说禅 2007-03-28 15:24:11

汉奸越来越听话，具体的细节就不说了，这里可是耳目众多。经过今天的震荡，前面说的那条高点连线已经第二天站稳。那些非汉奸的空头是否要投降，自己看着办吧。

当然，汉奸还有机会，如果换成本 ID 来做空，现在肯定已经 3000 点以下了。可惜汉奸技术比较差，股指期货一开，汉奸这种水平，怎么玩呀！

最后两天，关系到月 K 线，还关系到季 K 线收盘。看 K 线图的人都知道，一个光头阳线与带长上影的K线对下月、下季走势的影响，所以这两天虽然短，但却十分重要。这两天走好了，空头翻多的力量会越来越大。

2

网友 2007-03-28 15:27:00

博主好！检讨一下这两天的操作，比较失败，节奏把握不住。今天上午11:20那个低点根本没任何背驰迹象，怎么就上去了？

缠中说禅 2007-03-28 21:13:40

1分钟以下级别的，比较1分钟MACD的柱子面积就可以。前面是有两个绿柱子面积之和，后面是一个，这是恐慌性假突破中经常看到的。另外，用中枢震荡的角度看就更简单。

不过，这都不是最重要的，最重要的是节奏。如果早上5分钟明显的顶背驰能先卖出，那么下面的回补，早点儿晚点儿都不是最重要的。

3

网友 2007-03-28 15:33:59

缠师好！

关于背驰有两个细节问题请教。

17课：没有趋势，没有背驰。背驰是前后趋势间的比较，也就是说，在同一级别图上存在两段同方向的趋势是出现背驰的前提。

24课：用MACD判断背驰，首先要有两段同向的趋势。同向趋势之间一定有一个盘整或反向趋势连接，把这三段分别称为A、B、C段。显然，B的中枢级别比A、C里的中枢级别都要大，否则A、B、C就连成一个大的趋势或大的中枢了。A段之前，一定是和B同级别或更大级别的一个中枢。

37课：没有趋势，没有背驰。不是任何a+A+b+B+c形式的走势都有背驰的。当说a+A+b+B+c中有背驰时，首先要a+A+b+B+c是一个趋势。是一个趋势，就意味着A、B是同级别的中枢。其次，c必然是次级别的。而b是有可能小于次级别的，力度最大的就是连续的缺口。也就是说，b在级别上是不能大于c的。

以上是我从原文中摘录的内容，关于背驰有两个细节问题似乎矛盾。

（1）当说a+A+b+B+c中有背驰时，从37课的叙述看，b可以小于次级别？那就是说，b不一定是与c同级的趋势，这与17课和24课的描述有矛盾。

（2）24课描述中有“A段之前，一定是和B同级别或更大级别的一个中枢”。

那对 a+A+b+B+c 来说，如果 A 中枢可以是比 B 中枢级别高，而 b、c 满足其他背驰条件时，也可以是标准背驰吗？

缠中说禅 2007-03-28 21:20:05

这没有什么矛盾的，如果按最标准的背驰，就是在某级别趋势中两段小级别趋势的比较。而这两段走势的比较，可以推广开。例如，在中枢震荡中，甚至同时向上的两段都可以用类似背驰的方法来比较。这就是背驰方法的推广。

4

网友 2007-03-28 15:35:40

博主，按你说的，如果汉奸手上的银行股有了缠论的买卖点，要不要操作呀？是不是因为你和他们的战斗，就不看那些了？今天汉奸拉银行股是什么目的？他们不是不想给二线股出货的机会吗？银行股的下一步是什么呢？迷惑了，请解释。

缠中说禅 2007-03-28 21:25:11

为什么早上拉的和下午拉的一定是同一批人？为什么早上砸的人下午不能回补弄差价？早上是纯粹捣乱的，深圳不跟着，就知道这种捣乱是没意义的。具体细节就不说了，事情总没有想象的那么简单。就算是市场主力，其行为也是不同的，那种认为市场有一个总庄家的想法是很无聊的。

5

网友 2007-03-28 16:05:10

我发现只要愿意帮散户和普通百姓的，都会受到或多或少的攻击，希望这个社会越来越和谐，正义永远战胜邪恶！

缠中说禅 2007-03-28 21:33:43

正义和保护谁以及胜利都没有什么必然关系，思维不能陷入这种模式，特别在市场里，太害人。

6

网友 2007-03-28 21:23:06

请教缠主，百思不得其解，就是如果定下 30 分钟为操作级别，当下 1 分钟 K 线图出现背驰，怎么才能确定，参与还是不参与，判断依据是什么？常常搞错，谢谢了！

缠中说禅 2007-03-28 21:40:03

关键要看 5 分钟、30 分钟当下在走什么。如果正在主跌段中，当然没必要参与 1 分钟的背驰。

7

网友 2007-03-28 15:39:46

不知您对基金怎么看？

缠中说禅 2007-03-28 21:45:33

市场最安全的资金，就是稳定、长期没有套现压力的，显然基金并不符合。

8

缠中说禅 2007-03-28 21:54:15

对于操作而言，节奏是最重要的。操作，归根结底就是买点买，卖点卖。能否做到，那是技术精确度问题。精确度通过实践，一定会不断提高，所谓熟能生巧。但如果这基本的节奏都把握不住，那是越实践毛病越多，这是一定要记住的。

解盘、答问（2007-03-29 12:39:50）

1

缠中说禅（2007-03-29 12:39:50）

今天的争斗对于散户来说，确实是一个心理考验，但这是必需的。对于本 ID 来说，正如中午所说，对金融股先买后卖是唯一正确的选择。汉奸这一招本在预计之中，也是汉奸唯一能使用的招数。如果汉奸连今天这一招都使不出来，本 ID 会更加蔑视他们。

汉奸要阻击上涨，唯一的途径就是昨天说的，让月 K 线、季 K 线留下长上影线。关于最后这两天的斗争，本 ID 已经提前预告，大部队打仗，伤及无辜，那是没办法的事情。明天是最后一天，汉奸当然希望就势打出长阴。其实，无论什么走势，对于本 ID 来说都无所谓，因为本 ID 今天采取了最正确的策略，先买后卖金融股，同时从昨天起对二三线股进行清洗。对于本 ID 来说，明天以静制动，先让汉奸出手，大不了再来一次如 3000 点下的反复震荡。这种活动，汉奸们已经输过一次，不妨再来一次。

现在争夺市场控制权，丧失筹码不行，唯一正确的就是通过震荡把筹码成本降低。由此可见，本 ID 的理论，其实对大资金一样有效。股票都是废纸，只是吸血凭证，关键是能把成本降低为 0，这才是真正的安全。0 以下的，才是真正的利润，才是真正的血。无论散户还是主力，这都是一样的。

2

缠中说禅 2007-03-29 12:41:24

这两天关系月 K 线、季 K 线收盘，激烈的争斗本在计划中。今天出现如此走势，就是这种争斗的结果。打不下去，先拉起来，这也是汉奸唯一的途径。如果换了本 ID，也会这样做。对银行股不可能压盘，本 ID 不可能在今天去压制中国银行（601881），只能顺势而为，先买后卖也是对的。

当然，大盘股打仗，其他股票就要受累，这是不可避免的，市场不是慈善场所。如果看不懂的，就看深圳指数，以此为进出依据，上海指数在这段时间的失真是不可避免的。散户要习惯根据个股本身的图形进出，特别是股指期货出来后，指数对个股的指导意义更弱。

对于本 ID 来说，中国银行（601881）、中国联通（600050）就是其中的组合而已。等大盘股的争斗有方向了，其他股票自然重新走好。其实，完全可以以板块轮动来看。

3

网友 2007-03-29 21:52:03

照博主的意思，明天是一场血战，大盘明天有可能会大跌？

缠中说禅 2007-03-29 22:06:35

不排除这种可能，特别如果是本 ID 来做空，明天是最好的机会。一个长上影 K 线后，拉一条长阴，至少可以让很多所谓的技术派痛苦半个月。当然，汉奸有没有这本事是另外一回事。市场不是一个人、一个派别的市场，而且市场的走势，很多都是当下发生的，这如同打仗，战机难道能预先知道吗？像今天，汉奸突然发疯，这时候如果去压盘，那就傻了，这时要比汉奸更疯。当汉奸想回砸时，比他砸得更快。这就如同剑客过招，错一步就是万劫不复。里面的功夫深着呢，哪里有这么简单。

4

网友 2007-03-29 21:58:43

请问华润三九（000999）还有希望吗？

缠中说禅 2007-03-29 22:11:51

华润三九（000999）是某汉奸基金在出货。该汉奸基金在几元时拿了5000万股，11元上下被赎回，出了2000万股，然后这次想出清，换上实医药（600607），该股票也是该汉奸基金的重仓股票。本ID从来都是顺势而为，别人砸，想让本ID接，门儿都没有。你想出，可以，低出吧。

5

网友 2007-03-29 22:05:02

二线蓝筹近期还有戏吗？我是刚换到这个板块的，刚冲了一下，就给套住了！

缠中说禅 2007-03-29 22:20:48

只要不是过度炒作的题材股，当然没有问题。不过请注意，任何被套的，肯定都不是在买点买的。本ID反复强调过，心态最重要。很多人明明知道不是买点，就是手痒忍不住，这就是心态问题，不解决这个，任何理论都没用。

股票只有两种，买点上的股票都是好股票，否则就是垃圾股票。大级别买点的就是最好的绩优股，耐心等待股票成为真正的绩优股，这才是真正的好心态。

6

网友 2007-03-29 22:09:35

博主，我们手里的股票怎么办呀？没有金融股票呀！

缠中说禅 2007-03-29 22:26:46

这种心态，怎么在市场上生存！本ID大张旗鼓地介入中国银行（601881）、中国联通（600050），如果你真喜欢这种股票，你早就拥有了。这些股票，本质上根本不适合散户，因为波动太小，没什么意义。本ID说10元附近的二线股，像北京旅游（000802），难道中国银行（601881）、中国联通（600050）最近还能和它比？先把心态放好。关键不是什么股票，而是买点与卖点。例如，即使是北京旅游（000802），17元上买，至少在这两天就是垃圾股，卖点、买点才是最重要的。

7

网友 2007-03-29 22:25:35

缠主，那对手下次不是反过来阻击你？

缠中说禅 2007-03-29 22:30:11

只要你能按照节奏来，没有人能阻击你。像中国银行（601881）、中国联通

（600050），汉奸怎么阻击？本ID筹码不少，成本越来越低，他阻击什么？汉奸有本事就阻击上10元，本ID全部给他们。砸就更没用了，你问问他们，今天的高位他们能出多少？

市场是有节奏的，把握当下节奏，没有人能战胜你。

8

网友 2007-03-29 22:21:02

看缠主的意思，明天难道要割肉斩仓出局吗？

缠中说禅 2007-03-29 22:33:37

你需要检讨的是，为什么在卖点没卖，而不是去斩什么仓。注意节奏，卖点没卖，活该斩仓。斩在买点，正好瘦身。

那些喜欢逆着市场节奏的人，什么时候变皮包骨头了，可以上来广而告之，以此警戒后人。

9

缠中说禅 2007-03-29 22:37:58

本ID喜欢有点儿水平的对手，今天汉奸能采取正确的选择，本ID更高兴，这是做空者唯一正确的选择。不过，他们的时机已经不好，所以只能算垂死一战。

至于散户，震荡正是短差最好的机会，先卖后买，先买后卖，根据向下向上段的节奏来，这是市场考验的机会。

10

网友 2007-03-29 22:36:56

缠主，问个傻问题，就是砸盘时，买单为什么不撤了啊？为什么还要傻傻地接别人的货啊？

缠中说禅 2007-03-29 22:39:45

那你就要问那些喜欢填买单的人了，本ID从来不这样做，对手盘这种无聊玩意儿，本ID从来不干。

11

缠中说禅 2007-03-29 22:46:03

给各位一句话：节奏，永远是市场的节奏。一个没有节奏感的市场参与者，等待他的永远都是折磨。抛开你的贪婪、恐惧，去倾听市场的节奏。

教你炒股票41

没有节奏，只有死（2007-03-30 15:17:22）

1

缠中说禅 2007-03-30 15:25:08

今天大盘对市场双方都可接受，汉奸无法如愿拉长阴，而月K线、季K线略带上影线，也是本ID可以接受的。后面震荡依然，毕竟汉奸还是有实力去制造下一月K线、季K线的下影线。

对于本ID来说，在3000点上再玩一次3000点下的震荡盘整，是最有利的。玩震荡，汉奸没什么水平，而现在管理层、散户都有恐高心理，需要时间治疗。

个股方面，三线股已经被管理层监管警告，一线大盘打架不可能被散户接受，这两天就是例子，因此，二线股是最好的平衡，谁都能接受。一些有中线潜力的二线股已经创新高，这就是点火，能否燎原，那是另外的问题。

相对流动性过剩与经济转型及金融重构（2007-04-02 15:12:44）

1

缠中说禅 2007-04-02 15:14:44

前面已经说过，如果看不明白上海指数，就看深圳的。深圳今天的走势只表明一点，优质二线股还是得到更多人的认同。深圳成分股里，基本都是优质二线股。其实，今天最终能收成这样，也是经过刀光剑影的。早上汉奸曾再次使出拉金融股的一招，结果被破坏，没什么效果，才有后面二线股的整体走强。

个股方面，看看上海、深圳今天涨停的，基本都是二线股与有真正题材的三线股。特别是上海，很多都是10元上下的，就知道后面真正可以产生利润的股票，还是本ID前段时间已经明确指出的那些。具体就不说了，现在监管风暴下，少说点儿不会错。

如果不会挑的，就去看沪深300或深圳成分股，就是那些股票。当然，金融股、特大盘股也会有表现的，但这类股票还是以打仗为主。如果资金量比较大，组合部分也是可以的。

现在的走势肯定是进二退一，甚至是进三退二，快速拉升只可能对汉奸有利，把握节奏很重要。真看不明白的，就看 5 日线，你看这段时间这么折腾，其实都没破过 5 日线，看着不用闹心。

2

网友 2007-04-02 16:24:21

市场节奏是不是指资金的流动，板块的互换？怎么去倾听，怎么去感受啊？

缠中说禅 2007-04-02 20:59:54

先把个股运行的买卖节奏搞清楚，这是基础。

3

网友 2007-04-02 20:59:07

机械操作法中有没有一二三类买卖点之分？如果有，如何区分？

缠中说禅 2007-04-02 21:14:26

这个是一样的，买卖点与图形分解没什么关系，只是一些大级别的买卖点，被当成分解级别的来分解操作而已。是买点还是买点，不会因为分解了买点就变卖点。

4

网友 2007-04-02 21:11:58

缠师好：对于第三类买点的形成还有点儿疑问。为什么你说次级别回抽在次级别图中只要回拉两次就可以了？我想，即使这个次级别回抽是盘整走势，也应该最少有五段，那就是有三次回拉才完整，不知该如何理解？

缠中说禅 2007-04-02 21:22:12

那两次回拉的是次次级别的，这个问题以前说过。三个次次级别构成一个次级别，想想这就明白了。

5

网友 2007-04-02 21:17:23

博主，最近和大家讨论问题，发现中枢还是无法统一定义。

本级别中枢由次级别连续 3 个走势类型重叠而成。

上涨中枢，次级别走势类型分别是：下跌＋上涨＋下跌。

那么 3 个次级别中枢方向是否一定是（上下上）＋（下上下）＋（上下上）？

这几个中枢是只有这个顺序还是可以交换？如（上下上）+（上下上）+（下上下）？

3个次级中枢（上下上）难道不可以构成本级别中枢？

缠中说禅 2007-04-02 21:32:15

还是概念混乱。上涨、下跌都至少有两个以上次级别中枢，是3个次级别走势类型的重合部分构成中枢，而不是3个次级别中枢的重合构成中枢。构成中枢的次级别走势类型显然都是完成的，而次级别中枢对于次级别走势来说却不一定是完成的。请把中枢、走势类型、已经相互构成的递归定义弄清楚。

6

网友 2007-04-02 21:22:36

为什么杭萧钢构（600447）今天出来后还是涨停？极其不理解。

缠中说禅 2007-04-02 21:35:12

市场不关心你的理解，市场只有当下的买卖。

7

网友 2007-04-02 21:28:26

多日来一直学习博主的理论，但总是很迷糊。今天看了大唐发电（601991），在3月29日形成日线级的第三类买点，我的看法是否正确？请各位高手批评。

缠中说禅 2007-04-02 21:43:21

日线的第三类买点至少是一个30分钟的回拉，不可能是一天完成的（见图156）。这只股票的30分钟级别第三类买点在30分钟图上不难发现，只是比29日要早点儿，不妨去研究一下。

8

网友 2007-04-02 21:35:27

缠师：今日罗杰斯说6000点开始抛股，你如何看？

缠中说禅 2007-04-02 21:44:56

在6000点没到时说6000点的操作问题，都是无聊问题。

图 156　大唐发电（601991）2007 年 3 月 29 日前后日线图

9

网友 2007-04-02 21:42:40

缠师，您好！

（1）在上海大盘的 15 分钟 K 线图上，明天上午若突破前面高点 3272.41 点，则顶背驰的可能极大，这将预示明天又是很刺激的一天？

（2）您怎样看低市盈率的电力和煤炭板块？医药板块近几天好像走得比大盘弱？

谢谢！

缠中说禅 2007-04-02 21:47:44

大盘不震荡单边上涨才是不正常的。板块是轮动的，有些板块看好的人太多，自然拉不起来，人人都在轿子里，谁抬？

10

网友 2007-04-02 21:53:30

博主，在同级别分解中，对于“盘整+盘整+盘整+…”，根据结合律，应该是可以任意组合的吧？那么这里面的每个盘整，最多可以有几段？5 段？8 段？上面的组合以及段都是指次级别而言。

缠中说禅 2007-04-02 21:55:57

同级别分解，不允许盘整里的中枢延伸，因此 3 段次级别就是了，不存在任意的问题。

11

网友 2007-04-02 21:53:21

另外想问问缠主，对于 A 的级别要大于 B 的级别这句话，是指 A 的中枢区间包含着 B 的中枢区间吗，以至于 B 是围绕 A 做震荡，可以看作盘整，不知道这样理解对不对？

缠中说禅 2007-04-02 21:57:50

不一定，A 和 B 完全可以没有任何重合的地方。

12

网友 2007-04-02 21:50:14

博主，请问您什么时候会放弃一只一直操作的股票呢？

缠中说禅 2007-04-02 22:01:26

其实，一只股票在它年老色衰前都可以一直玩下去。一般来说，在超大级别卖点出现时，例如季度甚至是月线的，就等于宣告这只股票已经不值得继续玩下去了。

13

网友 2007-04-02 21:59:11

可否跟博主讨论一下人生发展的问题。我上了一个不错的大学，但是上了一个烂专业。出来工作了两年，在银行，干基层。2006 年辞职了，然后迷失了方向，一直到现在都不知道自己该干什么。

不想上班，但一是怕父母担心，二是没有找到可以独立存活的生存之道。有时候想着自己还不如不上大学，那现在就不会有那么多的束缚了。

博主怎么看待职业发展问题？

缠中说禅 2007-04-02 22:07:12

如果你单纯为了生存而憋屈自己，那么，世界本来就是坟墓，在那里干什么都一样。如果不是这样，日日是好日，时时是花时，又何必分什么天堂地狱？

选什么股票其实不重要，关键是要选好买点，明白股票之道，工作之道其实道理是一样的。等待你的买点或换股的时机，别抛了一只买点上的股票去换一个卖点上的。一个人，可以操作一只股票获取最大利润，关键是买点卖点的节奏，而不是股票本身。

炒的是股票，而不是股票炒你。工作是一样的，人生也是一样的。

14

网友 2007-04-02 21:26:53

目前的形势，很多股票正处于上升＋盘整的走势中，所以对盘整背驰力度的判断很重要。

请博主再把重点强调一下，对于目前股票的普遍走势，怎样才能准确把握背驰的力度，特别是盘整背驰的力度？怎样才能转化成趋势，或者是反趋势？

缠中说禅 2007-04-02 22:14:02

这个问题包含很多概念误解。力度是当下的，背驰、盘整背驰只意味着转向。至于力度，是和中枢星球系统的分布与当下的买卖力度相关的，是一个当下的概念。

15

网友 2007-04-02 22:14:02

“一个走势中枢完成前，其波动触及上一个走势中枢或延伸时的某个瞬间波动区间，由此产生更大级别的走势中枢。”

博主，这句话是否指必须是第二个中枢的前三段和第一个中枢的任何一段重叠，才是中枢扩张？如果是第二个中枢的前三段以后的，即使有重叠也不算？

缠中说禅 2007-04-02 22:16:22

概念有问题，一个中枢的完成，是和第三类买卖点相关的。如果一个中枢延伸，就证明没完成。

解盘、答问（2007-04-03 15:27:02）

1

网友 2007-04-03 15:30:52

博主好，大家都很担心明日大盘的走势呀！

缠中说禅 2007-04-03 15:36:57

没什么可怕的，涨也怕，跌也怕，盘也怕，那来股票市场就成受罪了。

2

网友 2007-04-03 15:39:53

缠师，关于“完成”这个概念，我的理解是这样：趋势的完成标志是背驰，中枢的完成是三买或者三卖，是不是这样？

还有盘整走势类型完成怎么判断？是不是也是三买或者三卖？

缠中说禅 2007-04-03 15:51:18

基本上可以这样理解。该级别盘整中枢结束，该级别的盘整就结束。但必须注意，该级别的盘整结束，并不意味着一定脱离盘整，还可以进入更大级别的盘整。如果站在年线的角度，基本上盘整就是绝对的。

教你炒股票42

有些人是不适合参与市场的（2007-04-04 15:31:30）

1

缠中说禅 2007-04-04 15:33:12

今天的市场没什么可说的，该说的昨天已经说了。今天的走势就如同照抄本 ID 昨天的剧本一样，如果你连剧本都先看了还操作不好，那就没法子了。从纯技术上，深圳基本达到目前在 9200 点附近的前两高点连线，这里存在技术压力很正常。

上海最近走不强，原因很简单，就是一时没目标了，深圳还存在那条线可以攻击。上海上方无限宽广，但反而找不着北了。当然，更重要的是，深圳指数更多地代表优质二线股。最近这个板块得到越来越多的认同，所以深圳走强，其实就代表本 ID 的优质二线股剧本被市场在演绎。

个股不说了，目前这个位置，追高一点必要都没有，只要能保持买卖节奏，问题就不大。震荡是好事，对于节奏好的人，越震荡成本越低，最好天天震，那才好。

技术不好的，还是看 5 日线。如果是中线的，看 10 日线。你看 2006 年 8 月开始的那一波，10 日线基本就没破过。如果真破了，那就是级别较大的调整了。反之，如果 5 日线都不破，就不用担心什么。板块轮动，只要不是太垃圾的股票，都会轮到的。

2

网友 2007-04-04 16:19:01

博主，看看我的情况：中核科技（000777）9元进的，15元卖了再也没敢进去。如果能和震荡共舞，我可以小发一下了。

缠中说禅 2007-04-04 16:27:19

第一次大洗盘让MACD日线第一次回拉0轴后一定要买回来，就算是背驰的情况，还有创新高的机会（见图157）。而且还存在不背驰的情况，那就厉害了。

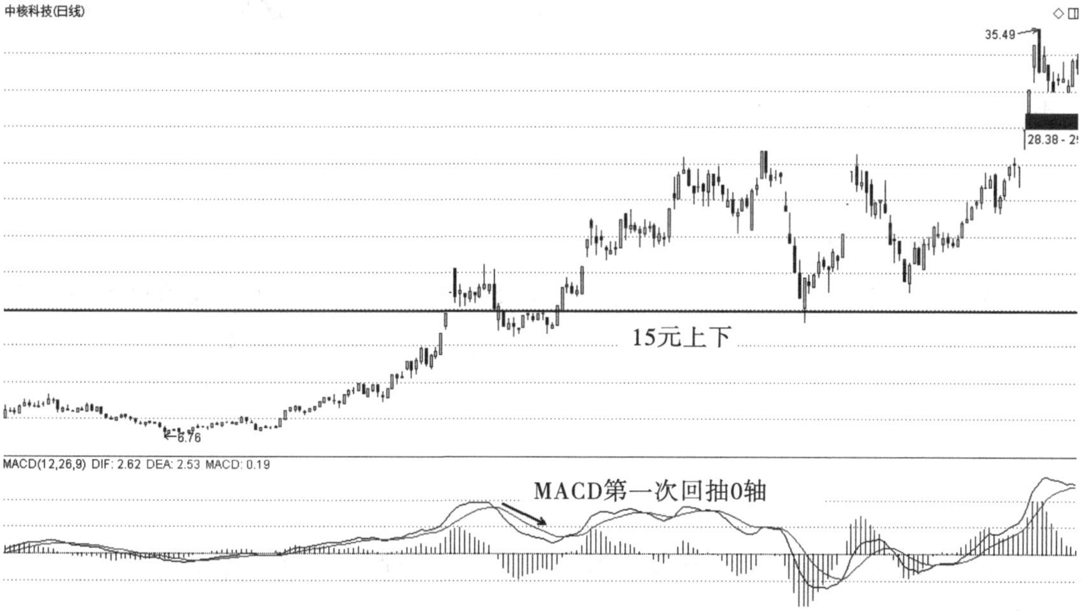

图157 中核科技（000777）2007年4月4日前后日线图

本ID说过，那14只股票里，涨1倍是小菜。涨1倍后才稍微洗一次盘，只能证明不止涨1倍。不过，现在就别追了，没有什么股票是值得追的。

3

网友 2007-04-04 15:55:25

对于构成中枢的三段，不知博主有什么实际的应用技巧，可以帮助我们不用一层一层去判断每一段是否走完？例如判断日线中枢的形成，首先至少要有三段连续的30分钟走势类型完成，而30分钟的每一段又要求是5分钟图表上的三段走完，5分钟的三段又要求至少1分钟图表的三段要走完。如此循环判断，感觉实际应用起来真是不太方便，最好可以只从日线图上或30分钟图上就可以方便地判断出来。

缠中说禅 2007-04-04 16:31:43

这个问题说过多次，趋势看背驰，盘整看第三类买卖点。

4

网友 2007-04-04 16:33:10

博主，城投控股（600649）也是14只股票里的，现在看就它走得最慢，但是我一直握在手里，让它磨练俺的耐性，但是也快坚持不住了。

缠中说禅 2007-04-04 16:50:58

你要看看它现在什么地方。打开周线图，看看它的左边，这是历史密集成交区，历史上大多数的人都套在这个地方。股票又不是慈善晚会，那些没信心、没耐心的人不下来，换手不充分，怎么可能大涨？

5

网友 2007-04-04 16:40:43

缠主，您好！怎样判断大级别能量耗尽没耗尽呀？我现在实际操作中按小级别判断出现背驰，卖出了，之后调整几下又上去了，差价都没做出来。可能是操作级别太低了，但主要还是不会判断大级别能量耗尽没耗尽。请帮忙解惑，谢谢！

缠中说禅 2007-04-04 16:58:22

技术不好的，就看30分钟级别进出，5日线都不破，就别乱折腾。差价满地都是，关键是你技术达到没有？如果没达到，那只会把自己搞乱。先学会站起来，然后再跑。

6

网友 2007-04-04 17:19:36

缠主，请问如何选择分析的中枢？假定一个5分钟级别的图形上，走势突破原来的中枢，形成了一段新的走势，其中形成了一个新的“中枢”。但围绕此新“中枢”的波动，有与之前中枢重叠的地方，或者两个中枢有重叠的地方，该怎么选择要分析的中枢？

谢谢！

缠中说禅 2007-04-04 17:24:10

那就要扩展成更大的中枢。如果是趋势中的同级别中枢，之间是不会有任何重叠的。

7

网友 2007-04-04 17:27:33

老师，以前您曾提到沪深指数背离，大盘一般要调整了。以往几次通常是沪市指数涨幅超过深市，那像今天这种情况深市比沪市走强这么多，大盘可能会怎样呢？期盼老师指教，谢谢！

缠中说禅 2007-04-04 17:37:43

原因不是已经说了，深圳成分指数代表的是优质二线股，上海指数只是超级大盘股的指数。深圳也没比上海强，连上次两高点连线都没破，上海早破了。上海不跟着走，所以就有了今天的震荡。如果还不跟，那就继续震荡，震到跟为止。

解盘、答问（2007-04-05 15:33:21）

1

缠中说禅 2007-04-05 15:34:37

今天继续10元上下二线股行情，看看今天涨停股票有多大比例落在该区间就清楚了。尾盘一线大盘的偷袭，其实也不算太大的问题。现在这种走势，对某些人确实够煎熬的。

深圳由于已经离那条前期高点连线构成的压力线很近，所以今天走得已经有点儿沉重。如果真能突破站稳该线，那深成指的1万点就在多方炮火下了。所以对于这条线，汉奸是不会轻易罢休投降的。1万点其实不算什么，以后上海的指数也会有这一天，只是内地指数从来没有达到这样的位置，要让散户、管理层接受，还需要一定的过渡。

目前管理层的心态也很微妙。中国的事情，经常搞平衡，汉奸现在也在到处哭诉，是否能打动某些方面，这种事情就不好说了，所以，太过乐观的情绪是要不得的。目前最好的策略还是以稳为主，这对各种力量来说都是一样的。

板块轮动，稳健地走，通过不同级别的震荡消除各种压力，才是正路。像某些股票瞎搞乱来，这只会对汉奸有利。

2

网友 2007-04-05 15:36:54

博主好！如果Ai+2和Ai没有盘背（且设Ai+1低点不破Ai−2高点），则Ai+2

结束时持有，那么 Ai+3 发生暴跌，一直跌破 Ai 的低点也没结束，这时肯定已经亏损了，即使后面向上的 Ai+4 也不一定能解套，这种情况如何应对？

缠中说禅 2007-04-05 15:47:57

不背驰且不演化出 a`+B 的形式，就不会跌破，除非出现百年不遇的，像突然发生世界大战，美国突然又被撞了几百座楼之类的事情，使得本 ID 理论的那两个前提在短时间内失效。

网友 2007-04-05 15:55:31

原来如此。看来那两个前提，也会受突发事件影响呀。比如伊朗扣留人质，油价开盘突然涨停，没有前兆呀。

缠中说禅 2007-04-05 16:01:17

这个自然，像今天晚上突然开会说要把股市关了，那什么技术都没用。技术只能在系统中有用，那些非系统性风险，也就是说对所有人都是突发的事情，当然不是技术能解决的，否则，技术就可以预测上帝今天吃什么了。

3

网友 2007-04-05 15:39:36

对于“教你炒股票”第 39 课的同级操作流程，判断每段 Ai 是否结束是个很大的问题。假如每段 Ai 的结束都能正确判断，干脆每段 Ai 都高买低卖得了，这是最高效的操作了，何必比较 Ai 与 Ai+2 呢？这里是不是还有相邻两段 Ai 内部的分解组合问题？

缠中说禅 2007-04-05 15:51:57

你没理解同级别，先把级别搞清楚。想操作效率高，就用更小级别，但这是有限度的。

4

网友 2007-04-05 15:56:06

博主，是否可以再指点一下关于盘整是怎么结束的呀？

缠中说禅 2007-04-05 15:58:24

第三类买卖点。

5

网友 2007-04-05 16:03:14

请教缠师：盘整背驰之后，是否 Ai+3 跌破 Ai 高点，对本级别同级别操作没影响，但跌破后可以让我们换挡到高一级别操作？

缠中说禅 2007-04-05 16:07:25

那为什么不先出来再说？换挡是在有足够利润或当下走势出现明显换挡迹象所采取的方式，而不是去掩盖判断失误的借口。

6

网友 2007-04-05 15:49:17

博主，我想问，如果没有基本面什么的别的系统，就靠博主的技术系统，能做到下单如有神么？还有那个 level2 有没有用呢？值不值得花钱买？

缠中说禅 2007-04-05 16:18:02

一个系统有用，为什么要卖？一个靠卖东西存活的值得买吗？如果你明白市场的走势，最简单的，有最基本走势图的系统就足够了。

教你炒股票43

有关背驰的补习课（2007-04-06 15:31:28）

1

缠中说禅 2007-04-06 15:32:12

今天深圳已经实现对那条压力线的冲击，不过还没有突破站上去。某种程度上，这是汉奸最后的防线了。一旦突破站稳，那么深圳的 1 万点就在本 ID 的强大炮火下了（见图 158）。

昨天说了，汉奸现在也在到处哭诉。在市场上没法成功，就在市场下努力，也亏汉奸干得出来。希望下周汉奸能倾其所有，在这里大打一战，别搞到本 ID 都没兴趣搭理他们就没意思了。

目前，二线股的行情已经有点不可阻挡了。由于 10 元上下的股票不断往上顶，就促使整个股价结构发生松动，15 元、20 元、30 元甚至更高价格的二线股都被带动起来，由此也就知道本 ID 当时特别从 10 元上下二线股下手的深意。

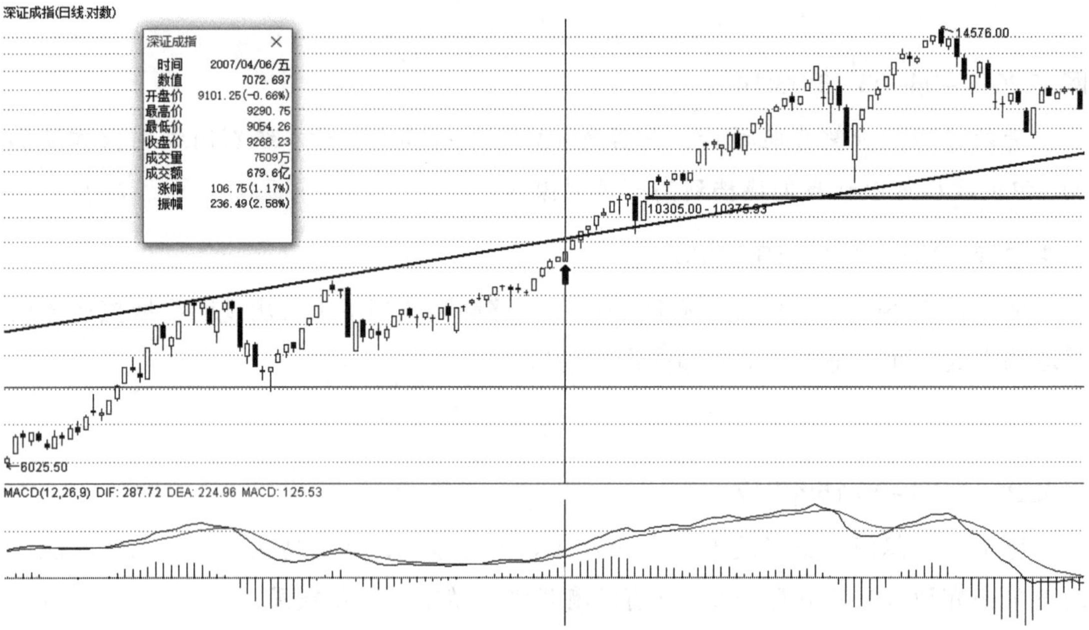

图 158 深圳成指 2007 年 4 月 6 日前后日线图

现在，本 ID 的星火已经有点儿燎原之势，也就不必要一定找什么 10 元上下的。只要盘整到位，业绩支持的二线股，都要启动，从而使整个股价结构上一个台阶，为下一轮三线股的再启动腾出空间。

不过，任何时候都不应该追高，应该选择好买卖点，特别对于散户来说，否则，一个小的震荡就足以出问题。目前，在政策上存在微妙的地方，汉奸的哭诉能起多大作用，谁都说不准，那是另外一个战场的战争，这里就不方便说了。

2

网友 2007-04-06 15:42:05

博主好，“教你炒股票”第 39 课中讲到的同级分解流程有点儿疑问：

“这种操作不管这么多，只理会一点，就是 Ai 与 Ai+2 之间是否盘整背驰。只要盘整背驰，就在 i+2 为偶数时卖出，为奇数时买入。如果没有，当 i 为偶，若 Ai+3 不跌破 Ai 高点，则继续持有到 Ai+K+3 跌破 Ai+K 高点后，在不创新高或盘整顶背驰的 Ai+K+4 卖出，其中 K 为偶数。”

请问，当 Ai 与 Ai+2 之间未盘背，若 Ai+3 不跌破 Ai 高点，而 Ai+4 对 Ai+2 盘背，Ai+4 卖不卖？看原文应该是说不卖。若不卖的话，意味着即使发生 Ai+4 对 Ai+2 的盘背，也不一定就卖出，还要看 Ai+3 是否跌破 Ai 高点。为何不在 Ai+4 先出来呢，这样可以避免 Ai+5 出现大跌？

缠中说禅 2007-04-06 15:45:18

为什么不卖？不是有这一句："或盘整顶背驰的 Ai+K+4 卖出。"

网友 2007-04-06 15:42:05

"或盘整顶背驰的 Ai+K+4 卖出"，这句前面不是还有"则继续持有到 Ai+K+3 跌破 Ai+K 高点后"吗？这里似乎在说卖出之前有"Ai+K+3 跌破 Ai+K 高点"，是不是哪里理解有问题？

如果盘背就卖，非盘背就持股，则是否"Ai+K+3 跌破 Ai+K 高点"还有什么意义呢？看不出和第 38 课的流程有什么本质的区别呀？

有点儿钻牛角尖，但恐"学如不及"，还请博主多讲两句。这里理解不好，则流程根本就理解错了，实战节奏也乱了。

缠中说禅 2007-04-06 15:45:18

这个程序很清楚，一般都按盘整背驰来。但有一种特殊情况是不出现盘整背驰的，就是小级别变大级别的情况。这种情况，如果不破前期高点，那只是一个新中枢，所以当然持有。如果破了，那就一定要走，除非出现强力不背驰创新高的情况。

网友 2007-04-09 15:57:23

博主，即使破了一定要走，也是待反弹不破前高点，或者盘整背驰的时候走而不是跌破即走对吧？

缠中说禅 2007-04-09 16:03:54

是，不能杀跌，而且还存在着继续不背驰创新高的可能。不过这里说的都是比较粗糙的方法，如果精细点儿，可以不等跌破就先走掉。当然，如果是机械化程序，一般都是比较粗糙一点儿的，但只要能坚持，一定能有超级回报。

3

网友 2007-04-06 15:56:08

向博主请教细节：成本为 0 后，挣股票做短差每次卖出时，只收回本金，对吗？如 3000 元本金，每次短差都是拿回 3000 元，股价涨到 30 元短差买点时，只能买 100 股对吗？

缠中说禅 2007-04-06 16:00:06

一般成本为 0 后，可以用先卖后买的方法。例如 20 元卖 1 万股，19 元就可以回补1万多股了。这样股数越来越多，前提是这只股票还有中长线潜力。

4

网友 2007-04-06 15:58:50

缠师好，原来背驰段也不一定发生背驰啊，这种情况多不多？具体怎么分辨？

缠中说禅 2007-04-06 16:04:23

这很正常，如果用MACD辅助来看，拉回0轴后再上去，都可以先看成是进入背驰段，例如现在大盘的日线上。但最后是否黄白线创新高，在刚走的时候是不可能知道的，然后就要看小级别的结构。如果小级别的走势特别强，使得黄白线创出新高，那就不存在背驰的问题了。

解盘、答问（2007-04-09 15:31:45）

1

缠中说禅 2007-04-09 15:33:39

大盘继续按剧本演绎，汉奸今天被打成了缩头乌龟，除了搞些小动作，没什么作为。上周上海一直在等深圳突破前期高点连线，今天深圳以缺口形式突破，上海也就顺势起来了。不过留下的缺口，也为后面的震荡留下了借口，深圳对该线突破的有效性也需要确认。从纯技术的角度看，这缺口回拉的力量是短线最主要的压力。

个股方面，二线股继续强悍。一线大盘股，由于中国石化（600028）等将有很好的业绩公布，所以太压制，估计也有一点儿难度。目前这种良性的板块轮动只要保持，大盘的问题就不大。但短线的技术震荡是难以避免的，这种情况下可以根据短线指标进行一点儿短线操作。当然，如果技术不好的，就别乱忙了，5日线都不破的走势，看着就可以。

目前唯一可能引发大盘大震荡的，就是管理层的态度问题。除非有某种力量起作用，否则太严厉的态度转变是不可能出现的。这么好的局面，大家都要珍惜，尤其是管理层。折腾来折腾去，最多就是害了散户，难道还能害得了像本ID这样的人吗？所以，汉奸上门哭诉都给踢走算了。

2

网友 2007-04-09 16:02:32

我发现，首日上市新股，看30分钟的K线，如果后三条K线的价位在第一个

K 线高位的 1/3 以上位置，而第一个 30 分钟换手很高，这样的个股都有机会。

请缠主帮我分析下，我对首日上市新股的说法是否正确？要注意什么？感谢！

缠中说禅 2007-04-09 16:10:19

这也是一种辅助性用法，等于是放量长阳 K 线后小阴线调整结束还会上涨的 K 线组合形态。

3

网友 2007-04-09 16:13:33

请教博主：上一课讲的（a+A+b+B+c）+C，如果是换成 a+A+b 的情况，a 是 5 分钟，A 是 30 分钟中枢，b 是 1 分钟走势并且发生背离，如果其后的 30 分钟 B 与 A 有重叠的话，是不是也有类似（a+A+b+B+c）+C 的情况？换句话说，对于一个同级别分解看似没有完成的情况，如果对于已经走完的历史走势进行同级分解，简单地按照最高最低点来判断每一段的开始和结束，并不会影响对以后当下走势的分析，是这样吗？

缠中说禅 2007-04-09 16:23:36

可以用类似的分析。

4

网友 2007-04-09 21:42:47

缠师，有两个问题请教。

（1）上一课中说："如果 C 和 B 有重合，那么 a+A+b+B+c+C=a+A+b+（B+c+C），其中（B+c+C）必然演化成一个日线中枢，那么 a+A+b+B+c 只是一个日线级别走势类型的一部分。"其实一直就没看懂中枢扩张是怎么划分的，后来看了大盘师兄画的图才明白了点儿。但看到这句"其中（B+c+C）必然演化成一个日线中枢"，又有点糊涂了，是指（B+c+C）就是形成了一个日线中枢么？这样的话，那么 ZD、ZG 怎么画？还是按原来的理解，a+A+b+B+c 假如是向上的 30 分钟走势，因为 B 和 C 重叠而引起中枢扩张，其后必然还有 30 分钟向下、向上组成三段，构成日线中枢，或是必然还有下、上、下，才能组成？

（2）在"如果一定要按 30 分钟级别来进行同级别分解，那么该分解点就是那 1 分钟的背驰点，a+A+b+B+c+C=（a+A+b+B+c）+C"中，这个 C 是指将形成另外一段 30 分钟走势吧，应该是未完成的么？

请缠老师指点。另外，能否专门讲讲中枢扩张的划分？

缠中说禅 2007-04-09 21:51:46

（1）两个30分钟中枢B、C如果有区间重合部分，必然扩展成一个日线级别的中枢，并不是说（B+c+C）就是形成了一个日线中枢。

其实，有了结合律，方向都不是最重要的。

（2）C当然不一定是完成的。扩展后的划分和一般中枢正常的划分没什么区别。

5

网友 2007-04-09 21:46:35

今晚黄金时间，上海电视台第一财经的“谈股论金”节目突然停播了，而且下面有一行字：周一至周四，谈股论金改成第一地产。似乎一直如此，没说原因。请问博主，这是大盘的不祥之兆吗？

缠中说禅 2007-04-09 21:57:54

大盘在各种不祥之兆与乌鸦嘴的诅咒下已快涨了1000点了。如果大盘真涨得心脏受不了了，那就半仓，这样就舒服了。如果心脏没什么感觉，那就至少看5日线。如果5日线都不破，那有什么可说的。技术好的，就看背驰。只要真背驰了，天王老子说要涨也是白搭。

6

缠中说禅 2007-04-09 21:59:27

抓住中枢这个中心，走势类型与级别两个基本点，其他都是辅助。

7

网友 2007-04-09 21:54:27

请问缠师，对于摆脱了原来中枢的涨了起来，最后又跌回来的，没有破最低点，这样的股票怎么操作？

缠中说禅 2007-04-09 22:01:54

不要跌了再问怎么办，如果在你的操作级别上出现顶背驰，那就卖，那时候还没有跌。跌了，就证明你对背驰判断有问题。当然还要注意小级别变大级别的情况。

教你炒股票44

小级别背驰引发大级别转折（2007-04-10 15:23:46）

1

缠中说禅 2007-04-10 15:25:20

昨天说了，由于中国石化（600028）等业绩很好，大盘股是压不住了。那些说现在市盈率如何如何的人，算一下中国石化（600028）现在是多少？且不说今年依然可以高速增长。其实探讨这些没什么意义，只是汉奸总是拿这些说事儿，不妨也说说。

今天的震荡，就是对昨天缺口压力的一个反应，这在技术上是很简单的情况，没有什么特别的。现在，以前说的深圳1万点已经近在眼前。当然，现在主要是考验管理层智慧的时候。一个连深圳1万点都接受不了的管理层，绝对是历史性的笑话。谁愿意当这个笑话的主角，请便。

纯操作上，一条5日线，反复强调，看好这个就足够了。至于那些喜欢测顶的人，从2000点测到现在，奉劝他们一句，千万别玩期货，否则死都不知道怎么死的。

不过，即使在最有利于多头时，也绝对不能得意忘形，任何时候都不能追高。在这种走势中，如果技术不好，用均线控制持有，这是最简单且有效的办法。如果要换股操作，一定要注意节奏，必须在某级别顶背驰抛了，然后盘中回跌确实站稳后再换，这样风险才小。一般情况下，技术不好的，最好别随便换股。轮动走势，只要是本ID反复强调的优质二线成分股以及那些业绩、送配优良的二线股票，肯定都会启动的。

2

网友 2007-04-10 15:26:41

缠主，今天节奏全错了，株冶集团（600961）被洗出来了，惭愧！

缠中说禅 2007-04-10 15:32:00

技术不好的就看5日线，如果是短线，就看60分钟的MA5均线。这些线不破，根本不用理会。

3

网友 2007-04-10 15:31:03

缠主说得太对了，我换股总是太差，现在回头一看，现在和不换股的收益差不多，还费力吧啦地浪费不少时间和精力。不过，不操作又不能长技术和练心态，两难，两难！

缠中说禅 2007-04-10 15:32:55

持有不是一种操作？持有不练心态？

4

网友 2007-04-10 15:34:34

缠师：大象按照各自的属相，分别过本命年，今天的走势似乎有些这样的意思。感觉今天空方稍微有些技术含量，在时间上、节奏上控制得很到位，而多方反倒有些猴急。现在散户心理浮躁，多方也有些急功近利。

请问：中国联通（600050）是否可以弄短差了？大象是否会真的分别过本命年？这样的剧本幼稚可笑吗？

缠中说禅 2007-04-10 15:41:00

为什么跌就一定是空方弄出来的？多头就不可以洗盘？今天在石化出来前先跌，就是剧本里出彩的一笔，好好体会吧。

5

网友 2007-04-10 15:44:33

老师辛苦了，10.44 元进的新钢股份（600782），希望老师帮我看一下。谢谢！

缠中说禅 2007-04-10 15:51:41

这种股票不是不可以玩，但如果你买了以后还要问，证明你的技术还达不到玩这种股票的程度，所以最好别养成追高的坏毛病。这只股票中线没什么大问题，短线涨太快，等均线上来（见图 159）。

解盘、答问（2007-04-11 15:36:09）

1

缠中说禅 2007-04-11 15:38:12

前两天经常说中国石化（600028），就如同过年前经常说中国联通（600050），

图 159 新钢股份（600782）2007 年 4 月 10 日前后日线图

后面经常说中国银行（601881）一般，这剧本有趣的地方，应该有点感觉了。汉奸原来不是有很多工商银行（601398）要打压吗？那他们现在能对工商银行（601398）干点儿什么呢？把工商银行（601398）打压到 5 元以下？拉起来？现在中国银行（601881）已经成龙头了，看看两者的差价。

其实，现在大盘的走势，就是一个现场直播，就那几只大盘股票对指数起着关键作用。如何应用，什么时候用什么，大家应该好好体会。从过年前开始，慢慢体会，这样会学到点儿东西。

至于大盘，没什么可说的。测顶的人是最无耻的，按他们的预测，他们早就尸骨无存了，还好意思出来晃？顶是干出来的，不是测出来的，连这个最简单的道理都不懂？还是那句话，看不明白的就看 5 日线。技术好的，可以充分利用震荡先卖后买打短差、换股，但绝对不能追高。

现在能打压大盘的，只有管理层的大棒，否则，大盘将继续走到资金与筹码的能量平衡位置才能停下来休整。这个位置是不可预测的，是干出来的。心态不好，心脏不好的，就半仓，这样出现什么情况都好办了。

2

网友 2007-04-11 15:42:36

老师，正在学习实践同级别分解的机械买卖操作，但是从 30 分钟图来看，往往盘背在30分钟级别也是很难等的，因为MACD的参数是默认的。如果把它改成5、10、10，感觉红绿柱子的显示要敏感一些，您看这个修改参数的做法可行吗？如果不可行，您觉得用哪个比较合适呢？望老师不吝赐教，谢谢！

缠中说禅 2007-04-11 15:51:58

30分钟等不到，就按5分钟来，想快还不简单？不过，如果不熟练，别按太小级别的操作，一旦判断错误，改都改不过来。

3

网友 2007-04-11 15:51:36

今天倒是能准确判断下跌，也能准确判断上涨，但是没能心到手到，看来这个过程还要练习。就是太贪心了，几只股票都想买，又没那么多银子，好不容易决定买其中一只，收盘发现没买的都涨停了，而买了的却没怎么涨。

缠中说禅 2007-04-11 15:54:39

先保证操作正确，再保证结果更好，这是两个层次的东西。没有第一层次，后面是没有意义的。而要保证操作正确，最好就是一心一意，选好一定的股票，反复操作。如果你把所有该级别的震荡都基本把握，其实效率并不低。

4

网友 2007-04-11 15:43:11

博主，今天基本把握住下跌了，不过就是老是没有跌完就进去，这是个教训，我要记住！

缠中说禅 2007-04-11 15:56:49

先有节奏感，再提高准确率。

5

网友 2007-04-11 15:44:44

缠师好！“教你炒股票”第44课“小级别背驰引发大级别转折”，文中举例如下：

“向上30分钟级别的a+A+b+B+c，如果c是一个1分钟级别的背驰，最终引发下跌拉回B里。”

请问，c如果发生一个5分钟级别背驰（但c对b不背驰），最终引发下跌拉回B里，这种情况和上面例子在分析上有什么不同呢？或者说，这种情况和

a+A+b+B+c 发生 30 分钟背驰而必然拉回到 B 里有什么区别呢？

缠中说禅 2007-04-11 15:59:05

这没什么不同，即使是 1 分钟以下背驰，道理也是一样的。那 1 分钟背驰只是一种举例，并不是说一定要是 1 分钟背驰。

6

网友 2007-04-11 15:45:05

缠主，我感觉游资有争分夺秒赶顶的劲头呀。

缠中说禅 2007-04-11 16:02:12

就算指数见顶也没什么大不了的，1 月 4 日那次不也见顶了，后来指数不动，很多个股继续翻番。有本 ID 这样的人在，一有机会自然到处点火，还怕市场没机会？

7

网友 2007-04-10 15:30:44

博主好，请教盘整背驰的问题：三段走势“上、下、上”，设为 A0、A1、A2。假如 A0 最短，A1 最长，A2 中等长度，且 A2 高点大于 A0 低点但低于 A0 高点。同时看 MACD 指标，A2 的面积比 A0 大，这时能说 A2 对 A0 未盘背吗？

感觉 A2 回中枢的力度比 A0 离开中枢的力度要大得多，虽然 A2 没创新高，严格说这不能叫盘背吧？

缠中说禅 2007-04-10 15:37:11

这在中枢震荡那课[①]里都有，请去看看。

网友 2007-04-11 15:48:27

不好意思，我理解中枢震荡那课内容，觉得上述情况就是“未盘背”，因为 A2 力度大于 A0 嘛。但好多同学说没创新高，那就是“盘背”。希望博主明确一下。

缠中说禅 2007-04-11 16:12:11

创新高或新低才有背驰或盘整背驰的可能。未创新高的情况，其实可以按中枢震荡的方式去看，等于达不到上次震荡的力度，也可以用 MACD 等辅助看，但和背驰不是同一样东西。这在关于中枢震荡的力度判断那一课里都有的。

①见“教你炒股票”第20课：走势中枢级别扩张及第三类买卖点。

8

网友 2007-04-11 16:10:58

缠主，昨天加仓了北大荒（600598），按日线级别操作的。今天有所表现，能帮我看一下我分析的正确吗？

缠中说禅 2007-04-11 16:13:54

这种图形是不会有日线级别买点的，小级别当然有（见图 160）。做对了，有可能是碰对了，所以要把问题搞清楚。

图 160 北大荒（600598）2007 年 4 月 10 日前后日线图

9

网友 2007-04-11 15:52:31

缠师，对各个级别的中枢分辨还是糊涂呀？譬如连续 10 天涨停，又连续 5 天跌停，又连续 10 天涨停，又连续 5 天跌停，没有一个日线中枢，这样构不构成周线中枢呀！

是不是周线中枢形成前，一定要形成日线级别上的 3 段走势？ 可不可以是 30 分钟级别上的？

缠中说禅 2007-04-11 16:30:32

中枢级别和幅度没有必然的关系。没有日线 3 段，怎么会有周线中枢？如果是

30分钟，就至少要9段，那也自然形成3段日线的。

缠中说禅 2007-04-11 16:51:04

不是随意3段就可以，是3段次级别。你在次级别上没有中枢，那当然不是，谁告诉你看到“上下上”就是中枢的？而且前面说过，最准确的中枢分析，应该从分笔开始，逐步扩展上去。但这样太麻烦，所以就用1分钟之类的代替，实际效果是一样的。

10

网友 2007-04-11 16:27:07

博主，你不管华润三九（000999）了吗？它这几天不太好噢。

缠中说禅 2007-04-11 16:38:49

这种问题毫无意义，什么叫管？难道天天涨才是管？股票是有节奏的，你看驰宏锌锗（600497）2006年6月份时盘了多长时间（见图161）。对于散户，根本没必要专门弄一只股票，热点在哪里就去哪里。优质二线股，全市场本ID第一个把剧本告诉大家，怎么不去关心？

图161　驰宏锌锗（600497）2006年6月前后周线图

11

网友 2007-04-11 16:02:53

博主，您资金量这么大，干出顶后怎么出货呀？另，我按您提示的大方向买的泸天化（000912），怎么不涨呀？谢谢！

缠中说禅 2007-04-11 16:47:16

为什么要出货，20年的大牛市，出了货去哪里买回来？先把这牛市的性质搞清楚。

泸天化（000912），一个20倍市盈率的股票，过三个月以后再问这个问题，看在什么位置（见图162）。市场只会给有耐心者以回报。

图162 泸天化（000912）2007年4月11日前后日线图

教你炒股票45

持股与持币，两种最基本的操作（2007-04-12 15:39:04）

1

网友 2007-04-12 15:45:37

博主好，关于“教你炒股票”第39课的同级分解操作流程，如有向上的A2对A0未盘背，其后A2内部小级别背驰引发大级别的A3回调，且A3不破A0高点，其后A4盘背或不创新高，则A4是否卖出？这里的操作似乎和“教你炒股票”第44

课“背驰级别小于当下的走势级别”情况下的操作程序很类似。

这里（A0–A4）应该还是一个和A0同级的走势吧？因为A3没有跌破前高，则A3可看作向上走势（A0–A4）的新中枢吧？

缠中说禅 2007-04-12 15:53:37

只要是盘整背驰或不创新高的，都可以先卖出。当然，是在相应操作的级别上。

2

网友 2007-04-12 15:47:10

缠主的理论万岁！3月19日到今天，我已经翻倍还多，北京旅游（000802）就挣了50%多，继续学习！

缠中说禅 2007-04-12 15:56:05

关键是长期增长，你能增长20年、50年，那才是真正的增长。

3

网友 2007-04-12 15:57:08

博主，五粮液（000858）有啥内幕？

缠中说禅 2007-04-12 15:59:11

忘记内幕，只看买卖点。有卖点，天王老子不让你卖也要卖。

4

网友 2007-04-12 15:52:19

博主，上涨中，3个5分盘整构成1个30分钟中枢，分别是（下上下）+（上下上）+（下上下），这9段都是5分钟级别（1分钟走势类型），是不是每个盘整都是没有任何延伸的盘整？

第二个（上下上）是不是对应第一个（下上下）中的第二个下而形成的盘整中枢？

如果第一个盘整中枢这样形成，上涨中，1分钟以下的下跌（就是直线下跌没有中枢）+5分钟的（上下上）+1分钟的下跌，3部分构成5分钟的盘整，现在中枢的方向变成（上下上），这个也是上涨中的中枢？

第一个盘整有延伸，那么其余两个盘整是否也要求必须有延伸？

缠中说禅 2007-04-12 16:03:47

概念有点混乱，如果真是盘整+盘整，那就是中枢延伸或扩展出来的，除了在同级别分解中可以允许盘整 + 盘整，其他情况下是不允许的。

5

网友 2007-04-12 16:03:03

博主好！上海的量今天萎缩 79 亿元，深圳增加 20 亿元。两市昨天共计 2415 亿元，今天共计 2355 亿元，按理本次极限值为 2500 亿元吧，是否不用管理层出手，市场规律很快会起作用（后市资金流入剧减）？

缠中说禅 2007-04-12 16:06:38

这个地方出现震荡调整很正常，学习了本 ID 的理论，应该特别欢迎这种震荡才是。本 ID 反对的是政策干预。大牛市，也没必要死拿着，有大级别的卖点，也可以先卖再买。

多头，不是傻多头，是要充分利用震荡降低成本的快乐多头。

6

网友 2007-04-12 16:05:17

博主，文科生数学不精，悄悄地问一句：某网友一个月就翻倍了，照这样下去，20 年后市场上一半的钱就都是他的了。还有别人，潜水几个月了，估计也翻了几番了。你的理论如此无敌于天下，弟子又如此聪明能干，要不了 10 年，缠家军就把中国股市的钱垄断了，再互相残杀吗?

缠中说禅 2007-04-12 16:10:47

资金到一定规模后，是不会有这样的速度的，不是任何买点、卖点都可以无限制地参与的。大资金的玩法不是这样的，而真正能操作大资金而且能长期保证盈利的，凤毛麟角。

7

网友 2007-04-12 16:12:11

博主说得对呀，持股最关键。最怕的是盈利抱不住，亏损倒是抱得很稳。

缠中说禅 2007-04-12 16:23:55

错，不是持股最关键，持币一样关键。卖点以后，在买点以前，如何能持住币，这同样关键。

8

网友 2007-04-12 16:26:16

请问缠主，在等待中是不是可以适当做短差？不过往往把握不住幅度。有的幅度很小，但是看样子又跌不下去，买了是给证券公司打工，不买又怕接下来涨上去。如果出现这种情况，应该怎么办呢？

缠中说禅 2007-04-12 16:30:34

当然可以，但前提是操作有把握，这是一个实践问题。在不熟悉时，可以分批小量操作。

9

网友 2007-04-12 16:21:03

请问缠主，以前的大牛错过了，现在介入股市晚不晚？

缠中说禅 2007-04-12 16:32:37

关键是学好技术。技术好，如果资金又不大，例如可以按 30 分钟操作，那什么时间都不存在晚的问题。如果资金级别必须是至少月线级别的，那是另外的问题了。

10

网友 2007-04-12 16:28:33

我好像对股票有感情，不好！

缠中说禅 2007-04-12 16:45:20

这是参与市场第一要戒掉的东西，应该对买卖点有感情。

11

网友 2007-04-12 16:43:10

缠主，前两天我问你有关 s 藏药（现名西藏药业，600211）的问题，你一直没有回答。今天再问一遍，希望你有空帮我看看。

我是在上月底差不多 19 元的价钱，在以为是 30 分钟买点的地方买的，谁知道买完又出现一波下跌。在 9 日那天本来可以盈利走掉的，但是我没看出来任何背驰，就没走。谁知到现在又连着下跌，几乎回到原来的中枢。这种情况算什么，如何把握这种情况？

还有上个问题，你也给看看："不过往往把握不住幅度。有的幅度很小，但是看样子又跌不下去，买了是给证券公司打工，不买又怕接下来涨上去。如果出现这种情况，应该怎么办呢？”

请问缠主，在等待中是不是可以适当做短差？

缠中说禅 2007-04-12 16:51:09

典型的V型走势，这在大级别中枢震荡中很常见（见图163）。加S由于被管理层警告，最近都只能偃旗息鼓，但中线都没问题，只是休息一下。如果你知道的东西多点儿，就知道这种通道式上涨的，一旦加速突破通道上轨，往往都会引发大点儿的调整，看好通道下轨就可以。

图163 西藏药业（600211）2007年4月12日前后日线图

今天扯点闲话（2007-04-13 15:31:25）

1

缠中说禅 2007-04-13 15:33:16

今天的走势很正常，尾盘的下来就更正常了。这种14:45的跳水走势，又不是第一次了，技术上不难把握。这也是本ID反复强调的，是利用技术先卖后买降成本的好机会。

基本面上，所有人对管理层可能的态度都有点儿担心，而且深圳1万点、上海

3500 点的第一攻击目标已经达到，进行震荡稳固本就是应该的事情，以退为进是最好的选择，现在就看管理层的短期态度。20 年的牛市，来日方长，本 ID 从来都反对急功近利。在目前位置展开整固，将有利于大盘以后的走势。

个股依然活跃，但本 ID 反对乱炒，这已多次说过。这样只会增加汉奸们哭诉的口实，最终将损害市场本身。今天有些股票的表现就有点儿过分了，这样的市场本身也要降降温，让大家都冷静一下。本 ID 不愿意看到因为某些人的急功近利，损害整个市场所有人的利益。

2

网友 2007-04-13 15:37:44

尾盘跳水，把心态搞坏了，原来以为周一再调整的。中化国际（600500）也看不出背驰，结果直线就下来了。

缠中说禅 2007-04-13 15:41:22

这是一个典型的 1 分钟图上小级别背驰引发的大级别转折（见图 164）。

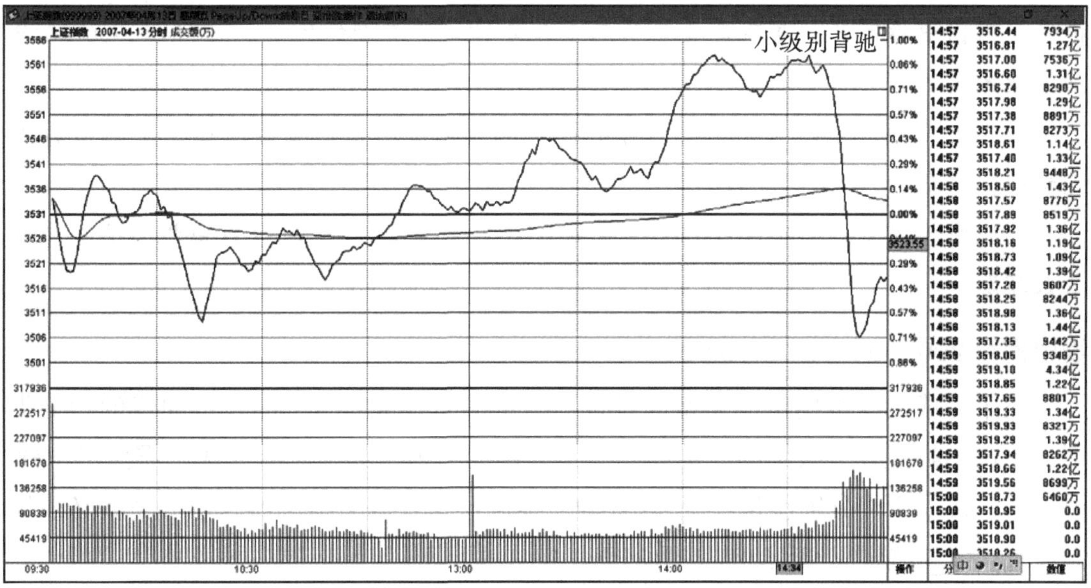

图 164　上证指数 2007 年 4 月 13 日小级别背驰引发大级别转折分时图

3

网友 2007-04-13 15:43:08

博主，来首诗庆祝万点吧。

缠中说禅 2007-04-13 15:45:18

1万点有什么可庆祝的？市场里没有什么可庆祝的！心态要稳，对股票、点位都不要有感情，只看市场的信号。

4

网友 2007-04-13 16:00:57

开完会一看，小跳一把，又错过了……

缠中说禅 2007-04-13 16:02:23

注意看盘时间，14:00、14:45，这些都是敏感时间。

5

网友 2007-04-13 16:02:08

博主，中枢扩展这一段：

5分钟上涨中的中枢A（下上下），1分钟甚至以下级别向上离开中枢A，然后5分钟（下上下，看作中枢B）3段跟中枢A发生扩展，现在是已经完成的30分钟中枢吗？根据中枢定义，是不是要等第三个5分钟走势类型的完成，才可以算是30分钟中枢完成？

如果第三个5分钟走势类型，与中枢A的波动没有任何重叠，但是与中枢B发生扩展，这是30分钟中枢吗？

按照中枢定义，只有连续三个5分钟走势类型重叠才是30分钟中枢，这里应该怎么理解？

缠中说禅 2007-04-13 16:10:05

三个完成的次级别走势类型的重叠，把定义研究清楚。一个没有完成的走势类型，是说不好是什么级别的。例如一个1分钟的中枢，如果没有完成，震荡出1000个出来，按9个1分钟就是一个30分钟，你说这是什么中枢。所以走势类型必须等完成了，才能确定其级别。

6

网友 2007-04-13 15:56:47

博主好，用MACD判断背驰还有困惑。今天，看到股票第三类买点后又创新高，柱子却缩短了，想出。但是看到比前一段次级别的最高点的柱子高，就没有走。结果股价又下来了，一次短差没做成。

缠中说禅 2007-04-13 16:13:55

柱子是看面积，不是看长短，还要看黄白线是否回抽0轴。这些都反复说过，要好好研究。

7

缠中说禅 2007-04-13 16:19:51

各位，在市场中反复磨练，一个能在市场中自如的人，没有什么能打扰的。如果你的情绪让你看不到买卖点，那么什么技术都是没用的。一定要感觉市场的节奏，这样才能降低成本。

大牛市里，筹码是不能丢的，但成本一定要不断下降，这已经反复说了。成本不降，就抗拒不了短线震荡的风险。

技术好的，见到震荡就高兴，因为成本又可以降下来。否则就是坐电梯，上上下下的享受。

从净资产到市值，大牛市的核变动力（2007-04-16 15:23:54）

1

缠中说禅 2007-04-16 15:25:25

周末没有任何消息就是最好的消息，所以今天的走势就极为正常了。那些测顶的大师们，如果弄期货，早破产几百次了。所以期货还是不要出来了，免得汉奸都去跳楼。

多次强调，一条5日线就比所有测顶大师要厉害1万倍。连5日线都不破的走势，你还有什么可担心的？当然，如果你技术可以，每天都可以利用震荡来换股，打差价。如果技术不行，就看5日线吧。

至于那些测顶大师，那就继续伸长脖子等大阴线吧。真出大阴线，你们也不敢买，最多就是忽悠自己怎么厉害，知道一定会调整。可惜，这些人从2000点、3000点就一直说调整，2月27日也只让你们高兴了一天，你们那天敢买吗？大阴线又和你们有什么关系？现在空仓的，唯一的办法就去反省，看是什么心态造成的。偷心不死，自然有这样的结果。有这么大的头，才带那么大的帽子，顶都给你们测去了，本ID之类的人吃什么？

本周当然会有震荡，但关键是如何通过震荡降低成本，而不是把震荡当成自己预测如何准确的谈资。股票是用来操作的，不是用来谈论的。目前，关键还是管理层的态度，只要他们的态度没有明确地打压，那就不会有任何大问题。操作上，追高就没必要了，空仓的就看着吧，好好反省。其余技术不好的，继续看5日线。技术好的，看好1分钟、5分钟的小背驰做震荡。

2

网友 2007-04-16 15:33:13

跟着你学炒股，真的受益万分，万分感激不为过的。今天开盘就买入了泸天化（000912），低市盈率绩优股，农业相关，前景广阔，前期调整到位，有突破欲望，目前的价位风险很小。这么分析可以吗?

我目前还只是看5日线的托儿所水平，很惭愧。

缠中说禅 2007-04-16 21:09:28

5日线在盘整时用处不大，但在单边走势中，足以应付最猛烈的情况，会这些就足够好了。当然，如果能再进一步，对中枢等有进一步的了解，就可以不用看5日线了。

3

网友 2007-04-16 15:35:04

感觉今天那个1分钟的下跌勉强还能看出来，回补的位置就毫无征兆了。我用两秒钟图都看不出来有回补的信号。

缠中说禅 2007-04-16 21:17:11

你看看1分钟图，今天在1分钟上就没有背驰过，只是下午有一个很小的1分钟级别下的盘整背驰。这种情况下，就不一定要弄短差，就算弄，也是换股。有时候不能太短，如果你的技术特别好，1分钟以下也是可以操作的，但前提是你能把10:55到13:46这中枢三段分清楚。

网友 2007-04-16 21:42:14

老师，您好！今天下午13:30前我减仓一半，但随后的下跌过程中却没出现1分钟底背驰，就直接向上不回头了。多头是不是急了些？同时也表明大盘加速上行的可能较大？谢谢！

缠中说禅 2007-04-16 21:47:44

大盘为什么要出现1分钟底背驰才能回头？今天连1分钟的顶背驰都没出现过，只是1分钟级别以下的。下午的跳水，把那中枢第三段给完成了，当然就可以继续上（见图165）。至于大盘加不加速，这属于预测，最好把这习惯给改了。

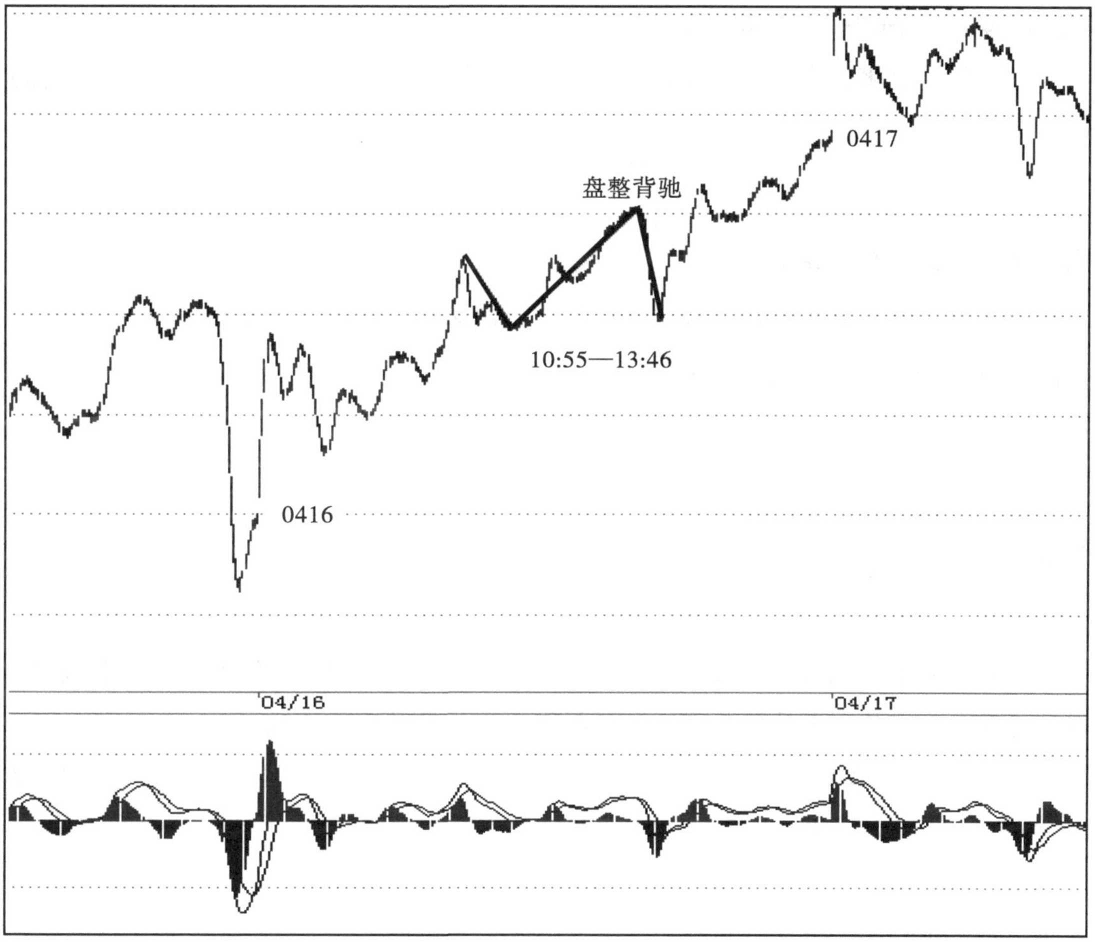

图 165　上证指数 2007 年 4 月 16 日 1 分钟走势图

4

网友 2007-04-16 21:16:34

老师好，今天市场不仅没有降温，反而更加火热了，这样好吗？有点担心啊。

缠中说禅 2007-04-16 21:19:27

周五尾盘的下跌就是降温。周末没有利空，这就是最大的利好，还有必要降温给空头回补吗？

5

网友 2007-04-16 15:42:01

今天走势太猛，把涨停的上午出了，准备继续做差价。可只下跌 2%，不敢接。下午开盘不久又封死了，只能等待。

缠中说禅 2007-04-16 21:39:10

思维要转过来，太猛不是走的理由。该猛不猛，或想猛猛不起来，那才是走的理由。

6

网友 2007-04-16 21:23:19

缠主好，问一个问题，下跌背驰后的第一段反弹走势可以算中枢的第一段吗？

缠中说禅 2007-04-16 21:40:56

为什么不可以？只要不违反结合律，都可以。

7

网友 2007-04-16 21:34:58

缠主，晚上好！有两个问题请教。

问题一：4 月 11 日买入隧道股份（600820），13 日停牌公布业绩。在复盘后，以跌停开出。为什么会跌停开盘，怎样判断这类股票的下跌力度？

问题二：今天普洛康裕（000739）开盘后 15 分钟内上涨 17.82%，最高价为 19.88 元，换手达 28.08%，最终上涨 7.06%，收在 17.90 元。请教缠主，在盘中怎样处理这种在没有背驰的情况下的操作？谢谢！

缠中说禅 2007-04-16 21:55:18

级别越小，判断需要的经验与熟练程度越高。刚开始学时，别为一些小级别而折腾，这样很容易搞坏心态。如果能把 30 分钟级别的节奏抓住，这市场 95% 的人都不是你的对手了。

至于你说的那两个例子，都是分笔级别的问题，看盘口挂单与拉升情况，就能把握，但这需要盘口感觉特别好。后面就是小级别转大级别的问题了。

这事情是很公平的，如果你的技术能精确到分笔级别的，你当然就会比别人走得更好。否则，就按小级别对大级别，那么后面还有很多位置是可以走的，或者说是可以打短差的。

8

网友 2007-04-16 21:36:19

老师您好！周线上，用波浪理论看，是不是正在运行第 5 浪？如果是的话，走完后会构成周线级别的背离吗？

缠中说禅 2007-04-16 21:59:44

现在连周线的中枢都没形成过，怎么会有周线的背驰？有背驰也最多是日线的，而且能不能形成还要打个问号。这没必要预测，看市场自己走出来。本 ID 这里没有什么子浪，只看中枢的运动。

9

网友 2007-04-16 15:40:08

我也是死多！2006 年末加入的死多。

缠中说禅 2007-04-16 22:07:03

不要当死多，要充分利用自己可以把握的级别震荡去降低成本。死多，最后往往就是上上下下坐电梯，没意义。

10

网友 2007-04-16 22:07:45

缠主，晚上好，辛苦了！今天上午我看到航天长峰（600855）的 5 分钟图好像是背驰，下午就抛了，可到尾盘又拉了起来，是不是看错了？还是在次级别又出现了底背驰？恳请解答，谢谢！

缠中说禅 2007-04-16 22:13:53

有 5 分钟背驰不错，但那不意味着就要跌个没停，13:45 在 1 分钟图上是什么[①]？

11

网友 2007-04-16 22:11:14

博主，我好像明白了，我的问题是不是也用结合律解决？

买三的下跌中枢，前面 3 段可以看作盘整，再和后面的 1 分钟走势组合，看作下跌？

中枢也是如此结合，次级（上涨＋下跌＋上涨），开始看作中枢，上涨＋（下上下），后面 3 段结合为中枢？

缠中说禅 2007-04-16 22:15:59

结合律可以让你多角度看问题，综合起来就准确了。但注意，在同一分解中，不能用不同的结合，这样就乱套了。

---

①此时在1分钟图上出现了底背驰。

12

缠中说禅 2007-04-16 22:19:10

个股方面，如果从中线的角度看，多注意一下那些估计报亏损或业绩故意不好的股票。这些股票都是有预谋的，先可以不买，但一定要关注。已经有不少股票玩这招数，后面这类股票会越来越多，特别是在很多人踏空的情况下，很多人会用这种招数骗筹码。

从净资产到市值，资本血腥游戏的必然之路（2007-04-17 15:36:26）

1

缠中说禅 2007-04-17 15:38:56

今天，你爽了吗？这样的震荡，就是本 ID 理论的天堂。打开 1 分钟图（见图 166），看看 10:30 和 13:40 这两个点是什么？如果还看不明白，更重要的是，如果当时还没有反应，那你还需要多学习。暂时学不会的，本 ID 已经给了一个最简单的武器，5 日线，当然，这样会错过很多短差机会，但比那些测顶大师要厉害多了。

今天之所以有这样的震荡，其实很简单，因为明天有重要数据公布。但今天有一个更重要的消息，就是以后大陆企业到香港上市，一定要 10 亿美元以上，这就充分说明了目前管理层的信心。这么好的市场，能解决大问题，不充分利用，那真傻了。

但在最顺利时，也必须谨慎。市场永远是风险市场，股票永远是废纸，任何追高杀跌的行为都是自寻死路。明天的数据影响短期走势，如果数据不好，有大的加息预期，则继续震荡也是很正常的，但大方向是不变的。加息也是一件很无聊的事情，如果还用，真有病了。

个股方面，没什么可说的，二线股拉开空间三线股继续，这早说过了。但必须指出，有些人的操作太乱，如果技术不行，难道持有都办不到？像那 14 只里面的，今天还一大半再创新高，有多少人拿住了？京能电力（600578）、新潮实业（600777）、山大华特（000915）这些前面走得特慢的，还有人有吗？前面反复强调过不在 14 只里的那 VC 股[①]，估计没人拿住了吧？中小板的小盘股，中线如何关注，大概也没有人有耐心了。

①指大众公用（600635）和紫光股份（000938）。

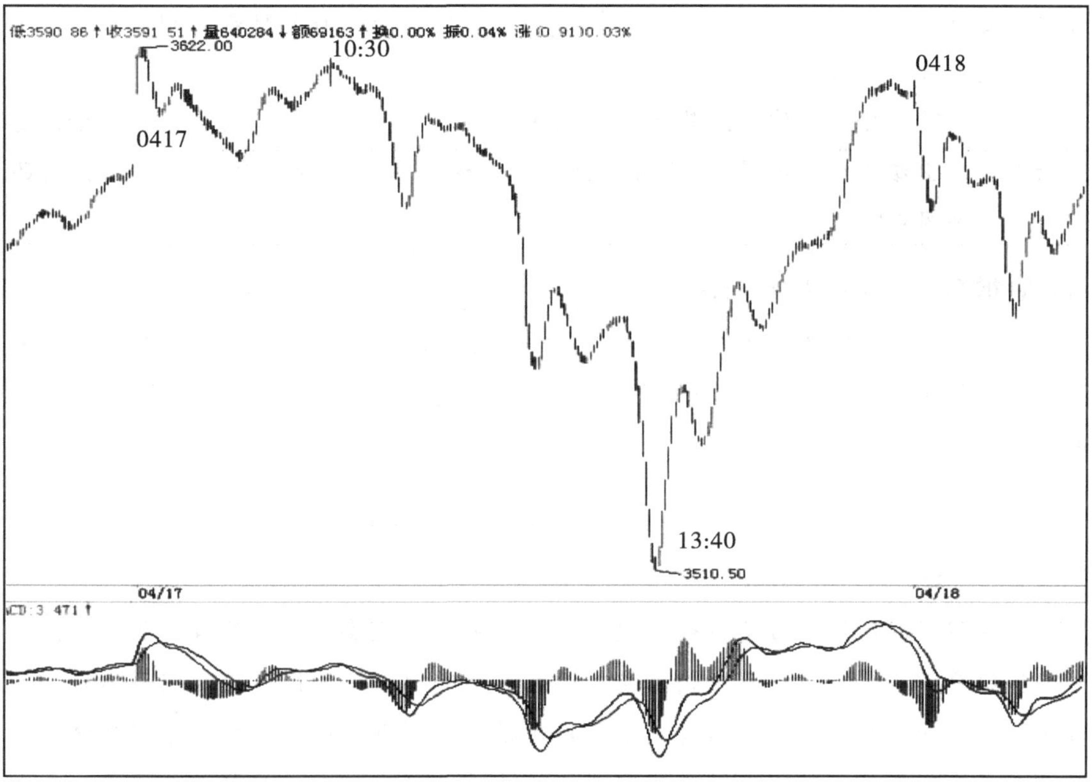

图 166 上证指数 2007 年 4 月 17 日 1 分钟走势图

注意了，那些股票涨太多没买就算了，本 ID 是反对任何追高的。昨晚说过，如果有耐心的，可以去选择故意把业绩做坏的那些股票。如果公布坏业绩反而走好的，就好好看着，特别是那些价位不高的。这种手法，并不难发现，找好买点进去就可以。现在是监管时段，本 ID 也不好说具体的，只能描述一下方向。

2

网友 2007-04-17 15:39:22

今天太感谢缠主了，让我买了民生控股（000416）！

缠中说禅 2007-04-17 15:48:46

民生控股（000416），在两三元就让各位买，有谁能拿到现在？靠涨停板是挣不了大钱的。

3

网友 2007-04-17 15:40:42

博主好！有关背驰的级别问题有些拿不准。a+A+b 走势，其中 a、b 是 5 分钟走势，A 是 30 分钟中枢，若 a、b 发生盘背，则这个盘背是 30 分钟级别的，对吗？这个盘背通常看 30 分钟图来判断么？

那么，同级分解操作中，若 Ai 是 5 分钟走势，则 Ai+2 和 Ai 发生盘背的话，这个盘背是什么级别的？也是 30 分钟级别的吗？这个盘背一般是看 30 分钟图判断还是看 5 分钟图判断？

缠中说禅 2007-04-17 15:53:11

你事先以什么图为前提？这就涉及预测，是不对的。应该是在什么级别图上看到背驰，就是那个级别的。当然，一般你说的那种情况，都会在 30 分钟图上看到，但这是两种不同的思维方式。

4

网友 2007-04-17 15:44:27

缠主好！即使本级按同级分解规则，但次级以下还要实行非同级分解规则，这样非同级分解在实践中无论如何都绕不过去。感觉以前讲的很多内容理解不好，实际上是对非同级分解规则不清楚，难免产生很多误解得离谱的问题。非同级分解原则还应该有很多细节的，也是实践中模糊的地方，影响对走势的解读。还请博主指教非同级分解的原则。

“教你炒股票”第 16 课中讲到的反转式、中继式、陷阱式这三类走势组合，能代表所有分解情况吗？以向上的中继式为例（上涨＋盘整＋上涨），其中的“上涨”一定是趋势吗？上涨的级别可以比盘整的级别低两级以上吗？

缠中说禅 2007-04-17 16:03:35

小级别变大级别如何分解，背驰级别一样的如何分解，前面都说过，都是从背驰点开始分开。

教你炒股票*46*

每日走势的分类（2007-04-18 15:36:09）

1

缠中说禅 2007-04-18 15:38:33

今天是一个比较强的强平衡市，从纯技术的角度讲，一旦明天不能马上从这里往上突破，就至少会出现盘整级别的延伸。也就是说，明天如果不能出现这两天震荡所形成的中枢的第三类买点，则下破 5 日线的可能就加大了。当然，如果明天很快就站在今天盘整区间上震荡上行，那就继续观察下一个中枢的上移（见图 167）。

上面说的是纯短线技术方面的问题。基本面上，该出的消息被推迟，也是造成今天走势的直接原因，但这东西本周一定出来。该消息究竟有多大的意义，估计只对基金等有影响，但这轮行情中，基金丑态毕现。

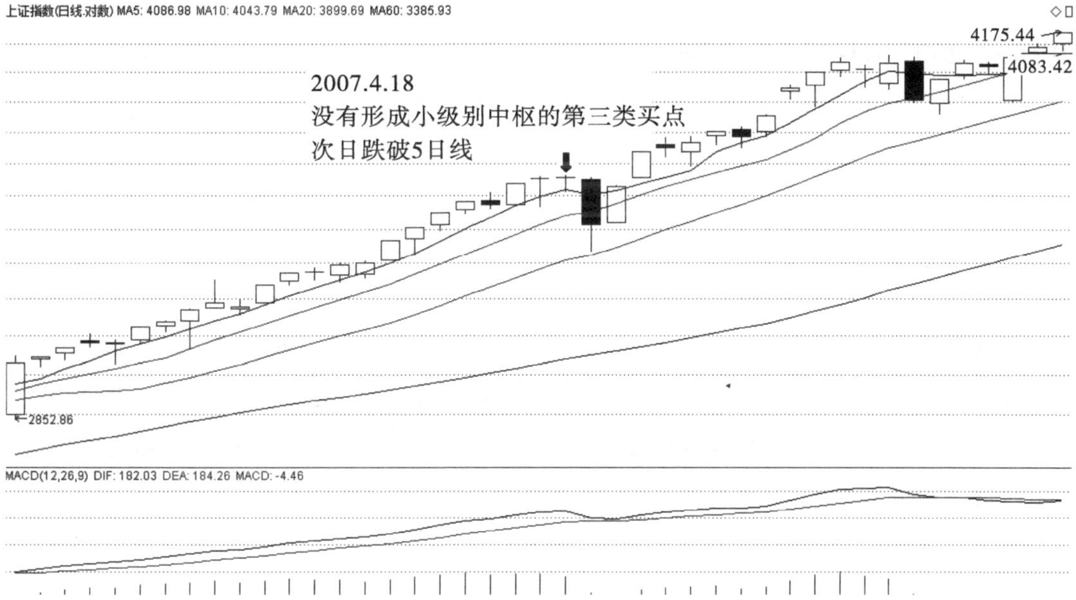

图 167 上证指数 2007 年 4 月 18 日前后日线图

今天最好玩的事情就是那汉奸基金的破事被公开了。当然，这事情本 ID 早知道，而且本 ID 那 14 只股票里有两只——华润三九（000999）、航天动力（600343），那汉奸都有。所以当时华润三九（000999）打回 14 元下方时，本 ID 就说过，不想让汉奸以及老鼠仓出太高了。本 ID 以前说过，要实验一下阻击基金，探讨一下把基金给清盘的可能。本 ID 的话不是白说的，文章还在，有兴趣者可以去复习一下。

今天，本 ID 有点想八卦一下，因为今天民生控股（000416）第一个翻出两倍多，这是元旦后说的三只里的一只，调查一下，有谁能从 3 元拿到现在？其他，中核科技（000777）等很快也两倍了，还有人拿着吗？如果都没有，那么为什么？是不是操作上有些问题需要解决？那 14 只个股，平均涨幅，从元旦开始，已经超过 100% 了。如果元旦到现在收益不超过 100% 的，必须彻底反省自己的操作。

2

网友 2007-04-18 15:41:14

博主，今天大盘在 14:16 的时候为什么直接上去了呢？我在 14:00 左右清仓了，本来还挺高兴看它下跌呢，想等着跌稳了补回来的。谁知道 14:16 的时候就直接上去了，搞得我不得不在 14:40 左右补仓。

今天的下跌跟昨天几乎一样呀，怎么结果这么不一样？这个该如何判断？均线乖离什么的都说不通呀，昨天也一样呀？我尾盘的时候又满仓了，会不会有短期危险？明天到底会怎么样呀？

缠中说禅 2007-04-18 15:49:58

它为什么不能直接上去？例如 A、B、C 三段，前面两段都有了，C 当然可以直接一段就上去了。

3

网友 2007-04-18 15:42:26

本应于 4 月 19 日上午 10:00 公布的 GDP 数据，突然被延至下午 15:00 公布，而 15:00 正是 A 股的闭市时间。据了解，首季 GDP 数据可能超出此前预期，因此市场猜测这是为了避免引发更大幅度的上涨。同时，市场人士也认为央行可能提早加息，或者加快推出新措施以冷却股市。

缠师，我们小散应如何应对？看图操作，比如今天下午的大幅度回试，根本来不及反应呀！

缠中说禅 2007-04-18 15:53:58

来不及就不参与，市场渠道当然不是完全公平的，这没办法。只参与自己能把握的，请记住！

4

网友 2007-04-18 15:51:02

入市较迟，拿的是紫光股份（000938），可惜涨得不多，估计紫光股份（000938）是缠师股票里涨得最少的。

缠中说禅 2007-04-18 15:56:39

这是最晚说的，2 月初，10 元上下说的，到现在 50%，是有点少。不过这只股票是从 100 元下来的，本 ID 只能说那么多了。

5

网友 2007-04-18 15:44:56

博主好！向上的走势 a+A+b+B+c，A、B 是 30 分钟中枢，如果 c 是一个强劲的

1分钟走势，且已经有c对b不背驰了（但B没有出现严格意义上的三买），此时能认为B完成了吗？后续如有c内小级别背驰导致的30分钟级别转折C，从同级分解观点看，能否认为c上的小级别背驰点就是分解点，而a+A+b+B+c是一个完整的趋势？

缠中说禅 2007-04-18 16:20:01

完成是一种形态，和幅度无关。这种情况很正常，次级别总是从次次级别生长出来的，前面的课程里就已提到。次次级别回试构成的是次级别的第三类买卖点，比该级别的要早点儿。实际操作上，也可以利用这个先操作，这没有任何问题。

这样分解是对的。

6

网友 2007-04-18 16:18:42

缠师，今天的教程里，中枢就是8根K线中第一次出现的3根重叠，是吗？

缠中说禅 2007-04-18 16:21:20

是，但这种只针对每天的走势图。

7

网友 2007-04-18 16:07:44

对于不能保证每天看盘的人，如何操作才是最好的？

缠中说禅 2007-04-18 16:24:01

至少看30分钟级别操作。

8

网友 2007-04-18 16:09:22

缠主好！问个问题：我们小散每次有利润后，将它变为0成本的股票好，还是变成现金再搞第二个股票？我发现几个月前的股票留下来的话，利润自动升值了。且现在买不到以前的平货了。但股票多了，管理起来又很麻烦。你有好建议吗（我的资金才3万元）？谢谢！

缠中说禅 2007-04-18 16:29:35

你可以选好几只节奏有错位的股票，当成股票池，然后不断反复操作这些股票。在这些股票中不断根据买卖点买卖换股，每次只操作一只，最多两只。

解盘、答问（2007-04-19 15:34:58）

1

缠中说禅 2007-04-19 15:37:29

今天走势很正常，技术上的道理，昨天已经说了。就算搞不清楚昨天说的，5 日线下破以及 4 月 19 日 11:08 昨天中枢的第三类卖点，都足以让你有足够的时间去反应（见图 168）。牛市就是快跌慢涨，卖了就要找机会买回来，否则牛市与你无关。基本面上，数据最终如何，问题都不大，就算是加息，也没什么大不了的。

今天 10:30 到 13:30，三 K 线形成 3520 点上下的中枢，短线就看能否重新上穿。一旦上穿站稳，就继续原来的走势。当然，站在本 ID 的角度，完成深圳 1 万点，上海 3500 点的第一目标，是希望在这里出现一个整固过程。这在前面也说过，这样才会比较稳健。当然，目前资金流入太快，本 ID 这类稳健的想法，不一定能得到市场的认可。本 ID 只看市场的反应，市场想干什么都可以。个股方面，补涨的，故意玩坏业绩的，都会继续表现。

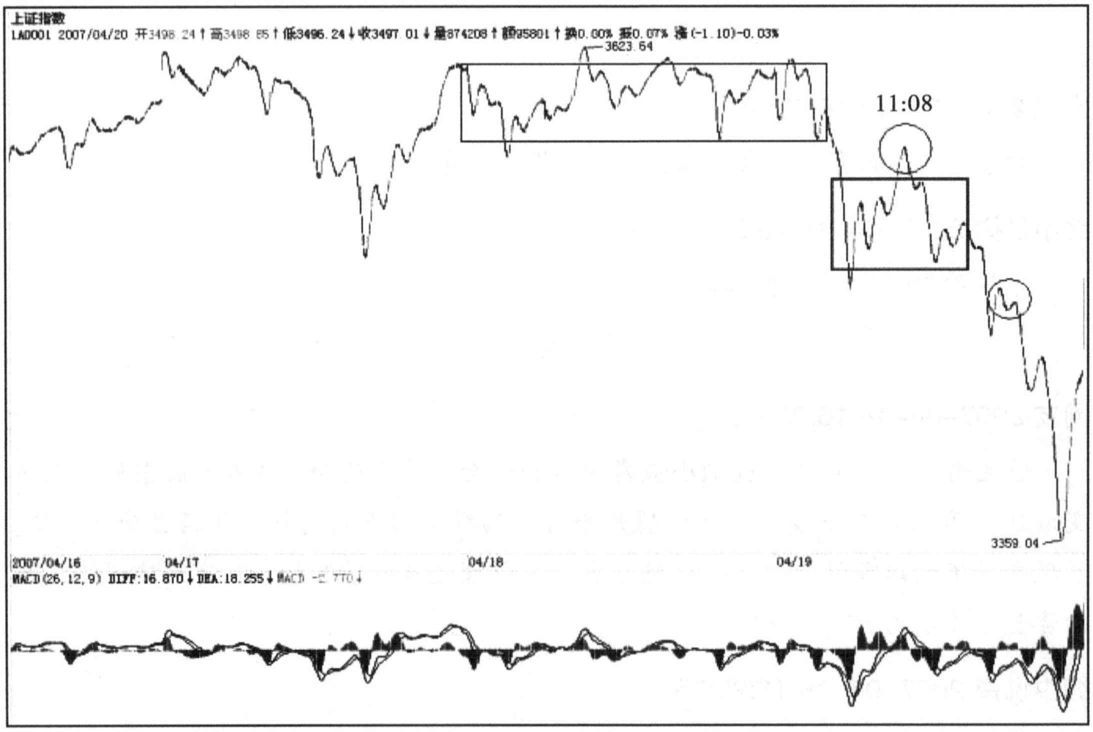

图 168 上证指数 2007 年 4 月 19 日 1 分钟走势图

继续八卦一下。今天这样的走势，可以把人分为几类。

（1）吓傻的。

（2）被夹空的。他们在说，“我都说要调整的”。其实从3000点就开始说了，今天终于可以自渎一下。

（3）实干型。一看早上开盘没有形成第三类买点的可能，就先走。最迟在11:08懂得把有卖点的股票走掉，然后等待买点回补。

（4）激进型。在大跌中还敢于对有买点的股票发动进攻。真正做到只关心买卖点，有卖点就卖，有买点就买，不会受大盘波动的影响。

请问，你属于哪一种？

2

网友 2007-04-19 15:39:58

缠主好！今日走势如缠主所料，真是神！不过，今天我们的中长线品种中工国际（002051）没有出，18元左右分批进的，打算持有到50元，不知道缠主对这只股票有何指教？卑下洗耳恭听，万分感激！

缠中说禅 2007-04-19 15:49:25

就算长线的，也应该学习在大点的卖点卖出，买点再回补。进行这样的操作，能把成本降低，而且可以增强持有的灵活性。当然，这需要一定的技术支持，所以要学习。

3

网友 2007-04-19 15:50:20

我属于激进型，看来太激进了。我是上午10:00左右把能清的清掉了，可惜就是补得太早。看着几次1分钟都有背驰的样子，就进了，忘了看5分钟还在下跌中，以后一定要改掉这个毛病。不过最失败的是昨天尾盘满仓，如果不是尾盘满仓，今天会更好点儿。

缠中说禅 2007-04-19 15:55:43

激进是需要技术支持的，技术达不到，可以采取相对保守的作法，例如跌破5日线。除非出现特别明显的较大级别背驰，否则还是持币等待。就算重新上涨，还有第二、第三类买点可以介入。

4

网友 2007-04-19 15:56:46

我是激进型，只是对买卖点把握还是不太准，比如下午就分批进了几次。再次严重检讨，好好学习！

缠中说禅 2007-04-19 15:59:24

必须等待真正的背驰，而且这种走势，从心理上也知道肯定要跌到 14:30 以后。这是一个经验问题，就像跳水经常在 14:45 一样。

5

网友 2007-04-19 15:59:12

博主，有些股票本来买点出来了，可大盘一跌，也跟着再往下跌呀！大盘的走势是不是很重要？会影响个股的走势吗？

缠中说禅 2007-04-19 16:00:33

大盘不好，一定要等待大一点级别的买点，或者在尾盘出现的买点，否则不一定能逃过 T+1 的限制。

6

网友 2007-04-19 16:01:10

缠主，我一遇到大跌怎么就这么麻木呢？我总是习惯先买后卖，对先卖后买极其迟钝。

缠中说禅 2007-04-19 21:21:26

这是初学者普遍的毛病，买点、卖点是平等的。

7

网友 2007-04-19 16:26:45

学习缠理论，觉得在大的买点买比较安全，比如 30 分钟，卖点上以 5 分钟的卖点比较好。如果在大的下跌趋势中也按 5 分钟操作，1 分钟买点买难免要受当日不能卖出的限制，不知我说的对否？

缠中说禅 2007-04-19 21:28:43

对 T+1 的局限是必须考虑的。但一般来说，特别巨大的下跌，如果真有 5 分钟的背驰，其反弹力度已经足够短线操作。当然，这是对小资金来说的。

8

网友 2007-04-19 20:29:57

今天上午看航天长峰（600855）走势很强，就进了，没想到下午跌破5日线了。请教博主是否会继续下调？

缠中说禅 2007-04-19 21:44:54

这个问题说过多次，除非是有较大级别的买点，否则，买股票都应该在下午，特别在走势不明朗的时候。而且这只股票，早上也没有任何买点，所以必须要好好总结。

9

网友 2007-04-19 21:25:26

我们上班一族的面对这种情况可怎么办呢？没事的时候在家，往往关键的一天却在上班。怎么处理这种情况呀？

缠中说禅 2007-04-19 21:58:04

如果你是做日线级别的，从2006年拿到现在，那这样的震荡算得了什么？关键是操作的级别。没时间，技术不好，就操作级别大的。

10

网友 2007-04-19 21:55:55

缠主，今天早上的下跌是怎么造成的？没看出来。还有，下午最后的上为什么那么有力度，没有背驰呀？！

缠中说禅 2007-04-19 22:06:29

要搞清楚和哪一段比较。如果1分钟看不清楚，看5分钟的。这种黄白线没回抽的，当然不会是5分钟的背驰，但一定是5分钟以下级别的背驰，很清楚可以看出该是哪两段比较。

11

缠中说禅 2007-04-19 22:16:50

市场经验是需要磨练的，平等对待买卖点，这样你的技术会提高一个层次。如果技术不好的，例如本ID让你看5日线，如果连5日线都看不好，那就是心态问题了，这就要彻底反省了。心态不好，脑子里总是有幻想，而不是根据市场实际走势来操作，这样学什么技术都没用的。

知道，明白，看得懂，和能操作好相比，这里的差距大了。所以，以前本 ID 就说过，都学本 ID 的理论，并不会影响本 ID，最后比的是人本身。

如果连最基本的永远不追涨杀跌都做不到，那就没什么可说的。

教你炒股票47

2007 年 4 月 19 日行情分析（2007-04-20 08:51:58）

1

缠中说禅 2007-04-20 15:25:57

大盘今天的走势太正常不过了，今天几乎就是一个无中枢的上扬走势（见图 169）。昨天已经说了，今天只要重新站稳 3520 点，就继续原来的走势，今天前 1 小时就确认了这一点。今天这种走势还害怕，那就是心态问题了。整天惊弓之鸟一样，怎么参与市场？

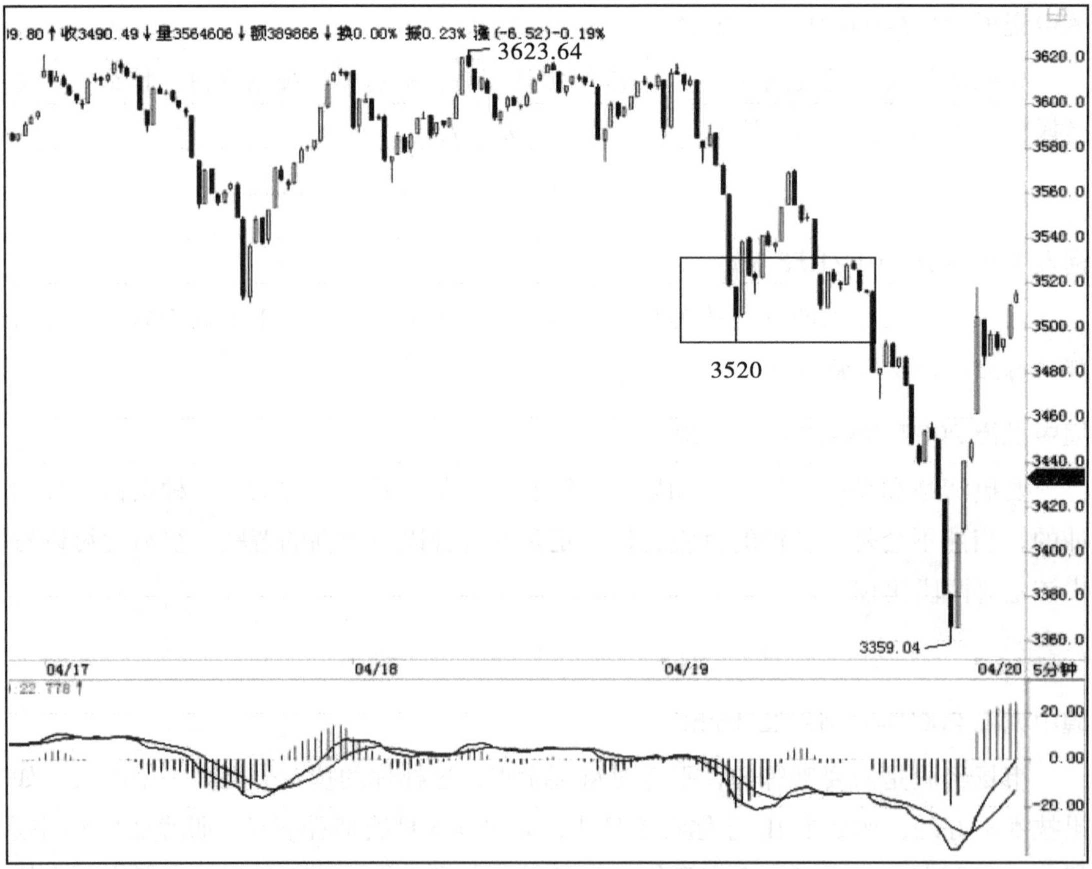

图 169 上证指数 2007 年 4 月 20 日 5 分钟走势图

当然，为了让稍微中线点儿的人安心，就看5周均线。这线不破，稍微中线点儿的人基本可以不看盘。当然短线还要去确认5日线能否重新站稳，这是下周的主要任务。站不稳，还继续震荡。对于短线，只要看好5日线就可以。

当然，如果技术好点儿的，可以继续用中枢震荡的方法来看大盘走势。

“全民炒股”，市场经济走向成熟的必由之路（2007-04-23 08:53:46）

1

缠中说禅 2007-04-23 15:19:01

大盘今天走得很正常，没有形成任何中枢的单边上涨。周五站稳3520点后，就继续原来的上涨走势，所以就创新高，这在技术上100%没什么可说的。这种走势还惊弓之鸟的，那心态绝对有问题了。对于技术不行的，本ID已经给出一个最简单的方法，中线看5周均线，短线看5日均线，这都操作不好，那就没办法了。

有些人整天换股，这其实没问题，但需要好的技术支持。如果你换股后，经常被换的股票大涨而换的不涨，那就证明你没资格去换股，乖乖拿着等着，你的技术还达不到换股、弄短差的水平。

人贵有自知之明，市场操作，这一点更重要。不是什么活儿都适合所有人的，如果你希望能达到更高的水平，就需要更刻苦地学习。在没学好之前，就采取相对保守的做法，这才是可行的。

由于今天留下缺口，从最强势的角度看，这一缺口在今后三天的整理中能不破，就构成所谓的突破性缺口，这样，大盘中短期的上涨目标就大大拓展了。当然，这无须预测，市场自然告诉你。这一缺口，将成为今后行情的重要下拉与支持力量，也是今后几天大盘震荡的主要技术因数（见图170）。

2

网友 2007-04-23 20:49:44

缠主给调整定的时间是三天，为什么？

缠中说禅 2007-04-23 21:15:39

这不是绝对的，是一个大统计概念。一般有缺口后，三天内回补，不回补，基本就是突破性缺口。如果从技术上解释，其实也很简单，因为5日线三天后一定在缺口上，如果不有效跌破5日线，当然就不会去补缺口。5日线有上推的力量，自

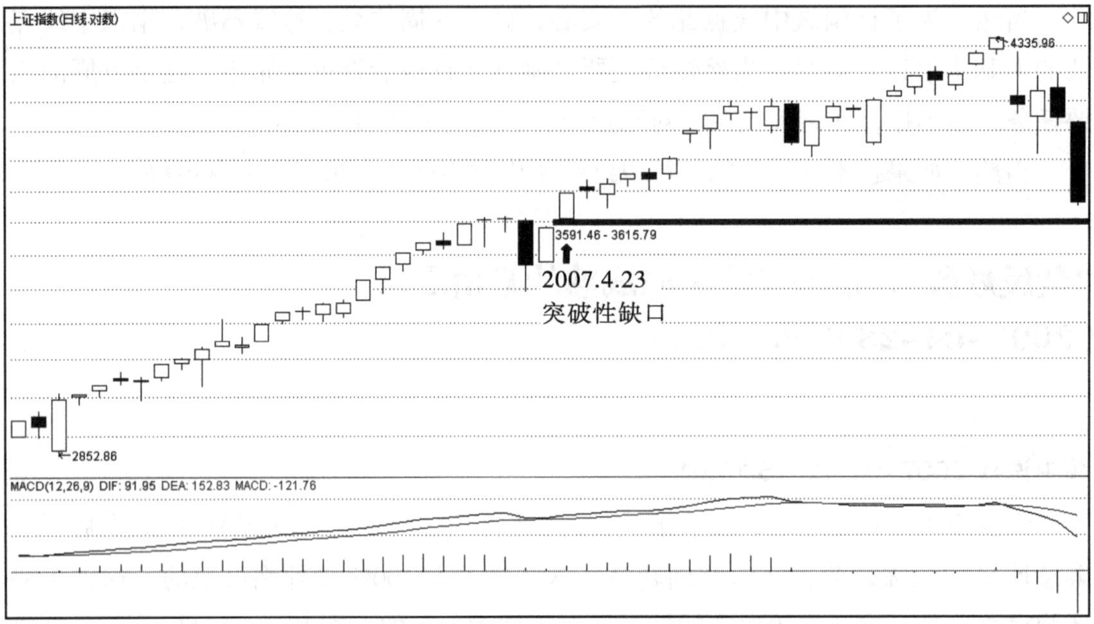

图 170 上证指数 2007 年 4 月 23 日突破性缺口示意图

然就会继续走势，直到跌破 5 日线形成较大调整，才会有补缺口的机会。当然，如果走得比较远，就要更大级别的调整才有机会去补缺口。

3

网友 2007-04-23 15:48:23

缠主，缠论是不是最后都可以简化为，在级别的前提下，最后一个中枢与当下走势之间的关系，从而指导操作。

缠中说禅 2007-04-23 21:27:24

如果你是 30 分钟级别操作的，就看从该 30 分钟中枢离开的那段走势里的中枢变化。

4

网友 2007-04-23 21:33:30

缠主好，不是说三根 K 线有重叠当成每天走势上的一个中枢吗，今天 30 分钟图上 2、3、4 三根 K 线不是有重叠吗，今天应该算有一个中枢的走势，不是吗？

缠中说禅 2007-04-23 21:37:57

说 5、6、7 有点儿重合还说得过去，2、3、4 没有重合。但那重合很小，所以本 ID 说几乎没有中枢。准确地说，还是有一个范围很小的中枢，在 5、6、7 三根 K 线的重合部分。

网友 2007-04-23 21:45:33

这可真糊涂了，K 线 5 和 7 一点儿都挨不着，不知怎样才算重合，请缠主解惑。

缠中说禅 2007-04-23 21:51:11

一个最高 3892 点，一个最低 3688 点，怎么没重合？严格说，4、5、6 也可以算是有点儿重合，但这些几个点的重合，在大的看盘中都可以忽略不算，一般标准的分时图中枢，怎么都要有 10 来个点的幅度，所以本 ID 说今天几乎可以算是没有中枢。

5

网友 2007-04-23 21:59:55

缠主好，请教几个问题。

（1）30 分钟图上，如果一段 5 分钟走势中有三根 K 线有重叠，是否这三根 K 线可以看成是 5 分钟级别走势的一个中枢？

（2）这三根 K 线是否必须红绿相间？如果是三根红线有重叠，可不可以算成一个中枢？

（3）这三根 K 线重叠部位是否必须为实体，如果是一根的最高价和另外的最低价处有重叠，是否可以算？

缠中说禅 2007-04-23 22:05:36

5 分钟中枢需要三段 1 分钟级别走势重合。这两节说的是如何看分时走势，里面的中枢概念和前面的不同，只是借用一下，别搞混了。

重叠，就是三个区间有共同的部分，就这么简单，哪里有这么复杂的事情。另外，像今天这种重叠区间很小的，可以忽略不算。当然，严格算也可以，但意义不大。不过也可以参考，例如今天的重叠区间 [3688,3692]，就可以当成明天强弱的一个参考，不破就是强，破了站不稳，就有问题。

6

网友 2007-04-23 22:03:23

缠主，晚上好！盯盘也有几个月了，学得不好，现在有些疑问请教你。

我是以 5 分钟的级别作为买卖的基础的，但是实际操作时有一点无法突破。当

5 分钟的柱子不再增长时，在 1 分钟上的利润已经减少了很多，所以我一般都是配着看。但问题又出现了，有时候在 1 分钟上盘整背驰可以不下来，而是形成 1 分钟的三买后继续上涨，但有时候 1 分钟的盘背后就直接下来了。在 5 分钟上则是刚突破新高就背驰下来了。这两种情况怎样操作？常因为这两种情况无法准确判断而误了战机。谢谢！

缠中说禅 2007-04-23 22:07:39

用 5 分钟不能光看 5 分钟，对 30 分钟怎么走都要清楚。另外，看出对背驰的辅助判断还不大了解，还有小级别变大级别的情况也没分清楚，请再研究一下这两个问题。

7

缠中说禅 2007-04-23 22:15:48

各位，心态好点儿，这市场还长着呢。今天本 ID 吃饭时还和别人说，现在不算疯狂。想当年，深市从 900 多点到 6000 多点，甚至用了不到一年半时间。现在快两年了，同样从 900 多点起步的上海市场还没到 4000 点，简直太理性了。

不多说了，子时快到。今天不是周末，要严格遵守纪律，按时休息。

教你炒股票*48*

牛市行情中的暴跌（2007-04-24 08:52:02）

1

缠中说禅 2007-04-24 15:23:54

今天大盘在昨天的一个小中枢 3688 点到 3692 点受到支持，下午的 5 分钟盘整顶背驰，应该不难把握（见图 171）。从这里就知道，每天之间的当日走势，还是有一定技术意义的。今天，一个平衡市，收得一般。由于 5 日线明天就上来了，所以关键还是看 5 日线，站稳就寻机上攻，否则就要受到昨天缺口的吸引。

今天这种平衡市却是巨量的走势，关键就是因为要有效向上突破今天的中枢，否则大幅震荡不可避免。今后两天走势十分关键，睁大眼睛看好明后两天的走势，下面 3688 点到 3692 点的小中枢不能有效被跌破。

目前市场就是前面本 ID 所说，二线拉开空间，三线补上来。但这种走势必须有一个转换，使得成分股能重新启动，否则也是震荡难免。目前的走势不要随意换股，想换的早该换了。如果是短线的，就要依据今天中枢最后的演化方向来决定进出。中线就无所谓了，看 5 周均线。

网友 2007-04-24 21:09:32

请教博主，怎么才算有效跌破？连续三个5分钟线收在3688点下方？

缠中说禅 2007-04-24 21:15:49

第一类卖点最主动，第二类也不错，第三类就差点儿。如果整天都是第三类卖点再跑，那就比较累，要尽量在第一、第二类卖点跑。当然，级别越低，操作难度越大，需要的技术精确度越高，这需要通过实践来提高。

2

网友 2007-04-24 21:14:21

博主好！下一阶段是否该关注二线指标股了？三线股要熄火了？

缠中说禅 2007-04-24 21:22:01

这转变还不一定能转过来，但由于杭萧那事①引发的深入调整，题材股会有所收敛。本ID从来都反对把题材搞得太过分，这绝对需要打击。后面，个股的行情会进一步分化。说直白一点，后面肯定更多看里面各自的主力了，行情节奏逐步走向群庄乱舞。

3

网友 2007-04-24 21:21:46

银行股近期持续低迷，缠师怎么看？

---

①指发生在2007年初的“杭萧钢构”事件。这是一起牛市中泄露内幕信息和涉及内幕交易的恶性案件，股价短期的剧烈波动令许多投资者忽悲忽喜，让证券界人士感慨万千，即便当时监管层也未遇到如此恶劣的事件，至今仍为证券市场不时提及。

在牛市上涨期，市场投资热情膨胀，各公司编故事刺激股价上涨的情况不时出现。2007年2月12日起，上市公司杭萧钢构的股价连续涨停，之后流传杭萧钢构获得惊人的非洲大订单。2月15日，公司公布海外天价合同消息，之后又连续出现了七八个涨停，股价从4.14元升至10.75元，涨幅高达159%。尽管管理层用停牌、调查、行政处罚等监管措施，其股价还是连续涨停，最高涨至31元多。

杭萧钢构获得巨额工程项目，没有依照有关规定及时向证券主管部门报告，也未进行公告，而是由公司董事长单银木于2007年2月12日在公司内部总结表彰大会上进行透露，使公司内部人员及密切关联人员先于市场得到信息，并导致股价连续上涨或下跌，从而产生剧烈波动。杭萧钢构信息披露存在的问题，引起了市场的广泛质疑和投资者的不满。

4月4日，证监会决定对公司立案调查。2007年5月14日，中国证监会正式公布了对杭萧钢构的行政处罚决定书，认定杭萧钢构存在未按规定披露信息，披露的信息有误导性陈述两项违法违规行为，对杭萧钢构及董事长单银木等有关人员给予警告并处罚款，有关人员涉嫌犯罪的移交司法机关追究刑事责任。

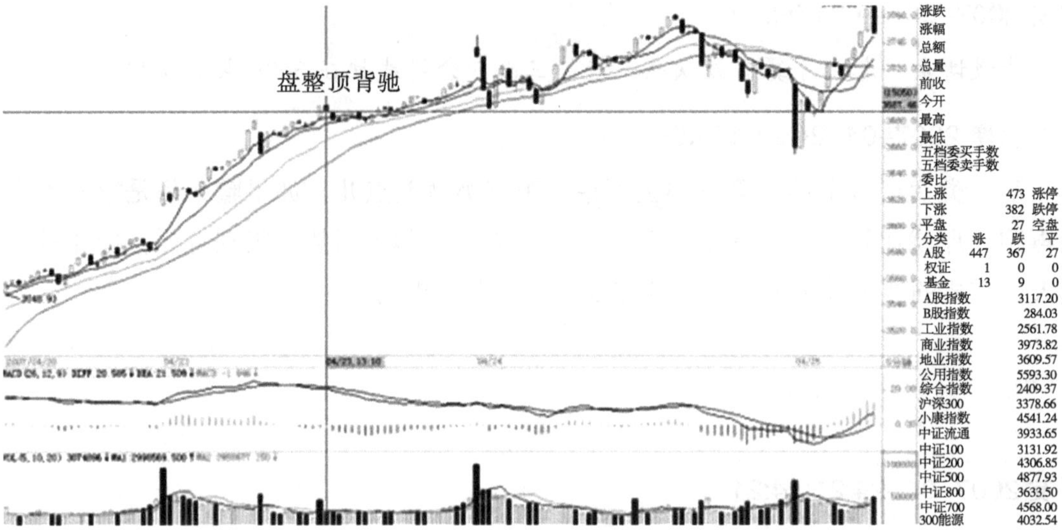

图 171 上证指数 2007 年 4 月 24 日 5 分钟盘整顶背驰示意图

缠中说禅 2007-04-24 21:24:47

那很正常，如果它们都高涨了，大家就很快没饭吃了。

4

网友 2007-04-24 21:22:10

“教你炒股票”第 47 课原文：

“你可以很明确地知道，在跌破 10:30 到 13:30 的中枢后，首先会有一个小的第三类卖点。小的第三类卖点后，有两种演化的可能……一个是形成下跌，至少再有两段向下……对于一个跌破中枢的下跌来说，第三类卖点后再来两波就可以随时完美。这个完美，由于该下跌是 1 分钟以下级别的，因此从该下跌的细部，是找不到根据 1 分钟背驰去确认的买点的，只能根据分笔背驰。”

（1）在跌破 10:30 到 13:30 的中枢后的一个小的第三类卖点是不是在 14:08？

（2）为何说“对于一个跌破中枢的下跌来说，第三类卖点后再来两波就可以随时完美”？

（3）“这个完美，由于该下跌是 1 分钟以下级别的”，这里说的“该下跌”是从哪里算起？是 1 分钟级别的吗？

（4）13:30 开始的下跌是 1 分钟级别的吗？它似乎并不是一个趋势，也没有 1 分钟背驰？

缠中说禅 2007-04-24 21:29:24

对于趋势，有两个中枢后就可以随时结束，这是最基本的概念。盘中的这种下跌，基本都不会是1分钟级别的，更有可能就是1分钟以下级别的。背驰的级别与趋势的级别不一定一样，这是一个最基本的概念，否则怎么会有小级别转大级别？

5

网友 2007-04-24 21:26:37

今天突然很紧张，最终把所有股票卖出，空仓过夜。然而刚刚卖出，武钢股份（600005，该股现已吸收合并为宝钢股份）随即就大涨并接近涨停。

主要是下边的缺口太大了，最近几天又风传肯定要回补缺口，个股将面临一个20%跌幅的大调整，即使我做中线，这样的起伏也要不得。看图操作，但我的情况老师应该了解，我白天无法看图，又是电话委托，咱打不起短差也跑不快，不能跟大盘赌明天。

请问：若明天跟今天一样的走势，是否仍不能确定站稳？具体出现什么情况，才能认为后期将排除大盘整的可能？也就是说，什么叫做“有效跌破”和“有效站稳”？

缠中说禅 2007-04-24 21:33:03

这样操作其实更容易出错，5日线都没破，如果中线5周线都没破，这震荡算得了什么？

以后注意了，如果心情不好，特恐慌，人已经被恐惧所折磨，那就半仓，肯定不会错。这时候也别说什么技术了，心态先调节好再说技术。

所以说人是第一位的，就算你明白了本ID的理论，能否应用成功，最终还是人的修炼。

6

网友 2007-04-24 21:30:06

可否请缠主推介一只股呢？

缠中说禅 2007-04-24 21:46:47

股票是需要养大的，天天要新股票的，肯定永远是小资金，小打小闹。你看本ID 14只股票里，还有连续涨停的，为什么不好好养？本ID现在不会推荐什么股票，主要是目前大盘的位置并不是什么值得去买股票的位置，而且本ID那14只还有不少具有中线潜力。但现在买没必要，因为不是好的买点。

7

网友 2007-04-24 21:39:37

何谓有效击穿，是击穿后反弹不能到达这个小中枢？

缠中说禅 2007-04-24 21:50:40

其实有效跌破与否与有没有第三类卖点是一个意思，但最好就在第一、最多是第二类卖点操作，毕竟第三类卖点离真正的高位已经有距离了。

8

缠中说禅 2007-04-24 22:00:11

注意，本 ID 这里，除了最早说的 14 只股票，后来还陆续有北京股、VC 股、深圳本地低价股、中小板袖珍股，这些股票都有继续中线的潜力。但如果前面没买，现在追高买，一点必要都没有。本 ID 不需要别人抬轿子，本 ID 只希望大家都在买点而且是级别大的买点再买。

出现一次较大的调整后，这些股票都会继续有如前面一样的表现的，所以机会是可以等待的，千万别追高。有的，就等待较大级别的卖点出现，卖点没出现的，就持有。

9

缠中说禅 2007-04-24 22:06:17

对不起，大家注意了。上面漏说了一个最容易出黑马的板块，就是故意报坏业绩，但不跌反涨的。一旦大盘出现调整，这些股票随着调整，调整结束后走势强劲的，将是后面的黑马。

全流通后，没有任何股票的业绩是不可以做上去的。本 ID 这里就掌握了 N 只故意公布差业绩的公司的阴谋，但现在是监管时期，本 ID 不愿意惹麻烦，大家多加注意就是。

为了保险起见，如果没有特别准确的把握，不要买 *ST 的。虽然本 ID 掌握的，有好几只这种股票，但不了解的就别买，否则买错了退市就会很麻烦。

有心人，可以把那些故意把业绩弄差的选出来，然后选择异动明显的，黑马不难发现，比让本 ID 直说有意思。

网友 2007-04-24 22:26:02

缠主好！请问故意出坏业绩的是指年报出坏业绩，还是一季度出坏业绩？谢谢！

缠中说禅 2007-04-24 22:31:21

都有可能。对那些年报、季报业绩特别好的，后面却是明显出货走势的反而要小心。

10

网友 2007-04-24 21:47:41

博主，请教对于 30 分钟上涨的 a+A+b+B+c+C，B 必定是下上下形成，如果是上下上形成的中枢，就可以把它看作 b 的一部分，对吗？还有，如果 b 对 c 本级别不背驰，但是 C 中一个盘背 c' 导致下跌跌破 C，这时候分解点是在 c' 还是 c 呀？这种情况算不算是小级别转大级别？谢谢！

缠中说禅 2007-04-24 22:16:38

一般情况都是这样。如果有 C 中枢，就意味着上涨延伸，和只有两个中枢的情况是一样的，参照该种情况就可以。

11

网友 2007-04-24 22:14:10

博主，科技股算二线股吗？怎么还不动，是不是等补涨？谢谢！

缠中说禅 2007-04-24 22:20:35

这个问题在 N 月前已经说过，牛市第一波，最重要的是成分股，第二波才是成长股，那时候科技股才是主角。

有人问，本 ID 14 只股票里紫光股份（000938）、隆平高科（000998）怎么这么弱？那很自然，对这些股，本 ID 是作为整个牛市来布局的，第一波本来就没想着让它们太牛，但第二波时再看。当然，第一波时，科技股也会跟着走，但相对都会比较慢。其实各位不难发现，往往科技股一动，大盘就要准备调整了，这是一个市场节奏问题。

12

网友 2007-04-24 22:17:54

今天下午盘中重仓了上海电力（600021）和豫光金铅（600531），看到您对大盘的评述，十分忐忑。明日如果大盘调整，是继续中线持有，还是半仓操作？谢博主！

缠中说禅 2007-04-24 22:28:13

没有什么忐忑的，震荡是一个好玩的游戏，让不想持股的出去也是很好的。

本 ID 给所有人的忠告就是，如果你觉得你的心脏受不了，最好的就是找机会半仓，或者就干脆不看，中线看 5 周均线就可以。但对于技术好的，以及心态好的，上面的建议无效。

请注意，操作一定要量力而行。知道自己干什么，要承受什么后果，然后再行动。不要给自己太大压力，身体比股票重要。

解盘、答问（2007-04-25 09:03:08）

1

缠中说禅 2007-04-25 15:25:17

就算你对本 ID 的理论只有幼儿园水平，今天的走势都一定难不到你。一开盘的低开，然后很快拉回前天 3688 点到 3699 点的小中枢，这就意味着中枢震荡依然继续，没什么大问题（见图 172）。前三个 30 分钟走出来后，这平衡市的形态以及震荡幅度就基本确立了。今天属于最典型的那种平衡市，前三个 30 分钟就确立了全天高点、低点，下午那次下探，对于短线对冲，就像是送钱一样。

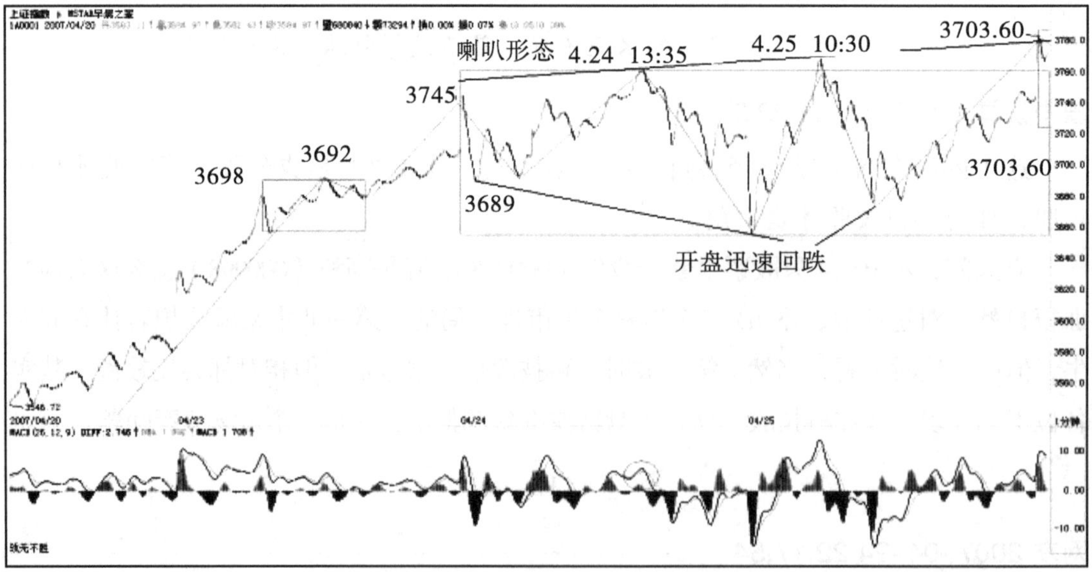

图 172 上证指数 2007 年 4 月 25 日分时图

纯技术上说，4 月 24 日 13:35 和 4 月 25 日 10:30 的连线必须突破，否则就会被技术派看成是所谓的喇叭形态。从大点儿的角度看，从 4 月 25 日 9:31 开始的 3689 点到 3745 点的 5 分钟中枢延伸什么时候结束，就看明后两天是否形成第三类买卖点了，这一切无须预测，大盘自然会告诉你。

板块方面，昨天已经说了，今天需要一个板块的切换，成分股要重新走起来，这次切换还可以，毕竟基金也要面子。五一假期前也需要一个好的市值，做人不能打击面太宽了。

但是，大盘最近一点儿都不疯狂，反而最近汉奸有点儿疯狂，自编社论到处流传，还在国外金融报纸上大声漫骂。这种人该怎么处理，各位可以讨论。

2

网友 2007-04-25 19:11:47

缠主，有个问题困扰我很久了。

大多股票的趋势都有两个中枢，在第二个中枢后背驰中终结。如果第二个中枢后的趋势不背驰，是否还要：

（1）等待新的中枢生成，同时黄白线靠拢 0 轴，再次比较是否背驰？

（2）假如趋势是 a+A+b+B+c+C+d，这时候是比较 d 和 c 还是 d 和 b，或是其他？

缠中说禅 2007-04-25 21:13:53

在该级别不背驰，就面临两种选择：

（1）形成新中枢。

（2）小级别背驰演化为按级别转折。

3

网友 2007-04-25 09:35:04

买进容易卖出难。选股容易，知道什么时候该进，不知道什么时候该卖出，头痛！

缠中说禅 2007-04-25 21:19:04

道理是一样的，如果不习惯，那把走势图反过来，有些软件是可以这样的，看到那买点就去卖。当然，最终的解决，还是要对买点卖点平等，不能有偏好。任何级别的图形，其结构是一样的。

4

网友 2007-04-25 21:19:14

老师，一直以来操作上总是产生这样的心理：明明判断出来是一个顶背驰，但是又觉得级别不够，结果小级别的顶背驰演化成大级别的顶背驰，到手的短差做不成。有没有什么强制性的法子让自己坚决走掉呢？

缠中说禅 2007-04-25 21:26:32

这很简单，例如你是30分钟级别操作的，一个5分钟级别的背驰，是在你操作的忍受范围内的。5分钟背驰，正常情况下只引发对5分钟走势类型的修正。一旦该修正的第一中枢级别大于5分钟，那就要先出来，因为这里至少要形成30分钟的盘整，这也是为什么需要第二类卖点的原因。

5

网友 2007-04-25 21:27:17

缠师好，买点买，卖点卖。说着容易做着难！做精准了难上加难！

缠中说禅 2007-04-25 21:36:32

先从大级别开始，别一开始就玩1分钟、5分钟的，这样要求精确度高，而且对交易通道要求也高。开始，最少应该按30分钟操作。

6

网友 2007-04-25 21:48:11

缠主，有个问题想请教，成本为0是说股票市值涨了1倍，卖掉一半，还是做短差做成软件上显示成本为0？先买后卖软件上显示的成本是越来越高的，只有先卖后买才能把软件上显示的成本降下来。

缠中说禅 2007-04-25 21:54:56

能弄短差成0是最好的，这是最终要求，因为没人能预测股票一定能涨一倍或几倍，所以那种等一倍卖出的方法，不一定完全实用。当然，如果真涨一倍了，你出来的钱能找到更好的选择，当然可以先抛到成本为0。如果没有，当然可以继续短差，但依然不换股，这关系到资金利用率的问题。成本为0后，就要赚筹码，直到特大级别出现卖点。

7

网友 2007-04-25 22:04:11

缠主，中环股份（002129），您给个操作建议吧，帮忙分析一下。

缠中说禅 2007-04-25 22:10:06

这是一个典型的中枢震荡，和大盘目前的情况是一样的，就是先出第三类买点还是卖点的问题（见图 173）。中枢震荡的节奏是任何离开中枢的走势，只要力度不足以摆脱中枢引力，就会拉回中枢里，按照相应的方法操作就可以。关于具体的方法，可以看前面中枢震荡的课程。

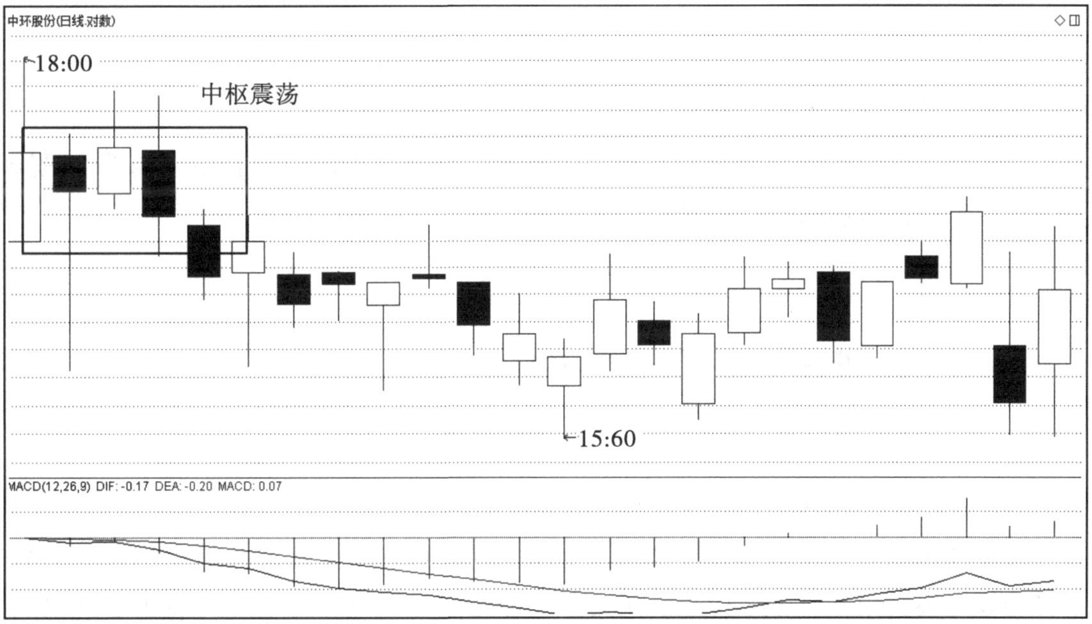

图 173　中环股份（002129）2007 年 4 月 25 日前后中枢震荡示意图

8

网友 2007-04-25 22:08:40

缠主，如果把中枢比作引力中心，脱离引力中心的唯一标准是超过逃逸速度，逃逸速度的唯一决定因素是引力中心的质量。走势力度类似速度，中枢的逃逸速度可以计算吗？

再加一句，以一个标准趋势 a+A+b+B+c 为例，根据背驰定理，c 的力度比 b 大则新生中枢 C，比 b 小则转折，这里 b 的力度似乎就类似于 B 的逃逸速度的标尺？

缠中说禅 2007-04-25 22:14:47

可以计算，但没必要计算，否则还要自己设计程序，太麻烦，MACD 就很好用。另外，c 的力度比 b 大则新生中枢 C，不一定必然产生新中枢。有一种特殊的情况，就是小级别转化成大级别。当然，站在某种程度上，也可以说是产生新中枢，只是这中枢最后和原来的中枢有重合，而真正的趋势中的新中枢，是不能够和前同级别中枢有任何重合的。

9

网友 2007-04-25 22:17:03

博主，我没什么时间炒股票，请问现在买基金好吗？买什么好呢？能不能介绍个具体的我就不用费心思了！

缠中说禅 2007-04-25 22:19:06

最简单，就去买和指数直接正相关的基金，这样至少赶得上指数。当然，最安全的是一个较大级别的调整后去买。

教你炒股票49

利润率最大的操作模式（2007-04-26 08:16:56）

1

缠中说禅 2007-04-26 15:21:18

大盘今天又是一个典型的平衡市，高低都在前三个 30 分钟 K 线中出现，这种走势的处理很简单，就不多说了。明天只要能站稳 3745 点（5 分钟中枢的上边沿），就继续向上发展。现在这种 5 日线都不破的走势，确实没有什么可说的。

说实话，本 ID 现在就想放假了。那交易所也够混的，下周一还单独开一天，这样周线上就有一个量特别小，看起来一点都不美观，还不如明天结束，7 日开盘。你说你还开盘，本 ID 又不能离开，免得被人捣乱。大概很多人都有这种想法，简直无聊透了。

2

网友 2007-04-26 21:26:43

感谢博主！今天这一课讲得好啊！比较贴近实际操作，好理解一点儿。请问博主，像今天长安汽车（000625）的 1 分钟级别，开盘时冲到了 17.05 元，而且红柱也比前面的放大了，为什么就下来了呀？像这种小级别的情况如何打短差呀？希望博主能回答，感觉这种情况很常见呀！

缠中说禅 2007-04-26 21:40:35

首先要搞清楚自己的操作级别。如果是小级别的操作，例如这只股票，你看看15分钟图（见图174）。一般来说，只看柱子面积，不看黄白线的，都是代表着相应小级别的比较，你看两者的面积谁大？

图174 长安汽车（000625）2007年4月26日1分钟走势图

3

网友 2007-04-26 21:32:23

缠主好，我想让您分析大唐电信（600198），关于盘面之外的东西最好。谢了！

缠中说禅 2007-04-26 21:46:48

这不就是本ID所说的那种故意玩伎俩的股票吗①？追高就没必要了。这种股票，要买就在公布坏消息前后买，拉起来后就算了（见图175）。

4

网友 2007-04-26 21:45:33

缠主好，两个次级别中枢的波动区间有重叠则扩展为本级别的中枢，那么扩展出来的这个本级别中枢是在这两个有重叠的次级别中枢形成后就完成了，还是没完成呢？

①指故意把业绩做差，打压股价拿筹码。

图 175 大唐电信（600198）2007 年 4 月前后日线图

缠中说禅 2007-04-26 21:48:33

怎么会只有两个次级别？相应连接两个次级别的，包含一个第三类买点，所以肯定也是一个次级别，不就已经有了三个次级别？

5

网友 2007-04-26 21:47:28

缠主晚上好，方正科技（600601）这只股票您怎么看？总感觉要向上突破，但总又上不去，很是困惑。请指教，谢谢！

缠中说禅 2007-04-26 21:54:29

这种思维方式是错误的，不要为市场的选择而烦恼，而是要依据市场的选择及时反应。股票是要靠耐心的，今天的文章已经写得很清楚。如果你技术合格，可以用激进的第二种方式，这样就无须等待盘整，否则就必须忍受盘整。如果技术好一点，可以利用盘整去降低成本。先把思维的方式改一下，市场走势没有什么可指责的。

6

网友 2007-04-26 21:30:39

请缠主帮忙看一下金宇集团（600201）。高位，也就是今天和昨天的换手率都在 14% 以上，是怎么回事，是开始出货了吗？我看不懂，有点害怕，请缠主指点迷律。谢谢！

缠中说禅 2007-04-26 22:04:21

这些概念都是无聊的，天天都有人出货，也有人买货，否则哪里来的成交？关键是看走势本身，还有你自己的操作级别。如果你是 1 分钟的操作级别，几乎天天都有要卖出的时候。如果你是日线的操作级别，那现在有背驰吗？

7

网友 2007-04-26 22:03:39

一个上涨周期，在形成两个中枢后继续上涨，如不出现背驰，再次出现新的中枢，然后接着上涨，这时判断背驰的条件，是否也要看：

（1）最后一个中枢把 MACD 黄白线拉向 0 轴。

（2）最后一段上涨的力度小于其前一个上涨的力度。

以 a+A+b+B+c+C+d 为例，在最后一个中枢 C 把黄白线再次拉回 0 轴，d 的力度小于 c 则背驰？

缠中说禅 2007-04-26 22:11:53

顺序刚好颠倒了，是首先要选择好比较哪两段，然后再参考 MACD 来比较力度。至于选择是 30 分钟还是 5 分钟的 MACD，其实道理是一样的，只是方便程度不同。MACD 是辅助判断力度的，而不是单独有一个条件 2 去判断力度。

8

网友 2007-04-26 22:09:47

缠主，请教一下：站在大级别的年线的前提下，我们降低成本与赚取更多筹码是否可以更激进些？譬如现在看好某几只或者某只股票，现在开始有机会就先赚筹码，赚他个 N 多，然后等到该股票价格翻到一定程度时，再抛掉 50%（或者 80% 等），这样做是不是盈利更快？另外在底部赚筹码成本也低些？毕竟我是小散，投入股市的钱也不会上千万元，更不会上亿元，不会筹码赚着赚着赚成大股东的。

缠中说禅 2007-04-26 22:14:39

开始先降低成本，成本低了，持有的心态自然好。操作不能把基础放在假设上，而是无论任何情况，都可以自如应对。

9

网友 2007-04-26 22:22:09

博主你好，问一个问题。不知你对一些所谓的 Level2 的行情软件有何看法？据说可以看到详细的分笔数据。缠中说禅的理论是否能发挥更大的作用呢？

缠中说禅 2007-04-26 22:27:37

其实根本不需要精确到分笔，分笔的背驰就用 1 分钟的柱子面积比较就可以。就算看不到 1 分钟的，用 5 分钟的柱子面积比较也可以发现 1 分钟的背驰。实际的操作，关键是看好各级别的相关性，而不是去研究些太细节的东西。

如果要看细节的东西，可以看盘口语言。有心人可以去观察各级别见顶见底时的盘口语言变化，这更有意义。

10

网友 2007-04-26 22:15:18

博主好！有趣的问题：缠中说禅理论可以用在彩票上吗？

缠中说禅 2007-04-26 22:30:17

不可以，彩票不符合本 ID 理论成立的两个前提。

11

缠中说禅 2007-04-27 15:14:36

今天大盘跌破 3745 点，所以就形成不了第三类买点（见图 176）。大盘震荡依旧，因此下午的突然拉起，就是一个好的短差机会。下午的冲高力度，技术上应该和 4 月 26 日 9:30 那次比，显然 MACD 没有同时创新高，所以那就是一个震荡的卖点。当然，这都是很短线的活动了，只是用当下的例子说明一下理论的用法。

目前 3745 点为上边的 5 分钟中枢，已经扩展为 30 分钟的中枢，3720 点到 3761 点，短线就是该中枢的突破方向。虽然放假前只有一天，并不意味着就天下太平。春节前，汉奸最后一天最后十几分钟还发难，所以最后一天的走势，并不是高枕无忧的。

本 ID 真想现在就出去玩了，那一天爱怎么走就怎么走，本 ID 都不想管了。汉奸都算短期利益，本 ID 根本就不想看短期利益，最后一天还想干活，真无聊。

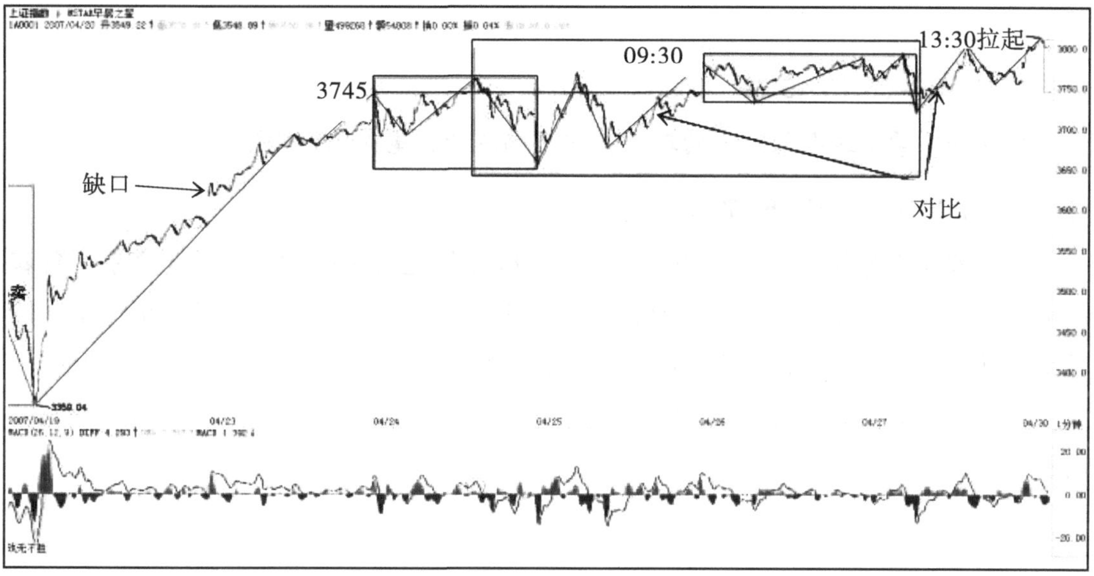

图 176 上证指数 2007 年 4 月 27 日前后 1 分钟走势图

解盘、答问（2007-05-08 08:56:50）

1

缠中说禅 2007-05-08 15:28:53

今天的走势，用脚趾都能预测到，但依然无须预测。实际出现的走势，却并不像所表现的那么强，因为大盘只是出现一个强的平衡市。这种留下大的缺口后的放量平衡市，意味着今后几天，下面的缺口都是大盘短线一个挥之不去的心病，大盘震荡难以避免。

当然，这里讨论的都是很短线的走势。一般地，短线还是继续看 5 日线，中线看 5 周线，不破就拿着。而对技术有更高精确度追求的，就可以关注其后短线上出现的背驰进行操作，而不是去预测大盘是否真的要去补缺口。还是那句话，不是等跌了再找卖点，涨了再找买点，那就晚了。大盘中线的走势以及具体的点位意义，纵观现在所有人，都搞不清楚大盘在纯技术上究竟在干什么。

个股没什么可说的，而且具体的个股也要根据自己的走势来决定进出。很多比大盘强的个股，就算大盘要补缺口，它们反而要大幅上扬。个股操作上一定要注意，技术不好的，即使是短线，也就看 5 日线，不破就拿着，不要习惯性乱跑，否则大盘一震荡，左右挨巴掌。另外，心态一定要好，如果卖早卖错了，也没必要追高去买，等一个短线买点再介入不迟。大盘震荡中，这种买点不难发现。

2

网友 2007-05-08 15:43:38

缠主好！学了这么长时间的理论，就是搞不清，老是出问题。

缠中说禅 2007-05-08 15:47:23

你应该先少操作，因为一条5日线就足以让你比很多所谓的高手要高了，拿着就可以。然后用少量资金，进行具体操作，但前提是对理论已经比较有把握了。然后每次操作，是怎么分析怎么想的，一定要复盘，甚至要记录下来。不明白的地方，一定要问人，而且是具体的问题，这是一个追求精确度的活动，当然不是那种光要嘴皮子就能干的。

3

网友 2007-05-08 15:47:53

缠主，我就是想问问，为什么紫光股份（000938）涨得如此滞后呢，其他的该翻的翻了，该洗的洗了，怎么这只不见动静？博主是不是把它给忘了？

缠中说禅 2007-05-08 15:53:30

这问题不早说过了，第一阶段，科技股不是主角。但对于本ID这类资金来说，不可能让本ID在第二阶段再去占位置吧。资金量不同，操作当然不同。

4

网友 2007-05-08 15:59:30

博主好，有一个疑问是关于小级别背驰转大级别走势的。有了小转大以后，又多了很多不确定性。

假设日线级别的背驰已经发生，走势处在背驰后回拉最后一个日线中枢的过程中，回拉段会因为小转大而被破坏，导致尚未回到最后一个日线中枢就出现再转折吗？

按照背驰律，这应该不会发生，因为违背大级别的背驰。不过大级别背驰的回拉段所需时间也相对较长，这期间有可能出现变化吗？暂不管发生概率，只考虑纯理论可能性。

缠中说禅 2007-05-08 16:09:57

转大以后，就按中枢震荡来操作。另外，周期特别长的回拉过程，当然存在理论失效的可能。例如，一个年线级别背驰的回拉，中途可能就出现改朝换代、交易规则的完全改变等，这使得理论成立的前提改变了，所以当然可以产生并不完全回拉的可能。但这不是理论的问题，因为理论结论成立的前提是理论的前提成立。所以，唯一需要关心的是，理论成立的前提是否改变，不改变就一定会回拉。

5

网友 2007-05-08 16:00:29

问一个比较初级的问题，破5日线指的是当天的最低价触5日线还是指最高价低于5日线?

缠中说禅 2007-05-08 16:13:15

破5日线这些都是通用的不精确方法。按通常的理解，一般是3天拉不回来就是真跌破，但一般按这种标准确认，就离真正的高点很远了。所以，这不是最终的办法，还是要下苦功夫，把本ID的理论啃下来，这才是最彻底精确的办法。

6

网友 2007-05-08 16:17:16

五一长假，用了三天时间看缠主的文章，从最后开始，细细看，未落任何一条发言，还有最前面的5页未看完。虽然朦朦胧胧不是全懂，但也有所了解。新手上路，请多关照。请问缠主，新大陆（000997）今天5分钟级别背驰，我走了部分，第一次使用缠理论并付诸行动，不知是否正确？请缠主指导为盼！

缠中说禅 2007-05-08 16:23:41

关键你要搞清楚是哪段和哪段比较力度。由于你没写具体的，本ID不知道你是否真懂了。另外，关键不是能判断准一次两次，而是要逐步形成节奏，卖了有买点再补回来，然后再在卖点卖。根据自己的操作级别，不断操作下去，就有了节奏感，这样才能不断地吸血。后面的路还很长，要有面对很多难点的心理准备。

7

网友 2007-05-08 16:32:19

博主，缠理论我学来学去总是糊涂。现在的做法就是：最初低价买的股票我都舍不得丢，现在基本是用固定一部分资金来做差价，不断买入卖出。基本上天天满仓，卖了的钱就买手中已有的但当天调整的股票。

缠中说禅 2007-05-08 16:36:13

这样也可以，用部分进行练习，但还是要把技术真学好。就算有多大困难，也一定要学好，这才是真本事。

8

网友 2007-05-08 16:44:40

博主，我想请教一下北京旅游（000802），它的走势咋那么难看呢？我是17.20元买的。

缠中说禅 2007-05-08 16:47:15

短线涨1倍，又背驰，就要调整。中线来说，你买的位置肯定没问题，短线就要经受点晃荡了（见图177）。

图177 北京文化（000802）2007年5月8日前后日线图

9

网友 2007-05-08 16:06:28

博主好！请问博主，如果按5分钟级别操作，你说的：“在中枢第三类买点后持股直到新中枢出现，继续中枢震荡操作，中途不参与短差。”这里所说的是不是指在形成新的5分钟中枢时，必须等待这个级别中枢完成以后才能弄短差，如果没完成就不进行操作？

缠中说禅 2007-05-08 16:53:11

不用这么机械。5分钟中枢推移中，其前提就是不能出现5分钟中枢，否则这移动就结束了。所以，一个1分钟走势向下后，再一个1分钟向上，如果出现背驰或不创新高，就意味着一定会形成5分钟中枢，所以这时候就可以先出来了。

10

网友 2007-05-08 16:50:33

缠主好。有盘口语言一课吗？想学的应该不少。

缠中说禅 2007-05-08 16:55:09

学东西，一定要先把大框架建立起来，否则很容易迷失。细节总是烦琐而让人迷失，千万别喧宾夺主了。

教你炒股票51

短线股评荐股者的传销把戏（2007-05-09 08:30:16）

1

缠中说禅 2007-05-09 15:25:06

各位，今天的震荡，简直是一个最好玩的游戏，这一点，昨天已经给予最大的提示了。今天没把缺口完全补上，这个问题不太大，主要是今天冲着缺口来的人太多了，个个争打提前量。至于技术不好的，昨天也说了，看5日线，不破就上上下下享受一下，也不错（见图178）。

图178 上证指数2007年5月9日前后日线图

当然，4000 点的突破不可能一下就确认完成，这里的震荡依然少不了。从技术上来说，就是要在这里形成一个有效的有点级别的中枢，出现该中枢的第三类买点，才能确认突破的有效性。这个过程在理论上当然有失败往下形成第三类卖点的可能，所以一切无须预测，看图操作是唯一正确的方法。

个股没什么可说的，只是想很八卦地提一个问题，你说，那些在春节前后，号称本 ID 的中国联通（600050）5 元都不上的人，今天会想点儿什么问题？关于春节前中国联通（600050）在这里的现场直播，不会都忘了吧？

2

网友 2007-05-09 15:37:43

报告缠主：我拿了中国联通（600050）将近一个月，昨天刚割肉跑了，谁知今天就涨停了，命真苦呀！

缠中说禅 2007-05-09 15:40:44

要好好补习如何用 MACD 黄白线第一次上 0 轴然后横在 0 轴上形成第二类买点的判断。

3

网友 2007-05-09 15:27:14

博主好！“教你炒股票”第 47 课原文：“实际走势，在该第二波的分笔背驰（看 1 分钟图 14:43 的 MACD 柱子，该 K 线还是所谓的早晨之星）后，大盘出现大幅度回拉，这其实是理论 100% 保证的事情。注意，并不是下跌的分笔背驰就一定存在大幅回拉，而是这天的当日平衡市的走势类型的中枢位置与时间决定的。而且，反抽的最低位置也很清楚，就是这下跌最后一个反弹处，结果收盘也真的是在该位置，这其实也是理论所保证的。”

请问，第二波的分笔背驰，1 分钟图的 MACD 面积并没有缩小，难道是从 MACD 柱子开始缩短看出来的吗？其后反抽的最低位置为何是“这下跌最后一个反弹处”？理论是如何保证的呢？这里和下跌背驰后反弹回到下跌的最后一个中枢的概念不像是一回事啊？

缠中说禅 2007-05-09 15:49:20

不一定要缩小，不大于就可以。而且深圳那边明显变小，对照一下就更能确定了。1 分钟以下级别的背驰，反抽到 1 分钟以下级别的中枢里，这当然被理论所保证。

4

网友 2007-05-09 15:53:43

老师说的中国联通（600050）我在3.00元、4.55元、5.64元、5.80元都买过，可是每回买完，它都横盘很长时间。相比同时期其他的股票，它涨得太慢，所以我每次挣一点儿就耐不住性子跑出来了。就像4月30日，我5.68元买的，昨天5.78元就卖了，严重后悔中。今天5.78元犹豫中错过，想起老师说过的花心大萝卜，以后再也不干这种事了，请老师批评。

缠中说禅 2007-05-09 15:58:13

想避免自己当花心大萝卜反而两头被甩，最好的方法就是学好中枢震荡的方法。你看，就算中国联通（600050）这大胖子，其震荡的幅度也是不小的。如果资金大点儿，震荡的利润并不少。

当然，一般的散户没必要参与这类股票，一般只在有比较大的第二、第三类买点，才有买的必要。这类股票，一般都是动一动，躺N躺，胖子都这样。

5

网友 2007-05-09 16:18:08

请教缠师：在一个a+A+b+B+c的上涨走势中，b和c段用MACD看符合背驰的条件，是否这就代表趋势背驰？其中的A和B是否都要有三买才算完成？没有三买，b和c段只能算盘整背驰？这问题困扰多时，急盼缠师解答！

缠中说禅 2007-05-09 16:28:32

这在课程里强调过的，B当然要出现第三类买点，否则B就没结束，都是围绕B的震荡，用盘整背驰就足矣。

网友 2007-05-09 16:47:35

c里面要形成第三类买点，必须要有两个次级别中枢，一个c1离开B，一个c2向B回拉，都不进中枢。背驰的话，是不是一定要突破c1，c2高点才背驰？还有，经常有的时候不出现c1、c2两个就下来了。

缠中说禅 2007-05-09 16:52:34

不可能出现这种情况，如果真出现，那就是第三类买点根本没出现，依然是中枢震荡。

另外，请把走势类型的完成等概念搞清楚。如果不创新高，那依然在c2里。c2

都没完成，怎么知道它一定不跌回原来的中枢里？这里说的走势类型，都必须是完成的。

6

网友 2007-05-09 16:06:05

博主，对于每日走势分类的应用，是不是可以简单先提示一下。对于向上的，在中午收盘前后有单边向上的包含两个中枢的股票，我现在每天都可以用公式自动找出来。如果把选出来的单边股票再结合中枢方法进一步筛选，是不是可以作为一个换股时候的参考方法？否则，一旦想换股票，逐个挑选，真是有点儿吃力。

缠中说禅 2007-05-09 16:34:58

对于超短线来说，最好的就是下午形成第三类买点的。也就是说，上午还是原中枢的延续，后面起来，下午一个第三类买点确认，然后在 14:00 后再拉起来。

解盘、答问（2007-05-10 08:47:01）

1

缠中说禅 2007-05-10 15:36:28

本 ID 昨天说，今天要继续震荡。但估计到 14:45 前，所有人都以为本 ID 说错了，以为那些忽悠今天要冲多少多少点的股评才是对的。结果怎么样，就不用本 ID 说了。震荡，不一定是绿盘狂跌才是震荡。就像一个中枢，在下面震也是震，上面震难道就不是震了？今天尾盘下来，在技术上严格保证，小级别的背驰当然是原因，还有一条就是中枢的走势必完美原则（见图 179）。不明白的，要加倍学习。

关于 4000 点上下的震荡形成的中枢，要突破，向上要有第三类买点，否则，依然存在向下变盘的机会。在出现第三类买点，中枢完结前，震荡继续。用分时中枢概念看，昨天是一个平衡市，今天也是，但今天中枢的位置向上移了。明天就面临三种选择，强的继续上移，中的围绕今天的中枢震荡，弱的回试昨天中枢，从而让一般概念意义上的中枢形成级别扩展。根据明天开盘的走势，这一点不难分辨。

这些都是相对短线的活动，脑子不够使的，看 5 日线就可以。本 ID 说过多次，要量力而为，用自己最精通最有能力控制的方法。花心萝卜不是人人能当的，要成为花心萝卜，需要花很多工夫的。

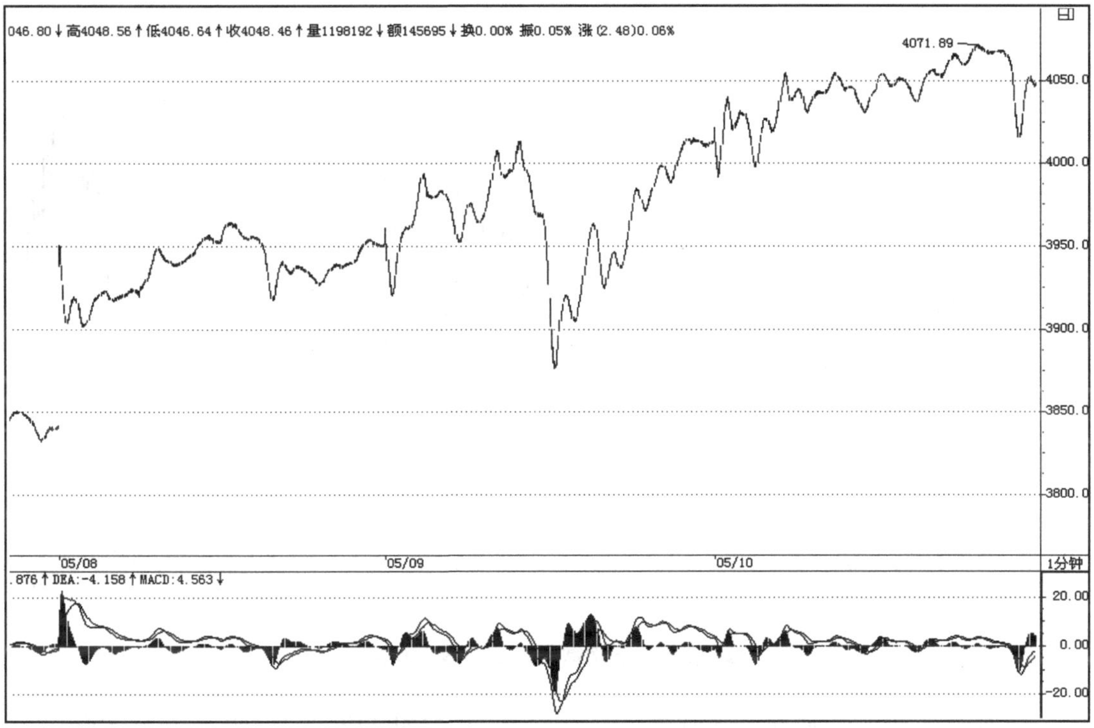

图 179　上证指数 2007 年 5 月 10 日尾盘跳水 1 分钟走势图

大牛市的序幕还未真正拉开（2007-05-10 15:56:10）

1

缠中说禅（2007-05-10 15:56:10）

股市走势看似复杂，其实有规律可言。这轮已经延续两年的上涨行情，在技术上其实十分简单。为了能清楚说明，必须先揭示一个上证指数的历史走势规律。为了简单起见，只以月线为例子。1992 年 5 月，上证指数创出 1429 点的第一个历史高点。其后的历史高点，都与该点位及时间有着密切的关系（见图 180）。

1993 年 2 月，上证指数形成 1558 点的历史性大顶，恰好触及从 1429 点开始、每年上涨 180 点、每月上涨 15 点的压力线，当月该线在 1429+15×9=1564 点。

2001 年 6 月，上证指数形成 2245 点的历史性大顶，恰好触及从 1429 点开始、每年上涨 90 点、每月上涨 7.5 点的压力线，当月该线在 1429+109×7.5=2246.5 点。

以上两个历史大顶，都是上证指数历史上最重要的顶部点位，都与 1429 点开始的按某速率上涨的压力线高度相关，这显然不能以巧合来敷衍解释。有人可能要问，相应速率是否随便设置？答案是否定的。

图 180 上证指数月线压力线示意图

任何人都知道，圆周是 360 度，这一点构成分析的基础。以每年上涨 360 点为基准，相关压力线速率以其 1/4、1/2、3/4 等比例构成。显然，在上述两个例子中，压力线速率分别由 1/2 和 1/4 构成。

由此不难理解，从 2007 年 1 月开始的 3000 点下盘整，不过是突破 1/4 线后的强势回调整理。3 月，该线在 1429+178×7.5=2764 点。经过 1 月至 3 月的调整，在 3 月初确认对该线突破有效。所谓的 227 点大暴跌，不过构成对该线的最后一次回抽确认。其后出现的大幅上涨，在技术上理所当然，不过是对 1/4 线突破确认后，展开对 1/2 线顺理成章的攻击。只是不学无术的空头，对此茫然不知，演出了一场企图在 2700 点放空的闹剧。

5 月，1/2 线在 1429+180×15=4129 点，该点位在技术上有强烈意义。从时间上看，1429 点开始有同样重要的历史规律。1558 点与 1429 点相差 9 个月，2245 点与 1429 点相差 9 年，而今天 5 月，是 1429 点以来的 180 个月，360 的一半，一个极为重要的时间之窗，其后不发生点事情，显然是不可能的。

从纯技术的意义上说，1/2 线能否有效突破，是考验本轮大牛市的真正试金石。不能有效突破该线，将使得受制于十几年来 1/2 压力线的运行模式依然延续。反过来说，到目前为止，这两年股市的上涨极端温和，是旧有的股市运行内在速率引导下的恢复性上涨，没什么可大惊小怪的。从某种意义上说，只有真正有效突破 1/2 线，一轮脱胎换骨的大牛市才真正拉开序幕，否则，不过是以前节奏、速度与模式的重复而已。

因此，能否有效突破该线，构成对多头的真正考验。空头，必然以此为屏障展开反攻。围绕该线的争夺，将构成两年以来第一次真正有分量的多空对决，一场决定行情新旧模式的大对决。

相应走势，只有三种可能的演化。

（1）在该线前止步或在该线上形成多头陷阱，进而形成一个大级别顶部。

（2）突破该线并围绕该线进行强势的（如 1 月至 3 月在突破 1/4 线后进行的）类似盘整，然后寻机突破。

（3）强力突破并远离该线后，以一个强势的回调来确认对该线的突破，然后再展开对 3/4 线的攻击，目前该线的位置在 1429+270 × 15=5479 点。

无论市场选择哪种，对该线的突破、回试、确认等，都至少需要 3 个月的时间，因此至少在 7 月之前，该线将主导着大盘的走势。至于大盘究竟采取哪种选择，无须预测。一切市场走势都是市场所有参与者合力的结果，并没有上帝事先确定。而市场的选择，当下地在走势中呈现，只要对市场日线以下级别的走势规律有足够认识，不难从中提前发现。

无论市场最终如何选择，都不过构成超级大牛市的一个小片段。该 1/2 线是新旧两种模式的分水岭，一旦有效突破这每年上涨 180 点，一直控制大盘十几年的压力线，就能把该线有效转化成其后行情发展最坚实的底部支持。突破是迟早的事，而基础打得越扎实，对行情发展越有利。

2

缠中说禅 2007-05-11 15:19:34

昨天说的三种当日中枢情况，一开盘就确认是最弱的一种，因此，在这里形成中枢扩张就是理所当然的。知道比空头、汉奸更可恶的是什么吗？就是不学无术的多头，那些号称破多少点冲多少多少点的傻瓜。

本 ID 前几天已经明确说过，4000 点不是容易站稳的，必须是一个中枢后出现一个第三类买点才能确认，没出现之前，就是中枢的形成与震荡（见图 178）。在本 ID 的理论里，没有所谓空头、多头，只有见买点买、卖点卖，这是必须知道的。那么为什么本 ID 长线是多头，因为长线没有卖点，这就是技术上唯一的原因。哪天连季度线上都有卖点，那么本 ID 是最狰狞的空头。

后面的走势很简单，继续中枢震荡，等待市场自己去选择方向。这种震荡，就是玩技术的最好场合，多多练习，那才是真功夫。

解盘、答问（2007-05-14 15:23:24）

1

缠中说禅（2007-05-14 15:23:24）

大盘今天就是一个典型的震荡，深圳强一点儿，但也就是一个强点儿的平衡市。对于上海来说，今天的中枢就在 4040 点上下，这是明天的一个很重要的参照，站稳或围绕该中枢震荡都没问题，否则将再次去考验 4000 点。

4000 点不是这么容易站稳的，这还不单单是技术上的原因，心理、政策等因素，如果没有足够的震荡去消化，根本不可能有效站稳。今天大盘创新高而量萎缩，证明一直有点儿习惯的利空当利好游戏开始出现审美疲劳了。那种叫嚣今天就要站上多少多少点的不学无术、只会把散户当炮灰的无良多头，必须严惩其扰乱市场的行为。当然，空头也是垃圾一堆，周末空头到处乱吠。

本 ID 这里无所谓空头多头，只看市场的信号。再次声明，中线那三种震荡模式，是市场各种力量综合对比的结果，没必要去预测。操作上，只需要按照中枢震荡的原则，在第三类买卖点出现前，不断上卖下买就可以。一旦出现第三类买卖点，就根据相应趋势采取对应的操作。例如，第三类卖点出现后，当然就看着，等到一个够级别的底背驰出现后再说。再次提醒，震荡的利润绝对不会少于单边的利润，但这需要技术。技术不行的，就看均线吧。

有很多事情都不方便这里说，一个历史事件，隐藏在后面的事情从来都不是表面所显示的那样。就像股改，现在都当一个历史功绩了，又有多少人知道，其中有多少次夭折的风险？很多事情都没必要说了。各位只要记住，一切表面的事情都是合力对抗的结果。对于一般投资者，要冷静、冷静、再冷静，按照一套行之有效的技术模式来操作，这样才能不被人当枪使了。

偶见湘火炬广告牌，口占五绝（2007-05-15 15:14:19）

1

缠中说禅（2007-05-15 15:14:19）

今天的走势没什么可说的，连续在这里提醒 N 天了，中枢震荡就是逢高出，等下来出现底背驰再买。按此操作的，今天应该很爽才是（见图 181）。就算你不会这些，昨天告诉你 4040 点，今天 10:46 的最后反抽，然后跌破 5 日线，这都看不明白，那就一定要连夜补课了。

今天，给那些叫嚣冲多少点的无良多头沉重打击，活该！不过这些人还是会有脸出来晃悠的，多头无耻起来，和空头一样。

本 ID 这里没有什么多头空头，本 ID 横刀立马在此，告诉你 4000 点不会也不允许这么快突破，要震荡，就这样了，其他没必要废话。看买点买，卖点卖，选好级别就可以。

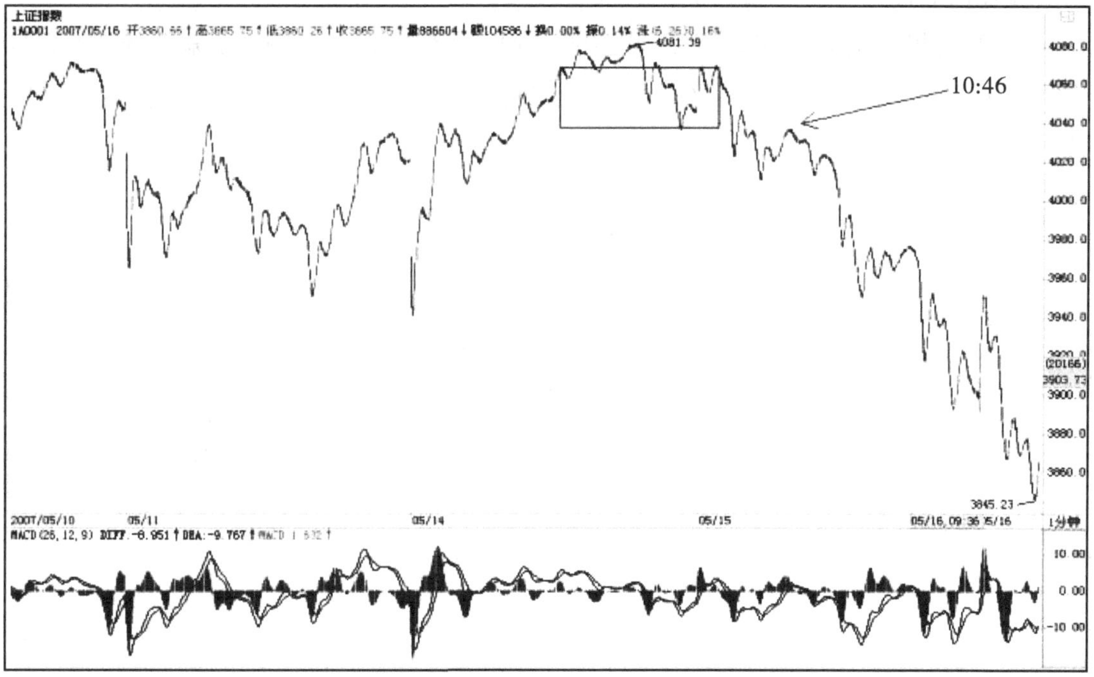

图 181　上证指数 2007 年 5 月 15 日 1 分钟走势图

各位，今天爽了吗？（2007-05-16 15:26:10）

缠中说禅（2007-05-16 15:26:10）

各位，今天爽了吗？

如果 10:17 填补周线缺口的底背驰你竟然还看不明白，还不会操作，那么就必须继续挑灯学习去（见图 182）。中枢震荡，直到出现第三类买卖点，这就是 5 月以后一直的说法。一个不会中枢震荡的操作者，注定是蹩脚的。一个完美的中枢震荡，会让多头空头同时挨嘴巴，当多头兴奋时，就让他痛苦，当空头要把露水夫妻当做天长地久时，就让他哭，这就是中枢震荡。一个完美的中枢震荡，要把多头和空头的血同时抽干，这就是中枢震荡。

中枢震荡的操作要领在课程里都有，不会的学，不熟练的继续练习。在本ID这里，首先要打破的一个概念就是走势是被上帝决定的垃圾概念。走势，从来都是市场各方力量综合的结果，管理层也不一定能随时决定走势。所有的走势，最终都是技术性的，都被本ID的理论所包含着。不明白、不深切地体会这一点，那么就要继续学习。

再次提醒，那围绕1/2线的大的中枢震荡，其形式依然在形成中。没有上帝，包括你在内的任何一个参与者都在创造着历史。

本ID这里不需要太多人，来这里的，就应该有志成为猎鲸者。就像本ID学作曲时老师说的，他只是一个训练者，真正的曲子只能自己写出来。本ID在这里也只是一个训练者，引导者，真正的月亮靠自己去发现。

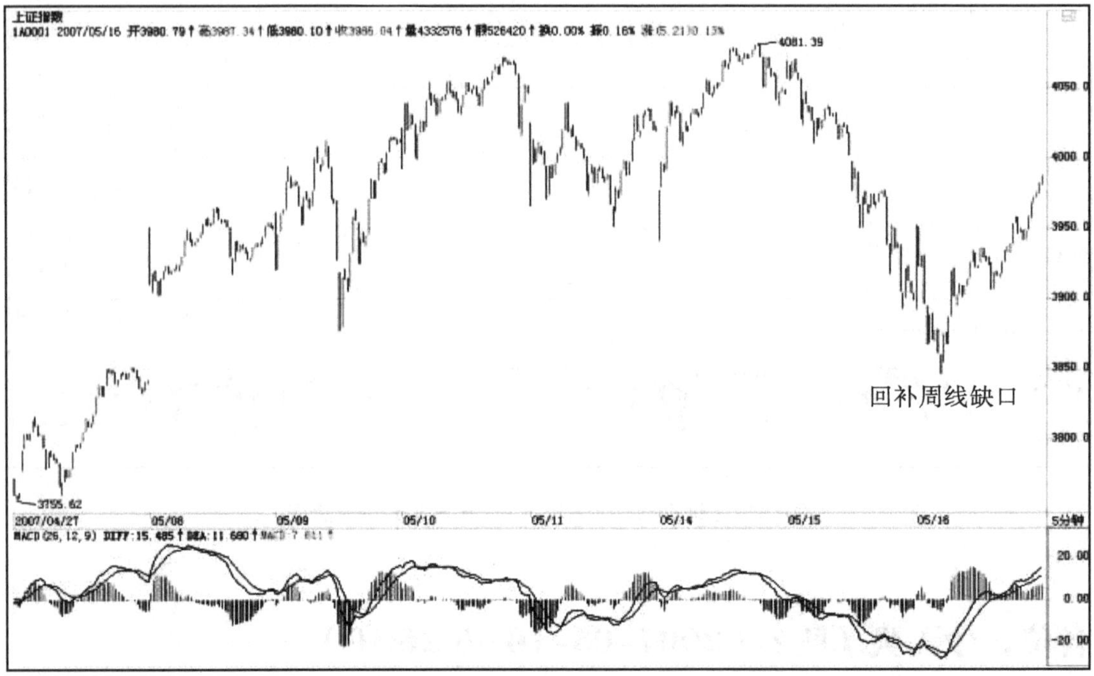

图182 上证指数2007年5月16日1分钟走势图

受传销蛊惑的，是绞肉机最好的货！（2007-05-17 15:27:16）

1

缠中说禅（2007-05-17 15:27:16）

回到北京，还是不错的。今天还有不错的，就是看到还有人一直拥有上实医药（600607），13元上下到现在，1个来月……其实没什么厉害的，最厉害的，这是汉奸的船。本 ID 比较高兴的，是让这里的人能一起乘乘汉奸的船，抽抽汉奸的血，这种感觉和那 16 只股票是不一样的。

关于大盘，给那些不学无术的多头空头上上课。今天最重要的位置，还是前几天说的 4040 点。早上受压制，下午受支持，都是这个位置。这个位置就是决定中枢震荡是否能级别扩展的关键位置，站稳，就会形成中枢震荡的级别扩展，否则还在这级别的中枢里进行延伸。

关于中枢延伸与扩展的定义，在课程里都有，自己学去。

本 ID 反复强调，关于 1/2 线最终的震荡级别与形式，都是形成中的。现在只是其中的一部分，这就是种子，不断延伸、扩展下去。而大盘，永远都只是本 ID 理论的注释。实际的操作，特别对于散户的操作，你只要知道这个大概的框架，根据短线的背驰进出，这个就能创造出比单边更厉害的利润。当然，这需要技术，技术是靠磨练的。

今天为什么用这个题目？因为刚进来时发现一个传销广告，是这门户和某某联合推荐股票如何厉害如何收费之类的。本 ID 早知道这种垃圾活动会不断出现，绞肉机的货将足够新鲜。市场里有金山银山，有本事有技术就去拿，否则，市场迟早让这些垃圾吐出来！

教你炒股票52

炒股票就是真正的学佛（2007-05-18 08:49:05）

1

缠中说禅 2007-05-18 15:38:20

今天，只有脑子都是水的人，才会觉得上海要创新高。用脚趾头思维都知道，周末消息面的压力会让走势在这里犹疑。今天的平衡市走势，无非就是对此的一种正常反应。技术上，管了指数已经 N 天的 4040 点依然站不住。当然，这只是为了对中枢不了解的人给出的点，如果熟悉正常分析，可以找到更精确的点。

下周初，大盘的这种震荡一定要选择方向了，一个最简单的原因，就是 5 日线对 10 日线的收敛已经达到很强烈的程度了（见图 183）。这种方向的选择，最终将导致震荡区间加大。技术点儿说，就是形成一个更大级别的震荡。

深圳最近之所以比上海强，只是因为对应上海 1/2 线的深圳成分指数的 1/2 线在 13700 点，还有较大的空间。所以，后面走势无非两种选择，深圳把上海带起来或相反，这种两个市场的背离走势，是不可能再延续的。

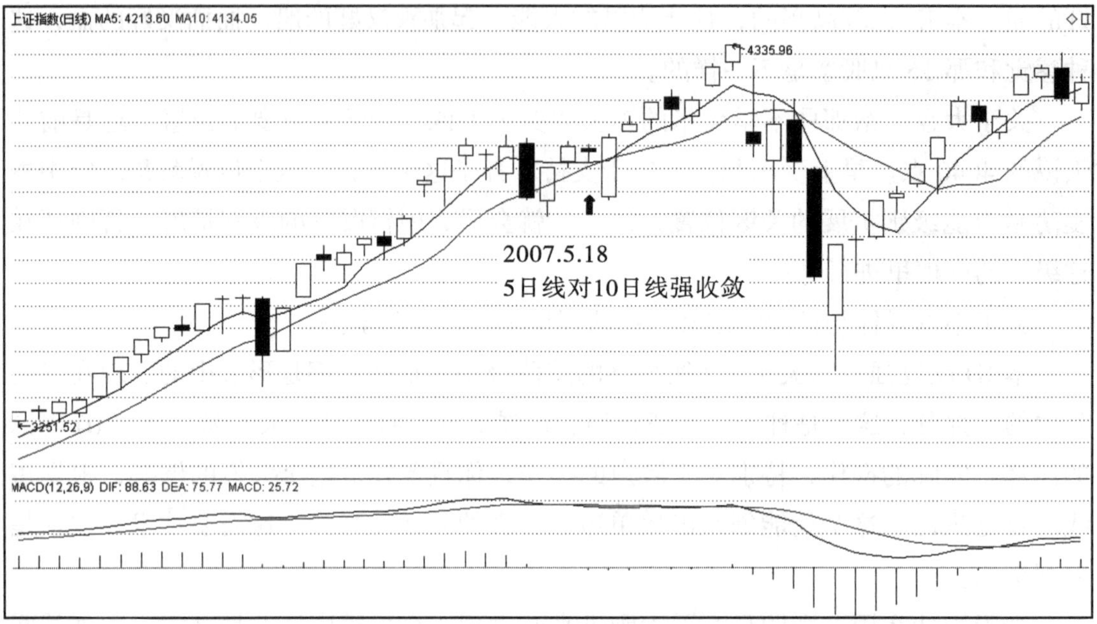

图 183 上证指数 2007 年 5 月 18 日前后日线图

大盘每天的走势都是本 ID 理论的最好注释，像上海今天的 5 月 18 日 13:26，当时当下如何判别，用什么方法可以精确地把握，如果你还搞不清楚，那么就证明你需要复读。

答案很简单，一个中枢震荡的两段间的力度判别，5 月 17 日 14:30 至 5 月 18 日 10:00，与 5 月 18 日 10:58 至 5 月 18 日 13:26，用 1 分钟的 MACD 来辅助，然后考察后一段的细部，用类似区间套的方法就可以精确定位（见图 184）。

注意，这一切都是当下完成的，无须事后解释。如果上述方法你一无所知或根本搞不清楚，那放假两天继续补课。

2

网友 2007-05-18 15:32:48

缠主你好，我提过 N 次问题都没回答哦！今天想问下一汽轿车（000800）、中兴通讯（000063）的情况怎么样？中兴通讯（000063）被套了，谢谢！

缠中说禅 2007-05-18 15:45:18

这两只股票中线问题都不大，被套肯定是因为在震荡区间追高买了，可以好好学学震荡区间操作的要领。

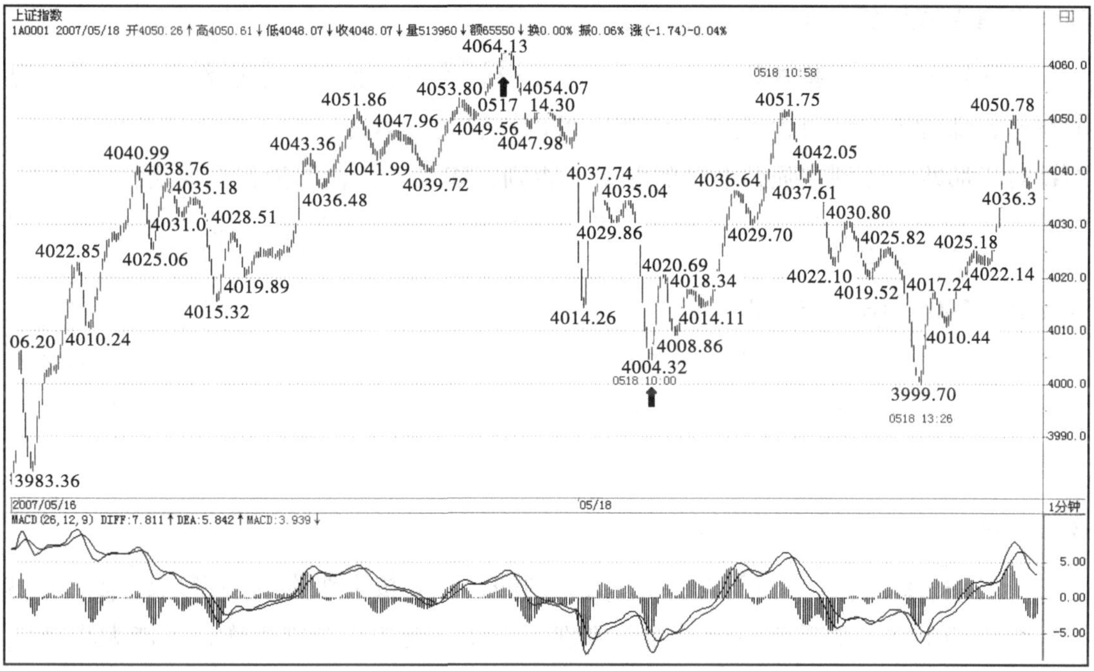

图 184 上证指数 2007 年 5 月 18 日 1 分钟走势图

3

网友 2007-05-18 15:52:13

博主，在实际看盘时，有时会发现当时既可以看成是某级别买点，又可以看成是某级别卖点的情况发生，不同级别出现的不同买卖点这种情况该怎么处理？

缠中说禅 2007-05-18 15:54:57

首先这种情况是不可能发生的。当然，有可能发生的是，大级别的买卖点和小级别的买卖点很接近，这当然要看大级别的来操作，除非你有足够的经验与精确度确认小级别的操作有可以退出的空间。

4

网友 2007-05-18 15:56:54

缠师，我这两天老是卖最强势的股，减仓光明乳业（600597），昨天卖点卖出福日电子（600203），买的都还在盘整。像福日电子（600203），昨天我卖了，今天这么强，怎么才能把握呀？还有福日电子（600203），今年的涨幅也跟民生控股（000416）差不多，这两只有一比，有什么可以八卦一下吗？

缠中说禅 2007-05-18 16:01:07

不熟练的，可以把级别放大点儿，别1分钟都没背驰就急于操作。甚至可以规定自己，那种5日线都不跌破的调整，可以不管的。另外，卖了是为了买回来，特别是对于那些大级别在强劲上升的股票。否则，卖了不买，那为什么要卖?

5

网友 2007-05-18 15:58:35

博主好，汇报近日操作。由于揣摩您意思失误，昨日进入中信国安（000839）。原本看该股高级别图形不错，仅1分钟和5分钟K线欠佳，不料进入后被套。一旦今日加息出台，周一是否要拼命出逃，规避调整风险？盼复！

缠中说禅 2007-05-18 16:04:45

明显的思维矛盾。既然你是看好大级别的，就要按大级别的图形来思维，不用管小级别的事情。如果你只能忍受小级别的波动，就按小级别操作，不能大小级别搞乱了。

6

网友 2007-05-18 15:51:15

今天对大盘倒是判断正确了，可是个股操作不理想。盘中打短差都只打到2毛，只够交手续费的。而且边看大盘边看个股，有的股又不跟大盘走，都看晕了！

缠中说禅 2007-05-18 16:07:24

本ID不是早说了，大盘震荡，有些个股会大幅上涨。如果你按大盘来看，那肯定是要出问题的。个股就按个股走势看，如果个股要跟着大盘，那自然就表现出与大盘一致的买卖点结构，从这里不难判断大盘与个股的相关程度。

7

网友 2007-05-18 16:09:08

请问博主：在1分钟图表上有时有1分钟中枢三段加延伸段超过6段（但是小于9段）的情况，在5分钟图表中也通常可以看出下上下和上下上的三段，但是按照定义这应该仍然是1分钟级别。

如果没有每日下载1分钟数据，那么5分钟图表中看出的下上下三段有没有什么办法可以确定其具体级别？要知道，每日下载1分钟数据很占空间，也不方便 。

缠中说禅 2007-05-18 16:12:51

5分钟上的走势要完成的，其精确判断一定需要1分钟图，并不是5分钟的一定有5分钟背驰，如果小级别转大级别就没法看了。如果只有5分钟图，那只能把操作级别放大，把5分钟当最小级别的。

解盘、答问（2007-05-21 08:43:51）

1

缠中说禅 2007-05-21 15:42:35

今天的走势，在技术上十分规范，早上先冲到最近反复强调的4040点上，然后回调，并在第四根30分钟K线突破向上，在下午确认4050点上下单边区间的有效性。明天的走势就很简单了，如果这个单边区间不被跌破，大盘将继续向上拓展区间，否则就再次陷入原中枢的延伸震荡中（见图185）。

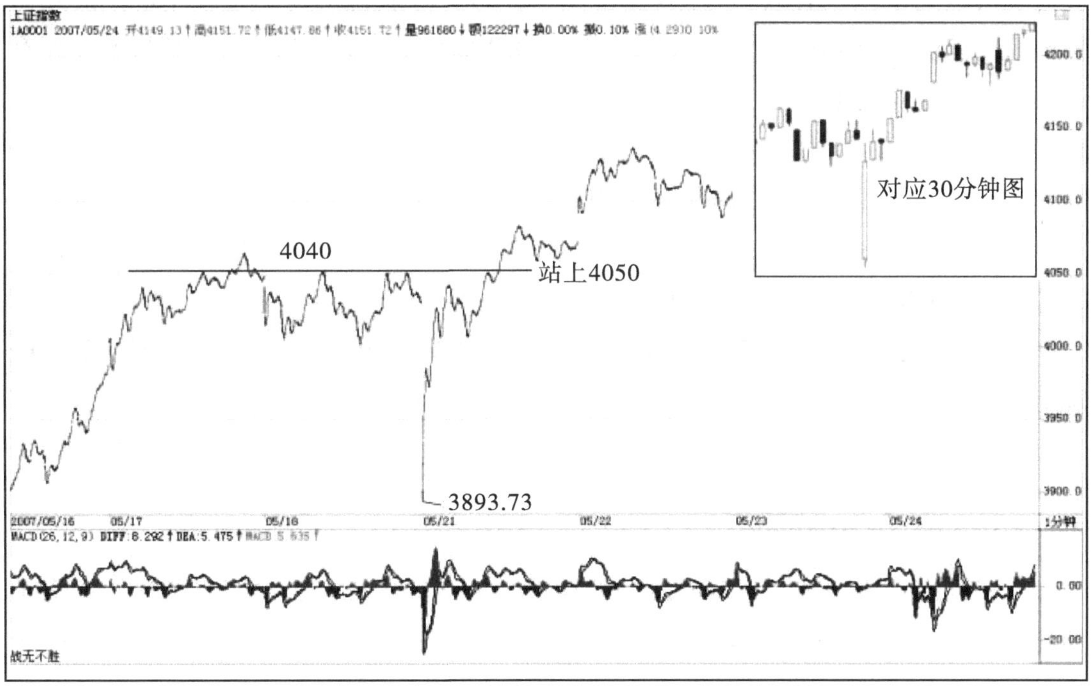

图185 上证指数2007年5月21日前后1分钟走势图

本ID反复强调，关于1/2线大震荡的三种具体形式在形成和选择中，这是市场各种力量合力的结果。不管是管理层还是所谓的经济学家，以及市场参与者，并没有一方有绝对的力量，因此才构成最终具体的形式，对此必须有最清醒的认识。而最理想的方式，就是在充分的震荡中，不断让市场统一在本ID所指出的方向上来。

恐高的，也应该给他们以适应的时间，因此还是本ID 5月份后常说的那句话，反左反右，对空头与多头里的极端分子采取强硬措施，更要在市场中让他们左右挨巴掌。当然，震荡的区间可以加大，并不是说一定要限制在目前的区间中。但用震荡消化市场、政策压力的本ID剧本，必须成为市场的共识，否则就让市场对极端分子进行强行教育。

在这种震荡中，充分利用本ID的理论来操作，是一个最好的选择。当然，如果你技术不过关，那就看5周均线，甚至10周均线。从2006年8月以来，后者就从未被跌破过，看这足够在各种大震荡中心理减震了。对于短线，看不明白用不好本ID理论的，可以看5日均线，这两天关键看这5日与10日均线收敛后能否再次走出多头行情。

个股方面没什么可说的，还是那句话，大盘震荡，有些股票反而会大幅上涨，前面说的这句话依然有效。具体板块，本ID 2006年底说的医药，今年最牛的几只股票里，亿帆医药（002019）、民生控股（000416）等，显然都是这个板块的。还有钢铁，最近可以关注有关中小公司整体上市的消息，具体的本ID知道，但不好说出来，免得被监管，其中有一个地方本ID好像曾经消费过。至于军工、公用等，都会继续表现的，你看本ID 16只股票里相应的都知道了。还有就是上月反复强调的故意亏损的那些，例如本ID就知道某亏损还*ST、代码还是等比数列的①，其实后面就有两个铜矿装进去。这种把戏，如果有可能就去挖掘。

算了，本ID绝对不说具体股票了，而且大家也不能养成听消息的习惯，最终能解决问题的，还是要技术过关。

2

网友 2007-05-21 15:27:00

请问博主，某下跌或上涨的走势类型中，某级别围绕两个中枢震荡的次级别走势发生重叠而形成中枢扩张。请问：

（1）这个扩张的中枢是否发生重叠后就完成了？

（2）这个扩张后的中枢如果完成或没完成，那它的次级别走势的三段该如何算起？如何区分？

①指西部资源，其代码为600139。

缠中说禅 2007-05-21 15:50:43

你这样说不够严谨。中枢扩展不能预先说是某级别的，因为扩展可以不断延续下去。这个问题其实很简单，如果你明白连接的可结合性，就更简单了。其实就是A+B+C=（A+B+C），而后者符合更大的中枢定义，所以就可以说A扩展了，并没有什么高深的地方。

3

网友 2007-05-21 15:45:50

有一个问题想问一下缠主：因为技术不是很过关，所以鸡蛋放在三四个篮子里，每天开盘后不停地轮换分析，操作多些时，还编个Excel表格算差价。这样下来，每天精力耗费大，而且还不是每次都能买卖正确且打到差价上。想想缠主每天至少十几只股票的操作，而且还是大资金，都能应付自如，做到游刃有余，真是佩服！想问一下，缠主的操作秘诀是什么？

缠中说禅 2007-05-21 16:02:49

这个问题很简单，本ID只需要告诉指令，具体敲键盘这种活儿本ID是不干的。所以本ID反复说，资金小的一定要集中，一般散户，两三只就足够了。

4

网友 2007-05-21 15:59:46

博主，能不能说说早盘的反弹？在1分钟图上不是很好把握呀！

缠中说禅 2007-05-21 16:08:34

你要看5分钟图，就知道震荡的力度比不上上次。当然，由于速度太快，如果准备不足，或交易通道太慢，基本是买不到精确位置的。不过后来很多时间可以去选择，例如，10:40的第二类买点，在1分钟MACD上是典型的冲破0轴后第一次回抽0轴（见图186）。关键是要理论上真明白，至于一些具体的操作，因为通道或行情太快等原因完成不了的，则不必太在意，只要真懂了，还怕没机会？

5

网友 2007-05-21 15:45:45

博主好！有问题请教。

“教你炒股票”第20课原文：“中枢的形成无非两种，一种是回升形成的，一种是回调形成的。对于第一种有a1=b1，b2=c2，对第二种有a2=b2，b1=c1。但无论是哪种情况，中枢的公式都可以简化为 [max（a2,c2），min（a1,c1）]。”

上面原文似乎隐含着一个前提，即构成本级中枢的每段次级别走势，其起点和终点就是该次级走势的最高点或最低点，否则谈不上 a1=b1，b2=c2 或 a2=b2，b1=c1。

那么一段完成的走势类型，其起点和终点一定是该走势类型的最高点或最低点吗？

还有，原文：“对 5 分钟的同级别分解，以最典型的 a+A 为例子，一般情况下，a 并不一定就是 5 分钟级别的走势类型，但通过结合运算，总能使得 a+A 中，a 是一个 5 分钟的走势类型，而 A，也分解为 m 段 5 分钟走势类型，则 A=A1+A2+…+Am。”

这里同级分解的若干段，相邻两段的连接点，是否就是这相邻两段共同的高点或低点呢？

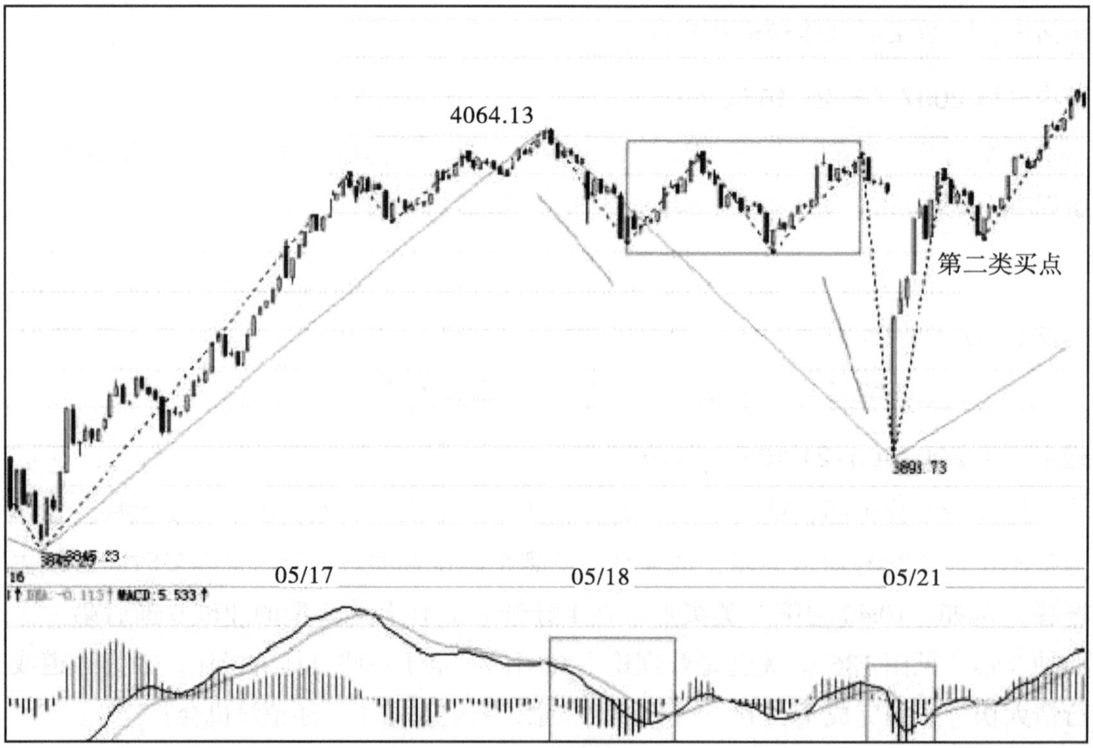

图 186 上证指数 2007 年 5 月 21 日 5 分钟走势图

缠中说禅 2007-05-21 16:27:11

通过结合律，都可以归到你说的这种标准形式上，也就是连接点都是高点和低点。

网友 2007-05-21 16:33:48

但对于9段5分钟走势振荡扩张从30分钟中枢扩张到日线中枢的情况，似乎不符合上面所说。例如这9段走势的振荡呈三角形收敛状态，则每3段构成的30分钟走势，其最高点或最低点，显然不一定是两段30分钟走势间的连接点。

缠中说禅 2007-05-21 16:41:03

延伸的只看前三段的区间，后面都是震荡。你用5分钟的角度和用30分钟的角度去分解图形，得出不同的中枢结果很正常，但原则是一样的。

6

网友 2007-05-21 16:31:38

同学们还是多花点儿心思研究课程，提高技术吧，不要总想走捷径。电路中，捷径＝短路；股市中，捷径＝…。

缠中说禅 2007-05-21 16:36:04

很对，关键是学好技术，其他都可以不关注，包括本ID八卦说的股票。

解盘、答问（2007-05-22 08:48:56）

1

缠中说禅 2007-05-22 15:28:48

昨天说了，只要不跌破4050点的昨天单边区间，大盘就继续向上拓展。今天的大盘走得太技术了，全天基本就在磨那条最重要的1/2压力线。早上先冲到4129点这一线的位置上，然后在上面来一个小多头陷阱，之后一路下来考验缺口支持，尾盘再拉回，是否感觉到其中的美感？明天，依然是该线与今天缺口间的震荡活动，然后再选择短线突破的方向。具体可参照今天开始形成小中枢的震荡与第三类买卖点选择（见图187）。

大方面看，关于该1/2的震荡形式，依然继续选择中。虽然今天是历史上第一次突破该1/2，但并不能绝对地否定第一种震荡形式的可能。当然，操作上并不需要预测，只需要看好短线的突破方向。看不懂的，就参考5日、10日线，不破就拿着，连短线的震荡都无须考虑。技术好的，可以继续用短线背驰做震荡，但一定要针对具体个股来。只要大盘平稳，个股行情将不断。

至于个股，本ID真不能说任何东西了。反正昨天本ID也没说什么，只是说了几句梦话。如果因为本 ID 的几句梦话，大家明白了点儿什么，那是大家够狡猾，和本 ID 可是无关。

2

网友 2007-05-22 15:46:56

博主，那个第三类买卖点的定义是一个次级别走势离开，然后再以另一个次级别走势回调不进本级别的中枢，也就是至少要有两个中枢才形成第三类买卖点么？

博主又说一个中枢破坏的前提是出现这个中枢的第三类买点，也就是这个中枢破坏要在中枢上出现一个次级别的中枢就破坏了。

其一是一个次级中枢，其二是两个次级中枢，究竟是一个次级别中枢还是两个呀？我怎么觉得有点儿矛盾呀？是不是我的理解有问题？还有，按照这个定义，第一类卖点跟第三类买点，位置非常近。请博主解答我困惑。

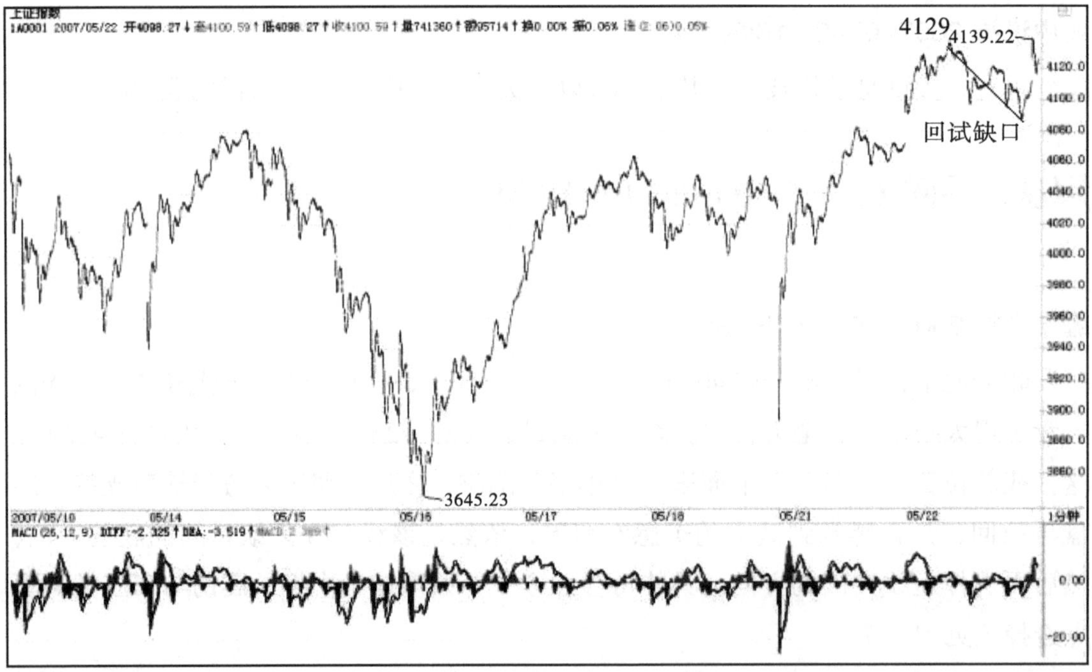

图 187 上证指数 2007 年 5 月 22 日 1 分钟走势图

缠中说禅 2007-05-22 15:58:20

离开中枢必须是次级别，回试也必须是次级别。单在中枢上有一个次级别的中枢并不能绝对保证安全，例如，很多跳空后的岛型反转就是这样。第三类买卖点后可以演化成更大级别的震荡，当然有可能两者的位置特别近，所以要选择大级别操作，这样才有足够回旋的空间。当然，如果你技术好点儿，能精细地去当下把握第三类买点转化为大级别震荡的这种情况，一旦出现，马上离开，也就是只选择继续中枢上移的那种，这样会提高资金的利用率。只要级别不太小，即使是转化为大级别震荡的情况，也有足够的利润空间让你从容离开。

网友 2007-05-22 16:21:43

请问博主，离开的次级别中枢可以在原中枢之内吧，回试的次级别中枢才不可以回到原中枢里对吧？

缠中说禅 2007-05-22 16:35:58

当然可以，而且大多数情况都是这样。

网友 2007-05-22 16:40:50

我又糊涂了，为什么离开的那个次级别中枢可以在原中枢之内呀？离开的意思不是不在原中枢么？不是离开的跟回试的都不到原中枢？

缠中说禅 2007-05-22 16:49:11

你说的是中枢，中枢不是走势的全部，中枢上面离开了也就是离开。围绕中枢的震荡，只要是价格不在中枢里，就是离开，只是这种离开一般都被抽回来了。第三类买卖点之所以重要，就是离开后抽不回来了。

3

网友 2007-05-22 16:14:28

我想问一个问题，一般股票会在什么时候拉涨停，为什么有的股票一直几个涨停，而有的股票总是没有涨停？谢谢博主。

缠中说禅 2007-05-22 16:19:32

上升，基本分两种，通道式上升的，一般都不爱涨停。

4

网友 2007-05-22 16:12:09

请教：浙江医药（600216）的 5 月 18 日 10:00 是否为 30 分钟的三买？

缠中说禅 2007-05-22 16:30:17

不是，你要先找离开的次级别，然后再找回来的次级别。30 分钟的次级别是 5 分钟的，其次级别至少是 3 段的 1 分钟走势类型构成，按这样的原则才能找到。继续再找一下，不难的。去看5分钟图，在30分钟上是找不到精确的30分钟第三类买点的。

5

网友 2007-05-22 17:19:43

一般大家总是说中线、长线，江湖上是指几个月或一年？

缠中说禅 2007-05-22 17:23:17

外面的长线概念都是不精确的，在这里，年线是最大级别的，最长线的，就是从年线的买点拿到年线的卖点。巴菲特之流，也就是干了点这类的事情，没什么大不了的。短点儿的，就是季、月、周、日等，按这个来分，才是精确的。

6

网友 2007-05-22 17:38:30

在实际操作中我有个毛病：小级别背驰全进全出，因为花心，总忘了回补，错过好多主升段。老师可否开个方子？

缠中说禅 2007-05-22 17:40:54

只看大级别的图，或者只反复操作几只股票。

教你炒股票53

三类买卖点的再分辨（2007-05-23 08:47:18）

1

缠中说禅 2007-05-22 08:49:55

各位请注意，本ID昨天说的股票只是举例子，由于有些盘子太小，例如本ID就在摆弄着一只和那锌锗内容一样的股票，但盘子确实太小，根本就没法说，一说就乱。现在不是2000点了，任何股票都要首先注意风险，必须按照大级别的买点进入。盘子小的，不能乱买，否则盘子就乱，就要洗。各位最好就是按思路去买股票，最好就是继续持有原来已经获利丰厚而依然有大潜力的股票，这样可以减少震荡的风险，否则一窝蜂地去换股票，那就乱套了。

盘子小的，给抢乱了就要调整。盘子大的，抢也无所谓，所以把大家关起来了。至于不花心的，继续持有原来已经获利丰厚而依然有大潜力的股票，看看今天那16只里，有多少强力突破的？本ID从来不爱说废话，因此就到此为止了。

2

缠中说禅 2007-05-23 15:33:27

今天大盘没什么可说的，一开盘就去再次考验昨天的缺口位置，然后回来（见图 188）。你只要看看 9:45 以及 10:45 这两个时间在 4129 点的表现，就知道大盘走势是有语言的。这么清楚的语言，有必要看懂。10:45 后在 4129 点横拉了七八分钟，然后就义无反顾地往上去了，这看懂了没有？当然，对 4129 点的突破，还需要确认等待，但现在大盘的走势十分简单了，看着 5 日线就可以。

个股方面，更没什么说的，只是如果有人辜负了本 ID 昨天一大早的提醒，那是有点儿不好，本 ID 一大早可一般都不说什么的。

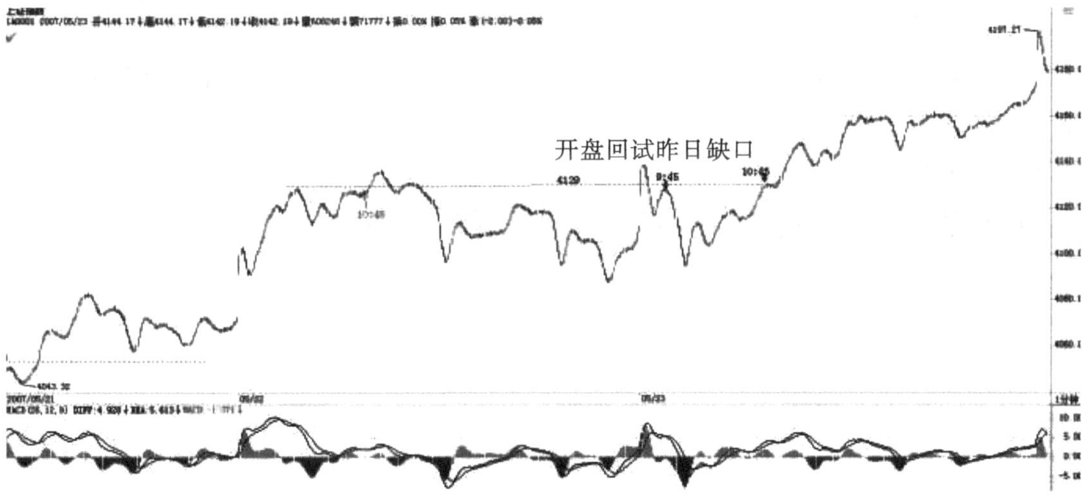

图 188 上证指数 2007 年 5 月 23 日 1 分钟走势图

3

网友 2007-05-23 15:39:09

缠主好，2006 年的酒今年还会表现吗？

缠中说禅 2007-05-23 15:43:40

都已经两个涨停了，还不算表现？那酒，最近有新基金进去，都是踏空闹的，现在慌起来，选了这些最近几乎没怎么动的，帮本 ID 抬轿子，由此不难明白为什么本 ID 说 0 成本后就赚筹码的意思。有些股票，根本就不需要钱在里面搞，到后来，有大把的人为你抬轿子。

知道大牛市最金贵的是什么？筹码！

4

缠中说禅 2007-05-23 15:58:08

注意，除非你技术特别好，通道特别顺，否则不要参与太小级别的操作。一般技术的人，按 30 分钟操作就很舒服，又不用整天跑来跑去。最小也不应该小于 5 分钟的，特别是对于散户，通道不顺，太小级别的，根本操作不过来。

5

缠中说禅 2007-05-23 16:10:00

注意了，关于追高的问题。在本 ID 的理论里，没有什么追高不追高的，只有买点卖点。一只上涨的股票，如果是日线级别的，最晚就是在第三类买点介入，这是最安全的，100% 获利。如果错过了，那就按小级别的介入，30 分钟、5 分钟甚至 1 分钟，总能找到介入的位置，关键是怎么去把握了。但级别越小，可操作性越差。

教你炒股票54

一个具体走势的分析——图解分析示范（一）（2007-05-24 01:37:31）

缠中说禅 2007-05-24 15:34:20

如果你学了上面的课程连今天的图都看不明白，那自己就要揍扁自己了（见图 189）。10:00 的第一卖点与 11:15 的第二卖点，都是 1 分钟级别的。从 11:15 到 14:12，就是第三段，从而构成一个大的 5 分钟中枢。

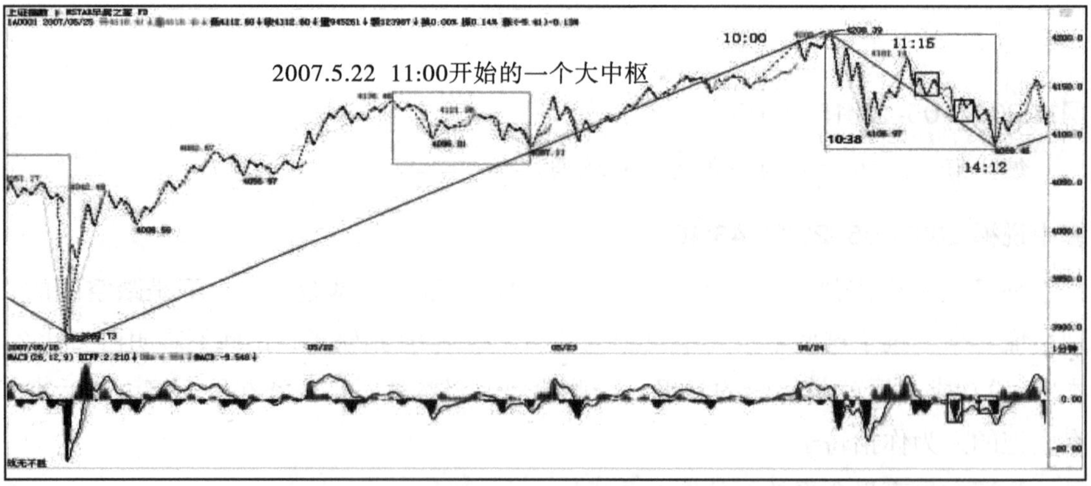

图 189 上证指数 2007 年 5 月 24 日 1 分钟走势图

第三段是一个典型的趋势，两个中枢，最后一段在1分钟图上是标准的1分钟以下级别背驰（看其中MACD的绿柱子面积）。后面的拉回，就是对这5分钟中枢的震荡。就这么简单，看不明白的，请好好研究。

明白了上面的走势，明天的走势就太简单了，就是关于这个中枢的震荡，直到出现第三类买卖点，就这么简单。至于大的走势，还是4129点的1/2线问题，一定要震荡给站住，才能谈论向上发展，这是一个大前提。

个股不想说什么了，千万别问本ID今天大众公用（600635）涨停究竟买不买。一定要在买点买，短线也是一样的。就像本ID那16只里前期最弱的隆平高科（000998）和航天动力（600343），隆平高科（000998）在三四月份盘整的时候，无数人在唠叨。有那时间唠叨，还不如问自己，那盘整究竟是什么级别的第三类买点，然后去分析细部，找出启动的点。按照本ID的理论，3月30日的那个点根本就不难找，请看看日线下的MACD变化。其他个股也是一样的。航天动力（600343）3月份的盘整是什么？MACD刚回拉0轴就起来了，这够标准没有？为什么有时间埋怨，没时间研究？

有时间，请多研究，功夫是要花工夫的。

网友 2007-05-24 15:43:16

请问博主，大盘今天1分钟图上10:38—11:15这段，也没有形成盘整背驰呀？像11:15这样的点，该怎么分析？

缠中说禅 2007-05-24 15:50:05

为什么一定要盘整背驰？那只是一种多数的情况，为什么不可以是小级别转大级别。而且参照第一段的中枢，刚好就回拉到相应的位置，而用前面5月22日11:00开始的一个大中枢的一个震荡，就更容易判别。

图形是在一个系统里的，必须综合看大一级别的中枢关于当下走势的意义，才能有全面的把握。当然，这要求暂时有点儿高，但必须努力才行。

网友 2007-05-24 15:48:46

“10:00的第一卖点与11:15的第二卖点，都是1分钟级别的。”这个第一卖点在5分钟级别上算不算？

缠中说禅 2007-05-24 15:52:02

你站在5分钟级别的角度，一个5分钟中枢形成，必须是先一个1分钟向下，然后一个1分钟向上，不创新高或背驰，这就构成第二类卖点。

2

网友 2007-05-24 15:39:27

缠主好，请您指导一下中国联通（600050）的中线趋势好吗？

缠中说禅 2007-05-24 15:43:17

中国联通（600050）没什么可说的，标准的通道式上涨（见图 190）。有技术，就在通道上下轨结合短线背驰进行震荡买卖。没技术的就拿着，下轨不破就一直拿着。

图 190 中国联通（600050）2007 年 5 月前后通道式上涨示意图

3

网友 2007-05-24 15:01:08

博主你好！

（1）“一般说，高点一次级别向下后一次级别向上，如果不创新高或盘整背驰，都构成第二类卖点，而买点的情况反过来就是了。所以，在有第一类买卖点的情况下，第一类买卖点是最佳的，第二类只是一个补充。但在小级别转大级别的情况下，第二类买卖点就是最佳的，因为在这种情况下，没有该级别的第一类买卖点。”

请问博主：是不是存在“第二类买点比第一类买点低”和“第二类卖点比第一类卖点高”的情况？如高点一次级别向下后一次级别向上，创新高但形成盘整背驰了，这时就应该是一个高于第一类卖点的第二类卖点吧？

（2）"第二类买卖点，站在中枢形成的角度，其意义就是必然要形成更大级别的中枢，因为后面至少还有一段次级别且必然与前两段有重叠。"

请问博主：这是必然保证的吗？为什么不能出现从第一类买点开始一段次级别上，然后次级别回试，第三段上之后再不跌破第一段的高点的情况呢？或反过来的卖点。是不是这个必须考虑时间的无限性呢？那"后面至少还有一段次级别"，这次级别是不是N久以后的事情了？这样的话，第二类买卖点的意义是不是就不能只从形成更大级别的中枢来考虑了呢？

（3）按照第二种分解，相应的5分钟中枢要到g6点才完成，这样g0g6=g0d1+d1g1+g1d2+[（d2g2+g2d3+d3g3）+（g3d4+d4g4+g4d5）+（d5g5+g5d6+d6g6）]，相应的5分钟中枢区间就是[d3,g5]。在这种情况下，d7g7也是一个中枢震荡，但不构成第三类卖点，因为不符合条件（见图191）。

请问博主，是因为g6d7不是5分的次级别吧？第三类买卖点要求的是"次级别的离开，次级别回试不破中枢"。

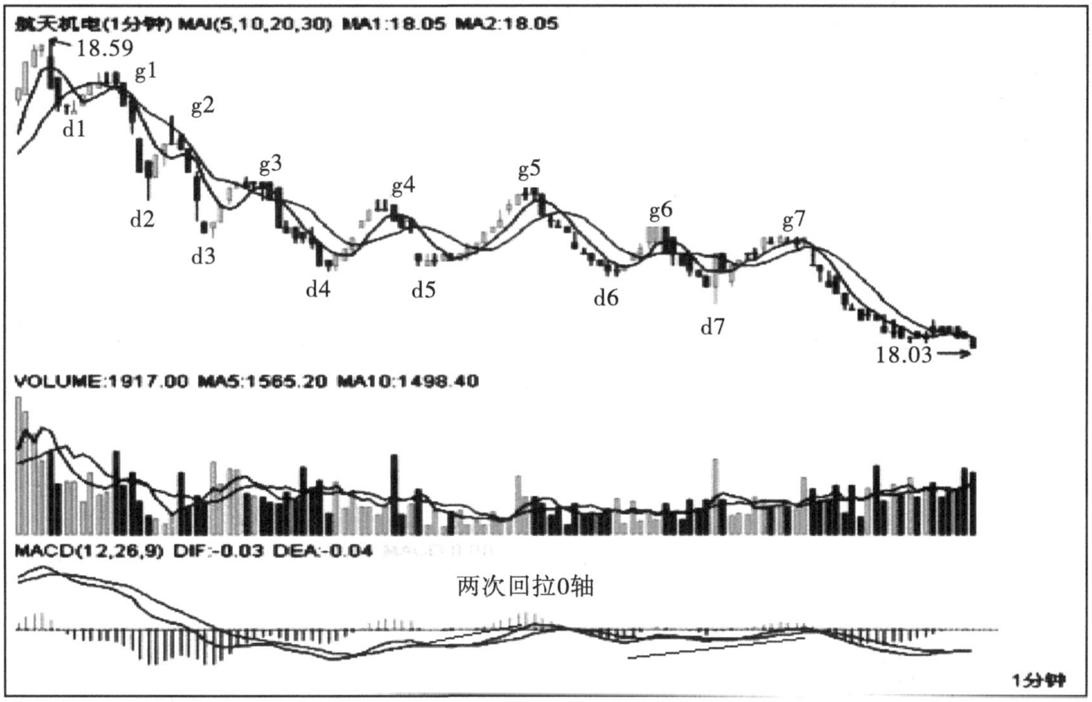

图191　航天机电（600151）具体分析图示

缠中说禅 2007-05-24 15:58:51

（1）当然有可能，虽然很少见。

（2）这绝对保证。没有什么更大级别，就是按这个定义来。

（3）次级别离开，次级别返回不重回中枢。

网友 2007-05-24 15:55:09

问题 1:[d1,g2] 这样只有一个价位的重叠，是不是可以忽略？尤其在力度 g1d2>g0d1 的情况下，g2 碰不碰 d1 没有必然要求。这时候 g2 如果低一个价位（很可能由偶然因素决定），对整个走势应该没多少影响，但是重叠就不存在了，那么这个中枢看不看它都关系不大。

当然，这也还是归入第二种分解。

问题 2：力度上，g1d2>g2d3>g3d4，相对来说，后者都是前者的盘整背驰。很多人说背了又背，缠论不灵了。其实这里每次盘背都回探前低，从而完成了有理论保证的最低限度的回抽，所以没有什么不对。

问题是对于实际操作，有哪些因素可以帮助判断在一个底背驰出现之后，在顶背驰出现之前，会有一段相当幅度的“惯性运动”，而不是完成最低限度的回抽之后就继续原方向的走势？这关系到小级别背驰值不值得参与。我现在只能依据高一级的 MACD 来做大概预计，有明确判断的办法吗？

缠中说禅 2007-05-24 16:04:41

答复 1：严格按理论来。如果一个价位就不算，那两个算不算？这样就乱了。只要有重叠就是，而且有时候 1 个价位反而更有意义，这一般都是里面主力资金的杰作。

答复 2：这问题不能搞混了，趋势是形成中的，刚背驰回来，归根结底都是造成中枢震荡，震荡出第三类买卖点才有趋势的可能。

网友 2007-05-28 15:54:37

博主你好，辛苦了！

“当行情当下走到 d4 点时，根据上面的原则，无非有下面两种可能的分解：g0d4= g0d1+（d1g1+g1d2+d2g2）+g2d3+d3g3+g3d4= g0d1+d1g1+g1d2+（d2g2+g2d3+d3g3）+g3d4。”

请问博主：当行情当下走到 d4 点时，该选择 g3d4 和哪段比来判断有没有盘整背驰？我的理解是，如果按 g0d4= g0d1+（d1g1+g1d2+d2g2）+g2d3+d3g3+g3d4 分解，就用 g3d4 和 g2d3 比较对应的 MACD。如果按 g0d4= g0d1+d1g1+g1d2+（d2g2+g2d3+d3g3）+g3d4 分解，就用 g3d4 和 g1d2 比较对应的 MACD。我的理解对吗？

缠中说禅 2007-05-28 16:04:26

对的，这里无论是哪个，最终的结论都是 d4 点是背驰点，因此该点的意义就大了。有时候会出现两种情况不一致，也就是后一段的力度刚好是前两段的中间。这时候，可能的情况就是拉回满足那种分解的最低幅度，而不一定到达不满足那种分解的最低幅度。

4

网友 2007-05-24 15:57:40

今日巨幅亏损，原因不说了，自身为主。期待下次跳水的来临，争取抓住机会。

缠中说禅 2007-05-24 16:00:15

今天连 5 日线都没碰到，这算什么跳水？技术不熟练的，只看 5 日线就可以。

解盘（2007-05-25 08:52:29）

1

缠中说禅 2007-05-25 15:41:14

今天大盘没什么可说的，就是在昨天那个 5 分钟中枢上晃荡（见图 191）。周五，由于对周末消息面的犹疑，尾盘只能横着。下周依然只要看这个中枢震荡，直到第三类买卖点出现。大的方面，还是突破 4129 点的 1/2 线后的反抽确认活动，没有什么特别的。

下周很关键，因为涉及月线收盘。月线如果留下长上影线，那下月一个弱走势——盘整走势就很难避免。如果收光头阳线，那么后面继续强势的可能就很大了。

前面突破 3000 点时，有人问 5 浪如何如何。本 ID 反问，为什么不能是 3 浪 3？当然，本 ID 的剧本是这样设计的，能否最终完成，这要看很多方面的配合，不是本 ID 一个人能完全决定的。但从春节前直播上 3000 点，到 3 月 19 日一大早用“神州自有中天日，万国衣冠舞九韶”发总攻号令，这 3 之 3 的游戏，也算有点儿意思了。不是汉奸说 3 个月之内回 3000 之下吗？那就让他在 3000 点下面等着吧。

回想 3 月 19 日在 3000 点之下的情况，后面大盘走成什么样，怎么都比那时候上了一个大台阶了。这个局面来之不易，大家是珍惜的，也希望管理层珍惜，脑子尽量干燥点。当然，管理层也不是一言堂，所以一切都是合力的结果。多一个人出力，才有可能走出剧本所描画的蓝图。

教你炒股票55

采补之关键是取其精华（2007-05-28 08:12:41）

1

缠中说禅 2007-05-28 15:37:32

周末没什么消息，憋了两天的能量在今天爆发，所以就搞出一个大缺口来，但其后的走势并不是太强，依然只是一个平衡市，所以这缺口的吸引力以及该平衡市所构造的新的中枢的引力，使得后面三天的技术压力不可忽视（见图192）。周四是月线收盘的位置，刚好也是缺口在技术上需要三天考验的时间，所以后面三天，多空的搏杀将极为惨烈。

从大的方面看，4129点的1/2线在6月份将上移到4144点，该线的突破在日线上的回试确认并不能完全保证周线、月线上的回试确认。从最严格的意义上，在月线上至少需要3个月才能确认该线的突破真正有效。这就像1月至3月在1/4线时所呈现的走势一样。当然，最理想、最强的走势就是5月收光头阳线，6月以下影线的方式确认该线的突破，7月继续长阳，最终确认该突破完全有效。但这只是最理想的情况，市场最终并不一定能走出来。

政策方面，关于操纵的条例[①]，周末已经在报纸上有所曝光。说实话，这条例才是一个真正的狠招，其中有些规定，对市场的格局有严重的影响。在本ID看来，这才是这两年来市场上飘来的真正的第一朵黑云，只是现在市场中散户太多，一般反应比较迟钝，所以没什么感觉。由于该条例只是一个草案，所以还有纠正的可能。

如果大盘本月不能收出光头阳线，该条例以及今后几天的一些政策面动态是主要的原因。但大家的心态要平和点儿，毕竟政策也是市场合力的一部分。

2

网友 2007-05-28 15:48:54

缠主，一个困惑多日的问题，第三类买卖点后中枢的构成，应该是从哪段开始计呀？从构成第三类买卖点的那段开始，还是+1段开始？

缠中说禅 2007-05-28 15:55:28

你必须先了解结合律，中枢（C）=（A）+（B）里，前面一个A必须依然满足

① 指《证券市场操纵行为认定指引（试行）》

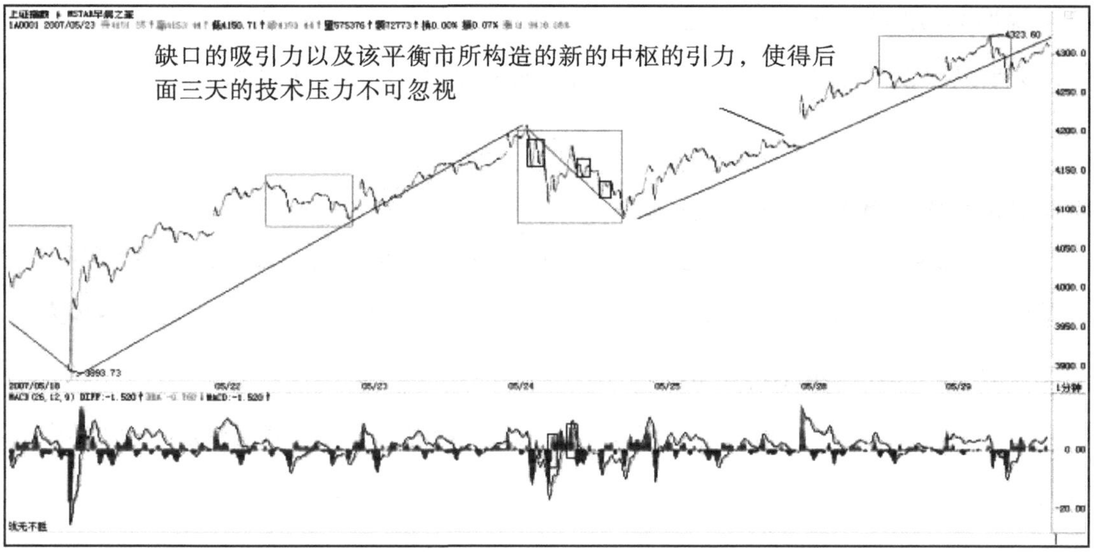

图 192 上证指数 2007 年 5 月 28 日前后 1 分钟走势图

该级别中枢的定义，B 满足次级别的定义而且是完成的，然后再看回试那一段是否次级别完成，这样就能确认第三类买卖点。

3

网友 2007-05-28 16:04:02

我现在用现代投资（000900）学习博主的理论，进进出出好几次了。上周五看出背驰，在 21.01 元出了，但今天冲好高。我看的是 5 分钟中枢，但这次判断失误，1000 股被套。现在已经 30 分钟背驰了，不过我基本空仓，手上只有现代投资（000900），所以还有机会把成本降下来。

缠中说禅 2007-05-28 16:08:09

一般来说，如果卖了没回补，最好别养成追高回补的坏习惯。抛了，在技术允许的情况下，一定要买回来，否则节奏就会乱。一旦发现再冲高，再追，反而容易被套住。

4

网友 2007-05-28 16:15:20

请教博主：

（1）一个日线中枢 3 段结束后，跳空离开中枢最高点，然后逐渐扩展成第二个日线中枢，并且跳空后的第二个日线中枢每段都是只有一个 30 分钟的盘整走势，那么第一个日线中枢有第三类买点吗？

（2）第三类卖点允许次级别盘整离开 + 盘整返回这种组合吗？

缠中说禅 2007-05-28 16:28:12

只要是次级别的就可以，关键不是这里，而是结合律，必须要括弧里的都满足定义。

5

网友 2007-05-28 16:20:26

每次根据1分钟或5分钟线在三卖的时候抛出做T＋0，想把成本降下来，可就是降不下来。就是降下来也不够手续费，结果成本越做越高，缠主说说这怎么办？

缠中说禅 2007-05-28 16:29:40

那证明你的通道、技术等都不满足用5分钟以下级别操作，就把级别放大操作。

6

网友 2007-05-28 16:29:34

现在深刻理解小资金不要参与盘整的重大意义。我买了某股票后，机会成本都无法计算了。

缠中说禅 2007-05-28 16:31:01

对的，一定要根据自己的实际情况来，资金量、通道、操作时间等是决定你操作风格和操作级别的，一定要自己选择好。

两年来股市晴空飘过的第一朵黑云（2007-05-29 08:16:51）

1

缠中说禅 2007-05-29 15:31:36

离月线收盘还有两天，这两天极为关键。今天全天在昨天的中枢之上，因此技术上没有任何问题。今天走的是前三个30分K线的高低点都被打破的平衡市，明天要考验早上高点4323点的支持。如果不有效跌破该位置，大盘就超强。跌破，则形成新的中枢，该中枢基本以4300点为中线，然后又是中枢震荡直到第三类买卖点出现的游戏。

2

网友 2007-05-29 15:49:11

博主，向上突破中枢后，形成三买还是顶背驰或者盘背，如何在最高点附近判断出来？

常常买前看着像三买，买了看着像头部。

缠中说禅 2007-05-29 16:04:32

各位首先一定要把级别定好，像今天早上的高点，是一个级别很小的买点，在1分钟图上不难发现。后面一个三波的下杀，并没有击破昨天的中枢，等于是对昨天中枢的回抽确认，这就可以回补高位抛出的筹码了。

当然，这都是很短的操作，没这操作能力的，就看5日线。这一点已经反复说了。

3

网友 2007-05-29 16:04:01

"如果真要各位清仓，就会明着说。"有了博主这句话，我吃了定心丸。我再也不做空仓的傻事了！手握筹码，参与市场！

缠中说禅 2007-05-29 16:06:45

什么时候清仓，就是日线出现背驰，现在日线有背驰吗？现在的，最多就是一些30分钟的背驰，这些完全用中枢震荡等处理就可以。

空仓的，千万别追高，一定要利用震荡的低点再介入，否则会左右打嘴巴。操作，一定要冷静。有钱，什么都有，还怕没有好股票？

从容面对突发事件①是投资的基本素质（2007-05-30 06:53:34）

1

缠中说禅 2007-05-30 15:38:29

从今天的走势，就知道为什么本ID的理论里要分第一、第二、第三类买卖点。

①这个突发事件是指2007年5月29日深夜，财政部宣布将股票交易费用中的印花税率由1‰提高到3‰。这一政策的出台，直接导致5月30日900多只个股跌停，上证指数暴跌281.81点，跌幅6.5%，深成指跌829.45点，跌幅6.16%。在短短一周内，上证指数从4300点一路狂泄至3400点，短短的5个交易日里最大跌幅达到21.49%，众多股票连续遭遇3个跌停板，广大投资者因猝不及防而损失惨重。

A股从2005年998点一路上涨到2007年5月29日，最终摸到了4335.96高点，期间大多数股票非理性地疯狂上涨，政府为此连发警告，并出台了一系列的措施，如加息、提高存款准备金率，但都没能挡住股市疯狂上涨的脚步。2007年5月，A股市场盛传上调印花税，面对市场传闻，财政部信誓旦旦地"辟谣"：财政部近期无上调证券交易印花税的计划。

提高股票交易印花税的新政来得如此突然，如此反常，出乎大多数人的意料，这一决策直接成为扭转股市局面的导火索。5月30日当天大盘开始暴跌，一直到3404.15才止跌，史称"530"事件，也有股民戏称财政部"半夜鸡叫"。

2007年5月30日，注定会成为中国股市历史上一个特别值得纪念的日子，一个里程碑式的日子，因为这一天，中国股市的开户总户数历史性地突破了1亿户，同时，中国股市的总市值创记录地达到了18万亿元人民币，已与中国城乡居民储蓄总额等值，与中国2006年国民生产总值相当接近。

例如像今天这种突然的事情，可能让第一类卖点给错过了，但第二类卖点是不会错过的，因此早上本ID专门提醒第二、第三类卖点走。实际图形上，如果你认不出5月30日9:47这个第二类卖点，或者知道但没操作，那么学习就比较失败了，还要努力（见图193）。

本ID的理论是实战的，在第二类卖点走，即使不知道什么消息，和高位比也差不了多少，有些股票今天还创了新高。可以对照不同股票的图形，感受一下第二类卖点在这种突发事件中的实用之处。

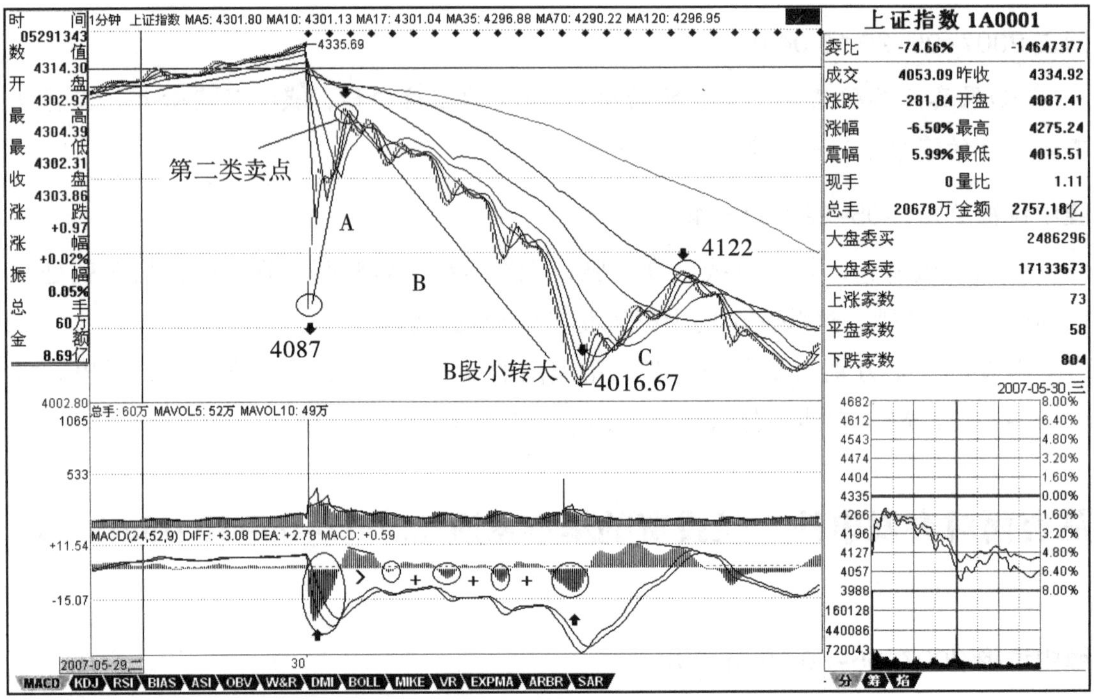

图193 上证指数2007年5月30日1分钟K线走势图

对一个操作者来说，不要这么多抱怨，第二类卖点不走，那就是节奏错误，那后面就没有资金等待买点。不过，市场的机会多了，经历一次这样的突发行情，也会得点儿经验。这30分钟的顶背驰压力，怎么都需要一个至少1分钟的底背驰才能有比较有力度的反弹，而且还要参考5分钟、30分钟等的走势。真正的底部构筑，必须让这些级别的图形重新走出买点来。

长线看，本ID说那1/2线，还是对大盘有着极大的吸引力。深圳对应的线在13700点，没有突破，因此，上海对该线的走势就更有指导性。5月份这180月时间之窗的压力，同样构成了今后行情发展最主要的技术压力。目前的调整是针对2月6日2541点上来的1800点上涨的，这是必须明确的。

从中枢的角度看，一个30分钟顶背驰，按理论要求，要重新拉回5月8日到5月21日构成的30分钟中枢，因此可以继续参照该中枢来考察今后的中枢，可以用中枢震荡的观点进行对待。

对于短线有能力的，可以参照短线指标回补第二类卖点卖掉的股票，然后进行中枢震荡操作。本ID的所有观点，没有任何变化，就不多说了。

网友 2007-05-30 15:52:47

缠主，我今早满的仓，您的课程太难了，一直没明白。我明天是应该割肉还是坚守阵地呀？

缠中说禅 2007-05-30 15:56:36

今天第二类卖点怎么不走，这么明显，A、B、C上去，C段力度不足，典型的图形①（见图193）。没走就等，没必要杀跌，在后面的震荡找机会把仓位控制下来。现在半仓是比较好的，进退自如。

2

网友 2007-05-30 15:48:25

“目前的调整是针对2月6日2541点上来的1800点上涨的，这是必须明确的”这句话，应该叫大多数人放心了，最多就是热点转换的一个整理。博主若能提示下后期板块方面的动向就更好了，当然指后半年的。

缠中说禅 2007-05-30 15:52:22

现在必须先统一思想，在震荡中统一思想，就如同3000点下干的一样。调整并不是什么坏事，对于技术好的，调整就是降低成本的好机会。

另外，一旦大盘稳定下来，个股机会将会很多，下面与中报业绩好相关的个股会逐步走强，技术上注意那些在这里大跌中形成第三类买点的个股。

3

网友 2007-05-30 15:48:25

三买能抗过大盘吗？我昨天买的三买的股票，今天还是跌停了。

缠中说禅 2007-05-30 15:52:22

你如果是一个5分钟的第三类买点，当然斗不过一个30分钟的顶背驰。如果是

①指4087点开启的反弹构成第二类卖点。

日线的，当然就没问题。至于跌停的问题不是一个问题，实际的操作就是你如果没有在第二类卖点走，那么就还要学习或磨练，这和什么卖点之后如何无关。

教你炒股票*56*

530 印花税当日行情分解（2007-05-30 22:49:10）

1

缠中说禅 2007-05-31 15:43:16

昨天 4087 ~ 4122 的中枢，今天一大早的上冲没有触及 4087 点，所以就构成了该中枢的第三类卖点（见图 194）。后面的三波下跌，与昨天的 B 段比，明显背驰。其内部，最后一波，在 1 分钟图上，绿柱子明显缩短，所以内部也背驰。根据区间套，就可以当下定位 10:02 低点。这是本 ID 理论中最简单的技术，如果今天没能这样分析的，请好好研究补习。

后面的反弹，如本 ID 所指出的，第三类卖点后不形成趋势，就构成更大的中枢，所以现在原来的 1 分钟中枢已经扩张到 5 分钟中枢。区间是 4015 点到 4122 点，后面就是该中枢的震荡，直到第三类买卖点出现。就这么简单，一点难度都没有。

图 194 上证指数 2007 年 5 月 31 日 1 分钟走势图

从大的方面看，本ID反复强调的1/2线，依然是最重要的位置，大盘的强弱，以此为标准。目前，该线刚好在这次大震荡的中间位置上，由此就知道该线的意义有多大。在5月初的文章里已经明确说过，该线至少要管大盘3个月，这一观点不变。

今天的月线收盘，已经足够好了，至少上影线不太长，比最恶劣的倒T要好多了，因此下月至少有了很大的画图回旋的余地。注意，最近的行情，又将以质优的一线、二线成分股为主，三线股一定要等到大盘基本稳定下来，才会慢慢恢复元气。但今天反弹比较弱的，明天和周一会逐步表现，这和轮动是一个道理。

明天是周五，消息面又成了最大的心理压力，整个市场震荡要稳定下来，要等到下周了。当然，这种大幅震荡，就是本ID理论的天堂，在这里可以得到比单边更大的利润。注意，别以为本ID的理论只会震荡，而是该震荡的时候震荡，该单边的时候单边，这都不明白，就白学了。

网友 2007-05-31 16:05:33

博主，为什么中枢不是4027 ~ 4077点啊？

缠中说禅 2007-05-31 16:17:53

先把中枢的三段搞清楚，提示一下，昨天的C段是这种分解的新中枢的第一段（见图193）。当然，可以按照另一种分解去定中枢的位置，那么谈论就要按那种分解说了，这样，本ID的讲解就太长了。关于这一问题，本ID不是已经专门示范过？请参考课程。

网友 2007-05-31 15:46:49

请缠主解答：

（1）连跳空缺口都是1分钟以下级别的走势类型，为什么A段内部上、下、上这三段不是1分钟级别以下的走势类型，而非得A段是1分钟以下级别走势类型？在“教你炒股票”第54课“一个具体走势的分析”中，每一有明显高低点的上或下段（除d7g7外，而d7g7更是1分钟级别的），可都是1分钟以下级别的呀！

（2）“C段的高点，用C段下方对应的MACD柱子高度对比，不难用背驰的方法判断。”该如何具体判断？

缠中说禅 2007-05-31 16:14:00

如何判断，你看图就知道，一高一矮，这有什么可说的。1分钟以下级别，是把下面所有级别当成线段，是没内部结构的。当然，你换了一种标准，下面可能还有无数级别。至于每个图，等于用不同度数的显微镜，关键是每张图上的标准是统一的。这标准的底线就是，先确认一个最低级别的，然后把下面的都看成线段。这问题课程里反复说过了。例如，把两张不同的图并在一起，可能看的标准就有改变，例如，可能就用5分钟的标准看，那么需要忽略的东西就不同了，这道理很简单。

如果还想不明白，那就用肉眼来比喻。像看一本书，我们的级别最多就到字，但实际字里面还有无数级别，一直到电子下面还有。那这个字里的下级别，与一个电子，在肉眼看来，都是字以下级别的，根本就没区别，都看不到。

2

网友 2007-05-31 16:12:25

缠主，现在有没有必要将三线股和ST股换成蓝筹股？

缠中说禅 2007-05-31 16:22:13

操作不是这样的，最正确的，就是昨天第三类卖点清仓，然后回头打一线、二线股，这叫节奏。现在那些股票都涨起来了，你杀三线去买一线，那就左右挨嘴巴。

操作，说白了就是一个节奏问题。如果节奏不对，宁愿原地踏步，把节奏调过来。

网友 2007-05-31 16:30:25

您的意思是说，既然没有踏准节奏，就不要追高换股了，应该利用手里的股做短差降低成本，对吗？

缠中说禅 2007-05-31 16:38:26

板块是轮动的，最好的节奏当然是从这儿跳到那儿，每次都准点。但如果开始没这技术，先玩好一个，技术好了再来高难度的，那是目标。

3

网友 2007-05-31 16:21:36

请问博主：从1分钟到周线，能不能给我们介绍一下各级别盘整走势和趋势走势通常需要的最小时间，这对我们散户看盘时间和波段操作节奏的掌握应该有帮助的，自己总结的总是不够放心，因为参考的例子太少 。

缠中说禅 2007-05-31 16:32:58

看MACD从顶到底背驰需要的最短时间，任何一个级别，怎么都需要几十根K线吧，这是一个可以去统计的东西。其实，看图要当下如同看一植物在生长，太多概念没什么用。

4

网友 2007-05-31 16:28:24

缠主，抚顺那钢铁股①是你的吧？怎么没有跟上大盘呢，更不要说钢铁板块的走势了？

缠中说禅 2007-05-31 16:43:34

本 ID 什么时候说过这只股票？本 ID 说的那股票现在关起来了，这里的人都应该很清楚。

另外说一句，那什么等比的小盘股票②，本 ID 当天早上专门上来说不要买小盘的，那样会把盘面搞乱，那天刚好是关起来那只的最后一天。那天买关起来的，现在能有什么事？小盘那只，后面还创过一次新高，这么明显的背驰，如果当时买了，为什么不走？

小盘那股票，中线当然没问题，但如果一大堆人抢，那就有问题了。那时候，铜矿装不装就两说了。股票其实就这么简单，如果铜矿如期装，那就一飞冲天。如果乱抢，那就趴着，等都熬不住再说。

注意，那可是 3000 来万股的盘子，装不了许多人，这就知道为什么本 ID 那天专门上来警告不要乱买小盘的。记得新潮实业（600777）在 1 月的时候为什么像死了一样，就是因为有四拨人在里面，这一点当时本 ID 也说过的。为什么民生控股（000416）猛，就是因为干净，就这么简单，没什么可说的。

教你炒股票57

当下图解分析再示范——图解分析示范（二）（2007-05-31 22:35:44）

1

缠中说禅 2007-06-01 15:47:14

今天的走势就是 [4015,4122] 的中枢震荡，至少指数是不难看明白的。周五出现这样的走势很正常，各种心怀鬼胎的人到处散播这消息那消息，散户当然如惊弓之鸟了。但今天的走势，对今后是有利的。

---

①指抚顺特钢，代码为600399。

②指西部资源，代码为600139。

不过散户确实需要受点儿教育。前段时间，不是有人叫嚣散户已经统治市场了？但跌两天，散户就蔫了。大资金永远都是市场的中流砥柱，没有大资金，没有这几天的聚会，像这几天北京股能出现这样的走势？

但对于散户，这几天确实心理压力大了点儿，但这其实也没什么。本 ID 前面反复提到这样的典故：1996 年连续 3 天指数跌停，后来还创出新高。所以，那天公布消息，本 ID 一大早 7 点不到就上来，告诉大家一定要在第二、第三类卖点卖掉。没卖的，那就算了，到今天还卖什么？大反弹是必然有的，以后的位置一定比这个位置高，关键是该走的时候，就不要有幻想。

注意，那种杀已经跌了 30%，去追买不跌反涨的所谓强势股的人，知道有补跌这种概念吗？在混乱的市场中，更应该专一。可以很理性地讨论这个问题，一只股票下跌 40%，第一次反弹回 20%，出一半或 2/3，下来再买回来，再一次反弹上去，基本上这时走的位置就和没跌的时候差不多了。如果你现在有资金，在一只股票下跌 40% 时补仓，这只股票又不是什么被查庄股，那么这种的操作风险很小。如果技术再好一点儿，看准一些买卖点，那么基本就等于高位走掉了。当然，以后再碰到这种情况，一定要在第二、第三类卖点出掉。那天，有多少人辜负了本 ID 7 点不到就上来发文章？

2

缠中说禅 2007-06-01 15:47:30

其实，纯技术上，现在的大走势并不坏，6 月的调整没什么可说的，本 ID 那 1/2 线，现在也在 4144 点了。下面，这次上涨 1/3 的位置在 3734 点，这位置是第一支持位。没有特别的事情，这位置有很强的支持。否则就要考验一半的位置，3434 点。但至少现在，没有任何看到该位置的理由。

从短线上看，还是 [4015,4122] 的中枢震荡，有技术的，继续按这个震荡操作。下周最大的机会，就是暴跌个股的大反弹，特别注意那些下跌到年线、半年线等关键位置的个股，这些股票反弹的力度会厉害点儿。

大浪淘沙，能从容面对本周情况的，是你投资生涯重要的一课，好好珍惜、体会。

3

网友 2007-06-01 16:02:52

我明白你说的，也知大势不可为了，但心里有个很顽固的念头，不想去操作，所以损失惨重。缠主，你说这是为什么？

缠中说禅 2007-06-01 16:10:24

因为你没真明白，没有彻底穷源。

4

网友 2007-06-01 16:14:23

那种跌停的股票，MACD 是不是失真了，怎么判断？

缠中说禅 2007-06-01 16:16:24

看大级别的。本 ID 用 1 分钟示范，不是说就一定要按 1 分钟操作！

5

网友 2007-06-01 16:16:30

唉，今天别提多郁闷了。昨儿下午进了两只股票（长江电力，600900，14.57 元），（包钢股份，600010，8.10 元），结果今儿上午还一涨一跌，下午就全没戏了。中午快收盘时本想对包钢股份（600010）做个倒差价，结果一时手痒没忍住，没等到最好时机即下手，现在套牢中，搞得心情真是郁闷到极点，所以第一时间上来看博主的附注。刷了 N 次终于等到了，看了您的一席话，心里真是敞亮多了，可惜俺的银子都买股票了，周末去腐败是不可能了，只能在家从头学习您的帖子了！

缠中说禅 2007-06-01 16:21:26

郁闷什么？跌 40% 的股票，买了没挣钱机会？！除非是被严查的庄股，你查查所有的历史走势就知道了。不过，最安全的还是找对买点。技术不行的，就按比例买，买了等着就可以。

6

网友 2007-06-01 16:19:04

缠主今天的意思是不是这几天逆市上涨的会补跌？比如中兴通讯（000063），望回复！

缠中说禅 2007-06-01 16:23:14

今天不已经补跌了？如果你今天追高买，那就出问题了，还不如在跌停上买已经跌 40% ~ 50% 的股票。

解盘、答问（2007-06-04 07:53:44）

1

缠中说禅 2007-06-04 15:43:40

技术上，看5月均线，经过今天的下跌，该线已经到了3540点。从短线的角度，在该线附近介入，问题不大。周末说一定要注意补跌，不能买所谓抗跌的股票，今天那些股票都下来了。现在，站在反弹的角度，一定只能介入那些跌幅40%以上，已经跌到半年线，最好是年线的股票。一旦大盘企稳，其反弹的力度会较大。

至于现在依然没走的，依然全仓的，现在走意义已经不大。不说什么技术，就算是看历史数据，以后肯定有比现在位置要好得多的位置。对于最不幸的满仓的朋友，目前一定要忍住，在第一次大反弹出现后，一定先把一半筹码先兑现出来，下来再找机会回补，这样才能把成本摊低。因为这样的走势后，中线的震荡不可避免，有资金才会有机会。

当然，在5月30日第二类卖点走掉的，仓位不重的，目前的任务就是好好把握住本周必然出现的大反弹。注意，如果你技术不好，就要对超跌个股逐步买入，而且必须要有针对性，集中力量。在反弹中，如果还拿着几十只股票，那是操作不过来的。

具体点位，还是前面说的，5月均线是一个关键的位置。跌破该位置，站在短线角度，将是空头陷阱。至于能不能跌破该位置，就看下面的短线背驰点出现在什么位置了，这是技术上比较好的最主要的参考位置。由于今天大盘股已经补跌，因此必须密切注意大盘动向。又由于目前30分钟呈现的走势，所以反弹最直接的效果，就是把30分钟的MACD拉回0轴，该0轴是反弹的最大压力。

这样的市场，是对所有市场参与者的考验，能经受住，也就成熟点儿了。有些经验是必须记住的：对下跌不能抱有幻想。像30日这种第二类卖点，一定要走，否则就没有反手之力了。

2

网友 2007-06-04 15:37:29

博主，是否牛市第一波就此结束，后面将展开科技股的行情？还是大盘要出现季线上的调整？

缠中说禅 2007-06-04 15:48:23

对，至少是月线级别的。这牛市三波上涨的概念，必须放在20年、30年的大周期上看。

3

网友 2007-06-04 15:56:08

请问缠主：蓝筹股的补跌空间会有多大？

缠中说禅 2007-06-04 16:08:19

把指数砸到位为止。

网友 2007-06-04 16:26:47

谢谢博主回答我的问题。请问蓝筹股下跌被套，后市反弹是否也要全部出局？是否明日可以补仓？

缠中说禅 2007-06-04 16:28:02

反弹都要先出来，这种走势，出现 V 型的可能性微乎其微。

网友 2007-06-04 16:31:11

反弹到多少出来呀？比如现在跌了 40%。

缠中说禅 2007-06-04 16:34:16

半仓。如果技术好，资金又不大的，可以全仓出来，回跌以后再找好的品种补入。

4

网友 2007-06-04 16:05:30

博主，这样跌法不是让汉奸、国外不良居心的人得逞了吗！

缠中说禅 2007-06-04 16:13:01

现在不是这个问题，在这个位置硬扛没用，还不如砸出空间来，有子弹自然能消灭敌人。

5

网友 2007-06-04 16:06:51

今天下午就建仓，虽然没有看到买点，只是觉得会有超跌反弹。请问博主，这算不算错误呢？现在建仓后的仓位大概有 90% 了，请指教！

缠中说禅 2007-06-04 16:16:10

其实最好耐心等买点。这种下跌，小级别的买点，如果不能 T+0 跑掉的，就有很大的风险。而且这种建仓有赌博的意思，应该分批来，宁愿没买到，少弄一次反弹，也要保证资金和仓位安全。

6

网友 2007-06-04 16:11:35

谁言肉价高难抑？举国皆是割肉人！尽管我侥幸提前出来了，看到这句话我还是想哭。

缠中说禅 2007-06-04 16:18:35

这种心态是不能在投资市场玩儿的。这里不是慈善场所，是战场，哪里有这么多儿女情长。

7

网友 2007-06-04 16:16:44

缠师，能帮我看一下美丽生态（000010）吗，成本14.60元？几天来一直都没有减仓的机会呀。

缠中说禅 2007-06-04 16:20:32

30日那天都有机会，只是你自己有幻想（见图195）。这就是必须吸取的教训。

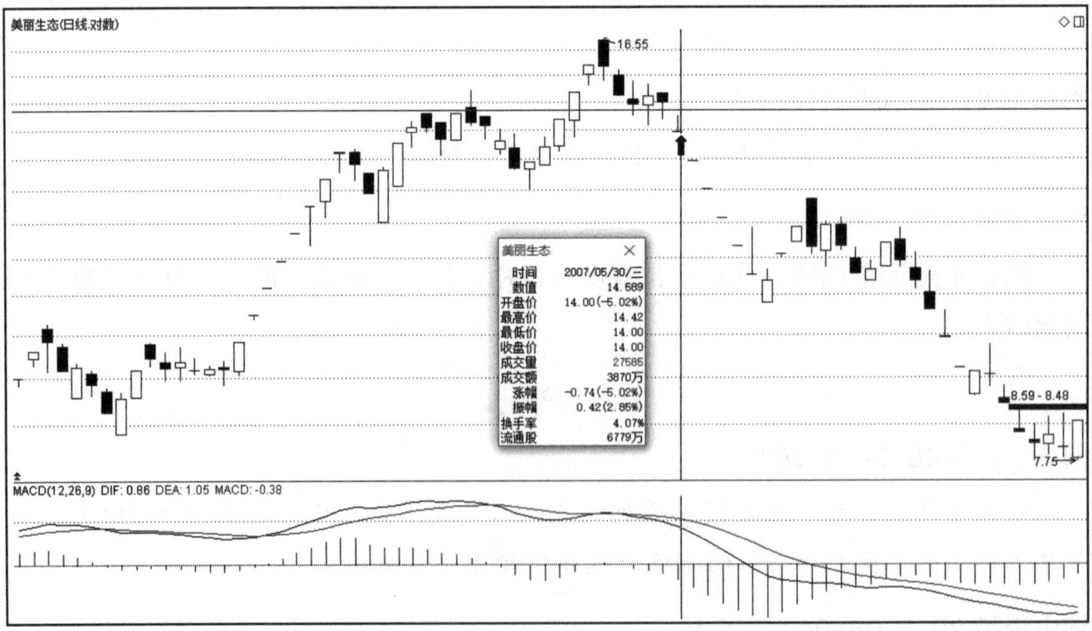

图195 美丽生态（000010）2007年5月30日前后日线图

8

网友 2007-06-04 16:29:44

总算明白为什么理财的课程说，没有期货进行保障的股市是不能做的！针对个股，没有股票期货（个股期货）进行保险还是不能做的。

缠中说禅 2007-06-04 16:32:57

关键不是有什么，而是你的技术。有期货，大牛市也会死N回，而且是爆仓那种。别相信对冲风险的废话。

教你炒股票*58*

图解分析示范（三）（2007-06-04 22:34:47）

1

缠中说禅 2007-06-05 15:23:01

今天，如果你还看不明白昨天说的背驰段，不明白今天如何精确定位的，那就好好学习吧。图196的19段结束位置是3404点（为什么，如何当下去判断，好好研究好，这是真工夫），后面的走势，上面已经提及。下午走的是第20段，该段结束后，就进入上面说的中枢震荡中。明天的任务，就是看好这第20段的结束。

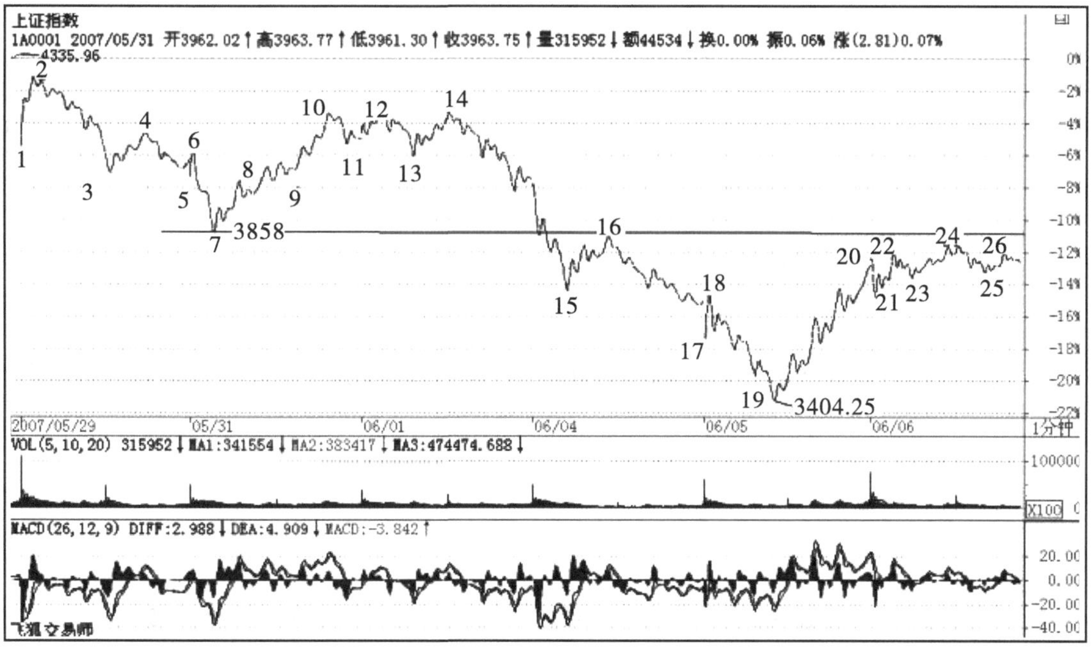

图196 上证指数2007年5月31日前后的1分钟走势图——缠中说禅图解分段1

大走势，就是月线的 MA5 均线，今天盘中假突破，而且还是 3434 点相似的位置，这不难看出来。

对不起，不能多说了。本 ID 该干的干了，该说的说了，是否能成为你自己的东西，那就不是本 ID 能决定的。

抓紧说两句（2007-06-06 16:52:09）

1

缠中说禅 2007-06-06 16:52:09

今天就是受制于 3858 点的第 7 那点（见图 196、图 197）。深圳强，看能否带动上海。目前，压力不在盘里，而是在盘外。盘外斗争激烈，不能多说。现在，下面这个中枢已经形成，就用中枢震荡看。个股向前面说到的一线、二线集中的趋势明显。即使是最好的股票，也不能追高买，一定要在震荡的低点介入。安全，永远都是第一位的。

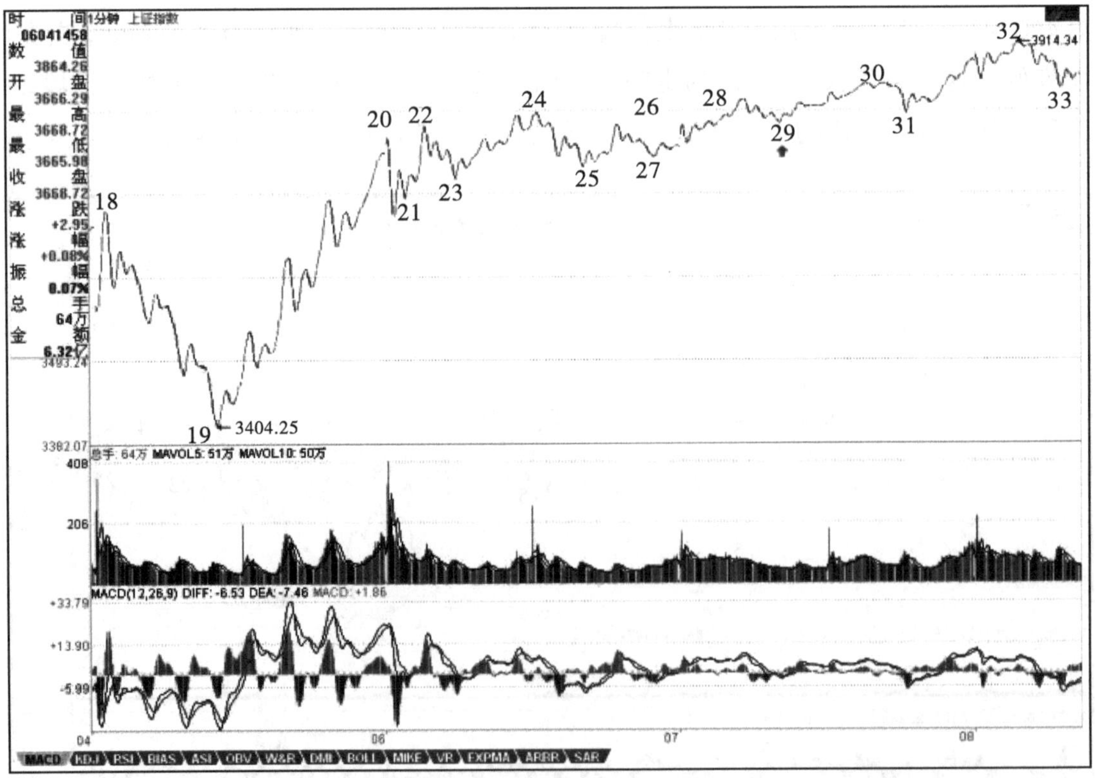

图 197 上证指数 2007 年 6 月 4 日前后的 1 分钟走势图——缠中说禅图解分段 2

说两句（2007-06-07 15:04:21）

2

缠中说禅 2007-06-07 15:04:21

3858 点的技术意义在今天表现无遗。突破就意味着一个大的中枢正在形成，这是大盘拨乱反正的第一步。这样大盘就有了一个可以依赖的波动中心，但这中心正在形成中（见图 198）。

4015 点是下一个位置，这个位置如果不能突破，大盘还有严重变坏的可能。否则，大盘就有重新挑战 1/2 线甚至创新高的可能。明天主要看 3858 点能否站稳。

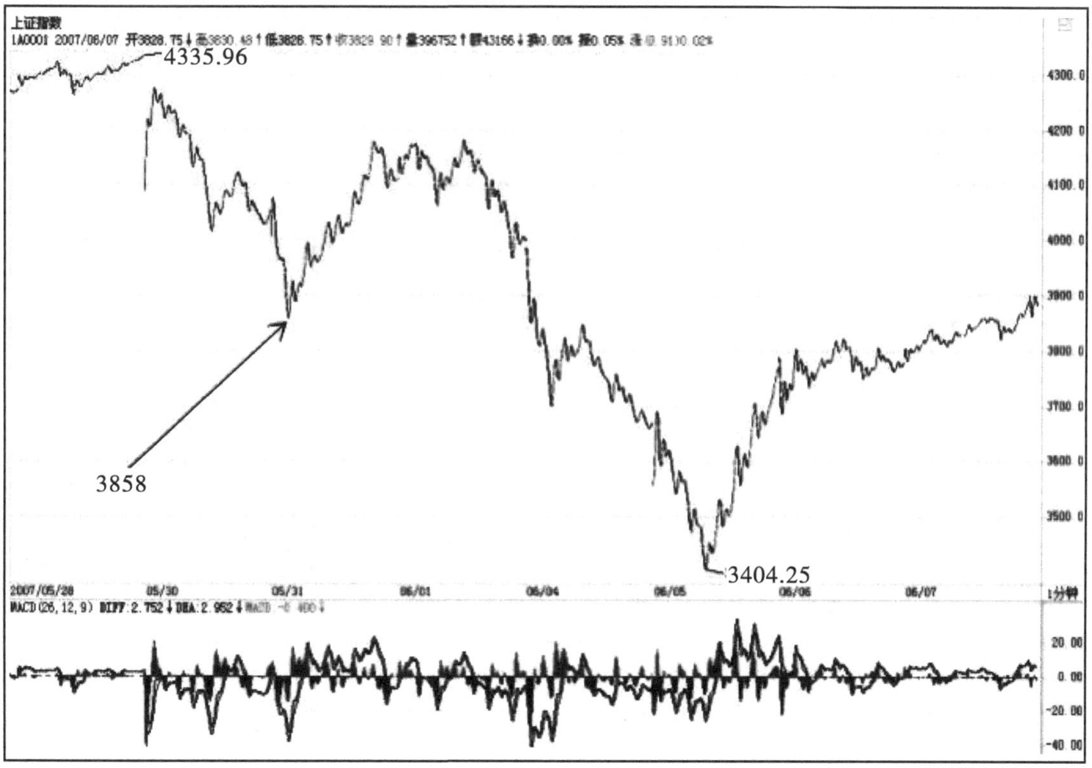

图 198　上证指数 2007 年 6 月 7 日前后的 1 分钟走势图

全流通后最大的投资机会（2007-06-10 08:40:52）

1

缠中说禅 2007-06-10 21:57:02

全流通后，将出现一个最大的投资机会。注意，本 ID 这里指的最大机会是私人股权投资[①]这一块，但一般人没机会参与，所以可以关注中国最大VC（现在主要做私人股权）公司的股东大众公用（600635），以及其他有相关题材的公司。这一题材，

①私募股权投资即通常所说的PE（Private Equity），是指通过私募基金对非上市公司进行的权益性投资。在交易实施过程中，PE会附带考虑将来的退出机制，即通过公司首次公开发行股票（IPO）、兼并与收购（M&A）或管理层回购（MBO）等方式退出获利。

简单来讲，PE投资就是PE投资者寻找优秀的高成长性的未上市公司，注资其中，获得其一定比例的股份，推动公司发展、上市，此后通过转让股权获利。广义的PE涵盖企业首次公开发行前各阶段的权益投资，即对处于种子期、初创期、发展期、扩展期、成熟期和Pre-IPO各个时期企业所进行的投资，相关资本按照投资阶段可划分为创业投资（Venture Capital）、发展资本（development capital）、并购基金（buyout/buyin fund）、夹层资本（Mezzanine Capital）、重振资本（turnaround），Pre-IPO资本（如bridge finance），以及其他如上市后私募投资（private investment in public equity，即PIPE）、不良债权（distressed debt）和不动产投资（real estate）等。

狭义的PE主要指对已经形成一定规模并产生稳定现金流的成熟企业的私募股权投资部分，其中并购基金和夹层资本在资金规模上占最大的一部分（并购基金是专注于对目标企业进行并购的基金，其投资手法是，通过收购目标企业股权，获得对目标企业的控制权，然后对其进行一定的重组改造，持有一定时期后再出售。并购基金与其他类型投资的不同表现在，风险投资主要投资于创业型企业，并购基金选择的对象是成熟企业；其他私募股权投资对企业控制权无兴趣，而并购基金意在获得目标企业的控制权）。在中国，PE主要是指这一类投资。

VC（Venture Capital）是指风险投资，其实称为“创业投资”更为妥当。广义的风险投资泛指一切具有高风险、高潜在收益的投资。狭义的风险投资是指以高新技术为基础，生产与经营技术密集型产品的投资。根据美国全美风险投资协会的定义，风险投资是由职业金融家投入到新兴的、迅速发展的、具有巨大竞争潜力的企业中的一种权益资本，是以高科技与知识为基础，生产与经营技术密集的创新产品或服务的投资。风险投资不需要抵押，也不需要偿还。如果投资成功，投资人将获得几倍、几十倍甚至上百倍的回报；如果失败，投进去的钱就算打水漂了。对创业者来讲，使用风险投资创业的最大好处在于即使失败，也不会背上债务，这样就使得年轻人创业成为可能。总的来讲，这几十年来，这种投资方式发展得非常成功。

天使投资（Angels Invest）是指个人出资协助具有专门技术或独特概念而缺少自有资金的创业者进行创业，并承担创业中的高风险，享受创业成功后的高收益。或者说是自由投资者或非正式风险投资机构对原创项目构思或小型初创企业进行的一次性前期投资，是风险投资的一种形式。“天使投资人（Angels）”通常是指投资于非常年轻的公司以帮助这些公司迅速启动的投资人。

在投资界，VC与天使投资和PE在运作上具有一定的差异。天使投资介入企业的节点是公司初创期、起步期，此时公司还没有成熟的商业计划、团队、经营模式，很多事情都在摸索，所以，很多天使投资都是熟人、朋友，基于对人的信任而投资。成熟的天使投资人或者天使投资机构，除了帮助创业者获得启动资金外，还会帮助创业者寻找创业方向、提供指导（包括管理、市场、产品各个方面）、提供资源和渠道。

VC介入企业的节点是公司发展中早期，此时公司已经有了比较成熟的商业计划、经营模式，已经初见盈利的端倪，有的VC还会要求公司已经有了盈利，或者收入达到一定规模。VC可以起到提升公司价值的作用，包括帮助公司获得资本市场的认可，为后续融资奠定基础；使公司获得资金，进一步开拓市场，尤其是最需要烧钱的时候；提供一定的营销渠道，帮助公司拓展市场。

PE介入的时间一般是Pre-IPO时期，此时公司发展已经进入成熟期，公司具备了上市的基础，达到了PE要求的收入或者盈利。PE通常会提供必要的资金和经验，帮助完成IPO所需的重组架构，提供上市融资前所需要的资金，按照上市公司的要求帮助公司梳理治理结构、盈利模式、募集项目，以便使公司在1～3年内上市。

目前市场还不大了解。等市场了解了，就不是这个价格了。

大众公用（600635）、潍柴动力（000338）都是从中线角度说的，没必要追高买。如果是中线的资金，可以耐心等待好的买点。当然，如果以前已经有的，就拿着。

……

这几天看了不少企业，看到真正的企业，就知道中国的资本市场有多大的潜力，就知道本ID说20年的大牛市至少上30000点可能都有点保守了。像安徽这企业，今年的净利润已经N个亿了，具体不能说，涉及商业秘密。

大众公用（600635）是本ID那十几只股里的VC股，说的时候，当然也是本ID大举介入的时候，是5元多点儿。为什么本ID当时要大力买入并让这里的人都去买？因为它是中国最大的VC企业占股20%的股东。知道全流通最大的投资机会是什么？就是VC，更准确地说，是私人股权投资这一块。

知道大众公用（600635）那VC企业对潍柴动力（000338）2000万元的投资，几年时间，现在已经快100倍的收益了吗？知道本ID为什么要为潍柴动力(000338)写一首诗①？看看当时该股多少钱，现在多少，有受大盘影响吗？知道潍柴动力（000338）占有中国5000亿元重汽市场的多少份额吗？当然，本ID不是让你现在去买。当时写诗的时候，潍柴动力（000338）60元不到。不过，就算现在去买，站在中线的角度，绝对一点问题都没有，就怕你没有这个耐心。就像本ID 4月前后让各位注意天康生物（002100）后的“6000万总盘、2000万以下流通盘”的中小板，看看后来都走成什么样了？如果两年后再看看，你会更兴奋。

本ID就奇怪了，怎么总是有人说本ID的理论是短线的。有些股票，本ID绝对可以拿10年以上，关键是它值得本ID拿吗？谁告诉你本ID只看技术面买股票的？只看技术面不看其他，能抓到有价值的股票吗？

再说私人股权投资（2007-06-11 20:50:14）

1

缠中说禅 2007-06-11 20:50:14

今天的大盘走得很正常。周末没消息就是好消息，因此大盘当然要尝试对4015点进行攻击（见图199）。前面说了，这一段都是深圳带着上海走，前者的1/2线在13700点。该线没有碰到过，所以有空间。只要这一节奏不变，大盘总体上就没大

①2007年5月15日，缠中说禅偶然看到湘火炬广告牌，想起1997年就提醒唐家兄弟（见第475页注）的老皇历，感触良多，遂口占五绝：曾经湘火炬，今已鲁潍柴。十载风云客，七尺老残骸。

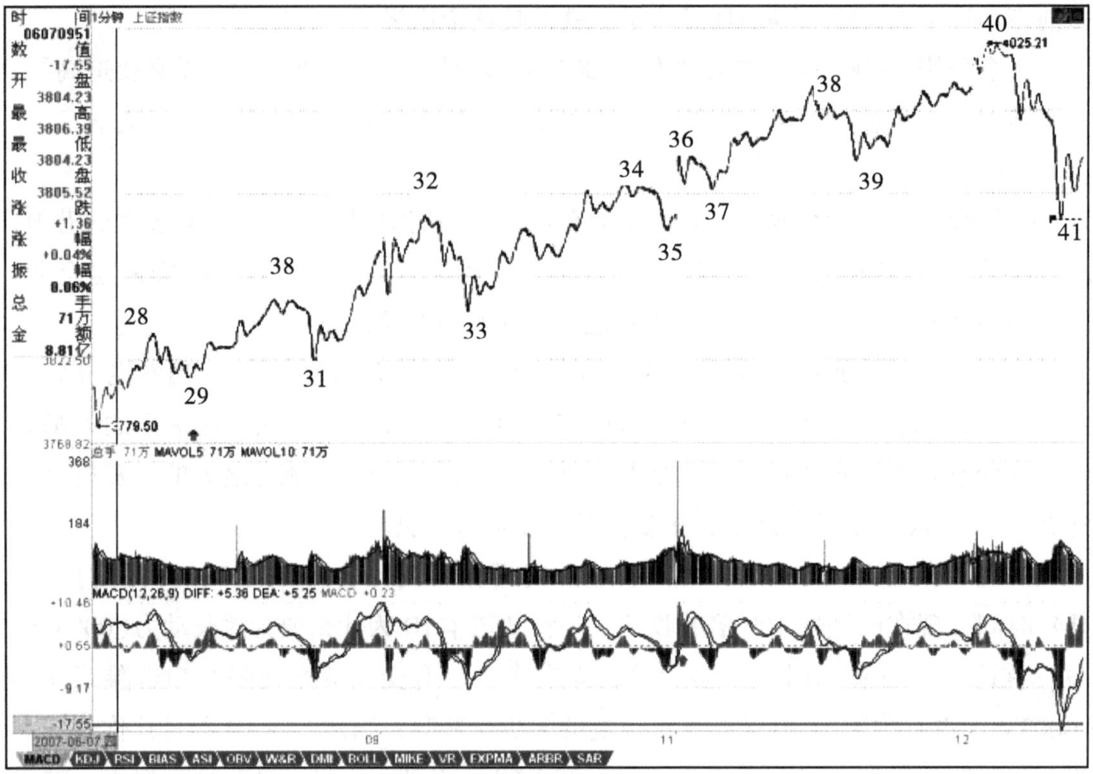

图 199 缠中说禅图解分段 3

问题。现在，5 日线也成功拐头向上了，如果不会看短线走势的，就看 5 日线，不破就没问题。现在印花税太贵，短线不要太频繁交易，把操作的级别放大点儿，人也会轻松。

至于私人股权投资，和传统的 VC 不同，只投那些马上可以上市的。更重要的是，可以在大的产业结构上进行大布局的。目前的中国，正走向一个产业大综合的阶段，这里的机会大得惊人，具体有时间再说。一般投资者没有参与这大机会的机会，现在私人股权投资基金也没有发展起来，所以一般投资者只能在二级市场上受累了。

2

缠中说禅 2007-06-12 15:46:25

今天的震荡都受不了的，就要好好洗心革面一番。今天突破 4015 点后回抽 5 日线，技术上极端标准（见图 200）。现在是前面说的大盘拨乱反正走势的第二步，第三步就是 4144 点的 1/2 线，第四步是创新高。

深圳是 13700 点，现在应该明白深圳带着上海走的意义了。深圳已经创新高了，那么上海呢？当然，剧本能否一幕幕最终完成，必须依赖各方面的配合。如果再来一次半夜发布消息，那只能再来一次悲惨世界。正如本 ID 上次说的，这样只能害散户。大资金砸狠，回补也狠，怎么会有事情？

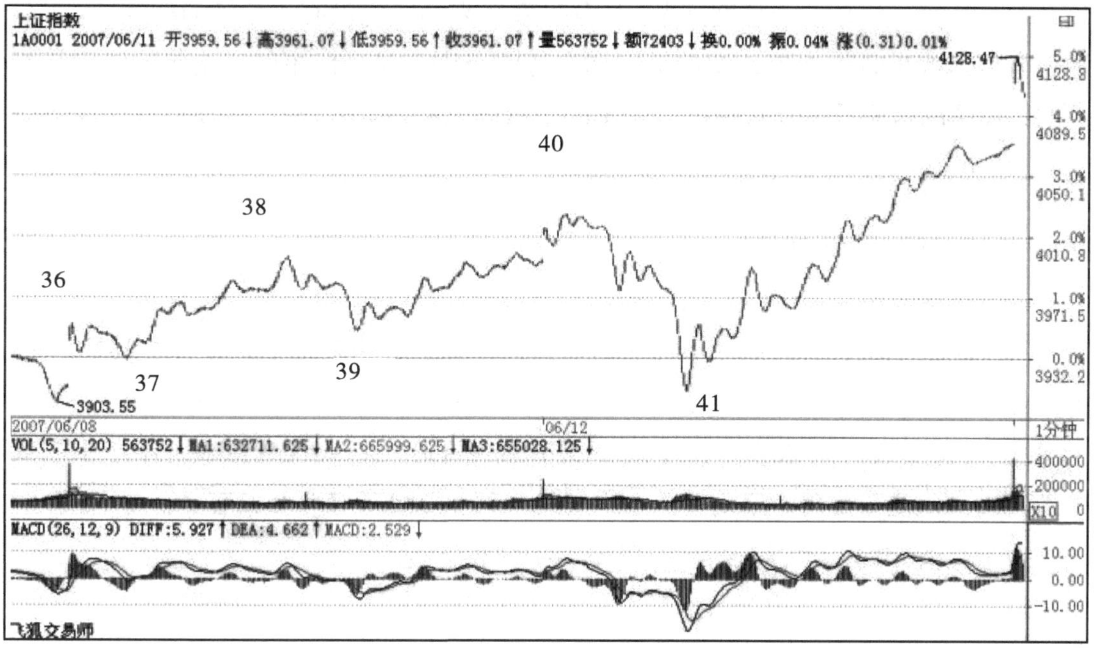

图 200 上证指数 2007 年 6 月 12 日前后的 1 分钟走势图——缠中说禅图解分段 4

个股上，要知道，在这拨乱反正的过程中有先有后。前面已经说了，先是所谓的绩优股。现在，这些很多都在新高上下了。其他股票，搞个双底、头肩底的，总可以吧？最终，只要指数没问题，绝大多数都会轮动到的。

目前人心还在狐疑中，所以关键是通过震荡让各位安心。今天深圳先冒头，也是测试一下各方的反应。这心理、政策层面的测试，还是必需的。还是昨天的话，如果看不明白的，就看 5 日线，不破就拿着，这样也不累。大盘真站稳 4000 点后，三线股也会逐步活跃的，特别是有题材的。

5

缠中说禅 2007-06-12 15:50:48

在市场中，买卖点是合力的结果，买点出来，涨就是天经地义的。就是如此简单，不要把指头当了月亮。

6

缠中说禅 2007-06-12 15:54:35

先搞清楚线段，然后搞清楚线段如何继续形成更高级的线段。有人总问5分钟怎么看，其实，那是一个精度问题，5分钟看出来的一定没有1分钟的精度高。1分钟里也可以找出日线中枢，图的级别和走势的级别不是一回事情。走势的级别是客观的，而图的级别是主观选择的，是不同倍数的显微镜。

7

网友 2007-06-12 15:56:29

请教博主两个问题。

（1）判断中枢时，例如一个上涨的5分钟趋势，必然是找1分钟的下上下三段，但是这个下上下在5分钟图上是否也有体现？是不是也是下上下的图形？

（2）1分钟图，有很多下上下或者上下上，有时几根线就能组成一个下上下或者上下上，但是如何判断这是不是个中枢呢？例如2月6日的作业答案。

缠中说禅 2007-06-12 16:21:32

（1）不一定，想想显微镜的例子。

（2）线段的上下很明显，你在分时图上看到上上下下的就是。而一个线段，至少有上下上或下上下三段。

8

网友 2007-06-12 16:18:57

大盘这几天沧海桑田，变化好大。这几天我们最大的收获就是心态，始终牢记您的话，这是一个大牛市。因为这样，我才能全仓坚持，没有崩溃。2006年，我有两次卖在地板的经验，就是因为怀疑自己当初的选择，怀疑中国的牛市能否继续。这一回，终于战胜了自己的恐惧，这比金钱更宝贵，谢谢！

缠中说禅 2007-06-12 16:23:24

这就好。心态是要靠磨练的。但也不能把自己培养成死多头，而是要只看买卖点，那什么多空放一边。

缠中说禅 教你炒股票 解盘答问篇（下册）【配图校注版】

培 峰◎整理

中国宇航出版社
·北京·

目　录

第一篇　缠中说禅解盘、答问

第二篇 交易心态与市场杂谈

解盘、答问（2007-06-13 08:22:58）

1

缠中说禅 2007-06-13 15:49:07

今天是一个大换防，空翻多的，解套先出来的，这都是极为正常的。今天大盘的走势十分技术化，13700点对于深圳的吸引，4144点在上午和下午都分别对上海起着作用。由于短线留下缺口，因此本周余下的时间里，这个缺口发挥着最重要的短线技术意义，后面震荡难免（见图201）。

当然，站在纯技术的角度，这种震荡是必需的。没有一个充分的换防，行情要继续发展是不可能的。另外，心理面、政策面也需要考验，这也配合了技术的走势。

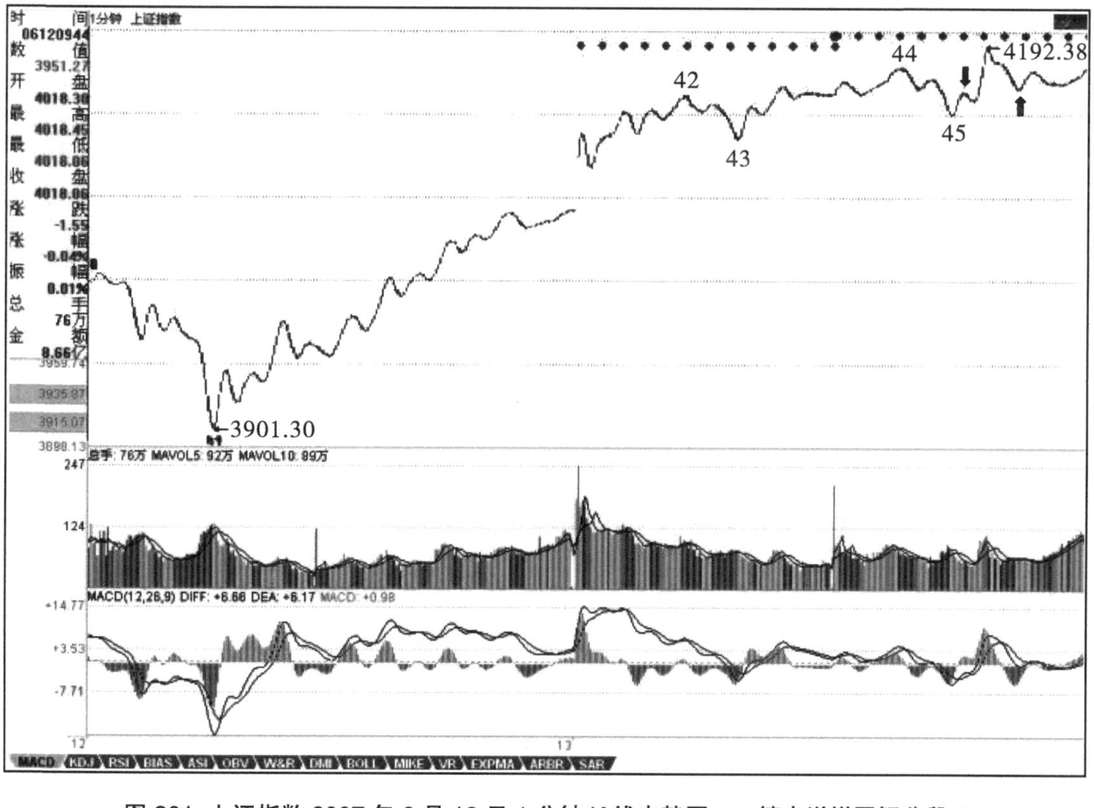

图201 上证指数2007年6月13日1分钟K线走势图——缠中说禅图解分段5

个股方面，昨天已经说了，4000点站稳，三线股会逐步活跃，今天已经有些三线股开始动起来。只要大盘能保持围绕4144点的震荡，这种个股轮动会继续。技术上，关键是看好各种底部形态颈线位置的具体走势，这对于短线发现好股票有帮助。

在震荡中，要注意千万别追高。另外，特别要注意深圳的走势。如果深圳在下周初还能站稳新高位置，将鼓励上海所有没有创新高的股票走出新高行情，因此，目前关键看深圳成指能否在今后几天中震荡站稳，这在短线技术与心理上意义巨大。

今天，那只关住的钢铁股①出来了。这只股票，这里很多人是停牌前一天9元多点儿买的，至少让各位少了被震的痛苦，逃过一次大跌。今天早上反应快的，还能有10%以上的收益。本来，如果没有这次大跌，这只股票肯定是要连续涨停的，现在只能先清洗一下，让需要用钱的先出来，这也是市场操作中经常要面对的事情。剧本，偶尔也要修改一下的。至于后面的走势，看好技术图形就不难发现了。

2

网友 2007-06-13 15:31:53

缠主，今天10:20的时候，我看背驰就减仓了，谁知道在10:44的时候又直接拉上去了，这时候补仓的话成本肯定提高了，怎么避免这种情况呀？如果不操作的话，很可能会去补缺口什么的，也就是说有一定的下调幅度。

缠中说禅 2007-06-13 15:57:01

首先要搞清楚什么级别的。小级别的盘整背驰，盘中跳一跳就化解了。以前交易费用便宜，可以对冲一下。现在，如果技术不好，就没必要了。关键是看好大一点的背驰，这样能让你的操作有足够的空间。

对于小资金，这么多股票，就算出错了，下午盘中震荡，找一个新启动的股票一点儿都不难，关键是要选择买级别大一点儿的。操作上一定要记住，只要是赚钱卖的，就无所谓对错。这么多股票，总能找到有更好买点的股票，没必要一棵树上吊死。当然，如果你技术能更好点儿，那这些烦恼都不会有，这需要不断的实践磨练。

3

网友 2007-06-13 15:58:58

博主好！昨天在这里大家谈到赣能股份（000899），今天也看到有人跟了。说完有些后悔，怕误导别人。您觉得这个怎么样呢？

缠中说禅 2007-06-13 16:05:37

股票是好股票，但关键是要找好买点。9元买和11元买，操作的压力当然不同。如果追高，什么股票都是坏股票。所以关键不是什么股票，而是操作上要平和点儿。

①指抚顺特钢（600399），该股票之前停牌一段时间。

4

网友 2007-06-13 16:00:05

现在对政策还有些担心，有消息说政府希望在年内保持在5000点以内，但是按博主现在的剧本，恐怕5000点根本就止不住吧？这样会不会又遭到打压，比方说利得税什么的？

缠中说禅 2007-06-13 16:10:02

对消息、政策，心态要平和。关键是当技术上出问题时，一定要走。例如这次，30日时，即使你有很重的仓位，但一个第二类卖点，足以让你逃出来，然后在6月5日，一个标准的买点进入。这样算下来，真要感谢这政策了。所以，关键不是政策如何，而是你的技术如何。政策只是合力的一部分，走势则是合力本身画出来的。

5

网友 2007-06-13 16:13:29

缠主，我记得你说过，银行下半年会有行情的。像兴业银行（601166）这样的，在日线上出现买点的，是否有必要这么早就介入，毕竟现在离下半年还早呢？但是买点似乎已经出来了，你能指示下吗？

缠中说禅 2007-06-13 16:19:28

银行肯定没问题，只是你有没有耐心，问题归根结底还是你的操作级别。如果你是站在日线级别的立场上，当然没问题。如果是超短线的，那随便一只超跌股票，可能都会表现得更好。

教你炒股票59

图解分析示范（四）（2007-06-14 08:23:43）

1

缠中说禅 2007-06-14 15:33:09

今天的走势没什么可讲的，昨天都已经描述得很清楚了。技术、心理、政策等压力，都需要在这里震荡消化。由于今天没完全补上缺口，因此该位置依然是短线的关键。当然，上面说的42-45的1分钟中枢，已经延伸9段，成为一个5分钟中枢了（见图202）。后面具体的分析，在对应的课程已经写了，就不再多说。深圳受到 13700 点的吸引，短线能否站稳该线，对大盘走向有极大的引导作用。

注意，在中枢震荡中，安全的做法应该是先卖后买，形成节奏。其实这问题很简单，从低位上来的筹码，当发现单边走势结束，进入较大级别震荡的时候，其标志就是出现顶背驰或盘整背驰，这就要求减磅，然后等震荡下来，出现底背驰或盘整背驰再回补，这样差价才能出来，成本才能下降。如果是先买后卖，那唯一的可能就是在单边行情的时候，你的仓位不高，所以才会不卖股票也有资金，这其实是节奏错了的表现。

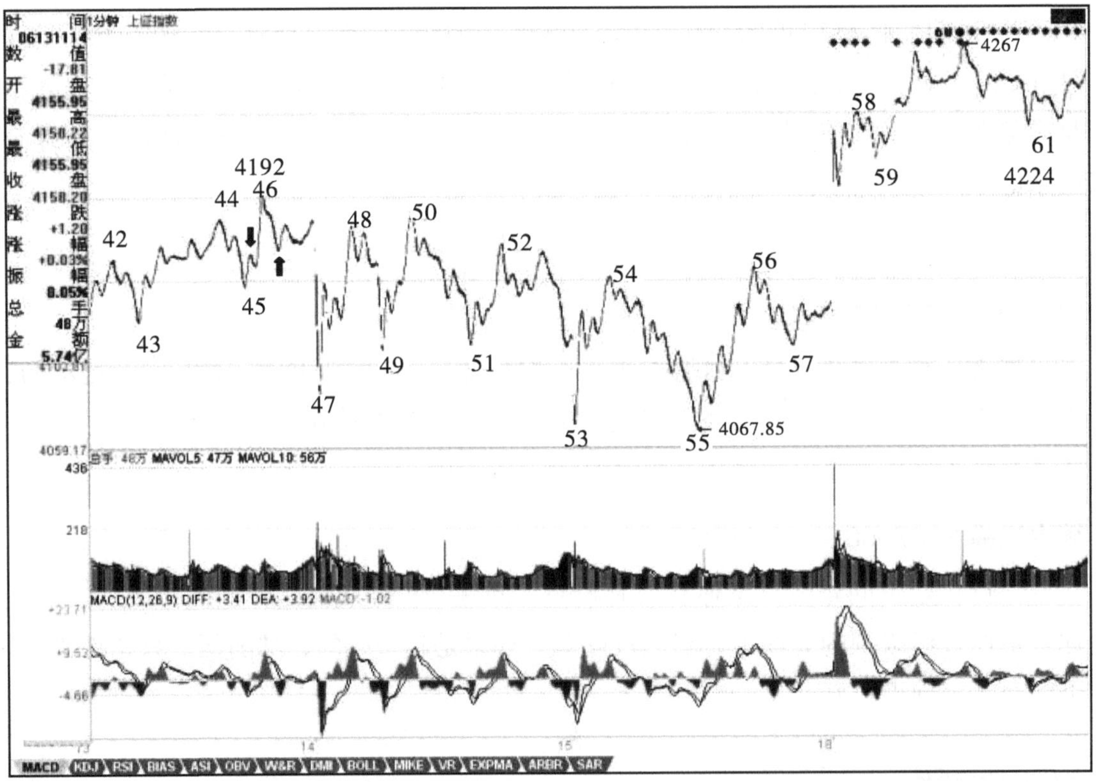

图 202 上证指数 2007 年 6 月 14 日 1 分钟 K 线走势图——缠中说禅图解分段 6

当然，这些都需要通过练习才能熟练。必须注意，一旦震荡的力度大于前面，有可能形成第三类卖点时，就一定要停止回补，等待第三类卖点引发的下跌出现买点时再介入。很多人经常出问题，就是心里先假设一个可能的跌幅，觉得肯定跌不深，这都是大毛病。一定要养成只看图形操作的习惯。

还是那句话，无论是政策、心理、消息等，都是市场的分力，而走势是合力的结果，这才是问题的关键之处。

解盘、答问（2007-06-15 08:13:09）

1

缠中说禅 2007-06-15 15:30:42

今天的走势依然没什么可说的，把下面的缺口补了后，就继续中枢震荡，关键是都在等周末的消息面。其实，不管周末有什么消息，这两天都消化了。因此，尾盘重新冲上 4144 点，收在其下面不远的地方，也是很正常的。目前，拨乱反正行情第三目标已经达到，后面将为第四目标的创新高而努力。当然，前提是先把 4144 点的 1/2 线给站稳了。

个股方面，前面说的那 16 只股票里，吉恩镍业（600432）已经创新高，其他也会慢慢跟上的。这种事情肯定有先后的，否则根本忙不过来。如果大盘能如期重新创新高，那么绝大多数仍未创新高的股票，都会为此而表现的，这是今后一段时间内一个重要的利润点。另外，那些创新高后没有大级别背驰，并且回试能站稳前期高位的，是另一种可关注的利润点。

站在中线的角度，对环保股票的重视将比本 ID 年初强调时有更多的认同，这是国家大的方向，依然值得中长线关注。除了那 16 只里的环保新能源股，像三爱富（600636）也可以中线关注。该股在环保股里属于已经有一定业绩支持的，不像很多股票暂时还是概念，因此中长线资金可以关注。该股票在一个月线双底的颈线位上整理，回试时可以找买点介入。千万别一窝蜂追高，否则就等着受刑折磨。

教你炒股票*60*

图解分析示范（五）（2007-06-19 08:04:06）

1

缠中说禅 2007-06-19 15:48:00

今天的走势昨天已经说得很清楚，4224 点下不出现第三类卖点，就是强势震荡，今天的走势显然符合这个要求。4224 点，就是图 203 中 61 这个位置，从 60 开始的 1 分钟中枢 [4224,4254]，今后两天就看这个中枢的第三类买卖点。换言之，还和昨天说的一样，只要不在 4224 点下出现 1 分钟级别的第三类卖点，那就是强势。大盘要展开新一轮上攻，就要在 4254 点上方出现 1 分钟级别的第三类买点，否则大盘就在该区间内震荡，继续中枢震荡延伸。

关于大盘的剧本不变，但个股之间显然会有分化，因此不能光看大盘。现在的股票，在技术上无非以下几类。

（1）创新高后回试的，这可以用第三类买点来把握。

（2）在前期高位下盘整蓄势的，这可以用小级别的第三类买点把握其突破，或在震荡低点介入。

（3）反弹受阻拉平台整理的，这个与第二种情况同样处理，只是位置与前期高位有距离。

（4）依然在底部构筑双底、头肩底之类图形的，这可以用第一、第二类买点把握。

具体个股就不说了，来这里，如果希望一点脑子都不动，那是不行的。动脑子得到的东西是你自己的，否则永远都不行。

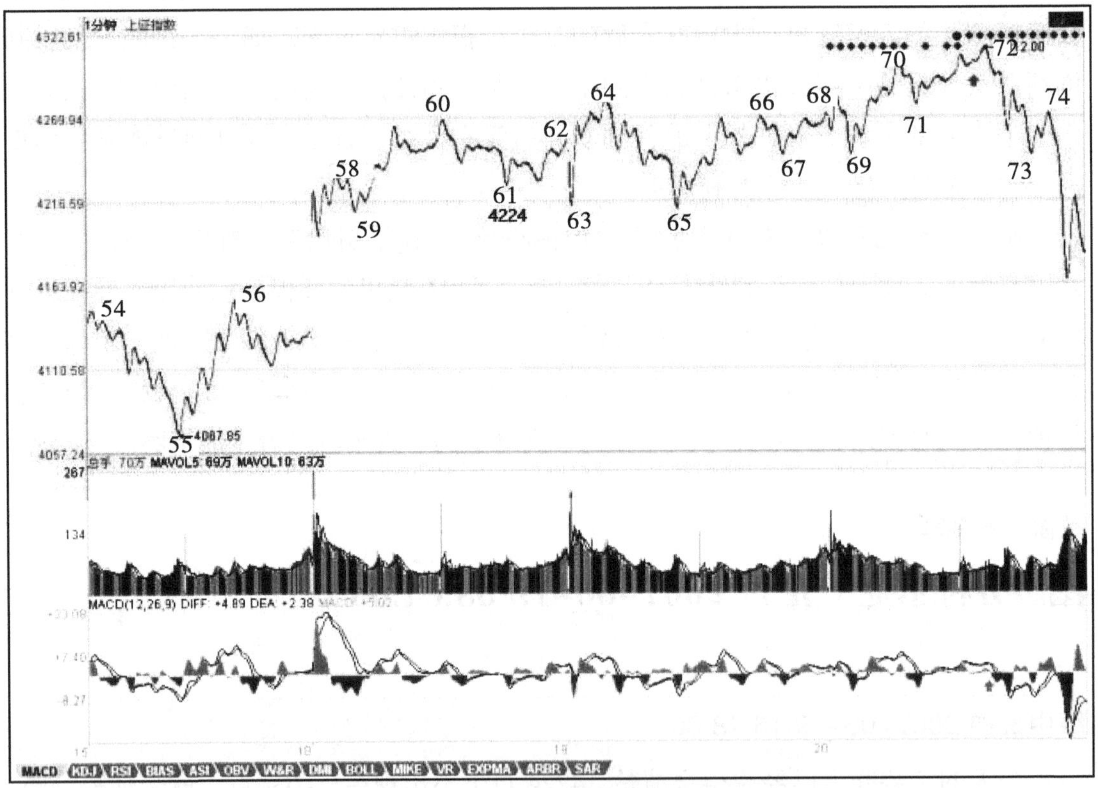

图 203 上证指数 2007 年 6 月 19 日 1 分钟 K 线走势图——缠中说禅图解分段 7

2007，人民币私人股权投资基金元年（2007-06-20 08:13:50）

1

缠中说禅 2007-06-20 15:36:32

今天走势十分正常，一个正常的中枢震荡。下午 13:30 附近的背驰如果还不能当下看出，那么就要抓紧学习了。具体的分析，将在“教你炒股票”第 61 课里讲解。如果当下没能分析出来，请先自己分析一下，然后对照明早的课程，这样才能提高。

由于周一那缺口还在那里，因此成为行情发展的一个隐患。前面已经说过，只要震荡触及 4192 点附近的 46（见图 203），那么中枢就将扩展。今天的走势已经触及该点，所以后面将是一个大的中枢震荡。

短线还是看 4224 点的 61，如果一个 1 分钟走势不能重新触及该点，就会形成一个 5 分钟的第三类卖点，那么震荡的区间就要往下扩展。如果能重新站稳 4224 点，那么震荡依然是强势的。

中线看，4144 点的 1/2 线十分关键。如果该线站不稳，那么大盘的调整级别就会加大，否则问题不大。不会看的，短线还是看 5 日线，中线看 5 周线，不破就问题不大①。

个股方面，那 16 只里又有几只新高了，其他在震荡后也会跟上的。昨天说的那四种技术形态的个股，必须按照技术图形分别对待。特别是创新高的股票，必须注意有没有大级别背驰，有的一定要小心，小心中了多头陷阱。如果没有背驰，或者盘整背驰最终转化为第三类买点，才可以介入。至于其他形态的，看好技术图形就行。

2

网友 2007-06-20 15:43:08

缠师，请教几个问题。

（1）你以前说中移动回归后，中国联通（600050）有戏。现在中移动回归确定了，俺可以重仓中国联通（600050）吗?

（2）民生控股（000416）既没业绩又没题材，还要争第一吗?

（3）能不能多选几只中线的股票?

缠中说禅 2007-06-20 15:47:20

好好学习理论，如果你对理论有感觉，其他问题没什么意义，一切按图作业。至于中国联通（600050），中线当然没问题，就看你有没有这个耐心。一般这种股票，散户都没什么必要参与。散户完全可以根据最多 30 分钟级别进行短线操作，这样的效率是最高的。当然，前提是你真明白了本 ID 的理论。

①该内容请参考图203。

3

网友 2007-06-20 15:45:39

我们对于 5 分钟或 30 分钟的线段划分比较糊涂，缠师能不能下次分析一个 5 分钟的图？

缠中说禅 2007-06-20 15:49:31

多少分钟的图和多少分钟的级别是没什么关系的。如果看 5 分钟、30 分钟去决定线段，等于用倍数很小的显微镜去看，与 1 分钟的唯一区别就是精度低了。用 1 分钟的图，一样可以判断出年线的中枢。

教你炒股票61

区间套定位标准图解——图解分析示范（六）（2007-06-21 08:13:21）

1

缠中说禅 2007-06-21 15:25:18

上面说到的 4224 点的技术意义，在今天走势中表露无遗。早上杀跌补缺口，这次是一个明显的区间套底背驰定位。如果还看不明白，继续加倍努力学习吧。

明天还是这个 4224 点，站稳就走强，否则继续 5 分钟的中枢震荡，并且要小心出现第三类卖点。明天又是周末，利空又准备漫天飞。本 ID 早在前面说过，这里必须用震荡来化解技术、心理、政策的压力。如果整天还是周一看没消息就跳空，然后继续不断震荡等周五，然后周末等消息，这样轮回下去，是走不出坚定有力的行情的，所以关键还是心态。整个市场的心态必须在震荡中修复。今天最低 4147 点，和本 ID 反复说的 1/2 线 4144 点相差不远，中线关键还是看这条线，不破就是强势。

个股方面，本 ID 那 16 只股票的剧本一大早就告诉大家了，本 ID 说的是 16 只，已经有 8 只创新高，今天还有 3 只涨停的。为什么不 16 只一起来，首先这操作不过来，其次，这样是资金利用率最高的。如果你按照这节奏去轮动操作，对于小资金，你这次反弹的收益率如果少于 100%，那你的毛病就大了。为什么要看买卖点，为什么要强调节奏，最终都是为了资金的安全与利用率，这对大资金是同样的。而对小资金来说，掌握了节奏，你的效率更高。

注意，本 ID 的意思不是你一定要买本 ID 这 16 只股票，只是事先告诉并直播本

ID 的操作节奏，让大家去把握其中资金运用的道理。要有效率，必须有节奏。要有节奏，首先要把握好买卖点。这里的逻辑关系，请好好思考明白。

股市里不动脑子只有死路一条（2007-06-22 08:30:44）

1

缠中说禅 2007-06-22 15:47:44

由于要出差，先把这线段图贴出来（见图 204），否则回来就积累一大堆 K 线，要分很多张图了。

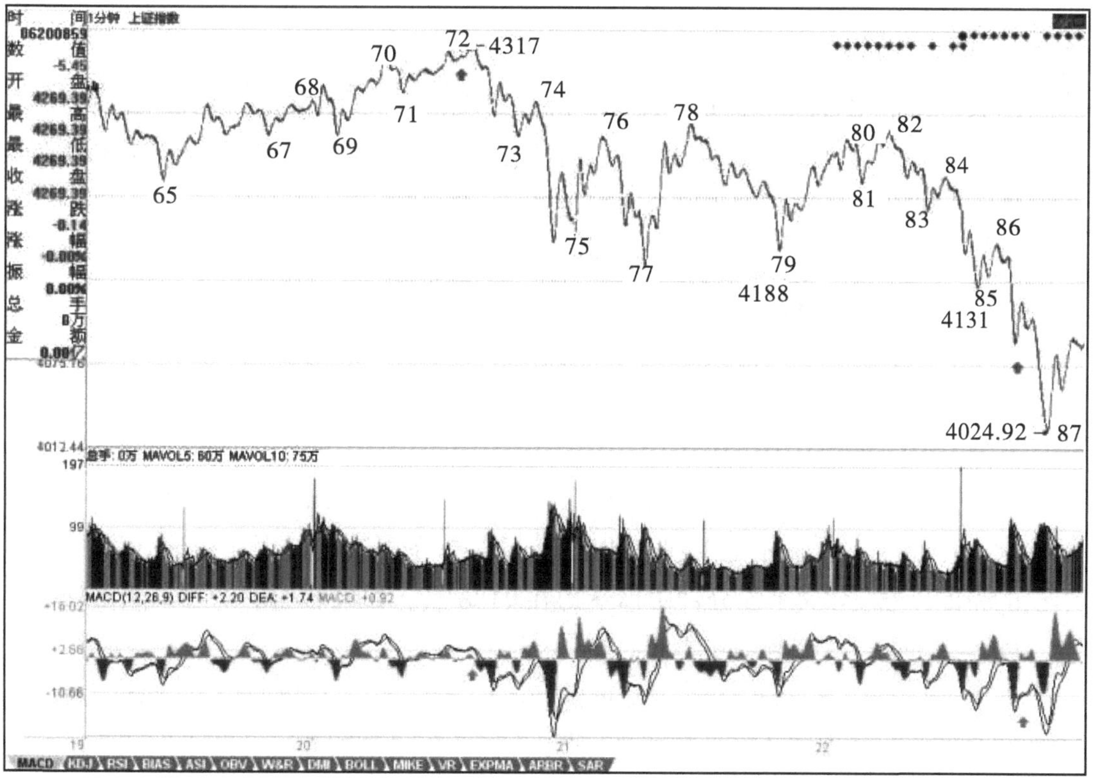

图 204　上证指数 2007 年 6 月 21 日前后 1 分钟 K 线走势图——缠中说禅图解分段 8

昨天说得很清楚了："明天还是这个 4224 点，站稳就走强，否则继续 5 分钟的中枢震荡，并且要小心出现第三类卖点。"今天的走势在 4224 点上精确地被再次压制，然后出现大幅度跳水，这些在今天走势的当下都很容易分析。

81–82 出现盘整背驰，84 出现第二类卖点，后面走出一个线段的标准下跌。以向上箭头所指微型中枢前后出现背驰，然后有 87 的转折。这个转折，由于 86–87 没有背驰，所以只能是线段以下级别的，因此并不能现在就确定该线段走完了，除非重新突破 85 的 4131 点。

站在中枢的角度，76–84 这个 5 分钟中枢下边在 4188 点，如果后面的走势不能重新站上去，就要提防形成 5 分钟的第三类卖点。前面已经说过，现在的情况是 46–87 已经构成一个 30 分钟的中枢，短线的问题只是这中枢的第三段是否完成。其后就是该中枢的一个中枢震荡，该中枢区间在 [4067,4192]。该中枢要管大盘一段时间，直到出现 30 分钟的第三类买卖点。

下周走势十分关键，由于关系到月线特别是季线的收盘，季线如果留出很长的上影线，则 7 月到 9 月的行情压力都很大。所以，对于多方来说，下周的任务就是不让季线留下长上影线。只要收在 4144 点的 1/2 线上，就是多方最大的胜利。本 ID 在 5 月初关于 4144 点的 1/2 线要管大盘至少 3 个月的断言，看来肯定是成立了。

个股方面，就看图作业吧。各位可能都发现，本 ID 一出差，本 ID 那些股票都走得没什么力。这也怪不了本 ID，大家就当成是巧合，希望里面的大小庄家也别老是这样，这样有意思吗？希望这次有点改变。

解盘、答问（2007-06-25 19:03:22）

1

缠中说禅 2007-06-25 19:03:22

今天，留守的人都受苦了。本 ID 上周五说，本 ID 一出差，股票就不行了，希望这次有点改变，看来还是没戏。技术上，本 ID 在周五已经说得很清楚了："站在中枢的角度，75–84 这个 5 分钟中枢下边在 4188 点。如果后面的走势不能重新站上去，就要提防形成 5 分钟第三类卖点。"

今天的反抽，最高到 4131 点（见图 205），这就是一个很明确的信号，后面的下跌理所当然。目前最关键的位置是 4025 点，该位置是新的 1 分钟中枢的下边，这位置不重新站住，大盘还要继续变坏。3982 点也很重要，如果能重新回到上面，那至少将演化成一个新的 5 分钟中枢。如果连上面这个最基本的条件都不能满足，那么大盘就一定以线段的形式下移到形成一个新的 1 分钟中枢为止，至于这个位置是多少，没必要预测，当下用背驰的方法很容易判断。

个股没什么可说的。卖点卖了，当然希望下一个买点的距离长点儿，这样差价才能大点儿。那些卖点不卖的，只能上上下下去享受了。本 ID 对电梯没兴趣，本 ID 只知道卖点出来了要卖，买点出来了要买。你看看现在砸得狠的，日线上有哪个是好的？只看 MACD 就知道有麻烦，就别说其他了。当然，跌多了，就要考虑密切关注回补的时机。买点出现不懂得买，一根筋思维，同样是脑子水太多了。

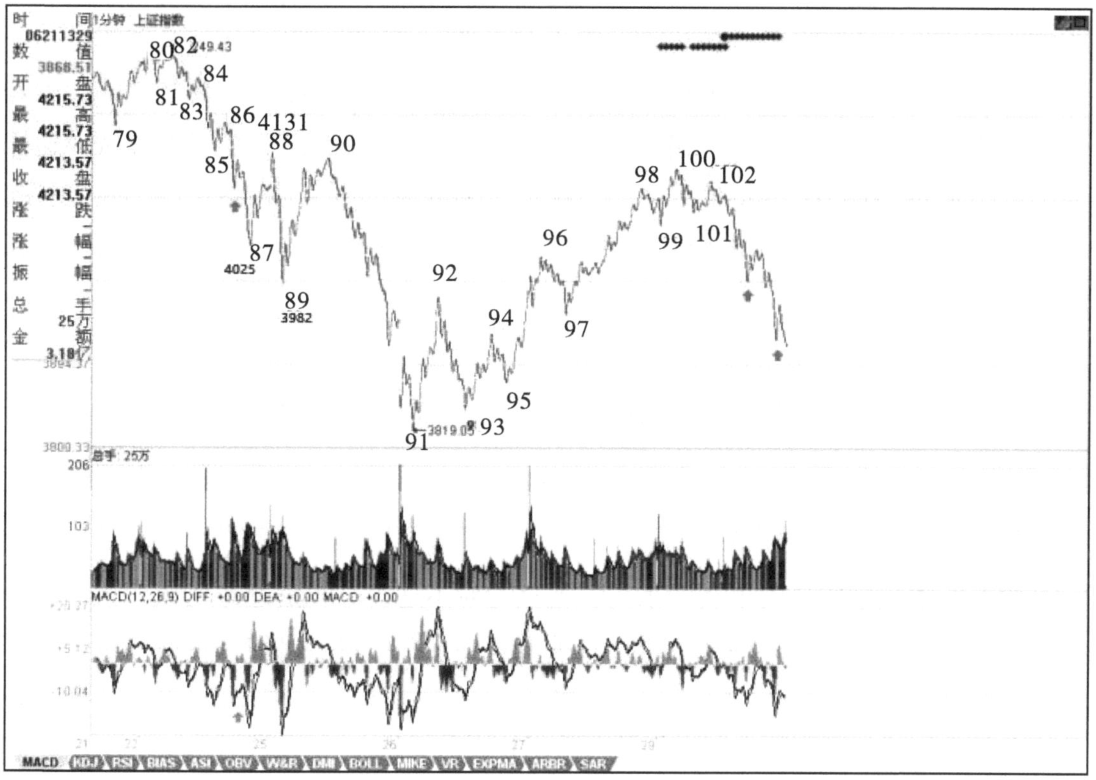

图 205 上证指数 2007 年 6 月 25 日 1 分钟 K 线走势图——缠中说禅图解分段 9

解盘、答问（2007-06-27 15:29:56）

1

缠中说禅 2007-06-27 15:29:56

今天一开盘就突破 3982 点，所以就奠定了全天的强势基础。后面的洗盘不过是突破 4000 点后的一次回洗，让不坚定分子最后下车，然后就展开一路的上攻。13:40 的回调刚好在这几天强调的 4025 点，这信号也太明显了。明天，下面看 4025 点能否继续站稳，上面看上周强调的周一刚好被阻击的 4131 点能否继续构成阻力。

周四，是一个爱震荡的日子。对周末效应的恐惧，也让明天的走势难免震荡。站在新的 5 分钟中枢角度，后面的走势，在该中枢第三类买点出现前，都可暂时归于中枢震荡。不会看的，就看 4131 点，该点没被有效突破前，关键是站稳 5 日线，这是今后三天大盘的关键。就是5日线要站住，否则还要大幅度震荡[①]。

中线，留给多头去修复季度K线的时间只有两天了，这两天很关键。本ID上周就说过，如果能收在4144点1/2线上是最理想的。两天，什么事都可能发生，尽力而为吧。

个股，本ID要提出抗议了。那十几只股票，本ID不看盘就全面堕落，一看盘就兴奋，这也太不地道了。里面的其他人也要干活，别都那么好吃懒做，这样身体会变胖的。本ID什么都不会干，就是该砸的时候砸，该买的时候买。现在，这些股票都是在保持0成本赚筹码的阶段。这种游戏很好玩，各位学会的一定会上瘾的。

一根筋是不适合玩震荡行情的（2007-06-28 15:53:15）

1

缠中说禅 2007-06-28 15:53:15

震荡行情是最容易玩出利润来的，但这绝对不适合一根筋思维的人。大盘的中线走势，在前面6月4日的文章里已经明确说过。5月初给出的技术面分析依然有效，目前这1/2线已经上移到4144点，深圳成分指数相应位置在13700点，能否最终有效站稳该线，是判断中期走势是否重新趋强的关键。

在此之前，大盘走势将以震荡形式逐步消化技术面、政策面的压力。其中，目前在3600点附近的5月均线，将是判断大盘是否正常调整的关键。只要该线不有效跌破，那么大盘的调整就在正常的范围内，否则大盘的调整时间将大为增加。本月的走势，基本就是在这5月均线与1/2线之间震荡。7月，这一判断依然成立，但要密切注意突破的方向。因为到7月时，5月均线将上移，空间压缩，最迟8月初就要选择突破方向了。之前，就是大玩震荡，狠拉狠砸，把利润给洗出来，把差价打出来。

今天的大盘，冲不破昨天给出的4131点，调整就成了必然的。之后又跌破4025点，所以调整就加大了，这在盘中都很容易判断出来。实际操作上，特别对待震荡行情，就是要敢卖敢买，该卖一定要卖，买反而不一定。对技术有点问题的，仓位要控制好。当然，技术没问题的，这里就是天堂。一定要记住本ID的多次忠告：股票都是废纸，只有能弄出差价来才能获利，否则上涨下跌不过是坐电梯，和你有什么关系？要弄差价，用中枢震荡的手法就是最好的，这需要刻苦的

①该内容请参考图205。

学习和练习。

图 206 中 100 的顶背驰都看不出来的，102 的第二类卖点看不出来的，都要抓紧学习。102 后面的 103 在收盘时还没走完，要 102 走完，就要出现线段里的底背驰。下面的箭头位置，就是大盘短线的压力所在，特别是最下面一个，必须站稳，否则大盘就是最弱走势，至少要等待出现 1 分钟以上级别的背驰才有介入价值[①]。

季 K 线收得不会太好看了，这预示中线的大震荡延续时间不会短。学会震荡操作，将让你在这种中线大调整中获利良多，好好学吧。

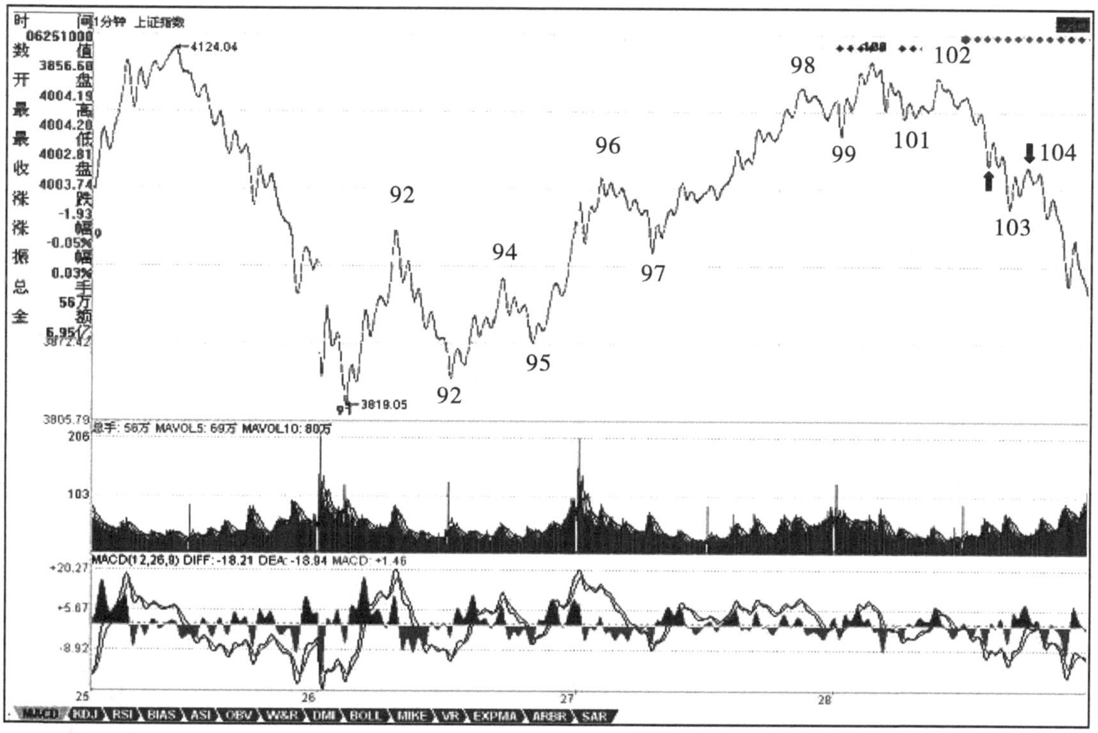

图 206　上证指数 2007 年 6 月 25 日前后 1 分钟 K 线走势图——缠中说禅图解分段 10

2

缠中说禅 2007-06-29 08:58:09

上来看看，发现有人对昨天的线段分法有疑问。这个问题以前说过，关键就是看你用多大的精确度。图 206 中，向上箭头处是 4022.69 点，向下箭头处是 4022.42 点，按最严格的标准，精确到小数点后两位，这就没破坏原来的线段，所以就不是新的线段。

①该内容请参考图205。

当然，如果统一按个位数是精确度，直接取整，那么这就等于两处有重合。那么按这个标准，就可以定义为新线段，像图 206 一样。但如果按四舍五入，那前面是 4023 点，后面是 4022 点，就不能这样定义了。

新线段的一个最重要标准，就是一定要破坏老线段的结构。例如下跌的线段，后高点一定低于前低点。

为了照顾各位的习惯，也为了简单，以后就统一标准，用直接取整的办法来确认。所以，线段分类就可以改用图 206 了。

解盘并说说中短线走势（2007-06-29 15:45:10）

1

缠中说禅 2007-06-29 15:45:10

昨天解盘中已经说到，如果图中向上箭头所指位置不能突破，那么大盘就是最弱走势。今天，大盘盘中的反弹刚好被 3919 点这个位置压制，一点都不差，这就同前面的 4244 点、4131 点等一样，都是极端精确的。谁告诉你本 ID 理论没有预测功能的，只是预测都是无聊的玩意儿，没必要浪费时间，关键还是当下的操作。

今天 105 的背驰十分简单，但由于前面没有明确的 1 分钟中枢，所以这种背驰一般都只构成盘中的意义。昨天已经说过，只有 1 分钟以上级别的背驰才有参与意义。目前交易成本这么贵，又不是 T+0，所以不熟练的，只能参与一些大级别的活动。太小的，估计只能用在权证或特别强势的股票上，但技术好的除外。今天，这样的震荡又让一部分人损失了不少。

季线有 500 点的上影线，该上影线将一路压制 7 月至 9 月的走势。本 ID 的那条 1/2 线，下月将上移到 4159 点。在站稳该线之前，大盘不可能展开像样的行情，只能如本 ID 6 月 4 日文章所说，就是一个大震荡。

下月的关键是 5 月均线，如果不破，那么大盘还有机会走三角形整理，否则，一个平台型是不可避免的。本 ID 在 6 月 5 日反弹时已经明确说过，这个反弹最终不可能演化成 V 型，现在看来，最强的也就是三角形，其次是平台型。所谓平台型，就是要再次考验 6 月 5 日的低点。

当然，现在大盘依然存在走三角形的可能，下周是关键，5 月均线不能有效跌破。好的介入时机，还是至少 1 分钟以上级别的背驰。反弹的压力是 3919 点以及最重要的 5 周均线。对于技术不好的，对震荡行情没把握的，在 5 周均线重新站稳之前，都可以不参与任何活动，多读点本 ID 的帖子更好。但是，技术好的，如同本

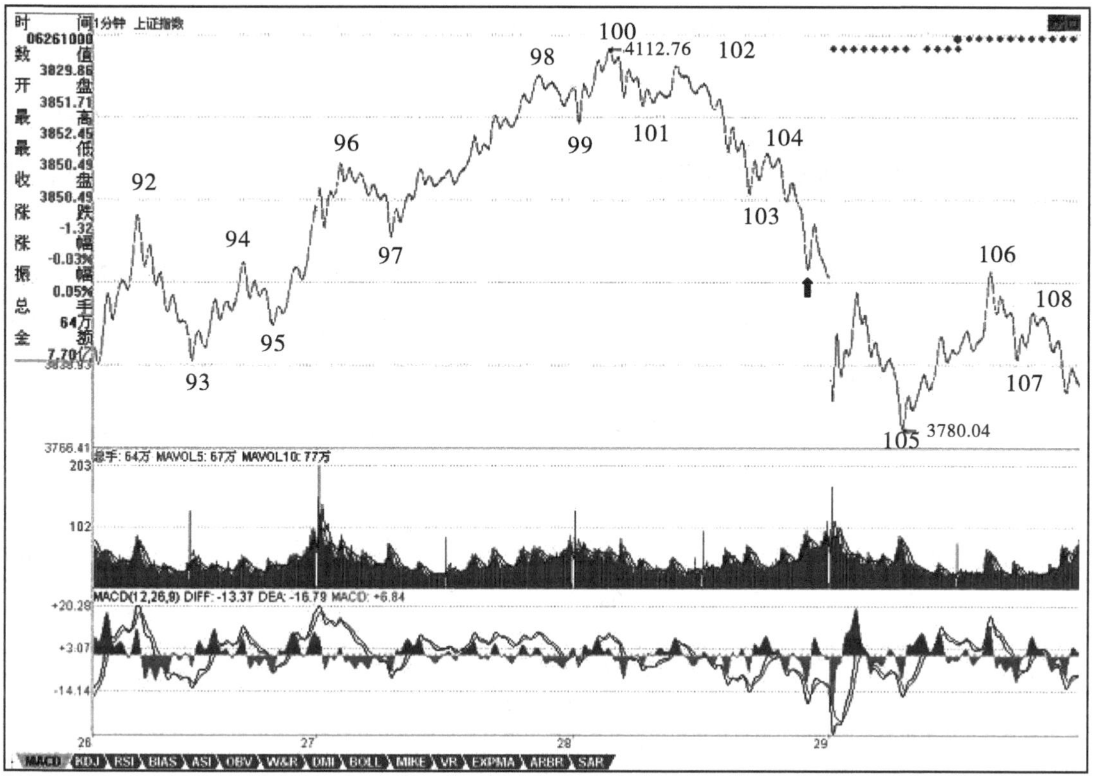

图 207　上证指数 2007 年 6 月 26 日前后 1 分钟 K 线走势图——缠中说禅图解分段 11

ID 般经常要活动一下才舒服的，可以在震荡行情中做差价大获其利。

注意，玩震荡一定要等适合自己资金的针对具体个股的较大买点，到较大级别卖点一定要卖，否则就是坐电梯，没意义了。这种活动必须多练习才有感觉，如果觉得自己没有这方面的天赋，那就请少弄。

解盘：今天看不明白的都请严重补课（2007-07-02 15:32:58）

1

缠中说禅 2007-07-02 15:32:58

今天的走势，简直是标准的教科书，连这都看不明白，你要严重补课了。图 208 中 110 处的线段里的小顶背驰，111 处的小底背驰，都是极端标准的。111 处，看不明白的，看看 MACD 里那两个向上箭头指着的绿柱子面积比。

如果还有人问，为什么前面的不是，就一定要把分型、笔、线段那课以及第 63 课好好看了。图中向上箭头处，趁着现在 1 分钟图还能看到，请去好好研究那为什么是一笔，那底分型是怎么构成的，这都有最严格的标准。

至于走势，没什么可说的，就是震荡，这里是本 ID 理论的天堂。如果说单边市傻瓜都能赚钱，那么这种市场，就不是一般人能把握的了。能把握，就有了一个好的收割机器，练习好了，那算有点儿模样了。具体的中枢分析，本 ID 不准备说了，有这么明确的线段划分，按照递归定义，答案不难得到。如果这都不练习一下，那就没法学了。

大的技术位，和周五说的没什么不同。唯一需要补充的，就是图中 107 这一位置，如果能站稳，至少这中枢震荡是有保证的。上面还是 3919 点是第一压力，现在等于成了一个颈线位置了。再上面，就是 5 周均线的位置。大体上说，今天是受到 5 月均线的支持产生的反弹，这条线现在最重要。之后走三角形还是平台型，就看这 5 月均线是否有效跌破了。

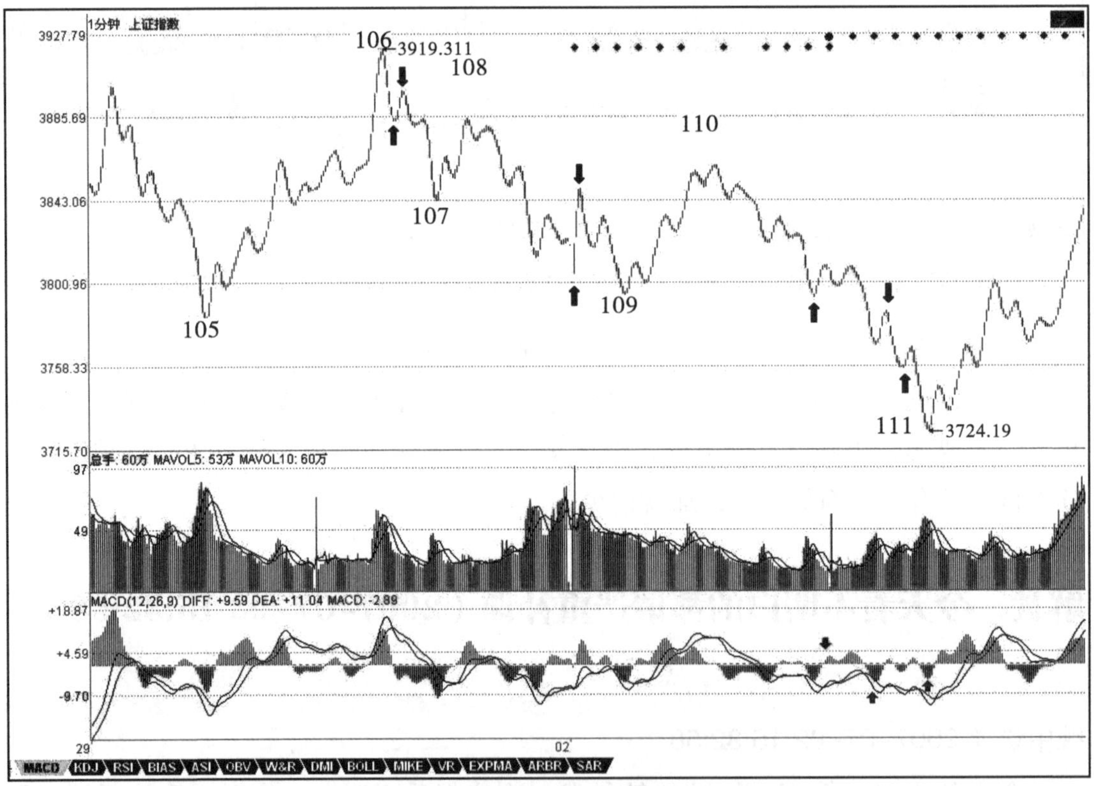

图 208 上证指数 2007 年 7 月 2 日 1 分钟 K 线走势图——缠中说禅图解分段 12

注意，再次强调，这种震荡行情，没什么基础的，最好就观望，半仓、空仓都无所谓。没这本事，就不一定玩这游戏。当然，如果你要学习，要练习，可以用少量资金来练习。对于初学者，震荡的原则就是宁愿卖早，一定不卖晚。有钱，还怕买不到股票？

个股方面，本 ID 那些股票各位都知道，除了新进去的两三只。本 ID 现在是在保持 0 成本赚筹码阶段，震荡幅度越大越高兴。技术不好的，心脏不好的，千万别参与，找些脾气好点儿的股票练习。本 ID 的股票，一般脾气都不大好。

3919 点颈线折磨你（2007-07-03 15:30:02）

1

缠中说禅（2007-07-03 15:30:02）

今天的大盘，就是在这 N 天反复强调的 3919 点颈线下进行蓄势。现在，图形上头肩底的雏形已经基本按剧本构造完毕，但如果颈线突破不了，那还是白搞（见图 209）。现在人心涣散，谋事能成的概率，当然没有前面的高了。现在，剧本中最好的情节，就是走三角形，这次上去是 D 段。但这次的把握性，比上次 B 段那次要差，剧本只能按每天一步一步来演。下面最关键的就是这条颈线的突破与回抽确认。现在人气涣散，最主要的是现在有些人不断放暗枪，特别是那些等额度的，肯定不想上，希望走平台型，因此不断捣乱。而走三角形的，又不能很团结，只能走一步看一步。但本 ID 会尽力的，能走到哪里算哪里。

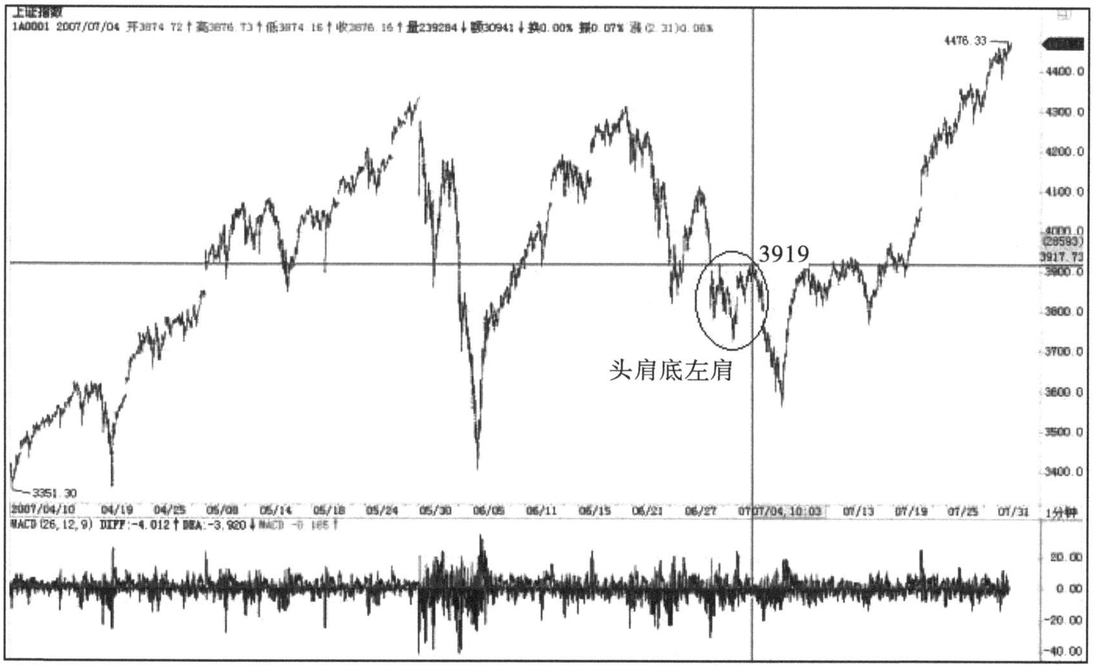

图 209　上证指数 2007 年 7 月 3 日 1 分钟走势图

今天本ID已经足够出力了，16只里3只涨幅9%以上，而且还有其他活儿不能公开，也算本ID回北京第一天的一个见面礼了。但本ID从来不当解放军，只是煽风点火，顺势而为，别指望本ID当举杠铃的。那种一根筋的多头思维，是典型的散户思维。

注意，一旦大盘不配合，本ID依然如前面所说，砸起来比谁都凶。本ID现在是保持0成本赚筹码阶段，最喜欢的就是砸盘。当然，只要大盘人气配合，本ID依然会轮动，但一定不会当解放军。

凭空接坠石，依然开弓没有回头箭（2007-07-05 15:43:43）

1

缠中说禅 2007-07-05 15:43:43

有些市是必须逆着而为的，但所有的战役都不是一天能完成的，现在进行的是一项不可能完成的任务。谁都知道，技术上周线刚破位，所有的技术指标与大的环境都不可能让这样的任务完成，但本ID既然这样选择了，就义无反顾。今天，是指标股被全面打压的一天。上午下午两次介入，同样50点的反弹，都以失败告终，但开弓没有回头箭，抗战必须坚持而且继续坚持（见图210）。每一次的阻击，都是一次拉锯与消耗，没有正面的阻击，游击战争是开展不起来的。看看今天中国石化（600028）等放出的量就知道了，虽然这是凭空接坠石，但必须接，而且，这也是以后需要的一些基本筹码。

今天的能量消耗不大，只属于试盘阶段。现在重点在三大领域，就是整体上市、大重组、中小成长股，这是与指数无关的。技术上，必须依靠年线。那些没有回到年线的股票，都不足以支持。但这样的战役，靠一方力量是不足以完成的。像今天的两次反抽，最后都是因为没有呼应而夭折。但是，明知道失败也要干。对技术指标上的战术准备，这两次反弹也是必要的。

但战争有其规律，不能莽撞。技术上，所有的因数都有利于汉奸与等额度的，但所有技术都是合力的结果。本ID站出来，而且将继续义无反顾地干下去，就是要改变合力，这合力是由每个人组成的。这是一场成功率只有1%的战争，每多一份努力，都是值得的。而改变合力，最终都反映在某级别的买点上。本ID就是要在逐步的分级抵抗中，把大级别的买点给构造出来，这就是今后一段时间的任务。

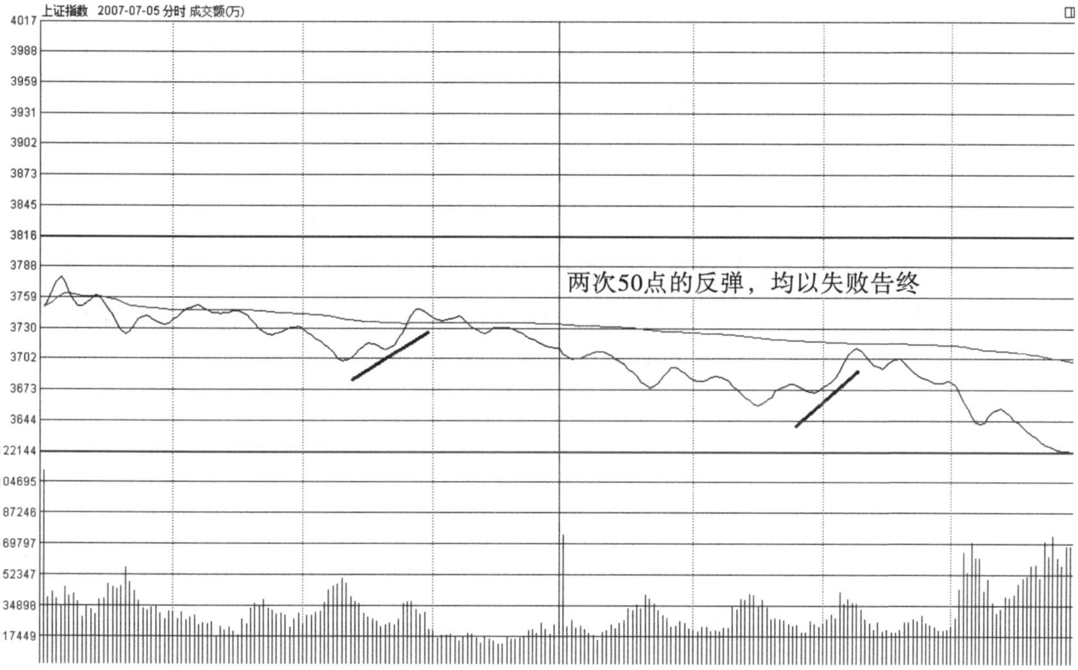

图 210 上证指数 2007 年 7 月 5 日分时图

和散户说说现在的形势与任务（2007-07-05 23:04:16）

1

缠中说禅 2007-07-05 23:04:16

首先，必须要明确，各位的状况和本 ID 有很多本质的不同。本 ID 6 月后就忙于 PE 的事情，可以很明确地说，本 ID 一部分资金已经分流到 PE 上去了。也就是说，就算本 ID 这次大败，依然有翻身重来的机会，而且一定可以翻身重来。正因为有这样的背景，所以各位第一不用为本 ID 担心，第二必须知道，本 ID 这样干并不是不顾后果的意气之举，而是进退有度的。

其次，本 ID 必须在这个时候站出来，失败了，大不了当股东。哪天本 ID 心情不好，找一个上市公司收购了，自己当大股东算了。当然，这就成了走唐家兄弟[①]的老路，没什么意思。或者再折腾几年，等本 ID 厌倦了，就不玩了，出来玩文化也很

①指纵横中国证券市场多年的德隆系总裁唐万新及其兄弟唐万里、唐万平、唐万川。德隆系资金曾以长期操纵新疆屯河（现名中粮屯河，600737）、合金投资（现名ST合金，000633）及湘火炬（现为潍柴动力，000549）三只股票而叱咤证券资本市场。2004年12月17日，唐万新因涉嫌变相吸收公众存款和操纵证券交易价格非法获利罪被正式拘捕。2006年4月29日，唐万新被判处有期徒刑8年。

好。各位并没有本 ID 如此自如的进退之路，所以一定要量力而行。

各位应该利用市场机会去壮大自己，没必要干用胸口顶枪口的傻事。对于各位来说，根本不需要知道这市场的买卖点是如何合力构成的，你们只需要知道合力的结果，根据结果进行操作。

目前的技术形态，站在最恶劣的角度，如果是对整轮行情的一个中级调整，比较极端的幅度是 2/3，也就是说，调整到 2100 点也是毫不奇怪的，所以没必要有任何站岗的无聊思想。学了本 ID 的理论，唯一需要坚持的就是根据自己的操作级别，买点买，卖点卖。等各位有这个能力后，再学本 ID 如此一病吧。

市场就是战场。一旦开战，在战场上，就是无情的，本 ID 只考虑如何去夺取战争的主动权。这里一切手法都可以用上，本 ID 不希望在打仗时有什么顾虑。在战场上，分不清什么散户、机构，而且本 ID 这次战役的目标，只是要打乱某些人的节奏，让某些人的目的不能得逞。所以这盆冷水，本 ID 是一定要泼的。本 ID 从来都是实话实说，不想让人有任何不切实际的误解。

对于散户来说，市场中真正的“解放军”，只能是你自己。你要掌握好技术，要对股市有充分的理解，要明白股票都是废纸，要知道，股票只是获利的凭证，然后，放下一切幻想。如果有可能，就学好本 ID 的理论，看图作业，这才是散户战胜市场之道。只有自己壮大了，才是对汉奸和鬼子最大的打击。本 ID 有这个能力，当然需要更多的承担，这必须要分清楚。

本 ID 这次的任务，不是原来那 16 只股票可以完成的（这些股票，中长线的角度依然会关照的，它们都是处在 0 成本增加筹码的阶段）。本 ID 现在正在开辟新的战场，介入一些对股市更有影响的品种，大致方向本 ID 已经说了，就是整体上市（包括中字头）的、大重组（包括老树发新枝那种）、中小成长股。技术上，都是有年线可以依托的。像中国石化（600028）、中国联通（600050）等指标股，当然是需要慢慢控制的，否则就没有话语权了。慢慢地，将掀起整体上市、大重组、中小成长的行情，把整个不利的局面扭转过来。

现在，要把人心扭转，不是一天半天的事情，必须有股票，逐步走出有号召力的行情来，才会得到市场的响应。当然，这市场不是本 ID 的。其他有实力的，如果都能选择好攻击对象，为市场的稳定和对汉奸的阻击作出自己的贡献，那么本 ID 的星火最终就可以燎原。

以黄河名义展开的绝地反击（2007-07-06 15:50:50）

1

缠中说禅 2007-07-06 15:50:50

今天一大早，本 ID 在《黄河大合唱》中选了四段，按交响乐的形式组成一个四乐章的曲子，放到背景音乐上，然后就开始了开盘前的一切准备。

具体的盘中的事情，各位就没必要知道了，各位只需要知道结果。结果是什么，已经永远刻在中国证券历史的 K 线图上（见图 211）。

图 211　上证指数 2007 年 7 月 6 日前后日 K 线图

当然，如果要学技术，要当猎鲸者，请好好去研究一下，从昨天凭空接坠石的两波反抽，到今天早上一开始的急拉，到后面的下跌，是如何构筑一个良好的技术反攻图形的。例如，可以看看 5 分钟图，是如何用钱把这个底背驰给构造出来的（见图 212）。本 ID 也不能违反本 ID 的理论，就像牛顿也不能让苹果尽往天上飞。

当然，本 ID 不可能干完所有的事情，只不过点了一把火，后来就星火燎原了。市场是大家的，不是本 ID 一个人的。至于具体的个股，就不方便说了，免得给人以把柄。不过，这里的人都这么冰雪聪明，不说而说最终都是说了[①]。

①意指中国石化（600028）、中国联通（600050）等指标股。

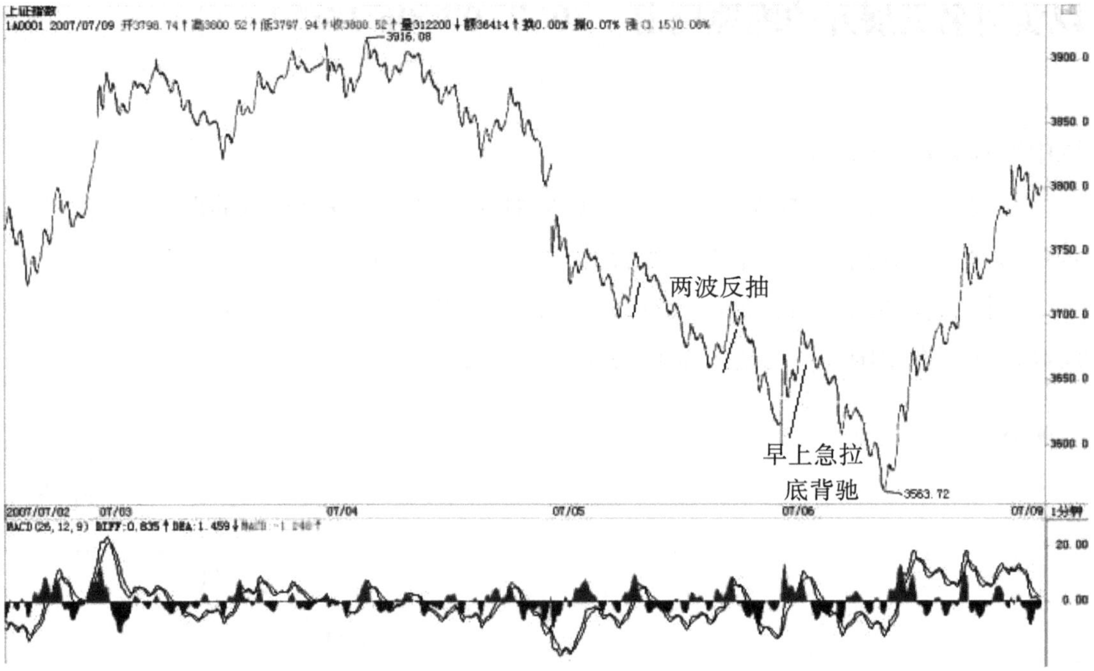

图 212 上证指数 2007 年 7 月 6 日前后 1 分钟图

大的技术形态上，依然有利于某些人，一切并不会因为一根阳包阴就天下太平，但已足以向某些人表明最基本的态度了，特别是在这样一个特殊的日子里。

对于散户来说，一定要坚持按自己的级别买点买，卖点卖，这样才是取胜之道。特别在这种震荡市中，一定要把握好节奏。

大盘长中短走势略说（2007-07-08 22:16:44）

1

缠中说禅 2007-07-08 22:16:44

市场走势是合力的结果，市场不是本 ID 一个人的，本 ID 这一方的力量也不可能就是合力本身。目前市场走势存在三种选择，每一种选择对应着不同的多方能量要求，依次如下。

（1）三角形调整。这种走势，要求的多方能量最大。具体走势分析，从 530 开始，大盘完成了三角形的前三段，目前正在走三角形的第四段向上。这种走势要成立，前提是要重新有效突破 3919 点的颈线。如果没有足够能量达到这一点，大盘的三角形形态最终不可能成立。

（2）平台型调整。不能重新站稳 3919 点，然后再逐步积聚空方能量，再次考验

3400 点低位，最强的平台型可以在 3400 点上完成。一般地，跌破 3400 点将形成空头陷阱，极限位置可以达到 2800 点附近。

（3）大平台型调整。这种情况下，大盘的调整时间将大幅度增加，也就是说第二种的平台形成后，形成一个大的反弹段后重新进入跌势。整个调整就是针对 1000 点上来的两年行情的大调整，极限位置可以达到 2100 点附近。

前两种调整，时间都不会太长，最快的情况下，7 月份就可以完成调整。而后一种情况，调整至少延续半年。注意，市场的任何走势都是当下形成的，并没有任何上帝规定现在就要选择哪一种调整方式。市场最终走势是合力的结果，所以本 ID 上周的努力，并不是毫无用处的。所谓绝地反击，就是要在最合适的时机，四两拨千斤，用分力去改变合力，让合力按更好的选择去选择。

当然，所有的分力，无论多强大，最终都是分力。任何分力，把自己当合力了，就是脑子水太多的表现。

对于一般散户来说，只需要根据本 ID 的理论来，根据合力本身的轨迹来。有人可能疑问，如果人人都根据合力来，等市场选择方向，那么市场还会波动吗？这是典型的脑子进水的想法。市场有各种不同的利益，不同的利益构成不同的分力，任何时候都不缺乏不同的分力，除非这世界上没有了利益的分歧。但没有利益分歧的世界，至少不是目前的世界。

对于散户来说，究竟最终选择哪种调整方式根本不重要，最重要的就是要用本 ID 的理论，根据自己的操作级别，买点买，卖点卖，大打游击战，这才是散户该干的事情。

当然，如果你是散户，又没有打游击战的胆识，那么你就把仓位空掉，完全不参与这市场的操作，等市场调整完再说。

还有一种，就是干脆全仓不动，反正无论哪种调整，最终还是要结束的，最终还是要重新开始行情。中国股市大牛市的基础一点儿都没改变，20 年 3 万点这过于保守的结论依然成立，甚至要向 4 万、5 万点大大修正。只要拿着有大潜质的股票，这些小波动根本不算什么。例如，本 ID 告诉各位的年线附近中字头、大重组、整体上市、中小成长等股票，任何大盘的调整，只是提供一个中长线建仓的机会。

例如，那只中字头的唐家兄弟的老股票①（见图 213），如此大力度的重组（以后就知道，现在没必要说），如此深厚的大股东背景，如此完美的图形，虽然本 ID 很讨厌唐家兄弟，很鄙视他们智力低下的游戏技巧，但最近还是对这只股票上下其手。

①指中粮屯河（600737）。

而这种股票，就算是15.19元买了，解套挣大钱还不是迟早的事情？问题不是你什么价格买，而是你是否有技术把成本降下来，或者即使你没那技术，那你是否有持股的耐心与决心。否则，整天贪嗔痴疑慢中当惊弓之鸟，追涨杀跌，上帝他姥姥的姥姥都救不了你。

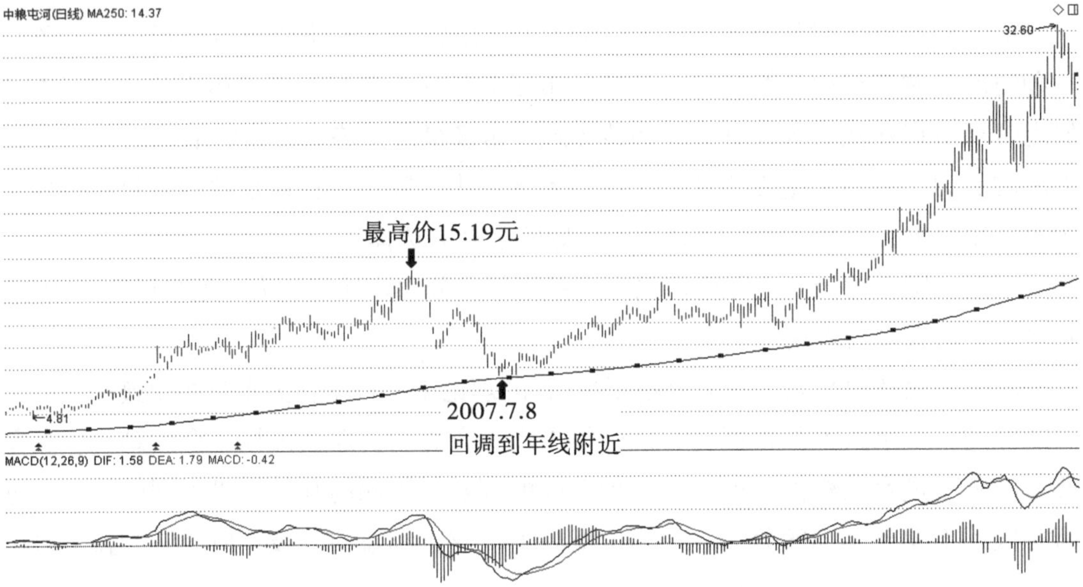

图213 中粮屯河（600767）2007年7月8日前后日线图

注意，本ID这里只是举例。本ID最近上下其手的又不仅仅是这只股票，而且更重要的，并不是本ID上下其手的股票才是好股票，别的，有大买点、大题材、大背景的股票，都必须中长线密切关注。但最重要的，还是你的技术与心态。如果是烂技术加烂心态，任何股票都成了烂股。

股票是废纸，玩不好，就是股票吸你的血而不是相反。但站在国家金融战略的大背景下，股票又是维护国家金融安全的关键筹码，一场虚拟战争的光剑。这两者，来自对股票观察的两个不同视角，没有对错，关键是你的实力与位置。只有认清楚自己的实力与位置，才可能采取相应的合适的操作，没有任何操作是适合所有人的。

中国股市前途的大决战（2007-07-09 15:35:37）

1

缠中说禅 2007-07-09 15:35:37

大决战的第一目标，今天已经达到，就是用比下跌更低级别、更猛烈的方式重新回到前面3900点下的中枢里（见图214）。只要回到该中枢里，一切都可以下回分解了，多空都将有一个喘息的时间去思考下一步的走法。

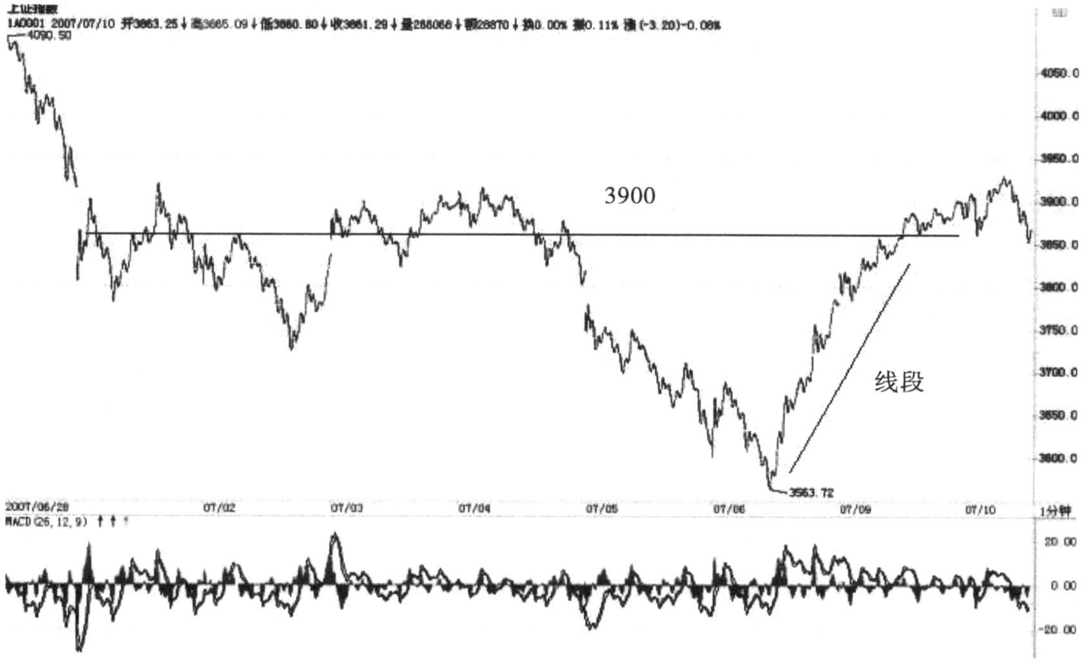

图214 上证指数2007年7月9日1分钟走势图

由于现在是打仗时期，本ID的分段就不要放上来了，免得汉奸鬼子从中揣测本ID的意图。但根据本ID前面给的分型、笔、线段的原则，其实并不难解决。昨天的“大盘长中短走势略说”，已经把大盘的长中短走势按纯理论分析得十分清楚了，各位根据实际走势，不难发现最终合力选择的结果。

本ID这分力，当然是要选择第一种走法，而且三角形这个选择，本ID也不是现在才说的，这也是上周出手的技术上的主要理由。当然，由于本ID现在是身在此山中，所以多说也没用。

从今天下午开始，汉奸鬼子就开始加大反击力度了。明天，这力度会更大，不过这都是在本ID的预料中，大不了，就再玩玩中枢震荡。从纯图形看，汉奸鬼子肯定不希望现在的大头肩底最终能成立，这就是斗争的关键所在。

个股方面，本 ID 的股票都是中长线介入的，都有足够的基本面和战略面的理由才介入的。当然，对于本 ID 这种资金来说，有时候介入的股票，不一定是基本面很明确的，但本 ID 可能是先介入，再改造其基本面。例如，最近在年线附近介入一只股票[①]，现在才七八元，但它将生产的产品，比三一重工（600031）利润最大的拳头产品成本低 30% 以上，马上就开始生产，三一重工（600031）这次麻烦可大了。本来这样的股票是很好的，但该股票在基本面上有些很不明朗的因数，本来这只股票现在应该在 30 元以上位置的，就因为这基本面上的某个因数，所以不能太用力。而这个因数能否解决，本 ID 也没把握，也只能走一步看一步，所以这种股票，也就只能让本 ID 自己独自去偷欢了。

总之，做股票一定要控制成本，不要追高。有技术的，一定要通过震荡把成本往 0 甚至负数玩下去，这才是玩股票之道。

3919 点继续折磨你（2007-07-10 15:43:11）

1

缠中说禅 2007-07-10 15:43:11

今天的调整如期而至，这一点在昨天已经说了。这种调整，无论多头空头，都是需要的，所以可以说是众望所归。今天由于金融股的超好业绩，引发大盘瞬间突破 3919 点，但这并没有改变该位置的强大压制作用。

现在本 ID 与汉奸鬼子的分歧在于，这个 3919 点颈线下的头肩底是否能形成，所以真正的鏖战还在后面。当然，其实最后是什么图形并不重要，最终都要归结到 3919 点颈线的有效突破。如果这一点达不到，其他一切都没意义。

对于散户来说，本 ID 已经多次强调，你们只需要知道游击战怎么打，看着市场的最终合力划出的轨迹，根据自己设定的级别来操作。最后就算本 ID 打败了，你们也没必要陪本 ID 一起去失败，该卖就卖，该买就买，根据图形来，而不是根据其他任何原因来。

个股方面的选择，从纯技术的角度，一种就是已经下跌 50% 上下，在年线至少是半年线附近，有明显新资金介入的有题材、有潜质的中低价股票，另一种就是超强势的股票。但这种股票，一旦大盘逆转，就有补跌的可能，因此对技术的要求特

①指华菱星马（600375）。

别高。现在对个股，一定要抱着中长线建仓的心态。当然，有些短线题材股会继续表现的，但这里的风险比上半年要大多了。

注意，对于散户来说，建仓完全可以是动态的。也就是说，你可以反复操作一只股票，这样可以把成本减下去。反复强调，在市场上要生存，关键的就是成本。一般股票在构筑底部时，相对来说震荡都比较大，其实这是很容易把握的。而且万一大盘逆转，有些股票会顺势砸出空头陷阱，如果不会动态建仓，就会有短线被套的痛苦。如果你技术还可以，就要让自己动起来，这样才是真功夫。

当然，如果你没什么技术，那就分析好基本面，研究透了，然后就靠熬的工夫。逐步建仓后就熬着，把牢底坐穿了，自己就解放赚大钱了。每个人的操作方法，必须根据自己的实际情况来，千万不要硬来。

最后再强调一次，市场操作，最终都要归结于自己。只有自己提高了，才是最终的。千万别依靠任何人，连本 ID 都不要依靠。你可以学习本 ID 的理论，因为那是几何的，是不患的，谁都必须遵守，但千万别有依靠本 ID 的想法，本 ID 可不是慈善家。在残酷的市场中，宣称自己是慈善家的，肯定只能是骗子。

市场就是火与血，没有温情与慈善，就别偷心不死了。至于那些被传销者骗的，那是自作自受，市场没有眼泪给这些人，自己反省去吧。

3850 点，残酷的多空无量鏖战（2007-07-11 15:41:38）

1

缠中说禅 2007-07-11 15:41:38

昨天说了，真正的鏖战还在后面。今天是一个地量，却是多空间一场残酷的无量鏖战。其他大多数的市场参与者都采取一种观望的态度，有点像古代战场上，对战双方的主将在那里大战 300 回合，周围 N 万的人在那里观战。一旦一方取对方首级，后面就可以掩杀过来，来次大胜了。

当然，股票市场还要复杂点儿，有时候对方可能是九头虫，砍一个又冒一个出来，所以需要极度耐心，不要期望一次搞掂。今天的无量与震荡幅度极端收窄，只不过意味着更大规模的、在更广空间上的对攻战开始。

中短线来说，3919 点不能有效突破站稳，那么多方的中短线战略就没有取得真正的胜利。中长线来说，目前在 4159 点的 1/2 线不被有效突破站稳，多方的中长线战略也只能是空想（见图 215）。所以，对于多方来说，胜利还很遥远，还需要加倍努力。1% 的可能，也要付出 100% 的努力。

个股没什么说的，也不方便说。有人整天说本ID这里爱出谜语，这是自然的，本ID当然要根据法律来办事。本ID说的股票，都只是梦话，因为本ID白天自己买了，日有所思，夜有所梦而已。有时候操作多了，白天也说梦话，所以各位千万就当梦话听，千万要自己看图操作，一定要根据图形，在大级别的买点去介入。

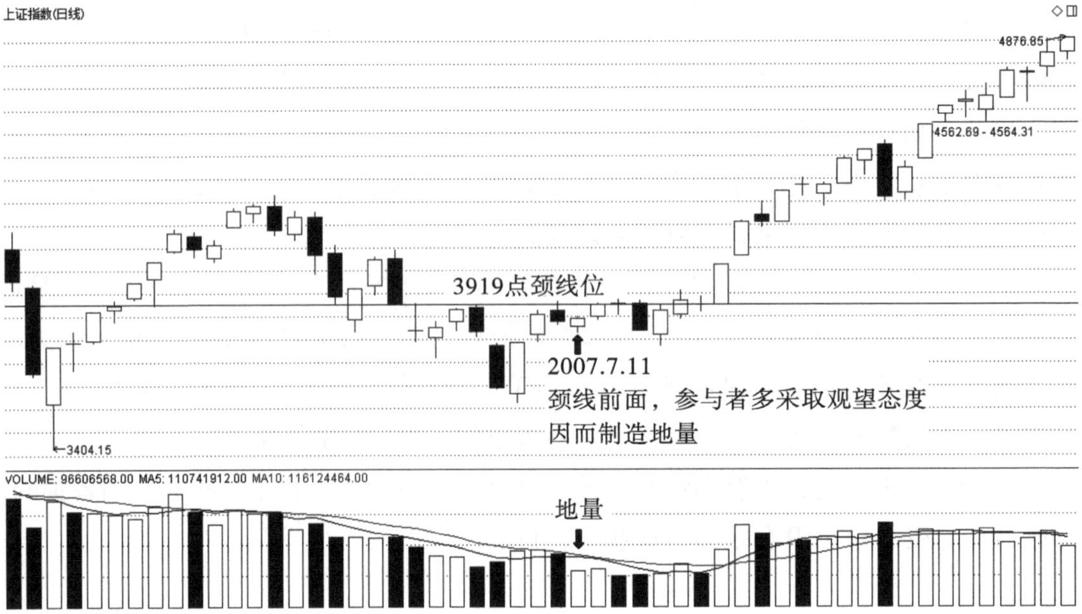

图215 上证指数2007年7月11日前后日线图

当然，本ID有时候也会显摆一下。例如本ID在3元上下买的民生控股（000416），同时也就说梦话了。后来涨到18元，本ID显摆一下，是理所当然的。再说一遍，本ID说梦话的，一定是自己刚买的。一般涨了，本ID就不再说梦话了，最多就显摆一下。就像华润三九（000999），6元说的梦话，后面都是显摆。当然，有时候说梦话了，并不一定都如华润三九（000999）、民生控股（000416）、中核科技（000777）之类，一开始就把梦想照进现实。有时候，梦里的剧情也会改变一下，但梦想总是要照进现实的。

2

网友 2007-07-11 15:43:19

现在利空真是满天飞呀！什么加息、取消利息税、新股申购等，会不会太可怕？

缠中说禅 2007-07-11 15:47:57

消息跟着走势走，空头主控，当然利空漫天飞。等哪天多头主控了，你想听什么利多消息都有。

3

网友 2007-07-11 15:49:25

请问缠师：在30分钟图上找到的30分钟级别的中枢，和在1分钟图上找到的30分钟级别的中枢，起始位置是否会一样呢？

缠中说禅 2007-07-11 15:53:14

当然不一定一样。就像两个不同倍数的显微镜，看的东西当然不一定一样。不过，在一般情况下，没有太大的实质性的差别，只是精确度的问题。

4

网友 2007-07-11 15:51:23

在任何级别的图中，有没有可能是这样，一个顶分型，下来一个底分型，盘整几天再下来，又形成一个底分型？因图是当下看的，第一个底分型出来后，并不知道后面是如何的。

如上海指数日线，6月20日是顶分型，走到6月27日时像形成了底分型，但接着又下来。7月2日和后两天也是这样，请问缠主分的是否有错（见图216），当下如何判断？谢谢！

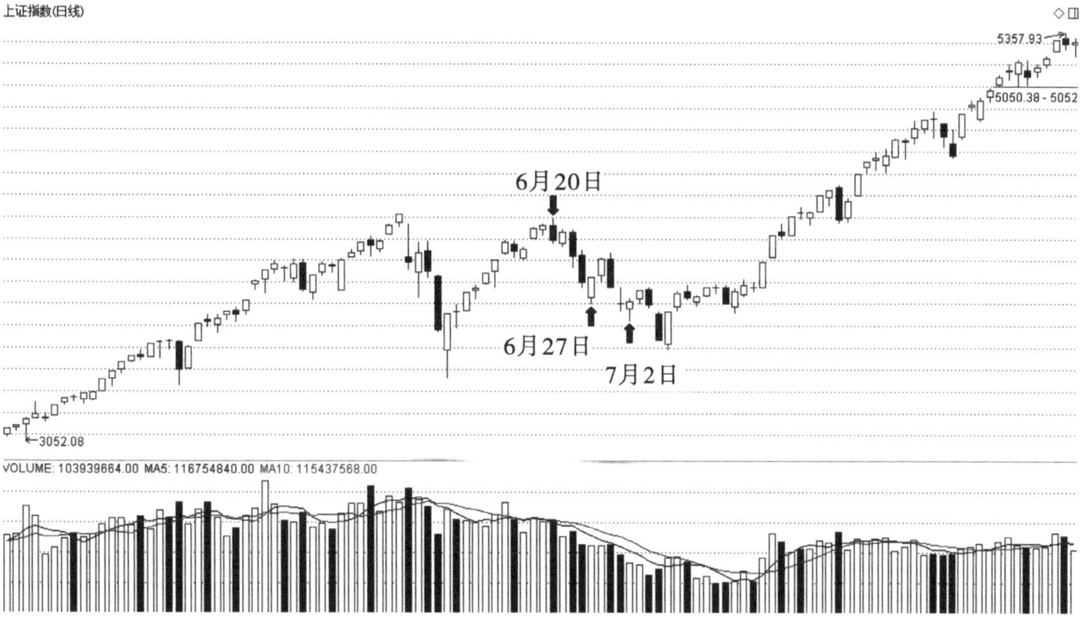

图216　上证指数2007年6月27日前后日线图

缠中说禅 2007-07-11 15:59:25

那就是包含了好几段，或者，有些段并没有被段破坏。注意，段必须被段破坏才能确认结束。当然，可以用类似背驰的方法预先确认段的结束，但那不是实际的确认。

5

网友 2007-07-11 15:57:27

缠主，问一个划分线段的问题：有一个线段虽然级别很低但是很长，在大级别的图上也是很明显的高低点，是不是就把它算做大级别的一段呢？这样和定义又不相同，怎么理解这个问题呢？

缠中说禅 2007-07-11 16:01:45

不，按定义，该怎么划分就怎么划分。段的级别和幅度没什么关系，只能说级别越大，其平均幅度越大，但对单个线段，并不能这样说。

6

网友 2007-07-11 15:59:54

请教缠老师：所谓的“中枢”，实质上是不是震荡区间？

缠中说禅 2007-07-11 16:03:41

震荡区间是一个模糊不精确的概念。本 ID 的中枢和任何中枢的最大不同在于，这是一个精确的概念。否则，猿人都可以画三角形，还用欧几里得研究干什么？

7

网友 2007-07-11 16:06:19

请问缠主，除了用 MACD 判断背驰外，还有没有其他更严格的方法？

缠中说禅 2007-07-11 16:08:23

这问题回答过很多次了，可以用很严格的数学方法去确认，但太复杂，实际用起来很麻烦，还要自己去编软件。MACD 只是辅助，但用好了,98% 的问题都解决了，足够实用了。

8

网友 2007-07-11 16:07:40

缠师辛苦，有个问题想请教。是否可以这样理解，次级别的线段构成本级别的分笔，而次级别的走势类型构成本级别的线段，差别在于级别越低则精度越高？盼望解答。

缠中说禅 2007-07-11 16:10:26

没必要这样理解。笔、线段都是针对最低级别说的。有了最低级别，按中枢和走势类型的递归定义，后面的级别就可以严格推出来了，没必要用什么笔和线段。

9

网友 2007-07-11 16:21:56

反弹的级别如何定？是不是也要看反弹以来的这一段走势包含什么级别的中枢？

如果是，那么反弹的级别等于 / 大于最后一个中枢的级别，不是在最后中枢下形成了新的中枢？

缠中说禅 2007-07-11 16:26:35

不一定在最后一个范围内形成，例如突发消息引发的缺口，就完全可以在最后中枢之上很远的地方形成新中枢。如果还是比原中枢级别小，那就意味着原来的趋势并没有结束，还是原来中枢的中枢震荡。

10

网友 2007-07-11 16:24:45

请教博主一个问题：如果 1 分钟级别的前后两个中枢发生扩展，则形成一个新的 5 分钟中枢，那么这个 5 分钟中枢的区间如何来确定？要去 5 分钟的图上看么？

缠中说禅 2007-07-11 16:27:30

用结合律，例如原来 9 段的，三个 3 段结合起来看。

11

网友 2007-07-11 16:26:54

请问博主，1 分钟级别的中枢如何构成？

缠中说禅 2007-07-11 16:33.32

1 分钟中枢由线段构成。先把线段分清楚，后面都可以按定义找出来。线段构成 1 分钟中枢，然后这就是原料，再按定义构筑更大级别的中枢和走势类型，后面这些和线段无关。

12

网友 2007-07-11 16:29:15

博主，你说过，站在本级别上，都把次级别当作线段。但有时候如果只看30分钟图的话，有高低点的线段是5分钟的，但也可能是次次级别1分钟的线段呀！

缠中说禅 2007-07-11 16:36:27

线段只针对最低级别。把次级别当线段，只能看成是比喻。严格的说法，线段只存在最低级别之下。

坠石化光剑，兵临3919点颈线（2007-07-12 15:38:28）

1

缠中说禅 2007-07-12 15:38:28

看完今天的走势，各位重新去看N天前的"凭空接坠石，依然开弓没有回头箭"，大概都有别样的感觉了。今天，坠石化为星球大战中的光剑，挥舞出雄兵亿万，直指3919点颈线。关于这光剑的道具，前面的文章里也提过了。

当然，昨天说的更大规模、更广空间上的多空对攻战，今天不过是开始。后面的困难，还是想多点，准备充足点，毕竟现在技术指标没被完全修复，人气还没被有效聚拢，后面的路还长着。路漫漫其修远兮，吾将上下而求索。

个股方面，前面说了两类股票是必须关注的，一种就是中低价的已经受到年线支持的有题材、有潜力的股票，一种就是强势股票。这种股票的代表，就是昨晚"为中国股票的投资价值正名"中说的沪深300。原话是这样的："可以很明确地说，中期业绩出来后，沪深300的平均市盈率将远远低于50倍，中国股市目前的投资价值是被大大低估了。"

本ID把中国的牛市分为三个阶段。第一阶段是成分股行情，这个第一阶段的行情还远未结束。站在20年以上大牛市的角度，现在不过是第一阶段成分股行情中的一个小修正，没什么大不了的。所以，在第一阶段行情中，任何一波有实质性意义的行情，都必须有成分股的加盟，否则都是白搞。中期业绩开始后，大家会发现如昨晚文章中说的，中国最好的300只股票的投资价值已经被大大低估了。

私募缩头，制造成交地量（2007-07-13 15:36:38）

1

缠中说禅 2007-07-13 15:36:38

这两天，很多所谓的私募都开始自我检查，今天自然就地量了。在二级市场，本ID从来不和什么私募玩，也最反感那些所谓的私募，特别是其中最下等那些。对这些人不进行全面清理，就不会有中国资本市场健康发展的良好环境。

本ID的观点一向很明确，就是自己的钱自己干。真没这天分的，就把钱给特别好的公募基金，最好就是指数型基金，这样至少不会跑输指数。至于那些私募，最终的命运就是被收编或阳光化。还有，就是要加强对新投资者的基本知识教育，以免被低级的骗术欺骗。

大盘今天在这么恶劣的环境下，还是对颈线进行了试盘。现在最大的问题，还是人气的聚拢，这需要反复的震荡才能完成。而对中国股票投资价值的再认识，是新一轮行情能否展开的理念基础。中期业绩逐步公布，会让更多人认清中国股票的投资价值。当然，一些理论上的工作，还需要各方去努力。下周，由于有宏观数据公布，让行情的发展存在变数，但这都不是核心的问题，关键是要有新理念。有新理念，才有新行情。一切不过是唯心所造，而这心，在投资市场中，就是理念。

个股方面，还是一直强调的那两类。中低价位的一类，都处在换庄或筹码收集的过程，所以短线不一定会有火爆表现。而沪深300，由于有长线资金一直关照，所以会有轮动表现。先让成分股轮动起来，然后延伸到大盘。一旦这个良性循环能形成，一切关于资金、人气的担心都不必要了。路还很长，慢慢走吧。

无论多空，都必须要退的一步（2007-07-16 15:43:17）

1

缠中说禅 2007-07-16 15:43:17

上周五已经说了，由于本周有宏观数据公布，让行情的发展存在变数。而周末所有的消息面，都对该数据有着最不利的版本。这时候硬顶在颈线上，已经变得毫无意义，只能让有生力量被无谓地消耗。这些数据，从本质上说，只是为了让靴子落下。目前，地球人都知道的那几条利空，如果不落地，只能让行情的发展变得不可控制。无论多空，这一步都是必须要退的。

现在，确实是一个多空大对决的阶段。本 ID 已经很明确地说，从纯技术的角度，空头占着绝对优势。从宏观面的角度，空头在短期上也占着绝对优势，这也是为什么本 ID 一直强调路长着的原因。现在，就是要有不断的阻击战、阵地战、突击战，不断消耗空方的力量，通过在不同空间的震荡，让筹码与人气得到梳理，这是一个残酷而漫长的过程。

本周，借助宏观面数据的发布，空方的能量已经并会继续得到大力释放。而如何借力打力，用最小的消耗去消化这空方能量的宣泄，是短线摆在多方面前最重要的课题。而今天的走势，也正是该解决方案中必不可少的一步。

本 ID 已经反复说过多次了，不用关心走势的合力是如何构成的，只关心合力画出的轨迹，看图操作，不要受任何的影响。对于中短线操作、技术又不好的投资者，在 5 周均线重新站稳之前，没必要参与市场的买入。中长线的投资者，可以继续利用市场下跌的机会，震荡式对前面提到的两类股票进行中长线建仓。

2

网友 2007-07-16 15:57:54

博主好，请问上涨趋势的中枢走势是下上下吗？新人学习中，谢谢！

缠中说禅 2007-07-16 15:59:18

准确说，在标准分解中，可以这样认为，但首先你要明白结合律与分解多样性的关系。

3

网友 2007-07-16 16:02:44

博主好，请教一个困惑很久的问题：大级别上出现了明显的背驰，但是小级别却不断延伸，MACD 上的表现是红柱已经缩短没有了，黄白线平走或者逐渐下倾，但价格却不断创新高，这种情况如何操作呢？如果按大级别出了，什么时候接回呢？如果不降低操作级别的话。

缠中说禅 2007-07-16 16:04:02

请搞清楚背驰与背驰段的关系，这样才能明白区间套的用法。明白了，你的问题就不是问题了。

4

网友 2007-07-16 16:09:03

博主，年线附近的股票安全吗？下跌空间是不是相对会小一点儿？不过又担心是不是会弱者恒弱！

缠中说禅 2007-07-16 16:11:06

不是年线就一定好，是在年线附近有新资金进去的迹象的，这从成交量不难发现。

5

网友 2007-07-16 16:12:01

缠主，我想问下三条线段组成的中枢的魔力根源。第一次提问，盼回复。

缠中说禅 2007-07-16 16:14:46

所有人的贪嗔痴。

6

网友 2007-07-16 15:59:14

细读过课中的表述，关于笔等概念以及辅助划分的例图，发现似乎能以更简单的方式来判断线段的破坏，但不确定是否正确，请博主指正：

设下跌趋势中某点为 E，当 E 点后连续走出 2 个渐高点，则下跌段被破坏，E 点为此段的端点。上升则反之。

谢谢。

缠中说禅 2007-07-16 16:17:19

这只是最标准的情况，有些特殊的情况下，线段也可以走出三角形、奔走型等。

7

网友 2007-07-16 16:17:21

问缠主一个个股问题：安阳钢铁（600569）平时的波动很小，没差价做的，今天又破位了，我要割出来吗？

盼复！

缠中说禅 2007-07-16 16:18:57

看大级别操作，别整天泡在分时图上。现在的交易成本，基本上让分时图没有任何操作意义。

8

网友 2007-07-16 16:17:41

缠主，很多个股的价格已经在3000点以下了。在这种时候，再下能下到哪里去呢？

缠中说禅 2007-07-16 16:20:30

对于散户，第一要明白的就是不预测顶部、底部，跌了还可以再跌，涨了还可以再涨。关键是看图，看是否有符合操作级别的买卖点。

9

网友 2007-07-16 16:16:18

博主辛苦了，现在的日子真不好过！

缠中说禅 2007-07-16 16:24:08

如果你对买的股票有深入了解，就没什么可恐慌的。关键是你买的时候，一定要知道自己为什么买。如果不知道，就绝对不能买。

10

网友 2007-07-16 16:24:40

请问缠主，背驰可以延续吗？

缠中说禅 2007-07-16 16:28:20

请把背驰段与背驰搞明白。能延续的只能是背驰段，背驰段的延续，最终有可能导致背驰段的失效。所谓的背驰，可以说就是成功了的背驰段，既然成功了，就不存在延续的问题。

11

网友 2007-07-16 16:27:35

博主，下面的支撑在哪呢？

缠中说禅 2007-07-16 16:29:57

不要考虑什么支持、压力，这都是些无聊概念。本ID就希望用支持、压力玩骗线，当然，也不单单本ID喜欢这样。

人气，在震荡中汇聚（2007-07-17 15:40:05）

1

缠中说禅 2007-07-17 15:40:05

大盘在昨天的一退后，给自己留出了再进的空间。本ID在前面已经反复说过，现在就是要在震荡中把人气汇聚起来。市场，最重要的就是人气，只要有人气，其他都不是问题。人气汇聚，人心修复，这就是多方在技术与基本面极端不利的条件下唯一能干的事情。而技术，都是合力的结果，只要人气改变，合力自然就变，技术面就会改变过来。

各位大概已经发现，在昨天和今天的一退一进间，日线的MACD已经金叉了（见图217）。当然，这金叉需要确认，但至少让完全不利于多头的技术面有了一线生机。为了这线生机，付出的努力太惨烈了。

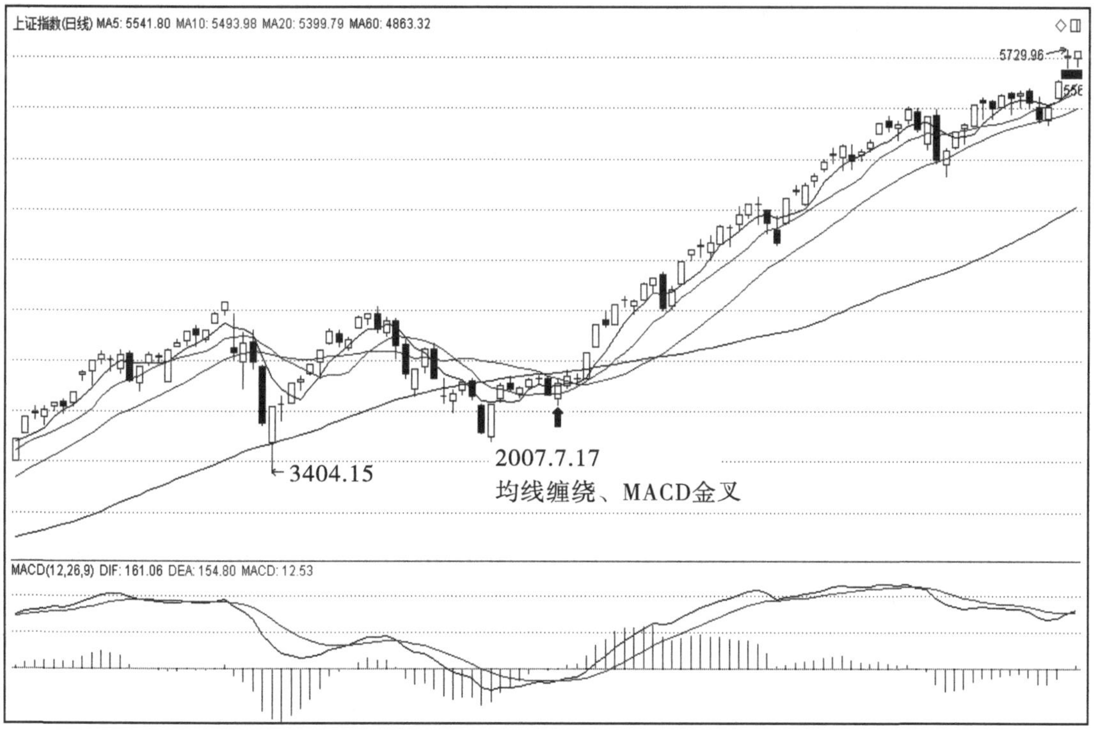

图217 上证指数2007年7月17日前后日K线图

目前，所有的中短期均线都缠绕在3900点上下，这在技术上就完全具备了变盘的条件。现在可谓万事俱备，只欠东风。这东风，就是某些利空的兑现。现在，市场就需要某些利空的兑现来让靴子落地，让空头整天忽悠的那些火星人都知道的利空去兑现。兑现了，就不是事儿了，人气与走势就可以形成有利多方的正反馈了。一旦这正反馈形成，空头就可以一边凉快去了。

当然，正如本 ID 一直强调的，现在的一切都有利于空头。多方现在的努力，只是无中生有，逆势而为，其困难可想而知。路还很长，但只要走了，只要有人走了，路，总有一天会走出来的。至于政策面，一旦走势与人气回来，政策面也是可以改变的。政策，不过是合力的一部分，政策不是天上掉下来的，也脱离不了现实。

现在多方从事的，是一项大的系统工程，要在技术、人气、心理、政策等方面，把本来完全有利于空头的局面彻底扭转。正如本 ID 一早所说，只要有 1% 的可能，就要付出 100% 的努力。

个股方面，本 ID 在前面已经十分明确地反复指出了，就是两类，第一种是沪深 300 成分股，它们会出现轮动。例如今天的房地产动了，过两天可能就换别的，这就是轮动。轮动是带动人气的基本方法，这一点在前面已经说得很清楚了。第二种就是经过充分调整的、有题材、有潜力的中低价股。这类股票，本 ID 也说了，现在正在收集、换防中，要动态建仓。

当然，如果这次多方努力失败，成分股会有比较大的补跌风险，这是必须注意的。不过，谁说多方就一定要失败？为什么不可以多方大胜，结果成分股又走出一轮波澜壮阔的行情？本 ID 身在此山中，不能也不必多说了。

线段类背驰与买卖点精确定位（2007-07-17 22:34:40）

1

缠中说禅 2007-07-17 22:34:40

根据最严格的定义，对背驰等概念，一定在最低级别的中枢后，才有最低级别的走势类型，才会有背驰等概念的存在。一般来说，在线段之下讨论背驰概念是没意义的，但可以根据类似背驰的力度比较方法，来讨论线段之下类背驰的现象，但这和背驰是两回事情。

用区间套的方法，在定位线段之下的精确买卖点时，实际上用到的就是类背驰的力度比较。一般来说，对于大资金，其精确定位不需要用到线段之下的。例如 1 分钟甚至 30 分钟级别的区间，对于大资金就是精确定位了。

当然，对于散户来说，用类背驰的方法，甚至可以把定位定到精确的分笔图上某个价位。但这在实际操作中没有多大意义，特别对通道不顺的散户，就算你看到那价位，也不一定能买卖到。因此，不要用太低的级别去操作，这样太累，特别在交易成本大幅度增加的今天，更没意义。

无论多空，都必须要进的一步（2007-07-18 15:47:50）

1

缠中说禅 2007-07-18 15:47:50

前几天，本ID写了“无论多空，都必须要退的一步”，今天却要写“无论多空，都必须要进的一步”。这一进一退间，正好说明了本ID所说的道路之艰难。今天的走势，就是现在多空对战的一个最好演绎。

在多方的反复努力下，昨天在技术面上出现了日线MACD的金叉，使得今天的突破成了必然（见图217）。现在，不妨让本ID换下身份。如果本ID是空头，本ID要阻击多方的进攻，最简单的方法就是先让一步，利用4000点和60日线的心理屏障，通过震荡，破坏日线MACD的金叉信号，最终让金叉变死叉。如果本ID是空头，一定是这样干。否则，在技术面金叉的情况下，一味在3919点颈线下打压，只能让多方高兴。空头最不利的，当然就是在技术面转向多方时，在低位损失打压的筹码。

对于本ID的多方立场，如果不利用技术上的金叉信号进行颈线的突破，那前面的震荡都白搞了，因此，突破是必需的。至于突破是否有效，这是后话，突上去再说。攻上去后，对于多方来说，需要对3919点的颈线进行反抽。而空方，需要出手打压制造假突破，因此，下午的回落同样是多空双方都乐意看到的。细心的投资者一定会发现，下午回落的最低点，刚好是本ID在N周前就开始反复强调的3919点。

现在，对于短线走势，消息面有着决定性的意义。在技术上，对颈线突破后需要三天的回抽确认。刚好本周的最后两天和下周第一天是消息面上最大的动荡期，技术与消息，在这里产生完美的碰撞。

本ID虽然站在多方立场上进行战略部署、战术安排，但对空头的所有伎俩，当然也分析得底儿朝天。站在大的角度，本ID也可以分析一下空头可以采取的最好策略，就是同样搞三角形，但这三角形和本ID为代表的多方要搞的不同。对于本ID来说，现在是三角形的第四段，而对于空头来说，现在是他们的三角形的第三段，就是这三、四之争，将构成后面技术上的最大分歧。多方搞的三角形，最后是要往上突破的，而空头搞的，是要往下突破的。

今天，是一个多空共同合力下走出的完美图形。明天开始，这种一致将被打破，而关键之处，就在消息面的配合。个股方面，今天成分股的轮动有了新的发展，但还没把人气充分激发，更多的股票里的人，都采取观望态度，甚至有些还采取借机逃跑的策略，这都是正常的。天上打架，没打出结果，下面的当然只能这样了。一旦天上打架有了结果，地下的自然就有了方向。主力、庄家的资金，也是分级别的。

对于散户来说，本ID已经说得很明确了。在有效站稳目前在4159点的1/2线之前，都以震荡行情看待，按自己的级别，顶背驰出，底背驰买，这样就不会左右挨巴掌。

等待利空落地的日子里（2007-07-19 15:29:28）

1

缠中说禅 2007-07-19 15:29:28

其实，无论本ID是否出差，和各位的距离都是相等的，也就是一层网络而已。虽然每次本ID出差，大盘就有病一般，但本ID利用战事的空闲处，也要干点别的事情。二级市场的事情，不是仅由二级市场决定的，所谓“工夫在诗外”。

现在科技那么发达，在哪里看盘都一样，别说深圳了。本ID在N多年前，就熟悉深圳的大小证券营业部，在里面留下了无数故事，有时候只能说给星星听了。在这样一个等待利空落地的日子里，说点闲话也不是多余的。

但，就算在这样一个日子里，汉奸鬼子还没罢休。看看尾盘最后十来分钟的窄幅波动，斗争一直到最后1秒。有时候，真觉得这种事情有点无聊。当然，这也是可以理解的，换了本ID当空头，只会更残忍。

现在，其实没什么可说的，在等待利空落地的日子里，大家就去倾听那落花飘落的声音。本ID有足够的耐心，等待那些火星人都知道的利空影子一样摔碎。所有爱当捕风蚊子、捉影苍蝇的，就继续吧！

该来的都来了，你还需要什么？（2007-07-20 21:33:08）

1

缠中说禅 2007-07-20 21:33:08

今天的走势无须多说，今天的消息也说得太多。该来的都来了，你还需要什么？

当然，空头没有完全打死。本ID需要乘胜追击，不给空头反击的机会。

一切不用多说，本ID喜欢干，不喜欢说。干的已经成为历史，成为永远的K线了（见图218），如此而已。

图218 上证指数2007年7月20日前后日线图

乘胜追击之下，星火正在燎原（2007-07-23 15:25:57）

1

缠中说禅 2007-07-23 15:25:57

其实今天的走势，没什么可说的。周末，本ID在这里已经明确说了，要乘胜追击。有些人不是说要低开吗？不是说有回补的机会吗？当然，本ID尊重这种思维。但按本ID乘胜追击的思维，就是没有低开，没有回补的机会。要回补可以，当轿夫吧！

当然，这里说的是那些在3600点下狂砸诸如中国石化（600028）等股票，要把多方消灭的人。这次激战，在这里全程直播了，就像春节前后那次。最后，乘胜追击之下，星火正在燎原。本ID在开战时就说了，本ID只点火，本ID不当“解放军”。但一旦星火燎原，“解放军”自然就来。

好了，本ID该干的已经干了，后面，就看有多少草可以燎原了。对于多方来说，现在已进退自如。对于本ID，拂身白云外，回首大江横，点火事了，谁爱当火炬手就当去吧。

技术上，4159 点的 1/2 线将决定整个中线走势。由于二级市场战事已经稳定，本 ID 将花更多时间去为一个更大的战争作准备。

说说昨天的走势（2007-07-25 08:54:22）

缠中说禅 2007-07-25 08:54:22

昨天其实没什么可说的，技术上碰到前面两个高点连线，站在本 ID 三角形整理的最低要求上来看，昨天的回落理所当然。本 ID 前面说了，现在至少对本 ID 来说早已进退自如，所以要多花点时间在别的地方。本 ID 最低的要求就是三角形的第四段，昨天碰到前两高点连线，就完全达到本 ID 的要求，所以本 ID 完全不会再作为。

也就是说，如果大盘出现比三角形更好的走势，例如从这里直接突破，对于本 ID 来说是锦上添花，本 ID 乐于坐轿子。如果大盘继续按三角形走，出现一个回调的第 5 段，那么即使大盘重新回到目前位于 3700 点下的下面两低点连线，本 ID 也是可以接受的，大不了到时候本 ID 再出手。

本 ID 这次出手的目的在出手时已经公开说了，就是不让汉奸鬼子买到便宜的筹码，不让他们平台型的阴谋得逞，现在已经完全达到。本 ID 的行动，只针对汉奸、鬼子，不当解放军，这也是一大早说了的。而本 ID 目前的资金、筹码配置，在这两天已经完全调配到符合这种两者皆可的程度。这一点，在周一收盘时，本 ID 已经明确说了：“对于本 ID，拂身白云外，回首大江横，点火事了，谁爱当火炬手就当去吧。”

站在纯技术的角度，4159 点的 1/2 线是关键。现在的火炬手们，如果有能力扛住该条线，那么大盘将继续创新高。否则就去补缺口，考验 4000 点支持，甚至考验下面两低点连线（见图 219）。由于本 ID 现在已经退居二线，只坐轿子不冲锋，所以以后可以多说说技术的问题，分段也可以提供了。当然，前提是本 ID 有时间。

个股方面，本 ID 那些中长线的股票依然会继续宠信，前提是你要有足够的耐心。例如，像本 ID 4 月说的 6000 万总盘、2000 万以下流通的深圳新上市中小盘股，当时一直不动，你看现在的科陆电子（002121），看看是不是符合本 ID 当时说的中长线价值股？大盘震荡下跌这么多，对它又有什么影响？其他股票也是一样的。股票，有中长线搞头才有味道的。

中长线运作，专一点，把成本降到0，这才是股票中永远不败之道。前面说的科陆电子（002121），本ID的成本还没到0，经过这一个月的运作，也0了。注意，现在各位就千万别买了，30元以下不买，现在买，那是有病。只是持有的，可以继续按本ID的方法运作下去。成本为0后，就是保持0成本增加筹码了。对于其他所有股票，这个方法是一样的。

图219 上证指数2007年7月24日前后走势分析图

说说今天的大盘（2007-07-25 18:31:21）

1

缠中说禅 2007-07-25 18:31:21

今天，各路火炬手们都很兴奋。本ID坐轿子，当然要表扬一下抬轿子的。站在纯技术的角度,4159点站稳后，就攻击前期高位（见图219），这在昨天和早上都说了。当然，现在的上攻有点儿急，但被压抑了许久的多头力量，尽情释放一次，也是无可厚非的。

技术上，4335点明天是否突破，其实一点意义都没有。早一天晚一天突破并不重要，重要的是突破后，在适当的回抽确认后，能释放出更大的能量，否则，就要面临假突破的风险，现在，在技术上主要是面对这个问题。一旦确认假突破不成立，那么大盘就会走出一段坚定有力的行情。否则，大盘依然有考验4000点的可能。是否假突破，是今后两周行情演化的关键点。

本ID今天早上已经宣告，本ID现在在轿子上，所以绝对不出力了，只会享受本ID应该享受的成果，别人想羡慕也没用。本ID前段时间冒着枪林弹雨换来的成果，当然要好好享受，否则本ID怎么能不断壮大？怎么能在下次出手时更强劲有力？所有如本ID般以抗击外敌为使命的资金的壮大，就是对汉奸鬼子最大的打击，这没什么可说的。

个股方面，本ID前面已经反复说过，先是成分股表现。这几天成分股轮番表演，就是本ID前面说的轮动。目前各路诸侯纷纷上场，互相配合良好，也就是所谓的星火燎原了。至于非成分股，肯定会轮动到的，特别是有题材、基本面支持的，会更有中长线价值。

基本面上，现在最大的努力方向，就是争取单边印花税。全世界，只有香港、深沪、澳大利亚等少数几个市场实行双边印花税，现在深沪交易所难道不应该和国际接轨？这次，国际接轨应该成为保护国人利益的武器。那种老让国人不爽的国际接轨已经太多，早该来一次能让国人爽的国际接轨了。

不管什么面，一切都是合力。没有任何上帝，一切都在合力之中。即使没有回报，但该努力的必须努力。3600点汉奸鬼子叫嚣平台型时如此，现在亦如此。

大盘周线上的四种演化分析（2007-07-27 08:01:59）

1

缠中说禅 2007-07-27 08:01:59

大盘无分歧地创新高，才会导致真正的分歧。前天说了，现在最大的分歧就在于真假突破。但无论真假突破，突破后的调整、回抽、确认等是必然要发生的。站在周线的角度，无非四种：一种是本周的上影线调整；二是下周的周K线调整。前者是弱的，后者是强的。当然，还有一种更强的，就是下周继续拉长阳，中间有日线的跳水洗盘，再下周才真调整。最强的就是强力夹空，连收N根周阳线，全部调整以日线完成。

一切都由市场合力决定，只要按本ID的理论当下去判断市场的选择就可以。例如，今天就面临第一种情况是否出现的选择，这由今天当下的走势就可以判断。从管理层的角度看，如果出现第三、第四种走势，那么基本面上的可能变化，例如单边印花税等，就会受到更大的阻力。站在对股市中长线健康的角度考虑，本ID反对后两种走势。当然，本 ID 只是市场分力之一，而且本 ID 现在轿子坐得很舒服，因此这种反对最多只是口头上的。如果有哪些无聊的火炬手们一定要搞第三、第四种，本 ID 站在短线利益的角度，确实也没理由反对。本 ID 唯一可以干的，就是等这些疯狂抬轿子的火炬手抬到没力气时，一棍子把他们打晕，给他们上上市场风险课，配合一下管理层的风险教育。

至于第一、第二种，本 ID 都可以接受。说实在的，本 ID 更喜欢上下震荡，越震荡，差价越多，单边其实没什么意思。站在纯技术的角度，目前的 5 日线是判断能否直接真突破的关键。一旦在下周初之前 5 日线上移到目前位置，指数依然不能脱离目前的区间，大盘重新回跌的走势就不可避免了。

归纳上述，第二种走势是最有利于多头的。第一种走势，则给空头一个喘息的机会。至于第三、第四种走势，那是纯粹找死，为本 ID 做嫁衣裳。当然，这世界上想死的人很多，本 ID 也不讨厌这些死都这么有性格的。

对于本 ID 来说，前两天已经宣布退居二线，所以只会按市场的选择来当下选择自己的操作，不会主动去引导市场的方向。3700 点上，市场爱干什么，什么资金干的，本 ID 都可以接受。

个股方面，成分股的拉升轮动后，如果没有其他股票的呼应，大盘走势不会太健康，所以各位要看这轮动是否能扩散。如果不行，那么大盘的走势就要变局。现在的节奏就是一、二、三，等三线股都轮动到了，就看一线股是否能重新启动，不行，大盘就要休息了。

解盘（2007-07-27 23:09:24）

1

缠中说禅 2007-07-27 23:09:24

今天，在外围股市大跌下，能走成这样，各路火炬手是出力了，搞得本 ID 都有点怪不好意思的。当然，这也只是口头上说说。本 ID 赚钱坐轿子，从来都是心安理得，没什么不好意思的。

由于各路火炬手很多在 4000 点以上才逐步重新介入，所以现在火炬手变举重选手的机会大增，下周初就看这些举重选手举杠铃的能力了。举住了，自然有更大面积的空翻多，否则，就假突破引发一轮雪崩。本 ID 没有举杠铃的爱好，倒是如果某些人举不住，本 ID 顺势踢上两脚的兴趣更大。当然，如果各路举重选手都能更高更快更强一把，那本 ID 也乐意在轿子上多晃悠晃悠。

可能有人又要骂本ID卑鄙无耻，为什么光点火不举杠铃，一直冲上去。本ID脑子里还没有太多水，只爱点火，不举杠铃。而且本ID已经多次说过，只要在3700点上，大盘怎么走，本ID都没意见。现在，那些在3600点还鬼哭狼嚎的，突然都成了多头首脑，都在宣称自己以前多么英明神武，多么先知先觉。本ID只干，这些无聊的帽子，谁想戴就套去吧。

除非大盘有能力以最强劲的动力一口气走到6000 ~ 8000点，否则，这一段时间，在日线MACD没突破前期高位之前，本ID只能认为现在是处在背驰段中。对于本ID来说，除非背驰段被破坏，否则一切都处在区间套的精确定位过程中。而要避免背驰段，就需要对日线的MACD走势进行周密的控制。这对于本ID来说当然不是一个问题，但对于那些众多的举重选手，能否最终完成，本ID会在轿子上好好看着。一旦他们弄不好，本ID就会狠狠踢他们两脚，给个教训，让他们长点儿见识。

对于散户来说，一旦行情展开，就一定要按照行情自身的规律操作。喊口号不是操作，股票是用来操作而不是用来喊口号的。如果大盘能基本保持在前期两高位连线上进行震荡整理，那么就将走强，否则就要面对假突破后的猛烈清理。

由于今天没有出现早上分析的第一种走势，因此，后面可以选择的就只能是第二、第三、第四种了。其中的第二种，下周收线无非有三种：长阴线、十字星或小阴小阳线、带长上影线的K线。其中，只有长阴线这种是有巨大风险的。因此，只要看住5日线或前期两高点连线，只要这些线能守住，收长阴线是不可能的。而相应的走势，都可以持股或用部分筹码进行中枢震荡的操作来处理。

总之，下周初走势十分关键。如果先扬后抑，一旦再次上攻失败或15分钟以上短线背驰，将引发一次有力度的调整，反而先抑后扬能让走势更轻松点儿。个股方面，今天热点开始向非成分股扩散，这是比较好的现象。如果这种现象能维持，那大盘即使调整，后面的行情也会有可期待的地方，否则就要小心了。

先扬后抑，酝酿震荡（2007-07-30 15:19:35）

1

缠中说禅 2007-07-30 15:19:35

上周说得很清楚，只要现在的举杠铃者能顶住，空翻多的就更多了。今天，这群人动用所有力量，最终把该顶住的顶住了。

市场就是这样的一个生物链，本ID这种第一波进去的，等着4000点上进去的抬。而4000点进去的，顶住4300点，自然有新一波人进来。所以，现在

4000 点进来的也进退自如了。当然，如本 ID 者，就更自如了，上面已经有了两层保护伞。

但上周说得很清楚，本周周线上要选择第二还是第三种走势，这是一个关键。如果是第二种，那么周线上将有长上影线。而第三种，调整也会以日线形式产生。所以，正如上周末说的，先扬后抑，后面的调整压力就大了，今天的走势，就为后面酝酿了震荡。

月线上，明天是收盘日，站在第三波 4300 点进来的资金的角度看，一个十字星是最理想的。而对于第二波 4000 点进来的，一根阴线也是可以接受的，只要不破 4335 点就可以。当然，对于本 ID 这种 3600 点进来的，大阴线也无妨，不过又提供一个短差机会而已。因此，明天开始的三天，就是 4300 点进来的与 4000 点进来的两波资金的游戏，本 ID 继续看戏，偶尔三国演义一把。

个股方面，今天轮动不错，但地产等有调整压力。目前，关键看成分股里未启动的，以及有题材的成分股能否跟上。换言之，就是 4300 点进来的一批，能否坚决顶住。他们顶住，前两波也不会故意害他们，因为他们顶住，就有第四波进来，要害，也害那第 N 波的。当然，这 N 是可以等于 3 的。

完美的震荡制造完美的月线收盘（2007-07-31 16:03:53）

1

缠中说禅 2007-07-31 16:03:53

今天有没有消息都要震荡，反而因为消息的出现，使得震荡中市场各方的心理都比较平稳。盘中最大的一次跳水，刚好去回试确认 4335 点的突破。为什么？因为 4300 点刚进来的，要护住他们的成本线，今天的消息，刚好给了他们这个机会。由于今天又是月线的收盘日，所以前面两拨人也没理由故意去砸坏这图形，毕竟三拨人入场前后时间不同，但至少在做多这点儿上，暂时还是利益一致的。一个好看的月线，当然对三者来说都是必需的。

有了月线，那么 8 月的走势，无非就是长阴线、十字星、长阳线等几种。从纯技术的角度来看，本月 K 线的一半位置刚好和 1/2 线的位置差不多（见图 220）。也就是说，这月 K 线的确立，使得 1/2 线的突破有了极大的保障。虽然不能说万无一失，但至少对于多头，特别对于前面两拨进去的人来说，已经有了中线运作的第一道防线。短线，还是看 4300 点进去的这一拨，他们最大的愿望，当然是快速拉离目前位置，所以短线做多意愿最强的就是这一拨人。3600 点这一拨，当然乐见其成，

4000点进来的那拨人，也不会有太大分歧。

但是，基本面上依然有不明朗的地方。国家对目前经济形势的判断，依然有可变的地方，这是构成影响今后走势最重要的因数。因此，大盘能否把2006年8月后的走势复制一次，基本面上还有极大的不确定因数。这因数，不是哪一拨人可以控制的，那是一个合力的结果。当然，一切都确定了，这市场也太不好玩了。不确定，才有美丽与奇迹可言。

图220 上证指数2007年7月前后月线图

技术上，其实十分简单。前面几次的单边市，基本都是以5日线为支持。基本上，在单边市里，没有3天是收在5日线之下的，因此，如果不会看太复杂的图形，5日线，或者中线的5周均线，就是最简单的判断指标。如果震荡连5日线都不破，那还怕什么？日线上，可以先以背驰段看待，然后根据后面的走势去确认背驰段是否有效。短线，4500点附近如果太快通过，就会为以后的走势埋下技术隐患。本周走势，如果继续长阳，将使得可能的基本面变化埋下政策隐患。但现在急功近利者太多，而本ID也不想浪费筹码进行太严厉的调控，因为本ID并不介意这次真搞成一个背驰段。现在本ID的策略，就是尽量不作为，让各路举重选手自己表现去。

个股方面，还是一早说的两条主线，成分股和超跌股。那些从年线或半年线上来的超跌股，正慢慢把形态走好。一旦大盘中线上升走势完全确立，那么都会轮动走出行情。问题的关键是，这个确立依然不完全，所以超跌股的短线表现依然不确定。

一句话，太急功近利，就会把大盘给害了，目前大盘的关键是要走得扎实点儿。8月中上旬，基本面上也将有一个中长线的定调，具体到时候就知道了，现在还没有结果，这才是必须要关注的地方。

2

网友 2007-07-31 16:10:56

缠主，一笔是否也有类似线段那样的三角形态或奔走形态？或者说，一笔之中的非顶、非底K线，是否允许超出顶底的范围呢？顶或底是否一定为一笔的最高点或最低点呢？

缠中说禅 2007-07-31 16:14:47

一笔，是一顶一底，怎么会有三角形？顶和底，当然一定是那一笔的最高最低。如果不是，那里面一定不只一笔。

3

网友 2007-07-31 16:16:08

缠师，对于技术不好的新手，可不可以做长线投资，不理会一时的震荡或调整？

缠中说禅 2007-07-31 16:22:09

技术不好，可以把操作级别扩大为30分钟以上，甚至是日线的，这样，一个月也就操作一两次。另外，心态要好点儿，不要强迫自己一定买卖在最好的位置。最好位置的买卖，那是要靠磨练的，不可能一上手就达到，所以一定不能有不切实际的想法。

4

网友 2007-07-31 16:23:34

缠主，消息面怎么看啊？今天看两个证券报都大版面力荐钢铁股，并说机构正持续加仓中，可是买进就被套！难道消息要反着看？

缠中说禅 2007-07-31 16:35:15

2006年年尾，本ID在这里明确说了今年的两大主题：钢铁、医药。这两大板块的布局，2006年就开始了。主力资金用了这么长时间来运作，你考虑的是短线，根本不是一种层面的东西，当然没法看了。

5

网友 2007-07-31 16:36:06

博主，后面走势在顶分型第一个 K 线的区间内，可以算一笔吗？

缠中说禅 2007-07-31 16:38:37

不可以，除非在后面根据非包含处理后能找到标准的底分型。

6

网友 2007-07-31 16:37:18

感觉市场做多气氛好的时候，1 分钟甚至线段级别的上涨都延伸很久。碰到这些小级别的延伸，判断第一卖点感觉好困难，还是等第二类卖点为好，不知这样妥否？

缠中说禅 2007-07-31 16:41:21

除非你觉得自己的交易通道特别好，判断又特别精确，否则不要太多参与线段的操作。至少要参与 1 分钟以上的操作。

7

网友 2007-07-31 16:40:59

请问，9 个 1 分钟的走势类型重叠构成一个 5 分钟的中枢，那么这个 5 分钟的中枢点位和从 1 分钟递归上来的一样吗？

缠中说禅 2007-07-31 16:43:17

不一定。按 3+3+3 这样组合后确定 5 分钟的。

8

网友 2007-07-31 16:38:15

请教缠主，今天早上 9:41 至 10:35 在 1 分钟下跌那段，没有很明显的背驰，为什么后来的反抽上去的力度这么大呢？在很多股上看到有很明显的 a+A+b+B+c，但是大盘 1 分钟很不明显。谢谢！

缠中说禅 2007-07-31 16:47:59

背驰的概念，标准的在最低级别之上用，线段上的，只能是类背驰的判断。因为在线段里，如果是类小转大的，判断起来就不能光靠 MACD 了，时间太短，灵敏度不够。一般来说，小转大都有一个小平台，等小平台确认向上再介入更好，因为小转大的平台，是可以往下突破的。不过还是要强调，除非技术已经很好，否则不要参与 1 分钟以下的操作。

9

网友 2007-07-31 16:44:03

请问博主，有时，大盘的“一笔”可能就 5 ~ 6 根 K 线，走得比较平，其中存在包含关系，如果包含掉，则不能形成一笔，请问要看包含吗？

缠中说禅 2007-07-31 16:48:50

严格按定义来，有包含的一定要非包含化处理。

该来的调整，必须且及时（2007-08-01 15:33:01）

1

缠中说禅 2007-08-01 15:33:01

本周的 K 线，本 ID 在上周已经明确说过，希望是带上影线的第二种情况，否则急功近利，只能害了最终的行情。今天的调整，使得周线长上影线的小阴线已初显。后面两天，关键是第三拨人的做多决心了。强烈回收上去，则还有走出第三种情况，也就是中阳周线的可能。但这种走势，确实有点儿急功近利，反正本 ID 是绝对不出这手的。本 ID 已经早说了，震荡，对本 ID 只是一个先卖后买的短差机会。在这里等 5 周均线上来，更稳健。

技术上，今天的低点并没有跌破前面两高点连线，所以调整在合理的范围内。该线在 4260 点附近，目前 10 日线也在该位置，因此是否有效跌破该线，是一个大盘调整强弱的重要指标。一旦有效跌破，上周 K 线留下的缺口将面临考验。对于第三拨人，该线是他们的生命线。当然，对于前两拨，其实无所谓，就看第三拨人表演吧。

由于今天跌破 5 日线，因此后面的反抽如果不能上 5 日线，则大盘的调整将加大，能重新上去，就将重新挑战 4500 点。即使能突破 4500 点，最好能反复震荡，否则，将引起昨天所说的 8 月中上旬基本面上的重大不稳定因数。还是昨天那句话，不要急功近利，要爱护市场本身。

大的技术上，日线上的背驰段依然成立。如本 ID 般第一拨进来的，一定不能在这个位置加码，而是用先卖后买打差价的策略，通过震荡把成本降低。万一大盘真不能突破4500点，走出多头陷阱，到时候砸起盘来也更爽。大家好好去看看，现在叫嚣冲多少多少点的人，在3600点的时候，是不是那些吼着要跌破多少多少点的。行情是合力的结果，是一步一步走出来的，预测都是忽悠，按照正确的策略去操作才是一切。

如果能看明白线段、中枢、走势类型等，现在这种行情是最好操作的。注意，节奏一定是先卖后买。卖错了不怕，如果大盘真能突破4500点，很多中低价股都会大幅启动的，还怕买不到好股票？不杀跌，不追涨，按照买卖点来。各位看看今天的高点，是一个15分钟级别的背驰引发的，里面的区间套极端完美，可以仔细研究。由于现在60分钟并没有进入背驰段，因此，不能说日线的背驰段已经被定位，只能看成是一个15分钟卖点引发的。本周注意15分钟以上级别的卖点，这在上周已经提醒，如果没看懂，请好好继续学习。

明天才是大盘短线的关键（2007-08-02 16:06:21）

缠中说禅 2007-08-02 16:06:21

今天，没跌破昨天本ID所说的前期两高点连线以及10日线，所以出现反弹就理所当然了。加上外围因素的影响，也给第三拨进来的人壮了胆。今天，大盘也收在了昨天特别强调的5日线上（见图221），但这并不意味着大盘就平安无事了。

大盘在6月20日、21日，也走出过类似的K线组合，而且时间上也是周三、周四，而周五的下跌，就使得一轮大调整得以确立。当然，一般来说，历史不会简单地重复。这里只是要提醒，今天的走势其实并不重要，关键是明天。考虑到周末消息面的因素，这个时间还要延伸到下周一，也就是说，下周一前能否确认重新站稳5日线，将是短线大盘走势的关键所在。

对于新进的第三拨人，他们不想就此站上N个月的岗，必须要在这里奋力一搏。现在，比6月20日、21日有很多有利的条件。技术上，MACD形态好多了，下面有前期两高点的连线，上周的周线缺口，技术上有三周不补就以后再补的惯例。也就是说，新进来的一拨人，只要能顶住三周，至少可以把某些中线资金给忽悠进来。因此，对于这拨人来说，别无选择，必须守住前期高点连线，重新站稳5日线。

但是，这拨人也有可能最终毁了市场，为什么？这拨人如果急功近利，迅速突破4500点，引发大量新资金涌入，那么上半年的单边行情将不可避免。但目前国家对经济的总体判断与相应的对策，都在一个敏感时期，如此走势，必然导致目前对多头有利的舆论、政策环境发生极为不利的变动。目前，比印花税还要严厉的，就

图 221 上证指数 2007 年 8 月 2 日前后日线图

是关于交易制度、交易规则的改变。如果谁到处乱搞，把这东西给搞出来了，那才是真正恶劣的事情。

虽然多头目前有能力快速突破 4500 点，但一个稳健的走势依然是必要的。在 4500 点附近进行合理的震荡，将对市场长远的发展有好处。甚至，在 4000 点到 4500 点进行一个长时间的大箱体震荡，也比再掀起一场连续 N 根周 K 线长阳的运动要强。

当然，市场往往不会按照理智的方式行进，市场往往就是醉生梦死疯一回。首先，对于如本 ID 一样第一拨进来的，一定要采取这样的策略，就是绝对不增仓，因为在 3600 点开始都买够了，现在还买是脑子水太多的表现。其次，采取保持仓位先卖后买打差价的策略，这样成本降低，就永远立于不败之地。再次，一定不要听任何人忽悠马上要冲多少多少点，冲是别人的事情，我们的事情就是坐轿子。你有本事把轿子抬到华山顶上，我们也没意见，但只要有人抬不动，就一定要一脚把轿子给踹了。

个股方面，成分股继续打冲锋。一旦确认周线突破成立，二三线股会跟上的。下面给出这次下来的一个分段。红色向下箭头给出的是黄白线或柱子面积等的对比，看看就知道这些买卖点是完全可以当下判断的。现在，一个 1 分钟中枢已经形成，短线走势就看这中枢的演化，一切当下判断。

2

网友 2007-08-02 16:13:10

请问博主，如果全球性股灾来临，中国能独善其身吗？

缠中说禅 2007-08-02 16:16:02

不可以，千万别相信中国股市逆全球股市而涨的忽悠，一天可以，两天可以，但不可能永远。

3

网友 2007-08-02 16:42:11

请教两个问题。

（1）在标准特征序列里，构成分型的三个相邻元素，是指构成分型的三笔吗?

（2）“特征序列的顶分型中，第一和第二元素间不存在特征序列的缺口，那么该线段在该顶分型的高点处结束，该高点是该线段的终点……”和“特征序列的顶分型中，第一和第二元素间存在特征序列的缺口，如果从该分型最高点开始的向下一笔开始的序列的特征序列出现底分型，那么该线段在该顶分型的高点处结束，该高点是该线段的终点……”这两段描述看着没有什么区别?

缠中说禅 2007-08-02 16:47:11

特征序列里的三相邻元素不是真实图形的连续的三笔，如果是向上的线段，里面的元素是那些向下笔。

这特征序列的分型，是把特征序列里每一元素当成一根 K 线形成的，不是实际图形上的分型。

4

网友 2007-08-02 16:51:27

博主，那个三爱富（600636）跟您当初所说的相差甚远，希望您能回答一下。谢谢!

缠中说禅 2007-08-02 16:59:59

三爱富（600636）没什么问题，在长线建仓中。就像中粮糖业（600737），虽然从 7 元多到 10 元多了，依然在长线建仓中。注意，建仓都是动态的，如果成本没有降到一定值，建仓完不了。

一个天大的误解，就是建仓时成本要很高。其实高明的人建仓时，成本可以不断下降。当然，这种手法，对于没耐心、短线思维的人来说是痛苦的。所以本 ID 说过，散户也要学会动态建仓。

醉生梦死疯一回，游戏正式开始（2007-08-03 15:57:58）

1

缠中说禅 2007-08-03 15:57:58

坐轿子的感觉确实不错，坐在轿子上看沿路风景，别有一番情趣。下面，是关于坐轿子上华山的第一天日记。这个日记，将有N日N章。

今天大盘跳空高开，使得6月20日前后的K线组合不可能出现。昨天已经说过，“市场往往不会按照理智的方式进行，市场往往就是醉生梦死疯一回”。站在第三拨人的立场上，尽快远离4300点，吸引第四拨人进来，本来就是急切的事，至于后面将引发什么，他们当然无所谓，前两拨人就更无所谓。一般来说，越到后面的第N拨，其成分将越杂乱。如果说第一拨人的成分是最纯净的，到后来就三教九流，什么都有了。

今天的大盘开始迎来第四拨人里的先头部队，周末如果没有什么太大的坏消息，那么第四拨人里的主力部队将在下周大面积进入。这拨人的成分将比第三拨更杂，有前三拨中中途开小差的逃兵，有看所谓周线突破有效进入的技术人士，有在外面卖外卖，现在回家开店的，更大面积的是那些被钱烧得发慌的各路男女等。醉生梦死疯一回，游戏正式开始。

对于前三拨进来的人来说，从现在开始，最后埋单的是谁，也就是N等于几，已经不重要，关键是如何把这个游戏玩得长一点儿。这个时间并没有什么上帝去规定，是一个合力的结果。从下周一开始，这个游戏的时间T开始计算，T从0开始，向着尽可能大的数进发。这就如同玩电子游戏，去预测在第几关结束是脑子有水的表现。

也正如玩游戏，关键是操作的策略，而不是预测游戏在第几关结束。目前的操作也一样，预测都是无聊的把戏，关键是有精密的操作。操作是针对不同人的，如同玩游戏，高手和低手当然不是同一玩法。

对于低手，本ID反复说过最基本的操作策略，就是短线看5日线，中线看5周线，长线看5月线，只要不有效跌破，相应的操作就不用操作了，持股看着就可以。何谓有效跌破，就是跌破后反抽上不来，这种反抽当然和对应的级别有关。例如一个月线的跌破，至少要看下个月反抽的情况，而不是看一日。

对于大资金以及散户里的中高手，就是要利用震荡机会降低成本。一路上涨，一路把成本减下来，但持仓数量不变。这样，你的成本就自然随着大盘的上涨而下降，也就是钱越来越多，但筹码没少。这是既回避大盘可能的突发非系统风险，又能完全把握市场利润的有效方法。

对于散户里的高手，就要充分利用大盘震荡中板块的轮动机会，获取市场最大的机会。

有人可能问，做不到高手怎么办？那就做低手。持股都不会，大盘晃悠一下就鸡飞狗跳的，那还炒什么股票，让股票炒你就行了。

昨天已经说了，“个股方面，成分股继续打冲锋，一旦确认周线突破成立，二三线股会跟上的”，这个结论继续有效。只要第四拨资金能被忽悠进来，那些已经消除业绩风险的二三线股，以及有题材的股票将大肆表现。例如，你没看到这两天，本ID已经大肆引诱各位到北京旅游了吗[①]？注意，题材股的操作，一定不要追高。过了这个村，还有那个店，天天都有新机会，不管谁的股票，都不必追高。

股票都是废纸，一个好的策略与心态，能让你把废纸变成黄金。

技术上，把今天的分段放上来，还搞不清楚的，请好好学习。例如图222中的7，这是什么？是下面那1分钟中枢的什么[②]？这么标准的图形都看不明白，那请把本ID的课程重新读一遍。

周末，大家放风去吧，别让股票把自己的生活套牢了！

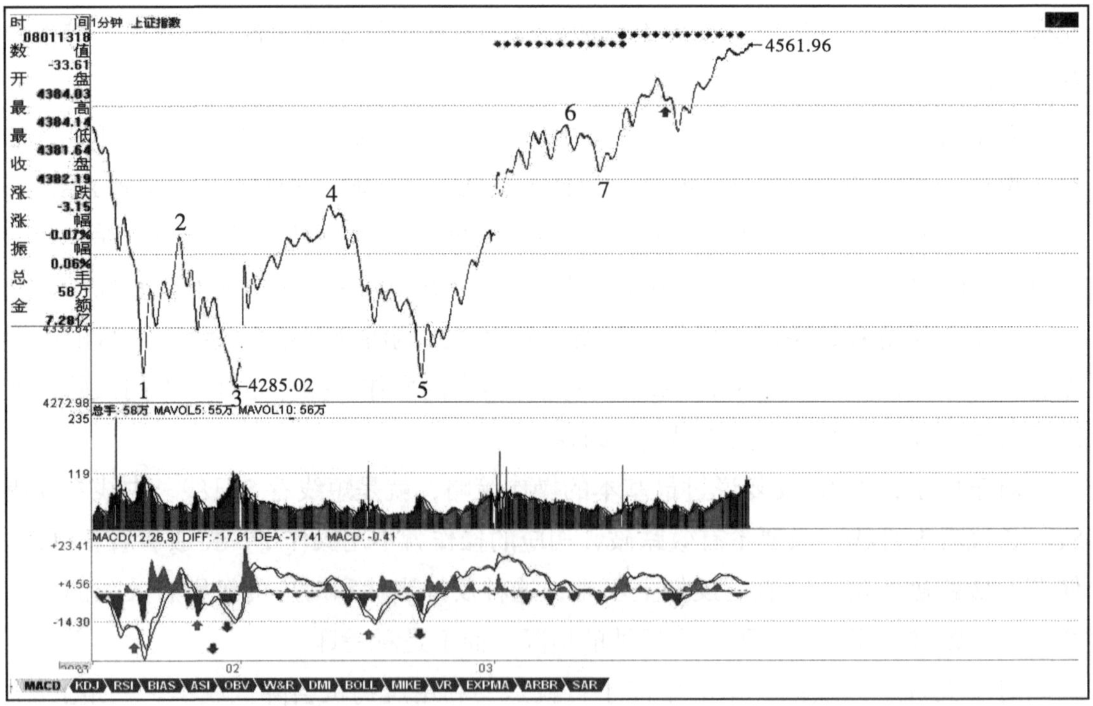

图222 上证指数2007年8月3日1分钟走势图

①这里缠中说禅暗示大家买入北京旅游（000802）这只股票。

②意指7是中枢的第三类买点。

成分股行情的泡沫化阶段正式开始（2007-08-06 15:58:43）

1

缠中说禅 2007-08-06 15:58:43

本 ID 曾说过，“在总市值超越 GDP 之前谈论股市泡沫是可笑的，在中国股市总市值超越其 GDP 之前，第一阶段行情不会结束”。现在，这个目标已经达到，中国股市的总市值已经达到 GDP 了。本 ID 曾经很明确地指出，第一阶段“行情最主要体现在以权重股为代表的成分股上”。但在今天这样一个日子里，本 ID 必须宣布，成分股行情的泡沫化阶段正式开始。

GDP，就是整个股市市值波动的中枢，前面是恢复性上涨，恢复到这个中枢上来。而从今天开始，将是远离该中枢的泡沫化阶段。一般来说，泡沫化阶段的行情，将逐步走向全面疯狂，大笨象们都可以跳出小步舞，疯狂的上涨将如瘟疫般蔓延。这个阶段可以很短暂，也可以延续相当一段时间。可以远离中枢 30%，也可以远离 300%，但最后的结果都是唯一的，就是回跌到中枢。

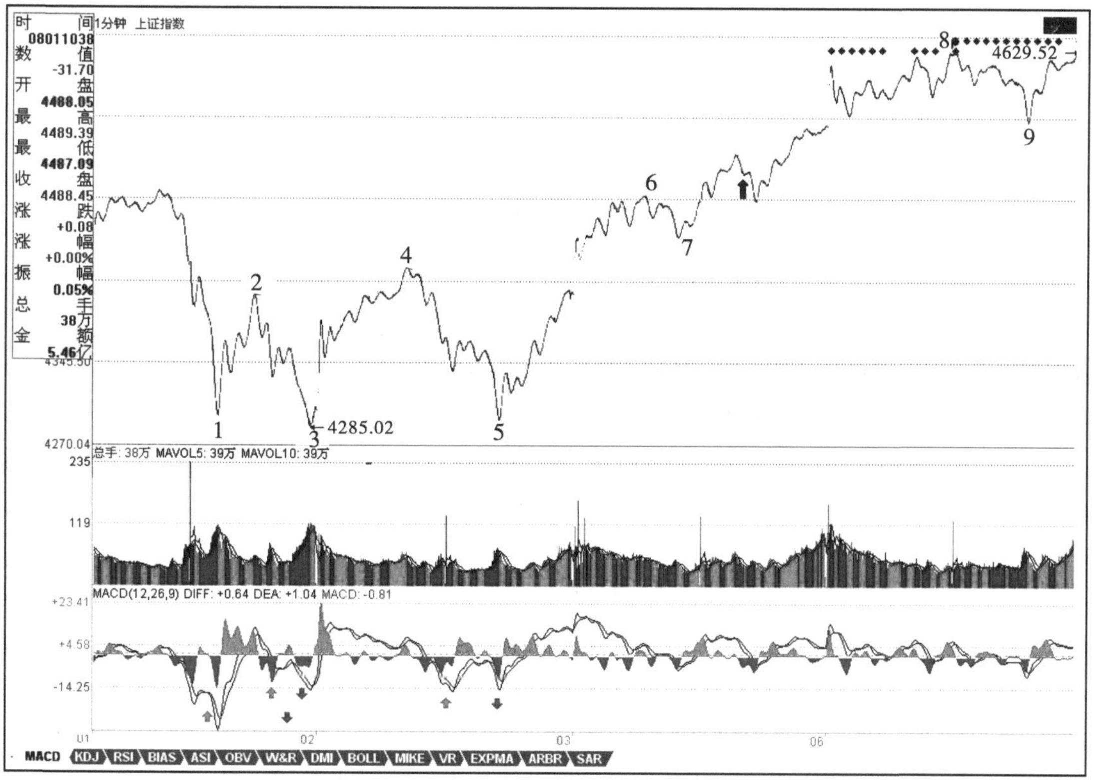

图 223 上证指数 2007 年 8 月 6 日 1 分钟缠中说禅分段实例

所有如本ID般正在轿子上享受的，首先要在思想上明确这波行情的性质，但不用慌张。能在泡沫中安心享受，在泡沫最后一刻一脚把泡沫踢破，本来就是投机的好境界。好好享受，好好利用，别浪费了疯狂轿夫们的力气。

一般在这种泡沫化阶段，本ID的原则就是只坐轿子不动手。本ID握有大量中字头的大盘股票，基本每一个带中字头的成分股票都有，这在3600点的时候，本ID专门说过的。等这泡沫化达到高潮时，这些都是很好的踢破泡沫的种子选择。其他就是原来的那十几只、二十只成本为0的股票，这是作为所谓的二三线股配置的。这些股票，反而有些会长线继续关注，因为第二阶段的成长股行情中，有些会成为种子选手。本ID的仓位都是按20年的思路来建的，对有些股票，本ID绝对要搞它20年以上。

短线走势，看看图223就很明白，8–9形成的线段，和下面的6–7形成线段上类上涨走势。当然，这个走势可以延续下去，直到形成新的1分钟中枢，前提是后面的上攻不形成类背驰，否则，将至少在目前位置形成一个1分钟级别的中枢震荡。是否背驰，就是明后两天关注的重点。一旦形成背驰，那么一个大的震荡不可避免。

个股方面，成分股的冲锋依然会继续，但二三线股的行情将逐步加温。今天最大的问题就是，周末第三波人的宣传能力太差，确实是乌合之众，其他方面资源太少，使得被忽悠的第四波人的进入还没达到应有的程度，因此，这几天第三拨人如何在忽悠方面表演，可以继续看戏。如果第四拨人的进入速度太慢，那么大盘必然要背驰而出现震荡。目前外围股市腥风血雨，如果这两天能上，一定是第三、第四拨人最大的利好，那就等着吧。

因迎奥运一周年而延迟的震荡只是延迟了（2007-08-07 22:18:38）

缠中说禅 2007-08-07 22:18:38

显然，8–11已经极为标准地形成1分钟中枢，11–13可以看成该中枢的一个延伸。而13–14，这个对中枢的离开后形成14–15的回抽，构成1分钟中枢的类第三类买点（见图224，严格来说，一个线段是不能构成买点的，只能是一个类买点。因为在这种理论前提下，1分钟中枢是最小级别，而最小级别的走势，必须至少包含一个1分钟中枢，因此说1分钟的第三类买点，只是类比地把线段当成了1分钟的次级别。这只是类比说法，在严格的理论上，不能这样认为）。

由于收盘，使得16开始的17段走势是否完成无从判断，因此，明天一大早的走势就是决定该线段结束的位置。如果在图中 10 之下（也就是 4645 点下），那么将形成一个 5 分钟的中枢，（8–11）+（11–14）+（14–17）。

注意，一定要注意，一般来说，由于第三类买点后并不必然导致上涨的延续，而是还有第二种选择，就是形成更大级别，也就是 5 分钟级别的中枢。一般来说，在走势上，第一个中枢的第三类买点能形成上涨的概率比第二个中枢的要大多了。对于上涨中第二个中枢以后的第三类买点，其后形成上涨继续的概率越来越小。也就是说，这些第三类买点的参与价值越来越小。站在实际操作的角度，在第一个中枢已经买了，根本没必要等到第二个以后中枢的第三类买点才介入，那是脑子反应慢的表现。因此，无论明天开盘后那线段走成什么样，连超短线介入的价值都不高，是典型的刀口舔血。

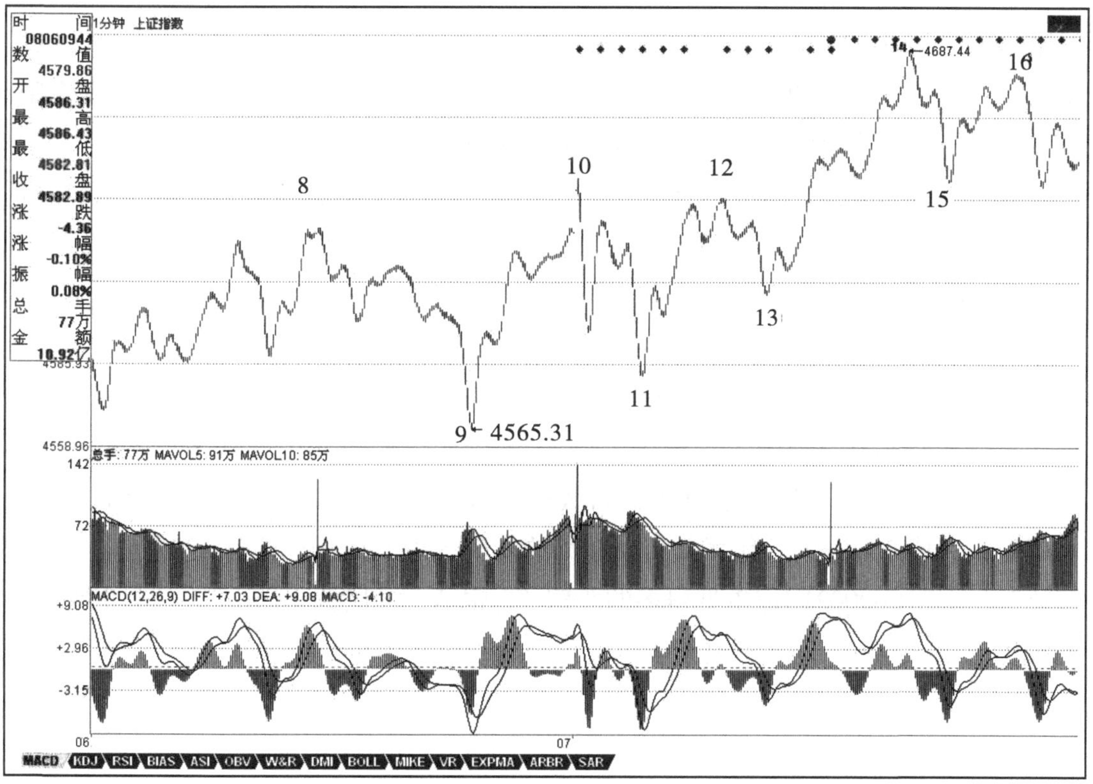

图 224 上证指数 2007 年 8 月 7 日 1 分钟缠中说禅分段实例

明天开始，要关注的反而是因迎奥运一周年而延迟的震荡。震荡只是延迟了，但延迟不等于消除，要发生的一定会发生。昨天留下的 2 点缺口，也构成技术的吸引力。因此，对于实际操作来说，如何应付好这震荡，才是首先需要关注的事情。当然，不排除明天出于某种原因有护盘力量使得这震荡被减震了，但周四、周五依然有极大可能补回来。技术上，4500点突破后，还没有一次有力度的震荡去确认突破的有效性。一般来说，这种程序是少不了的，人为因素，最多就是用时间换空间，但能否实现，那还两说呢。

个股方面，本ID让各位来北京旅游，这几天已足够热情了。现在，短线也没有任何参与价值了，该股是本ID的中线股票，来回折腾到2008年是必然的，但并不意味着就永远不回杀了。至于那等比股票①，本ID一早就断言，等真启动的时候，肯定是所有人都拿不住的时候。算了，这些小盘股，不会让太多人获利，就那么点筹码，还不够塞牙缝的，千万别追高了。这种小盘股，追的人一多，马上又是一个灾难。大资金有什么优势？大资金的优势就是可以在一只股票上耗上一年半载还能把成本给搞没了，而小资金没必要把时间浪费在其中，有些钱不是和任何人都有缘的。

本ID从3600点开始买股票，只和国资委保持一致，只买中字头，这可是在当时暗示过了。最近中船（中国船舶，600150）、中铝（中国铝业，601600）之类的股票发疯，可别以为是真疯了。当然，这类股票最近都涨多了，就别买了，欣赏吧，顺便去想想国资委为什么前段时间出那减持的规定②吧。

对中字头的股票，本ID只说了一个③，原因是那只股票价位低，对于散户合适点儿。现在走得怎么样，各位也看到了，不温不火，就已经从7元多快到12元了。这就像2006年12月底，本ID在6元让各位买那只药④一样，就是送一个大包子给各位，让各位挣点学课程的学费。

那药，可是本ID准备搞20年的股票，为什么？华润把万科搞到中国老大，为什么不能把药搞到世界老大？现在20元，还S股，本ID六七元大力抢入的，成本早就0了N个月了，不搞它20年，怎么对得起自己？现在，本ID对这只股票的要求很低，保持0成本，一年增加1到2倍的筹码。别人挣钱，本ID挣筹码。至于那只比三一重工(600031)成本低得多的股票⑤，也从7元跑到10元了，这只股票基本面有不确定的地方，高了就别追了。对这只股票，本ID的信心可不大，只是如打家

①指西部资源（600139）。

②指国资委和中国证监会2007年7月6日联合公布的《国有股东转让所持上市公司股份管理暂行办法》《国有单位受让上市公司股份管理暂行规定》以及《上市公司国有股东标识管理暂行办法》三个政策性文件。这一系列文件对股改后国有单位转让和受让上市公司的方式、定价原则、审核程序、转让或受让方资格、协议签订、价款支付等方面作了规范性要求，并明确了相关各方的责任。国资委出台减持规定的主要目的，可以理解为国资部门希望保持国有经济控制力，通过采取有效手段来控制国有股减持节奏，避免国有股大量套现对市场造成压力，维护证券市场的稳定。

③指中粮屯河（600737）。

④指华润三九（000999）。

⑤指华菱星马（600375）。

劫舍一般，劫他一票而已。

二三线股会逐步苏醒，但成分股的疯狂会直到泡沫破裂，直到结束第一阶段的行情。

当工行都发疯后，轿夫们还有什么把戏？（2007-08-08 15:44:40）

1

缠中说禅 2007-08-08 15:44:40

今天的震荡，已经在昨天明说了，而且昨天还特别强调某种护盘力量出现的可能。但这种力量，并没有改变震荡的本质，只是让这种震荡更具有迷惑性。

震荡的位置，昨天也说了，就是那差 2 点未补的缺口，今天两次的下跳都在上面受到特别关照。如果这都能把人晃晕，那就请抓紧学习和调整心态了。显然，从图 225 可以看出，昨天说的 5 分钟中枢确立后，这种中枢的震荡将一直维持到出现其第三类买卖点之后。

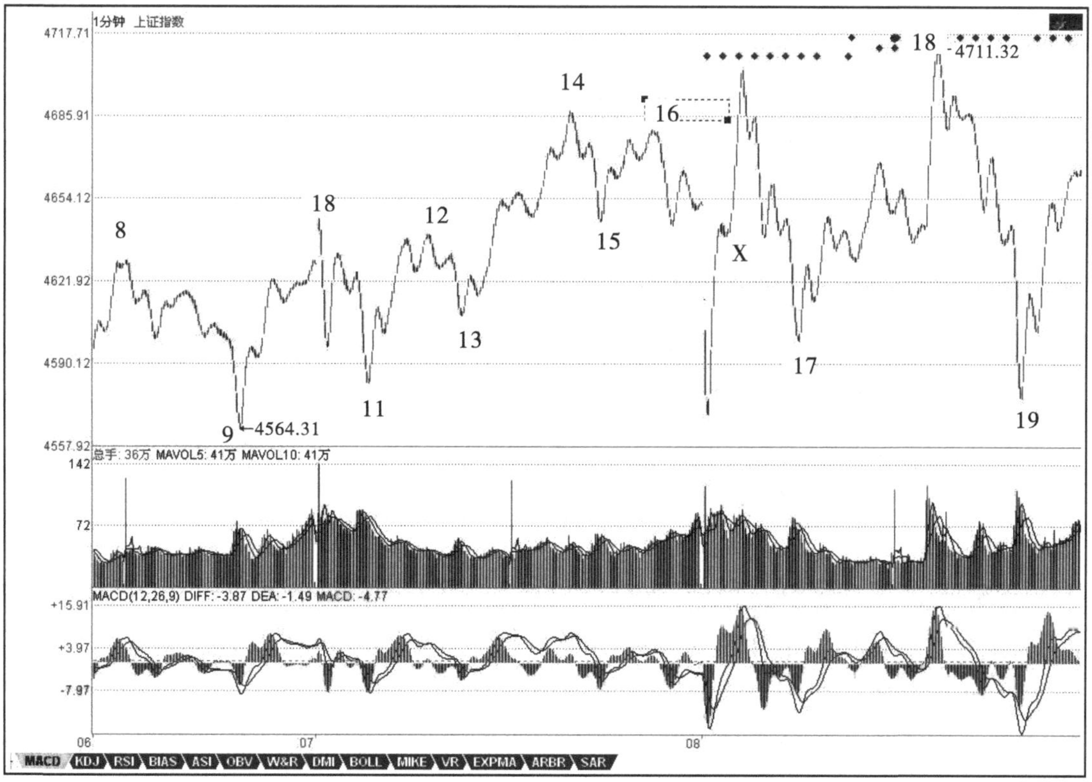

图 225 上证指数 2007 年 8 月 8 日 1 分钟缠中说禅分段实例

目前在4600点上下的这个5分钟中枢震荡，对应的是4300点那个中枢。也就是说，3900点上来，已经出现第二个5分钟中枢，因此，该5分钟的上涨类型是可以确立了。但正如昨天所说，一般第二个中枢以后的第三类买点，即使出现，最后演化成更大级别中枢震荡的概率也在逐步增加。因此，在操作上一定要坚持以下原则：在第三类买卖点出现之前，必须先卖后买。一旦出现第三类卖点，则坚决等待更大级别中枢出现或下跌完成后再介入。

当然，没这个技术的，看5日、5周、5月均线。短线上，后三天是关键，因为5日线已经逐步上来。如果在目前位置不能有效向上，那跌破5日线，向5周线靠拢寻求支持，就是理所当然了。

现在，对于第四拨人来说，一个现实的问题就是，当工商银行（601398）都发疯以后，还有什么可折腾的？一个最简单的办法，就是继续把汽车、交通、能源等最近没特别折腾的也折腾一遍，然后再继续原来折腾的轮动，再搞一波，把第五批也给诱骗进来。那时候，比本ID前面说的大笨象跳小步舞还要厉害的是大笨象都变小笨鸟，飞得满天都是了。

当然，这只是第四拨人的如意算盘，能否打响，要走着瞧了。我们只需要坚持前面的买卖原则，边把成本降下来，边耐心看轿夫的表演。至于没这技术的，就看着均线把股票拿住。

顶住明天，第四拨人才可能解脱（2007-08-09 16:04:24）

1

缠中说禅 2007-08-09 16:04:24

昨天说，工商银行（601398）发疯后，第四拨人只能继续轮动板块，把第五拨人蒙骗进来。今天，板块轮动再次展开。当然，本ID已经给这轮行情定了一个性，就是成分股的泡沫化行情。最终，大笨象要跳小步舞，甚至都要变成小笨鸟飞得满天都是，行情的发展继续按这个性质不断展开。至于哪天才会泡沫爆破，无须预测，市场自然会给出。

走势上，图226中，20–21是14–17的1分钟中枢一个类第三类买点。站在8–17这个5分钟中枢的角度观察，明天是否能形成第三类买点就极端重要了（注意，图形一收放，图中数字会走，本ID今天才发现这问题，昨天图中的17位置移动了，今天这个位置才是对的。其实，这个根据定义就很容易发现，17后向上的中间有一个X，就是因为这不构成一笔，因此，18必须到目前的位置才满足至

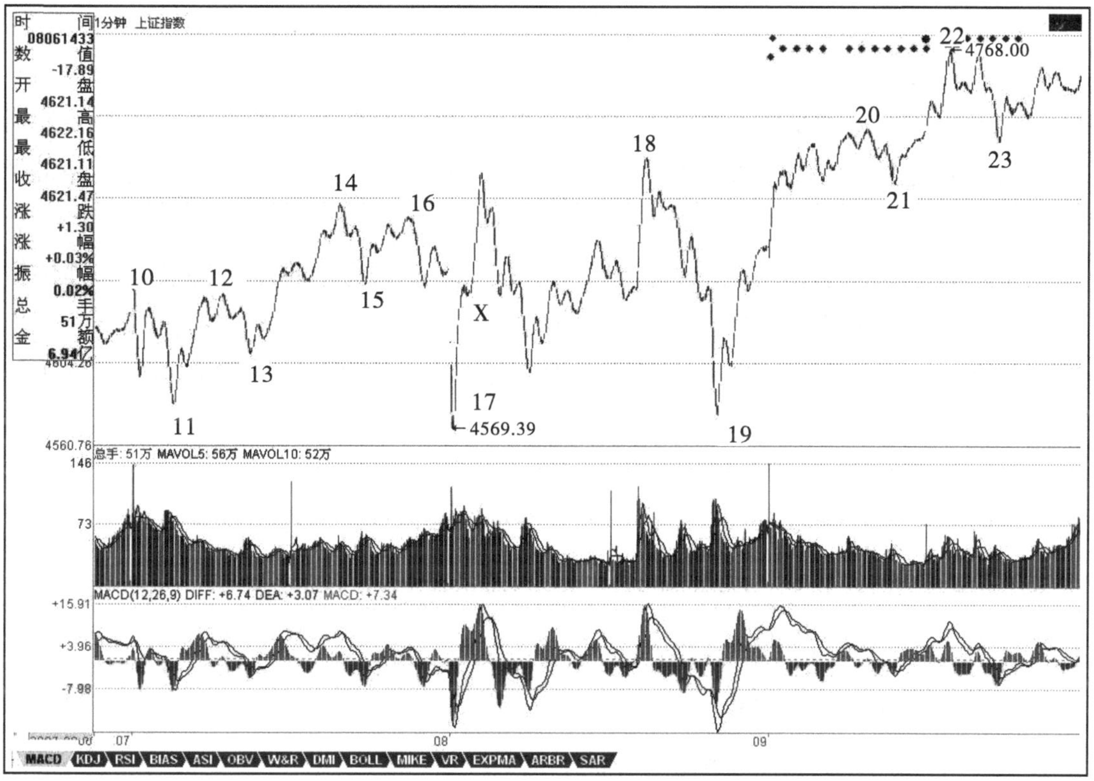

图 226 上证指数 2007 年 8 月 9 日 1 分钟缠中说禅分段实例

少三笔的要求)。

今天的题目是针对此而说的，只要明天能顶住，形成这个 5 分钟中枢的第三类买点，然后再拜托周末没有大的消息，再给两天时间大肆宣传，下周一，新的资金才会有机会补充进来。今天成交量萎缩，显示第四拨人的努力有不靠谱的地方，因此，明天的第三类买点至关重要。一旦出现跌回 8–17 的中枢这种走势，那么这群人当举重手的可能性就根本无须探讨了。

看不明白上面内容的，本 ID 已经给出最简单的方法，就是短线看 5 日线，这就可以让你安心持股了。技术高的获取更高的利润，这是天经地义的。复杂的不会，那就玩简单的，千万别吃夹生饭。会就会，不会就学到会。没学会之前，就先用简单的方法操作。对于已经学会的各位，也应该养成好习惯，就是边看盘，边把线段给分了，这样操作起来就一目了然了。这包括大盘和自己操作的个股。

注意，本 ID 说了只坐轿子，但没有任何地方，本 ID 曾经说要看空。本 ID 之所以能在市场中生存十几年且不断壮大，唯一的秘诀就是底部之后只坐轿子。本 ID 的方法很简单，就是留了机动的资金后，把仓位打到最大，然后不断在出现中枢震荡时保持仓位，把差价搞出来。一般情况下，到一段行情顶部的时候，本 ID 原来的仓位都要下降到70%~75%。注意，筹码不丢失，只是钱多出来，所以仓位自然下来了。这样，无论发生什么情况，本ID都是大赢家了。

在市场中，关键是能长期保持盈利，本ID从来没见过喜欢当轿夫的最终能活下来的。谁爱当轿夫就当去，本ID依然如故。而且本ID还特不厚道，还要经常批评轿夫的姿势不美。例如，本ID今天就要批评轿夫们，本ID其他中字头的都不错，就是中国石化（600028）、中国银行（601881）有点儿蔫，连新高都没创。哪位轿夫有力气的，也来拉一把吧。另外，抬中铝（601600）的，动作优美点儿，今天走得不好看，搞了一个双针出来。潍柴动力（000338）的轿夫，手脚麻利点，反正都要上100元的，就别摆太多姿势了。中国国航（601111），走势也比较弱，连南航（600029）都比不上，太不应该了。

做股票，要有放松的心态。轿子都不会坐，那就当抬轿的，或者当饺子给人吃了吧。

2

网友 2007-08-09 16:09:56

缠师好，这几拨咋不光顾俺们的轿子呢？

缠中说禅 2007-08-09 16:14:48

成分股行情，首先是最大那50家，然后是300①，最后才会轮动到二三线股。当然，这不是绝对的，只是大方向。

缠中说禅 2007-08-09 16:26:22

应该是两市权重前50，然后两市的前50就是前100了，然后是300。一般中间那种情况很少用到。

3

网友 2007-08-09 16:14:41

老师，股指狂升，很多股票价格却不动，反而跌，怎么理解？

缠中说禅 2007-08-09 16:18:21

这太正常了，上半年二三线股涨的时候，大盘成分股也没怎么动，风水轮流转。从今天开始，可以慢慢关注沪深300中的股票，大盘50股票会慢慢扩散出去。当然，还可以关注大盘50中没怎么动的，没动的都会轮一遍的，前提是有一定级

①指沪深300成分股。

别的买点。

4

网友 2007-08-09 16:17:25

缠主，我看大盘图一直有顶背驰却不下跌，是不是我看错了？

缠中说禅 2007-08-09 16:21:19

MACD 只是辅助，首先要把走势给分清楚，否则怎么知道是哪段和哪段比？这次上来这一段，可以先看成是 5 分钟级别的背驰段。如果背驰成立，就至少重新跌回 4600 点上下的中枢，最迟在周一前就有结果，也就是说，这是这个背驰段是否成立的结果。

5

网友 2007-08-09 16:23:10

缠师您好，我被北京旅游（000802）困住了，短时间还有解套的机会吗？我知道前天您对北京旅游（000802）有很明确的指示，但我又贪了，结果……想您提示最近它的走向可否，谢谢！

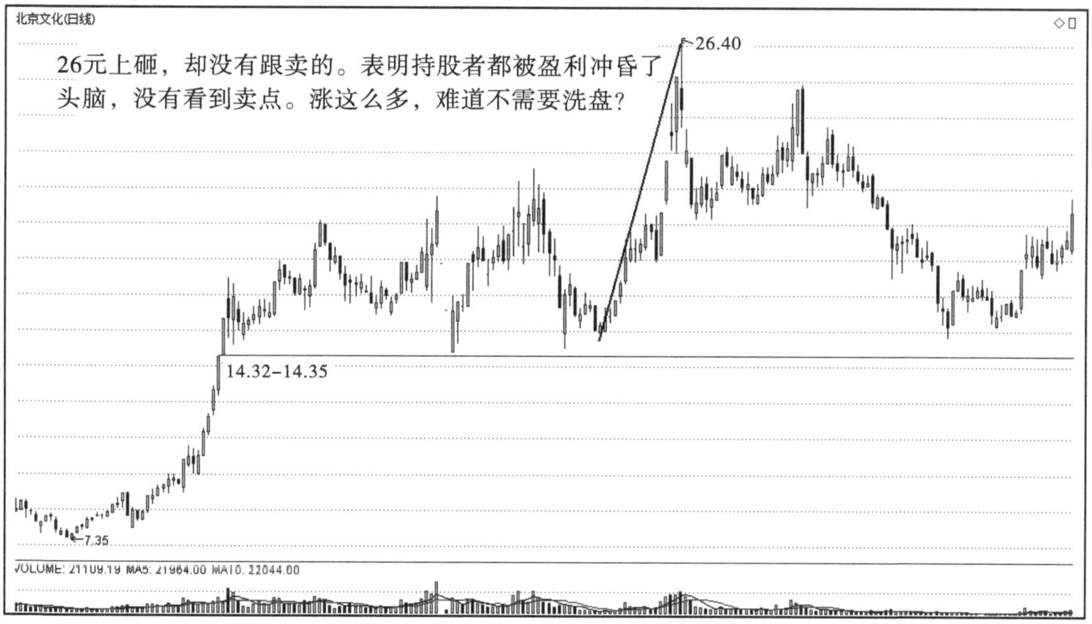

图 227　北京旅游（现北京文化，000802）2007 年 8 月前后日线图

缠中说禅 2007-08-09 16:33:36

本 ID 也奇怪，昨天在 26 元上砸，怎么跟着的不多，本 ID 就像搞了一个塔山阻击战一样。这只股票，要休息一下，但 2008 年肯定比 26 元高，这是没问题的。下来，本 ID 会回补，把差价锁定。

6

网友 2007-08-09 16:32:52

博主什么时候讲讲个股的线段划分？现在看大盘操作个股有点儿不灵。另外，那个您说过的中字头这两天表现也不好，您也点评一下这里面的轿夫吧。谢谢！

缠中说禅 2007-08-09 16:37:33

中粮糖业（600737）没什么大事，涨了 N 元了，也该洗洗。该股票形态上还不够完美，如果下面的均线能移上来，把短期、中期、长期均线进行一定的缠绕，那就更完美了。现在的问题是，时间上不知道够不够，尽量吧。

7

网友 2007-08-09 16:39:04

请问博主：线段走完的划分，多少有些滞后性，因为至少需要类顶分型中一个向下的一笔后才能最终确定。虽然可以根据 MACD 辅助提前判断，但是有时即使是放量强势拉升后，线段的回跌力度也很大，可以 6%上下，有时又只有 1%多，形成类三买。

那么从操作程序上来说，离开中枢向上的线段，是不是即使回跌幅度连手续费都不够也要先卖出，再看情况回补呢，还是有什么好的方法可以区分可能的回跌幅度？可否结合线段概念出来以后，再重新把操作程序给诠释一遍？谢谢！

缠中说禅 2007-08-09 16:45:46

本来就不能用线段来操作，至少要 1 分钟以上级别的。当然，实际上，一定用线段操作也可以，这样就要用类背驰的概念。

8

网友 2007-08-09 16:49:13

博主好，目前学习您的线段理论后，对大盘的走势略微入了一点门了。但头疼的是，资金却始终在低位，原因就是始终找不准板块的节奏。您能对板块的轮动或如何发现市场的热点指点一二么？谢谢老师，盼复！

缠中说禅 2007-08-09 16:54:02

板块轮动是蔓延开来的，有一个核心。例如，这次的核心就是大盘 50，然后蔓延到沪深 300，然后是二三线股。这个过程在进行中，至于能否完成，那就需要很多因素了，例如政策面能否支持这么长时间的上涨。

热点在震荡中蔓延（2007-08-10 15:56:27）

1

缠中说禅 2007-08-10 15:56:27

昨天已经给了第四拨人一个任务，就是顶住。可以这样说，在外围环境如此恶劣之下，总算顶住了。当然，站在本 ID 不厚道的角度，会说他们姿势不够优美。周末消息面，就决定这拨人的短线命运。

技术上，今天 5 分钟的第三类买点并没有被制造出来，因此依然只能归于中枢震荡的范畴（见图 228）。下周一，能否制造此买点，将决定短线大盘的上攻力度与强度。当然，偷懒的，看不懂的，就继续看 5 日线，这确实是懒人的懒招数。

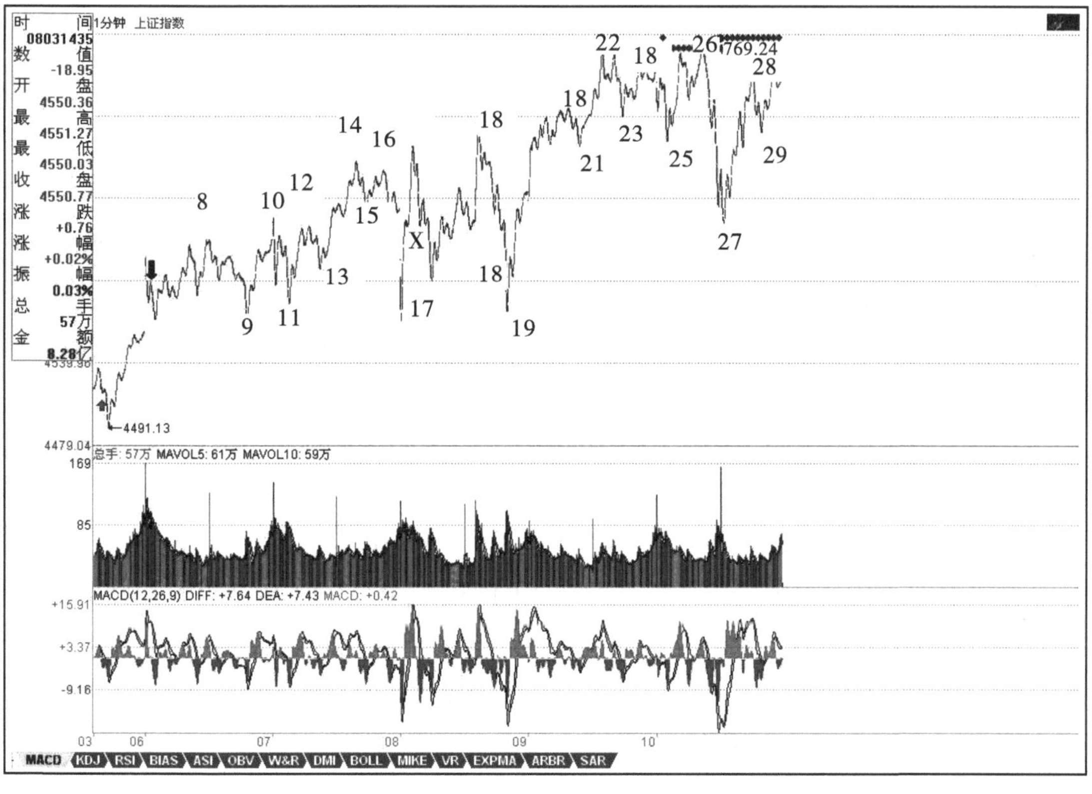

图 228　上证指数 2007 年 8 月 10 日 1 分钟缠中说禅分段实例

个股方面，昨天在回答问题时说了，现在是从大盘50到沪深300的热点蔓延。如果这蔓延能成功，那么大盘的热度还会增加，今天，这个迹象已经显现。更重要的是，今天ST股大面积启动，表明短线的投机资金也开始蠢动起来。下周的热点蔓延能否成功，是决定行情延续时间的关键。

个股方面，中字头是本ID的主力，对那些不启动的中字头，轿夫都应该向中核科技（000777）学习。本ID昨天那一通批评还是有点作用的，看看今天的中铝（601600）、中国国航（601111），但国航确实太弱，跟着南航后面跑。算了，大周末的，就不想影响大家心情了。其他股票，等大盘炒热后，会逐步补涨。

热点，如期蔓延中（2007-08-13 15:38:41）

1

缠中说禅 2007-08-13 15:38:41

上周末说了，热点会逐步蔓延，从沪深50到沪深300再到二三线股。今天，沪深300中已经躁动不断，而二三线股，也已经有不少按捺不住蠢蠢欲动了。今天唯一不完美的，就是第三类买点还没有走出来，所以明天的走势依然有变数。最简单的，还是看5日线。

从4200点上来的走势，从图229就可以看到，一种走势类型的划分已经逐步明朗。1–14是一个1分钟的上涨走势。14–27，是一个5分钟的中枢。27–32，是对该5分钟中枢的离开，该离开与回抽依然没有完成，就看明后两天的发展。如果能形成第三类买点，那么其后就看是否形成背驰性走势，否则，就要在14–27的区间形成30分钟的中枢了。

个股方面，没什么可说的，还是中字头。N天前，本ID批评中国银行（601881）和中国石化（600028）连新高都上不去太过分，今天也都基本新高了。从这里可以看出，中字头就是有力量。当然，所谓的中字头，就是大型国企，只是本ID比较懒，就买其中以“中”字开头的，这样好记。当然不会有人觉得，如果没有中字头的就不会涨了。

原来的那十几只老股里，依然是中字头的中核科技（000777）表现最好。后面，一旦热点蔓延开来，其他都会逐步动起来的。本ID买股票从来都不是乱买的，8元让各位买中核科技（000777）时，各位当然不可能知道该股基本面将会怎样，但本ID就知道，这就是对基本面的把控能力。光技术面，只是一方面。

例如，城投控股（600649），大概到现在，没人知道这只股票里卖的什么药。但

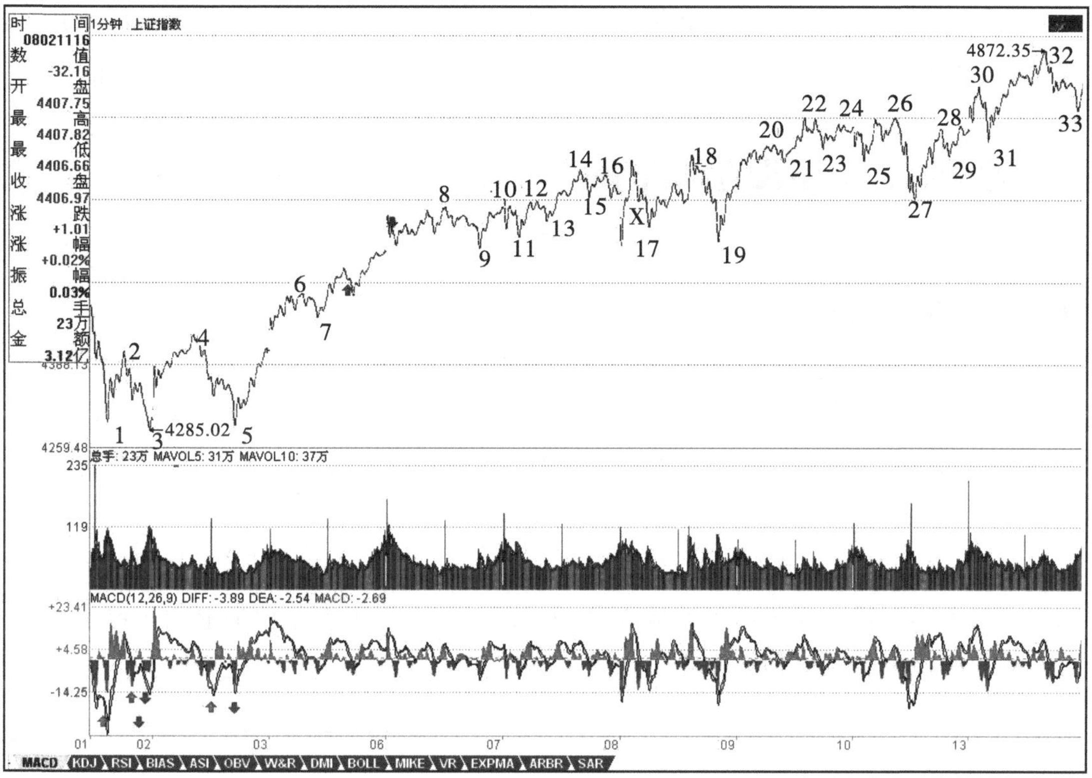

图 229 上证指数 2007 年 8 月 13 日 1 分钟缠中说禅分段实例

如果你去研究一下该股现在管理层的资本运用辉煌历史，还有上海市对国企重组的计划，当然就会明白。本 ID 当时让各位在 6 元买入，不是瞎说的。好的剧本，当然是慢慢展开的。本 ID 经常是在序幕时就告诉各位，所以，如果没耐心，千万别买本 ID 说的股票。否则，请问，有谁能把中核科技（000777）从 8 元拿到现在？大概除了本 ID，来这里的人是不会有了。

2

网友 2007-08-13 21:40:22

老师好！大家现在对今天的 32-33 为什么不是三段有争论。毕竟其中的底分型符合成立的定义，希望老师能讲讲。另，我对各级别的组合后再寻找区间套特别乱，希望老师能说说。

缠中说禅 2007-08-13 21:56:16

请先搞清楚底分型是从哪里开始算起，哪里算是结束。这种前面是下跌的，对应的第二段是上涨的，其特征序列就是看向下的。这第三个向下的，已经跌破原来第一段的底，怎么能属于第二段里的特征序列？

特征序列的底或顶，首先必须要属于这个特征序列才行，这是前提条件。其实，如果第二特征序列没有三个元素，就根本不存在出现分段中第二种情况的可能。

热点蔓延，阳光下没有新鲜事（2007-08-14 15:49:37）

1

缠中说禅 2007-08-14 15:49:37

当然，没有阳光下也同样没有新鲜事。今天的走势，唯一的特点，就是没有新鲜事。从上周起，本 ID 不断强调热点开始蔓延，今天，这热点已经开始燎原。

沪深 50→沪深 300→二三线股，本 ID 已经给股票的热点蔓延画出了线路图。现在，不过是按着线路图的一种演绎，正所谓阳光下没有新鲜事。

今天，14–27 这个 5 分钟中枢的第三类买点 35 也总算给憋出来了（偶尔看到有问为什么不是 9 段？ 9 段可延伸成 5 分钟中枢，可不等于 5 分钟中枢就一定是 9 段，这么简单的逻辑关系可别搞糊涂了）。

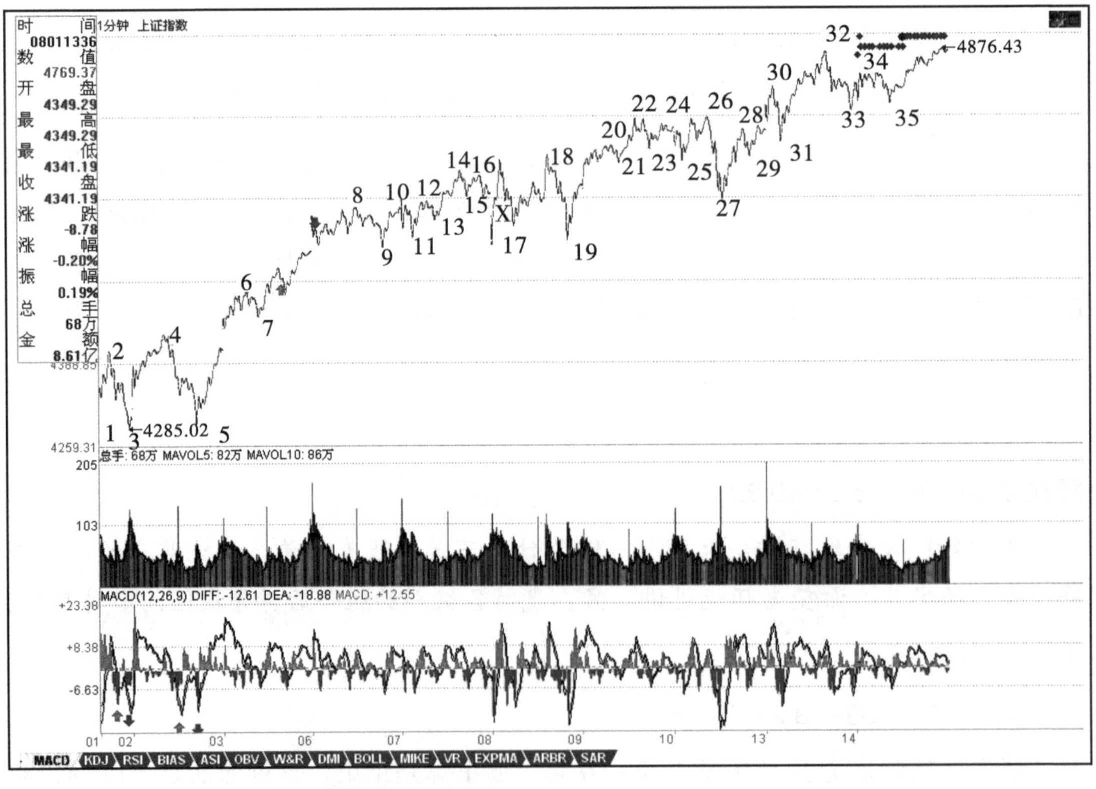

图 230 上证指数 2007 年 8 月 14 日 1 分钟缠中说禅分段实例

5 分钟第三类买点后，只有两个选择。

（1）继续上涨，直到形成新的 5 分钟中枢。

（2）在目前位置附近形成大一级别的 30 分钟中枢。

现在，关键是热点的蔓延持续，只要这个没问题，一切都好办。

注意，本 ID 现在是战略转移，0 成本的股票是不会抛的，没到 0 成本的，本 ID 也不会胡乱抛的，没到卖点，凭什么抛？今天，能在 49 元下买到西部材料（002149）的，可要感谢本 ID（见图 231）。某人脑子进水，竟然企图让本 ID 在 50 元下出来，一开盘就企图打压，脑子有水吧？这只股票，本 ID 会抛至少一半的，但想让本 ID 今早 49 元以下就抛，简直病得不轻。

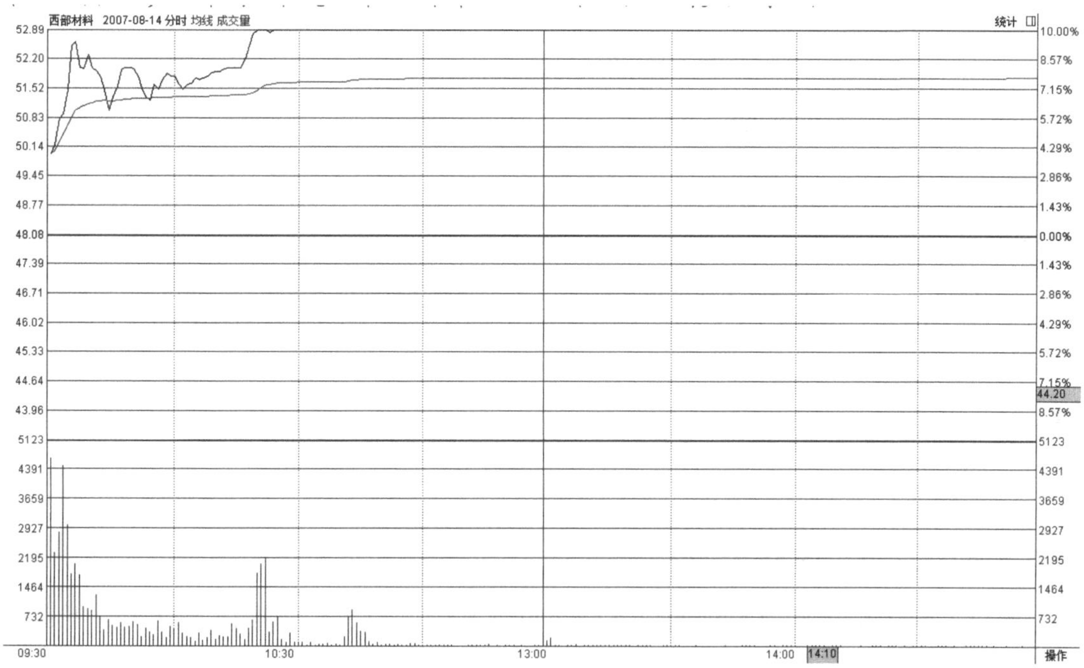

图 231　西部材料（002149）2007 年 8 月 14 日分时图

站在日线角度，提两个思考题。

（1）目前日线的背驰段解除没有？提示，关键是哪段和哪段比。连相比的对象都没分清楚，还谈什么背驰段？更不用说什么精确定位了。

（答案：当然没有，本次这段要比的，是从 2006 年 8 月到今年 5 月 29 日这段。为什么？因为这段前后两个中枢是同级别的，而今年春节前后那一个不是（见图 232）。从日线图的笔、线段上分可以看出，前后两个中枢是由三笔构成，而春节那个只有一笔。当然，仔细地划分，可以从 1 分钟图上的中枢级别来分辨。）

（2）4174 点的 1/2 突破后，下一条真正的压力线在哪里？

（答案：是 2/3 线。目前在哪里，各位自己算算。）

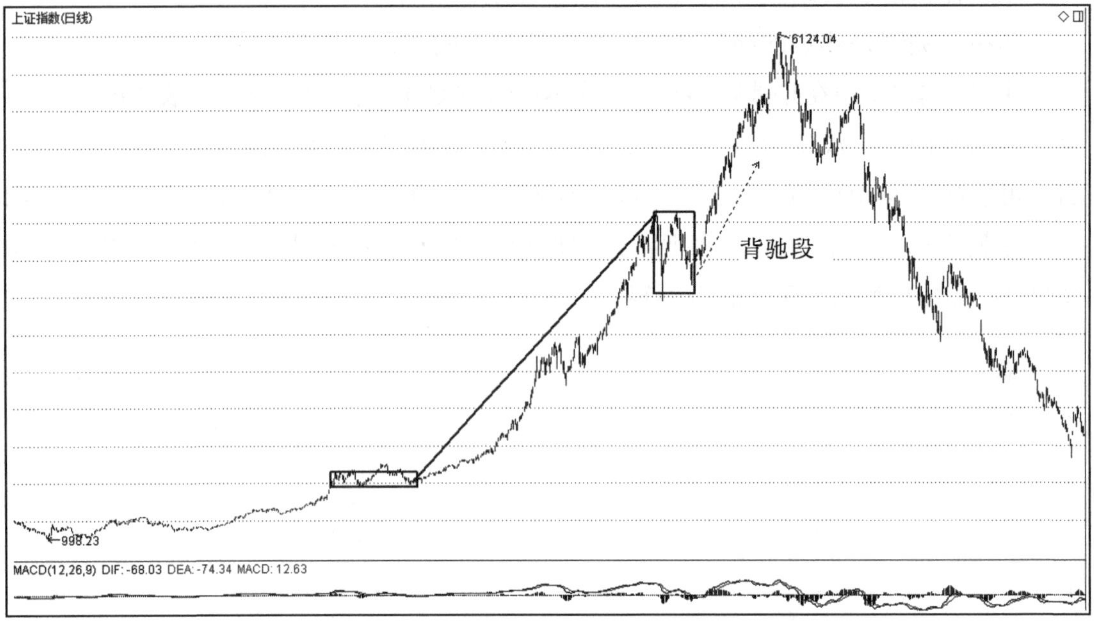

图 232 上证指数 2007 年 8 月之后日线背驰段示意图

外围因素引发今日震荡（2007-08-15 15:49:33）

1

缠中说禅 2007-08-15 15:49:33

最近，外围市场跌声一片的，弄得全世界都坐卧不宁，中国市场震荡一下也很应该。技术上，昨天已经很明确地说了，现在，或者继续上涨直到出现新的 5 分钟中枢，或者就在这里形成一个 30 分钟中枢。除此之外，别无选择。

今天早上冲高后，一个 1 分钟级别的背驰出现。整个 1 分钟的上涨，是图 233 中的 17–38，两个 1 分钟的中枢。37 是对最后一个 1 分钟中枢 32–35 的第三类买点，因此，该上涨极端完美。背驰的 MACD 辅助判断，看 5 分钟图更为明显（各位请自己去看，在 5 分钟图中，看对应 1 分钟图中的走势去比较力度）。这是一个标准的走势，十分教科书。

后面的震荡十分正常了。现在，从 8 开始的走势的一种划分也自然当下给出了，就是 8–17 是一个 5 分钟中枢，然后 17–38 是一个 1 分钟级别上涨。从 32 开始，一个 5 分钟中枢的雏形也出现，极短线走势，就看这 32 开始的走势的演化情况。

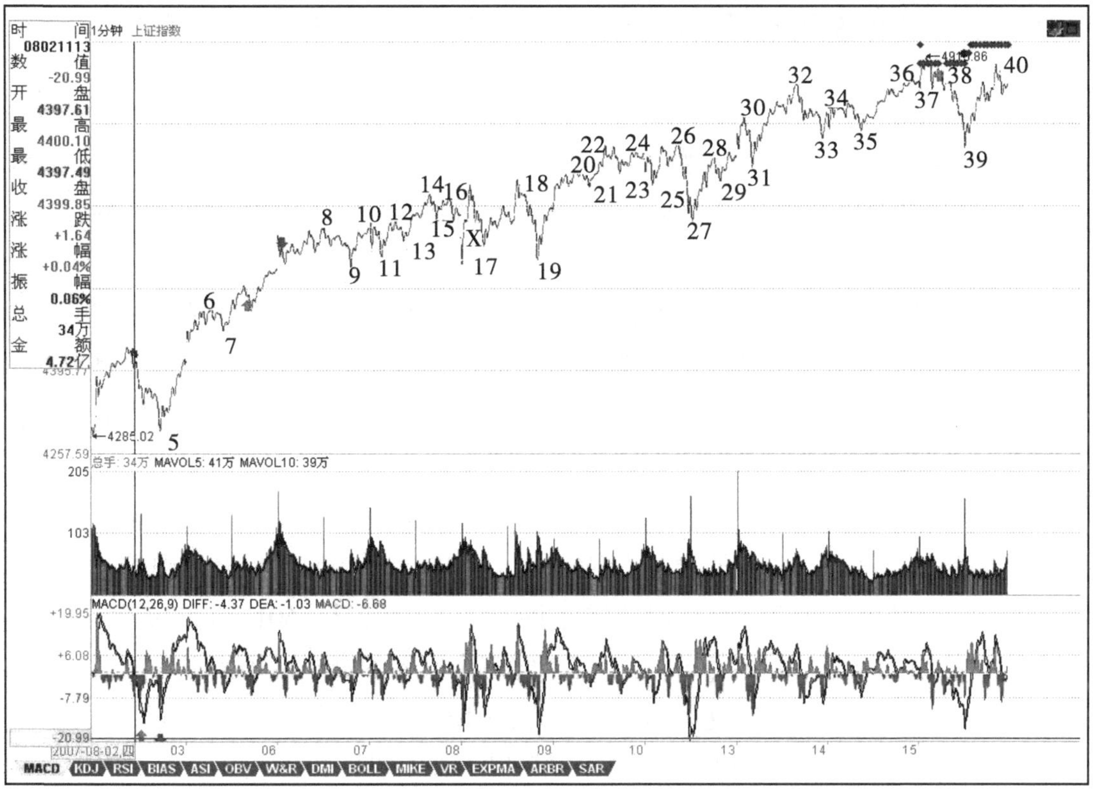

图 233 上证指数 2007 年 8 月 15 日 1 分钟缠中说禅分段实例

个股方面，请问西部材料（002149）让各位爽了没有？当然，后面的走势和本 ID 没关系。本 ID 只在上周五最高卖到 43 元，然后把其中 41 元附近一部分清单在这里放了几个小时。这只股票为什么还有这么多人抢入，最主要的是基本面与成长性。本 ID 在 N 个月前，强调过中小板成长股的中长线价值，后来，本 ID 也告诉过介入了科陆电子（002121）。注意，这只股票和西部材料（002149）都与大众公用（600635）有关系，那纯属意外。对中小板，一定要看其成长性，而且要有耐心。

注意，任何股票都不值得追高，包括西部材料（002149）这样的。

不过，这都是老皇历了。本 ID 现在不会再买任何二级市场的股票，只等待机会把成本不为 0 的出掉变为 0，然后都去干 PE 去。至于其他股票，本 ID 说过的任何股票，本 ID 都持有着，当然，很多都是 0 成本的，但本 ID 都会持有到牛市结束。

全球化，没有市场可以与世隔绝（2007-08-16 15:41:56）

1

缠中说禅 2007-08-16 15:41:56

“全球化社会里，没有哪个股市是可以与世隔绝的。”现在的问题已经很明确了，就是要注意月线上影线的杀伤力。

当然，没必要预测这个问题，而且本 ID 从来都认为，美国的事情对中国的影响从来都是战略性的。中美游戏，只看最后结果，中间都是游戏而已。就像原来的蒋委员长，最终只得了个蒋匪看海水之蓝终老，谁能把美国搞成美匪，显然更牛于将蒋委员长搞成蒋匪。

美国出现暴风雨，全世界陪着挨冻，但至少今天中国的散户，很多都没有这种感觉。为什么？因为二三线股被热点蔓延了。本 ID 从上周起，反复用到的就是蔓延这个词，这确实是一个度过风雨时节的好办法。搞工商银行(601398)的被美国搞了，现在正痛苦中。那些到香港 QDII 的，终于知道全世界的资本市场都不好玩了。而这里二三线股的火，能否温暖这风雨之夜，就看明天和周一了。

全球化，没有市场可以与世隔绝，但可以创造与世隔绝的板块。二三线股，本来就是给点儿烛光都能灿烂，关键是，如果烛光都不给，有点光就把投机大帽子盖上，那就瞎闹了。那些二三线股一动就忽悠投机的，脑子里肯定水太多。当然，现在不比上半年，这二三线股之火能否燎原，还真不好说，走着瞧吧。

大盘走势上，图 234 中 16 这点，如果跌破，那么形成 30 分钟中枢震荡就是唯一选择了。换言之，4700 点如果不破，还有在目前位置形成新的 5 分钟震荡可能，也就是原来的 5 分钟上涨走势依然能维持。短线调整级别的大小，就看这 4700 点。

这一点，关键还是要看美国这病人的表现。说实在的，本 ID 是宁愿中国这边 30 分钟甚至日线震荡，也希望看到美国一直走弱。

注意，图 234 中的 46 并不百分之百确定，因为如果明天大幅度高开，那就要改变了，这里只是大致标记上。

2

网友 2007-08-16 15:45:17

（1）按缠主所说，32-35 若是 1 分钟中枢，是否 32-33、33-34、34-35 都是笔而不是线段，也就是所谓的次级别走势。它们的重叠构成 1 分钟中枢，也就是在某

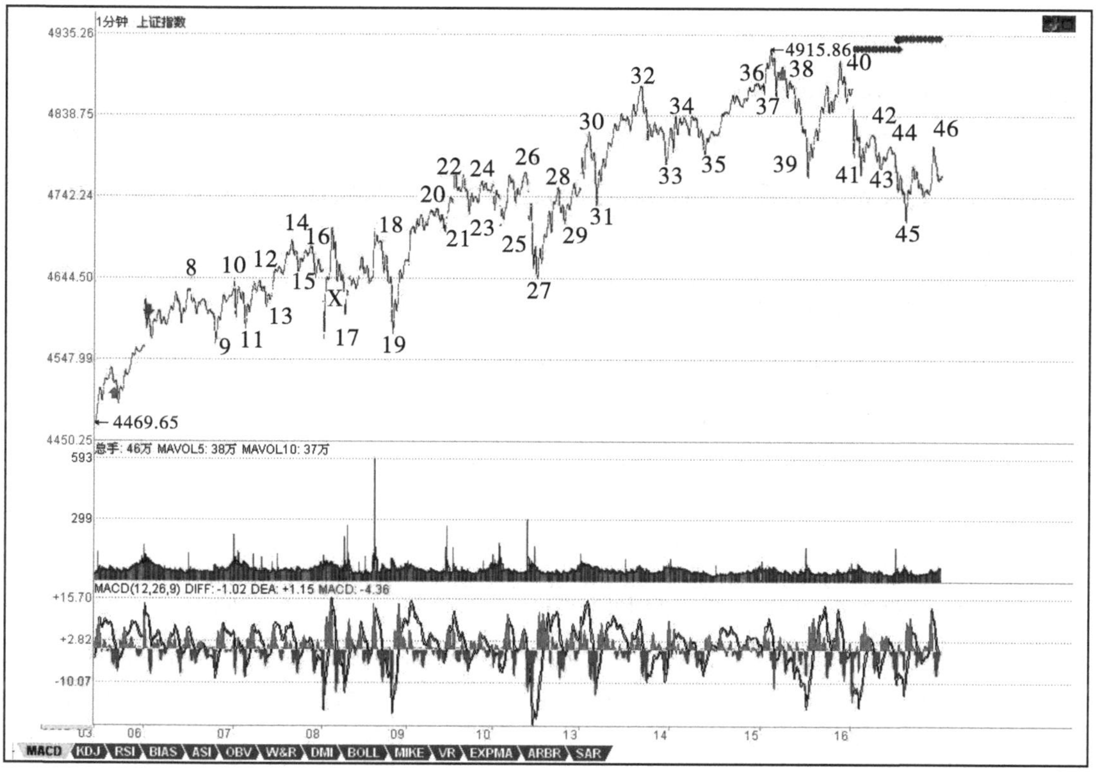

图 234　上证指数 2007 年 8 月 16 日 1 分钟缠中说禅分段实例

一级别走势图上，类似 32–35 的三笔，就可以构成该级别的中枢，不需要再到更低级别的走势图上去看了。

（2）日线背驰段的问题，缠主说，是从 2006 年 8 月到今年 5 月 29 日这段，为什么？因为这段前后两个中枢是同级别的，而今年春节前后那一个不是。我看 MACD 图，2006 年 8 月至今年 5 月 29 日这段的黄白线挨得一直很近，也就是二者交叉形成的面积不大，下面的红柱子也不高，明显感觉今年 7 月到现在红白线交叉形成的面积和红柱子面积都比上面那一段大，为什么背驰段还没解除？

缠中说禅 2007-08-16 15:50:48

请先把概念搞清楚，32–35 是 1 分钟中枢，32–33、33–34、34–35 怎么会是笔而不是线段？三笔能构成一个 1 分钟中枢？

MACD 只是辅助，关键是要把中枢找到，把前后对比的走势找对。并不是 MACD 回抽就有背驰，如果这样，那直接研究 MACD 就可以了，还用其他的干什么？

3

网友 2007-08-16 15:48:44

缠主，一笔是否也有类似线段那样的三角形态或奔走形态？或者说，一笔之中的非顶、非底K线，是否允许超出顶底的范围呢？顶或底是否一定为一笔的最高点或最低点呢？

缠中说禅 2007-08-16 15:58:06

一笔，是一顶一底，怎么会有三角形？顶和底，当然一定是那一笔的最高最低，如果不是，那里面一定不只一笔。

4

缠中说禅 2007-08-16 16:04:18

注意：发现还有人把一笔之间的分型，与线段之中的各笔给搞混。一笔，只有一顶一底，如果顶接着顶，那其中一个肯定不是真正的顶，这是在笔的范围里说的。在笔里，当然没有什么三角形之类的东西，笔就是一个线段，两个端点。但线段中的各笔之间，是可以有各种图形的，只要这些图形不破坏线段本身。

5

网友 2007-08-16 16:06:32

缠师，有个问题，前天好像才出现第三类买点，为何之后却出现更低的价格？是受系统性的影响么？

缠中说禅 2007-08-16 16:16:47

有没有这买点且不说，就算有，也是有级别的。难道一个1分钟的第三类买点就保证永远上涨，显然没有这种事情，所以先搞清楚级别。第三类买点后有两类选择，更大级别的中枢与继续上涨。如何分别这两者，以前课程说过，就是看相应走势是否出现盘整顶背驰。

盘整顶背驰，对应更大级别的情况，后面出现下跌，那是天经地义的。但即使是更大级别的，从第三类买点到盘整顶背驰，理论上必然保证有一段向上的过程，更不用说继续上涨那种情况了。但理论从来不保证向上以后就不再向下。

6

网友 2007-08-16 16:23:14

缠师，我自己实在缺乏战术，才买中国银行（601881）就这么跌。长期投资一定没问题的，你说对不对？

缠中说禅 2007-08-16 16:29:29

本 ID 反对任何操作失误用长期投资来掩盖。长期投资，就是要在大级别买点介入。例如年线、季线、月线的买点，然后一直持有到大级别卖点再卖，这才是真正的长期投资。

当然，中国银行（601881）最终肯定是套不住的，关键是操作上要有正确的思维方法。任何一个操作，必须要知道对在哪里，错在哪里。如果本来想 1 分钟操作的，结果搞错了，就用长期投资搪塞，那是自欺欺人，这样是很难进步的。

用本 ID 的理论，和别的完全不同，所以必须洗心革面。在本 ID 这里，任何东西都是有精确定义的，包括长期投资。

7

网友 2007-08-16 16:28:41

现在我发现自己在对待顶背驰与底背驰的问题上有些困惑。底背驰抓得比较准，但顶背驰往往错过，仿佛近视了一般。

缠中说禅 2007-08-16 16:34:13

这不是技术问题，而是心态问题。一直以来，大多数人都是容易买对，永远卖不对，结果就是坐电梯。说白了，就是贪婪所致。

宁愿卖早，不要卖晚。卖早，有钱，就有新的机会可以把握。卖晚，不仅坐电梯，还把机会成本给提起来了。

至于卖点的精度问题，那是一个磨练的过程。卖多了，精度自然高，对理论的把握自然好。一把好刀，一次都不用，有什么用？

8

网友 2007-08-16 16:30:22

博主，请问 36–37 怎么回事，能说说不？看着 36–37 没有 3 笔呀，下上下，后面那个下，不能成为 1 笔，难道是缺口的缘故？

缠中说禅 2007-08-16 16:40:06

当然，如果一定要坚持 9:25 那竞价不算，那么自然不是一笔，那就把 36 标记到 4915 点那个最高点就可以。

但事实上 9:25 必须算，竞价是最重要的时刻之一，这里的意义重大。而且，这里刚好形成下面中枢的第三类买点，后面上拉的技术意义更明确了。

网友 2007-08-16 16:40:09

紧急请教博主：图 235 中上证指数 44 处，根据线段定义，似乎不是顶分型呀，因为随后一笔大幅下跌形成包含关系。这里的疑惑，一定帮忙解答一下，因为这个问题很普遍，不搞清楚，很难分好线段。

缠中说禅 2007-08-16 16:44:08

这里是第一种情况，也就是特征序列缺口被第一笔就封闭的情况。这种情况，任何三笔其实都构成对前面线段的破坏。没必须探讨第二段特征序列分型的问题，那是第二种情况考虑的问题。注意，在第二种情况下，即使封闭，肯定不是被第一个给封闭的，因为这样就变成第一种情况了。

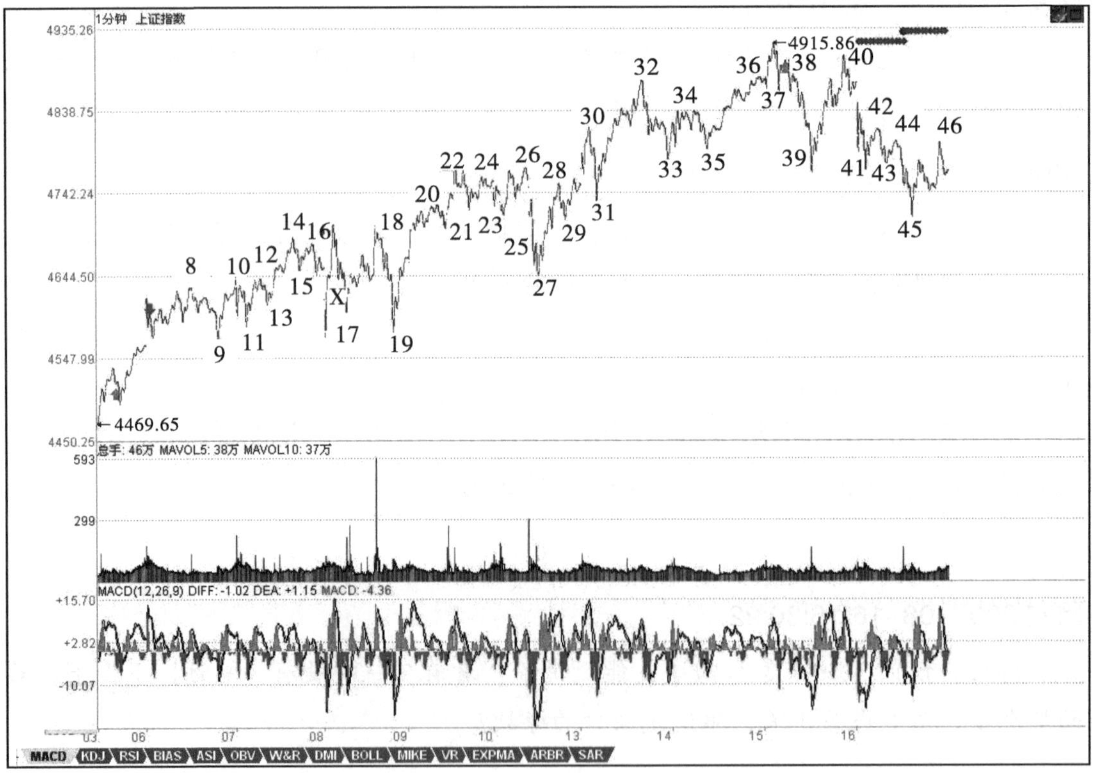

图 235 上证指数 2007 年 8 月 16 日 1 分钟缠中说禅分段实例

缠中说禅 2007-08-16 16:46:08

本 ID 把课程里两种情况的论述复制过来，各位请好好研究。在标准特征序列里，构成分型的三个相邻元素，只有以下两种可能。

（1）特征序列的顶分型中，第一和第二元素间不存在特征序列的缺口，那么该线段在该顶分型的高点处结束，该高点是该线段的终点。特征序列的底分型中，第一和第二元素间不存在特征序列的缺口，那么该线段在该底分型的低点处结束，该低点是该线段的终点。

（2）特征序列的顶分型中，第一和第二元素间存在特征序列的缺口，如果从该分型最高点开始的向下一笔开始的序列的特征序列出现底分型，那么该线段在该顶分型的高点处结束，该高点是该线段的终点。特征序列的底分型中，第一和第二元素间存在特征序列的缺口，如果从该分型最低点开始的向上一笔开始的序列的特征序列出现顶分型，那么该线段在该底分型的低点处结束，该低点是该线段的终点。

来自大洋彼岸的暗算（2007-08-17 15:58:48）

1

缠中说禅 2007-08-17 15:58:48

全球资本市场连续几年的多头氛围，好不容易给空头逮着一个机会，各种衍生工具一起作用，大有来一次 1987 年的味道[①]。或者，至少怎么都要来次 1997 年[②]。其实，2007 年要出点儿事，是天经地义的。看看 1987-1997-2007，瞎子都能看出规律来。不过，由于目前的全球化体系，各国间如果能有效配合，震荡的力度是可以充分减少的。例如，1997 就比 1987 要小。

站在货币战争的角度，本 ID 从来都认为，美国人的这些把戏，不过是让全世界为他们的堕落埋单，所以根本没有任何值得同情的理由。而且，因为美国人在世

①这里指1987年美国股灾。1987年10月19日，星期一，华尔街上的纽约股票市场刮起了股票暴跌风潮，爆发了历史上最大的一次崩盘事件。道琼斯指数一天之内重挫了508.32点，跌幅达22.6%，创下自1941年以来单日跌幅最高纪录。6.5小时之内，纽约股指损失5000亿美元，其价值相当于美国全年国民生产总值的1/8。这次股市暴跌震惊了整个金融界，并在全世界股票市场产生“多米诺骨牌”效应，伦敦、法兰克福、东京、悉尼、香港、新加坡等地股市均受到强烈冲击，股票跌幅多达10%以上。股市暴跌狂潮在西方各国股民中引起巨大恐慌，许多百万富翁一夜之间沦为贫民，数以千计的人精神崩溃，跳楼自杀。这一天被金融界称为“黑色星期一”，《纽约时报》称其为“华尔街历史上最坏的日子”。

②这里指1997年发生的亚洲金融危机。亚洲金融危机是发生于1997年的一次世界性金融风波。泰国、印尼、韩国等国的货币大幅贬值，同时造成亚洲大部分主要股市大幅下跌。这次金融危机冲击亚洲各国外贸企业，造成亚洲许多大型企业倒闭，工人失业，社会经济萧条。泰国、印尼和韩国是受此次金融风暴波及最严重的国家。新加坡、马来西亚、菲律宾和香港等地也被波及，中国大陆和台湾受到的波及较小。

界资本体系中的位置，他们受到的惩罚其实更多让全世界分享了。站在根本的角度，那不过是美国人的一个暗算。道理很简单，涨不过你，难道不可以拖累你？一起跌下来，让你更惨，或者将自己的烂东西让全世界一起背，你说，最后最大的利益者难道不是美国人？

美国不是泰国，美国就算崩盘了，依然会渔利不少，肯定还是大赢家。至于美国最核心的统治阶级，最核心的利益集团，那更是赢家中的赢家。现在的问题是，这暗算是否把你给暗算了。

当然，对于一般散户来说，这些问题都没必要研究。今天，已经有熟人在说，上周刚过去香港的已经没了一半了。资本市场都是这样，有什么奇怪的。以为 QDII 就如何有投资价值，那是脑子进水了。

今天，依然有不少二三线股企图星火燎原，不和美国人一般见识。这一点能否成为共识，这就不好说了。毕竟，现在有国外背景的资金，都在夺路而逃，甚至很多人要把这里的资金拿去填美国月亮的窟窿，那就让他们的资金被资本市场人道毁灭去吧。

可以肯定地说，本周全球的恶劣走势，会引发各国金融当局的强力介入，因此，出现一个有力的反弹是很正常的。至于之前是否要制造空头陷阱，那并不重要。站在大方向看，这个反弹后，如果各国金融当局的政策不得力，甚至更大可能的，某些全球利益集团，故意要政策不得力，那么更大的下跌还在后面。看看 1987 年的走势，第一段的下跌并不严重，反而是反弹后的下跌才真正令人开眼。

所以，这次 10 年周期的金融风暴的第一次下跌，并不是太重要，关键是看后面反弹后的基本面以及各国玩法的状态，那才是关键所在。

国内市场，本来基本面上就有所不同。在这次波动中，如果能把某些外国资金给清理掉，这也算是一件好事。但如果外面的世界继续狂风暴雨，说这里一点都不受影响，那是脑子进水了。想想那些从非法渠道进来的资金，他们的老家出事了，你说他们能不受影响？他们受影响了，国内的市场能不受影响？

技术上，30 分钟中枢震荡已经成立，这没有什么可说的，在前面已经反复说到这种情况的边界条件。今天的分段太简单，图下次一起贴。

个股上，一线成分股将跟随外围走势。一旦外围走稳，将引发大反弹。二三线股，关键是看这次资金的流入情况。但无论如何，个股行情将再次活跃。

最后问一句，西部资源（600139），以前对它仇恨无比的，现在是什么心情？5 月 28 日到 7 月 6 日，就一个月的洗盘，都受不住，那还玩什么？不过，这也没什么。好像这里没说过益佰制药（600594），本 ID 一个文化界的熟人，6 月份在

11元、12元买了，本ID明确告诉至少要翻倍（见图236）。前两天，在吃饭时碰到他，说在10元砍掉了，因为听别人说这家公司要破产。本ID只能很有礼貌地无话可说了。

图236 益佰药业（600594）2007年6月前后日线图

总市值超GDP后的泡沫化生存（2007-08-20 08:22:59）

1

缠中说禅 2007-08-20 08:22:59

本ID在之前的文章中，曾给出本轮大牛市的一个基本判断，就是至少再延续20年，上升3万点。这个观点依然有效，没有任何需要修改的地方。在同一文章中，更给出了本轮行情第一阶段走势的基本特征，现引用如下：

“第一阶段行情，伴随着中国股市本身的制度性、结构性完善，其后，中国股市才真正具备参与全球化盛宴的资格。全流通、整体上市、两大交易所功能重组、人民币逐步可自由兑换等，都不过是这种制度性、结构性完善的必然步骤。这一阶段，行情最主要体现在以权重股为代表的成分股上。在总市值超越GDP之前谈论股市的泡沫是可笑的，在中国股市总市值超越其GDP之前，第一阶段行情不会结束。”

显然，这个“在中国股市总市值超越其GDP之前，第一阶段行情不会结束”的判断，已经被今天的事实所证明，因为目前中国股市总市值已经超越 GDP，但第一轮的成分股行情依然在延续中。如果对何谓第一阶段的成分股行情还有疑问，那么这段时间，中国股票市场大象狂舞的情形，应该给这种成分股行情一个最好的注释。

在这样一个市值超越 GDP 的历史性事件如期到来之时，必须给行情今后的发展定一下性。在市值超越 GDP 后，中国资本市场将进入第一阶段成分股行情的泡沫化阶段，中国资本市场的参与者将进入总市值超 GDP 后的泡沫化生存状态。

正如上面引文所说，“在总市值超越 GDP 之前谈论股市的泡沫是可笑的”，而在总市值超越 GDP 之后，谈论股市的泡沫，就显得十分必要了。如果把 GDP 当成总市值波动的中枢，那么在其下，可以说市场被结构性低估。而在其上，就是出现结构性泡沫了。

显然，GDP 是变动的。随着中国经济的快速增长，总市值的波动中枢也将不断上移。今天的泡沫，可以就是明天的低估，这一切都必须动态去看。出现结构性泡沫并不意味着市场就没有上涨的理由，而是说这种上涨，其基础上存在被这波动中枢回拉的压力。一旦市场上涨的中短期理由不足以抗拒这种回拉，那么无论上涨使得总市值向上远离 GDP 30% 还是 300%，最终的回拉都将导致相应级别的调整。

如果说 4500 点附近对应目前 GDP 比较肯定的中枢，那么中国经济的高速发展，将使得 20 年后的 GDP 至少达到目前美国的水平。也就是说，一个 100 万亿元人民币的 GDP 值是十分正常的，相应地，资本市场的中枢位置至少上移到 23000 点附近。那时候，中短期波动让指数上冲到 3 万多点甚至 5 万点，都是可以想象的。市场总要波动的，市场可以围绕中枢去波动，但绝对不排除市场的波动大幅度远离中枢，只是这种远离后都必然导致回拉的修正而已。

远期目标且不讨论，回到第一阶段这种泡沫化生存状态下，唯一能站在长期角度抗拒泡沫的，就是成长性带来的中枢上移。一旦成长性不足以支持这种中枢上移，那么大规模的泡沫破裂就是天经地义的。而且这种泡沫的破裂，往往导致中短期走势跌破中枢，形成一个新的低估，这又构成良好的中长期介入机会。

中国资本市场目前的泡沫化生存之所以还不构成大规模的压力，就在于即使是中国资本市场上最大型的成分股，站在世界资本市场的历史发展中，依然属于高速成长股。因此只要这种状态依然存在，那么一个适度的泡沫化生存反而是合理且理所当然的。

不过，市场行情总是从非理性开始，又在非理性中结束，没有疯狂的低估，就没有疯狂的牛市行情。同样，没有疯狂的泡沫，就没有疯狂的熊市造就新的历史性低估介入点。第一段成分股行情，最终必然在疯狂的泡沫中结束。在这疯狂的泡沫被制造的过程中，反而能获取高额利润。如果说低估回到中枢可让股票上涨 10 倍，那么疯狂的泡沫甚至有更强的能力。对于任何市场的参与者，耐心等待市场的疯狂，在市场的疯狂中等待最后的卖点，是一个最重要、最值得培养的能力。

显然，目前市场最疯狂的状态依然没有出现，外围因素制造的短期波动反而有利于市场能量的积累。在泡沫制造能力充分发挥之前，市场不会最终逆转，第一阶段的成分股行情不会结束。不再战略性买进，只战略性持有，等待市场疯狂，等待第一阶段长线卖点的出现，是泡沫化状态下最应采取的策略。

两年最大涨幅拉开泡沫化生存大幕（2007-08-20 15:48:47）

1

缠中说禅 2007-08-20 15:48:47

大盘中长线走势的判断，都在上一篇文章“总市值超 GDP 后的泡沫化生存”里。其中最后一段有必要引用如下：

“显然，目前市场最疯狂的状态依然没有出现，外围因素制造的短期波动反而有利于市场能量的积累。在泡沫制造能力被充分发挥之前，市场不会最终逆转，第一阶段的成分股行情不会结束。不再战略性买进，只战略性持有，等待市场疯狂，等待第一阶段长线卖点的出现，是泡沫化状态下最应采取的策略。”

今天，大盘以两年来最大涨幅拉开泡沫化生存大幕（见图 237）。

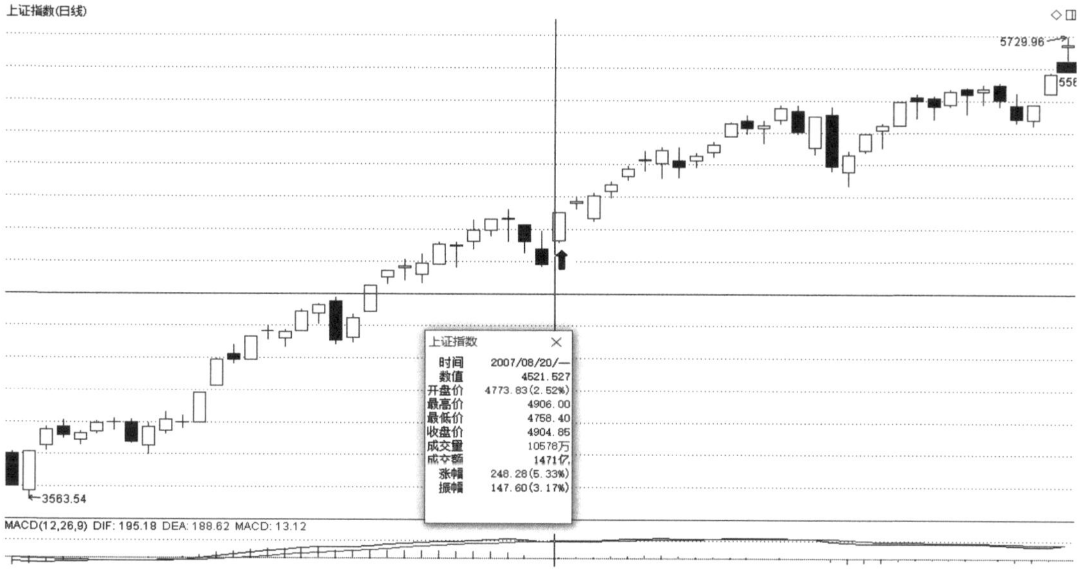

图 237　上证指数 2007 年 8 月 20 日前后日线图

至于大盘的中短期走势，在上周五已经明确说过："可以肯定地说，本周全球的恶劣走势，会引发各国金融当局的强力介入，因此，出现一个有力的反弹是很正常的。至于之前是否要制造空头陷阱，那并不重要。"其后的走势基本如此。在同一文章里已经说了，最重要的是反弹后的走势，需要关注的是相关政策的有效性。一旦救市政策失效，引发全球资本市场更大规模的杀跌，并不是什么天方夜谭。

回到上海指数。从纯技术的角度来说，图 238 里的 8–49 可以看成是一个 30 分钟中枢，但更可以看成是：对于 8–17 这个 5 分钟中枢，17–38 的 1 分钟走势 5 分钟背驰后，必须有一个回拉至少回到 8–17 这个 5 分钟中枢里。显然，49 已经跌破 14，十分完美地演绎了本 ID 的理论。

从超短线的角度看，根据走势的多义性，可以把后面的走势先看成是 32–41 这个 5 分钟中枢的一个震荡。要往上突破，就要出现第三类买点，否则，别看今天涨了 248 点，依然只是中枢震荡。

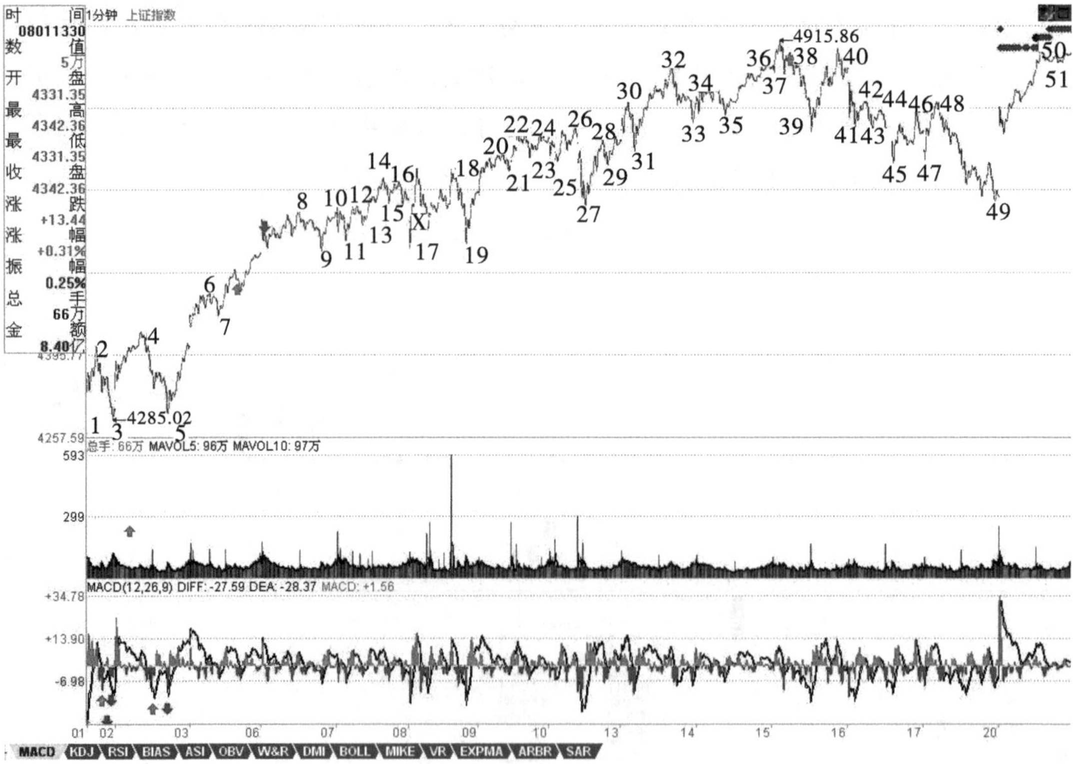

图 238 上证指数 2007 年 8 月 20 日 1 分钟缠中说禅分段实例

个股方面，周五也说得很清楚了："个股上，一线成分股将跟随外围走势。一旦外围走稳，将引发大反弹。二三线股，关键是看这次资金的流入情况。但无论如何，个股行情将再次活跃。”显然，今天的走势与此完全符合。目前，行情要继续发展，必须把二三线股点燃起来，这是今后行情是否能往纵深发展的关键。否则光拉一线大盘股或者普涨走势，都不可能持续。

另外，周五用西部资源（600139）、益佰制药（600594）为例子，只是说明持股的重要性。如果没有做短线的本事，也没有持股的耐心，怎么可能长期战胜资本市场？不妨再举一个例子，那只本 ID 唯一明确说过的中字头股票[①]，本 ID 在 7 月中 8 元时十分明确地告诉大家，这只股票等于 6 元告诉你华润三九（000999），纯粹就是给你准备点儿学费，让大家可以安心学习。但现在又有多少人能从 8 元持有到现在？其实，前后也就一个月时间，如果这样都持不住，那就该干什么干什么吧。

热点蔓延渐成潮流（2007-08-21 15:59:25）

1

缠中说禅 2007-08-21 15:59:25

当然，对于看不惯上涨，从 1000 点就开始说地球要毁灭，世界要末日，上海股市 100 点都没有价值的空头来说，这个题目太粉饰太平了：就是为了骗散户，哪里有什么热点，都是庄家拉高出货。可惜，这庄家拉高，从 1000 点一直拉了两年多，拉到 4000 点，还在拉高，还在骗散户，不知道这究竟算是什么？

本 ID 这里的逻辑关系十分明确，在总市值超越 GDP 之前，本 ID 从来没有谈论过任何有关泡沫的问题。大概从上周起，本 ID 才开始谈论这个问题，而且给以后的走势一个明确的定义，就是泡沫化生存。如果说从 1000 点的严重被低估状态到上周市值刚好达到 GDP，这个时间有两年，请问，从制造泡沫到泡沫真正破裂，至少要多长时间才合适呢？

如果对全局没有一个大方向的把握，永远在每天的波动中折腾自己，或者每天就盼望着大跌、熊市、100 点，再一次 1000 点，那是脑子水太多了。以前，本 ID 已经给这种人一个定性：这种人，真跌了，也和他们没关系。就算有熊市，真正的底部也和他们没关系；真有大调整，也和他们没关系。1000 点和他们没关系，3400 点和他们没关系，3600 点同样和他们没关系。

还是回到今天的走势。现在，十分明确的现象，就是热点在蔓延。本 ID 以前曾说过，中报出来后，二三线股会逐步活跃。本月结束，这些中报基本就出来了，那些业绩不好但有题材的股票，抛开业绩这个枷锁，会逐步活跃起来的。

①指中粮糖业（600737）。

其实，这个节奏并不是什么新鲜事儿。从来都是在业绩大面积公布时，所谓业绩好的、一线股表现得好一点儿。等业绩公布完了，业绩作为题材被炒烂了，自然要找新的来替代，否则就维持不住这锅的热度。当然，今年有点儿例外，就是业绩公布完以后，一线成分股也不会太耷拉，为什么？还不是那股指期货闹的，有那东西在前面晃悠着，一线成分股总要不时奔跳折腾几下的。

今天涨停的股票里，二三线股已经占了绝大部分，这就是一个热点蔓延的正常现象。这火如果能再坚持几天，就会彻底燎原。

今天的分段也太简单了，没什么特别的（见图 239）。昨天说了，现在在技术上，就是要先形成 5 分钟的第三类买点，然后是 30 分钟第三类买点，这才能最终确认突破有效。在这之前，都只能看成一个中枢震荡。

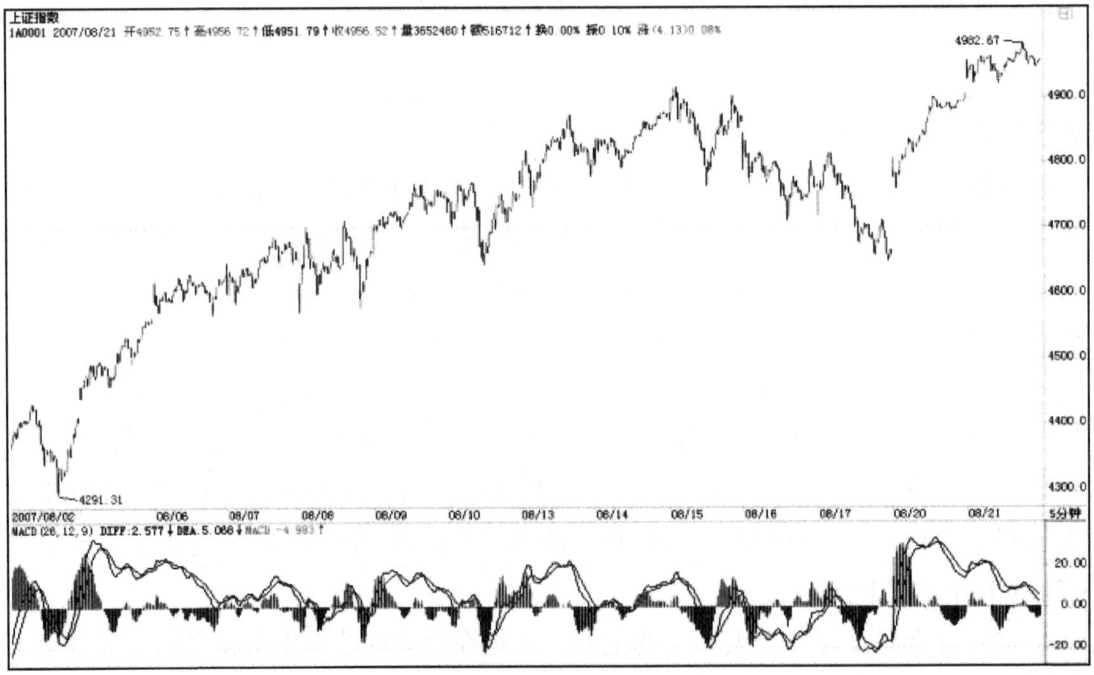

图 239 上证指数 2007 年 8 月 21 日 1 分钟走势图

今天留下的缺口，构成短线的技术关键。上方真正的压力，并不是什么 5000 点，而是 2/3 线，目前在 5089 点。突破 1/2 线，上一条就是 2/3 线，这涉及预测，但有比较大的经验值保证。本 ID 为了彻底反对预测，不希望以预测来影响当下的判断，那才是真功夫。

预测这种东西，不过是按一个模子照套，傻子干的活而已。2/3 线后就是 3/4 线，目前在哪里？傻子都能算得出来，所以预测都是傻子干的活，还是不要提了。

2

网友 2007-08-21 16:01:49

“教你炒股票”第18课有个定理有点儿疑问，该怎么理解？

定理三：某级别缠中说禅走势中枢的破坏，当且仅当一个次级别走势离开该缠中说禅走势中枢后，其后的次级别回抽走势不重新回到该缠中说禅走势中枢内。这定理三中的两个次级别走势的组合只有三种：趋势＋盘整，趋势＋反趋势，盘整＋反趋势。

这个定理三中提到的两个次级走势组合，比如“趋势＋盘整”，它们是否同级？这里说的是两个同级走势的连接，还是从走势组合观点看？那个盘整中枢级别是不是高于趋势中枢的级别？

缠中说禅 2007-08-21 16:20:01

这和连接的结合性有关。简单说，只要能分解出两段次级别走势就可以。

3

网友 2007-08-21 16:01:49

盘整中枢为什么一定要高于趋势的级别？关键不是盘整还是趋势，而是中枢究竟是什么级别？没有中枢，没有中枢的级别，哪里有什么盘整、趋势以及它们的级别？

缠中说禅 2007-08-21 16:20:01

这个问题其实说过N次了，盘整结束的标志就是第三类买卖点，而趋势结束的标志就是形成该级别的背驰后对最后一个中枢的回拉。为什么一回拉趋势就肯定完成？因为一回拉，肯定就有更大级别的中枢形成，所以原来级别的趋势肯定就破坏了。这个逻辑关系是极端严格的。

那么，我们是否要等到回拉才决定进出？当然可以，可以等回拉后再一次向上，形成所谓的第二类买卖点进行操作。这种操作，完全可以不用背驰概念，纯粹用三类买卖点就可以。

当然，实际操作中，可以用背驰，在第一类买卖点操作。为什么？因为背驰后一定回拉，这是本ID理论的一个定理。

但是，从上面的分析可以知道，虽然背驰一定回拉这个定理是100%成立的，但即使没有这个定理，本ID的理论依然成立，为什么？因为走势必完美，第一类买卖点后还有第二类买卖点，这是纯图形的，而背驰是动力学的。

4

网友 2007-08-21 16:09:23

“教你炒股票”第 67 课中讲：强调，在第二种情况下，后一特征序列不一定封闭前一特征序列相应的缺口。而且第二个序列中的分型，不分第一、第二种情况，只要有分型就可以。

“教你炒股票”第 71 课中讲：这里的逻辑关系很明确，线段要被笔破坏，那么必须其最后一个特征序列的缺口被封闭，否则就不存在被笔破坏的情况。

请问博主：线段的划分中，特征序列缺口封闭还是不封闭？

缠中说禅 2007-08-21 16:27:28

这根本不是问题。线段破坏和线段的笔破坏根本就是两个概念。线段被笔破坏，但线段不一定被破坏。也就是说，线段被笔破坏，那特征序列的缺口被封闭，并不意味着线段一定被破坏，有新的线段产生。

线段破坏，就是那两种情况。其中第二种情况中还包括一种最特殊的，也就是所谓小级别转大级别后连最后的特征序列缺口都不回补的情况。

5

网友 2007-08-21 16:30:33

越来越感觉你的理论比一些我看过的理论有用得多，不过，我还是不能很好地掌握。近段时间想试试把成本降为 0，结果总是把筹码弄丢了，郁闷呀！

缠中说禅 2007-08-21 16:40:58

加大操作级别。对新手来说，先练习持股，在一个大级别买点买入后，持有到大级别的卖点，怎么都应该是 30 分钟以上的。你看这次从 3600 点上来，从来就没有有效跌破过 5 日线，对初学者来说，用这一招就比所有的所谓专家高多了。如果资金大的，就看 5 周线。

至于中枢震荡中的短差，那是一个高难度的活动，初学者当然做不好。处于趋势中时，根本就不存在做差价的可能，趋势中唯一需要干的就是等待背驰。注意，上面说的，都是在你的操作级别意义上的。

6

缠中说禅 2007-08-21 16:46:44

在线段的层次上，是不需要小级别转大级别的概念的。但在最小级别走势类型之上，还是需要的。

7

缠中说禅 2007-08-21 17:02:26

关于笔破坏和线段破坏，再多说两句。

笔破坏与线段破坏，是两个不互相包含的概念。并不是笔破坏就一定线段破坏，也不是线段破坏一定要笔破坏。显然，在线段破坏的第一种情况下，必然是笔破坏的。在线段破坏的第二种情况下，就不一定了。反之，线段破坏如果不是笔破坏，那么一定是第二种情况的破坏。

那么，笔破坏为什么要单独提出来？因为笔破坏有动力学上的意义。本 ID 的理论，有一部分和物理学有点儿类似，就是探讨动力学方面的东西。这方面，各位现在接触最多的就是背驰，而笔破坏，和这一样属于动力学方面的内容，这在以后会逐步说到。

先形态学，再动力学，各位慢慢来。

一次值得鼓掌的加息（2007-08-22 08:37:19）

1

缠中说禅 2007-08-22 08:37:19

本来不想为昨天公布的加息说任何话的，因为确实没什么可说的。管理层只是干他们该干的事情，而投资者看着市场的反应去反应，不需要任何预测、猜测。任何的谈论，不过都是忽悠，是站在自己利益上的广告而已。现在之所以写，只是站在一个非市场的立场上，为一次值得鼓掌的加息留下一笔。

这次加息，显然时机十分正确。当然，反对加息的人肯定不这样认为。他们的理由无非是，美国人都要减息了，中国凭什么加息？这是典型的脑子进水想法。中美之间保持息差，不过是一种可能的生存状态；不保持息差了，难道就不是一种可能的生存状态。

当然，现在并不是说管理层已经放弃了原来中美之间保持息差的基本态度，但这次加息，至少是一次完全以我为主的行为，从而使得管理思路上有了自我的性格，这就是好事情。

当然，对于市场里的人，可能认为这次加息有调控的味道，特别是昨天刚出来个人到外面买股票的试点文件①，今天又出加息。而现在又面临上攻5000点，这个时机，显然有组合拳的味道。这个想法对也不对，为什么？虽然理想的状态是少调控多监管，但现实如此，就是调控还是一种自然反应，就必须面对现实。如果能达到一个调控的高境界，那就是一件可欣赏的事了。

显然，这次组合拳，分寸、时机都拿捏得很好，在是与不是之间。所谓调控的艺术，就是让市场产生不同的预期，而不是统一的预期，这样的调控，就是最高明的调控。当然，不能说以后的调控都一定能达到这样的水平，但至少现在是这样。

这次调控，对市场将产生不同的解读与预期，这样，市场的合力就不会产生一边倒的现象，市场就可以在一定的时间内进行一定的磨合，最终去选择自己的方向。

目前，技术上的条件没有任何变化。日线上，背驰段依然成立，需要去等待最后的确认或破坏（见图240）。短线，30分钟的中枢震荡依然持续。超短线，最后一个5分钟的中枢震荡依然持续。按照这些技术界限与自己的操作级别，不难根据当下的走势去选择自己的操作。

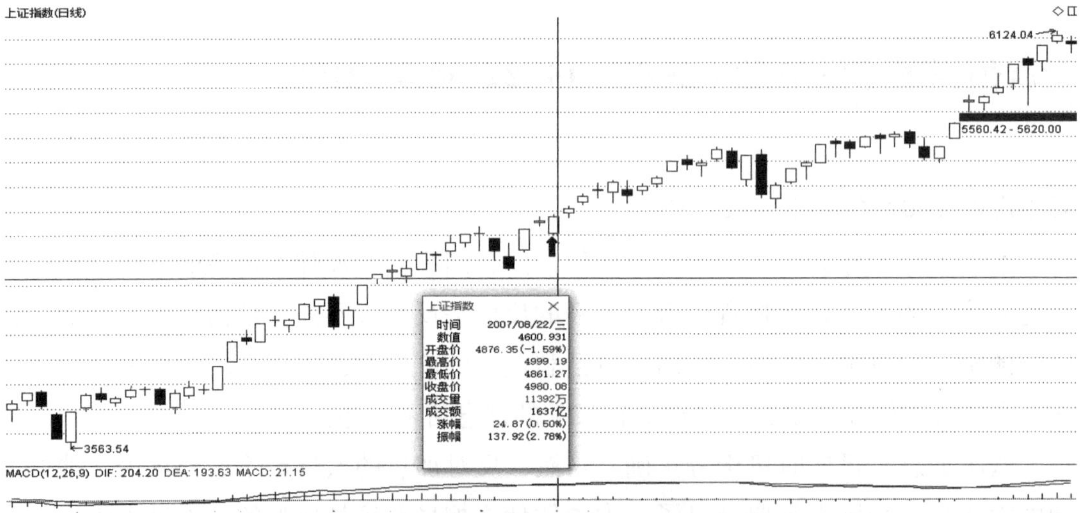

图240 上证指数2007年8月22日前后日线图

①指2007年8月20日，国家外汇管理局批准我国境内个人直接对外证券投资业务试点。根据试点办法，居民个人可在试点地区通过相关渠道，以自有外汇或人民币购汇直接对外证券投资。外汇局首选在天津滨海新区试点这一业务。在试点地区，居民个人可使用自有外汇资金及人民币购汇直接从事境外证券投资，投资规模不受《个人外汇管理办法实施细则》规定的年度不超过5万美元的购汇总额限制。试点初期，投资者可投资香港证券交易所公开上市交易的证券品种。投资可以通过中国银行天津分行和香港中银国际证券有限公司办理，在中国银行天津分行开立个人境外证券投资外汇账户，并委托其在香港中银国际证券有限公司开立对应的证券代理账户。人民币购汇投资的本金和收益可以保留外汇，也可以在开户行结汇。

对于技术学习不好的，就看 5 日线、5 周线，不要为市场的消息所动，只看市场最终的反应，这是一个最基本的素质。

至于今天的走势，无非就是强、中、弱三种。

（1）直接平开或者高开，不补昨天的缺口，继续上攻。一旦出现这种走势，证明市场选择了这样的合力，那么只要继续看着即可。不过这种状态，必须密切注意是否还有新的组合拳，一旦还有，就要注意 2/3 线与基本面产生的共振。

（2）补昨天缺口后在附近震荡。这种走势是一种平衡状态，就要看后面基本面的变化去选择突破方向。

（3）直接跳空向下，形成岛型反转。这是最恶劣的形态，表明短线压力大，至少要再次考验 8-17 那个中枢（见图 238）。

其实，这些分类界限都无须预测，让市场自己去选择，根据市场的选择去反应。另外，一定要注意自己的操作级别。如果你是月线操作，那就看 5 月线，没有有效跌破之前，都可以少管，任何的波动都可以当戏看。

另外，美国的事情，在如期反弹后的后续发展，是决定今后走势的一个重要分力，这种因素在前面反复说过了。这可能比加息、组合拳都要根本点儿，毕竟管理层的加息、组合拳都要参考这方面的因素综合给出。

加息难阻热点蔓延（2007-08-22 16:10:16）

1

缠中说禅 2007-08-22 16:10:16

昨天说热点的蔓延如果能持续几天，行情就会燎原。晚上公布的加息产生的新分力，使得大盘最后选择了今早所说的第二种中等力度的走势，这都是自然的选择，无须预测。

今天的走势，从纯技术的角度看，连一个线段都不一定 100% 确认完成，为什么？因为都没 100% 满足线段完成的条件。该线段完成的判断，显然属于线段破坏的第一种情况（见图 241）。本来第一种情况是属于相对简单的，但由于特征序列的分型一直没有最终完成，每一次上冲都创新高，而下来都是一笔，形成所谓的向上倾斜三角形走势，该走势的特点就是 99% 都回跌到三角形启动的位置。尾盘的跳水满足这一跌幅，但只是一笔，所以如果明早一下高开在 5000 点之上猛烈上攻，不再回跌到 5000 点下，那么这线段一时还真完成不了。当然，一般情况下，这线段已经在今天的最高点处完成，所以在上面标记上 56。但这是否最终确认，还要上面说的这种情况不发生。

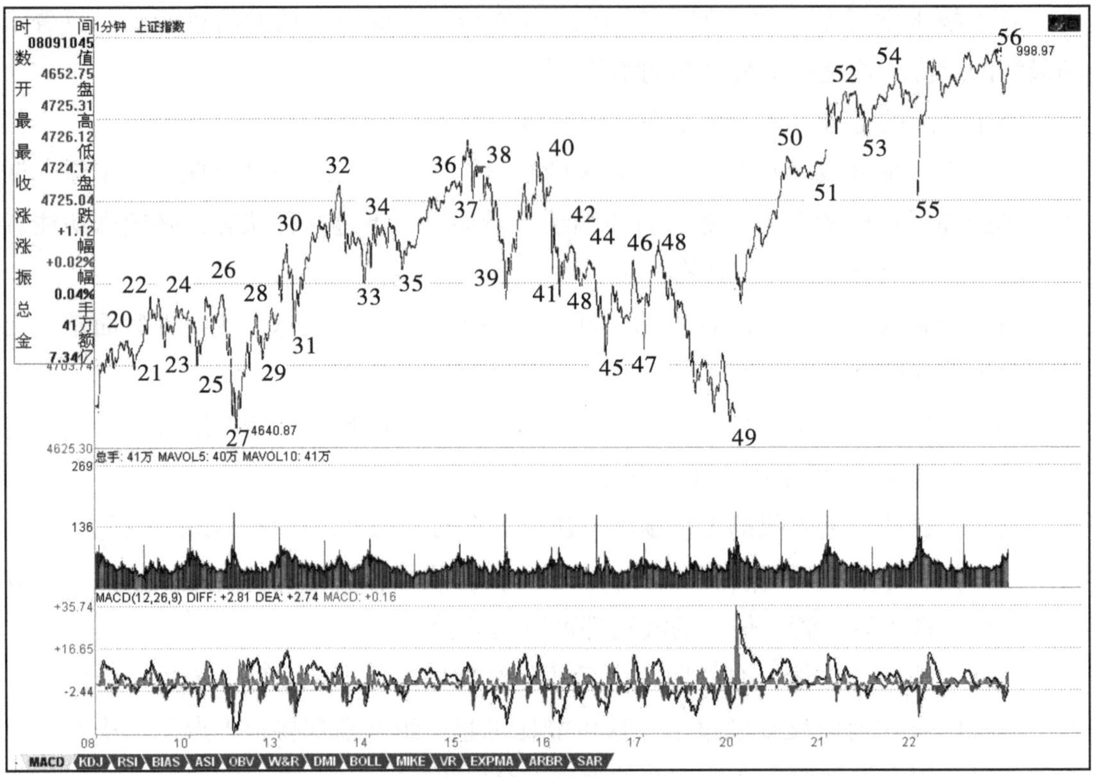

图 241 上证指数 2007 年 8 月 22 日 1 分钟缠中说禅分段实例

一般来说，1 分钟线段都不会延续这么长时间。能延续这么长时间，反而是一个技术上的重要提示，证明多方上攻 5000 点的冲动比较大，反复闹。而上面有人不断压制，所以才会走出向上倾斜三角形的走势。到尾盘，差不到 1 点就见 5000 点了，多方一股真气突然泻去，回到倾斜三角形起点位置。这主要是如“530”般在亢奋状态中突然被惊吓留下了后遗症，因此往往在关键时刻都来这么一下。尾盘收回去一半，只是表明多头上攻的欲望依然没有得到满足，如此而已。

今晚的消息面很重要，连续两天有消息了，如果今晚还来什么调控的措施，这走势变数就大了。由于选择了第二种走势，短线政策面的变化起着重要分力的作用。如果今明两天没什么特别消息，使得关于政策面组合拳的猜想暂被搁置，那么上 5000 点去满足一下多头的欲望，也是理所当然的。

本 ID 早说了，5000 点根本什么都不是，关键是 5089 点的 2/3 线。这条线就如同下面 4100 多点的 1/2 线，该线反复磨了三个月，上下跳来跳去。2/3 线是否会历史重演，这才是技术上需要注意的地方。

个股上，加息并没有延缓热点的蔓延速度，反而是加快了。银行股被压制，反而有利于其他股票的表现。本 ID 反复强调的二三线股逐步活跃已经成为现实，看看这几天涨停的都以什么股票为主就知道了。而且，这种蔓延已经逐步偏向三线股，特别是低价股，这是游资重新活跃的迹象。

这里，一个最现实的问题就出现了，就是银行股、地产股等基金们玩的股票，和比较正规的大资金玩的一二线大股，与游资搞的二三线小股之间争夺话语权的问题。后面，能使大盘大幅度震荡的，一是政策面，第二就是这话语权争夺战了。

散户当然喜欢三线股狂飞，像本 ID 的中铝（601600）那样的中字头股票，散户参与的热情也不会太高。特别是现在，随便买个 1 万股就要 40 万元，而一个五六元的股票只要五六万元，哪个群众基础好就根本不用说了。

本 ID 对哪类股票飞都无所谓，本 ID 的持有结构本来就是一、二、三线全有，大小通吃，现在又不买了，只持有，所以只有看戏的份儿。不过，本 ID 最喜欢的，其实是三线变一线的股票，谁又告诉你，三线不能变一线呢？

行情只会在疯狂中高潮（2007-08-23 16:08:01）

1

缠中说禅 2007-08-23 16:08:01

没有三线股参与的行情，永远都是不完整的，行情只会在疯狂中高潮。没有三线股疯狂的高潮，这种行情，至少在中国特色的市场中，本 ID 还没见过。

这锅热度如期升高，三线股票开始满地打滚，这还只是开始。被一线大盘、高价股抛弃了的散户，才正开始撒着步子欢了起来。人类的本质是酒神性的，人的本质中，那酒神的狂欢永远可以战胜太阳的冷酷。狂欢，总是大众的。茅台、五粮液去大众，要困难点儿，还是二锅头、老白干，更能激发人们心里的野性。如此，股票的高潮，总是老白干的。

有人问，怎么还不说今天突破 5000 点的历史时刻？ 5000 点算个什么？本 ID 不是一大早就把股市 20 年走势的剧本都告诉各位了？ 5000 点在那剧本中，连一句台词都够不上，有什么可说的？

站在纯技术角度，突破 1/2 线，就看 2/3 线，然后就是 3/4 线（见图 180）。但现在，还是先看 2/3 线。从大盘对前几条线的突破看，都不是刚好触及就回头，而是围绕着其震荡。由于 2/3 线与 3/4 线之间距离不大，所以在这两线的震荡级别不大可能一样。一般来说，2/3 线小级别，那么 3/4 线级别就大点儿了。所以，行情在 2/3 线附近如何发展，对今后行情的发展有一定的意义。2/3 线如何计算？

1429+183×30×2/3=5089。3/4 线，只要把里面的 2/3 改为 3/4 就可以。当然，下月计算时，183 要变成 184，如此类推。

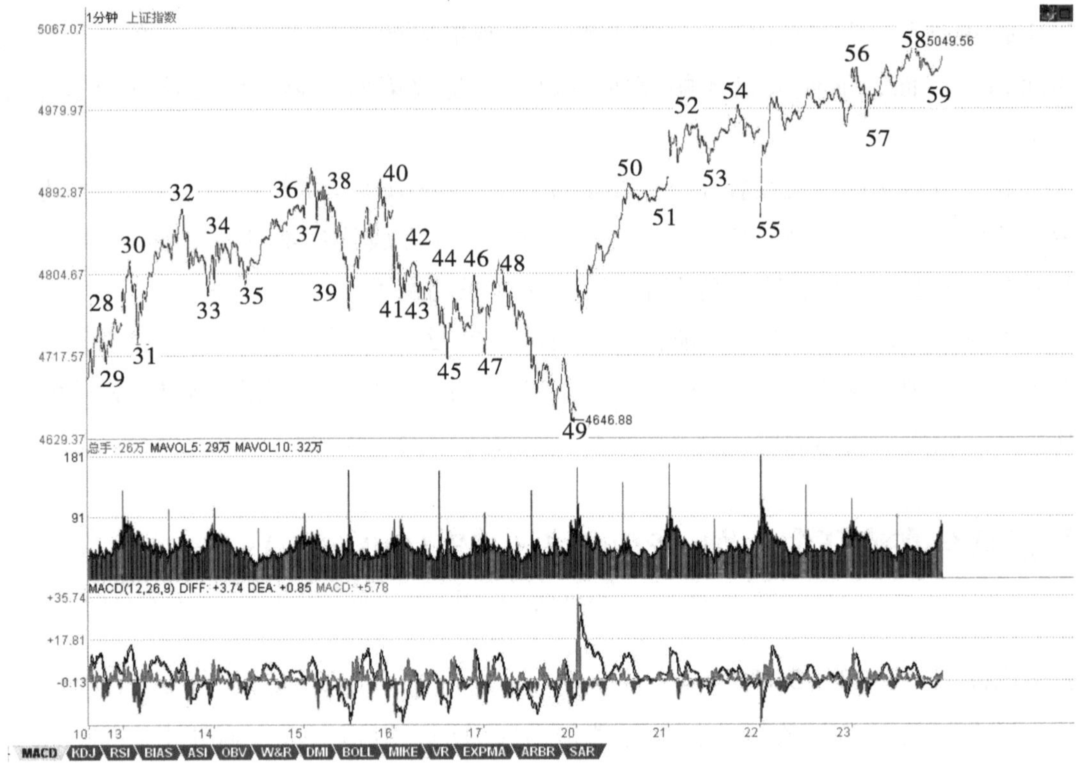

图 242 上证指数 2007 年 8 月 23 日 1 分钟缠中说禅分段实例

短线技术上，昨天的 56，不能 100% 的那种情况今天发生了（见图 242）。这说明什么？本 ID 的理论是几何，没有一种精确的数学态度，是弄不好的。任何有预测癖好的，都离技术之门远着呢。今天图里，昨天 56 的位置就要根据这种情况变了。注意，并不是本 ID 的划分可以随意变，而是因为昨天的走势没有 100% 满足本 ID 的划分标准，只是暂时标记。例如，今天 59，同样有这个问题，那里标记上 59 并不是说 59 在那里已经完成了，因为目前没有满足 59 段被 100% 破坏的标准。而 58 以及以前的所有标准都是唯一的，不可更改的。为什么？因为符合标准了，就这么简单。这个问题，一就是一，二就是二，没有任何含糊的地方。

个股方面，给各位一个技术面上的判断标准。现在的个股，日线上无非三种可能:（1）突破 530 高位。（2）没突破 530 高位，但突破 530 后第一个反弹高位。（3）530 后第一个反弹高位还没突破。

一般来说，第一种技术条件的股票，注意那些刚突破后回抽确认正再次启动的，这种股票要预防假突破的危险。第二种，属于最有表现欲望的，但这种股票得预防启动突破530高位后有一串洗盘。第三种，最容易吸引踏空资金，但唯一的坏处就是，资金新进来，如果是一个喜欢打压吸货的主儿，那就要被折磨一段时间。当然，如果是一个喜欢高举高打的，那就祝贺你了。其实，这不难判断，关键是看第一次放量后回抽的位置。

昨天说到本ID更喜欢三线变一线，这种股票，一般人可真拿不住。本ID的股票里就有很多，不过估计没人能真和本ID一样从最低位拿它N年。以后的一线股，都必须至少是中字头甚至是世界级的公司。要从三线变一线，只有两个途径:（1）自己能成长为中字头甚至世界级的公司。（2）中字头甚至世界级的公司全面介入。

不是每个收盘都需要一个题目（2007-08-24 15:24:47）

缠中说禅 2007-08-24 15:24:47

今天一开盘，首先冲到5088点，在5089点的2/3线面前整理了30分钟，然后就突破该位置。后面基本是一个震荡，毕竟下面缺口的压力在。突破站稳1/2就到2/3，这一点今天实现了（见图243）。下面要继续完成的任务是站稳2/3线，这是继续上攻3/4线的前提。

图243 上证指数2007年8月24日前后日线图

周末消息面很重要，如果没什么特别的东西，那么下周有一个好开头。但下周决定月线收盘，因此，下周的任务是不能拉太大的阴线，其余的任何情况都是可以接受的。下周，比较理性的做法，是在目前位置稳固5089点的2/3线。一般来说，这种线的突破，都至少需要周线上的确认，各位看看3000点与4000点对1/4线与1/2线的突破就知道了。当然，如果大家一定要很冲动，要下周马上就去挑战3/4线，那么周末可以先听听那首极端口水的《冲动的惩罚》。

个股方面，热点继续表演。但基金之类的正规部队与游资等“负规”武装之间争夺的资金较量，今天有点儿火花了。

可能有人会说本ID自己那十来只股票里没什么行业龙头、高成长性，不符合本ID昨天课程说的。这只是不同的眼睛看出的不同景象。首先，最明显的，潍柴动力（000338）不是龙头？城投控股（600649）不是？华润三九（000999）不是？隆平高科（000998）不是？中核科技（000777）不是？甚至，连吉恩镍业（600432）、航天动力（600343）、中信海直（000099）、新兴铸管（000778），哪个不是细分行业的龙头？

知道新兴铸管（000778）是离心球墨铸铁管的世界第一吗？知道离心球墨铸铁管是干什么的吗？知道全世界发达地区，排水管道用的什么？知道全中国就算排水管道更新一次，需要多少吗？知道除了排水，城镇供水输气也用这玩意儿吗？当然，新兴铸管（000778）还不止这些东西，知道“新兴”这两个字代表了多少东西吗？其他股票也一样，就不细说了。

要注意，本ID的股票可都是在极低的位置说的。例如，新兴铸管（000778），说的时候只有5元多。现在再买，同样的钱只能买1/3的股票不到了。这确实没办法，迟来的人，肯定要付出更大的代价，这是天经地义的。而且，这十几只股票都是2006年12月底才开始说的，本ID之前买的股票可基本没怎么说过。

本ID的原则就是，本ID说的时刻就是自己买的时刻。想想华润三九（000999），难道忘了，本ID说有一笔新钱，过两天到，还提前先把华润三九（000999）给说了，这里应该有人买得比本ID还便宜，例如5.90元买的。当然，本ID买那个量，建仓成本肯定比一般的散户高，早一天晚一天没什么大事。关键是后面把成本变成0的本事，这一点，本ID自认天下第二，这天下就没第一了。

当然，成本为0，持股决心自然也天下第一。吉恩镍业（600432），20元这里不少人买过，就半年多时间，现在谁还有？本ID可一股还没少。潍柴动力（000338），明确告诉大家，肯定上100元的，现在估计也没人有了。其实，这只股票，100元根本不值一提，想想它在行业中的地位，想想这个行业的规模，你就知道为什么它有动力了。

资金分歧日益严重的面子与里子（2007-08-27 16:15:38）

1

缠中说禅 2007-08-27 16:15:38

现在，行情已经演化成这样一种格局，基金等正规部队与游资等负规武装之间展开博弈。对于基金来说，由于新鲜血液不断进来，因此只要坚持自己的板块，就算来个 50 年不变，也有新的资金进来。对于游资来说，有不少这次是踏空的。530 后，很多游资利用第一次反抽胜利大逃亡，结果不过逃了一个山脚，回头一看，什么都和他们没关系了。由此可见，游资的视角和基金比起来，是极为短视的。

当然，基金都是投资人的钱，用着不心疼，就算 10000 倍市盈率买所谓的大盘蓝筹，也可以编出无数的理由，更不用说现在大盘蓝筹的市盈率还有很多连 50 倍都不到。至少还有 200 倍的忽悠空间，所以基金的长视显然是可以有恃无恐的。

游资不愿意为基金抬轿子，只能各自为战，去攻击一些所谓的题材股。但这种攻击还是有效的，因为这些所谓的题材股，基本都是中低价股票，所以群众基础好。

所有的所谓成熟市场，都是分为泾渭分明的两个世界，就是正规为主的所谓蓝筹世界与负规为主的垃圾世界。这一点，不用看远的，看看香港市场就知道。

基金，不需要在二级市场骗人接筹码，而是公开地、无数人排着队争先恐后地进来成为新的举重能量。而负规部队们，注定名声不会好，但他们也从不在乎这玩意儿。

所谓的资金分歧，其实只是表面现象。给分歧掉的资金，不过都是不入流的资金。八二二八、二八八二①，其实还不都是那唯一的一？

技术上，今天没什么可说的。回抽 5089 点，如此而已。当然，5089 点是否一天回抽就能确认，这显然不大可能。但行情完全可以先上攻，再以周线等形式进行回抽确认。当然，行情具体怎么走，没必要预测，看图作业就可以。

图形上，49 开始的走势简直是教科书（见图 244）：52–55 的 1 分钟中枢，55–58 的线段离开，58–59 的回抽不跌回形成 1 分钟的第三类买点。然后，后面唯一的两种可能是更大级别的中枢，与继续中枢上移直到出现新的 1 分钟中枢。显然，走势选择了后者。目前，可以暂时把这新的 1 分钟中枢看成是 60–63。

从短线看，从 49 开始的 1 分钟上涨走势什么时候结束，就是短线唯一的主题。

---

① 指二八行情和八二行情的分化。

这相当简单，学过本 ID 课程的都知道应该怎么处理，应等待什么，那什么一出现，该如何反应，做就行了。

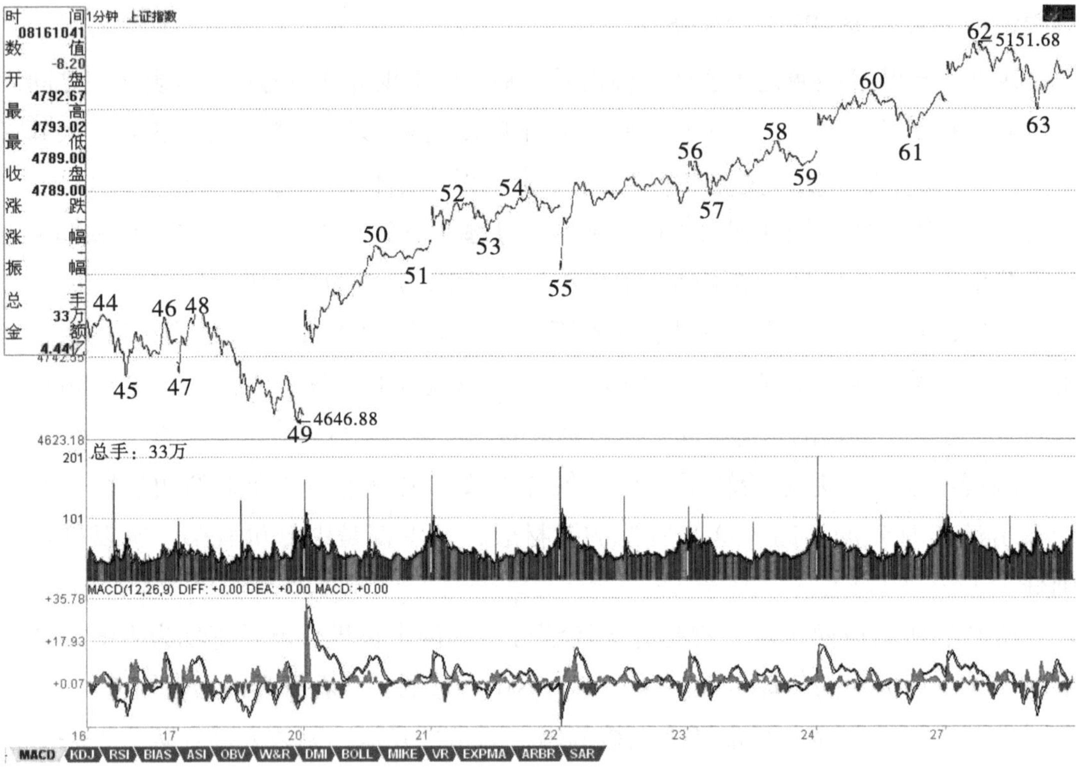

图 244 上证指数 2007 年 8 月 27 日 1 分钟缠中说禅分段实例

个股方面，有些人相当奇怪，竟然可以有这样的逻辑。例如，对西部资源（600139），他们的意思是，如果不被洗干净，就不会有今天了，所以是本 ID 在犯坏，要把他们都给洗出去。然后这些人又开始唠叨什么什么怎么还不怎样怎样。这些人，最该干的事情就是拿豆腐撞头去。

知道本 ID 课程里对以前已经有的技术分析系统只说了均线系统吗？知道本 ID 在课程里说过，没有均线收敛就没有高潮之类的话吗？均线系统没有黏合之前，怎么可能有单边的拉升？西部资源（600139）这种典型的 a+A+b 调整，然后收敛后高潮的走势，难道本 ID 在课程里没说过？就算今天的航天动力（600343）、建投能源（000600），难道没看到前面的均线收敛吗？就算中铝（601600）这种上市没多久的，7 月 20 日前后那一次均线收敛，请问够销魂否？（见图 245）

更奇怪的是，有人怪本 ID 不提前告诉中铝（601600），30 元才开始说。说老实话，本 ID 确实没有说任何个股的兴趣。任何个股，就算是天天暴涨的，也同样有冤大头。而且本 ID 现在又不当庄家了，说了明显是给自己添麻烦。

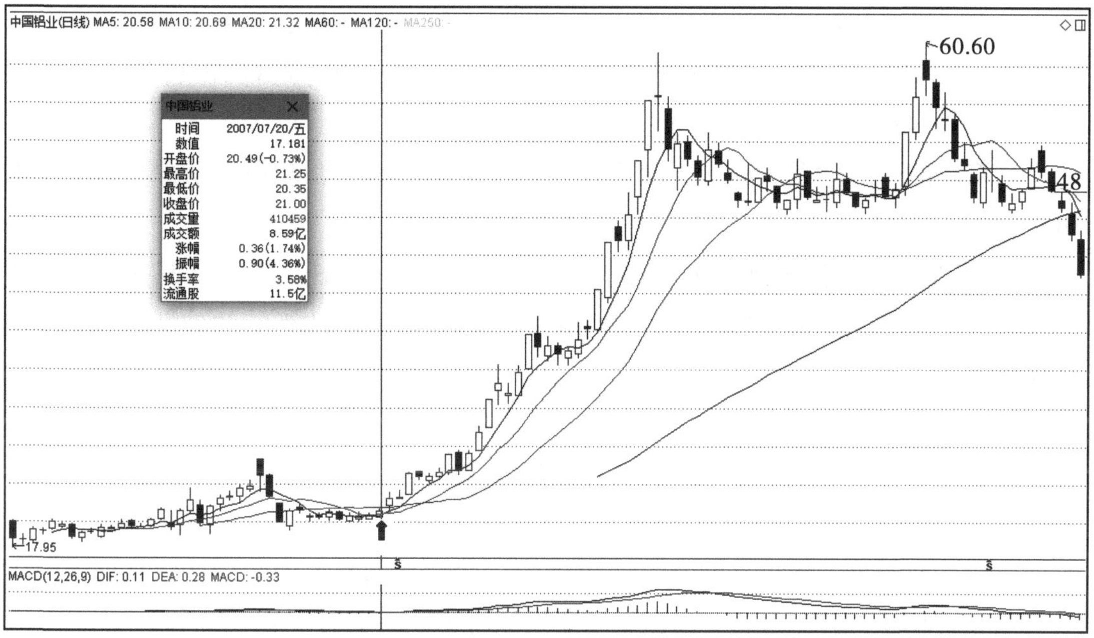

图 245 中国铝业（601600）2007 年 7 月 20 日前后日线图

知道有些股票为什么洗那么长时间吗？其实可以明确地告诉各位，就是在洗本 ID。但那些家伙都是脑子有毛病，你想本 ID 能被他们洗出去吗？但无论如何，不管是谁干什么，技术是第一的，任何行为最终都会在技术图表上显现出来。如果你能成为操作均线收敛的高手，那自然就能不断销魂。该说的早说了，如果连选股这么私人的事情都想让别人替代，那么还是买块豆腐去吧。

冲动的惩罚，基金将成为毁掉市场的那只手
（2007-08-27 20:45:41）

1

缠中说禅 2007-08-27 20:45:41

上周末，本 ID 说请先听听那首极端口水的《冲动的惩罚》。最近这一轮行情，发展成这样，已经越来越挑战到某些底线。

现在的问题，已经很明确，基金利用所谓正规的身份，正制造着泡沫行情。超 GDP，就是进入泡沫行情，这一点，本 ID 在前面已经反复说，说得十分明确。

那么这个泡沫如何才会被刺破？

显然，目前的情况下，泡沫不可能因自身破裂。基金目前这种资金正循环关系，使得泡沫可以维持相当长的时间而不破裂。

在中国目前的环境下，刺破泡沫的，只有政策。而最近政策的声音，比起行情超乎寻常的安静，这只有两种可能性：（1）政策并没有觉得目前的行情有太大问题。（2）暴风雨前的安静。

政策这种东西，无法预测。上周连续两天的调控表明，政策面至少没有资金面那样乐观。

本 ID 在沪深市值超越 GDP 后，就明确说过不再买入任何股票，只是持有，并把可能的资金转向其他领域。最主要的原因，就是这种泡沫行情的破裂方式，其非系统性风险不在任何人的控制之下。

今天，本 ID 偶尔发现，有些从 1000 多点就开始唱空的人，有开始松口的迹象，这给本 ID 特别不好的感觉。连死空头都开始转向，这风险确实已经开始如一切风险般积聚了。

可以肯定地说，如果没有政策的刺破，一切都会如基金们的如意算盘般继续下去，但冲动总是要被惩罚的。惩罚来自明天、后天，还是 N 天后，那只有天知道了。

但一个市场，如果发展到只有惩罚才会停止下来，那就如同一个失控的车子，究竟要发生什么，只有天知道了。

一些死空头转向，给了本 ID 相当不好的感觉。一叶知秋，秋天，大概不远了。

市场与政策的博弈全面展开（2007-08-28 16:10:20）

1

缠中说禅 2007-08-28 16:10:20

今天的市场，在技术上十分简单，就是本 ID 昨天所说的那 1 分钟中枢的震荡。要形成新的上攻，就要看是否形成该 1 分钟中枢的第三类买点。然后，最关键的，因为从 49 开始的走势已经是标准的 1 分钟上涨，所以该上涨结束的信号就是背驰，因此，背驰段能否被精确定位最终形成背驰，就是今后几天走势的关键。而且，这 1 分钟的背驰后是否引发更大级别背驰段的精确定位，则是今后几周最关键的问题。

从基本面上看，目前市场与政策的博弈已经全面展开。有些话，不能说、不该说的就不说了。可以说的就是，目前有些后进的资金以及某些用市值营销为幌子的正规基金，正在玩一种危险的游戏，这种游戏的名字，叫与政策博弈。

显然，至少在他们看来，现在存在与政策博弈的空间。

（1）一个最重要的会议将在不久后召开[①]，他们认为这时候的监管可能会有

①指2007年10月15日至21日召开的中共十七次全国代表大会。

空隙。

（2）目前的一线股行情，最终会有指数期货托底。

（3）H股、红筹股与A股对做，这样两头促进，两头赢。A股估值高，使得H股、红筹股有空间。而后者一涨，前者又有了涨的理由。当然，这一点本ID是同意的，也是乐意的，否则本ID为什么要钟情于中字头。今天，长期横盘的中字头中国人寿（601628）也动起来，本ID还是比较满意的。

（4）有些理由，只可意会，不可言传。

管理层方面，确实存在两难状态。硬调控一旦启用，则又陷入530之类的困局。软调控，其力度又被市场藐视，达不到其目的。所以，管理层方面有时候有些事情也是被迫的，只是那条底线不要被触及，一旦触及，站在公正的角度，本ID觉得，硬调控也是可以原谅的。

现在，这种博弈难局的化解，靠市场的所谓理智是不现实的。市场从来都不会是理智的，而且某些资金，说白了，花的不是自己的钱，不心疼，只要能潜规则一把，做什么不可以？所以，不要冀望于市场的理智。

最终的结局，无非以下两种。

（1）市场因为一些因素自动不去触及某些底线。例如，美国的那破事情又起第二波，全世界都自然顺着带下来，这样，死局反而可以自然解开了。

（2）市场变本加厉，最终触及某些底线，甚至有些局面可能是被担保、求情下才出现的。而给脸不要脸，那最终只能搞到翻脸，这又能怪谁呢？

从某种意义上说，现在所有的人交易成本大幅度增加，就是给脸不要脸制造的结果。现在，虽然指数上来了，但交易成本大幅度增加的结果，却在可见的将来都改变不了了，最终损害的就是整个市场。

现在，诸如印花税减半的建议，提都没法提了。本来想搞这些提案的人，自己都不好意思了。现在，这么高的印花税，就是中国资本市场所有参与者的共业，这叫自作自受。那么，还要有多少在后面等着？

本ID对目前的状况一早已经说得很清楚，就是那些在3600点要毁掉市场的人，那些3600点要死要活的人，将会在大涨百分之几十后开始兴奋，开始忽悠他们的英明神武。5200点时，这种情况已经变成现实。特别是一些1000多点就开始死空的翻多更证明，事情已经到了该警觉的地步。

本ID从本质上只关心市场结构的完整与合理，本ID最不愿意看到市场的结构被有意无意地伤害。市场的伤害，最终都会转嫁到市场参与者头上来。

正像在3600点最恶劣的时候，本ID会出手。当市场发展到完全失控时，本ID

一样会出手。本 ID 有能力在 3600 点凭空接巨石，当然也有能力干其他活儿。本 ID 干活儿，从来都是明说明干，春节前后和 3600 点已经成为 K 线摆在那里了，本 ID 无须说明或证明什么。

本 ID 的目的只有一个，希望本 ID 能制造一个分力出来，让市场不去触及某些底线，从而使得类似印花税等如此伤害市场的东西不被现实。

有些话，多说也没用，该出手时就出手，本 ID 有这个权利。

本 ID 可以把话说得更明白，任何与 2/3 线相关的活动，本 ID 都可以接受。任何企图快速抛离 3/4 线制造多头陷阱的活动，本 ID 都不能接受。够清楚没有？

有时候，当乖孩子并不是丢人的事（2007-08-29 15:54:01）

1

缠中说禅 2007-08-29 15:54:01

昨天说了，如果美国那破事[①]还能搞一次，可能是化解死局的好选择。昨天美国市场的大跌，来得够及时。本 ID 说了，任何和 2/3 线相关的活动，本 ID 都是乐于见到的。

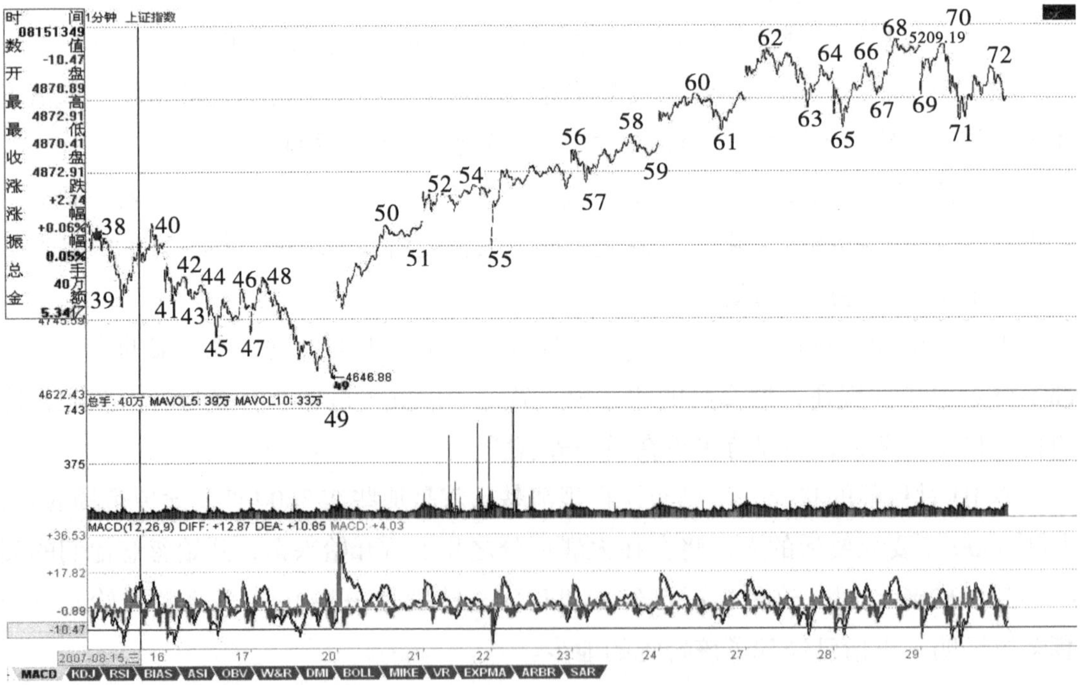

图 246 上证指数 2007 年 8 月 29 日 1 分钟缠中说禅分段实例

①指由美国次级房屋信贷行业违约、信用紧缩问题于2007年夏季引发的美国次贷危机，该危机引发国际金融市场动荡和恐慌，并导致美国两大股指短时间内出现30%～40%的下跌。

有时候，当乖孩子并不是丢人的事。今天，那漂亮50[①]集体走弱，这是好现象。该休息还是要休息，整天瞎搞，小心气绝命消。

其他个股，借着漂亮50休息而风起云涌一把，这也是天经地义的事情。

技术上，一个新的、从62开始的5分钟中枢已经基本成型（见图246），该中枢的后续走势，决定了短线行情的发展。

说实在话，除了快速突破3/4线直接上攻6000点形成多头陷阱这样一种走势本ID不能接受外，其他任何走势，本ID都能接受。

说实在的，这两年的行情，根本不火爆，比起1996年，简直没法比。那次，一年半就从1000点冲到6000点上，那次表现的是深成指。这次，走了两年多才到这个位置，乌龟都不如。但现在市场大了，影响大了，各方面力量也多了，所以只能这样。

6000点会有的，1万点会有的，3万点也会有的，但不是一天去完成。欲速则不达，有时候当当乖孩子，作乖乖状，又有什么大不了的？何必一定要去挑起不必要的麻烦？

可以很明确地说，如果不是某些努力，昨天早就已经尸横遍野了。有些事情没必要说，只要知道，一切都是合力的结果。但有时候，太过分了，那就只有对立面了。把自己逼到墙角，又何必呢？

目前的市场，成分已经越来越复杂。本ID更相信一件事情，就是任何良好的愿望，在一个市场里，最终都要被践踏的。在现实中，死缓总能变有期。在市场里，死缓往往就是绞刑变凌迟。人的贪婪总有最大的疯癫基因。

还你漂漂拳[②]之风再起时（2007-08-30 16:05:43）

1

缠中说禅 2007-08-30 16:05:43

还你漂漂拳之风再起时，什么风？二三线股之风。让指数调整去，重开上半年

①“漂亮50”（Nifty Fifty）是美国股票投资历史上特定阶段出现的一个非正式术语，用来指20世纪60和70年代在纽约证券交易所交易的50只备受追捧的大盘股。漂亮50的一个主要特征是盈利增长稳定，同时也具有较高的PE比率，这些股票被视作可以“买入并持有”的优质成长股，同时也是牛市行情的重要推动力量。回顾美国当年的漂亮50，能够得到一个重要启示：多数经历了岁月磨练的持续成长公司属于贴近消费大众的公司，它们的产品或服务与普通百姓的生活密切相关，主要集中在医药、饮料、金融、烟草等行业。考虑到中国消费领域不可限量的发展前景，这种类型的公司同样值得重点关注。2006年以来，中国国内一些媒体与机构也开始评选漂亮50榜单，如《新财经》2006推出的“中国漂亮50”。

②这一词语出自周星驰电影《唐伯虎点秋香》，该招式可使面目全非脚威力抵消，同时还有美容功效。

二三线股走势之风。还你漂漂拳，将二三线股打出一个个大可操作的对象，这就是还你漂漂拳之风再起时。

什么叫均线收敛后高潮？看看大众公用（600635）、隆平高科（000998）、紫光股份（000938）、中信海直（000099）、京能电力（600578）、山大华特（000915）等，哪个不是因均线收敛变得万草狂舞，风沙走石，天昏地暗，日月无光的？就算最近开始狂动的首创股份（600008），在8月20前的那一次均线收敛，还不够万草狂舞，风沙走石，天昏地暗，日月无光？你去看看今天涨停的股票，有多少是因均线收敛而万草狂舞，风沙走石，天昏地暗，日月无光的？还记得几天前本ID再次强调均线收敛的重要性，难道选股都要别人代替？

以上只是技术上的一些小技巧，以后不再说了，有缘得之，爱谁谁去。

现在，初步回到本ID希望编排的剧本，这剧本在这一章节只有一句话：指数走弱，二三线走强。指数走弱，将使得一些极为迫切需要化解的矛盾不会一下子激化。而二三线走强，又可以消耗目前一些多余的能量。记得本ID在8月13日的话吗？原文："个股方面，一二线成分股的行情依然会延续，但要注意升幅过大后的短线震荡风险。当业绩风险释放后，二三线题材股会找到重新活跃的动力。"

现在，中期业绩的公布已近尾声，该发生的就需要发生。本ID为什么前几天狂批基金，就是他们的节奏有打乱本ID剧本的可能。对这种拿着别人的钱乱搞之人，不教训一下怎么行？

本ID的持有结构十分明确，就是中字头和那十几只谁都知道的二三线股。中字头，如中铝者不愿意休息就让它休息，顺便差价一番，这没什么不对的。当然，站在中长线角度，这些中字头的潜力远远没有发挥出来，本ID乐意和它们海枯石烂。但现在，本ID觉得消费一下二三线股，难道不是一件很浪漫的事？

大环境，本ID已经说得很清楚，就是警报声声，而且还一度几乎擦枪走火。这时候该干什么，所有对市场的长期走势知道珍惜的人，都应该明白。市场的做多能量没地方宣泄，就找地方让他们宣泄，不能影响整个大局，这就是目前市场参与者应该有的共识。

短线技术上，没什么可说的，还是昨天说的5分钟震荡，这就很好。明天周末，又是月线收盘，任何温和的走势，都是本ID可以接受的。

周末究竟会有什么？还是先看看现在都有什么了。最近这温柔的一刀包括：

（1）风险提示。（2）停发基金。（3）沪港直通车。（4）6000亿等。

那么，不温柔的一刀呢？

本ID可以明确地说，将市场的做多冲动引到二三线股，只是一种最好的选择，但不是一个绝对安全的选择。与其让市场在漂亮 50 上继续冲动，还不如玩一把还你漂漂拳之风再起时。

请注意，没有任何股票值得追高，而且目前政策面上依然风云多变，更没有追高的必要。

2

网友 2007-08-30 16:12:12

博主辛苦了！明天再努力一下，我的山大华特（000915）也赚了。到今天为止，今年收益不错，245%。

缠中说禅 2007-08-30 16:14:16

最终只能靠自己，别人最多就是指手画脚一番，都是依靠不得的。

3

网友 2007-08-30 16:15:09

缠师，在分型上，相邻两根 K 线，只要有一端数值相同，就必定是包含关系么？相邻两根 K 线的高低点完全相同是不是可以不算是包含？或者包含只能是一根“完全”在另一根的范围之内，即高点小于高点，低点大于低点？请明示，谢谢！

缠中说禅 2007-08-30 16:18:28

只要有一端相同，那必然是包含，两端相同那更是了。如果不是包含关系的，都必然不需要考虑相等关系。

4

网友 2007-08-30 16:09:07

博主好！5 分钟中枢的区间可以看成三个 1 分钟走势类型的重叠部分，把 5 分钟中枢分解成三个 1 分钟走势类型时有哪些原则？

缠中说禅 2007-08-30 16:29:30

请先把逻辑关系搞清楚，是 3 个有重叠的 1 分钟走势类型形成 5 分钟中枢，如果你不先分辨出那三个 1 分钟走势类型，你怎么知道这看的是 5 分钟中枢？

5

网友 2007-08-30 16:23:01

博主，学了线段后，我想用线段的类中枢对线段中的笔背驰进行操作，可是好像不是很有效，请问这是为什么？我觉得从逻辑角度讲，这应该也是可行的呀？

缠中说禅 2007-08-30 16:41:32

你在太空中交易？不需要手续费、印花税？最小用 1 分钟以上级别的，太小级别没意义。

6

网友 2007-08-30 16:39:39

我学你的理论用在期货上，咋感到中枢不好找呀，老是跳空？

缠中说禅 2007-08-30 16:42:49

跳空不改变任何事情，如果这缺口在线段里，还是线段；在笔里，还是笔。

7

网友 2007-08-30 16:39:52

博主，请问三买后的向上段和离开中枢的向上段比较盘整背驰，有时候回落形成中枢，有时候只是稍稍回落又继续上涨，不形成中枢，有办法预判吗？谢谢！

缠中说禅 2007-08-30 16:44:55

那就是那段根本没走完，你不能把没走完的和走完的比。请复习一下区间套，这方法就是要去避免上面的情况。

刀锋上的行走（2007-08-31 16:04:19）

1

缠中说禅 2007-08-31 16:04:19

目前的状况，已经反复说得很清楚。目前已经给出比较严重泡沫的定性，这可不是本 ID 说的。至于谁说的，当然也不可能在这里说。在这样一个明确定性的大背景下，任何的行走，都如同刀锋上的游戏。

指数走弱、二三线走强，这是目前现实状况下最可行的走法，这剧本显然已经得到足够多的共识。这样，至少能延缓指数上涨的速度，而且能使得受益面尽可能地广。为什么？因为目前的强劲做多欲望必须消耗掉。这欲望，来自人的贪嗔痴疑慢共业，如此之强大，必须在疯狂中最终燃烧尽才有回头的可能。当然，还有一种最干脆的做法，就是再 530 一番，这一把刀一直悬在头上，铺在脚下。但贪嗔痴疑慢共业如此强大，能否不触及那把刀，又能让贪嗔痴疑慢共业尽情疯狂，这就是目前剧本中最激动人心的篇章。

今天周末的行情，在下午，明显受到对周末消息面的担心而产生震荡，但最终的震荡都在前几天最高位上受到支持，这充分显示目前做多能量需要消耗的急迫性。如果周末没有任何足够有分量的消息，那么下周，这种能量将有一个大的爆发。

再一次用一个最直白的话把这 N 天反复说的话说一次：打击快男，使得疯狂中的可获利面极大扩大。一句最狠的话就是，就算疯狂过后是无限的地狱，但多数人的疯狂总比单纯漂亮 50 的疯狂来得更公平、更有趣一些。

下周，绝不排除出现二三线股疯涨的状况，如果能尽量减少指数涨幅而带动更大面积的疯狂，这就是最好的状态了。3/4 线还有足够远的空间，而且加上突破后的顺势走势，有足够的空间去完成这种疯狂。但必须明确注意，这疯狂的代价，与刀锋相关。

既然选择了在刀锋上行走，无论市场还是个人，都要明确知道这行走的代价。其实，没有什么是不可以的，但必须知道代价以及能够承受这代价。那些又要玩刀又怕被刀戳着的，回家玩豆腐吧。

个股方面，没什么可说的，该说的，在 8 月 13 日已经全说了："个股方面，一二线成分股的行情依然会延续，但要注意升幅过大后的短线震荡风险。当业绩风险释放后，二三线题材股会找到重新活跃的动力。"

至于一直有人说本 ID 原来那十几只股票基本面很差，纯粹垃圾股的，最近的看法也应该有所改变了。本 ID 从来不乱买股票。如果乱买，那么整个股市中和 VC 与 PE 最相关的两只股票大众公用（600635）、紫光股份（000938），为什么都在本 ID 的组合里？本 ID 那十几只股票中，业绩暴增百分之几百甚至一千的，难道还少？当然，这只是冰山一角，就像紫光股份（000938），谁告诉你就是 PE、VC 这点事情？

长线介入与短线介入根本不是一回事情，本 ID 已经把最好的方法告诉各位了，就是利用中短线走势把长线成本降到 0，然后长线持有。对于大资金，这基本是唯一可行又效率最高的方法。如果是小资金，那根本不需要这样，你忙得过来，技术又可行，那么天天都可以操作一把，关键是你能否有这时间、通道与技术。

但小资金弄好了，最终都要成为大资金的，所以最终都要走这条道路。

没有成本，本质上就是没有占用资金，这样才有安心持股的可能以及效率。那些连几个月都熬不住的，根本就不适宜做股票。例如，紫光股份（000938）之类的走势确实很磨人，但如果你 0 成本长线持有，那就不磨人了，这只股票历史天价是 100 元。一只清华的股票，大牛市竟然可以不创历史新高，你相信吗？当然，这可能需要1年、2年、N年，但达到0成本后，就无所谓了。另外，清华企业的整合是必须和必然的，这里的空间有多少，本ID不想去预测，没意义。总之，本ID 0成本地和它海枯石烂了。那些天天想着短线涨停的，还是去顶豆腐比较有意义。

其实，本ID还有一只私藏的股票，比紫光股份（000938）的走势更无聊，就是深科技（000021），7元时介入的，现在已经三个季度了。除了已经把成本降为0，这只股票没有任何值得炫耀的地方，但本ID也和它缘定三生了。

对不起，本ID只会把股票变0成本后海枯石烂地持有，除此之外，对大资金，本ID不知道任何在大牛市里更好的操作方法。当然，在一个大级别的回调中，本ID也会弄一个短差去增加筹码数，这大概就是本ID唯一能再干的活了。

目前市场所处阶段（2007-09-03 08:49:53）

1

缠中说禅 2007-09-03 08:49:53

最近，新来的人太多，鱼龙混杂，本ID就入水入泥，再说一下目前市场所处的阶段。这些都在前面反复说过，但为了照顾一般水平的，不妨再明确说一次。

本ID的观点，从来都是一贯的，依照相同的逻辑关系展开。

（1）这轮大牛市至少再延续20年，至少再上升3万点以上。这个观点，一直没有改变，包括这个大牛市可以划分的三大阶段，已经明确说过。

（2）目前的走势处于大牛市第一阶段的泡沫化过程中。由于从低估回到正常位置的GDP用了两年，上升4.5倍，从纯对称的角度，泡沫化阶段也可以延伸2年，上升4.5倍。也就是说在极端情况下，可以到达2万点。但有一点是必然的，就算先到2万点，那么后面泡沫破裂后，必然再回到GDP的位置，也就是回到目前以下的位置。

（3）泡沫可以自然破裂，也可以人为戳穿。人为戳穿的情况，关系到政策的调控，属于不可分散的风险。面对这种风险，必须要明确，就是它不改变任何长期趋势，最多就是制造一个中线的调整。如果调控相对高明，那么泡沫化阶段可以延续的时间就长点儿，高度就高点儿，而且后面的破裂相应的杀伤力就轻点儿。

（4）泡沫化阶段，就如同在刀锋上行走。既然选择了如此，就只能如此下去，有任何损伤都不能怪别人，要自我承担。如果没有这心脏，那就退出，也别眼红别人去赚取泡沫化中的超高回报。在泡沫化阶段，需要更好的心态，更高的技术。

（5）有些股票是值得持有20年，等待整个牛市结束才抛出的。一旦选择了这种股票，就是天荒地老、海枯石烂地持有，但可以根据中短线的波动把成本降低，在

0 成本后再增加持有的筹码。站在大牛市的长线角度，泡沫的破裂就是提供一个降低成本、增加筹码的大机会。如果有这技术和心态，就要好好把握。如果没有，就坚定信念，义无反顾地持有 20 年。

下面是半年报中业绩最好的前 10 名股票。

表 1　每股收益前 10 名股票

证券代码	证券简称	每股收益（元）
600137	*ST浪莎	4.75
000338	潍柴动力	1.87
000623	吉林敖东	1.71
600497	驰宏锌锗	1.70
600109	成都建投	1.50
600993	马应龙	1.45
600432	吉恩镍业	1.43
600030	中信证券	1.41
000592	S*ST昌源	1.34
600677	航天通信	1.29

*ST 浪莎（600137）只是重组而来的利润，没什么实质意义，因此实际上第一名是潍柴动力（000338），也就是本 ID 要海枯石烂持有的十来只二十来只股票中的一只。另外一个吉恩镍业（600432），也在前 10 名之内。由此可见，说本 ID 的股票都是垃圾股的，就是胡说八道。

本 ID 股票的基本面，过 N 年以后再评论吧，现在你能看到什么？

吃得咸鱼抵得渴（2007-09-03 15:38:43）

1

缠中说禅 2007-09-03 15:38:43

去广东，总能学点古灵精怪的中文，例如本文题目。这句话的意思，用来要求现在的市场参与者，是最恰当不过了。

今天的大盘，如上周五所说。周末没有任何有足够分量的消息，因此做多能量如期爆发。但今天有一个有趣的现象，就是大盘在 5330 点下徘徊许久，就是不敢上去，为什么？因为 4330 点上留下的记忆太过深刻。

现在，每天都等于一个对赌，就是赌当晚没有特别的消息。最重要的问题是，现在决策消息的保密程度，已经超过一般人的想象，否则，5 月 29 日怎么可能是最高收盘？因此，市场能量依然强劲与对消息面突发性的担忧，构成目前走势的最大一对矛盾。

在这种情况下，就要发扬“吃得咸鱼抵得渴”的精神，要干就狠干，干到出消息为止。出真家伙时，砸起来，就看谁狠了。就算是530，早上大把个股还有红盘的时候。关键是该砸的时候决不手软，这样就有继续疯狂的资格，否则，就退出观望吧。

疯狂是需要资格的。没有这素质，没有这技术，就别疯狂。目前的疯狂，已经完全按照剧本来，就是二三线狂舞。有人叫嚣宁愿蓝筹泡沫，也不让二三线动弹，是典型的脑子有水的表现，现实已经足够严厉地教训这些人了。

纯技术的角度，今天的缺口是引发短线震荡的技术隐患，因此，这缺口的技术意义必须被短线所重视（见图247）。

图247 上证指数2007年9月3日前后日线图

个股方面，可以充分关注技术走势的意义。用本ID有的个股为例子说明如下。

第一类，如三爱富（600636）。属于最弱的股票，还没有重新站上半年线。这种股票的任务是先站住半年线，然后再展开。具体到该个股，基本面上不存在任何问题，只是里面的人太杂。

第二类，如中粮糖业（600737）。前几天刚突破530高点后的第一个反弹高位，然后回调，这一点对于其他股票有同样的意义。这类股票的任务就是通过震荡站稳该位置，然后才会去挑战530时的高位。

第三类，如紫光股份（000938）。突破530高位后出现震荡，这都是最正常的。这类股票，短线能否继续展开行情，关键就是这530高位能否在震荡后站稳。

对于补涨的二三线股票，无非就是这三类，因此可以根据具体情况，进行相应的短线处理。如果看不明白或没时间短线的，就看5日或5周线进出，这是中短线操作最懒惰的方法了。一般出现相应阻力的震荡，可以在冲高时先退出，下来再回补，用中枢震荡的方法。如果没这判断与技术，就算了。

另外，除非你技术特别过关，否则目前不建议频繁买卖，因为谁都不能保证你今天买的，不会在晚上就碰到一个恶劣的消息。对于心态、技术特别好的，当然无所谓，真出消息，一刀下去一了百了，但一般人可没这心态。

一定要注意，长线介入，一定是在长线买点。如果在一个短线买点介入想长线持有，是绝对违反本ID的理论的。短线买点介入就意味着只短线操作，除非你有最坚强的意志，任何牢底都可以坐穿，否则，就别玩这游戏了。

本ID说的话就是话。例如，现在的大盘走势，本ID是可以接受的。但如果大盘快速突破3/4线后继续快速上涨，去构造多头陷阱，那么就算没有政策，本ID也绝对不客气。这几天的中铝（601600）只是一个演习，中铝（601600）的这次演习，目的完全达到，使得二三线的切换全面成功。从明天开始，爱谁谁去。

技术、心理引发震荡（2007-09-04 15:12:24）

1

缠中说禅 2007-09-04 15:12:24

今天的震荡，在技术上，就是昨天的缺口引发的，这已经明确说过。心理上，最近报纸上天天有提示风险的文章，你说心理上能没压力？

这个震荡明天是否加大，其实都不重要。从纯技术上说，这缺口如果补了后没有有力的回拉，那短线问题就严重了。所以，缺口越不补越不存在技术压力，这叫强者恒强。一旦强者不能恒强，那么较大级别的调整就不可避免。所以从技术上来说，走得越强越不用担心。一旦有走弱迹象，反而是短线必须小心的。

个股方面，可能会有人批评今天的中石头和中国联通（600050）走得太强。这些人真是一点良心都没有，没有中石头、中国联通（600050），3600点能不能转过来还是问题。最近它俩为大盘已经作出足够的贡献了，一直缩着不动。到现在还不让动一下，万一刀子下来，连回跳的空间都没有。

程式化补缺口震荡如期上演（2007-09-05 16:10:28）

1

缠中说禅 2007-09-05 16:10:28

今天的走势真没什么可说的，周一留下缺口，技术上需要三天时间去考验。今天一个过于程式化的补缺口震荡如期上演，让人误以为在长安大剧院看一场京剧表演。

程式化震荡后，才是问题的关键。从纯技术的角度看，图 248 中，62-71 的 5 分钟中枢突破后，71-80 是一个标准的 1 分钟上涨，也就是次级别的离开。80-83 是一个标准的 1 分钟盘整回拉，也就是说 83 是教科书式的 62-71 的 5 分钟第三类买点。其后的走势无非两种：形成更大级别的震荡，或者是 5 分钟中枢上移的延续。

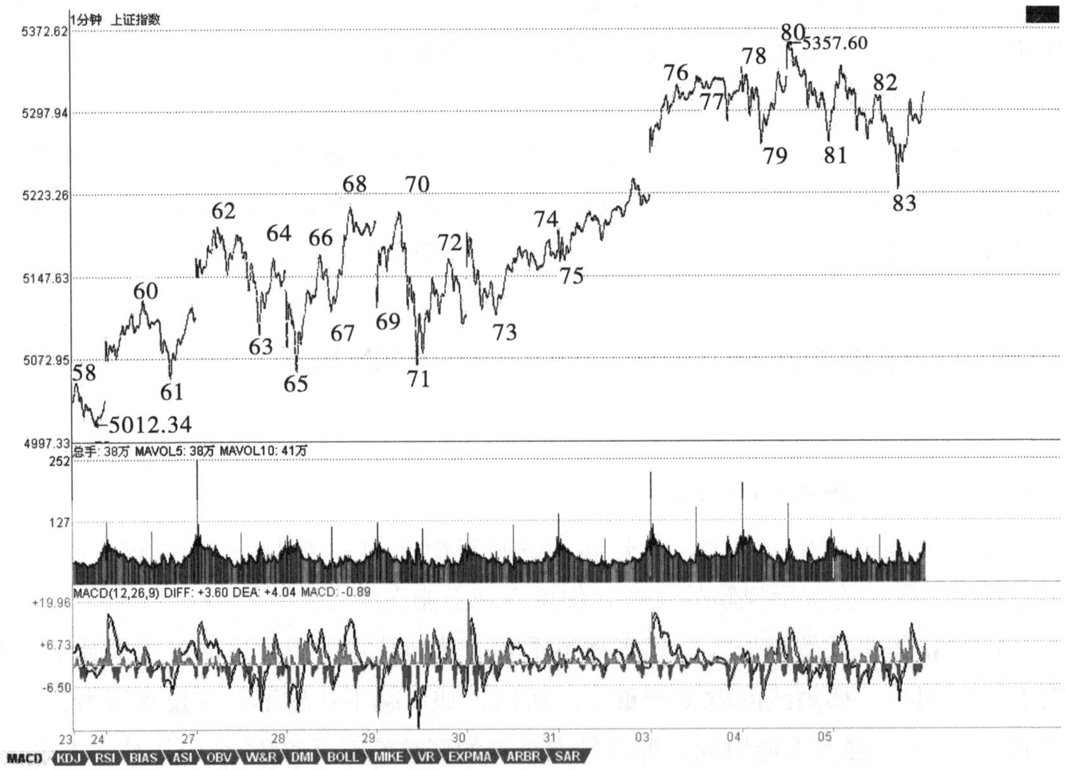

图 248 上证指数 2007 年 9 月 5 日 1 分钟缠中说禅分段实例

现在，最坏的情况就是形成一个 30 分钟的中枢，最好的情况就是继续 5 分钟的上涨，直到形成新的 5 分钟中枢。技术上的形态，就是这两种情况，没什么可说的，根据走势当下就可以判断。说得仔细点，就是明天不能新高，或新高后出现 1 分钟的不构成第三类买点的盘整背驰，那么必须要在目前位置形成新的 5 分钟中枢。后面就很简单了，就看中枢震荡后是出现第三类买点还是卖点了。如果明天能形成 1 分钟的第三类买点，那么大盘就将上涨，延续寻找新的 5 分钟中枢的过程。

个股方面，二三线题材股继续发威，这是好现象。一线大盘，关键就看建行（601939）的发行价了，如果搞出一个比现在中国银行（601881）、工商银行（601398）差不多甚至还高的发行价格，那么这些一线大盘股就谁都按不住了。这其实也是本 ID 为什么一手题材股、一手中字头两手都要硬的原因。你想，如果中移动发 30~50 元，那么中国联通（600050）待在 10 元之下，它好意思？

目前，这些大石头们最大的支持或动力，就是同类回归的价格。一旦建行（601939）出现一个高发行价，后面回来的想低都没门了。这样，各位就继续疯狂吧。

现在情况很清楚了，本 ID 也说得很明白，管它明日洪水滔天。如果你心态好，真来家伙时能手起刀落，够狠，那就充分享受这疯狂的游戏吧。

但如果你没这胆子，就把仓位调节好。否则，你又想疯狂，又要没有任何代价，那还是回火星去吧。

2

网友 2007-09-05 16:16:21

博主，我想重仓中国联通（600050）不知道可不可以，我是一个退伍军人，不是很懂股票，想赚点创业资金。

缠中说禅 2007-09-05 16:22:56

中国联通（600050）从中长线的角度看肯定没问题，不过技术上这个价位不是什么好的买点。

中国联通（600050）的题材，粗略说有三个方面：中移动回归、整体上市、电信重组。相比起来，后面两个才是重点，而电信重组是最重要的。如果按目前的方案，中国联通（600050）专搞 GSM，也就是以后 139、138 之类的号段都归中国联通（600050）了，你说它的空间有多大？

当然，这个电信重组的变数还很大，没到最后一刻，谁都说不好。

3

网友 2007-09-05 16:18:53

缠师，能讲一下 81、82 这个分段为什么中间那个高点不是一个段呢？

缠中说禅 2007-09-05 16:24:14

因为那只是一笔，笔破坏不等于线段破坏。

4

网友 2007-09-05 16:22:20

我的问题是：分型的开始和结束是怎么定义的？说第二个特征序列没有三个元素，根本不存在出现分段中第二种情况的可能，那么第二种情况的那个三段例图，也符合第二特征序列没有三个元素的情况吧，为什么会是三段？谢谢！

缠中说禅 2007-09-05 16:33:55

在第二种情况中，如果不满足定义的情况，就不算线段被破坏。例如一个下跌，一个A、B、C的回拉是第二种情况的，然后一个新的一笔下跌直接就创新低，那显然就不符合定义，所以就是原来的下跌没结束。如果A、B、C的回拉是第一种情况，那么原来的下跌肯定结束了，这就是第一、第二种情况的区别。

另外，有些概念请搞清楚。第一、第二种情况是完全的分类，不是第一就必须是第二，先区分了第一、第二种情况，才有后面第二个特征序列的问题。对于第一种情况，这个问题根本不存在。对第二种情况，如果找不到第二特征序列，那就是原来的线段没被破坏，就这么简单。

5

网友 2007-09-05 16:28:12

博主，有色金属板块在新进资金尤其是新基金的推动下，如果N年后它们不拆细，很有可能都达到百元，当然市盈率可能仅有50~60，动态市盈率可能更低，那样整个A股市场可能有30~50只百元以上股票，这种现象可能出现么？

缠中说禅 2007-09-05 16:46:39

没有什么不可能的。如果中字头都整体上市，那200只100元以上的股票也是很正常的现象。

6

网友 2007-09-05 16:38:41

请问缠主：79–80这个线段是去比77–78（盘背），还是比（75–76）呢？标准是什么，79–80毕竟创新高不多？

缠中说禅 2007-09-05 16:54:43

这和创多少新高没关系，关键是看有没有趋势。

7

网友 2007-09-05 16:47:16

缠师，一个线段有时离开中枢力度很大没有背驰，但不一定形成第三类买卖点，怎样预判？

缠中说禅 2007-09-05 16:59:02

第三类买卖点，必须是回拉的力度没有离开的力度大才可能形成。如果回拉走势都没有出来，怎么可能预判？离开的力度大，如果回拉的力度更大，那当然就不形成第三类买卖点。一切都必须等图形当下走出来。

8

网友 2007-09-05 16:59:41

缠主昨天说补了缺口行情会走弱，今天补缺后大盘反而放下包袱，重新站在5300点上，不知您有什么看法？谢谢！

缠中说禅 2007-09-05 17:03:36

本ID没什么想法。不补缺口是最强的，补了缺口能强力拉回并继续创新高，那是次强的。如果补了缺口拉回无力，不能新高，那就是最弱的。

现在大盘不能选择最强的，而后面两种选择什么，让大盘自己走出来，本ID没预测的兴趣。

建行引领大盘前行（2007-09-06 15:55:55）

1

缠中说禅 2007-09-06 15:55:55

这题目没错，就是建行（601939）引领大盘前行。建行（601939）发行的意义，昨天已经说得很清楚了。建行（601939）作为这次大规模回归A股的首家，其最终的表现，将对后面的回归者有极大的指标意义。因此，像尾盘出现中国银行(601881）等飞速拉起的情形，就一点都不奇怪了。

不过有一点必须明确，本ID昨天回答问题时说到中国联通（600050）的一些题材，并不是正式的东西，就当成梦话吧。本ID有中国联通（600050），这里的人应该很多都知道。春节前后，在这里还连续N天直播过中国联通（600050）上5元的活动，这是本ID要持有至海枯石烂的股票。中移动在香港100多元，如果中移动的

GSM 业务都给了中国联通（600050），本 ID 也不知道中国联通（600050）该多少钱。但中国联通（600050）搞 GSM，移动搞大唐的玩意儿，电信搞 CDMA，并不是什么正式公告，只是一种还未被最后正式批准的可能方案。其实本 ID 在以前回答问题的时候也多次说过，但从来没在文章里说过，所以只能当梦话，相信者有毛病。至于整体上市、中移动回归，都是很明确的，只是迟早的事情，所以对中国联通（600050）的判断，要以此为准。

本 ID 其实不愿意回答个股问题，本 ID 告诉的股票都是本 ID 正买着的。当然，本 ID 建仓的过程可能很长，但本 ID 在这里第一次说的时间，肯定和本 ID 第一笔建仓的时间是同一日，甚至更早，这一点是没问题的。例如潍柴动力（000338），5 月 15 日写诗，也是本 ID 买的第一天。本 ID 把自己买的股票说出来，不存在推荐的问题，这就如同告诉各位，本 ID 中午吃了点什么一样。今天中午，本 ID 只喝了点果汁，就这样了。

大盘没什么可说的，补完缺口后创新高，也就是说 9 月 3 日的缺口依然只是中继性质的，那么游戏继续。

下面再次用明确的语言给出目前的操作守则。

（1）一旦有致命的消息，手起刀落，跟股票说再见。

（2）没有消息就是最好的消息，用尽一切手段疯狂去。

（3）最懒的办法，就是看 5 日、5 周线。

（4）针对那三种技术形态的股票，分类操作。以前用三爱富（600636）、中粮糖业（600737）、紫光股份（000938）为例子说过。

（5）目前位置，就不要抱什么长线打算了，长线打算是在长线买点去打算的。现在只是疯狂的游戏阶段，成功的唯一标准只有一个：把钱赚到袋子里又不被刀子伤着。

（6）对于中长线投资者，只战略性持有等待中线卖点的出现，然后用部分仓位去进行降低成本或赚取筹码的操作。

这六点里，对于短线来说，第一条是最重要的，第二条是最实际的。

值得鼓掌的下跌（2007-09-07 15:29:09）

1

缠中说禅 2007-09-07 15:29:09

今天上调准备金本不是大事，但尚老先生[①] 的风险提示，可不能说是小事。最近

①指证监会主席尚福林。

报纸上天天提示风险，但尚老先生是力主市场调节的。如果没这位老先生，530大概早已不再被提起，因为已经有了更新的被各位口水一番了。

市场主动调节，那调整就是有限的，是系统可以控制的。而市场不主动调节，要人工降雨，那要发生什么，就只有天知道了。

有时候，市场配合一下，那么力主市场调节的分力就更能发挥作用。这一点如此显然，但在利益面前，很多人就昏头了。所以，有些事情是人算不如天算，不如不算。

技术上，这里出现一个大一点级别的震荡，那就按中枢震荡来处理。不会看的，中线可以关注5周均线。从3600点上来，该线从来没有被触及，这是本段行情是否结束，进入较大调整的一个最简单的Ph值试纸。

解盘（2007-09-09 18:34:12）

1

缠中说禅 2007-09-09 18:34:12

破例说两句股票，因为周五有事太匆忙，有些事情可能会有误解。

（1）目前的状况，说了N遍，就是泡沫的延续阶段。本ID干的所有事情只有一个目的，就是让泡沫延续更长的时间。任何有碍于这个目的的，本ID都要尽所能去清除。

（2）主动调整，并不会刺破泡沫，而是让泡沫更长久，甚至是有效缩小泡沫的最好良方。泡沫延续的双轮，就是中字头和二三线题材，这在3600点时已经反复说了。注意，中字头只是大型国企的统称，虽然它们多数都带中字。

（3）目前的环境，没那水平、没那技术的，本ID早就提醒要先把仓位降低，等市场风险降低后，再根据自己的条件继续游戏。留下来的，就要“吃得咸鱼抵得渴”，充分利用好各级别的中枢震荡赚取利润。

（4）短线技术，5日均线有效跌破是否确认，以及5周均线的支持，都是最关键的。就算从纯分型的角度，周K线上，下周有极大可能形成3600点以来第一个顶分型结构。一旦这个结构形成，在有效破坏该结构之前，走势最多都只能在较大级别的中枢震荡中进行。

至于像三爱富（600375）之类的股票，本ID对目前的公司没什么信心，并不意味着本ID就要完全放弃。本ID说那些只是把该股目前的真实情况说一下，各人根据自己的实际情况进行操作，没有任何建议是适用于任何人的。对于本ID来说，基本面是可以创造的，当然，只是在必须的时候。本ID对这些个股，和目前持有的所有个股，首先不再买入。其次，会利用较大级别的震荡降低成本，增加0成本筹码，这一方针从来没变。

市场继续进入530前的怪圈（2007-09-10 15:58:37）

1

缠中说禅 2007-09-10 15:58:37

现在关于风险的提示，级别越来越高。而现在市场里最大的信念是，政策不会制造大幅下跌，因此我们可以继续上涨，无论我们上涨到什么位置，政策都不敢出狠招。市场继续进入530前的怪圈：一方面，由于大盘的做多能量没被耗尽，很多个股还在530高位下徘徊，所以继续上涨的冲动无法消停。另一方面，关于目前市场的判断以及风险的担心，已经在越来越高级别的层次上被明确表达。

这就明确无误地证明本ID理论中一个最基本的原理，就是走势必然是市场所有当下分力的一个合力呈现。现在的这种情况，就是两种同样强大的分力在互相碰撞。

资金在赌政策不会发飙，这就是目前最大的问题所在。挑战政策底线的后果是什么，18年来的中国股市已经一次次呈现过。每一次都有人认为有例外，结果这些人都不存在了。那么这次如何，就走着瞧。

现在的行情，具体的操作思路已经多次声明。

（1）水平特别差的，就把仓位降低，拿着一些长线品种就算了。

（2）水平还可以但看不懂中枢震荡的，就看5日线或5周线。一般来说，只要5周线不破，调整的级别就是有限的。

（3）懂得中枢震荡操作节奏的，就按中枢震荡的要求去操作。一般来说，原则是先卖后买。在这些位置，如果你的水平有点儿问题，卖错了就卖错了，权当把仓位降低。

注意，现在一定是不怕卖错，就怕买错。宁愿卖错，绝不买错。

图形上，76开始的5分钟中枢异常明确了，在该中枢的第三类买卖点出现前，中枢震荡将一直延续（见图249）。

个股方面，前面没怎么动的板块都开始补涨。这是一个明确的信号，就是这轮补涨结束后，如果前面调整时间比较长的板块没有再次启动，那么大盘的调整不可避免地加大级别，其时间与力度都大为增加。

本周，一定要注意上周高位能否被突破。如果能，那么周K线上分型结构不能形成。否则，就是周线上在3600点后第一次出现明确的警示信号。

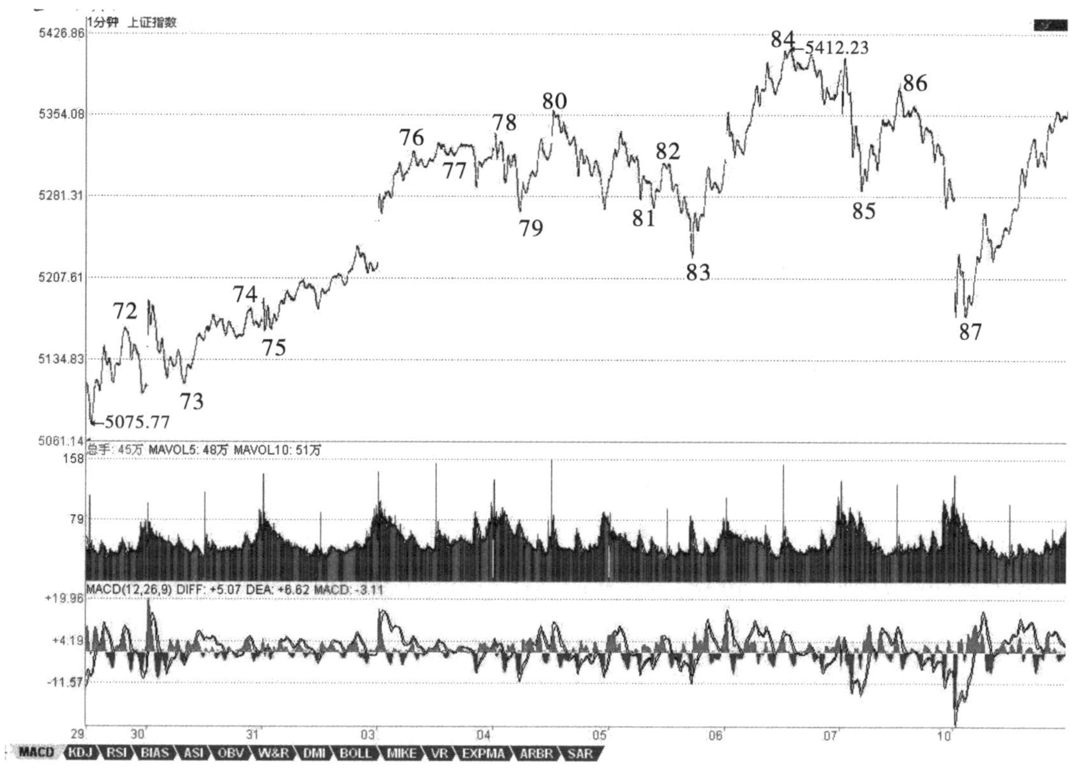

图 249　上证指数 2007 年 9 月 10 日 1 分钟缠中说禅分段实例

1

网友 2007-09-10 16:07:05

缠主前几天说有些股票有洁癖，洗来洗去把行情都耽误了，里面是不是有同方股份（600100）呀?

缠中说禅 2007-09-10 16:12:00

那是对底部说的，同方（600100）最多是中继图形，和底部图形的情况不同。

2

网友 2007-09-10 16:05:32

博主，请问基金可长期持有吗?

缠中说禅 2007-09-10 16:21:24

说实在的，本 ID 对基金一点儿信心都没有。如果投基金，最好就定投指数基金，肯定不会跑输大盘。一些专投成长性企业的基金，也可以关注，不过要考虑基金管理者的水平，这就是碰运气的事情了。

至于那些大而无当的综合性基金，出事是迟早的事情，一个大级别调整，足以出事。

以后肯定有N次暴跌是因为某某大基金出事造成的，银行、证券公司等都出过大事，基金有例外，你相信吗？

3

网友 2007-09-10 16:22:54

缠主，中铝（601600）深深被套中，请问大盘由于政策因素下调，它会被波及吗？到年底中铝（601600）会上100元吗？

缠中说禅 2007-09-10 16:26:20

这种思维会害死人的。股票别设定预测的位置，预测是胡扯。你只需要选择好自己的操作级别，然后根据级别的买点进入。如果你在50元以上才介入，那你肯定只是超短线级别的，那就按超短线级别操作。知道股票操作中最大的毛病是什么？就是用一个超短线的买点去期待一个超长线的卖点。

4

网友 2007-09-10 16:24:45

请问博主，山大华特（000915）可做长线品种吗？

缠中说禅 2007-09-10 16:37:26

问题不大，但前提是本ID说的时候是3元，都在长线买点附近，而现在该股最多就是处于一个中短线的买卖点中，万一大盘有激烈变动，一个中短线的调整，就有一定的亏损风险了。

买股票一定要分清楚买卖点。在长线买点介入，然后根据中线震荡把成本降低为0，然后继续增加筹码，这样就不会有这种烦恼了。

现在介入，就要吃得咸鱼抵得渴。如果你有忽略一切中短线震荡的决心，那就没问题。或者，如果你技术不错，那就更没问题。先把筹码弄到手，然后根据震荡把成本降低，这样什么时候介入问题都不大。

5

网友 2007-09-10 16:29:49

中粮糖业（600737）已经形成卖点了吗？看不懂！

缠中说禅 2007-09-10 16:41:41

短线的卖点早过了，就算你用最粗糙的日线上的顶分型分析，9月7日的任何一个反弹，只要不过 14.28 元，都将构成顶分型（见图 250）。顶分型以后下跌，那是天经地义的事情。

图 250　中粮屯河（600737）2007 年 9 月 7 日前后日线图

这只股票，主要是最近买的人太多。有人疯了，13.99 元、13.49 元连续用 4000、5000 手买单挑逗庄家，庄家不出消息洗盘就有病了。

该股中长线没有任何问题，现在最大的问题就是盘子有点儿乱。

6

网友 2007-09-10 16:41:05

博主，西部材料（002149）太可怜了，洗得只剩排骨了。

缠中说禅 2007-09-10 16:47:11

西部材料（002149），要跑的 60 元附近都早跑掉了。新股一定要注意节奏，一些新股是先炒一轮，然后下来慢慢洗盘再吸。现在的新股，都开得老高，庄家的成本都这么高，让庄家怎么活？等新股真启动时，都还以为庄家的成本就是 40 元、50 元的，那是脑子有水了！

像西部材料（002149）这种股票（见图 251），好的庄家，一拉一洗一震，怎么都把成本降到十几元去了。就算以后从 40 元、30 元开始启动，你说庄家赢的机会有多大？

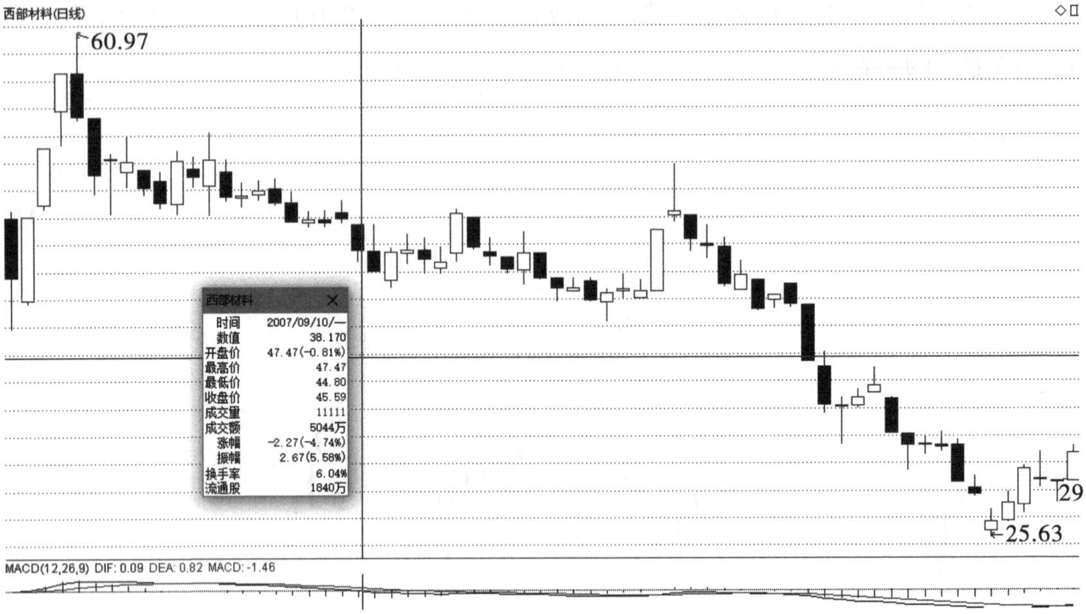

图 251 西部材料（002149）2007 年 9 月 10 日前后日线图

7

网友 2007-09-10 16:34:36

博主，一笔中允不允许存在最高点不是笔的端点？

缠中说禅 2007-09-10 16:47:53

当然。顶上如果还有顶，那第一个顶就不是顶。

8

网友 2007-09-10 16:17:51

缠主，你上次说，要想尽办法让泡沫行情延续，给人感觉你想让它涨。这次又说风险太大了，我们应先卖后买，到底应如何做呀？

缠中说禅 2007-09-10 16:57:34

一个是中长线的问题，一个是短线的问题，怎么会搞混在一起？中长线，就是要让这个泡沫行情至少能延伸两年，这就需要行情走得稳健，不引发政策的大规模干预。就算政策不干预，本 ID 在该干什么的时候自然也要干什么，目的只有一个，让行情延伸得越长越好。

短线在中枢震荡中，当然就是先卖后买，这有什么问题？

9

网友 2007-09-10 16:23:28

博主，三爱富（600636）一直拿着。可为什么结果却是这样呢？我是新股民，刚刚入市那被您的药所点燃的万丈豪情，全部被浇熄了。新高的股市中，我，更像一个自卑的孩子。不是牢骚，只有无奈！

缠中说禅 2007-09-10 17:03:22

如果你介入股票是以中长线的态度介入，那就没必要问这些问题，你只需要去研究一下基本面是否值得继续持股就行了。

如果是短线介入，那么一个连半年线都没站住的股票，你看它干什么？

本 ID 介入一只股票，都是要至少持有两年以上的，甚至是天长地久。如果你没有本 ID 的目的，只有短线的目的，就按自己的级别去操作，自然没有这些问题。

本 ID 多次说过了，想快，就学好第三类买点，那是最快的，操作上只要把握好两点:（1）级别不能太小。（2）一旦出现向上的盘整背驰一定要出来，不介入那些演化成大级别震荡的情况，只持有中枢上移的情况。一旦新中枢成立，马上走人。走人，第一类卖点看背驰，错过了，第二类卖点必须走。学好这招，所有所谓的短线高手都不是你的对手了。

10

网友 2007-09-10 16:57:17

看样子安阳钢铁（600569）已经被缠师给淘汰了，没有价值了，还是跑吧！

缠中说禅 2007-09-10 17:09:40

看看安阳钢铁（600569）周五的日分型。本 ID 所有介入的股票都不会走的，但一定会用震荡降低成本到 0 后继续增加筹码。

注意，对于散户，根本没必要长期持有一只股票，那是大资金没办法的办法。如果这市场能让本 ID 这样的资金短线杀进杀出，那本 ID 也不这样玩了，事实上不可能。

对于散户来说，如果通道畅通的，最快的方法就是用第三类买点去操作。杀完一只继续一只，不断做下去，不参与任何的中枢震荡，只搞最强势的，这才是散户该干的事情。

当然，如果你没这技术，那就别玩高难度的，就玩简单的，把操作级别弄大点儿。中枢震荡玩不了，就看 5 日、5 周线，持有到背驰卖点，然后坚决走人，等待新的买点。

该来的总要来——为下跌热烈鼓掌（2007-09-11 15:59:25）

1

缠中说禅 2007-09-11 15:59:25

最近反复强调，企图和政策对着干的人，最终的结局就是消失，这已被中国资本市场 18 年来的历史反复证明。不管任何理由，今天的下跌都值得热烈鼓掌。

技术上，本 ID 已经很明确地说过，本周将有绝大可能构成周 K 线上的顶分型，这是 3600 点以来的第一次。在小级别上，目前依然可以归为 5 分钟的中枢震荡，操作上先卖后买的原则，足以让你避开今天的下跌。

好了，下跌已经是事实，就不用多说了，问题是后面如何去操作。昨天图上的 79 在 5265 点（见图 252），只要后面的 1 分钟级别反抽走势不能重新站上该位置，则第三类卖点成立，后面至少要扩张成 30 分钟的中枢，最恶劣的就是 5 分钟的中枢下移。

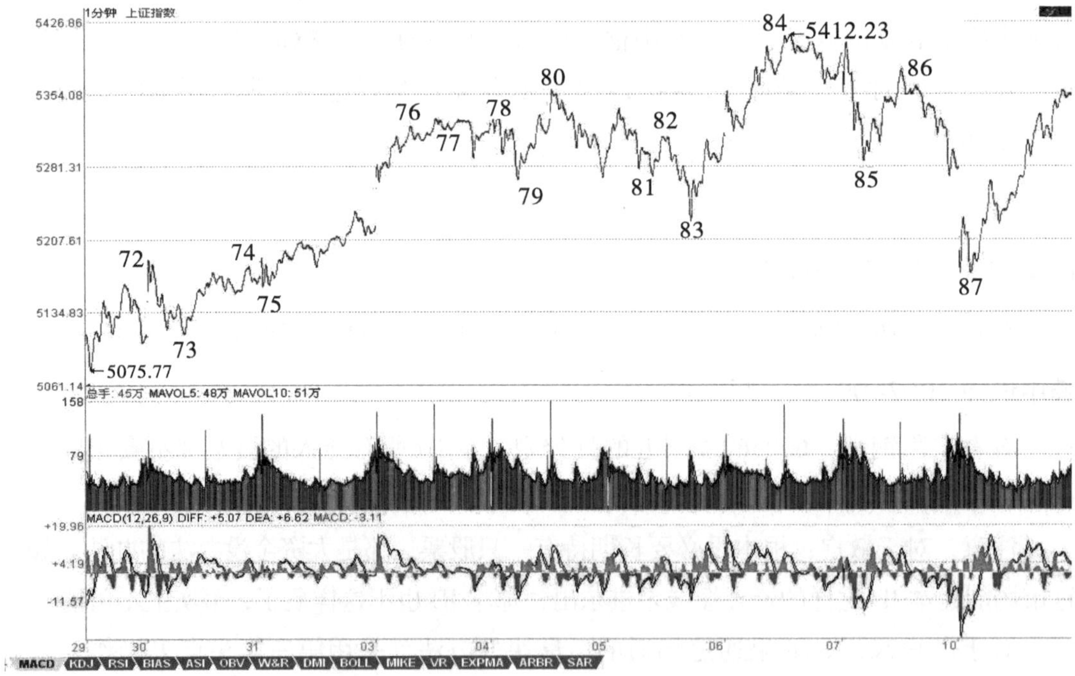

图 252 上证指数 2007 年 9 月 11 日 1 分钟缠中说禅分段实例

短线上，日线的 9 月 7 日，顶分型形成（见图 253），显然，现在一定要形成至少笔的调整。在形成有效的日线底分型之前，大盘的调整不会有效结束。但短线的震荡反弹机会还是很多的，有没有必要参与，就要根据各人的情况决定了。

图 253　上证指数 2007 年 9 月 11 日前后日线图

目前 5 周线在 5074 点。一般来说，第一次触及和跌破 5 周线后，都会有一次强烈的反抽（见图 254）。配合上面的分析，该反抽是否构成 5 分钟中枢的第三类卖点，将决定整个调整的力度。

图 254　上证指数 2007 年 9 月 11 日当周 K 线图

另外，周线的顶分型除非有特别的意外，基本上已经成立，所以关键要看这个顶分型后的调整是两种类型中的哪一种，也就是是否有效跌破 5 周线。一旦有效跌破，那么调整级别就大了，至少要形成一个周线的底分型才能结束。如果不有效跌破 5 周线，那么调整的幅度就有限。

本 ID 在 8 月下旬就明确说过，任何与 2/3 线相关的活动，本 ID 都是支持的。现在又见 2/3 线，调整将以该线为基准，由上下震荡构成。只要最终能站住该线，大盘依然会再次展开中长线的行情。在站稳该线之前，反复难免，看看 3000 点下的 1/4 线、4300 点下的 1/2 线当时是怎么走的就明白了。

市场操作中，最多见、最无聊的，就是上涨的时候忘了还有调整的事情，一调整就认为世界末日要来了。这种心态，还是回家买豆腐吧。

所有下跌后就怨这怨那的，都请离开市场。政策面的变化难道是今天发生的？昨天还不是很牛，说要顶着政策上？现在怎么蔫了？这市场的操作都是自己的，要怨的只有自己的贪婪与恐惧。

万古长空，一朝风月，没有任何走势值得唠叨，过去的就过去了，关键是后面的操作。无论前面的操作是成功还是失败，只要市场在，人在，股票在，资金在，这游戏就继续运转，没有必然的胜利者和失败者，关键是从此刻起，与自己的贪婪与恐惧说再见。深刻了解自己的能力与可能性，形成一套适合自己的操作原则，这样，失败的可以胜利，胜利的继续胜利，对过去说三道四没什么意义。

本 ID 理论的现场教科书演示（2007-09-12 15:42:13）

1

缠中说禅 2007-09-12 15:42:13

今天的走势太技术，简单地说，就是昨天说的，跌破 5 周线后必然有反弹。问题的关键是这个反弹能延续到什么位置？如果不能抽回 5265 点之上，那么后面的走势依然充满凶险。

但如果了解了本 ID 理论的一些最简单结论，那么今天的走势，简直就是一个现场教科书演示。你可以清楚地看到，走势是如何从线段扩张成一个 1 分钟中枢的（见图 255）。在其中利用背驰等关系，又是如何能在火海刀山中逍遥游的。

图 255 上显示，第一个向下箭头的那一笔，没有发生笔破坏，之后必然要回落去完成线段的走势，这是理论上 100% 保证的。

92 这一处，出现线段破坏，但该线段不能拉回 85 处，那么这就构成了 85–88

这个 1 分钟中枢的第三类卖点，后面的继续下跌也是理论 100% 保证的。

93 处，标准的线段类背驰，这就意味着 92 这个 1 分钟第三类卖点，将出现中枢扩展，至少形成一个 1 分钟中枢，这也是理论 100% 保证的。也就是说，88–93 的下跌已经完成，后面必然有一个针对这次下跌的反弹。后面的演化，都如教科书般标准。学过本 ID 理论的，都知道这一切都可以当下判断，无须事后分析。

那么，现在的问题是后面的走势如何，很简单，84–93 这个 1 分钟的走势类型离开 76–85 这个 5 分钟中枢后，就要看一个 1 分钟的走势类型的反抽能否回到 79 这一点，也就是 5265 点之上。不行，就构成这个 5 分钟中枢的第三类卖点，后面至少要扩展成为 30 分钟中枢，最恶劣的，就是一个 5 分钟级别的下跌。

今天在 93 处按理论要求进去的，以及昨天没按理论要求走的，都要关注这个第三类卖点是否成立。如果不成立，那么大盘就继续中枢震荡，那简直是本 ID 理论的天堂。

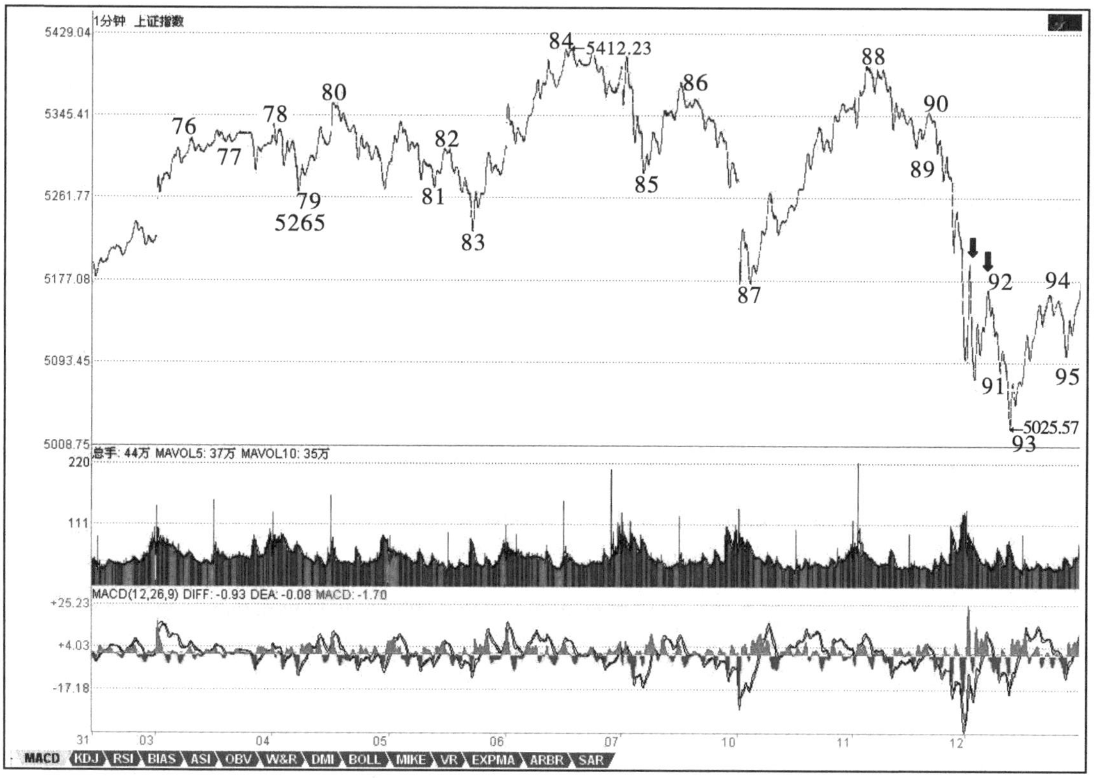

图 255 上证指数 2007 年 9 月 12 日 1 分钟缠中说禅分段实例

个股方面，其节奏不一定和大盘一样。用本 ID 股票为例子来说明，京能电力（600578）、中信海直（000099）、华润三九（000999）这些股票，昨天并没有任何构成日顶分型的迹象，而今天很快破坏了形成日顶分型的可能，这是短线的强势股，一定要耐心等待日顶分型的出现。

像紫光股份（000938）这些，如果你用本ID的理论去操作，里面的短差机会对于散户来说简直好玩透了。请好好研究一下紫光股份（000938）的图，看看昨天的顶分型多么标准，今天17.59元的底背驰又是多么经典，力度比较请看5分钟图，这两者的差价有多少？

别看不起短线，看不起短线，不过是因为你没这水平。当然，没这水平，就别太短线了，短线可是需要战士够钢铁。

本ID的理论可不单单是短线的，各种级别都适合，关键是你能真正掌握了。

有些钱不是适合每个人赚的[①]（2007-09-13 16:00:16）

1

网友 2007-09-13 11:25:01

被我说中了，目前就看破不破5166点。不破5166点就是1分钟三买，那就还有机会冲击5265点。

缠中说禅 2007-09-13 16:00:16

首先对此网友进行表扬。这就如同下棋，只看一步，肯定当不了高手。能知道上午的跳水其实是去形成92–95的第三类买点，这就不错。为什么？因为一般都关注5265点了。按理论，5265点如期成为大盘的阻力，由此产生的回落，当然可以短差一把。但在96时，由于95–96与93–94的力度对比并没有出现明显的类背驰，而且一旦回落形成下面1分钟的第三类买点，反而成为反弹继续的动力，能看出这一点，就比光看5265点更进一步了（见图256）。

后来，96–99形成一个新的1分钟中枢，那么这个对76–85这个5分钟中枢，86–93的1分钟走势类型离开，93开始的1分钟走势类型的反抽就一目了然了，这意味着后来突破该中枢继续上行。突破5265点，第三类卖点不成立，76–85开始的中枢震荡依旧。

显然，目前这个93开始的1分钟走势并没有结束，96–99是第一个中枢。如果是盘整走势，那么99开始的向上就要和93–96形成盘整背驰。如果不形成盘整背驰，这个走势就强了，理论上大盘完全可以再创新高。但探讨这个问题没有意义，关键是看这个盘整背驰是否形成。

①这篇文章最好和下一篇文章结合着看。

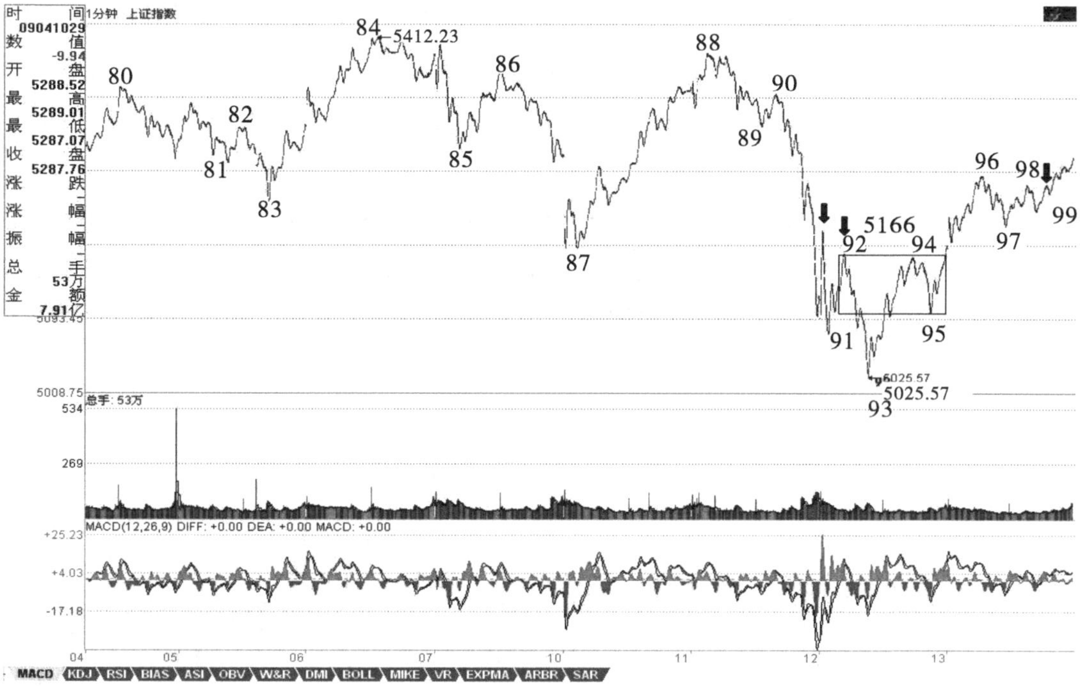

图 256 上证指数 2007 年 9 月 13 日 1 分钟缠中说禅分段实例

不过，对于 96-99 这个 1 分钟中枢，其第三类买点还没有形成，因此比上面的盘整背驰还要急迫的，就是要确认这个第三类买点。否则，最多只能是这个 1 分钟中枢的震荡，然后由此产生 96-99 的第三类卖点，转而下跌也是符合理论要求的。

所以，明天的技术走势极为简单，最强的，就是开盘后能形成 96-99 的 1 分钟中枢的第三类买点，然后继续上攻。这时候必须关注其盘整背驰问题，一旦出现，该怎样操作，就不用说了。

弱的，就是不能形成第三类买点，然后继续中枢震荡。最弱的当然就是形成第三类卖点，然后再次大幅下跌。

明天的走势，只要看好这几点，一切都在当下把握中。

注意，正确的操作，就是 93 背驰进入后，现在一直持有着。或者你有技术条件，96-97 的震荡可以对冲一把，回补或换股后，现在应该是持有状态。

最坏的情况，就是今晚突然有巨大消息，这样明天一开盘，确定 96-99 的第三类卖点成立，就手起刀落。当然，这种情况，一百天也碰不到一次，所以一般情况下，就可以耐心等待真正的卖点出现。出现卖点干什么，就不用说了。

上面说的都是短线，这对技术要求比较高。没这理解力与技术的，就算了，把仓位调节好，有些钱不是适合每个人赚的。

当然，只要你对本 ID 的理论有一定的认识，那没有什么钱是不可以赚的，因为所有的盈利机会，本质上都被本 ID 的理论所把握，唯一的问题是你的理论把握程度与交易通道、反应速度等。理论保证所有机会，但你的精力与资金不可能参与所有的，所以就只能有所选择了。

个股方面，没什么可说的，像小安子（安阳钢铁，600569），那些对它不满之人，现在也如同等比[①]一样没什么可说的了。紫光股份（000938），今天提供了一个底分型的买入机会，就算你不关心这只股票，那也请从纯技术角度，好好研究其图形（见图 257）。

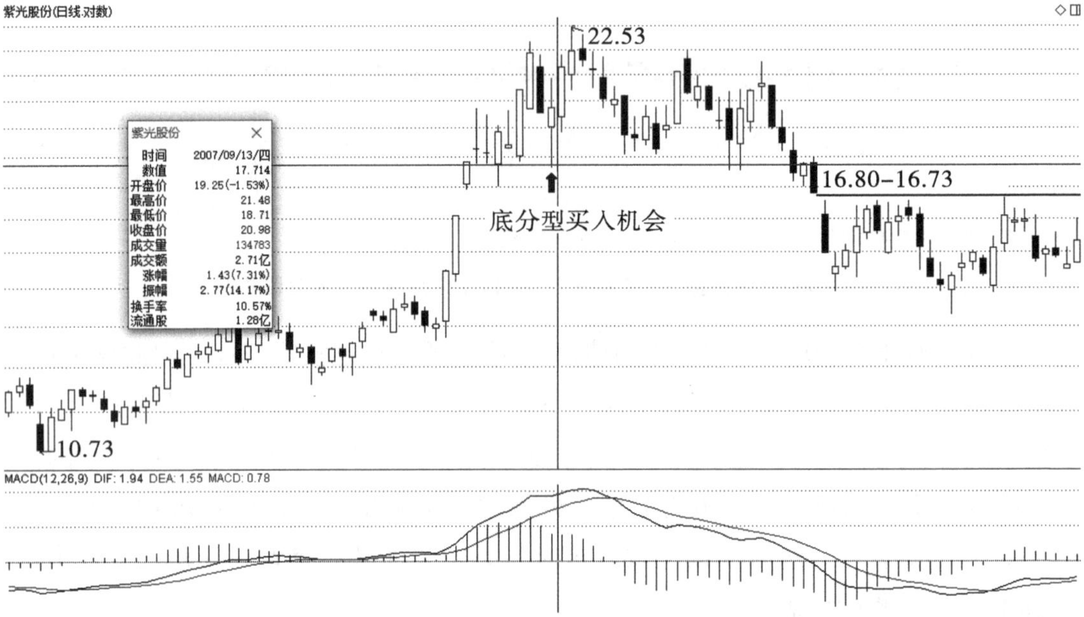

图 257 紫光股份（000938）2007 年 9 月 13 日底分型买入机会示意图

各位注意，严重更正（2007-09-13 20:55:15）

1

缠中说禅 2007-09-13 20:55:15

本 ID 赶着把文章写好，连复查一遍都没有，导致上一篇文章的划分出现错误。有时候实在太忙，出现点儿错误，也请各位原谅。

错误就在于错把上篇文章第三个向下箭头的那一下当成一段了（见图 256），这

①指西部资源（600139）。

是错误的。中间那一折仔细看一下就知道不构成一笔，而一段至少是三笔的。

按照正确的划分，大盘的走势比错误划分中显示出更强的趋势，也就是93开始的回抽，是一个标准的线段类上涨，连1分钟中枢还没构成。当然，明天开盘一跌破96，1分钟中枢就形成。如果不破，97开始的线段依旧延伸。后面的线段回抽不破96，那这线段类上涨就延伸出3个类中枢了，那当然是超强的表现。

至于其他的分析，依然有效，就是76开始的5分钟中枢震荡没有形成第三类卖点，线段类上涨都已经穿越5265点，图258中79的位置，当然比1分钟走势类型穿越5265点还要强悍。

图258 上证指数2007年9月13日1分钟缠中说禅分段实例——纠错

明天，就要注意这线段类上涨的结束位置，然后下来的线段调整，必然形成1分钟中枢，其后走势，都与该1分钟中枢的演化相关。这太简单，就不再详细说了。

由此可见，如本ID反复所说，本ID的理论如同几何学，是可以100%严密地讨论的。这里没有权威，连本ID都不是，本ID错了也就错了，没有什么可说的。

有人说，错了也没什么，只是把一段给分错了。但这里的差别大了去了，因为这个错误，市场的真实力度等分析就不对了。原来是一个线段类上涨，搞成1分钟走势，那样，回拉的力度差别就大了。级别越小，证明回拉力度越大，所以必须绝对准确，这才能真正反映市场的真实情况。

必须用最严谨的态度来对待划分，这样才能真正看清楚市场在干什么。

下周焦点：能否破坏周K线顶分型（2007-09-14 15:33:01）

1

缠中说禅 2007-09-14 15:33:01

显然，本周如期出现周K线顶分型，而且制造了一次绝妙的短线机会。那么，下周的关键就在于能否破坏这周K线顶分型。看过本ID课程的都知道，周K线顶分型出现后，如果在5周均线处得到支持，不有效跌破，那么，该顶分型只制造一个小级别调整，不会出现周K线上笔调整那样的大级别调整。因此，下周的走势十分明确，下面就看5周均线的支持能否制造该顶分型的破坏。

小级别图上，今天的走势在昨天已经明确说过，就是形成1分钟中枢，然后根据该中枢的震荡情况决定行情的发展。今天的走势，其实就干了这样一件事情。下周一的走势最简单，就是98到101这个1分钟中枢究竟是先有第三类买点还是先有第三类卖点。如果是前者，那么这个1分钟的向上走势将延续，顶分型破坏的可能性极大。如果出现后者，那么二次探底就不可避免，5周均线将继续受到考验（见图259）。

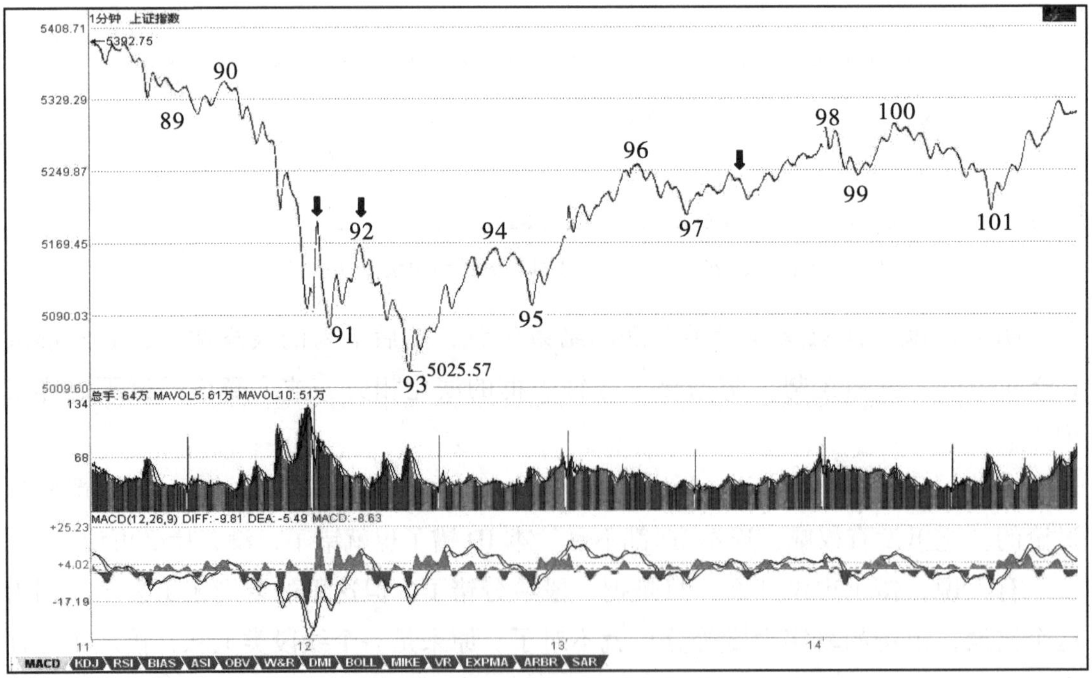

图259 上证指数2007年9月14日1分钟缠中说禅分段实例

这两天的图形，完美地演绎了本 ID 的理论，从中可以看出一个线段上涨如何演化出一个 1 分钟走势类型。后面，继续观察这个走势类型如何生长，直到最终完成。如果你真明白本 ID 的理论，看行情的走势就如同听一朵花的开放，嗅一朵花的芬芳，看一朵花的美丽，一切都在当下中灿烂。

2007 年末，资金与政策博弈下的走势分析（2007-09-17 00:41:48）

1

缠中说禅 2007-09-17 00:41:48

这轮从 2005 年中开始的行情，一直受到 1992 年 1429 点开始的系列比例线的严格控制。例如，在 3000 点下，震荡确认的是 1/4 线，也留下了 227 点暴跌印记。在 4000 点上，震荡确认的是 1/2 线，恰好在 5 月的 180 月大周期中，以 530 暴跌来继续印证这些比例线对大盘走势控制的有效性。目前大盘的走势，同样没有离开这一系列比例线的控制（见图 180）。

9 月，2/3 线的位置在 1429+184×30×2/3=5109，3/4 线的位置在 1429 +184×30×3/4=5569。显然，9 月 11 日的大跌行情，是对 2/3 线突破后的回抽。该线最终是否能有效站稳，一般来说，需要 3 个月以上的确认周期，这在 1/4 线与 1/2 线的确认中都得到完美的验证。

由于 2/3 线与 3/4 线相距太近，所以今后行情的走势，将受到这两条线同时的控制与确认。由于本月是第三季度 K 线的收盘月，因此，只要本月收盘不能收到 3/4 线之上，那么可以肯定地说，2007 年的最终收盘，将受制于 3/4 线。也就是说，即使年收盘位置最终能向上脱离 3/4 线，其中必然会出现至少一次类似 227[①]、530、911 的走势。

可以相当肯定地说，根据交替原则，227 是小调整，530 是大调整。如果针对 2/3 线的调整是小调整，那么，针对 3/4 线的调整，将有极大的可能至少是一次如 530 走势般的剧烈调整。

根据 9 月收盘相对 2/3 线的位置，可以将大盘走势进行分类：如果收盘在该线之上，那么大盘是强势，反之是弱势，其强弱程度的绝对值正比于收盘相对 2/3 线

①2007年2月27日，上证综指暴跌8.84%，创下中国股市10年跌幅记录。好多人当天都觉得市场可能崩溃了，四处打听暴跌的理由，但问下来好像什么事都没发生，市场找不到一个实质性的利空原因。第二天市场开始反弹，又疯狂上涨了两个月，大多个股在接下来的两个月中创出了历史新高，直接导致了530股灾的发生。

的距离。

最简单的经常是最便利且最有力的，在对行情的分析与操作中，情况同样如此。在技术分析中，没有比均线系统更简单的。在中长周期的分析中，一条5月或5周均线，就比绝大多数的复杂系统都有效了。从2005年中国银行（601881）发动行情以来，大盘从未有效跌破过5月均线，甚至在530大跌中，也没有发生过。任何在5月均线下的走势，最终都被证明是空头陷阱。

但这样一个模式，最终必定会被打破，打破之时，就是行情进入大级别调整的确立之日。请注意，该调整的级别一定大于530，也就是说一定是2005年中国银行（601881）行情发动后最大一次级别的调整。反之，在5月均线被有效跌破之前，大盘的行情依然延续。

由于7月、8月连续收月长阳线，使得5月均线严重偏离，目前仍在4600点不到的位置。因此，9月的震荡，在技术上是等待5月均线的上移。第四季度的走势，归根结底只有一条，就是一旦5月均线上移，能否继续站稳该线。也就是说，行情是否能继续被5月均线的上移惯性带动？

从中短线的角度看，5周均线极为重要，一旦有效跌破，就意味着类530级别的调整不可避免。根据交替性原则，由于530是以空间换时间，那么下一次类似级别的调整，有绝大的可能是以时间换空间。当然，这判断成立的前提是，行情没有受到特别的非系统性因素的影响。

由于2006年大盘涨幅是130.43%，收盘在2675.47点，按相应比例，6165点成为今年一个标杆式的点位。还有，深圳成分指数在1996年的行情中，也如本次上海指数一样略微跌破1000点后展开，而前者最终在6100点上见大顶，因此6100点附近是后者行情一个特别值得留意的位置。

站在对市场发展有利的角度，大盘年内最理性也是最理想的走势是：

（1）9月收在2/3线之上。

（2）第四季度以第三季度的长阳为基础进行震荡整理。震荡区间以围绕2/3线至3/4线区间为中枢展开，最终以十字星或者小阴小阳线收盘。

但一旦政策面的压力超出合理的范围，大盘将演化为一种具有压力的走势，即9月收盘在2/3线下，而第四季度最终以中阴线甚至大阴线收盘。这种走势，必然使得年K线留下长上影，对明年行情发展的空间产生较大压制。反之，一旦资金面的肆虐超出合理范围，那么大盘将演化为一种疯狂走势，即在今年内强行突破上面所说的6100点区域。这样的话，一次超530级别的调整将难以避免。

目前，资金面与政策面逐步走向平衡。一旦这种平衡被其中一面非理性打破，那么将对中国资本市场的中长期发展造成不必要的困难。资金与政策的博弈，不仅是中国，也是世界资本市场历史发展中永恒的主题。如果这种博弈能在尽可能理性与系统性的范围内展开，那么对中国资本市场的发展将是最大的福音。

资金向政策发起新一轮挑衅（2007-09-17 15:46:13）

2

缠中说禅 2007-09-17 15:46:13

今天的走势十分正常，无非就是延续了加息突破的老路子。周五的分析中已经很明确，只要形成 1 分钟的第三类买点，那么新高就成为绝大可能。今天早上 11 点多的那个第三类买点极为教科书，后面的走势，就是本 ID 理论所 100% 保证的活动，没什么可说的。

大盘年末的走势分析，已经在上一篇文章——“2007 年末，资金与政策博弈下的走势分析”里。文章为了照顾大多数人，没有用本 ID 的理论分析，只是用了些通常的分析方法，因为这种预测性的文章没多大意思，只是给各位一个大致的方向。

真正有效战胜市场，还是要学会用本 ID 的理论去当下操作。上周一个绝妙的短差，然后又一个绝妙的回补点，从那 5025 点的 93 开始，一个 1 分钟中枢类型都没完成，但明白本 ID 的理论的，就可以看着它按照理论的规范一步步地生长出来。这其中的从容与逍遥，又岂是那些用无数概率化的无聊玩意儿去争论大盘是新高还是不新高，真突破还是假突破的能明白的?

股票是用来操作而不是用来预测的，必须明白本 ID 理论知行合一的特点。现在十分简单，就是等待这 1 分钟走势类型的凋谢。具体的理论与操作，在课程里都反复说了，就不一一重复了。

由于在 5000 点反复震荡，还跳过水，所以本 ID 对大盘给予的空间也打开一点，在上一篇文章中已经分析过，请过去看。总的来说，只要是围绕 2/3 线到 3/4 线为中枢的震荡，都是可接受的。

今天，大盘的资金面向政策面发起新一轮挑衅，能否得逞，就看这几天政策面受刺激后的反应了。一般来说，本周没反应，下周反应的机会就变小，毕竟有一个长假期，稳定第一，没人会用这个来开玩笑的。

个股方面，中字头的继续逞强。最近开始鼓吹中字头的人越来越多，本 ID 在 3600 点开始说，现在就不说了。当然，中字头是本 ID 组合的一只翅膀，海枯石烂去了。

本 ID 的事情，都是尽量善始善终的。安阳钢铁(600569)，当时 9 元说 5 个涨停，碰上 530，剧本只能变。这次从 7 元开始发力，折腾下来，也达到原来剧本的承诺了（见图 260）。后面当然还有剧本，但本 ID 可是已经不欠任何人的话了。

图 260 安阳钢铁（600569）2007 年 7 月前后走势日线图

顺便提起一件事情，就是有人希望把某驴①让美驴②来入股，现在中驴③很厉害，所以就有人要搞这样的把戏。不过企业相当抵触，所以这事情还真不好说。如果美驴真给放进来了，那些驴们又要疯了。这只是一个有人在折腾的事情。实际上，事都是折腾出来的，但折腾并不一定能成事，所以，这也只能是一个 VC 项目，不能太沉迷。

注意，本 ID 说的是驴，可没说什么股票。

---

①推测这里意指云铝股份（000807）。云铝股份位于云南省昆明市东郊，主营业务为重熔用铝锭及铝加工制品、炭素及炭素制品、氧化铝的加工及销售。

②这里指美国铝业公司。美国铝业公司始建于1888年，被公认为全球最大的铝业公司，在44个国家和地区有超过400个运营机构，在全球共有12.7万名雇员。美铝公司总部及其主要的研究和发展中心均设在美国宾夕法尼亚州的匹斯堡市，美铝公司生产并销售从铝原材料到各种铝初级产品、半成品及铝制品。美铝公司于1993年9月在中国北京设立常驻代表机构，先后在中国地区建立9家合资企业或独资企业，在上海、杭州、天津、昆明和秦皇岛设有基地，主要生产铝箔产品，其生产能力约占中国铝箔产品市场的25%～30%。

③这里指中国铝业（601600）。中国铝业是目前中国铝行业中唯一集铝土矿勘探、开采，氧化铝、原铝和铝加工生产、销售，技术研发为一体的大型铝生产经营企业，是中国最大的氧化铝、原铝和铝加工材生产商，是全球第二大氧化铝生产商、第三大原铝生产商。

2

网友 2007-09-17 15:51:54

缠主好！有一个问题一直无解：100-101 对 98-99 没有出现盘整背驰，其内部也没有线段内类背驰，怎么能当下地在 101 处判断回补呢。

缠中说禅 2007-09-17 16:06:45

比较力度，用盘整背驰这招也不是光比较最近这一段的，以前有课程专门说过中枢震荡中的力度比较问题。你必须从 96 开始看，101 没出来前，只能先看 96-99 这个中枢的震荡。震荡没破 97 这点，就意味着震荡的力度有限，所以一定只是中枢震荡。而且 100 的内部，是一个典型的黄线下跌后双回拉后再下跌，而再下跌这段的力度明显比不上第一段黄线。另外，柱子面积也比不上（见图 261）。

还有，线段下没有中枢，所以不能照套中枢概念，这一点必须清楚。一般来说，最好不要用线段操作。连中枢都没有，没什么意义，除非你概念特别清楚，对中枢震荡研究得特别明白。

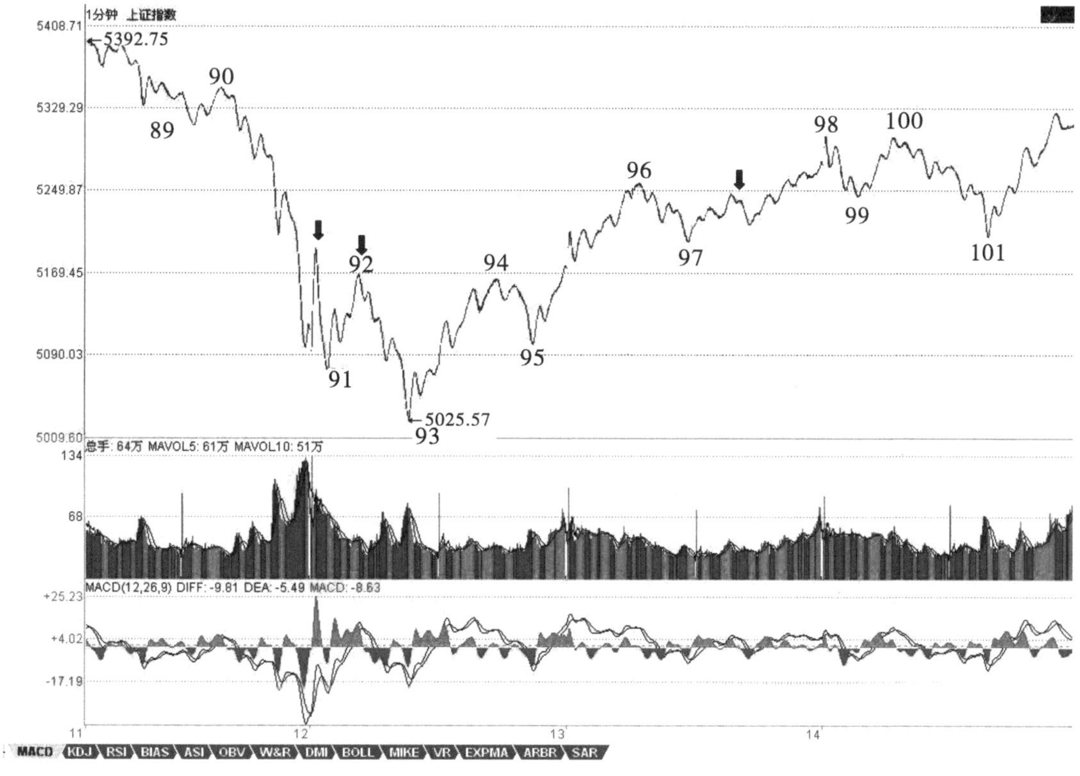

图 261　上证指数 2007 年 9 月 14 日 1 分钟缠中说禅分段实例

3

网友 2007-09-17 15:55:58

博主，对于个股来说，顶分型出现后，立刻出现底分型，而大盘的走势并不确定，可以买入此类股票吗？

缠中说禅 2007-09-17 16:09:49

这种情况说得很清楚了，日线、周线顶分型后关键看 5 日、5 周线。大盘这次周线顶分型后继续破顶，就是因为 5 周线没有有效跌破，构成一个完美的回补点。至于大盘和个股的关系，是另一个问题。一般来说，水平不高的，最好还是买和大盘相关度高的。水平高的，就无所谓了。

4

网友 2007-09-17 15:57:50

每天看您的文章，不太懂。今天是说可以疯狂一下了？持股待涨吗？可我恐高，今天卖了去打新股了。真背，没看懂老师的文章。

缠中说禅 2007-09-17 16:16:57

这是对的，心理不行，先退出是绝对正确的。市场机会多了，不要强迫自己，让自己心脏不舒服。当然，已经立定吃了咸鱼不怕口渴的，可以继续。这是刀锋上舞蹈，给伤着，千万要有心理承受力。更进一步，如果技术好的，看着走势来的，就无所谓了，就算有突发消息，手起刀落，谁怕谁？没这心理素质，还是别玩悬的。

5

网友 2007-09-17 16:22:10

缠主，没学好你的技术，911 之前清了仓，至今踏空，郁闷呀！像我们这样没有太多时间看盘的，可不可以选一两只股海枯石烂，不管股市的风吹雨打呢？

缠中说禅 2007-09-17 16:26:08

那天说得很明确，跌破 5 周线一定至少有大反弹，那天为什么不回补。本 ID 的理论很关键的一点，就是要有节奏。特别是用小级别操作的，节奏更重要。你抛了不买回，那还不如不抛，等大级别的卖点再说。买了就要想着卖点，卖了就要想着买点。如果时间不够，操作不方便，就要选择大级别的操作，不要玩小级别的，否则买卖点很容易错过，开个会，干件事就没了。小级别只适合职业或至少是半职业看盘的。

6

网友 2007-09-17 16:02:30

缠师，为什么缠论理论上很清楚，但一到实际操作又晕了？郁闷！

缠中说禅 2007-09-17 16:36:45

实际上，根本原因是理论还学得不够清楚。还有很多人，对今天的分段没搞清楚，那第三类买点怎么来的，也没搞清楚。还是先把理论搞清楚，一定要多看图，那些都是用钱划出来的。

你想想，现在最牛的画，一般级别的也就几千万元。而随便找一个图，几乎都要上亿元才能划一个日分时，就别说日线图、周线图、年线图了。这么珍贵的画，还不好好欣赏，也太浪费了吧。

7

网友 2007-09-17 17:00:56

请问博主，线段纠缠很久了，问一个看待走势如何像花开花落的问题。

背驰买点后，形成两个完全不重叠的 1 分钟中枢，如果第二个 1 分钟中枢没有出现三买，而是通过 9 段延伸形成 5 分钟中枢，这个 5 分钟中枢暂时也没有与第一个 1 分钟中枢有任何重叠，那么我们当下是应该把走势看作未完成的 1 分钟趋势呢，还是按照 5 分钟的震荡来处理当下走势？

真的很想像看花开花落一样看股票走势，但是疑问还真不少。

缠中说禅 2007-09-17 17:12:00

当然是 5 分钟走势，看成是 5 分钟的中枢震荡。

8

网友 2007-09-17 17:04:52

今天踏空了一半，我这个几乎是死多的人居然踏空了一半，真是的！博主文章对多方贬义词用得太多了，估计缠友踏空的比例不小。我发表点儿不同意见，希望对大家有点帮助，错了勿怪。

缠中说禅 2007-09-17 17:21:46

那你的判断完全错误，除了必须保留的机动资金用于对冲风险的仓位，本 ID 从 3600 点开始都是 100% 的满仓。当然，本 ID 的机动资金会在组合中不断流动，一般在 10% ~ 30% 的比例之间波动，这样效率是最高的。一般来说，有大点儿的卖点，那么本 ID 的机动资金会达到 30%，但大多数情况不会到此比例。

另外，本 ID 都会有一定比例的对冲风险操作，这就不细说了。这一点儿对大资金其实很重要，如果没有这一点，本 ID 在 530 早上就不会如此从容了，毕竟对于大资金来说，在那兵荒马乱的早上，一个第二类卖点也走不了多少，但有对冲，就不同了。

如果按对冲基金的观点，纯多纯空都是风险级别的，一定要有一定的对冲。

等待那万众期盼的每周一跌（2007-09-18 15:53:21）

1

缠中说禅 2007-09-18 15:53:21

现在的走势，极端简单，就是真突破还是假突破的问题。一般来说，如果是假的，就是三四天内见分晓，先来两三个十字星之类的玩意儿，然后虚晃一枪向下跳水。如果按这个把戏，周四前后就是跳水的日子。而且现在每周一跳，跳了，都爽了，就该干嘛干嘛了。

当然，用本 ID 的理论，就没有这么多麻烦事儿，而且绝对不用去宣称什么这是世纪大顶之类的无聊事情。如果你是按 30 分钟操作的，什么顶呀底呀，只要按照节奏来，绝对不参与 30 分钟级别的下跌，那么这世界在你眼里，就只有三种活动：30 分钟级别的上涨、盘整、下跌。世纪大顶，火里刀上，也一样可以逍遥游。其他级别的操作也是一样的。

现在的情况十分简单，对于短线来说，就是现在依然是原来 76–85 那个 5 分钟中枢的中枢震荡，现在的问题只不过是，该 5 分钟中枢的第三类买点是否出现（见图 262）。如果不出现，那就继续中枢震荡。当然，那时候，这 5 分钟就扩展成 30 分钟的中枢震荡了，那就更好玩了。

对于超短线来说，目前，就是 102–105 的一个中枢震荡。注意，目前这个离开原来 5 分钟中枢的走势并没有完成，所以还谈不上回抽。今天震荡的低点，刚好在 78 之上，也就看出，这中枢震荡并不是瞎掰的，这么远的距离，依然起着作用。

个股，没什么可说的，就算是假突破，只要这大的中枢震荡存在，那么个股机会依然汹涌。假期前，又有一个持股持币的无聊问题，关键还是你的操作级别和该级别中的表现。对于完全不了解本 ID 理论的，就看 5 日或 5 周线，特别是 5 周线，这是中短线的关键。

2

缠中说禅 2007-09-18 22:53:57

现在发现各位对那些古怪的分段还是有点儿乱。那些古怪的分段，经常是因为第一次笔破坏时，延伸不出线段来。例如，今天图里（见图 262）向下箭头所指的地方，顶分型和底分型经过包含处理后中间没有 K 线了，这就不能算一笔。

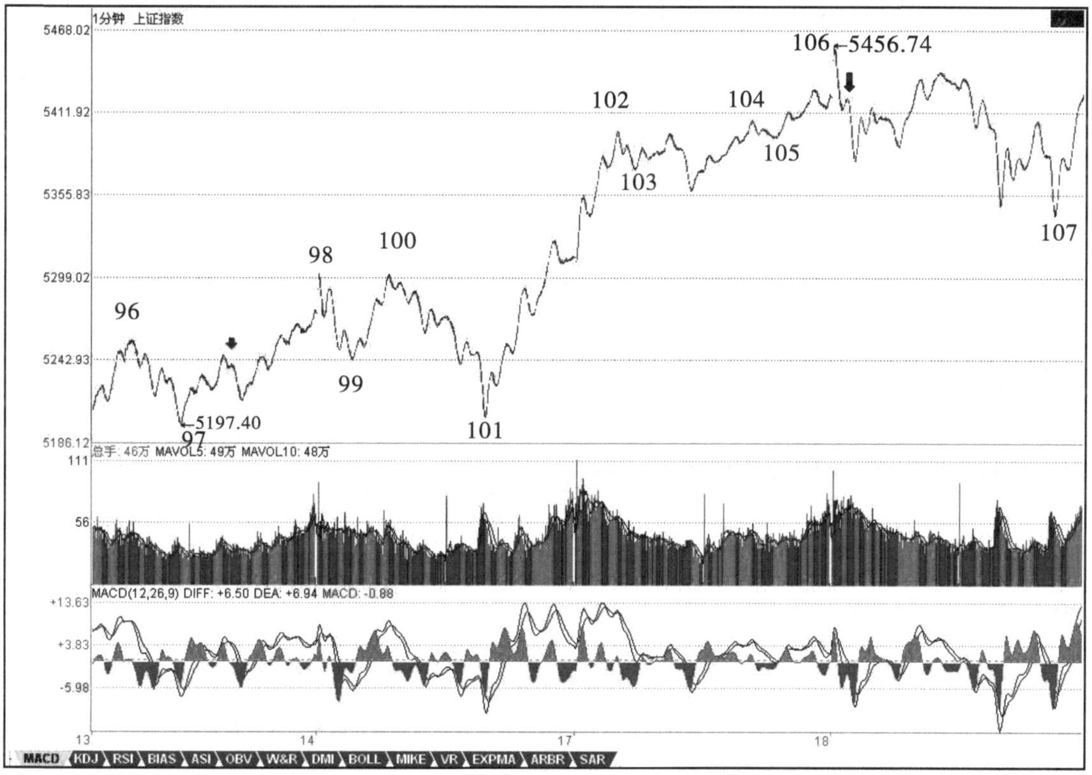

图 262 上证指数 2007 年 9 月 18 日 1 分钟缠中说禅分段实例

本 ID 想了想，计算了一下能量力度，觉得以后可以把笔的成立条件略微放松一下，就是一笔必须满足以下两个条件：

（1）顶分型与底分型经过包含处理后，不允许共用 K 线，也就是不能有一根 K 线分别属于顶分型与底分型。这个条件和原来是一样的，这一点绝对不能放松，因为这样才能保证足够的能量力度。

（2）在满足前一条件的前提下，顶分型中最高 K 线和底分型的最低 K 线之间（不包括这两根 K 线），不考虑包含关系，至少有 3 根（包括 3 根）以上 K 线。显然，第二个条件比原来分型间必须有独立的一根 K 线，要稍微放松了一点儿。这样，像今天向下箭头所指的地方，就是一笔了，相应那三笔下来就构成一段了，整个划分就不会出现比较古怪的线段。

对线段一直比较晕的人，这个新的条件大概容易处理一点儿，至少可以避开处理如 106 到 107 这样复杂的线段。这一点，本 ID 刚计算过，也不会影响整个线段的动力学能量。但 103-104 这样的线段，是无法更改的，这类线段必须能够处理。

另外，以前也说明过，现在再说一次，本 ID 平时交易时不用同花顺。只是本 ID 用的系统网上没有，所以那里的标记无法搞过来，因此，本 ID 在同花顺上的标记，都是收盘后才弄的。两套系统的数据经常有点儿小出入，有时候偷懒，就照抄过去，偶尔就会出问题。

其实，本 ID 这个示范，只是为了让各位能明白真正的划分，只是一个示范。如果你真明白了划分的原则，不看也可以，根据自己系统的数据，都有唯一正确的答案。分型、笔、线段，都是最基本的准备工作，关键还是通过这些工作去分别出更高级别的走势类型，那才是操作的关键之处。所以，一定要把这两部分的区别搞清楚。

政策对资金挑衅的反击（2007-09-19 15:42:03）

1

缠中说禅 2007-09-19 15:42:03

今天算不算跳水，估计要看了明后两天才知道。因为就像跳水项目，有 1 米板，还有 10 米台，这玩意儿，要对比着看才知道的。本来美国减息，全世界兴奋了一把，但中国就是中国，不和全世界玩，咱自己玩儿。

年末行情的判断，在“2007 年末，资金与政策博弈下的走势分析”里说得很清楚，最理智的走势是怎么样的，也写得很清楚了，如果一方挑衅，肯定会被反击。今天三大报让各位学习，各位也就学习一把。水井坊（600779）给英国佬搞到全世界，到时候是用英镑卖的，咱就喝王老吉，降降火。

技术上，昨天已经说得最清楚不过了，基本看法一样，首先是小的 1 分钟震荡，今天没震出什么结果。操作上，当然是冲高震荡时卖，卖了回来看。如果向下破位出现第三类卖点，咱就不管它，看它跌成王老吉还是水井坊再说。如果不出第三类卖点，咱就继续陪它游戏。

不过，从短线政策的压力看，如果资金面上还继续麻辣火锅，火气旺旺的，那么政策上大概就不是学习学习那么简单了。让你喝王老吉，那是给你面子，哪天让你吃点巴豆，喝点减肥茶，又有什么不可以的？

本 ID 总是想和稀泥，让双方都能平和点儿。但良好的愿望，绝不是本 ID 一个就能实现的，市场是大家的，是合力的。资金与政策目前的困局，也是一样，资金去挣所谓的钱，难道就一定要只争朝夕了？退一步，难道不可以海阔天空？

只是美国一减息，某些如意算盘就难打了。本 ID 自己从来没什么烦恼，现在唯一的烦恼，就是看得太明白了。

2

网友 2007-09-19 15:50:40

博主，云铝股份（000807）还会疯狂吗？

缠中说禅 2007-09-19 15:54:14

现在企业不愿意，但有比企业大的愿意，正在磨着，磨出结果来才会疯狂。该股基本面不错，又有新项目将产生利润，不过如果大盘不好，也只能跟着大盘走一段。如果有机会有一个大的中线买点，是值得关注的。

3

网友 2007-09-19 15:53:58

博主看好电力和钢铁吗？银行股算不算调整好了呢？

缠中说禅 2007-09-19 15:59:39

那两个板块都可以，钢铁最近涨多了，压力大一点儿。其实，本 ID 经常是尽可能说点儿东西，不过有些东西不能明说，否则有引导的嫌疑。例如，安阳钢铁（600569），前天高收时，说原来剧本的目标达到了。当然，那是本 ID 的梦话，其实本 ID 什么都没说。

不过，这些股票经过调整，都没大问题的，现在关键不是个股，而是大盘。

4

网友 2007-09-19 16:04:18

缠主好！请问今日中国石化（600028）逆市拉起护盘作何解释？

缠中说禅 2007-09-19 16:09:12

为什么拉起来就是护盘？如果拉起来还走成这样，那么不拉呢？想想 530 时中石头的表现。当然，还有一个原因，就是上面说的，为什么一定要护盘？

5

网友 2007-09-19 16:01:15

缠主，帮我看看紫光股份（000938）吧，还可以继续拿着么？谢谢！

缠中说禅 2007-09-19 16:14:02

这是典型的初学者毛病，为什么跌了才问还持有不？上面的卖点这么明确，又盘整背驰，又顶分型，为什么不可以先走？

图 263 紫光股份（000938）2007 年 9 月 14 日卖点示意图

股票操作是有节奏的，节奏错了，本 ID 也不知道怎么办，本 ID 只知道跟着市场的节奏舞蹈。只要跟着市场的节奏，在刀锋上一样可以凌波微步。

另外，请搞清楚自己是为什么买入的，如果是中线买入，那就应该是中线买点进入。

这只股票，中长线肯定是没问题的，短线调整幅度当然和大盘相关。

6

网友 2007-09-19 16:15:48

顶分型和底分型之间不满足三根 K 线，K 线间有缺口，这个顶分型和底分型成立不？

缠中说禅 2007-09-19 16:18:14

不行，缺口不说明任何问题，需要的是延续的时间。

空头完败：必须让预测者出丑（2007-09-20 15:40:19）

1

缠中说禅 2007-09-20 15:40:19

预测是什么，本ID已经很明确地说过，不过就是一个概率游戏。那些宣称什么地方是什么大顶的，和街边算命的没什么不同。股票是用来操作的，不是用来预测的，这是所有市场参与者的第一信条。

昨天的顶分型，有两种演化，一种就是破5日线延伸出笔，一种就是不破5日线，反而上破顶分型。今天大盘一开盘，市场就给出了明确选择（见图264）。注意，没有人比市场本身聪明，因为市场是合力的结果。如果你觉得比市场聪明，那你就是把自己当上帝，结果大家都知道。

图264　上证指数2007年9月20日前后日线图

市场每天都有预测者，根据概率，总有人碰到那最后唯一的馅饼，但这并不能证明市场是可以预测的，反而证明预测市场只是一个无聊的游戏，对了，不过证明那馅饼刚好砸到你了。

本ID昨天说了，短期大盘就看那1分钟中枢有没有第三类卖点。我们的眼睛告诉我们，我们没看到，这就足够了。没有第三类卖点，那就让市场继续发展下去，让市场告诉你下一步的操作，这就是本ID理论的核心。

从资金、心理面，本ID也可以给各位分析一下。现在，长假前只有最后一周了，中间还有一个中秋，市场做多资金最害怕政策的强力打压，这种情况出现的概率有多少？过了十一，那最重要的会议期间，还有谁有心思去搞什么政策强力打压？这样一个空挡，就给了做多资金一个好时机。这个时机里，如果能顺利完成诱多，那就有回跌的空间，否则，哪里来的空间？请问，如果没有1000点的回跌空间，对于大资金来说，有做空的吸引力吗？

说句狠话，现在很多做多资金，都是对政策面调控力度不够而再次做多的。现在，越来越多的人接受了本ID所说的刀锋上的游戏的观点。确实，现在很危险，但最危险的时候反而可能最安全。没有技术，没有胆略的，应该离开或降低仓位。有技术，有胆略的，真是最可疯狂的时机。真有什么硬东西来，就看谁刀下够狠。只要有手起刀落的勇气，谁又怕谁？

再次强调，现在的游戏很危险。一般人，没有那心理与技术的，就半仓等待，或者就看本ID反复说的5日或5周线，有效跌破就一刀下去。否则，就继续玩。有人可能问本ID是什么头？本ID什么头都不是。多头抬不动，本ID比空头砸得还狠。空头砸不动，本ID比多头还回补得凶。本ID在刀锋上的操作原则一早就向所有人公布了，就是不再战略性买入，但战略性持有，并在来回震荡中降低成本，增加筹码。

有人说，今晚就有大利空怎么办？这种问题没意义，你应该问自己，你的刀快吗？

有人又问，你不是说政策和资金博弈？是，但本ID不站在任何一方，本ID只会利用这种博弈制造的机会去增加自己的资产，这才是最明智的策略。

所以，各位应该明白，本ID“2007年末，资金与政策博弈下的走势分析”里并不是对大盘进行预测，而是进行了一个完全分类。虽然本ID愿意看到市场走成平衡的格局，这样对以后的市场发展有利，但这绝对不会影响本ID的操作。一旦资金对政策大面积胜利，大盘完全有可能在年末大面积突破6100点，但这样走势的后果，你必须清楚。在中国，政策一定是最后的胜利者，资金疯狂，最终的结局只能是最大的扼杀。

但结局与利润无关，利润总是在过程中产生。结局很悲惨，但如果在悲惨到来的时候，你能全身而退，悲惨又和你有什么关系？说得更狠一点，任何的悲惨，只是去制造下一次的大机会。

没有失败者的悲惨，哪里有胜利者的辉煌。这就是市场的道理，接受不了就请离开。留下来的，就必须接受。

今天的划分太简单，就不贴图了。现在那1分钟已经延伸出5分钟中枢来了，现在就看这1分钟的离开后回抽是否形成5分钟的第三类买点（见图265）。不是，就再次震荡，那又有什么不可以的？

本ID欢迎市场的任何走势，包括今天晚上就有巨大利空。在市场，就要等待并接受一切，关键是你面对一切时，有没有应对一切的技术与策略。

2

网友 2007-09-20 15:48:07

请问缠主，如果大盘不好，卧薪尝胆3个月左右刚开始表现的题材股们的剧本会否受大的影响？我摘果子的季节到了，心里害怕。谢谢缠主！

缠中说禅 2007-09-20 15:58:38

如果你只看短线，那当然压力大。如果从中长线看，谁又敢说这个位置就高了？

3

网友 2007-09-20 16:22:34

请教缠主，多头这么凶猛，除了基金等正规军，没有敢这么造次的吧？可是政策连正规军都指挥不了！不是太没水平了吗？

缠中说禅 2007-09-20 16:25:43

谁告诉你现在做多的，一定就是所谓的正规军，而且正规军也是有分歧的。例如，对于中金之类来说，他们肯定不希望大盘跌，否则他们那些红筹不用卖了？

4

网友 2007-09-20 16:22:16

缠主，有两个问题要请教你，等你等N天了，昨天你来了，俺却没等住。

（1）怎么能够在当下准确地判断一个线段的结束点，而不需等到下一线段反抽很远了才能确定？

（2）为何有的股票1分钟或5分钟底背了，而30分钟和日线上却没有买点，但那个1分钟或5分钟的底背点却在30分钟和日线上也成了最低点呢？博主，咋总不回答俺的问题呢，等了N天问了N遍了。

缠中说禅 2007-09-20 16:30:38

用类背驰就可以判断，但最好不要用线段操作，太短了。

5

网友 2007-09-20 16:32:18

请问博主，对于次级别回跌形成三买，如果次级别回跌过程中的次次级别有跌破本级中枢，但是次级别回跌结束的端点没有跌破中枢，这能算三买吗?

缠中说禅 2007-09-20 16:40:08

严格说不算，但属于一种可操作类型，可以看成是次次级别的一个买点后的第二类买点之类的东西。

迷踪步舞乱多空头（2007-09-21 16:07:38）

1

缠中说禅 2007-09-21 16:07:38

在一般人眼里，主力做盘，似乎就如同无聊股评所说的所谓多空之争。但可以明确告诉各位，真正牛的主力，是多空齐杀，让所有人左右挨巴掌。不明白这个道理，股票是白干了。

别人的迷踪步正好成就本 ID 理论的凌波微步。今天的图形（见图 265），如教科书般经典，看不明白，真要补课了。

但是，必须明确，目前的形势十分严峻，对于技术不好又迷恋短线的，现在的走势就是典型的绞肉机行情。

请记住本 ID 一句话：在中国，最后的胜利者一定是政策。因为有技术，所以我们可以在刀锋上凌波微步，但刀锋依然是刀锋。现在的政策信号已经足够频繁，如果如此大力的密集新股发行都不能平息资金的冲动，那么更严厉的政策一定会出来。

刀锋就是刀锋，虽然这个游戏我们无所畏惧，但一定要有一根弦紧绷着，对政策的动向 1000% 地密切关注。对于一般的投资者来说，必须要适当控制好仓位，没那技术的，就把均线看好。

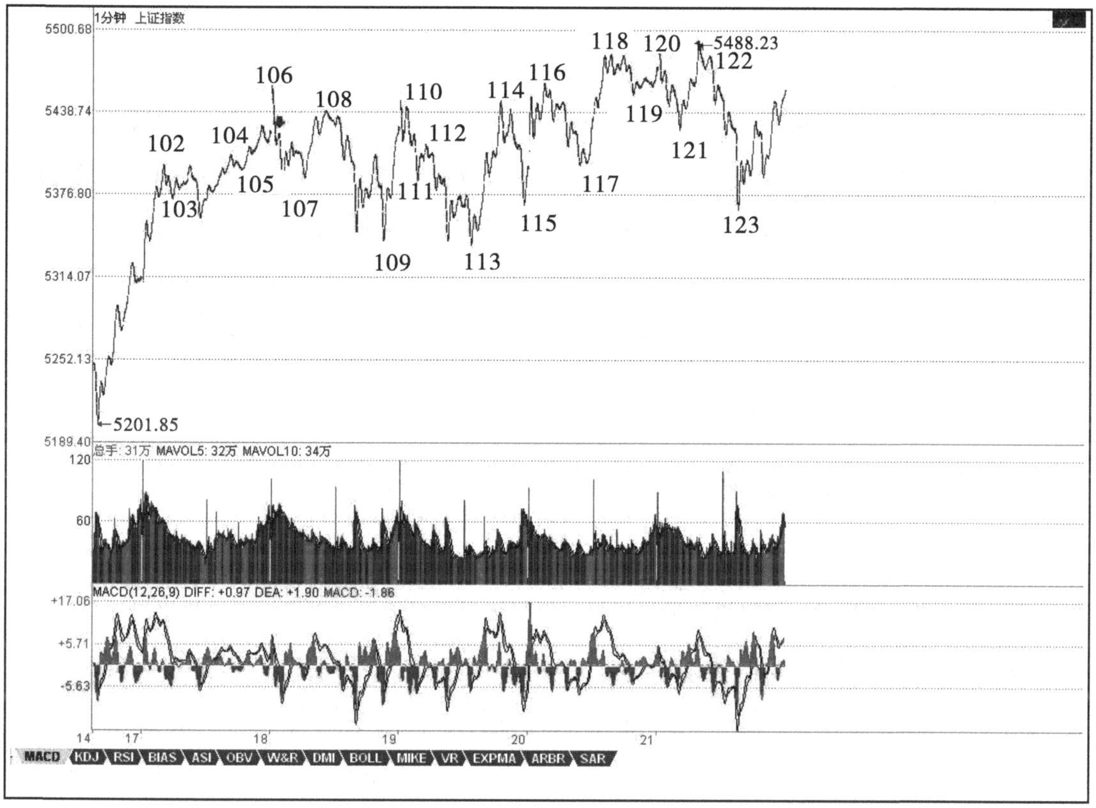

图 265　上证指数 2007 年 9 月 21 日 1 分钟缠中说禅分段实例

下周，关键是能否冲破本周的顶。如果不行，大盘就会走出小的头肩顶，后面的震荡就会很大。另外，中秋前后，人心浮动，震荡少不了。现在的问题，不是多空的问题，而是不要左右挨巴掌的问题。记住：不多空通杀的，没资格当主力。

至于个股，本 ID 说的那十几只股票，对于散户来说，如果你作为股票池进行不断的换股操作，你想想你的收益有多少？难道不记得本 ID 说过资金在里面不断流动的概念？你看看那十几只股票，此起彼伏，有哪天闲着的。用本 ID 的理论，难道在十几只里找卖点买点都很难？不要这几天中信海直(000099)涨了，才问能不能介入，这是节奏吗？

还有，对股票不要有感情。本 ID 反复说，散户最大的效率就是不断换股，卖点卖了，一定要等买点，等的时候就去找别的有买点的。如果有时间，你把本 ID 那十几只股票比较一下，感受一下那此起彼伏的节奏，大概你的操作水平就会有更大的提高。

这里是公众场所，本 ID 的言论必须符合法律的要求，但本 ID 已经尽量告诉各位节奏了。请问，前几天，在最高位时，本 ID 不是告诉你小安子[①]的剧本如何如何了吗？其他股票，有了顶分型，而且还跌破 5 日线，那么不等到底分型出现，你管它干什么？还有人不断问，三爱富（600636）怎么样？一个连半年线都没站住的股票，是散户买的吗？大资金可以在里面打架，散户有必要陪着浪费时间吗？等打完了，图形走好了，自然就动了。这样关注着，但先去操作别的股票，不更节约时间，提高效率吗？

有时候，本 ID 都为各位着急，为什么这个节奏这么难把握呢？应该很简单的呀！

震荡前行，多空齐杀（2007-09-24 15:26:30）

1

缠中说禅 2007-09-24 15:26:30

最近的行情，估计对绝大多数人来说都极为困难，不过不难发现，本 ID 那些股票已经越来越像喝了水井坊一样。中字头，题材股，两个翅膀，所以能翱翔到现在。在目前这样一个震荡前行、多空齐杀的行情中，有这样的节奏，就是刀锋上的凌波微步了。

那些大海龟，从明天开始，陆续回来了。当然，承销的，摇旗的，都要护着点。以前看不出本 ID 3600 点接石头的妙用，现在也应该明白了。至于中国联通(600050）之类的，等于低位接筹码，你承销中移动的，有本事就别抬中国联通（600050），有本事就别送钱给本 ID，本 ID 就是收路费的。

当然，这些都是对大资金说的，小资金一般可以不管这些大家伙，在题材股上折腾，不是更好玩？还是那句话，跌的时候，要想买点，涨的时候，要想卖点，这才是搞股票的。

大盘现在没什么可说的，106 开始的 5 分钟中枢的 1 分钟离开已经出现，如果能回抽形成第三类买点，那就继续折腾下去（见图 266）。大不了，就搞出一个 30 分钟中枢，那就更好玩了。

月亮圆了，注意短线震荡加大。

请注意，图 266 中第一个向下箭头处不是笔，为什么？因为顶分型都在底分型下面了，怎么可能？第二个向下箭头处就是标准的笔，是按最新标准划出的笔了。

①指安阳钢铁（600559）。

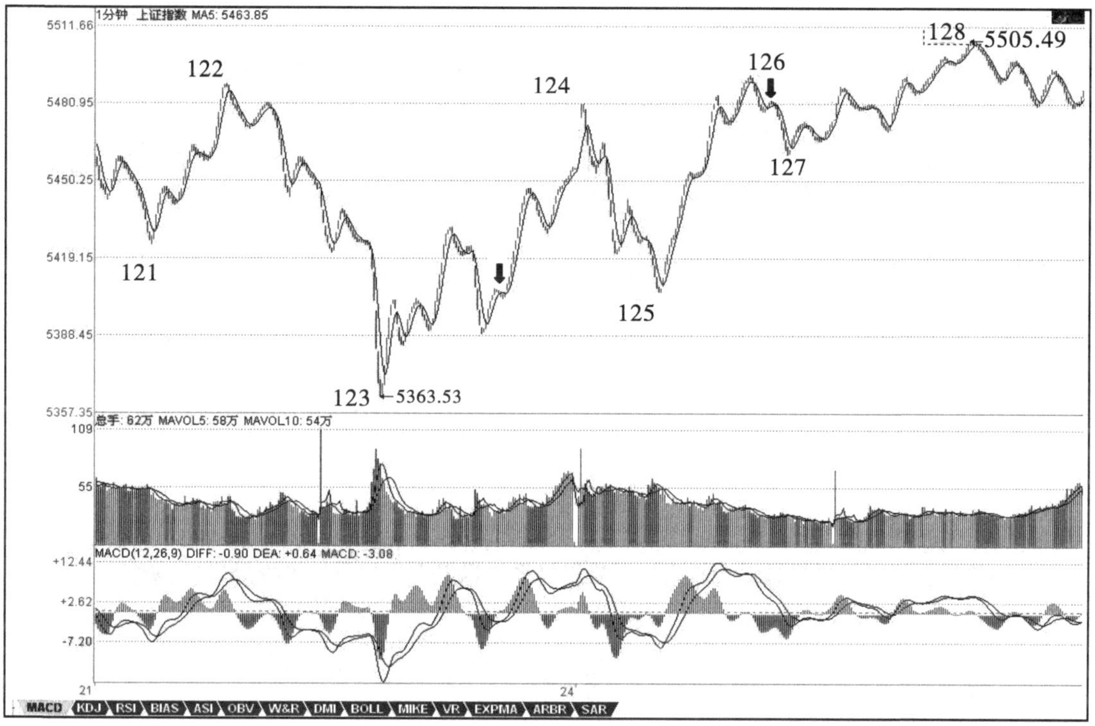

图 266 上证指数 2007 年 9 月 24 日 1 分钟缠中说禅分段实例

都是月亮惹的祸（2007-09-25 15:49:49）

缠中说禅 2007-09-25 15:49:49

从上周就开始告诉各位，月儿圆，有震荡。昨天最后一句还特别强调“月亮圆了，注意短线震荡加大”。因此，对今天的震荡，如果还把握不住，那只能证明你确实不适宜短线操作，那就中线操作，无所谓的。中线上，大盘的压力越来越大，如果不是有人为了新股护盘，今天可不止跌这么点儿。

至于本 ID 的理论有没有用，这个问题根本无须讨论。如果你连今天划分中 132（13:46）的第三类卖点都没当下看出来，那就更没资格讨论这个问题（见图 267）。看看 132 与 129（9:47）之间不到半点的差距，就知道这理论的力量有多大。

现在的人都很奇怪，似乎全世界的人都欠他的。你考不上北大，那一定是老师的错，老师欠你的。你学不会几何，那几何肯定错了，就如同今晚的月亮，都是它的错。本 ID 对这套逻辑从来没兴趣搭理，本 ID 又不是卖月饼的。过了今晚，本 ID 的理论依然框架着所有的股票走势，就如同三角形之和是 180 度框架着欧几里得平面上的图形一样。

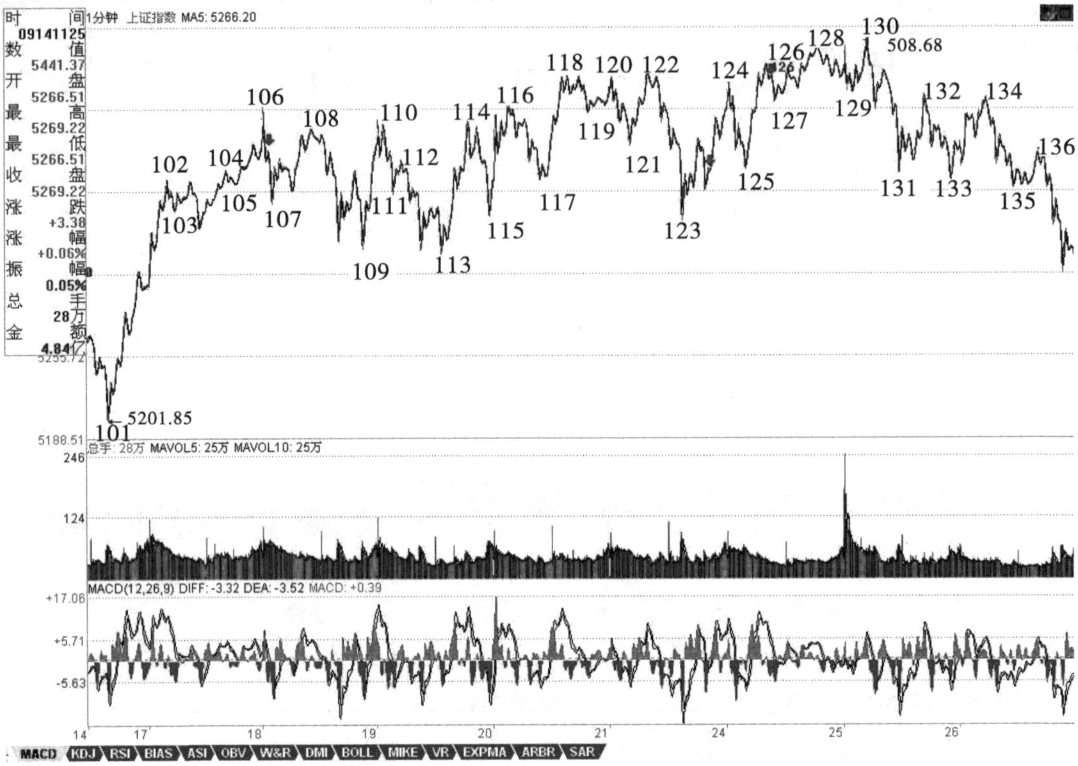

图 267 上证指数 2007 年 9 月 25 日 1 分钟缠中说禅分段实例

个股方面，说句梦话，千万别信：可以开始关注两只股票亚星化学（600319）、山东海化（000822），这都是基本面上有可能出现重大变化的。不过必须声明：由于目前大盘的位置十分危险，对个股的介入，一定要在大级别的买卖点操作。有些股票，如果技术好的，可以去介入，依据不断震荡降低成本，例如澄星股份（600078）。毕竟现在不是 3000 点，1000 点，没有什么便宜的价位了。如果成本没本事降下来，最好就什么都别介入，等大盘暴跌后再说。如果有那本事，那就无所谓了。

可以不相信月饼，但一定要相信月亮（2007-09-26 15:56:37）

1

缠中说禅 2007-09-26 15:56:37

月亮的力量有多大，各位这两天也见识了。可以不相信月饼，但一定要相信月亮。为什么？连地球上的潮汐都要抄袭月亮，那股票难道比潮汐还要潮汐？昨天已经明确告诉大家，“如果不是有人为了新股护盘，今天可不止跌这么点儿”。昨天没跌够，今天继续，就这么简单（见图 268）。

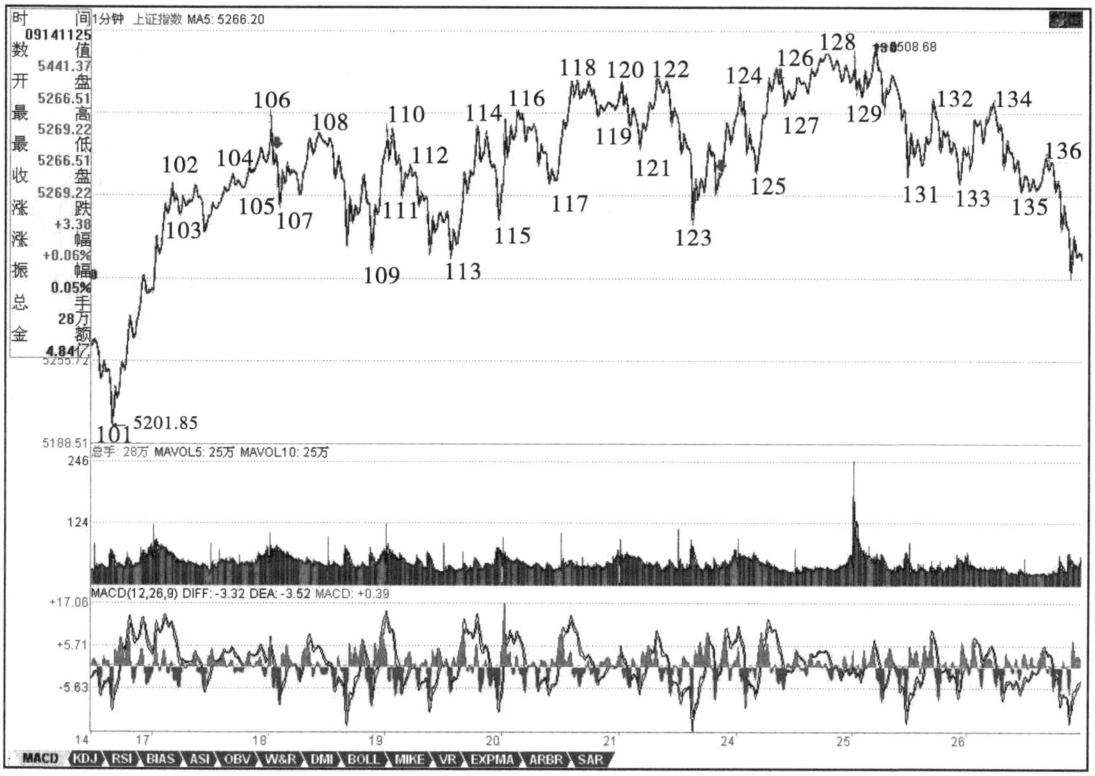

图 268　上证指数 2007 年 9 月 26 日 1 分钟缠中说禅分段实例

今天早上的上攻，其一没有突破昨天的第三类卖点，其二反而是形成标准的顶分型第三根 K 线的上冲，不管你相信不相信本 ID 的理论，反正后面的走势如教科书般。现在的走势十分简单，一个 1 分钟的走势正离开前面那个 5 分钟中枢。这个 1 分钟走势什么时候能完成，就看后面的走势了，而完成以后的回拉才是最重要的。是否能形成第三类卖点，这才是最近走势的关键。如果形成，那么这两天的走势最多只能算 1 米板跳水，后面是表演 3 米还是 10 米的，对于观众其实反而不重要了。

个股方面，今天水井坊（600779）终于像水井坊（600779）应该有的那样水井坊了一把，看看这只股票，就知道什么叫折腾（见图 269）。几乎一年，该股就在这里震荡，为什么？就是因为里面有 N 伙人，还都看好，所以就互相折腾。这次是真是假？天知道。为什么？因为后面谁只要一先动手，N 方就一起开始折腾。其实，这个游戏很好玩，只是浪费了一只质地如此好的股票。

不过，好股票最终都要发光的。就像华润三九（000999）那样，从本 ID 在这里开始讲，到现在快 10 个月了，开始 6 元抢东西，然后在 12 元上下和汉奸基金的斗法，后来又在 15 元上涌入一群无聊的人，东搞西搞，中间传闻漫天飞，结果怎么

图 269 水井坊（600779）2007 年 9 月 26 日前后日线图

样，请看看新进来的大股东掏了多少钱。一个掏了这么多钱的人，要干什么大事，难道还有疑问么？本 ID 反复说要海枯石烂，但真正干起来，估计很多人就会被市场的波动迷惑了。

每一只股票，都是一个故事，说不完。做完一只股票，你就成了有故事的人了。

再次提醒，昨天说的那两只股票，如果大盘有大问题，它们也会跟着调整的。如果基本面上发生潜在大变化，市场出现大的波动，将提供一个好的介入时机。本 ID 说的股票，从来都是中长线角度的，有足够的时间让你介入，关键是看好买卖点。

2

网友 2007-09-26 15:59:37

我今天买了亚星化学（600319），听缠师的话！

缠中说禅 2007-09-26 16:02:33

不是听本 ID 的话，而是要看图。有卖点先卖，有买点再回补，这样才能把成本降下来。

注意，现在介入股票，和 1000 点的时候不同，如果能动态就要动态，否则大盘一旦有大波动，谁都不能保证一定有人给你举杠铃。

3

网友 2007-09-26 16:01:36

吉恩镍业（600432）过百啦，博主踹轿子的时候一定不能过猛啊。

缠中说禅 2007-09-26 16:04:35

很好，现在还能拿着。从20元能拿到现在的，估计也凤毛麟角了。这只股票，中长线潜力还在，当然，短线如果大盘特别恶劣，也会受到影响。

4

网友 2007-09-26 16:04:22

缠主好，中枢虽然看得懂了，但是运用起来一点也不着边际，唉！还有一个，明明看起来是背驰了，买进却又再跌，为啥呢?

缠中说禅 2007-09-26 16:07:35

首先要确定你的“明明是正确的”，事实上，很多所谓明明的背驰，根本就不是。很多人连中枢、走势类型、级别都没搞清楚，就分析背驰，这有可能准确吗?

5

网友 2007-09-26 16:07:25

缠主：在看高级别K线图时，是应该把低级别图上的分段转过去，还是重新分笔找线段？有时候这两种做法的分段是不一致的。

缠中说禅 2007-09-26 16:10:39

为什么要一致？低级图上用中枢、走势类型。高级图上用分型、线段，等于有两套有用的工具去分析同一走势，这是天大的好事。

6

网友 2007-09-26 16:14:11

是不是买高价股更安全，尤其是上百元的?

缠中说禅 2007-09-26 16:17:07

只能说，高价的，散户都走了，杠铃举起来轻松点儿。但如果出现特别大的调整，谁都不会硬抗，除非脑子有水。

7

网友 2007-09-26 16:16:14

不知三爱富（600636）年线会否有支撑，持有三个月了。

缠中说禅 2007-09-26 16:20:07

这种思维要不得，不要考虑什么支撑位置，看图形本身。本 ID 不是一早说过，连半年线都没上的股票，散户没必要参与。这只股票，中长线肯定是好股票，不过，最近走势和水井坊（600779）前期一样，进入一个怪圈。

8

网友 2007-09-26 16:07:59

华润三九（000999）的走势就是教科书的现场版，从 2006 年到今年的走势是一部还未完成的作品，跟五粮液（000858）从 2006 年初到现在的走势都是主流资金的作品，它们有参照作用。

说实话，华润三九（000999），我的总体思路就是逢低加仓。我是从年前 10 元买入的，但仓位很少。到 530 低点加仓。四个月盘整中，有钱赚了，我就加一些。这一次 18 元加仓，21.50 元再加仓。现在已经是最初投入的 10 倍了。自己认为，陪同它一路走来，是一次成功的操作了，对意志，对持股，对技术，都得到很大的提高。

谢谢博主，送给我最好的中秋节礼物，能对我在华润三九（000999）的操作发一朵大红花吗？

缠中说禅 2007-09-26 16:25:55

当然可以，大红花。成功操作一只股票，就是对自己心态最好的锻炼。其实，每一只股票的故事都大同小异，就如同每一个故事，归根结底，都只是故事般平常。

新蓝筹成多方利器，市场调控彻底失败（2007-09-27 15:31:37）

1

缠中说禅 2007-09-27 15:31:37

今天的走势，出于对明天大量放出资金的憧憬，走出了应有的回升行情。技术上，昨天特别强调的 1 分钟结束后的回拉，并没有出现第三类卖点，短线依然继续保持中枢震荡（见图 270）。从中线图上看，大盘目前对于多方最大的危险就是圆顶，因此，多方如果不希望进入温水煮青蛙的境地，就必须至少在节后迅速突破站

图 270 上证指数 2007 年 9 月 27 日前后日线图

稳 5500 点，否则，这圆顶成立的可能性将极大增加。

从资金与政策的对赌看，资金面取得了决定性的胜利。今天，建行（601939）成为多头利器，宣布以增加所谓蓝筹进行调控的思路彻底失败。目前资金的宣言就是：你来多少，就提供多少拉抬的武器，只要你还是市场调控，有钱就敢顶风搞。

本 ID 在前面已经明确说过，这资金和政策的对赌，最终的结局，一定是政策举起大棒。而资金这种行为，也无可厚非，资金就是这样的。连权证的末日轮都可以搞得热火朝天，这样的形势下，资金又有什么不可以赌的?

中字头，题材股，两只蝴蝶忽悠着飞，能飞多远是多远，管它明天是仙还是灰。

明天是节前最后一天，就看解冻的资金能忽悠进来多少了。这个越来越向 30 分钟中枢靠拢的震荡什么时候结束，看图就知道，第三类买卖点。

希望这个游戏能延长的时间越长越好。钱是靠折腾出来的，要折腾，哪会没风险？只要看好你附近的刀和那一直在头上的大棒。

资金乘胜追击，破圆顶兵临 3/4 线（2007-09-28 15:51:59）

1

缠中说禅 2007-09-28 15:51:59

昨天已经明确说了，资金要取得决定性胜利，而资金最大的技术危险是圆顶，最迟在节后必须破掉。今天关于房地产的利空，反而成了股市资金面的大利好。资金这时不发力，那是脑子有水了，因此就上演了一场乘胜追击，破圆顶兵临 3/4 线的好戏。

注意，本 ID 已经说过了，在刀锋上舞蹈的阶段，是多空皆杀。那些一根筋思维的人，注定成为牺牲品。目前还活得好好的，但牺牲只是迟早的问题，某种模式反复后，就是相信这种模式的人的末日。

本 ID 什么都不相信，市场让本 ID 看到什么就干什么，这就是本 ID 理论的唯一中心与基本点。例如图 271 中，132 的第三类卖点后，到 137 的 1 分钟中枢完成，走势极端标准完美。有兴趣的可以量一下 130–131，与 136–137 长度基本相等。而力度上，加一下下面对应的柱子面积就知道该干什么。到了 138，就知道这 5 分钟的第三类卖点肯定没戏了，就算 137 没反应，139 也提供了一个反应的机会。

当然，站在中枢震荡的角度，并不需要预测后面能走多高，让市场告诉你。今天的走势，强悍到连一个线段都没破坏过，那该干什么还不是很清楚的事情？

图 271 上证指数 2007 年 9 月 28 日 1 分钟缠中说禅分段实例

节后的走势，十分清楚，就是首先要完成这个 1 分钟的离开。从目前的情况看，这 1 分钟的离开走势首先是线段的类上涨的可能性太大了，除非有特别的大消息。当线段类上涨结束后，必然形成 1 分钟中枢。该中枢后，1 分钟的走势无论是盘整还是上涨，等 1 分钟走势完成后，关键是看反抽能否形成前面 5 分钟中枢的第三类买点了。如果形成，大盘将继续攻击上行，否则就继续向 30 分钟中枢的震荡陷进去。

好了，上面的分析已经十分明确，对本 ID 理论有点儿了解的，都应该明白了。至于不了解的，本 ID 已经反复说过，中线点儿的就看 5 周线。你看，昨天的低点，就刚好在上面，和上次 5000 点那次一样。

基本面上，很明确地告诉各位，节后最可能出来的消息，就是关于国有股部分划转社保的问题。关于这个消息，本 ID 和周围的人都有点儿分歧。这消息意味着，以后卖国有股，就不需要什么通知了，想什么时候卖都可以。但目前资金充沛，完全有可能出现如此尴尬的事情，就是见一只买一只，全给买光了。毕竟那些国有股都是中字头的，都是中国最好的企业。所以，对这一政策的杀伤力，本 ID 依然表示怀疑。不过，最终要看市场的反应，本 ID 自己不会有什么太多想法，只关心市场合力本身。

要打垮资金，政策上可能有效的招数有：（1）查基金黑幕。（2）规定 A 股流通量不到 10% 的必须到 10%。（3）……

政策必胜，这是无疑的，但本 ID 对资金与政策都没兴趣。本 ID 唯一感兴趣的，就是利用它们两者博弈制造的市场机会去多空皆杀。

个股方面，没什么可说的，中字头，题材股，两只蝴蝶继续忽悠着飞。只要掌握好节奏，就是操作的天堂。

与大棒争分夺秒（2007-10-08 15:35:47）

1

缠中说禅 2007-10-08 15:35:47

今天的走势，完全是理所当然。节前，在纯技术的角度已经对节后走势进行了明确的分析，就是先完成图 271 中 139 开始的这一线段，然后再完成 137 开始的线段的类上涨，然后就是形成 1 分钟中枢。走势如此正常地按本 ID 理论所框定的节奏走，所以也没什么可说的了。

唯一可说的就是，大盘的走势特别强，所以今天收盘，139 开始的线段依然没有完全确认已经走完。当然，按正常的情况，明天只要一开盘跌破 5685 点，这 140

的线段标记就可以弄上去了。然后，一般情况下，接着的1分钟中枢，基本就在目前这个范围上下形成。所以，今后几天，大盘走势如果出现大的震荡情况，是没有任何可值得大惊小怪的。

政策面上，那重要的会议后，调控力度必然加大，这是毫无疑问的。因此，周末开始，就进入政策面的危险时间。至于这个时间如何触发，就看今后几天资金的表现了。对于资金来说，现在是争分夺秒。

至于下面的几个缺口，只是为后面的下跌留下动力。本ID前面已经明确说了，没有1000点的回跌空间，大盘就没有跌的价值。把回跌的空间拉出来，这就是目前走势的关键。

站在中线角度，只要大盘回跌不破4335点，那么中枢的中线上移就依然保持。目前大盘的上拉，中线的角度就在于，尽量让后面的回跌在最恶劣的情况下也不碰4335点。站在这个角度，目前的上涨确实还不够，但政策是否留下足够的时间让把这空间给拉出来，这就不是任何人能打保票的了。

站在中长线的角度，2007年12月是2005年6月上来的30个月，所以从10月开始，就进入一个标准的时间压力区域。这个时候一旦出现政策性共振，其杀伤力不容忽视。

总之，一句话，耐心等待较大级别卖点出现。在本周末之前，如果担心政策压力的，应该对仓位进行调整。目前走势下的中期顶部，不可能是市场自身走出来的，一定会有政策的背影。

现在唯一不太配合的，就是上冲力度还太小，回跌的空间还没有完全打开，和政策争分夺秒把空间拉抬出来，就是目前资金最大的任务。

个股方面，指标股拉动后，会有轮动。如果你对自己的技术有充分的信心，可以关注这轮动。但注意，一定不要追高。本ID最不喜欢回答诸如明天还能不能买澄星股份（600078）之类的问题，别股票涨起来才关注，那是一个天大的毛病。

股票操作其实很简单，就是一个节奏的问题。但很多人，包括很多所谓的专家，都喜欢让人突破后追股票，这种人，永远只能是散户一个。

3600点满江红后首次宣布中期做空（2007-10-08 21:46:52）

1

缠中说禅 2007-10-08 21:46:52

7月初，在3600点下，本ID严正宣布要做多，不允许行情按汉奸的方式运行到 2000 点去，为什么？因为任何跌破 3100 点的走势都将导致两年多以来的中枢上移趋势被破坏。

今天，本 ID 宣布，从 3600 点开始的做多以及持有程序将终结，本 ID 将开始选择性地展开中期做空程序。这里说明其中的理由。

（1）长期牛市的大格局没有改变，但长期牛市并不排除期间的中期调整。以前，所有关于调整的时机都没有完全配合，现在，这个时机已经逐步成熟。

（2）本 ID 明确提示政策风险是在“冲动的惩罚，基金将成为毁掉市场的那只手”一文中。原因很简单，因为当时有些可能的突发事件发生，那时刚好在 5200 点上下。在电光火石中，一场大动荡被化解，当时的微妙，后来应该也有不少人有所耳闻了。

（3）当时，做空的条件不成熟，关键是政策面上有不协调的地方。而技术与资金上，一时还转不过来，特别是没有足够的下跌空间。后面一个月的震荡，实际上都没超过 6% 的空间，这就是一个稳定与转换的过程，这样不至于让资金如 530 一样措手不及。

（4）目前，政策面上已经不是一方面或一个人的事情了。可以断言，不光针对股市，针对经济，也将出台更加严厉的政策。原来适度的口径，极有可能继续收紧。而针对股市的，本 ID 一度希望股市自身调节而不至于被迫出来的政策，也有可能不可逆转了，因此，政策面的压力已经逐步成熟。如果说 8 月 28 日只是一叶知秋，那么，在可见的将来，秋天就不需要去知道了，就在眼前。

（5）技术上、资金上的松动已经开始发生。这时候，一些适当的引导，就可能发生一些有效的反应。市场是合力的，但合力是由分力开始的。如果 3600 点的分力曾经起作用，那么，一个新的剧本也需要开始排演了。

（6）现在唯一不配合的，就是回跌的空间还不足够。如果现在已经突破 6100 点，那更好，因为这次回跌，本 ID 并不希望破坏 2005 年上来的中枢上移格局。因此，这次的中期顶部阻击，会采取一种反复折腾、诱敌深入的模式，而不是如 3600 点那样，一下搞掂。

（7）本 ID 曾经说过，如果快速突破 3/4 线，将开始阻击。后来因为大盘回跌 5000 点后一直盘整，所以曾说只要 6100 点不被快速突破，都可以忍受。但现在看来，政策留给的空间已经越来越少，而今天又第一天突破 3/4 线，已经开始达到本 ID 对 3600 点开始的行情的最低目标，任何的回跌，本 ID 都没有任何遗憾了。而能否到 6100 点，本 ID 已经没有这个顾虑了。

（8）本 ID 只把自己的操作说出来，没有任何指导的意义，就像 3600 点做多，然后一路持有。现在，本 ID 只是准备改变中线的操作策略，没什么大事。本 ID 有可能错了，但本 ID 说了，就要干。

（9）长线行情，本 ID 依然坚定看好，只是这政策、资金、技术所制造的中线调整，本 ID 也希望再像 3600 点那样玩上一把，如此而已。

（10）做空的风险比 3600 点做多小多了，头部和 3600 点的底部一样，是合力的，但也是由一分力开始干出来的，本 ID 就再做一次那分力吧。

（11）别以为做空就是砸，那是最笨的手段。做空的本质，就是让多头自相残杀。因此，做空开始的时候，经常要比多头还要多头。

（12）底部不是一天构成的，顶部也不是。一切的构造，都是在逼近那资金、技术、政策的共振点。然后，一切在无声中败落，如那一片片的黄叶。

给散户的中期建议（2007-10-09 08:03:06）

1

缠中说禅 2007-10-09 08:03:06

注意，昨晚本 ID 只是表明自己的中期态度与操作。但就算本 ID，也要遵循本 ID 的理论。本 ID 只是分力之一，分力如何最终引导出合力，这就是本 ID 要干的事情，但并不是说一定一天就能干成。

请回忆一下 3600 点，一长阴一长阳的空头陷阱，然后在 3900 点下坚守出底部突破来。那么这次，并不一定就是上次的倒影，手法当然不可能一样的。如何用一个分力引导出合力，这本来就是本 ID 理论中一个比较高级的课程。

这个课程能否完成的关键，就在于技术、资金、政策共振点的制造，这里学问不少。实际中能否成功，关键还是看这几方面的调配点上的把握上。这就如同三个不同方向不同速度的网球，在空中于一点相会。例如政策这个网球，就不是任何人能控制的，唯一能调节的，就是技术、资金等的结构关系，这里就需要有一个分力出来折腾。底部、顶部都是折腾出来的，折腾需要时间，最终走出相应的形态，然后坚持，最后突破。当然，做空的时候，就是跌破了。

这是一个大的过程，并不是一天就能完成的。但如果政策配合，这个过程可以相当简洁。这次，本 ID 之所以主动反空，就是不希望再如 530 那次一样，让技术、资金去配合政策，而是玩一次这样的游戏，让政策去配合技术、资金。这如同先把两个网球的交点先给制造出来，然后让那政策的网球刚好碰到该点，这里的难度有多大，可想而知。

但这种游戏，才有玩的趣味。

站在本ID理论的角度，本ID只是分力，而散户只需要知道最终的合力如何，然后根据该合力去决定自己的进出，其实根本不需要太关心本ID的态度。

一般的散户要进要出，1秒钟就可以搞掂，还是耐心等待大卖点的出现。当然，如果你觉得自己没那本事，没那心态，那就逐步分批退出，或者把仓位降到发生任何情况都可以睡着的程度。

如果本ID的行动最终能制造出大级别卖点，那么本ID就游戏成功，否则本ID就被继续的多头夹空了。当然，如果那时候政策出现新的多头走向，那也不存在夹空的问题，本ID完全可以进入新的板块，或者反手做多。当然，目前没有任何迹象表明政策有转多的可能，上面这只是理论中完全分类的情况，基本没可能出现。

说白了，本ID之所以高调告诉各位，更重要的原因，是希望各位如3600点那样，去体会合力与分力的关系，以及在更高层次上，如何以实际分力去引导合力。不管这次本ID成功与否，都是一个最好的现场教材。

这用N多资金、筹码画出来的教材都不看，那就去看股评去吧，没必要学任何东西了。

板块如期轮动（2007-10-09 15:26:41）

1

缠中说禅 2007-10-09 15:26:41

今天，如期出现昨天说的板块轮动。现在，无论多头、空头，都需要这个轮动出现。对于空头来说，板块烽烟四起，正是消耗多头能量的一种手段。如果一旦出现所有板块都轮动，但没有任何板块能连续上涨的情况，那对多头信心就是一个有力的打击。

昨晚已经说了，“开始做空的时候，经常要比多头还要多头”。四处点火，多头那点儿柴给烧没了，这就是做空程序的第一步。但多头不会一下子枯竭的，必须反复折腾。今天，在技术上，并不必然今天出现的1分钟中枢今天出现了，这对于空头的游戏，有了一个可依靠的平台。

目前，决定多空最后胜负的，还是政策面。因为从纯粹的资金上说，一点都不存在任何一定要在这里或这段时间内见顶的可能，但市场是合力的结果，不是单纯资金分力的结果，所以，单看资金面没有太大的意义。

个股方面，该水井坊的都会水井坊的。当然，有些个股起来，纯粹是为了消耗多方的能量，这里有很多微妙的地方。

从纯感情方面，本ID很希望大盘能过6100点，因为本ID有这方面的情结。1996年的大牛市，就是在6100点结束的。显然，6100点对于这轮牛市不算什么，但能否在这次，政策面有足够的时间让大盘见一次6100点，本ID没有任何的情结。

大资金做空，其实没有任何风险，本ID可以把底牌都告诉各位。如果政策上没有出现预期中的东西，在11月前后的时间压力区中没有预期中的共振，大不了就再玩一次今年初的游戏，低价革命一次，如此而已。

空头，熊刀小试（2007-10-10 15:27:14）

1

缠中说禅 2007-10-10 15:27:14

今天没什么大不了的，一切尽在空头主控中。本ID已经说了，在做空开始时，一定是比多头还要多头，为什么？这叫吸精大法，就是要用不断的点火来消耗多头的能量，吸其精气，然后用大幅度的震荡夺其心神，最后将多头变成一具僵尸，在那最后的三面共振中，如风中黄叶般片片飘落。

今天的回落，刚好触及140–143的1分钟中枢的震荡区域，但没有触及中枢区域（见图272），因此，如果这下来的线段明天不继续延续，将构成一个类第三类买点，然后上去，再继续。这里有一个微妙的地方，今天留下这个线段不走完，就给明天的运作留下回旋的空间。一旦明天没有特别的东西，那么就继续上攻，继续吸精大法，毕竟多头的能量还在。让多头更快更强更高地套住，以后的杀跌动力才足够，这就是所说的“举得越高，跌得越惨”。如果明天就有足够的政策配合，那么这线段就直接杀下去，让那1分钟中枢扩展开来。

板块上，中字头全面开花，连潜伏许久的中铝（601600）都启动了，这火确实有点儿燎原。所有的低价股都一路潜伏，为什么？空头明人不做暗事，昨天已经把底牌说了，一旦11月前后没有政策面配合，就算做空失败，大不了重新开始低价革命，这叫两头准备，永不落空，这就是中字头、题材股两个翅膀的妙用。当然，如果时间延续太长，政策都不出来，题材股也要动一下，不可能一直压着。

为了不让不学无术的多头太容易看到图形分段，本ID的图就不贴了。这里的人，个个冰雪聪明，有人昨天连中铝（601600）要动都能猜到（见图273），分段肯定没问题的。

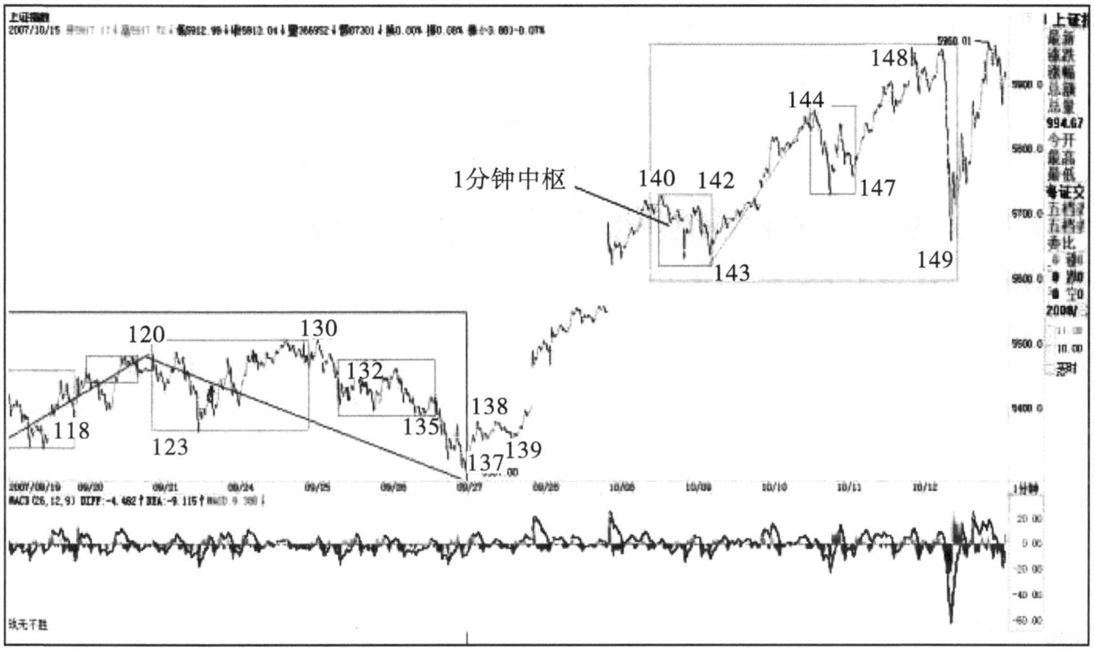

图 272 上证指数 2007 年 10 月 10 日前后 1 分钟走势图

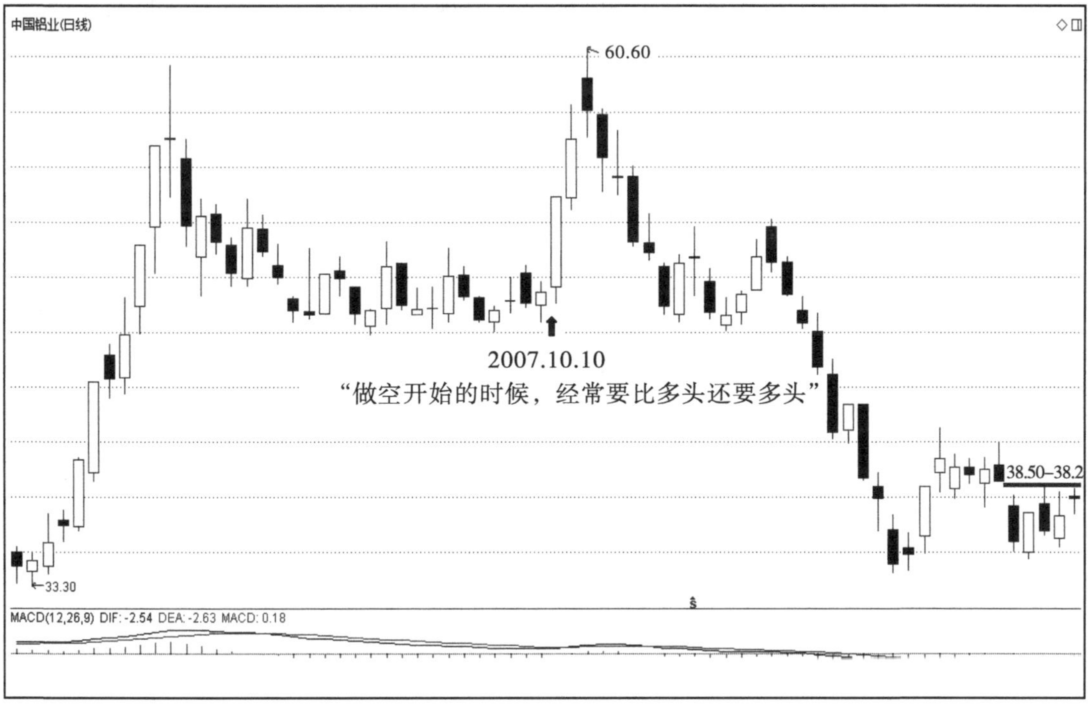

图 273 中国铝业（601600）2007 年 10 月 10 日前后日线图

多头不会一下被打倒的，最后打倒多头的，一定是政策。耐心等待三面一点的时间撞击吧。有技术的，可以按照图形上下折腾，机会多多。没技术的，就把仓位逢高调到任何情况都能睡着的程度，拿好小板凳就看戏吧。

为让多头更高更快更强地替股票站岗而继续努力（2007-10-11 15:32:44）

1

缠中说禅 2007-10-11 15:32:44

今天，即使不为中石头的精彩而鼓掌，到尾盘，连中国国航（601111）都奋力而起，至此，如果都没有一点感动，那本 ID 也没什么可和各位说的了。现在，空头正为让多头更高更快更强地替股票站岗而大大地努力着，这一点难道不值得各位眼泪一番吗？

昨天已经非常明确地说了："一旦明天没有特别的东西，那么就继续上攻，继续吸精大法，毕竟多头的能量还在。让多头更快更强更高地套住，以后的杀跌动力才足够，这就是所说的'举得越高，跌得越惨'。"现在的方针，已经十分明确地说过，只要没政策，就沿着目前的速率，一直震荡攻击，把中字头搞得比八九点钟的太阳还要太阳，指数接连创出新高，但一般人肯定赚不了一分钱，这就是分化的力量。

没有什么比看着指数涨，绝大多数人都亏钱更能打击多头情绪的了。把所有拉指数的都给掀起来，这些东西，都是双刃的玩意儿，拉的时候快，跌的时候速率就更快了。把多头的能量转化为势能，最后势能转化为下跌的动能，这从来都是做空的不二法则。

明天，将是一个坎。周末的消息面是仅仅加个 0.54 点的息，还是来一个继续增加印花税或者其他硬手段儿，还是什么都没有，继续消息真空，就决定了后面游戏的线路。明天的走势，消息面的动向决定一切，所以明天消息漫天飞是必然的。

技术上，144-147 的 1 分钟中枢也形成了，148 的线段没有结束，而今天下午 14:00 的跳水肯定没有杀伤力，为什么？交替原则。昨天才来过一次，今天就要交替了（见图 273）。

个股方面，没有参与中字头游戏的，肯定受苦了。中字头，题材股，一拉一压，才能保证做空绝对安全。一旦政策不兑现，那么反手做多才有好的题材与空间。这是大资金运作的必然选择。市场就是这样的，又不是吃大锅饭，一定要人人有份儿。

如果政策没有立刻兑现，题材股会在超跌后出现反弹，也给中字头一个休息的机会。

说上两句（2007-10-13 21:07:14）

1

缠中说禅 2007-10-13 21:07:14

经过一天半的冷静，如果还不能用脑子思考，那就去买国债吧，证明你完全没有自己操作股票的天分。剧本在前面说过了，实际的走势，一直都是空头主控。今天的震荡，完成一个完美的板块切换。更重要的是，多头的心上又挨了一击。

周五的走势证明，所谓的新高是多么虚弱。本 ID 已经说了，那些中字头，拉它们很快，砸的时候速率更快，今天可有体会？这个摧残多头心灵的游戏，将一直玩到政策共振为止，然后就是黄叶飘飘的日子。

不多说了，该说的都说了，自己考虑去吧。最后，再多嘴一下重复一次，如果有本事的，这场对多头的蹂躏，里面的机会多多；如果没那本事，逢高把仓位调到任何情况都能睡着的地步吧。还记得本 ID 曾用红字把“逢高”两个字打得大大的吗？

杀人刀，活人剑，自己决定去吧。

没有消息，继续把多头哨位架高（2007-10-15 15:15:15）

1

缠中说禅 2007-10-15 15:15:15

显然，周末的上调准备金不会是空头等待的那个政策共振。周五大震荡配合的板块转换，其实已把空头的计划提前透露。上周，本 ID 已明确说，没有消息，题材股会借机反弹走强，给中字头休息机会。这两天的走势，不过是这剧本的现场演绎。看着这两天中核科技（000777）、航天动力（600343）、建投能源（000600）、云铝股份（000807）、西部材料（002149）、山东海化（000822）等的走势，以及这两天涨幅榜中二三线个股大面积增多，这种板块的反弹转换一目了然。但注意，除了个别最近有实质题材的，题材股大多目前不具备大幅度启动的条件，只是一种换挡式的过渡。

当然，最有味道的，还是中国石化（600028）和中国联通（600050）。今天，二者为大盘贡献近 160 点。没有这两个本 ID 的支柱股票，今天的大盘是绿色的。二者的意义，本ID已经无数次说过，有中石油、中移动在后面，你说本ID又有什么可担心的？有什么不可以放手大干的？现在，对于空头来说，唯一重要的，就是把多头的动能转化为空头的势能。现在，一切都如空头设计的步骤，势能在不断地积聚。现在，泄洪的那一刻，需要的只是政策面那一轮圆月。

个股方面，该反弹的都要陆续反弹。中字头停留休息一下后，如果政策的窗口还没打开，那么就继续上冲，把势能继续提高，如此而已。前面本ID已经说过，本ID有一个情结，就是6100点。至于政策面上是否给这个机会，本ID并没有情结。

今天的报告，没任何意外的地方，里面本不可能有任何直接评论股市的地方。今天最引人注目的，反而是某位一直以当学者为荣的老先生，一改在3000点下抨击投机的观点，在6000点竟然称颂起投机的功德来，这也算中国资本市场历史上一大趣闻了。本ID的观点，可从来不会与时俱进，从来不会改变。

（1）中国股市的大牛市20年3万点以上。

（2）目前依然是牛市的第一阶段。

（3）目前需要中级调整，而经济也需要治理整顿。

（4）中期调整，发生在资金、技术、政策的共振中，目前是资金、技术在为政策作铺垫。

（5）让分力成为合力，这是一个复杂的过程。动能转化为势能，一切按部就班地进行。

（6）如果政策也被热度化，那就意味着第一轮的走势有走到尾声的风险，那么就低价革命，比投机还要投机一把。

（7）本ID只能是分力之一，不是合力，最终一切决定于合力。而本ID成功与否，就是能否按自己的节奏，把合力引导出来。

（8）对于散户，操作上，技术不好的，逢高逐步把仓位减下来；技术好的，就在震荡中游戏那多多的机会，但必须要注意节奏。那些追涨杀跌的，没资格玩震荡游戏。

一切都按照以上八点所界定的逻辑为起点。站在纯盈利的角度，本ID愿意出现第六种情况，但从国家经济战略与安全的角度，本ID绝对不希望看到第六种情况。

6100点终破，无憾矣！（2007-10-16 15:29:29）

1

缠中说禅 2007-10-16 15:29:29

今天站上6100点，终于没什么可遗憾的了（见图274、图275）。6100点，曾经是1996年大牛市深成指的最高点位，当时也是刚跌破1000点后启动的。相比来说，这轮牛市并不太猛，走了两年多才达到上次一年多完成的幅度。正因为这个速率比较温和，所以才不会是最终的真正的顶部，但中期调整是需要的，只是等待共振点。

图274 上证指数2007年10月16日前后日线图

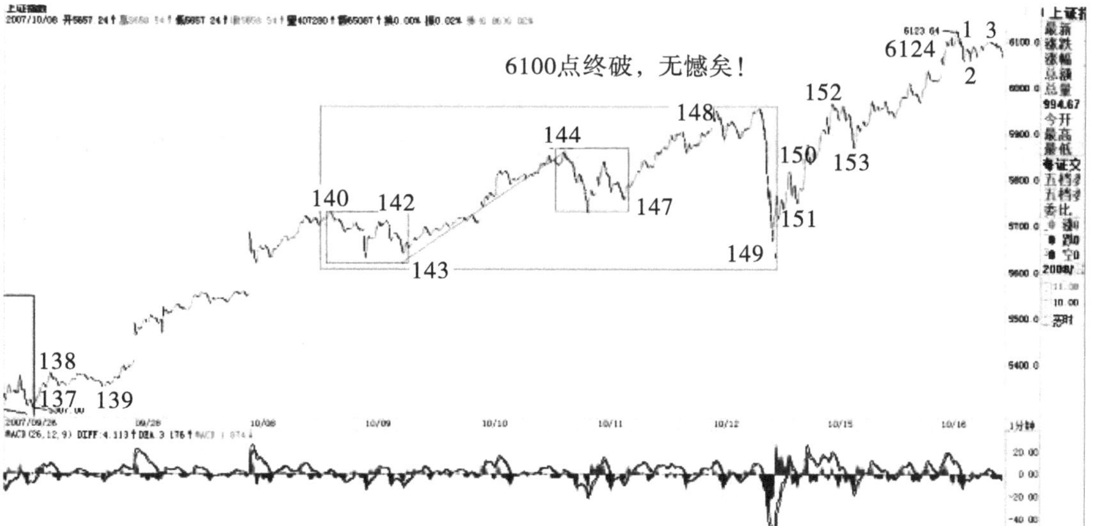

图275 上证指数2007年10月16日前后1分钟图

今天的大盘，延续上周说的大震荡后中字头休息，题材股启动。今天糖业大启动，中粮糖业（600737）之前不大动，主要是现在中国最大的糖产还没装进来，今天跟着启动，似乎有点名不正。不过，该股最牛的题材，还不是将有最大的糖，而是其他。这类中长线的股票，短线的走势并不重要。就像中核科技（000777），从2006年12月的7元多到现在的47元多，真正的题材还没出来，这就是中长线股票的走法。

但是，现在个股并不重要，重要的是这个赶顶游戏的节奏。可以把下面的剧本先说一下：题材股轮动一次后，如果还没有特别的消息，那么中字头还要冲一次的。现在，中字头的同伙回归题材，主要就剩下中石油和中移动了，中国神华（601088）也没上100元，空间都有，关键是政策所给的时间。短线上，一次震荡是逃不掉的。震荡后，如果没什么消息，那么中字头又会切换重启。

中字头把同伙回归行情做够后，就是指数期货了。但这里有变数，当然也会有一种努力在行情外进行着，就是让指数期货延后。位置并不总是那位置的，很多位置都可以重新位置的，没有什么事是一定不可以改变的，事在人为。当然，如果努力后还改变不了，那也没什么遗憾。

当然，这都是小问题，关键是总的政策的风向问题。本ID说得很清楚，11月前后，就是这个时间的共振窗口。一旦转向，这个赶顶游戏就宣告结束，顶的左边做完，当然就是右边了。

本ID可以很明确地说，最终顶部形成后，最多只有20%的人，能把今天的市值保持下来。不是不报，时候未到。

解盘兼北京旅游指南，为奥运贡献一把（2007-10-17 22:36:22）

1

缠中说禅 2007-10-17 22:36:22

今天大盘继续6124点下来的中枢震荡，技术上能否震荡出5分钟中枢，明天就见分晓，然后就是该中枢的第三类买卖点问题。现在无论怎么走，都没太大意义，关键是会议结束后基本面的进展速度，这决定该冲顶游戏的结束时间。

个股方面，题材股继续活跃。中字头，由于今天被点名批评，所以休息时间延长点儿，需要诸如中石油等回归题材再度明确。这一次的中字头启动，就留给多头吧，本ID就没兴趣了。这就是一个节奏的问题，只抬第一波，决不搞第二波，这就是操作的微妙之处。

不费吹灰之力，空头完胜（2007-10-18 15:39:47）

1

缠中说禅 2007-10-18 15:39:47

本 ID 说过，本 ID 有一个情结，就是 6100 点，过了，情结就了了。如果这波大盘真给顶出顶来了，最好不过的点位就是 6124.04 点，这比 6144.44、6124.44 点都好。当然，空头从来都是很谦虚的，并没觉得这顶就一定完成，但空头在这次的冲顶游戏中占尽先机。现在，指数又回到前两次盘中实验跳水的地方，空头已经完全掌握主动权，上下自如了。上，大不了再玩一次这几天的游戏；下，那更是空头的拿手好戏，就等着政策配合一下了。

空头干事情，从来都是光明正大的，宣布做空时已经明确说了，这次是让资金、技术来等待政策，而且说了，有一个情结是 6100 点。这一点，通过这六天的努力，已经初步达到目的。

但是，由于目前图形依然没有走完，大盘的顶部构造更谈不上破位，所以，这里还有反复，关键是政策的配合。如果政策不配合，那么，没有人会故意压在这个位置。压是压不住的，而是要冲，比多头还要多头。今天，严重鄙视多头，连一个盘中反弹的勇气都没有。空头只好让可怜的中粮糖业（600737）上冲一把。盘中最猛烈的反弹，竟然是可怜的小中粮糖业（600737）引领。这么弱小的身躯，竟然排在今天对指数贡献的第七位。多头，你们的名字就是软弱。

这两天，印度已经举起大棒。中国的大棒，还远吗？

技术上，上面连一个 5 分钟中枢都没形成就趴下来，所以，现在就看 5800 点附近的 1 分钟中枢能否站稳，不行就继续下台阶（见图 276）。一旦有效跌破 5600 点，就意味着多头彻底垮掉。所以，今后几天，就等着多头反击。希望多头能组织起有效的反击，否则，空头就这样赢了，也太没挑战性了。空头的仓库里，还有 N 的 N 次方的阶乘再叠加 N 的 N 次方的阶乘次的武器，别采用一种，多头就招架不住了。

空头现在的策略可以大公开：在震荡中先买后卖，逢反弹必抢，然后再抛出，制造出无穷的抛压，把多杀多的惨剧导演出来。

注意，散户千万别抢小级别的反弹，没那技术，继续看戏，没你们什么事儿。

本 ID 已经想好了，万一这次做空失败，除了来次低价革命外，就是去多多 PE，制造出无数的股票来给多头。听说，印度有 7000 多只股票，中国现在连 2000 只都不到，看来，太多活需要空头干了。

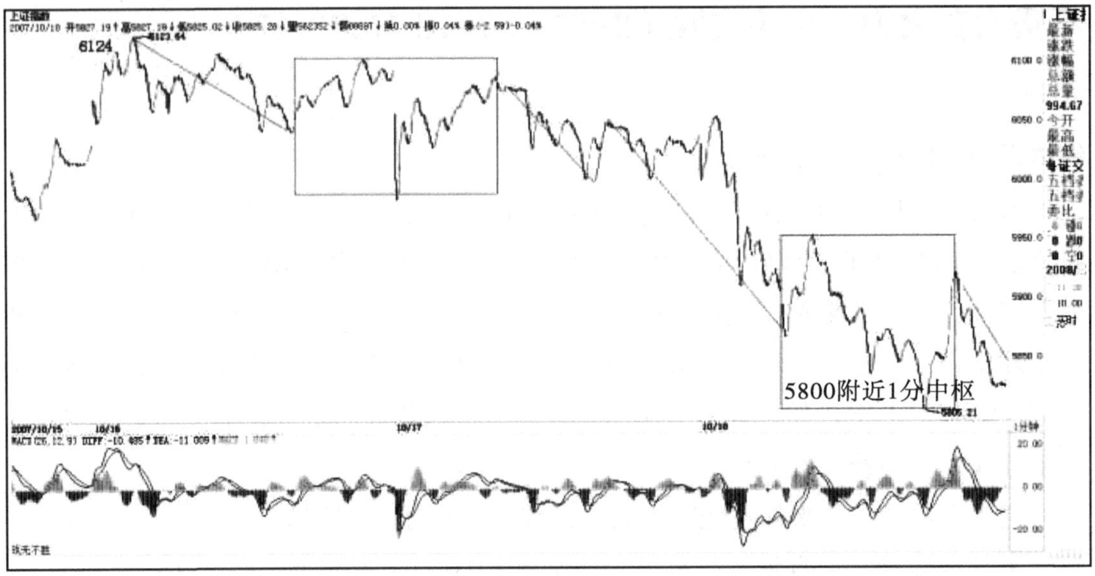

图 276 上证指数 2007 年 10 月 18 日前后 1 分钟图

多头，没本事，有何用！（2007-10-19 15:33:22）

1

缠中说禅 2007-10-19 15:33:22

技术上，昨天说得很清楚，就是 5800 点的 1 分钟震荡。这个震荡形成后，就是其第三类买卖点的问题了。

注意，本 ID 宣布做空后，就不会让任何人买任何股票了。如果本 ID 写首诗都被联系上股票，那本 ID 要考虑不说股票了。股票，对于本 ID 来说算得了什么。如果股票不是关系到苹果，本 ID 连看都不看一眼。

可以光明正大地宣布，为什么空头一定要在一定时间内比多头还要多头，就是因为要某些决心能决心，要把一切的风险先演示一把。可以很明确地说，如果这都改变不了什么，那么，一个更大规模的比多头还要多头的行为将要上演，这样的话，最终做空的可不是股票本身了。

想想日本、台湾地区相应的走势，难道还不足以让某些决心决心下来吗？

下周，是关键性的一周。如果消息面不配合，比多头还要多头的行为会再次出现，但这和散户无关。

本 ID 可以很明确地说，如果期货出来，大部队打仗，就算指数上了 1 万点，也没散户什么事情，能赚到钱的，不会超过 20%，而且是和 6100 点那天比。想想你自己的技术，有没有这本事。如果这几天的节奏都踏不准，那么以后更大幅度的震荡，就是更大型的绞肉机。

让今天要拉大阳的多头站岗去（2007-10-22 15:25:35）

1

缠中说禅 2007-10-22 15:25:35

听说多头要今天拉大阳，就如同上次有空头说要在9月20日的时间之窗让这些人丢脸。

但本ID没什么可说了，一切尽在把握中的感觉总是没什么可说的。对于空头来说，现在最美妙的掌声，就是多头的谩骂，这一定是世界上最动听的音乐。

从6124.04点这样一个绝妙的点位开始的1分钟下跌走势，在中枢的不断下移中延续着，现在刚好收在3600点上来的上升通道下轨上。那个5600点时出现的缺口，就在眼前，一旦这个地方有效跌破，这次针对从3600点开始的上升行情的调整就得以确认（见图277）。

图277 上证指数2007年10月22日前后日线图

技术好的，可以密切留意 6124.04 点下来的 1 分钟下跌走势出现底背驰，然后有一个反弹将可以操作。技术不好的就算了，没那本事，就继续在小板凳上看戏。

当空头，就是在下跌中还要赚钱，这才是真正的空头。底背驰抄进去，然后上去砸，这是一种令人感觉比较爽的游戏。问题的关键是，你有爽的潜质吗？如果今天市值比 6124.04 点那天少了，就要好好反省自己的潜力了。

至于没技术的，今天市值比 6124.04 点那天少了的，就等机会走人吧，虽然有点晚，但这就是没有正确认识自己的结果。如果有机会重新回到 6124.04 点那天的市值，先出来点儿吧，这样还可以有机会成为那 20% 不到的人。

注意，现在政策进入敏感期，虽然有利于空头的可能性较大，但新官上任，其风格暂时没人能把握得准。本 ID 现在对市场没兴趣，就像本 ID 在国航（601111）跌破发行价时买并到处号召买，实质上对国航（601111）一点兴趣都没有。

1 分钟下跌结束后，极大可能进入一个箱型，一个适合上下做差价的图形，然后等待政策去完成突破。现在本 ID 也很想知道，究竟在某位先生心里，5000 点算不算高，是不是有泡沫。有谁知道的，请告诉本 ID。

上升通道下轨支持如期反弹（2007-10-23 15:40:39）

1

缠中说禅 2007-10-23 15:40:39

昨天说得很清楚，1 分钟下跌底背驰后，一轮反弹将展开。今天的技术走势十分标准，更重要的是，这里是 3600 点上来的上升通道下轨位置，又是缺口位置，因此技术上必须要有这次反弹。

在前面已经明确说了，空头现在的策略，就是逢反弹必抢。抢了以后，等不死心的涌上去没力时，才有筹码喂饱人。注意，这里本 ID 又有金针度人：不是任何反弹都可以抢的，只是做顶行情中的反弹可以抢。一旦顶部完全形成，破位后，那么反弹就没必要抢了，让别人去多杀多就行了，除非有特别大级别的买点。实际上，在做顶行情中搞反弹，只是为了促进顶部的形成，而且也为一旦顶部形成不了而准备好后手。

做盘如同下棋，必须有大的想法，而不是看一步走一步。招招有后手，这样才能稳胜不败。

以上的话，都是给现在技术还行的人看的。这里的标准就是，空仓或者目前的市值比 6124.04 点那天高的人。其他人，根本没资格做什么反弹，先借反弹把市值恢复上去再说。

这如同跳舞，节奏已经错了，就不能错上加错，先把节奏调整对再说。

反弹的压力，首先是5日线，然后是10日线。如果这两条线都不能突破，那么这个反弹就将构成第二类卖点，后来是什么就不用说了。

注意，中石油上市，会给市场又一个兴奋的借口，但关键是政策面的趋向能给留出多少时间。中字头会借此兴奋一下，今天这已经有点儿表现。另外，二线蓝筹在反弹中也会表现的，例如科技股以及其他题材股之类，因为前面它们根本没动，所以有轮动也很应该，但这些股大面积表现的可能性不大。

本ID已经反复强调，顶不是一天搞成的，这里有一个微妙的潜在语：最后破位之前，最终套住谁，现在还没有定呢。6124.04点逃掉的，也不要高兴得太早，一旦反弹做错，最后来个站岗大换班，那是常有的事情。

所以，现在的反弹操作，一定要谨慎，请量力而行。

10日线如期阻截（2007-10-24 15:14:14）

1

缠中说禅 2007-10-24 15:14:14

昨天明确说了，看5日、10日线，今天10日线的阻截明显（见图278）。不过，由于今天在该线下形成一个1分钟中枢，因此短线走势，就看这1分钟中枢的第三类买卖点情况。如果能有第三类买点，那么将再次冲击6000点。

如果短期没有特别的消息，这个反弹应该继续延续，只是横盘还是继续上冲的类型选择。由于那资金解冻[①]在后面，这么多资金，不吸引点儿进来太对不起大家了，所以，只要没有突发性消息，反弹至少能延续下去，把解冻资金吸引点儿进来站岗。

个股没什么可说的，都告诉各位中字头了。当然，这种形势是最消磨多头意志的。指数涨，却没有赚钱效应，这就是空头最爱干的事情。

如果特别的消息一直不出来，那么在没什么事干的情况下，空头不排除会再次上演拉指数的好戏，把消息给拉出来。

短线技术，明天就看今天这1分钟中枢的震荡情况。如果出现第三类卖点，那就有二次探底的需要。

①指网上申购中国石油（601857）的资金解冻，资金解冻日为2007年10月31日，解冻资金量约3.3万亿元。

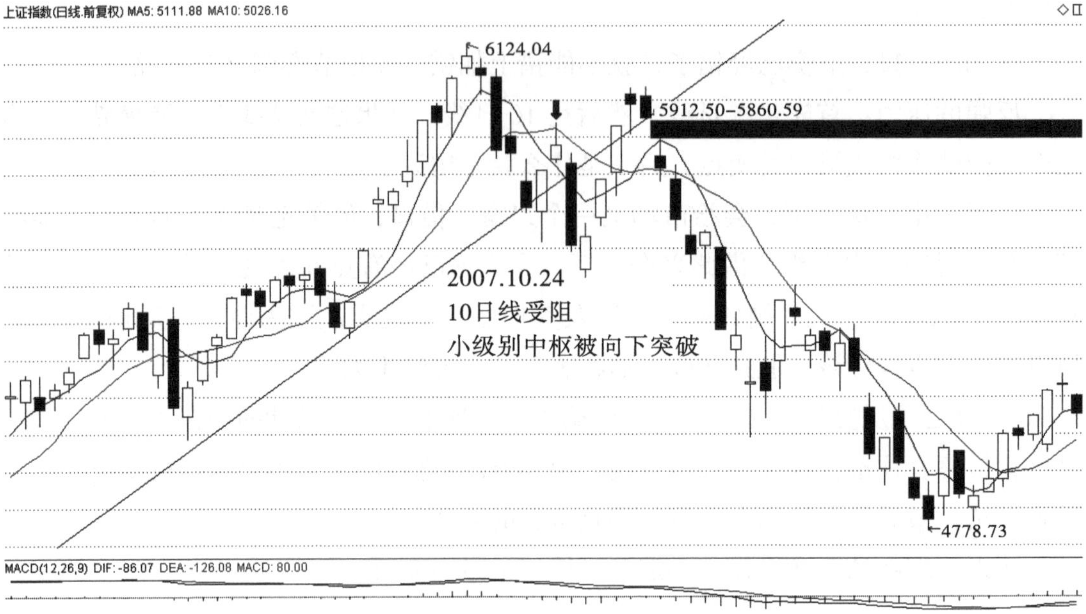

图 278 上证指数 2007 年 10 月 24 日前后日线图

就算是反弹，也可以是二次探底后再展开的，所以现在对于反弹类型的选择，是可以有很多种的，判断标准就是这 1 分钟中枢的震荡情况。

注意，再次强调，最后指数的破位，必须有消息配合。没有的话，最多只能箱体震荡，除非这箱体延长时间太长，把所有的人搞怕了才可能破位。

终于再次强调宏观调控，中国大有希望
（2007-10-25 15:43:22）

1

缠中说禅 2007-10-25 15:43:22

请问，今晚的月亮圆吗？今天最大的消息，就是关于强调宏观调控的消息，这是本 ID 最希望看到的。经济大局，最终决定市场大局。今天的消息，对所有心里有希望的人，都是一个很好的提醒。

技术上，昨天已经把可能的情况进行最严密的分析，就是看那 1 分钟中枢的第三类买卖点情况（见图 279）。今天早上受消息影响低开后，第一小时的反抽刚好构成第三类卖点，这就是本 ID 理论规范下短线最后的逃命线。但必须注意，这个二次探底的过程并不意味着顶部就已经完全成立。等大批资金解冻后，以及周末消息明朗后，一个有力度的反弹过程将可预期。

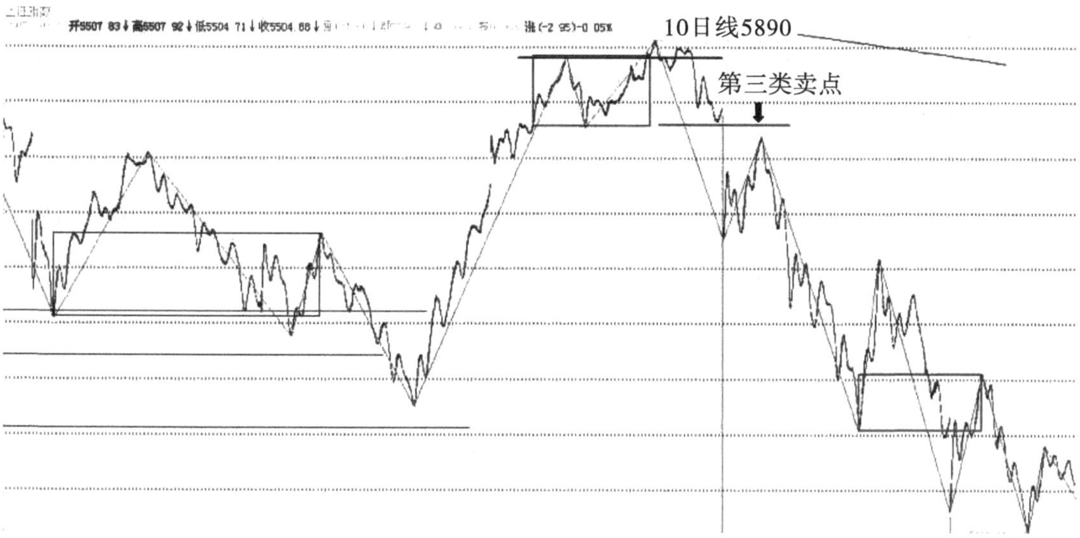

图 279 上证指数 2007 年 10 月 25 日前后 1 分钟图

注意，这个反弹，在最恶劣的情况下，就是对跌破颈线后的反抽，目前颈线在 5555 点一带。这种最恶劣的走势，就是先跌到诸如 5300 点甚至 5000 点，之后一个反抽上不了 5555 点，然后确认顶部，然后继续大幅度下跌。这种走势，最终的调整目标将在 4000 点，甚至更低。

当然，最好的走势，就是对颈线假跌破，然后反抽上来，这样甚至有再冲 6000 点的可能。这是最好的走势，能否出现，多头答应，空头不一定答应。即使空头答应，政策面可能也不一定答应。

本 ID 已经说过，操作反弹的风险极大。如果你连第三类买卖点都分不清楚，那还是继续坐小板凳吧，这些反弹操作，你没资格参与。

虽然本 ID 这一方已经全面大胜，但就像 3600 点大胜后一样，本 ID 要把后面的情况先说明一下。这次下来，为后面的低价股积聚了潜力，年底，明年，又有不少好股票有好价位了，这才是这轮走势最大的用处。

节奏，有大节奏，也有小节奏。当然，首先必须有大思维、大节奏。这里的道道儿，自己慢慢体会吧。

5555 点守住，反弹酝酿中（2007-10-26 15:13:40）

1

缠中说禅 2007-10-26 15:13:40

本 ID 已经把 5555 点这个位置告诉各位了，这是颈线位置（见图 280）。守住，那么还有机会来一波有力度的反弹，否则，形势就更恶劣了。

由于股指期货、中石油等的预期，所以中字头依然在反弹中继续扮演最重要的角色。一些跌到重要均线位置的题材股，也会有一定的表现，但将趋于个股化，板块效应不大。

当然，反弹是否能在5555点颈线酝酿成功，还要看周末消息面的情况。如果没有特别的消息，在资金解冻前后，这个反弹将出现并延续。中石油上市的表现，将决定这个反弹的最终命运。

后面的游戏，关键是考技术，以及一看反弹不行就跑的灵活性。如果技术和灵活上都达不到要求，那就算了。这种活儿，一旦失手，痛但一定不会快乐着，除非你有受虐倾向。

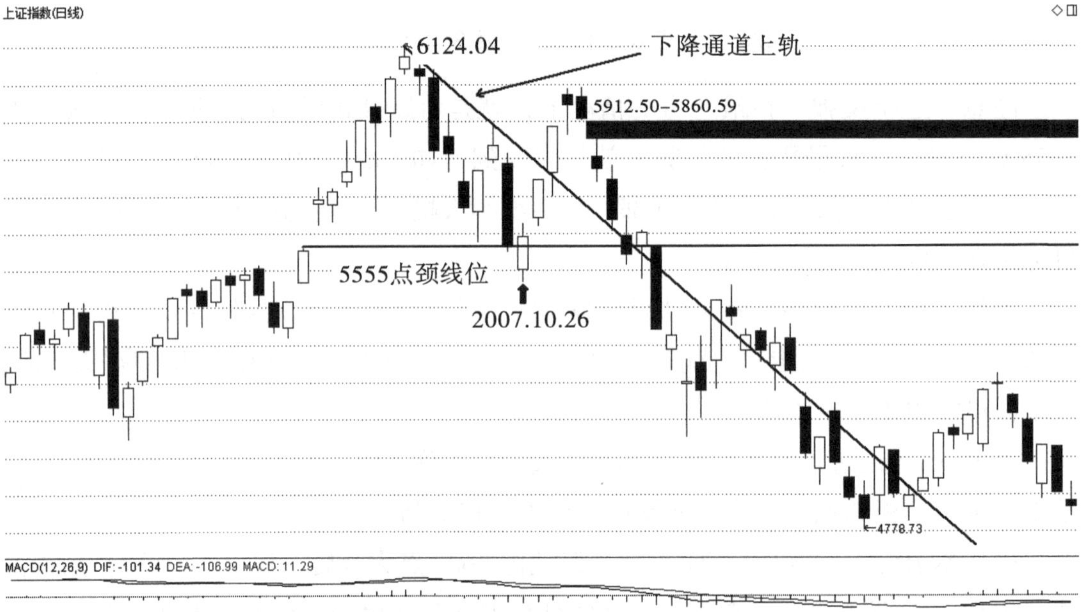

图 280 上证指数 2007 年 10 月 26 日前后日线图

明天面临下降通道上轨压力（2007-10-29 15:25:18）

1

缠中说禅 2007-10-29 15:25:18

5555点站稳后反弹，这都在预计之中，早说了。明天面临下降通道上轨的压力，这是技术的话。基本面上，如果指数期货出来，点位根本没意义。特别在形成多空对赌的局面时，那时候，只需要关心如何把对方打爆了，什么点位不点位的。如果夹到 10 万点才能把空头夹死，那当然也是可以这样操作的。

期货，拥有相应的筹码，就是拥有市场的发言权，有发言权比什么都重要。

明天一旦冲破上轨压力，反弹的空间将被彻底打开。当然，这个位置出现反复也是很自然的。由于大面积资金被冻，所以没什么消息的情况下，这个反弹是不会轻易结束的。

如果期货在年内推出，那么 6100 点当然不会是什么重要位置了，这是目前大盘最大的变数。但无论走势到什么位置，其实和大多数人无关，因为真正上涨的股票基本依然是带指数的。其他股票，大多数只能暂时继续反弹然后回跌，最多保持盘整的走势，没什么大戏。

不过短线，超跌股票的反弹还是有一定机会的，但风险同样大。至于中字头，有期货这保护伞，当然是爱多疯有多疯。

期货出来后，个股分化将继续加剧，散户的生存空间进一步减少，事情就是这样了。天要下雨，自己找伞吧。

突破上轨，反弹空间如期打开（2007-10-30 15:26:44）

1

缠中说禅 2007-10-30 15:26:44

昨天说了，突破下降通道上轨后，反弹空间打开。今天走势极端规范，下午那次跳水，就是对上轨突破后的回抽。这些最基本的技术语言如果都看不明白，就必须补课了。

站在本 ID 理论的角度，今天早上的绿盘与昨天的尾盘，刚好构成 1 分钟中枢，下午的跳水，刚好构成该中枢的第三类买点（见图 281）。也就是说，下午的跳水，有两重的技术含义①。

现在的走势十分简单，只要不出现回到这 1 分钟中枢的走势，而是在上面形成新的中枢，那这次反弹的级别就至少不小于 1 分钟的上涨。这样操作就极为简单，耐心等待背驰出现就可以。

短线总体的节奏，就是 5555 点颈线站稳后，反弹至少延续到中石油资金解冻前后。就算是最坏的情况，也要先把这些资金骗进来再说，否则太对不住这 3 万亿元资金的热情。

①这里的两重含义一是指回抽下降通道上轨，一是指出现1分钟中枢的第三类买点。

中期走势，本ID已经说得很清楚。如果期货出来，那点位就没什么意义了，6100点也不是大不了的位置，那时候只有疯狂，没什么点位不点位的。如果期货被阻击出不来，那么6100点当然还是一个重要位置，这次的反弹，也就是构成顶部图形的第二个尖。至于这个尖比前面一个高点儿还是低点儿，都问题不大。例如双头，可能就低点儿，头肩顶，就高点儿，这都没有太大的影响。

无论顶部的最终图形是什么，5555点都是生命线，只要不有效跌破，这图形就没完，而且有变成中继图形的潜力。否则，就是顶部图形成立，中级调整确立。目前，唯一的变数就是期货推出的时间。

图281 上证指数2007年10月30日1分钟第三类买点示意图

关于期货，本ID也说得很清楚了，本ID不愿意见到出来，特别是现在。因为这样将会耗尽中国资本市场的那点儿能量，之后的调整就不像现在这个样子了。现在，这事的折腾，依然不能说完全定局。有些事儿，最后一晚还可以改变，没到最后一下，市场外的努力是不会放弃的。

现在，站在本ID的立场，很简单，就是该反弹就反弹，该疯狂就疯狂，在

5555 点跌破之前，进行大幅度的震荡操作去做差价。而在市场之外，该有的努力一定不会少。最终结果如何，只要心到了，力到了，本 ID 也无怨无悔了。

但相信，管理层对目前点位的风险会有足够的认识，一旦市场进入不可自我调节的状态，管理层一定不会袖手旁观。

1 分钟中枢如期形成中（2007-10-31 15:13:50）

1

缠中说禅 2007-10-31 15:13:50

昨天说了，关键看新的 1 分钟中枢位置。今天，这中枢依然没形成。当然，只要明天有所回落，这中枢就形成了。一旦中枢形成，后面就是第三类买卖点的问题。一个超简单的问题，就不用多说了。

今天因为资金的流入而出现九一现象，表明资金的进入只是抱着搏反弹的心态。中石油出来，指数股还要表现，因此休息一下并不是太坏的事情。

虽然本 ID 在上周 5555 点下明确告诉了这个反弹，但依然用绿色字，只是希望各位在反弹中依然要保持最大的清醒。至于中短线的分析，昨天已经说得十分明确，就不重复了。

震荡等待中石油（2007-11-01 15:16:39）

1

缠中说禅 2007-11-01 15:16:39

今天的走势极端教科书，早上背驰后形成 1 分钟中枢的第二段，然后回跌构成第三段，这样 1 分钟的中枢就构成了（见图 282）。紧接着就是围绕这个中枢的震荡，下面需要等待的只是第三类买卖点问题。

大盘在这个位置进入短暂的无方向状态，最主要的是为了等待中石油。另外，周末消息面也是对心理的一个压力。不过，美国减息，也让国内的利息变动有了更多的顾忌。总之，一步错，步步错，现在只是开头，怎么收场，太让人担忧了。

当然，现在除了大的政策面的改变，单纯的利息变动并不足以根本影响市场。中石油的投机性短炒在等着，不过这次估计不会像神华（601088）那样顺利了，但一个足以吓死巴菲特的价格是肯定的。不过这对巴菲特没什么意义，人家面对的是全球市场，自然可以找到更好的机会。

图 282 上证指数 2007 年 11 月 1 日 1 分钟走势图

只是，把亚洲最赚钱公司让别人用极低的价格给买了，现在又以极高的价格回归，这里面的问题，难道不值得深思？

调整形态保持，震荡级别加大（2007-11-02 15:25:06）

缠中说禅 2007-11-02 15:25:06

今天的走势同样极为教科书，因此复制了图，可以认真研究一下。针对 189-192 的 1 分钟中枢，195 是第三类卖点。但对于 191 开始的线段类下跌，194-195 是第二个类中枢，所以后面的跌破，力度不够，出现明显背驰，其后必然要在这个位置出现一个新的 1 分钟中枢（见图 283）。

下面的走势很简单，关键是这个新的 1 分钟中枢是否继续向下延伸出新的 1 分钟下跌走势，也就是这 1 分钟中枢是否有第三类卖点。从大的方面看，这次反弹的调整，级别将至少向 5 分钟级别扩展。

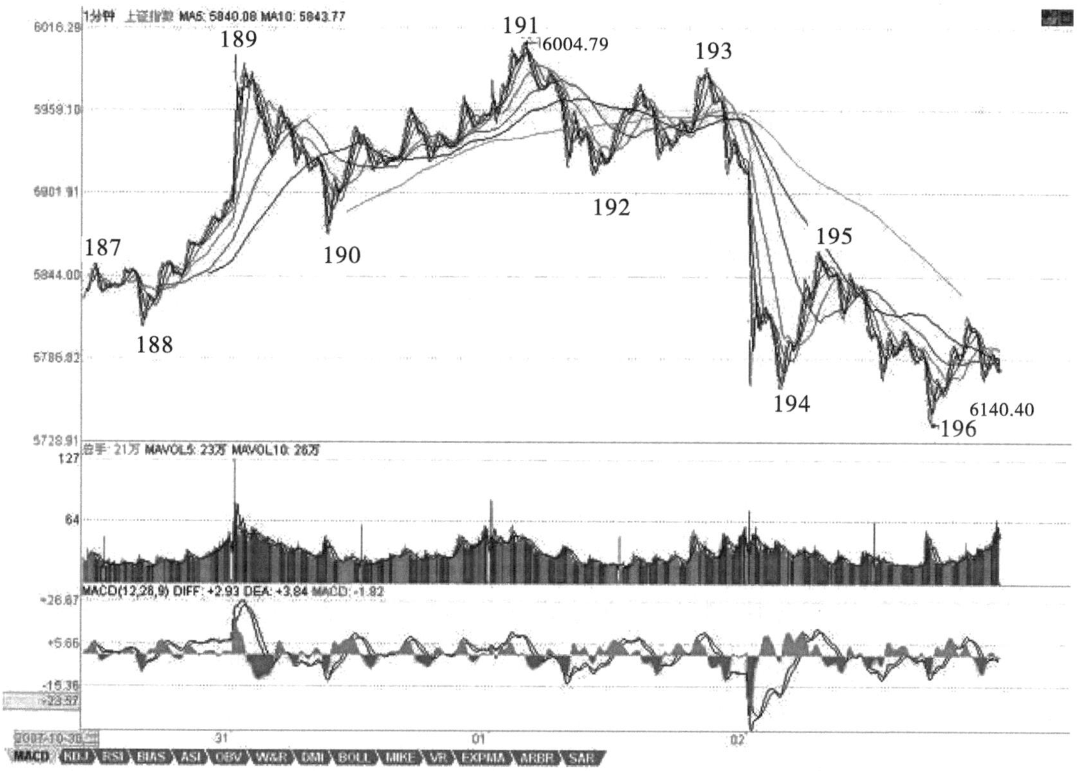

图 283 上证指数 2007 年 11 月 2 日 1 分钟走势图

当然，操作上第一个中枢的第三类卖点在该级别中是最后的走人机会，后面的都没意义了。也就是说，对于这次调整的逃避，191 是第一类卖点，因为前面线段类上涨走势出现类背驰。而 193 是第二类卖点，因为站在线段的角度，就是第二类卖点。而站在 189–192 的 1 分钟中枢震荡的角度，任何的次级别离开，都将先构成卖点，然后再考虑是否回跌形成第三类买点的回补机会，这是中枢震荡的操作方法。

195 以后，针对这个调整来说，任何的卖出都显得太晚了，这意味着随时面临下跌走势的结束。很多人喜欢在第二个中枢才考虑第三类卖点，那是晚之又晚，所以经常卖了就被反转夹空，那是一点都不奇怪的。当然，很有可能卖了以后继续延续下跌，但这已经是一个概率问题，而不是一个能被理论 100% 保证的技术问题了。

好了，技术的课程就不说了，今天的大盘受外围影响，走得还不算太坏。最主要的是，关于周末加息的消息也到处在传，所以对心理是有压力的。但下周无论加息与否，真正的主角都是中石油。如果该股过分高开，形成比较恶劣的走势，将对大盘有较大的影响。此外，今天不少资金出逃，就等着恶炒一把中石油。下周，就看这场大戏如何上演了。

周末好好休息，下周看戏去。是否成为剧中的一员，就看自己的能力了。千万别强求，强求没幸福。

宠爱之便宜且昂贵的中石油（2007-11-05 15:52:07）

1

缠中说禅 2007-11-05 15:52:07

今天大盘走成什么样子，其实都没意义。今天有什么消息，其实也没太大意义。因为有了中石油（中国石油，601857），一切都没意义了。为什么？你看看中石油（601857）的市值，等于比中石头加工商银行（601398）、中国银行（601881）还要大，以后的指数，极大地与中石油（601857）的走势相关。站在指数的角度，拥有中石油（601857），就拥有控制一切的能力。

中石油（601857），世界第一股了，和世界上相同类型的公司比，确实昂贵。但在中国这个封闭的市场中，特别后面还有众多指数期货等的预期下，这价格显然是便宜的。这就像 N 个月前，中国人寿（601628）上市，本 ID 说 40 多元一点儿不贵，最终 100 元肯定要见的。如果有 30 元给你见到，你当然可以天长地久了。这个位置，并不是说中石油（601857）就 100% 不会下来了，但下来只是给一个更好的买入机会而已，如同中国人寿（601628）从 40 多元到 30 元的过程。

短线看，今天，从 48 元多到 41.70 元，一个标准的线段，然后是新的向上线段。这线段不管能否延伸上 45 元，都使得 41.70 元到 43.70 元与最终形成的 1 分钟中枢有了密切的关联。从短线的操作上，今天，当然是等下来的下降线段结束后介入。明天很关键，就是上冲回跌震荡后形成的 1 分钟中枢位置，因此不难操作的。

操作步骤上，比较激进的做法，当然是在看到 41.70 元的线段结束后就介入，但这样不能保证明天一定没有下跌的线段打穿该位置，毕竟是 T+1 的操作，线段太短了。比较稳健的，就是今天在线段结束时介入一定仓位，在形成 1 分钟中枢后，根据相应的位置再介入其他仓位，这样就至少可以用 T+0 的对冲保证仓位的安全。

注意，以上只是顺便说说新股的操作。这种高开低走的股票，第一笔介入一定要等第一段线段结束，这是一个最基本的要求。今天的走势图，完美地演示了这一点。但这还不行，如果站在安全的角度，必须要分批，因为线段的级别太短，不能保证 T+1 的绝对安全。

另外，今天那直通车①的延期，至少让本 ID 前段对此的反对有了点儿回应。同

①指港股直通车暂缓推出。2007年11月初，温家宝暗示港股直通车还需时间落实，表明中央政府无限期推迟了港股直通车。

时也表明，现在政策的推出，已经有了更复杂的机制，这对阻击股指期货来说，也是一个很好的消息。

今天，题材股动起来，这很正常。如果期货延期推出，那么这种动还会更明显，而且很多年末找底的股票，只是为了明年一飞冲天。现在的问题是，期货还没有最终的答案，所以一九、九一地折腾就少不了了。两个翅膀，中字头，题材股，自从3600点接石头时明说后，到目前还是有效的。

说说大盘中期走势的演化（2007-11-06 08:38:52）

1

缠中说禅 2007-11-06 08:38:52

说说大盘的中期走势。这一点，本ID其实已经反复说了。这里只是总结着说一次，让各位更加明确点儿，免得被行情又给折腾糊涂了。

（1）6100点，是大盘中期顶部的一个尖，现在是去形成第二个尖。当然，前两天6004点是不是就是，这需要跌破5555点的颈线才能确认。

（2）在有效跌破5555点的颈线前，一切都以中枢震荡的观点来操作。向上走势背驰就出，就像前两天一样，下来不破5555点，就可以回补。来回折腾，直到大盘选择最终方向。

（3）大盘选择向上方向的可能性依然存在，就是期货这个变数。现在中石油（601857）回来后，指数上就更没多大意义了。其实，站在别的股票的角度，很多已经完成真正的中级调整的幅度，最近一下跌30%～50%的并不少见，所以在期货出现的背景下，指数将大幅度失真。

（4）因为现在指数失真越来越严重，所以关心个股更重要。年底，将是三类个股表演的时候：A. 还是中字头，或打或拉，反正精彩不断。B. 收集完成或接近完成的题材股，会在震荡中越走越强，率先展开明年的行情。C. 筹码不够，需要继续收集的，就会利用每次震荡不断打压，直到该得到的得到为止。

（5）根据不同的股票类型，选择好自己的操作思路。大盘走势需要关心，但更要关心自己面对的股票类型，以及相对大盘的走势特点。

（6）12月是30月的时间之窗，如果前后是出现低点，那么明年的行情将就此展开。如果是高点，那么明年初压力就大了。这也是为什么本ID最近一直希望压制大盘的重要原因，就是希望以低点去触时间之窗，为明年的行情作准备。

（7）先要有大的思路。再次提醒，由于指数失真开始变得严重，所以请更关心你自己股票的类型是上述所说的哪种情况。如果是中字头的，可以更多参照指数的走势。如果是题材股的，就要参照其走势与指数之间的关系，看看里面的人是利用指数吓唬你还是忽悠你。看明白了，你的操作就明白了。

（8）操作是自己的，如人饮水，冷暖自知。修炼去吧，多好的市场，多好的修行。

5555 点争夺战（2007-11-06 15:37:47）

1

缠中说禅 2007-11-06 15:37:47

今天的走势，就是一个 5555 点争夺战。一般这样的战斗，胜负至少看 3 天，上下还有一个 3% 的缓冲区域。5555×97% 是多少，自己去算吧。

当然，这次下跌和上次不同，大多数人都没什么感觉。因为这次跌的都是中字头的，其他 90% 的都没怎么跌，但并不意味着这次的可能风险就小。如果真跌破颈线，那么很多这次趁着中字头跌而反弹的股票，也会再次探底的。

所以，5555 点争夺战，对于多头来说是输不起的。空头反而是无所谓，反正后面还有 6000 点、6100 点的防线。其实，站在本 ID 的空头立场，本 ID 不大愿意就这样破了颈线，因为这样力度有限，很可能就是一个假跌破（见图 284）。

对于空头来说，对颈线的突破，一定要是致命的。用本 ID 的理论术语，就是一定要第三类卖点后出现中枢的下移，不能去构成大的中枢那种无聊玩意儿，那样杀伤力太小。如何达到那种力度，就是要在颈线上反复磨。如果再冲一次上不去，又一批人开始失望。然后再来一次，反复失望，这样才有杀伤力。

多头空头，绝大多数都是急功近利的，本 ID 只是分力。最终是否能如本 ID 所希望的那样，搞得更有杀伤力，那不是本 ID 一个人能决定的。很有可能，有些傻空头急功近利，企图快速跌破颈线，最后反而中了多头的埋伏。

本 ID 最近心大都放在 PE 上了，没心情没时间去找人开小会协调协调，所以空头爱干什么就干什么吧。本 ID 有时间，还不如去再造 N 个西部矿业（601168）出来卖给多头。1 元的东西，到时候卖个几十上百的，感觉不错。

中石油（601857）今天走出了线段下跌的走势。今天早上到 41.20 元的那次反弹，就是对 41.70 元上那类中枢的类第三类卖点，然后就继续下跌，现在就看这个线段下跌的类背驰了。一旦出现，就至少有一个级别更大的反弹，比昨天尾盘那个线段反弹要大，至少是可 T+1 操作的。

图 284 上证指数 2007 年 11 月 6 日前后日线图

昨天说了，有些线段反弹，不一定能 T+1 赚钱，今天就是一个例子。中石油（601857），最终的走势很有可能和中国人寿（601628）类似，这在昨天也说了。当然，不可能完全照抄，但基本模式估计差不多。

上面说了如何杀伤力才能大，大概又得罪不少人。但市场就是这样的，讲感情就不要在市场混了。本 ID 说出来，只是把市场可能的残酷一面说出来。有时候，本 ID 没时间干了，并不意味着别人没时间干。

如果你对市场有了足够的洞察，那么任何人的把戏都无效了，这才是最重要的。

市场里，需要的是智慧，而不是煽情。认清自己，冷静再冷静吧。

5555 点决战即将进入临界点（2007-11-07 15:26:47）

1

缠中说禅 2007-11-07 15:26:47

这个题日有点名不副实，因为这决战对丁空头来说，只是小战役，结果并不重要。但对于多头来说，就是决定性的。从 6124 点开始的行情转折中阴阶段，对于多头是垂死挣扎一下，还是干脆破罐子破摔，很快，准确地说，最迟下周一前后就有答案了。

站在空头立场，本ID希望多头能挣扎挣扎。当然，站在纯技术探讨的角度，多头最好的招数就是以退为进，用一个空头陷阱，把主动进攻的空头给夹空了。

由于目前的空头比较蠢，所以本ID不妨提醒，下杀之前，一定要多点多头色彩。披着多头外衣的空头才是最有杀伤力的，在5555点上制造出一个大点级别的中枢，然后再背后来一下，把多头打倒，踢下悬崖。

由于目前多头也比较蠢，所以本ID也不妨教教多头招数。从月线上看，无非两种可能，就是本月确认顶分型，或者不确认。不确认，就是有包含关系或创新高。目前5462点，就是这个顶分型是否成立的关键。跌破成立后，最关键的是5月均线，目前在5300点附近。也就是说，多头完全可以在5月均线附近埋伏大部队，让空头先进攻，把分型给搞出来，然后反手把主动进攻的空头给废掉。

请回想一下，本ID在3600点，是如何完美地利用顶分型与5月均线把空头给灭了。现在多头最完美的策略，依然是照搬本ID的老剧本。

不过，这些多头估计抄也抄不成样子，最后可能还是要和5月均线吻别于狂乱的夜。现在的多头，如果这两年多不被攻破的5月均线竟然给你们弄丢了，那你们也别丢人了。不丢人最好的方法就是及早认输。

短线技术上，5555点附近的新1分钟中枢形成，因此，这次6004点开始的走势，就明确形成1分钟的下跌形态（见图285）。短线该位置能否站住，就看这个中枢的表现了。看明白这个中枢后面的发展，也就看明白了这场多空拉锯的短线胜负了。

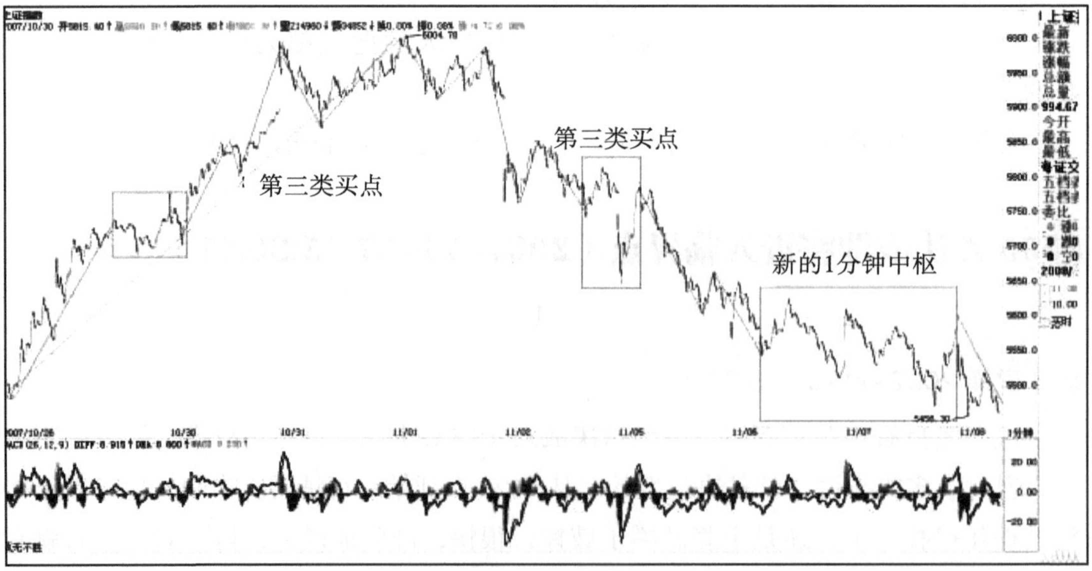

图285 上证指数2007年11月7日走势1分钟图

本 ID 的观点还是很明确，就是在这样一个中阴阶段，什么事情都可能发生。技术好的，可以充分利用这大型的中枢震荡玩差价游戏。多空越有分歧，意味着震荡的幅度和机会越多，就越是本 ID 理论的天堂。至于没这本事的，就算了。

今天的中石油（601857），如昨天所说，38 元上线段底背驰后形成较强反弹，然后形成一个 1 分钟的中枢，在 40 元上下。这是该股形成的第一个 1 分钟中枢，因此对后面的操作具有最重要的指导意义。

后面的走势无非两种。

（1）以这个 1 分钟中枢震荡扩展出大的中枢。

（2）这 1 分钟中枢不过是 1 分钟下跌走势的第一个中枢，最终将跌破该中枢形成 1 分钟中枢下移，去完成 1 分钟级别的下跌。

具体操作，就按实际走势的选择来决定。例如，如果你在今天背驰时介入部分仓位，就可以开始利用后面的走势波动，把成本逐步降低。

最近天天说中石油（601857），主要是以此为基础，从最开始把一个股票的走势的生长是如何演进的给教科书一番，各位顺便就可以看到。个股的分析和大盘的分析没什么不同，都一样的。

如期决战，多头不堪一击（2007-11-08 22:21:05）

1

缠中说禅 2007-11-08 22:21:05

昨天说，决战进入临界点，最迟周一有结果。结果是多头如此不堪一击，太令人失望了。这证明了本 ID 的一个断言：空头是心急的。昨天，本 ID 给多头编的 5 月均线大埋伏剧本，是否如本 ID 所担心的那样："这些多头估计抄也抄不成样子，最后，可能还是要和 5 月均线吻别于狂乱的夜。"很快就有答案了。

现在，5462 点到 5555 点的颈线位置，将是中线反抽最关键的位置，不能重新上去，那么跌势将持续到这跌的业力耗尽的一天（见图 286）。本 ID 可从来没说过 1000 点外就没有空间，本 ID 只是说，没有 1000 点的回跌空间，这做空不过瘾。没空间，不好玩。所以，1000 点这个目标达到后，我们还可以有更高的目标，这难道有什么问题？

今天不爽的，基本上有两种人。

（1）牛人。觉得自己很牛，可以短线，有天赋。本 ID 说认清自己，冷静加冷静。认清什么？就是你是不是牛人。牛人，不在乎什么线，但不是，就别累着自己。

图 286 上证指数 2007 年 11 月 8 日前后日线图

本 ID 不早给了所有非牛人一个最好的选择：小板凳！

（2）大牛人。这种人，以被套为光荣，号称牛市就要中长线，就要持有。就算那股票从 300 元到 3 元，也要持有，也要中长线。这种大牛人，本 ID 没什么可说的。有人喜欢电梯，上上下下享受，本 ID 一点意见都没有。

明天，周一，5 月均线能否有埋伏，埋伏能否有效，很快就有答案了。现在，多头短线的问题，是这次跌破能否尽快拉回去。否则，一旦确认颈线跌破，那么，按照双顶的量度跌幅，你觉得该到哪里呢？

本 ID 很想仁慈地安慰一下今天受苦的人，但本 ID 最终决定还是不这样干，因为这样只能害人。市场从来不仁慈，本 ID 该说的也早说了。

如果想真学点什么，请复习一下本 ID 这篇文章："2007 年末，资金与政策博弈下的走势分析。"如果能学点儿什么，本 ID 觉得，就没必要学梅花了。股市里不需要学梅花，不需要苦寒来，股市只需要智慧。

技术高的，可以关注这 6004 点开始的 1 分钟下跌的背驰，之后将有一个大反弹。如果是技术不高的，还是继续坐小板凳吧。

5 月均线大埋伏剧本如期上演（2007-11-09 15:20:08）

1

缠中说禅 2007-11-09 15:20:08

今天行情没什么可说的，就是本 ID 前两天已经公布的 5 月均线大埋伏剧本的现场版。不过说老实话，同样的剧本，不同的导演，效果当然也不同。今天这种演出水平，显然是不太令人满意的，所以本 ID 一早就给了一个定性："这些多头估计抄也抄不成样子。" 至于是否会 "最后，可能还是要和 5 月均线吻别于狂乱的夜"，很快也会有答案了。

当然，在这个答案出来之前，无论答案如何，都会有一个对前面 5462 ~ 5555 点颈线位置的反抽确认过程，这是例行程序。能重新上去，就证明多头这次的 5 月均线大埋伏剧本没演砸。否则，这戏就要退票，重新开始空头的表演。

目前本 ID 最爱干的事情就是，多头伏击时，本 ID 也在后面伏击着。多头掩杀，本 ID 就跟着呐喊。等多头冲得没力了，空头开始反击，本 ID 就在后面连续绞杀，把多头变成无头。

中石油（601857）在 38 元附近又有一个新的 1 分钟中枢，不过这个中枢与上面一个太近了，极有可能就二合一地扩展成更大级别的中枢。当然，实际走势由市场决定。

大盘没什么可说的，5 月均线埋伏后，就看反抽力度，十分简单，没必要多说了。

个股方面，由于人气涣散，最近能逆市的，更多是小市值的低价股。年末，重组闹剧又到上演的时候，这是可以多多关注的。至于中字头，一定还是市场的重心，不过一定要踏稳节奏才可以去做短差，否则就会被人绞杀。

1000 点目标跌幅胜利完成（2007-11-12 15:28:57）

1

缠中说禅 2007-11-12 15:28:57

本 ID 宣布做空时说，没有 1000 点的下跌空间，不爽，所以要先拉出空间来。今天，1000 点的基本任务已经胜利完成。请问，各位是希望跌到这里就算了，还是要继续跌下去？

今天，5 月均线大埋伏剧本继续演绎。今天的利空，刚好为 6004 点下来的 1 分钟下跌构成底背驰做出最后的贡献。本 ID 已经早说了，6004 点下来的 1 分钟下跌一旦背驰，会出现较大级别的反弹。现在，5 月均线大埋伏剧本与 1 分钟下跌背驰剧本最终两剧合一。

注意，这个 1 分钟下跌，搞出来了三个中枢，然后在今天出现一个完美的底背驰。最后的一个 1 分钟中枢的第三类卖点，就是早上的补缺失败走势，然后继续的下跌构成了线段的类背驰，这和 1 分钟大走势的背驰段构成完美的区间套。这么教科书的走势，请好好去研究。

1 分钟底背驰后，最基本的涨幅，就是拉回原来 1 分钟下跌的最后一个 1 分钟中枢的波动区间，这个在今天就达到了，后面就是这个中枢如何扩展出 5 分钟中枢的问题。技术上，要关注这个 5 分钟中枢的位置以及后面相应的中枢震荡结果。

通俗地说，如果大家都觉得短线跌到这里就算了，不要继续下跌了，就让这 5 分钟中枢形成第三类买点。否则，大家都急切地抛售，那么这个 5 分钟中枢将形成第三类卖点。事情就这么简单，各位民主一把，投票吧。

更通俗地说，就是以 5 月均线陷阱对 5462–5555 点颈线的例行反抽继续展开。注意，反抽可不一定非要碰到 5462 点。最弱的反抽，就是装模作样地在颈线下面折腾几天，然后就和 5 月均线吻别于狂乱的夜。

当然，多头现在也不是完全没有希望。多头要成功，首先是让所有人不再杀跌。其次，好好利用 5 月均线大埋伏剧本，绝对不让那狂乱的夜发生，特别不能让狂乱的月圆之夜发生。最后，找准机会，重新回到 5462–5555 点颈线之上站稳。

以上，是多头唯一可以走得通的路。鲁迅说，走的人多了，也便成了路。从这一刻起，多头如果要继续向上做，就要不断地到处乱踩，把所有板块都踩一遍，看能不能走出路来。

这句话，通俗的意思就是，反弹如果真能延续，必定以板块轮动的方式进行。这种方式，好听地说，就是为了聚拢人气。不好听地说，就是忽悠蒙骗点儿新的站岗者。

特别强调，并不是任何反弹都是任何人有资格玩的。站在本 ID 理论的角度，这个反弹完全可以就已经结束了，为什么？因为最基本的回抽最后一个中枢的幅度已经达到，所以，现在关键是回来那一下能否构成第二类买点。如果不行，那狂乱的夜的吻别就要马上上演。不过，更适当的名称应该叫：刎别！

今天的解盘，写得太长了，主要是有趣版本与通俗版本都写了。本 ID 经常用自己的语言写，其实只是为了有趣与简练。但这世上无趣的人太多，本 ID 就受累点儿，夹带上通俗版本。

下面给出了6004点下来的分段，请仔细研究。里面用向下箭头把三个1分钟中枢的第三类卖点都给标记出来了。

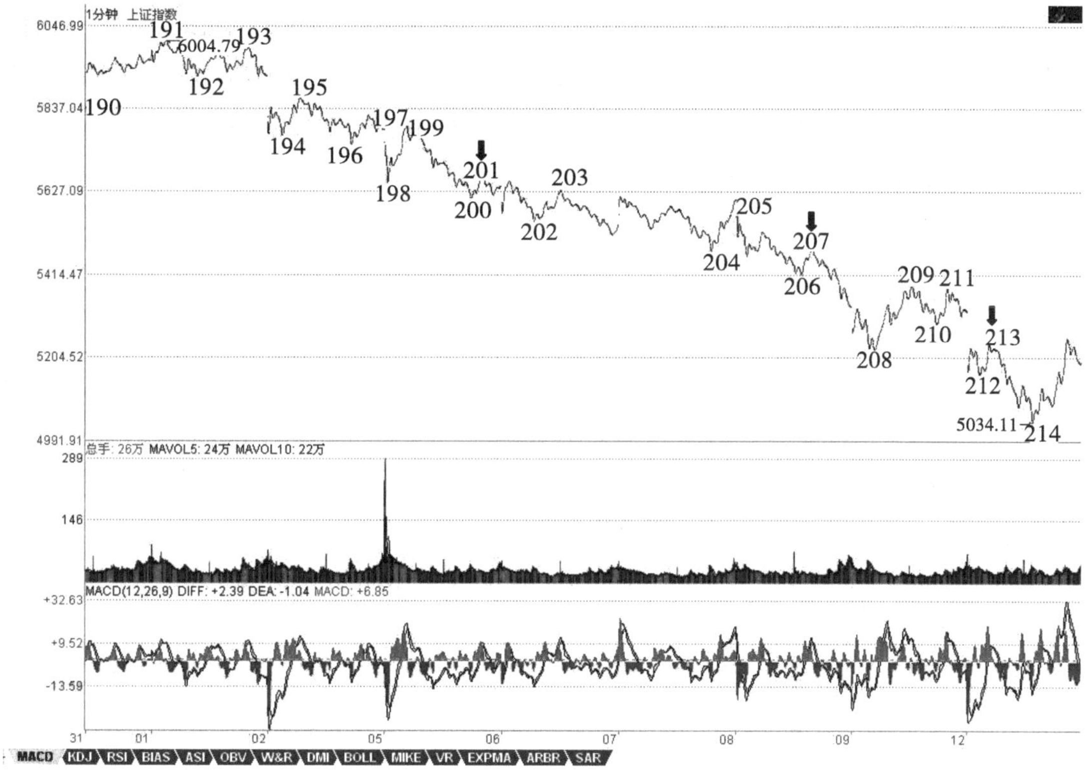

图287 上证指数2007年11月12日前后1分钟走势图

按照本ID的理论，最晚的逃命点在195处。从第一个向下箭头开始的所谓第三类卖点，其实都没什么意义，这里只是显示第三类卖点后，市场可以多么狠。按本ID的理论，从195逃命的，在214才真正开始值得考虑是否回补，当然，前提是你的操作可以接受1分钟级别。如果是5分钟以上级别的操作，那还是继续等待吧。

214，从191开始的1分钟下跌走势的底背驰，对应着三重的区间套定位，最后一重是213-214之间的线段内部笔之间的定位。其中的精确性，如教科书一般，关键是你能否真明白，并且能否当下去把握。

好好研究吧，这比预测行情走势更有意义。

5 日线受阻，多头仍需努力（2007-11-13 15:06:24）

1

缠中说禅 2007-11-13 15:06:24

今天反弹受阻 5 日线，这是最简单的走势。按本 ID 的理论，分型成立后是否能延伸为笔，关键是看 5 日线。只要不能重上，那么这个底分型就有破坏的可能。当然，一般这底分型即使真的被破坏，也会在不远处形成新的能最终形成笔的底分型。所以，多头短线还是有希望的，只是过程可能有点儿波折。例如，今天中午传出的 CPI 数据，就给早上的多头泼了凉水。

更精确的分析，还是看昨天 1 分钟底背驰后的中阴走势。刚好课程说到这里，这是一个标准的现场版本，请好好研究，仔细分析。

昨天说了，多头会狂踩不同板块去找路。今天下午的回落，很多板块并没有破坏反弹的形态，所以多头还有继续努力的资本。

短线继续关注 5 日线（见图 288），以及 1 分钟图上的中阴走势演化。技术差的，就继续坐小板凳，等风和日丽再出来撒野吧。

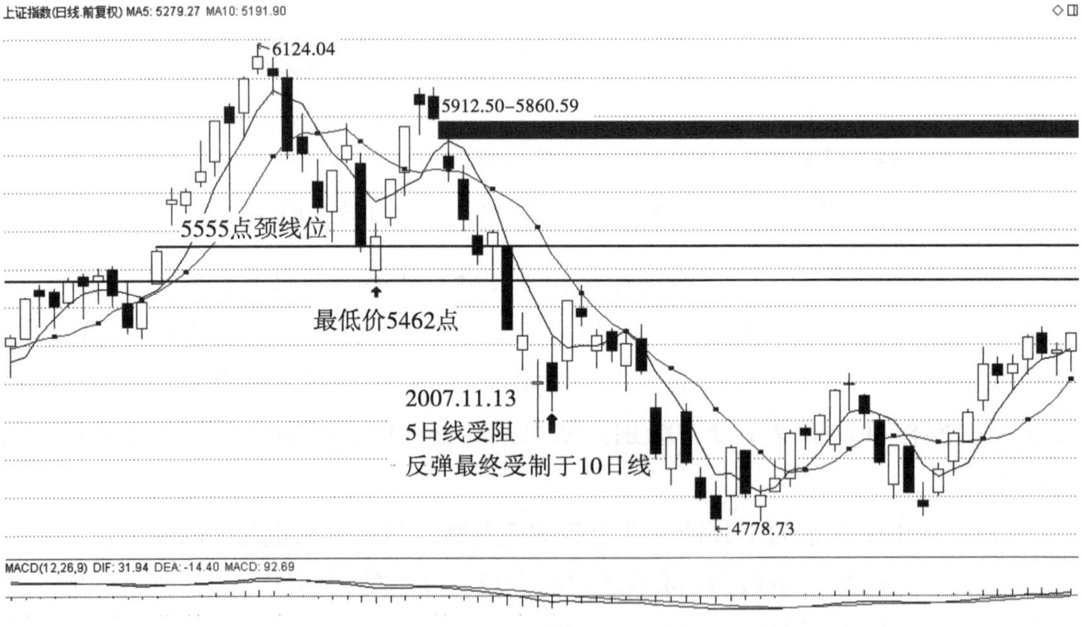

图 288 上证指数 2007 年 11 月 13 日前后日线图

节奏爽了才是真的爽（2007-11-14 15:17:22）

缠中说禅 2007-11-14 15:17:22

昨天说得很明确，就是看 5 日线。因为昨天刚好构成底分型，所以今天下午一站上 5 日线，大盘就强烈启动起来（见图 289）。这都是极端教科书的走法，自己好好体会吧。

前两天的 1 分钟底背驰后，后面是一段中阴走势，各位可以看看本 ID 的课程里关于为什么很多人抄到了底却拿不住的分析，就是因为不明白中阴走势的处理。这两天的走势，很规范，是其中最简单的走势的标准版本，请好好分析一下。

本 ID 的理论有没有用，从这次下跌到 1 分钟背驰的把握，到这个反弹的全面处理，就是一个很好的例子。这不需要任何其他渠道的消息，图形告诉了一切。当然，前提是你看得明白，否则就是对牛弹琴了。

本 ID 很肯定地给了多头如何利用 5 月均线对空头进行大埋伏的剧本，看来，多头经过前几天的不熟悉，终于演得有点儿模样了，给朵大红花。

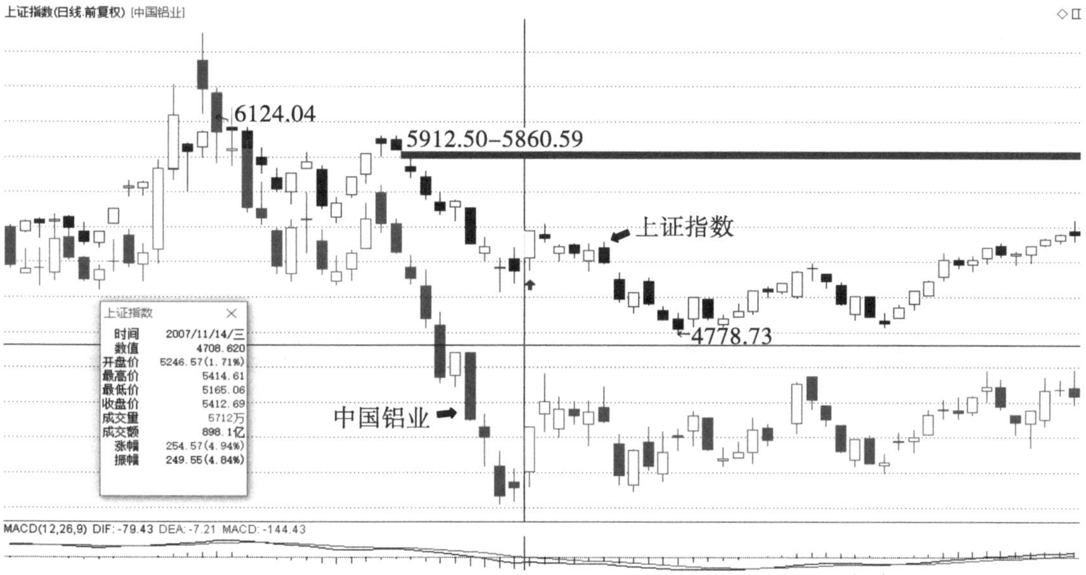

图 289 上证指数与中国铝业（601600）2007 年 11 月 14 日前后日线走势对比图

下面的问题就是 5462 点重回后能不能站住，站住就有更大的反弹空间。另外，注意期货的消息，如果最近有关于这方面明确的消息，那么指数的走势就会有很大的变数。也就是说，指数存在创新高的可能，不过这和绝大多数人无关。

对反弹的把握，如果想懒点儿的，就看这个日线上的笔最终延伸的结束。如果它有本事延伸到 1 万点，本 ID 也没有反对的理由。当它没本事的时候，本 ID 就把这几天买的拿出来开砸，如此而已。

只要重回 5462 点上，无论站住与否，都将形成一个大的中枢。中枢震荡一把，折腾一把，甚至回来 N 把，还是很爽的。

个股方面，已经明确说过了，都会被踩一次，但如果期货消息很快出来，那么还是中字头更牛一些。其实，各位看看中驴，就知道方向了。你看这驴，从来都是最聪明的，无论涨跌，哪次不是领先于大盘的（见图 289）？

爽，要有爽的潜质。现在最危险的，反而是这种状况，就是底部没敢动，反弹 N 天后忍不住的。站在反弹的角度，反弹往往意味着换岗。本 ID 现在没什么事，就等着多头没力的时候，把钢枪发给想换岗的。

所以，节奏是第一位的。节奏爽了，才是真爽。关于利用 1 分钟走势底背驰进行抄底反弹的操作，已经提醒 N 天了，不管处理得怎么样，都请好好反省，这样才会真的有进步。

解盘（2007-11-15 21:47:45）

缠中说禅 2007-11-15 21:47:45

今天 5462 点竟然没有被触及，简直有点过分（见图 290）。喝了点儿酒，本 ID 也真要狂言一句，没有本 ID 的多头，就走不出像样的多头行情。连 5462 点都不碰，多头难道不想玩了吗？

图 290 上证指数 2007 年 11 月 15 日前后日线图

今后几天，首先站上 5462 点，让本 ID 觉得多头还有点男人气概。否则，本 ID 以后就宣告多头根本没头，多头也没什么可抱怨的。

多头，能否站上 5462 点（2007-11-16 15:25:28）

1

缠中说禅 2007-11-16 15:25:28

站上 5462 点，连这都如此困难重重，本 ID 都没了批多头的兴趣了。

市场继续在这里折腾，这个 5 分钟的中枢震荡，将继续向更大级别延伸（见图 291）。最终的突破方向，其级别意义就更大了，暂时估计还需要一定的时间。

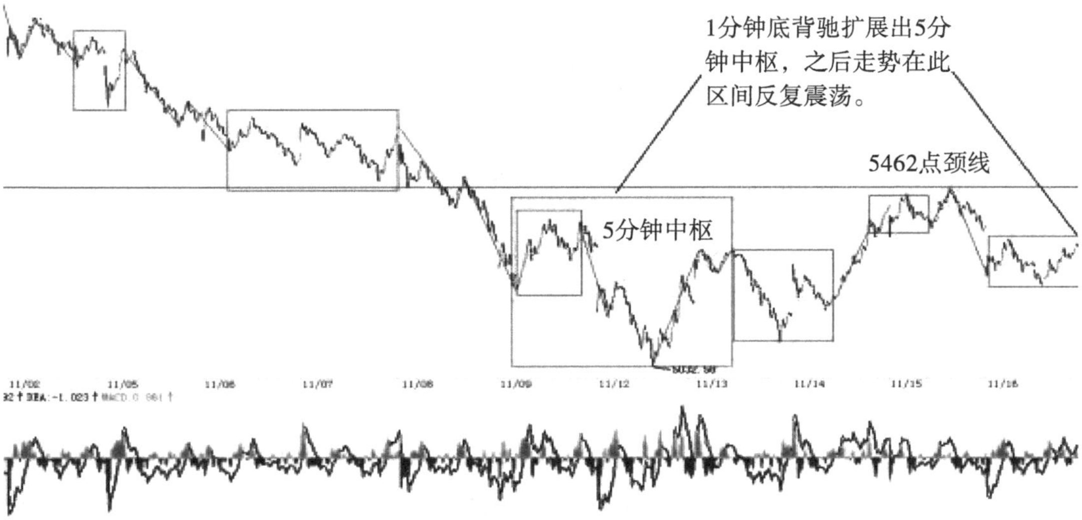

图 291　上证指数 2007 年 11 月 16 日前后 5 分钟中枢震荡示意图

个股方面，依然是乱踩走势，暂时不会有太多板块具有持续的走强能力。总之，就是来回折腾。

解盘（2007-11-20 23:44:07）

1

缠中说禅 2007-11-20 23:44:07

今天的大盘，依然在中阴状态中无方向地震荡，这是一个中阴状态中的常态。目前，这个 5 分钟的中枢震荡继续维持。如果继续下去，就会延伸出 30 分钟中枢震荡。抬头刚好看到有点儿不太圆的月亮，月圆的时候，这个中枢震荡是否能结束呢?

其实，现在某种程度上是一个新状态的熟悉过程。由于这中国石油（601857）的威力太大，所以如何与前期板块进行指数调控上的配合，总要有一个熟悉的过程。现在是小幅度的试验，然后，当然会有幅度大点儿的试验。试验力度逐步加大，也是正常的。

板块上，题材股继续表现，但中字头今天也开始有点儿热身动作。目前的震荡，有利于 MACD 的收口，一旦日线 MACD 收口成功，那么大盘的反弹空间将打开。此外，一般图形走成这样，无论这里是否成为短线真正的底部，就算往下跌破，也是空头陷阱为多了。其中的操作，继续以中枢震荡的方法对待，这样就十分简单了。

其实，从中线的角度，反而是这次反弹上去后的走势更关键。如果不能有效突击上去，那么下次调整的压力才是真正严重的，特别是不能出现日线 MACD 转头后不能上 0 轴的情况。一般出现这种情况，后面都意味着更严重的下跌。只要不出现这种情况，问题还不是太严重。

中线的角度，目前 5 月线依然能被守住，所以本月收盘很重要。只要能守住 5 月线，多头就算成功了。否则，后面多头被屠杀就不值得任何同情。

目前，中枢震荡中，就是涨不上去杀多头，跌不下来杀空头，两头杀，才是正路。当然，你需要有这功夫，否则连中枢都分不清楚，那还是拿小板凳吧。

至于个股，本 ID 说了，本 ID 说过的个股，站在中长线的角度，现在还没有一只会放弃的，因为中长线的能量都依然充足。只是利用这次调整，该杀点儿差价的搞点儿差价，赚点儿筹码。没筹码的也好好找机会储备点儿，不能今年把东西都吃了。明年还要开大餐，总不能明年才准备吧。

至于像中国石油（601857）之类的，肯定也是要储备的，只是如果有更理想的价位就更好了。例如神华（601088），那煤液化的项目一旦投产，明年石油又被搞上 150 元，你说它有没有价值? 不过现在 60 多元，确实有点儿不爽，但要大砸下去也有点儿困难。那就折腾着搞，震荡着把成本搞低。有机会再搞低点儿，没机会就算了。

其他的铝呀油呀的，都是这种心态：动态回补或动态建仓。当然，如果给一个狠砸的机会，本 ID 也不会反对的。不过，会有吗? 即使有，也只有一次。这一次是否真能出现，那就把现实照进梦想吧：不强求，不放过。这大概是目前最合理的原则了。

解盘（2007-11-21 15:36:59）

1

缠中说禅 2007-11-21 15:36:59

今天，最重要的消息，就是关于 A 股、H 股上市顺序的问题。今天这个比较官方的表述证明，A 股的重要性再次得到加强，以后港股被吸收进来的命运是不可逆转了，只是时间长短的问题。更重要的是，本 ID 几个月来到处大声呼吁要大幅度提高 A 股大盘流通比例，终于有了一个切实的解决。以后的问题就是，新发行的大盘股，一定要达到流通比例 10% 的底线，前面这些投机性蓝筹，将不会再出现。

今天这消息，有正负两面的影响。

正面的影响是：

（1）A 股的重要性将大幅度提高。

（2）现在的投机性蓝筹，反而成了稀罕货。一旦指数期货出来，这些股票的控盘重要性就更大。

反面的影响是：

（1）原来低比例蓝筹这个历史问题如何解决。

（2）以后扩容的压力将进一步加大，由于流通比例加大，那么太高的价格将受到影响。

现在的大盘，技术上是中阴阶段，政策上也同样如此。后面中阴阶段的突破方向就很重要了，当然，向下突破也不是世界末日，只是为明年的行情留出空间。

后面最大变数还是期货问题。

个股方面，今天是神油分裂，所以大盘上下折腾的幅度加大，这也是一个很好的控盘试验。大盘要想真站住，首先要神油合一都站稳。

月亮快圆了，大家都开始烦躁起来，是否又要来一次天人合一的闹剧，很快就知道了。

至于其他个股，本 ID 现在都不想说太小盘的股票。像那个等比股票①，这次调整，一下子砍下来一半，这就是小盘股的风险。

最近，其实本 ID 新搞了一个等差股票②，盘子比等比那个大点儿，价格涨起来也就 7 元多，市值比等比更小，但又是 ST 的，所以就一直没说。其他的股票，都等着折腾的机会。不过大盘方向未定，本 ID 还有把现实照进梦想的想法。

---

①指西部资源（600139）。

②指ST山水（600234）。

又是月亮惹的祸（2007-11-22 15:32:48）

1

缠中说禅 2007-11-22 15:32:48

昨天说“月亮快圆了，大家都开始烦躁起来，是否又来一次天人合一的闹剧，很快就知道了”，结果今天就应验了，看来大伙儿对下跌真的充满了热情。虽然周六才是十五，但这热情已经要十三就闹剧一把，这也太热情了。

当然，站在纯技术的角度，虽然小的1分钟级别的第三类卖点早上就有了，但目前的破位是否能形成大的5分钟第三类卖点，还是一个未知的事，所以，多头目前也不是完全没机会（见图292）。面包还是有的，就看能不能把中枢扩展成30分钟的，这样，后面的下跌不过是一个陷阱。

当然，是否是陷阱，用是否出现大的第三类卖点以及出现后背驰出现的位置很容易判断。另外，中枢震荡操作的原则，从来都是冲不起来，在次级别上涨背驰的时候卖。跌下来，如果不形成中枢下移，最多只是中枢扩展，那么就在次级别下跌的背驰时候买。这是最基本的方法，N堂课前就反复说过，这里再提醒一下。

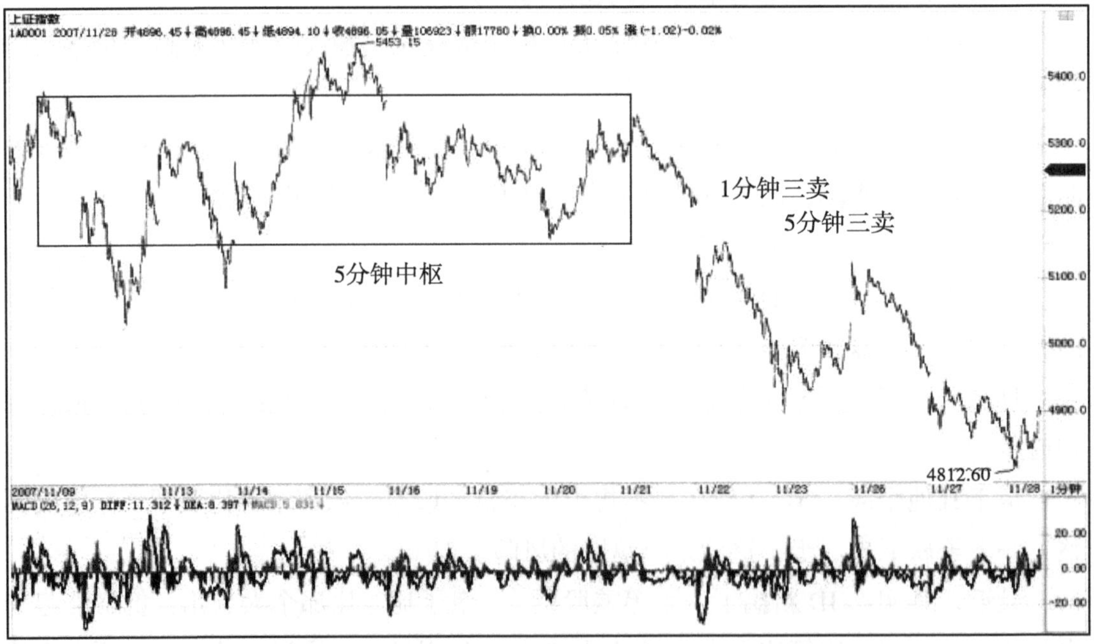

图292 上证指数2007年11月22日前后1分钟走势图

上面说的，都是给有技术，或者对技术已经很清楚的人说的。没技术的，本ID一直给的建议还是小板凳。

中线上，如果这月收盘多头依然过于窝囊，连 5 月线都确认失手，那么 10 月线就是下一个比较靠谱的支持。但站在日线角度，120 日的半年线快到了，无论是否有效跌破该线，在该线上下至少有一个大反弹去确认 5000 点是否有效跌破。

个股方面，有技术的，可以对明年有前途的股票进行动态关注。长期关注一组股票，对熟悉股性是很重要的。你对股性熟悉了，操作起来就更有把握。

现在的操作，都要为明年去打算。对关注的股票，可以在反弹操作中动态介入，熟悉其股性。等中级调整完成后，多野的马也给你驯服了，那时候全面介入完全熟悉的股票，赚大钱还不是天经地义的事情？

其实，股票某种程度上和做生意一样，不熟不做，做熟了才能赚大钱。没有点儿耐心，整天等着天上掉馅饼，那还不把天上做馅饼的都给累着了？

晚到的解盘（2007-11-25 22:00:34）

1

缠中说禅 2007-11-25 22:00:34

前面说了，在 120 日线附近，最坏情况也肯定至少有一次对 5000 点的反抽，大盘周五的走势其实就是演绎这个剧本（见图 293）。问题在于，给多头最后一次机会，多头能否给点儿勇气，依靠 120 日线站住 5000 点，下周就要见分晓。

图 293　上证指数 2007 年 11 月 23 日前后日线图

5163点是一个关键的位置，能重新上去，就是继续中枢震荡，否则就要严重考验120日线的支持。下周月线收盘，如果不能收在5月线附近，那么后面将要去考验10月线的支持。

注意，从中长线角度，月线的顶分型成立后，唯一重要的事情就是是否延伸为笔。一旦延伸为笔，那么在月线的底分型出来之前，大盘不会有任何中长线上实质性的上涨。

个股，题材股已经有些开始躁动了。除了那些特别兴奋的，一般大的躁动，还是在明年。中字头，在中石油（601857）完成其本ID在上市当天就说的类中国人寿（601628）的走势前，都会被反复折腾，毕竟好多人都怀有深层目的，企图对这些中字头进行打击。

不过，打击只是为了拿到足够多以及足够便宜的筹码。只是在这样一种局面下，死扛永远都是痛苦的。本ID对这种折磨没兴趣，本ID只知道，在大买点出现后买，不需要享受这种折磨。

解盘（2007-11-26 23:59:35）

1

缠中说禅 2007-11-26 23:59:35

胜者为王，败者为寇，丛林法则。

股市同样是一个丛林，同样有丛林法则。中石油（601857），就要继续类中国人寿（601628）的走势。多头，站不上5163点，就是要被打击，没什么可讨论的，也没有什么可同情的。

不过，120日线应该有足够的弹性。也就是说，在这附近，还会来回折腾。现在的走势，本质上的多空齐杀才能活得很好。也就是说，本质上，任何的急跌都将构成大震荡视角上的空头陷阱。由于下月10月线将快速上移，因此，10月线与120日线区间将为震荡留下足够的制造陷阱的空间。

对于长线来说，250日线是关键的，也就是所谓的牛熊分界线。在没有有效跌破该线之前，谈论牛市的结束都是无聊的。

中短线操作，可以多关注120日线、10月线附近制造的空头陷阱，但必须暂时以反弹的眼光来进行具体的操作。

如果关注周线图的，可以看看6124点那周前后构成的顶分型的威力。要化解这个顶分型，首先必须要构造一个底分型，以此来完成一笔的运行。因此，后面的走势，就在一个底分型的探求与构造之中。站在这个视角，就会对后面 N 周的走势，有一个更大视角的把握。

解盘（2007-11-27 23:54:13）

缠中说禅 2007-11-27 23:54:13

今天的大盘，走得没什么可说的，5160 点上不去后的延续性走势而已。站在周 K 线角度，因为本周肯定创新低了，所以这周 K 线肯定完成不了底分型的构造。站在周线角度，只要 5 周线不能重新站住，基本可以不看这个盘了，爱跌到多少都行。

中石油（601857）的走势，本 ID 开盘那天已经明确说了，就是类中国人寿（601628）走势，也就是说先狠砸，再狠拉。现在的问题是，砍仓的人太少了，没有足够的低价筹码，市场是难以企稳的。只有投机性筹码全部砍仓，市场才能真正见到底部，真相就是这样。真心的猎手，就等着这一时刻的到来。

大盘进入基本支持区域（2007-11-28 23:16:09）

缠中说禅 2007-11-28 23:16:09

大盘今天继续无精打采的，不过大盘确实已经进入一个基本的支持区域。首先，按双顶的量幅，也基本到位了。其次，周线上一个从 2005 年开始从来没有跌破的支持线也在不远处（见图 294）。下月开始，10 月线也会上移到附近区间，诸如此类的支持因数都在加强。

本月，一下跌了一个超出大家预期的跌幅，因此无论如何，下月肯定有反抽走势。当然，这月线收的位置也很重要，如果收在目前区间甚至更低，那么反抽后的压力还是很大的。

短线的选择无非是：先反抽还是先继续下跌。先继续下跌，反抽的油水大点儿。先反抽，那油水就少点儿，如此而已。

中线上，下月的走势很关键。如果是先下影线后上去，那么走势会好点儿。否则，如果反抽只构成月线的上影线，那么后面的压力就大了，预期的跌幅目标就太保守了，回补 4000 点上那缺口，也不是太不正常的事情。

不过，短线可以开始关注这大反抽出现的时点，在这之前，不排除先有一个大的陷阱再上来。如果真如此，那么这反抽的意义就更大了。

图 294 上证指数 2007 年 11 月 28 日前后周线图

请注意，无论多头空头，没有陷阱的玩意儿杀伤力都有限。6100 点之所以有点儿杀伤力，就是因为前面有几天精心安排的多头陷阱。这里学问多着呢，如果能参透这多头空头陷阱，你的本事也就见长了。

120 日线支持终显威力（2007-11-29 23:53:11）

1

缠中说禅 2007-11-29 23:53:11

大盘的走势，不太错乱。本 ID 在前面说了，跌破 5000 点，只是一个空头陷阱。120 日线有基本支持，即使继续下跌，也不过是继续构造空头陷阱。今天大盘拉回到 5000 点之上，使得一个更大级别的中枢正在扩展开来。也就是说，5000 点上下，将扩展出 30 分钟的中枢（见图 295）。后面的走势，就可以用这 30 分钟中枢震荡的观点来观察。当然，如果这 30 分钟中枢竟然震荡出第三类卖点，那么回补 4000 点上的缺口就不是什么奇怪的事情。这里无须预测什么，只要看好这震荡就可以把握了。

不过，如昨天所说，大盘没有选择在 120 日线下制造更大的空头陷阱，因此反抽的意义将有所减弱。首先看 5 周均线，如果能站上去，那么力度将大一点儿，否则后面再次探底的压力依然不可小视。

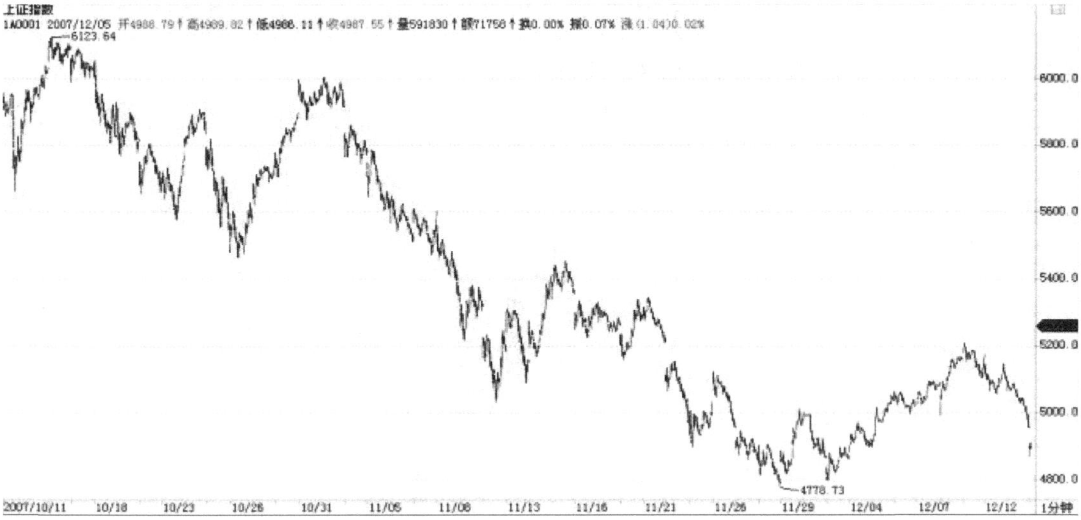

图 295　上证指数 2007 年 11 月 29 日前后 1 分钟图

目前的操作很简单，就是继续以中枢震荡的观点处理，只是这次的震荡级别更大而已。操作上，依然是找到机会就咬一口。至于持仓等待趋势性行情之类的玩意儿，就留给多头和空头。本 ID 的操作思路很简单，就是专挑多头空头没力的时候落井下石。

多空齐杀，找准机会落井下石，这从来都是震荡行情中的不二法门。震荡中的利润，从来都是在多头空头的亏损中积攒出来的，这就是震荡行情的生存之道。

当然，请一定注意，当你还没有成为钢铁战士之前，还有一个最好的全身之道：就是在大级别的调整中紧抱小板凳，不参与一切的反弹。宁愿错过，绝不过错。

继续周末效应（2007-11-30 15:20:29）

1

缠中说禅 2007-11-30 15:20:29

今天的大盘很正常，也就是继续周末效应。大的走势上，继续是 5000 点上下的震荡。下周，反复强调的 10 月线上移，而 5 周线下移，因此，这构成大盘震荡的两个夹板。所谓夹板，就是上破是多头陷阱，下破是空头陷阱。总之，到处是陷阱，多头空头都没好日子过。

昨天，再次强调小板凳的战术，这是所有技术有问题的人的护身符。这护身符，从 6100 点就强调到今天。不过，就算小板凳是护身符，也不能整天拿着。如果想进步，最终还是要学会抛弃小板凳，学会在震荡中赚钱。

当然，如果真学不会，就不必学了，并不一定每个人都要变得英明神武。如果每个人都这样英明神武，那么小板凳不是就要滞销？

震荡的操作技术，是必须磨练出来的，如果没有这种磨练的决心，还是买把小板凳，这样更有意义。

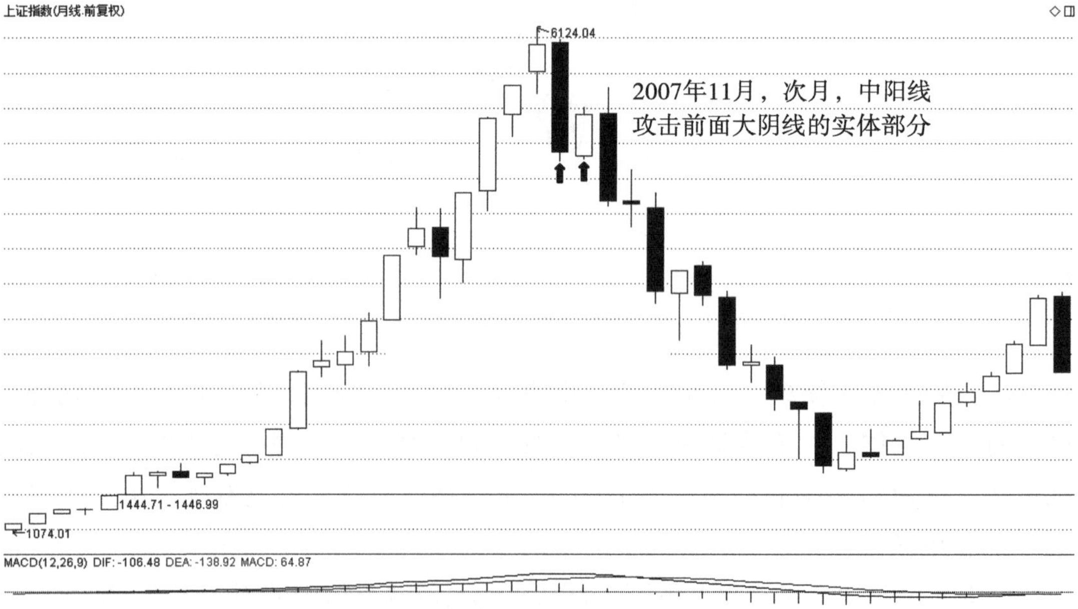

图 296 上证指数 2007 年 11 月前后月线图

什么时候不再用小板凳？等大盘整个风给转过来了，底部经过确认后，才无须小板凳。现在，还在第一次探底之中，也就是大盘的第一只脚还没有落地。而大的底部构造，往往需要两只甚至两只以上脚落地去确认，站在这个角度看，小板凳还要旺销紧俏一段时间。

不过，由于本月收出大长阴线，因此下月一定有较大反抽，去攻击本月阴线的实体部分（见图 296）。对于钢铁战士，以及准备成为钢铁战士的，可以密切关注一个大的反抽的准备与介入时机。

个股方面，很多题材股已经压制不住了，指数其实已经反映不了很多股票的走势。所以，如果你是钢铁战士以及准备成为钢铁战士的，应该更多关心个股的走势，指数走势只能作为参考。

技术上，周线、月线上底分型已经构造完成的股票，显然是最值得关注的。当然，如果你的手脚特别麻利，日线上底分型构造完成的也可以注意。如果再进一步考察个股，就要看它在大的级别中是什么类型的中枢位置，这可以进一步确认较大力度爆发的可能性。

短线面临变盘（2007-12-03 15:26:04）

1

缠中说禅 2007-12-03 15:26:04

上周向5000点的反抽，刚好碰到6004点下来的下降通道上轨回头，现在，那上轨已经到4950点附近了（见图297）。各位打开15分钟图，会看得很清楚，而且10日线也会下移到该位置附近。也就是说，变盘的时刻马上要到来。

图297 上证指数2007年12月3日1分钟走势图

纯技术地说，或者是突破上轨引发一次对6004点下来的总反抽，或者是在总反抽之前再来一次空头陷阱。总之，这个反抽的到来已经是眼前的事了，唯一的区别，就是是否再来一次空头陷阱，恐吓一下最后熬不住的人。

其实，站在个股角度，很多个股已经反抽不少了。指数走成这样，都是有中石油（601857）在作怪。不过那油也快破30元了，第一基本目标也基本达到。唯一有变数的是是否要破一下30元，恐吓一下最后的不坚定分子，这就对应了大盘是否再走一个空头陷阱。

本ID曾经说过的个股，已经反复说过，本ID一个都不会少地继续折腾下去的，其实有不少已经比大盘提前走好了。其他个股，一旦大盘走好，都会有所反应的。

不过，这次反抽后，至少还有一次探底确认的过程。10月线，站在中短线角度，应该是比较重要的。至于下面，就是250日线的位置，在跌破250日线之前，根本没有探讨牛市是否结束的必要（见图298）。

图298 上证指数2007年12月3日前后日线图

中长线角度，目前，比较不明朗的是那经济会议[①]是否有比较猛烈的措施。但无论会议有什么措施，应该不会对股市造成致命的影响，只是会被利用去清洗不坚定分子。

突破回抽，明后天是关键（2007-12-04 15:29:26）

1

缠中说禅 2007-12-04 15:29:26

今天大盘略微发了点力，突破6004点下来的下降通道上轨，但受阻于10日线（见图299）。不过其后的回落并没有跌回上轨之下，因此，暂时还是一个可接受的局面。一般来说，突破后需要3天确认，因此明后天就是关键了。

其实，今天大盘之所以比较犹豫，就是因为昨天开始的经济会议还没有明确的结论性的东西，现在贸然发力，万一有什么预期之外的情况出现，那不是自讨没趣吗？所以在这里突破反抽前耗点儿时间，并不是太坏的事情。

①指2008年12月8日召开的中央经济工作会议。这次会议旨在为2009年的经济工作最终定调。在国际金融危机肆虐和国内经济急剧下滑的大背景下，“保增长、促发展”成为这次会议的主题。

图 299 上证指数 2007 年 12 月 4 日前后日线图

这次会议的精神，很快就会明确，这决定了短线大盘的走势。但无论结论是什么，最终都会制造出一波针对 6124 点下来第一波调整的大反抽，这个结论是必然的，唯一的区别就是昨天所说的是否先有一个空头陷阱的问题。

由于目前成交量太小，市场本身的合力太弱，消息的力量在这时候特别容易放大，所以走势上如果要特别细致地判断，不能忽视这次会议消息的力量。如果只需要知道大方向性的东西，那么对这次会议也无须太过看重，就算有什么特别的东西，也就是多制造一个空头陷阱的问题。

大盘大反抽最终确立，以 10 日线站稳为标志。

个股方面，很多中低价股票都开始启动了，所以指数的意义不太大。不过一旦指数启动，就要小心又是九一、一九地折腾。

对这个反抽的定性一直都很明确，就是反抽，其后还需要第二次探底去确认底部。当然，如果这次是先来一个空头陷阱再起来，那么下次的确认就不一定要再破底，因为可以走成所谓的双底，否则，破底并不是太奇怪的事情。

长阳突破 10 日线，大反抽确立（2007-12-05 15:20:16）

1

缠中说禅 2007-12-05 15:20:16

本 ID 反复强调马上要来的大反抽，之后至少还有一个探底确认的过程，所以冷静是必需的。

不过，现在这反抽刚确认，我们还是先探讨这反抽本身的问题。昨天明确说了：“大盘大反抽的最终确立，以站稳 10 日线为标志。”今天早上前 30 分钟，这 10 日线就被攻克了，然后后面的上涨，就是顺理成章的事情了。

从这次对下降通道上轨的突破，然后再回抽确认，然后再突破 10 日线最后确认，这一切都是极端教科书化的。这种情况，在以后都会反复遇到。光这次对了没用，还要知道为什么，以后碰到类似情况就会处理了，不需要本 ID 再废话了。

明天，关键是 5010 点，这是这次小双底的颈线位置（见图 300）。只要这位置站住，那么就有攻击双底基本升幅的潜力。

站在中枢震荡的角度，前面本 ID 说 5000 点下的空头陷阱，最终要形成一个更大级别的中枢震荡。其实在重新站上 5032 点前，这些都不能说是事实。今天，这玩意儿终于成事实了。后面就看这个大级别的中枢如何震荡了。

图 300 上证指数 2007 年 12 月 5 日前后 1 分钟走势图

站在缺口的角度，日线上 11 月 21 日、22 日这个向下缺口的回补是必须首先要去完成的事情。如果连这都完成不了，那这次反抽的力量就太弱了。

站在最好的角度，如果这个反抽能先到 5462 点，然后再回调确认，这样就构成一个小的头肩底形态，这是最有力量的走法了。当然，能否走成这样，需要多方面的配合。

总之，反抽确立后，就看着走势来，没必要事先把自己框在某种走势中。最好的操作，还是先以中枢震荡的观点对待，只是这次级别比较大，是 30 分钟的。只要次级别 5 分钟向上背驰了，就可以先出来看看，回来如果还能保持中枢震荡，那就重新进去。当然，如果你手脚特麻利，也可以看 1 分钟的。

看不明白的，就看 5 日线。只要 5 日线不破，那么大盘就继续保持反抽的潜力。

图 301 上证指数 2007 年 12 月 5 日前后日线图

5010 点的回抽确认（2007-12-06 15:17:59）

1

缠中说禅 2007-12-06 15:17:59

今天按昨天所说的，全天就是对 5010 点的回抽确认①。其实，如果心思缜密的，就知道今天下午突然下破 5010 点的走势，就是一个典型的小空头陷阱（见图 302）。

这里顺便上上课。前面说过，明白陷阱，你的技术水平就会高多了。什么是陷阱？陷阱必须由中枢而来，所谓陷阱，归根结底都是中枢震荡的结果。如果不是中枢震荡，而是中枢移动，那就不可能是陷阱，而是真陷进去了。

今天早上高开线段回落，然后再线段向上，根据走势必完美的原则，肯定就在该位置有一个 1 分钟中枢了。有了这个中枢的大概位置，就有了制造陷阱的可能。一般

①这里是指对前文中所说1分钟图双底颈线位的回抽确认。

这种小陷阱，都是制造盘中高低点的，就是故意打破某个位置，例如今天就是第一下跌段的低点。这个下破制造的笔，和前面的笔一比较力度，就知道肯定是陷阱了。

陷阱与非陷阱最关键的区别，除了是否是中枢震荡外，就是力度上的前后比较问题了。这需要好好去研究，真研究明白，变成自己的直观，那才是真有用的。

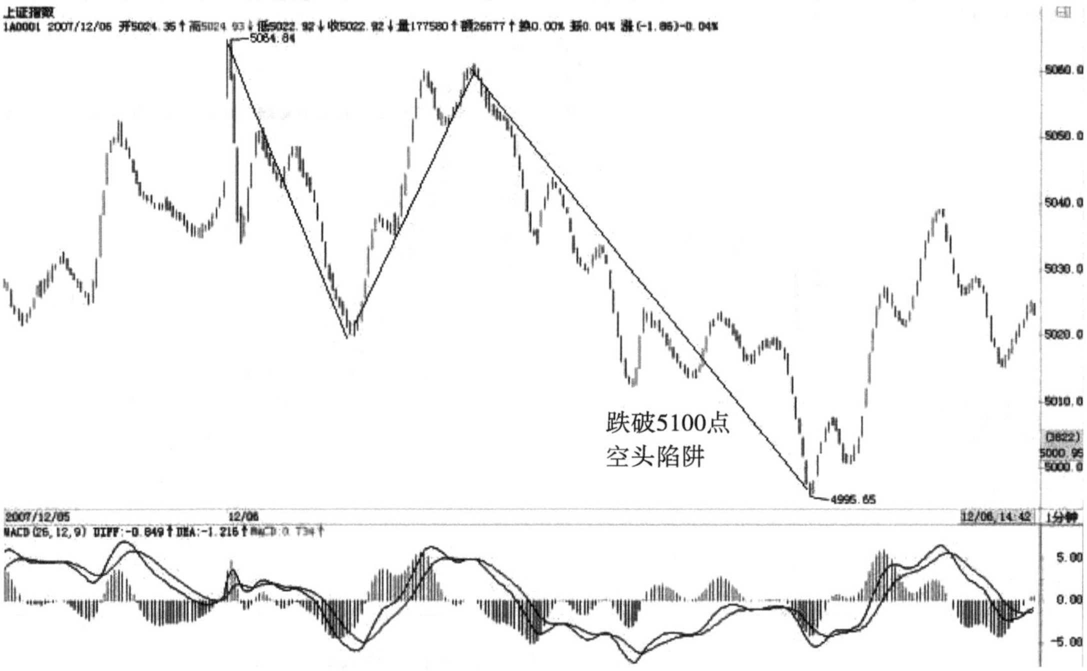

图 302 上证指数 2007 年 12 月 6 日 1 分钟走势图

技术不说了，由于明天是周末，因此，那一直都有的周末心理效应就看有多大了。只要明天以及周一开始都能站住 5010 点，走势就没什么问题。

在这个位置停留的最大心理意义在于，让犹疑的人有一个心理转变的时间，争取更多的人。反弹行情，就是一个逐步引诱的过程，不可能是主力一直拉到底的过程。通俗地讲，做反弹，就是要逐步掂上去。在一个新的水平，等足够多的人认同了，再掂高一点。等哪天认同减少或风声不对，就突然过河拆桥，这样主力才有可能全身而退。否则都是主力自己拉，那不是送死吗？技术不行的就继续看 5 日线。

5010 点站稳，行情继续展开（2007-12-07 15:17:09）

1

缠中说禅 2007-12-07 15:17:09

今天真没什么可说的，早上再次回试 5010 点，结果在 5021 点就被拉起，而且还是在周五，这说明市场心态还是比较有利反弹行情继续展开的。其后的走势，就是理所当然的事情了。

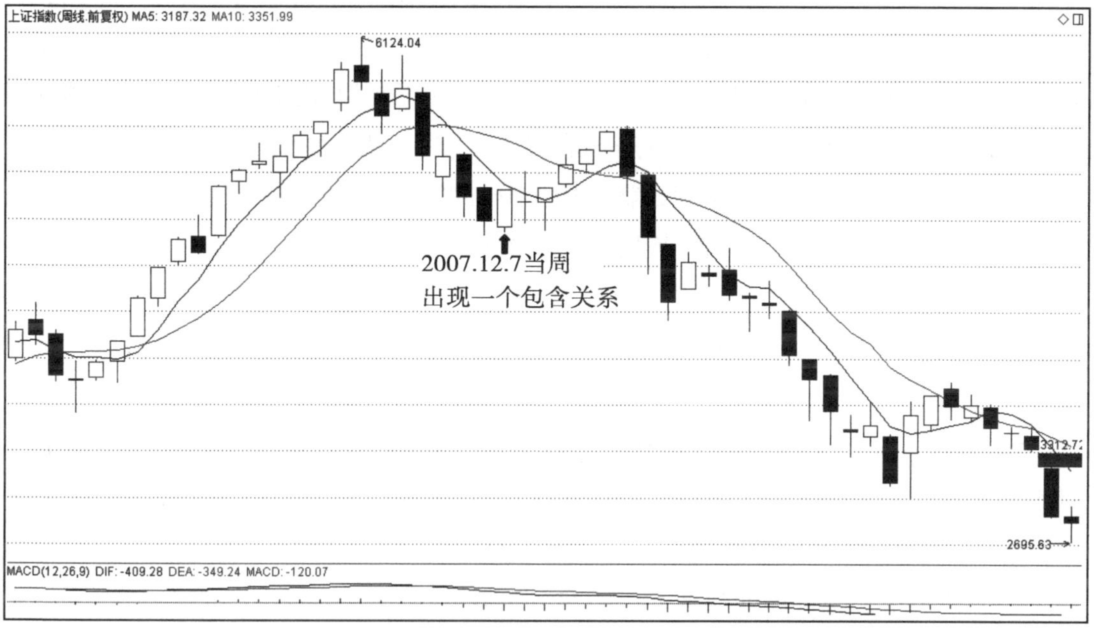

图 303　上证指数 2007 年 12 月 7 日前后周线图

其实现在的走势，根本无须过于细致地看每天的盘，因为日线上一早就确定至少走一笔出来了，因此，在一个日线的顶分型确立之前，行情就会一直延续。日线上一笔过后，还可以看是否延伸出笔的上涨来。只要行情不走出相应的形态，都可以持股待涨。

学本 ID 的理论，一定要学会不同级别通盘考虑。

下周的关键，就是 5 周线能否制造周线的底分型。由于本周没到上周的高位上，只搞了一个包含关系，所以要出现底分型，还要看下周的走势（见图 303）。

个股方面，没什么可说的，现在基本是普涨状态。因为很多前面做空的，都陆续有点儿回补，所以上涨就比较平均。关键是突上去以后，就需要领涨板块了。所以普涨后是否形成领涨板块的市场共识，决定了行情最终的高度。

今天不是 530（2007-12-10 15:29:40）

1

缠中说禅 2007-12-10 15:29:40

今天不是 530，为什么？你见过 530 北京下雪吗？既然北京都下第一场雪了，大盘当然也要见见红了。

走势，没什么可说的，上周五已经说了；如果连日线的第一个顶分型都没出现，那就别整天一惊一乍的。之所以本 ID 要这样继续绿色，就是让各位节省点儿能量，环保点儿。最节省能量的办法是什么？就是买点介入后，一直持有等待卖点。而日线笔的成立意味着，如果盘中那些一惊一乍的活动不足以制造顶分型，那就继续睡觉，等出现日线顶分型再起来看看是否能有效跌破 5 日线确立。

当然，如果你手脚特别麻利，就利用 1 分钟的走势去换股或打差价操作。不过，反弹的第一轮以普涨为主，因此换股操作的难度要大一点儿。

后面的任务就是前面已经说过的第一目标，把缺口给补了，今天补了一小部分。完成第一任务，再站稳，然后再看第二任务。饭要一口口吃，人要一拨拨进，这就是反弹的要点。

本 ID 这一年以来说了不少股票，但唯一两只声明给各位赚学费的。一只是 6 元时候的华润三九（000999），那是 2006 年 12 月的事情。第二只就是今年下半年的中粮糖业（600737），当时价格是 8 元。现在，华润三九（000999）且不说了，中粮糖业（600737）现在有谁还能从 8 元一直拿到现在？

反弹剧本第一目标胜利完成（2007-12-11 15:33:37）

1

缠中说禅 2007-12-11 15:33:37

前面 4800 点说要反弹时，给了一个剧本，第一目标就是回补 5200 点这个缺口，今天总算胜利完成了。下一个目标是什么，前面也说了，如果不知道，那是看文章不认真，本 ID 可没有义务重复说。

今天完成补缺任务后展开震荡，一个完美的 1 分钟中枢也就此构成。尾盘在 1 分钟中枢的第三分线段结束后，重新拉回 5151 点之上，就确认了这个震荡中枢的有效性（见图 304）。后面，5151 点是一个关键位置，只要能围绕着震荡，就不会有大问题。

现在的操作十分简单，大的可以继续看日线上的笔是否结束来决定卖出。手脚麻利的，可以利用这个震荡进行换股或打短差。没感觉的，就继续看 5 日线。

从稳健的角度，在这个位置震荡时间长点儿，多吸引点儿人进来，有利于以后走得更高。如果太急，那可能很快就夭折了。

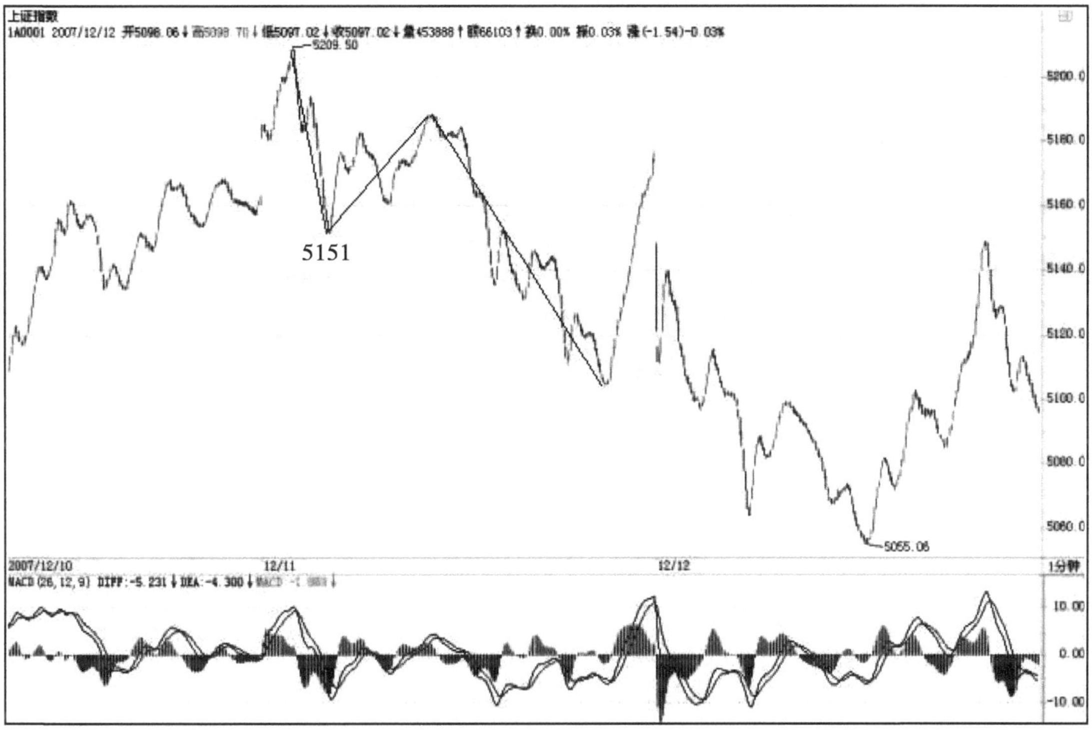

图 304 上证指数 2007 年 12 月 11 日 1 分钟走势图

第一目标达到后的例行休整（2007-12-12 15:33:01）

缠中说禅 2007-12-12 15:33:01

昨天达到反弹的第一目标后，今天出现例行的休整，本就是天经地义的事情，和外围以及基本面因素关系都不大。

昨天给了一个判别休整强弱的重要点位，就是 5151 点。显然，今天开盘就跌破且反抽不上，明白无误地告诉各位休整的弱势性质（见图 305）。5151 点依然是后续关键的位置，在站稳该位置之前，大盘不可能重新走强。

由于大盘采取了弱势休整，用本 ID 的理论语言，就是休整将和前面 5010 点那次 1 分钟级别的中枢震荡一起扩展成 5 分钟级别的，因此，震荡的区间就自然从这个大的震荡着眼。

日线上，因为今天顶分型形成，但 5 日线并没有确认有效跌破，因此并不能马上断言这个休整必然在日线上留下向下的笔，所以明后两天的 5 日线是关键。一旦有效跌破，那么休整将至少形成向下的笔，也就是至少要等到底分型出现才会结束。

图 305 上证指数 2007 年 12 月 12 日前后日线图

不过大盘的走势其实已经很不重要，很多个股已经完全和大盘没关系。而且大盘只要能保持这 5 分钟的震荡，即使再扩展为 30 分钟的，只要不出现向下的第三类卖点，最终大盘依然要向上继续反弹的。

如果你的股票已经出现周线底分型的确认，那么以 5 周均线为参照持有就可以，不必太注意大盘的震荡。当然，如果你手脚特别麻利，那就可以来回短跑，一般人就算了。

顶分型确立显威力（2007-12-14 00:49:00）

1

缠中说禅 2007-12-14 00:49:00

昨天早上反抽不上 5 日线，顶分型确立（见图 306）。当然，顶分型确立，并不一定要拉出长阴线，更不一定不拉出长阴线。10 条短阴线与一条长阴线，只要不出现底分型，最终都只是指向一个向下笔的过程。而站在本 ID 理论的角度，只关心买卖点的结果，并不关心过程。

图 306 上证指数 2007 年 12 月 14 日前后日线图

一个顶分型跌破 5 日线，就是未病－欲病－已病模式中的最后一个“已病”了。既然已病了，就只能等大盘病好，病好的日线标志就是底分型。站在中枢震荡的角度，5010 点那次的中枢震荡扩展成一个大的 5 分钟中枢震荡。今天的下跌，暂时没有把这个中枢震荡的第三类卖点给震出来。只要不出现这个卖点，那么一切依然保持在基本的中枢震荡中。当然，如果出现了，那么大盘跌破上次低点的概率就极大了。

站在中枢震荡的角度，第三类卖点是典型的已病。第一等的高手，是未病就下手了，第二等的高手是欲病就下手。等到已病，那确实有点儿不太高明了。

当然，对于这样的反弹，操作不过来的，心态跟不上的，手不够狠的，最安全的无疑还是小板凳。有时候，休息几个月并不是什么坏事，这一点是反复强调的了。

不过，站在周线的角度，暂时还没有破坏可能形成的周的底分型。下周 5 周均线将继续下移，一旦站住，大盘仍将继续反弹。所以，今天的走势很关键，今天只要不跌破 4778 点，周线上至少还不太坏。上周五已经说了，本周的任务是构造周线的底分型，能否成立，就看今天了。

周底分型构成待确立（2007-12-14 15:48:40）

1

缠中说禅 2007-12-14 15:48:40

上周给本周布置了一个任务，就是去构造周线底分型，今天早上也特别强调这一点，现在任务算是完成了。下周的任务也先给出，就是去确认周底分型的确立。技术上十分简单，就是 5 周均线站住。

前面已经明确说过了，现在是 5010 点扩展出来的 5 分钟震荡。今天早上，出现一个完美的 5149 点下来的下跌段的背驰，然后就开始对 5010 点在中枢的震荡回抽，这都十分技术化（见图 307）。当然，这些走势的操作，需要比较高的技术把握能力，如果没这技术，就算了。

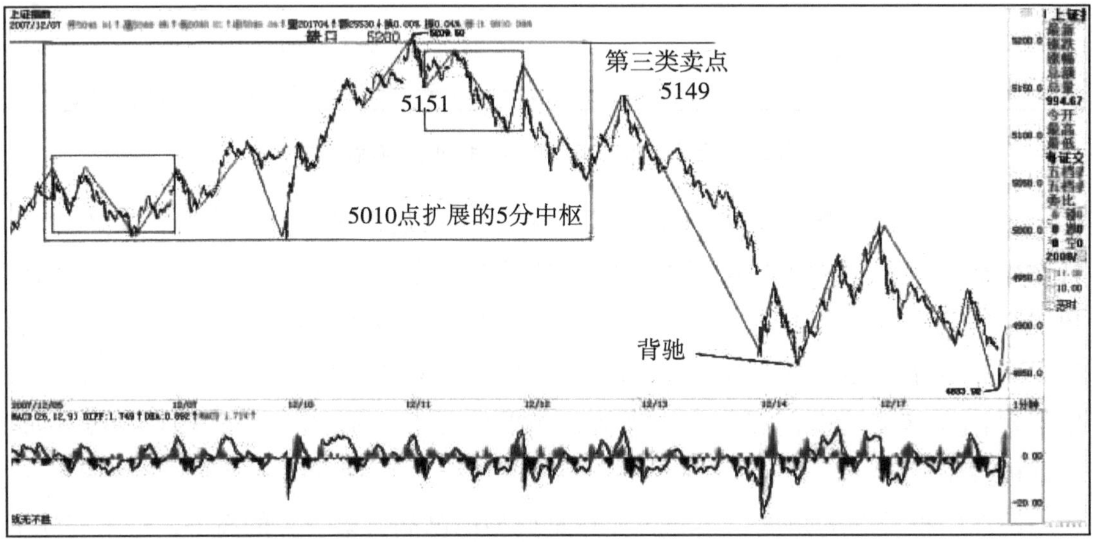

图 307 上证指数 2007 年 12 月 14 日前后 1 分钟走势图

注意，只要这震荡不出现第三类买卖点，那么震荡继续，有技术的按照震荡的程式进行操作就可以。

周一，从日线上看是能否形成底分型。如果成立，周二以后是对这底分型的确认，也就是能否站住 5 日线的问题。一旦确认，这个向下笔就完成了。然后就看后面的向上笔能否带领出周线的向上笔了。当然，所有的前提都是周一能够构成日线的底分型。

本 ID 对没学会的人，已经很给面子了。中粮糖业（600737）让那些没学会的一直持股不动，如果这都办不到，那本 ID 也没办法，自己磨练去吧。不经历点儿痛苦，怎么能学到好东西？

本 ID 这里是一个训练场所，本 ID 更像一个教练。本 ID 这里其实没什么，密在汝边。

抛弃指数，冰火两重天（2007-12-17 15:30:15）

1

缠中说禅 2007-12-17 15:30:15

今天并没有构成日线的底分型，只是制造了一个典型的包含关系。由于离周五低位很近，所以只要明天比周五低，那么就意味着 5209 点开始的下跌笔依然要延续。

图 308　上证指数 2007 年 12 月 17 日前后日线图

其实，根本无须等到收盘才知道底分型不能构成，因为要构成底分型，首先是要比周五的最高位置还要高。而大盘开盘就低开，因此，只要大盘不红盘，怎么折腾都可以去睡觉。如果底分型都不能构成，当然也是一个睡觉的局面。

不过，这只是从大盘来说的。个股方面，冰火两重天。本 ID 前面已经说过，有些真有题材的股票，不会搭理大盘的走势，大盘越没方向，反而给部分股票以更好的表现机会。操纵股票，也需要有点营销手段的。现在快 2000 只股票，要大家有印象，当然是需要点儿手段的，而逆势上行，往往就是最省事儿的办法。现在资金这么多，追高的人也少不了，现在敢于表现，是不会没有回报的。

目前在周线上，由于周线的底分型没有被确认，而日线的底分型又没有构成，所以后面就是首先等日线底分型的构成，这是必须首先要完成的。当然，周线的底分型如果最终不能确认，那么大盘无疑必须面对再次的破位。一个必然的事情，就是大盘要走出中级的底部。一个必要的前提，就是周线底分型的确认。如果这个位置确认不了，也会下一个台阶去构成并确认，这是技术上的必然要求。

站在5010点上下的中枢震荡来说，现在要面临出现第三类卖点的巨大威胁。一旦第三类卖点确认，大盘创新低是不可避免的。因此，对于多头来说，后面几天是唯一可以去努力的时间了，否则，将必然面对再下一城的现实。

当然，对于如本ID一样的人，根本就不关心什么指数。抛弃指数，大玩冰火两重天，这并不是太坏的事情。当然，如果大盘跌得太狠，偶尔也需要避避风头。但有一点是肯定的，就是明年的生意都要做的。要做生意，年底就要开始准备了，否则明年的营业额怎么保证？

多头，投子认输还是背水一战（2007-12-18 15:31:11）

1

缠中说禅 2007-12-18 15:31:11

现在对于多头来说，形势十分明确，就是两个选择：投子认输还是背水一战。技术上，本ID已经分析得很清楚，周线上是下跌笔、底分型，日线上有两种选择，在4778点上制造下跌笔的底分型，这样多头还有背水一战的机会，否则就投子认输。

中线上，本ID已经反复强调，反抽以后必然还要探底。在11月底谈论12月月K线形态时，就明确说过，至少有上影线对11月的长影实体进行反抽，这一点已经做到了。后面的问题其实很简单，就是这月K线是包含关系，还是继续月线上的向下笔延伸，也就是4778点是否要在12月被破。一旦被破，也就是月线上要走出向下笔。在月线出现新的底分型之前，一切中级的向上走势都免谈，这在技术上是不需要分析的，是必然的。

如果用更精细一点的分析，就是5209点下来的这个1分钟下跌走势究竟在什么位置结束。如果在4778点上结束，那么最坏的情况还不至于马上发生，也就是说，大盘的反抽最坏也能走成类似三角形之类的收敛形式。否则，这1分钟下跌，将是一轮大级别下跌的第一段，后面至少要等这个级别的下跌结束，才有中线站稳的可能。

目前，5209 点下来的 1 分钟下跌已经构成两个中枢，其中的走势极端标准。例如今早的反抽，就是第二中枢的第三类卖点，然后继续下跌，都很规范（见图 309）。下面的问题，就是要关注后面是否能制造出背驰。其实更重要的是，背驰以后的反抽是否就在这第二中枢区间受阻。一旦反抽受阻，后面的走势一定大大不利于多头。

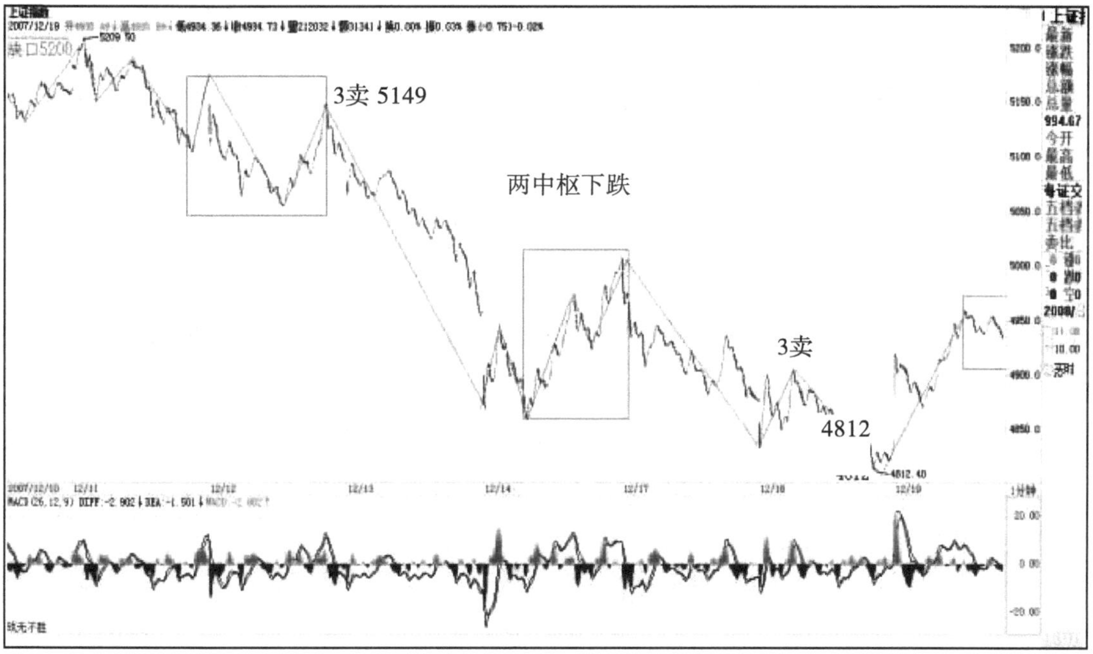

图 309　上证指数 2007 年 12 月 18 日 1 分钟走势图

说实在的，现在的情况对多头确实是华山一条路，除非走出直接突破 5200 点颈线的走势。其实，跌破 4778 点并不是世界末日，反而必然会构造出走势上的背驰。也就是说，跌破也是空头陷阱，没有什么大不了的。在这里死顶，反而会让这陷阱陷进更多人。所以，如果多头没有直接突破 5200 点的能力，还不如及早投子认输。

这里说的是大盘，个股并不一定太关联大盘。即使大盘破位，那些明年肯定会被大搞的股票，一定会利用陷阱把不坚定分子清洗干净。至于中石油（601857）之类的，那天吃饭，有人问本 ID，本 ID 说既然开 48 元，那就到 24 元也很好。48 元，死都要买的都认赔出局了；24 元，买套的反而得活。结果被酒桌上的人声讨，说本 ID 太残忍，让 48 元的人怎么活。当然，24 元的中石油（601857）只是一句酒话。说老实话，站在长线的利益上，本 ID 还愿意见到 14 元的中石油（601857），但估计没人会给。实际上，中石油（601857）在30分钟上也跌出了一个线段的类下跌走势，后面就要开始关心制造底背驰的问题了。

超短线上，明后两天，是给多头最后的机会，如果还发不出力来，就及早投子认输吧。本ID给出的操作原则已经反复说了，没技术的，最好还是继续小板凳。有技术的，就继续折腾那些强势的股票。当然，如果某些股票有大的底背驰，也是可以关心的。不过，即使多头能发力，但如果再次反抽不能重上5032点①，也必须小心被刀子刮伤。

多头绝地反击，仍需努力（2007-12-19 15:15:39）

1

缠中说禅 2007-12-19 15:15:39

昨天说了，多头面临两个选择。如果连背水一战、绝地反击的勇气都没有，干脆及早认输。今天，在资金大回笼、利好不少的情况下，多头最终有了点儿动作，但这远远不够。

多头要真正逃出绝地，最基本的位置昨天也说了，就是5032点。这样走的话，基本还是继续保持5000点附近的大级别震荡。当然，光震荡是没用的，5209点的颈线还是必须要攻克。

技术上，今天把日线的底分型给折腾出来了（见图310）。早上第一波冲高就基本确认，因此后面的第一次回调，就构成超短线的一个第二类买点。这次的反抽，就是昨天所说的5209点下来的1分钟下跌背驰后的结果，因此在这里，至少要制造一个5分钟的中枢，该中枢出现的第三类买卖点情况决定短线大盘的生死。

注意，形成底分型并不是万事大吉，关键是要后面连续站住5日线，否则只是一个中继。配合相应细部的5分钟震荡情况，可以一目了然，完全可以全面把握。中枢震荡的操作法则，课程里反复说到，必须多练习才能真正把握。

本ID在这里只是一个陪练，最终希望各位自己学会去分析。如果你只希望来这里获得一些现成的结论，那就最好别来了，因为这里没有。

希望来这里的人，都是不需要拐杖，自己能走的人。本ID只是陪练，教练都算不上，这个道理必须清楚。

①5032点是30分钟中枢下沿，也是2007年11月12日的低点。

图 310　上证指数 2007 年 12 月 19 日前后日线图

攻克 5032 点，完成初步任务（2007-12-20 15:15:02）

1

缠中说禅 2007-12-20 15:15:02

今天大盘攻克 5032 点，初步任务完成，大盘围绕 5000 点上下震荡的大格局依然保持。下一步，就是要站稳 5032 点，为进一步攻击 5209 点颈线的任务打好基础。因此，5032 点能否站住，就是判断大盘超短线强弱的关键点位。

今天盘中走势，5032 点位置的重要性表现无遗，整个下午基本就是围绕该位置蓄势、突破、回抽的过程。很多人到现在还不大会看盘，例如今天的走势，其实一点可担心的地方都没有，因为整天连一个线段都没有完成，你有什么可担心的？

4812 点上来，在 4920 点附近有一个 1 分钟的中枢，因此，下面就等待第二个 1 分钟中枢出现，看这 1 分钟的上涨是否确立，最后再看其顶背驰的出现。这和 5209 点下来的 1 分钟下跌是一样的，只是反过来而已（见图 311）。

中石油（601857）今天终于把底分型给构造出来了，后面就是确认的问题。在 30 分钟上，这个线段的类背驰显然是制造这次回升的关键，这也说明，中石油（601857）在 30 元附近至少可以构造一个大一点级别的中枢。以后是再次破位还是继续上涨，就看这中枢的第三类买卖点问题了。

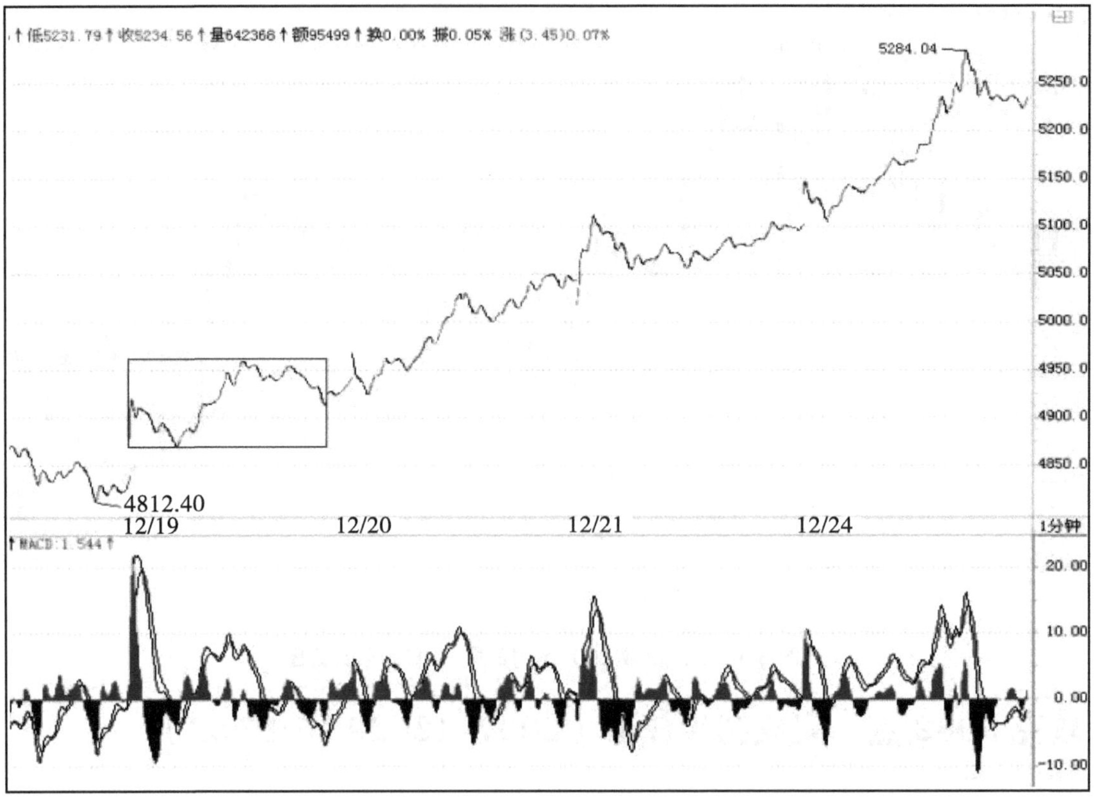

图 311 上证指数 2007 年 12 月 20 日 1 分钟级别中枢示意图

大盘比中石油（601857）强点儿，向笔的延伸已经展开，所以和上次 5209 点一样，等到顶分型出现再说。当然，会看 1 分钟上涨的背驰，可以直接看着背驰操作，那样更精确。

今天大盘股票的启动，与所谓的期货传闻有关，因为某部门递交了要求开设期货的建议。但这建议是需要批准的，现在谁有时间批？谁负责批？这事情至少在程序上不是一个人签名就可以批的。只要有签名权的人有一个有保留意见，估计这东西就需要继续等待。

中国资本市场目前最大的问题是多层次资本市场的框架、印花税等交易成本的合理化，而不是好高骛远的所谓指数期货。

2008 年行情展望（2007-12-20 15:59:05）

1

缠中说禅 2007-12-20 15:59:05

年末，不可免俗地要对明年的行情展望一番。今年，无论是 5 月份的 180 个月时间周期、6100点的顶部以及调整的第一落脚点120日线，都被预先剧本了。不过，现在完全精确剧本明年的走势，几乎是不可能的，因为明年市场上的可变分力太多，下面只从纯技术的角度进行一些界定性的分析。

从今年年K线上看，由于还有几个交易日，所以不能完全确认年K线的收盘位置，但年K线将留下较长上影线，这一点大概不会有太大的改变。同样，年K线的实体部分也将相当长，因此，对于明年的走势，今年的K线上影线尖端6124点以及K线实体的一半位置（目前大约在3800点附近），将分别构成明年关键大箱体的上下边沿。目前大盘的位置，大致在这箱体的一半位置。将这箱体进行4等分，那么次级的支持与阻力大概分别在4355点与5555点（见图312）。

可以断言，即使突破6124点后，明年能突破6124点加该箱体宽度，也就是大概8400点的位置，可能性也会极小。就算最终发生了，也肯定是一个将导致巨大灾难的多头大陷阱。同理，将原箱体宽度按4等分划分，那么，可以计算出突破6124点后依次的阻力位置。由于最后的年收盘没有出来，所以精确的计算可以留待今年收盘时，但方法是一样的。

从日线的均线系统上看，250日线将是明年最关键的位置。前面的文章已经说过，本次调整的第一只脚将落在120日线，那么第二只脚就极有可能是在250日线。明年，至少有两次考验250日线的机会，极有可能是，第一次是喜剧，第二次是悲剧。

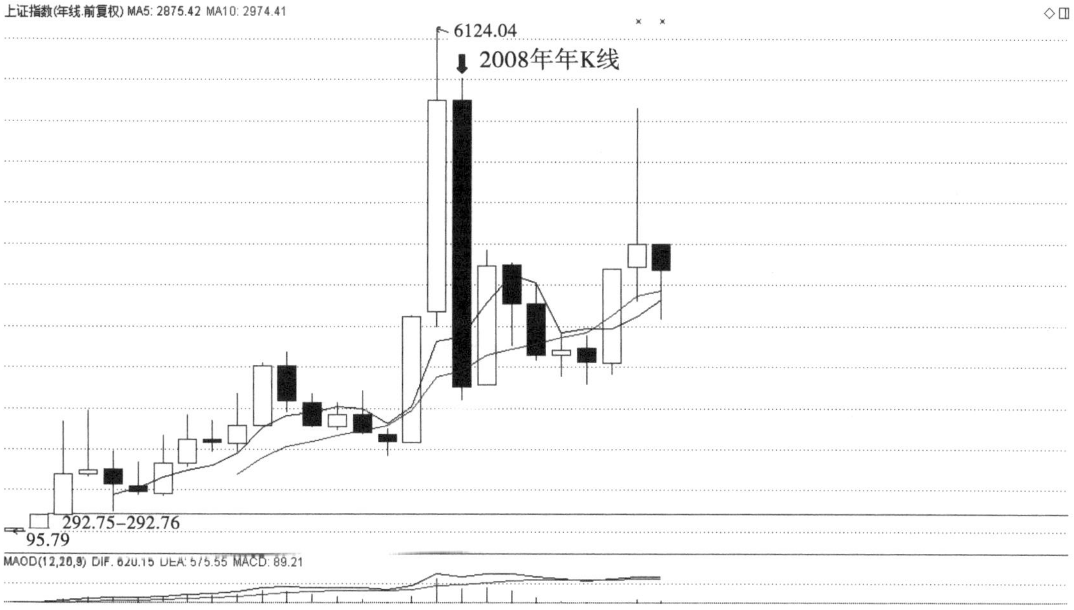

图312　上证指数2008年前后年K线图

明年年K线最终是长阳的概率不大，十字星或类十字星的小阴小阳出现的概率极大。无论哪种情况，明年最需要关注年K线上影线所制造的多头陷阱，当然，相应也要关注年K线下影线所制造的空头陷阱。如果配合上股指期货，明年的陷阱多多，多头空头都不会好过。一旦落到井里，其后果一定比这次6124点这个小井要严重得多。

月K线太多，就不分析了，这里只分析一下明年的季K线（见图313）。由于本季度的K线基本定型，那么明年一季度的K线最为重要。如果该K线低点比本季度K线低点低，又不能马上创出6124点后的新高，那么就构成季线上的顶分型。然后，加上后面3个季度，5季度的平均线将成为最重要的线。一旦有效跌破，后果相当严重，其后的调整压力比这次6124点下来的幅度要大得多。因此，5季度均线是明年多头的生命线，就如同这两年5月均线对多头的意义一样。

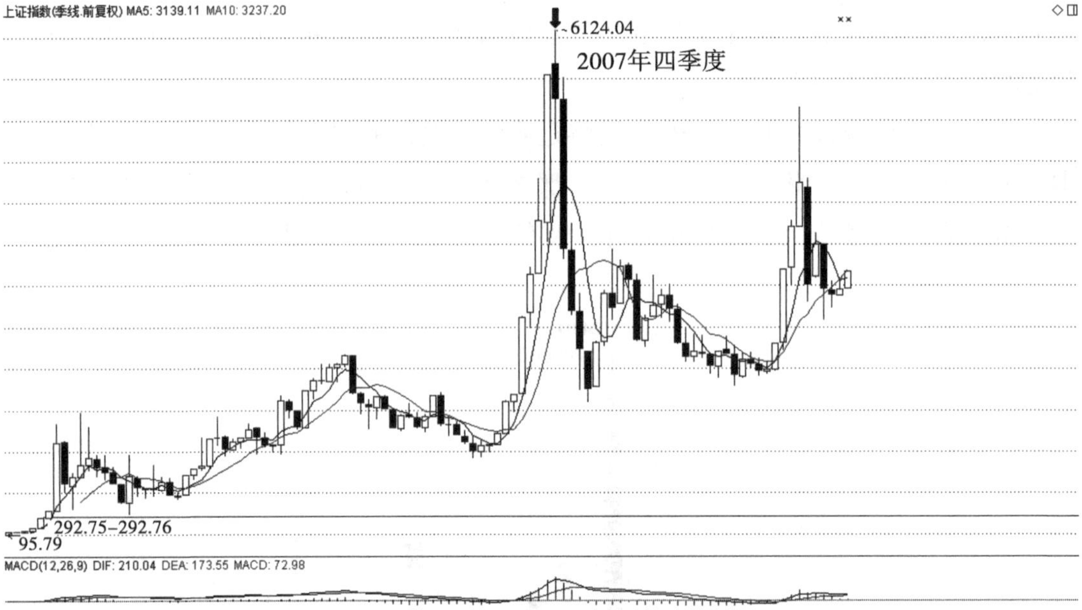

图313 上证指数2007年第四季度前后季线图

明年，最理想的走势是先抑后扬再抑。当然，细分起来，也可以是先小扬再抑接着大扬后大抑的走势，很难再出现这两年的单边走势。明年上半年最重要的事情，就是6124点下来的调整究竟最终走成什么形式。按照综合的判断，大平台型与大三角型的可能性最大。但无论哪种情况，其中第一子段走出锯齿型的可能性依然存在。

明年，至少有两个顶部是必须注意的，第一个就是6124点大调整的第二段上升所构造的顶部，这是一个小顶，第二个就是如果突破6124点以后制造的那个大顶。

底部注意三个，就是6124点下来的第一子段和第三子段的底部以及大顶以后第一段杀跌结束后所构成的底部。当然，如果先是大三角形调整，还有一个小顶与小底需要注意。另外，在多头运气最好的情况下，6124点的第一子段的底部也有可能在今年年底完成，但这并不影响总体图形的走势分析。

个股方面，明年是题材股大热，各类题材会层出不穷，指数可能没多大油水（期货另算）。但如果能踏准题材轮动的节奏，明年的收益一点儿都不会比今年少，但相应的操作难度将急剧加大。可以断言，明年超过2/3以上的股票走年阴K线或超长上影K线的概率极大。而明年能从年头一直牛到年底的股票将极为罕见，更多的股票为投资者准备的将是各种深浅不一的井。明年股票里最流行的行为，就是掉到井里。唯一有点儿悬念的是，究竟最夸张的投资者，一人能依次掉到多少个井里？

当然，井有多头的，也有空头的，但明年多头的井将更有人气。如果说今年最流行的汉字是“涨”，那么明年最流行的就是“井”。明年投资市场里将出现四类人：（1）挖井的。（2）落井的。（3）挖井不慎落井的。（4）利用不同的井大力抽水的。请问，您将要成为哪一种？

明年除了现有的品种所产生的机会，最大的可能将是创业板和指数期货。可以肯定，如果是充分理智的决定，那么创业板必然在指数期货之前推出。由于本ID一直反对指数期货过快推出，而明年又有如此瞩目的会议，因此，指数期货绝对不适宜明年推出，否则，一旦引发大的指数动荡，其影响将难以承受。站在稳健的角度，明年很可能只有创业板，指数期货将继续是期货而不是现货。

因此，明年的指数完全存在这样一种可能的变数，就是一旦指数期货不能推出，而政策的严厉程度继续加大，或外围市场再出现超大震荡，那么甚至明年不能突破6124点或者稍微突破一点儿就多头陷阱下来的可能性一点儿都不能排除。当然，如此悲观的局面暂时只能作为一个可能的选项，但却是不能不防的。总之，6124点上，陷阱将逐步多于机会。越往上去，掉到井里的机会越大。

站在对资本市场长期发展的角度看，明年本ID最期待的政策就是印花税重新回到原有的水平。印花税的问题，是市场最基础的交易成本问题。明年是否有一个走势与政策合适的平衡点去解决这个问题，是站在资本市场长期发展角度上一个最值得关注的问题。

综上所述，明年的市场，将和这两年存在巨大的区别，这两年的一些成功经验与习惯，很可能就是明年里的毒药。能否及时调整心态，采取更加实际、灵活的操作策略，将决定明年最终操作的成败。

加息再为市场聚拢人气（2007-12-21 15:17:26）

1

缠中说禅 2007-12-21 15:17:26

加息对于市场的作用，就如同一针兴奋剂，先别管有效无效，打了再说。市场也一如既往地躁动起来。

技术上，今天没什么可说的，在日线上不出现顶分型，1 分钟的上涨不出现背驰，就可以继续睡觉等卖点。

周末，如果没有什么特别的事儿，加上一阵媒体攻势，周一怎么都能吸引点儿人上来。5209 点，颈线，多头能否一鼓作气冲上来，就看多头周末的嘴上功夫了。

做账行情，突破颈线待确认（2007-12-24 15:24:04）

1

缠中说禅 2007-12-24 15:24:04

自从有了开放式基金，年末这轮做账行情就变成常规性的了。多头因此也华山一条路就走出前面给出的唯一活命选择，直接突破 5209 点的颈线。现在，唯一需要等待的，就是突破有效的确认。确认以后，下一目标就是这双底的基本涨幅，大概就在 5600 点上下。确认不了，那就回去再震荡震荡等机会。

正如周末所说，多头的大喇叭在周末风起云涌。从今天骤然增加的成交量就知道，被吸引进来的不在少数。当然，进进出出，都很正常，关键是能把 5209 点站住，这样，出去的还会进来。从这一点看，今天进来的，也不一定有什么大问题。不过，超短线在 5209 点站住前被折磨一下，那是很正常的。

技术上，日线的顶分型没有出现（见图 314），1 分钟走势中的第二个中枢也没出现，因此还是一个睡觉局面。当然，由于这次拉升不少，因此这第二中枢有比较大的震荡幅度也是很正常的，因此要有点儿心理准备。

技术上，对多头最理想的走法就是，先在 5209 点上下震荡出 1 分钟的第二中枢，然后再上。接着一个大的跳水，确认 5209 点真的站住，顺便把那第二中枢扩展成 5 分钟级别的第一个中枢，这样，后面的走势就有可能向 5 分钟的上涨发展。这当然是牛且稳健的走法所需要的，能不能走出来，就看多头的能力了。

图 314　上证指数 2007 年 12 月 24 日前后日线图

个股，2006 年，工商银行（601398）等股票在这个时候暴拉。今天，中石油（601857）们大有再工商银行（601398）一把的势头。不过这两种情况是有区别的，2006 年是上涨途中，今天是反弹途中，就算行为、目的类似（毕竟大家伙拉市值快），但力度肯定要差点儿。至于其他股票，就看里面人的心情，需要做账好看点儿的，就用力点儿，否则，反而会利用这机会洗洗盘。年底了，从来就是这点儿事，没什么可说的。

5209 点，教科书式震荡（2007-12-25 15:16:24）

1

缠中说禅 2007-12-25 15:16:24

今天没什么可说的，该说的昨天都说了。今天就是教科书式地在 5209 点上下折腾出一个 1 分钟中枢。这个中枢的中间位置在 5210 点，比 5209 点差了 1 点，这是唯一不完美的地方（见图 315）。

一般来说，这种调整，关键看 5 日线，只要这条线不破，调整的级别就不会高。

操作上，有本事的，手脚麻利的，就利用这个震荡上下折腾，换股、打差价都可以。没本事的，就看着这上下折腾如何上下地给折腾了。

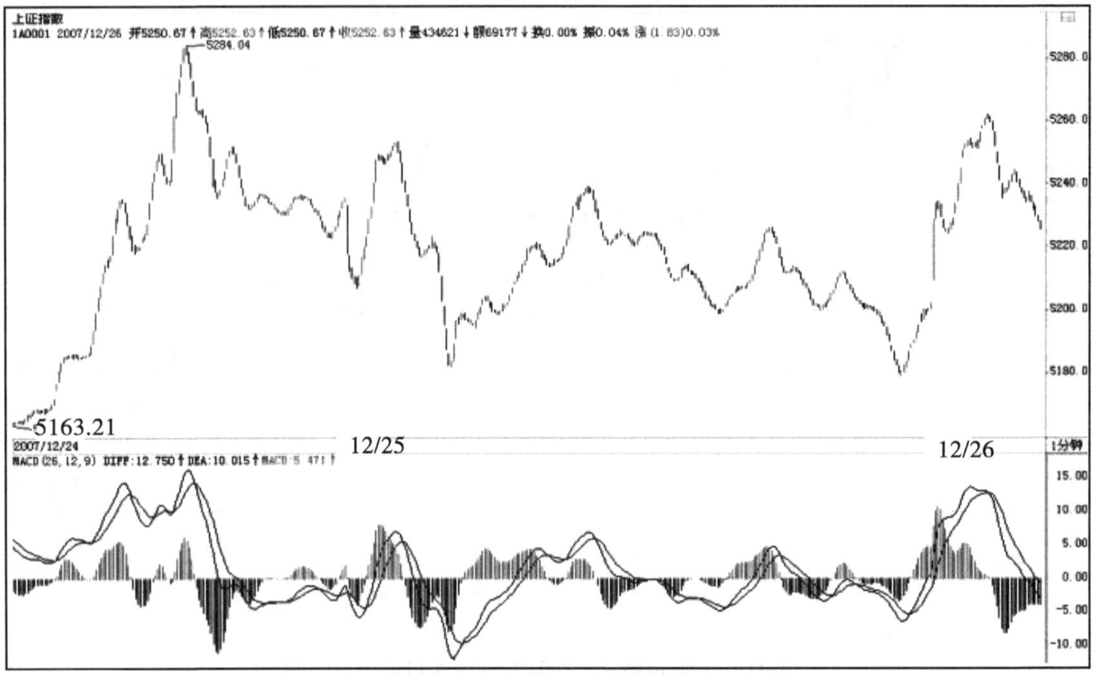

图 315 上证指数 2007 年 12 月 25 日前后 1 分钟走势图

后面的发展无非三种。

（1）最坏的。这里震荡出第三类卖点，然后就形成日线向下笔的较大调整。

（2）一般的。就是震荡出一个更大级别的中枢，把 1 分钟级别的走势给扩展成 5 分钟级别的。

（3）最好的。就是走出第三类买点。不过由于已经有了两个中枢，所以后面即使不背驰，也进入该小心的时候了。而更可能的情况就是出现背驰，然后再回跌构成更大的中枢。

从上面的分析知道，除了第三种情况中最强势的不形成背驰，继续 1 分钟中枢上移的情况，其他情况都是至少最终要搞出一个更大级别中枢的，所以，中枢震荡的操作就更为重要了。

中枢震荡，除了打差价外，对于散户，最好的就是不断换股。当然，这需要对板块的轮动特别有节奏感，因为在上升中途的震荡中，往往个股行情少不了，特别是题材或中小盘的。震荡高点砸出短线钱途不大的，震荡低点买入短线钱途更大的，这样你的效率是最高的。

如何判断一只股票有没有短线钱途？这种问题就没必要问了。你说一个刚顶背驰的股票有短线钱途，还是刚开始第一次中枢上移的股票有短线钱途？你说一个刚进入大阻力区的股票有短线钱途，还是刚确认脱离阻力区的股票有短线钱途？其他的情况，可以自己去摸索，归根结底，图形告诉你一切。

面临短线突破选择（2007-12-26 15:12:23）

1

缠中说禅 2007-12-26 15:12:23

今天一开盘就受到一个电话的严重嘲笑，什么内容，等一下再说。不过，收盘了，本 ID 也要先来一个超级简单的问题刁难一下各位，请问：今天的高低点和昨天说的中枢中间位置 5210 点有什么关系？

注意，这种关系并不一定这么精确，这次的震荡确实太标准了，连一点儿误差都没有，不好玩。显然，利用这种数值关系，知道高点就能预先算出低点大致的位置，反之亦然。不过，这都是参考性的，关键还是看图形本身。

由于 30 分钟的布林通道收口，因此短线将面临突破的选择问题。注意，本 ID 这里说的是昨天那三种选择的选择，不是说一定要突破出一个方向。例如，突破为更大级别的震荡也是一种选择，这是时间换空间的选择。

最后两天，做账的如何选择，就决定了突破的方向与类型。但如何走其实根本没什么特别的意义，关键是把年 K 线给决定出来，然后明年的走势，就有了一个基本的参照标准，这才是最关键的。

个股不想说了，因为今天一开盘被严重嘲笑，嘲笑对象是一只刚上来的股票。N 个月前，今天打电话来的朋友也曾过来，拿着 N 百万股这只股票，要以 12 元的价格给本 ID。本 ID 当时嫌太少了，又嫌太贵了，说他黑，1 元的竟然卖 12 元，抢劫呀！

结果，今天被严重嘲笑。

晕，这世界太疯狂！不过本 ID 也很高兴，因为极端便宜地投了类似的企业，不过要等才能上，希望每股能到 1000 元吧。以后按比价关系，本 ID 按 1500 元卖给今天打电话来的坏蛋。

祝各大小坏蛋们都快高快长，万事顺利！

教科书式突破如期而至（2007-12-27 15:15:37）

1

缠中说禅 2007-12-27 15:15:37

昨天说了，由于 30 分钟的布林通道收口，所以短线面临突破选择（见图 316）。

今天的突破，在时间上是十分教科书的。一般这种中枢突破，用布林通道来预估是比较有效的，这一点在课程里已经说过。

当然，当下的中枢选择哪个级别的布林通道，必须根据中枢的对应图形来选择，不是见任何级别的布林通道收口都是有效的，这就如同 MACD 在背驰判断中的作用。有些人永远整不明白，走势类型的分解是本，而不是 MACD，否则，研究走势类型干什么，还不如直接看 MACD 就行了。可惜，仅看 MACD，根本无效。

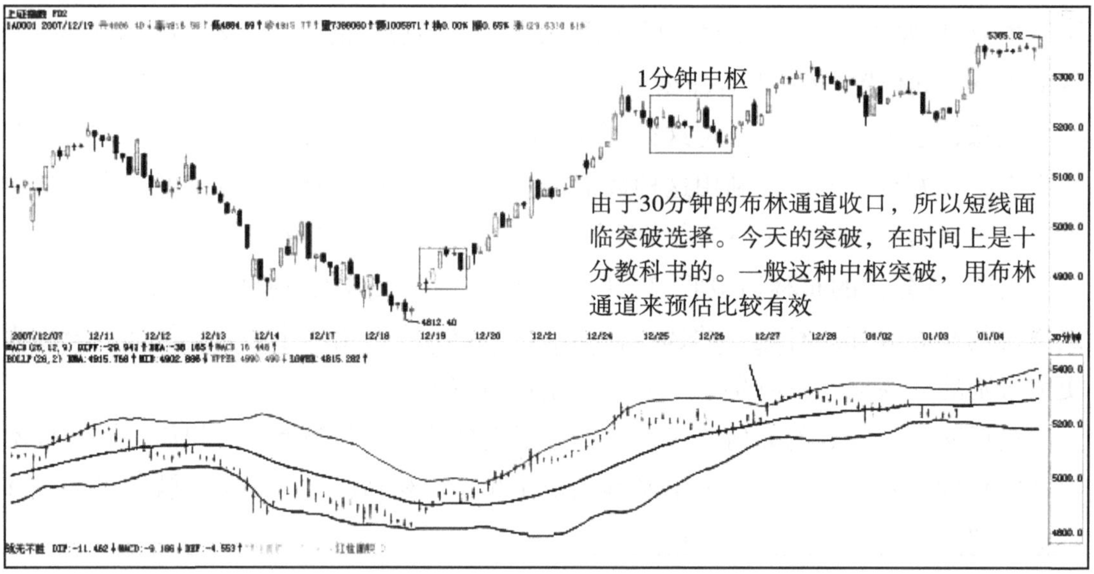

图 316 上证指数 2007 年 12 月 27 日前后 30 分钟走势图

今天大盘的走势，一开始走一个向下段后，就一直运行在一个向上段中，直到 14:17。站在 1 分钟走势类型的角度，这里不存在背驰的问题（见图 317）。顶背驰必须发生在中枢第三类买点之后，连第三类买点都没出现，哪里会有背驰？

后面的走势，很简单，只要向下笔的回跌不回到 5240 点下，那么就是第三类买点成立，后面只有两种情况:（1）顶背驰回跌构成 5 分钟中枢。（2）没有顶背驰，继续中枢上移构成第三个 1 分钟中枢。

注意，纯理论上说，一般第二个中枢以后的第三类买点都没有介入价值，只要持有等到整个走势类型完成就可以。根据正确的操作，必须在第一个中枢的第三类买点就完成最后的介入，以后的第三类买点都是没多大意义的。

如果这次又回跌到 5240 点以下，那么其实已经有 9 段线段的震荡了，所以走势也将扩展成 5 分钟中枢。后面的走势，无论是否形成第三类买点，都只有两种选择：（1）继续 5 分钟震荡。（2）继续 1 分钟中枢上移。

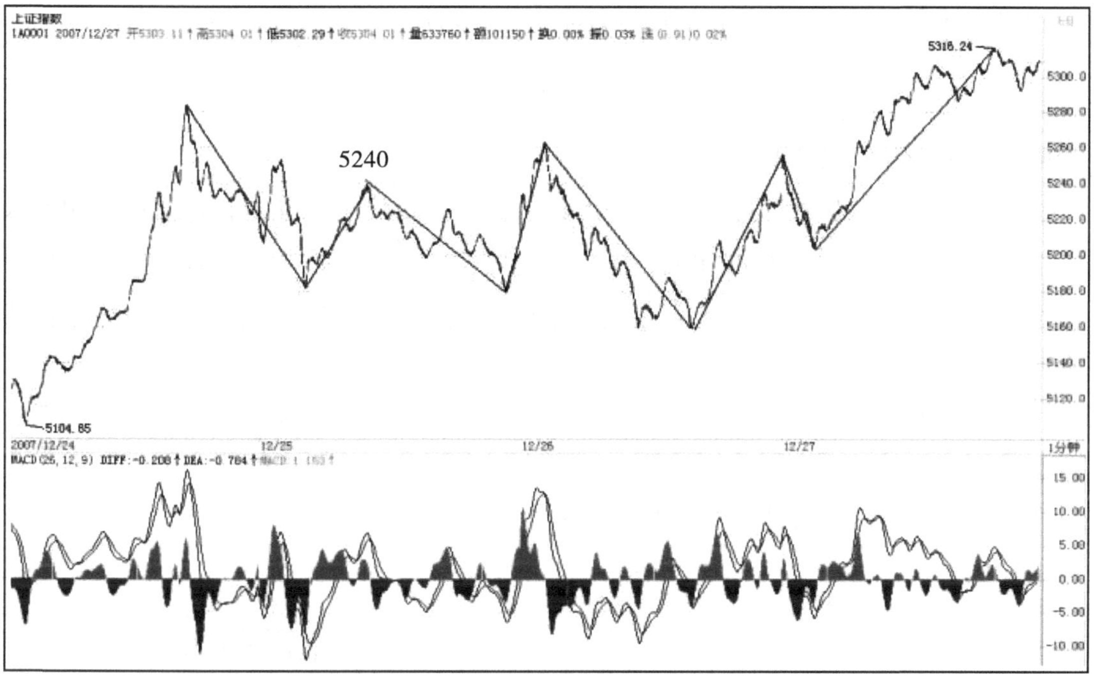

图 317 上证指数 2007 年 12 月 27 日前后 1 分钟走势图

你根本无须预测，让市场自动当下告诉你。当然，如果你看不懂市场的语言，那是你自己的问题，不是市场的问题。

站在中线角度，其实哪种走势都没大问题。为什么？即使是在这里震荡出 5 分钟甚至 30 分钟中枢，最终只要出现第三类买点，就可以延伸出 5 分钟或 30 分钟的上涨类型，这在中线上更牛。如果继续 1 分钟中枢上移，只不过把最终必然要形成的 5 分钟中枢位置也同时上移。站在中枢角度，第一个 5 分钟中枢太高，反而不一定是好事，因为一旦不能构成第二个 5 分钟中枢，就只能是盘整走势，这样，后面回跌的力量反而更大。

市场，总是在这种各级别的相生相克中前行，一根筋思维注定没戏。

当然，站在日线角度，用分型去判别，现在根本没有任何值得警惕的地方，所以可以继续睡觉。至于是明天大涨，还是元旦后大涨，这根本没有任何区别。只要图形没有信号，一切继续冬眠中。

今天某人继续打电话骚扰本 ID，看某股票上市第二天的表现。本 ID 无话可说，谁让自己给别人好不容易逮着一次机会，留下一个 N 个月前送上门 12 元不要，现在 12 元的平方看戏的大笑话。现在只能化悲痛为食欲，PE 多弄点儿，报复这老骚扰本 ID 的坏蛋。

没有这些好玩的东西，一切都像机器，人生就没乐趣了。

2007年低调收盘预示明年行情性格（2007-12-28 15:27:45）

1

缠中说禅 2007-12-28 15:27:45

其实，这句话是有问题的，今天指数虽然低调，但个股并不是都低调。例如本ID说的那些股票，大多数都在继续上攻。这也预示了明年的一个基本特征，指数油水不太大，而个股油水不少。关于明年的分析，一早已经给出，请看“2008年行情展望”一文。

今天的大盘，技术上十分标准，就是第三类买点后出现标准顶背驰，然后就使得走势从1分钟级别向5分钟扩展。现在，一个新的5分钟中枢已经形成，后面就看这5分钟中枢的震荡过程了（见图318）。

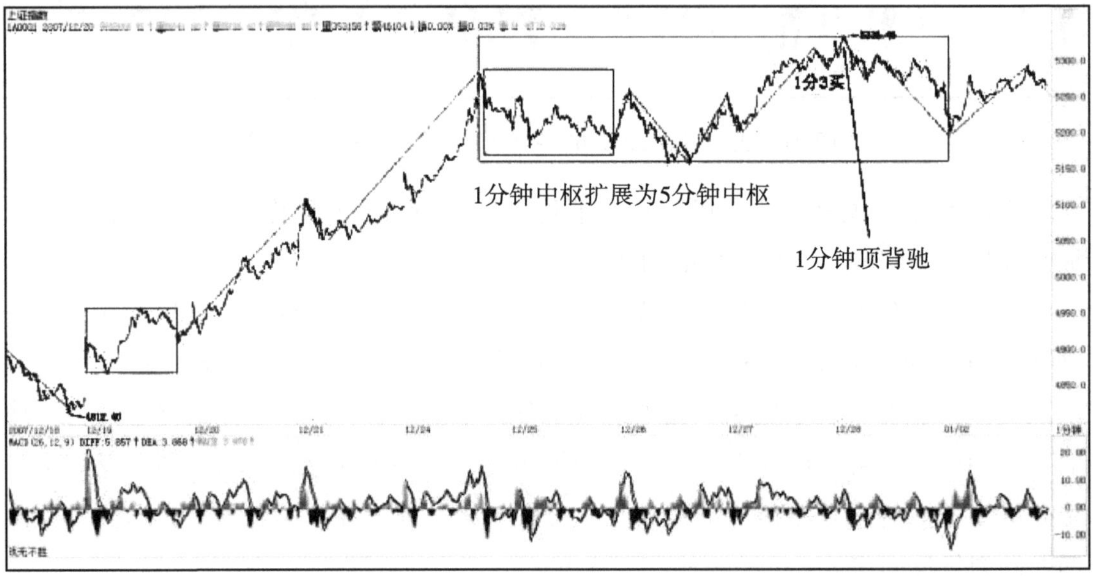

图318 上证指数2007年12月28日1分钟中枢扩展示意图

估计这次4800点上来的1分钟走势，虽然很标准，但也不一定都能分解对。下面有图（见图319），其中286、296是第一、第二个中枢的第三类买卖点。297顶背驰后，最少跌回到287下，这一点已经完成，所以这个5分钟中枢的扩展是逃不掉了。

下面的问题很简单，就是这5分钟的走势类型究竟是一个上涨还是盘整。如果是上涨，这是第一个中枢。明年的第一个问题，就是这5分钟中枢的第三类买卖点问题。

明年小心“井”，这就是本ID年末最好的忠告。

年末的功课，就是把“2008 年行情展望”提到的箱体给算出来，这是明年走势的一个基本框架指导。

2006 年底有 6 元的华润三九（000999），今年下半年有 8 元的中粮糖业（600737）当各位的学费，但现在没有。因为明年的行情，本 ID 的原则是把该原有的完成了，新的没有什么好选择。毕竟明年不是前两年，地都耕种了两三年，明年能收割好就是真本事。后面，是该施肥增加肥力的时候了。

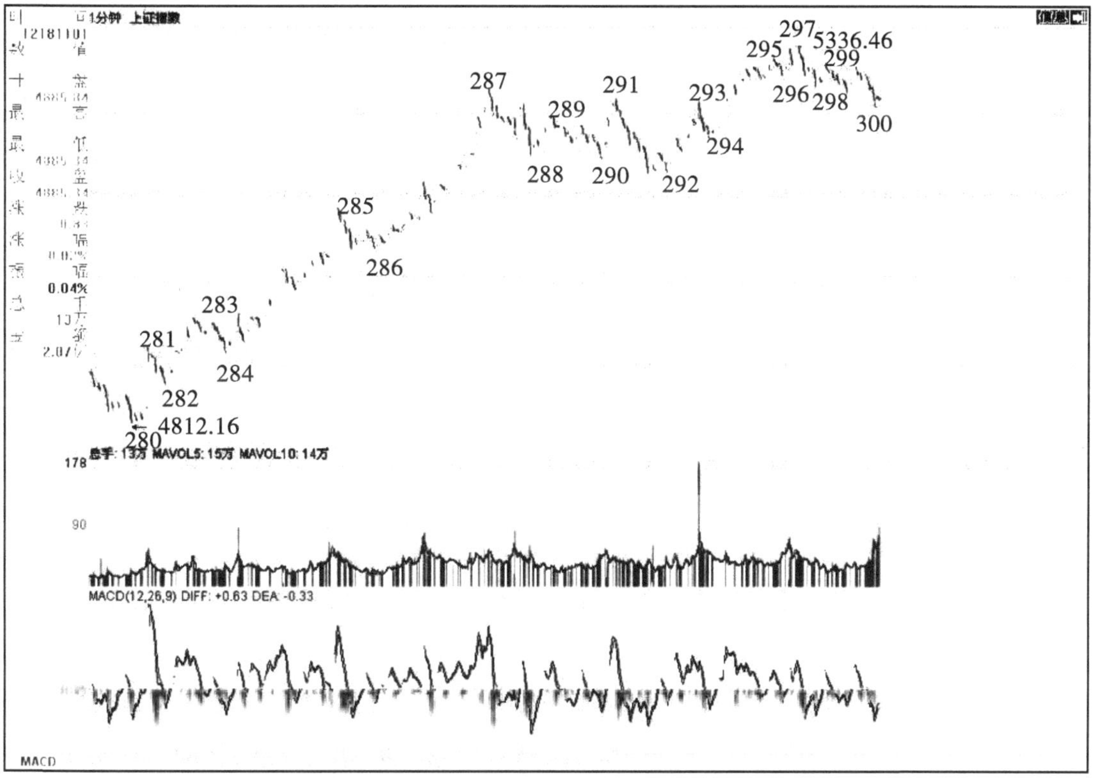

图 319 上证指数 2007 年 12 月 28 日前后 1 分钟走势缠中说禅分解实例

为了让各位不至于成为牺牲品，明年指数无论到什么地方，这里只有绿色。这样说就是让各位时刻提醒自己，至少可以知道，如果牺牲了，就见不到新的行情了。

指数疲软下的个股高潮不断（2008-01-02 15:12:24）

1

缠中说禅 2008-01-02 15:12:24

如同这题目，第一天的行情继续预示本年行情的特点，指数油水不大，个股油水不少，这已经在2007年末反复说到了。用句概括性、动感更大的口号，就是：疲软指数，高潮个股。

当然，指数也不会无限制地疲软。指数往往会表现出痉挛式走势，突然抽起来，然后再抖个不停。抽两下，抖十下，大概就是今年指数上经常会碰到的。哪天指数不痉挛，而是一往无前起来了，那反而要小心。

技术上，指数就是继续2007年末那5分钟中枢的震荡，在第三类买卖点出现之前，继续抖个不停。

个股上，没什么可说的，本ID说的那些股票，今天又有好几只创出6124点来的新高。对于个股来说，6124点的高位就是一个强弱分界线，突破站稳这个位置，行情就会更猛烈。例如，中粮糖业（600737）就是一个好例子，14元多是6124点下来的高位，突破站稳后，现在已经到20元上了。

当然，对于具体个股，突破那位置后肯定都有反复。对待这种反复，最好的就是顺着做短差，把差价搞出来又不丢失筹码，不过这对操作水平要求高。还有一种就是定好5周线之类的中线位置，只要调整不破就拿着。例如，你看看中粮糖业（600737），晃来晃去，把无数人恐吓出去了，你看它突破调整后，什么时候有效破过5周均线？

面包会有的，今年是越早越安全。现在，个股机会远大于风险，就算个股年线要收阴，怎么也要先搞一个上影线。而越是到年中以后，就越难说了。今年是先把粮食打足了，如果能有第二次机会最好，没有，也不会饿着了，一年的面包也会有着落了。

千万别追高买任何股票，如果错过了前面的，就在低价与二线中找那些反应迟钝但有资金驻守的。都是人，都要吃饭，只要有资金驻守，总要开张的，否则一年的收成谁给呀？

向5600点攻击前进（2008-01-03 15:18:39）

1

缠中说禅 2008-01-03 15:18:39

站住5209点颈线，下一位置就是5500～5600一线。由于这个5分钟的中枢震荡还没有震荡出第三类买点，所以说这颈线突破100%有效是不严谨的。但生活有时候并不太严谨，否则就太无趣了。所以，没有100%把握已经确认的事情，我们依然可以喊：向5600点攻击前进！

如果要冲指数，当然就轮到大家伙，但一定要认清楚现在它们抽两下抖十下的本性。现在是刚一阳复始，不适宜大家伙们太剧烈地运动。

其他个股，2007 年下半年基金牛了一把，私募都憋坏了，今年肯定要报仇的。所以，收集好的，肯定是按节奏继续搞。没收集好的，就加快震荡的速度。不过，那些现在都没收集好的，都是有点儿毛病的。算了，反正每次都要有人最后垫背的，没什么可说的。

个股的大节奏昨天说了，分水岭就是 6100 点相应的位置。对于中低价的个股，可能 530 那次是另一个更高的位置。如果在春节前后都不能有效突破这些位置，那这只股票今年的前途就有问题了。当然，不排除有些最后当炮灰的庄家就是这么慢，但这里说的是正常的节奏。

在那些分水岭位置上，肯定都要洗洗。如何洗，那是手法问题。看明白了，这只股票就是给你送钱的。来这里，希望是真学会点儿什么，否则，白送股票给你也没用。例如，中粮糖业（600737），8 元这么明确地告诉大家是送学费的，但估计也没几个能真把钱给挣到，这难道也是本 ID 的错？

再说一遍，本 ID 在这里只是陪练，能学到多少，也只能靠自己了。

多头，有了冲动就要喊（2008-01-04 15:12:12）

1

缠中说禅 2008-01-04 15:12:12

今天走势最大的意义是什么？站在本 ID 理论的角度，就是突破 5336 点，使得周线上上升笔的状态延续。在周线顶分型出现之前，尽管持股睡大觉。

炒股票，对于中短线来说，有什么比周线都出现向上笔的延续更理想的状况？在这种状况下，你的利润就有了一个超稳定的保障系统给予最强有力的保障，并使得该利润尽可能地延伸。那些每天如惊弓之鸟一般的，请好好复习一下历史图形。如果那让你每天惊弓之鸟一样的震荡连周线的顶分型都震荡不出来，那又有什么可惊弓之鸟的？

请复习一下历史走势，看看从 3563 点到 6124 点的走势。按照本 ID 理论里最低级的周顶分型，就足以让所有的利润得到最大的延伸。

当然，如果技术高的，在周线上升笔的延伸里，也可以利用更低级别的走势搞出不少差价来，或者通过不同级别的震荡换股达到利润最大化，但这是对技术高的说的。如果没那技术，就天天睡觉，顺便可以流点儿口水。每天收盘看看周顶分型有没有出现，然后继续睡大觉，这样就足以让你比很多人厉害了。

来本 ID 这里，关键是学东西。如果太计较自己有没有这只股票，是不是赚了，那你的水平永远提不高。还是用本 ID 的股票为例子：三爱富（600636）。你是否在里面赚钱并不重要，关键是你能否在这经典走势中学到点儿什么。

看看这经典的走势：一个 A、B、C 的下跌，其中 B 段在 120 日线受阻，然后大力挖井后回手在 120 日线突破回试确认，然后迅速回到井的上沿 13 元附近，一个超完美的井（见图 320）。后面干什么？就是要确认这井的上沿能否站住的问题，这都是最标准的走势。如果对这类似的走势烂熟于胸，难道你还不能自如地应付类似的走势？

图 320 三爱富（600636）2008 年 1 月 4 日前后日线图

澄星股份（600078）、紫光股份（000938）等是另一类型的走势，也是超经典的，请当成作业分析一下。

周末，多头就多喊喊吧，爽了不喊会憋坏的。

至于超短线的技术分析，由于第三类买点还没有整出来，因此今天的突破并没有 100% 的保证。这突破是否有效，就看多头周末的嘴皮子功夫与喊功了。把大家都说动心了，大盘自然就有效突破了。

勇戴金箍大翻筋斗云（2008-01-07 15:12:36）

1

缠中说禅 2008-01-07 15:12:36

大概现在没有人会反对本 ID 一直强调的两点:（1）疲软指数，高潮个股。指数让它抽两抽抖十抖。（2）先下手，早点才会有面包。

今天的走势，没什么可说的，周线依然在上升笔。看看你自己的股票，它的周线是什么，然后继续睡觉。当然，如果你心特别急，那就看日线的。如果日线都是上升笔，没有顶分型，那你还急什么？

不过，本周出现一次有点儿力度的震荡是很正常的，毕竟 6124 点下来的所谓双顶颈线 5462 点已经在面前，震荡一下，身心舒畅。

5462 点如期较大震荡（2008-01-08 15:21:47）

1

缠中说禅 2008-01-08 15:21:47

昨天已说："本周出现一次有点儿力度的震荡是很正常的，毕竟 6124 点下来的所谓双顶颈线 5462 点已经在面前。"今天早上的跳空以及下午的线段类顶背驰，理所当然地形成对 5462 点第一次冲击后的必然震荡（见图 321）。

本 ID 昨天后面还说了："震荡一下，身心舒畅。"今天收盘后，被震荡一番的诸位大概每个毛孔洋溢的快感都如江水滔滔不绝于掩耳盗铃儿响叮当了吧。

其实，这些走势都是超技术化的，而 5462 点，也是一个超技术化的点位。这个点位上下震荡一下，不仅必然而且必要。后面的问题只有两个：震荡的形式以及可能的结果。

无论任何情况，首先都可以很教科书化地给出震荡的形式，按强弱分的一个完全分类，对应着相应的结果。

（1）如果在今天跳空位置附近站住，这样，5200 点那 5 分钟上来的 1 分钟上涨就形成。该 1 分钟上涨结束后，就是对应那 5 分钟的第三类买点，然后，就有绝大的可能形成 4800 点上来的 5 分钟上涨。最坏，也就是一个大的 30 分钟中枢。

（2）如果在 5360 点那个 1 分钟中枢处站住，这样，对原来 5 分钟中枢的 1 分钟向上只是一个盘整类型。后面站住，形成一个第三类买点，之后形成一个大的 5 分钟中枢的机会更大。当然也有突破爆发形成中枢继续上移，在更高位置形成 5 分钟

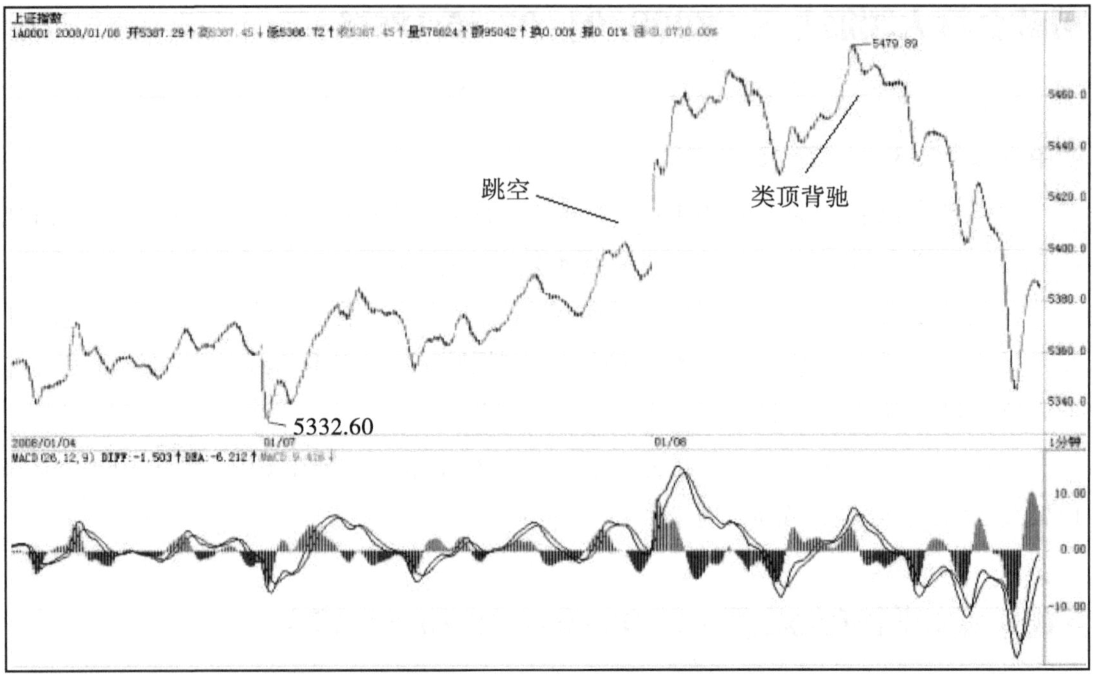

图 321 上证指数 2008 年 1 月 8 日前后 1 分钟走势图

中枢的可能。但一般来说，一个盘整类型的次级别偏移后的第三类买点，总是不那么激动人心。

（3）如果跌回 5200 点上那个 5 分钟中枢才站住，那就没什么可说的，一个大的 30 分钟中枢就此形成（见图 322）。

纯分类化分析，不管是哪种情况，除了最强那种继续 1 分钟中枢上移，其余的都将面对一个至少 5 分钟中枢的形成，最坏还要形成一个 30 分钟中枢。唯一需要确认的，只是这个中枢震荡的位置高点儿还是低点儿，这对操作本质上没有任何影响。

实际上，大盘今天马上就把第一种情况给否决了，所以，只要把第二、第三种情况与实际对应好就可以。

以上，只是顺便把思维的方法演示给各位看。在实际中，这些分类、判断，1 秒钟就应该预先反应出来。有了这个完全分类的预先操作方案，你还怕什么？

震荡是好事，特别对手脚麻利、技术高强的，最好就荡个千把回，3000% 的利润都出来了。当然，对于技术不好的，震荡就是坐电梯，上上下下享受。对于心态更不好的，那震荡就是噩梦，左右挨巴掌。

究竟自己属于哪种，请对号入座。

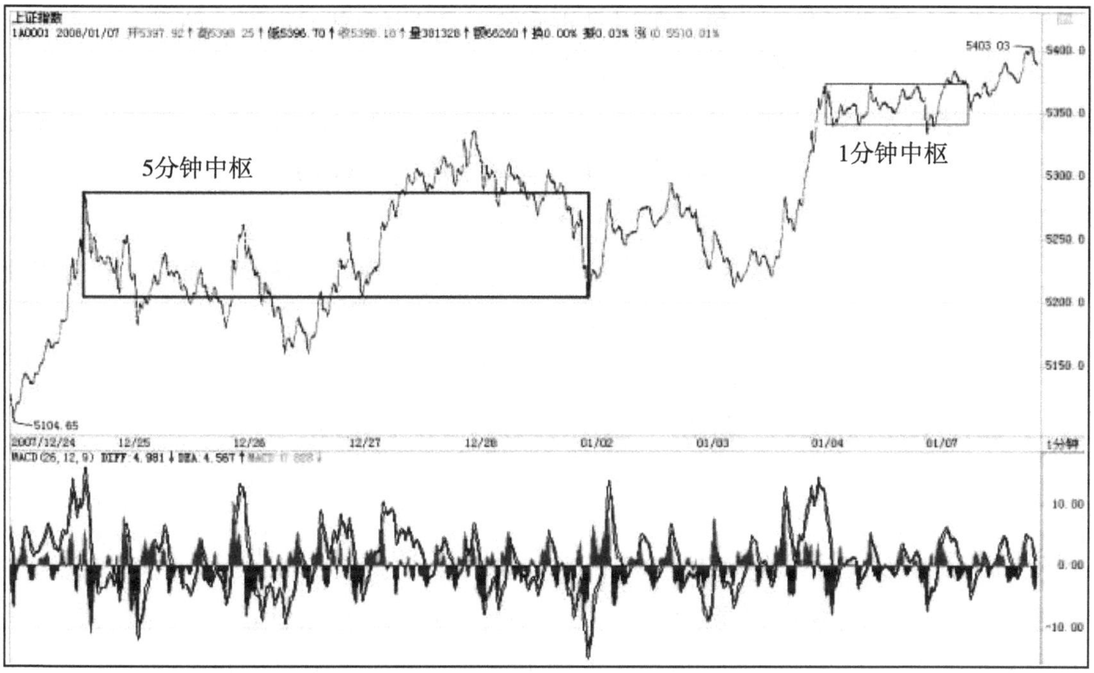

图 322　上证指数 2008 年 1 月 8 日之前 1 分钟走势图

注意，本 ID 这里，是高低皆应。有些话是对高点儿的人说的，例如买卖点、背驰、震荡操作、换股、板块轮动之类的；有些是对没时间、短线反应慢的说的，诸如周线的顶分型、5 周线、持有睡觉之类的。这里也请对号入座，并不是每一种操作都适合任何人的。

上涨动力，来自清洗（2008-01-09 15:12:50）

1

缠中说禅 2008-01-09 15:12:50

其实，不仅是股票，这世界游戏的一个基本玩法，就是“上涨动力，来自清洗”。

当然，股票上涨的动力，更离不开清洗。对付震荡、清洗，本 ID 理论早给出了最好的办法：分型。请问：如果震荡连上升笔在日线上都没打破，日顶分型都没有形成，有什么可说的呢？对于技术高的，震荡后就要回补。如果没这个反应能力，就不做震荡，这个道理说了 N 的 N 次方遍了。

震荡，对于有准备的个股与资金，就是给了一个更好的上涨理由，越震越强。抛下一批人，轻装好前进。所以，很多股票，在震荡一下后就开始创出新高。

技术上的情况昨天早说了，就是第二、第三种情况的选择，5 分钟还是 30 分钟中枢的选择。不管是什么，最终都以是否有效站住 5462 点为标志。站住，就再狂飙突进一次。站不住，就歇歇，等能量聚集够了再来。

个股并不大关心这些，因为资金很饿，管你站不站住什么点位。市场这么多资金，就算指数大跌，个股行情也依然不会含糊。所以，本 ID 早给了各位一个明示：疲软指数，高潮个股。

在站住 5462 点前，震荡依然继续。震荡中会有三种人：随便抽血的，看着周顶分睡觉的，被左右巴掌的。你希望成为哪一种？

把下面的指数剧本告诉你（2008-01-10 15:19:00）

1

缠中说禅 2008-01-10 15:19:00

剧本早写好了，本来瓜田李下，不想八卦。但本 ID 只是想证明一件事情，就是在资本市场里，就算把剧本告诉你了，绝大多数人最后还是要在井里的。好一点儿的，就是上上下下去为电梯卖广告，不信？走着瞧。

告诉各位一个总原则，牛市里，深圳成分股是一个先头部队，十几年了，从来没有改变过。为什么？说白了太简单，因为深圳一大早就爱看成分股，操控几十只股票总比搞一千几百只股票容易吧！这里还有资金方面的一些历史性与结构性原因，具体就不想八卦了。总之，这是一个总原则。

所以，所有关于上涨的有野心的剧本，第一原则，就是先把深圳成分股给挑出一片蓝天。如果深成指都没有蓝天，其他指数就更要一边晾着了。

挑出一片蓝天，关键是测试风向。

至于上海指数，一般都十分技术化。所有人都知道 3600 点的 1/8 是多少吧？这次从 6124 点下来，就是 3/8 的 3600 点，1350 点，精确位置是 4774 点。结果搞了一个 4778 点，差了 4 点，真够差劲的。

6124 点下来的 2/8 的位置是 5224 点，结果第一拨反弹的位置在 5209 点，差得有点儿多，都快 15 点了，太过分呀。

1/8 的位置是 5674 点，这是下一个位置。但由于整个跌幅的一半在 5451，而那 M 头的颈线位置在 5462，所以这个点位是任何剧本里都需要折腾的位置。另外，注意，下跌的 2/3 位置在 5675 点，是不是和 5674 点有点儿类似？

剧本里对 5860 点到 5912 点这个缺口很不满意，已经准备了不少胶水，不过还有点儿缺货。什么时候把剩余的胶水准备齐了，关键看在 5462 到 5675 点时间段内政策面的风向。风向不对，那就先把买胶水的钱换成买棒棒糖的，一人一个棒棒糖，看你要棒还是糖。

风向不变，那就开始倒卖假冒的胶水，一人分一杯，粘只鸟儿就往天上飞。飞着飞着，突然散了架，剧本的一节到此结束。

今天大盘，继续折腾这 5462 点，看着越来越多的人接受了本 ID 早折腾早有面包的理念，本 ID 相当欣慰。

因为饿，所以疯狂（2008-01-11 15:10:16）

缠中说禅 2008-01-11 15:10:16

世界上最疯狂的是什么？是饿。这一点对于资金来说，也是一样的。

今天的大盘，没什么可说。周末效应了一把，但依然继续对 5462 点的震荡确认。今天当然只会是试探性质的，完全没必要在指数上干些只争朝夕的事情。

但个股上就不同了，资金饿呀，春节要买年货呀，年货都在变贵。除了那些脑子有水的，饿绿了眼的资金，哪里管得了什么周末效应。

站在周线的角度，下面两三周是极为关键的。为什么？因为 MACD 的绿柱子在收敛，而所有的骗线，最爱的就是这种收敛放红途中的突然转折（见图 323）。

图 323　上证指数 2008 年 1 月 11 日前后周线图

当然，这只是技术的可能陷阱。政策面上，按道理，春节前是不应该有人太干活的。但今天的天气是否如常，没人说得清楚。预测天气这种事情，完全没必要。

唯一必要的，就是大干快上，把自己安放在一个绝对安全的位置。管他刮风下雨，有了足够的利润，什么变化都可以从容面对。

到了5600点上下，政策的因数就变得极为重要了。新人新思路，市场各方无一不在相互摸索探究中。放个气球，测测风向，大概还不是问题的根本所在。

所有这些问题，其实都可以安放到周线的上升笔、顶分型里。对于懒人来说，没时间探究这些分力之间的游戏，一切都在走势之中。

看看，周线上升笔依然，日线上升笔依然，你就继续睡觉。

指数犹豫，个股补涨（2008-01-14 15:10:28）

1

缠中说禅 2008-01-14 15:10:28

到了目前这个位置和时间段，大盘进入敏感阶段。首先，对于多头来说，好不容易到了5600点上下这最重要的阻力跟前，绝对不想一个哆嗦就给震回去。但这个关口确实压力比较大，主要不是技术上的，而是心理与政策面上的。

从政策面的角度，很快就进入春运阶段，因此，对于政策的活动空间，这几天是最敏感的。如果要有什么花样，这几天的可能性最大。所以，指数在这个时间段犹豫一下，并不是太严重的事情。目前技术上，继续原来说的第二种情况，在5462点附近震荡出一个5分钟中枢，大不了向一个30分钟的延伸去，所以指数依然继续抽两下、哆嗦十下的节奏。

个股上，一些前期涨幅较小的板块开始补涨。由于大家伙这时候不适宜集体拉涨，因此这些补涨后板块的动向就很关键了。现在市场越来越大，参与的资金成分越来越复杂，只要指数形态不破坏，板块机会还是很多的。

到5600点上下后，震荡的幅度会有所加大。现在最好的策略就是往上拱，拱一下，震几下，这样心态、技术等压力就会慢慢破解。千万不能急，急了，根基就不稳。

技术不行的，中线上，继续看周线的上升笔保持情况与5周均线，短线看日线的相应指标。技术好的，可以利用5分钟震荡的节奏进行板块操作。

大盘压力期下的多头策略（2008-01-15 15:09:40）

1

缠中说禅 2008-01-15 15:09:40

已经反复说过，目前大盘进入压力期。首先是政策的敏感期，其次，技术上也有相应的重压力区在面前。更重要的是，除了大家伙，板块基本轮动一次后，很多股票都进入相对的调整期。这时候对多头来说，确实有点儿压力。

一般来说，碰到这种情况，有两种处理的方法:（1）跳一次大水，把压力变动力，把不坚定的赶跑，用空间换时间，加快调整的结束。（2）在这里上下震荡继续磨，让成交量慢慢萎缩下来，以时间换空间，最后取得新的上升能量。

不管哪种情况，从本ID理论的角度看，都是扩展出30分钟的中枢，然后再寻求突破。5462点这个位置，反复强调，一直不能有效站住，需要多头努力的事情还很多。

说白了，现在最好有一个不大不小的利空，这是对多头最好的礼物。否则，现在消息面太平静，反而对心理上不是一个好的暗示。大盘究竟采取哪种调整方式，其实从30分钟的震荡走势中不难发现。一般来说，成交量能萎缩下来，就是第二种方式。否则，并不排除有一到两天让大家再次想起跳水的机会。

个股的节奏以前已经说过了，一般突破6124点或530高位的股票，都会相应地有所调整，如果能站住，就会有第二波。现在很多股票都处在这种状态，等待大盘最终调整的结束。

只要有一点儿机会，多头都会往上面去挑逗那5600点的重压力，但折腾少不了，必须耐心才有好果子。

大盘又见跳水（2008-01-16 15:17:40）

1

缠中说禅 2008-01-16 15:17:40

显然，今天的走势对多头来说，并没有什么大不了的，甚至是多头乐于看到的。这原因，昨天已经说了。技术上，今天的缺口有极强的技术意义（见图324），如果三天之内不回补，那么大盘后面的压力就进一步加大。下面关键是5209点的颈线位置，这位置只要不有效跌破，大盘就依然在多头的控制之中。

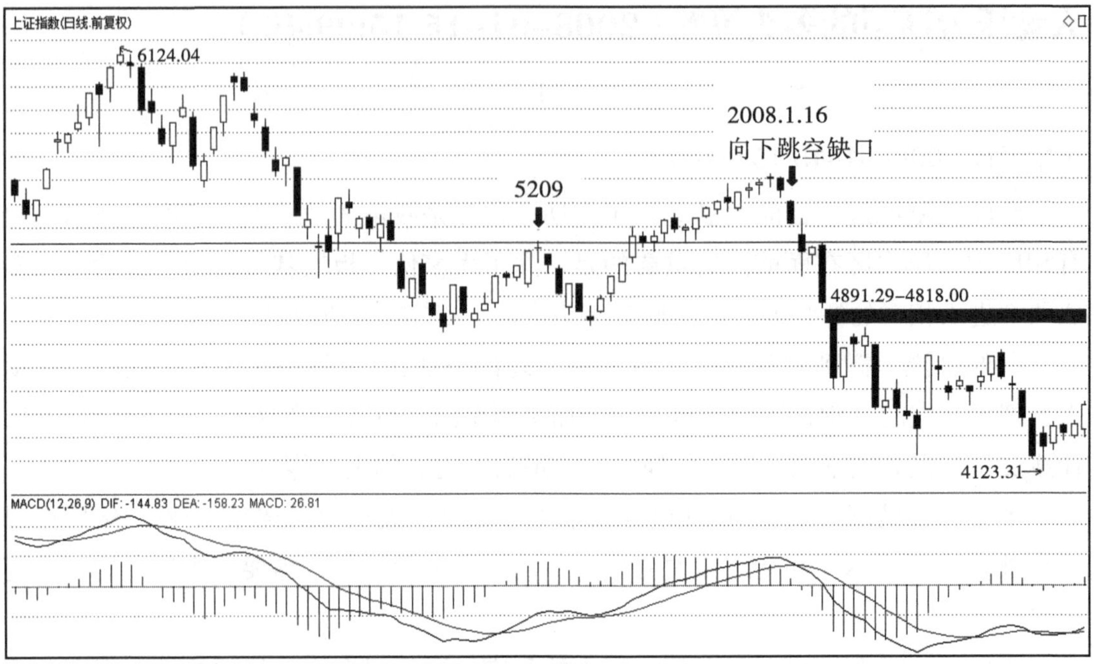

图 324 上证指数 2008 年 1 月 16 日前后日线图

短线上，5522 点下来的这个线段的类下跌过程十分技术化，两个类中枢也十分明显，下面就是这类下跌的类背驰问题了。一旦出现，就是一次有力度的反弹。关键是这反弹能否突破第二个类中枢的牵制，如果不行，那么缺口的回补就有困难，这才是技术上的关键（见图 325）。

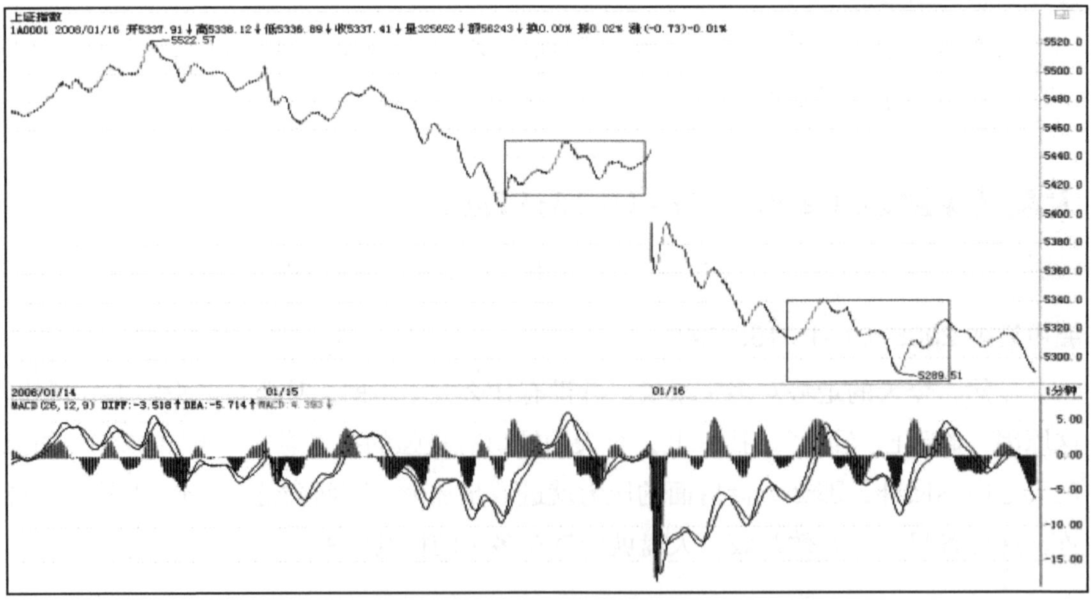

图 325 上证指数 2008 年 1 月 16 日前后 1 分钟走势图

日线上，昨天的顶分型后，现在延伸成笔的可能太大了，只要明天有新低就基本确定。从稳健的角度，可以等底分型，之后才会有真正站稳的可能。所以这个类背驰能否最终制造出底分型，就是进一步考察的关键。

个股方面，很多股票会继续表现的。当然，如果你觉得心脏受不了，可以先把本金拿出来，例如中粮糖业（600737）之类的，剩下的利润在里面继续。有些股票，会涨到你不相信，等你相信了，就是井了。

不会享受大震荡的人股票就没入门（2008-01-17 15:14:57）

1

缠中说禅 2008-01-17 15:14:57

跳水一两天，今天不过就是第二天，多么优美的节奏，不懂得欣赏，太浪费剧本费、排演、场租了。

当然，享受有不同级别，一种是被动型的，一种是主动型。被动的就不说了，都是电梯广告的最好代言。而主动型的，就要靠技术了。

别小看了最基础的分段技术，5522 点下来，近 500 点，就是一个线段的类下跌，你明白了，就主动了，就享受了。为什么？最猛烈的中枢移动中，往往就是一个线段的类趋势，所谓的单边跌势或涨势，就是这玩意儿。明白了，你说你能不爽吗？

今天一大早的急拉，只构成了笔，没有破坏下跌段。如果明白这一点，操作就太简单了，因为你绝对不会错过下午那明显的类背驰（见图 326）。

但注意，由于这个类背驰不是在两个类中枢间，而是在单纯的一线段中出现的，所以，这个回拉如果不能重新站住 5209 点，那么后面还要二次探底。

个股方面，昨天的提示已经足够明确：“这种情况，如果过分延续，是不好的，太脱离指数也不好。”“如果你觉得心脏受不了，可以先把本金拿出来，例如中粮糖业（600737）之类的，剩下的利润在里面继续。”今天早上，这些股票都有红盘，山东海化（000822）之类的甚至还有新高让各位去反应。如果你没反应，那本 ID 也没办法了，总不能举着杠铃让最没反应的人去反应吧。如果这样，这就不是市场，而是童话世界了。

至于亚星化学（600319）今天还涨停，那不过是一个态度问题。这里的老人大概都知道，就算是 530 最恶劣的时候，本 ID 说的股票里还总有一两只顽强地红盘的。注意，一定要声明这可和本 ID 无关，那大概是电脑出毛病了，抽筋了。

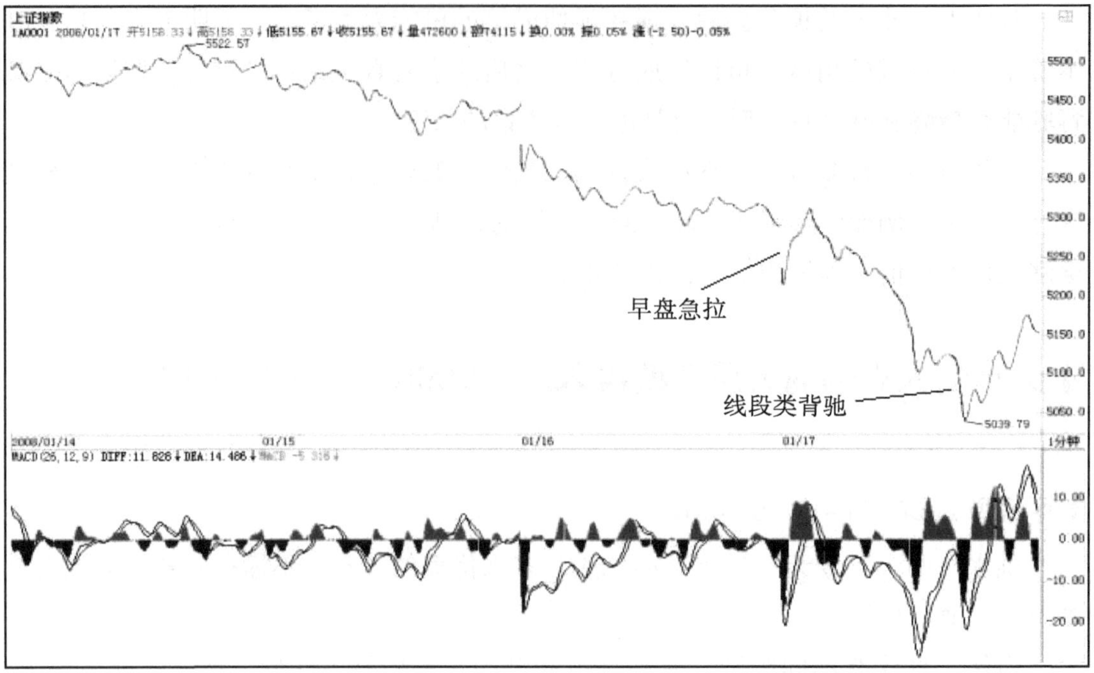

图 326 上证指数 2008 年 1 月 17 日前后 1 分钟走势图

注意，现在没必要追高买股票，注意调整中洗盘洗干净后准备重新启动的。还有就是前期不动，有新资金介入的。但所有的前提是，大盘的恐怖期过去了。

明天周末效应，震荡肯定还会有，但如果没有什么特别的东西，幅度会逐步小下来的。其他，等过了周末，看看消息面、政策面情况再选择。

技术高的，现在是游戏的黄金期，一个 30 分钟的震荡，操作好了，收益比单边还要高，特别是对资金不大的散户。没这水平的，就把仓位控制在适当范围，也就是可以睡好觉的范围，等日线的底分型出现再说。

今年投资者的四种命运（2008-01-18 11:45:59）

1

缠中说禅 2008-01-18 11:45:59

早上的走势，和昨天说的一致，就是两天的跳水后，震荡还有，但幅度变小。但由于 5209 点没重新站住，大盘总体还在一个剧烈震荡后的平复期，依然有较大不稳定因数与情绪需要时间平复。另外，周末的政策消息面以及外围因素，依然有巨大的心理影响。

在 2007 年底的今年展望中，已经明确指出今年走势的多变性与操作难度。

今年“与井同行”。一般来说，没有足够的自我意识，企图靠拐杖的人，今年都会比较麻烦。投资，是一种专门的学问，前提是，你首先是一个有思想的人，而不是一个木偶。

就像本ID之前说的，就算把剧本告诉你，很多人最终还是要落井。为什么？首先很多人大概剧本也读不懂。例如，当时写的这一段：“剧本里对5860点到5912点这个缺口很不满意，已经准备了不少胶水，不过还有点儿缺货。什么时候把剩余的胶水准备齐了，关键看在5462点到5675点时间段内政策面的风向。风向不对，那就先把买胶水的钱换成买棒棒糖的，一人一个棒棒糖，看你要棒还是糖。”

如果你竟然理解成大盘一定要先到5675点，那么，就去再学学中文吧。请问，5522点是否是5462点到5675点之间？请问，这时候发棒棒糖难道有一丝一毫违反剧本吗？关键是，你在这过程中，是吃棒了还是吃糖了？技术好的，在这个震荡中，早爽呆了。技术不好，心态又不好的，不吃棒那是没天理了。

“一人一个棒棒糖，看你要棒还是糖。”这句话，好好体会吧，全年都有意义。

其次，有些人理解到了，看到5522点后的日线顶分型，但就是对自己的判断没信心，一定要一个拐杖。好了，就算本ID提示有一两天跳水的拐杖，但真来了，估计你也没心情要拐杖了。

操作，不是一个纯学院的讨论，操作都在细节之中。何谓细节？你自己的水平，就是第一大细节。然后选择符合自己水平的操作，这就是第二大细节。最后，按规程操作细节去操作，这就是操作的全部。

在市场中，不首先认识好自己，一切都瞎掰。

本ID之所以写这些，是因为现在2008年才过了十几天。如果现在不彻底清醒过来，那么，今年将是很多人的灾难之年。最好的选择，就是现在马上退出吧。

今年，所有人将面临四种命运。

（1）技术好、心态好的，将比2007年还赚钱。别小看震荡的功夫，回头看看，从6124点下来到今天，也就是走了一个30分钟的盘整，只不过这中枢有点儿低，在5209点上下。谁只要把线段和1分钟、5分钟、30分钟级别搞清楚，对于散户来说，足够了。按本ID的理论，2005年中开始的行情，到目前为止，最多就算是日线级别的。一个日线级别就走了两年多，你就知道本ID这体系的宽广度。

（2）技术好，心态不好的。这种人几乎没有，因为真的技术好了，一切都看明白了，自然心态好。如果真有这种人，那今年的成绩也就赚点小钱了。

（3）技术不好，心态好的。今年就做电梯广告。最后，那电梯广告做多了，老化了，有出大事故的风险，例如，突然从20楼掉到负18楼。

（4）技术不好，心态更不好的。今年将是这种人的灾难年，是最好的绞杀对象。

今年，给所有技术不好的人一个忠告，就是一旦有足够的利润而又出现不好的信号时，一定要先把本钱给拿出来。

另外，给那些还希望有更大追求的一个提示，你看看本 ID 说的股票，当成一个投资组合，你就会发现这个组合十分有意思，就是此起彼伏，几乎没有一天闲着的。为什么？对于大资金来说，这样效率是最好的，资金才可以最大效率地流动，才可以又清洗又发力，动态地膨胀。

其实，2007 年初本 ID 就明确告诉过大家，本 ID 的股票组合就是这样的。如果你是散户，能左跳右跳地根据组合中的买卖点来轮动，那你的收益就十分惊人了，绝对比追什么黑马股票要牛多了，而且极为安全。当然，能做到这一点并不容易，但这好像是一个考验，一个提高，现在做不到，也要有这方面的意识才行。否则，提高资金的效率，就很难办到了。

注意，你的组合选择不一定按本 ID 的来，本 ID 的可以当成一个教学的版本。

不过，一定要注意，没这水平与意识的，就算了。我们总要实际点儿，不是每个人都能成为高手的。更多人一生的努力，也就是这样了，这是实际的话。

有些话，只是说给相应的人。世界上的山峰，并不是所有人都能或需要会当凌绝顶的。先把自己认识清楚，把自己的能量激发出来，如果这样，你就是能会当凌绝顶的人了。在那绝顶之上，万古长空。

多头能否构建缓升通道？（2008-01-19 10:31:53）

1

缠中说禅 2008-01-19 10:31:53

大盘这种走势，就是震荡幅度减少，等待消息、心理面的平复。周五,一个标准的箱型震荡，最后高收。由于 5209 点跌破，没有到三天的基本限期，所以只要下周初能站上去，就可以了。

好了，现在用最明确的语言告诉各位后面大盘的走势。但本 ID 依然要告诉你，肯定还有很多人，最后还是要到井里去。本 ID 的语言，从来都是如数学般精确，关键你要能看明白。

现在，就是一个 30 分钟的大震荡。按照本 ID 的理论，30 分钟的震荡，最坏的情况，破 4778 点也是可以的，为什么？这么简单的理论问题，就别问为什么了，去看课程去。

对于多头来说，当然不希望出现 30 分钟震荡中那种最坏的情况。那么，对于多头来说，化解这 30 分钟震荡的唯一方法，就是制造一条缓升通道。

现在，你打开日线图，这缓升通道的 4 个原始支点中的 3 个早出现了，这次的亮晶晶，如果多头能控制住，那么就是完成第 4 个原始支点的制造了。有了 4 个点，上面两个，下面两个，这通道就形成了，后面就可以按这通道继续游戏了（见图 327）。

这通道的特点，就是速率比较缓，但幅度比较大，这样就可以制造出相应的行情，又有足够的回旋余地，是目前多头在如此政策、消息、技术面下唯一、最佳的选择。

通道式上涨，是最不消耗能量的，只要操控得当，就可以把成本震荡得最低而又保持好基本的形态。一旦有一个飞腾的机会，就可以破通道而出，最后挖出迷绝众生的大井，让所有被通道折腾的人都掉到井里去。

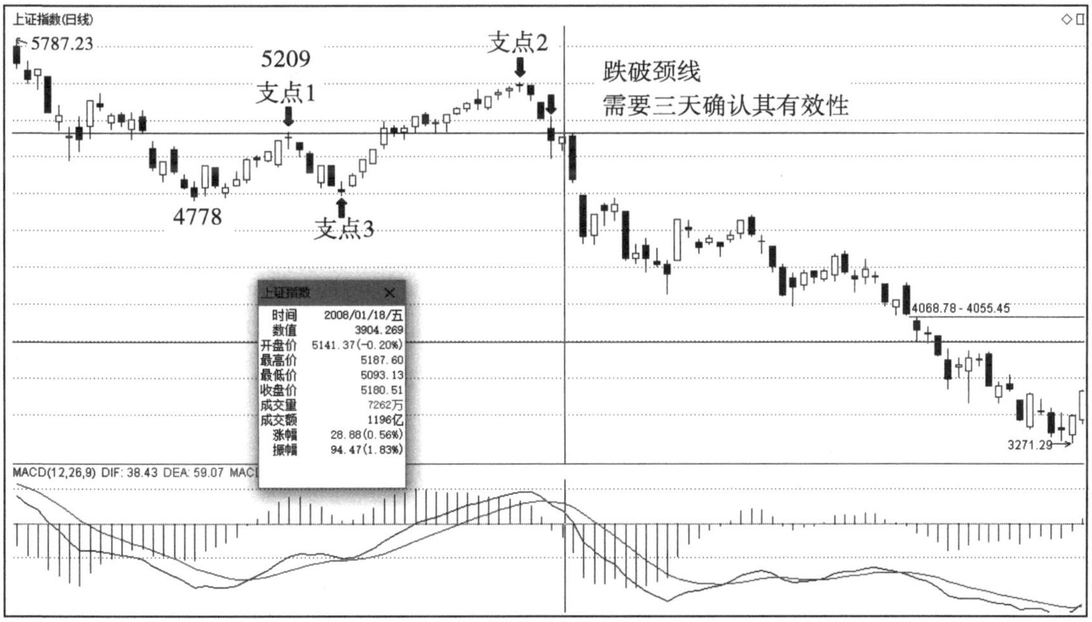

图 327 上证指数 2008 年 1 月 18 日前后日线图

本 ID 已经把各种招数都说了，但本 ID 一定要声明，本 ID 不是多头也不是空头，本 ID 只按自己的理论办事。一旦多头失败，陪葬的只能是他们自己。

不过，为了今年的面包，在年初的时候，本 ID 在精神上当然是支持多头的。无疑，对多头的缓升通道，本 ID 是乐见其成的，也会在一旁摇旗呐喊一番。

但更重要的，就是一定要知道，学习本 ID 的理论后，就永远不会有什么无聊的多头、空头、滑头的想法。市场只是市场，走势只是走势，如此而已。你需要的，只是倾听。然后，你的心里马上升腾出所有可能走势以及相应的对策，然后，就看着市场的出牌去出牌，如此而已。

市场，不过就是一桌麻将，周末，搓去吧。

又被暗算的多头尚能饭否？（2008-01-21 15:18:54）

缠中说禅 2008-01-21 15:18:54

目前，多头至少在指数上已经没有任何回旋的余地。技术上，前面已经说了，5209 点不能重新站住，就要二次探底，直到出现日线的底分型为止。而一个 30 分钟震荡，4778 点在最坏的情况下完全可以被击破。被暗算的多头今天开盘无力站上 5209 点，就使得后面的走势变得只能以坏的选择去选择了。

站在本 ID 的角度，并不大关心这类问题。本 ID 最关心的问题，最近都有了答案。应该记得，2007 年末时，本 ID 痛斥了某些人为了某些原因，企图年末抢闸上报所谓的股指期货。现在，事实已经出来了，那个企图已经破产。而那些尾随而上的资金，不仅失去了一波大的个股行情机会，而且终于忍受不住，落荒而去。

这就是本 ID 最愿意见到的结果。股票，可不单单是那几条曲线。对于散户，当然可以只关心曲线，但后面的刀光剑影，你又能知道多少？

回到今天的市场，那平安[①]不平安，石油[②]变瀑布。大家伙当然是有用的，等某些人彻底认输了，大家伙就有用了。如果不认输？那就想想本 ID 曾说过的关于中石油（601857）的一个酒桌上的故事。把话挑白了，如果不投降，那故事里的数字是可以修改的。

不说故事，说技术。按纯技术的分析，从 5522 点下来，按照本 ID 的理论，线段下跌结束后，中阴形成 1 分钟中枢，那么，最坏的情况，就是这中枢是 1 分钟下跌的第一个中枢。如果这样，这跌势还早呢，至少要等到这 1 分钟下跌背驰才完。还有就是先扩展再 5 分钟中枢（见图 328），因为 30 分钟级别的震荡，最大的中枢级别只能是 5 分钟的，因此一旦那 5 分钟中枢形成，最坏的情况，就是那是 5 分钟下跌的第一个中枢。无论后面的中枢是 1 分钟还是 5 分钟的，都要走出第三类买点，才算真正摆脱下跌的压力。

实际上，由于今天下午已经把那 1 分钟中枢的第三类卖点（在什么位置和时间，一个简单的题目，如果当时不能马上正确给出的，都要补课）给制造出来，所以，

①指中国平安（601318）。
②指中国石油（601857）。

图 328 上证指数 2008 年 1 月 21 日前后 1 分钟走势图

下面最好的情况，就是扩展成 5 分钟中枢，而且，1 分钟下跌形成的机会绝对不小。

理论上有了这么明确的分类，后面的操作就很简单了。如果你不想烦，就看日线的底分型形成时再说。如果你特别爱好换股短线，那么，就根据这个中枢的演化去安排具体的操作，事情就是这么简单。唯一有点儿复杂的是，你操作的是具体股票。指数是指数，股票是股票，从来就不经常是一回事情。所以，你要多关心你自己的股票，你的股票池的具体走势。例如，就算今天的走势这么弱，依然有股票继续新高。

注意，严重注意，任何股票都不值得追高，本 ID 也不需要任何散户来抬轿子。

没有永远上涨的股票，股票涨多了就要歇歇。有本事的，歇歇也能震荡出利润。没本事的，涨多了，就把本钱拿出来。

任何持有的股票，都以能吃能睡为最基本的持仓标准。如果你持有一只股票，已经影响到的睡眠与吃饭，请马上退出。

股票，说白了只有四个字：级别、节奏。参透了这一点，就大块吃肉，大碗喝酒，日日好时光。否则，就被股票节奏去吧。

中线上，又被暗算的多头尚能饭否？本ID在2007年末的今年分析中已经明确说过，今年完全有可能创不出6124点的新高。但今年不是指数的行情，而是板块行情，这一点，在那文章里已经明确说过了。就算指数不创新高，依然有无数机会在等着，关键是你有没有这样的技术和心态。

少坐电梯，多练技术。最简单的一招，见日线顶分型走，日线底分型再回来。这一招练熟了，今年就能少坐很多电梯。

超短线反弹在即（2008-01-22 15:12:04）

缠中说禅 2008-01-22 15:12:04

大盘的走势，就是等待第一个机会——线段下跌的类背驰。显然，在今天早上的反弹后，第二个类中枢已经形成。所以，这第一个小机会已经在即，这构成短线的一个反弹（见图329）。

这个反弹，将至少构造一个1分钟中枢。由于在5100上下已经有一个中枢，因此这次构成1分钟下跌的第二中枢的可能性极大，除非能线段式地一下子重回5100点，否则，只有这种情况。

1分钟中枢后，就是扩展为5分钟中枢或出现1分钟下跌背驰两种情况。而这次反弹，在最坏的情况下，构成对4778点跌破的回抽，然后再次探底。因此，能否重新站住4778点，这是短线最关键的问题。

上面这次机会的把握，就看你的技术了。没这技术，继续等到日线底分型确认再介入，这样风险比较小。

注意，这次回跌，有很多股票之内之外的因素。站在长远的角度，这样一次走势是必需的。就算最简单的情况，印花税如果还是现在的水平，谁都没法做。此外，那些所谓的大家伙，随便就狮子大开口，这样的情况不警戒一下，以后谁都没法做。

注意了，今年是井的年份，井可以是上面的，也可以是下面的。今年，只有心态加技术才能够成功。

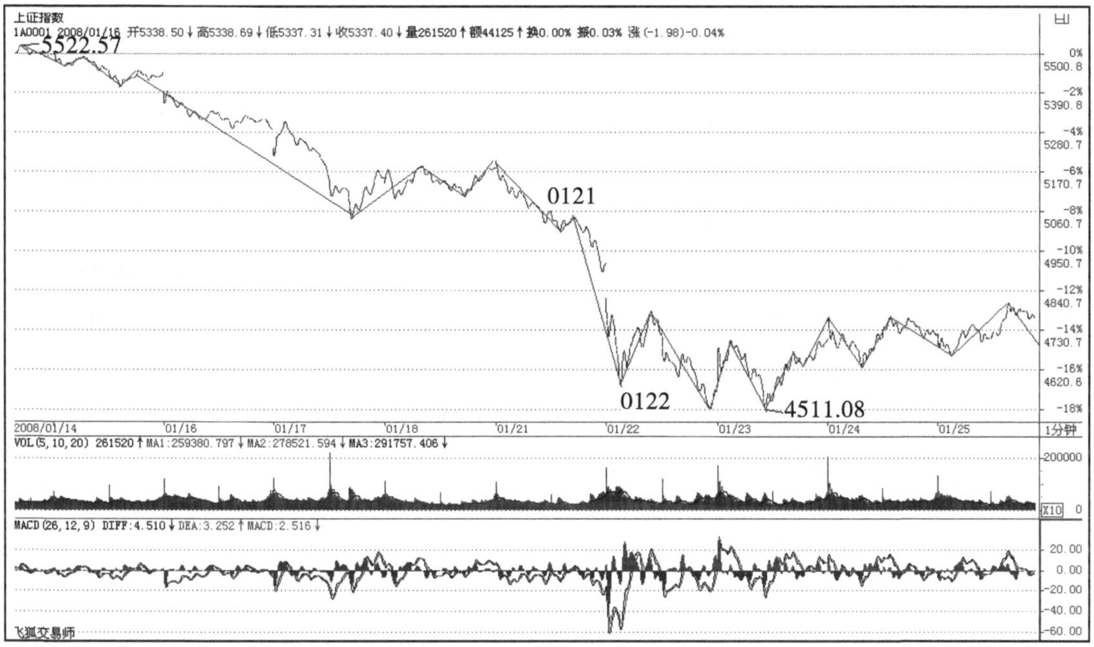

图 329　上证指数 2008 年 1 月 22 日前后 1 分钟走势图

心态好的，坐一次电梯，那这次电梯后，最好也顺便把技术提高一下。至于心态不好的，那就上面落井，下面再落井。

如期反弹后的 4778 点压力（2008-01-23 15:16:53）

1

缠中说禅 2008-01-23 15:16:53

今天没什么可说的，该说的昨天就说了。关于这个反弹点，前两天的文章里已经预先说过，这就是本 ID 理论输出与实际走势的绝对一一对应性所决定的。

但是，就算是这样，每个人的操作成果肯定相差极大，为什么？这才是问题的关键。根据理论，相应的机会预先就知道，只要等到市场实际走出来。但是，一到实际操作，水平就差了，为什么？这对于每个人都是最好的问题。

本 ID 最生气一种人，就是从来不看走势。请你自己反省一下，大盘 4 小时，你都干了些什么？每天的走势，无数的资金在那里画出来的世界上最昂贵的图画，你不去好好欣赏，从中修炼。想想自己都干了些什么？你有这资格吗？

特别对于初学者，走势中的每一秒钟，你都要尽可能学会解读市场的语言，你不从此全身心地和走势合为一体，就想战胜市场？做梦去吧。

本 ID 的理论，就是市场语言的语法。但光会语法，你能真正学会语言吗？你不每天去练习，有这可能吗？

所有坐电梯的，一跌就又哭又闹的，想想自己都干了些什么。就算把机会列出来了，想想你能操作成什么样子。

市场哪里有便宜得来、不费力气的成功？醒醒吧！

你如果要学习，请好好看看诸如中粮糖业（600737）、大众公用（600635）、紫光股份（000938）、北京旅游（000802）、水井坊（600779）、中牧股份（600195）、山东海化（000822）、三爱富（600636）等这几天震荡中的每 1 分钟的图形，看看在震荡中是如何比上涨还要赚得更多。

注意，本 ID 这里说的是学习，不是说股票本身。只是股票本身的图形是用钱画出来的，你不尊重图形，图形自然惩罚你。

回到大盘本身，第二个 1 分钟中枢如期到来，但只要这 1 分钟中枢不能出现第三类买点，不能有效重新站上 4778 点，后面的震荡依然少不了，但这将提供更多的短线获利机会（见图 329）。

大盘的走势有以下三种情况。

（1）最好的，就是直接形成这 1 分钟中枢第三类买点，然后形成线段或 1 分钟式的上涨，重新回到 5100 点上。这一走势的前提就是那第三类买点。

（2）次好的，就是在这里形成 5 分钟中枢后再出现第三类买点。这里有两种途径，一种是 9 次级别的震荡扩展出 5 分钟，一种是先 1 分钟的第三类卖点后底背驰上来再出来 5 分钟。这里就构成了 N 次必然的短线机会。

（3）最坏的，就是在这里 5 分钟后出现其第三类卖点，这样甚至会构成一个 5 分钟下跌的第一个中枢，这样后面的走势就比前面还要恶劣。

由于现在的走势有以上复杂的演化可能，所以操作上必须严格根据图形来。一旦出现 5 分钟不能重站住 4778 点的情况，就一定要注意后面可能向最坏情况演化的任何苗头。

4778 点，多空抉择线（2008-01-24 15:17:30）

1

缠中说禅 2008-01-24 15:17:30

今天，在昨天所说的 4778 点受到压制产生震荡。4778 点，在技术上十分重要，因为这是前期低点，能否出现上去并站住，决定了这次下跌的性质与最终的完成形式。说句直接的，就是一条多空抉择线。

从日线上看，今天早上的下跌反而是为了最终构成日线的底分型，这是一个买点。但后面的问题更为关键，就是这底分型能否延伸为笔，还是最终被5日线压制夭折。由于5日线已经下移到4815点，明天大概也就到4778点附近了，因此，这个问题和上面一个问题是同解的，还是4778点能否突破站住的问题。

技术上，如果你把今天13:40前后当成所谓的1分钟第三类买点，那么至少你需要补习两个知识点，一个是线段分类中的第二种情况的处理问题，第二是如果线段延伸9段后，需要考虑的就不是1分钟中枢，而是5分钟中枢的问题，这里的次级别变成1分钟走势类型了（见图330）。

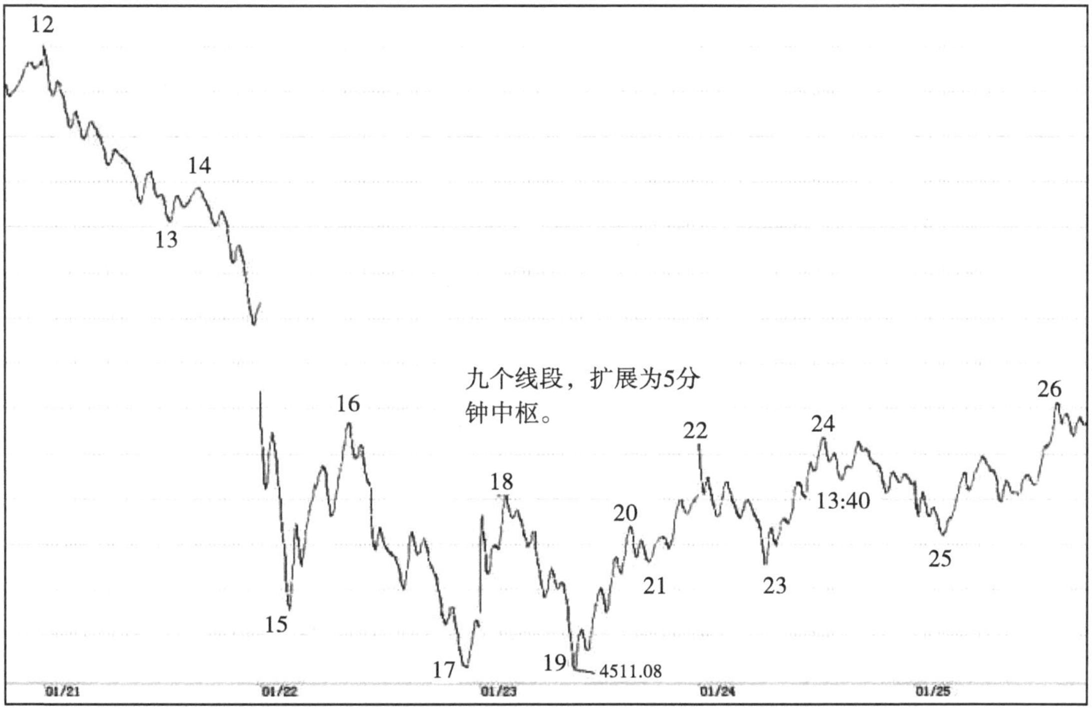

图330 上证指数2008年1月24日前后1分钟走势图

本ID的理论是纯数学，一就是一，二就是二，没有半点可以含糊的地方。

个股方面，本ID那些股票表现怎么样，都有眼睛，就不用说了。已经有N只创出了新高，而大盘比5522点跌了快1000点。当然，这种走势，最终不能完全脱离大盘。如果大盘站不住4778点而展开新一轮下跌，追高的风险是极大的。

本ID再次强调，本ID不需要任何人抬轿子。如果本ID需要你抬轿子，就不会让各位在8元去买中粮糖业（600737）了。再次强调，中粮糖业（600737）这类股票，如果你害怕了，就把本钱拿出来，留下 0 成本的筹码继续游戏，没买的就算了。

这世界上有 N 的 N 次方的股票，不需要买本 ID 的，而且本 ID 也不喜欢太多人买，因为本 ID 杀跌的时候，可不管亲疏的。对于本 ID 来说，股票就是筹码，就是纸，后面是谁，本 ID 可没兴趣知道。

来这里，就要学会自已顶天立地。有一天，你能在市场游戏里把本 ID 干掉了，本 ID 最高兴了。可惜，现在还没有这个人，好无聊啊。

下周补缺，多头别无选择（2008-01-25 15:17:34）

1

缠中说禅 2008-01-25 15:17:34

4778 点，其实就是一张纸。但在现在，人的心理比纸都脆弱，看来风险教育还是太少，股灾见得还不够多。看看人家恒生指数，上蹿下跳的，A 股的投资者还是历练少。

相比，深圳成分指数更有领先性，这一点在前面已经反复说过。今天这指数已经把本周下跌的缺口给补了，而上海显然需要补课，这课就是下周的任务了（见图 331）。如果周末没有什么不招人待见的消息，这任务应该不算是什么大不了的事。下周补缺，多头别无选择，连这都完成不了，多头也就只有认亏的命了。

注意，由于目前日线的形态不好，所以，就算这笔延伸出来，后面肯定还有向下的笔来确认的。这个向上笔结束的位置很重要。

（1）如果在 4818 点上下就结束，不能回补缺口，那么就是最弱的，后面就改 10×10 米高台跳水了。

（2）如果 4918 点上下结束，能够回补缺口，这还有较大可能回头，形成诸如双底、头肩底之类的形态。

（3）冲上 5000 点后再结束，形态上稍微好转了，那么后面只要回头幅度不大，多头又可以重新架设炮台，再次进攻了。

因此，这个向上笔的结束位置很重要。市场最终的走势，走出来自然就当下辨别了，无须预测。

这两天的走势，对底分型的具体操作是一个很好的锻炼。依据底分型买卖，不是今天才买，而是昨天探底不创新低时就买。当然，如果你技术好一点儿，可以确认这个探底是震荡性质的。注意，分型的操作，不是分型已经确认形成才操作，那时候已经是“已病”状态，就太晚了，这一点必须明确。

图 331 上证指数 2008 年 1 月 25 日前后日线图

例如，昨天买了以后，今天走势继续保持上升笔的形态，所以可以不管，等到出现顶分型时再处理。当然，说起来简单，实际操作，又少不了诸多的练习才能把握。

其实，这底分型的操作，就算是最难搞的认沽权证也是有效的。你看南航认沽权证（南航 JTP1，580989）这几天的日线，里面稍微复杂点儿，有一个包含关系。你看看前面 0.739 元开始的下跌，最终跌了 50% 以后有了一个底分型，买入点也就是今天早上不创新低的时候。

注意，这只是上课，认沽可不要乱玩。你没这本事，就注定要倾家荡产的，不是开玩笑。这只是说明，本 ID 的理论，对这么难缠的认沽，也是可以轻松应付的，就别说一般的股票了。

解盘（2008-01-28 15:20:28）

1

缠中说禅 2008-01-28 15:20:28

周末，都是利空的消息。最严重的，就是中石油（601857）准备有 10 亿上来这条，不过这正好完成了本 ID 说的那个故事所说的目标。当然，那个目标只是一个大概数，就是让最早买的有腰斩的快感，如此而已。等那 10 亿出来，其活力会有所增加。但只要没有期货，还是折腾的命，暂时没有大戏，而且也不能有大戏，否则我们可爱的题材股怎么办？

大盘今天开盘就选择本 ID 之前说的：“（1）如果在 4818 点上下就结束，那么就是最弱的。”一个线段就下来了 400 点，然后是一个线段的反弹。这反弹只要不能重新回到原来的震荡区间，就有逐步扩展成 5 分钟第三类卖点的风险。

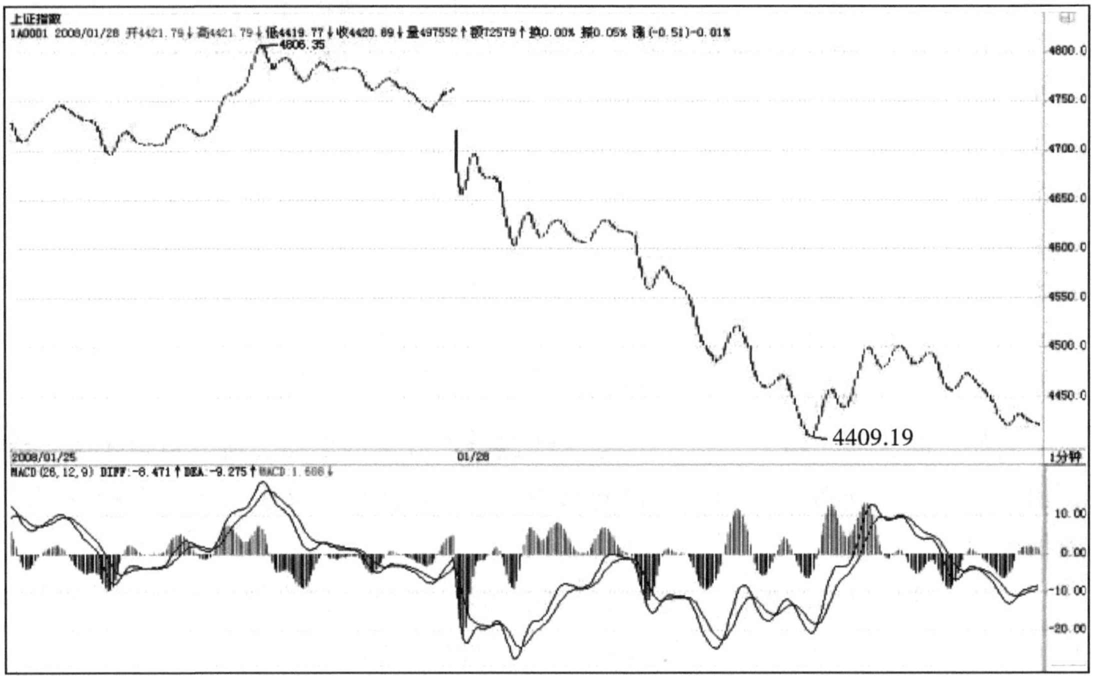

图 332 上证指数 2008 年 1 月 28 日前后 1 分钟走势图

关于目前的情况，前面已经很明确地说过，最坏的情况就是在 4778 点下形成 5 分钟下跌的第一个中枢。一旦出现这种情况，后面的下跌可能更加惨烈。

那么，我们可以讨论什么情况下才可能出现这种情况，大概唯一的可能就是美国出现 1987 年那样的崩盘，说实话，本 ID 特别愿意见到这一点。今晚，美国是否继续减息，这一点很重要。

一般情况下是不会出现这种最坏走势的，毕竟年线在那里。在关于今年的展望里，本 ID 已经明确说过，今年至少见两次年线，第一次应该是喜剧。

那么次坏的情况，就是这 5 分钟中枢是盘整类型中的，最终扩展成 30 分钟的。这种情况，不过依然是震荡局面，没什么大不了的。

最好的情况，就是这 5 分钟又震回去，最后还震出第三类买点来。但你的思维千万不能被这种最好的走势完全占据，这样会蒙住你自己的眼睛。

个股方面，今天还有不止一只股票顽强地走出新高。一旦大盘走稳，该爆发的都要爆发，仔细看好借机洗盘的，题材股继续火爆。

年线支持初显现（2008-01-29 15:19:24）

1

缠中说禅 2008-01-29 15:19:24

大盘今天碰年线，这是第一次（见图 333）。2007 年底已经说过，今年至少两次，第一次应该是喜剧。不过，年线这里也可以先制造空头陷阱，一切需要各方面的合力配合。

走势不是必然的，例如今天美国不减息，全世界暴跌，那样就会选择空头陷阱的形式。否则，就可以直接上去。美国减息与否这个因素，谁都不知道，但今天市场上已经反应出来，就是赌其减了，这就是一种合力的表现。一旦赌错了，市场就会报复性地去相反反应。

当然，对这些走势，是可以去参与的。为什么？因为就算是空头陷阱的方式，也不会远离目前的位置太多，只要控制好仓位，当然可以参与。

图 333　上证指数 2008 年 1 月 29 日前后日线图

此外，一定要注意，你不是多头也不是空头，但你一定要知道一旦发生什么情况，多头会干什么，空头会干什么。例如，多头的愿望肯定是想补上面的缺口，这就构成市场的一个潜在力量。这个力量在其他力量的干扰下，可能一时发挥不出来，但这反而构成我们一个更好的买入点。

请好好品味这句话：你不当多头也不当空头，但一定要知道空头、多头想干什么。而走势是最终的结果，他们想干的是否干出来了，这才是关键。干不出来，有什么后果，他们会有什么后续的步骤，这才是该想的东西。

现在的走势很简单，只要不有效跌破年线，就是继续原来的中枢震荡。

看别人脸色的日子总是不好过的（2008-01-30 15:23:08）

1

缠中说禅 2008-01-30 15:23:08

今天的消息，刺激了一个震荡高点，然后再回杀。由于减息的决定还没出来，所以，尾盘赌消息的又来了，这就是发生在看别人脸色过日子的日子里的一件无聊事情。

看着中粮糖业（600737）、澄星股份（600078）之类的股票，是否有点儿感动。这世界是需要不看别人脸色的人的，但这东西是合力的，光有几个这样的人，成不了气候。如果别人都成了爱看别人脸色的人，那这市场还是别人的。最后，剩下不想看脸色的，可能也转去玩别的不用看别人脸色的活动了。

说实话，现在本 ID 已经没有上次接石头的兴趣。对今年的行情，本 ID 2007 年已经给了明确的定位，就是题材股大涨，不管指数，所以才有跌了 1000 多点还创新高的品种。

但指数还是会起来的，在那展望里，本 ID 给出本年的节奏是“扬抑大扬大抑”，所以，多头还是会有面包的。只是多头如果还看别人的脸色，没点儿自我精神，那本 ID 宁愿把节奏说错了。

中石油（601857）那些筹码出来前后，是一个转机可能出现的时候，这时候也到了，但这东西需要合力。本 ID 现在确实没兴趣再去折腾大的玩意儿了，把自己的一亩三分地种好就算了。但呼吁一下总是可以的，合力，需要大家一起来。

大盘，很简单，现在是纯消息主导。明天美国要减息了，这边就又会冲动一下，但这种冲动不是以我为主的。以我为主，还没有找到合适的借口。

技术上，4400 点那中枢的震荡逐步向 5 分钟扩展开去。走势上很简单，如果不出现这中枢的第三类买点，向上的冲动也只能是冲动。

第一次见年线，不出意外，还是如2007年底所说，是一个喜剧。问题的关键是，这次喜剧之后，如果没有了自我意识，最终只能是悲剧。

大盘中线技术分析（2008-01-31 18:44:04）

1

缠中说禅 2008-01-31 18:44:04

上一篇收盘的文章，是非技术的纯粹直话直说的，这是走势后面必需的东西。但操作上，还是必须按技术来，所以技术是第一的。我们可以用一些语言对分力进行敲打，但这不能蒙蔽了技术的眼睛。特别地，对于一般的散户来说，除了图形，你是最公平地和所有人同时看到的，你还能有什么依靠？

还是和3600点相关，为什么？因为上海的指数从一开始就和这个点位相关。例如90年代初的45点，2001年的2245点等。这次的行情，一样与此相关。

4335点的530，6124点的高位，相差基本就是1800点。下来的第一个位置4778点，就是1800点的3/4。那么，现在到了1800点这个位置[①]，所以这个位置是很重要的，而且与年线相关。5522点下来的1200点，也在这个位置，所以这个位置与诸多因素相关，技术上很重要。

由于这次下来，已经触及4335点，因此，一个日线级别的中枢就已经在形成中，4335点上下就是这个中枢的一个必然部分。这个中枢，是从1000点上来的第一个日线中枢，所以这个中枢将影响至少很多个月的走势。

也就是说，现在，从中线的角度看，一个大的日线中枢震荡已经形成。这个中枢震荡的幅度，是以3600点为基础的，上面1800点，下面对称的，也可以有1800点。换言之，现在就算跌到2500点，也不过是在这个中枢震荡的范围内。

有了这个中枢震荡的大结构，对后面的市场走势就有了一个很宏观的把握。显然，目前这个中枢的中间位置，会在很长时间内反复见到。像2500点、6100点，都如同南航JTP1（580989）在0.976元那样的瞬间震荡位置。而目前位置，就如同最近南航JTP1（580989）的0.60元上下，是一个反复可以见到的位置，直到这个中枢被破坏为止。

这个中枢震荡，可以以450点，即3600点的1/8为一格，上面，4778点是第一线压力，5228点是第二线压力，下面的位置依此类推。当然，在具体的划分中，可

①这里是指从6124点下跌1800点，点位为4324点。

以把 450 点再细分，这对短线有一定的意义。

由于目前是一个日线的中枢，因此，最大的偏移级别就是 30 分钟的。如果有一个 30 分钟的向下偏移，那将构成最好的中短线机会。而且，类似 5 分钟的偏移，也构成好的短线机会。当然，如果你是超短线的，也可以关注相应的 1 分钟偏移。

在足够长的时间内，所有的市场机会，都会是因为对于该中枢的震荡偏移所引发的，配合 30 分钟、5 分钟、1 分钟等的内部结构图，你将在这大型震荡中如鱼得水。

本 ID 早说过了，今年只要你会震荡，你赚的钱绝对不比 2007 年少。有了这样一个大的震荡图，赚钱的机会多了，好好把握。

春节前后的市场，能否依靠年线和中枢中轴制造一次向 4778 点的中枢偏移，明天就有初步答案。如果能坚守在目前位置震荡上 5 日线，周一又不出现前两周一样的坏消息，那么这种偏移就有基础，否则，绝对需要先砸出空头陷阱再玩这游戏。

注意，本 ID 对市场从来都是充满信心的，但本 ID 的信心可不是死多头那样一定要向上的信心，本 ID 的信心是在震荡中赚钱的信心。那种一定要单边上涨才赚钱的幼稚行为，本 ID 没兴趣搭理。

本 ID 没信心的是市场以外的事情。只要本 ID 有兴趣，大熊市一样可以玩得很开心，更别说震荡市了。但市场以外的事情，本 ID 真的没信心。而市场以外的，才是本 ID 所牵挂的。

本 ID 一早说过了，对于本 ID 来说，经济变成什么样，又有什么影响？但对于大多数人来说，经济的走势太重要了，比股市要重要得多。

本 ID 希望每个中国人都有自己的面包，本 ID 日夜担心的，是中国 30 年的经济大升浪会被某种因数打断。除此之外，本 ID 没什么可担心的。

节前连涨三天？就不许！（2008-02-01 15:17:48）

1

缠中说禅 2008-02-01 15:17:48

听说有人还在发节前连涨三天的梦，但就不许！类似的梦还有，例如现在砸下来了为了奥运如何如何，简直脑子进水了，别以为股市有什么真正的地位。按照市场经济，股市当然有绝对很高的地位，但是，这不是现实。

如果脑子里还有一丝幻想的，请再把本 ID 关于今年走势展望的帖子读一次——“2008 年行情展望”。

今年的行情，就是早干早有面包的走势。真正的投资者，在 12 到 1 月的题材股走势中，已经赚到了第一笔买面包的钱。有些可笑的人，觉得4778点到5522点也算行情呀？千万别看不起这一段，如果在大的跌市里，这可能就是全年最大的一轮走势了（见图334）。在今年，有极大的可能，这就是第二大幅度的上涨。

图334 上证指数2008年2月1日前后日线图

在展望中，本ID已经很明确地说了，今年的节奏是“先小扬再抑接着大扬后大抑”，而且强调“至少有两个顶部是必须注意的，第一个就是6124点大调整的第二段上升所构造的顶部，这是一个小顶”，5522点就是这样一个顶。

本ID在那次剧本中说了：“关键看在5462点到5675点时间段内政策面的风向。风向不对，那就先把买胶水的钱换成买棒棒糖的，一人一个棒棒糖，看你要棒还是糖。”显然，5522点后平安、美国之类的因数足以让胶水换棒棒糖了。但后面的剧本依然有效，就如同本ID告诉你至少要见到腰斩的中石油（601857）一样。那胶水糊的鸟儿会有的，那就是本年第二波行情，现在，不过是为这行情进行准备。

大概没有人会注意，本ID在1月15日故意给出的这个帖子也被很多人认为是炒冷饭。现在请再去看看这特殊时间里帖子内容的实用性，看看当时日线顶分型刚构成后，你是否如课程那样操作了。如果你真认真看了里面的内容，你该怎么操作，还用本ID说吗？

注意，本ID只是陪练。陪练的任务，只是在关键的时候把该用的工具放到你眼前，如果你看不到，那就算了。

本ID有时候说的结论会有修改的。例如，原来对中石油（601857），给出的就是如中国人寿（601628）的走势，也就是到30元筑底上去，那是因为那时候期货这玩意还没被打压住。后来，一明确这玩意被压住了，本ID就把那至少24元的酒席故事告诉各位了，这就是有所修改。为什么？一切是合力，有一个重要的分力改变了，当然要有所修改。

其实，对行情的转折契机之一，本ID前面早就明确说过，只是看的人不注意，就是要等中石油（601857）那10亿筹码出来的前后。底部不是一天构成的，是要反复制造恐慌搞出来的。

这几天是什么？就是前期强势的题材股补跌，这是所有探底行情中必须有的。强势股补跌后，行情才可能进入真正的筑底。这一点，本ID早就说过，没有人会永远举杠铃的。

那么，行情怎么慢慢点燃？行情的点燃，都需要领头的，也就是有一个傻子，疯狂地裸奔，把大家逐步唤醒，兴奋起来。这个先疯涨的，一般只有三类，新股或有突发大题材的，还有就是前次行情崩溃的祸首以及率先被打压调整的。

如果你还没见到疯涨的，那么就意味着行情还没被点燃，依然在底部构造阶段。现在的问题不过是：睁大你的眼睛，发现那准备或已经率先上涨的。

今天的走势，不过是先尝试砸一下陷阱，并让那些幻想节前连涨三天的丢一下脸。当然，连涨两天还是有希望的，本ID倒不拒绝“二”这个数字。前提是，请先冀望周末没有什么不招人待见的事情。其次，那石油出来时不要过分变态。

现在，更大的问题是，这么高的印花税，我们搞一波上去，难道就为了让平安能顺利增发1000亿元？想起这个事情，本ID完全没有冲锋打头阵的兴趣了。自由世界的勇士们，你们冲吧，本ID在后面跟着。

没有幽默感与修养成不了好的操作者（2008-02-01 19:17:37）

1

缠中说禅 2008-02-01 19:17:37

资本将人异化，其实市场同样让人异化。看看现在市场里的人，很多都变得神经叨叨的，心里就剩下黑马、上涨之类的机械反应与欲望，这样的市场人，真是太悲哀了。

没有幽默感与修养成不了好的操作者。一个看到铁岭、保定只会想到暗示了什么股票的操作者，也不可能有什么长期的操作成功。

铁岭不过是来自赵本山的一个幽默，而保定就是郭德纲的。当然，南方的朋友可能有点不熟悉，这不奇怪。但其实就算你不知道这些幽默的意思，从文中对疯涨的分类，就能明白其中好玩的地方。

本 ID 一本正经地解释这个问题，其实就很搞笑，这只是小事。但有些人，见到本 ID 说第一次见年线是喜剧，就以为一碰到年线就起来就是喜剧。知道什么叫以哀景写乐倍增其乐吗？想想，对 5 日线的回试还要故意砸穿恐吓部分不坚定的，更不用说这 250 日线了。不把这哀景写足了，哪里会有好的喜剧，连这点儿修养都没有，还操作什么股票？

很多事情都是相通的，例如在顶部的时候，就是以乐景写哀倍增其哀。文学、艺术和市场是相通的，只不过你有没有这种修养和感触而已。

市场，最终是人的修炼场，你的全部修养是否花架子，在市场中一下就检验出来了。很多所谓的文化人看不起市场，因为他们不过是些花拳绣腿的玩意儿而已。

一个真正的成功的操作者，一定是一个哲学家、实干家、艺术家、有幽默感的人，否则，市场中任何的弱点，就可能足以致命。

和平时代，没有比市场更能提高人的地方了，好好珍惜吧。

年线上的中国式喜剧（2008-02-04 15:20:02）

1

缠中说禅 2008-02-04 15:20:02

第一次碰年线要上演喜剧，这在 2007 年 12 月已说。当然，真到上演时，相信的人就不会多了。不相信的人多了自然就更喜剧了，市场总是如此。所以，就算把剧本告诉你，绝大多数还是不行，这一点，已经说过多次。不过，经过这次教育，大概各位对本 ID 前面所说的“哀景写乐倍增其乐”应该会有点儿切实的体会了。

这里，本 ID 再明确地预先告知各位，这次很中国式地把新基金砸出来了，但这还不是真想要的。前面已经说过，这次砸出印花税下调的可能性很小，那么下次，或者再下次，总之，该改变的总要改变。印花税的改变，是 2008 年的目标之一，这一点已经多次说明。

技术上，十分凑巧的是，周五低点对应的线段刚好是 360 段，一个圆周。很多人老问 3600 是什么？为什么和上海指数相关？这问题大概不需要再问了吧。有人还要问，周五有底背驰吗？如果你连周五的背驰都看不出来，那只能重读了。看看 15 分钟图，想想该是哪两段比较力度（见图 335）？

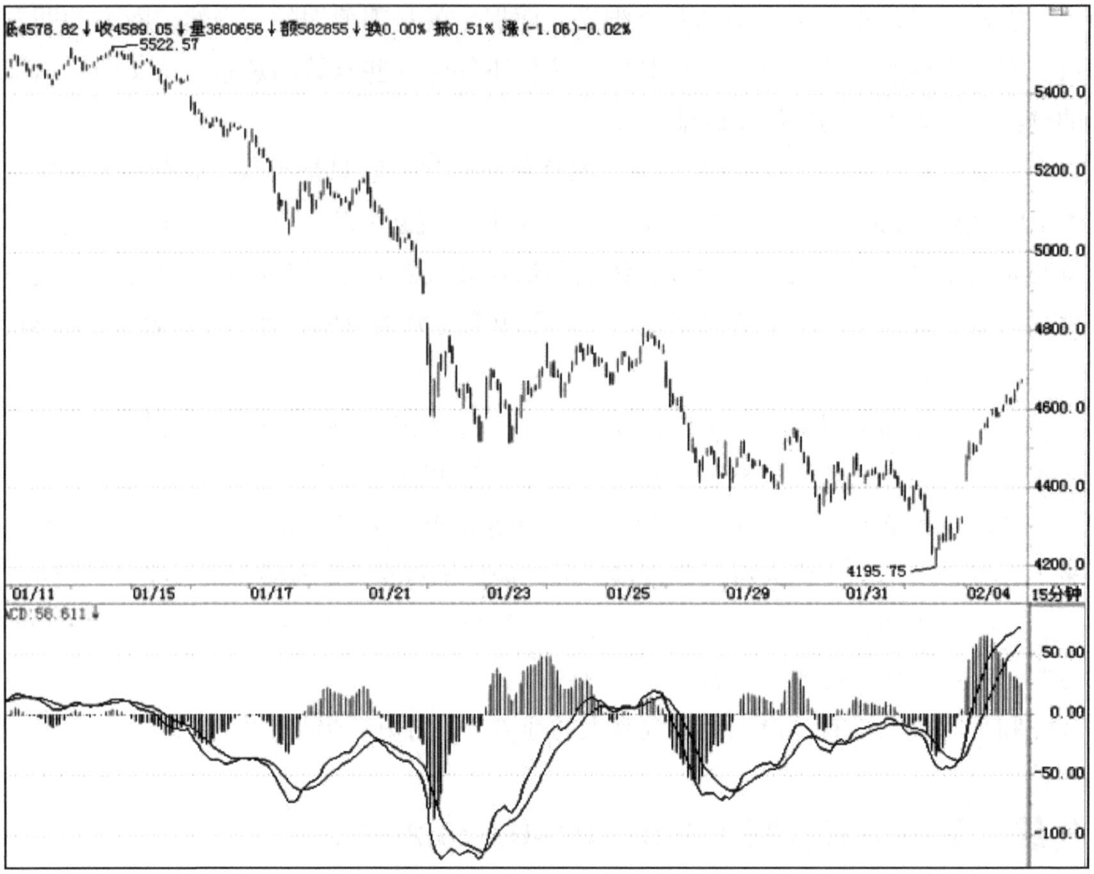

图 335 上证指数 2008 年 2 月 4 日前后 15 分钟走势图

有些人可能又要问，如果没有周末的利好，那背驰能成立吗？问这话的人，根本就等于没看本 ID 的课程。背驰成立只保证回到原来最后一个中枢，这一点和有没有消息没关系。实际上，上周五收盘前已经达到这一点，而所谓的利好不过是加强其力度而已。

实质上，今天的上涨，并没有脱离最后一个中枢的范围，4500 点上下那 5 分钟中枢的第三类买点并没有制造出来，因此，从技术上说，依然还可以看成是该中枢的一个震荡。

本 ID 更要问各位一句，如果没有周五的狠砸，这利好能出来吗？很多事情，都是一环扣一环的博弈，里面的水能浅吗？

其实，今天的利好掩盖了一个很大的坏因素。周末央行高层说，大企业应该主要到资本市场解决融资问题，并表达银根绝不放松的观点。当然，这些人不是最后定事的，他们的话也没什么准，不过，这证明某种观点或利益还是很有市场的，这就是后面的不确定因素或者说是大的隐患。

技术上，还是原来分析的，450 点一格，4778 点破不了，就把前面两个 5 分钟中枢搞成一个 30 分钟的震荡出来。

个股方面，今天普涨，关键是后续的能力。还是周五说的那三类，一般股票，反弹到阻力位置压力就大了。而一些套牢压力小或有大资金、新题材的股票，反而容易有持续的表现。

注意，今年做股票，就是要跌到位了敢买，涨多了敢抛。那种涨了才追，跌了才砍，来回几次就被清理出局了。如果技术不好，宁愿坐电梯也不能追高杀跌。当然，最好不要坐电梯。要不坐电梯，唯一的办法只能是，涨的时候，就睁大眼睛看有什么大级别的卖点出现；见到日线、周线的顶分型，就要根据自己的水平去操作。

明天，就看中石油（601857）的表演了，大盘会有所震荡。

阴线迎春给一根筋上了生动一课（2008-02-05 15:09:59）

1

缠中说禅 2008-02-05 15:09:59

本 ID 前面说了，节前连涨三天是不允许的，而两天要看周末消息和石油的走势。昨天，有利好涨了，而今天的石油，有人疯狂地抛出来，似乎那石油不是用钱买的。这么不计成本，你说能红盘吗？

一根筋，不是别有用心就是脑子有水。市场操作，不脱离一根筋，那命运怎么样，是不用讨论的。

技术上的问题，昨天说得很清楚了，就是线段类背驰后必然出现 1 分钟中枢。节后，就看这中枢的演化。事情就这么简单，不需要任何一根筋的想法。中短线上，还是 4500 点上下那中枢的震荡走势。

请好好看看真正的大资金是如何运作的，大概很多人都忘了南航 JTP1（580989）了吧，看看今天的走势，有什么想法？一个长假期，一个稳健的大资金，当然要这样进行有效的对冲。很多时候，不确定性因素是要靠对冲来解决的。这样，不管外围在春节发生什么事情，都可以吃嘛嘛香了。

当然，对于小资金来说，南航 JTP1（580989）这类东西风险太大，没必要参与。小资金不一定要对冲，就要发挥自己机动灵活的特点，看走势不确定，就先走一部分。有钱在手里，什么都不怕了。

总结一句，任何不确定出现时，唯一正确的做法就是控制仓位。你能自如地控制仓位，那你的水平就能上一个台阶。控制仓位，并不是说一定要空仓，而是把仓位控制在一旦发生特殊情况能有足够反应的水平。

任何想把最后一分钱赚到的，最终的命运只能是永无出期。

大过节的，就不说这些事情了。但市场的残酷是不分节日什么的，那种春节一定要红盘，奥运一定要大行情的思维，要好好醒醒了！

大过节的，抛弃股票，享受人生。你的身体、家庭、父母、亲人，比股票重要一亿万倍，好好珍惜吧。

开门不红又何妨？（2008-02-13 15:15:42）

1

缠中说禅 2008-02-13 15:15:42

只有一根筋的才喜欢开门红。知道 1993 年开门红以后深圳综指就从 368 点跌到 94 点，大概也只用了 1 年半不到的时间。不开门红，其实真没有什么，至少证明，里面有足够多的资金都没觉得今年是必须在春节一开门就要找人来埋单的，至少有足够多的资金还有下一步的打算。

技术上，本 ID 已经说得超明确，就是原来最后那中枢的扩展。这震荡什么时候结束的唯一标准，就是出现第三类买卖点，其他一切都是废话。

个股方面，中石油（601857）站不稳，指数要站稳那绝对是没戏的。那 10 亿的减持，这两天成交了 4 亿了，当然，里面还有很多水分。但中石油（601857）今天留下的缺口，应该很快就回补，问题还是这 24 元上下的中枢最终如何突破，这和大盘中枢的突破是密切相关的。

中线，就看 3 月的会能不能搞点什么了，面包会有的，但要靠自己去抢。

后三日是技术上最关键的时刻（2008-02-14 15:25:29）

1

缠中说禅 2008-02-14 15:25:29

今天的南航 JTP1（580989），是一个经典的走势。不管你是否参与，都先请搞明白：今天尾盘的故意拉起和昨天是一样的，这就是一种典型的做盘手法。一根筋的人最多了，以为什么都是可以克隆的，以为有一样的开始就有一样的结果，结果就给套进去了。

这一招，用了好几百年了，在中国市场上也用了十几年了，还继续好用，确实让人无语了。不管你参与与否，都要学着点吧，这样以后兴许就有经验了。

当然，类似手法有很多变招，因为前 N-1 次都是一样的，但这 N 可以不断地变化。用得最气势磅礴的，就是十几年前深圳 194 点到 334 点那次大反弹，不断同样的模式后，最后一天大跳水，多少人一直套到 100 点，可怜呀。

说大盘吧。大盘后三天是技术关键，因为所谓的 MACD 等指标金叉就要出现，要设置陷阱，也就是这个时候。但这时候有两种做盘方向，一种是空头陷阱，一种是多头陷阱，都仔细看好了。

大的方向，本 ID 说过 N 次了，但糊涂的人太多，再明确说一次。

（1）下面最大的机会，就是 6124 点下来 30 分钟走势类型结束后的向上 30 分钟走势类型，这机会在酝酿中，也就是在中阴阶段。但那 30 分钟的向上类型，最坏的情况，就是一个盘整，并不一定走出上涨类型，这是必须明确的。如果是盘整，就在这上下搞出一个日线的中枢，然后就面临 6124 点下来的日走势类型的第一个中枢。后面无论延伸出下跌或盘整，都是完全可能的。如果是下跌，那当然恐怖无比，比这几个月都要恐怖。所以，3 月前后，对中线走势极为关键。

（2）个股依然机会不断，新股、高送配的，有各类题材的，都会有机会。当然，从长线角度，本 ID 看好的类型也说过无数次了，就是环保（包括新能源）、农业、消费类消耗品等。短线，当然就是高送配中股价特别低的，例如现在不到 20 元，而且要送 10 之类的。中线，化工等板块是值得注意的。

注意，看本 ID 的文章，你必须连着看，因为有些前面的结论，本 ID 不可能每次都重复，例如对大盘的总判断。还有，本 ID 在前面那波中把人分为两类，一类就是坐小板凳的，一类是可以不断参与活动的，你首先要分清楚自己是哪一类。

就像从 4778 点到 5522 点那次，本 ID 从来没让坐小板凳的起来，为什么？因为那次是 30 分钟以下级别的活动。既然我们假设小板凳至少要搞 30 分钟以上的，否则搞不过来，那么当然就一直不用起来。但还是有无数人叫嚷，为什么涨了不让我们从小板凳上起来。那你首先问问自己，你有搞 30 分钟以下级别的本事吗？5522 点的急促下跌，就是因为上来的级别小，下来的当然也就小，你能反应过来吗？那些下来时不会动的，你认清自己的水平了吗（见图 336）？

认清自己，否则一切瞎掰。就像南航 JTP1（580989），机会就这么大，但你首先要有这水平。自己都认不清，那只能等着亏损被套。

认清自己，然后根据实际走势决定自己的操作，就这么简单。

图 336 上证指数 2008 年 2 月 14 日前后日线图

回试年线暂显支持（2008-02-15 15:39:01）

1

缠中说禅 2008-02-15 15:39:01

今天回试年线暂显支持，但重点还是下周初，因为 MACD 的柱子是否有效放红，这是下周最关键的问题。目前的情况十分明确，就是技术面完全支持行情的展开，但基本面、政策面有太多不确定的因素，因此才有如此上下为难的局面。

整个政策面的明朗，大概还是要等到三月会后，因此，之前一个震荡的局面依然。其间上下尝试，左冲右突一下是很正常的。期间甚至不排除再有一次大的跳水，去把最后的盘子洗干净。当然，这涉及最后的底部图形。如果是头肩底，那这次跳水就免不了。如果不是，那就不一定有了。是否头肩底，和后续的消息面相关，技术上反而没有太大的倾向。

个股行情会继续展开，只要指数稳定筑底，有题材的个股就不会寂寞。但操作中必须要有严密的布局，例如，昨天说的 20 元以下送 10 股的个股，其实就没几只，本 ID 没明确说出来，就是不希望养成懒惰的习惯。连自己的功课都不想做，那干脆把账号告诉本 ID，本 ID 把钱直接打给你算了。

最符合要求的，只要做点功课，显然不难找到，就是国电电力（600795）。这只股票，业绩很好，10 送 10 后就今早算 9 元，风险度很低。而且，530 后大唐发电（601991）的送股行情表现，使得这只股票的后续走势更有想象力。但这些都是估算，你介入时就应该知道，这两天的小阴线是在构造一个小的第三类买点，18 元上介入，大概的风险为 10% ~ 15%。你就根据自己的风险承受能力去决定自己的仓位，然后买入相应的仓位，并留下一定的对冲资金以便后面降低成本。有了这样一些安排，今天一大早有足够的时间让你去介入了。

注意，这里教的是一种思维操作方法，不是说一定让你去买国电电力（600795），而且现在拉起来了，再买就没意思了。

来这里，不是培养懒人的，这一点请一定注意。

MACD 红柱子终现待确认（2008-02-18 15:18:26）

1

缠中说禅 2008-02-18 15:18:26

本周最重要的事情就是这 MACD 的红绿柱子问题。今天借点儿利好，终于把这红柱子给弄出来了。但注意，这并不意味着一切无忧，下面就是一个确认的问题。

技术上，一般这种红柱子出来后，如果不能站住今天的位置，那么就会出现出几根红柱子再出绿柱子的情况，这种情况往往对应着新一轮的杀跌。这红柱子出来，需要预防的就是这种情况。

具体操作上很容易处理，也就是红柱子出来后，如果后续能量不能跟上，那么出现以上情况的可能就很大了。在冲高无力时，一定要先出来看看，因为后面对应的转折很可能是极为急促的。

技术上，底部的构造有头肩底的可能，这红柱后很快再绿柱的情况，往往就对应这种情况。在最好的情况下，也就对应双底的情况。

当然，以上都是些不精确的分析，如果按本 ID 的理论来，这些分析都没多大意义。现在就是一个中枢震荡的过程，这一点说了多次了。今天并没构成线段类上涨，说明向上动力不足，因此今天构成的 4575 点上下的 1 分钟中枢就有重要的技术意义，后面的超短线走势完全由此中枢最终的演变所决定（见图 337）。

个股方面，农业、化工、奥运等都有表现，但板块持续性还是有问题。现在的问题是，一个超级疯涨的板块还没有形成，所以个股行情只能显现零散的局面。要改变这局面，还需要不断地培养人气。国电电力（600795）碰到 20 元的整数关口，需要整理换手。如果高送转的板块都走不出来，其他板块就更难有戏了。

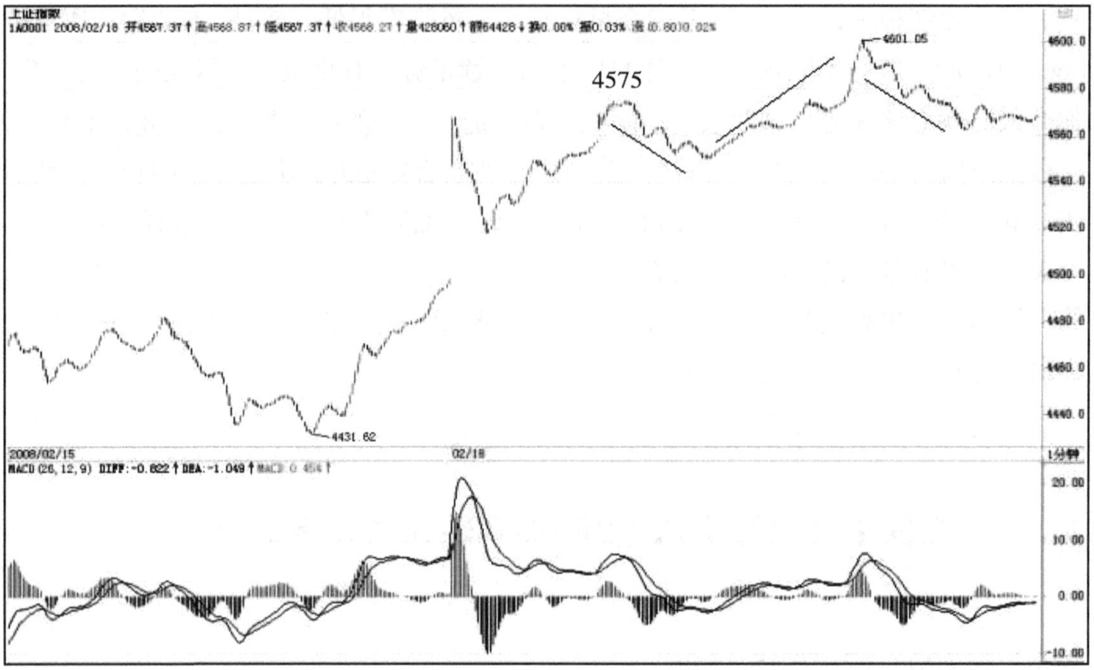

图 337 上证指数 2008 年 2 月 18 日 1 分钟走势图

本周保持住 MACD 的红柱，并站稳 4575 点之上，这是对多头最重要的技术要求。明天的 CPI 是一个考验，能否经受这考验，这是能否完成要求的关键。

CPI 公布成突破契机（2008-02-19 15:16:27）

1

缠中说禅 2008-02-19 15:16:27

昨天说了，今天要经受 CPI 公布的考验，结果大盘一直围绕 4575 点的中枢震荡,CPI 公布后也依然不变。下午更向上偏移，显示了最近少有的强势。最后一小时，就是中石油（601857）的表演。该股也如期回补前几天的缺口，但由于该股最近的大中枢并没有有效突破，所以这个回补只有震荡的意义，暂时不能给予太高的技术评价。

当然，站在本 ID 理论的角度，由于这次的底分型范围的上沿也在 4672 点，所以 4195 点上来的走势最终是否延伸为笔，关键也在 4672 点能否站稳。笔的最基本条件就是顶和底分型之间必须有不重合的部分，1 月 23 日那个底分型，就是因为后面不能突破站住 1 月 22 日高点 4818 点，所以使得不可能延伸为笔，进而原来的向下笔继续延伸，形成后面的下跌（见图 338）。

图 338 上证指数 2008 年 2 月 19 日前后日线图

因此，从最技术化的角度看，4672 点是一个关键的位置。

不过目前短线最大的问题，还是板块行情没有被点燃。靠中石油（601857）可以突破，但不能激发人气。后几天能否激发出板块行情，将是行情能否有力度延续的关键。

大规模增发压垮大盘（2008-02-20 15:27:33）

1

缠中说禅 2008-02-20 15:27:33

5200 点那次，平安（601318）的增发成了最后的稻草。今天，又来了一个浦发（600000）的增发，虽然不是正式的消息，已经足以让大盘回头（见图 339）。

现在的多头，必须如利物浦一样去战斗才行。三个手球不算，熬到最后一刻才把最后的纸给破了。现在，基金的新发，等于把空头一个人给罚下了，但要战胜空头，没点耐心是不行的。今天这增发，等于一个手球不算，估计这不算的手球还少不了。不熬到 85 分钟以后，胜利的希望是看不到的。

技术上，这 1 分钟的上涨肯定是没戏了。这里最好的情况，就是震荡出一个 5 分钟的中枢（1 分钟三卖之后再中枢扩展），看能不能搞成 5 分钟的上涨。注意，这是最好的情况。最坏的情况，当然是4575点附近的震荡后出现第三类卖点，这样就重新探底。

中线上，4672点（日线底分型顶）站不住，真正的行情就不会展开，依然是继续震荡走势，等于今早前85分钟的闷战。

图339 上证指数2008年2月20日前后日线图

多头需要第一个进球，这进球必须来自板块的启动。本ID一直强调的农业股，现在已经是整体走强，中粮糖业（600737）更是让人眼热地又新高了。这个板块能否带动化工等，逐步把热点蔓延开来，这是后面需要留意的。有时候火点起来了，蔓延不起来，那只好偃旗息鼓，等机会再来，这种事情也是经常发生的。

前面说了农业、环保（新能源）、化工，这都很好理解。至于消费消耗品类的，这其实是中国最大的优势，就是各种消耗品，例如吃的，包括调味品等。用的，包括很多方面，例如汽车发展了，汽车的配件如轮胎、玻璃之类的，反正是整天要换要用的。中国什么多？就是人多，消耗多，这是永恒的题材。酒类，只是其中很小的一部分。

中线真的突破时间，可能真要如前面所说，等到3月那会后了，所以一定要耐心。最主动的做法，就是追逐最强势的板块。最稳健的做法，就是逢震荡低吸那些有中线潜力且刚启动的，如高送转之类。

赚钱是靠个股而不是指数（2008-02-21 15:18:25）

1

缠中说禅 2008-02-21 15:18:25

今天，昨日的传闻被证实了。在现代社会，空穴来风的事情很少有，特别是在资本市场。指数勉强维持了 4575 点的中枢震荡，这 5 分钟中枢是确定了，后面的关键是第三类买卖点的问题。

由于大家伙都爱狮子大开口，所以大家只好避而远之。指数折腾不出花样，并不意味赚钱的机会少了，赚钱是靠个股而不是指数。在 2007 年的展望中已经明确说过，今年是题材股的天下，目前，正如昨天所说，就要到处点火，把板块激荡起来。

今天，从创投到化工、医药、新能源等，都被点了一次。这板块轮动是否能起来，现在还不好说，因为现在人为因素很大。但如果光是点火的人忙乎，最终是燎原不了的。燎原不了，那点火的人就白忙了。

指数，最悲惨的就是再砸一次底，但估计有题材的股票，最多就是顺着洗洗。你看，现在又有不少股票新高了。和指数折腾没多大意思，还是折腾个股吧。

注意，个股折腾，要注意轮动。一个板块涨起来了，没必要去追高，要买也买那些没启动但有新资金关照的。现在的行情，持续性都不高，势头不对可以跑。跑了依然会有无数股票等着可以去买，现在可没有踏空一说。

当然，没这技术的，就抱死一些中线肯定会涨的股票，死守具体的板块。能轮动起来的，赚 500%，轮动不起来的，死守的，赚 50%，这世界很公平。技术很重要，没技术就别眼热了。

下周初决定大盘中线形态（2008-02-22 15:18:40）

1

缠中说禅 2008-02-22 15:18:40

今天继续延续 4695 点浦发（600000）增发所制造的线段类下跌，在下午 14:00 后最终出现一个类底背驰（见图 340）。该类下跌出现三个类中枢，类背驰后的回拉如理论所要求的最低幅度回到最后一个类中枢，也就是至少制造了一个 1 分钟中枢。最坏的情况，这中枢是一个新的 1 分钟下跌的第一个中枢。最好的情况，就是该 1 分钟中枢出现第三类买点，然后至少回到类下跌的第二个类中枢范围。因此，下周初该中枢的演化决定了大盘的短线形态。

实际上，大盘下周初的走势还将决定大盘的中线形态。前几天大盘 MACD 出红柱子时，已经说过，就是必须注意放几天红柱子后再次放绿柱子的情况，这样就对应着大盘再次破底形成头肩底形态。下周是否会出现这种情况，马上就要见分晓。由于今天依然是红柱子，因此还存在不出现绿柱子，红柱子再次伸长的情况，而这一切都将在下周有分晓。

以下内容，在前面已经多次提过，这里不妨对单纯 MACD 柱子面临的情况进行最完全的分类再表述一次。

（1）再次绿柱子后比前一次更长，面积更大。这种情况对应着原来从 6124 点下来的 30 分钟级别下跌不能形成背驰，那么大盘最终的下跌空间完全可以合理地到达 2500 点，这也是我们所说的以 4300 点为中轴的 1800 点震荡区间范围内的。

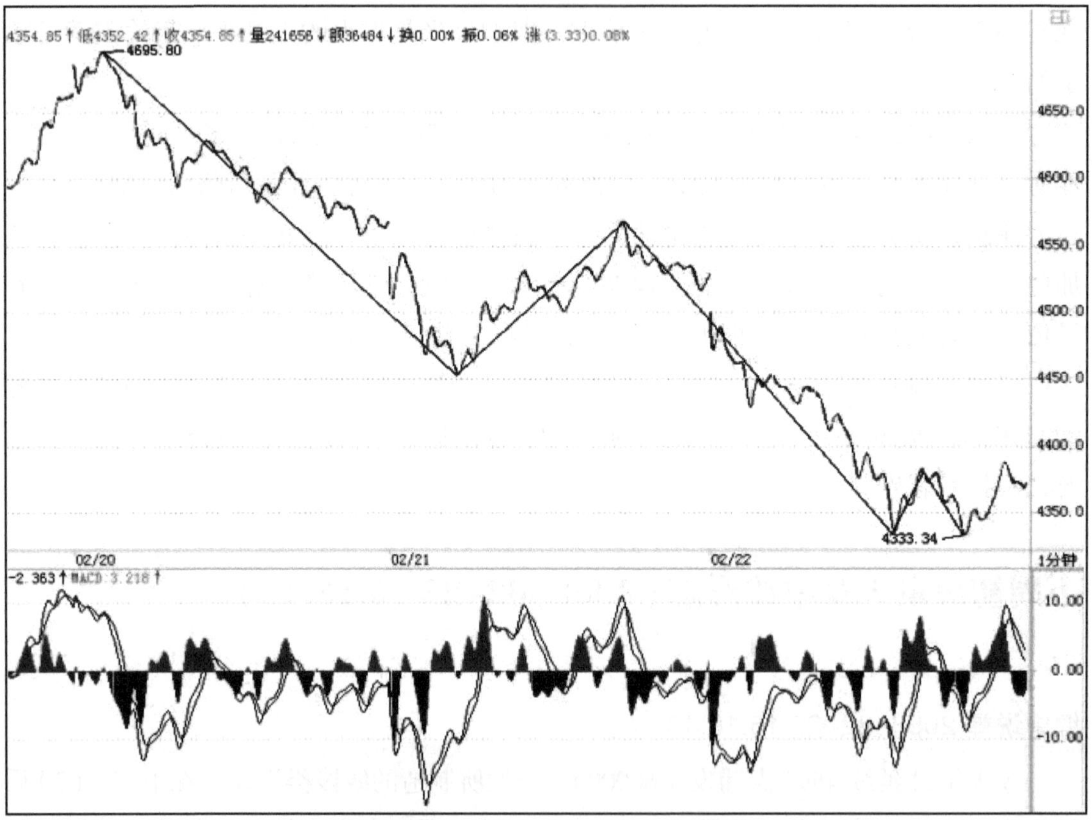

图 340 上证指数 2008 年 2 月 22 日前后 1 分钟走势图

评论：这种情况，在技术上是合理的，但根据大的基本面情况，暂时看不到支持这种走势的可能。当然，就算这种走势真的出现，也没什么大不了的，反正在真正破位下跌时，根据技术早走了。真有这样的下跌，等于一次巨大无比的机会在前面招手，那时候，又可以到砸锅卖铁买股票的时候了。

注意，基本面上其实还是完全存在这种可能性的，就是美国再来一次 1987 年。

（2）绿柱子再次出现，但比前一次短且面积小。这种情况对应着 6124 点下来的 30 分钟下跌背驰，也就是最终结束，然后展开一轮 30 分钟级别的向上过程。

评论：这是从目前基本面角度来看最合理的走势。本 ID 反复强调，真的行情可能要等到 3 月份的会后，主要就是针对这种走势的。从月线的角度看，底分型并没有出现，也就是说，二三月份在月线上的任务，就是把月线的底分型给弄出来。一旦成功了，就有支持行情展开的最基本的技术基础。

（3）不再出现绿柱子，红柱子再次延长，大盘直接上去。

评论：由于上次 4195 点对应的是一个 30 分钟中枢的盘整背驰，从纯技术的角度，这也可以构成底部。因为 a+A+b+B+c 里，c 并不一定要存在的，可以直接从 B 就向上反转，这就对应着盘整背驰点的情况。不过，这种情况一般都需要基本面的支持。这次能上来，主要是新基金的发行，但后面一系列的增发，使得新基金的发行基本面支持有所动摇。这种情况，作为一种良好的愿望，还是可以努力去实践的。但这样直接上去，只有一种后果，就是上升的空间会被压制。从纯技术的角度，一旦一个 30 分钟的直接上冲不能制造有效的突破，那么甚至可能形成一个日线下跌的第一个中枢，这反而问题大了。

当然，第二、第三两种情况，都依然存在选择的可能。最终怎么选择，那是大盘自己的事情，我们只需要等大盘自己去选择，然后根据选择操作就可以。

操作上，已经多次反复说过，震荡中，就是要逢向上无力就抛，下来跌不动了再买，这样才是真正的操作节奏。如果你没有这个节奏，那干脆就坐小板凳看着。

对于大盘大的走势，2007 年展望中曾说过，大盘有很大可能今年创不了新高。从纯技术的角度，无论最后是哪种选择，30 分钟的向上最大可能就是形成大的第二类卖点，6124 点是第一类卖点，后面至少要回杀形成一个大的日中枢。所以，今年行情的困难程度，2007 年底已经说得很明确了，还是那句话，今年结束时，大多数股票的年 K 线都将是阴线，这一点必须时刻记住。

各位可以根据自己的情况，决定自己的操作。

（1）如果觉得自己无法应付日线以下级别的折腾，那么全年坐小板凳，这也是一个很好的选择。

（2）觉得 30 分钟的走势还是可以应付的，就好好等待这 30 分钟向上机会的酝酿、展开。但一定要记住，现在犯点儿错误问题都不大，但一旦最终这向上开始后，一定要在顶背驰时出来。第二类卖点不走，后面是什么结果，看看昨天的南航 JTP1

（580989）在 14:00 后 0.76 元上那第二类卖点后的走势，收盘收在 0.64 元就知道了。当然，第二类卖点大幅度调整后会有再次上涨的机会，但如果这调整不躲开，其痛苦程度可不是一般人能承受的。

个股方面，已经反复说过，今年除非有期货，否则大盘股都没什么大戏，而期货是本 ID 所深恶痛绝的。本 ID 今年的三大任务之一，就是不想看到期货。今年就是题材股的天下，这已经说得太多了。诸如农业、创投、化工、医药、消费品、奥运、低价股、投机股甚至军工等，都会反复表现的。另外，最近公布了重组的事情，因此，关于重组的题材将慢慢升温。重组题材的好处，就是熊市也可以炒得热火朝天，这是一个值得关注的方向。

一定要注意，今年的行情，就算是个股也不可能像以前那样单边上去，肯定是反复震荡，来回折腾。除非那 30 分钟的向上过程最终展开，否则那种连续涨停，一去不回头的走势是很难出现的。操作上一定要见好就收，大力来回折腾，这样才能把利润洗出来。

某种程度上，今年炒股票是一个体力活，要来回跑动，要特别勤快才行，这一点必须注意。

新基金难敌大量增发（2008-02-25 15:23:55）

1

缠中说禅 2008-02-25 15:23:55

所谓事不过三，就算是管理层，连续三次用同一样的招数，市场也不会领情了。市场甚至会这样以为：连续发新基金，又不控制增发，难道是想让新基金去配合完成增发？一旦市场有了这样的念头，新基金就算有良苦用心，也只会得到相反的效果，因此，今天市场用新低回应管理层的关怀。

今天的走势，给那些政策迷好好上了一课。政策从来不是万能的，任何政策不过是市场的分力之一，最终决定市场的是合力。所有的合力都写在走势之上，所以，今天的市场，如期地就把上周所分析的第三种走势给废掉了。后面，就是第二种走势的演化问题了，这也是我们反复强调的最有可能的走势。

注意，卖出总在向上的过程中，也就是总在红柱子时。在上次刚出红柱子时，本 ID 已经明确说过了，一旦上冲无力，一定要先走。因此，在 4695 点就算你没看出那 5 分钟的盘整背驰，里面还包括一个 1 分钟盘整背驰的区间套，那么，浦发（600000）增发的消息也已经足以让你走人了。至于那些还要问绿柱子出来再走是不是太晚的人，永远不会懂得什么叫节奏。不懂得节奏，那就继续被市场捉弄吧。

今天的短线走势是超级教科书的，一开始就跌破上周的 1 分钟中枢（见图 341）。那中枢，只能回到三个类中枢类下跌的最后一个，超级弱，因此跌破一点都不奇怪。然后早上那最大的反弹构成第三类卖点，然后继续下跌。下午那波反弹完成第二个 1 分钟中枢的构造，所以，4695 点下来的走势，肯定至少是 1 分钟级别的下跌了。

短线的机会，在这个 1 分钟下跌背驰后构成 5 分钟中枢的那个反弹。当然，这反弹有多大的力度，就看其后的基本面情况了。最坏的情况就是，这反弹就在今天所构成的 1 分钟中枢范围内结束，然后构成 5 分钟下跌的第一个中枢。一旦出现这种情况，后面的下跌还要猛烈。

图 341　上证指数 2008 年 2 月 25 日前后 1 分钟走势图

当然，现在各种因素交织着，政策面方面经过今天市场的验证，是否有新的动作，这是决定最终形态的一个很重要的因数。其实，现在最大的利好不是印花税，而是把增发给规范起来，这才是稳定人心的立竿见影之举。

现在，要密切注意个股了，赚钱是靠个股而不是指数，看好那些趁机洗盘，强力吸纳的股票。技术上最安全的，就是离前期高位有一定距离，最近强力站稳而成交量一直保持一定数量的股票。因为新高的股票怕多头陷阱，而这种在下面横着的股票，有明显的吸纳迹象，就算补跌，也就是洗盘而已，正好继续买。当然，真能站稳新高的股票，只要前期没有爆炒过的，都是有投机价值的。

一定要注意，底部不是一天构成的，必然会来回折腾，因此，操作上一定要把握节奏，在底部震荡中就把成本降下来。一旦行情真启动，个股刚开始上涨，你的成本已经低了30%，这样不是最美妙的事情吗？

无技术含量救市效应递减（2008-02-26 15:14:39）

1

缠中说禅 2008-02-26 15:14:39

今天的所谓救市发言，除了表现管理层最近对市场的超级关注外，没有其他实质内容。关于增发，并没有给出实质性的限制措施。这个问题不彻底解决，市场最终的上涨空间一定受到限制。

当然，从超短线的角度，昨天已明确指出1分钟底背驰出现后的机会。今天的走势，简直是超级教科书，下午一开盘形成第三类卖点，然后再破底，在14:30形成最后的底背驰（4123.34点）。如此教科书的走势，如果都不能看明白并操作，那么唯一的办法就是继续读书（见图342）。

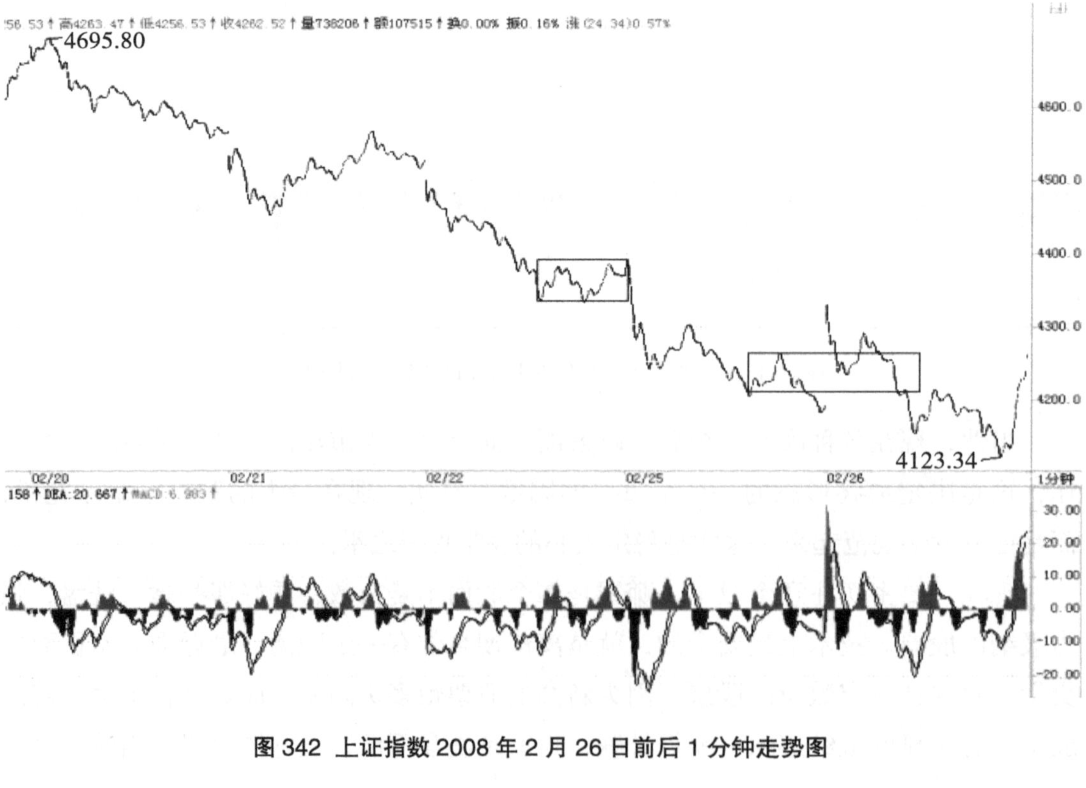

图342 上证指数2008年2月26日前后1分钟走势图

由于1分钟背驰后，最低的回升幅度就是回到最后一个中枢里，所以，明天的关键就是这升幅能否扩大。日线上，今天已经有底分型的雏形，明天只要不破底并比今天最高位高，底分型就成立，后面就是是否延伸为笔的问题，所以，技术上已经初步具备上冲的形态。

但是，目前最大的问题是，政策上需要真正的干货。如果政策不能给出足够的真正支持，那么就算上去，也就是继续保持大的震荡而已。

操作上还是那句话，以震荡的思路去操作，一旦上冲没力就先出来。个股上，前面提到的个股都会有所表现的。但现在的问题还是，如果没有真正的政策面支持，持续的行情展开就有困难，个股也只能进行线段式的震荡表现。

4391点决定短线走势（2008-02-27 15:19:36）

1

缠中说禅 2008-02-27 15:19:36

昨天说了，今天不创新低且冲上4331点就构成底分型，今天的走势也很争气地达到了最基本的目标。但是，站在严格的意义上，这不是最强的走势，因为整个底分型的上边沿在4391点，也就是前天的高点，最强的走势就是今天直接攻上这点（见图343）。

图343 上证指数2008年2月27日底分型示意图

底分型成立并不意味着上攻走势必然延伸为笔，关键是要站住整个底分型的上边沿，这才是技术上的关键。前面4818点、4672点之所以不能延伸为笔，就是这个原因，因此，4391点成为短线最关键的位置。

由于大盘选择了我们认为最有可能的第二种中线走势（第一种还不能完全排除），因此MACD的进一步变化就可以勾画出大盘中线的可能变化。

（1）由于今天MACD的绿柱子开始收短，因此最好的情况，就是再次放红并创出比上次更大的红柱子，这样，MACD的黄白线至少要回到0轴附近。

注意，所有真正行情的展开，都必须要MACD的黄白线回到0轴。一旦站住0轴，行情就会展开。这是最好的走势。

（2）绿柱子再次放长或放点红后再放绿柱子。

这种情况对应着继续的底部震荡。

目前，大盘中线的颈线位置在4700点上下，可以给各位一个最明确的技术图像。如果能在MACD黄白线回到0轴的同时大盘回到颈线，最后站住，那么突破就不可避免。当然，要完成这个技术图像，还需要多方面的配合。操作上，没必要被这些干扰，只要颈线不有效突破，就可以继续按30分钟震荡去操作。

注意，之所以用MACD来描述，主要是这个指标谁都能看见，而且直观，并不是说MACD有什么特殊的地方。如果你对本ID的理论有所把握，这一切都是完全没必要的。

本ID前天明确告诉大家有1分钟底背驰，昨天一个教科书走势，如果这些都不能把握，那你就面临两种选择：（1）你不需要再来这里了，等你被市场再捉弄N次以后再说吧。（2）抓紧学习，这是最基本的技能。连这些都不能把握，不学习不继续锻炼，哪里有更好的办法？

那么，昨天按理论进入的人，这后面无非面对两种情况：（1）1分钟回升构成5分钟的第三类卖点。（2）1分钟回升不构成5分钟的第三类卖点。无论哪种情况，都对应一个1分钟的走势类型。现在唯一需要市场去确认的，就是这类型是盘整还是上涨。

今天的走势，在4331点上下形成第一个1分钟的中枢，因此，后面的走势就是这中枢的演化。一旦这中枢能形成第三类买点，那么，构成上涨并重新回到原来5分钟中枢震荡的概率就极大了（见图344）。

操作上很简单，你根本不需要慌忙抛出，因为你可以根据这个中枢的演化再作决定。当然，如果你的胆子特别小，那么最稳健的做法，就是今天下午开盘后那个线段类背驰先抛出一半。为什么？因为线段类背驰后必然形成1分钟中枢，这表明你不想全仓参与这1分钟的震荡，等其后走势确认再说。

当然，对于心态好的，其实没必要如此，1分钟的震荡你都受不了，那还怎么搞股票。不过，对于操作有一定水平的，其实也可以利用那线段的类背驰进行换股操作，这是效率最高的玩法。不过这对水平要求更高，并不是每个人都可以达到的。

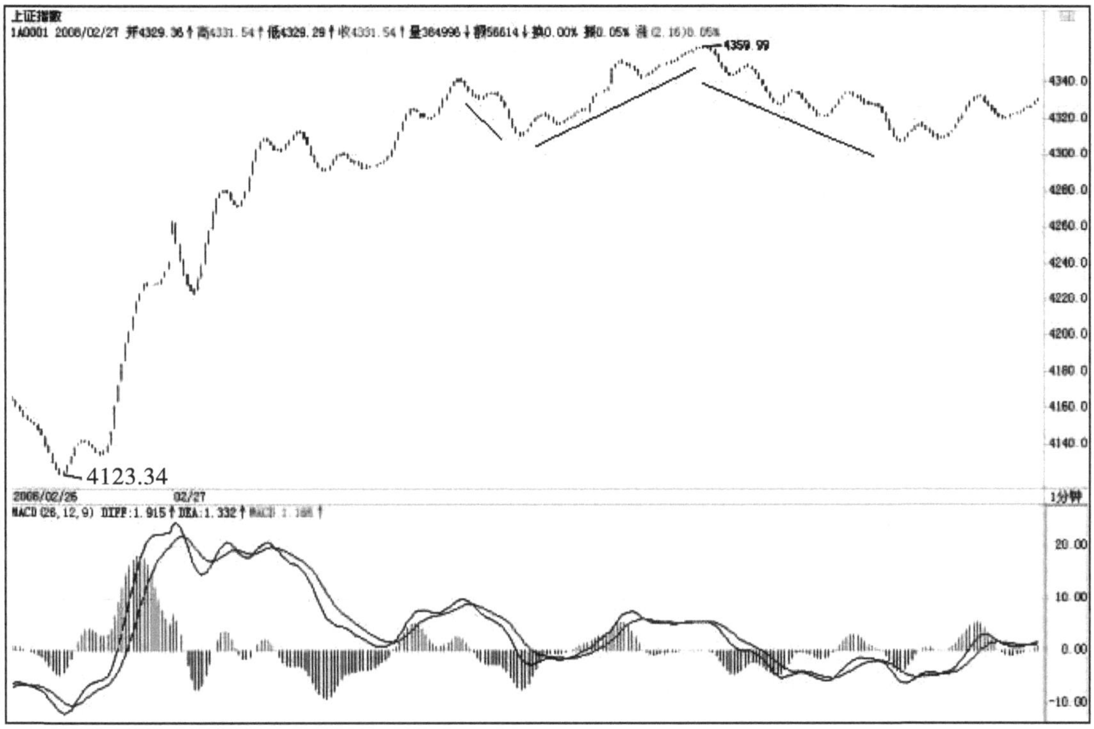

图344 上证指数2008年2月27日前后1分钟走势图

本ID的理论给予的操作指示都是最明确、最精确的，没有任何含糊的地方，关键是你的心态和能力。有什么心态和能力就参与什么活动，前提是，基本的操作和分析，你必须要彻底明白。

个股还是那句话，让板块轮动起来才是王道，否则，大盘的动力将出现大的问题。

浦发增发让大盘再陷彷徨（2008-02-28 15:12:30）

1

缠中说禅 2008-02-28 15:12:30

昨天已经说了，这两天本来是大盘短线很关键的时间，也就是MACD红柱子能否再度出现的时间，这时候任何风吹草动都会让脆弱的大盘受到惊吓。

今天，曾经在4672点扼杀大盘底分型延伸为笔的浦发（600000）说自己的资本充足率已经快到红线，增发400亿元不行，那么300亿元也可以，这种表态让大盘再度彷徨。

虽然在技术上大盘顽强地没有出现昨天所说的1分钟震荡的第三类卖点，依然保持了中枢震荡的局面，但这种变化，必然让市场心理再次出现波折（见图345）。

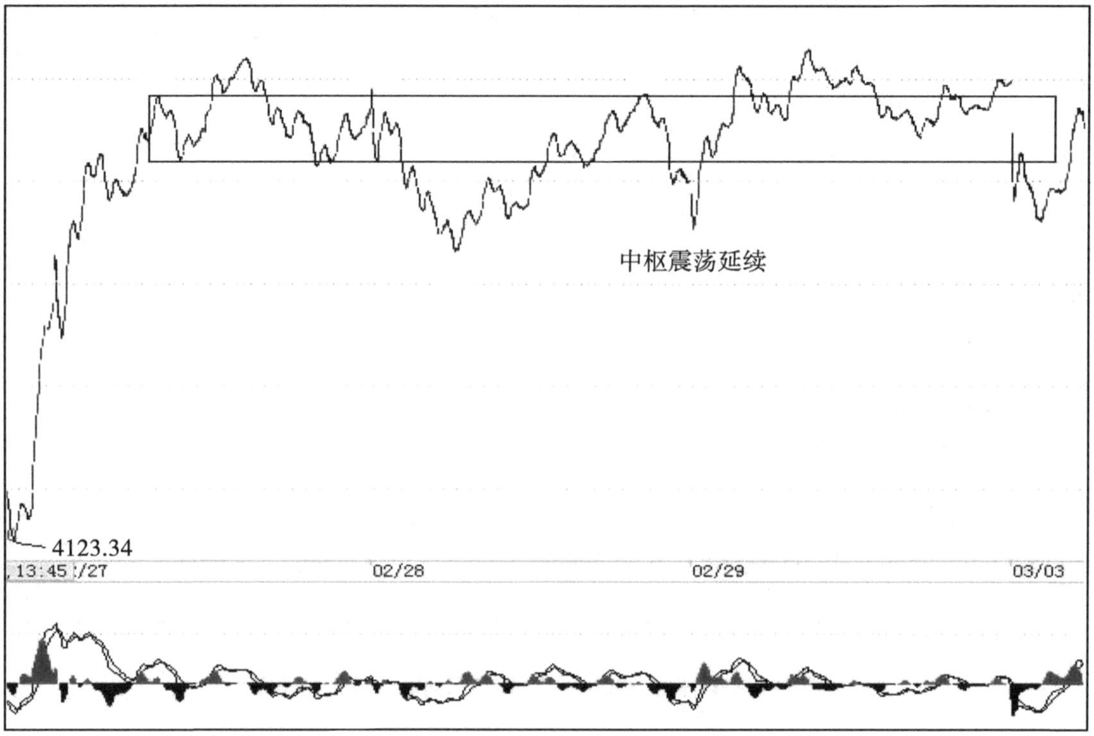

图345 上证指数2008年2月18日前后1分钟走势图

今天支持大盘没有走出真正下跌的，无非是关于印花税将要修改的传闻。今后几天，市场心理将在这种传闻与增发的压力下挣扎。

技术上，4391点没站住之前，大盘依然存在再度探底的潜在压力。至于这压力是因为传闻没兑现还是其他原因，这并不重要。

前面早说了，现在出印花税修改措施，其效力将大大减弱，因为现在最大的问题是，增发的压力已经远远大于印花税的减少。现在最大的问题是，万一印花税的新政策出来，最终又是一日行情，那么市场的信心将彻底崩溃。

操作上，依然按照震荡的原则，上冲无力减，下来震荡依旧再回补。

不过今天大盘上还是有亮点，就是个股行情有所升温。这趋势能否延续，决定市场信心的修复能否实现。

大盘已具备上攻的所有技术条件（2008-02-29 15:18:56）

1

缠中说禅 2008-02-29 15:18:56

今天，MACD 的红柱子终于再度出现，这是黄白线两次缠绕后的结果，所以在技术上特别值得重视（见图 346）。一般情况下，这种走势都将使得黄白线重新回到 0 轴附近，对应着大盘将有一轮上攻走势。但是，往往在这种情况下，最容易出现骗线。骗线不出现，一般 10 次里可能也不到 1 次，不过这种可能性是存在的。

大盘已具备上攻的所有技术条件，最近诸多板块也预热了几天，因此，如果基本面上没有突发性的消息，大概率的可能性转化为实际走势是很自然的事情。可能的不稳定因素，无非几条:（1）外围市场突然大规模下跌。（2）又来一个新的平安（601318）、浦发（600000）的升级版利空。（3）一些传闻中的所谓利好被证明是空穴来风。

由于这些因素不是市场能完全控制的，因此，走一步算一步是最好的操作思路。如果按本 ID 的理论，那么这一切都无须考虑，因为 4331 点上下的震荡已经延伸为 5 分钟级别的，那么，就看这中枢的第三类买卖点就可以，其他都可以当成中枢震荡处理。

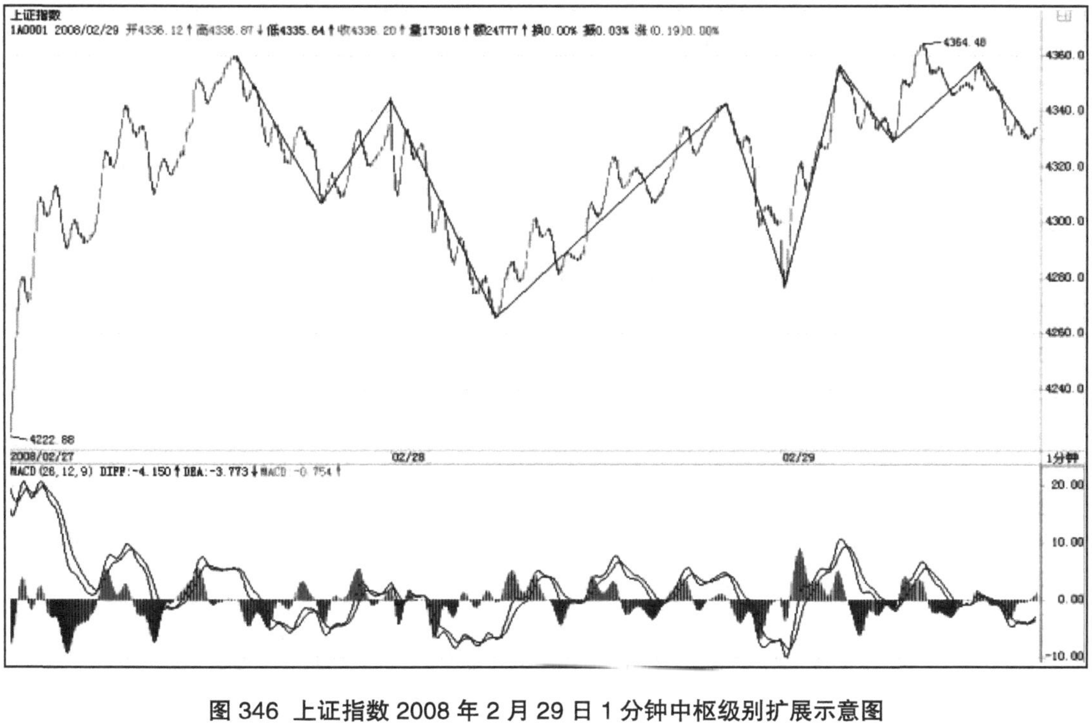

图 346 上证指数 2008 年 2 月 29 日 1 分钟中枢级别扩展示意图

上方的关键点位，前面也早说了，就是4391点（底分型最高点）。这个点位必须有效突破并站稳，否则走势不能延伸为笔。

板块方面，还是前面说的那几个：农业、化工、消耗品、环保新能源、军工、创投、奥运、重组等。如果黄金上1000美元，资源类的股票会短线爆发一次。高送转的股票，因为大盘不配合，除权前没表现的，那么表现可能就要到填权中了，例如这几天的金风科技（002202），就是一个典型的例子。

最近大盘多灾多难，往往要真动时，就突然冒点儿事出来，所有做多力量都被压抑了。但力量总要爆发的，就算这次再来一个突发的东西，不过为再下次的爆发积蓄能量，面包会有的。

站稳4391点，剑指4695点（2008-03-03 15:22:53）

1

缠中说禅 2008-03-03 15:22:53

大盘今天终于按最平常的方式突破4391点，早上那本年度至今走势最弱的股票中国平安（601318），并没有把大盘再次引向下跌，外围股市的大跌走势也没产生大的影响。究其原因，是我们自己内部基本面有了一些更大的支持，抵消了相应的影响，使得大盘的突破终于如愿。

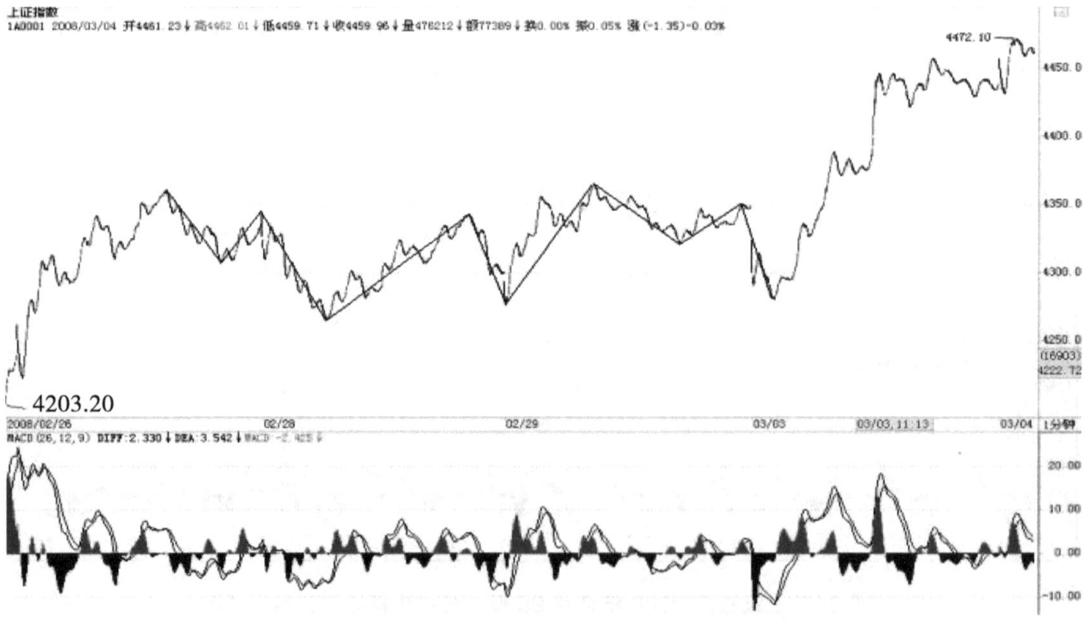

图347 上证指数2008年3月3日前后1分钟走势图

技术上，早上的回跌刚好形成5分钟中枢最后一次的一个线段，这样，a+A走势的a可以完美地进行线段盘整的分解，而A刚好是9个线段的最基本形式。当然，由于真正的第三类买点并没有出现，所以，大盘依然有重新回到该中枢震荡的可能（见图347）。

这对应的基本面情况最大可能目前就是两个：(1)外围市场继续大幅度下跌。(2)那最弱的股票周三继续推进增发，通过大规模增发计划。

大盘能否最终站住4391点，在基本面上必须注意这两个因素。

由于今天已经突破4391点，那么在周线上，一个底分型已经出现（见图348）。这底分型要延伸为笔，必须有效突破4695点，这也是中线行情能否展开的最终关键。

图348 上证指数2008年3月3日前后周线图

技术上的描述在N天前已经给出，按最正常的情况，MACD再次出现的红柱子将使得大盘重新回到0轴附近，这对应着对4695点的冲击。最终站住0轴，突破4695点并有效站住，将展开真正的行情。

当然，这一切能否最终实现，需要这段时间基本面的配合。只要基本面没有重大变化，这一切都将按部就班去实现。

个股方面，本ID已经把该说的都说了。你看看本ID的那些股票，中粮糖业（600737）就不说了。化工股里的澄星股份（600078）、亚星化学（600319），农业股隆平高科（000998），创投股大众公用（600635）等，都创出6124点以来的新高。显然，只要行情继续延续，很快就有更多的新高，这就不用说了。

当然，你完全可以不搭理本 ID 的股票。你可以按本 ID 提示的板块去找，例如环保新能源，说过无数次了。现在的股票软件都有相应的分类，在里面随便找找，都能找出不少好股票，你看今天这板块中有多少涨停的?

这世界，就算有面包，也要自己去吃。如果连自己去吃都懒得去，要人喂着吃，这种人不被市场淘汰，那真是怪事了。

增发再成行情杀手（2008-03-04 15:18:09）

1

缠中说禅 2008-03-04 15:18:09

昨天说了，大盘由于没有出现真正的第三类买点，技术上依然可以跌回原来的4331 点中枢，基本面上的相应配合就是平安（601318）通过增发。不过今天一开始的消息面，已经等不到明天平安开会[①]了，深发展 A（000001）的增发传闻，使得大盘立刻转折向下，一举实现再回原来中枢的壮举。

从平安（601318）到浦发（600000），已经 N 次把行情给搞砸了。浦发（600001）没补下跌缺口又再次探底，市场的态度已经很明确。

显然，现在最大的变数依然是明天平安（601318）的会。按现在的情况，通过的可能性极大，这样对大盘的冲击有多大，大概不难估计。

现在的操作很简单，如果你一直在题材股里混，其实大盘的每次下跌都是洗盘。等大盘开始回头，题材股就又再次新高，反复折腾，如此而已。所以，就算大盘再次探底，不过给了又一次回补买入的机会。

今天提一个口号：七八元是金，十二三元是银，20 元以上都是垃圾。你看本 ID说的那些股票，基本都是 10 元以下的。中粮糖业（600737）现在 30 多元了，说的时候是 8 元。大众公用（600635）现在 20 几元，还送了股，说的时候是送股前的 5 元。这一点在那 30 只股票里几乎都是，这就是一个很好的选股思路。

真正的大牛股，基本都是个位数起步的。所以，现在就要去找那些个位数的明日之星。

不管平安（601318）能搞出点什么名堂，大盘是否再被击毁一次，等待的都是机会，下跌就是机会，送钱来的。

---

①指证监会召开的增发申请发审会。

选股首先要有战略眼光（2008-03-05 15:16:02）

1

缠中说禅 2008-03-05 15:16:02

今天平安（601318）成功过会都在预料之中，不过管理层关于将严查巨额融资的表态，暂时抵消了平安（601318）增发消息的影响。由于平安（601318）方面可能会对自己的股票做出护盘动作，以争取管理层的通过，所以，平安（601318）的走势将逐步稳定甚至会对大盘短线产生支持。

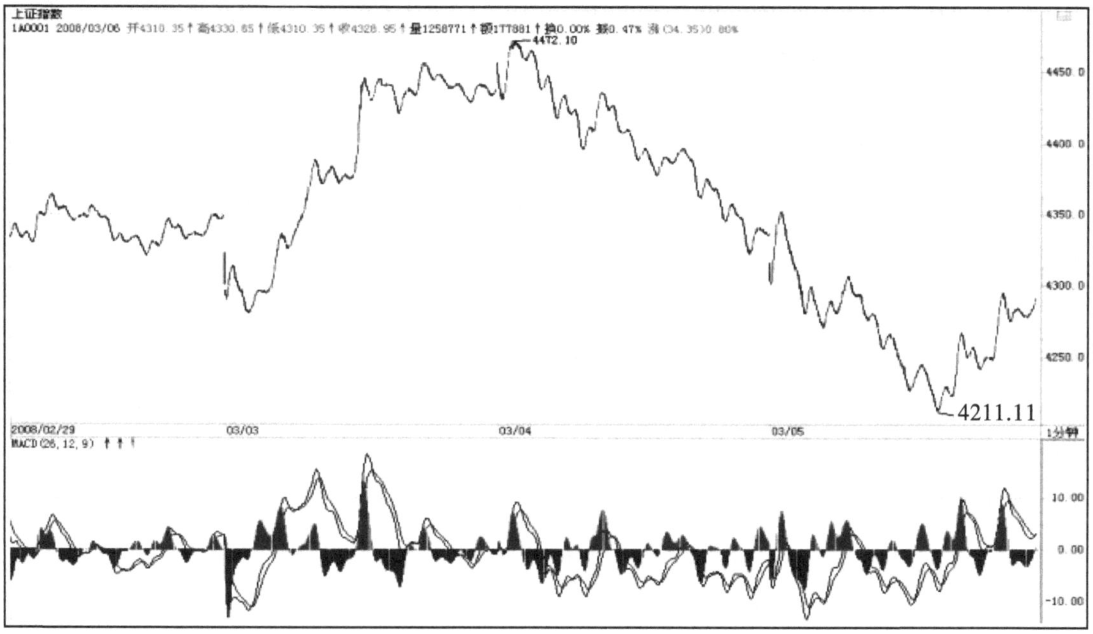

图 349 上证指数 2008 年 3 月 5 日前后 1 分钟走势图

技术上，一个标准的线段下跌类背驰后回到最后一个类中枢形成新的 1 分钟中枢，该中枢的最终演化决定大盘的短线走势（见图 349）。从大一点的角度说，原来 4331 点上下的 5 分钟震荡依然没有被破坏，因为第三类卖点没出现。

今天最重要的是，MACD 的红柱子依然保持着，所以，只要该中枢的震荡不被破坏，大盘逐步好转的机会还是极大的，毕竟平安（601318）的事情告一段落。但是，大盘可能还要不断受到类似消息的影响。最终解决问题，还是要靠管理层切实落实公开场合的承诺，严查巨额融资，而且一定要有相应的法规保障。

虽然大盘不断反复，但本 ID 一直强调的农业、创投、化工、环保新能源、消耗品等，都一直很无耻地走出强劲的上涨行情，今天依然新高不断。连那调味品这两天都可以连续涨停，为什么？因为本ID选股有战略眼光。

单独的个股行情，当然可以随便做。但对于大资金，大的安排，对一个板块至少进行中线运作，如果没有战略眼光，那肯定有大麻烦。

你看本ID布局的那些板块，都是国家经济发展的方向。今天的报告中，温先生都把创业板当成今年经济工作的重要任务，这是什么？至于农业，一年5000亿元的投入，环保新能源，经济发展的最重要方向，这一切都决定了这些板块的无限生命力。

来这里时间长的都知道，本ID从来不买贵的股票，因为本ID当然不可能给人抬轿子。而所有的大牛股，都是从低价开始的。本ID说20元以上是垃圾，并不是说20元以上的股票就没机会，但那些机会是第二、第三、第四中枢以后的机会，为什么在个位数的时候不买？

现在，就是要介入那些新的中线未启动的股票。下一个中线大板块是什么？是医药！为什么？因为医疗改革将逐步开始启动，这是一个长期有效的题材，所以那些低价的医药股，将是极为值得关注的。

注意，一个板块的大资金布局不是一天就完成的，所以，你可以先关注，毕竟短线最有力的还是那些已经启动的板块。那么，如果要快赚钱，就要在那些已经启动的板块中找补涨的。一旦前期没怎么动的股票有新资金介入，并且技术上有相应的买点，当然就可以介入了。

目前，农业、创投都挖掘得差不多了，正在主升浪阶段。而化工、环保新能源等，热度还没有太猛，所以，可以寻找的好的介入机会相应多点儿。这一切，关键自己要去寻找。例如本ID前几天说调味品，就两只股票，你还选择不出来，那就没什么可说的了。

至于高送配，这属于短线题材，只要行情稳定启动，肯定要表现的，只不过是除权和填权的分别而已。

平安护盘走势如期上演（2008-03-06 15:13:00）

1

缠中说禅 2008-03-06 15:13:00

昨天已经明确说了，平安（601318）为了得到管理层的认可，可能要进行相应的护盘，制造他们需要的气氛。今天，这护盘走势如期上演。唯一的好处，昨天也说了，就是让大盘有了短线的支持。

技术上，原来4331点上下的5分钟中枢震荡依旧，但4391点依然不能站住，因此，这里的反复依然。站住4391点才有攻击4695点的本钱，目前，这依然需要努力。MACD的红柱子依然保持，但回拉的力度相当有限，使得夭折的风险完全不能忽略。

短线4391点依然是最重要的位置，这个位置上冲没力，必然导致强力的回拉，这一点是超短线操作必须注意的。

个股方面，虽然在平安（601318）的带动下，指标股有所表现，但力度都有限，而且追高动力没有，暂时很难有持续性的走势。从政府工作报告中可以看出，很明显地，指数期货并不是今年的工作重点。

本ID的观点一直明确，今年希望见到三件事：(1)创业板推出。(2)印花税降低。(3)指数期货难产。目前的形势看，完全实现的可能性依然极大。

今天涨幅上，依然是中低价股的天下，只是板块出现轮动，农业、创投等休息，奥运、消耗品中的造纸启动，这都是很正常的板块轮动。总之，还是要跟踪有潜力的板块。如果技术过关，可以参与其中的轮动，如果不行就算了。

注意，轮动操作一定是把热的冲高时抛，然后吸纳有启动迹象的潜力板块，而不是去追高。如果这节奏把握不好，还是别操作算了。

中线上，如果这次红柱子放大后不能有效站到4695点上，甚至连4391点都站不住，那么，大盘再次破位并不是什么天方夜谭。再次提醒，今年的操作，一定是折腾式的，不要想着单边不回头的操作。

平安应停牌以维护市场稳定（2008-03-07 15:12:32）

1

缠中说禅 2008-03-07 15:12:32

今天的大盘，勉强继续保持原来4331点上下的5分钟的震荡（见图350），但所有股票都有了疲态。股票这东西要有点儿连贯性的，经常被一些突发性事情干扰，那就不仅仅是审美疲劳的问题了。

如果反复冲击4391点都不能站稳，每次刚上去就出现利空，那么大盘再次探底就成了必然的选择。现在，给大盘的时间不多了。如果下周初还没有起色，那么再下探甚至破底都不是什么奇怪的事情，毕竟现在离4123点[①]也就一步之遥。

当然，无论大盘怎么走，暂时都可以看成是原来那大的30分钟的震荡。中线上，

①该点位是前面说的日线底分型的最低点。

一个很切实的问题就是，如果两会过后还没有什么上去的动力从基本面角度给出，那么，一次狠跌的过程砸出大的空头陷阱，可能就是一个很正常的选择了。

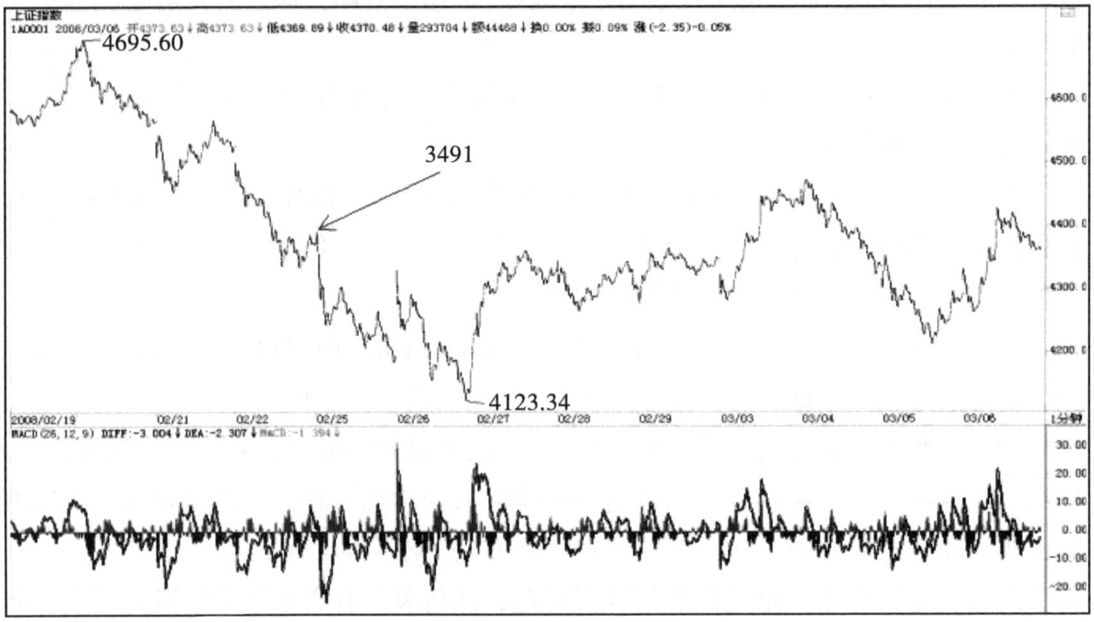

图 350 上证指数 2008 年 3 月 6 日前后 1 分钟走势图

大盘可能面临的最坏情况就是，这里反复折腾不出结果，然后创业板出来，热钱都跑过去，这里变成一座围城，在几百点的空间上耗上 N 个月甚至一年。这种情况并不是不可想象的。

当然，现在给多头的时间还有，多头还有反击的机会，就算创新低，也不是世界末日。现在的问题是，如果一些根本性的问题不解决，就算盘住了，那么上涨的理由呢？

紧跟平安将做空进行到底（2008-03-10 15:15:31）

1

缠中说禅 2008-03-10 15:15:31

大盘毫无意外地跌了下来。技术上，上周已经说了，本周初没东西出来，大盘破低并不是什么奇怪的事情。周五那 1 分钟中枢有极大的可能成为新的 1 分钟下跌的第一个中枢，今天早上那微弱的反弹构成该中枢的第三类卖点（见图 351）。

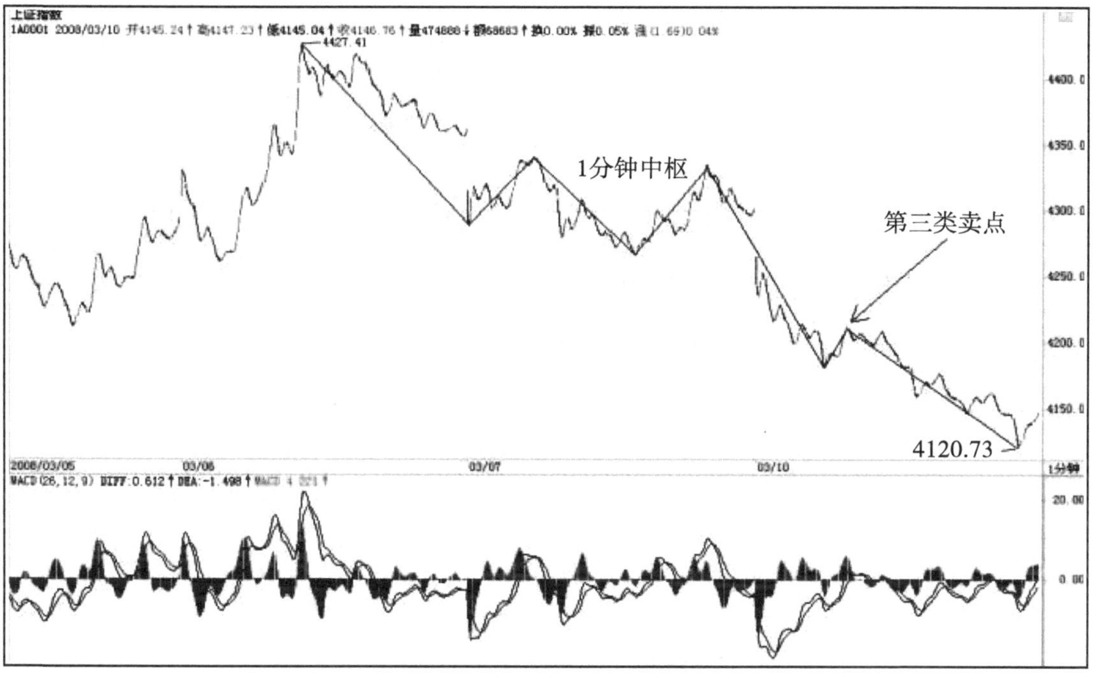

图 351　上证指数 2008 年 3 月 10 日前后 1 分钟走势图

当然，由于资金大量从大盘股抽离，反而成就了中小盘题材股行情的延伸。中小盘股至少胃口没那么大，而且也更好在各层面上控制。大盘下跌，不过给这些股票一个洗盘或打压吸纳的机会。

今天大跌，认购权证一反常态地暗潮涌动，就是这种新的投机行为一个很好的序幕。今天，又有不少中低价股开始有新资金注入。借指数跌潜伏进入，本来就是很正常的事情。

一句话，让投机来得更猛烈些。这种游戏当然不适合所有人，没这种投机细胞的，就小板凳看着，等基本面有根本改变再说。有的，当然睁大眼睛，发现一切可以投机的机会，选择最适合自己的去投机，做一票换一地儿。资金需要收益，资金很饿，总不能一季度没完就不干活吧。

回补周线缺口引发反弹（2008-03-11 15:22:15）

1

缠中说禅 2008-03-11 15:22:15

今天，所有人都盯着那被多空双方惦记了 N 个月的 4062 点上的周线缺口。结果，抢跑的不少，造成还差 1 点没补完（见图 352）。

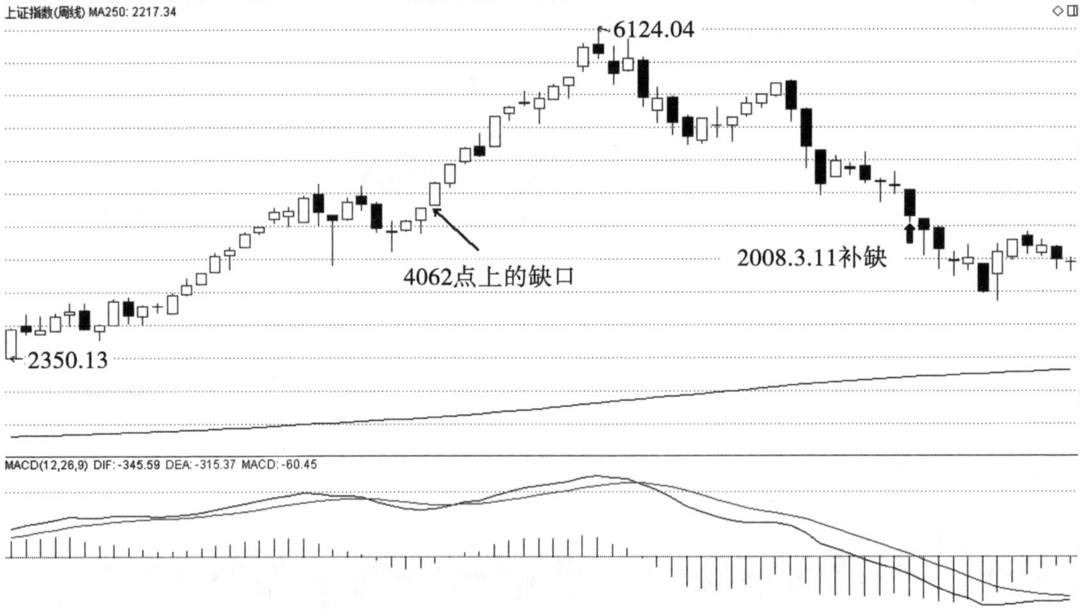

图 352 上证指数 2008 年 3 月 11 日前后补缺示意图

图 353 上证指数 2008 年 3 月 11 日前后 1 分钟走势图

当然，对于短线来说，这并不特别重要。技术上，那 1 分钟的下跌也形成了，目前唯一需要确定的是，第二个中枢是直接第三类买点反弹上去，还是把 a+A+b+B+c 的 c 给走出来再标准背驰上去（见图 353）。

前面，已经有两个类似的低点。今天的低点，基本是在前面两个低点的连线上（见图 354）。现在，大盘有初步的倾斜三角形的形态出现，但关键是这两个低点连线不能被破掉。

图 354　上证指数 2008 年 3 月 11 日前后日线图

由于这次下跌只是 1 分钟级别的，对于原来的 30 分钟震荡并不能制造真正的破坏，所以，站在 6124 点下来的 30 分钟下跌角度，真正的背驰并没有出现。当然，盘整背驰也可以制造低点，然后再形成第三类买点直接上去，但这需要后面的确认。在确认之前，震荡的格局是不会变的。也就是说，一旦上冲无力，唯一正确的选择，就是把今天抄底进入的退出。

后面，最坏的情况，当然就是反弹后形成 5 分钟下跌的第一个中枢，然后继续跌破前两个低点的连线，最后去形成真正的 30 分钟背驰（当然，如果发生美国 1987 年那种极端的情况，背驰是不会有的）。

最好的，就是继续 30 分钟的震荡。对短线走势的大体格局，应该有一个清醒的技术把握。

个股方面，你看，一反弹，冲在前面的基本都是 10 元上下的所谓垃圾股票，以及前期强势的板块，创投、农业、军工、消耗品等。所以，市场的资金分布格局并没有变化，这种情况要维持相当一段时间。

现在的大盘并不缺乏反弹、震荡，但真正的上涨理由在哪里？

更重要的一点，一定要知道，这市场不能靠任何人，包括所谓的救市，一定只能靠自己的技术和心态。你足够强，谁都打倒不了你。

美国救市救不了中国股市（2008-03-12 15:20:52）

1

缠中说禅 2008-03-12 15:20:52

美国救市，大盘也跟着大幅高开，结果不仅被彻底打回原形，还再次挑战新低，一日游行情就此结束。

自然的调整并不可怕，可怕的是市场信心的丧失。

至于技术上，昨天已经说得很清楚。今天的走势，并没有脱离昨天的那个 1 分钟中枢，而这个中枢后，是走 1 分钟的 c 段。之后构成 5 分钟中枢，还是直接扩展成 5 分钟中枢，没有任何实质性差异。

最大的问题就在于，如果这 5 分钟中枢是一个 5 分钟下跌的第一个中枢，后面面临的短线压力就极为巨大了。

当然，这是最坏的情况。是否如此，让市场自己去选择。

信心危机引发多杀多（2008-03-13 15:18:28）

1

缠中说禅 2008-03-13 15:18:28

反复强调，现在主要是信心问题。信心危机下，今天引发多杀多，4000 点成了纸糊的。不过，下午关于 3G 的利好引发中国联通（600050）快速上涨冲击涨停，使大盘不至于收得过分难看。

当然，这多杀多走势一旦出现，意味着短线底部将逐步来临。不出现多杀多，底部是不会出现的。

但是，现在的基本面极为微妙：(1）平安（601318）的事情没有结果，这是一个大的隐忧。(2)两会结束没有特别的东西，将引发新的信心动摇。(3)经济面的现状，使得大资金不敢真正介入。

所以，短线反弹会有的，中线真正企稳，还需要诸多方面的配合。

现在，也有些股票有新资金介入，例如那些新股，离发行价不远的，都有新资金开始关照。此外，3G 题材能否成为新的热点，这对大盘短线走势有一定的意义。

操作上，还是那个原则，进入后一看上冲困难就要坚决退出，不能恋战。至于没这技术的，本 ID 一直给出一个最好的选择，就是小板凳。

中线，技术上最大的机会就是 6124 点下来 30 分钟下跌结束后的那次强力反弹。但由于基本面的诸多乱象，最终的结束方式可能会比较复杂。目前，最后一个 5 分钟下跌依然没有形成，都是 1 分钟级别的（见图 355）。这在技术上意味着:（1）暂时只能形成 30 分钟的盘整背驰。（2)后面或者还有更大的以这个 5 分钟级别为形式的下跌。

至于哪种情况，让市场自己去选择。

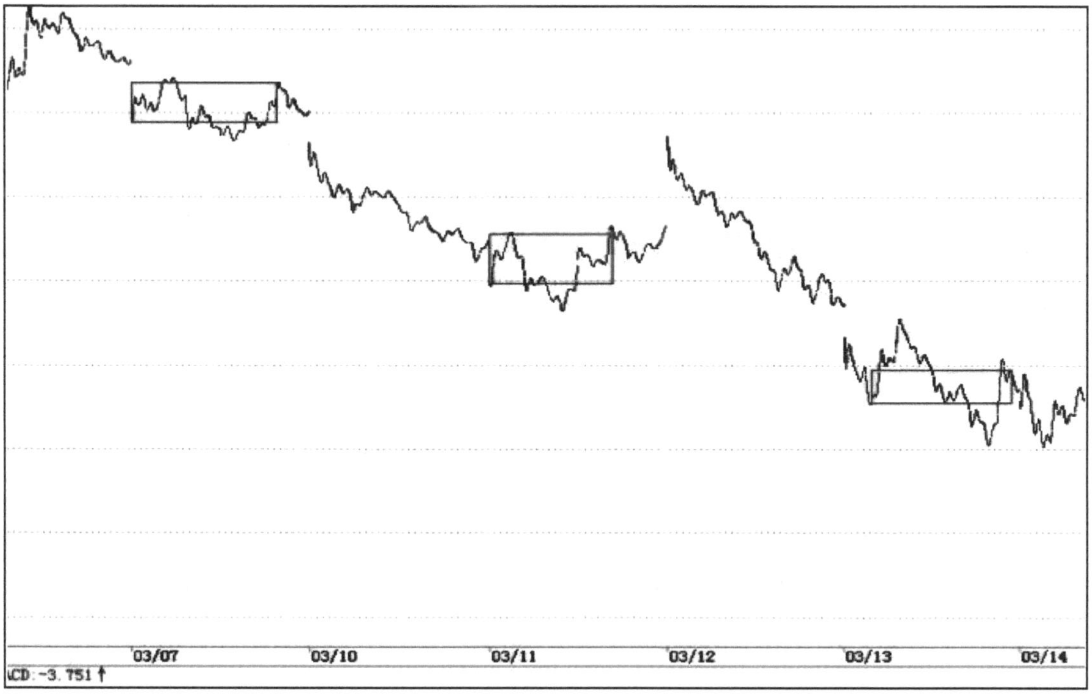

图 355 上证指数 2008 年 3 月 13 日前后 1 分钟走势图

信心不是“应该有”就能有的（2008-03-14 15:12:11）

1

缠中说禅 2008-03-14 15:12:11

今天，有人在媒体上说应该对市场有信心。但信心不是无条件的，不是想着“应该有”就能有的。市场的信心更不是靠画饼就能有的，市场的信心来自实实在在的市场环境的改善。

市场信心的丧失是会快速传染的，一旦基金持有人的信心也开始大面积崩溃，大规模的挤兑就不可避免，难道一定要出现那种情况才醒悟吗？一旦出现那种情况，难道用一句“市场炒作不是每个人都可以参与”就能打发的？

技术上，现在在4000点下又搞出一个1分钟中枢（见图355），也就是说，这次1分钟的下跌已经有3个中枢了。一般来说，这意味着短线的反弹随时有可能出现。若反弹只能在4000点上下形成一个5分钟中枢，那么，后面一旦演化成5分钟下跌的第一个中枢，其压力可想而知。至于这个1分钟下跌结束制造的反弹是背驰还是盘整背驰产生的，本质上没有多大差别。

下周两会结束，这又是一个考验信心的时刻。如果没有什么特别的消息，那么，那些还希望两会有点儿利多的人，也要信心动摇了。现在，一个很大的问题是，如果市场格局还是这样，那么每次反弹只会让信心丧失者不断出逃。

现在，可能这个问题才是最关键的：请给一个留下来的理由。

多杀多蔓延加速短期底部来临（2008-03-17 15:17:29）

1

缠中说禅 2008-03-17 15:17:29

没有实质性利多救不了市场信心，同样拉中石油（601857）来护盘也不行，这顺理成章地导致多杀多的蔓延。不过，这反而导致短期底部加速来临。

现在，就纯粹探讨技术上的问题，不说那些已经反复说过的东西。看看下面6124点下来的60分钟图，大的走势就一目了然了。这次下来，目前只走了4个线段，连一个1分钟的中枢都没形成（见图356）。注意，这是60分钟图上的1分钟中枢。

显然，一个标准的跌法，就是这第5线段中，有1笔对3进行反抽，形成一个类第三类卖点，然后再破底。一旦当下满足区间套，那么真正的底部就可以精确定位。

不过，现在对3的反抽笔还没有出现，因此，下面的反弹的性质，就是对3的反抽。如果形成类第三类卖点，那么是最好的。如果又上去了，那么证明3、4这个类中枢的震荡依旧，后面还要折腾。

我们说的短线反弹在技术上是超级明确的。各位看，4的位置对应的MACD刚好在0轴，也就是被压住上不去，然后再次破位，这是很标准的走势。

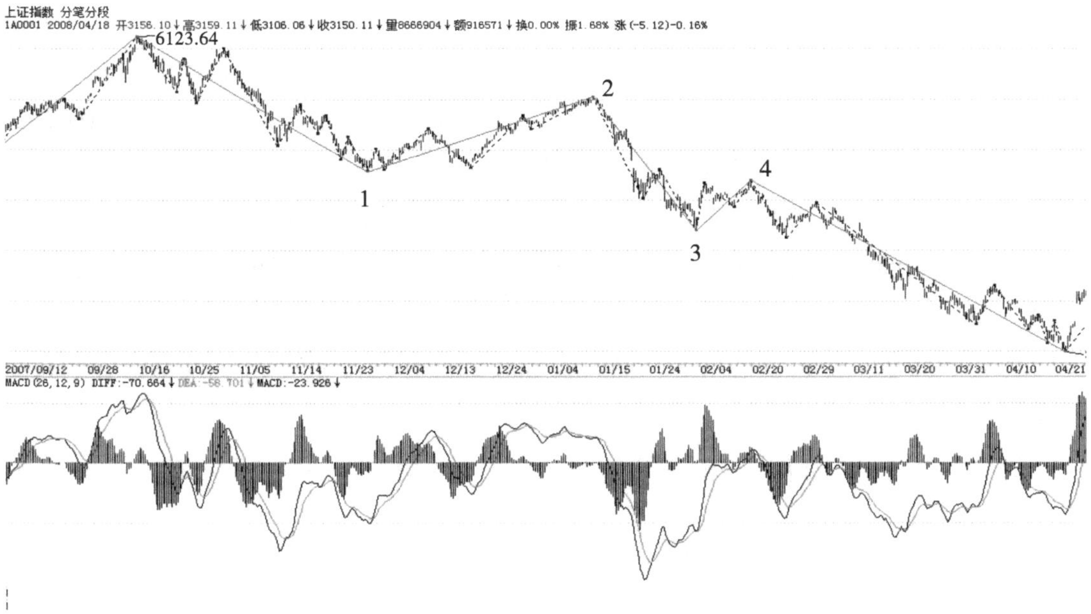

图 356 上证指数 2008 年前后 60 分钟走势图

一般来说，看粗略的大趋势，可以用大图。例如，中石油(601857)，看日线图，48 元下来连一个线段都没走完。现在，很有机会走这线段的第 4 笔。

所以，对这个反弹，我们就有了一个很明确的把握了。具体的，可以针对具体个股去操作。不过这反弹点的更具体的定位，必须结合小图来继续寻找，大图只是给一个大概的轮廓。

今天尾盘开始买入股票（2008-03-18 15:16:32）

1

缠中说禅 2008-03-18 15:16:32

很多人好像很想知道本 ID 的操作，今天可以公开宣告，今天尾盘，本 ID 开始买入股票。由于最后一批对行情走势绝望的人今天从市场中杀出来，大盘就开始有点意思了，所以，本 ID 今天尾盘开始买入、回补第一批股票。

但是，这个杀跌过程，很有可能会演化出极端非理性的情况，所以资金大的，可以用分批建仓、震荡操作的方法。也就是有足够的底仓后，保持这部分仓位不动，其他资金震荡操作，把建仓成本降低下来。

对于小资金，你可以根据技术图表找到更精确的买点，但大资金是做不到的。现在，对于大资金来说，从今天尾盘最低点开始建仓，已经可以了。

本 ID 多次说过，今年到处是井，井可能是坟墓，也可能是机会，关键看你的水平。这次这井操作好了，收益少不了。本 ID 更反复说了，今年的操作是体力活，必须来回折腾。那种死拿股票等单边上涨的人，就等着套牢吧。难道不知道本 ID 2007 年底就告诉你，今年绝大多数股票都是年阴线或长上影吗？

如果你没来回折腾的本事，本 ID 一早就给了你最好的归宿，就是小板凳。如果你自以为自己的水平可以不小板凳，结果给市场捉弄得亏损累累的，那么就好好去学习这成语：自知之明。

建仓的股票，依然是低价股，而且短期跌幅最好超过 40% 的，这是最好的玩弄对象了，好好去寻找。

好了，逐步进入可以开始干活的时间段，有本事的就开始抄家伙。没本事的，就继续小板凳。

3775 点决定反弹能否延续（2008-03-19 15:21:35）

1

缠中说禅 2008-03-19 15:21:35

我们现在只是纯技术性地探讨走势，3775 点能否站稳，将决定大盘反弹能否延续。今天一大早高开后回试是一个次佳的买入机会，为什么？看看 60 分钟图就知道，这刚好构成底分型。而 3775 点，刚好是这底分型的上边沿（见图 357）。

如果你明白这技术上的问题，那就会很放心地在早上第一小时回试时买入。很多股票当时还曾砸出比昨天更低的位置，例如紫光股份（000938），而收盘是涨停的。

这里必须有一个纠正，图上向下箭头所指位置其实已经足够构成一笔，而这笔没有回到 4431 点上，刚好构成类第三类卖点。所以，现在的大盘走势很简单，是直接拉回图中 3 的位置，还是在这里折腾出一个线段来。

由于目前还没有出现明确的区间套，不能完全确认从 4 下来的这下跌就一定走完。单纯从 60 分钟图看，这里显然构成了一个背驰段，只是这背驰段没有得到区间套的精确定位和确认。不过，按通常的情况，最终回拉图中 3 的位置是必然的事情。唯一需要选择的，是完美地完成区间套，还是就此直接上去了。

这一切，3775 点是一个关键，为什么？因为这决定了早上第一小时构成的那个底分型能否最终延伸为笔。如果笔都不能延伸出来，那当然需要再探底，去完成区间套的完美构造。

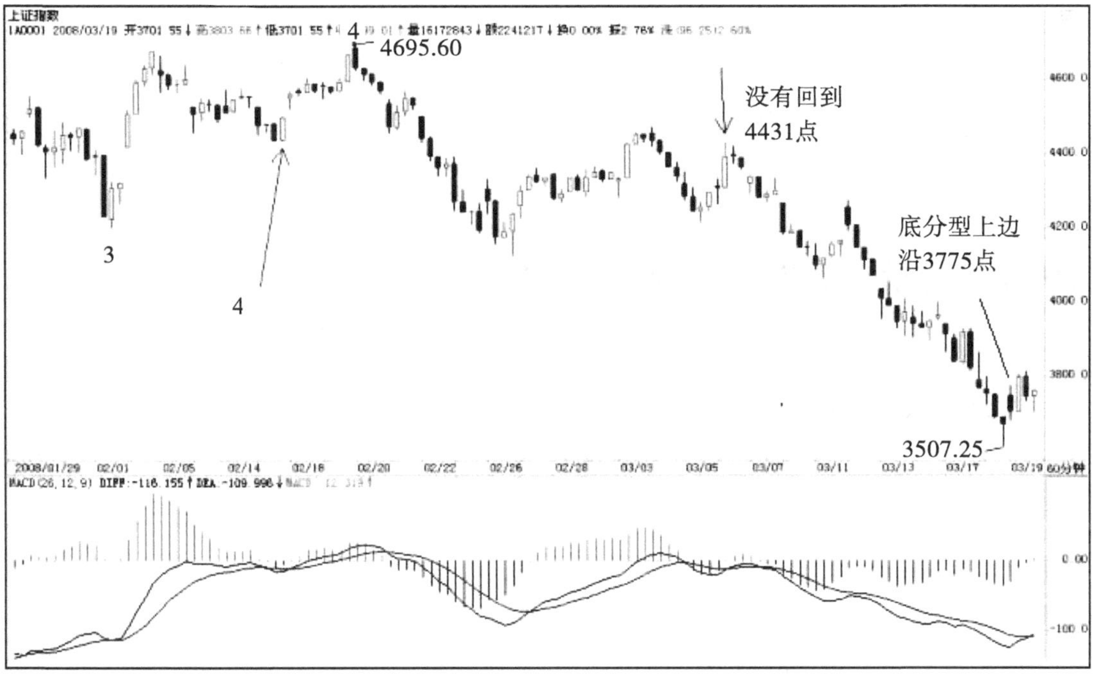

图 357　上证指数 2008 年 3 月 19 日 60 分钟图缠中说禅分段实例

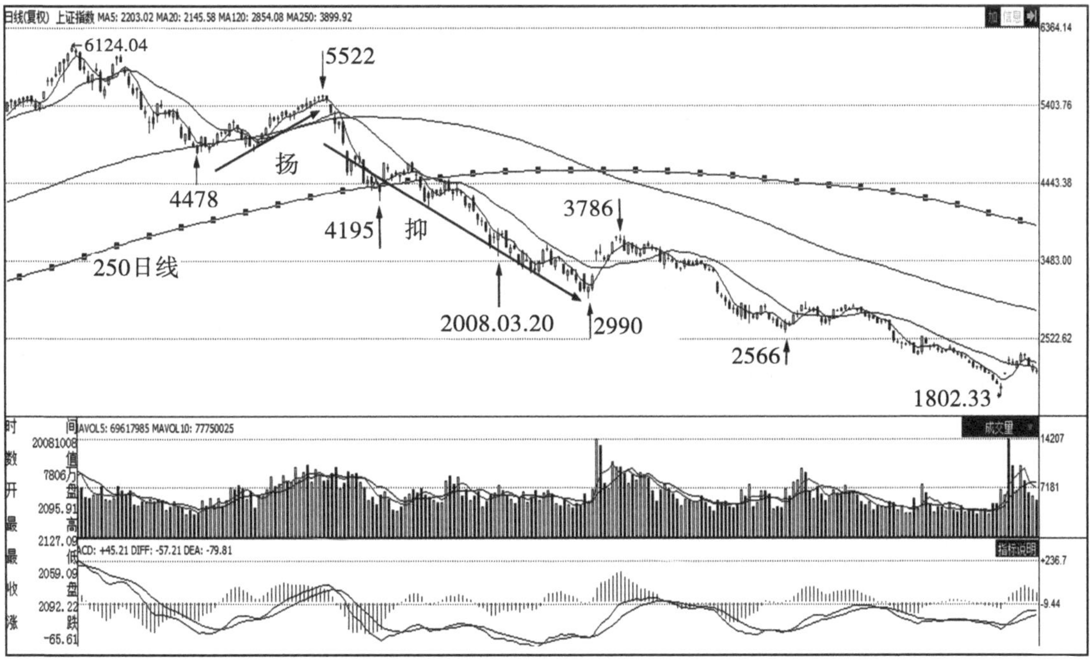

图 358　上证指数 2008 年 3 月 19 日前后日线走势图

个股方面，一反弹就知道，低价股和题材股依然是最有活力的。这种弹性十足的股性，具有最好的操作性，要好好珍惜。再说一次，今年是低价与题材的天下。但一定要知道，没有单边，只有折腾。而折腾，来回短跑，产生的利润一点都不比单边的少。

2008年行情再展望（2008-03-20 11:13:56）

1

缠中说禅 2008-03-20 11:13:56

2007年12月，本ID给出了今年的行情展望，当时的结论依然都成立，而且很多都正在验证之中。由于今年一季度还没过去，所以最终结果如何，还不能下结论，但有些已经成为定论了。例如，关于今年落“井”机会多多的论断，经过这三个月的验证，大概都应该有所感受了。

由于没有需要修正的地方，所以，本ID还是按原展望的思路，根据新的情况进行进一步的拓展，给出一些更精确的提示，以方便后面三个季度的操作。

原展望中，本ID给出今年的节奏应该是扬抑大扬大抑。目前，扬抑这个节奏已经走出来，4778点到5522点的“扬”以及其后的“抑”，构成了整个一季度行情的节奏。有人可能认为，4778点到5522点算不了扬，这种观点是被前两年的单边上涨思维迷惑了。在大调整走势中，这种级别的反弹已经足够“扬”了。

5522点，是6124点下来600点的位置，3600点的1/6，这是一个值得关注的点位节奏。如果该节奏继续保持，那么4922点就是中线一个强压力点。而4778点刚好是6124点下来的1345点，3600点的3/8。下一个低点，最值得关注的是其两倍的位置，也就是6/8的位置，相应地是3424点。如果没有特殊的全球性崩盘事件，该点位上下最终形成“抑”的底部的可能性极大。

可以断言，在这轮从5522点开始的“抑”走势结束后，将迎来原展望中所说的第三个节奏：“大扬”。这“大扬”的概念在于，这段走势的幅度，一定大于4778点到5522点的“扬”。

为了更准确地预言这个“大扬”走势，我们必须先回到原展望中的另一个预言，就是今年至少两度见年线，第一次是喜剧，第二次是悲剧。显然，这喜剧和悲剧都在一季度中全部上演了。由于浦发银行（600000）突然增发的影响，第一次破年线后的向上喜剧，只延续了不到10天，然后第二次破年线，展开了后面的悲剧。其中的3月4日，是最终确认年线不能有效回拉上去的日子。

由于年线目前依然保持向上的走势，所以，后面这个“大扬”走势必然展开一次对年线的再度反击。一个很重要的技术信号就是，年线走平后，大盘如果还不能重新回到年线上面，那么，一旦年线转头向下，那才是真正的大调整的开始。所以，前面的走势，从某种程度上说，只是大调整的预演阶段，因为毕竟年线还没有转头向下。一旦紧接着的“大扬”走势不能在年线转头前重新站住年线向上攻击，从而带动年线继续上扬，那么，其后的“大抑”走势，将让一季度的“抑”彻底失色。

即使紧接着的“大扬”走势能重新站住年线并向上攻击，从而使得年线转头的时间推迟。由于目前的月线 MACD 刚刚死叉，在这种技术条件下，硬向上攻击的结果，最好的就是制造一个 MACD 的双头走势，其后对应的，依然是更大幅度的下跌。MACD 双头后的杀伤力，有点技术常识的都应该不陌生。再加上这是月线上的，其杀伤力与时间长度可想而知。

从最直观的技术上说，下一轮真正的大行情，必须等到月线 MACD 回到 0 轴附近才有可能展开，期间，都是一些小打小闹的走势。

基本面上，其实也完全支持以上的技术走势分析。由于目前的估值完全是按前两年的高增长为背景的，而且现在依然达到很高的水平，一旦经济走平，这些高估值就完全没有支持的空间，盈利水平的大幅度下降在可预见的范围内，因此，目前那些所谓绩优股票，都有极大的中长线业绩压力，目前的价格都过度偏高。

世界经济的经验告诉我们，大的商品投机潮过后，总会一地鸡毛。而美国经济的问题，远未到解决的时候，这些外部的定时炸弹将随时把经济繁荣的幻想炸裂。真正的调整压力，那时才会真正显现。

极有可能，我们将要开始面对一个大的世界经济大调整的困难局面。我们现在的经济结构，由于丧失了太多做大做强的机会，绝对已经不足以独善其身了。因此，后面的困难可能会超出现在一般人的想象。历史的经验告诉我们，真正可怕的调整压力，是经济基础方面产生的，而我们现在极有可能面临如此危机。

个股方面，在原展望中已经明确指出，就是题材股。各类题材反复炒作，将是今后很长时间内的主题。在大的调整市道中，历史经验反复证明，低价题材是永远不败的主题。根据目前的资金量，即使在大的调整中，炒做些低价题材永远是富裕的。所以，只要有投机性资金存在，这就是不死鸟，一有机会就要起飞。

一句话，在今后很长时间内，市场都将是长跑选手的噩梦，短跑选手的天堂。

站在 20 年的角度，这次调整，依然是超级大牛市中的一个中继性调整。但 20 年的前提是，你能熬过这个冬天，否则，20 年的超级大牛市，对于你来说毫无意义。

3780 点，短线生命线（2008-03-21 15:29:38）

1

缠中说禅 2008-03-21 15:29:38

众所周知的技术习惯，只要在 3% 的范围内，都可以认为目标位触及有效。本 ID 在上篇文章中给出的目标位置是 3424 点，而昨天的低点已经在其 3% 的范围内，因此，就此上去，也已经在技术上十分完美。昨天，本 ID 用恐吓性洗盘给出昨天早上的技术实质，这个提示已经足够明确，如果没反应，本 ID 也没办法了。

现在，当然不能说大盘就没有再次探底的可能，但大盘底部至少有一只脚是落地了。现在唯一需要探讨的是，这底部是独脚的还是双脚的甚至是多脚的。决定这一切的，就是这 3780 点。这是 60 分钟新的底分型的上沿位置，只要站住这个位置，那么，至少在 60 分钟图上将延伸出向上的笔，而这意味着这反弹是独脚的（见图 359）。

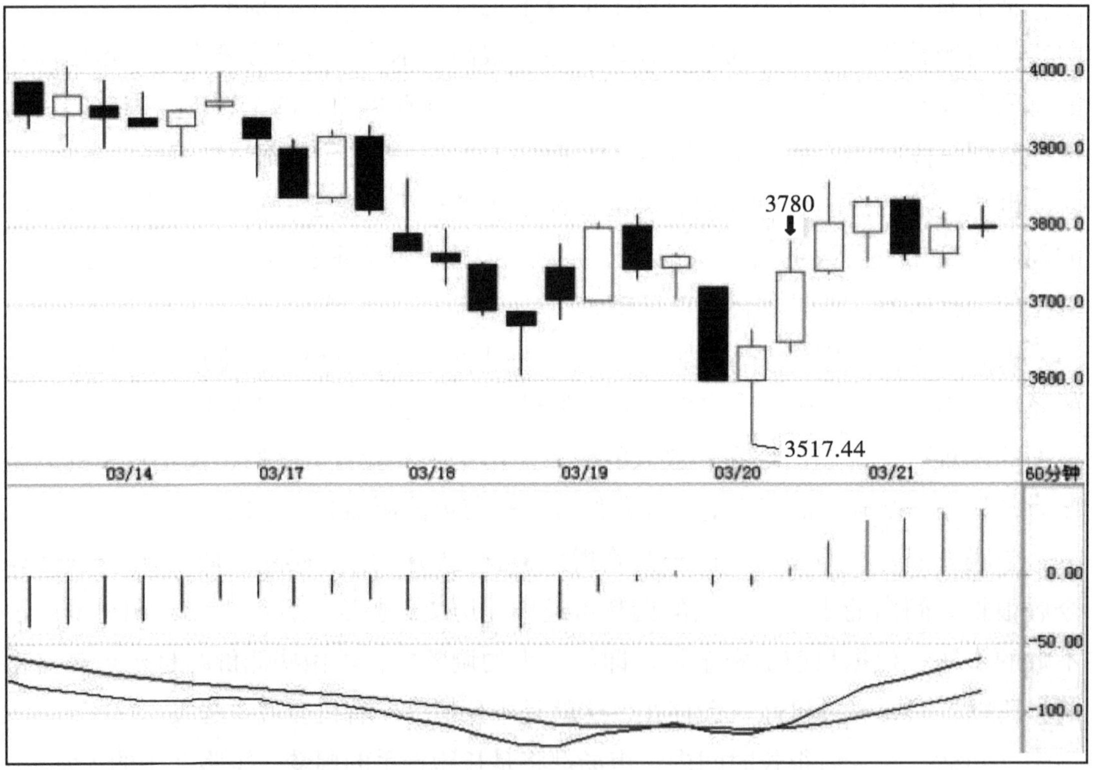

图 359 上证指数 2007 年 3 月 21 日前后 60 分钟走势图

技术上，30分钟的MACD刚好在0轴上受阻，因此，只要下周初能站住3780点，那么这0轴就会被突破，从而带动60分钟的MACD向0轴冲击，对应这走势上将往上再上攻一段（见图360）。

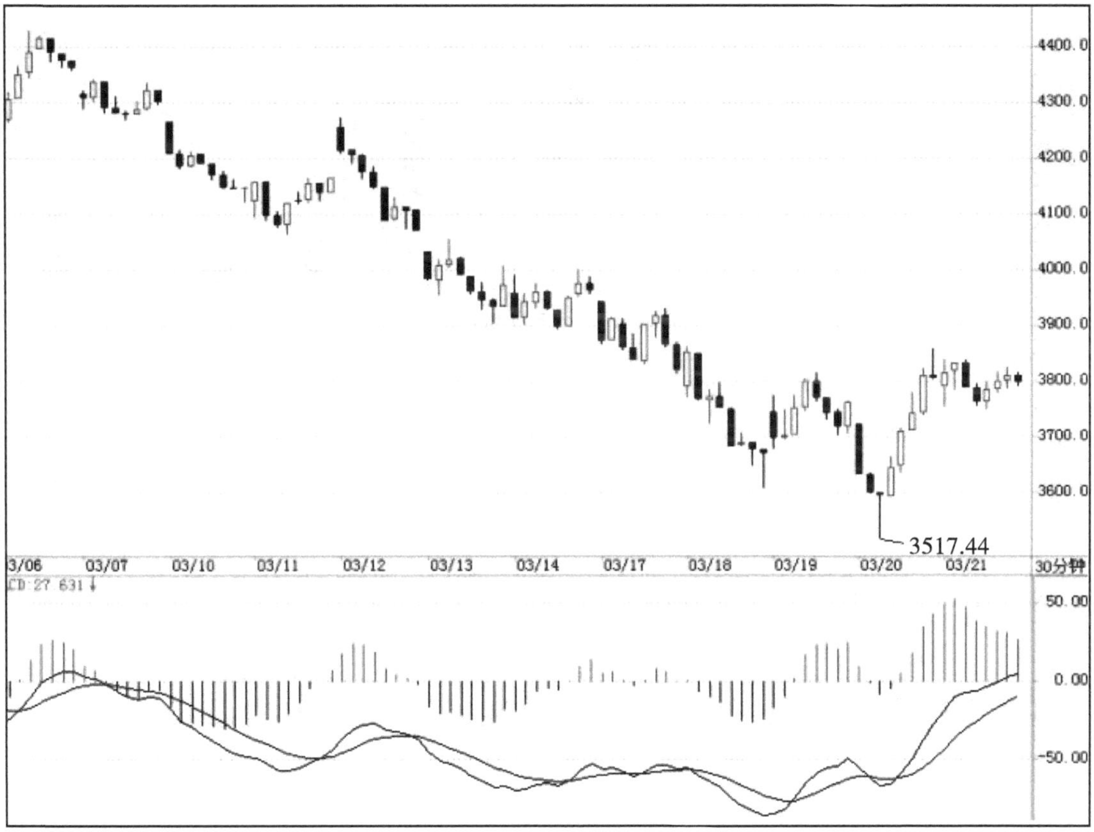

图360 上证指数2008年3月21日前后30分钟走势图

当然，如果站不住3780点，30分钟MACD就会出现0轴受阻再回跌的形态，对应着大盘当然就要再次探底了。从这个角度，更说明了3780点的重要性。

由于目前日线上已经出现底分型，上边沿在3941点，因此那个位置是决定大盘反弹的级别能否扩展的关键位置。一旦站住那个位置，重新回到原来60分钟3-4的类中枢就不成问题了（见图361）。

个股方面，还是本ID一路给出的那几个板块在轮动。最近中小钢铁走强，是因为有重组的预期，这更说明，挖掘重组是一个长期有效的主题。目前，还是小盘低价股更有优势。你看，同样的题材，天鹅（恒天天鹅，现为华讯方舟，000687）就比国电（600795）强，为什么？就是因为盘子小，国电（600795）30多亿股的盘子，要撬动起来当然难度要大点儿，要慢点儿。

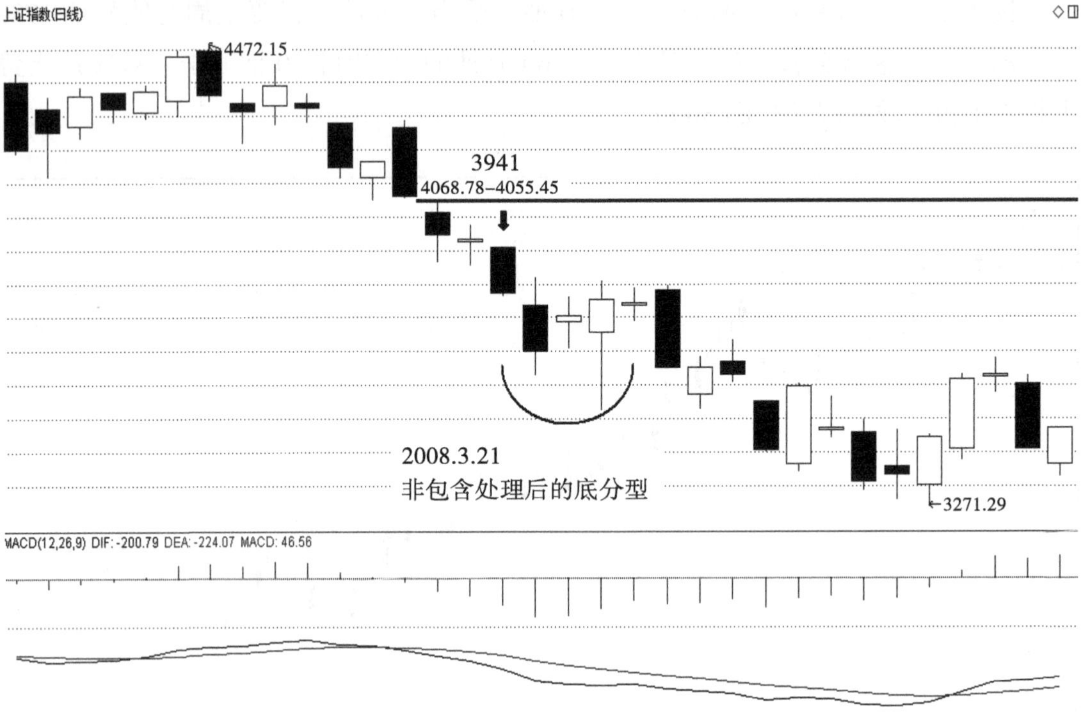

图 361 上证指数 2008 年 3 月 21 日前后日线底分型示意图

3780 点生命线失守，再次探底（2008-03-24 15:16:13）

1

缠中说禅 2008-03-24 15:16:13

上周五已经超级明确地说了，3780 点是短线生命线，站不住就再次探底。今天早上，跌破 3780 点后两次反抽上不去，确认跌破有效。然后下午 14:00，图 362 中向下箭头处那标准的第三类卖点成立后，跌幅明显加大。一切都极端技术化。

如果你没把握住这先卖等回补的节奏，那你又要坐一次电梯了。当然，看到 3780 点失手，或最晚在第三类卖点跑掉的，那么就已经成功地把上周抄底的了结了，白花花的银两等待下一个买入的机会。

不过，由于目前已经在中线底部的震荡区域里，因此，每次震荡后沉淀一定的底仓是完全可以的。这要根据每个人的资金量决定了。

如果你上去不舍得跑，破技术位也不舍得跑，把股票当宝贝，那建议你还是小板凳吧。现在的大盘，依然危机重重，这样的心态，只有亏损的份儿。

个股方面，上一次强调的是短线下跌 40% 以上的中低价中小盘股。例如，已经

4 个涨停的保定天鹅（000687）就是最典型的例子。下一次依然是这种股票，但注意有双底支持的，而且一定要有新资金介入的迹象，也就是放量后有一个缩量站住的过程。

图 362　上证指数 2008 年 3 月 24 日前后 1 分钟走势图

周末有人吹嘘绩优股，但本 ID 依然要说，题材才是真。低价、重组、题材是今年不变的主题。

万事俱备，只待平安事了（2008-03-25 15:09:37）

缠中说禅 2008-03-25 15:09:37

众所周知，这次从 5522 点开始共 2000 点的下跌，导火索就是平安（601318）增发事件。因此，在目前的底部震荡中，其实已经万事俱备，就差平安（601318）增发的事情最后有一个众望所归的结果，这也算是大盘最终走出底部震荡的一个最基本的心理支持。

今天的大盘依然是中低价、题材股的天下。个股方面，有很多已经按捺不住了。但只要大盘不能真正走出底部，这些个股行情的延续性就有问题。

技术的角度，超短线的关键位置在图 363 箭头所指的 3616 点处。一旦再次有效跌破，那么破底而下就基本成为必然的选择。

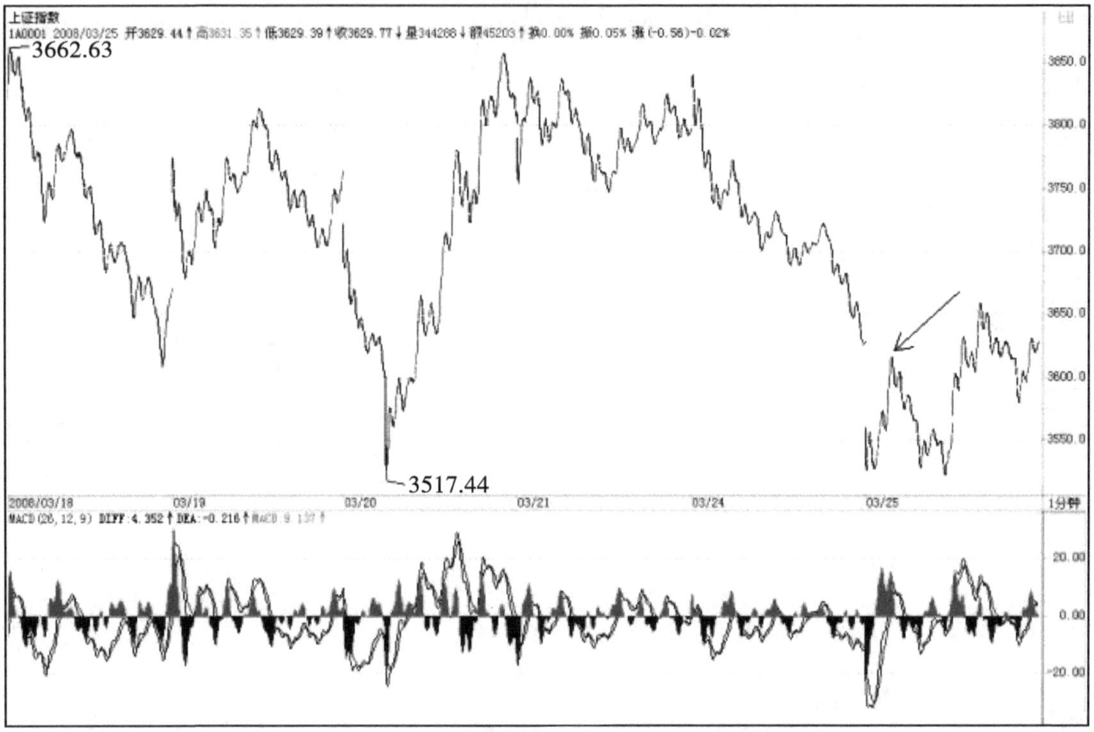

图 363 上证指数 2008 年 3 月 25 日前后 1 分钟走势图

上面的位置，还是和前面的分析一样，首先要面对的是 3780 点。这个点位不有效突破，大盘依然只能在底部徘徊。

明天，超短线，最简单就看 5 分钟的 MACD，现在刚好站在 0 轴。明天如果能从此处起来，那么将带动 30 分钟的 MACD 再次冲击 0 轴，对应大盘将有一个向上冲击的过程。如果这种局面出现，一定要注意 30 分钟 MACD 是否又在 0 轴受阻。一旦出现这种情况，应当把今天买入的择机退出。

对于大资金，应该把适当的筹码进行沉淀。大资金必须是成本不断降低而筹码不断增加的动态建仓，这是一个基本的原则。

3616点，短线关键（2008-03-26 15:15:26）

1

缠中说禅 2008-03-26 15:15:26

昨天让各位注意5分钟MACD站稳0轴后上攻的情况，结果今天早上走出一个标准的盘整背驰，红柱子小于前面一组，而且也只带动了15分钟MACD回拉0轴受阻，因此其后的回落就理所当然了（见图364）。

图364　上证指数2008年3月26日前后5分钟走势图

当然，如果你看不懂图，看到南航认沽权证（580989）突然启动，也知道大盘要回头了。南航权证（580989）春节前就给了各位一个最基本的原则,0.60元为中枢。只要好好把握这个原则，你能赚多少钱算都算不过来了。不过，现在收盘已经到0.80元附近，远离中枢，后面就是风险极大的阶段了，所以今天没介入的，一定不能介入。该权证今天在0.70元上下一个小级别背驰后回到次级别中枢，形成大级别的中枢，因此短线0.70元上下这中枢是对比的关键，后面的上涨是否形成背驰，就以这中枢为基准了。

注意，权证是高度投机的活动，而且很明确告诉各位，这是南航权证（580989）最后的一次大行情，毕竟还有两个多月就到期。

之所以再说南航权证（580989），是请各位留意，上次南航权证（580989）从0.40元下启动，对应了大盘一次快速的破位，这次是否重演，关键看昨天所说的3616点。

现在的问题就是平安（601318），平安（601318）没说法，这种情况下游资只能投机。投机的好处在于，把短线资金的货给震出来，都跑去诸如南航权证（580989）之类的品种上，这样，中线的建仓也顺利了。今天，很多新板块已经暗流涌动了，即使有再杀跌的过程，也是这些板块最好的介入时机，好好珍惜吧。

南航权证（580989）就看戏，看如何让你目瞪口呆，如何让最后的贪婪者套在高高山峰上。

破发竞赛宣泄市场情绪（2008-03-27 15:17:41）

1

缠中说禅 2008-03-27 15:17:41

今天的走势，昨天已经说得很清楚了，就是上次南航权证（580989）从0.40元下启动时的翻版。那次同时带动了大盘破位，这次如出一辙，各位可以对比一下上次的走势。后面的走势是否继续一样，这是一个很值得关注的问题。

如果走势继续一样，那么惯性下探后，大盘会再次回到破位前的平台，3424点的位置。由于有3%的确认空间，所以目前并不能说这位置就被有效跌破了。当然，这位置如果跌破，那么，下面真正有效的位置就是2500点了。记得当时本ID把震荡空间定到2500点时，有人觉得本ID夸张，现在看来，一点儿都不夸张[①]。

目前的市场情绪已经开始扭曲，市场开始以破发竞赛来宣泄情绪，这其实是极端危险的状况。

由于市场重心下移，我们关注的低价股的价格也需要有所下移，但原则是一样的，就是低价、题材。更重要的是，一定要来回折腾。

至于破发走势制造的破发板块，从纯投机的角度看，都蕴藏着一定的市场机会，不过这需要的操作水平以及政策敏感度比较高，没这水平的不一定要关注。

南航权证（580989），昨天说得很明确，0.70元上下的短线中枢是关键。今

①参考文章“2008年行情再展望”。

天冲高后马上 30% 回到这中枢，显示了这中枢的强大威力。同时也证明，这次的上冲只是一个中枢，是一个盘整类型，后面的波动就看这中枢的第三类买卖点问题了。

注意，南航权证（580989）是最后一波套人行情，一般人一定要远离。

3424 点初显威力（2008-03-28 15:12:27）

1

缠中说禅 2008-03-28 15:12:27

N 周前的再展望，本 ID 给出了 3424 点这轮下跌最可能的下跌结束位置。6124 点下来的 2700 点，3600 的 3/4。第一次 4778 点，刚好是 3/8，今天这个位置初步显示了其威力。

注意，一个最基本的技术常识是，任何技术位置都有一个上下 3% 的允许空间。由于这世界上脑子有水的人太多，所以必须再说一次。例如，上次从 4778 点开始的反弹，本 ID 说结束的位置在 900 点，3600 的 1/4 处，也就是 5678 点，最后结束的位置在 5522 点，完全在 5678 点的 3% 空间内，但有些人为没有最终到 5678 点祥林嫂了一个月。

昨天也说了，和上次南航权证（580989）在 0.40 元下启动那次一样，引领大盘破底后，大盘最终又再次回到破底前的平台。今天的走势证明，这太阳底下，新鲜事并不多。

一定要更注意的是，由于今天的上扬甚至不足以在日线上制造一个底分型，而今天上扬受到诸多传闻的引诱，一旦这些传闻下周没兑现，就不排除又有一个杀跌回试的过程。因此，3424 点最终能否成为底部，现在根本没有任何最终的结论，必须采取灵活的策略应对，而不是脑子里一根筋。

超短线的角度，3499 点是关键位置，一旦站不住，再次探底就不可避免。当然，只要能站在 3499 点上，那么行情就有希望，因此该位置极端重要（见图 365）。

对于小资金，原则已经多次说了，就是抓准机会咬一口，一看不能延续就先跑。这次从 5522 点下来，用这个原则抄了无数次底，都能按技术把钱赚了又先跑出来，就证明下跌其实没什么大不了的，关键你要能折腾。折腾好了，下跌一样是天堂。

图 365 上证指数 2008 年 3 月 28 日前后 60 分钟走势图

超短线，可以看下周初 5 分钟 MACD 是否最终演化为红柱子不能再伸长，而且出现比前一柱子面积小的情况（盘整背驰），对应着 15 分钟 MACD 的 0 轴能否被突破。一旦不行，肯定要回试诸如 3499 点这样的位置的支持（见图 366）。当然，高明的并不需要等 3499 点真跌破再走。

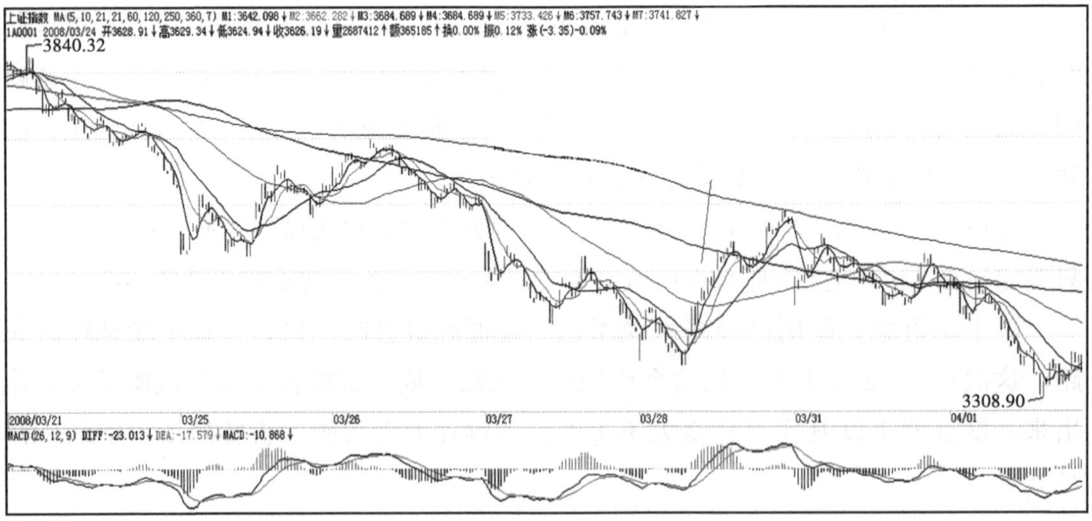

图 366 上证指数 2008 年 3 月 28 日 5 分钟盘整背驰示意图

当然，前面说了，对于大资金，现在折腾时一定要注意沉淀筹码。大资金和小资金不同，小资金 1 秒钟就可以把仓位建好，大资金可没这本事，因此必须有沉淀筹码的动作。注意，从 5522 点下来，本 ID 直到最近才给出大资金需要沉淀筹码的要求，为什么？因为以前离底部还远，所以根本不存在沉淀筹码的问题。到了目前的位置，就算 3424 点最终不能成为底部，下面也不过是空头陷阱了。对于大资金来说，这点儿空间根本不算什么，所以，现在开始沉淀筹码完全对头。

3499 点继续决定短线命运（2008-03-31 15:16:35）

1

缠中说禅 2008-03-31 15:16:35

在上周都比较兴奋时，本 ID 已经明确说，一旦传闻不兑现，又是一轮回试。至于给出的 3499 点，更成为今天震荡的中心，尾盘最终也没站住。

由于该位置今天是震荡中心，所以明天如果能站上去，大盘还有点儿戏，否则，继续探底就不可避免了。底部不是一天形成的，今天显然已经比以前类似的情况走得稍好一点儿，显示已经有一点儿新资金介入，并对此位置有一定的信心，否则，今天将是单边下跌。明天的走势很关键，如果能回拉上去，证明新资金的信心还是比较足的。

但是，多次说了，现在需要的是实质性利多。没有干货，任何信心都会被磨掉。其他也没什么可说的，现在就是等待。今天是月线和季线收盘，有兴趣的自己去看看，中线形势有多恶劣。这里不起来，季线上就有极大机会形成向下的笔，这意味着什么，自己想去。

天灾不可怕，因此，对非系统性风险，要时刻提防。对于散户来说，咬一口就跑，有机会再咬一口，这是最好的策略。

下一个短线机会又将来临（2008-04-01 15:16:38）

1

缠中说禅 2008-04-01 15:16:38

每次短线，本 ID 都把最后的走人位说得一清二楚。就像这次的 3499 点，今天早上连续冲了两次不行，就开始大幅度下行（见图 367）。如果这些你都看不明白，就自知之明一点儿，以后“永不短线”。

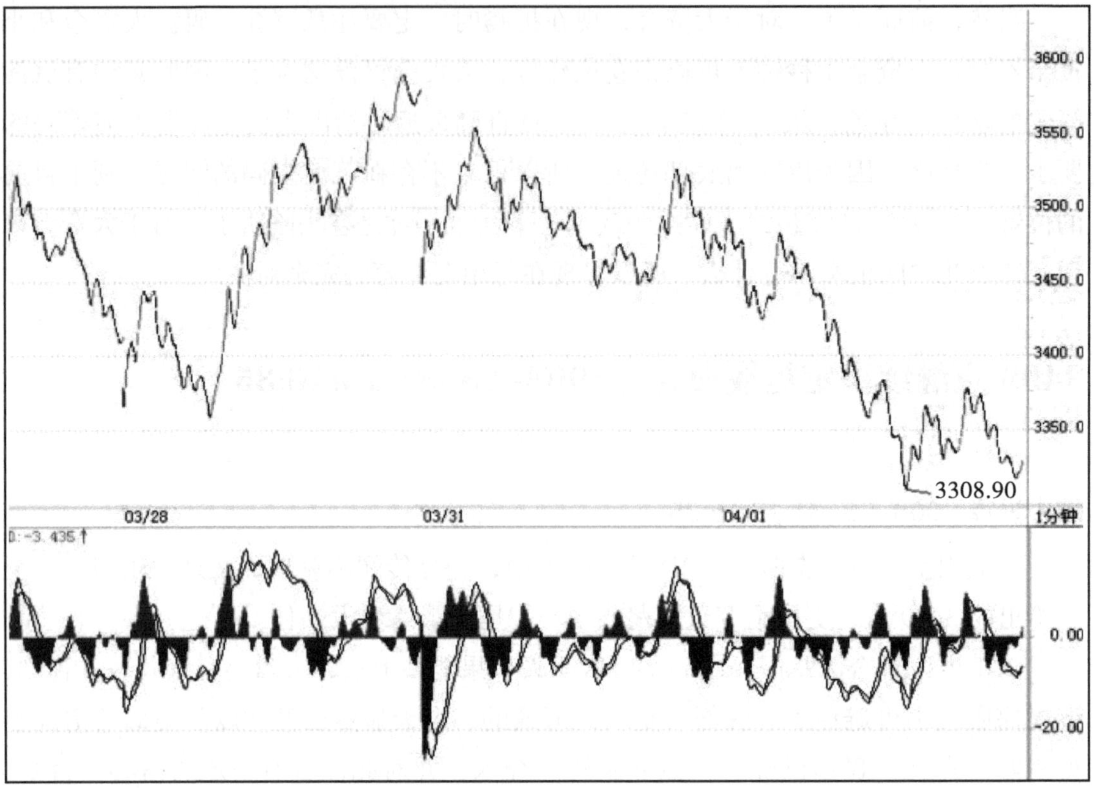

图 367 上证指数 2008 年 4 月 1 日前后 1 分钟走势图

现在，有本事的人将要干什么，就是马上迎接新的短线机会，这机会在破底后很快到来。其实，很多股票回跌 10% ~ 20% 后，今天尾盘就可以回补，特别是资金大的。

现在，一个标准的下降通道，到下轨就可以短线。如果破下轨加速，那就要放爆竹了，大的反弹马上就在眼前。这都是最基本的技术常识，有什么难度？

本 ID 越来越感觉到，本年度最大的赚钱机会越来越近了，让我们开始磨刀霍霍吧。

3462 点成短线关键位置（2008-04-02 15:17:01）

1

缠中说禅 2008-04-02 15:17:01

今天，如期反弹，然后大幅度震荡（见图 368）。一般这种走势，最好就是进行对冲式操作，或者如昨天本 ID 所说，昨天尾盘可以先介入。

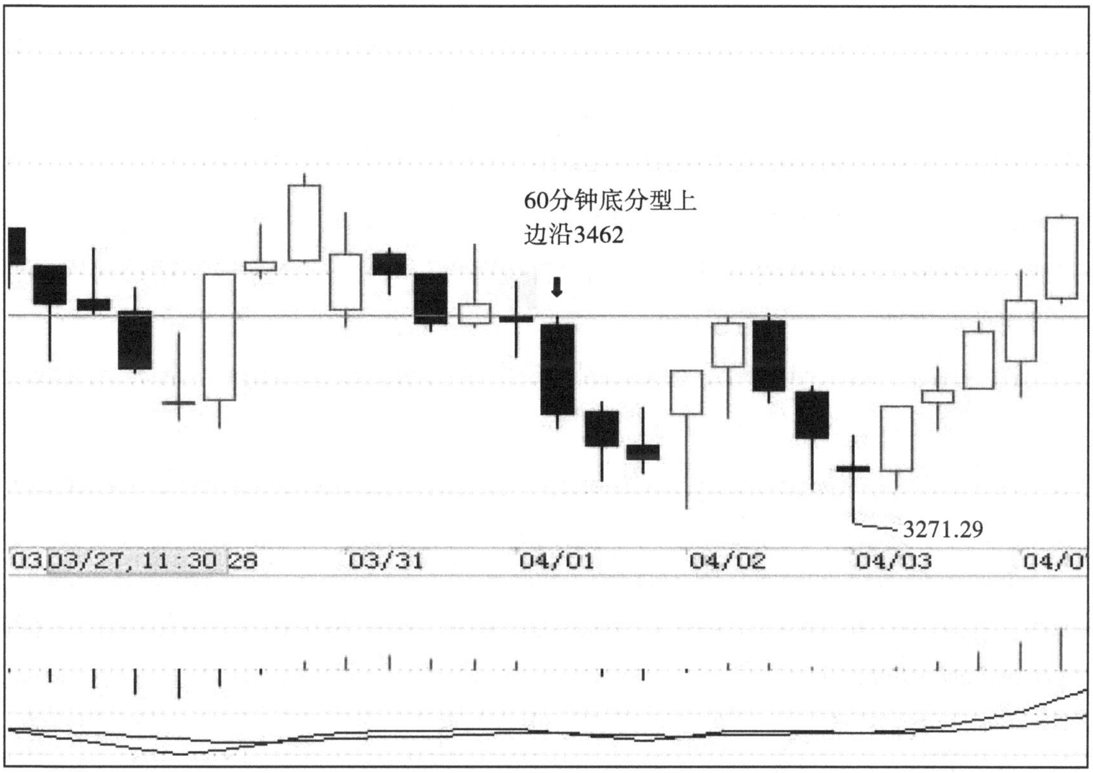

图 368 上证指数 2008 年 4 月 2 日前后 60 分钟走势图

现在，短线最关键的位置在 3462 点，明白本 ID 的理论的，都知道这位置为什么重要。今天下午冲到该位置，站不住，所以就出现大幅度震荡。但尾盘依然有资金再度介入，这样，这次反弹可以再来一次，高位出的下来又可以回补再来一次。

下面，关键还是看 3462 点，只要再冲不过去，那么大盘依然有继续破底的机会。短线就是来回折腾，一看不行先出来。一看行了，甚至可以打点提前量进去。例如为了避开 T+1，可以在前一天的尾盘进入。

个股方面，金融股已经率先走强。但这走强是否有延续性，是否能向地产、有色等蔓延，是行情能否延续的关键。题材股经过大洗盘，还会重来，但暂时以反弹为主。

3462 点如期发挥神奇作用（2008-04-03 15:24:59）

1

缠中说禅 2008-04-03 15:24:59

今天的走势大概出乎很多人的意料，但一定不包括本 ID 以及昨天看了本 ID 解盘的人。昨天的解盘很明确地告诉大家要再来一次，请问，这一次爽吗？

昨天，更说了金融向地产或有色等蔓延的问题，今天，那聪明的驴（中国铝业，601600）的表现，请问爽了没有？有人昨天说，不是题材股吗？但难道这些云铝（000807）、中铝（601600）不是本ID股票池子里的？ 50元、60元跑的，20元之下买点儿回来，难道有罪呀？

兵无常形。如果要走一波本年度最大级别的向上走势，中字头不启动怎么可能完成？题材股当然要继续，但一波完整的行情，就是一、二、三线的轮动次序，这是最简单的道理，有什么可说的？

当然，这一切暂时还只是蓝图，因为实际的行情并没有走出来，暂时先当成反弹来做是比较靠谱的。一旦形势不对，反手狠砸，不亦快哉？

显然，昨天说的3462点，今天起了明显的作用，大盘最终在该点位前停下步伐。由于今天搏消息的比较多，所以尾盘小跳让人出来也是应该的。

下周是很关键的一周，因为日线以及周线是否能形成底分型，就看这一周了。当然，短线这一切，都可以简化为3462点能否有效站住的问题。一旦能站住，这些分型都不成为问题了。

个股方面，注意一线股的轮动次序，注意新资金流向。另外，如果周一没消息，注意回杀力度。如果力度不大，反而证明这行情真有戏了。

3613点成中短线关键位置（2008-04-07 15:21:25）

1

缠中说禅 2008-04-07 15:21:25

大盘今天突破短线关键位置3462点后一马平川，60分钟上N个月来第一次延伸出向上笔走势，显示了大盘的短线强势（见图369）。

周五解盘已经特别指出，如果周末没消息而大盘反应并不过烈，反而证明大盘行情真有戏了，今天的走势恰好证明了这一点。个股方面，中国铝业（601600）为代表的有色继续大幅上涨。但要注意，这次启动的板块，都是回弹20% ~ 30%进入调整，例如地产、金融等，有色能否改变这个局面，暂时是有疑问的。

现在，3613点已经成为中短线的关键位置，因为这个位置是否突破，决定大盘能否延伸出日线上的向上笔（见图370）。

今天的走势，由于已经突破3555点，因此，周线上形成底分型的可能性极大，除非在本周内出现再破底（见图371）。因此，中线上，我们一直预言的本年度最大行情成立的概率已经越来越大。

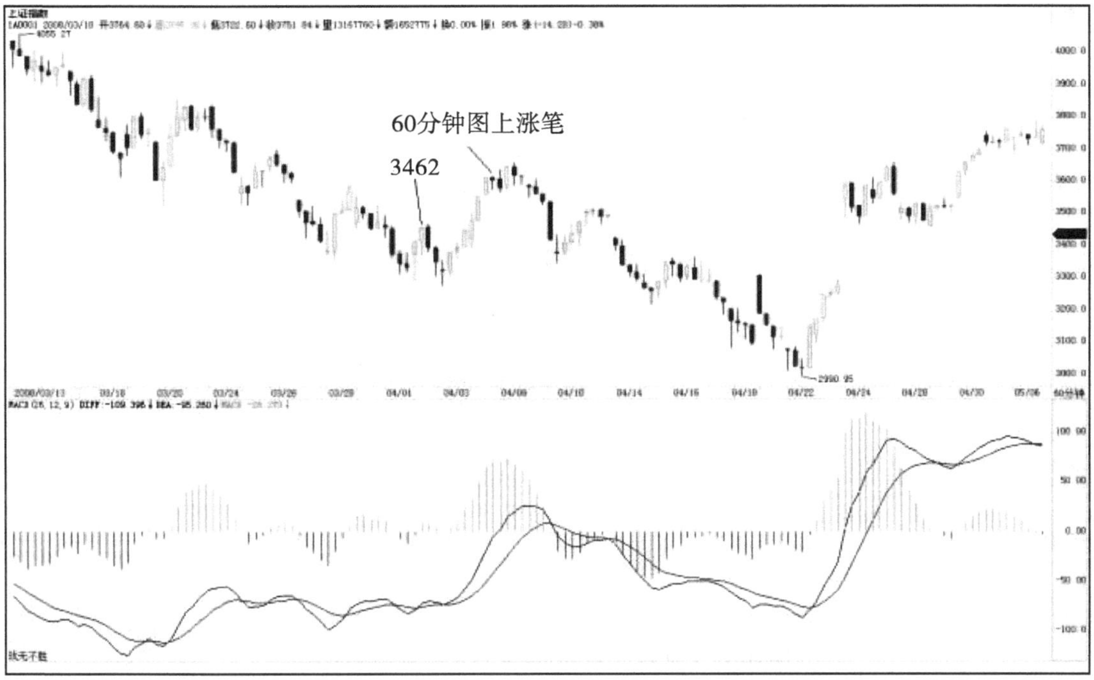

图 369　上证指数 2008 年 4 月 7 日前后 60 分钟上涨笔示意图

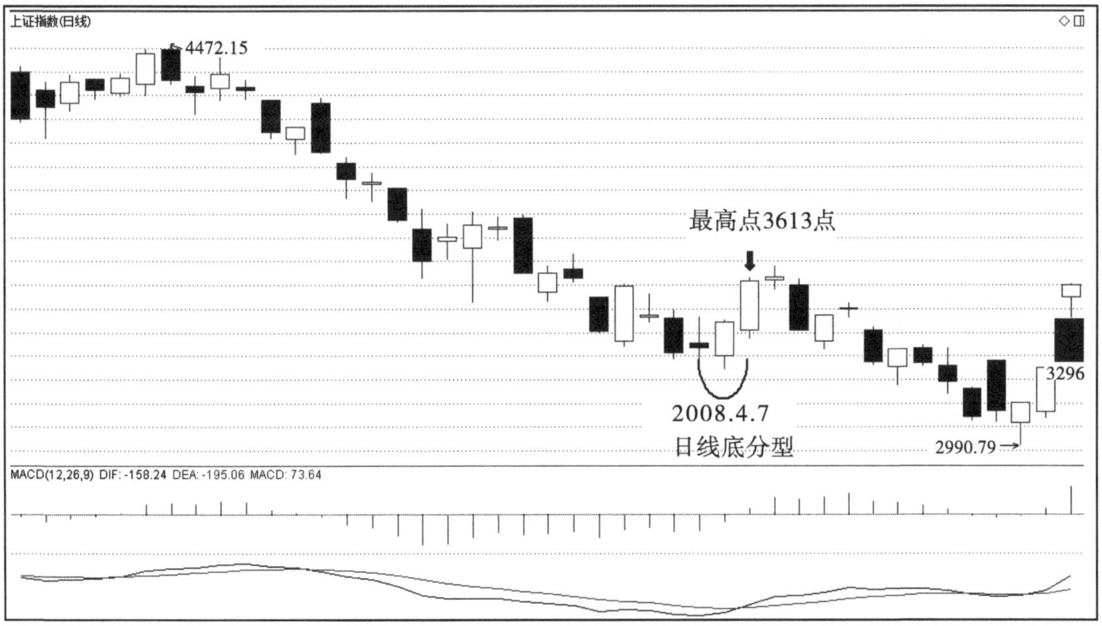

图 370　上证指数 2008 年 4 月 7 日前后日线底分型示意图

当然，最安全的做法还是走一步看一步，只要 3613 点攻击不破，就可以先对筹码进行相应的调整，以应付后面的震荡走势。

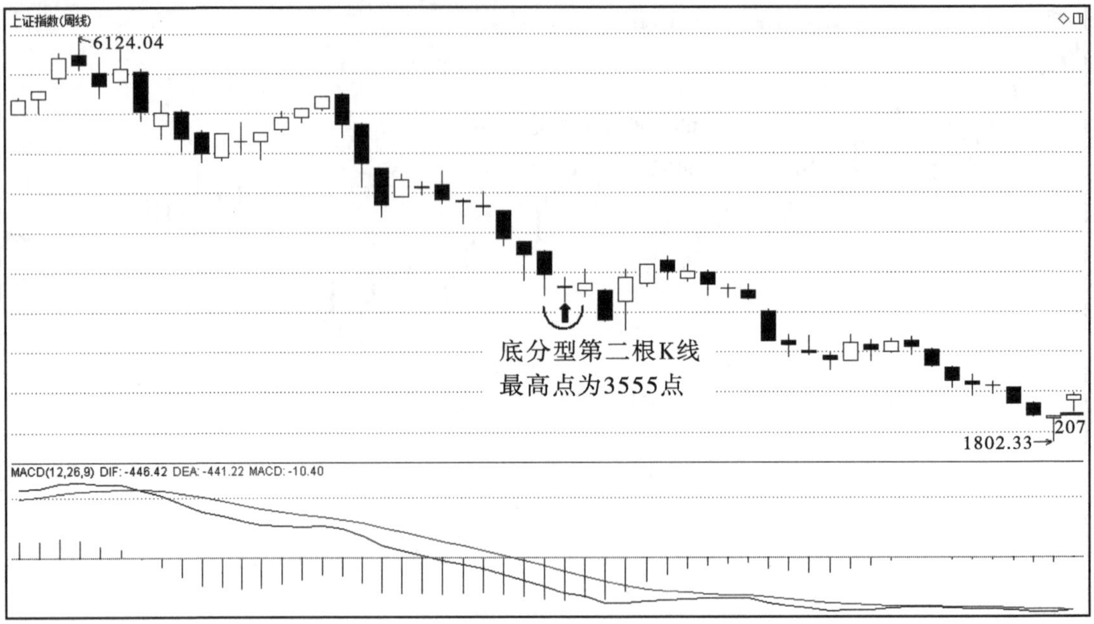

图 371 上证指数 2008 年 4 月 7 日前后周线图

虽然本 ID 一早就明确 3424 点附近将出现中线底部，但真走出来，我们反而要冷静，不能在操作上留下遗憾。另外，如果真的是中线底部，在真正突破之前，洗盘震荡是少不了的，所以，一定要按图作业。

3613 点如期发挥神奇作用（2008-04-08 15:19:39）

1

缠中说禅 2008-04-08 15:19:39

昨天给了短线的关键位置 3613 点，今天全天就是围绕着该点位震荡。从收盘都收在 3612.5 点就知道，该点确实如期发挥了作用。

现在的问题很简单，站得住 3613 点，就继续上攻，否则就出现一个大的调整。所以，本周只看着该点就可以了。

个股方面，板块轮动加速。现在问题的关键是轮动后首先调整的板块能否再次启动，能，那么大盘就肯定有戏，否则至少要调整一下。

目前，整个次序大致是地产、金融、有色、券商。今天是几乎所有大的题材都动了一下，创投、农业、三通、环保等，因此，后面还是要看金融地产能否再次启动。

当然，一些小板块的轮动还会继续，但对于大局，这些都没有多大的意义。行情，关键要看大角度。

大家应该注意到，本 ID 最近一直只用分型来统一进行分析，其实就是想告诉各位，你把一招真学会了，绝大多数的问题都能解决，这就是示范。请把这次探底到回升的整个过程好好研究一下。

3613 点威力尽显（2008-04-09 15:16:57）

1

缠中说禅 2008-04-09 15:16:57

今天的走势极端技术化。前面已经明确说了，只要站不住 3613 点，就要再次探底。今天低开后，在 60 分钟刚好跌破顶分型的下边，早上那标准的回抽，极端显然地上不了 3613 点，因此确认对顶分型下边的跌破是有效的，因此后面的下跌就顺理成章了。为什么？因为要形成向下笔（见图 372）。

现在的走势很明显了，向上的笔后形成向下笔的调整，也就是力度最大那种调整，因此，后面在向下笔结束前，都不适宜再度介入。但一旦向下笔结束，就又有一次美妙的短差机会。

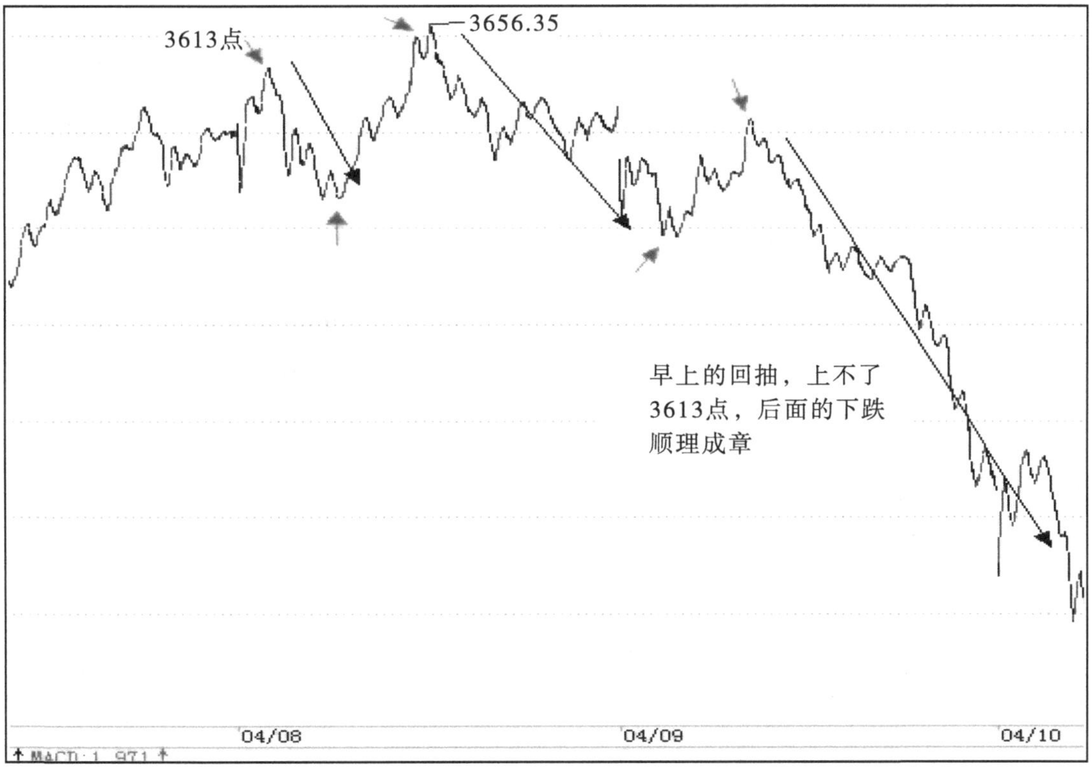

图 372　上证指数 2008 年 4 月 9 日前后 1 分钟走势图

各位，看到没有，就用一个简单的60分钟分型结构是否延伸为笔，我们就能完全把握这样的走势与相应的退出。现在，我们只需要等待新的买点出现，如此简单而已。

个股方面，昨天已经明确说了，只要地产不能重新启动就有问题。今天万科A（000002）等的走势，是一个标准的短线多头陷阱，因此，引发回跌再正常不过了。

当然，就算真有行情，也需要大的洗盘。但是否洗盘，还是继续下跌，其实根本不重要，我们只关心下一个买点，把走势分解了进行操作，我们不废那个脑子。

让别人继续争论是否有真的行情，他们负责争论，我们负责挣钱。

3533点成短线关键位置（2008-04-10 15:25:06）

1

缠中说禅 2008-04-10 15:25:06

今天，又是一个完美的短线机会，60分钟的底分型成立，而3533点成了短线的关键位置。所谓关键位置，就是站上去，大盘将继续延续反弹，也就是二次探底结束。站不住，就必然再次探底，而且破底的可能性极大（见图373）。

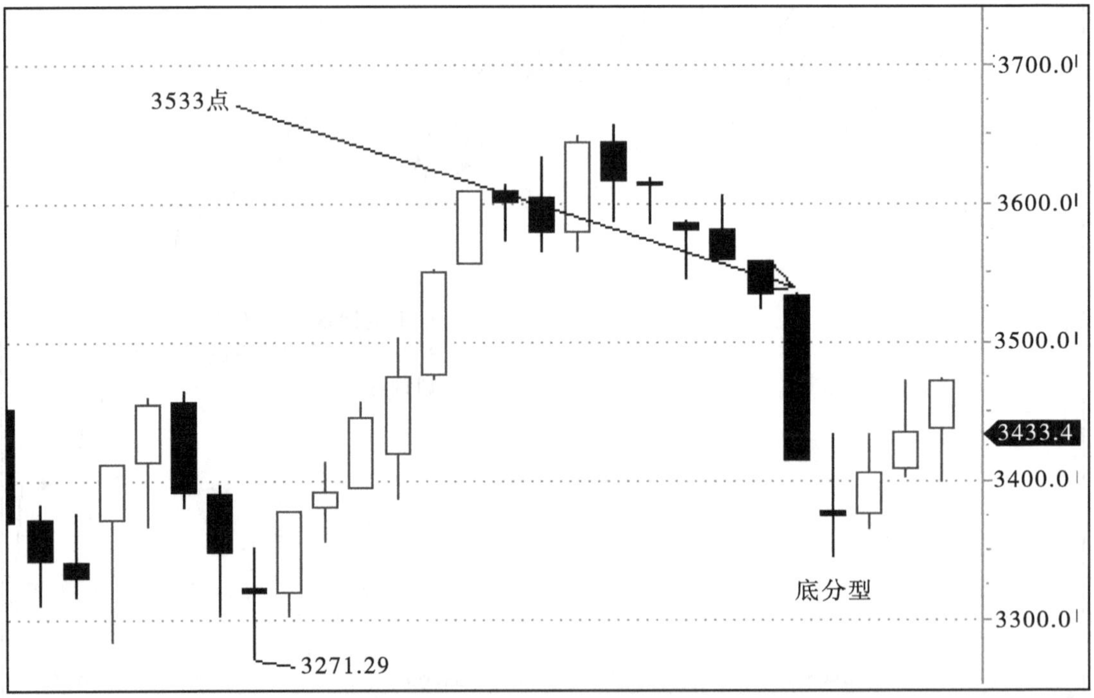

图373 上证指数2008年4月10日前后60分钟底分型示意图

今天，煤炭、券商、滨海等甚至创出本次反弹的新高，这是好现象，证明至少有部分资金是勇敢做多了。现在，指数上要有大突破，还是要看金融、地产、有色等，不过先有板块疯涨起来，绝对是好现象。

思维要改，今年的行情不会是一条直线的，底部也要震荡个N回才爽的。不明白这一点，就痛苦去吧。

注意节奏，自然就爽。

周线底分型成立令3840点成中线关键（2008-04-11 15:10:56）

1

缠中说禅 2008-04-11 15:10:56

本周折腾，最后的结果还是把周线底分型给折腾出来了，该分型的上边沿在3840点。该分型最终是否有效，延伸为向上笔，或者最终失败，只构成中继型，3840点就成了周级别的关键位置。

今天，大盘全天在昨天所说的3533点下震荡，显示大盘走势不强，信心不足，大概是周末的心理压力。下周初，就看这60分钟级别的关键位置能否突破，不行，就再次探底。

日线级别对应的位置在3613点，因此，3533、3613、3840，给出了一个市场运行的密码，由此，超短线、短线、中线的走势都完全把握了。

个股方面，板块继续轮动，但力度有所减弱。现在，只要金融、地产等不再次动起来，大盘就不会有大戏。

又一短线机会扑面而来（2008-04-14 15:22:10）

1

缠中说禅 2008-04-14 15:22:10

现在这种行情，本ID一早就给出两种唯一的策略供不同水平的人选择，一是小板凳，二是短跑运动。本ID之所以天天在这里让各位练习短跑，就是假设你有这水平。小板凳的过来看看就可以。

现在，继续和各位练短跑。如果你没这水平，就一边晾着，咱不带你玩儿。

已经明确说了，3533点上不去，破底的机会就增加了。今天的走势其实没什么可奇怪的，早上连续三次冲高都补不了缺口，你还能假设这大盘今天会强势（见图374）？

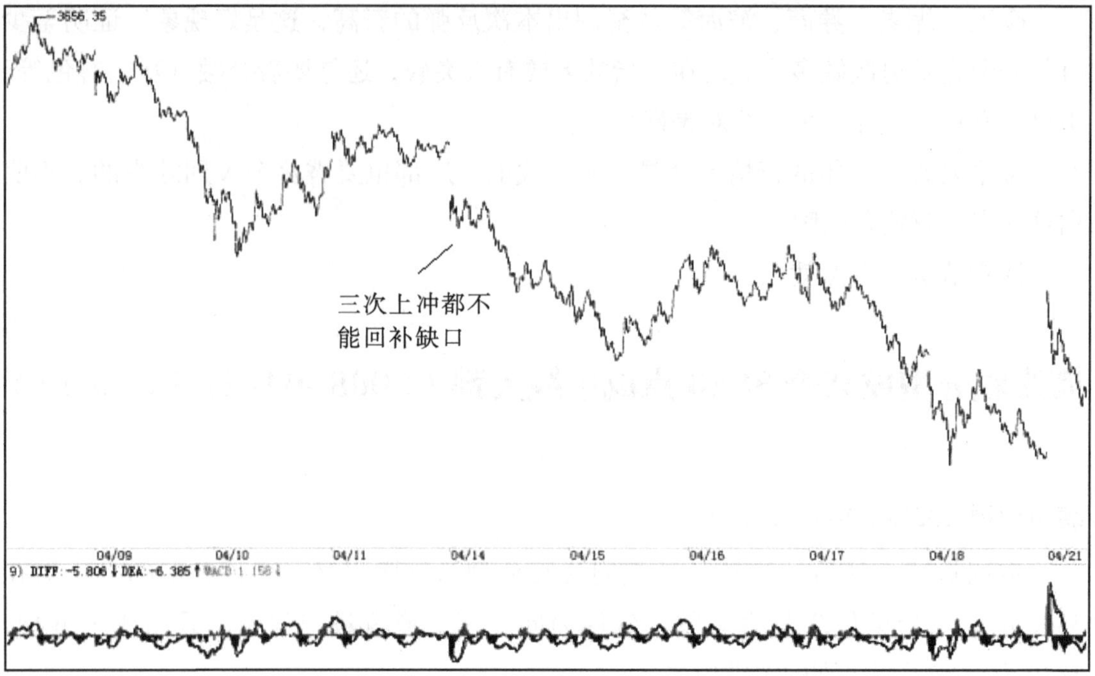

图 374 上证指数 2008 年 4 月 14 日前后 1 分钟走势图

不过，这样的下跌，只是让又一次的短跑机会扑面而来。不管是用背驰还是分型，都很快出现标准的图形。其实，对于一点儿货都没有的，今天尾盘就不妨在水底捞点儿。

注意了，中线一定要看好地产板块。前几天本 ID 已经说了地产搞了一个多头陷阱，因此，这几天的大跌很正常，否则就不叫多头陷阱了。现在的关键是，地产是最早启动的，这次下来是第二类卖点的清洗，还是新一轮的下跌，对大盘具有极大的中线指引意义。当然，同样的还包括金融股。

平安（601318）那件事儿一直不出来，对大盘就是一个大的压制。它不出来，大盘就不可能真正走起来，这一点也是必须注意的。

注意，短跑就是冲刺完了就完事儿，千万别搞成长跑。

如约反弹，3311 点成短线关键（2008-04-15 15:14:35）

1

缠中说禅 2008-04-15 15:14:35

爽了没有？这扑面而来的感觉如何？

你看透市场以后，反弹不过就是一个约会。今天，昨日的预约如约而来，四根

60分钟K线，前三根构造分型，确认后，第四根突破分型上边，3311点成短线关键位置（见图375）。一切都是本ID理论的活教材，你说有什么可说的？

注意，只要3311点回试站住，那么反弹继续，否则就结束，如此简单。

短跑的感觉如何？感觉是跑出来，干出来的。爽是需要真枪真刀得来的。本ID这里没有花架子，只有白花花的银两通过技术赚回来。

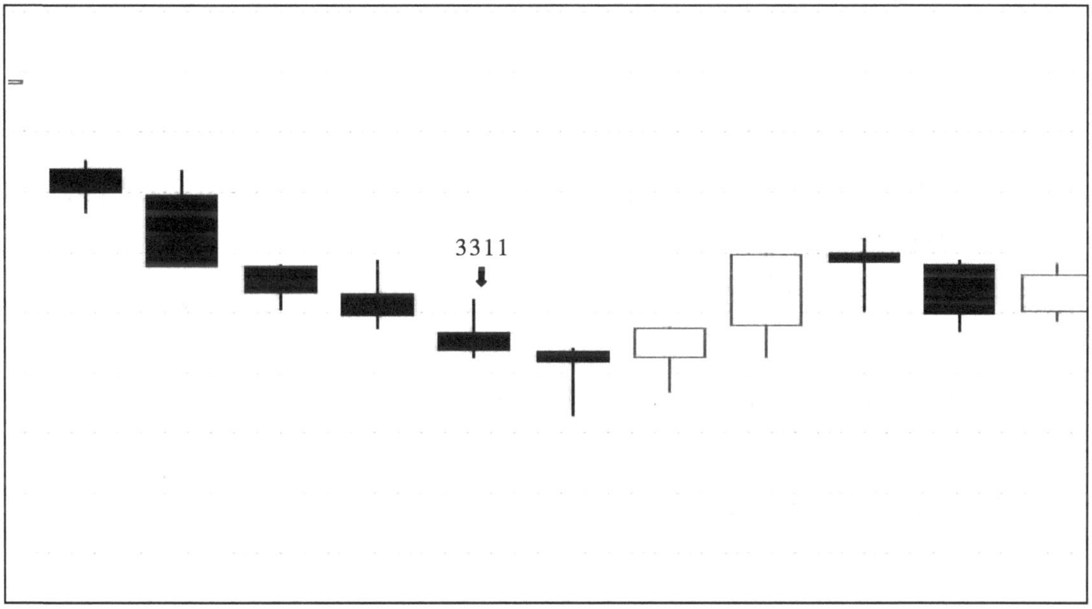

图375　上证指数2008年4月15日60分钟底分型示意图

个股方面，创投继续，券商由于可以直投，其实也已经是这个概念了。后面就看能不能轮动起来，房地产能不能止住来个大反弹。另外，新能源、环保、农业等是长线大题材，一定是有机会就会被折腾的。

个股只要能轮动起来，这反弹就能持续。至于中线大盘，过几天有心情再和各位分析。总之，已经在最后的空头陷阱中了。

CPI让多空有了再次较劲的理由（2008-04-16 15:15:02）

1

缠中说禅 2008-04-16 15:15:02

今天，大盘全天和CPI震荡较劲，而震荡的中心就是昨天说的短线关键位置3311点。最终得到的数据，多空双方都能从中找当适合的说辞。空方自不必说了，而多方看到CPI月环比回落，当然也有了说道的地方。

其实，最终怎么选择，一点儿都不重要。今晚，各大报纸、专家就会将这些数据分析透，但这对实际操作没用。

我们不当专家，我们只当赚家。面对这种围绕关键点位的震荡，还没有决定方向的走势，最笨的方法当然就是等关键点位出现第三类卖点之后走，但这确实太无聊了。以前已经多次说过，这种操作其实十分简单，就是在震荡高位利用盘整背驰抛掉，下来不破位就回补，千万别浪费这震荡的短差机会。注意，这样必然是半仓操作。如果真破位，下来不回补就是，然后把半仓也扔了，这样效率最高。

当然，还有一种是最干脆的，就是震荡高位先走了，等真正重新站住关键位置，出现第三类买点再介入。这是最安全又有效的做法，就不费心去预测最终是否站住了。

我们的操作，一定要用操作的眼光而不是争论的眼光。来市场是为了赚钱，不是为了表现自己的聪明。

明天，就看这 3311 点的第三类买卖点问题。如果你已经有正确的操作了，那这就没有任何操作问题了。

我们不较劲，等多空较劲完了，我们跟着胜利者走就是。

破底再给短线机会（2008-04-17 15:05:56）

1

缠中说禅 2008-04-17 15:05:56

3311 点站不住，自然就要破底，这没什么可说的，但这就又成为一个新的短线机会。

今天，聪明的资金都云集到某新股中抢东西，但这反而搞得盘子乱了。明天很关键，就看里面的各种势力会不会互相拆台了。

现在，破底并不是什么坏事。破底反弹再破底再反弹，节奏把握好了，一样赚钱。中线只能等基本面明朗，基本面不明朗，谁都没有牺牲掉的兴趣。其他没什么可说的，看图操作就是。

后市纯技术分析展望（2008-04-18 15:24:59）

1

缠中说禅 2008-04-18 15:24:59

最近大盘在本 ID 前期所指出的 3424 点上下反复震荡，持续了相当长的时间。

由于目前的基本面完全不配合，因此有力度的行情一直不能真正走出来，只能维持一种弱市震荡的局面。这种震荡的局面，最终的结局无非两种，就是逐步震荡走强，然后寻机向上突破，或者就是干脆再狠砸一个空头陷阱，快速下跌后进而再迅速回拉，重新回到该震荡平台蓄势走强。

无论市场最终选择哪种，在根本意义上，不过都是要以目前的平台为基准展开新的行情。因此在这一共同点上，反而说明了目前平台的技术意义。现在需要探讨的是，该平台最终确认后走出的行情的级别问题。根据最严格的技术分析，实质上还存在三种可能的走势变数。

上海指数，从 6124 点开始，共出现两个不同级别的有技术意义的反弹。第一级别是 4778 点到 5524 点的所谓跨年度行情，第二级别是那次在年线附近进行争夺的走势，具体的范围是 4196 点到 4695 点（见图 376）。因此，这三种可能的变数就是：（1）第二级别力度的反弹。（2）第一级别力度的反弹。（3）超第一级别力度的反弹。

图 376　上证指数 2007—2008 年日线级别走势图

显然，这三种反弹的力度是逐级加大的，最弱的就是第一种情况。由于从 4695 点开始的下跌到目前已经进入尾声，因此，其后至少要出现第一种情况的反弹。

后面，我们首先可能只会迎来第一种情况的反弹，其后依然有进一步下跌去制造新低的必要。只有当那次新低制造出来后，大盘才可能出现第二或第三种情况的走势。至于这个新低的范围最终出现在2500点到2700点内甚至更低，都不是一件太奇怪的事情。

其实，以前已经明确说过，上海指数的走势完全可以参照深圳成分指数的历史走势。我们之所以能在2007年提前指出6100点的大顶，除了上海指数本身的分析外，一个很重要的原因，就是因为深圳成分指数的历史走势在1996年到1997年就出现从刚破1000点到6100点的历史性走势，该走势与上海这次的走势吻合具有极大的可能性。事实上，这种吻合最终变成了事实。

深圳成分指数的历史走势从6100点开始快速回落到3000点以下，对这次上海的走势又出现惊人的指示作用，因此，上海的走势最终跌破3000点，站在这种历史走势值得关注的对照上是完全合理的。

当然，历史走势的对照并不一定都完全成立，但从目前的情况看，最终成立的可能性越来越大。特别是这次，和上次的情况在基本面上完全一样。

从目前的基本面看，出现第三种情况的可能性不大，第二种可能性还是有的。上次，深圳通过两年的调整后才出现第三种情况的走势。如果你相信历史，那么要出现第三种可能性的走势，怎么都要有一年的时间。

当然，分析在本质上涉及预测，并没有100%准确的可能。实际的操作，一定要根据市场的最终选择进行，不能把分析与预测当成市场本身的走势，而后者才是操作所能真正依据的。

多头版利多消息无果而终（2008-04-21 15:09:38）

1

缠中说禅 2008-04-21 15:09:38

显然，上证指数上周五兵临3000点，给管理层带来了足够的压力。所以，不排除他们来点儿什么组合拳。因此，过度做空已经面临风险，向下的搏傻游戏也要开始小心。

市场玩的就是心理，不管对象是谁，看穿了对手自然上上下下操作自如。

技术上，短线看，今天60分钟图上还折腾出一个小的底分型，能否成立就看3189点了。

操作是双面的，可以先买后卖，可以先卖后买，可以先卖后买再卖，关键是看图操作，不要凭自己的情绪。

另外，盘面上一定要注意是否有领涨板块出现，没有这个，就像今天，肯定没戏。

小分型顶起大反弹（2008-04-22 18:20:45）

1

缠中说禅 2008-04-22 18:20:45

今天，60 分钟图上出现的小底分型顶出了一个大反弹，3085 点的突破确认了分型的成立，后面就是回试能否站住最终形成向上笔的问题（见图 377）。

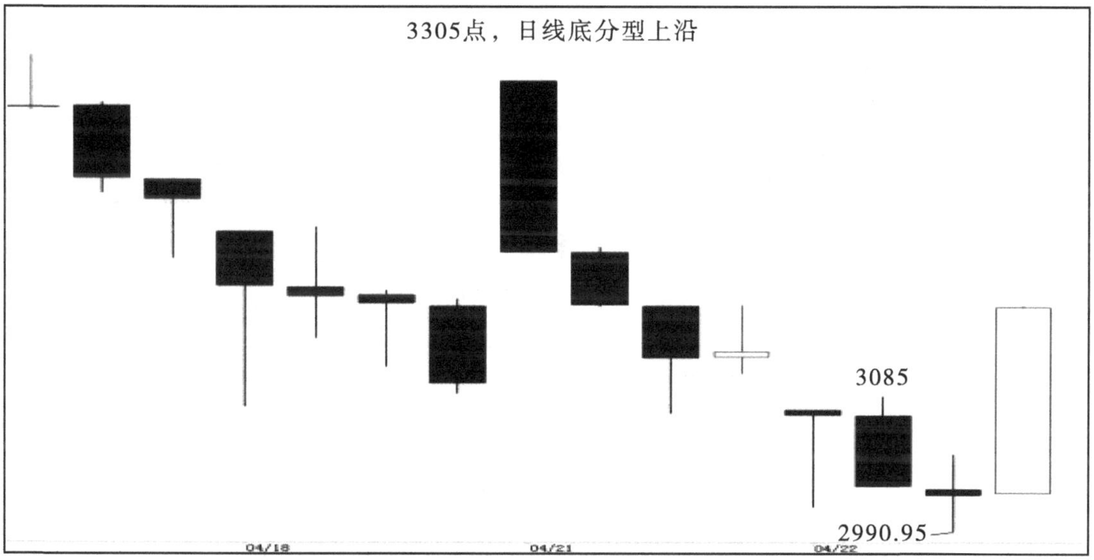

图 377　上证指数 2008 年 4 月 22 日前后 60 分钟走势图

由于今天的涨幅都是最后一小时造成的，因此，明天早上就很关键了。最机械的就看 3085 点，中线关键看 3305 点。

个股方面，金融股，包括银行、证券继续走强，证明长线资金依然坚定地认为 3300 点下的空头陷阱性质。现在很关键的就是房地产股了，如果能从前期的空头转为多头，则多头成功的概率就大了。

这次的逼宫行情，得到了筹码，又把政策冲了冲，效果是明显的，但还是缺少实质性的利多，这才是行情迟迟不大动的关键。

纯技术化的走势如期遭受 3305 点考验（2008-04-23 17:58:56）

1

缠中说禅 2008-04-23 17:58:56

昨天分析给出 3085 点与 3305 点，结果今天走势就在这两点演绎。早上对 3085

点的回试确认极端教科书，下午，最后半小时一直在3305点关前徘徊（见图378）。

显然，突破3305点，行情的性质将升级。不破，那就要出现震荡。操作上以此为标准就很容易了。

图378 上证指数2008年4月23日前后日线图

个股现在普遍回暖，而有些板块已经逐步有中线强势特征。只要真有领头的，行情就有戏。太多就不谈了，看图操作。

2

缠中说禅 2008-04-23 19:54:24

十分高兴，今天需要的实质性利多终于出来了①，本ID一直强调3300点下就是空头陷阱。本来可以更详细地分析的，但最近确实没时间，但没有辜负各位，本ID就心安了。

本ID唯一希望的就是各位最终都能独立行走于这凶险的市场，面对一切，就如同本ID现在平静地面对疾病一样②。

①指降低证券交易印花税。经国务院批准，财政部和国家税务总局决定从2008年4月24日起将股票印花税税率由以前的3‰调整为1‰。受证券交易印花税调降利好政策刺激，沪深股市2008年4月24日放量大涨，上证综指和深证成指双双出现9%以上的巨大涨幅，创下近七年来最大单日涨幅，两市仅3只交易品种下跌。不计算ST个股和未股改股，两市超过860只个股报收于涨停价位。市场人气重聚令交易异常活跃，沪深两市分别成交1958.15亿元和772.10亿元，总量超过2730亿元，在前一交易日大幅增长的基础上再度猛增一倍以上。

②经权威医学检验，缠中说禅确诊得了癌症，且已到了晚期，据传为鼻咽癌。

普涨后注意板块分化（2008-04-24 15:15:00）

缠中说禅 2008-04-24 15:15:00

实质性利多的力量，今天全面呈现。市场不是没有资金，而是没有信心。信心来自于干货，有了干货，就有了冲击的能量。

不过，任何事情都不能昏头。今天是普涨，是所有前期压抑的发泄，因此，行情能否真正健康地展开，关键是其后的分化。强势领涨板块继续走强，这才是长远之计。

前面说过，券商由于能直投，所以是真正的创投股票了。这次减税，肯定对成交量有大的提升，这一板块在前期提示后，依然值得关注，不过追高就没必要了，因为毕竟会有一次洗盘的过程。

另外，这次行情的性质，前面也说过，肯定是大头的天下。一般的题材股，暂时只能小打小闹，所以一、二、三的节奏，大概会表现得比较明显。

注意领涨板块之间的轮动节奏，以及向二三线的蔓延节奏。

当然，从纯操作的角度，我们不能一味看好，饭要一口一口来。短线的关键位置在 3656 点，站住继续上，否则进入震荡（见图 379）。

图 379　上证指数 2008 年 4 月 24 日前后日线图

3656 点如期发挥神奇作用（2008-04-25 15:15:22）

缠中说禅 2008-04-25 15:15:22

大盘如此涨势汹汹，结果还是在本 ID 一早提示的 3656 点上被迎头痛击，出现跳水，显然，大盘因此将进入震荡。该震荡平台如果最终只能出现第三类卖点，那么大盘甚至有再次探底的可能。

大盘没什么可说的，站住 3656 点，继续大鱼大肉，站不住，就改吃咸鱼青菜，如此而已。

证券板块继续如所说的强势，显然，这是领头的。只要该板块中线继续走强，那么问题就不大，短线会有震荡。

个股如所说的出现分化，好好观察调整中有新资金介入的，一旦还有新一波，这就是黑马了。

神奇的 3656 点，捍卫技术分析的尊严（2008-04-28 15:06:21）

1

缠中说禅 2008-04-28 15:06:21

很多一知半解的人，说什么技术分析没用，那么请问为什么本 ID 多次事先指出的位置都神奇地逆转了大盘？就像这次的 3656 点，事先给出，其神奇作用是在基本面强烈变动下发生的，结果怎么样？这两天的走势很不给所有人面子地捍卫了技术分析的尊严。

很明确地说了，站住 3656 点，继续大鱼大肉，站不住，就改吃咸鱼青菜，所以，各位就开始吃咸鱼青菜了。什么时候才可能再大鱼大肉？很简单，等 60 分钟的向下笔完成。

日线上，3656 点使得一个向上笔完成了，要继续延伸，关键还是要重新站住 3656 点，因此该点已经有了日线级别的技术意义。日线关键看 5 日线，只要能站住，回探就在可接受的范围内。

个股上，注意强势股回调时是否有资金承接而有第二波的机会。另外，调整时，老题材股会趁机活跃。

5 日线支持产生震荡（2008-04-29 15:02:13）

1

缠中说禅 2008-04-29 15:02:13

3656 点是大盘的抉择点位，其下的一切震荡本质上都没有多大意义。当然，如果 5 日线震荡失败，那么大盘将确认进入向下笔，调整压力将加大。

个股，强者恒强在证券中表现得十分明显，所以一直强调回调介入的机会。但现在关键看大盘，如果调整加大，要注意相应的风险。

3840 点成中线关键（2008-04-30 15:17:52）

1

缠中说禅 2008-04-30 15:17:52

题目成立的前提是 3656 点突破有效，这必须由节后前三天的表现决定。节后越强势，大盘反而越不用担心。反之，大盘该强不强，就要小心陷阱了（见图 380）。

图 380　上证指数 2008 年 4 月 30 日前后日线图

走势趋弱，小心震荡（2008-05-05 16:54:42）

1

缠中说禅 2008-05-05 16:54:42

今天，上攻力度明显趋弱，以板块补涨为主，所以，大的震荡风险已经开始积聚。3840点的中线意义已经早说过，注意该点位上下的表现。

该强不强小心陷阱终被验证（2008-05-07 15:06:22）

1

缠中说禅 2008-05-07 15:06:22

节前已强调，节后该强不强小心陷阱，而周一又再次提醒，因此今天的走势完全在预料之中。现在中线很简单，还是看3656点，强弱分水岭，站不住甚至不排除二次探底（见图381）。

操作上，暂时可以先以3656点附近新中枢震荡打短差。

图381 上证指数2008年5月7日前后日线图

3656 点上下的艰苦选择（2008-05-08 14:45:00）

1

缠中说禅 2008-05-08 14:45:00

3656 点上下的重要意义已经反复说，至于如何选择，根本没必要预测，只要保持如此的市场节奏，那就 3656 点下跌不动就买，之上或附近涨不起就抛，不断短差。

瞎猫撞上了死耗子（2008-05-09 08:46:29）

1

缠中说禅 2008-05-09 08:46:29

大盘最近无须多说，就是 3656 点的中枢震荡和第三类买卖点问题，明白这一总格局，就一切随心了。

难得糊涂，难得有病（2008-06-03 12:13:16）

1

缠中说禅 2008-06-03 12:13:16

糊涂，不一定有病；有病，不一定糊涂。当然，这病有很多种，最关键的一种就是在人生中一定要有一些东西能让你有病地行为一把。至于身体上突然来一次大病，那就更有意义了，难得有病，难得糊涂地休息一大把。你说，除了有病时，什么时候可以天天心情愉快地海吃山喝？

糊涂万岁，有病万万岁！

至于股市，没什么可担心的，现在已经走得超级完美。一直顺着 60 日线调整，一旦再站上本 ID 一直强调的分水岭 3656 点，就直接上 60 日线，行情就可以发动了。最近注意一下布林通道，不排除先破再立，深挖井才可以广积粮（见图 382）。

今年什么多，早说了：井呀，井后是冈冈后山。

图 382 上证指数 2008 年 6 月 3 日前后日线图

解盘（2008-06-04 15:14:21）

1

缠中说禅 2008-06-04 15:14:21

前两天乌鸦嘴了一把，让各位注意布林通道，小心最近先破位。现在，最坏的情况是走最后一跌，破 3000 点而下。如果大盘足够肾水①，那么也可能皆大欢喜一把，双底而起，后面就是如此这般了，散去吧。

解盘（2008-06-05 09:41:51）

1

缠中说禅 2008-06-05 09:41:51

昨天说到股票的事情，本 ID 的观点十分明确，确实现在暂时没有跌破 3000 点的理由，而且由于这次下探没有拉出长阴线，证明下跌力量不足，大盘有足够理由

①中医所谓肾水是指所有的体内不容易流失的体液，如骨髓、精液、胰岛素、荷尔蒙、关节即润滑液等（喝水因容易变成尿排出体外，故称之为虚水）。人体所属的水与火的关系有如烧开水：当水充足，且火也很大时，其生命力必然旺盛。

在缺口上方站住，直接回头向上。

但是，有时候考虑问题，不一定要这么不留余地，特别是今年。中国历史有一个32年周期的小循环规律，而今年正是最多事的一年循环点，因此，今年那些神秘的、特别没预兆的事情特别地多，谁敢保证你下一秒不会出现些意外的事儿。特别今年，一出就是全国性质的。世界比我们想象的神秘，多考虑点儿，没什么坏事。

解盘（2008-06-06 09:52:47）

1

缠中说禅 2008-06-06 09:52:47

本ID对股票的评论，都是提点性质，并不承诺你什么。例如，本ID无数次说过，今年一定是短跑运动，如果你爱坐电梯，那谁都救不了你。本ID自己今年的操作，经常持一股票就两三天。到目前为止，持有时间最长的大概就是证券类的，这点本ID强调过无数次了，但也是不断来回折腾的类型，什么时候会傻拿着？

本ID每次反弹都把最后走的位置说好了，记得这次是多少点吗？3656点！就算你没勇猛到3656点上盘整顶背驰走，那么有效跌破3656点还不走，那能怪谁？现在大盘爱到多少点是多少点，反正缺口上能站稳，咱们就再进去折腾一把。站不稳，就让它见越南盾去吧！

来这里这么久，如果连这么简单的问题都搞不明白，那还是回火星比较安全，中国的股市好危险呀，火星安全点儿。

今年诸多灾难与意外事件的历史性解释（2008-06-10 16:40:36）

1

缠中说禅 2008-06-10 16:40:36

本ID一直等着股市大跌来写这篇文章，因为这样各位才印象深刻。特别是在前面缺口位置，本ID指出要多考虑今年的特殊年份，一些看不出危险的时间，往往会有意外事件潜伏其后，不少人贬本ID为迷信之类。本ID当时暂以世界比我们想象的要神秘作答，就等着这意外事件出现来发这文章，说说这历史的神秘性。

这里首先把盘子解一下。在市场中，第一要分清楚预测与操作的严重区别：预测是游戏，是茶余饭后的谈资；操作是真刀真枪去干，是血与火的斗争。绝对的预测归根结底都是笑话，而非绝对的操作归根结底是道路一条。

像这次，绝对的操作是什么样，本 ID 早已反复说明：3656 点站不住走，3300 缺口位置不回补可以回补筹码再短差一把，否则就让大盘见越南盾去（见图 383）。这里，整个操作的设计没有任何不确定的地方，都是绝对性的，这样才能股票股票而不是被股票股票，而任何预测都只能永远在被股票股票的道路上轮回。

以上的话，反反复复说过无数次了，但如果不成为自己的自然反应，直接烙到骨髓心窝，是没用的，一定会经常犯糊涂。

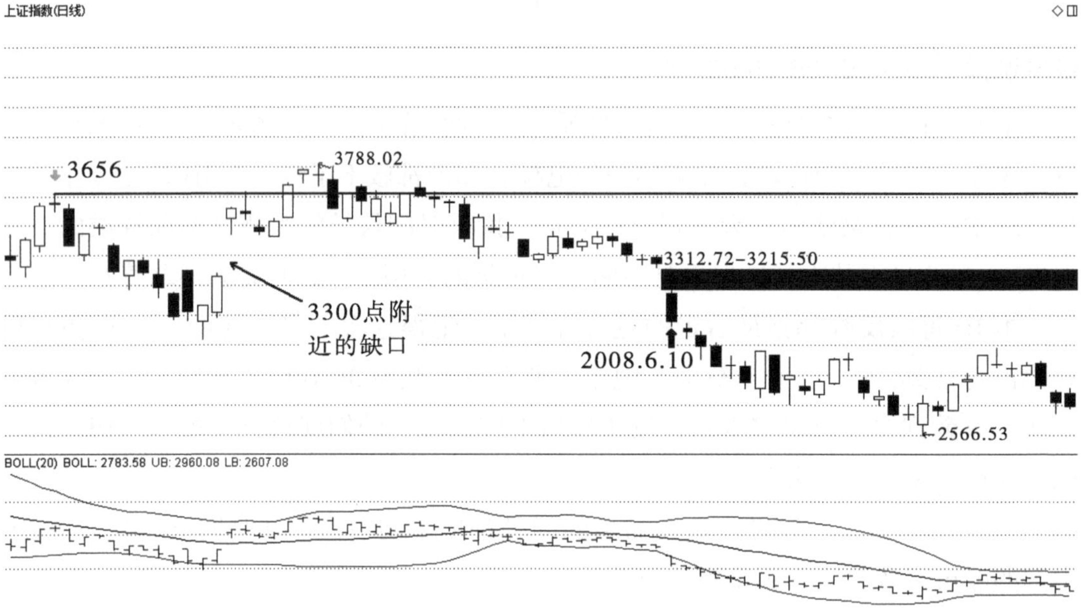

图 383 上证指数 2008 年 6 月 10 日前后日线图

那么，现在的操作就极端简单了，一个短线的机会在这轮下跌的背驰点上，然后必须看反弹是否能回补今天的缺口。只要不能，一定要走掉，因为必然会有再次的下探去构成更好的机会。反之，如果能回补，就看回补后构成的中枢的第三类买卖点情况。这样的操作安排，完全是绝对性的，没有任何含糊的地方。如果你看不懂，觉得很迷糊，就请虚心把课程好好学一下，里面都有最数学化的精确定义。

至于茶余饭后的预测性谈资，本 ID 也早就给出，就是一直强调的深圳成分指数的历史性轮回现象。本 ID 2007 年一大早就指出，上海指数很可能完全照抄上次深圳的整个走势，从 6100 点的高点到其后的回跌形态与结束位置。这个预测早就给出，这也是本 ID 为什么说 3000 点的这个反弹很可能之后还有最后一跌的一个很重要的理由。如果一定要套用各位更熟悉的所谓波浪理论，那么从 6100 点下来，

4778 点的反弹是 2 浪，3000 点的反弹是 4 浪，然后构成所谓第 5 浪的下跌。当然，波浪理论是很不精确的东西，这里只是因为各位可能更熟悉其中的语言，借题发挥一下。

世界的神秘性使得历史出现比上面这种沪深轮回更值得关注的循环现象，今年就是其中 32 年的循环点，历史的神秘性再次无情地呈现。

首先看看这个历史年份序列：1912、1944、1976、2008。这个序列所在年份，都是意外的事情频出，令人极端不安的。大家最熟悉的一定是 1976 年，三个伟人连续离去，同时出现了大地震等。不过这些年份过后的第二年，都是中华民族历史上值得关注的历史时刻。1913 年的第二次护法以及后面短时间的战争，使得封建复辟的最后希望破灭，中国逐步走向一个全新时代。1945 年抗战胜利以及短时间的内战后，中华人民共和国成立，中国走向彻底复兴之路。1977 年，一个新的时代开始，经过短时间的思想斗争，1979 年终于在国家层面确立了这种改变，使得中华民族在复兴路上一往无前。

各位，应该看到这历史序列后一个统一的规律，就是一个极端恶劣的年份后，迎来一个历史性的转折。这个转折的最后确立，都需要几年的反复过程。比如历史上 1913 年后的一系列混战，1945 年后的国内战争，1977 年后的思想斗争等。因此，在新的 32 年周期后，我们有理由预测，2009 年是一个历史性的转折点，其后会有一个几年的反复过程，最终确立方向，历史的车轮继续飞旋。

那么，这漫长的 2008 年，绝对不排除还有很多 32 年周期的事情发生，甚至超越我们目前的想象。所以在这一年，多想多准备，是一定不会错的。把事情想得细点儿，把各种可能的因素考虑周全点儿，这在如此的年份尤其重要。

2008 年的第一要务是生存，只有生存才能看到后面光明的转折。牺牲在黎明前，那是最悲惨不过的。2007 年开始，本 ID 一直在说，今年一定要小心井。当然，往下的井后，就会有相应的机会。例如这次最后一跌后，就至少有一个重回这次印花税反弹高点的行情机会，只要按图操作，这个机会一点儿都不难把握。但总的方面，今年并不是一个大兴土木的年份，把自己的一亩三分地深耕细种，才会有好的收成，才不会倾家荡产。

救越南无需一兵一钱（2008-06-11 16:25:48）

1

缠中说禅 2008-06-11 16:25:48

今天的大盘走出一个小型中枢，由于没破底，因此这种盘整的能量有限。若能走出小的第三类买点，则有向昨天缺口方向攻击的进一步行动，否则将转化为大跌后的休整式盘整，后面还有进一步探底。即使是前面好的情况，由于昨天长阴杀伤过强，人心浮动，如果没有大的消息配合，最终将无功而返，再次考验3000点（见图384）。

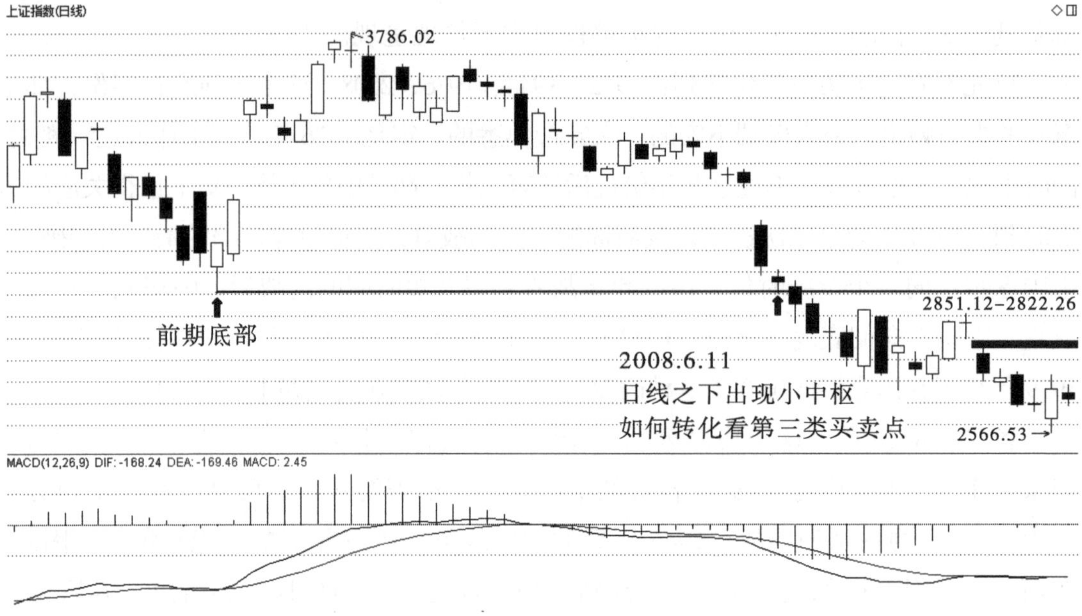

图384 上证指数2008年6月11日前后日线图

大盘要真正找到一个有效的支持，必须在周线上构造出一个标准的底分型，否则继续下探甚至大面积下探的风险将难以解除。月线、季线上，同样存在类似问题。中长线走势的压力，看看这几个周期的图形就一目了然。

当然，短线可以看日线分型的构成情况，一旦出现将有一定力度的短线反抽。特别心急的，就看30分钟或60分钟，太短的就算了。个股方面，都要以短跑为主。现在的情况下，没有什么股票是值得长期拥有的，本ID前面早说过，自己今年经常持一只股票就两三天。今年一定要多多短跑，少想天长地久。

解盘（2008-06-12 15:23:31）

1

缠中说禅 2008-06-12 15:23:31

股票的运行，在本ID的理论观照下，是很科学的，该怎么样就怎么样，没有任何含糊的地方。这几天一直没有出现有力度的反弹，只要你看看30分钟图以上的

MACD，就知道这是理所当然的，因为真正大点儿级别的背驰根本没出现，60 分钟上甚至连背驰段都说不上，这样怎么可能有大的反抽？

后面具体的走势，如果你真喜欢预测闹着玩，那也很容易。从 3786 点下来这最后一跌，显然要走出至少两个中枢，否则还是前面中枢的震荡，这就不是最后一跌了。现在在 3300 点上有一个中枢了，因此，这一轮下跌要完成，最标准的走法，就是先反弹出第二个中枢。这个中枢的波动区间基本没有可能回补缺口，然后再一次破位，形成真正的背驰（见图 385）。

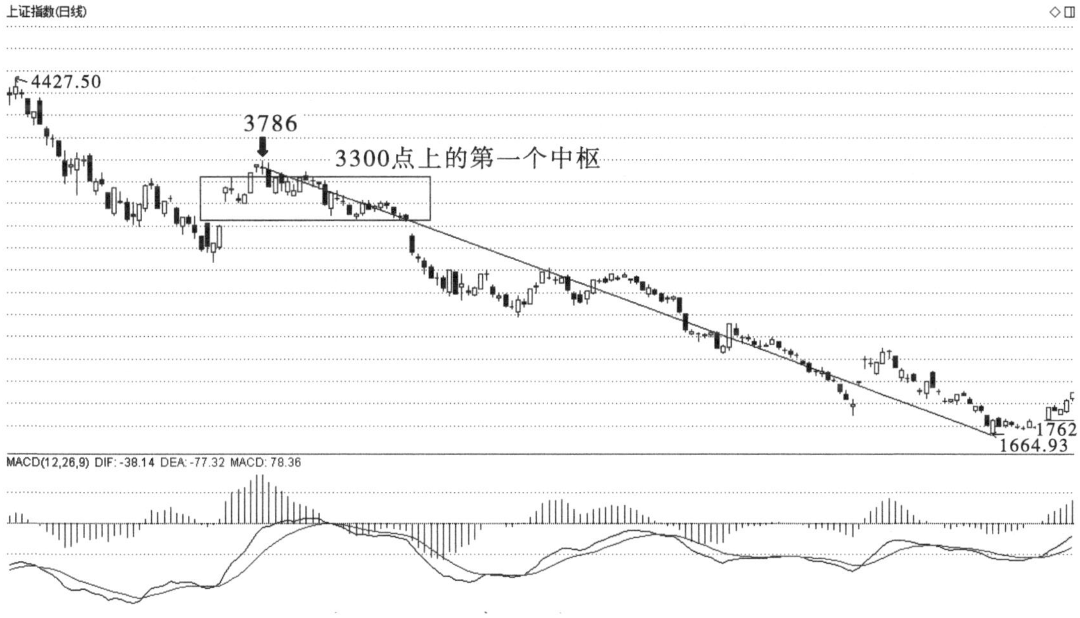

图 385　上证指数 2008 年 6 月 12 日前后日线图

当然，上面说的是两中枢的标准下跌情况。如果外围因素恶劣，出现多中枢的下跌，这也是理论所保证的，关键看第二中枢第三类卖点后是否真正背驰，这在当下很容易判别。至于还有不破位，直接小级别转大级别的情况，那是第二中枢出现第三类买点的情况。这种不常见的情况万一出现，都在理论的可观察范围内，所以还是可以充分把握的。

以上说明，如果有任何看不明白的，请虚心去读书。亏钱是自己的，看不看也是自己的，最后的本事也是自己的，就自己看着办吧。

虽然理论是本 ID 个人发现发明的，但本 ID 的理念从来都是“知识是全人类的”，个人不应当藏着掖着。本 ID 之所以把理论逐步公开，只是为了“知识是全人类”的这个信念，和任何的同情或怜悯无关，因此学习得益的也不需要感谢本 ID。就像你学会了平面几何，也不需要去感谢欧几里得。至于有人要千方百计去证明平面几何的错误，那也是无所谓的，这总比打麻将和傻乎乎跑到股市中亏钱强，对本 ID 的理论也是一样的。

真诚与谦虚才不会有眼无珠（2008-06-13 16:11:04）

1

缠中说禅 2008-06-13 16:11:04

关于大盘，其实该说的前几天早都说了，唯一可以补充的是 2524 点是 6124 点下来的 3600 点，附近应该有强力的中线支持。如果 6124 点下来的第一段跌幅和这次的最后一跌相等，那么 1345 点的下跌位置大概就在 2430 点附近，因此，中线的强支持在 2500 点一带。是否最终跌到这个位置并不重要，关键是昨天说的下跌节奏。下周的首要任务，就是形成这轮下跌的第二中枢，否则，一切免谈。

操作是一种精细的活儿，那些囫囵吞枣之辈肯定没戏。直到今天，竟然还有人自以为是地拿着自己理解的所谓“走势必完美”来这里献丑，请好好把课程都先学一遍，看看本 ID 说的究竟是什么意思。里面有好几个课程专门说这个问题，可惜和这些人理解的无关。

解盘（2008-06-14 07:27:47）

1

缠中说禅 2008-06-14 07:27:47

下周大盘已经说得很清楚，一次短线机会去构筑 3786 点下来的第二中枢。有能力把握的就短差一把，没能力的继续小板凳。

解盘（2008-06-17 10:10:03）

1

缠中说禅 2008-06-17 10:10:03

股市，2917 点是第一关，如果这里都过不去，那么继续探底是不可避免的。过去了，才会有第二中枢成立的可能。至于 2976 点，则决定整个反弹的力度，概念十分清楚，好自为之。

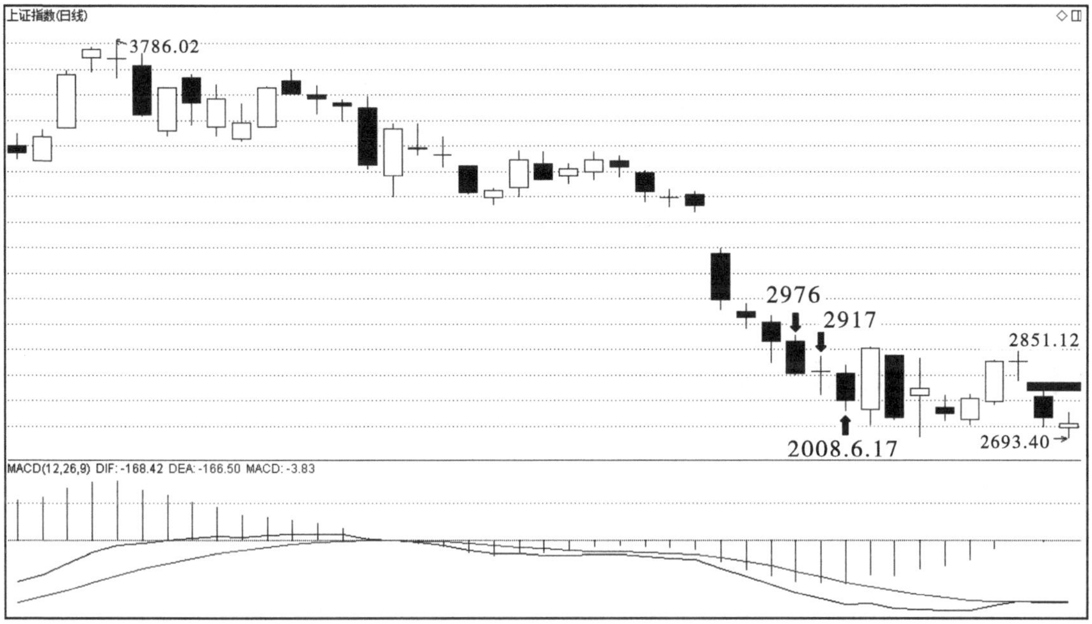

图 386　上证指数 2008 年 6 月 17 日前后日线图

2

缠中说禅 2008-06-18 08:04:09

昨天大盘上不去 2917 点，顺理成章地就继续探底。现在，相应位置成了昨天的高点以及 2917 点。要大盘止跌，首先要站住昨天的高点。而突破 2917 站住，意味着能延伸为笔，就这么简单。

不过大盘逼近 2700 点后，相对安全的反弹点将随时出现，因此请密切留意小级别走势形成的区间套。

今早发了点小火（2008-06-19 08:11:01）

1

缠中说禅 2008-06-19 08:11:01

昨晚已经报了平安，现在是守诺上来说说细节与股票。

来这医院，由于是北京的关系直接找到医院高层安排，弄得这里科里的人对本 ID 都必恭必敬的，而本 ID 的性格是别人越必恭必敬，反而越谦卑。所以和这里的人，开玩笑是最多的，过得很开心，都不想转科了，但今天早上却发了点小火。

……

至于股票，没有任何可能昏头的地方。逼近2700点，加上小级别的区间套，一切都顺理成章地展开了第二中枢的反弹。只要站住2917点并能继续满足笔的延伸条件，那么抄底进去的就可以继续保持，否则就要分批撤退。

注意，这里的节奏可不是站稳前天高点或2917点才进场，而是区间套成立就进场，反而是看是否站稳前面的位置决定是否出场。为什么这样，课程里说得很清楚，昏头可是自找的。

终于有时间上来说两句（2008-06-20 21:37:15）

1

缠中说禅 2008-06-20 21:37:15

关于股市，2917点的威力，通过今天的高点就一目了然了。现在，暂时就是一个2700点到2900点的大震荡，是否能由此构成真正的底部震荡，下周就有比较明确的答案。但要脱离这个震荡，2917点还是关键（见图387）。

其他就不说了，明天休息一下，后天可能继续去看房子。口服药继续吃，然后给西医最后一次机会，放疗一次，看能不能把最后的病灶打散。后面的时间大概就这样安排了，各位请放心。

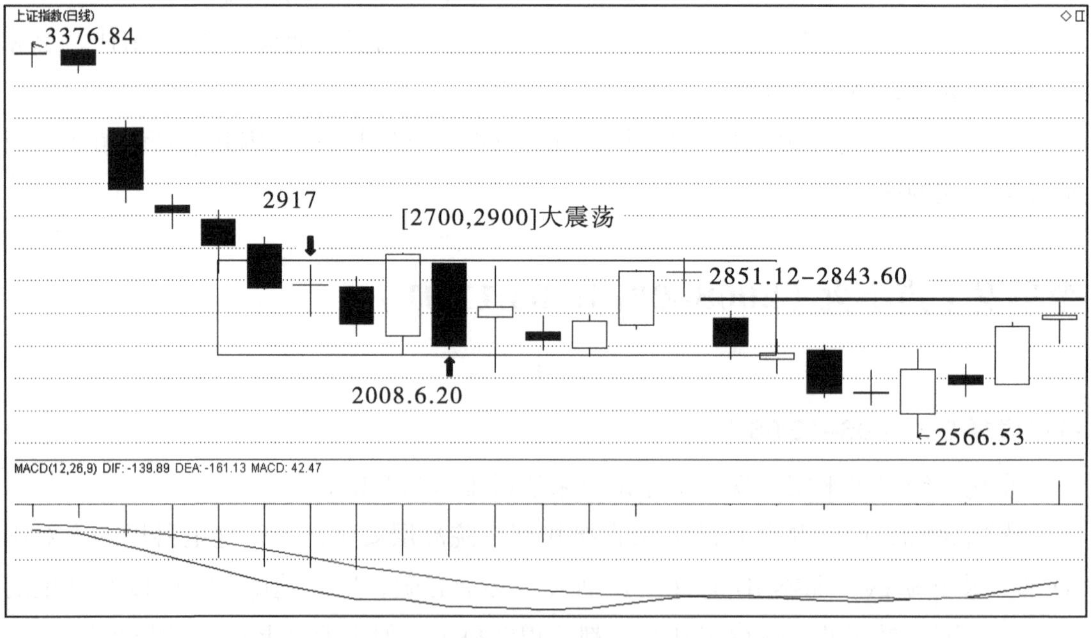

图387 上证指数2008年6月20日前后日线图

解盘（2008-06-23 18:52:18）

1

缠中说禅 2008-06-23 18:52:18

股市中线已经进入6124点下来的大调整的最后阶段，当然也是最惨烈的阶段，否则怎么会有大的反弹？短线，3700点上下来的下跌进入第二中枢的震荡，一旦出现背驰将宣告调整结束，进而展开对6124点大调整的总修正过程，也就是一个超级大反弹（见图388）。

但必须指出，这个超级大反弹的高度并不一定令人满意，因为其形态一旦走出三角形，那么第一段的向上就是最大的幅度了。最坏的情况下，上次3300点上的第一中枢就足以阻挡这个三角形的进一步向上拓展。这种以时间换空间的反弹当然是最坏的，却是不得不注意的，因为大跌后出现三角形的概率，在中线较大周期从来都不是罕见的。

图388　上证指数2008年6月23日前后日线图

平常心非道（2008-06-25 18:47:38）

1

缠中说禅 2008-06-25 18:47:38

股市没太多要说的，站在2700点上有所反弹，本就是最正常不过的事情。本周，纯技术上最大的任务就是高点能突破 2945 点，以形成周线的底分型形态。能高收当然是最好的，即使不行，只要本周不再破底，那么这形态成立就是必然的。从时间上看，这种可能性还是很大的，关键就是剩下两天，多头不要前功尽弃了（见图 389）。

周末还是说说病情吧（2008-06-27 16:40:23）

1

缠中说禅 2008-06-27 16:40:23

2945 点破不了，继续中枢震荡，那是好事情，又给了一个短差的机会。你可能说，这短差你做不来，那做不来就坐小板凳。做不来还要做，什么后果，顺便找个医生问问就知道。

图 389 上证指数 2008 年 6 月 25 日前后周线图

再说一次，今年开的是短跑运动会。更再次强调的是，中枢震荡的操作原则是，向上出现次级别甚至次次级别的顶背驰或盘整背驰先出来，反之，向下就是再进去了。如果你一定要和这个原则背着来，以显示对本 ID 理论的厌恶，那么本 ID 一点意见都没有。按照这个原则，你去看看所有的中枢震荡，包括这一次，有哪次是有意外的？

至于本 ID 的病情，这次化疗下周一结束。现在剩下的病灶体积已不到原来的 5%。这次颈部目前的缩小周长是 7 厘米，剩下的不到 7 厘米就完全消掉。当然，这还不是最终的结果，毕竟还有几天时间。不过看来，这次完全根治的可能性还是没有。

解盘（2008-06-30 18:16:51）

1

缠中说禅 2008-06-30 18:16:51

今天大盘创新低，在技术上是好事情，至少上两周的包含关系不用折腾了。本周能否成为真正底分型最下一根 K 线，关键就看再度起来后回试能否站住 2700 点。由于 2700 点到 2900 点大致的中枢震荡走势依然，从短线角度看，今天的新低也不过就是提供了一次底部盘整背驰的介入机会。这种短线机会操作成功的关键，就在于敢买敢卖，信号出现后不能犹豫。没这个反应速度，就不要参与。可以选择的可能还有两种。

（1）小板凳。

（2）主动买套。看好一个基本面绝对被低估的股票，分批介入，主动买套，然后再用每日波动把成本降低，这是中长线大资金唯一正确的做法。

忍着没去桌球，赶回来写帖子（2008-07-01 22:56:39）

缠中说禅 2008-07-01 22:56:39

大概还有很多人关心市场的走势，其实现在的市场走势，在 N 周前已经明确说过，市场也一直按部就班地走着。如果有不明白的，多看看课程，就知道什么是第二中枢后再走背驰，这种走势为什么是最标准的。现在，这种最标准的走势就如同教科书一样走着（见图 390）。看过本 ID 的课程，都应该对这种按部就班的走势有所了解，所以本 ID 确实没有太多可说的。

当然，从最严密的分析角度，大盘当然有可能走第三中枢，但这个前提就是这次按部就班的破底不能形成标准的区间套背驰。对于这一点，只要看过本 ID 课程的，都应该能当下轻松判断，不构成任何的操作困难。

这里，必须把理论上严密确认的最后一跌后最小的反弹幅度事先指出：按照本 ID 的理论，一旦这次的下跌最终完成，针对 6124 点下来的最低反弹，理论确保幅度是必然回到 2990 点之上。换言之，只要这个反弹以相应级别回到 2990 点之上，那么继续下跌下去，都是理论所允许的。

图 390 上证指数 2008 年 7 月 1 日前后日线图

注意，由于这里文科生、理科生太多，对理论的严密性与实践中的经验性分别不清楚，因此本 ID 必须严重指出，除了上面的理论严密保证下的 2990 点的 100% 确保幅度，还有一个实践中的经验性幅度，就是整个下跌的 1/3。这一点肯定不是 100% 保证的东西，但实践中确认，一般都有 90% 以上的准确性，因此，这个幅度就是一个参考性的幅度。本 ID 前面说，这个反弹基本可以回到 3700 点上，但这是从经验性的角度说的。从本 ID 理论的确保性上说，只能说是 2990 点。

本 ID 的理论是几何性的，有 100% 的严密性，因此，上面的分别一定要清晰，否则就白学了。在具体的操作中，是在 2990 点还是 3700 点，或者更高的位置再结束反弹，那是由最终反弹走势的内部结构决定的。前面中枢对应的中枢角度构成双重独立的判断角度，这两个不同的角度，就构成了一个双重确认的理论保证。如同一个联立方程，理论确认的可能结果就只有极少甚至唯一的可能。

对于看不明白本 ID 理论或操作熟练程度有问题的人，本 ID 已经给出了两条路子：小板凳或主动买套并顺势降低成本。目前大盘的中线判断，本 ID 已经多次说过，从 3700 点上开始的这一段下跌，就是 6124 点下来的最后一个下跌（注意，这不是理论 100% 确保的，因为可以有大的第三中枢。但根据基本面与其他判断，基本可以否定这种情况。用最严密的理论语言，这是一种有 99% 把握的判断）。因此，在这最后一个下跌的内部结构出现第二中枢后，主动买套的操作已经变得十分现实，特别对于大资金来说，这是必需的。

现在主动买套，唯一的风险就是两个：6124点下来的下跌出现第三中枢，3700点下来的这次下跌出现第三中枢。无论是哪种情况，主动买套的实际风险其实都没有，因为买套是分批的，而且每天的波动都有足够空间去降低成本。更重要的是，无论哪一种第三中枢，都意味着相应力度的反弹，因此有足够的退出余地。

本ID再次用最明确的语言宣告，针对那些对精确应用本ID理论有困难的人，现在已经进入必须主动买套的阶段，特别是资金量比较大的，一定要开始分批进入，选择那些已经从高位回落80%而基本面没有出现重大改变的。

例如，本ID可以明确告诉各位，在中国铝业（601600）跌破12元前后，本ID就开始回补60元上下抛掉的股票。当然，本ID的筹码是不断运动降低成本的，但操作的方式是公开的。类似的，如中粮糖业（600737），来这里的人都知道本ID曾大量拥有，30多元回跌到15元下了，本ID当然没有不回补的理由。

严重声明，本ID之所以回补这些股票，只是本ID比较懒，只爱反复操作曾经操作的股票，只要这些股票基本面依然可以操作。有更多比中国铝业（601600）、中粮糖业（600737）更好的股票，各位可以自己去发现，没必要一定要和本ID扎堆。一扎堆，股票就跑不高，这是必然的。

二元经济结构，中国经济的核心竞争力（2008-07-02 15:35:56）

1

缠中说禅 2008-07-02 15:35:56

今天的大盘，没什么可说的。如果你对技术有兴趣，本ID可以多说一点儿，就是今天收的是典型的连续下跌后新低倒T型K线。上次出现这种K线是2007年的12月18日，其后就是6124点下来的第一轮反弹的继续。一般来说，出现这种K线，成为最终反弹底部的概率是70%。这次和上次唯一的不同是，上次是二次探底中产生的。如果有兴趣，可以收集一下指数在历史走势中出现这种K线后的走势，对这种技术形态的认识就会深刻点儿了。

注意，以上的K线操盘方法都是一些经验性的东西，和本ID的理论没什么关系，但可以辅助应用。一般这种应用就如同一个联立方程解出极少的解，再利用这些辅助性工具，决定其中最大概率的解。但在实际操作中，关键还是要根据当下走势去判别，不能先入为主地蒙蔽了自己的眼睛。

至于主动买套的操作，例如今天冲高出现小级别盘整背驰，就可以用部分筹码做空。然后回来有差价，就把所有的重新买回来，这样筹码就会不断增加。当然，如果筹码已经足够多，可以保持数量不变，只回补固定的筹码。这种操作的原则就是，利用震荡把成本降下来。如果要熟练操作，就要好好研究本 ID 课程里关于一天 8 根 30 分钟线如何构成不同走势形态的内容，里面说得十分清楚，就不多说了。

解盘（2008-07-03 15:42:51）

1

缠中说禅 2008-07-03 15:42:51

今天的低开虽然让昨天的倒 T 不太标准，但最终的结果是类似的，只是由于今天与昨天构成包含关系，所以使得本来可以标准生成的底分型需要等待明天去构成（见图 391）。

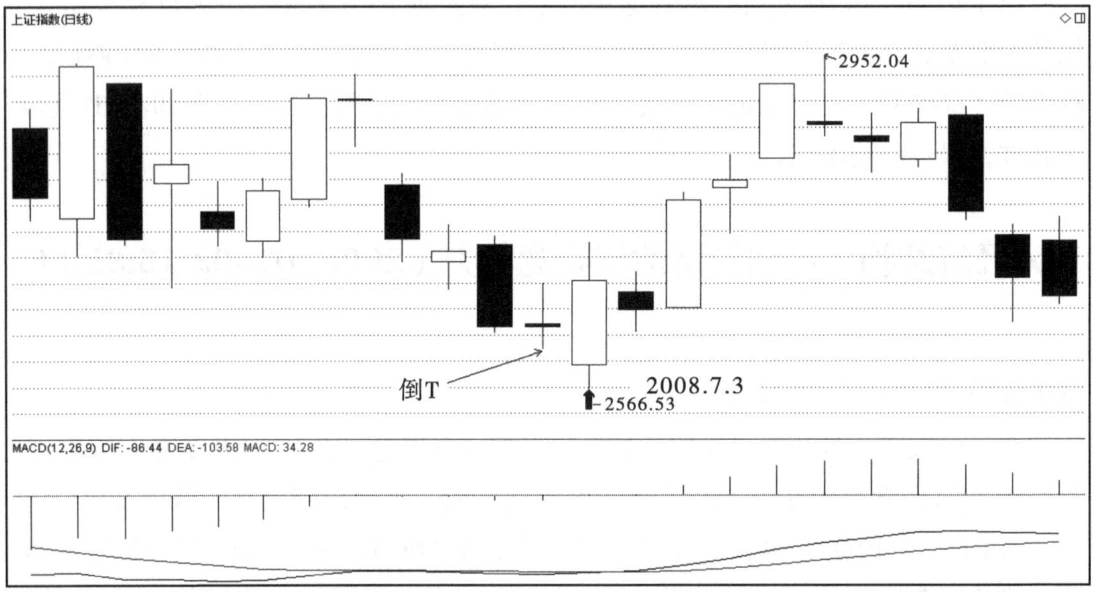

图 391 上证指数 2008 年 7 月 3 日前后日线图

目前关键的位置分别是 2753 点、2945 点、3483 点[①]，分别构成短中长的关键所在。下周初前，首先要确认的是 2753 点这个位置，一旦这个位置不能有效攻克，短线技术好的就要短差一把，因为再次探底不可避免。主动买套的，也可以利用这降低成本。当然，如果能有效攻克，那么一轮较大级别的反弹就此确认，接着就看 2945 点的位置。这个位置后是缺口处，然后才是 3483 点。这一切，都是按部就班进行的，不能超越阶段。

①这些点位分别对应日线、周线、月线底分型的上沿。

解盘（2008-07-04 16:04:21）

1

缠中说禅 2008-07-04 16:04:21

今天最终也勉强构成了底分型，但属于最弱的那种。下周初如果 2753 点不能攻克，再次探底不可避免。这种折腾，提供了不少短线机会，特别对于主动买套的，这种震荡下能有最好的降低成本的操作（见图 392）。

图 392　上证指数 2008 年 7 月 4 日前后日线底分型示意图

说说股票（2008-07-11 11:46:05）

1

缠中说禅 2008-07-11 11:46:05

确实，如果你脑子里已经有了期盼，那么什么理论都是白费的，因为你甚至可以把刀子的白光看成情人桥下那一轮月光。昨天中午就出来的帖子[①]，这么多话，当然主要都是针对长期走势来说的，都是你终身受益的东西。但例子里也顺便给了短线的重要提示，可惜似乎看到的人不多，竟然有很多人，在今天明明要构成顶分型

①指“教你炒股票”第106课：均线、轮动与缠中说禅板块强弱指标。本段文字要结合“教你炒股票”第106课的课程来理解。

的时候还谈论轮动。虽然这顶分型最终不一定延伸为笔，但其中的风险是理论性存在的，因此这时候脑子里风险应是第一位的。就算有轮动，也可能是刀口舔血的勾当。

股票不是吃饭，一顿不吃就饿得慌。理论是让你心里不受贪婪恐惧的影响，别明明是刀子，都要跑过去大吃一顿。请好好重温这两段话："从这分类可以看出两点，统计一下，目前被 34 天线上下压制的股票是最多的，这就提示我们，34 天线对于大盘的压力也是很大的。由于大盘还没到该线，因此这一提示就有预示的意义了（见图 393）。"

图 393 上证指数 2008 年 7 月 11 日前后日线图

"此外，由于每类股票一旦在 N 类调整，要到 N+1 类，至少有很大一段时间折腾，所以这就给了一个轮动的最好选择。一旦一个趋势级别的走势在 N 类上出现顶背驰，就可以先出来一下，至少有几天空闲的时间，可以去找找别的已经调整可以再启动的股票或者补涨的。"

例如在昨天下午，一个品种出现短线顶背驰又接近压力线，应该干什么？如果这品种恰好是大盘指数，应该干什么？注意，帖子可是中午就给出了，这是一个很好的现场例子，不管你如何，但一定要记住这个例子。

今天，除非下午大幅度起来形成包含关系，否则这顶分型就构成了，因此最关键的就是 5 日线。不有效突破就不形成笔，就会再冲一次 34 天线，否则将形成笔的调整，那就等笔对应的短线出现底背驰再说了。

昨天下午如果正确操作，现在就不用左右为难。左右为难的操作都是因为节奏不对，因此，节奏是一个永远的主题。高手还是低手，最终考验的就是节奏，轮动只是节奏的一种方式。最重要的节奏，还是买卖点，一切节奏都必须以此为基础，当然轮动也不例外。

解盘（2008-07-14 06:40:48）

1

缠中说禅 2008-07-14 06:40:48

股票周五在 5 日线位置标准化折腾，结论依旧，站住再冲一次，站不住就延伸为笔，就要等笔的底背驰后再说了。是否节奏一把，就根据自己能力与情况来了。

由于 T+1，这种情况确实限制了理论化小级别中最精确的操作。本 ID 的理论如果用来小级别的短线，最好的就是 T+0 或者期货之类的，所以，没能力的，不一定给自己制定太高的要求。

解盘（2008-07-16 06:12:17）

1

缠中说禅 2008-07-16 06:12:17

大盘这几天走势的标准程度，有目共睹，上不了 5 日线，调整必然延伸为笔，所以就等日线图上的笔对应的小级别图上的下跌走势类型出现底背驰再考虑是否介入。

现在的好中医都到哪里去了？（2008-07-18 03:46:53）

1

缠中说禅 2008-07-18 03:46:53

一些简单的理疗，竟然弄得本 ID 异常痛苦，要念药师咒来止疼，简直成了笑话。现在的好中医都到哪里去了？

没办法，败家子太多，我们这些后人只能承受这共业了。希望我们不会再给我们的子孙制造麻烦吧，看看这地球，无话可说。

5 日线今天继续阻止大盘，短线这条线就是关键了。MACD 的红柱子收缩后是否重新伸长，对应着能否再来一波。当然，看小级别图形的，这些劳什子玩意儿都只是参考，还是按纯粹的本 ID 理论来最精确了。

解盘（2008-07-19 05:57:14）

1

缠中说禅 2008-07-19 05:57:14

周五大盘受消息传闻的影响，在技术面的要求下出现了比较大的反弹，但 5 日线依然不能说有效站住。下周初一旦再度跌破，反而有展开新一轮下跌的风险。所以，还是那句话，5 日线站住，就至少再冲一次，否则就要小心。下周一消息面无论如何，都有一个短线的决断。

解盘（2008-07-21 15:37:35）

1

缠中说禅 2008-07-21 15:37:35

大盘过于教科书，5 日线站住来第二波，下面就看 2896 点。均线对应 34 日线，这是上波没过的。只要站住，短线系统就全面好转，MACD 挑战 0 轴，大盘成所谓头肩底，颈线 2952 点这一切都将顺理成章地展开。所以，明天开始进入真正的攻坚阶段，看好相关点位（见图 394）。

图 394 上证指数 2008 年 7 月 21 日前后日线图

说两句股票（2008-07-29 07:13:02）

1

缠中说禅 2008-07-29 07:13:02

大盘过急上攻没意义，上次毁掉大盘的 55 日线正加速下来，这时候上去不过碰出一个顶来。现在，不会看太精细的就看 34 日、55 日线，这基本决定短线的一切。

临阵退缩了（2008-07-31 15:04:59）

1

缠中说禅 2008-07-31 15:04:59

大盘 MACD 在 0 轴受阻，下面无非两种选择:（1）目前位置坚持住再上 0 轴。（2）破底背驰后再来。具体的，看好均线系统就可以判别。

解盘（2008-08-01 19:01:13）

1

缠中说禅 2008-08-01 19:01:13

股市在周末又出现搏消息走势，短线且不管，各位要看清楚大方向，应该看周线、月线。

一堆闲话（2008-08-03 08:25:09）

1

缠中说禅 2008-08-03 08:25:09

8 月，很重要，就算股票，看看月线就知道 8 月的重要。7 月的十字星是中继还是底分型最下那根 K 线，决定了今后 N 个月的走势（见图 395）。对应于现实，奥运以后巨大的看跌预期如何消解，无论对股市还是经济，都是迫在眉睫的事情。

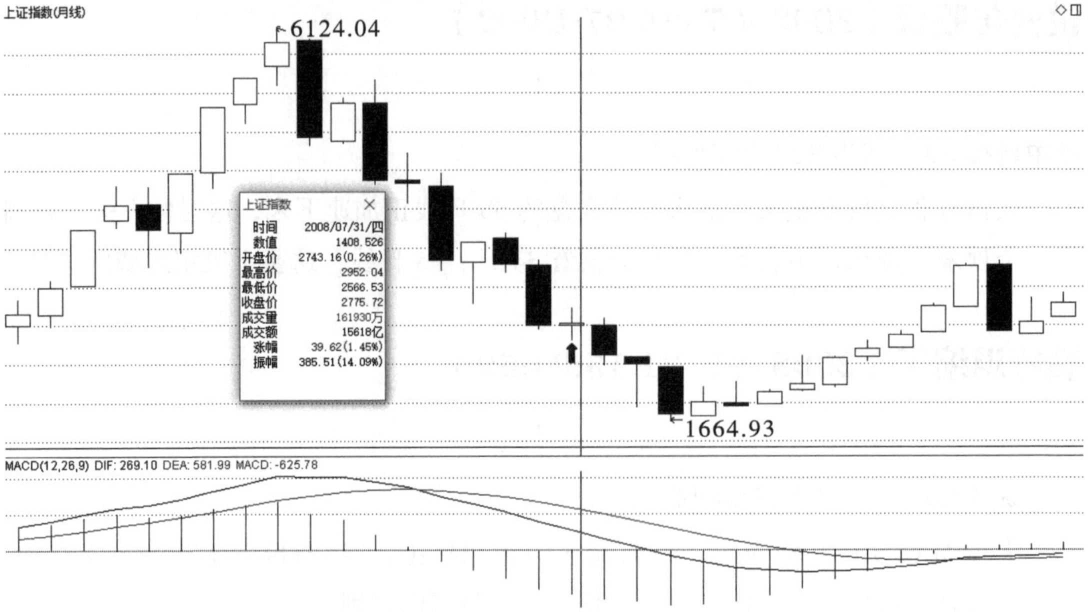

图 395 上证指数 2008 年 7 月前后月线图

打针得一律：尘歌（兼说两句股市）（2008-08-04 15:26:00）

1

缠中说禅 2008-08-04 15:26:00

本不想说股市，因为确实没什么可讲的，但这时候发文章不说两句，好像也不好。不过，说了也白说。例如，周末本 ID 将其定义为搏消息，结果就有很多人不乐意，你说能让本 ID 说什么好？

大家如果想听好话，本 ID 这里没有，对不起了。本 ID 唯一知道的事情是，无论什么理由，别说奥运，就是天王老子下凡，走势如果不体现出底部，就没有底部。每个人都企望来一下所谓的奥运行情，然后胜利大逃亡，都这样想，谁埋单？那些说奥运要到 8000 点的，现在多少人被套着？

真正的钢铁战士，只看走势本身，一切都在其中反应。如果连这都遵守不了，就别学什么理论了，买把扫帚去证什么会门口无间道去吧。

本 ID 也不想再说本 ID 理论那些高深的道理，就用最简单的均线，5 日线都上不去，能有行情？还有，现在最明确的技术提示就是 MACD 准备破 0 轴还是不破，破了是否假破这类老哈姆雷特问题（见图 396）。要看清楚行情，只要搞明白这问题就可以，在这个问题没决断之前，你急什么？

本 ID 不想培养懒人，MACD 的用法说过多次，自己去判别。真明白的，现在一看就知道该怎么安排后面的操作，做不到就学习。

图 396 上证指数 2008 年 8 月 4 日前后日线图

短线关键 2762 点（2008-08-06 15:38:08）

1

缠中说禅 2008-08-06 15:38:08

短线大盘已经很明确（见图 397），2924 点下来这段，至少其第一段在今早的小背驰段区间套完美后就结束了。现在短线的关键点是 2762 点，只要这一点不有效站住，大盘短线依然将面临短线盘整歇息后的第二段下跌。反过来，一旦有效站稳该点，则第一段结束的反弹就至少延伸出日线上的笔，也就是至少是有一定力度与时间度的。至于是否有更大的可能，那是以后图形要告诉你的事情，没必要现在去预测。

大的角度看，目前依然在 7 月 3 日后形成的大中枢中，因此，目前的波动都可以看成是对该中枢的震荡。只要不形成对该中枢的第三类买卖点，该震荡就将一直延续。这一点是本 ID 理论的最基本常识，就不多说了。至于中枢震荡如何操作，课程里反复说了 N 遍，就不再罗嗦了。

图 397 上证指数 2008 年 8 月 6 日前后日线图

2762 点，大盘短线已到临界点（2008-08-08 08:23:58）

1

缠中说禅 2008-08-08 08:23:58

昨天，一根包含性 K 线，构造出短线的第二类买点后回拉到 5 日线附近，大盘短线已到临界点。当然，最干脆的走势就是今天中长阳突破 2762 点确认笔走势。反过来，若大盘依然在 2762 点下犹疑，那么最晚下周初，大盘中继中枢扩展完成后向下延续新一段跌势就理所当然了（见图 397）。所以，今天开始三天内的走势是短线必须密切关注的。

中线来说，已经三次探底。一般性地，即使从概率的角度，如果还有第四次探底，那破底的概率至少是 95%。所以，这基本就是多头的最后一次努力，就看如何收场了。

操作上，见买点就可以介入，冲不上去就把货倒给多头，这就是目前唯一正确的操作。没这短线本事的，就每天继续折腾差价降低成本，或者继续小板凳，自己根据能力选择吧。

密切关注买点出现（2008-08-11 07:54:18）

1

缠中说禅 2008-08-11 07:54:18

2762 点下的三角形反弹构成 2924 点下来的第一个中枢，然后是新一段的下跌。那么，后面的演化无非两种：（1）两段力度对比（30 分钟或 60 分钟），后一段强于前一段，则还需要一个中枢后的下跌背驰才有机会完成 2924 点开始的下跌。（2）反之，则 2924 点下来只是盘整走势，只需要一个中枢，其后将快速回到 2679 点之上（见图 398）。

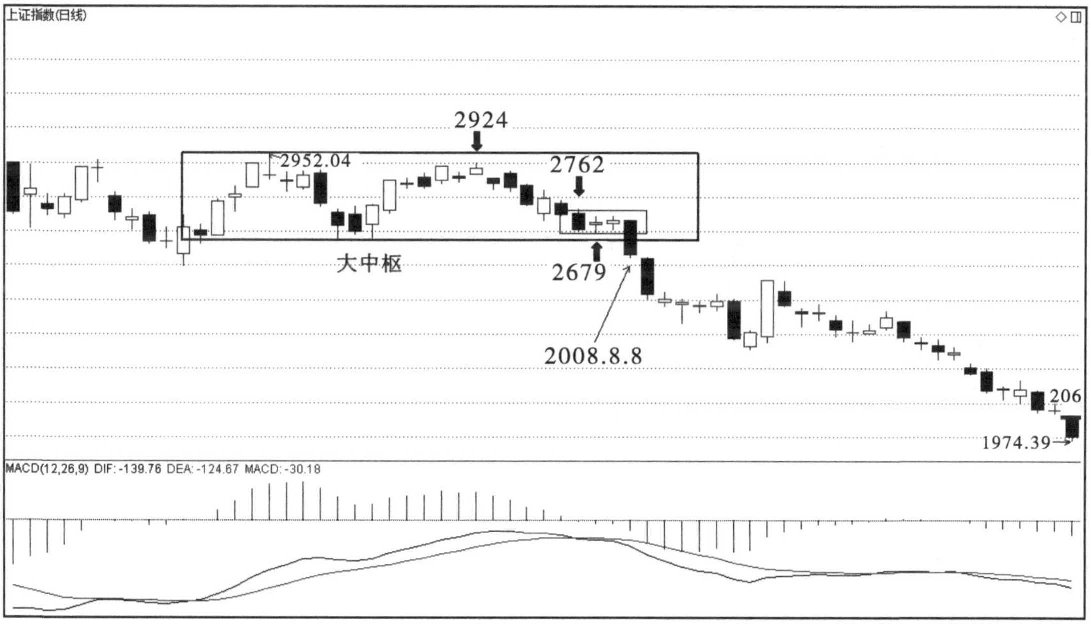

图 398 上证指数 2008 年 8 月 8 日前后日线图

大的角度，目前 7 月 3 日开始的中枢震荡暂时还没出现第三类卖点，依然可以看成是该中枢震荡的延续。除非 2924 点开始的向下次级别走势类型完成，其后的次级别反弹不能重回该中枢，才能确认中枢彻底破坏。

因此，综上所述，目前最大的短线机会，就是 2924 点下来的走势类型结束点构成的买点，其后至少有一个 2924 点下来同一级别的反弹。密切关注短线买点，就是本周最大的任务。

断崖走势继续让短线买点逼近（2008-08-11 15:07:35）

1

缠中说禅 2008-08-11 15:07:35

上文让各位看 30 分钟或 60 分钟图判断力度，从那 60 分钟不断伸长的绿柱子，都知道下跌的动能依然强大，因此，上文说的第一种情况成立的可能性越来越演化为必然性了①。

最坏的情况，本周只有 2700 点那个中枢破位后的第二中枢反弹（一般来说，这走势明天最晚后天盘中就会出现）。这反弹的力度，甚至不能触及今天的高点，然后再继续暴跌。而第二中枢后，一旦出现背驰，就意味着更高一级别的买点出现。这买点，最小是 2924 点下来第二中枢级别，至少能构成 30 分钟上的笔走势（最坏的情况下，最迟下周初一定出现。一般情况下，如果不是最坏，本周出现的概率很大）。

这个反弹的出现，如果只是 2924 点下来的第二中枢级别，那么后面还有下跌去构成背驰，完成 2924 点以来的下跌走势。其后的更大级别就是所谓 7 月以来大中枢的次级别反弹，这次反弹将是最为重要的，是否构成第三类卖点，就看这次了。一旦构成该卖点，后面还有更断崖的下跌。

如果要严格分析，本次上海也是典型的四次破底，只是第二底比 6 月 20 日那第一个要低，这是弱势盘整经常会碰到的（见图 399）。

图 399 上证指数 2008 年 8 月 11 日前后日线图

①这里还需要一个中枢后的下跌背驰，才有机会完成2924点开始的下跌。

任何人在市场面前只能低头（2008-08-12 07:58:06）

1

缠中说禅 2008-08-12 07:58:06

操作的节奏是最重要的，而节奏源自对级别的清楚认识。谁说本 ID 的理论不能预测的？只是本 ID 所说的预测，是各种级别边界条件的完全分类，是一个操作的完全分类图，这里最关键的是级别。没有级别，任何买卖点都是白搭，更别谈什么节奏了。

好自为之吧，就算最好的拐杖还是拐杖，而一个大写的人，一个钢铁战士，就要学会自己站起来行走。本 ID 并不想当任何人的老师，本 ID 最多是你人生中的一道风景。你看成什么，是你眼睛的事情，和本 ID 无关，自我修炼去吧。

经济基本面给了调控下台阶的机会（2008-08-12 15:21:43）

1

缠中说禅 2008-08-12 15:21:43

大盘今天走得极为规范，如期出现昨天说的盘中反弹以构成 2700 点那中枢破位后的第二中枢反弹（见图 400）。后面请注意了，这里严格说将有两种演化可能。

图 400 上证指数 2008 年 8 月 12 日前后日线图

（1）最规范的就是破该中枢，然后再分两种可能：A. 形成背驰见更大级别底之后形成更大级别反弹。B. 不形成背驰就继续下跌，去形成第三中枢。一般来说，后一种情况出现的概率不会超过 10%，而且是否形成背驰，可以很直观地判断，根本没有模糊混淆的可能，除非你根本没搞清楚背驰的判断。

（2）不大规范的，就是直接从该中枢第三类买点扩展成更大级别的反弹。这等于标准的下跌走势 a+A+b+B+c 中的 c 不出现。读过课程的都知道，只要有 A 和 B，a、c 不出现也不改变下跌的性质，趋势与盘整在于中枢的数量，这是最基本的常识。

同样地，第二种情况的概率也不超过 10%。按中枢震荡的判别原则，第三类买点与第三类卖点都分辨不清楚，那就根本没看明白课程，补课是唯一选择。

看明白上面的内容，后面的操作就得心应手了。当然，具体个股与指数的节奏可能不同，这也是最基本的常识，那就各自去分析了。本 ID 不可能把个股也分析了，没那时间。

今天 CPI 有比较好的数据，油价、汇率都有了有利的变化，所以，从基本面上看，短线反弹是有了些条件了，但中线的关键还是有没有利好的政策出台，否则市场将会继续下跌。

2

缠中说禅 2008-08-13 08:28:09

股市方面，对于超短线，看好 30 分钟、60 分钟形成底分型后上边沿的位置是否能有效站住。一旦站不住，超短线依然要继续下探。这一简单的招数，用在日线上，曾经让短线操作多少次最终胜利大逃亡。在以前屡次反弹中，本 ID 用短线关键位置曾演示过多次，一定要把握好。当然，除非你对本 ID 的理论有很深入的认识，有更精确的方法。但对一般性的操作，这招数简单又有效率，不把握就浪费了。

3

缠中说禅 2008-08-13 15:23:14

今天的走势，前面都描述过了，没什么可说的，这极为标准地构成了前面所说的那三级别反弹中的第二个，也就是构成 2924 点下来的第二中枢那一个。今早特别强调了底分型的用法，今天的走势教科书一样，各位如果还闹不明白的，就从 15 分钟、30 分钟、60 分钟一直看过来，研究去吧。

最大那个反弹，也就是前面大中枢的次级别反抽，同样有两种可能：更大的底背驰或从今天构成的中枢直接上去，分析和昨天说的那小级别的道理是一样的。

从大盘的实际走势看，显然并不是最恐怖的那种。本周已经出现第二级别的反弹，因此就是一般性走势，后面的操作无非是从这第二级别反弹成功逃掉，然后再抄更大级别也就是第三级别那个底。如果你真有本事，这三个级别的反弹你完全可以根据本ID的理论，按照如此美妙的节奏自如地完成。现在达不到，就继续训练，没有什么东西是可以随意达到的。

只要你有本事，越跌越赚钱。既然有人这么乐意送钱给咱们花，为什么要拒绝？

利用分型构筑买卖点的细节（2008-08-14 08:03:14）

1

缠中说禅 2008-08-14 08:03:14

学东西，必须搞清楚细节。就像现在，依然有N多人把分型上边沿站稳作为最好的买入点，却搞不清楚恰好相反，这只不过是判断是否延伸为笔的一个简单判断法。如果说买点，必须从走势类型去判别。

分型上下边沿之类的东西，最多类似于第三类买卖点，因此把这当成买卖的根据，将不时面临买入后第二根K线就是转折的尴尬。道理很简单，如果刨去包含关系，6根K线就可以构成笔。确认站稳上下边沿，那至少是第4根，而转折在第5根。这意味着什么，不是很简单的问题吗？

各种方法，必须知道其使用范围，在什么情况下如何用是最有效率的。否则如此囫囵吞枣，不亏钱真是没天理了。课程里也有单纯用分型的不同级别、用类似区间套确定买卖点的方法，这可不是单纯的上下边沿判别，千万别搞糊涂了。

2484点，短线关键位置（2008-08-15 15:27:47）

1

缠中说禅 2008-08-15 15:27:47

昨天的日包含关系，今天构成日线底分型，2484点成短线关键。道理说过N遍，这里不再说了。下周初如果不能站住该点，大盘不可避免再次探底。最坏的情况，下周一就直接低开探底。因此，5日线成了短线的最基本支持判别，一旦有效跌破，探底就确认展开。当然，如果下周初能顶住，更大级别的反弹就此扩展的机会就极大了，就看市场的选择吧（见图401）。

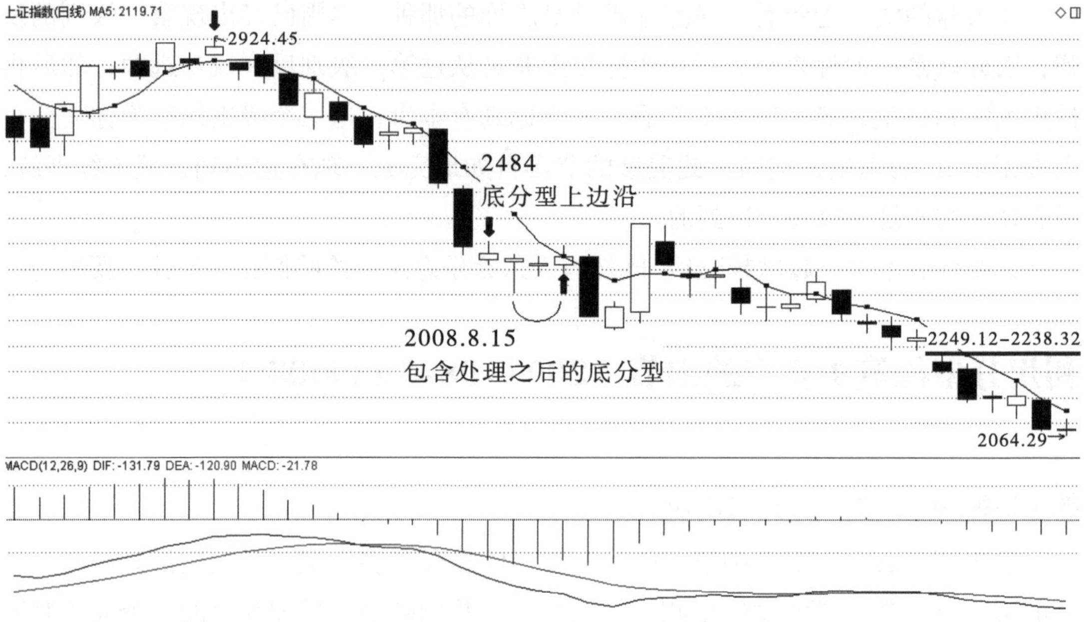

图 401 上证指数 2008 年 8 月 15 日日线底分型示意图

分型上边沿再起神奇作用（2008-08-18 15:09:52）

1

缠中说禅 2008-08-18 15:09:52

今天大盘值得各位好好研究。周五所给的日线底分型上边沿不能站住将继续探底，今天的走势已经给出最好的阐释。这个探底，在最开始的三级别反弹分析中已经仔细分析过，一般有 90% 可能性。下面预防的走势无非是不能形成背驰从而只能先有第三中枢的问题，因此，明后两天的走势极为关键。一旦延续跌势力度，那么第三中枢的可能性就很大了。反之，次级别的反弹就将展开。

一定要注意，这次级别反弹可能只构成原来大中枢的第三类卖点，其后将是更猛烈的下跌。第三类卖点后最好也就是构成更大级别的中枢，因此，反弹之后面对的风险还是需要留意的。

从基本面上看，时间刚好极端配合。这次级别的反弹，是最弱的平台式的，也就是连 2500 点都碰不到，然后基本对应上那什么会议结束。最后的机会给管理层，如果还如此，后面不出现第三类卖点才怪了，这一点必须有清醒的认识。这一点在原来三级别反弹的分析中已经明确指出过，市场显然与我们的分析完全合拍。

2455 点、2656 点成短线上下关键位置（2008-08-20 15:11:18）

1

缠中说禅 2008-08-20 15:11:18

今天大盘又教科书了一把，本 ID 这两周关于三级别反弹的分析，就此被大盘完美演绎。后面的走势，其实前面已经分析过了，就是下面要站住今天构成日线底分型上边沿 2455 点，上面要尽快攻破 2656 点以确认第三类卖点不成立（见图 402）。

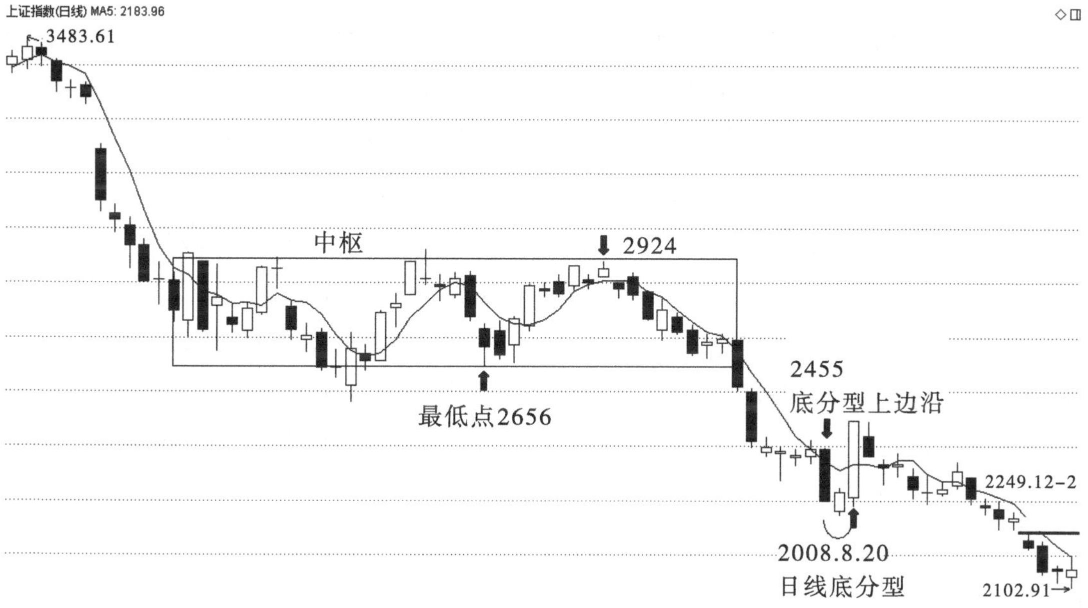

图 402　上证指数 2008 年 8 月 20 日前后日线图

当然，以上表述是站在希望大盘上涨的基础上说的。实际操作，一定不能有这种想法，而是根据大盘实际走势进行机械化反应。

再强调一次，没分清级别之前就别谈什么背驰。所谓背了又背是天经地义的事情，但对应的是不同级别。否则，一个 1 分钟背驰就可以让大盘转向 1000 年，那不乱套了？本 ID 理论的基础之一是级别，不学会并完全机械化地精确把握，那还是别背驰了，因为这种水平，除了背还是背，还驰什么？

今天上来，主要配合了消息面上关于经济刺激的一些重大传闻。如果真能如此，就跟着本 ID 的思路一把，否则，那只有第三类卖点后更强力的暴跌了。

无论你这两周是否如本 ID 两周前说的完全踏准二级别的节奏，但如此教科书的实际走势，也请好好分析清楚。学会了这个，你的水平将提高许多，各位就各自努力吧。

超短线抉择：5 日还是 13 日线（2008-08-21 15:23:00）

1

缠中说禅 2008-08-21 15:23:00

今天没消息，大盘回跌就是天经地义的。至于这回跌是否最终构成继续的探底，昨天已经给了一个基本点位：2455 点。如果明天还站不住该位置，继续下探就是理所当然了。

当然，实际操作中，根本无须搭理这点位，因为这往往有点儿晚。本 ID 最近课程专门讲述如何进行短线操作安排①，里面给出了最有效率的方法。这次第一段的顶背驰极端明确，当然，由于是 T+1，所以实际操作中不一定真能在第一类卖点就卖了。

以前说过开盘大幅度低开后，第一次次级别回拉不破顶或盘整背驰，将构成最好的第二类卖点，这类卖点往往是突发事件中最好的逃命点。2007 年 530 大跌当日，早上开盘前本 ID 专门强调注意第二类卖点。该点走掉后，虽然不是最高，但后面至少逃过整个跌幅的 95%，这已经是突发事件中最好的结果了。

当然，理论水平不够的，就看均线，前面有专门讲解均线系统级别的。这次标准地在 13 日线受阻，也就是一个 2 级力度，能否升级到 3 级或更高，就看 13 日线了。至于 5 日线，是超短线的生命线，一旦有效跌破，那该怎么样，各位这么英明神武的，就不用废话了（见图 403）。

图 403 上证指数 2008 年 8 月 21 日前后日线图

①详见“教你炒股票”第107课：如何操作短线反弹。

明天，是最后一个搏消息的日子。下周，是让某些人最后彻底反省的日子。如果一切都落空，你说这市场能不空吗？这第三类卖点还不是天经地义的？

至于那连笔和线段都没分清楚，在线段上竟然敢大谈什么背驰的，就虚心点儿去读读书。让本ID一个早被判四期绝症的病人每天还分什么笔、线段图放上来的，你好意思，本ID都不好意思。因为功夫是你自己的，你自己不磨练，万一本ID有什么闪失的，你又去哪里找陪练？

搏消息，在5日线震荡（2008-08-22 15:32:30）

1

缠中说禅 2008-08-22 15:32:30

由于前几次周末搏消息都以失败告终，所以这次大家似乎热情不高，但依然没有死心，所以就构成今天围绕5日线震荡的两难局面。周一开盘就决定短线突破的方向，技术上一旦5日线走平再张口向下，那么大盘新低就是理所当然的了。

当然，高位走掉的，这消息也可以赌一把。只是周一一旦没有兑现，就要特别迅速地动作。没这水平的，就算了。就算真有什么消息，如果特别实质的，完全可以在高开回来出现小次级别第二类买点时介入，这和大跌的操作只不过反过来罢了。

目前，从中线的角度，技术上周线与月线如何能最终构造出底分型才是问题的关键。否则，就算有消息，也是一日几日行情，比比短跑而已。

解盘（2008-08-25 15:38:43）

1

缠中说禅 2008-08-25 15:38:43

大盘没什么可说的，昨天已给了最关键的评价，市场需要更多真家伙。技术上，今天改变了最近逢周一就大跌的习惯。但由于目前5日线依然在13日线下收口，因此明天，最迟后天是短线分水岭。是5日上穿13日线，还是再次扩大形成新一轮下跌，很快就有答案。

现在，一切都在敏感阶段。这段时间，一定要清醒地看好，最安全的还是根据技术来。中线的标准很明确，就是首先周线底分型，然后是月线底分型。这两个分型构造出来，大盘才会有大戏，否则也不过是上下折腾一下。

本周很关键，决定了本月能否成为月线底分型最下一根。如果本周走不好，那么，一切都将至少轮后一月。如果这样，后面的调整就至少多三个月，也就是至少两年以后再谈什么新高行情了。第一轮调整时间越长，正规的走势中，后续最终结束全部调整的时间也将呈N倍延长，这是很关键的。本月是10个月，下一周期是12个月、13个月，然后是17个月、18个月。当然，具体要看实际走势，这些都是经验分析。

目前，是游资活跃的时期，所以权证、本地股等小市值品种就会被经常光顾。而真正的大行情，必须中字头股票真正动起来。本ID当然不介意类似6元中国铝业（601600）的理想得以实现，但本ID从11元多开始都是见步拆步，冲不上去就砸，有差价就回买，有机会就让它破底，以便有更好的价格。中字头的基本都是这样弄的，现在没有人会全身投进去，但现在完全不介入，以后可能就不一定有发言权，这是另一个问题了。

再次强调，对于小资金来说，继续短跑运动会，这才是应付如此混乱环境的唯一可行办法。或者干脆就继续坐小板凳，那更不用烦了。

大盘短期走势纯技术分析（2008-08-26 14:59:52）

1

缠中说禅 2008-08-26 14:59:52

从最简单的5日、13日线就知道，今天最迟明天是大变盘的日子，结果大盘依然很有方向感地向下。明天回拉只要站不上5日线，以后该线就成为最简单的短线判别标准（见图404）。

不过，有一点必须注意，目前大盘往下的承接力日益加大。大盘还有一种可能的演化，就是不断下探，最终都不构成真正的下跌，而是不断扩展出更大级别的中枢，等待上面的均线下来，在目前大致位置形成缠绕后，再决定最终的突破方向，这是一种很有技术意义的走势演化。

今天并没最终破坏上周是周线底分型最下一根的形态。换言之，只要大盘在本周不破坏这形态，那么大盘还有点儿意思，否则，就继续下探到可安置这周线底分型的区域。

话就不多说了，一切看图操作，千万不要一根筋。

图 404 上证指数 2008 年 8 月 26 日前后日线图

本周开讲缠中说禅中医学（2008-08-27 15:45:46）

1

缠中说禅 2008-08-27 15:45:46

大概是习惯，本 ID 都是独行侠。十几年前，其实管的资金在当时也不算太小的，100 亿元以上的规模，当然不都是本 ID 的钱。都是几股人在一起，把资金统一交过来管理，统一进出。当时，点儿不少，本 ID 的习惯都是用证券部的人下单，指令只由本 ID 下。当时，可能坐在东北一个小县城里，就可以在 4 小时里来回神州大地 N 遍。当然，也有 24 小时内从哈尔滨飞海口，中途在北京、南京、广州停留一下的经历。

哈尔滨那东南亚人开的还是管理的五星级还是准五星级宾馆，不知道现在怎么样，具体名字现在都忘了，就记得那楼层特别高，那暖气热得让人抓狂。那时候还是 20 世纪 90 年代，应该算当地最好的宾馆之一了，在那里待了不少日子。有哈尔滨的朋友吗，说说，也让本 ID 恢复一下失去的记忆。

可惜，很多失去的都不能恢复了。所以，珍惜眼前，大概就是最好的回忆了。人的一切，不过就是不断变成回忆的过程，最终能留下的，也就是回忆。你的一切行为，决定了这回忆的颜色，是噩梦还是斜阳下那一抹淡淡的蓝。

大盘没什么可说的，一切都在昨天的分析中。有些自以为是之辈连本 ID 的理论是什么都没闹明白，就断言本 ID 的理论被目前的走势破坏。对这种人，唯一的选择就是少管。至于对于已经有所把握的，当然看得到目前走势的规范。注意，昨天分析提到的那种情况，在底部构造中经常出现的，一定要注意研究，这个是无上利器。反过来，就是顶的构造，这在历史性大顶的构造中太常见了。

等待政策与技术产生共振效应（2008-08-28 15:10:21）

1

缠中说禅 2008-08-28 15:10:21

现在，政策与技术，单纯一面，都不足以构造真正的中期底部，而是必须等待两者产生共振效应。政策面上，效率不高。技术面上，最简单的均线系统都没修复好，因此硬来没多大意义。

在目前条件下，中线角度，出现各级别中枢不断扩展叠合以完成底部构造的可能性越来越大。也就是说，先横住了，然后再等到那共振的时间出现，产生突破的第一推动力。

明天又进入搏消息的日子。上周参与者的热情已经不高，本周如何，拭目以待。又是一个轮回，有消息，就看其分量决定短线的波动力度。没有，就有了借口往下考验一下。当然，就像本周，最终又形成一个平衡形态也是一点不奇怪的。

现在，唯一需要的是耐心。但对于短跑选手来说，其实机会不少，特别是个股中。如果着眼中线，那还是继续不断短差降低总成本，这不用太费心。至于一点感觉都没有的，那就小板凳吧，至少等底部形态彻底摆脱了再说。

超短线就看周一及 2403 点（2008-08-29 15:11:47）

1

缠中说禅 2008-08-29 15:11:47

今天，继续周末消息市。由于外围造好，就有了比较强的盘面。现在，最基本的，超短线就看周一能否站住 2403 点。能，就有极大机会延伸出日线图上的向上笔，2523 点是下一个重要位置（见图 405）。更大时间的分析，请看之前的文章。

大盘当然已经暗潮汹涌。你看中信证券（600030），大盘没动，它也快上来 30% 了，没人搞是绝无可能的。其他不少中字头的也是如此。但是，这搞是有分寸的，就是万一市场真不给面子，翻脸就可以不玩，成为新的下跌动力。现在的大资金，只要配置合理，都是十分自如的，一有机会就可以狂飙突进一次。没机会，不给面子，就继续砸出机会。

图 405 上证指数 2008 年 8 月 29 日前后日线图

总之，现在不要单边思维，有能力的要多活动。大盘在大的底部构造中，机会多多，来回几次，比来一次大的都好玩。最后再在大的上面狠咬一口，那又够一年半载消费了。

另外，有一种错误的思维一定要消灭，否则后悔不及。千万别有等下一大级别再如何如何的想法。1 万点跌到 6000 点反弹到 8000 点，然后到 2000 点再反弹到 4000 点，你说相对 6000 点到 8000 点，2000 点到 4000 点是不是大扬？但这有什么用？

不会分段操作，一味死扛的，根本不该到股市中来。股票就是分段操作的，下一段就算有天大的宝贝，都和当下这一段无关。任何的操作只关心当下的苹果，吃到就是英雄。

人，总爱编造一些故事来给自己一个支持的理由，那都是弱者的表现。在本 ID 这里，只有当下的走势。任何所谓的预测，都是闲谈，活动一下唾液的分泌功能而已。这已经说过无数次，如果还不明白，那真不能玩股票了。

实际上，对于真正的操作者，本 ID 每天写的，等于是一个操作的完全分类。任何操作必须以完全分类为基础，否则，只有死路一条。这也说过无数遍了，又有多少人能真正机械地做到？

退一步海阔天空（2008-09-01 15:56:14）

1

缠中说禅 2008-09-01 15:56:14

至于股市，周末搏消息的又一次失望，因此自然就有了今天的走势。对于消息，不能急。退一步海阔天空，没什么不好的。

纯技术的角度，已经明确分析过了，就是要有较大行情，必须月线闹出底分型来。如果本月初破上月底，并不是什么世界末日，反而使得这底分型更有力，行情早一月晚一月其实并没有什么大不了的。试想，如果本月不破底而硬搞一个分型，那么本月就需要拉一长阳，你凑在图上看看，总让人感觉不舒服不踢实。现在硬上去，弄成包含关系的可能几率更大，这样，后面反而会使得真正底分型来临的时间更遥远。所以，有时候急了并不是什么好事情。

从纯美学的角度，10 月见底是最美的，因为刚好对应一年周期，顶和底一个完美的周期。当然，9 月其实也可以，因为周期是可以正负一两个月的。站在这个角度，在月初砸一次破一次，对长期走势来说是件大好事。当然，这只是从美的角度说，至于市场怎么选择，市场说了算。实际操作中，根本可以不搭理这些事情。

下午有朋友打电话过来约稿，他专门问了本 ID 对市场调整的看法，因为他知道本 ID 6100 点做空以后，一直不感冒这市场，所以问本 ID 调整还有多长时间。因为是朋友，就直说了。如果真要重新来过，那是 N 年以后的事了，现在唯一可以等待的是 MACD 在月线上回 0 轴后产生的中级回拉，这时间也快到了。狠的，就等十七八个月的调整时间，也就是明年三四月份开始。不太狠的，就是 10 月前后调整结束，这关系到周期运行的问题。至于是什么时候，关键是看管理层的作为。

这里说的是大的走势，至于周线以下级别的走势，更没什么可分析的，以前都说得很明白了。没必要预测什么，看图，那里什么都有。

5 日线控制超短线走势（2008-09-02 15:15:15）

1

缠中说禅 2008-09-02 15:15:15

今天差点儿没破底，然后震荡了一天，但深圳破了。只要没有突发事件，破是迟早的事情，快的话明天开盘就能实现。上海现在的超短线走势就看 5 日线了，5 日线站不住，这轮杀跌就没完。所以，如果懒的，就看 5 日线足够（见图 406）。

其实，大盘现在走成什么样都没什么意义，因为没量。就算现在一直阴跌下去，一旦回头，很快就可以回到目前的位置。关键还是月线底分型的最终结果，其他都没多大意义。

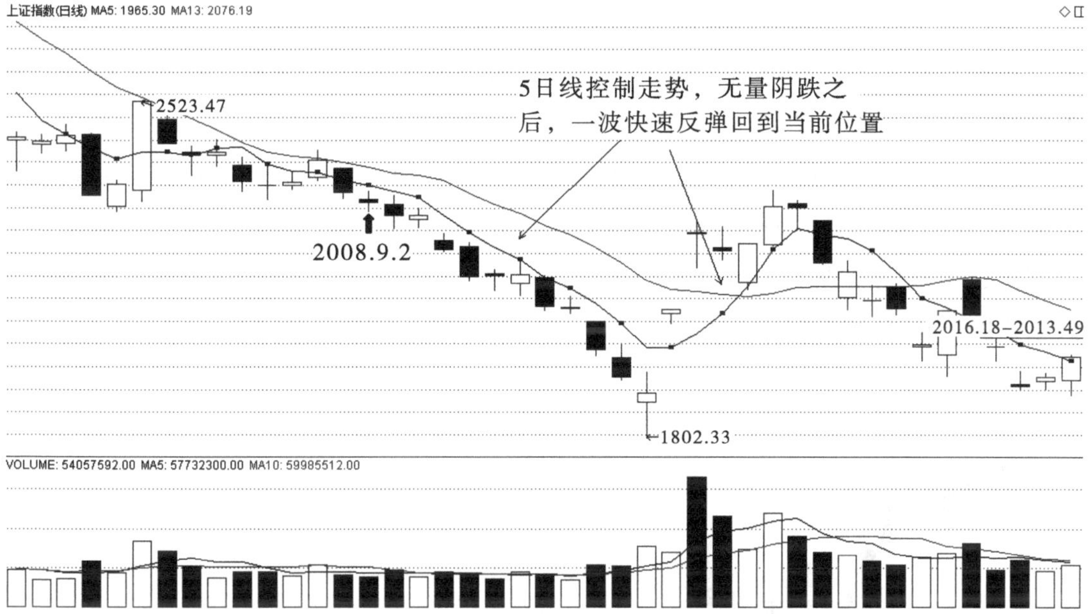

图 406 上证指数 2008 年 9 月 2 日前后日线图

本 ID 很高兴能一直写这博客。例如现在，孤身一人，在这里每天写两句，总有一种温暖的感觉。十分感谢各位的建议，这让本 ID 感到和各位同在经历一些事情的感觉很好。

大的说，现实中的人都是可怜之人，否则就不会因业力牵引而成就人的生涯了。人，有苦有乐，乐最终还是苦。在本 ID 看来，所有人都如同无端流放于荒野的一群，互相之间能相互帮助，一定是人间最美的事情。所谓同体大悲，无论你是谁，最终的意义上，和本 ID 有着共同的共业而因此落于地球之上，这是多大的因缘。所以，能就此因缘而共同走出这生死迷局，这才是人生真正有意义的事情。

本 ID 的心和各位是同在的，同悲同乐，无论谁。有幸突破这生死轮回，都无一例外地广渡。这里，任何争吵和算计都如此无聊，站在生命的根本上，人生很多事情都会放下的，您呢？

不破不立，反弹可期（2008-09-03 15:14:03）

1

缠中说禅 2008-09-03 15:14:03

大盘终于破底，这使得月线底分型最快也要到 10 月才能构成，但站在短线的角度，反弹反而有了技术基础。当然，这类反弹都是纯技术性质的，属于短跑型，能否参与就看各自的技术了。

2329 点是短线的关键压力，站不上去将继续弱势。从纯心理的角度，如果反弹前能有一段急促下跌，那么其后反弹的力度将更有操作性。目前，破底后追杀的动力不足，市场完全进入一种麻木状态。这时候，行情没有太大的稳定性，最终还是归于折腾（见图 407）。

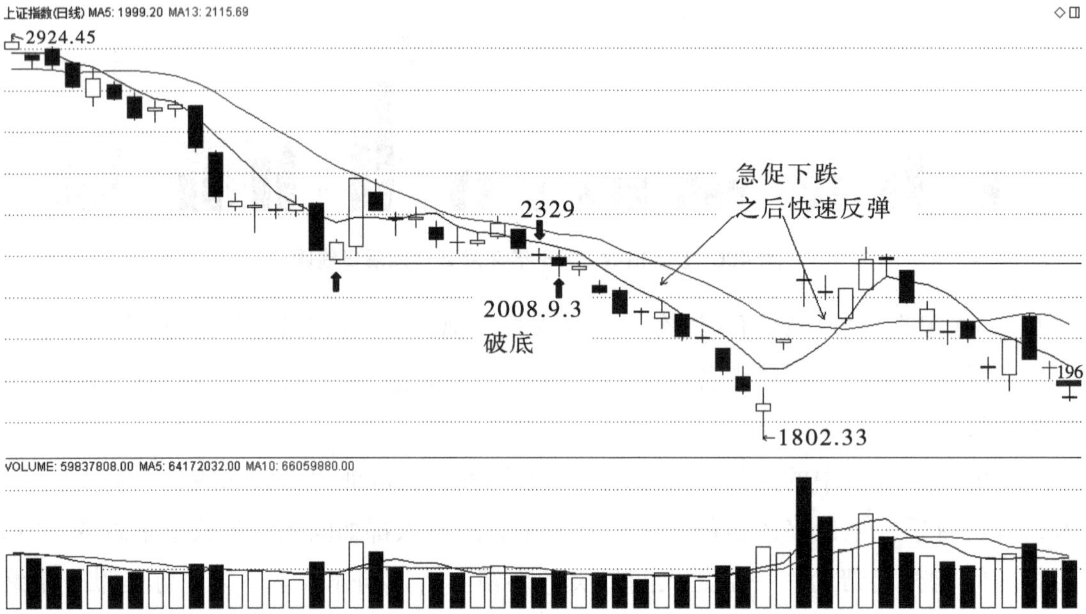

图 407 上证指数 2008 年 9 月 3 日前后日线图

大盘真没什么可说的。本 ID 这几天状态一般，主要是要和坐骨神经斗争，暂时是棋逢对手，还没分出胜负。人生中最难熬的大概就是这种状态了，首先你不知道平衡什么时候打破，而你又不能松懈，否则平衡马上就破了，所以只能熬着。这就如同现在的大盘，就是熬着，谁能最终熬出头，谁就是胜利者。

但在熬之中，胜利只是一种安慰，唯一可能的，只能去欣赏、享受这种煎熬的状态。站在审美的角度，熬的状态其实真的很有趣，那种无声的生命相搏，不知道后果，只能一路前行，没有退缩的机会，这种状态在人类历史中成就了无数的奇迹。想想贝多芬，几十年不断严重的耳聋，一种没有边际的熬，最终成就了最伟大的作品。真正的作品，都是生命熬出来的汁液，所以才如此纯美。

本ID彻底击毁坐骨神经痛（2008-09-05 15:08:42）

1

缠中说禅 2008-09-05 15:08:42

外围因素使得前两天强调的加速过程得以实现，因此，下周出现一定力度的反弹极为正常。但这种纯技术反弹的折腾意义更大，就以折腾对折腾，看谁跑得更快了。

我们现在真的很可能面临1929年以来最大的经济调整，相应地也就是中国30年来最大的调整。道指还在1万点上磨着，一旦它破1万点，你说会发生什么？道指就如同茅台，最终也有挺不住的时候，那时候将发生什么，问菲利普斯①吧。

大概本轮调整最终还是以道指的暴跌为最终的高潮，好戏可能还在后头。之前，还是继续短跑。

要离开武汉啦（2008-09-08 13:24:59）

1

缠中说禅 2008-09-08 13:24:59

这两天本ID要忙于处理一些事情，对各位就不一定能照顾到了。股市正常运行，正处在所说的反弹前的加速阶段。没这阶段，反弹没力。本周就注意短线买点的把握了。

①指新西兰经济学家威廉·菲利普斯。1958年，菲利普斯根据英国1861—1913年间失业率和货币工资变动率的经验统计资料，提出了一条用以表示失业率和货币工资变动率之间交替关系的曲线，简称菲利普斯曲线。这条曲线表明：当失业率较低时，货币工资增长率较高；反之，当失业率较高时，货币工资增长率较低，甚至是负数。根据成本推动的通货膨胀理论，货币工资可以表示通货膨胀率，因此，这条曲线就可以表示失业率与通货膨胀率之间的交替关系。即失业率高，表明经济处于萧条阶段，这时工资与物价水平都较低，通货膨胀率也就低。反之，失业率低，表明经济处于繁荣阶段，这时工资与物价水平都较高，通货膨胀率也就高。即失业率和通货膨胀率之间存在着反方向变动的关系。

看图作业，多想无益（2008-09-10 11:18:07）

1

缠中说禅 2008-09-10 11:18:07

上周已经明确说过，本周值得关注的就是这个反弹了。一个完美的两小中枢构成的下跌后，在早上完成最终背驰，恰好配合上CPI的跳水利好，大盘盘中有了较大的反弹。显然，后面受阻5日线，因此，下面的任务是5日线的攻关，但最终决定反弹级别与高度的还是2220点。站住，级别就大，否则就将再次回探（见图408）。

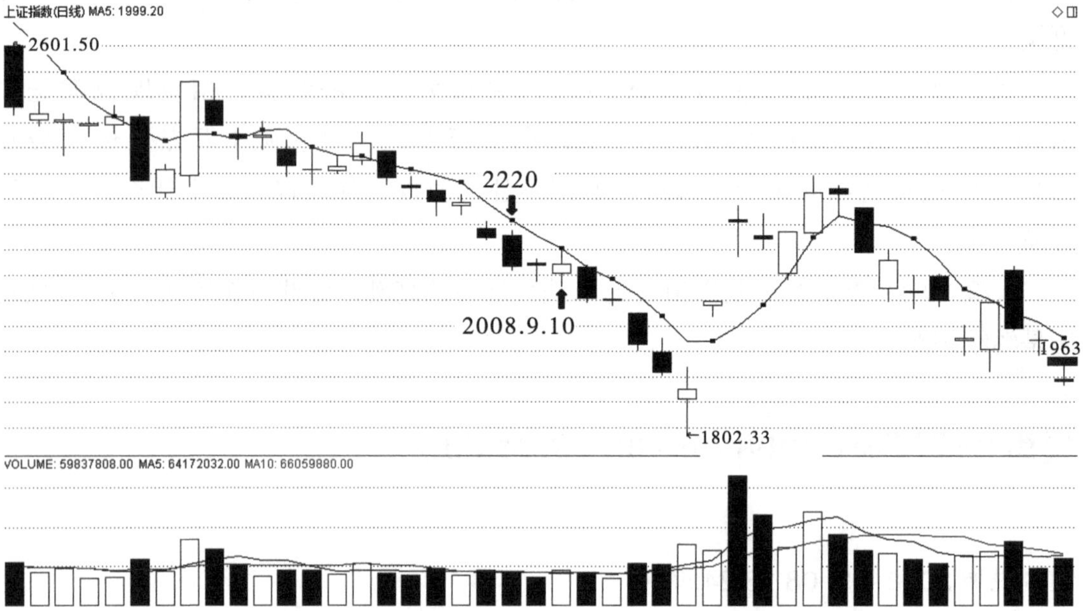

图408 上证指数2008年9月10日前后日线图

从最恶劣的情况看，最小级别的升幅已经完成，所以5日线能否攻克是这两天的关键。基本面应该有进一步的好转，如果各方面能配合上，最好的九十月份构成月线底分型的过程就能实现，但就不知道是否又会出幺蛾子了。

看图作业，多想无益。

无欲无求，按图作业（2008-09-11 16:14:14）

1

缠中说禅 2008-09-11 16:14:14

股市还是逃不掉 5 日线，这在昨天中午已经特别强调，这次反弹的技术性由此可见。昨天中午强调最恶劣的情况下，最基本的升幅已经达到。结果大盘无情选择了最恶劣的情况，这是理论所允许，感情所必须接受的。

任何理论允许的情况，就要时刻面对并接受，这一点是最基本的准则。下面，由于反弹构成较大中枢后继续下跌，因此下一次买点就要站在这新的级别上看。各位自己去数数，在这级别上已经有多少中枢了，然后该干什么一目了然。

还是那句话，无欲无求，按图作业。

直面更大级别的反弹（2008-09-12 12:59:29）

1

缠中说禅 2008-09-12 12:59:29

小反弹后继续下跌，又不是第一个中枢后的下跌，因此，出现更大级别的反弹基本就是必然的，至少 90% 以上的把握。下周，无论周末消息面如何，就算还有下跌破 2000 点，一个更大力度与级别的反弹将直面，好好看图把握。

请记住 1987 年的股灾[①]，发生在 10 月 19 日（2008-09-18 10:26:15）

1

缠中说禅 2008-09-18 10:26:15

身体没有完全调整过来，但这几天市场风雨飘摇，虽然和本 ID 没什么关系，正乐见其跌，但还是勉强写两句，让各位心里更明白点。

奥运前，本 ID 提出断崖论，9 月 4 日又就几位所谓著名的经济雪茄的言论给出了对经济调整的严酷性决不能掉以轻心的观点，这些都请重温。而且本 ID 反复提出，一旦美股跌破 1 万点将发生什么？这几天看来，那 1 万点已不是什么钢板。

请记住，1987 年的股灾发生在 10 月 19 日，今年恰好是 21 年的神奇数字，这

①见第535页注。

也是为什么本 ID 对经济一直担忧的一个重要理由。短线反弹很快就有，但关键还要看外围。国内从某种程度上已经被美国所左右，这是本 ID 反复强调一定要避免的，结果还是没办法。天要下雨，随它去吧。

当然，就算股灾，也没什么大不了的，1987 年之后还不涨了 20 年！所以，10 月见底依然有可能，只是需要更猛烈的暴跌，否则，真要等 17 个月的周期了。

短跑好的，注意很快就有的反弹，抢一口就跑。另外，密切注意世界消息面的变化，看这次老美用尽气力能搞点儿什么？

做人是要讲良心的（2008-09-19 12:57:06）

1

缠中说禅 2008-09-19 12:57:06

本 ID 知道，很多人在骂本 ID，说本 ID 故意躲起来，本周说反弹结果大跌。上周难道没说 2000 点是可能跌破的，难道现在出现的不是更大级别的反弹（见图 409）。昨天，半条命的情况下，在早上告诉反弹很快出现，好像还有人有意见？

算了，你赚不赚钱和本 ID 有什么关系，爱什么是什么。

昨天进去的，咬一口就要跑。当然，跑也要看图的，没卖点你跑什么？因为美国方面并不稳定，所以一定有反复，短跑就是跑了还可以进，一切看图。

以后都自己学技术，自己看图，这种半条命上来暗示的事情永远不会有了。

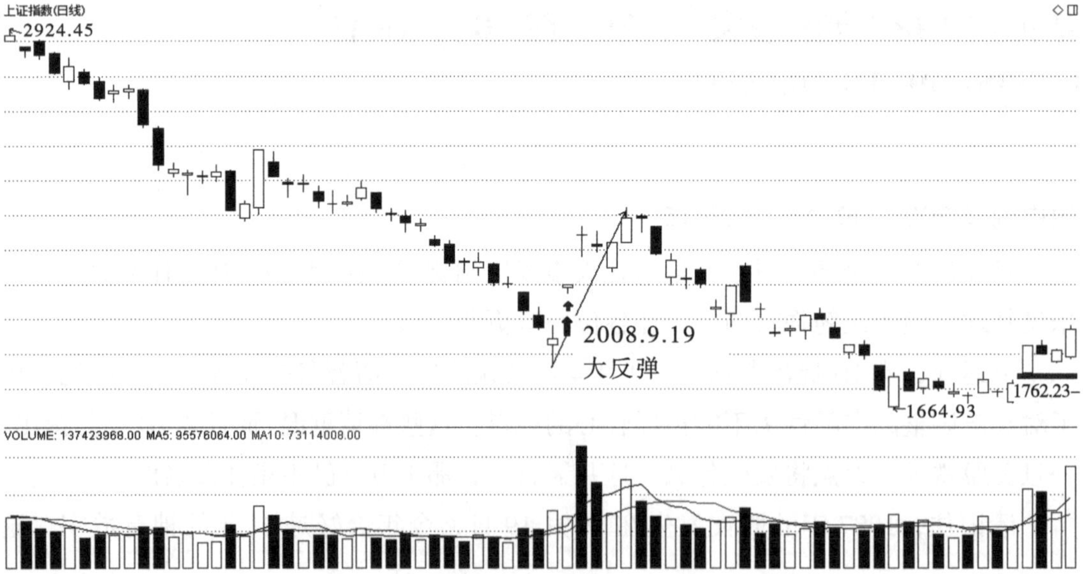

图 409 上证指数 2008 年 9 月 19 日前后日线图

中美联手后的潜在陷阱（2008-09-21 14:16:40）

1

缠中说禅 2008-09-21 14:16:40

世界经济最大的秘密之一就是共和党收割财富，烂摊子由民主党收拾。这次中美联手的最终命运取决于大选。反正用的是纳税人的钱，小布[①]才不心疼。

联手制造的反弹过后，是一个平台期还是新的一次真正毁灭的开始，其实早被老奴隶主所算计。好戏总是情节百转，有钱就赚，有戏就看，关键脚底要牙买加，这样怎么都可以了。

话说多没意义，该说的都说了，各自领悟吧。

行情级别分析（2008-09-22 15:13:38）

1

缠中说禅 2008-09-22 15:13:38

6124 点下来，只出现过一次周级别的笔反弹，因此，最大期望就是这次能制造第二个，具体自己去分析。把握了这个级别，后面的操作就很明确了。本周会有一次较大的震荡，这是短线需要注意的。

如果中美联手都搞不出第二次周级别笔反弹，那就成经典笑话了。但具体看图，不要有成见。

好了，最关键的点已经说了，具体自己操作。

真正的震荡还在后面（2008-09-23 15:40:14）

1

缠中说禅 2008-09-23 15:40:14

真正的震荡在后面，要有心理准备。5 日线是短线关键，否则破了要补第二缺口（见图 410）。

---

①指乔治·沃克·布什（George Walker Bush）。小布什于2001年至2009年担任美国第43任（第54届、第55届）总统，任内遭遇了2001年的911事件，因此发动了一连串反恐战争。2001年10月发动了阿富汗战争，以推翻塔利班政权并铲除基地组织势力，接着在2003年3月发动了伊拉克战争，推翻了萨达姆政权。任内推行了1.3万亿美元的减税计划，以及对于医疗保险和社会福利体制的改革，实行社会保守主义的政策。布什政府在反恐战争的正当性、关塔那摩事件、虐囚门事件以及卡特里娜飓风救灾工作的处置上遭遇众多批评，执政民调认可度在911事件之后也有逐渐下滑的趋势。

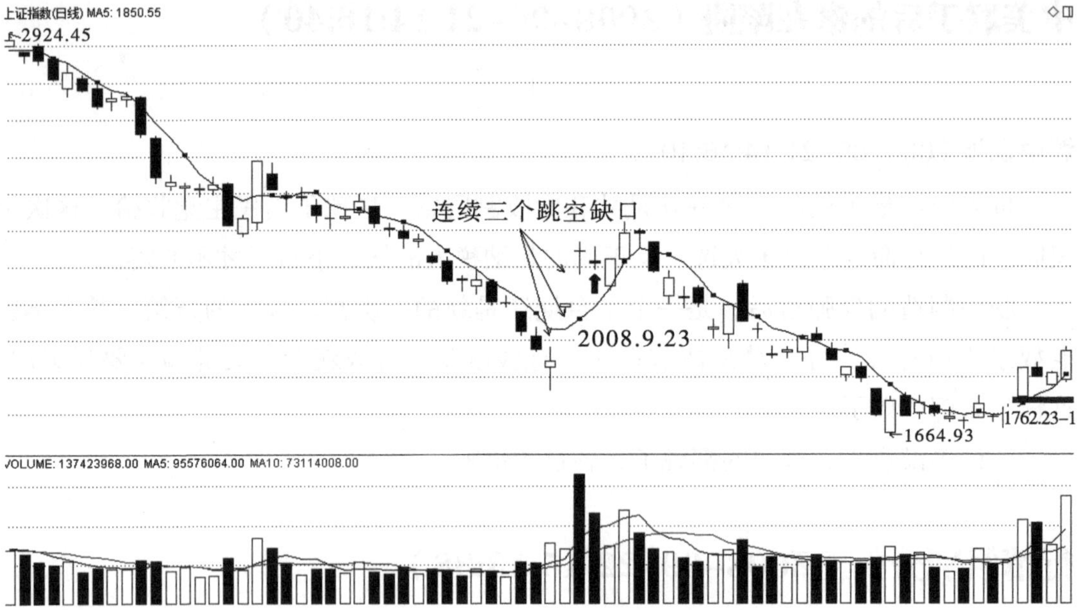

图 410 上证指数 2008 年 9 月 23 日前后日线图

最终解脱了（2008-09-25 20:14:17）

1

缠中说禅 2008-09-25 20:14:17

股市不破 5 日线就继续天经地义地上攻。这次主要注意是否背驰。现在，日笔是没有问题了。本 ID 说的周笔看有没有机会吧，关键看美国是否继续使坏了。

……

无话可说（2008-10-10 09:24:36）

1

缠中说禅 2008-10-10 09:24:36

继续看图、短跑，美国如斯破万确实壮观，10 月 19 日前后还有什么？等着。

第二篇

交易心态与市场杂谈

心态（2007-01-10 15:49:21）

态，古字上“能”下“心”，能心心能也。何谓能心？无所住而生其心也。何谓心能？其心生而住所无也。世之痴人，以“无所住而生其心”为圣为解，以“其心生而住所无”为凡为缚，于圣凡自生分别，翳眼生花，可叹可怜。复有痴汉，求一清净之常态，谓之安心。岂知安心者，心也，以心求心，相缠相续，即清如朗月，净似幽潭，犹鬼窟活计，自欺欺人。

能心者，心也；心能者，心也。心无可安，无心可安；心无所住，无心所住。心心相心，心心心相。安者，心也；住者，心也；解者，心也；缚者，心也；生者，心也；灭者，心也；是心，心也；非心，心也。心无所心，无心所心，犹心也。心而能心，心而心能，能心心能，态变乾坤。

周末，给自己一小时只属于自己（2007-01-19 14:50:11）

现在，人都活在社会结构无穷的网络之中，如果连周末都找不到一小时只属于自己，那就太悲哀了。

只属于自己的一小时，能干点儿什么？对于青春期的男女，可能会用来研究自己的身体。对于更年期的男女，可能会来虐待自己的身体。对于既不青春也不更年的男女，可能会用自己的身体听音乐、看书，甚至就抽根雪茄。但，这都不是让一小时只属于自己。

首先，谁是自己？你的身体是你自己吗？每时每刻，身体都在变化着，没有一刻是相同的。哪天，突然没了，都归于尘土，身体又怎么可能是你自己？音乐、书、雪茄，都和自己无关，就算是贝多芬让你感动，那也和自己无关，一切关于灵魂的鬼话，在尘土面前一钱不值。

人身难得。这人身，如果最终只为了归于尘土，那这人身也就无所谓难得了。人身，归根结底，只有一件事情是有意义的，就是寻找自己。谁是自己，你是谁。周末，给自己一小时只属于自己，去寻找那只属于自己的自己，那和生死无关的自己。

确实，世界只是你心中的尘灰，但这与你无关，这不是你的实证。你需要的是实证，而不是让别人告诉你世界是什么。周末，给自己一小时只属于自己，去发现世界的真相，那乾坤一尘的真相。

找一个绝对安静的地方，关闭一切声音，关闭一切外界的联系，安坐下来：你开始寻找自己。好，自己成了寻找的对象，而寻找这个对象的是谁？是自己吗？是自己在找自己吗？这里，别用骑驴找驴的废话来搪塞，那和你无关，耳食只能是耳食。你的寻找，首先必须面对这样的困境：寻找自己的是谁？

自己是谁且先不问，寻找自己的是谁，这是更先的预设。这是一个死循环，无论往哪边走，都没有出路。由此，可以引申出无数问题。例如：寻找自己的是谁之谁，与自己是谁之谁同一吗？同一与同一同一吗？寻找与寻找者之间谁来连接？诸如此类的问题，可以无穷无尽。你无穷无尽地去追问这些问题，最后，你累了，然后，可能睡了，也可能开始静而思动，意兴大发了。这时候，那些问题依然问题地似乎没有了。你的寻找，毫无结果。

那么，在这个没有出路的地方，你，如何转身？周末，给自己一小时只属于自己，去寻找那只属于自己的自己，那和生死无关的自己。

交易，首先洗心革面（2007-01-31 15:13:30）

每个人都有看法，特别像股市这种东西。但来这里，首先要洗心革面，否则就别来，来了也白搭！如果来了这里，你还追高杀跌，不是买点买，卖点卖，那就别来了。世界很广阔，何必来这里。今天的大跌不过是昨天 5 分钟背驰所引发的，按照本 ID 的理论，你不能逃过吗？然后你按 5 分钟或其他的买点重新买入，难道不就可以避免所有的下跌吗？下跌对于本 ID 理论的实践者来说，就是快乐的事情，因为在下跌之前，你已经离开，因为下跌总在卖点之后！

至于有人 6 块不买，喜欢 12 块买，那行！不是有人说 15 分钟拉涨停吗？别说涨停，从跌停到涨停，10 分钟足够，但首先要把喜欢杀跌的都给清掉！ 500 万股压盘算什么？大盘跌 150 点又算什么？好！本 ID 不是雷锋，本 ID 干的事情只按技术与需要来。以后有谁还说废话也可以继续废话，只是各位想学真功夫的，就少听废话为好，别再干 6 块不买 12 块才买的蠢事！至于有些希望明天还跌停的黑心汉，也少点儿白日梦，别刚学了点儿皮毛就觉得了不得，还早着呢！

下午走得太急，补充一段，有必要把一些前面已经多次提过的原则重复一次。

（1）你手中的钱，一定是能长期稳定地留在股市的，不能有任何借贷之类的情况，这太关键了。本 ID 见过太多的人，就是跌倒在钱的非长期性上。

（2）级别必须配套来看，最好不要单纯地短线。任何进入的股票，最好是至少日线级别的买点进入的，一定不能远离底部，特别对于生手，这更为重要。短线是让你把成本降下来，而且确保持有的安全性。除了日线的单边上扬走势，短线必须坚持，但仓位可以控制，例如用其中的1/3。慢慢养成好习惯以后，可以更随心所欲一点。

（3）如果判断不准确，卖点卖错了也无所谓，这么多股票还怕找不到好的？但买点一定要谨慎，宁愿筹码少了，也不能追高买回来。操作中，开始的熟练程度不够，不奇怪，这种事情要不断实践才能提高。

（4）最开始以中长线心态进入时，尽量参考一下基本面的情况，不能搞太差的股票。短线就不大需要考虑这些问题，只看技术就可以。

（5）不要有依赖心理，只有自己在实践中成为自己一部分的，才是真实的。

（6）一个坏习惯足以毁掉一切。每次操作后一定要不断总结，逐步提高。

（7）如果你选择股票时是以一个中长线的心态谨慎选择的，那么就不要随便斩仓。本ID反对斩仓、止蚀之类的玩意儿，亏出去的钱是真亏出去的，而只要筹码在，不断地短线足以把成本摊下来，斩仓就一定能买到更好的股票么？特别在中长线依然看好的情况下，更没必要。

（8）先卖后买也是可以挣钱的，不要光知道先买后卖。

（9）股票都是废纸，你要的不是任何股票，而是通过股票把盈利做出来！

（10）恐惧和贪婪，都源自对市场的无知。

从容面对突发事件是投资的基本素质（2007-05-30 06:53:34）

本ID虽然在大牛市的序幕还未真正拉开时说过："5月，是1429点以来的180个月，360的一半，一个极为重要的时间之窗，其后不发生点儿事情，显然是不可能的。"虽然前天也说过："在某一级以上的，今天应该已经收到一些东西，具体的本ID不能说，内容当然也是和调控股市有关的，估计这几天就会出来了。"昨天更劝告："如果你在股票中已经获得利益，那么首先去改善自己的生活条件，去孝敬那些值得孝敬的人……赚钱不花，当守财奴，脑子有水呀？先把自己以及家人的生活安置好，把本金拿出去，用股市挣的钱继续股市的游戏。"但本ID绝对不会说关于早已传闻的印花税增加在今天凌晨公布的准确时间，本ID已事先知道。

显然，这事情公布的最终确认就在昨晚，所以各位也没必要拿23日管理层的澄清说事儿，更不能说管理层朝令夕改，毕竟30日和23日已经相隔一周了。这种凌晨才发布的消息，在中国证券历史上也算开先河了。

这里，首先必须肯定管理部门目前的操作程序与保密级别上比以前有了很大的进步，这对市场的所有参与者更加公平。其次，这政策本身也符合目前管理部门的认识水平。最后，收到的钱应该多照顾几个该照顾的人，这也算是大牛市对全中国贫苦人的一点贡献。所以，对该政策，本ID没什么意见，该来的都要来的。

好，现在回到具体的操作上。首先必须再次明确，能改变大牛市性质的只有经济倒退，否则都不过是造成市场不同级别震荡的诱因，一个正确的操作，足以应付。其次，面对突发事件，仓位、成本控制比较重要，这也是本ID为什么反复强调股票是废纸，必须成本为0的原因。突发事件，本来就是市场中不可避免的。一个良好的操作习惯，足以应付任何突发事件。一个成本为0的筹码，是应付突发事件最好的工具。

在投资市场上，必须大气点。无论这次震荡的级别有多大，你走了没走，都不过是一个小事情。走了不是胜利，没走也不是末日，关键的是你正确的操作习惯与长期的坚持。1996年12月，连续跌停后，市场最终5个月后依然重新创出新高（见图411）。1987年美国股市大跌，现在看来，那只不过是在山脚下的一次小颠簸。从容面对突发事件，这才是投资的基本素质。

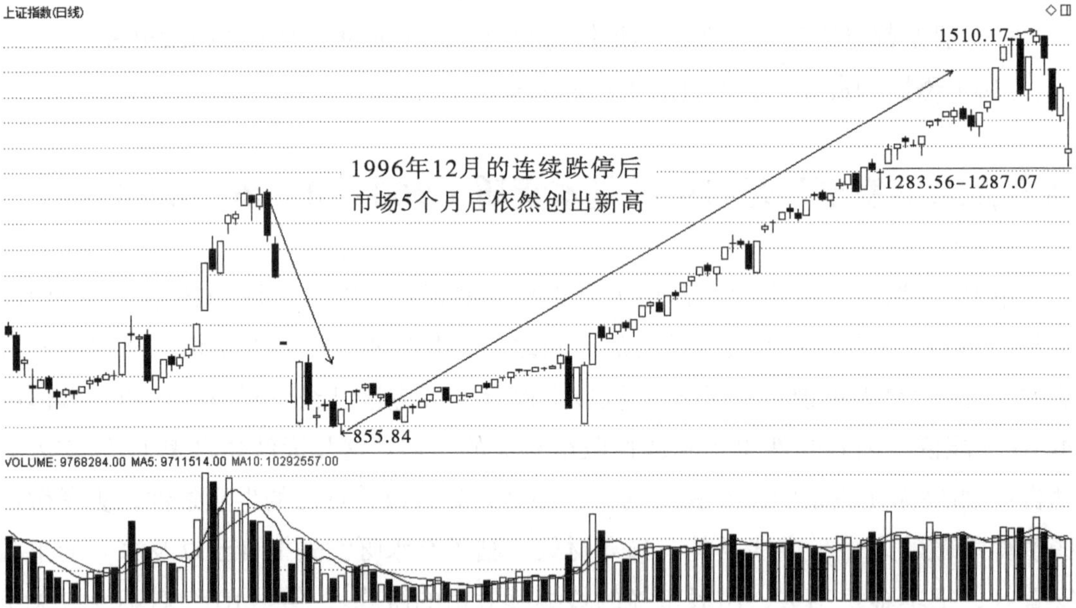

图411 上证指数1996年12月大跌之后的走势图

市场总是少数人成功（2007-11-13 08:27:42）

本 ID 开始课程时，有人还问一个很傻的问题：一旦都掌握了本 ID 的理论，那理论还有用吗？这种想法是一种傻乎乎的逻辑。

市场总是少数人成功，为什么？因为只有少数人能真正把握自己。征服世界，并不意味着你能把握自己。认识自己，把握自己，这比征服世界更难。

当然，站在市场逻辑的角度，没必要为那些待割的韭菜煽情。问题是，最重要的问题是，千万别把自己往被割的里挤。因此，本 ID 也只能抱着惊醒一个是一个的心态。

没有人天生是羔羊，是你的心、你的眼界、你的行为让你羔羊。不修炼自己，不在市场中磨练，羔羊永远只能是羔羊。

一个 1000 点，百分之十几的回调，已经让这么多人方寸大乱。以前随便就是 50%、60% 的调整，那不真要尸横遍野了？该来的，总要来。市场重新真正走强，一定是在清理了该清理的之后。就像河道淤积了，不清理，能行吗？

目前只是大牛市第一阶段的一个中级调整，这一点从来没有任何疑义。而本 ID 以前说过的股票，没有一只会放弃的，等中级调整结束，会再度启动，而且有些已经开始预热，这也是很显然的。但调整，首先必须先面对，这是当下的事，先处理好。

按照市场的节奏，6004 点跑掉的，昨天开始回补，弄一弄反弹。反弹一旦结束，就砸出去，没什么可犹豫的。图形告诉你一切，反弹是否结束，一切尽在走势中。关键是，你的心能如明镜一样，当下地映射出行情的真实走势吗？

人世皆苦，才有修行的可能。有苦，真好！

做自己力所能及的事情（2008-01-28 18:54:02）

股票跌下来，就是把盈利的空间给再次打开。操作关键是纪律，是长期的规范操作。

做股票就如同一个将军率领一支军队，股票的机会就是战机。但战机能不能战，战有多大风险，首先你要有所预计。例如，这次跌破 4778 点，马上根据理论就知道有哪几种情况，反弹后将出现什么，都是很明确的。如果你技术不好，就把最坏的情况作为自己面对的情况，你就问自己，一旦出现这种情况，你能应付否？如果不行，那就不操作，就这么简单。

操作，是一种能力。能力强的，可以参与更多的战机。这就像打仗，有多大能耐打多大的仗。没能耐的，就在小板凳上待着，等看到适合自己能力的机会再出手。

其实，操作就是这么简单。首先你要明白自己的能力，然后判断这机会的难度你能否胜任。你不胜任就闪开，就这么简单。

事情总是简单的，只是人把事情搞复杂了。人的贪念，总是看到别人抓住机会就不爽，那样，你就永远不可能进步。

真正的操作者，只倾听市场与自己的声音。本 ID 的理论把所有机会无一遗漏地输出，关键是你能否正确地认识自己，能否去把握这机会是否适合自己。

本 ID 理论中机会的输出是最基础的，谁只要读懂了都可以做到。但这机会如何进入操作的层面，最终考验的是人，这才是最关键的。

再把前面说过的重复一次。

首先，你必须能在任何时刻正确无遗漏地给出所有机会的输出，这是最基本的。如果连这都达不到，那么你根本不适宜用本 ID 的理论去操作。

注意，本 ID 的理论与所有技术分析理论都不同的，就是本 ID 不关心这些机会的具体点位和时间，因为点位和时间涉及预测。而机会的显发，就如同花的开放，你看到了，就是了。就这么简单。

说得更明白一些，本 ID 的理论把所有级别的机会逐一列出，这些机会是必然要出现的，你只需要等待它出现就可以。就这么简单，你何必去预测什么点位、时间？

机会出现，你必须会看出来。看不出来，就错过了，就这么简单。能否看出机会，这是第二步的问题。任一个机会是如何成立和确认的，在课程里都有，你看明白就知道了。多看，就不会漏过了。

例如，你知道按理论下一个是 1 分钟底背驰这个机会，但你连底背驰都不会看，那就不行了。

看，有一个逐步精确的问题。你看的水平有多高，这和你对理论的把握有关。你连如何用 MACD 去辅助判断都不知道，以为 MACD 就等于背驰，那么这种水平，是无论如何看不出背驰来的。

看出来了，就要操作了。要决定操作，就要把下一步给想清楚，就是下一个必然的卖点是什么，一旦这卖点出现，最坏的情况是什么，每种可能的情况如何去分类，界限在哪里，每种界限触及后如何处理。如果你连这个都不明白，事先没搞清楚，心里不是明镜儿似的，那不被市场搞就怪了。

你能把上面三步搞清楚，熟练了，那么你就算是一个初级的有自我意识的操作者了。

再说一次，本 ID 只是陪练，最终要靠自己。

不同层次的人（2008-02-02 09:13:24）

人，是分不同层次的，而且是金字塔分布的，这一点儿，绝对不需要讳言。以任何指标为选项，这种层次都是存在的。当然，一般人更注重财富、美貌、才华之类外在的东西。这里，是从人的思维惯性进行一些考察。

最大多数的人，是没有思想的。或者说，他们的思想就是一种习惯，一种习俗。他们或者被称为信众、信徒、群众、国民、大众，诸如此类，一种外在的、被模式与复制化的思想的现实存在物。当然，每个人可以有不同的性格，但思维的模式是一样的。

这种思维的最大特征，就是公式化。一个输出，一个结果。太复杂的情况，超越了他们的脑子。大概连十亿台机器，也不可能同一地完成一样的动作，毕竟还有出错的概率。但人可能，这是什么？比机器还机器，这就是这类思维的最好描述。

第二类人，怀疑派。这一点儿，有中西之别。西方的怀疑派，更多地是从所面对的现象本身着眼。中国的怀疑派，更多地是从人的道德品质之类的地方着眼。

例如，西方人大概可以容忍一个暴徒、恶棍发明一套理论。他们讨论这套理论，大概不会太关注这个人怎样，而是从理论本身看。但在中国，这一套显然从来没有过。一个连理论都没看懂的人，也可以评论理论的例子太多了。为什么？因为大家的着眼点是发明这个理论的人，而评论人当然只要是人都可以。

第三类人，幻想型。这类人，生活在自己的幻想之中，例如，李白就是一个很好的代表。能幻想，特别能幻想到死的人，绝对不是一般的人。这类人，如果有艺术天赋，那么就可以成为伟大的艺术家。如果没有，那可能就是一个傻子、疯子被人所嘲弄。庄子等人，也属于这一类。

第四类人，理想照进现实型。如果说怀疑只关系到对世界的解释，幻想是用一种意识的自我构造完成对现实的改造，那么这第四类人，就是真枪实干的了。这类人，在古代，可能是造反的，改朝换代的，改革的，变法的。在现代，可能就是革命的，乌托邦的。不可否认，希特勒也是这种类型的。这种类型的人物都有强有力的特征，因此，一旦这理想的方向过于偏激，其破坏性往往也很大。

第五类人，圣人型。这类人，彻底地回看自己，外善恶之相而究其根，他们用心灵和智慧的力量改变世界，他们的光芒照耀一切时代。如果说理想照进现实，不仅被现实所困，也被理想所困，更被照进所困。那么，在第五类型人那里，这三者是统一的，他们自身就是理想就是现实就是照进，他们就是人类历史中永恒的太阳。

第六类人，这类人无以命名。前面五类，都是被人的业力所牵引。这类人，从容其业力，洞彻世界、宇宙的秘密，天地不能载，古今不能量。这类人，又何以命名呢？

自知之明（2008-03-18 16:23:40）

每次大跌，都有人被严重摧残甚至淘汰，这是市场中最正常的事情。市场不是慈善场所，从来都是铁血游戏。如果能从中获得点什么，大概也不枉被市场折腾一把。

人，一定要有自知之明。例如，你必须对自己的性格有足够的把握。有些性格是绝对不适合在市场中混的，例如，一根筋的，依赖心理重的等。

市场的特点就是千变万化。你不能要求市场如何，因为市场永远正确，错的永远是你。但有些人的性格，就是死不认错，那唯一的归宿就是倒在市场中。

我们可以抨击政策如何如何，但我们不能把自己放在火上边烤边抨击。本 ID 经常惊讶于某些人的忍耐力，一边天天不断亏损，一边就只会指桑骂槐。这种人，市场从来就没有给他们留下生存的空间。

单边市永远是稀有的，像前两年那种走势，十年都难得一遇。市场归根结底，以震荡为主。震荡最终产生的利润，绝对不少于单边。不会震荡的人，在市场上就少了一种武器，坐电梯是小事，往往就落在井里上不来了。

所以，对于不会震荡的，那么最好的选择就是回避。如果十年才会有一次单边的机会，那就十年玩一次，这难道不可以？为什么一定要整天在市场里被市场折腾？

没那本事的，就远离，事情本来就是这么简单。可惜人的贪婪蒙蔽了自己，那就种什么得什么，没什么可同情的。

市场的残酷，并不是为了某个人，这是市场的本性。如果对此没有深刻认识，那也只有死路一条。

再说句狠话，这次的下跌其实算是温和的。想见狠的吗？如果这次上去，在 60 分钟上只能构成一个 1 分钟中枢，后面再演化为一个 60 分钟上的 1 分钟下跌，那时候再看什么叫狠吧。

在市场上混，就要成为钢铁战士。就像美国经济崩溃，1929 年、1987 年，也能在市场上屹立不倒，这才有点儿像样。像现在这些人，动不动就要求救市，那是没见过苦日子。1929 年的时候，美国连政府都无能为力了，政府都救不了自己了。那时候，如果你是钢铁战士，一样能屹立下来。

这世界上，没有一样东西是可以依靠的。我们只需要正确的操作方法，用这方法，把自己锻炼成钢铁战士。除此之外，都是废话。

G 股是 G 点，大牛不用套！（2006-05-12 19:02:25）

能和本 ID 聊股市的，如果有，最多就处在精子或卵子状态，连受精卵都算不上。而且股市游戏是靠干出来而不是说出来的，因此一般都不说。但看到有些人被这股市折腾得厉害，出于同情，又周末了，也就说两句。

一年前股市跌到 1000 点最腥风血雨时，当时看到很多人在网上很可怜，就用旧 ID 给了一个明确的说法，叫“G 股是 G 点”，越腥风血雨机会就越大了。现在这个 G 点已经弄得让很多人受不了。绝大多数在市场中的人都是很奇怪的，跌也怕，涨也怕，真是可怜。为此，今天再给一句话，叫“大牛不用套”。

这个不用套，最关键的意思就是不要用老思路来套用走势，特别是那些对市场了解不多的。例如那天看到有人说什么五粮液的权证（五粮 YGP1，038004）疯了，都三四元了，这些人就是对市场了解不多。知道以前宝安权证给干到多少吗？知道深圳市场受香港影响，一直都有玩权证的传统吗？知道在香港比这疯多的权证遍地都是吗？市场总是要超越一般人想象的，三四元就贵？为什么股价就不能比酒价贵？哪一天，按复权计算，一瓶茅台、五粮液买不来一股相应股票又有什么可奇怪的？

当然，对于极少数人来说，市场就是一个提款机，想提就提。这怎么才能办到？就是要对市场充分地了解。真了解市场的人，就知道市场都是一样的。真明白市场的，就无所谓牛熊，市场永远都是提款机。当然，如果市场只能是单边的，那么唯一的区别就是在熊市中，投入的资金以及摆动频率要小。

不过，即使在牛市中，高手和低手之间的盈利程度也是区别很大的。一只股票如果上涨 1 倍，低手最终落袋的最多就是 1 倍，而高手搞出三四倍来是一个很简单的事情。其实，股票投资十分简单，最关键的就是成本，时机其实就是成本。如果你有本事能比市场的平均成本要低，就永远立于不败之地。

既然波动是市场风险所在，那么相应地就提供了利用市场的风险，利用一切值得利用的波动，把持有成本往 0 甚至负数干下去的机会，这样，无论牛熊，都无所谓了。有波动就有风险，相应就有利润。对于一个高手来说，只要有足够的时间，一只下跌的股票弄出来的利润，一定比一个低手在一只上涨股票弄出来的大。当然这只是举例，真正的高手当然不会故意逆着趋势干。

投资是一门艺术，而投资的艺术归根结底是资金管理的艺术。这就像歌唱的艺术，归根结底是呼吸的艺术一样。市场的波动，归根结底是在前后两个高低点关系构成的一个完全分类中展开的，明白了这一点，市场就如同自己的掌纹一样举手可见。

以上这些，不但对于散户，对于庄家其实也是一样的。能明白这一点，就可以在市场中游刃有余了。当然，这个境界还有向上一路，这就不是能对一般人说的，而且说了也白说，就不说了。

鄙视所有对 N 中工 15 元不敢买 50 元就吃醋的人！（2006-06-19 16:45:17）

谁都知道 N 中工（中工国际,002051）集万千宠爱在一身。一年多没有新面孔了，突然来了一个新的，大伙儿热烈一下有什么不对的？值得某些人这么大惊小怪么？鄙视所有对 N 中工（002051）15 元不敢买 50 元就吃醋的人！

今天该股 90% 多的换手率意味着，所有中签的人基本都抛了（对手盘也包括其中），而且绝大多数都在十几元抛的。这就对了，你们十几元不看好，有人要看好，市场向所有人开着，凭什么不能买？市场就是一个斗心理的过程，大家都想一块去了，那还用不用活了？

下午激烈冲高，又有什么可值得奇怪的？市场上要买的力量大，由于 T+1 规则，没有足够的筹码供应出来，要买几百万股都要跑到 50 元的，这不很正常吗？请注意，今天的均价是在 18 元，均价并没有大幅上涨，因此任何有关投机的说法都是无聊的！而且今天有将近三个小时十几元随便买，自己没买，就企图起哄叫嚣什么监管来捣乱的，鄙视你们！

中国资本市场中有过太多无端的干预，像327国债期货事件[①]最后交易不算之类的事情，真是世界罕有。市场最关键的就是大家都要遵守规则，包括管理层，不能按自己的一时喜好去干预市场。就算交易有问题，只能根据交易的问题来处罚，而不是突然改变规则。

只要符合市场交易规则，包括N中工（002051）在内的所有走势，都应该受到法律保护。由于现在的人法律观念太淡薄，往往有将个人喜好代替法律判断的倾向，所以必须再次强调。至于市场中的人，不要自己没份儿就瞎起哄，看不得别人好不是一个好的市场参与者应有的心态。首先有了一花盛放，才可能百花盛开。维护一个只按法律办事的环境，对大家都有好处！

---

①“327”是一个国债期货品种代号。由于该品种保值贴息具有不确定性，使该国债期货品种成为1995年期货市场最为热门的炒作品种，由此引发“327”国债期货事件。

从1995年2月初开始，国内证券界“教父”级人物、时任万国证券总裁的管金生，联合辽国发等一批机构在“327”国债期货合约上坚定做空。有政府背景的中国经济开发总公司和大量散户以及中小机构坚定进场做多。

1995年2月23日，财政部对“327”国债进行贴息的传言得到证实，此时万国证券的重要盟友辽国发突然翻空为多，联盟阵营的瓦解让空方始料不及。面对巨额亏损，管金生为了维护自身利益，大举透支卖出国债期货。从当日下午4:22分开始，在短短的8分钟时间内，指示万国证券共抛空“327”国债1056万口（共计2112亿元的国债），导致当日开仓的多头全线爆仓，万国证券由巨额亏损转为巨额盈利。以中经开为代表的多头，则出现了约40亿元的巨额亏损。

面对这次激烈的多空绞杀，1995年2月23日晚上10点，上交所经过紧急会议后宣布：1995年2月23日16时22分13秒之后的所有交易无效，当日国债成交额调整为5400亿元，当日收盘价为万国证券违规交易前最后一笔交易的价格。也就是说，当日收盘前8分钟内空头的所有卖单无效，“327”国债产品兑付价由会员协议确定。上交所这一决定，使万国证券的尾盘操作收益瞬间化为泡影，万国证券因此亏损56亿人民币，濒临破产。

“327”事件震撼了中国证券期货界，民间（英国金融时报说法）将1995年2月23日称为中国证券史上最黑暗的一天。

1995年9月20日，国家监察部、中国证监会等部门公布了对“327事件”的调查结果和处理决定。决定说，“这次事件是一起在国债期货市场发展过快、交易所监管不严和风险控制滞后的情况下，由上海万国证券公司、辽宁国发（集团）公司引起的国债期货风波。”决定认为，上交所对市场存在过度投机带来的风险估计严重不足，交易规则不完善，风险控制滞后，监督管理不严，致使在短短几个月内屡次发生严重违规交易引起的国债期货风波，在国内外造成极坏的影响。

“327”国债期货事件之后，各交易所采取了提高保证金比例，设置涨跌停板等措施以抑制国债期货的投机气氛。但因国债期货的特殊性和当时的经济形势，交易中仍然风波不断，并于当年5月10日再次酿出“319”风波。鉴于中国当时不具备开展国债期货交易的基本条件，1995年5月17日，中国证监会作出了暂停国债期货交易试点的决定。至此，中国第一个金融期货品种宣告夭折。

“327”国债券期货事件无疑对金融市场的发展产生了巨大影响，以至于股指期货到2010年才正式推出，而新的国债期货到2013年9月才在中国金融期货交易所上市交易。

为管理层对 N 中工走势的回应热烈鼓掌！（2006-06-20 11:51:24）

如今盛行网络舆论暴力，最近那闹得沸沸扬扬的某事件只不过是一个很普通的事例。昨天 N 中工（002051）走势引发网络暴民一阵喧嚣，本 ID 不愿意看到这种暴力哲学得逞，收市后马上写了“鄙视所有对 N 中工 15 元不敢买 50 元就吃醋的人！”里面强烈呼吁必须以法律和现行规则来评价该走势，不能重回诸如 327 事件之类的老路。

本 ID 从来不爱为管理层辩解，以前唯一一次大力为管理层鼓掌是 2005 年公布股改大跌那最腥风血雨时，连续三个帖子对管理层下大决心解决问题的态度大力鼓掌。今天，必须再次为管理层鼓掌，为的是其对 N 中工（002051）走势的回应：深交所称中工国际（002051）表现属于正常，不会进行调查。

首先，由交易所而不是证监会来回应这事，符合规则。对一只股票的一天走势这么小的事情，如果都要动用证监会，那就像小孩玩泥沙这么小的事情都要告法院一样无聊。其次，表现属于正常，这是一个规则可以检验的概念。只要符合买卖规则，资金上又没有出现过度集中的异常情况，任何走势都是应该被允许的。最后，从这事情可以看出，现在的管理层已经越来越成熟。而现在很多所谓的股民，还是相当不成熟，为一点芝麻小事就一惊一乍的，惹人笑话。

至于 N 中工（002051）其后怎么走，就更是市场化的事情，管理层当然就更不应该过多干预。这次 N 中工（002051）为其后的监管提供了一个最好的榜样，希望能继续发扬，这样中国资本市场才会少闹点笑话。

请尊重资本市场的投资者！（2006-07-18 21:39:38）

本 ID 之所以选择在资本市场里玩，唯一的原因就是资本市场比较简单，不用处理太多的人际关系。本质上，资本市场完全凭一己之力就可以在里面获取超额的回报，而且一个人就可以掌管实业里多得多的人才能运转的资产，这是最重要的一点。

全球化的本质就是资本的全球化，资本市场在其中具有核心的地位。以前对这一点的认识是不够的，现在国家明显意识到资本市场在经济中的核心位置，资本市场的投资者就是这其中最重要的基石。任何一个人，都可以在资本市场中理直气壮地挣钱，没本事是个人的事情，和市场本身无关。不明白这一点，只不过是被市场所抛弃的一群。

在市场经济中，财富的资本市场化衡量是最标准的。一个不接触资本市场的人，基本就丧失了经济中的话语权，这一点在以后将进一步显现。谁都不用忌讳在市场里挣了多少钱，而在市场中挣钱最根本的是要通过对经济的深刻理解而达到。本 ID 不讳言在资本市场中积累了所有的超出绝大多数人的财富，但这是本 ID 应得的，是对本 ID 智力及市场洞察力的奖赏。这一点，本 ID 只会无比自豪。

人，首先要获得尊严。当然，有钱并不一定有尊严，但连国家也不能一穷二白，人当然更是这样了。对于个人来说，大概没有任何途径比资本市场能更简单地达到这个目的，前提是你能在市场中生存。不管你对资本市场有什么看法，即使你反对它，要推倒它，那首先你要了解它，战胜它，否则只不过是失败者的哀鸣！

也是以钱为前提的。没有钱，你连生下来都没可能。生一个孩子要多少钱，这种事情本 ID 不大清楚，但肯定不是零，这就够了！

在资本主义社会，谈论陶渊明是需要经济基础的。资本主义社会就是要把一切彻底简单化，货币化，全球化。正是这种最残酷、最机械性的简化，才构成了资本主义发展的最终动力，同时也是资本主义最终自杀的最好武器。还是那句话，要让资本主义气绝命消，唯一途径就是让它高潮不断！

最大的泡沫就是某些国人！（2007-01-25 11:58:51）

今天，某美国老头的一些破话竟然导致股市的急剧波动，这是极其不理性的一面。中国的金融市场有没有泡沫？这是一个可以研究的问题。无论有与没有，但那些听了美国老头的破话就拼命杀跌的国人，一定是最大的泡沫。

请问，股票有没有泡沫，你自己没脑子想，要听美国人的忽悠？如果有泡沫，难道今天才有，昨天没有了？工商银行（601398）6.70 元没泡沫，反而今天 5.30 元有泡沫了？ 6.70 元的时候，美国老头哪里去了？这些泡沫的中国人哪里去了？

从纯技术的角度，今天本来回试的要求就 99%。按本 ID 的理论，走势需完美，而且在短线上，昨天明显有点背驰，所以回试一下上两天的低点去确认 2870 点突破的有效是很正常的，这都是在计划之中的。最不正常的，就是因为一个美国老头的忽悠而使得某些国人乱了方寸，可耻呀！

好，就说说工商银行（601398）有没有泡沫。首先，任何的股票，都时刻存在于泡沫与非泡沫之间，因为未来是不可确定的，只能预期。预期就意味着不确定，股票的魅力就在于不确定性。美国老头，用“好来污”的招数，戏剧化的表演，然后指责工商银行（601398）的服务如何如何。确实，工商银行（601398）的服务是有问题的，但工商银行（601398）的服务一直在改进。站在另一个角度，工商银行（601398）目前如此有问题的服务，都能产生目前的业绩，一旦这种服务被改进后，其业绩不是更可以预期？

彩电、汽车，打败外国人的故事，为什么就不能在工商银行（601398）身上发生？一个13亿的人口大国，出一个世界最大的银行又有什么不可以的？站在专业的角度，工商银行（601398）目前的业绩，都是在狭小的范围内取得的。很多国际性银行能干的事情，工商银行（601398）就根本没干，而那些事情往往是最有盈利潜力的。这就是工商银行（601398）以后高速提升的保证，因为这些以前不干的业务，将逐步成为工商银行（601398）的盈利源泉。工商银行（601398）的网络、政策与品牌优势等，都是不可复制的资源。至于对大盘的权重溢价，那反而是小事了。

工商银行（601398）目前的价位，至少是一个中线稳定的中枢，这是毫无疑问的，期间围绕这个中枢上上下下都很自然。工商银行（601398）要走新的行情，突破该中枢，就必须要有新的突破点。例如建行（601939）回归，股指期货，最重要的是，工商银行（601398）的一个核心新业务的开展等。

本ID相信，在彩电、汽车等方面的神话，一定会在工商银行（601398）等中国银行上重现。中国金融的崛起，是中国崛起的标志，因为当今世界是资本的世界，没有金融的强大，国家的强大只能是空话。

站在纯交易的角度，本ID早就及时提醒向二三线战略转移，但工商银行（601398）等控制指数的工具，是不能落入美国人的手里的，这是一个原则问题。工商银行（601398）可以没行情，可以继续围绕目前的位置盘整，但企图想把工商银行（601398）打下去拣便宜货，门儿都没有，首先本ID就不答应！

本ID今天的策略很简单，盘子乱的就顺势洗，让那些汉奸分子大亏了出。盘子稳定汉奸少的，就起来。中国现在最应该戳穿的泡沫就是有着汉奸基因！中国需要的是钢铁的脊梁，而不是泡沫的膝盖！

从净资产到市值，大牛市的核变动力（2007-04-16 15:23:54）

任何具有成熟资本市场的经济体系，都无一例外地主要以股票市值对上市公司与股东财富进行价值衡量。例如，当人们谈论比尔·盖茨或李嘉诚的财富时，就以其拥有的股票市值为基准。承认实物资产与虚拟资产在交易原则上的等价性，是市场经济开始摆脱不成熟状态走向成熟的重要标志。

在具有成熟资本市场的经济体系里，证券市场是经济的晴雨表。但在中国证券市场开始的十几年里，证券市场从来就不是经济的晴雨表，这种现象，从未在现实经济的深层逻辑中得到合理的解释，都被当成一种中国特色而敷衍过去。实质上，这只是一个简单而普遍的经济现象。证券市场要成为经济的晴雨表，归根结底，就在于实物资产与虚拟资产在交易原则上的等价关系在现实层面上是否得以确立。显然，在中国证券市场开始的十几年里，在股权分置的条件下，这种实物资产与虚拟资产在交易原则上的等价关系一直未被确立，而在全流通环境下，这种关系的确立已是不可避免。

由于上述等价关系不存在，必然导致控股地位的非流通股价值只能以净资产来衡量，非控股地位的流通股价值却以市值来衡量。两种不同的衡量标准，导致不同类型股东之间的利益无法协调。对控股地位的非流通股东来说，通过上市公司大肆进行圈钱、胡乱投资、转移利润、挪用资金等损害其他股东利益的行为所付出的代价极低。当所有股东利益都统一以市值为标准衡量后，大股东类似的恶行将得不偿失，这些曾被非流通控股股东广泛采用的行为所能获得的利益，将远远抵不上相应行为导致的市值损失。

对于占市场比重最大的国有股，在新的价值衡量体系下，国有资产管理部门对国有上市公司管理人员的绩效考评以及国有资产的价值考核，其核心评判必将从净资产转向市值，国有资产的保值增值也必然转向以市值为衡量标准。

对于非国有股，其道理是一样的。在市值标准确立后，所有股东的利益由此得到统一，上市公司的经营也必将转向以股东利益最大化为首要目的，公司质量与其市值的相关度将大为增加，资本市场对资源的有效配置才具有实现的基本前提。好公司的股票就值好价钱，可以顺利在市场中获得足够的低成本融资，去完成各类资源的有效配置、重组。以前那种毫无基本面支持就能把坏公司股票炒上天的纯投机行为，因此将变得越来越没价值。

站在纯市场走势的角度，一个长期大牛市进程的延续，必须有占市场绝对力量的长线多头进行实质性支持。在股权分置时代，实物资产与虚拟资产在交易原则上的等价性不被承认，导致这种长线多头从根本上是不可能存在的。所谓的牛市，只能是各路资金借各类题材恶炒。所谓的多头，本质上只能是滑头，在股价的波动、消息的利用、题材的挖掘等方面赚取中短线利益。由于不存在真正意义上的长线多头，市场只能在一定范围内不断高低轮回，也就不可能存在真正意义上的大牛市。

在全流通时代，一旦实物资产与虚拟资产的等价性交易原则确立，所有上市公司的控股股东就成了真正意义上的长线多头，他们最大的利益，归根结底在于股价的长线上涨。所有有利于支持股价长线上涨的资源，都会不断组合到上市公司中来，大牛市真正的、最坚定的多头就此形成。

由于国家实质上是市场中最大的控股股东，因此，国家本质上也必然是长线最大的多头。虽然因为经济上的某些现象，国家可能会采取一些相应的调控措施，但调控的目的只是为了长线更好，丝毫改变不了国家的长线多头性质。

从净资产到市值，证券市场才能真正成为经济的晴雨表，成为市场资源配置的最有力武器，所有股东才能最终被统一到创造、提高上市公司价值，从而使得所有股东利益最大化的方向上来，市场才能最终形成一批占绝对控制地位的长线多头，进而转化成真正支持大牛市长期运行的核变动力。从此，唯一能让市场真正走熊的因数，只能是整体经济的严重恶化与衰退，除此之外，一切其他因数导致的调整，都不会让大牛市的方向有根本改变。

“全民炒股”，市场经济走向成熟的必由之路（2007-04-23 08:53:46）

最近，随着 A 股开户数、指数、成交量连创新高，“全民炒股”又成了某些习惯于全天候指责股票市场的人手中不断摆弄的大帽子、大棍子。那么，究竟何谓“全民炒股”？“全民炒股”意味着什么？真如某些人所说的就是洪水猛兽吗？

首先，必须对所谓的“全民炒股”进行概念上的界定。如果说“全民炒股”意味着所有人放弃一切工作都到证券部上班，社会一切正常活动都被买卖股票这唯一的活动所中断，那么这种所谓的“全民炒股”不仅以前没出现，目前不存在，而且以后也不会有。谁用这种含义的“全民炒股”来指责目前的市场，都不值一驳。

如果说“全民炒股”意味着社会上越来越多的人开始把自己的资产快速转化为股票等虚拟资产，那么，该种含义下的“全民炒股”，恰好代表了市场经济发展的正确方向，是市场经济走向成熟的必由之路。

在市场经济的发育阶段，社会与个人的财富都以实物、货币等非虚拟资产来计算。当资本市场逐步成为社会经济结构最重要的基础部分时，股票等虚拟资产的价值将逐步成为财富最主要的组成部分。在一个资本市场逐步强大的经济体中，社会与个人的财富，都必然出现一个实物、货币等资产形式被快速转化为股票等虚拟资产形式的历史过程，从而也就相应形成上述所定义的“全民炒股”现象。

站在市场发展的历史趋势上看，目前这种“全民炒股”不是过分了，而是远远不够。目前国内，无论社会还是个人资产，其中的股票等虚拟资产所占比例，与市场经济发达国家还有着极大的距离。在股票等虚拟资产占到社会与个人总体资产的30%之前，“全民炒股”只能算是初级阶段，必然需要一个大的快速发展，才能满足市场经济发展的最低要求。

目前，国内资本市场逐步出现的“全民炒股”现象，不仅符合市场经济发展的内在逻辑，而且具有历史必然性与广阔的发展前景。“全民炒股”，使得社会上的任何企业与个人，都可以通过资本市场这公开平台，公平地选择、参与市场经济中最有价值的投资机会，让社会与个人资源得到最公正合理的配置。在股票等虚拟资产占到社会与个人总体资产的50%之前，一切对于“全民炒股”的指责都是可笑的，短视的。

显然，“全民炒股”有着各种不同的实现形式，不可能都由每一个体参与。基金等各类间接投资渠道的大发展，将成为实现“全民炒股”这历史大趋势的必然选择。因此，各种金融创新、技术创新、制度创新，才能在一个大的经济新格局中得以更好地实现。资本市场所带来的财富效应，也将成为人们投资、创业的最大动力。

榜样的力量是无穷的，最近中小板企业上市，平均每11天创造一个亿万富翁，这种速度不是太快，而是太慢了。中国的崛起，中国经济的崛起，必将导致中国成为资本大国，而日益强大的中国资本市场也必将制造出越来越多的财富拥有者。

美国人比尔·盖茨、巴菲特等，之所以能拥有世界级的个人财富，对于个人来说，可能具有偶然性，但对于具有强大世界性资本市场的美国来说，这却是必然的。世界性的资本市场，必然创造世界性的财富拥有者。中国资本市场成为世界上最重要资本市场的历史必然性也就意味着，大量的世界级财富拥有者，必将在中国的资本市场不断涌现。显然，中国资本市场制造世界首富的一天并不遥远。

站在中国市场经济发展的历史趋势上，目前的股票热度不是太高，而是远未达到应有的水平。市场当然会有中短期调整，但长期趋势不可改变，任何级别的调整，只会引来更大级别的上涨。有着100多年历史，经历过1929年、1987年等大暴跌调整的美国股市，至今还继续创出历史新高。

各国资本市场的发展历史表明，股票市场是长期投资平均回报最高的地方，市场走势无一例外总体向上，调整都是次要的。高速增长，转型能量巨大的中国经济，其带来的财富与投资机会，需要通过资本市场让所有国人得以分享。“全民炒股”不是洪水猛兽，而是利国利民、顺应市场经济发展的大好事。

加息，中国经济不能承受之轻（2007-05-21 08:43:51）

加息如期而至。几乎所有人，都正迷失在加息等措施是否适当、有效的争论中。但无论央行这措施是否适当、有效，都掩盖不了这样的事实：目前的金融结构体系必须彻底改革。

在目前国内的金融结构下，西方广泛采用的利率工具究竟有多大意义，就很值得怀疑。而大量发行的票据与提高存款准备金率，究竟能对控制所谓的流动性过剩有多大作用，同样值得怀疑。但一个最直接的效果却是无可怀疑的，就是，这些西式教科书指导下的所谓调控已经并继续使得央行的资产负债表变得越来越难看。历史上很多的困难，往往是因为把自己当上帝进行盲目调控造成的。政策资源也是有限的，用的次数多了，轻则不灵，重则自残，这不可不防。

理论上，这种教科书式的调控是以线性连续为基础的。也就是说，是先假设通过相应金融结构的作用后，其输出、其效果也是线性连续的。而中国目前的金融结构存在结构性奇点，这种结构性奇点的存在，就在于中国金融结构是由差异性极大的成分所组成。换言之，那种使得西式货币政策能充分发挥效果的金融结构还未被有效地建立起来。这就像如果你要应用欧氏几何来解决问题，那你首先要确认考察的对象是满足第五公设，否则就是无的放矢。而要让货币手段能发挥作用，一个最基本的前提，就是要建立一个符合让该货币手段发挥作用的金融结构体系。显然，这是比忙于摆弄加息、准备金、人民币波幅限制等更为根本、更为迫切的事情。

即使该体系前提已经成立，那么目前这种加息等手段又能延续多久？人民币与美元之间的基本息差要求使得加息空间是有边界的，而一旦美元加息周期结束，这其中的压力与风险，难道不需要警觉？人民币现在的问题，归根结底是美国需要通过美元贬值来把其前期积累的经济风险转嫁到世界其他经济体所造成的。如果不站在货币战争的视角上谈论人民币问题，永远都只能是隔靴搔痒。目前中国这种外汇储备的总体结构决定了，这个问题不从根本上解决，将是一个极大的命门。如果说现在通过大量减持美元在外汇储备中的超配比重已经有点儿不切实际，那么用稀释的方法尽快把该比重调节下来，才是迫在眉睫的事情。

至于把货币政策调整的目标与资本价格直接挂钩，大概是最无意义的事情了。其实，如果真想要把股市搞下来，一个最简单并唯一有效的方法就是把经济搞下去，其他一切方法，从本质上都是无效的。一切因素，在市场中都只能是市场的因数之一。市场是所有方面合力的结果，这些合力都是在同一个整体的经济基础上，除非直接破坏这个基础，才会使得市场的分力有了一个相同的维度变化，否则都会在差异性中延续其自然的过程。一个历史事实是可以重温的：在最近不断被提及的1996年所谓的“十二道金牌”①后，深圳成分指数5个月后，从2792点一直上攻到6102点，在其1/2线的技术压力下才无政策打压地自然见顶。

可以断言，如果不像股权分置改革之于股市那样从根子上对金融体系结构进行彻底改革，现在所面临的金融结构难题是不可能通过诸如加息之类的方法解决的。加息，中国经济不能承受之轻。一个具有结构性奇点的经济体系，如果不进行彻底的金融结构体系改革，而是按照西方教科书来给经济下药，不仅使得抗药性积聚增加，最终导致相应政策完全失效，而且不排除最终引发政策自导式危机。用通俗的话说，本来只是感冒，最终吃药给吃出癌症来了。发生这样的事情，并不是天方夜谭。

西方的调控手段，类似西医，当然有其有效性，但也有其弊端。如果学而不通，依书照搬，其危害就更大了。经济体系如同人体，不妨也多从中医的角度看问题。对于经济调控者来说，有三句中医的话是必须知道的：“凡药三分毒”“上工治未病”“学不博无以通其变，思不精无以烛其微，师于古而不泥于古”。当然，最后一句，更应该改成“师于西而不泥于西”。

看待当前资本市场必须具有的基本智慧（2007-06-18 08:18:39）

无论管理层还是投资者，对当前资本市场都应该具有如下基本智慧。

①1996年初，中国股市已经走熊了三年，许多股票已跌无可跌，广大股民深套其中而痛苦万分。然而，春节过后，股市突然连连跳空高开，宏观政策也利好不断。3月30日，央行宣布4月1日起停办新的保值储蓄业务。4月1日，国务院批示要“稳步发展，适当加快”证券市场建设。沪深两个交易所也采取优惠措施吸引券商和资金，促使人心振奋，入市踊跃，股价狂涨。至12月12日，上证综指比4月1日上涨了124%，深成指上涨了346%，涨幅达5倍以上的股票超过百种。深发展A（000001）从6元涨到了20.50元，四川长虹（600839）从7元涨到了27.45元。为了维护证券市场稳定，管理层从1996年10月份开始，连发了《关于规范上市公司行为若干问题的通知》《证券交易所管理办法》《关于坚决制止股票发行中透支行为的通知》等，这一个管理办法和4个通知，先后使用了“规范、管理、坚决制止、防范和严禁”等关键词，可对疯狂的股市没有产生丝毫的影响。管理层接着又连发了《券商自营业务管理办法》《进一步加强市场监督》《严禁操纵市场行为》《进一步加强市场稽查工作》《加强风险管理和教育工作》等文件，并恢复了涨停幅限制措施，但股市依然我行我素地往上涨。1996年12月16日，人民日报在头版头条重要位置刊登了特约评论员文章《正确认识当前股票市场》，明确指出“最近一个时期的暴涨则是不正常的和非理性的”。当天是星期一，开盘之后的4分钟时间内，沪市即跌停，深市也满盘皆绿。12月24日与12月9日相比，沪市跌去了31%，深市跌去了38%，1200亿元的纸上财富蒸发了。此后，上述管理层的十二个关键措施被戏称为股市的“十二道金牌”。

（1）资本市场不仅能成为经济的晴雨表，更能成为经济发展的核心动力。

如果说以土地承包制为起点的农村改革导致改革开放后第一次生产力的大释放，以市场经济的确立为起点的城市改革导致其后第二次生产力的大释放，那么，以股权分置改革为起点的资本市场大变革，将导致比前两次远为重要的第三次生产力的大释放。

前两次生产力的大释放，都是在实体经济层面，是经济发展水平不高时的产物，而后者是实体经济发展水平达到一定层次后才能出现也必然出现的产物，比起前两者，对中国社会的影响更为深远。不认识到这一点，就缺乏看待当前资本市场必须具有的最基本的历史视角。资本市场不仅能成为经济的晴雨表，更能成为经济发展的核心动力，不认识这一点，只能是历史性的短视。

如果说第一次生产力的释放，带来了万元户、乡镇企业，第二次生产力的释放带来了十几年的中国经济奇迹，那么第三次生产力的释放，将使得中国出现一批世界性的企业，一批世界性的财富巨人，一个世界性的资本市场与资金大平台。更重要的是，使得中国在这场资本全球化的大竞赛中最终胜出，打下最基本也是最坚实的基础。这是一场经济、文化、军事等方面的综合竞赛，但经济起着决定性的作用。在一个资本全球化的时代，没有资本的力量，没有资本市场的动力，是不可能成为一个经济大国的，更不可能成为一个对世界有着稳定、持续、全面影响力的世界性大国。

（2）社会的财富观念将被彻底改变，由此带来社会结构与思想的深刻变革。

文化，观念，没有对错，只有是否适时。资本就是一种文化，一种观念。无论你愿意与否，资本是当今一切最有力量文化的源泉。在一个资本全球化的时代，任何企图攻击、摧毁资本的力量，都要借助于资本的力量。资本无处不在，资本以及相应的财富文化、观念，构成当下世界最基本的底色。

当社会财富积累到一定阶段后，物质决定意识，必然导致社会大众财富观念的变化。当中国社会依然以实体经济为主时，社会大众的财富主要集中在有形的资产上。当虚拟经济出现并逐步走向成熟后，必然对应着股权等无形资产投资的大众化，由此带来社会财富观念与金融意识的深刻变革，并为市场进一步发展打下坚实的基础。

建立在实体经济上的有形财富旧观念被打破，以虚拟经济为基础的无形财富新观念被建立，是不随任何人的意志为转移的历史趋势。无论历史是否宏大叙事，历史的车轮总是宏大叙事地碾压过一切挡车的螳臂。而具有新型财富观念的人所构成的社会，其结构与思想必然发生深刻的变革。一个围绕资本市场构建的经济体系将逐步形成，资本市场将成为经济结构的关键点，资本市场所构建的文化、观念，将逐步渗入到社会文化、观念之中，将深刻地影响所有人的生存状态。

资本化生存，将是今后中国人的基本状态。资本化，就是今后所有中国人的共业所在。

（3）虚拟经济本质上是不可调控的，只能进行有效监管。

虚拟经济是以股权制度设计，把未来财富以证券化等虚拟形式体现在现在的资产价格上。虚拟经济是以预期为变量的，是面向未来的，这与实体经济以过去的积累为依托有着本质的区别。证券化的资产价格必然提前反映对经济的未来预期，而这个预期是随着时间不断变化的，由此构成了市场的波动。虚拟经济中，价格偏离现实的所谓合理价值是常态。所谓涨就涨过头，跌也跌过头，是理所当然，天经地义的。虚拟经济就这样，这是由其本质决定的。如果不认识这一点，用实体经济的老眼光来看新问题，只能是左右挨巴掌。

站在虚拟经济的角度，无所谓涨跌过头，一切都反映着当下对未来的预期。任何一个人，买入股票只是因为他预期要涨，卖出股票只是因为他预期要跌。预期的理由各色各样，但预期的本质是一样的，市场走势本质上是各种预期的合力构成。一个所谓的调控，本质上只是让市场的预期发生改变，但改变不了的，还是这市场走势只是各种预期合力的本质。人不是上帝，人的预期，从来都不可能精确、划一的，所有关于理性预期的假设都被市场情绪化的闹剧所打破。因此一个以调控为主的资本市场，其中的调控者注定要在打压与救市之间疲于应付。

正由于虚拟经济的不可调控性，使得对规则的确认与维护成为虚拟经济监管中唯一可行的有效手段。这道理就如同一个裁判不可以去调控比赛的结果，但可以根据规则去维护比赛的进程一样简单，但这一点似乎并不是每一个应该明白的人都能真正明白的。任何市场，都不免有假货，但不能因为有部分假货就对市场进行全面打击，而是要加大监督稽查，打击假货，增加优质股票的供给，这才是一个好的监管者该干的事情。

（4）资本化生存，给任何人提供了跨越式发展的可能。

在实体经济层面，一个人要成功，获得商业利益，必须精通各种社会关系，花大量的时间在其中折腾。在资本化生存的虚拟经济中，给任何人提供了跨越式发展的可能。一个人，完全依靠自己的智慧独立去战胜市场，这种可能性大为增加。在这种生存状态下，一个人是否成功，完全可以更多地依靠个人的修养与修为，不用看任何人的面色，甚至与年龄、体力、性别都不再密切相关。

在资本化生存的虚拟经济中，世界更加平面了，任何人与成功及失败的距离都更加短了。一个所谓的成功者，完全可以在下一秒就成为一个失败者。任何级别的财富，在虚拟经济、资本市场中都不值得一提。虚拟经济、资本市场的发展现实，超越了所有旧有理论。如何打破旧观念，创造新观念，让理论为现实服务而不是相反，则是市场发展留下的一个全新课题。

对于个人来说，一个全新的机会，一个全新的世界，一切都将被全新定义。当然，这里有所谓的领跑者，但这些人与失败的距离并不比任何一个所谓落后者与成功的距离更远。而这个距离，与每个人的贪婪、恐惧和智慧相关。

为中国股票的投资价值正名（2007-07-11 23:47:16）

在某些被华尔街洗脑的人的忽悠下，中国股票的投资价值，从中国资本市场诞生那天起，就长久地成了被质疑的对象。中国资本市场，被某些人有预谋地描述成垃圾股漫天飞，投机倒把的场所，还有所谓的中国股市赌场论大行其道。

这种说法，不过是利用信息不对称制造的经济殖民话语。世界上所有资本市场，都存在严重的投机行为。不说别的，就说香港股市，那些所谓的“仙股”，还有各类权证，其投机性比中国股市那些厉害一百倍。在那里，一天涨几倍，跌 80%，从几分钱涨到几块甚至更高又跌回 0，这难道很难见到吗？

至于欧美股市，这种现象一样存在。而且在欧美股市发展的历史中，严重的投机行为比中国曾存在的厉害一万倍。就算现在，请问中国股市中有从 2 毛飞涨到几百美元然后回跌到 6 毛的股票吗？欧美市场上就有，而且最近就有。可以很严肃负责地说，中国股市中的投机行为，只能说是在资本市场正常机制的平均水平之下。中国资本市场，从来没有出现过超过任何一个国家或地区投机平均水平之上的投机现象。

对待华尔街的洗脑，就是要用洗脑对洗脑。本 ID 比较懒，也没太多时间，如果谁有兴趣，写一篇数据翔实的文章，对比各国资本市场投机行为的历史与现状，揭露某些人粉饰所谓成熟市场的谎言，这将是一件有意义的事情。

有人可能说，我们要取法其上，不要学别人不好的。那没问题，我们就考察好的方面。这里必须首先区分，所有资本市场，考察其市盈率，都是以成分股为对象的。像在香港股市里，其“仙股”里市盈率比中国股市里的垃圾股高多了。说香港股市的市盈率，不过是考察其成分股，欧美的股市也一样。

在国际市场上，考察一只股票的投资价值，最典型的不是市盈率，而是用市盈率 / 增长率这一指标为标准。一般来说，只要市盈率 / 增长率 <1，这只股票就被看成存在合理的价格。目前，中国股市中的成分股，其增长率平均在 50% 以上，那么，

在中国股市，一个 50 倍的市盈率是绝对合理的。换另外一种算法，由于现在的利率在 3% 左右，也就是一个 33 倍的市盈率意味着和利率的水平相匹配。而一个 50% 的增长率，将使得一个 50 倍市盈率的股票在一年后的市盈率变成 33 倍，这也反证了 50 倍市盈率对中国股票的合理性。

有人可能反驳说，你说的是动态市盈率。是的，股票价格就是各种预期的合力，反映的是对价格的预期。哪天中国企业的增长率下来了，可以接受的市盈率自然就下来。在这趋势没有出现之前，当然就是按现有的可预期的增长率作为参考标准。

上面说的都是些最简单的道理，但某些人故意不承认，不过是别有用心而已。可以很明确地说，中期业绩出来后，沪深 300 的平均市盈率将远远低于 50 倍，中国股市目前的投资价值是被大大低估了。

站在更大的层面上，由于中国目前的企业代表着中国经济的未来，而中国成为世界经济强国的历史趋势不可逆转，因此，现有的上市公司里，将出现以后世界上一些最大的公司，中国的企业也将跨国化。现在，很多的中国上市公司，即使是盘子最大那些，站在成为世界上最大公司的角度，都只能算是中小盘股，都是成长股。只要看好中国经济的未来，就没有理由对中国的企业失去信心，谁又能说 21 世纪最伟大的公司不能是中国公司？可以肯定地预言，21 世纪世界最伟大的 500 家公司里，至少有 100 家是中国公司，而这 100 家公司就在现在深沪交易所交易的股票里。

当然，中国的企业有各种毛病，但所有的发展都是在毛病下出现的，没有毛病的企业早死了。经济资本化带来的历史性动力，将让中国的企业走上一个伟大的历史性发展时期，这才是中国资本市场发展的核心动力。没有这样的历史眼光，只不过是被人洗脑的可怜虫。

房地产泡沫，经济发展的真正毒瘤（2007-10-09 20:57:56）

在经济发展中，希望不出现任何的泡沫是不切实际的。泡沫是必然的，而泡沫破裂引发经济调整，也是经济发展的必然规律，这个阶段，从本质上来说是不可逃避的。但不可逃避的泡沫，亦有好坏之分。区分的标准就在于，是否最终影响到实体经济的深层结构与运行。通俗地说，股票市场的泡沫，属于好泡沫，而房地产市场的泡沫，就属于坏泡沫。股票市场，就算泡沫破裂了，由于不是直接作用在实体经济层面，所以其影响是有限的。房地产市场的泡沫一旦破灭，整个银行、金融体系就将受到最直接的冲击，其影响是灾难性的。

如果股市泡沫破裂是一场重感冒，那么房地产泡沫就是癌症了。世界经济发展历史上，关于这两种泡沫以及相应泡沫破裂后的影响，都有很多经典的例子，其中最为熟知的，就是美国世纪之交互联网狂潮引发的股市大泡沫和破裂，以及日本20世纪八九十年代房地产狂潮引发的经济大泡沫和破裂。

有一种错误的观点，认为日本那次的世纪大泡沫是因为股市引发的。实际上，最终引发其经济大跳水的是房地产泡沫，以及泡沫破裂后造成的整个金融体系的严重破损。单纯说股市泡沫，日本那次和美国的互联网泡沫根本无法相比。美国那次连市梦率都炒出来了，纳指更是几个月内就从5000多点崩溃到1000多点，但美国经济并没有受到太大的影响。为什么？就是因为房地产泡沫没起来，银行、金融体系没有受损，实体经济依然健康。

美国这次的次级债风波之所以危险，就是因为来自房地产。一个如此小的波折就引发银行、金融体系的不小震动，由此可见，房地产的问题绝对不会是小问题，其放大效应与对银行、金融体系的影响都是致命的。美国这次之所以还不会出真正的大乱子，就是因为其房地产还没有形成真正的泡沫，暂时还是虚惊一场，但这已足以引起各方警醒。

比单纯的房地产泡沫杀伤力更大的，就是股市中房地产股票比重太大，在虚实两方面制造房地产泡沫。房地产企业通过所谓的重估，拉抬自己的股价，从而用极高的价格在市场上圈钱。然后再去圈地，炒高土地价格与房价，然后再进行重估，开始新一轮恶性循环。没有比这种游戏更能制造恶性经济泡沫的，这绝对是致命的游戏。

因此，当某些公司戴上世界上最大房地产企业的高帽，高呼要去冲击万亿市值并借此大肆高价增发圈钱。有些股票只是因为某房地产企业的注入就连拉几十个涨停之时，这房地产与股市的虚实结合所产生的危机，就已经到了不可忽视的地步。在股票市场上坐庄的，只要资金链不断，那杠铃还不一样能一直举着？那些大面积囤地的房地产商，本质上和庄家没什么不同，如果他们从资本市场、银行体系不断补充新鲜血液，那房地产的狂潮是不可能得到平息的。

中国房地产行业的发展不是太慢而是太快了，必须在相当长时间内限制房地产企业的上市以及再融资，严格控制房地产企业的信贷规模，严厉打击囤地现象。对房地产的发展，其战略以及政策、资源等的配置，都应该采取双轨制。世界上绝大多数国家与地区对房地产问题的解决，本质上都采取双轨制，而不是单纯地把房地产问题抛给市场。

面对大多数公民，房子绝对不是奢侈品，而是必需品，是必须保证的权利。“居者有其屋”，这就是检验一切房地产政策的最基本标准。对于大多数居民的居住问题，完全市场化的方式是绝对行不通的。中国宪法规定土地公有，因此国家的土地必须首先保证所有公民最基本的居住需求。在满足这个需求之后，才谈得上市场化的需求。而对于少数经济能力较强的公民，可以通过市场化方式进行更高标准的房屋消费，其价格可以完全由市场供求关系决定。

总之，房地产问题的处理绝对不能实行“拖”字诀，这个问题越迟着手解决，积累的风险将越大，相应化解的手段也将越少。一旦积重难返，那就是病入膏肓，无药可治。中国经济的希望，不在于有多少世界级房地产企业，而在于有多少领导世界技术发展潮流，真正有自主创新能力的企业。至于那些过多关系能量、过少技术含量的房地产企业，在财富榜中还是不要太多了。

谨防 A 股被挟持，股指期货应缓行（2007-10-12 08:20:11）

在股指期货已经呼之欲出时，还写这样的题目，可能确实有点儿不合时宜。但是，不合时宜的话如果是正确的，为什么不能说说呢？问题的关键在于，股指期货在目前情况下推出，是否真的合时宜了？要讨论期货推出是否合时宜，关键又在于，目前现货市场的成熟度是否满足期货推出的基本客观要求。显然，在这一点上，依然有诸多值得商榷的地方。

虽然已经被人多次引用，但依然不得不再次引用的事例，还是那令人无法忘怀的 1995 年国债期货悲剧。这一悲剧产生的因素太多，但有一点是不容忽视的，就是当时的国债现货流通量太小，几个机构联手，就足以控制相应的期货走势。至于最终形成两大集团的对赌局面，那不过是这种控制走势分化演变的必然结果。

那么，对于现在的 A 股市场，其可控制性就如同 1995 年的国债市场。问题的核心就在于，超级大盘股流通比例过小，而该流通量却能控制住一个超大规模的市场，这里的投机收益与风险成本完全不成比例。在本 ID 前面关于“港股直通车”的文章里已经明确指出，没有合理的流通量就没有合理的价格。目前中国股市最大的问题，就是超级大盘股的流通量过小，普遍达不到证券法要求的 10% 最低流通比例的要求，这样条件下的股市必然是一个能被轻易操纵的市场。

一个能被轻易操纵的现货市场一旦出现期货交易，那么，这种交易必然导致极端投机行为的出现。目前没有任何的现货卖空，也就是现货中，本质上只能做多才能赚钱，而实际的流通筹码又极端不足。可以断言，在这样的流通量条件下，指数期货的推出，将极大地有利于疯狂的做多行为，任何在期货中的空头头寸，最终都会被疯狂的逼空走势所吞没。筹码就那么少，资金又那么多，任何的空头头寸最终都是死路一条。而极端的疯狂做多行为，将把A股短时期内推向难以控制的高度，将A股长期发展的精气神耗尽，最终导致难以收拾的局面。

有一种观点认为，目前红筹、H股大量回归后，股指期货需要的流通量条件就能达到。但这种回归，并没有改变超级大盘股流通比例过小的状况。最近回归的中国神华（601088），其A股流通比例是6.33%，建设银行（601939）更是只有可怜的2.7%，请问，这不等于火上浇油吗？这样低流通比例的超级蓝筹回归，必然是来一个被炒飞一个。至于借助A股的超低流通比例，通过控制A股走势去操纵港股相应股票走势进而两头套利，就更不是新鲜事了。

本ID前面的文章已经指出，要使得A股有一个合理的价格，达到与H股接轨的目的，一个最简单的办法，就是让超级蓝筹的流通量与H股接轨。可以断言，在超级蓝筹的A股流通比例未被调整到合理水平前，股指期货的推出都是不合时宜的，必然蕴藏着巨大的后续风险。甚至不排除这种情况，就是A股因此被挟持，让后续的监管与调控陷入难以解决的困局。

按照最正常的资本市场层次设计，必然是先完善现货市场，再开始期货市场。目前A股分为深沪两个市场，一个横跨两个市场的现货标的设计，在以后会面临诸多不便。本来，一个最理想的思路，就是先发展创业板市场，等该市场发展到一定规模后，再让主板都合并到沪市，让深市成为创业板，最后在沪市的基础上开展指数期货。当然，相应地，深市也可以有创业板的指数期货。

以上思路，目前已经错过了实施的机会，但并不能因此让期货过早推出而留下严重隐患。一个最简单的道理，期货是现货充分发展后的产物。而目前A股这现货市场，依然有诸多不完善的地方，急忙推出其指数期货交易，是否有点儿拔苗助长了？

至于那种认为期货可以对冲风险的说法更不值一驳。世界证券历史一再证明，最大的风险从来都不在现货市场，而是高比例透资以及期货等衍生品。期货能否降低现货风险暂且不论，期货自身的风险如何防范，这绝对是比应付现货风险更为棘手的问题。这一问题，不光对于所有的参与者，更对于市场的监管者。

说白了，现在期货被市场热切期待，不过是现货市场的投机资金有了最终锁定投机利润的绝好工具，更看到了加大这种利润空间的新的投机机会。目前，反而应该逆投机资金的意愿而行，釜底抽薪，将主动权把握在监管者自己手里，按照市场健康发展所需要的节奏去完善市场，而不是被国际性投机资金牵着鼻子走，为国际性投机资金的兑现、出逃制造世纪大机会。

中国经济和股市的未来依然美好（2007-10-25 21:04:33）

今天本来不想说股票，但在这个月圆之时面对如此大跌，不妨说上几句。本 ID 一早说，不于股市自由，就谈不上自由，因为这是世界上的一大炼狱。别以为股市就是股市，这里，有着最多的贪嗔痴疑慢，确实是一个好的修炼场所。所以，所有在股市中被股市的，都是有福慧的。受其灾，消其灾，三生有幸。

对年末的走势，本 ID 早有总体的分析。在“2007 年末，资金与政策博弈下的走势分析”里，已经对走势给出最明确的分析，本 ID 后面的所有判断与行为，都在 9 月 17 日把剧本公布了。6100 点，在这个帖子里明确分析过了，但有多少人能留意？大概都被每天的波动消磨掉了。

没有大的思路，大的节奏，为每天的波动折磨，那是被股票折腾，而不是折腾股票。

请看 9 月 17 日帖子其中的一段：“由于 2006 年大盘涨幅是 130.43%，收盘在 2675.47 点，按相应比例，6165 点成为今年一个标杆式的点位。还有，深圳成分指数在 1996 年的行情中，也如本次上海指数一样略微跌破 1000 点后展开，而前者最终在 6100 点上见大顶，因此 6100 点附近是后者行情一个特别值得留意的位置。”

还有最后结论性的一段：“反之，一旦资金面的肆虐超出合理范围，那么大盘将演化为一种疯狂走势，即在今年内强行突破上面所说的 6100 点区域。这样的话，一次超 530 级别的调整将难以避免。”

该说的，其实早说了。大蓝图都没看明白，每天盯着盘子有用吗？

那么，现在难道就是世界末日了吗？

不是，中国经济和股市的未来依然美好。这里本 ID 反而要为各位打气，因为中国经济的基本面没有任何实质性的改变，人民币升值也在加速中，一切利好的因素依然存在。

但是，正如本 ID 反复强调的，现在需要的是中级调整。为了中国股市的未来，这调整是必需的。

关于中国股市的最大蓝图，本 ID 在“神州自有中天日，万国衣冠舞九韶”一文中有最明确的描画。这篇文章发出当天，大盘就拉出长阳，突破 3000 点下的震荡，展开了今年波澜壮阔的走势。

当时，大盘还在 3000 点下风雨飘摇，本 ID 明确说了：“在总市值超越 GDP 之前谈论股市的泡沫是可笑的，在中国股市总市值超越 GDP 之前，第一阶段行情不会结束。”

后来，这一切都实现了，而且，目前这一阶段的行情其实并没有结束。在中级调整后，行情依然要展开，依然要新高，这是毫无疑问的。

但是，一个合理的调整去积聚新的能量，让市场走势更加稳健，使得20年大牛市的基础更加牢固，这是必需的。

就像在3600点，本ID站出来说要满江红，因为在中国的市场，散户太多，散户天生就是死多，所以那肯定受欢迎。

这次，本ID站出来说要做空，而且又刚好在提前说的6100点上阻挡了疯牛，这当然不会招人待见。但为了中国股市的未来，必须这样干。

试想，如果中国大陆的股市也如中国台湾、日本式地醉生梦死一次，然后是十几、二十年的大熊市，最终害的是谁？

特别是在中国，经济的转型还没完全结束，一旦资本市场被毁，经济转型所需要的核心动力就彻底丧失，最终伤害实体经济，后面就是所有人的生活。

对于本ID这种人，经济好坏都不会影响到个人的风花雪月。但绝大多数的人，特别那些还有住房、医疗、教育等问题需要解决的人，一旦经济出现问题，将是最大的受害者。

最大的利好，对于任何一个中国经济的关系者来说，就是经济长期稳定地发展，而不是暴冷暴热。

我们需要的是长牛，而不是疯牛。

中国股市的牛市依然，中国股市的未来依然是世界上机会最多的，有着最远大的前途，必将成为世界上最大的市场。暴风雨只是让它更健康，如果没有这样的大视野，那么，在市场上注定不可能成功。

中国股市充满机会，未来无限。这机会、未来如何成为你自己，这才是每个人面对的最重要的问题。

这市场不怕做错了，只怕死不改错。好好反思一下自己的操作，大概上面这个问题，就能更好地找到正确的答案了。

略论国家经济意志的市场化体现（2007-11-11 17:13:00）

在计划经济条件下，国家的经济意志可以有多种宣示的渠道，唯独缺乏的是市场化。而在市场经济条件下，一味通过行政、政策等硬方式进行调控，显然是不合时宜的。在市场化手段下，国有股份、外汇储备、社保资金等国家资产的应用，不可避免地将体现国家的经济意志。如何处理好其中的关系，确实值得认真探索与研究，这关系到国家的经济安全与经济发展战略的最终实现。

国家的经济意志不是一时的盲动，也不能基于某种短线利益或道德冲动。国家的经济意志，必须建立在国家战略的前瞻性、全面性与系统性基础上。没有前瞻性，如同散户的跟庄思维，跟着别的大国思路跑，这样是绝对不行的。中国是一个大国，其经济意志必须有大国的气度，必须能对世界经济与政治格局产生中国式的引力，反映出中国式的声音，最终实现中国式的战略意图。没有全面性，同样不行。中国的国家经济意志，其战略取向必须是全面的，而不是为了某时某地某人的利益，其最终的经济利益，必须能体现且实现全体国民的最大最终利益。至于系统性，表明了中国的国家经济意志，必须也必然现实地体现为一个有着严密内在联系、多层次建构、具有可操作性、可实现性的有机系统。

目前，单单从具体资产的实际运用上看，国有股份已经是股市中最大的绝对控制力量，目前的指数，已经完全是中字头股票的天下。社保基金，最终将在国有股份划转、减持与最终运作中扮演极为重要的角色。中投公司的成立，使得外汇储备的应用在内外资本市场中的协同性与隐含的战略性至少有了超越波段性质的重要意义。

但国家的经济意志，还不单单反映在具体的股票或市场化操作上。更重要的是，绝不能把国家经济意志的体现，完全退化成如同庄家控盘的操作模式，这是极为危险的。国家的经济意志，应该成为市场中一个重要的甚至是最重要的分力，但不能成为市场合力本身，更不能成为市场的唯一力量。一旦向这种危险的境地演化，那么，所谓国家经济意志的市场化体现，就会成为一句空话。这种所谓的市场化体现，也将会成为摧毁市场基础的力量。

此外，国家的经济意志，还必须体现在对国家经济资源的保护上。国家的经济资源，不单单包括狭义的实体、实物上的资源，还包括在虚拟经济条件下一切能产生市场、资本等效应的资源。例如，中国的优秀公司，就是中国资本市场最大的经济资源。如何合理利用这些资源，而不是让其贱卖、外流，以及被短期利益过分开发，这是一个十分现实且有着诸多教训的重大问题。

站在资本运用层面，太过市场化，太过老鼠仓化的基金，已不可能单独成为国家意志的经济化体现，必须有一种新的绝对性平衡力量来加强调节。既然在实体层面，国家对关系国民生计的产业要绝对控股，那么，在虚拟经济层面，这种绝对控股性是毋庸置疑的。也就是说，这种绝对控股性，还必然包括对股票总体走势的宏观控制。

国家逐步淡出政策层面的硬调控，必须也必然会在经济层面掌握一个绝对的调控力量。否则，资金对政策的挑战就会出现无法控制的局面，这是完全不符合中国国情的。加强国家对经济的调控，包括实体与虚拟两个层面，而国家对虚拟层面经济化调控领导地位的加强，是一个必须尽快解决的问题。

2008 年，谨防宏观调控过度（2008-01-10 17:33:22）

按照中医的观点，治人与治国的道理是相通的。对经济的调控，显然是治国中一个极为重要的方面。经济之病，与人体之病的道理，也是相通的。

中医将病的状态分为三种：未病、欲病、已病。经济之病，同样有这三种状态。病，不是一个机械的静止概念，病的状态，是可以不断转化变化的。很多时候，病是吃药给吃出来的。一个小病，吃药给吃成了大病，这种事情并不是天方夜谭。经济问题，同样如此。

病无常态，药也无常态。站在大的视角上，天下万物，无一不是药，又无一不是毒药。相应了，就是药；不相应，就是毒药。这相应，没有任何先验的必然法则，一切都是当下呈现的，是当下一切分力的合力结果。

更重要的是，对一切的病，任何外在的药永远都只是辅助性的。人自身自有无上之药，胜于一切外在的药物。真正的用药，最终必须以把人自身的无上之药给激发出来，这样才能真正地治本。当人自身的无上之药激发出来后，才能不治而治。否则，天天吃药，神药也要变毒药。

此外，用药也要因人而异。一个元气充沛的少年与一个油尽灯枯的老者，即使同样的病，用的药也不可能相同。同样，同一个人，在人生的不同阶段，在不同的地理环境下，在不同的季节中，同样的病，用的药也不可能相同。

对于中国经济，站在一个大的历史角度，我们依然元气充沛而不是油尽灯枯。在这样的历史大背景下，任何对经济的用药，都必须以激发自身的元气自我修复功能为界限，而不能用药过度，伤及元气。

更重要的是，我们的经济元气充沛，但我们的经络系统并不畅通，我们的任督二脉也远没贯通，这就是为什么我们的经济特别容易发热病的根本原因。热病，光用去热之药是没用的，这甚至连治标都不容易办到，更不用说治本了。热病不能治本，长期下去，水火不济，热毒相煎，就会淤结其中，化为毒瘤。毒瘤蔓延，则成难治之症。

要治本，关键是要通经活络，打通任督，进而全身元气因时周转，生生不息而流畅贯通。任何系统，都有其成坏住灭。治其本，并不是说就能长盛不衰，而是要尽其天年。同样，经济的发展有其阶段，有其成坏住灭，而合时的治疗与养生，就是尽其天年，让经济系统发展的相应阶段，尽可能地发挥其最大的力量，尽可能地延长其寿命，延长其发展的时间。

中国经济，正处在其历史性大发展的初级阶段，经济结构中一些最基础的单元都没有完全发育起来。我们元气充沛，但我们器官幼稚，各功能系统也处在极端幼稚阶段，因此，我们任何的治疗，都离不开对各功能系统的养育。任何过猛的药，对于极端幼稚的功能系统，其作用都是极端恶劣的。一个经济系统，由于在发育阶段过度用药，胡乱用药，最终导致某些功能系统彻底发育不良，进而导致经济长期畸形发展，这在世界经济历史上并不是罕见的事情。

人身体的健全，首先是各器官、功能系统等的健全。同样，经济系统的健全，如果没有各基础单元系统的健全，那么也是完全不可想象的。对于中国这样一个市场经济的青少年，关键是身体发育健全，离开这一点，任何疾病的治疗都毫无意义。

2008 年，谨防宏观调控过度，就是因为我们的经济现在正处在青春期发育的关键时期。我们很多最基础的单元并没有达到应有的发育水平，这时候，是用猛药把一些病状强行压制，还是用适当的药进行稳定疏导，尽快补课，把该发育好的部分尽快培育起来，这对中国经济的长远发展有着决定性的意义。

中国，需要的是中国式的全球化（2008-01-28 15:48:56）

最近，美国次级债使得那些一度被国内金融投资界当成偶像膜拜的美国大金融机构大丢其脸，大伤其气。金融投资领域，从来就没有偶像，风险对任何人都是公平的，曾经让你辉煌的，可能就是让你最后葬身的陷阱。这一点，大概不会有任何中美的差别。

由此不禁想到，如果我们现在这些在糖水中泡大的券商、基金、金融机构，一旦面对如此局面，又有多少能幸免？市场经济不是伊甸园，类似的事情，有谁能担保永远不会出现？

现在，都喜欢一窝蜂地全球化、国际化，我们真的有必要去全球化、国际化吗？肉，烂在自己的锅里，总比烂在别人的锅里强。那些全球化、国际化背后，从来少不了的是国家间的利益分配。更重要的是，全球化、国际化从来都有一个主导国家的问题。现在毋庸讳言，一直以来的全球化，都是美国主导的。我们现在所谓的全球化潮流，说白了，就是美式引导的一种全球经济游戏，一切规则都被别人主导。这种游戏，我们真有那么必要死皮赖脸地去参加？

中国，需要的是中国式的全球化。中国的市场必然成为全球最大的市场，有了这个吸引源，我们完全可以整合起东亚甚至整个亚洲的市场，一个亚洲的大经济体，甚至可以包括俄罗斯。这样一个巨大的体系里，大概已经完全没有全球化的必要了，因为全球都会化在这巨大经济体的强大吸引力之中。

全球化，不是让全球把我们自己给化了，而是以我为吸引源，不断震荡整合出更大的吸引源，从而把全球化于其中。这样的全球化，大概才是中国人该真正追求的。一个中俄印日四核发动的大亚洲经济体，囊括了全球半数以上的人口和经济规模，难道还不能改变世界经济的秩序和规则？秩序，规则，从来都不是先验的，而是现实利益合力的结果。一切皆有可能，而可能是实际操作出来的。

说实在话，对我们的企业，特别是金融投资企业，按照美式游戏规则参与全球化的前景，真的很难抱乐观的态度。就像打麻将，上下对台都是别人一伙的，你赢的可能性基本为0。有人可能反驳，为什么我们的制造业能取得辉煌成就？那不过是别人的游戏重心并不在此。

我们那些糖水中泡大的券商等，现在还靠诸如权证增设去抢夺小散户赚钱养肥自己，试想，在如今美式的国际化、全球化市场里，能有这样的好事？靠类似手段长大的机构，一旦出去面对那些大鳄虎狼，能有好果子吃？

所以，最好的策略，还是待在自己家里。家里横并不是什么难听的事情，关键是你的家够大。中国经济这个家，确实够大了，只要我们按部就班成为世界最大的市场，最大的吸引源，我们就能将我们的游戏规则给全球化了。这样，我们这些在糖水中泡大的券商等，至少也能在自己家里把最好的位置占住，至少有一个地利、人和的优势。如果在自己家里开麻将还输给外来的，那最好的处理，就是先买一块豆腐留给自己撞头去吧。

如此，大概一旦发生类似这次次贷般的危机，我们也能很好地处理，至少全球都可以陪着我们一起分担压力，如现在的美国。万一我们那些糖水中泡大的券商等出现什么问题，我们还可以让外面的资金来入股填窟窿，如这次美国那几家大名鼎鼎的机构一样。

解决问题，最关键还是让我们的金融市场成为全球老大，把我们的经济规模搞成全球老大。这样，肉无论怎样烂，都烂在我们自己的锅里，那时候，又有什么可值得担心的呢？

这世界，没有谁比谁更聪明，特别是在最高端的市场游戏中。关键是规则的制定以及在哪里开牌桌的问题。同样功力的人，输赢其实都在这规则与地利、人和之上。我们的战略，不能把自己先假设为超人，别人都是傻子。

我们现在最大的优势，就是中国经济起飞的“势”。这“势”，是国运，也是经济发展规律必然呈现的，这是谁都夺不去的。得此“势”，则平凡之辈也可一飞冲天，我们只需要借此“势”成就我们的全球经济战略。最大的失败，就是把此“势”给自我扼杀了。

我们生在这样的时代，是幸运的，因为我们刚好处在中国经济爆炸性的主升浪中。在这里，只需要顺势而为，并不需要超人，因为任何的超人，不过顺其“势”而成就之而已。能顺其“势”而成就之，让全球化成为中国式的，这大概就是我们最该干的事情了。

资本市场必须维持生态平衡（2008-02-20 16:27:15）

环境保护、生态平衡已经是世界性的大问题。资本市场，也同样存在一个环境保护、生态平衡的问题。在资本市场上活动的各种力量，之所以能存在一个系统中，就是其间有一个基本的协调关系。一旦这个关系被打破了，这个资本市场的大系统就会出现生态危机。一旦出现生态危机，这资本市场要恢复元气，那就不是一朝一夕的事情了。

对于中国这初生的资本市场，其生态系统本来就极为脆弱，因此期间的生态平衡，必须有些人为的引导。这种人为的引导，在该系统充分发育后将逐步减少。对于管理层来说，有意识地对资本市场的生态系统进行环境保护，是其最为重要的任务。对于管理层来说，其业绩的好坏，完全依赖于资本市场系统运行顺畅与否。一个导致资本市场生态灾难的决策，无论如何都不可能是及格的。

资本市场生态平衡的维护，是有时间性的，一些决策也因此带有时间性。例如，目前的环境下，一个资本市场中的大力量，通过强力的圈钱活动对资本市场的资源进行过度开发，这样的事情，就绝对是不合时宜的，一旦蔓延，必然要造成生态灾难。

环境保护，很重要的一点，就是要对资本市场的市场资源进行合理、适度的开发，禁止乱砍滥伐，更不能允许那些无证小煤窑或受到地方以及其他保护势力维护而非法开采的煤老大到处横行。这些资源是属于全中国人民的，没有人有资格随意浪费或为自己的利益而干苟且之事。

其实，世界上的道理都很简单，资本市场的事情也很简单，不简单的都是利益。有了利益，一切简单的事情就复杂了，现实中的环境保护所遇到的问题如此，资本市场上的问题也是如此。

要最终解决问题，就是一定要砍断这利益的背后黑手，这大概才是问题的关键。

我们要用一切的努力，造一个中国资本市场的大锅，这也是本 ID 写这些文章的出发点。更重要的是，我们更要造一个中国式全球化的大锅，这是更高层次的，也是中华民族复兴的关键。

对经济调整的严酷性决不能掉以轻心（2008-09-04 15:30:25）

现在，无论世界还是国内经济，都进入一个较大级别的调整，这一点已经是无须讨论的现实。经济有涨有跌，潮起潮落，本是正常的事情。问题的关键在于，如何用最好的策略去应对这不可避免的调整，使得最终的调整痛苦程度减到最低，甚至就此借力达到调整总体经济结构，培育新的经济增长点，为新一轮的经济上升做好充足的准备。要做到这一点，首要的，必须对经济调整的严酷性有充分清醒的认识，任何掉以轻心都可能导致灾难性的结果。

现在有一种极为有害的观点，认为现在资产价格已经大幅度调整，其他经济指标也没有进一步恶化，因此本轮调整将很快过去。事实上，任何有一定级别的经济调整，最终的资产价格都不是刚好回到所谓合理的水平，而是大幅度地折让。这正如任何一次资产价格的上升热浪，总要把价格抛向远离合理水平的疯狂状态，下跌时的道理是一样的。市场总是以不理性的行为为其基础，这种非理性的状态才是最有杀伤力的。任何以资产价格已经充分调整为理由，都不足以说明经济调整的结束，甚至往往意味着一轮更残酷的非理性下跌的开始。

这轮经济调整，从走势形态上看，并没有出现加速恶化的状态，而是在不断的犹疑中徘徊。这种状态，往往意味着更大的风险还在后面，一旦这种状态被打破，经济不可避免地进入加速调整中。在这种加速调整还没有出现前，任何对经济调整结束的断言都是可疑的。

更重要的是，一次较大规模的经济调整过后，总会有一段漫长的恢复期。这恢复期的杀伤力，往往比调整期还要严重，那是一种磨和耗的状态，一种没有边际的、失望与希望交替的煎熬，那才是最为惨烈的。能否耗过这段时期，决定了经济下一轮增长能否顺利起步并占有最有利的位置。因此，即使调整结束了，也决不能掉以轻心。

这轮调整，在世界范围内，越来越显示出其级别之大，甚至有可能是 1929 年以来最为严重的一次经济调整。这次调整，同时纠缠了各种政治势力与经济利益的博弈，最终将决定今后数十年世界政治、经济利益的再分配，所以，站在国家战略的层面，是绝对不可以掉以轻心的。经济，从来都是政治的，特别是在这全球化的背景下。老的经济格局越来越束缚经济的发展，如何破局，如何在调整中谋取最大的国家利益，这才是关键所在。

中国当然有足够的资源与国运在新的世界经济格局中占有更为重要的地位，但这并不是可以不劳而获的，这并不是一个已经在天上挂好一定要掉到中国头上的馅饼。要达到此目的，任何的松懈都是不允许的。

中国的整体经济结构，还远远达不到基本完善的状态，里面还藏有诸多严重影响经济调整顺利过渡的结构性弊端。大力调整经济结构，把不合理的结构性弊端清除，理顺整体经济关系，这里有大量的工作需要去完成。

站在资本全球化的大格局中，本次中国经济面临的调整的复杂程度是前所未有的，诸多国际性因素将在其中发挥前所未有的作用。很多因素，并不是中国一国所能控制的。由于中国完善的整体经济结构并没有完全确立，所以其中存在的诸多漏洞可谓防不胜防。在这种状况下，非系统性风险随时存在，这是最难把控的。

要应付如此复杂的局面，观望，犹豫，甚至随波逐流，坐以待毙，都是没有出路的。必须首先确立明确的调整思路，使调整以尽可能少的代价完成，然后动用一切资源，确保调整在可控的范围内进行。中国目前的经济状态，完全有能力做到这一点，只是时机不能错失，否则代价极为昂贵。

有足够的理由相信，风雨之后的中国将更有力量。但现在的问题是，必须首先安全平稳地度过风雨，否则光唠叨风雨之后见彩虹，是毫无意义的。真正的风雨可能还没到来，我们已经有足够的准备了吗？

美国救市，闹剧一场（2008-10-05 17:01:24）

中国放假七天，美国参众两院来回折腾，引得旁观者一惊一乍，终于通过了一个饮鸩止渴的救市方案。但世界金融市场并没有太领情，当天多以暴跌报收。且不管本次救市效果如何，现在必须追问的是，这 8500 亿美元的救市基金难道是天上掉下来的馅饼？

必须明确的是，本次世界经济大调整，最终的任务应该是彻底摧毁几十年来统治世界经济的美元体系。美国经济之所以走到这一步完全是自作自受，以前多次经济危机都是因为美元体系的存在，使美国能够把危机转嫁到全世界去，保持了绝不正常的超前高消费和高消耗的经济生活模式。这种模式已经超越了地球及世界经济体系的承受力，这种美国消费世界埋单的格局到了必须打破的时候。这次美国故伎重演，不过是企图继续维持原有的模式。美国原有的模式以及这几十年来以美国为主导的世界经济格局不彻底改变，本次世界经济危机将没完没了，难有解决之时。

现在8500亿美元的救市方案通过了，但这8500亿美元绝对不是天上掉下来的馅饼，它归根结底来源于美元泡沫的继续加大。本次世界经济危机的根源，归根结底是美元已经彻底泡沫化，最大的风险和危机就是美元本身。这8500亿美元不仅使美元的泡沫加大，使得包括中国在内的其他国家美元资产外汇储备全面爆发危机，更会使得世界金融市场的流动性以乘数效应急速增加，使得石油、粮食、黄金等商品价格面临进一步的疯狂上涨，最终加速美元泡沫破裂，从而带动商品泡沫的破裂，使世界经济进入迅速倒退的危险境地。

面对这种危机的情况，中国应该采取的正确态度是不跟风，绝不把自己绑在美国的战车上，而且目前的救市方式是极端错误的。政府不应该直接组织基金方式进入市场，而是应该积极培育和领导新的经济热点，使得流动性资金有更多可参与的领域，进而大量吸引外来正欲脱离美元体系的资金进入。只要控制好该类资金有足够长的投资周期，提供良好的投资环境，使得资金沉淀在比美国更有前途的中国高速发展的潮流之中，那么大的蓄水池——新兴的、以人民币为基础的大的世界火车头才得以确立。美国的危机应该成为我们加速发展的契机。

现在特别要注意的是，目前政府介入股市的局面已经形成，因此必须好好把握推出时机，以免重蹈20世纪90年代“777”救市[①]的覆辙。

---

①“777”救市，或称申能保卫战（818保卫战），是中国证券市场建立之后，中央政府第一次干预市场涨跌的行为。

自从1992年中国证监会成立以后，在市场秩序正规化的预期下，1992年11月17日，上证指数从盘中的最低点386.85点开始快速上涨，到1993年2月16日盘中涨到最高点1558.95点，3个月时间大盘涨幅高达303%。

1993年下半年，由于经济形势和货币政策转向，加上股市不断扩容，上证指数出现大跌。为了稳定市场，政策面开始出台利好消息。申能股份（600642）是当时对指数影响最大的股票，大家都认为，只要申能8.18元不破，大盘就能转危为安。为了表示决心并护住指数，机构联手死守申能股份8.18元防线，史称“818保卫战”。在那段时间，申能股份在8.18元位置上每天都有99999手的巨大买单托盘，这种情况维持了半个月以上。与之对应，上证指数每每跌到777点附近就会被拉起，以三次探底的方式构筑了所谓的“政策底”。

悲情的是，半个月后，多头弹尽粮绝，放弃防守，这场战役最终以多头的惨败而告终。至此，真正惨烈的下跌浪彻底展开。777点的“政策底”被轻易击穿后，上证指数最终下跌到325点，申能股份也跌到了3元左右。当年，很多高手从1536点到“铁底”777点全身而退，却最终“死”在777点到325点的下跌过程中，那是玉石俱焚、哀鸿遍野的一轮下跌。

面对股指的急剧下跌和市场的持续低迷，1994年7月30日，中国证监会与国务院有关部门就稳定和发展股市作出决策（史称三大政策）：第一，今年内暂停新股发行和上市；第二，严格控制上市公司配股规模；第三，采取措施扩大入市资金范围（即允许券商融资、成立中外合资基金）。此后，上证指数从7月29日收盘的333.92点，涨至9月13日盘中最高的1052.94点，走出了一波轰轰烈烈的上涨行情。也正是从这次救市开始，新股扩容及资金扩容成为管理层调控中国证券市场的一把利剑，并屡被效仿。

只要我们能以我为主，对美国的闹剧只是看，绝不参与，只防美国闹剧引发的经济危机对中国经济的伤害，那么我们就有足够的理由和信心在这场世界大风暴里保存实力，调整经济发展模式和结构，使得在风暴过后能迅速以新的姿态快速进入新的经济增长周期。

投资理财类书目

书名	作者	定价
涨停盘口定式	曹明成 谭 文	38.00
成交量分析入门与实战精解	刘振清	35.00
分时图分析入门与实战精解	刘振清	35.00
均线指标入门与实战精解	刘振清	35.00
宝塔线指标入门与实战精解	刘振清	35.00
筹码分布技术入门与实战精解	刘振清	35.00
现货石油交易实战宝典	张耿豪 饶 斌	38.00
股市晴雨表	汪雪鹏	36.00
农产品期货	付上金	58.00
教你炒股票：缠论与 K 线分析技术	培 峰	48.00
短线炒股全攻略	付 刚	49.00
磁区理论点评升级版	江南小隐	38.00
分时图必杀技	曹明成 谭 文	38.00
龙头股必杀技	曹明成 谭 文	38.00
三步掌握波段买卖	曹明成 谭 文	38.00
黑马捕捉术	曹明成 谭 文	36.00
阴阳 K 线的奥秘	曹明成 谭 文	38.00
相对波浪理论	唐桂华	42.00
波段操盘秘法	何瑞东	38.00
布林线指标入门与实战精解	刘振清	35.00
MACD 指标入门与实战精解	刘振清	35.00
KDJ 指标入门与实战精解	刘振清	35.00
一本书读懂互联网投资理财	蔡余杰	38.00
玩转技术指标：九种技术指标精讲	金 铁	45.00
新手炒股快速入门与技巧	刘振清	38.00
银行理财产品全攻略	薄志红	35.00
决战牛熊：股市获利之道	曹明成 谭 文	35.00
短线出击：股市快速获利战术	麻道明	49.00
聚沙成塔:T+0 交易绝杀技	江南小隐	35.00
短线实战操盘技巧	伟 晴	42.00
一买就涨：买在底部的 101 个起涨信号	付 刚	38.00
一卖就赚：卖在顶部的 123 个卖出信号	刘 平	38.00
短线追涨与低吸技术	金 铁	38.00
实战交易密码之走向盈利	陈志文	45.00

续表

吃定庄家	曹明成　谭　文	39.80
量价关系精要	徐子城	28.00
股票画线技术入门与实战	刘振清	38.00
股价结构：趋势与轨道	华　强	35.00
K 线操盘学	麻道明	58.00
如何做股票交易	杰西·利弗莫尔	20.00
从零开始炒股票	徐子城	35.00
江恩理论入门、精通与实战	景生辉	28.00
缠中说禅：教你炒股票	王培峰	48.00
如何看懂技术指标	麻道明	38.00
个股期权投资指南	付上金	32.00
索罗斯 32 个投机信条	孙恩棣	28.00
巴菲特 76 条投资准则	孙恩棣	28.00
波浪时空体系	王军凯	32.00
超级牛股操盘术	李　闻	48.00
发现身边的成长股	王春玮	35.00
股价结构：压力与支撑	华　强	35.00
趋势定位	付上金	35.00
量价精研	邢孝寒	32.80
K 线阳线战法	麻道明	39.00
K 线阴线战法	麻道明	39.00
零起点期货投资一本通	黄　金	28.00
零起点基金投资一本通	黄　金	29.80
零起点股票投资一本通	黄　金	35.00
股市交易特技	时空老人	38.00
夜话交易谋略	股峰求道	32.00
如何看懂分时图	江南小隐	28.00
易经演股法之个股攻略	第六感觉	35.00
艾略特波浪理论入门、精通与实战	景生辉	28.00
趋势与拐点交易法	戈　岩	35.00
家庭投资理财规划一本通	雷　冰	35.00
股票易占交易系统	劳剑勇	35.00
实战擒庄	张　文	35.00
筹码实战分析	刘晓杰	28.00
趋势技术分析	邱立波	36.00
专业操盘原理	景生辉	38.00

续表

背离技术分析	江南小隐	29.80
小女人理财锦囊	游凌燕	28.00
理财产品全攻略	罗显良	38.00
股票投资资金管理与止损止盈技巧	雷　冰	32.00
谁是股市赢家	梦　兮	25.00
春林涨停战法	张春林	29.80
龙头股实战技巧	张　文　赵振国	35.00
均线技术分析	邱立波	38.00
易经演股法	第六感觉	35.00
现货黄金投资技巧	邢孝寒	28.00
系统化交易——A 交易系统久赢真经	黄　根	39.00
缠论解析：缠中说禅技术理论图解	江南小隐	23.00
实战交易密码	陈志文	35.00
股票投资的 24 个关键财务指标	雷　冰	35.00
K 线技术分析	邱立波	38.00
破译 K 线图中的密码	江南小隐	38.00
你最想要的投资学	张潇云　徐　刚	25.00
四维操盘：基于价量时空分析的实战操盘技术	邢孝寒	29.80
波段操作实战精解	雷　冰	35.00
精准判断买卖点：炒股就这一招	曹千阳	38.00
崩溃点战术：基于市场心理分析的交易技术	铸剑先生	39.80
新手炒股也赚钱：量价实战技法	帝都操盘手	29.80
K 线综合实战分析	雷　冰	48.00
赢在股市 24 堂课	索氏门人	28.00
磁区理论：识别最佳买卖时机和位置的分析技术	江南小隐	38.00
告别亏损：从持续亏损到稳健盈利的修炼法则	洗　剑	38.00
短线炒股必杀技	曹明成、谭文	38.00
新股民炒股全攻略	黄金	58.00
孝寒点位交易法	邢孝寒	38.00